心理学译丛
教材系列

Development Through the Lifespan, 4e

伯克毕生发展心理学

从0岁到青少年（第4版）

[美] 劳拉·E·伯克 (Laura E. Berk) 著
陈会昌 等译

中国人民大学出版社
·北京·

心理学译丛・教材系列

出版说明

我国心理学事业近年来取得了长足的发展。在我国经济、文化建设及社会活动的各个领域，心理学的服务性能和指导作用愈发重要。社会对心理学人才的需求愈发迫切，对心理学人才的质量和规格要求也越来越高。为了使我国心理学教学更好地与国际接轨，缩小我国在心理学教学上与国际先进水平的差距，培养具有国际竞争力的高水平心理学人才，中国人民大学出版社特别组织引进"心理学译丛・教材系列"。这套教材是中国人民大学出版社邀请国内心理学界的专家队伍，从国外众多的心理学精品教材中，优中选优，精选而出的。它与我国心理学专业所开设的必修课、选修课相配套，对我国心理学的教学和研究将大有裨益。

入选教材均为欧美等国心理学界有影响的知名学者所著，内容涵盖了心理学各个领域，真实反映了国外心理学领域的理论研究和实践探索水平，因而受到了欧美乃至世界各地的心理学专业师生、心理学从业人员的普遍欢迎。其中大部分教材多次再版，影响深远，历久不衰，成为心理学的经典教材。

本套教材以下特点尤为突出：

● 权威性。本套教材的每一本都是从很多相关版本中反复遴选而确定的。最终确定的版本，其作者在该领域的知名度高，影响力大，而且该版本教材的使用范围广，口碑好。对于每一本教材的译者，我们也进行了反复甄选。

● 系统性。本套教材注重突出教材的系统性，便于读者更好地理解各知识层次的关系，深入把握各章节内容。

● 前沿性。本套教材不断地与时俱进，将心理学研究和实践的新成果和新理论不断地补充进来，及时进行版次更新。

● 操作性。本套教材不仅具备逻辑严密、深入浅出的理论表述、论证，还列举了大量案例、图片、图表，对理论的学习和实践的指导非常详尽、具体、可行。其中多数教材还在章后附有关键词、思考题、练习题、相关参考资料等，便于读者的巩固和提高。

这套教材的出版，当能对我国心理学的教学和研究具有极大的参考价值和借鉴意义。

中国人民大学出版社

心理学译丛·教材系列

出版说明

[illegible]

中国人民大学出版社

译者序

毕生发展（development through the lifespan），指一个人从受精卵到死亡整个一生中生理和心理的发育、发展和老化、衰退的全过程。在20世纪70年代以前，“毕生发展”这一主题并没有受到科学界的充分关注。从20世纪初到60年代，科学心理学把主要关注点放在0～18岁的心理发展上，因此，当时并没有“毕生发展心理学”这个心理学分支学科，只有“儿童心理学”，即包括婴儿、幼儿、儿童、青少年心理发展的心理学研究。

从20世纪70年代起，由于长期和平环境，西方一些国家的人口的期望寿命大大延长，中老年人在人口中所占比例达到人类历史上空前的高度，越来越多的中老年人的生理、心理开始受到人们的关注：他们的生命过程和心理过程有何特点？他们是不是只有老化、退化而没有向前的发展？怎样才能让他们生活得更幸福快乐？人们在暮年和临终时心理状态如何？社会大众应该怎样看待和对待中老年人？这些问题，在人类几千年的文明史上，确实较少受到关注。

同一时期，在德国心理学家保罗·巴尔特斯（Paul B. Baltes，1939—2006）的倡导和引领下，一些发展心理学家开始关注并探索“毕生发展”这一主题。此后，由于西方社会对这一问题的迫切需要，该领域发展越来越快，参与研究的人越来越多，成果也越来越多。很快，“毕生发展”就成为世界上一些著名大学心理系的研究生和本科生课程。

我认为，毕生发展理论有几个核心思想是读者需要重点理解的。

第一，发展是持续终生的，不存在一个对生命全程起最重要影响的年龄阶段。每个阶段发生的变化对未来发展变化的路径有同等重要的影响。

第二，发展是多维度、多方向的。多维度，是说发展受到生物、心理及社会因素复杂的共同作用的影响。多方向，指一个人从生到死，得与失、进与退同时并存。我们过去认为，从0岁到18岁，主要是“得”与“进”；进入成年期以后，在很长一段时间里，“得”与“失”、“进”与“退”保持相对平衡；进入老年期以后，就谈不上什么“得”与“进”，而主要是“失”与“退”了。但是，毕生发展观认为，上述看法是不正确的。一个人从生到死，一直贯穿着有得有失的过程。举例来说，一个高中毕业生选择了报考理科专业，他就“失”去了学习文科的机会；而一位身体衰老的长者，在他失去很多东西的同时，可能因为他的经验和智慧，担任重要的领导工作，如政治和宗教领袖、科学研究课题组负责人、大公司首席执行官等，他的经验还在继续“得”到丰富，他的晶体智力还在继续前进。

第三，发展是可塑的。一个在两岁时非常害羞、退缩的人，可能因为他在其他方面的长处，到青少年期变为一个比较善于社交的人。多数在青年期、成年期“男子气”十足的男人，到老年期变得有些“女子气”，他们的攻击性、进取性、果断性减弱，慢慢变得更关心人，做更多的家务，与老伴和睦相处，安度晚年。

第四，发展受到多种相互作用的因素的影响。毕生发展观认为，发生变化的路径是千差万别的，因为发展受到多种相互作用的因素的影响，包括生物的、历史的、社会的和文化的影响。这些范围广泛的影响以独特方式影响着每个人的生活进程。例如，每个人可以上小学、领取居民身份证、可以考驾照的年龄大体相同，但是每个人结婚、参加工作、买房子、做父母的年龄却差别巨大。又如，有的人因偶然机会，被名人发现，而在艺术、体育、政界取得巨大成就，另一些人因为没有遇到这种偶然的机会，只得一生平凡。

西方学者大多赞同“发展”（development）包括三部分——生理、认知、情绪社会性，这三方面的发展都包括在《伯克毕生心理学》的内容中。因此严格说来，该书并不是一部纯粹心理学的著作，而是跨学科的，包括生理学、心理学、社会学、老年学等多个学科。

该书是在美国影响较大、被广泛使用的大学本科教科书。目前，像这样的教科书，在我国还没有出现。当前我国各大学心理系的“发展心理学”教科书，无论容量还是内容，都无法与它相比。它的篇幅巨大冗长，内容面面俱到，如果作为一门课程，显然不可能在一个学期之内学完。① 但是我认为，由于该书在以下几方面的鲜明特色，它可以作为我国大学心理系的可选教科书或教学与学习参考书，也可作为各种培训教材。即使对根本不懂心理学的普通读者，也有重要的阅读和参考价值。

第一，把生理学、身体发育方面的内容与心理发展融合起来，使我们对人的发展有更全面的了解。

第二，对怀孕、孕期发育、分娩、新生儿的讲述非常详细周到，对老年期、衰老、临终、死亡、丧亲的介绍更使中国读者有耳目一新之感。我本人作为一个“老年人”，深感在对老年人的关注、研究和社会福利方面，西方国家确实走在了前面，无论从研究还是社会福利政策角度，都有很多东西值得我们思考和借鉴。

第三，理论联系实际，从婴儿期到老年期的所有章节，作者都指名道姓地以一些真人真事为例，让这些人的语言、行动、想法来体现科学理论。作者还费尽心血地在全书各处插入多个“专栏”，包括“毕生发展观”、“社会问题”、“文化影响”和“生物因素与环境”，引用大量实例，对理论加以诠释。非但如此，作者还使用了多个“学以致用”表，向普通读者和相关专业人员提出建议，这些表格中列出的都是一些实际做法，不同的人可以从中得到不同的帮助。

第四，以年龄阶段为界限划分章节，共10篇，19章。除第一篇讲理论和研究方法之外，从第二篇起，分别对孕期、0～2岁、2～6岁、小学期、青少年期、成年早期、中年期、老年期和死亡临终加以介绍。

第五，对任何读者都有实用价值。举个例子，一个30岁左右、已经结婚生子的读者，可以从婴幼儿、小学生的部分得到有利于教育孩子的知识，可以从成年早期的章节获得有关自己的心理、婚姻、职业方面的知识，可以从中年期部分得到关于他的父母心理特点方面的知识，也可以从老年期部分得到关于他的祖父母、外祖父母心理特点方面的知识。同样，一个60～70岁的老人，可以获得有关他的孙辈、子女辈、他本人心理发展方面的知识，还可以了解老年人如何面对死亡、临终。

第六，由于文化差异，该书中有些内容是我国读者较少见到的，例如，关于遗传咨询、生育技术、致瘾物滥用、儿童在法庭上的证词、换性者、男女同性恋及同性恋者做父母、离婚与再婚、农牧部落的文化与心理特点、宗教观念的发展、安乐死、临终关怀等问题，在我国要么刚刚开始关注，要么尚且不能公开讨论，对其中的有些话题，我本人也是初次接触，颇为好奇，深感大千世界，无奇不有，人类价值观之差异，好比花草树木、山川河海，五彩斑斓。与一般书籍不同之处在于，以上所有令人好奇的内容，作者都不是从一个作家或文化学者角度来阐述的，而是从科学研究角度来谈的，所引用的无不是研究者采用各种方法所得出的研究结果或理论观点，这一点是难能可贵的。

对中国心理学者来说，直到20世纪80年代后期，对“毕生发展”或“lifespan”这个词，仍处在一无所知状态。我于1987年去东京参加国际行为发展研究会第九届双年会的时候，就处于这种状态。在东京会议之后，中国首次举办了心理学国际学术会议，即国际行为发展研究会第九届双年会的卫星会，毕生发展研究的倡导者巴尔特斯教授恰好到北京出席了这次会议，此后，他还分别在1998年和2000年来北京参加国际会议。我因为在国际行为发展研究会担任中国地区负责人，所以与巴尔特斯教授多次共同参加学术活动，并有个人交往。由于这个原因，毕生发展问题逐渐引起了我的兴趣，巴尔特斯等人提出的

① 正是出此考虑，该书中文版一分为二出版，即《伯克毕生发展心理学：从0岁到青少年》和《伯克毕生发展心理学：从青年到老年》。

理论思想，也慢慢渗透到我的研究与心理学教学中。2006 年巴尔特斯教授在柏林因癌症逝世时，我曾发去悼词以示怀念。

1998 年，该书的第 1 版在美国出版，我很快就得到了这本书。2001 年该书第 2 版出版之后，我和我的研究生开始翻译该书的部分章节，目的主要是为研究和教学之用，并无出版意图。2007 年该书第 4 版出版后，培生图书出版公司和中国人民大学出版社找到我，希望我能翻译此书。我当时虽然工作繁忙，但仍想把该书及其理论、研究成果介绍给我国广大读者，于是接下了这一工作。

不料，从 2008 年之后，此工作因种种原因竟然拖了 5 年之久。从 2001 年我们翻译第 2 版算起来，该书的翻译工作已持续 10 年多。直到 2010 年我退休之后，我才得以拿出大量时间，集中精力去完成这一规模浩大的工程。

该书作者劳拉·E·伯克是美国一位颇有影响的心理学研究者、伊利诺伊州立大学心理系教授、著名的心理学教科书编写者、儿童事业的积极活动者。我们虽同为美国儿童发展研究协会会员，但我多次到美国参加学术会议，均无机会与她谋面。一个重要原因是，伯克教授的主要精力并不在儿童发展研究方面，而且她的学术兴趣和我不同，我的研究方向主要是儿童气质与家庭教养方式、儿童青少年道德发展等方面，而她则主要关注维果茨基理论在教育上的应用、幼儿的假装游戏、幼儿认知发展等，在编著教科书、心理学教学、教育咨询等方面也投入很大精力。令我觉得不可思议的是，她比我年长几岁，但是在她已经步入老年期的时候，居然还能做如此多规模巨大的工作，实在令人感佩！

参加该书翻译工作的有我的 18 名博士和硕士。其中，谷传华（博士）、王茜（博士）、张云运（博士）、夏美萍（硕士）曾经翻译该书第 2 版的 12 章，具体为：谷传华，第 5～11、13～14 章；张云运，第 16 章；王茜，第 18 章，夏美萍，第 19 章。他们的译稿，在翻译第 4 版时，都被作为重要参考。

参与第 4 版翻译、校对工作的人员如下：

作者简介（封面处）、致学生、致教师，陈会昌译

第 1 章，张桂芳（硕士）译，张光珍（博士）一校，陈会昌二校

第 2 章，张银娜（博士）、钟娟（博士）译并互相一校，陈会昌二校

第 3 章，吴巍（硕士）译，高雯（博士）一校，陈会昌二校

第 4 章，张光珍译，张银娜一校，陈会昌二校

第 5 章，梁宗保（博士）、张光珍译并互相一校，陈会昌二校

第 6 章，张光珍译，彭曦（硕士）一校，陈会昌二校

第 7 章，张琳琳（硕士）译，陈会昌校

第 8 章，蔡晓露（硕士）译，陈会昌校

第 9 章，高雯译，张桂芳一校，陈会昌二校

第 10 章，高雯译，吴巍一校，陈会昌二校

第 11 章，张萍（博士）译，陈会昌校

第 12 章，周博芳（硕士）、钟娟译并互相一校，陈会昌二校

第 13 章①，曹睿昕（博士）译，陈会昌校

第 14 章，段鑫星（博士）译，陈会昌校

第 15 章，曹睿昕译，陈会昌校

第 16 章，陈会昌译

第 17 章，张琳琳译，陈会昌校

第 18 章，陈会昌译

第 19 章，陈会昌译

---

① 从此章起，内容均纳入中文版另一本《伯克毕生发展心理学：从青年到老年》之中，并且为方便读者阅读，在上书中，第 13 章重新编排为第 1 章（相应地，原第七篇调整为第一篇），第 14 章重新编排为第 2 章，依此类推。

在翻译、校对工作结束后，我进行了统稿。

由于该书内容浩繁，涉及学科较多，不乏一些新学科、新领域和我国研究者不熟悉的一些研究问题和术语，又因参加翻译者人数多，人名、术语的统一工作量较大，虽细心再三，仍难免疏漏。在翻译、校对和统稿过程中，我力求做到“信”与“达”，但是因为译稿拖欠时间过长，为赶时间，“雅”就难以做到了，敬请心理学同行和广大读者指正。

陈会昌

2012年10月28日于北京学知园

致学生

我从事儿童发展教学三十余载，所教学生数千，他们和你们一样，来自不同专业，带着不同目的、兴趣和需求。其中一些人是我所在的心理系的学生，更多的人则来自相关领域：教育学、社会学、人类学、家庭研究、社会服务、护理与生物学等，不一而足。每个学期，学生们的学习热情因所在的研究领域而不同。大多数人希望在教育、护理、学校心理学和项目管理等应用领域找工作，还有一些想做教师，少数人希望做研究工作。多数人希望将来有一天能做父母，少数已经做父母的，则希望能更好地看待和养育孩子。几乎所有人都对自己怎样从一个弱小的婴儿成长为今天这样的复杂的成人而怀着深深的好奇心。

我修订的目的，是提供一本既符合你们课程目标，又能满足你们兴趣和需求的教材。为了达到这一目的，我在书中精选了一些经典和现代的理论和研究。此外，还强调从生命全程角度看待发展，强调生物因素与环境对成长中的人共同起作用。教材注重阐明不同种族、文化和我们所生活的社会大背景的共性和差异。我提供了一个独特的教学大纲，帮助你们掌握知识，把发展的各方面加以整合，批判性地审视有争议的问题，把所学知识加以应用并和自己的生活联系起来。

我希望，对人的发展的学习，像我多年来看到的那样，将会使你们受益。我很想知道，你们怎样看待人的发展这个领域，以及怎样看待该教材。欢迎大家不吝赐教，来信请寄：

Box 4620
Illinois State University
Normal
IL 61790

来信也可由出版商转交给我。

劳拉·E·伯克

致教师

多年来的职业经验和个人经历激励我写作本书。首要的也是最重要的原因，是30多年来我在大学执教生涯中，感受到的学习人的发展的成千上万的学生的兴趣和关注。首先，每个学期，他们的见解和提问都表明，必须从生命全程角度看待发展的每个阶段。其次，由于我自己已经渡过了成年期，我不由得越来越多地回顾影响自己生活道路的那些因素——家庭、朋友、导师、同事、社区和社会大环境。自己的事业稳定，婚姻经受住了时间的考验，孩子们已经长大成人，深刻地把握这些相互作用的多重影响因素，有助于看清自己当前身在何处，未来将走向何方，怎样成为一个更好的教师、学者、家庭成员和公民。教学已经成为我职业生涯中重要和令人愉悦的部分，我愿意把自己关于毕生发展的思考跟大家分享。

从本书第1版问世至今，本领域的理论和研究发生了相当大的拓展。这次修订的第4版，加入了很多反映该领域发展趋势的新内容，也添加了不少新内容和教学手段。

1. **重视多样化的发展变化途径**。研究者一致认为，不同的生物结构和日常活动导致了发展路径和最终能力的巨大个体差异。本书更加关注发展的易变性和尝试解释这种易变性的新近理论，如生态学理论、社会文化理论和动力系统理论。多元文化和跨文化的发现，如跨国比较研究结果，将会贯穿全书。标题为“生物因素与环境”和“文化影响”的一系列专栏，也突出了发展的多样性这一主题。

2. **强调毕生发展观**。和第3版一样，毕生发展观——发展是终生的、多维的、多方向的、灵活的和植根于多种环境下的——将继续在本版作为一个统一的方法来理解人的发展并贯穿全书。书中的“毕生发展观”栏目讨论了毕生发展观的假设和对跨年龄发展的关注。

3. **对生物因素与环境因素之间的复杂、双向联系给予更多关注**。有关脑、动作技能、认知能力、气质和人格、心理异常等方面越来越多的证据表明，生物因素既被经验因素所改变，也与经验因素形成合力。本书把生物与环境因素的相互关联整合到毕生发展观当中，在全书内容中加以体现，在“生物因素与环境”专栏也增添了一些新专题，或对原有内容做了更新。

4. **增加了跨学科研究结果**。把思维、情感和行为看作受生物因素、社会环境和文化背景影响的整体，促使发展研究者加强了与心理学以外的学科的联系，本版讨论的主题和研究结果中增加了教育心理学、社会心理学、健康心理学、临床心理学、神经心理学、生物学、儿科学、老年学、社会学、人类学、社会福利及其他领域的贡献。

5. **加强了理论、研究与应用之间的联系**。研究者正在努力使研究结果推广到现实生活情境，因此我增加了社会政策问题和基于应用的理论与研究的比重。“学以致用”表给学生提供了在知识与实践之间架一座桥的具体方法。

6. **更加强调学生的主动学习**。本次修订，对全书各主要章节后面的思考题进行了修订和扩充，鼓励主动学习的四种方法：复习、应用、联结和反思。本次修订新加的反思问题鼓励学生有理有据地思考一些重要问题，把理论、研究与自己的生活相联系，从而使毕生发展研究对自己有个人意义。

本书的编写理念

本书的基本倾向受到我作为教师、研究者和母亲等经历与个人经历的影响。本书秉承七个理念，我认为，它们对学生从本课程了解毕生发展是非常重要的。所有理念都渗透到全书每一章。

1. **对本领域理论的多样性及各个理论优缺点的理解**。第1章开头就强调，只有多样性的理论才能解释多姿多彩的人的发展过程。每当我论述一个年龄阶段和发展的某一方面时，我都会介绍不同的、相互补充的理论观点，来说明每种理论怎样强调过去曾被忽视的发展的方面，同时讨论评价该理论的研究。理论之间的比较有助于对有争议的问题做出正确的分析。

2. **把毕生发展观作为对发展进行整合的途径**。我在第1章就指出，毕生发展观是一个结构框架，并在全书中阐明它的观点，努力帮助学生构建从受精卵到死亡的发展的全面视角。

3. **了解人的发展顺序及其内在机制**。学生将会看到随变化过程而发生的系统化发展顺序的讨论。除了描述发展阶段，我还讨论了变化的过程。生物因素和环境因素以复杂的方式相结合，共同促成发展，这已成为近期研究的焦点。本书突出了对这种观点的介绍。对关于发展变化的时间表的新研究结果也有所介绍。婴儿和老年人在许多方面比我们过去认为的更有能力。此外，成年期发展的一些标志事件，如完成正规教育，开始职业生涯，结婚生子和退休等，现在比过去更难预测。本书还介绍了人生各阶段有关发展的顺序与时间表方面的研究，以及它们对发展的意义。

4. **了解社会环境和文化对人的发展的影响**。许多研究证明，人生活在丰富多彩的物质环境和社会环境中，这些环境影响着发展的所有方面。在本书的不同地方，学生可以在跟着我回顾不同文化中成长的个体时，到世界各地去徜徉。书中还讨论了美国和加拿大对不同社会经济地位和不同种族人们的研究结果。此外，不同历史时期和各个同龄群组的影响一直受到关注。在这方面，性别问题——男性和女性不同的经验、角色和生活道路——在书中也做了讨论。除了强调家庭、邻居和学校这些小环境影响之外，我还用一定篇幅阐述了大社会结构，如社会价值观、法律和政府的政策对人生幸福的影响。

5. **理解生物和环境因素共同影响发展**。现在对遗传素质与环境因素共同作用的认识比以前大大加强了，这两方面的因素以复杂的方式结合起来影响着发展，而不能以简单方式把它们割裂开来。本书列举了大量实例来说明，生物素质既可能得以保持，又可能在社会环境影响下发生变化。

6. **生理、认知、情绪与社会性等发展的各方面的相互依存性**。每一章都强调了看待发展的整合取向。我阐述了生理、认知、情绪与社会性发展是怎样紧密交织的。在教材的字里行间，在主要章节后面的思考题中，提醒学生阅读其他章节，使学生对发展的不同方面之间的关系有更深的理解。

7. **对理论、研究与应用之间相互联系的理解**。我在本书中强调，人的发展的理论和这些理论所引发的研究，为儿童、青少年和成人的和谐有效的生活提供了依据。本书以一种系统化的方式突出了理论、研究与应用之间的联系，即，先介绍理论和研究，再介绍实际应用。当前，本领域的人们特别强调，让人的发展的知识影响社会政策，以满足毕生发展中人们的需要，本书各章对这一点都有所反映。本版教材中还介绍了美国、加拿大和世界其他国家的儿童、青少年和成人的生活状况，向读者显示了，理论和研究是怎样与公共利益相结合，对人们的生活进行成功干预的。其中包括一些重要的应用课题，如计划生育、婴儿死亡率、母亲就业与婴儿保育、未成年人怀孕与做父母、家庭暴力、成人的体育锻炼与健康、终生学习、祖辈对孙辈的养育、退休调适、对鳏寡生活的适应以及临终前的缓解护理等。

本书的结构①

在本书中，我选择的是按发展的时间顺序编排的结构。第1章概述了毕生发展研究领域的历史、当代的理论和研究方法。之后的两章介绍了发展的基础，其中第2章讲述生物学基础和环境背景如何统一和整合起来，对发展产生多方面的影响。第3章讲孕期发育、分娩及新生儿的情况。学生掌握了这些基础知识，就为进一步了解七个主要的发展阶段做了准备，这七个阶段是：婴儿期与学步期（第4章、第5章、

① 第13章之后的内容请见《伯克毕生发展心理学：从青年到老年》。——译者注

第 6 章），幼儿期（第 7 章、第 8 章），小学期（第 9 章、第 10 章），青少年期（第 11 章、第 12 章），成年早期（第 13 章、第 14 章），中年期（第 15 章、第 16 章），老年期（第 17 章、第 18 章）。每一个发展阶段又分别包括生理发展、认知发展以及情绪与社会性发展。最后以死亡、临终与丧亲为主题（第 19 章）结束全书。

按年龄顺序编排的结构便于学生把握每个年龄阶段。把发展的各个领域放在一起，写起来比较容易，因为这样写，各个领域非常接近。但是，按年龄顺序编写教材，不得不把理论分成块，分别讲述不同的年龄阶段。这给学生造成了困难，他们必须把各部分内容联系起来。为了帮助学生做到这一点，我在教材中不断地提醒学生，在学习新的发展阶段之前，把有关章节联系起来。同时，讨论同一主题（如认知发展）的不同章节，其结构也很相似，便于学生把不同年龄阶段的内容加以联结，对整个发展变化形成完整认识。

第 4 版新增内容

由于新发现不断涌现，现有知识不断被更新，因此毕生发展是一个魅力无穷、日新月异的研究领域。第 4 版引用了枝繁叶茂的当代文献，其中新文献超过 2 200 种。最新主题在书中随处可见，下面是一些例子。

第 1 章： 更多地关注了发展的动力系统说 • 增加了中世纪欧洲儿童期被看作生活中一个割裂时期的历史新发现 • 增加了对一个新研究领域——发展认知神经科学——的介绍 • 增加了采用系统观察、结构访谈和相关研究的新的研究实例 • 新增了实验设计与发展设计相结合的内容，包括在一个新的“社会问题”专栏中回答下面的问题：“音乐经验能否促进智力？”

第 2 章： 更新了对基础遗传学的讨论 • 增加了两性出生比例发生变化的新证据 • 增加了遗传突变和细胞突变对一生健康的影响 • 增加了对疾病的遗传学检测与遗传治疗的新研究 • 更新了收养儿童的发展内容 • 新增了关于富裕生活、家庭机能与发展的内容 • 更新了邻居对儿童与成人身心健康影响的研究 • 扩充了农村与城市环境对儿童与成人发展影响方面的内容 • 更新了公共政策与毕生发展的内容 • 增加了一个新的“毕生发展观”专栏，讨论了世界各地对女孩的教育问题，以及它对当前一代和未来几代人的影响 • 更新了美国、加拿大和其他工业化国家和地区儿童与成人状况的指标 • 增加了关于环境对基因表达的影响的讨论

第 3 章： 更新了关于胎儿感觉和行为能力以及胎儿活动水平是儿童期气质的预测指标的研究 • 更新了有关孕期环境与后期健康关系的“毕生发展观”专栏 • 扩展并更新了关于畸形发育的内容 • 增加了关于孕期情绪压力的长期后果的新研究 • 增加了关于高龄母亲的孕期和出生并发症的新发现 • 更新了关于早产儿与出生低体重儿的讨论 • 加强了“袋鼠式养育”对早产儿好处的讨论 • 更新了“生物因素与环境因素”专栏关于婴儿猝死综合征的内容，包括保护性睡眠法 • 增加了关于胎儿和新生儿痛知觉的新研究 • 增加了关于孕期环境对新生儿气味偏好影响的新发现 • 增加了对父亲影响的描述，包括畸形儿的影响、母亲的社会支持、有父亲照料的出生时激素的变化

第 4 章： 增加了对测量脑机能的主要方法的介绍，包括 EEG、ERPs、fMRI 和 PET • 更新了“毕生发展观”专栏关于一生中脑的可塑性内容 • 增加了对来自罗马尼亚孤儿院的收养儿童的新研究，涉及婴儿期是否发展的敏感期问题 • 增加了关于婴儿期和幼儿期适当刺激、经验—预期型和经验—依赖型大脑发育之间区别的新研究 • 更新了“文化影响”专栏关于婴儿睡眠时间的文化差异的内容 • 更新了母乳喂养相关内容 • 增加了关于婴儿和学步儿饮食习惯和早期肥胖危险的新证据 • 修订并更新了习惯化相关内容，包括采用习惯化任务测量近期和远期记忆 • 增加了有关新生儿对人和黑猩猩的模仿行为的新发现 • 增加了关于伸手动作发展的动力系统新研究 • 扩展并更新了对早期面孔知觉的描述 • 增加并更新了联合知觉相关内容，包括联合知觉对心理发展各方面的影响

第 5 章： 扩展了认知发展的核心知识观方面的内容 • 增加了关于学步儿模仿行为的新研究 • 更新

了关于记忆与分类能力发展的新研究结果 • 增加了关于早期记忆方法的新研究结果 • 修订并更新了“毕生发展观”专栏关于婴儿健忘症的内容 • 增加了**贝雷婴儿发展量表**新版（Bayley Ⅲ） • 更新了美国、加拿大儿童养育质量与认知、社交能力发展结果的影响的新研究结果 • 增加了对婴儿和学步儿赤贫家庭早期干预的新研究，包括“早期智力启蒙项目”（Early Head Start Program） • 扩充了早期语言发展相关内容，包括对互动理论的介绍和口语发展的新研究、语言进步中的社会经济地位变量，以及听力缺陷婴儿的发展 • 新增了关于亲子互动对聋儿语言与认知发展影响的“生物因素与环境”专栏

第6章：修订了“毕生发展观”专栏关于父母抑郁与儿童发展的内容，增加了母亲与父亲抑郁的内容 • 扩充了如何对待社交参照行为的内容，增加了婴儿对父母声音的敏感性方面的内容 • 增加了气质—努力控制维度的自我调节的新研究结果 • 更新了气质的稳定性相关内容 • 增加了关于父母强调孩子的气质差异倾向的新研究结果 • 增加了对依恋评价方法的关注，如依恋Q分类法 • 扩充了敏感的养育对依恋安全性影响的文化差异的介绍 • 扩充了父亲参与婴儿活动相关内容 • 新增了一个“文化影响”专栏，讲述父亲疼爱对发展的重要作用 • 丰富了婴儿期依恋质量对后期发展影响的讨论 • 更新了“社会问题”专栏有关婴儿养育质量与长时间养育对依恋和后期发展影响的内容

第7章：更新了关于儿童免疫的研究 • 新增了关于美国和其他西方国家关于儿童保健的“社会问题”专栏 • 增加了关于幼儿对符号—真实世界关系的理解相关内容，涉及双重表征能力 • 增加了有关外表—真实性区分能力发展的新研究结果 • 新增了一个“文化影响”专栏，讲述乡村部落文化中的儿童凭借观察和实际参与成人劳动而学习 • 增加了关于注意发展的介绍，涉及抑制的作用 • 扩充了关于自传式记忆发展的讨论，涉及内容是亲子关系的影响 • 增加了关于认知进步对掌握错误信念任务影响的新证据 • 更新了关于早期计算能力发展的研究 • 更新了“生物因素与环境”专栏“心理盲”与自闭症的内容，增加的内容涉及对自闭症儿童心理缺失理论的解释 • 增加了对贫困儿童学前干预的长远收效的内容 • 扩充了教育媒介相关内容，涉及电视和电脑的影响 • 扩充并更新了幼儿用于理解词意的多种方法的研究结果 • 增加了关于语法技能渐进发展的新研究结果及相关的理论分歧

第8章：增加了对主我和客我的解释，并附图说明 • 增加了情绪能力概念的研究 • 对幼儿期情绪自我调节部分进行了更新，增加了关于努力控制的内容 • 扩充了关于同伴交际性的内容，如非社交游戏对适应的作用 • 修订并更新了关于父母教养方式与儿童同伴关系相关内容 • 增加了关于严厉惩罚对发展影响的研究结果 • 新增了一个“文化影响”专栏，介绍体罚后果的种族差异 • 增加了积极管教方式的内容 • 更新了关于幼儿道德推理的讨论 • 修订并更新了攻击性类型的内容，包括身体攻击、言语攻击和关系攻击 • 更新了关于媒体暴力与攻击性发展的讨论 • 增加了关于儿童习得早期性别成见的新证据，包括父母与同性别同伴关系的影响 • 更新了关于认知对性别恒常性影响的研究结果 • 更新了对性别图式理论的讨论，涉及儿童的性别图式加工中的个体差异 • 增加了关于父母对孩子的心理控制对儿童适应的伤害性影响的新研究结果 • 扩充了父母教育观念与教育行为的文化差异的内容 • 更新了虐待儿童相关内容，包括家庭访问预防项目有效性的内容

第9章：修订并更新了超重和肥胖相关内容 • 新增了青少年参与体育活动项目结果的内容 • 新增了关于进化对儿童游戏的影响相关内容，特别关注了嬉闹游戏及其适应意义 • 修订了关于注意缺失多动综合征的“生物因素与环境”专栏的内容 • 增加了小学期元认知发展的介绍，涉及次级错误信念 • 更新了关于阅读学习的讨论，涉及语音意识的影响 • 扩展了数学能力发展相关内容，增加了数学教学所起作用的内容 • 介绍了**斯坦福—比纳智力量表（第5版）**和**韦克斯勒儿童智力量表（第4版）**，包括新的测验项目举例 • 更新了对斯腾伯格三维智力理论的介绍 • 新增了一个“毕生发展观”专栏，内容涉及社会智力与情绪智力 • 增加了关于文化、沟通方式与儿童心理测验成绩的新研究结果 • 增加了关于种族成见对少数族裔儿童心理测验成绩不良影响的相关内容 • 新增了一个“社会问题”专栏，内容涉及高标准心理测验 • 扩充了小学期语言发展的内容，特别关注了口语叙述问题 • 修订并更新了教育观念相关，涉及建构主义和社会建构主义的课堂教学 • 更新了不同国家儿童学习成绩的比较结果，特别关注了支持良好学习成绩的家庭、学校和社会因素

第 10 章：增加了小学生自我概念的文化差异方面的内容 • 扩充了对情绪自我调节的介绍，如小学生对问题中心应对策略和情绪中心应对策略的使用 • 扩充并更新了小学生对道德与社会常规理解方面的内容 • 增加了学龄儿童的个人权利相关内容，包括道德理解力在其中的作用 • 新增了儿童对种族多样性和不平等的理解相关内容，包括对种族偏见发展的研究结果 • 增加了关于亲社会儿童与攻击性儿童的友谊差异的讨论 • 更新了“社会问题”专栏“欺负与被欺负”的内容 • 增添了关于小学期性别同一性发展的新研究结果，涉及情绪调节的作用 • 加大了对学龄儿童父母教养方式的关注，侧重于父母参与与儿童发展 • 更新了小学生常见恐惧的介绍 • 新增了关于儿童目击者证词的新研究结果，强调了导致儿童容易受暗示的因素

第 11 章：新增了关于青少年脑发育相关内容 • 增加了关于青少年睡眠“时间周期延迟”对学习成绩和高危行为的不良影响的新研究结果 • 增加了关于青春期到来时间对成年期心理调节影响的新研究结果 • 介绍了关于父母—青少年关于性问题谈话的新研究结果 • 修订并更新了关于男女同性恋和双性恋青年的性别同一性发展的“社会问题”专栏 • 增加了关于不和父亲一起生活与早期性活动之间关系的新研究结果 • 增加了关于促使青少年爸爸多参与孩子养育的因素的讨论 • 加大了对文化对青少年吸毒和酗酒影响的关注 • 新增了关于青少年决策的相关内容 • 增加了关于青少年男生的阅读和写作成绩下降的新研究结果 • 更新了导致数学与空间能力性别差异的因素的内容 • 增加了关于转学对适应影响的新研究结果 • 更新了对中学生学习成绩的追踪研究

第 12 章：更新并扩充了青少年的自尊相关内容 • 更新了少数族裔青年同一性的发展的“文化影响”专栏 • 修订了对科尔伯格阶段论的评价 • 新增了关于青少年的道德、社会常规和个人关切的协调相关内容 • 扩充了关于促进道德自我相关度的经验的内容 • 新增了加入宗教与道德发展相关内容 • 更新了“社会问题”专栏“公民责任感的发展” • 扩充并更新了父母教养方式与青少年的自主性相关内容 • 新增了网上友谊相关内容 • 增加了关于亲子依恋与青少年恋爱行为之间关系的新研究结果 • 修订并更新了“毕生发展观”专栏，增加了关于青少年违法行为的两条途径，介绍了早期关系与攻击和反社会行为之间关系的新研究结果

第 13 章：增加了介绍成年初期向完全成人角色全面过渡相关内容 • 更新了关于生物学衰老理论的介绍 • 增加了基于对优秀运动员研究发现的关于成年期运动能力变化的新研究结果 • 更新并增加了关于影响成人健康的社会经济地位变量的讨论 • 增加了关于成年早期致瘾物滥用的新研究结果 • 增加了关于使用网上约会服务的新发现 • 增加了对男性主动和女性主动的强迫性行为的研究结果 • 修订并更新了关于佩里的理论与认知发展相关内容，重点是促进认知发展的经验 • 扩展了拉伯威-维夫的理论及成年早期和中期的认知—情感复杂性 • 增加了关于致使大学生辍学因素的新研究结果及关于预防性测量的讨论 • 更新了影响职业选择因素的研究，尤其侧重于父母和教师的作用 • 新增了一个“社会问题”专栏，内容涉及选择非传统职业的男人

第 14 章：增加了关于同一性和亲密感发展任务之间关系的讨论 • 更新了有关亲密爱情发展的研究，重点是建设性冲突解决 • 增加了离家之后与父母关系发生变化的新研究证据 • 增加了婚姻满意度的性别差异的新发现 • 增加了有关父母对头胎和二胎的适应的讨论 • 更新了父母教育相关内容 • 增加了对离婚危机的代际传播的新研究 • 更新了关于男性同性恋和女性同性恋父母的研究 • 增加了关于女性和少数族裔成人面临的独特的工作场所挑战的新研究证据 • 增加了关于可以帮助既要工作又要负担家庭责任的成人的工作单位政策 • 新增了一个“社会问题”专栏，涉及选择离职回家的职业女性

第 15 章：更新了有关更年期综合征的内容 • 增加了采用激素疗法治疗更年期综合征的危险和优点，介绍了新的研究 • 增加了女性对更年期综合征的反应及种族差异的讨论 • 更新了有关男性生殖能力变化的一节 • 更新了随年龄增长慢性病发病率的统计数字 • 增加了关于遗传、生物学衰老和环境对癌症影响的讨论 • 更多地关注了男性骨质疏松症，特别是对普查和治疗的需求 • 更新了随年龄增长加工速度减缓和抑制能力减弱的内容 • 增加了关于中年人在有压力的、类似课堂教学情况下的记忆和自我决定学习节奏情况下的记忆的新研究 • 更多地关注了非传统的大学学生面临的挑战，包括性别与种族成见

第16章：增加了关于中年期男性和女性对其外貌变老的情绪反应的新研究结果 • 更新了是否存在中年危机相关内容，介绍了询问中年期成人是否对生活感到悔恨的研究结果 • 增加了从成年早期到中年期心理压力变化的新研究结果 • 增加了男性和女性对中年期离婚原因的新研究 • 更新了关于三明治一代和赡养老年父母者的相关内容 • 更新了“社会问题”专栏“祖辈抚养孙辈的隔代家庭” • 增加了关于在工作场所的女性、少数族裔和“天花板”效应的新研究

第17章：更新了北美地区对平均期望寿命和积极寿命的统计数字 • 更新了“毕生发展观”专栏关于百岁老人的内容，介绍了有记录以来的最长寿老人珍妮·路易斯·卡尔蒙特的传记 • 扩展并更新了老年成见及其对老年人影响的讨论，包括老年成见的害处及媒体对老年人的描述 • 更多地关注了患病压力问题，尤其是健康生活方式的重要性 • 增加了关于营养和锻炼对老年人健康状态影响的新研究 • 增加了老年人身体虚弱影响因素的新研究 • 更新了导致老年期死亡因素的统计数字 • 增加了与阿尔兹海默症有关的神经系统变化的新研究结果 • 更新了关于阿尔兹海默症的遗传和环境危险因素，包括糖尿病与阿尔兹海默症之间的关系 • 更新了“社会问题”专栏“对痴呆老人护理者的干预”，增加了对REACH干预项目有效性的介绍 • 增加了关于记忆力变化的新研究，包括对事件背景回忆能力的减退、对长久事件的回忆(特长时间的回忆能力)，以及前瞻性记忆 • 增加了关于语言加工的新发现，包括老年人越来越多地体验到的欲言难吐现象 • 更新了与认知变化相关的因素的新研究结果，包括教育、吸烟、慢性病，以及复杂而富于启发性的工作 • 讨论了随年龄增长认知成绩越来越不一致及其对认知减退的预测 • 增加了对老年人的认知训练项目，介绍了ACTIVE，一个大规模干预，显示老年人经培训可获得各种技能

第18章：讨论了琼·埃里克森增加的一个心理阶段：老年卓越阶段 • 更多地关注了老年期的情绪能力，介绍了拉伯威-维夫对情感最优化的研究 • 增加了对老年期可能自我的介绍 • 增加了对老年期精神力量和宗教信仰的新研究 • 新增了关于连续性理论及相关研究的内容 • 更新了有关社会情感选择理论的新研究 • 讨论了老年期同居问题 • 更新了关于鳏寡生活适应的新研究 • 讨论了作为老年人虐待形式之一的老年人遗弃问题

第19章：更新了关于儿童对死亡的理解的研究 • 增加了关于宗教信仰与死亡焦虑之间关系的新研究 • 更新了绝症患者临终前反应波动的新研究 • 增加了文化对临终体验影响的新解释 • 新增了一个“生物因素与环境”专栏“音乐对临终患者的缓解性护理” • 增加了特丽·施亚沃的案例及公众对死亡权利问题的辩论 • 更新了“社会问题”专栏“自愿主动安乐死”，增加了荷兰法律通过准许安乐死 • 增加了公众是否赞同协助自杀行为的新统计结果 • 更新了对俄勒冈《尊严死亡法》的介绍 • 介绍了沃尔登关于哀痛是一套使事情做得更圆满的任务的观点 • 更多地介绍了丧亲意义的新研究，认识到丧亲的意义是应对丧亲的有效应对策略 • 讨论了因没有公开表达哀痛的机会而导致的哀痛剥夺现象 • 介绍了社会惨案和丧亲超载的危险 • 介绍了丧亲干预中的自助小组

教学特点

简明易读的写作风格，既要简明、吸引人，又不过分简化，这是本书写作的重要目标。我经常在上课时与学生对话，鼓励学生把书本上学到的知识与自己的生活相联系，让人的发展的学习富有参与性和乐趣。

真人真事。为了使行文活泼，印象深刻，我举了很多例子。比如，在小学期部分，你将读到10岁的乔伊和8岁的莉琪的经历、他们离异的父母丽娜和德雷克，还有他们的同学。在老年期的几章里，学生将认识一对活跃的退休夫妇沃尔特和露丝、沃尔特的哥哥迪克和嫂嫂高尔蒂，以及露丝的姐姐伊达——一位阿尔兹海默症患者。除了和每个年龄阶段相配合的几个主要人物，还有很多插图，提供了发展的实例以及儿童、青少年和成人的多样性。

章前导读和章末小结。为了提供一个对学生有帮助的课程内容简介，我归纳出每章的大纲和概览，作为各章的导读。根据每章各节主要内容归纳出**本章要点**、**重要术语和概念**，提醒学生抓住教材所讨论

的重点。小结中还有一些思考题，鼓励学生主动地学习。

思考题。每节后面的思考题鼓励学生主动参与到所学教材中来。四种类型的思考题提示学生以不同方式思考人的发展问题：复习题提醒学生回忆并领悟刚学到的知识；应用题鼓励学生把所学的知识运用到人们正在讨论的问题和儿童、青少年、成人及做这些人工作的专业人员所面临的问题上。联结题帮助学生把他们学到的不同年龄阶段和不同领域的知识加以整合，形成一个人的完整图像。反思题让学生反思自己的成长过程和生活经历，使对人的发展的研究具有个人意义。

以下四个专栏突出了本书的编写理念：

"毕生发展观"专栏。这个栏目讨论的是对发展或代际问题有深远意义的主题。比如：世界女童教育：为了下一代；孕期环境与后期健康；社会智力和情绪智力；儿童期的依恋类型与成年期的爱情；有繁衍感的成人谈自己的生活经历；从百岁老人身上我们能学到什么？

"社会问题"专栏。考察了社会环境对儿童、青少年和成人的影响，强调了敏感的社会政策对人的身心健康的重要性。比如：音乐经验能否促进智力；美国和其他西方国家的儿童保健；高标准测验；工作中的男子气：选择非传统职业的男性；选择留在家中职业女性；对痴呆老人护理者的干预。

"文化影响"专栏。本书贯穿全书地加强了对文化的关注，既强调跨文化差异，也强调多元文化差异。比如：移民后代的惊人适应力；非洲裔美国人大家庭；婴儿睡眠习俗的文化差异；父亲疼爱对发展的重要作用；乡村和部落儿童怎样观察和参与成人的劳动；衰老体验的文化差异。

"生物因素与环境"专栏。本专栏强调了越来越引起关注的在发展过程中生物因素和环境因素之间的复杂、双向关系。比如：亲子互动对聋儿语言和认知发展的影响；害羞与交际性的发展；"心理盲"与自闭症；欺负与被欺负；抗衰老的饮食限制适合于人类吗？哪些因素可以促进中年期的心理健康？音乐对临终患者的缓解性护理。

"学以致用"表。为了强调理论研究与应用之间的联系，"学以致用"表简明易懂地提出建议，把一生中怎样关照自己、怎样照顾别人，突出重点地列出来。这些表格的内容适用于已做父母和即将成为父母的学生，适用于在儿童和家庭领域寻找工作的学生，也适用于教师、保健、咨询及社会工作等工作领域。表格内容主要有：高质量家庭生活的特征；婴儿—学步儿家庭分量表；支持早期语言学习；怎样培养婴儿的服从和自我控制；帮助儿童适应父母离异；与青少年讨论性问题；双职工兼顾工作和家庭的方法；减轻照料年迈父母的压力；促进老年人丧偶的适应力。

"重要标志"表。"重要标志"表出现在教材中每一个年龄阶段的末尾。这些表格对生理、认知、语言、情绪和社会性等方面的进步做了概括，可以帮助人们回顾毕生发展的时间进程。

美术作品和照片。精心修订的美编风格清晰而诱人地展示了各种研究发现，可以很好地帮助学生理解和记忆。插图中使用了大量第3版中用过的照片。这些精心选择的照片描绘了人的发展，表现了生活在美国、加拿大和世界其他各地的人们的多样性。

教材中定义性的关键术语、章末的术语表和书末的术语总表。术语是本领域中的核心词汇，可以通过书中标明的关键术语和概念定义来掌握这些术语，它们可以帮助学生通过重读相关内容，深刻理解本领域中的重要概念。关键术语还出现在章末的页码索引术语表和书末带页码索引的总术语表中。

致谢

本书第4版承蒙很多人的无私帮助，他们使本书更为精细。审阅人对本版的结构和内容提出了很多有助益的建议、建设性的批评和热情的鼓励。在此我向下列每个审阅人表示感谢。

第4版审阅人

Gerald Adams，University of Guelph

Jackie Adamson，S. D. School of Mines and Technology

Cheryl Anagnopoulos，Black Hills State University
Sherry Beaumont，University of Northern British Columbia
Kimberly Blair，University of Pittsburgh
Tracie L. Blumentritt，University of Wisconsin La Crosse
Lanthan Camblin，University of Cincinnati
Byron Egeland，University of Minnesota
Karen Fingerman，Purdue University
Laurie Gottlieb，McGill University
Dan Grangaard，Austin Community College
Marlene Groomes，Miami Dade College
Laura Guntmeir，Redlands Community College
Deb Hollister，Valencia Community College
Hui-Chin Hsu，University of Georgia
Marita Kloseck，University of Western Ontario
Karen Kopera-Frye，University of Nevada，Reno
Valerie Kuhlmeier，Queens University
Deanna Kuhn，Teaches College，Columbia University
Dale Lund，University of Utah
Ashley Maynard，University of Hawaii
Kate McLean，University of Toronto at Mississauga
Carol Miller，Anne Arundel Community College
Ulrich Mueler，University of Victoria
Marion Perlmutter，University of Michigan
Dolores Pushkar，Concordia University
David Shwalb，Southeastern Louisiana University
Judi Smetana，University of Rochester
JoNell Strough，West Virginia University
Mojisola Tiamiyu，University of Toledo
Ruth Tincoff，Harvard University
Laura Thompson，New Mexico State University

第3版审阅人

（略）

我所在的伊利诺伊州立大学给我的研究以支持，对本书的修订给予了很大的帮助。政策与行政系的理查德·佩恩（Richard Payne），是一个忠诚的朋友，我和他曾就书稿的撰写、儿童与老年人的环境及其他问题多次进行富有成效的讨论，这些讨论明显地影响了我对毕生发展和社会政策的看法。萨拉·哈里斯（Sara Harris）与我一起编写了**教师资源手册**、**生活中的毕生发展**观察录像指南和**毕生发展窗口**录像指南，在这些工作中她表现出巨大的热情、想象力、渊博的知识和杰出的写作能力。特里莎·曼（Trisha Mann）在查阅文献、修订学习评分指导中的忘我工作非常令人赞赏。科特尼·库珀（Courtney Cooper）付出大量时间收集、编撰了参考文献。

教辅材料包也得益于其他几位同事的天才、勤奋的工作。乌尔辛努斯（Ursinus）学院的加布雷尔·普林斯佩（Gabrielle F. Principe）和范德比尔特（Vanderbilt）大学的娜奥米·泰勒（Naomi Tyler）编辑了高质量的测验题库。理查德·威尔考克斯（Richard Wilcox）编撰了优秀的网上套件和附有练习性测验的评分指导。兰德（Lander）大学的麦克尔·索恩塔格（Michael Sonntag）亦对网上套件有所贡献。谢拉里·康诺尔斯（Sheralee Connors）设计了PPT幻灯片，苏珊·梅瑟尔（Susan Messer）编撰了在我的发展实验室中出现的本领域一些主要人物的内容丰富的传记材料。

我有幸与培生出版公司高效的编辑人员一起工作。主编苏珊·哈特曼（Susan Hartman）从最初的策划到出版提出了富有助益的建议和细心的监督。在她紧张的日程中慷慨地安排时间每周和我会面。编辑主管米列拉·米西亚捷克（Mirella Misiaszek）在协调本书各方面的繁杂工作方面付出了极为专业和认真仔细的努力，包括安排专家审稿，指导教辅材料的编写，组织拍摄录像，这些工作极大地增强了我向人们展示重要的发展概念和里程碑的能力，在本书的照片编辑方面她也做了很好的工作，其他还有很多很多，难以列举。与米列拉合作的一年中，她对人的发展的兴趣给我带来了很多快乐。

发展专业的编辑朱蒂·阿什凯纳兹（Judy Ashkenaz）在我写作每一章时和我密切配合，细心审查每一个想法和概念是否得到严谨的表述和完善的编排。她娴熟的写作与编辑能力和对发展问题的渊博学识把编辑工作变成了一种额外的学习和乐事。我也要感谢苏珊·梅瑟尔给照片加的说明，感谢朱蒂·豪克（Judy Hauck）对改进美编工作的高超眼光。

帕特里克·卡什-彼得森（Patrick Cash-Peterson）承担了书的制作任务，保证了精美的第4版图书的面世。他高度的审美敏感性、对细节的关注、灵活性、工作效率和严谨性令人赞赏。我感谢萨拉·艾维尔特森（Sarah Evertson）和劳丽·弗兰肯达勒（Laurie Frankenthaler）提供的非同寻常的照片，使教材图文并茂。玛格丽特·皮内特（Margaret Pinette）和比尔·海克曼（Bill Heckman）帮助制作了精良的清样，并进行了精细的校对工作。

在此还要衷心感谢市场部执行经理帕姆·拉斯基(Pam Laskey)，感谢她的热心、创造性、不厌其烦的咨询与沟通以及温馨的友情。帕姆确保了本书准确、明晰的信息发布，协助培生出版公司完成销售任务，满足了对书的预订和对现书的需求。言辞很难尽述她对本书的质量及传播所做的种种努力。

最后，感谢我的家庭，它的爱、忍耐力和理解才使我得以同时做一个妻子、母亲、教师、研究者和教科书作者。我的两个儿子，戴维和彼得，对这项工作表现出特殊的兴趣。他们对自己生活中发生的事情和取得的进步的反思，通过电话、电子邮件和家庭聚会转达给我，对我撰写成年早期的几章很有帮助。我的丈夫，肯，在我们的共同生活中，始终毫无怨言地为我耗功费时的工作让路，以无言的、无微不至的关心表达他对我的工作重要性的认可。

劳拉·E·伯克

补充教材

教师用补充教材

有多种教学手段可资配合有组织的课堂教学、示范和考试，确保学生对教材的理解。

1. **我的发展实验室**（MyDevelopmentLab）

这一互动性、指导性的多媒体资源可用作课堂教学的补充，或作为在线课程的具体管理手段。与劳拉·E·伯克共同制作的我的发展实验室内含一系列评价手段，可以循序渐进地对学生的学习做出评价。该资源还包括特别针对本书制作的长度可观的录像片、多媒体模拟演示、本领域重要人物的传记以及互动活动等。我的发展实验室的功能体现在，它是作为一种包罗万象的教学与学习手段而设计的。

2. **教师用成套教具包第一、第二卷和光盘**（Instructor's Classroom Kit，Volume I and II and CD-ROM）

这是一个内容丰富、独一无二的教学资源，这套教具包包括全部印刷的补充教材。第1卷含有第1章到第10章的补充教材，第二卷含有第11章到第19章的补充教材。教具包以章节为顺序，每一卷都包括教师资料手册、测验题库、附有练习性测验的评分指导和PPT演示片。

（1）教师资料手册（Instructor's Resource Manual，IRM）

这套教师手册可以帮助新教师和有经验的教师丰富教学经验。每章都有一个本章概览表、本章内容提要、学习目标、详细的教学大纲、改进教学效果的方法，思考题及其答案、建议学生阅读的材料、幻灯片清单和媒体材料清单。

（2）测验题库（Test Bank）

测验题库里包含有2 000多个多项选择题，每道题都附有页码索引同章节内容相对应，并有题型说明（事实题、应用题和概念题）。每一章还包括一道选择性思考题及答案范例。

（3）附有练习性测验的评分指导（Grade Aid with Practice Tests）

这个对学生有帮助的指导手册包括每章的内容提要、学习目标、根据教材的主要标题汇集的学习思考题、为掌握重要术语而编造的纵横字谜拼图，另外，每章有两个多重选择题的练习性测验。

（4）PPT演示片（Power Point Presentation）

PPT演示片包括教材上每章的主要内容的说明和纲要，以清晰而吸引人的方式展示出来。

（5）教师用光盘（Instructor's Resource CD-ROM）

教师用成套教具包的全部内容都以电子版形式存入此套光盘中。

3. **计算机化测验题库**（Computerized Test Bank）

这个计算机版的测验题库简便易行地编辑在TestGen软件中，既可以打印出来，也可以在线施测。它具有完全的编辑功能。测验项目也可以在CourseCompass、Blackboard和WebCT formats中找到。

4. **“生活中的毕生发展”观察项目**（“Development Through the Lifespan in Action” Observation Program）

这个经过修订和扩充的真实生活的录像时间超过两个小时，包含数百个观察片断，说明了很多理论、概念和人的发展的里程碑。新增内容包括对错误信念的理解、成人初期、退休和做志愿者、百岁老人、老年人护理、丧子后的哀伤与寻找意义等。其中的观察指南帮助学生把录像资料与教材相联系，加深他们的理解并学以致用。

5. **“毕生发展窗口”观察录像**（“A Window on Lifespan Development” Running Observational Footage Video）

这个录像是前面观察项目的补充，以超过两小时的无剧本录像描述了人的发展的很多方面。也附有一个录像指南。

6. **幻灯片**（Transparencies）

学生用补充教材

除了书中列出的信息资源，培生出版公司还为学生提供了大量的补充材料：

1. **我的发展实验室**（MyDevelopmentLab）

这一互动性、指导性的多媒体资源是一个包括全部内容的学习工具。与劳拉·E·伯克共同制作的我的发展实验室鼓励使用者积极参与其中，并通过有控制的评价、录像播放、多媒体刺激材料、本领域重要人物的传记和互动活动等对学习加以强化，所有这些都是毕生发展所独有的。我的发展实验室可以满足每个学生的学习需要。若想看它的丰富内容的片断，可登录网站：www. mydevelopmentlab. com。

2. **附有练习性测验的评分指导**（Grade Aid with Practice Tests）

这个有帮助的指导手册包括每章的内容提要、学习目标、根据教材的主要标题汇集的学习思考题、为掌握重要术语而编造的纵横字谜拼图，另外，每章有两个多重选择题的练习性测验。

3. **发展的“重要标志”学习卡片**（Milestones Study Cards）

改编自教材中的多个“重要标志”表的有趣的学习卡片概括出主要的发展结果。这些简明易懂的卡片帮助学生把发展的各个领域加以整合，形成一个成长中的人的完整形象。

4. 研究领航员（ResearchNavigator^{TM}）——现已被纳入我的发展实验室中

借助三个各自独立的数据库，这个直观的搜寻界面给研究工作提供很大的帮助，使学生可以省出很多时间用于做研究。第一个数据库是 EBSCO's *ContentSelect* 学术期刊数据库，可在专业杂志和普及性杂志上对某一学科的研究进行搜寻。第二个数据库是 *New York Times* 主题搜寻档案。第三个是 *Best of the Web* Link Library。如想了解 ResearchNavigator^{TM}，可访问 www. researchnavigator. com。

5. 教学中心（Tutor Center）——现已被纳入我的发展实验室中

教学中心给学生提供了免费的、一对一式的互动教学，教学由具备资格的教师进行，可针对教材的所有内容。可通过电话、传真、互联网和电子邮件获得教学援助。

本书作者劳拉·伯克的母亲索菲亚的一生照片说明

在第 1 章和第 19 章中讲述了索菲亚从出生到去世的一生。第 1 章开头讲述了她的一生以及她之后两代人的家人。

第 2 页

1. 1908 年，还是婴儿的索菲亚和她的母亲。

2. 1914 年，6 岁的索菲亚和她 8 岁的哥哥。

3. 1926 年，索菲亚 18 岁，中学毕业。

4. 索菲亚的德国护照。

5. 1968 年，60 岁的索菲亚在女儿劳拉的婚礼上。

6. 1968 年的索菲亚和菲利普，此后不到两年，索菲亚去世。

7. 1985 年，劳拉、肯及他们的 13 岁的儿子戴维和 10 岁的儿子彼得在戴维的成年礼上。

8. 索菲亚的外孙、劳拉与肯的儿子，5 岁的戴维和两岁的彼得。

9. 2005 年，劳拉、肯和已成年的儿子彼得。

10. 2005 年，肯与两个儿子戴维和彼得。

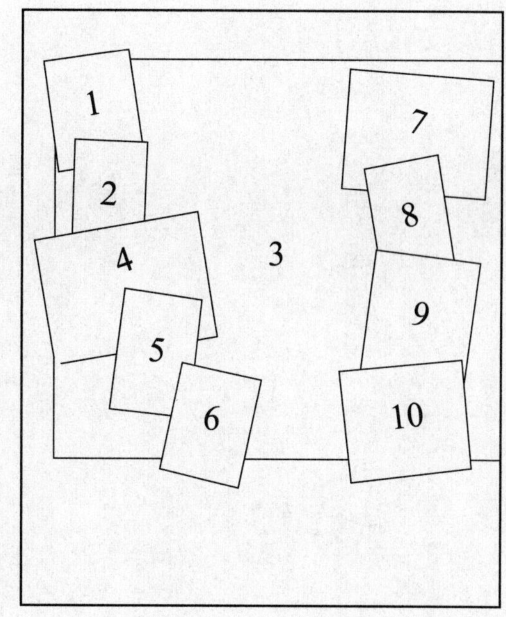

第 4 页

左：1969 年 10 月，61 岁的索菲亚和她的第一个外孙艾伦，摄于索菲亚去世前三个月。

右：30 多岁时的索菲亚和菲利普参加了第二次世界大战。

目录

第一篇 人的发展理论与研究

第四篇 幼儿期：2～6岁

第五篇 小学期：6～11岁

第10章 小学期的情绪与社会性发展 /351

第六篇 青少年期：向成年期的过渡

第11章 青少年期的身体发育与认知发展 /387

第12章 青少年期的情绪与社会性发展 /429

第一篇　人的发展理论与研究

这些照片回顾了索菲亚·伦特希纳的一生及其家庭。从 1908 年索菲亚婴儿期开始，到她去世 35 年后的 2005 年，她的两个孙子彼得和戴维已长大成人。对各张照片的说明见本书“致教师”末页。

第1章

历史、理论和研究方法

一、人的发展：一个科学的、应用性的跨学科领域

二、基本问题

1. 发展是连续的还是不连续的？

2. 发展是单一进程还是多个过程？

3. 天性和教养哪个更重要？

三、毕生发展观：一种平衡的观点

1. 发展是持续终生的

2. 发展是多维度、多方向的

3. 发展是高度可塑的

专栏　生物因素与环境　复原力

4. 发展受到多种相互作用的因素影响

四、历史上的发展理论

1. 儿童期的观点

2. 对成年期和老年期的认识

3. 科学观的诞生

五、20世纪中期的理论

1. 精神分析观点

2. 行为主义和社会学习理论

3. 皮亚杰的认知发展理论

六、当代理论观点

1. 信息加工学说

2. 习性学与进化发展心理学

3. 维果茨基的社会文化理论

4. 生态系统论

七、理论的比较与评价

八、发展的研究方法

1. 常用研究方法

专栏　文化影响　移民后代的惊人适应力

2. 一般研究设计

3. 发展研究设计

专栏　毕生发展观　历史时代对生活经历的影响：大萧条和第二次世界大战

专栏　社会问题　音乐经验能否促进智力？

九、毕生发展研究中的伦理原则

3 索菲亚·兰特希纳1908年生于德国商业繁荣、充满文化活力的城市莱比锡，是一对犹太夫妇的第二个孩子。她的父亲是成功的商人和社会活动家，母亲是一位优雅、美丽而好客的社交名流。在婴儿时期，索菲亚就已表现出贯穿其一生的果断和坚持不懈的特点。她可以长时间地坐在那里关注或玩弄小东西，唯一能够打断她的，只有客厅里的钢琴声。索菲亚刚学会爬时，她就去触摸琴键，为那清脆的琴声惊讶不已。

上小学的时候，索菲亚是一个内向的孩子，在社会名流举办的节日宴会上常会觉得不自在。她沉浸于自己的学习中，尤其擅长外语。她师从于莱比锡最好的老师学习钢琴，每周上两次课。索菲亚高中毕业时，已能讲一口流利英语和法语，还能弹一手好钢琴。当时德国许多年满20岁的女孩子都出嫁了，但索菲亚为了专心考大学推迟了寻偶。她的父母开始怀疑他们热情而认真的女儿将来能不能过好家庭生活。

索菲亚既想结婚，也想上学，但是她的规划却被当时的混乱政治所阻挠。20世纪30年代初，希特勒攫取了政权，索菲亚的父亲担心妻儿的安全，全家移居比利时。整个欧洲的犹太人处境迅速恶化。纳粹抄了索菲亚的家，没收了她父亲的产业。20世纪30年代末，索菲亚几乎与所有亲人——她的姑姑、舅舅、表兄弟姐妹和儿时的很多朋友都失去了联系，很多人都被抓上车拉往奥斯威辛集中营（这是她之后才知道的）。1939年，由于反犹太法案的颁布及纳粹对犹太人迫害的加剧，索菲亚一家被迫移民美国。

4 索菲亚30岁时，她的父母认为，她已不会结婚了，但是总得有一份工作来谋生。他们支持她重返学校。3年后，索菲亚获得了音乐和图书馆学两个硕士学位。有一天，她邂逅了菲利普，一个美国军官。菲利普的沉稳、儒雅气质与索菲亚的热情、平易相互碰撞，两人坠入爱河，半年后，两人幸福地结合了。4年后，他们有了两个女儿和一个儿子。正当此时，索菲亚的父亲陷于重病。家人被驱逐，家园和产业的沦丧等压力摧残着他的健康，卧床不起几个月后，他终因心脏病过世。

二战结束后，菲利普退伍，开了一个卖男士服装的小店。索菲亚把所有时间都用在照顾孩子和帮助丈夫打理生意上。40岁的她是一个全职妈妈，但是这年龄鲜有妇女还在照顾年幼的孩子。菲利普全力打理生意，越来越多的时间都扑在工作上，索菲亚经常感到孤独。她轻易不碰钢琴，这只会唤起她儿时被战争摧残的痛苦记忆。索菲亚的孤寂和不完满感逐渐使她脾气越来越坏，夜深时经常会听到她和菲利普争吵的声音。

当孩子们长大了，不需要太多照顾时，她再一次返回了学校，获得了教师资格证。50岁时，她终于开始了自己的第一个职业。后来的十年间，索菲亚在一所中学教德语和法语，也给新移民教英语。除了缓解家庭经济困难，她也在工作中体会到了成就和创造的满足。这些年索菲亚体验到了前所未有的充沛精力和满足感。她对教学有着不可磨灭的激情，通过教学，她用语言传递自己的技能，表达她对仇恨和压迫的后果的直接感受，以及怎样在新环境下适应生活的切实体验。她看着这些幸福的孩子，他们年轻的生命不会受到战争的残害，他们可以接受她的很多价值观和责任感，在未来开始他们的婚姻生活和职业生涯。

索菲亚怀着对未来的憧憬迈入60岁。她和菲利普终于从子女上大学的负担中解脱出来，开始享受安逸的生活。他们的感情和彼此的信任更加深厚。索菲亚又开始弹琴了，但是这种幸福却非常短暂。

一天早上，索菲亚发现一只胳膊的皮下有一个硬块，几天后被医生诊断为癌症。经历了生命中的大起大落，索菲亚已具有坚强的意志来应对病患，她把疾病当成敌人，努力抗争和克服它。这样她又活了5年。尽管被化疗搞得憔悴不堪，她依然承担全职教学工作，并且坚持看望和照顾自己的老母亲。但由于体力不支，她已没有精力上课了。渐渐地，她不得不面对被病痛击败的现实。卧床不起几星期后，在菲利普的陪伴下她安然辞世。成百上千的学生来为索菲亚送行，她为世人树立了一个充满勇气和爱心的令人怀念的女性形象。

索菲亚的三个子女之一，劳拉，即本书作者，在索菲亚过世的前一年结婚。劳拉和她的丈夫肯经常回忆起母亲在他们结婚前夜对他们说的话："根据我的经历和婚姻体会，我希望你们建立一种既相濡以沫、又各自独立的生活。要允许每个人有自己的时间、空间，要保持自己的个性和表达自己、给予他人的方式。维系你们关系的最重要东西就是信任。"

劳拉和肯住在中西部的一个小城里，他们的家靠近伊利诺伊州立大学，今天他们仍在那儿教学，劳拉在心理学系，肯在数学系。他们有两个儿子，戴维和彼得，劳拉经常给他们讲索菲亚的故事，希望他们在将来继承外祖母的遗志。戴维像外祖母一样喜欢教书，现在是一名教二年级的
5 教师，学生大多是移民儿童。彼得，一名律师，他像外祖母一样热爱音乐，空闲时间拉小提琴、中提琴，弹吉他。索菲亚对她的学生也有着长期影响。最近，一位发展心理学教授给劳拉写信说：

> 我一直想跟你见见面。我给一个班的学生教"毕生发展"。当我翻开教材，看到你母亲的照片时，感到很惊讶。从1962年到1966年，我在中学跟你母亲学习德语……我记得，她对学生既严厉，又关心。她是一位超乎寻常的教师，这一点，直到我上大学时去德国、既能听懂又能说德语时才真正体会到。
>
> ……

索菲亚的一生提出了众多有关人类生命历程的有趣的问题。例如：

- 什么决定了索菲亚与其他人在身体特征、心理能力、兴趣及行为上的相同点和不同点？
- 什么使得索菲亚在整个生命历程中保持稳定的果断和坚持不懈，但又以其他重要方式发生了变化？
- 历史与文化背景是怎样影响人一生的心理健康的？例如索菲亚，导致她童年家庭破败，家人、朋友丧失以及逃往美国的排犹运动怎样影响了她一生的心理健康？
- 事件出现的时间对发展很重要，它们以怎样的方式作用于人的发展？例如，索菲亚很早就表现出外语天赋，但结婚、生子、就业却很晚，这些对她的毕生发展有何影响？
- 哪些个人因素和环境因素使得索菲亚过早辞世？

这些问题就是人的发展所关心的核心问题。**人的发展**（human development）是致力于查明生命全程中的稳定性和变化性的一个跨学科研究领域。投身于人的发展研究的学者，虽然兴趣点和关注点很不相同，但都有一个共同目标：查明影响个体从孕期到死亡的一生中的稳定性和变化的各种因素。

一、人的发展：一个科学的、应用性的跨学科领域

上面列举的问题不仅是科学关注的问题。每一个问题都具有应用和实践两方面的重要性。事实上，对于从生到死的变化的科学兴趣仅仅是使人的发展成为当今一个令人兴奋的研究领域的因素之一。改善人们生活的社会压力也是推动发展研究的一个因素。例如，20世纪初，公共教育的兴起引发了对怎样教育不同年龄儿童、教给他们什么的研究需求。医药行业对如何改善人类健康的关注需要身体发育、营养和疾病方面的知识；社会服务行业需要解决人的情绪问题，帮助人们应对重大生活事件如离异、失业、丧亲等，这就需要人格与社会性发展的相关知识。此外，做父母者为了给孩子一个快乐、成功的人生，也会不断地请专家提出教育孩子的建议和经验。

我们关于人的发展的知识宝库是跨学科的。它的发展依赖于多个领域学者的共同努力。由于涉及不同年龄阶段人们的日常问题，需要心理学、社会学、人类学、生物学等领域的理论研究者与教育、家庭研究、医药、公共卫生、社会公益服务等应用领域的专家联合起来，才能圆满地完成这些任务。当前，人的发展领域成果累累，它的大量知识不仅具有科学价值，也有重要的实用价值。

二、基本问题

当前对人的发展研究异常活跃。儿童研究最早出现于20世纪初，而成人发展、衰老以及生命全程中的变化的研究却是20世纪60—70年代才出现的（Elder，1998）。但是，有关于人的成长和变化的观念却已有几千年的历史。当理性思考和研究实证得以结合时，发展的理论结构就产生了。“理论”虽然有很多定义，在此我们认为**理论**（theory）**是对行为进行描述、解释和预测的规律化、综合性的阐述**。一个关于婴儿—养育者依恋的好的理论应该包括：*描述*6～8月大的婴儿寻求大人关爱和关爱时表现出的行为；*解释*为什么孩子有这样的需求；*预测*这种情感联结对一生的人际关系的重要意义。

理论是人的发展领域的重要工具（在其他科学领域也一样），原因有两点。首先，理论给行为观察提供清晰的结构，换言之，*理论指引我们观*
6 *察什么并赋予观察到的东西以意义*。其次，受实证研究支持的理论为实践活动提供了可靠的依据。一旦理论帮助我们更好地理解了发展，我们就能从最恰当的角度看我们应怎样努力改进儿童和成人的福利，怎样对待他们。

正如下文将要讲到的，理论是受提出者所处时代的文化价值观和信仰影响的。但是理论与意见或观念在一个重要方面有不同：理论是经过科学证明而成为理论的。这就意味着理论必须经过科学界反复的研究检验，而它的发现必须具有跨时间的可重复性。

首先，人的发展的研究领域存在着纷繁多样的理论，这些理论对人是什么和怎样发展持有不同观点。发展研究并没有提供一个最终的事实，因为研究者对观察结果的意义不一定能取得一致看法。其次，人是复杂的生物，在生理、心理、情绪和社会性上都发生着改变。但是至今没有一种理论能做出全面的解释。各种理论的存在有助于加深认识，因为研究者都在不懈地努力，要么支持、要么反驳和整合这些不同的观点。

本章介绍了人的发展研究领域中的重要理论以及用来验证这些理论的研究方法。我们将详细回顾每一种理论，在本书后面章节也介绍了很多相对不是很重要的理论。虽然存在很多理论，但我们可以很容易地加以组织，因为几乎所有理论都立足于人的发展领域的三个基本问题：发展过程是连续的还是不连续的？是所有人都遵循一种发展进程，还是有多个可能的进程？在影响人的发展方面，遗传和环境哪个更重要？在下面的介绍中，我们将详细了解每一个问题。

1. 发展是连续的还是不连续的？

我们怎样才能准确地描述婴儿、幼儿、青少年和成人的能力差异？如图1.1所示，几种主要理论提出了两种可能。

(a) 连续性发展

(b) 非连续性发展

图1.1 发展是连续的还是不连续的？

(a) 有些理论认为发展是一个平滑的、连续的过程。个体随年龄增长，相同类型的技能不断增多。(b) 另一些理论认为发展以不连续的阶段形式出现，个体的变化快速上升到一个新水平，之后的一段时间变化缓慢。每上一个台阶，个体对世界的解释和反应方式都有质的变化。

一种观点认为，婴儿和幼儿对世界万物的反应方式与成年人很相似。未成年人和成年人只在行为的量或复杂性上有差异。例如，索菲亚还是个婴儿时，她对钢琴声音的感知、对过去事件的记忆以及分类能力与我们成年人相似，只不过她不能运用更多的知识来执行这些技能，也无法像我们一样准确。如果这个观点正确的话，她的思维发展就应该是**连续的**（continuous），是向起初已有的能力中逐渐添加更多的同一类型成分的过程。

另一种观点认为，婴儿和儿童有独特的思考、情感及行为的方式，是完全不同于成人的，应该理解为是他们独有的。所以，发展是**非连续的**（discontinuous），对世界的新的、不同方式的理解和相应的反应方式是在特定的时间段出现的。依照这个观点，索菲亚不能像成人一样对经验加以感知、记忆和组织，而是经历了一系列的发展阶段，每个阶段都有各自的特点，直到机能的最终完善。

赞同非连续发展观的理论提出了一个专门的发展概念：**阶段**（stage）——发展的特定时期思维、情感及行为发生的质变。阶段理论认为人的发展就像爬楼梯，每上一个台阶都意味着机能的提高和重组。阶段概念认为，人们在从一个阶段发展到另一个阶段时经历着快速的转变，也就是说，变化是突然的，而不是缓慢爬升的。

发展是否遵循着既定顺序的各个阶段呢？这个大胆的假设面临着诸多的挑战。本章在后面会讨论一些有影响的阶段理论。

2. 发展是单一进程还是多个过程？

赞同阶段论的理论家假设，任何地方的人们都遵循同一种发展顺序。但是在人的发展领域，
7 人们越来越认识到，儿童和成人的生活有不同的**背景**（contexts）—— 可能导致不同变化路径的个人境况与环境的独特结合。例如，一个恐惧社交的害羞的人，与一个主动寻求交往的人，可能生活在完全不同的背景下（Kagan，2003）。生长在非西方的乡村社会背景中的儿童和成人所具有的家庭和群体经验，与西方大城市的人们可能截然不同。这些差别巨大的环境导致了智能、社交技能及关于自己和他人的情感的显著差异（Rogoff，2003）。

下面将会看到，当代的理论家认为，背景对发展的影响是多层次的、复杂的。在个人方面，有遗传和生物结构。在环境方面，有周边的环境，如家庭、学校和邻里，还有和人们日常生活距离较远的环境，如社区资源、社会价值观和历史时期。此外，现在研究者越来越意识到发展中的文化多样性。

3. 天性和教养哪个更重要？

在描述人的发展进程的同时，每一种理论都在关注导致发展的原因这个重大问题：遗传因素和环境因素哪个更重要？这是由来已久的**天性—教养的争论**（nature-nurture controversy）。天性指与生俱来的特征，就是在受孕那一刻从父母那里继承来的遗传信息。而教养指来自物质世界和社会世界的复杂力量，它影响着人出生前后的生物结构和心理经验。

虽然所有的理论都承认天性和教养二者的作用，但在强调哪一方上却是不一样的。来看下面的问题：人的复杂思维能力主要是与生俱来的生长时间表决定的，还是主要受父母和老师的教育影响而形成的？儿童学习语言很快，这是遗传决定的，还是父母早期教育的结果？怎样解释不同的人在身高、体重、身体协调性、智力、人格和社交技能上的差异？遗传和环境哪个起作用更大？

对人的发展的早期研究关注的只是儿童。20 世纪 60 年代以后，研究者开始考察成人的一生是怎样发展的。这三位观赏鸟类的老人都已 70 多岁，他们的生理、心理和社会性仍在发生重要变化。他们脸上透着满足与快乐，这是很多老年人在晚年都会体验到的。

一种理论在天性和教养的作用问题上的立场，影响着它怎样解释个体差异。一些理论家强调稳定性，认为在某种特征上（如语言能力、焦虑或交际性）表现高或低的人，会随着年龄增长保持其特征，这些理论家大多强调遗传的重要性。如果强调环境更重要，就会指出早期经验会影响一

生行为模式的形成。他们认为，出生头几年的一些重大消极事件不能被后期的积极事件完全战胜（Bowlby，1980；Johnson，2000；Sroufe，Egeland & Kreutzer，1990）。另一些理论家看得更乐观（Greenspan & Shanker，2004；Masten & Reed，2002；Nelson，2002；Werner & Smith，2001），他们强调可塑性，认为在新经验的支持下可能发生改变。

在本书中，我们将发现，研究者在稳定性对灵活性问题上意见不一致，有时分歧还很尖锐。他们的回答往往因发展的领域（或方面）而变化。回顾索菲亚的一生，你会发现，她的语言能力及面对挑战的坚韧性在她一生中都是稳定的，然而她的心理健康和生活满意度却有很大的波动。

三、毕生发展观：一种平衡的观点

至此，我们都是以两个极端的方式，要么赞同一方，要么赞同另一方，来讨论人的发展的基本问题的。但是，当我们在这个领域里拓宽视野继续涉猎时，就会发现，很多理论家的观点是很平和的。当代一些理论家相信，连续的变化和非连续的变化都会发生。一些人认为，发展既有普遍性特征，也有因人而异和因环境而异的独特特征。越来越多的人同意，遗传和环境紧密交织，难以割裂，它们互相影响，共同改变着儿童的特质和能力（Huttenlocher，2002；Reiss，2003；Rutter，2002）。

这些平衡的观点在很大程度上归功于研究范围的扩展，从过去把研究焦点无例外地针对人生的前20年，到后来把成年期也包括在内。20世纪前半叶，研究者普遍认为，发展到青少年期就停止了。婴儿期和儿童期被看作发展迅速的时期，成年期是
8 发展的稳定时期，老年期则是退化时期。北美人口特征的变化使研究者意识到，机能的获得是持续终生的。

随着营养、卫生设施及医学知识的改善，20世纪的平均预期寿命（根据一个人出生的年份可以预期他生命的长度）比以往5 000年有了大幅飞跃。1900年平均寿命低于50岁，而现在，美国是77.7岁，加拿大是80.1岁。预期寿命还会增加，到2050年，北美的预期寿命将达到84岁。老年人口越来越多，这是世界的大趋势，在工业化国家尤为明显。1900年，65岁及以上的人口仅占北美总人口的4%，1950年是7%，2005年上升为13%（Statistics Canada，2005e；U. S. Census Bureau，2006a）。

老年人不仅仅是增多了，而且更健康和有活力。过去人老珠黄的成见受到了挑战，老年人深刻地改变了人们对人的发展变化及其影响因素的看法。研究者越来越接受，发展是一个动力系统，是从受精卵到死亡的不断演进的过程，是一个由生物、心理和社会影响的复杂网络组成的模型（Lerner，Theokas & Bobek，2005）。**毕生发展观**（lifespan perspective）是一种主流的动力系统理论。构成这一理论的有四个假设：发展是持续终生的；发展是多维度、多方向的；发展是高度可塑的；发展受到多种相互作用的因素影响（Baltes，Lindenberger & Staudinger，1998；Smith & Baltes，1999；Staudinger & Lindenberger，2003）。

1. 发展是持续终生的

毕生发展观认为不存在一个对生命全程起最重要影响的年龄阶段。相反，如表1.1所概括的，每个阶段发生的变化对未来发展变化的路径有同等重要的影响。在每一个阶段，变化都体现在三个大的领域：生理、认知和情绪/社会性，作这样的区分是为了方便讨论（图1.2对每一个领域做了描述）。然而正如本章第一节所述，这三方面并不是完全分开的，三者互相重叠、互相影响。

表1.1　人的发展的重要阶段

阶段	大约的年龄范围	内容简要
孕期	受孕至出生	由单细胞有机体转变为能适应子宫外环境的婴儿。
婴儿期和学步期	出生至2岁	身体和大脑出现巨大变化以保证运动、知觉、智力的出现及与他人的亲密关系。
幼儿期	2～6岁	这是“游戏年龄”，运动技能日益精细，思维、语言飞速发展，出现道德感，同伴关系开始建立。

续前表

阶段	大约的年龄范围	内容简要
小学期	6～11岁	入学学习阶段的特点是：体育运动能力、逻辑思维能力增强，基本的读写技能、自我理解、道德、友谊得到发展，成为同伴群体一员。
青少年期	11～18岁	青春期形成与成人一样的身体和性成熟。思维趋于抽象和理想主义，学习成绩更加重要。关注个人价值观和目标的确立，建立脱离家庭的自主性。
成年早期	18～40岁	很多年轻人离开家，完成学业，开始全职工作。主要关注职业发展，形成亲密的伙伴关系；结婚生子，抚养子女，确立其他生活方式。
中年期	40～65岁	很多人处于事业高峰和领导地位。他们必须帮助孩子开始独立生活并赡养老年父母。越来越多地想到死亡的威胁。
老年期	65岁至死亡	适应退休生活、体力和健康的渐衰以及配偶的离去，反思生活的意义。

情绪与社会性发展：情绪沟通、自我理解、对别人的了解、人际技能、友谊、亲密关系、道德推理和道德行为的变化

生理发展：体型大小、比例、外貌、身体各部分机能、知觉和运动能力及身体健康的变化

认知发展：智能，包括注意、科学知识与常识、解决问题能力、想象力、创造性和语言的变化

图 1.2 发展的主要维度

这三个维度并不是完全割裂的，三者互相重叠、互相影响。

每个年龄阶段都有自己的任务、独特要求和发展中的人与人之间有些相似的机遇。但是，人们在一生中面临的挑战和他们对此的适应，在时间和方式上是非常不同的，在整个一生中，每个人面对的挑战及他们的适应在出现时间和形式上有着极大差异，下面的几个假设对此有明确的阐释。

2. 发展是多维度、多方向的

9 再回忆一下索菲亚的一生，她是怎样一次又一次应对新的要求和机遇的。毕生发展观认为，发展过程中的挑战和适应是*多维度*的，受到生物、心理及社会因素复杂的共同作用的影响。

毕生发展是*多方向*的，至少有两个方向。首先，发展并不局限于*行为的进步*。在每一个阶段，发展都是一个成长和衰退并行的过程。当学龄期的索菲亚努力学习语言和音乐时，她就放弃了学习其他技能的机会。当她在成年期选择成为一名教师时，她就无法选择其他职业。虽然获得在生命前期更明显，丧失主要体现在生命晚期，但是任何年龄的人都可以改善已有技能，发展新的技能，甚至还可以发展一些技能来弥补缺失的技能（Freund & Baltes，2000）。例如，多数老年人都有一些补偿方法来应对他们越来越多的记忆失败。

他们可以依赖外部支持，如日历和清单，或形成一些新的内部策略，例如，当他们要外出赴约或看病的时候，把要去的地方和要做的事情准确地形象化（Chazottes，2004）。

其次，变化除了在时间上表现出多方向之外，在发展的每个领域内也是多方向的。例如，索菲亚的某些认知机能（如记忆）在成年期可能会减退，但她的英语、法语知识在一生中都在增长。她还形成了新的思维形式。例如，索菲亚丰富的经验和应对不同问题的能力使她成为解决实践问题的专家，拥有了被称为智慧的推理品质。从索菲亚在劳拉和肯结婚前夜给他们的箴言，我们可以感受到《伯克毕生发展心理学：从青年到老年》第 5 章会讲到的智慧的发展。请注意，在这些例子中，毕生发展观是如何既包括连续的变化，也包括非连续的变化的。

3. 发展是高度可塑的

毕生发展研究者强调，每个阶段的发展都是高度可塑的。例如，索菲亚在儿童期是社交矜持的，年轻时曾做出继续读书而不结婚的决定。但是当新机会出现时，30 多岁的索菲亚很快进入了结婚生子的阶段（完全出乎父母意料）。虽然做父母的责任和经济困难给索菲亚和菲利普的幸福生活带来种种挑战，但他们之间的感情却日渐深厚。在《伯克毕生发展心理学：从青年到老年》第 5 章中我们会讲到智力表现随
10 年龄增长也是有弹性的。老年人通过特殊训练可以使多方面的心理能力获得实质性的进步（但不是无限的）（Nyberg，2005；Thompson & Foth，2005）。

可塑性的种种证据清楚地表明老龄并非如以前所说是最终的“沉没”。相反，用一只“蝴蝶”蜕变后仍然有生长潜力这种比喻，可以更准确地说明人一生的变化（Lemme，2006）。当然，发展的可塑性会越来越小，变化的潜能和机会也逐渐减少。而且可塑性是因人而异的，有一些儿童和成人会经历更跌宕起伏的人生。如本节“生物因素与环境”专栏里介绍的，一些人比另一些人更容易适应环境的变化。

4. 发展受到多种相互作用的因素影响

毕生发展观认为，发生变化的路径是千差万别的，因为发展受到多种相互作用的因素的影响。包括生物的、历史的、社会的和文化的影响。这些范围广泛的影响可以归结为三类，它们结合起来，以独特方式影响着每个人的生活进程。

（1）年龄阶段的影响

年龄阶段的影响（age-graded influences）指与年龄密切相关的事件，而且可以准确预测这些事件在什么时候发生以及能够持续多久。例如，多数人 1 岁时开始学走路，学前期学会说母语，12～14 岁进入青春期，女性 50 岁前后进入更年期。这些标志事件是由生物因素决定的，但一些社会习俗也会带来年龄阶段的影响。像 6 岁左右入学，16 岁可以考驾照，大约 18 岁进入大学就是很好的例子。年龄阶段的影响在儿童期和青少年期是普遍存在的。在这期间，生物结构迅速变化，社会文化要求积累与各年龄段相对应的经历，使得年轻人掌握成为社会一分子所需要的技能。

专栏　**生物因素与环境**

复原力

约翰和他最要好的朋友加里在一个破败的、犯罪猖獗的闹市区长大。到 10 岁时，两人都经历了多年的家庭冲突和父母离异。他们在单亲母亲的照顾下度过了余下的儿童期和整个青少年期，很少再见到各自的父亲。两个人都从中学辍学，经常出入警察局。

这之后约翰和加里走上了不同的发展道路。30 岁的时候，约翰是两个孩子的未婚爸爸，他进过监狱，没有正式工作，经常酗酒。而加里却不同，他重返中学学习，毕业后在一所社区大学学习汽车机械学，成为一个加油站和修车行的老板。他结了婚，有两个孩子。加里努力挣钱养家，过着幸福、快乐的生活。

很多证据表明，环境中的危险因素如贫困、消极家庭关系、父母离异、失业、心理疾病、致瘾物滥用等增加了孩子将来出现问题的可能性（Masten & Coatsworth，1998）。基于这些发现，我们可以断定约翰和加里都会发展为严重的心理疾患。为什么加里能出人意料地摆脱了困境，而且没有受到伤害呢？

复原力（resiliency）指有效应对发展中逆境的能力，很多新研究结果使它越来越受到研究者的关注，他们想找到一些办法，使年轻人免受压力生活环境的伤害（Masten &

Powell，2003）。几项长期追踪研究考察了儿童期生活压力与青少年期和成年期的能力及适应之间的关系，它们引起了人们对这个问题的兴趣（Fergusson & Horwood，2003；Garmezy，1993；Masten et al.，1995；Werner & Smith，2001）。每项研究都发现，有一些人避免了消极后果，而另一些人却出现了各种问题。在压力生活事件之下，主要的保护因素有以下四个：

个人特征 儿童的生物特征可以降低危险，或导致可补偿早期压力事件的经验。高智力和被社会看重的天赋（如音乐和体育运动）是保护因素。这些因素增加了儿童在学校和社区获得奖励的机会，因而抵消家庭压力的影响。具有易照养型气质、善交际的儿童，往往能乐观地看待生活，具有一种特殊的能力来适应变化，这些品质能引起周围人的积极反应。相反，脾气暴躁、易激惹和冲动的儿童经常使周围人难以忍受（Masten & Reed，2002；Masten et al.，1999）。例如，约翰和加里童年时曾经几次搬家，每一次搬家，约翰都会很烦躁和暴怒。而加里很快就会结交新朋友，到新街区去玩。

温暖的父母关系 如果父母中至少有一个人与孩子关系亲密，给孩子以关爱、适当的高期望，监控孩子的活动，安排好家庭环境，这样的父母就能增强孩子的复原力。但是这个因素（包括下面将介绍的因素）并不是儿童身上独立起作用的个人特征。随和、善交际、能自如地应对变化的儿童更容易抚养，也更喜欢跟父母及他人建立亲密关系。同时，父母的温暖与关注也容易使孩子形成讨人喜欢的脾性（Conger & Conger，2002）。

家庭外的社会支持 有复原力的儿童的最稳定的资源是跟一个带孩子能力强的、不是孩子父母的成人形成亲密关系。祖父母或外祖父母、姑姨叔舅、老师等，只要和孩子形成了特殊关系，都能促进孩子复原力的形成（Masten & Reed，2002）。加里在青少年期得到了祖父的支持，祖父倾听加里的心声，帮助他解决问题。加里的祖父有稳定的婚姻和工作，能够灵活地应对压力。他成为有效地应对压力的榜样。

与循规蹈矩、看重学习成绩的同伴结交朋友也能增强复原力。但是与成人形成良好关系的儿童，更可能与同伴建立这种支持性的关系。

社区资源和机会 社区支持，如一所好学校、方便价廉的保健和社会服务、图书馆和游乐中心，这些对父母与儿童的身心健康都是有好处的。此外，有机会参加社区生活救助，也能帮助儿童、青少年克服逆境。学校的课外活动、宗教青年会、童子军和其他组织也有助于一些社交技能的形成，如合作、领导、为别人福祉作贡献等。参加这些活动的人会在自尊、责任心和为社会做贡献方面有所收获。加里上中学时，曾经参加基督教青年的义务组织"仁爱之家"的志愿者活动，这个组织为低收入家庭建造了很多廉价房子。社区服务使加里有机会建立良好关系，形成新能力，并进一步增强了他的复原力（Seccombe，2002）。

复原力研究强调遗传和环境间的复杂联系。与生俱来的积极特征，后天良好的教养，或者二者都具备，这样的儿童与青少年能够以实际行动应对压力。

然而当多个危险因素积累起来时，他们还是很难克服（Quyen et al.，1998）。因此，干预措施必须能减低危险，促进在家庭、学校和社区的良好关系，才能保护年轻人，帮他们克服危险因素的不良影响。这意味着，要同时注意个人因素和环境因素，才能增强人的能力，解决所发生的问题。

这个孩子与祖母的特殊关系增强了他的复原力。祖母的社会支持使他克服了压力，并建设性地解决了问题。

（2）历史时期的影响

11 发展也受特定的时代特征的影响。疾病、战争、经济的繁荣或萧条；科技进步，例如电视和电脑的发明；文化价值观的变迁，如对妇女和少数族裔的态度转变。这些都是**历史时期的影响**（history-graded influences），它能解释，为什么同一个历史时期出生的人，即所谓同龄群组（cohort），会非常相似，而与其他历史时期出生的人却不那么相似。

（3）非常规的影响

常规的（normative）意指典型的或者平均的。年龄和历史时期的影响是常规的，会以相似的方式影响所有人。**非常规的影响**（nonnormative influences）指一些不规律的事件，只发生在一个或

对这些5～6岁的儿童来说，进入学前班标志着一个重要的生活转变。在工业化国家，入学第一天是一种年龄阶段的影响，对大多数儿童来说，它在相同的年龄发生。

少数人身上，并且不遵循既定的时间表。它们增强了发展的多方向性。儿童期跟随有造诣的老师
12 学钢琴、与菲利普的不期而遇、较晚结婚生子和外出工作，以及与癌症的抗争，索菲亚生活中这些非常规的影响对其一生所走的道路发挥了重要影响。由于它们是偶然发生的，研究者很难抓住这些事件进行研究。但是我们每个人的经验证明，它们会以强有力的方式对我们产生影响。

毕生发展研究者认为，现在成人的发展更多受到非常规事件的影响，年龄影响反而不那么重要。与索菲亚所处的时代相比，现代社会的人受教育、工作、结婚、生子、退休的时间呈现多样化趋势。如果索菲亚出生时间晚一代或两代，她的那些所谓“不合时宜”的成就就会显得很正常。年龄依然是每个人的经验的主要影响因素，对各年龄期的固有期望不会消失。但是现在所谓的年龄里程碑的界定越来越模糊了，这会依照种族和文化的不同而有所差异。非常规事件在现代人的生命历程中的重要作用增加了毕生发展的可塑性。

发展不是只有一条路径，毕生发展观强调众多潜在的路径及结果，就像一棵大树上向四面生长树杈，每一枝的变化都是既连续又具阶段性的（见图1.3）。下面，我们将转到历史上的发展理论思想部分，这些理论思想奏响了致力于发展变化的多个方面的几种主要发展理论的序曲。

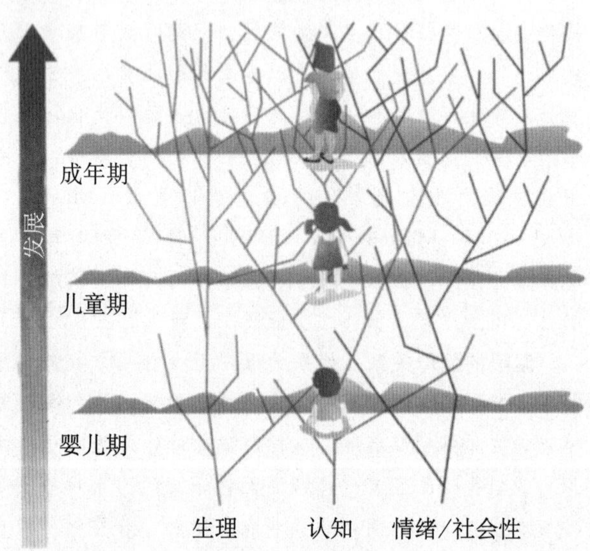

图1.3　毕生发展观

毕生发展理论家不把发展看作一个分阶段的或连续的简单线性变化（见图1.1），而是把发展看作向各个方向生长的树枝，发展存在着多种可能的路径，这取决于影响个体一生的环境背景影响。这些树枝的交叉点表明发展的几个维度，即生理、认知、情绪和社会性是相互联系的。

思考题

复习　毕生发展中的年龄阶段、历史阶段和非常规影响各指什么？从本书开头索菲亚的人生中各举一例加以说明。

应用　安娜，一位受过专业训练的中学辅导员，设计出一个干预项目，帮助那些处于辍学危机中的青少年回到学校学习，她已经顺利地完成了向职业生涯的过渡。在稳定性对可塑性上，安娜处于什么位置？请加以解释。

联结　在发展进程是一种还是多种问题上，毕生发展观持何意见？在天性和教养的影响哪个更重要问题上又持何意见？请解释。

反思　描述你自己成长过程中的一个方面，它与你父母或祖父母在你的相同年龄时大不一样。用毕生发展观所强调的影响因素来解释这种发展中的多样性。

四、历史上的发展理论

当代关于人的发展理论是西方几个世纪的文化价值观、哲学思想演变及科学进步的结果。为了更好地理解这一领域的今天，我们必须回顾它的开端，这一开端曾经长期影响着发展领域的科学研究。我们会发现，早期的许多思想对当前的理论和研究仍有巨大的影响力。

1. 儿童期的观点

在中世纪（6—15 世纪）的欧洲，儿童期被看作与成年期分离的时期。中世纪的画家常把儿童画成穿着宽松舒适的长袍，玩着游戏，仰望着大人的形象。书面语中常见到把儿童与其他人区分开的词汇，儿童养育手册中提出的建议涉及健康、喂养、穿衣、游戏等，这些在 14 世纪越来越普遍（Alexandre-Bidon & Lett，1997）。法律已认识到，儿童应该受到保护，免受成人的虐待，法庭对违法青少年因其不成熟而宽容地对待。然而，中世纪的宗教著述对儿童的看法是矛盾的，有时候，儿童被说成被魔鬼缠身和需要净化的，有时候又被说成纯真的天使（Hanawalt，2003）。两种看法都对后期的儿童观有影响。

13 16 世纪，清教徒的原罪论使人们越来越认为儿童天生邪恶、难以教养。严厉、限制型的教养方式被认为是教育邪恶儿童的最有效方法。虽然那时惩罚仍是占优势的儿童教养观念，但是许多清教徒父母出于对孩子的关爱，不忍心采用强压型的管教方式。他们尝试给孩子讲道理，劝导自己的子女分辨是非（Clarke-Stewart，1998）。由于清教徒父母注重培养孩子的自信和自控力，他们逐渐在严厉和宽容之间形成了一种折中的看法。

（1）约翰·洛克

17 世纪启蒙运动的哲学思想强调人的尊严和对人的尊重。英国哲学家约翰·洛克（John Locke，1632—1704）的著作成为 20 世纪行为主义观点的先驱。洛克认为，儿童就像一块**白板**（tabula rasa），儿童起初像一张白纸，他们的性格均由经验塑造。洛克（Locke，1690/1892）认为，父母作为理性的指导者，可以按照自己的想法，通过细心的教育、有效的身教及对好行为的奖励来任意塑造孩子。他的观点使对孩子的态度由严厉转变为友善、同情。

仔细领会洛克的观点，我们会发现，洛克认为发展是连续的，通过父母温暖而一如既往的教育，孩子会逐渐表现出成人式的行为。白板说使得洛克支持教养比天性更重要的意见，认为环境对儿童起决定性作用。他对教养的强调意味着发展是多进程的，发展会由于新经验的获得而在后期有所改变。最后，洛克认为，儿童不能决定自己的命运，只能任由他人在白板上写字。这种把儿童看得很被动的观点是不足为训的。所有的当代理论都把成长中的儿童看作主动、有目的的人，他们可以为自己的发展做出重要贡献。

在中世纪，成人把儿童期看作一个与众不同的发展时期并且细心地对待儿童的需要。在这幅 14 世纪音乐书的插图中，儿童身穿宽松舒适的长袍，在花园里欢快地玩着藏猫猫游戏。

（2）让-雅克·卢梭

18 世纪，法国哲学家让-雅克·卢梭（JeanJ-acques Rousseau，1712—1778）提出，儿童并不是由成人任意涂写的白板。卢梭（Rousseau，1762/1955）把儿童看作**高尚的自然人**（noble savages），有天赋的是非感和天生的按部就班健康成长的计划。与洛克不同，卢梭认为，儿童与生俱来的道德感、独特的思维和情感方式只会被成人的训练破坏。他持一种儿童中心论观点，在儿童成长的四个阶段（婴儿期、儿童期、儿童晚期、青少年期），成人都应该接纳儿童的需求。

卢梭理论中有两个影响巨大的概念。第一，“阶段”，本章前面已经讨论过；第二，**成熟**（maturation），指由遗传决定的自然成长过程。卢梭与洛克不同，他认为儿童可以自己决定自己的命运。他把发展看作不连续的、分阶段的过程，这一过程是由天性规划的单一的、普遍适用的进程。

2. 对成年期和老年期的认识

卢梭提出关于儿童期的概念之后，第一个毕生发展的观点出现了。18世纪及19世纪早期，两位德国哲学家：约翰·尼古拉斯·特滕斯（John Nicolaus Tetens，1736—1807）和弗里德里希·奥古斯特·卡鲁斯（Friedrich August Carus，1770—1808）把发展拓展到成年期，而且两人都对老年期提出了重要问题。

特滕斯（Tetens，1777）论述了个体差异的起源和范围、成年期行为可能发生变化的程度以及历史时代对生活进程的影响。他领先于时代地意识到，老年人可以补偿其智力衰退，衰退有时只不过反映了已有能力的隐藏。例如，特滕斯认为，有些记忆困难是由于要在一生积累的信息中搜索一个词或一个人名而造成的，这种可能性已被当前的研究所证实（Pefect & Maylor，2000）。

卡鲁斯（Carus，1808）把卢梭划分的四个阶段扩展到整个一生：儿童期、青年期、成年期、
14 老年期。与特滕斯一样，卡鲁斯也认为老年期既有衰退，也有进步。他的著作显示了对发展的多方向性和可塑性的初步认识，这种认识已成为当代毕生发展观的核心。

3. 科学观的诞生

19世纪末和20世纪初，有关人的发展的研究蓬勃发展起来。早期对人的发展的观察很快让位于各种改进的方法和理论。每一个进步都为该领域的今天打下了坚实的基础。

（1）达尔文：儿童科学研究的先驱

英国博物学家查尔斯·达尔文（Charles Darwin，1809—1882）对大量的植物和动物物种进行了观察。他发现，同一物种中，不会有两个个体完全相同。基于这些观察资料，他提出了著名的进化论。

进化论强调两条基本原理：自然选择和适者生存。达尔文解释说，一些物种之所以能在特定环境中生存，是因为它们具有与周围环境相适合或相适应的特征。而另一些物种因为不能适应环境而灭绝。同一物种内，那些更能适应环境需求的个体能活得更长久，从而能够繁衍后代，将最好的特征传递给下一代。达尔文（Darwin，1859/1936）关于生理特征和行为的适应价值的理论已经被一些重要的发展理论所接纳。

基于研究事实，达尔文发现，众多物种在怀孕早期的发展呈现出很大的相似性，这说明，包括人类在内的所有物种都有相同的祖先。有研究者从达尔文的资料中归结出，人类的儿童发展与人类的物种发展遵从相同的轨迹。尽管这一观点已被证实是不正确的，但是尝试找出儿童发展与人类进化间的相似点的努力，提示研究者更细致地观察儿童行为的各个方面。正是从这些早期试图说明人的发展的思想中，科学的儿童研究诞生了。

达尔文的进化论强调生理特征和行为的适应价值。家庭中的亲情和关爱就是一种持续一生的适应，它保证了人的生存和心理健康。图中，女儿正帮助老年的母亲服药。

（2）常模化时期

斯坦利·霍尔（G. Stanley Hall，1846—1924）是美国20世纪初期最有影响力的心理学家之一，被公认为儿童研究运动的发起人（Hotan，2003）。他在所著的当时为数寥寥的有关老龄的著作中，对毕生发展研究做出了预判。受达尔文学说的启发，霍尔和他的著名的学生阿诺德·格塞尔（Arnold Gesell，1880—1961）在进化论基础上提出了他们的理论。他们赞同，发展是由遗传决定的过程，是自动展开的，就像花开花落一样（Gesell，1933；Hall，1904）。

霍尔和格塞尔被人们所怀念，不是因为他们片面的理论，而是因为他们为描述发展的各个方面所做的大量工作。他们发起了**常模法**（normative approach），即对大量个体的行为进行测量，

计算出各个年龄的平均数，来代表每个年龄段的典型发展。霍尔采用这一程序，精心编制了问卷，对不同年龄段的儿童进行施测，内容涉及他们可以报告的所有方面：兴趣、恐惧、假想玩伴、梦想、友谊、常识等等。格塞尔通过认真观察、和父母访谈，收集了婴儿和儿童的动作发展、社会行为及人格特征方面详细的常模信息。

格塞尔是最早把儿童发展知识变成对家长有用的知识的学者。在他看来，如果发展时间表是几百万年的进化产物，儿童的需要就自然是可知的。他对儿童养育的看法与卢梭的观点一脉相承，强调对儿童需求的敏感性（Thelen & Adolph，1992）。格塞尔的著作与本杰明·斯波克（Benjamin Spock）的《婴儿和儿童的养育》是当时供家长阅读的儿童发展书籍中流传最广的。

（3）心理测验运动

当霍尔和格塞尔在美国提出他们的理论和方法时，法国心理学家阿尔弗雷德·比奈（Alfred Binet，1857—1911）也提出了儿童发展的一种常模法，但是却基于另一种原因。在20世纪的最初几年，法国政府要求比奈和他的同事蒂奥多尔·西蒙（Theodore Simon）想出一种查明智力落后的、需要进特殊班级的儿童的方法。为了回应教育实践的需求，他们编创了第一个成功的智力测验。

1916年，比奈的智力测验被斯坦福大学用来测验讲英语的儿童。从那时起，英文版本的斯坦福—比奈智力量表广为人知。比奈的测验除了提供一个能预测学习成绩的量表外，也引发了研究者对发展的个体差异的巨大兴趣。把不同性别、种族、出生顺序、家庭环境及其他 15
特征的儿童的智力测验得分加以比较，成为研究热点。不久，智力测验就被推向天性—教养辩论的前沿。

思考题

复习 解释特滕斯和卡鲁斯有关成年期和老年期的观点是怎样在毕生发展观的几条核心假设中得到反映的。

应用 想象在洛克和卢梭之间进行一场关于天性和教养的争论，归纳一下两位历史巨人会说些什么。

联结 卢梭、达尔文和霍尔的思想在现实中发挥了什么作用？

反思 回忆一下，你的父母在你小时候是否读过儿童养育方面的书。当时最困扰他们的问题是什么？你是否认为今天父母的问题和你父母当时的问题有不同？请解释。

五、20世纪中期的理论

20世纪中期，人的发展心理学已成为一门正统的学科。由于这门学科引起了人们越来越大的兴趣，各种理论纷纷涌现，直到今天，每种理论仍然有很多追随者。

1. 精神分析观点

在20世纪30—40年代，许多人向专业人员寻求帮助来应对他们情绪方面的困难，这就带来了一个新的问题：人们为什么，又是怎样变成那个样子的？为了治疗精神疾病，精神病学家和社会工作者开始诉诸一个强调每个人独特生活经历的人格发展理论。

根据**精神分析观点**（psychoanalytic perspective），人们要经历好几个阶段，每个阶段人都要面临生物内驱力与社会期望间的冲突。这些冲突的解决方式决定了人的学习能力、人际能力及应对焦虑的能力。很多人都为精神分析观点做出了贡献，但其中两个人的贡献最大：精神分析运动的奠基人西格蒙德·弗洛伊德（Sigmund Freud，1856—1939）和埃里克·埃里克森（Erik Erikson，1902—1994）。

（1）弗洛伊德的理论

弗洛伊德是维也纳的一名医生，为了治愈一些成人的情绪疾病，他和病人自由地谈论病人幼时的痛苦事件。在这种回忆的基础上，他发现了病人的无意识动机，提出了他的**心理性欲理论**

(psychosexual theory)，在儿童出生后的前几年里，父母怎样对待其性驱力和攻击驱力，对健康人格的发展有至关重要的作用。

1）*人格的三种成分*

弗洛伊德理论认为，人格有三种成分：本我、自我、超我，三者结合起来贯穿于发展的五个阶段（见表1.2）。*本我*（id），是心理中最大的一部分，关注基本生理需求的满足；*自我*（ego），是人格中可意识到的理性部分，在婴儿早期出现，它在可接受的时间、地点，把本我冲动引导到恰当的对象上。例如，由于自我的存在，饥饿的婴儿一看到妈妈准备给他喂奶就会停止哭泣。能力更强的幼儿饿了会自己到厨房找点心吃。

3～6岁间，在与父母的不断互动中，*超我*，或良心形成了，它帮助儿童遵从社会的价值观。在这一年龄，自我面对着越来越复杂的任务，它要调和本我需要、外部世界和良心之间的关系(Freud，1923/1974)。例如，当自我试图满足本我冲动、通过攻击玩伴得到有吸引力的玩具时，超我会发出警告：这种行为是错误的。自我就要做出决定，在内部斗争中这两种力量（本我和超我）要么决出胜负，要么达成妥协，如请求轮流玩玩具。弗洛伊德认为，到学前期，本我、自我、超我之间形成的关系决定了个体的基本人格。

2）*心理性欲发展*

弗洛伊德（Freud，1938/1973）认为，在儿童期，性冲动的发源地从口唇转移到肛门，再转移到身体的生殖区。在每个阶段，父母都要在过宽地允许和过严地限制孩子基本需要之间做出恰当抉择。如果父母能找到一种恰当的平衡，儿童就能成长为适应良好的成人，他们有成熟的性行为，并有能力投入家庭生活中去。

弗洛伊德的理论首先强调早期亲子关系对发展的影响。但是他的理论仍然受到了批评。首先，这一理论过分强调性经验在发展中的影响。其次，该理论是基于那些受到性压抑、家庭富裕的成人提出的，它不能应用在与19世纪维多利亚社会不同的文化中。再次，弗洛伊德从来没有直接研究过儿童。

表1.2　弗洛伊德的心理性欲阶段

阶段	年龄	描述
口唇期	出生至1岁	新的自我把婴儿的吸吮引导到乳房或奶瓶上。若口唇需求没有得到恰当的满足，个体可能在儿童期养成吮拇指、咬指甲、咬笔的习惯，成人后会暴饮暴食，大量吸烟。
肛门期	1～3岁	学步儿以憋大小便和解大小便为乐。孩子的大小便训练成为父母与孩子之间的重要问题。如果孩子还没准备好家长就强迫训练，或者家长忽视如厕训练，那么肛门期冲突将会以过分整洁、洁癖或肮脏、混乱等方式表现出来。
性器期	3～6岁	幼儿从刺激生殖器中得到愉快，出现弗洛伊德所说的男孩的恋母情结和女孩的恋父情结：儿童对异性别父母产生性欲望。为避免惩罚，他们放弃这种愿望，接受同性别父母的特点和价值观。其结果是超我的形成，每当儿童违背标准时就会感到内疚。
潜伏期	6～11岁	性本能弱化，超我进一步发展。儿童从家庭外的成人和同伴那里学习新的社会价值观。
生殖期	青少年期	青春期来临，性器期的性冲动重新出现。如果前几个阶段发展顺利，就会导致婚姻、成熟的性行为和养育孩子。这一阶段持续到成年期。

(2) 埃里克森的理论

弗洛伊德众多的追随者吸取了他的理论中的有益成分并改进了他的理论观点。在这些新弗洛伊德主义者中，最重要的当属埃里克·埃里克森。

埃里克森（Erikson，1950）赞同弗洛伊德心理性欲理论的基本框架，但是对每个发展阶段都进行了拓展。他提出了**心理社会理论**（psychosocial theory），强调自我并不仅仅是在本我冲动和超我要求之间进行调解。在每一个发展阶段，自
16 我都会习得一些态度和技能，使个体成为积极的、有贡献的社会成员。每一阶段的一个基本心理冲突都要在积极—消极这一连续体上得到解决，并决定着健康的或适应不良的结果。如表1.3所示，埃里克森理论的前五个阶段与弗洛伊德的是平行的，但是他又增加了三个成年阶段。

埃里克森与弗洛伊德不同，他认为，要理解什么是正常发展，就必须和各种文化的生活环境相联系。例如，埃里克森在20世纪40年代观察了美国西北海岸的尤洛克印第安人（Yurok Indians），发现那里的婴儿在出生后的前10天，母亲不喂母乳，而是喂孩子稀汤。孩子6个月大时就突然断奶，如有必要，妈妈会离开几天。从我们

的文化优势点来看，婴儿的这种经验可能有些痛苦。但是埃里克森解释说，尤洛克族的生活环境中，每年鲑鱼只在河里出现一次，这种情况要求很强的自制力才能生存。他用这个例子说明，要理解当地的儿童教养方式，必须看一个人所在的社会看重和需要什么能力。

埃里克・埃里克森认为，只有和个体所在社会看重和需要什么能力联系起来看，才能理解儿童养育方式。这个和父亲一起在缅甸茵莱湖捕鱼的男孩，就是在学习他所在社会成年人需要的技能。

（3）精神分析观点的贡献和局限性

精神分析观点的一大优点是，在进行研究和解释时，非常强调个体独特的生活经历的重要性。与这一观点相适应，精神分析理论家采用*临床法*，或*个案研究法*，把来自各种来源的资料综合起来，勾画出一个独立个体的人格的详细画面（本章后面将对临床法加以介绍）。精神分析观点激发了情绪和社会性发展各方面的大量研究，如婴儿—养 17
育者依恋、攻击性、兄弟姐妹关系、儿童教养方式、道德、性别角色和青少年同一性等。

虽有多方面的贡献，精神分析观点却不是人的发展研究的主流。首先，因为精神分析研究者主要采用临床方法，而很少使用其他方法，这样他们就和本领域的其他理论相互隔绝。其次，精神分析的许多观点，如心理性欲阶段和自我的机能，都非常含糊，很难用实证方法验证（Crain，2005；Thomas，2005）。

然而，埃里克森提出的毕生发展变化的全景式的轮廓，却抓住了生命历程中每个重要阶段人格发展的本质，我们将在后面章节继续探讨。我们还要介绍由埃里克森理论引发的其他一些理论观点，这些理论继承了心理发展阶段论的传统，查明了成年早期、中期和晚期的发展成绩（Levinson，1978，1996；Vaillant，1977，2002）。

表 1.3　埃里克森的心理社会阶段（与心理性欲阶段加以比较）

心理社会阶段	发展阶段	内容
基本信任对不信任（口唇期）	出生至1岁	婴儿从温暖、反应敏捷的养育中获得信任感和自信感，感受到世界的美好。若婴儿需等待很久才能得到舒适，或被严厉地对待，则会引发不信任感。
自主性对羞怯和怀疑（肛门期）	1～3岁	形成新的心理与动作技能，儿童希望自主选择和决策。若父母允许孩子做出合理的自主选择，不强迫、羞辱孩子，孩子就会形成自主性。
主动性对内疚感（性器期）	3～6岁	通过假装游戏，儿童尝试做他们能做的那种人。如果父母支持孩子身上表现出来的新的目的感，孩子就能形成主动性，即一种抱负心和责任感。假如父母过分要求孩子自我控制，就会导致孩子形成过多的内疚感。
勤奋对自卑（潜伏期）	6～11岁	儿童在学校里形成了学习能力、与别人合作的能力。在家庭、学校、伙伴中经历到很多负面体验所感受到的无能感会导致自卑感的产生。
同一性对角色混乱（生殖期）	青少年期	青少年尝试回答“我是谁”“我在社会上处于什么地位”等问题，通过探索价值观和职业目标，青年人形成了个人同一性。消极结果是产生对未来成人角色的混乱感。
亲密对孤独	成年早期	青年致力于建立与他人的亲密关系。由于早期的失望，有些人不能与他人形成亲密关系，并处于孤独中。
繁衍对停滞	中年期	中年人对下一代做贡献的方式是养育子女、照料他人及从事创造性的劳动。而在这些方面无所作为的人就体验不到富有意义的成就感。
自我完整对绝望	老年期	老年人反思自己是一个怎样的人。如果感觉自己的一生有价值，就体验到完整感。对自己的一生感到不满的老年人会恐惧死亡。

2. 行为主义和社会学习理论

在精神分析理论产生巨大影响的同时，人的发展还受到另一个迥然不同的理论的影响。在**行为主义**（behaviorism）看来，直接观察到的事件——刺激与反应，才是恰当的研究焦点。美国的行为主义开始于20世纪早期，以心理学家约翰·华生（John Watson，1878—1958）的工作为标志。他拒绝精神分析主义对看不见的心理进行的研究。相反，他希望创建一门客观的心理科学。

（1）传统的行为主义

华生受俄国生理学家伊万·巴甫洛夫（Ivan Pavlov）有关动物学习的研究启示。巴甫洛夫知道，给狗食物时，狗会由于天生的反射功能而分泌唾液。但是他发现，狗在没被喂食之前也会分泌唾液，例如看到经常给它们喂食的驯狗员时。巴甫洛夫推断，狗必然是学会了把中性刺激（驯狗员）与另一个可引起反射反应（分泌唾液）的刺激物（食物）联系起来。这种联系使得中性刺
18 激也可引起类似反射的反应。为了验证这种观点，巴甫洛夫成功地教会了狗在听见铃声同时看到食物时流口水，之后狗在只听到铃声时就分泌唾液。因此他发现了*经典条件反射*。

华生想知道经典条件反射能否应用于儿童的行为。在一个著名的实验里，他教一个11个月大的婴儿阿尔伯特形成了对一个中性刺激物小白鼠的恐惧。他多次将小白鼠与一个可引发婴儿自然恐惧的刺耳的强烈声音配对出现，开始小阿尔伯特还敢触摸小白鼠，后来看见它就扭头大哭（Watson & Raynor，1920）。阿尔伯特对小白鼠的恐惧程度很严重，使研究者受到了类似研究的伦理挑战。华生归结出和洛克的白板说一致的结论，环境是推动发展的最重要力量。他认为成人可以通过认真控制刺激—反应的联结，塑造儿童的行为。此外，发展是一个连续过程，由这些联结的数量和强度的逐渐增强而推动。

行为主义的另一流派是斯金纳（B. F. Skinner，1904—1990）提出的*操作条件反射理论*。斯金纳认为，通过强化物，如食物、赞扬、赞许的微笑等，可以增加行为的发生频率，也可以通过*惩罚*，如不赞同、撤销特权等，来降低行为的发生率。通过斯金纳的工作，操作条件反射成为一个应用广泛的学习定律。本书第4章将详细介绍这些条件反射技术。

（2）社会学习理论

心理学者很快就盯住了这个问题：行为主义能否比概念模糊的精神分析理论更好地解释社会行为的发展？这种关注鼓舞了在条件反射原理基础上、能提供儿童和成人怎样学习新行为的更详尽的理论观点。

由此出现了几种**社会学习理论**（social learning theory）。最具影响力的是阿尔伯特·班杜拉（Albert Bandura）的观点：*榜样及模仿或观察学习*是发展的最强大动力。婴儿看到母亲拍手也会拍手；儿童会生气地打玩伴，因为在家里父母就是这样惩罚他的；青少年的穿衣打扮、发型都差不多，这些都是从观察学习而来的。从20世纪50年代起，社会学习理论成为发展研究中一个主要势力。

班杜拉的理论不断地对社会性发展的许多研究产生影响。像整个人的发展领域一样，目前他的理论也强调认知或思维的重要性。班杜拉（Bandura，1992，2001）的一些后期修订理论非常强调人怎样看待自己和他人，他称之为*社会认知*，而不再称其为社会学习。

根据班杜拉修订的理论，儿童逐渐对模仿什么越来越具有选择性。通过对所看到的别人行为加以自我奖励和自我谴责，以及别人对自己行为价值的反馈，儿童形成了行为的个人标准和*自我效能感*——对自己具备取得成功的能力和特点的信心。这些认识指导着特定情境下的反应（Bandura，1999，2001）。假如父母经常说，“我很高兴我能坚持不懈地做这个难度很大的工作”，他就解释了坚持性的价值，并通过说“我相信你的家庭作业能做得很好”来鼓励孩子。孩子就会认为自己是努力学习、成绩好的学生，并且选择符合这种特征的人做自己的榜样。当一个人以这种方式形成了态度、价值观和信念时，他们就能控制自己的学习和行为。

（3）行为主义和社会学习理论的贡献和局限性

行为主义和社会学习理论对治疗很多适应问题有很大的帮助。**行为矫正**（behavior modification）就是把条件反射和榜样结合起来，消除不符合期望的行为、增加符合期望的行为的程序。它已被广泛应用于缓解儿童和成人困扰的治疗之中，

社会学习理论认为，儿童借助榜样学习到很多行为。这个越南女孩通过观察和模仿妈妈，使用筷子的技能越来越强。

例如顽固的攻击行为、语言延缓、极度恐惧等（Conyers et al.，2004；Wolpe & Plaud，1997）。

但是，许多理论家认为，行为主义和社会学习理论对重要的环境影响的看法太局限了，它夸大了即时强化、惩罚和模仿行为对人的复杂的生理和社会特性的影响。其次，行为主义和社会学习理论受到批评，还因为它忽视了人对自己发展的贡献。在强调认知方面，班杜拉是遵循行为主义传统，但是赞同儿童和成人可以扮演自我学习的积极角色的唯一一位理论家。

3. 皮亚杰的认知发展理论

19 如果说哪个人对儿童发展研究的影响比其他人都更大，那一定是瑞士认知理论家让·皮亚杰（Jean Piaget，1896—1980）。北美研究者 1930 年开始了解皮亚杰的工作，但由于其理论与 20 世纪中期在北美心理学界占统治地位的行为主义相悖，直到 1960 年才开始关注他的理论（Zigler & Gilman，1998）。皮亚杰不认为儿童是依赖于像成人奖励这样的强化而学习。根据他的**认知发展理论**（cognitive-developmental theory），儿童是在操控和探索周围世界基础上主动建构知识的。

（1）皮亚杰的发展阶段

皮亚杰的发展观受其早期所受的生物学训练的影响，他的理论以适应这一生物学概念为核心（Piaget，1971）。就像身体结构要适应环境一样，心理结构也要越来越好地适应或表征周围环境。皮亚杰指出，在婴儿期和幼儿期，儿童的理解方式与成人是不同的。例如，皮亚杰认为，小婴儿并不知道，一个被遮蔽而看不见的客体，例如一个好玩的玩具，甚或他的妈妈，是仍然存在的。他还指出，幼儿的思维是完全不合逻辑的。例如，7 岁以前的儿童一般会说，把溶液从一个容器倒入另一个形状不同的容器时，液体的量改变了。皮亚杰认为，儿童最终会修正这些错误想法，通过不断的努力，达到内部结构与他们日常生活中接触到的信息之间的一种平衡（equilibrium）。

根据皮亚杰的理论，随着脑的发育和儿童经验的积累，儿童发展经历了四个主要阶段，每一个阶段都以本质上不同的思维方式为特征。表 1.4 对这四个阶段作了简要描述。在*感觉运动阶段*（sensorimotor stage），认知发展开始于婴儿应用感觉和运动来探索世界。这些动作方式在进入*前运算阶段*（preoperational stage）的幼儿身上演变为符号化的、非逻辑的思维方式。进入下一个*具体运算阶段*（concrete operational stage）以后，认知过渡到学龄儿童的更有组织的推理。最后，在*形式运算阶段*（formal operational stage），青少年和成人的思维变为复杂、抽象的推理系统。

表 1.4 皮亚杰的认知发展阶段

阶段	发展期	描述
感觉运动阶段	出生至 2 岁	婴儿通过眼、耳、手和嘴探索环境进行"思维"。其结果是，他们发明了各种方式来解决简单问题，如拉杆使音乐盒发声，找到藏起来的玩具，从容器中掏出、放入物品。
前运算阶段	2～7 岁	幼儿利用符号来表征他们早期感觉运动的种种发现，语言发展，出现假装游戏。但是本阶段还缺少后两个阶段那样的逻辑性。
具体运算阶段	7～11 岁	儿童的推理具有逻辑性。小学生知道，一定量的柠檬水和面团的形状改变，其容积或体积不变。他们能把客体划分到不同的类和亚类中。但思维还达不到成人的智力水平，还不能进行抽象思维。
形式运算阶段	11 岁以上	抽象的、系统化的思维能力使青少年在面临问题时能够提出假设，演绎出可验证的推论，并且把变量分开或结合起来，看哪个推论能被证实。青少年还能不参照现实世界就对语言陈述的逻辑做出评价。

（2）皮亚杰的研究方法

皮亚杰设计了专门的方法来考察儿童是如何思维的。在其事业初期，皮亚杰认真观察他的三个处于婴儿期的孩子，给他们呈现日常问题，如给他们有吸引力的东西叫他们抓、咬、踢和寻找。根据他们的反应，皮亚杰提出了自己对于0～2岁幼儿认知发展变化的思想。在研究儿童期和青少年期的思维时，皮亚杰利用儿童可以说出自己思维过程的能力，借鉴精神分析的临床方法，采用开放式的临床访谈，在访谈中，儿童前面的回答成为接下来被继续追问的基础。本章后面介绍研究方法时还要对皮亚杰的临床访谈的例子加以说明。

在皮亚杰的具体运算阶段，学龄儿童以一种有组织的、逻辑的方式对具体对象进行思考。图中的6岁女孩和7岁男孩已能理解，把一定量的牛奶倒入不同形状的容器中，虽然样子变了，但是量的多少没有变。

（3）皮亚杰理论的贡献和局限

皮亚杰的认知发展理论证明，儿童是有丰富知识结构的主动学习者。除了考察儿童对物质世界的理解，皮亚杰还探索了他们对社会问题的推理。他的阶段理论引发了一系列涉及儿童对自己、他人及人际关系的概念的研究。在实践方面，皮亚杰的理论推动了强调发现学习、直接与环境互动等教育观念和教育项目的发展。

虽然皮亚杰理论的贡献是主流，但是他的理论还是受到了一些质疑。首先，研究表明，皮亚杰低估了婴儿和幼儿的能力。如果让年幼儿童完成的任务适当降低难度，并且与他们的日常经验相符合，那么，年幼儿童表现出的理解能力与较年长儿童和成人非常接近，这超出了皮亚杰的假设。其次，很多研究显示，对于完成皮亚杰问题的成绩，可以通过训练得到提高。这些发现对他提出的发现学习比成人教授更有利于发展的假设提出了质疑（Klahr & Nigam，2004）。再次，批评还指出，皮亚杰的阶段划分忽视了社会文化对发展的影响。最后，一些毕生发展理论家不同意皮亚杰得出的青少年期之后认知发展没有大的改变的结论。一些研究证实了成年期发生的很多重要转变（Arlin，1989；Labouvie-Vief，1985；Perry，1981）。

当前，根据对皮亚杰理论的赞同与否，人的发展领域被分为不同流派。那些继续坚持皮亚杰的阶段论的学者接受一种经修订的观点：有思维参与的变化比皮亚杰所说的更循序渐进（Case， 20
1998；Demetriou et al.，2002；Fischer & Bidell，1998）。另一些人接受了信息加工学说的主张：儿童认知进步是连续获得的。还有一些人则诉诸儿童所处的社会文化环境的作用及其相关理论。我们将在下一节对上述理论加以讨论。

思考题

复习 行为主义的哪一方面导致了精神分析观点从繁荣到危机？皮亚杰理论对行为主义的哪些局限性做出了改进？

应用 一个4岁儿童因为怕黑，夜晚不敢单独睡觉。一个精神分析论者和一个行为主义者对这一问题的形成有什么不同看法？

联结 虽然社会学习理论主要考察社会性发展，皮亚杰的理论主要考察认知发展，但是这两种理论都增进了人们对其他领域的认识。请用上述两个理论分别解释另一个领域的发展。

六、当代理论观点

解释成长中的人的新途径不断地涌现，它们提出问题，建构理论，推进早期理论的研究。当前，一系列新的研究流派和研究重点大大拓宽了我们对毕生发展的理解。

1. 信息加工学说

20 世纪 70—80 年代，研究者转向认知心理学领域，寻求理解思维发展的途径。使用数学方法设计成功的数字计算机能够详细说明解决问题的步骤，它提示心理学工作者，人的心理可以看作一个信息可进可出的符号操作系统，这就是所谓的**信息加工学说**（information processing）（Klahr & MacWhinney，1998）。从信息输入被识别的时候开始，到作为信息输出的行为反应之间，信息迅速地被编码、转化和组织。

信息加工研究者经常采用流程图来展现个体解决问题和完成任务的准确步骤，很像计算机编程人员编制程序使得计算机执行一系列的“心理操作”。我们可以通过一个例子来说明这种方法的用途。在一项关于问题求解的研究中，研究者给儿童拿出一堆大小、形状、重量不同的木块，让小学儿童搭建一座跨过“一条河”（画在地板的垫子上）的桥，但是河太宽了，没有一块木块可以单独地跨越（Thornton，1999）。图 1.4 显示了一 21
种解决方案：两块长板跨越河流放在河两岸的塔上，两块长板上各压两块重木块。年长儿童搭建这样的桥比较容易，但是这却是个年仅 5 岁的儿童搭的。对她搭桥过程的详细跟踪显示，她反复用不成功的方法尝试，如把两块板推到一起，用手把它们的外端压住，好让它们稳稳地放在塔上。最后，她的试验终于使她想出用重木块把长板压住的办法。她的错误步骤帮助她懂得了，为什么用两块重木块压住才能成功。

目前已有很多信息加工模型。一些像上面看到的一样，追踪儿童掌握一个或几个任务的加工过程。另一些则把人的认知系统作为一个整体来描述（Atkinson & Shiffrin，1968；Lockhart & Craik，1990）。这些综合模型可以帮助人们回答，思维是怎样发生程度宽泛的变化的。例如，随着年龄增长，儿童解决问题的能力是否越来越有组织和有计划？为什么老年人的信息加工比年轻人慢？老年人的记忆减退是表现在所有任务上还是只出现在一些任务上？

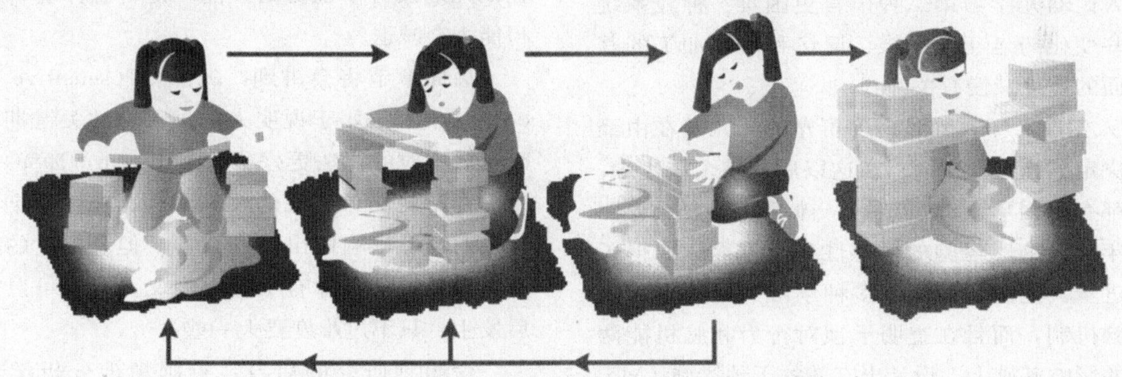

图 1.4 一个 5 岁儿童解决搭桥问题的信息加工流程图

她的任务是用一堆大小、形状和重量不同的木块，包括几块板状木块，搭建一座跨越“河流”的桥（桥画在地板的垫子上），但是河太宽，没有一块木块可以单独跨越。这个女孩终于发现了怎样把桥平衡地搭起来。箭头显示，她在成功地找到平衡之后，又回到原来不成功的方法，这种尝试看来帮助她理解了平衡法是有效的。

资料来源：Thornton，1999.

与皮亚杰的认知发展理论一样，信息加工学说也把人看作主动的、明智的生物（Halford，2002）。与皮亚杰理论不同的是，它没有把发展分为几个阶段。有关思维加工的研究——知觉、注意、记忆、计划、信息分类、书面及口语理解等，都被认为在不同年龄间是相似的，只是在范围、程度上有差异。因此发展是一个连续的过程。

信息加工学说的最大优点在于它严格的研究

方法。因为它详细地报告了儿童和成人是怎样完成各种认知任务的，这些发现对教育具有重要意义（Siegler，1998）。但是信息加工学说在很多方面存在不足。首先，尽管它在分析思维的具体成分方面卓有成效，但是很难把这些成分汇聚为完整的理论。其次，这一流派基本上忽略了一点，即认知不是在所有方面都是线性的和符合逻辑的（Birney et al.，2005）。最后，信息加工研究大多在实验室情境下而不是真实生活中进行。最近的一些研究者通过考察谈话、传记、对日常事件的记忆及解决科学问题等，尝试解决人们对这一问题的关注。

过去20年，信息加工流派以另一种方式得到扩展，这就是作为一个新研究领域的**发展认知神经科学**（developmental cognitive neuroscience）。它把心理学、生物学、神经科学和医学等方面的研究者团结起来，考察成长中一代脑的变化与认知加工及行为方式之间的关系。用于分析儿童和成人在完成各种任务时脑活动的方法的改进，大大促进了对脑机能与行为之间关系的认识（Cabeza，Nyberg & Park，2005；Johnson，2005）。由于这种脑成像技术（第4章将介绍），神经科学家考察了这样一些问题：早期经验对幼儿大脑的发育和结构有何影响？大脑的什么变化导致青少年和成人比幼儿学习第二种语言更困难？神经系统的哪些变化与老年人思维、记忆和认知加工的其他方面的速度减慢有关？

22 人生前5年，脑是高度可塑的，尤其在由经验所决定的脑发育方面。在这以后的整个一生中，大脑都有相当可观的可塑性。神经科学家在查明不同年龄大脑对经验的敏感性程度方面，取得了很大进步。他们还阐明了多种学习失调与行为失调的脑机制，而且在查明干预对行为和脑机能两方面的影响基础上，设计出有效的干预措施（Munakata，Casey & Diamond，2004）。虽然很多问题还有待探索，但是发展认知神经科学已经在改变人们对发展的理解，并且在生命全程中得到了实际应用。

掌握多种理论的一个优势是，它们激励研究者去关注过去曾被忽视的人的生活中的一些方面。下面将要探讨的三个理论的共同点在于，它们都强调环境对发展的影响。其中的第一种观点强调人的各方面能力受到长期进化历程的影响。

2. 习性学与进化发展心理学

习性学（ethology）关注行为的适应价值或生存价值及其进化史（Hinde，1992）。其源头可以追溯到达尔文的工作。欧洲两位动物学家康拉德·洛伦兹（Konrad Lorenz）和尼科·廷伯根（Niko Tinbergen）是该理论的创始人。通过对不同动物物种的天生习性的观察，洛伦兹和廷伯根观察到了有利于生存的行为模式。其中最广为人知的是印刻，指一些刚孵出的小鸟，如小鹅的早期跟随行为，通过跟随可以靠近母亲，保证被喂养，且免于危险。印刻出现在发展早期的某一特定时间阶段。如果在这个特定时间段，母鹅不在，另一个在重要特征上与之类似的物体取代它的位置，小鹅也会对它形成印刻（Lorenz，1952）。

有关印刻的研究引出了人的发展的一个重要概念：关键期（critical period）。关键期指一个限定的时间阶段，个体在生物学上已经可以习得某种适应行为，但这种适应行为的出现需要合适的刺激环境的支持。许多研究者通过实验试图回答，复杂的认知和社会行为是否必须在特定时间段习得。例如，如果儿童在早期被剥夺足够的食物或生理和社会刺激，他们的智力是否会迟滞？如果在幼儿期没有掌握言语技能，是否意味着言语习得能力会减退？

后面章节将会讲到，敏感期（sensitive period）这个术语用于说明人的发展比“关键期”这个比较绝对的说法更好些（Bornstein，1989）。**敏感期**指特定能力出现的最佳时期。在敏感期，个体会对环境影响做出特殊反应。但是，它的界限并不像关键期那样有明确的定义。发展可以在以后发生，只不过难度要大一些。

受印刻研究的启发，英国精神分析学者约翰·鲍尔比（John Bowlby，1969）应用习性学理论来解释人类的婴儿—养育者关系。他认为，婴儿的微笑、喃喃细语、抓握、哭泣，都是与生俱来的社会信号，用这些信号要求养育者接近、照顾、与孩子互动。只要能让父母待在身边，这些行为就能确保婴儿有奶吃，避开危险，为健康成长提供必需的刺激和情感。人类依恋的发展是一个漫长的过程，它使婴儿与养育者建立深厚的情感纽带（van den Boom，2002）。鲍尔比认为，这种纽带影响着毕生的人际关系。在《伯克毕生发展心理学：从青年到老年》中，我们会介绍试图验证这个假设的一些研究。

习性学研究者的观察表明，人类社会行为的很多方面都类似于我们的灵长类祖先，如情绪表达、攻击、合作、社会游戏等。近期，研究者在一个新的领域把这种努力加以扩展，这一领域就是**进化发展心理学**（evolutionary developmental psychology），它试图解释，在种系范围内，随着年龄增长，其认知、情绪和社交能力的适应价值。进化发展心理学者会问这样的问题：新生儿对像面孔一样的刺激的视觉偏好对生存起什么作用？它对较大的婴儿分辨熟悉的养育者和陌生人的能力有影响吗？为什么儿童在同性别的群体中游戏？什么原因使他们玩符合成人性别类型行为，如男性的支配行为和女性的照顾行为的游戏？

23 这些例子说明，进化心理学者不是只关注发展的生物基础。他们认识到，人类大脑容量之大，儿童期之漫长，都是因为人类必须掌控复杂的社会与技术环境，所以人才对学习感兴趣（Blasi & Bjorklund，2003）。对行为的进化选择的好处被认为在人的前半生是最大的，它保证个体的生存、繁衍及有效地承担父母责任。随着年龄增长，社会文化因素对促进并保持高水平机能也越来越重要（Smith & Baltes，1999；Staudinger & Lindenberger，2003）。下面介绍的另一个环境论观点，维果茨基的社会文化理论被认为是习性学的完满补充，因为它非常强调社会文化背景对发展的影响。

习性学关注行为的适应价值，或称生存价值，以及人类与其他物种、尤其是灵长类之间的相似性。观察这个养育着出生 8 天的婴儿的母猩猩，可以帮助我们理解人类婴儿与养育者的关系。

3. 维果茨基的社会文化理论

在人的发展领域，有关人类生活的文化背景的研究近年来明显增多。研究者进行了跨文化比较，以及相同文化下的不同族群的比较，启发我们思考一个问题，发展路径是适合于所有人，还是只适合于特殊的环境条件（Cole，2005）。这些研究的结果是，跨文化和多元文化研究帮助我们了解了生物因素和环境因素对儿童与成人的行为时间表、出现次序和多样性的影响。

过去，跨文化研究集中在发展的宽泛的文化差异上，例如，在动作发展或智力活动方面，一种文化中的儿童是否比另一种文化中的儿童表现更好些。但是，这样的比较可能引领我们得出错误的结论：某些文化比另一些文化能更好地促进发展。此外，这样的发现也不能帮助我们理解，导致行为的文化差异的究竟是哪些个人经验。

现在很多研究试图查明具有文化特殊性的观念和实际行为与发展有什么关系。苏联心理学家列夫·维果茨基（Lev Vygotsky，1896—1934）所做的贡献起了重要作用。维果茨基（Vygotsky，1934/1987）的观点被称为**社会文化理论**（socio-cultural theory）。该理论关注文化——价值观、信念、习俗和社会群体技能——是怎样传递给下一代的。维果茨基认为社会交互作用，尤其是与更有知识的社会成员的对话，是儿童学习到符合所在社会文化的思维和行为的必要途径（Rowe & Wertsch，2002）。维果茨基认为，成人和更老练的同伴能帮助儿童娴熟地从事具有文化意义的活动，所以他们之间的交流就成为儿童思维的一部分。一旦儿童把这些对话的本质特征加以内化，他们就能应用那些人的语言来指导自己的思想、行为，并学习新技能（Berk，2003）。

维果茨基的理论对认知发展研究一直有特殊的影响。维果茨基同意皮亚杰所说的，儿童是主动的、建设性的个体，但是与皮亚杰所说的、儿童通过独立的努力理解世界的观点不同，他把认知发展看作一个社会中介过程，当儿童解决新任务时，必须依赖于成人和更成熟同伴的支持。

根据维果茨基的理论，儿童经历着分阶段的变化。例如，当儿童学习语言时，他们跟别人对话的能力就得到明显进步，被文化肯定的能力也得到发展。儿童进入学校以后，他们花大量时间来讨论关于语言、读写、科学概念等等，这种经验激发他们去反思自己的思维。结果，他们在推理和解决问题方面得到迅速发展。

虽然受维果茨基理论启发所做的研究大多以儿童为对象，但是他的思想可应用于任何年龄的人们。该理论的一个核心主题是，文化为其成员选择一定的任务，围绕着这些任务的社会互动导致了在该文化中取得成功的能力。例如，在工业化国家，教师教人阅读，开车，使用电脑。而在墨西哥南部的辛纳坎特科（Zinacanteco）印第安人中，成人教年轻的女孩掌握复杂的编织技术（Greenfield，Maynard & Childs，2000）。在巴西，念书很少或没念过书的卖糖果的少年，却具有不错的算数能力，这是他们从糖果商那里进糖果、与成人和老练的同伴合作、在大街上跟顾客讨价还价的结果（Saxe，1988）。

维果茨基的理论所引发的研究表明，每一种文化中的人都有独特的长处。但是，维果茨基对文化与社会经验的强调，使他忽略了发展的生物
24 因素。虽然他承认遗传和脑发育的重要性，但是他基本不提遗传与脑发育对认知发展的影响。此外，维果茨基强调知识的社会传递，这意味着他不像其他理论家那样，认为儿童自己会影响自己的发展。维果茨基理论的追随者则承认个体和社会在发展中的均衡作用（Karpov，2005；Rogoff，1998，2003）。

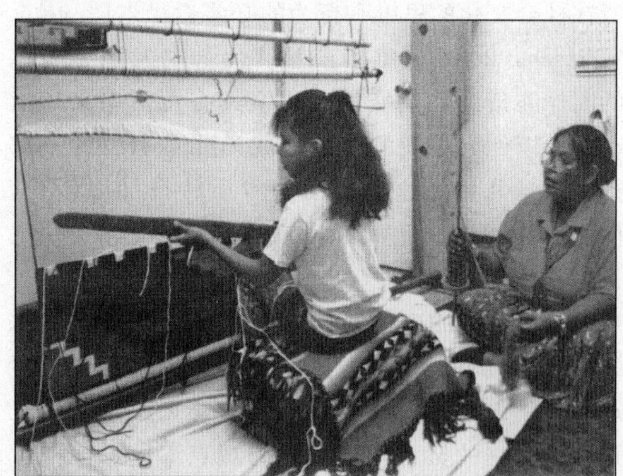

这个纳瓦霍（美国印第安部落）女孩在她祖母指导下学习使用手工织机。根据维果茨基的社会文化理论，儿童与他们所在社会中更老练的成员的互动，可帮助形成在该社会取得成功的思维方式。

4. 生态系统论

美国心理学家尤里·布朗芬布伦纳（Urie Bronfenbrenner，1917—2005）提出了一种人的发展理论，该理论目前处于本领域的前沿，因为它在环境影响发展问题上提出了最详细具体的论述。**生态系统论**（ecological systems theory）认为，人在复杂的关系系统中的发展受到多水平环境的影响。鉴于生物影响因素加入环境中共同推动了发展，后来布朗芬布伦纳把他的理论称为“生物生态模型”（Bronfenbrenner & Evans，2000）。

布朗芬布伦纳把环境想象为鸟巢状的结构，包括家庭、学校、邻居、工作单位等日常生活场所以及这些场所之外的更大空间（见图1.5）。这些环境的每一个层面都对发展有重要影响。

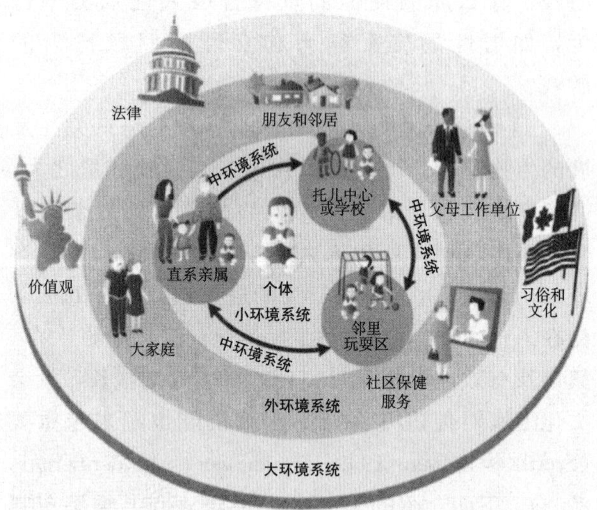

图1.5 生态系统理论中的环境结构

小环境系统关注成长中的人与直接生活环境间的关系；中环境系统指几个小环境系统之间的关系；外环境系统是那些会影响却不包括成长中的人的社会领域；大环境系统指影响各个层次的活动和互动的价值观、法律、习俗和文化资源。时序系统（图中没有）不是一个具体环境，它指人所处环境的动态的、永远变化的特性。

（1）小环境系统

环境的最里层水平是**小环境系统**（microsystem），由个体在直接生活的环境中的各种活动和互动模式构成。布朗芬布伦纳强调，为了理解这一水平的发展，必须牢记所有的关系都是双向的。例如，成人影响孩子的行为，但是孩子的生物和社会特征，如生理特性、人格特征和能力也影响成人的行为。一个友善专心的孩子容易引发父母

积极耐心的反应，而一个好动、分心的孩子则容易成为父母的限制和惩罚对象。无时无刻不在发生的双向互动对发展起着持久性的影响（Collins et al.，2000；Crockenberg & Leerkes，2003）。

小环境系统中的另一些人影响着任何二人关系的质量。如果他们是支持性的，这种互动就有促进作用。例如，爸爸妈妈在承担父母角色中互相鼓励，他们就能更好地执行做父母的责任。相形之下，夫妻冲突往往导致不一致的管教方法和迁怒于孩子。结果，孩子也会变得更敌意，于是，父母和孩子都面临着适应不良的处境（Hetherington & Stanley-Hagen，2002）。

（2）中环境系统

布朗芬布伦纳模型中的第二层是**中环境系统**（mesosystem），指几个小环境之间的联系。例如一个孩子的学习进步不仅取决于课堂活动，而且取决于父母对孩子学习的关心和在家里花多少时间学习（Epstein & Sanders，2002）。对成人来说，在家里做配偶、做父母做得好不好，也受到他在工作单位的人际关系的影响，反之亦然（Gottfried，Gottfried & Bathurst，2002）。

（3）外环境系统

25 **外环境系统**（exosystem）指的是成长中的儿童不在其中、却对他们所处的直接环境产生影响的社会环境。这种环境可能是正式的组织，如个人所在单位的董事会或社区的保健、福利机构。具体来说，像灵活的上班时间，母亲的带工资的产假和父亲带工资的休假，孩子生病时其父母能获准在家照顾孩子，都是父母单位所能做到的帮助父母养育孩子的方法，而且有助于父母和孩子的健康发展。外环境系统的支持也可以是非正式的。儿童可能受到其父母的社会网络的影响，如父母的朋友和大家庭成员（祖辈、叔姨）提供的建议、陪伴和经济援助等。研究证实，如果外环境系统不能发挥作用，会产生负面影响。一个家庭如果与外面很少有个人和团体的联系，或受失业影响而与世隔绝，家庭冲突和虐待孩子的比率就会升高（Emery & Laumann-Billings，1998）。

（4）大环境系统

布朗芬布伦纳模型中的最外层是**大环境系统**（macrosystem），这不是一个具体的环境，是由文化价值观、法律、习俗和资源组成的。大环境系统能否满足儿童和成人的需要，关系到他们在内部环境水平上获得的支持。例如，有些国家规定了较高的儿童养育补助标准，工作单位对就业父母的政策有较多优惠，孩子在小环境中就有良好的生活经验。另外，如果政府给退休者提供优厚的养老金，也能促进老年人的心理健康。

（5）一个动力的、永远变化的系统

布朗芬布伦纳认为，环境并不是以一种固定方式影响个体的静态力量。相反，它是动力性的、不断变化的。人的角色的增多或减少，以及新生活的开始，他们的小环境的范围就发生变化。生活中这种环境的转变，布朗芬布伦纳称之为**生态变迁**，往往成为发展的重要转折点。入学，参加工作，结婚，做父母，离婚，搬家和退休就是生态变迁的例子。

布朗芬布伦纳把他的模型中的时间维度称为**时序系统**（chronosystem，前缀chrono为“时间”的意思）。生活变化可能来自外因影响，也可能来自个人，由于个体选择、修正和创造其生活环境而产生。人究竟怎样做，取决于人的年龄，也取决于人的身体、智力和人格特征，以及他们所面临的环境机遇。因此，生态系统论认为，发展既不是由环境单独控制、也不是由个体内部原因决定的。相反，人既是环境的产物，也是环境的创造者，人和环境形成一个相互依赖的网络。本书后面章节将会介绍更多的实例。

根据生态系统论，发展发生在受多水平环境影响的复杂的关系系统中。这个父亲祝贺女儿结束了一天的学校生活。这个女孩在学校（小环境）的体验和她爸爸在工作单位（中环境）的体验影响着父女关系。

思考题

复习 解释几种现代理论流派如何看待儿童和成人是他们自己发展的积极影响者。

应用 玛利奥想详细地查明不同年龄的儿童怎样回忆故事。安娜感兴趣的是，不同文化中的成人与儿童的沟通对儿童的讲故事能力有何影响。玛利奥和安娜可能会分别选择哪一种理论？为什么？

联结 毕生发展观假设，发展是持续一生的、多方向的、高度可塑的，并且受到多种相互作用的力量影响。生态系统论和上述假设是否一致？为什么？

反思 从你自己的儿时生活中选一个重要事件，如弟妹出生、遇到一个善于鼓励学生的老师等，对生态系统论中的时序系统加以说明。这个事件对你有何影响？如果这件事发生在 5 年前，它会有什么影响？如果在 5 年后发生呢？

七、理论的比较与评价

26 以上我们回顾了人的发展研究中的主流理论观点。这些理论在很多方面都存在差异。第一，这些理论关注发展的不同领域。精神分析观点和习性学强调情绪和社会性的发展。皮亚杰的认知发展理论、信息加工流派和维果茨基的社会文化理论强调思维的变化。行为主义、社会学习理论、进化发展心理学、生态系统论以及毕生发展观则讨论人的机能的各个方面。第二，每种理论都包含着对发展的看法。在总结我们对各种理论观点的看法的时候，最好先搞清楚各派理论在本章开头指出的几个争论问题上的立场。然后对照表 1.5，看看你自己的分析如何。

表 1.5 各种理论对人的发展的三个基本问题的看法

理论	发展：连续还是不连续	发展：一种还是多种进程	天性和教养，哪个更重要
精神分析观点	不连续：心理性欲和心理发展是分阶段的。	一种进程：阶段是普适的。	二者都重要：与生俱来的冲动通过儿童教养经验加以疏导和控制。早期经验决定了后期发展的进程。
行为主义和社会学习理论	连续：发展等于习得行为的增加。	多种进程：行为被强化和模仿因人而异。	强调教养：发展是条件反射和模仿的结果。早期经验和后期经验都重要。
皮亚杰的认知发展理论	不连续：认知发展是分阶段的。	一种进程：阶段是普适的。	二者都重要：发展是由于大脑的发育和儿童把探索现实的内在驱力展现在充满刺激的环境中。早期经验和后期经验都重要。
信息加工学说	连续：儿童与成人的知觉、注意、记忆、问题解决能力逐渐进步。	一种进程：所研究的发展变化是大多数甚至所有儿童和成人的共有特征。	二者都重要：儿童和成人都是主动的、明智的，由于脑的发育以及面临环境提出的新要求，他们不断修正自己的思维。早期经验和后期经验都重要。
习性学和进化发展心理学	连续和不连续都存在：儿童和成人逐渐形成范围广泛的适应行为；在敏感期有质的差别的能力突然出现。	一种进程：适应行为和敏感期适用于物种的全部成员。	二者都重要：进化和遗传影响行为，学习使行为更具适应性。敏感期的早期经验决定了后期发展进程。
维果茨基的社会文化理论	连续和不连续都存在：语言发展和上学导致分阶段的发展。与更成熟的社会成员的对话导致因文化而异的连续变化。	多种进程：以社会为中介的思维和行为的变化因文化而异。	二者都重要：遗传、脑发育、与更成熟的社会成员的对话共同影响发展。早期经验和后期经验都重要。

续前表

理论	发展：连续还是不连续	发展：一种还是多种进程	天性和教养，哪个更重要
生态系统论	未说明。	多种进程：生物素质与多层次的环境力量结合起来，以独特方式推动发展。	二者都重要：个体特征和他人的反应相互影响。早期经验和后期经验都重要。
毕生发展观	连续和不连续都存在：获得和衰退连续发生，新技能的出现可能是不连续的、分阶段的。	多种进程：发展受多种相互作用的生物、心理、社会力量影响，很多影响因人而异，导致多样化的发展路径。	二者都重要：发展是多维度的，受遗传与环境的复杂结合的影响。强调所有年龄段的可塑性。早期经验和后期经验都重要。

27 第三，每种理论都各有优缺点。你可能发现，自己被一些理论吸引，而对另一些理论存疑。当你更多地了解发展心理学时，你会发现有个笔记本很有用，可以对照证据检验一下你喜欢的理论和不喜欢的理论。如果你要很多次地修正你的想法，也不足为奇，自从人们对发展进行科学研究以来，所有的理论家都做过这样的事。

八、发展的研究方法

在每一门科学中，研究一般都开始于对一个从理论推论出的行为的预测，或者称为假设。但是，人的发展研究要得到合理的证据，理论和假设仅仅是研究活动的开始。根据科学上可接受的程序，做一项研究包括很多步骤和选择。研究者必须决定，要做出结论，选什么人作研究对象，需要多少人。然后，他们必须设计一套程序：让研究对象做什么，什么时候做，在哪里做，每个人需要见多少次面。最后，研究者还必须处理数据，进行统计检验并得出结论。

这一节，我们将介绍人的发展领域广泛应用的研究策略（research strategies）。首先介绍研究方法（research methods），指被研究者的具体活动，如参加测验、填写问卷、接受访谈或观察。而后我们转向研究设计（research designs），它是为使研究者对研究假设进行检验而制订的总的研究计划。最后，我们将讨论以人为研究对象做研究涉及的伦理问题。

为什么要学习研究策略？为什么不把这问题留给专业研究人员，集中学习有关成长中的人的已知事实和怎样应用这些知识上？原因有两个，第一，每个人都应该做一个明智的、具有批判精神的知识接受者。了解各种研究策略的优缺点，对于我们把可信结果和错误结果区分开来非常重要。第二，直接对儿童和成人进行研究的人员，通过自己独立地或者与经验丰富的研究者合作进行的研究，他们都会以一种独特方式，在研究和实践之间架设一座桥梁。社区机构，如学校、保健站、公共场所和娱乐节目有时会和研究人员合作，一起设计并实施研究，对可以促进发展的干预措施做出评价（Lerner，Fisher & Weinberg，2000）。为了取得更理想的结果，了解研究过程是非常重要的。

1. 常用研究方法

研究者怎样选择收集信息的基本方法呢？常用的研究方法有系统观察、自我报告（如问卷和访谈）、对单个人的临床或个案研究，以及对特殊群体的生活情境的人种学研究。表1.6归纳了各种研究方法的优缺点。

（1）系统观察

对儿童和成人行为的系统观察（systematic observation）有不同方式。一种方法是直接深入到现场或自然环境中，记录所研究的行为，这种方法叫**自然观察**（naturalistic observation）。

一项关于幼儿怎样对同伴的悲伤做出反应的研究是自然观察的一个例子（Farver & Branstetter，1994）。在日托中心观察3岁和4岁儿童，研究人员记录每一个哭泣的实例和旁边儿童的反应：看他们是忽视、看着、评论哭的孩子的苦恼、责备或取笑，还是分享、帮助、表达同情。同时记录保育人员的行为，如向孩子们解释同伴哭的原因、调解冲突、安慰等，看保育人员对儿童的哭泣行为是否敏感。研究发现了很高的相关。自然观察的最大优点是，观察者可以直接看到他们想考察的日常行为。

自然观察也有局限性：在日常生活中，并非所有个体都有相同的机会表现出一种特定行为。在上述研究中，一些儿童可能比别的儿童更多地看到身边的同伴哭泣，或者他们比别的儿童更多地受到保育人员对他们好行为的直接提示，因此，他们可能表现出更多的同情。

为了克服这个困难，研究者可以采用**结构观察**（structured observations），设置一种可以引发想要考察的行为的实验室情境，使每个被研究者都有同等的做出反应的机会。在一项研究中，让两岁儿童照管一个布娃娃，事先对布娃娃进行了处理，儿童刚拿起布娃娃，布娃娃的胳膊就掉下来，使儿童觉得是自己造成了布娃娃的损坏，此时观察儿童的情绪反应。为了使儿童感觉到自己的错误，布娃娃的胳膊一掉下来，实验员就“对布娃娃说”：“哎哟！”研究者记录了儿童的痛苦表情、对损坏的娃娃的关心、是否尽力帮助布娃娃和身体的姿势，用这些指标来说明儿童的懊悔，以及是否希望弥补自己的过失。同时，和妈妈做一次简短谈话，了解她们跟孩子在一起时的情绪（Garner，2003）。结果发现，妈妈较多地向他们解释情绪的原因与后果的孩子，对损坏的布娃娃表现出较多的关心。

系统观察的程序是不同的，这取决于要研究什么问题。有些研究需要描述行为的全部细节，即在给定时间段里说了什么，做了什么。笔者曾想考察日托中心那些敏感、反应敏捷、善于语言激励的保育人员是怎样与儿童互动的。在这种情况下，每个保育人员说了什么，做了什么，甚至离开孩子去休息、喝咖啡、打电话的时间长短，这些都是重要的。而在另一些研究中，只有一个或几个行为是需要的，就不用记录行为的全部细节，所以研究者用更有效的程序，只在行为核查表上记录特定事件或对行为做出标记即可。

研究者设计出了观察难以捕捉的行为的各种
28 灵活的方法。例如，为了记录欺负行为，几位研究者用摄像机对儿童在教室和操场上的行为进行录像，同时给四年级到六年级儿童带上一个小型无线话筒和一个便携式发射器（Craig，Pepler & Atlas，2000）。结果发现，欺负行为的发生比率，在教室里是平均每小时2.4次，在操场上平均每小时4.5次。但是，教师出面制止的欺负，只占全部欺负现象的15～18%。

系统观察提供了儿童和成人真实行为的可贵信息，但是它很难告诉我们行为背后的原因。要解决这个困难，研究者必须使用自我报告。

（2）自我报告

自我报告（self-reports）就是让被研究者提供关于他们的知觉、思维、能力、情感、态度、观念以及过去经验的信息。自我报告的范围可以从相对无结构的临床访谈，到高度结构化的访谈、问卷和测验。

临床访谈（clinical interview）指研究者采用灵活的谈话方式来探查被研究者的观点。下面是皮亚杰用临床访谈来考察一个5岁儿童对梦的理解：

> 梦是从哪里来的？*我想你睡觉睡好了就会做梦。*梦是从我们自己身上来的还是从外面来的？*从外面。*当你躺在床上做梦时，梦在哪里呢？*在我的床上，在毯子下面。我真的不知道。梦要是在我肚子里面，骨头就会把它挡住，我看不见它。*当你睡觉的时候梦还有吗？*有，就在床上，在我旁边。*（Piaget，1926/1930，pp. 97 - 98）

请注意皮亚杰是怎样鼓励儿童不断拓展他的想 29
法的。虽然一个研究者要访谈不止一个被试，但是他们都会以相同的问题开始以保证任务的一致，而后会根据各人不同的反应加以个别提示以进一步深入理解每个人的推理（Ginsburg，1997）。

临床访谈有两个主要优点。第一，它使一个人在研究时表现出来的思维与日常生活中的思维尽可能一致。第二，临床访谈能够在相对较短的时间内获取大量信息。例如，在1小时内，我们能从一个父/母那里得到很多儿童教养的信息，也能从一个老年人那里得到有关其过去和现在生活的大量信息，这比我们在相同时间内观察到的信息多得多。

临床访谈的一大缺陷体现在该方法得到的被研究者对其思维、情感、经历的报告的准确性上。有些被研究者为了取悦访谈者，可能会做出虚假回答。当问及过去的事件时，有些人可能回忆不准确。此外，由于临床访谈取决于言语表达能力，这就可能低估那些不能很好地用语言表达自己想法的人的能力。

临床研究法还因为它的灵活性而受到批评。当问题以不同的方式向被试发问时，被试的反应可能会迎合访谈的方式，则个体对以不同方式提出这个问题的看法的理解，就可能增大真实差异。而**结构访谈**（structured interviews）是以相同方式向所有被访谈者提出相同的问题，就消除了这个问题的影响。这种方法效率更高，被试的回答简洁，研究者可以让被访谈者做书面回答，可以同时收集儿童和成人的整个群体的信息。研究者还可以列出可选的回答项目，考察所研究者活动或行为，这些答案可能是被研究者在自由式临床访谈中想不起来的。例如，在一项研究中，向父母提出的问题是，“对孩子的未来生活来说，什么事情是最重要的”，当用结构访谈时，62%的被研究者选择了“让孩子自己决定”这一列在纸上的选项，但是如果用临床访谈让他们自由回答，只有5%的被研究者说出这样的答案（Schwarz，1999）。

但是，结构访谈不能像临床访谈一样，得到有相当深度的信息。而且结构访谈还可能受到报告不准确问题的困扰。

这位研究者采用临床访谈，请妈妈描述女儿的发展情况。这种方法可以在较短时间内收集大量的信息，但缺点是研究对象报告的信息往往不准确。

（3）临床法或个案研究法

作为精神分析理论的衍生物，**临床法**或**个案法**（the clinical，or case study，method）把关于一个人的内容广泛的信息结合起来，这些信息可能来自访谈、观察，有时候也包括测验分数。它的目的是尽可能详尽地获得个体的心理功能以及使之得以产生的经验。

临床法适合于研究那种人数很少、心理特征变化较大的人群。例如，这种方法曾用来揭示，什么原因导致了天才儿童——在10岁前就在某一方面表现出成人能力的天赋极高的儿童——表现出来的成绩（Gardner，1998b）。来看亚当，这是个在裹着尿布时就已经能读、写、创作短曲子的男孩。4岁时，亚当已经熟练掌握了人类的很多符号系统，如计算机BASIC语言、法语、德语、俄语、梵语、希腊语、古象形文字、音乐和数学。亚当的父母跟他一起做他感兴趣的事情，他们在家里给他提供极为丰富的刺激，培养他的情感、坚定性和幽默感，为他寻找可以发展其天才，又能建立良好社会关系的学校。亚当18岁就从大学毕业，从事音乐创作。若没有他的特殊天赋与关心、忘我的父母相互结合的机遇，亚当会显示出这些能力吗？研究者认为，很可能不会（Goldsmith，2000）。

临床法可以获得内容丰富而详细的对个案的叙述，在影响发展的许多因素问题上为人们提供了有价值的启示。像其他所有方法一样，临床法也有其不足之处。用这种方法收集的资料往往是不系统的和主观的，研究者对理论偏好有太多的选择余地，使他们的观察和解释产生偏见。其次，研究者不能保证，除了所研究的这个儿童，临床研究的结果是否可以应用的别的儿童身上（Stanovich，2004）。因此，根据临床研究得出的结论，要当作正确的、可推广的东西加以接受，必须用其他研究方法加以检验。

（4）研究文化的方法

对文化影响的日益关注，使研究者调整上面介绍的方法，或开发出适于进行跨文化和多元文化研究的程序（Triandis，1998）。研究者选用什么方法，取决于他们的研究目的。

有时候研究者关注那些被认为具有普遍性但在不同社会中程度不同的特征，例如：一些文化中的父母是否比另一些文化中的父母对孩子更亲切或更强制？不同国家的性别成见有强弱之分吗？在上述每一种情况下，都要对几个不同文化的群体加以比较，对所有被研究者都必须问同样的问题或以同样的方法进行观察。同时，研究者采用 *30*
前面介绍的自我报告和观察程序，通过翻译改编，使之在每种文化背景下都能适用。例如，要研究父母教养方式的文化差异，就要给所有被研究者相同的问卷，让他们对问题做出评定，如“我经常拥抱和亲吻我的孩子”，“当孩子的行为不符合我的期望时，我就斥责他/她”（Wu et al.，2002）。

有时候，研究者希望揭示儿童和成人行为的文化意义，于是他们要尽可能地熟悉他们的生活方式。为了达到这一目的，研究者采用从人类学领域借用的一种方法——**人种学方法**（ethnography）。这种方法与临床法一样，很大程度上是一种描述性的、定性的研究技术。它不是指向单独的个体，而是通过参与观察，理解一种文化或一个不同的社会群体。一般情况下，研究者要花几个月甚至几年时间来到某种文化的人群中间，参与他们的日常生活。研究者进行内容广泛的现场记录，包括各种观察，来自该文化成员的自我报告，以及研究者的慎重解释（Miller，Hengst & Wang，2003；Shweder，1996）。随后，将这些记录整合为一个关于该文化人群的总报告，从中发现其独特的价值观和社会进程。

人种学方法假设，研究者通过与一个社会群体密切接触，就能理解该群体成员的观念和行为，而这一点是观察、访谈和问卷方法难以做到的。在一些人种学研究中，研究者关注人的各种经历，如一组研究者曾经用这种方法描述了美国一个小镇发生的变化。另一些人关注一种或几种环境，如家庭、学校和邻里（LeVine et al.，1994；Peshkin，1978，1997；Valdés，1998）。如果研究者假设文化差异背后有独特意义的话，他们可以在采用人种学方法的同时，辅之以传统的自我报告和观察法，如本节的“文化影响”专栏所介绍的那样。

人种学者通过成为所研究文化的成员，努力使他们自己对该文化的影响降到最低。但是像临床研究一样，研究者的文化价值观和理论倾向有时候使他们的观察有选择性，或者错误解释看到的现象。其次，人种学的研究发现也很难推广到所研究的人群和背景之外。

表1.6　常用研究方法的优缺点

方法	内容	优点	缺点
系统观察			
自然观察	在自然条件下观察行为。	反映被观察者的日常生活。	观察情境难以控制。
结构观察	在实验室观察行为，每个被观察者所处的条件相同。	每个被观察者有平等机会表现出所研究的行为。	可能得不到在日常生活中那样的观察结果。
自我报告			
临床访谈	通过灵活的访谈程序获取有关被试看法的具体理由。	与被访谈者日常生活中的想法相当接近。能在短时间内得到有广度和深度的信息。	被试报告的信息可能不准确；灵活的程序导致难以对个体间的反应进行比较。
结构访谈，问卷和测验	采用自我报告手段，以相同的方式向所有被研究者提出相同的问题。	可对被调查者的反应进行比较，能高效率地收集资料。研究者可预先编制可选答案，这些答案可能是被研究者在自由访谈中想不起来的。	难以收集到像临床观察法那样有深度的信息。被研究者的反应带主观性，使报告的内容不准确。
临床法或个案研究	把访谈、观察和测验分数等资料结合起来，得到某一个人心理状况的完整情况。	对影响发展的因素提供丰富的描述性的启示。	可能因研究者的理论偏好而失准；研究结果不能应用于被研究者之外的其他人。
人种学研究	对一种文化或一个不同的社会群体的参与观察；采用内容丰富的现场笔记，研究者试图查明该文化的独特价值观和社会过程。	获得比单一的观察、访谈或问卷更全面、准确的描述。	可能因研究者的价值观和理论偏好的影响而失准；研究结果不能应用于该研究之外的人与环境。

专栏 **文化影响**

移民后代的惊人适应力

过去几十年间，大批移民涌进北美，或逃避本国的战乱和迫害，或为了寻求更好的生活。当前，美国1/5的青年，其父母是在国外出生的；而这些青年中有近1/3，其本人是在国外出生的。同样，加拿大人口中的移民青年数量也快速增长（Fuligni，2001；Service Canada，2005）。在美国，多数移民来自亚洲和拉丁美洲，加拿大的移民则来自亚洲、非洲、中东和欧洲。

为了考察移民青年对新国家的适应力，研究者采用多种研究方法，如学习成绩测验、评价心理适应的问卷和深度的人种学研究方法。

学习成绩和适应 一般认为，移民到一个新的国家对心理健康有消极影响，但是近来的证据表明，移民父母的子女，其适应相当好。无论是第一代移民学生（国外出生），还是第二代移民学生（美国或加拿大出生，父母是外国移民），在学校的成绩与本地学生一样好，甚至更好（Fuligni，1997；Saucier et al.，2002）。

在心理适应上的发现也与此相似。移民家庭的青少年比当地人的违法、暴力、吸毒、酗酒和过早的性行为都要少。与当地学生相比，他们更健康，不易发胖，也很少因为生病退学。在自尊方面，他们的自我感觉与当地学生一样良好，所报告的情绪压力较少。这些成功并不是因为他们有充足的时间来适应新生活方式。最近移民的中学生与较早移民来的学生，其自我报告的自尊同样好（Fuligni，1998；Saucier et al.，2002）。

这种情况突出表现在中国、日本、韩国和印度青年身上，其他种族则表现不突出（Fuligni，1997；Kao & Tienda，1995；Louie，2001）。父母文化水平和家庭收入等变量对这种差异也有影响。甚至来自有相当严重的经济困难族群的第一代和第二代移民青年（如墨西哥和越南）也取得了显著的成功（Fuligni & Yoshikawa，2003）。收入之外的一些影响因素也起作用。

家庭和社区的影响 人种学研究者揭示出，移民父母普遍表达了一种观念，即读书是改变生活境遇的最可靠方法。因此，他们高度重视学习成绩（Goldenberg et al.，2001；Louie，2001）。当孩子遇到困难时，这些家长会强调努力尝试的重要。他们提醒孩子，这么好的读书机会在自己的国家是不会有的，因此他们自己只能干不体面的工作。

移民家庭的青少年把父母对读书的看重加以内化，他们比父母是当地出生的同龄人更认同这种价值观（Asakawa，2001；Fuligni，1997）。由于少数族裔强调对家庭和族群的忠诚高于个人目标，因此，第一代和第二代的年轻人对父母有强烈的责任感。他们把在学校取得好成绩看作是报答父母因为移民到新家园而经历艰辛的最好方式（Fuligni，Yip & Tseng，2002；Suárez-Orozco & Suárez-Orozco，2001）。家庭关系和学习成绩保护了这些年轻人，使他们远离危险行为，如违法行为、过早怀孕以及吸食致瘾物等（见前面“生物因素与环境”专栏之“复原力”）。

移民父母一般与本族群保持密切的联系。而族群借助价值观舆论和对年轻人的活动严格监控，对他们加以控制。从下面的评论可以看出家庭和族群的力量：

纽约市一位来自加纳的出租车司机，他的三个儿子都考入了不错的大学，他说：“我认识我孩子的朋友，如果他们想来我家，就必须遵守我定的规矩……我从不让我的孩子打工……谁知道他们在外面会受什么影响？”（Suárez-Orozco & Suárez-Orozco，2001，p. 89）

伊丽莎白，16岁，她和两个姐姐一直是全优生：“我的父母对邻居家的所有孩子都十分熟悉……在这里每个人都很了解别人。你很难到处乱跑。”（Zhou & Bankston，1998，pp. 93，130）

移民青年的表现也不是没有问题的。与5年前来到加拿大的青少年的访谈发现，其中多数人在移民的第一年曾经“非常困难”，因为他们说不好加拿大两种官方语言中的一种（英语和法语），感觉在同伴中被孤立（Hanvey & Kunz，2000）。其次，家庭价值观和新文化之间的冲突往往导致同一性的冲突，这种困难将在第12章讨论。但是，家庭和族群的凝聚力、监督和对学习及良好同伴关系的期望，对这些青少年的积极发展结果起到了长期的有力的影响。

在加拿大多伦多的来自中亚和南亚的移民青年，喜欢在学校的自助餐厅一起吃午饭。她们的文化价值观培养了对家庭和族群的责任感，强调学习成绩的重要性，对这些青少年的良好学习成绩和心理适应起了重要作用。

思考题

复习 研究者选择结构观察而不选择自然观察的原因是什么？反过来呢？如果研究者采用临床访谈而不是系统观察，可能会导致什么结果？

应用 一位研究者想考察不同文化中老年人的日常生活经历，他应该采取什么方法？为什么？

联结 临床法或个案研究法和人种学方法有什么共同的优缺点？

反思 重读一遍教材上对非常规影响的描述，想出一个自己生活中的实例加以说明。哪种研究方法最适合对这种非常规事件进行研究？

2. 一般研究设计

在决定做一个研究设计时，研究者要选择一种实施研究的方式，它使研究者能够最大限度地检验其假设。有两种主要的研究设计类型常用于对人的行为的研究中，即相关设计和实验设计。

（1）相关设计

在**相关设计**（correlational design）中，研究者
32 在自然的、不加改变的生活环境中，收集人们的信息，并考察他们的各种特征与他们的行为或发展之间的关系。假设我们想回答下列问题：父母与孩子的互动方式与孩子的智力有什么关系？孩子的出生是否影响夫妻的婚姻满意度？配偶的死亡是否会影响老年人的身心健康？在上述情况下，所研究的条件要么很困难，要么不可能实施和控制，但是因为它们的现实存在，又必须进行研究。

相关研究的一个最大缺点，就是不能对因果关系做出推断。例如，假如我们发现，亲子互动与儿童智力有关，但我们不知道父母的行为是否真正导致了儿童的智力差异。事实上，反过来也是有可能的：高智力儿童的行为更讨人喜欢，从而使父母与他们的互动更积极。或许还存在着第三个没考虑到的变量，像家里的吵闹声和分心物的多少可能会导致亲子互动和儿童智力两方面的变化。

在相关研究和其他研究设计中，研究者经常使用**相关系数**（correlation coefficient），它是一个描述两个测量或两个变量相互关系的统计量。本书在讨论研究结果的很多地方会提到相关系数。相关系数是什么？怎样对它进行解释？相关系数的范围是＋1.00～－1.00，数值的大小表明关系程度的强弱。零相关表明没有任何关联。数值越接近＋1.00或－1.00，关系程度越高（见图1.6）。例如，－0.78的相关是高相关，－0.52的相关是中等程度的相关，－0.18的相关是低相关。但是要注意，＋0.52和－0.52是同等强度的相关。数值的符号（＋或－）表示关系的方向。“＋”表示，当一个变量增大时，另一个变量也增大。“－”表明，当一个变量增大时，另一个变量减小。

来看一些例子。一项研究发现，母亲的语言刺激量与儿童两岁时的词汇量的相关系数为＋0.55（Hoff，2003）。这是一个中度的相关，表明母亲对孩子说话多，孩子的语言发展也较快。另外两项研究发现，母亲的敏感性与孩子稳定的合作行为有中度的相关。第一，母亲的关心和鼓励与孩子两岁时听从母亲收拾玩具的命令行为之间呈0.34的正相关（Feldman & Klein，2003）。第二，母亲打断和控制3岁孩子的程度与孩子的顺从之间呈－0.23的相关（Whiteside-Mansell et al.，2003）。

以上几项研究都发现了父母教养方式与幼儿行为之间的关系。但是，能不能得出结论说，母亲的行为影响了孩子的行为呢？虽然研究者可以做这样的假设，但是没有一项研究可以证明因果关系。不过，相关研究的结果可以提示人们，如果采用更有说服力的实验设计，进一步考察因果关系，可能更具研究价值。

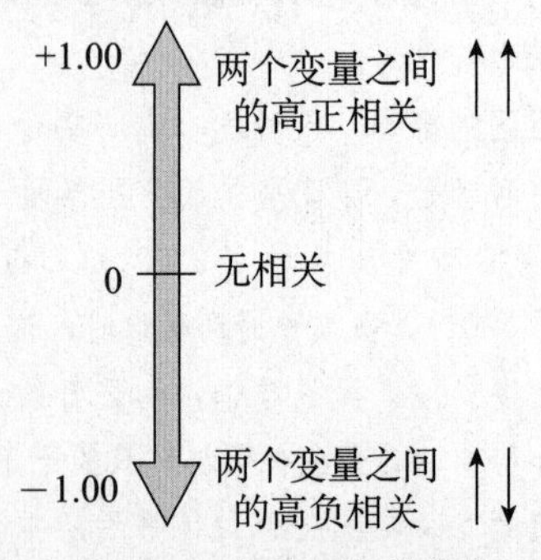

图1.6 相关系数的意义

相关系数的数值大小表明关系的强度。数值前的正号和负号表示关系的方向。

老年期配偶去世是否会影响到活着的老年人的身心健康。相关设计可以回答这个问题，但是研究者不能确定研究结果的确切原因。

（2）实验设计

实验设计（experimental design）可以做出因果推论，因为研究者把被试随机分为两个或多个处理组。在实验中，所考察的事件和行为被分为两类：自变量和因变量。**自变量**（independent variable）是研究者预期会导致另一个变量发生改变的变量，**因变量**（dependent variable）指研究者假设的受自变量影响的变量。之所以能做出因果推论，是因为研究者通过把被试随机分配到不同的处理条件下，就直接控制或操纵了自变量的变化，然后把他们在因变量上的表现加以比较。

在一项实验室实验中，研究者想考察成人之间愤怒的互动对儿童心理适应的影响（El-Sheikh, Cummings & Reiter，1996）。他们假设，怒气冲冲的争吵行为（自变量）会影响儿童的情绪反应（因变量）。4岁和5岁儿童在妈妈陪伴下被带进实验室。其中一组是问题未解决的愤怒组，两个成人进入房间，大声争吵，直到最后也没达成一致。另一组儿童是问题解决了的愤怒组，他们看到的是两个成人先争吵，但最后结束了争吵，互相道歉，达成了妥协。在看完成人吵架之后，问题解
33 决了的愤怒组儿童显露出较少的忧伤，因为根据测量，他们的焦虑表情较少，较少呆立在原地，也较少寻求和妈妈的亲密接触。实验证明，愤怒争吵的解决可以减轻成人冲突给儿童造成的压力。

在实验研究中，研究人员必须以特别的警惕来控制可能降低结果准确性的被试者的特征。例如，在上述研究里，如果被分到问题未解决愤怒组的儿童中，很多人来自父母经常冲突的家庭，我们就很难说，究竟是自变量还是儿童的家庭背景导致了实验结果。为了防止这个问题，研究者采用**随机分配**（random assignment），把被试随机地分配到不同的处理条件下。具体办法可以是抓阄、掷硬币、随机数字表等，它使各组被试的个人特征达到基本平衡。

（3）改进型实验设计：现场实验和自然实验

大多数实验是在实验室进行的，在实验室里，研究者可以最大限度地控制处理条件。但是，我们曾经指出，实验室研究的结论不一定能应用于日常情境。在现场实验中，研究者寻找机会，在自然情境下把被试随机分配到的不同处理组。在前面讨论的实验中，可以得出结论：在实验室中，成人设置的情绪氛围可以影响孩子的行为，在日常生活中也是这样吗？

一项研究回答了这个问题（Yarrow, Scott & Waxler，1973）。研究是在一个日托中心进行的。一个保育员故意以不同方式对待两组幼儿。一组是关怀组，保育员示范出很多关心和助人行为。另一组是控制组（不做任何处理），保育员的表现与日常一样，不特别强调关心别人。两周后，研究者设置了几个助人情境，例如，一位母亲嘱托一个儿童帮忙照看一会儿她的婴儿，但是婴儿的玩具掉到围栏下面。结果发现，接受关怀处理的幼儿比控制组的孩子更多地捡回玩具。

在真实环境中，研究者往往很难随机分配被试并操纵实验条件。有时候他们不得不实施自然实验，或准实验。其中，不同的处理是已经存在的，例如，对不同的家庭环境、学校、工作场所或养老院加以比较。这种研究与相关研究的不同在于，研究对象是精心选择的，让不同组被试的初始特征尽量相似。这样，研究者就尽其所能地排除了对实验处理效应做出模棱两可的解释。但是，虽然经过这些努力，自然试验仍然达不到真实验研究那样准确和严谨。

为了比较相关设计和实验设计，表1.7对各种设计的优缺点进行了概括。其中也包含了下面将要讨论的发展研究设计。

3. 发展研究设计

从事人的发展研究的学者，其主要目的是获得被研究者随年龄增长而发生变化的信息。为了解决发展的这些问题，他们必须把相关研究和实

验研究加以扩展，使之能够测量不同年龄的个体。追踪设计和横断设计是独特的发展研究策略。两种方法都把不同年龄间的比较作为制订研究计划的基础。

（1）追踪设计

追踪设计（the longitudinal design）是对同一组被研究者在不同的年龄进行重复考察，其间的变化被认为是年龄增长所致。追踪时间可短（几个月或几年）可长（10年甚至一生）。追踪研究有两大优点，首先，因为它对每个人进行长时间的追踪，研究者就能查明发展的普遍模式和个体差异。其次，它使研究者可以考察早期事件与行为同后期事件与行为之间的关系。来看几个例子。

几位研究者想查明，那些表现出极端人格类型如爱发怒、脾气大或害羞、退缩的孩子，长大成人后是否还保持这些特征。他们还想查明，怎 34
样的经历促进了人格的稳定或变化，爱发脾气和退缩对长期适应有何影响。为了回答这些问题，研究者从一项广为人知的“伯克利指导研究”的档案入手，该研究在1928年由加利福尼亚大学伯克利分校发起并持续了几十年（Caspi，Elder & Bem，1987，1998）。

表1.7　各种研究设计的优势和局限

设计类型	定义	优点	缺点
一般研究设计			
相关设计	研究者在不改变被研究者经验的条件下，收集他们的信息。	可以考察变量间的相关关系。	不能进行因果推论。
实验设计	研究者把被试随机分配的不同的处理组，操纵自变量，看它对因变量的影响，可以在实验室和自然环境中实施。	可进行因果关系的推论。	在实验室进行的实验，研究结果很难推广到现实生活。在现场实验中，对实验处理的控制不如实验室实验。在自然实验或准实验中，因不能随机分配而降低了研究的准确性。
发展研究设计			
追踪设计	对同一组被研究者，在不同年龄进行重复研究。	可以考察发展的共性和个体差异以及早期和晚期事件与行为之间的关系。	可能因为被试流失、练习效应、同龄群组效应而曲解真实的发展变化。
横断设计	在同一时间点对不同年龄组的被研究者进行研究。	比追踪研究效率高，不存在被试流失和练习效应等问题。	不能描述每个人的发展趋势，可能因为同龄群组效应扭曲了真实的年龄差异。
系列追踪设计	研究者对出生在不同年代的两个或多个群体进行追踪。	可做追踪和横断比较。揭示出同龄群组效应。	可能存在追踪设计和横断设计的问题，但此种设计可以自己查明问题所在。

研究结果表明，这两类人格特征只有中度的稳定性。从8岁到30岁，多数人保持稳定，但有一部分却发生了根本性的变化。稳定性看来是由“滚雪球效应”造成的：儿童自己激起了成人和同伴的反应，这些反应又使他们的秉性得以保持。急脾气的孩子招来别人的愤怒，羞怯的孩子更容易被忽视。结果，两种类型的儿童都把自己周围的社会环境看得很困难。急脾气的儿童认为别人对他们敌意，害羞的儿童认为别人对他们不友好（Caspi & Robert，2001）。所有这些因素使急脾气儿童的任性得以持续和增强，害羞的儿童则一直退缩。

极端人格类型的保持影响了成人适应的各个方面。对于男性，早期脾气暴躁会影响到他们的职业生涯，如和上级发生冲突，频繁跳槽，以致失业。但是，由于该样本中的那一代女性婚后很少有人就业，所以影响更多的是她们的家庭生活。急躁的女孩变成爱发火的妻子和母亲，因此容易离婚。害羞的长期后果的性别差异更大。儿童期退缩者，成年后结婚生子和就业都比较晚。但因为女性的退缩、顺从更容易被社会接受，所以退缩不会给她们造成特别的适应问题。

（2）追踪研究实施中的问题

虽然追踪研究有其自身优势，但也有几个问题。例如，被试会因为搬家或其他原因而流失。这就改变了最初的样本，不再能代表研究者要把

35 结果推广于其中的群体。其次，因为是重复研究，被试可能会变成“测验通”，他们的表现可能掺杂练习效应的影响，他们成绩的提高不是由于影响发展的因素造成的，而是因为测验技能的提高和对测验越来越熟悉而造成的。

第三个威胁追踪研究结果的，是研究者广泛讨论的**同龄群组效应**（cohort effects）：出生在相同年代的人们会受到特定的历史文化环境的影响。基于一个同龄群组得出的结果可能难以应用到在另一年代成长的人们。例如，前面提到害羞的女性适应良好，那是在20世纪50年代收集的资料，如今，害羞的年轻女性通常表现出适应较差，这可能是由于西方社会女性角色的变化造成的。害羞的成人，无论男女，都比其他同龄人感到更多的压抑，得到的社会支持较少，并且在受教育与职业成就方面稍差（Caspi，2000；Caspi et al.，2003）。同样，如果一项毕生发展的追踪研究是在21世纪的前十年进行的，其结果和在第二次世界大战时期或大萧条时期进行的研究结果可能非常不同（见本节“毕生发展观”专栏）。

同龄群组效应不仅对整个一代人起作用，在同一代人中，如果某个群体受到特殊经验的影响而另外的群体没有，同龄群组效应也会发生。例如，亲眼见到过2001年“9·11”恐怖袭击事件的儿童，无论他们当时是在事件中心点，还是从电视里看到死伤者，都比其他儿童更多地出现情绪问题，如极度恐惧、焦虑和抑郁（Saylor et al.，2003）。对纽约城一个样本的研究显示，多达1/4的儿童受到了这一事件的影响（Hoven，Mandell & Duarte，2003）。

（3）横断设计

许多行为的改变需要一定时间，即使短期追踪研究也不例外，这使研究者诉诸一种更方便的策略来研究发展，这就是**横断设计**（cross-sectional design），即在同一时间点对不同年龄的人群进行考察。对于描述年龄趋势的研究，横断设计是一种高效率的策略，因为只需对被研究者测量一次，研究者不需要考虑被试流失和练习效应问题。

同龄群组效应指特定历史文化环境对出生于相同年代的人们的影响。什么样的同龄群组效应使图中的80后大学生与今天的大学生的经历有所不同呢？

一项研究提供了很好的说明，研究者让三、六、九和十二年级的学生填一份问卷，考察他们的兄弟姐妹关系（Buhrmester & Furman，1990）。结果表明，随着年龄增长，兄弟姐妹互动中的平等越来越多，而强迫独断越来越少。到青少年期，兄弟姐妹之间的亲密关系逐渐减弱。研究者认为有几个因素导致了这种年龄变化。首先，弟弟妹妹的能力和独立性越来越强，他们不再需要也不再愿意接受哥哥姐姐的指导。其次，青少年在心理上逐渐从依赖家庭转到依赖同伴，他们投入到兄弟姐妹身上的时间和情感需要就减少了。第12章将介绍，有关兄弟姐妹关系发展的这些饶有趣味的观点都得到了证实。

专栏 **毕生发展观**

历史时代对生活经历的影响：大萧条和第二次世界大战

经济危机、战争和社会剧变动摇着生活基础，却引发了该年代出生的人们的适应能力（Rgler，2002）。格伦·埃尔德（Glen Elder，1999）考察了20世纪30年代大萧条时期家庭所经受的艰难困苦，以探索它对毕生发展的影响。他钻研了两项著名的追踪研究的大量档案：（1）**奥克兰成长研究**，被试出生于20世纪20年代初，大萧条发生时处于青少年期；（2）**伯克利指导研究**，被试出生于20世纪20年代末，当他们的家庭面临严重经济困难时，他们正值幼年。

当经济危机到来时，这两个同龄群组的人际关系都发生了变化。父亲因失业而丧失了地位，家务事母亲管得更多。传统性别角色的这种颠倒往往造成家庭冲突。父亲变得脾气暴躁，打孩子。有时又会退缩、被动和消沉。母亲往往会急得发疯，因为她担忧家人的生计，到处找活儿干，以脱离困境（Elder，Liker & Cross，1984）。

青少年的结果 虽然因家庭困难使他们扛起沉重的重担，但是奥克兰成长研究中的被试，尤其是男孩，却很好地经受住了经济困境。作为青少年，他们年龄太大了，不能再依赖压力重重的父母。他们很少待在家里，出去到处打零工，也从家庭之外的成人和同伴那里寻求情感支持。女孩子则干家务，照顾弟妹。她们更多地操持家务，使她们经受了更多的父母冲突和不快。结果，经济贫困家庭中的女孩的适应比男孩差一些（Elder，Nguyen & Caspi，1985）。

这些变化对青少年的未来期望和他们成人之后的生活具有重要影响。女孩子全力关心家里的事，顾不上考虑上学、就业，很早就出嫁了。男孩子意识到，经济来源并非唾手可得，他们很早就致力于选择职业。对生活在大萧条时期的男人来说，做父亲的机会显得特别重要。这大概是因为，他们感觉到，一份有薪酬的工作不能得到保证，所以这些男人把儿女看成是他们成年生活的最大收益。

儿童的结果 与奥克兰成长研究的一代不同，伯克利指导研究的被研究者在大萧条到来之时，正处于强烈依赖家庭的时期。对年幼的男孩来说（后面章节将要讨论，在面对家庭压力时，他们更容易出现适应问题），经济压力的影响非常严重。他们表现出情绪困难，在整个青少年期他们对学习和工作态度消极（Elder & Caspi，1988）。

但是当指导研究样本中的儿童变成青少年时，另一个重要的历史事件——第二次世界大战发生了。成千上万的年轻人离开家园，参军当兵，使他们的生活发生了巨大的转变。一些参战老兵在几十年时间里遭受情绪创伤综合征的困扰。但是对多数年轻士兵来说，战争动员扩大了他们的视野和经验。战后，政府给这些为公民责任而战斗的士兵一次机会，让他们思考将何去何从。根据《美国士兵福利法案》，他们在战后有权继续上学，学习新技能。到成年中期时，指导研究中的参战老兵已经完全摆脱了大萧条时期的消极影响，他们比那些未参军的同龄人在受教育和职业方面更成功（Elder & Hareven，1993）。

显然，历史文化变迁并不是对任何人的影响都一样。由于历史事件的形式和事件发生时人的年龄不同，结局会有很大的不同。

历史时代对发展有深刻的影响。这些参加了第二次世界大战的美国士兵，在1945年因《美国士兵福利法案》而进入大学读书。从教育机会中得到的好处使他们作为一个群体，比没参军的同时代人更成功。这是退伍士兵在开学时领取教材、笔记本和助学金支票。

（4）横断研究实施中的问题

虽然横断研究是很方便的研究方法，但是这种方法并不能提供在发生真实变化的水平上、该变化的证据（Kraemer et al.，2000）。例如，在前面提到过的利用横断设计研究兄弟姐妹关系的研究中，比较的只是不同年龄群体的平均数。我们不能说，兄弟姐妹关系的发展是否存在什么个体差异。毫无疑问，只有追踪研究才能发现，青少年与他们的兄弟姐妹关系的变化特征具有很大差异。不少人变得更疏离，但另一些人变得更富支持性、更亲密，还有一些人变得更竞争和敌对（Branje et al.，2004；Dunn，Slomkowski & Beardsall，1994）。

横断研究，尤其是年龄跨度较大的横断研究还有另一个问题。与追踪研究一样，横断研究也可能遭受同龄群组效应的干扰。例如，对出生和成长在不同年代的10岁、20岁、30岁的同龄群组加以比较，并不一定代表真正的年龄变化。相反，比较的结果，反映的只是每个群组成长的历史时期有关的不同经历而已。

（5）改进型发展研究设计

研究者想了各种办法，尽量发挥追踪研究和横断研究的长处，避免其短处。由此产生了几种改进型发展研究设计。

1）系列设计

为了克服传统发展研究设计的一些局限性，研究者有时采用**系列设计**（sequential designs），

在不同时间进行几个相似的横断研究或追踪研究
37 （称为系列）。如图 1.7 所示，系列设计把追踪研究和横断研究结合起来，它有两个优势：

第一，通过比较出生在不同年代但年龄相同的被研究者，可以查明是否存在同龄群组效应。例如，在图 1.7 中的样本里，可以在 20 岁、30 岁、40 岁这三个年龄点分别对这三个追踪样本进行比较，如果他们没有区别，就可以排除同龄群组效应。

第二，可以做追踪比较和横断比较，如果两个结果相似，就可以确证研究发现。

在图 1.7 所示的研究中，研究者想查明，成人人格的发展进程是否像埃里克森的心理社会理论预测的那样（Whitbourne et al.，1992）。让出生时间相差 10 年的三个 20 岁的同龄群组都填写用于测量埃里克森阶段的问卷。与埃里克森的理论一致，追踪结果和横断结果都表明，同一性和亲密感出现在 20～30 岁间，且不受历史时期的影响。但是对“勤奋感”概念的理解却出现了同龄群组效应，第一个同龄群组的得分低于第二和第三个同龄群组。看一下图 1.7，我们可以发现，第一个同龄群组在 20 世纪 60 年代中期进入 20 岁，当时，作为大学生，他们是因职业伦理觉醒而上街抗议游行的一群人。等到他们毕业以后，他们就追上了其他同龄群组，同样体验到工作环境的压力。

通过消除同龄群组效应，系列设计帮助人们对发展的多样化做出了解释。但是到目前为止，采用系列研究的仍然为数不多。

2）把实验设计同发展设计结合起来

你也许发现了，至此所提到的所有追踪研究和横断研究的例子都只能做出相关推论，而不能做出因果推论。但是因果结论是人们所希望看到的，无论对测验理论还是对促进发展的研究方法来说都如此。有时候，研究者可以对经验进行实验操纵，来考察经验与发展之间的因果关系。如果发展获得了进步，我们就有了因果关系的证据。当前，把实验设计与追踪设计或横断设计结合起来的研究正在逐渐增多。本节的“社会问题”专栏中介绍的研究就是一个例子。

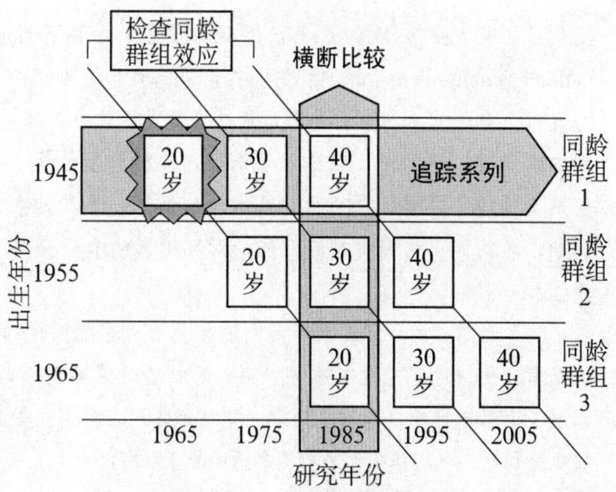

图 1.7　一个系列设计的例子

三个同龄群组分别出生于 1945 年、1955 年和 1965 年，对他们的追踪从 20 岁持续到 40 岁。这种设计使研究者通过比较出生在不同年代但年龄相同的人们的差异来查明是否存在同龄群组效应。应用这种设计的这项研究中，第一个 20 岁的同龄群组与第二个和第三个 20 岁的同龄群组有显著差异，这证明了历史时期的明显影响。这种设计也可以同时进行追踪比较和横向比较，如果结果相似，使研究者就能确证自己的发现。

专栏　**社会问题**

音乐经验能否促进智力？

在 1993 年做的一项实验中，研究者报告说，在参加空间推理能力测验之前听了十几分钟莫扎特奏鸣曲的大学生，其成绩好于测验前听轻松的器乐曲和安静坐着的大学生（Rauscher，Shaw & Ky，1993）。研究者得出结论，莫扎特的音乐似乎引起了大脑的变化，使神经联结得到“预热”，从而促进了思维。但是，这种只听了 15 分钟音乐、被广泛宣传为“莫扎特效应”导致的行为进步，却不能得到重复验证。看来，莫扎特的音乐并没有导致真正的能力变化，它只不过促进了一种唤醒和情绪状态，使人把注意力集中到测验上（Husain，Thompson & Schellenberg，2002；Thompson，Schellenberg & Husain，2001）。

尽管没有确凿证据证明所谓“莫扎特效应”的存在，但是一些媒体和政界人士却热衷于一种说法：只要婴儿听一会儿古典音乐，大脑的神经联结就能快速形成，并将使其智力终生得益。很快地，佐治亚、田纳西和南达科他等州就开始向住院新生儿提供免费光盘。但是，关于莫扎特效应对婴儿影响的研究还根本没有人做过呢！一项对学龄儿童的实验也没有得出仅仅听音乐就能促进智力进步的结（McKelvie & Low，2002）。

研究显示，要想让心理测验分数持续增长，干预措施必须是长期的，必须让儿童积极参与。格伦·谢伦伯格（Glenn Schellenberg，2004）想查明，音乐课程能否促进智力发展。接受音乐课程训练的儿童，必须正规地投入练习，集中注意力，读乐谱，熟记乐句乐段，分析乐曲结构，掌握演奏技巧。这些经验可能有助于认知加工，尤其是在儿童期，各脑区正在形成对应机能，对环境影响有很高的可塑性和敏感性。

谢伦伯格招募了132名年龄刚够接受音乐课程训练的6岁儿童。先对这些儿童实施智力测验和社会性成熟度测验，以便考察音乐课究竟对发展的哪一方面起作用。然后把他们随机分配到四种实验条件下：其中两组是音乐组，一组上钢琴课，一组上声乐课；第三组上戏剧课，目的是查明智力进步是否只在音乐经验条件下发生；第四组是不上课的控制组，第二年再给他们上音乐课。音乐和戏剧课教学都在著名的多伦多皇家音乐学院进行，把儿童分成小组，由专业教师上课。经过36周的课程之后，对儿童的智力和社会性成熟度再次施测。

结果发现，四组儿童的智力测验成绩都有进步，可能是因为这些儿童刚上小学，入学学习一般能促进智力测验分数的进步。但是两个音乐组的分数都高于戏剧组和不上课组（见图1.8）。他们的领先虽然不多，但范围涉及几方面的心理能力，如言语技能、空间技能、思维速度等。在社会性成熟度方面，只有戏剧组有进步。

看来，主动、持续的音乐经验能够导致6岁儿童智力的小幅增长，增长超过可比较的戏剧课程。但是其他丰富多彩的活动，如阅读、科学、数学、下棋等也会带来类似的好处。所有这些活动都要求儿童投入比听莫扎特奏鸣曲多得多的时间和努力。可是，即使没有任何证据支持，唱片公司却还在出售这样的光盘，标题不一而足，像“让莫扎特给你的大脑调音”，“音乐促进学习”，“新生儿听莫扎特：灿烂的开端”等等。

接受了几十周音乐课训练的儿童，他们的智力成绩比接受戏剧训练的儿童和没有接受训练的儿童取得的进步更大。儿童从事音乐活动时必须动用多种智力技能，如集中注意力，读乐谱，熟记乐句乐段，分析乐曲结构，掌握演奏技巧等等。

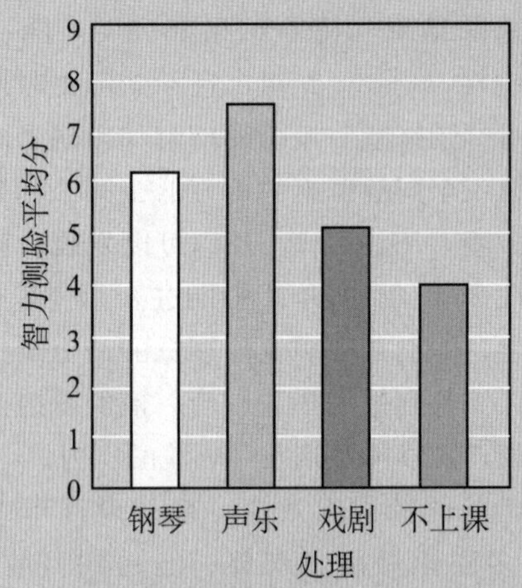

图1.8 音乐课对智力的促进

在一项把实验与追踪设计结合起来的研究中，对儿童的智力测验分数进行了追踪。在实验中的四种处理分别是：钢琴课组、声乐课组、戏剧课组、不上课组。上音乐课的两组的测验分数较高。

思考题

复习 解释同龄群组效应对追踪研究和横断研究的结果分别有什么影响。怎样通过系列设计来查明同龄群组效应？

应用 一位研究者比较了患心脏病和身体健康的老年人，发现心脏病组的老人心理测验的分数较低。这位研究者能否得出结论，心脏病导致了老年人智力的下降？为什么？

应用 一位研究者想考察攻击性的幼儿进入小学以后其同伴关系是否会出现问题。哪种发展研究设计最适合解答这个问题？为什么？

反思 假如一位研究者请你的宝宝参加一项长达10年的追踪研究。什么原因使你同意并坚持参加研究？你的回答能否显露出追踪研究往往会出现有偏取样的原因？

九、毕生发展研究中的伦理原则

39 对人的行为的研究引出了伦理问题，因为研究者对科学知识的探求有时候对人来说是不道德的。因此，美国联邦政府、基金会和学术组织如美国心理学会（2002）、加拿大心理学会（2000）、儿童发展研究会（1993）分别制定了一些专门的伦理原则。表1.8列出了从这些指导原则中节选的被研究者的一些基本权利。在你看完后，接着读下面的两个研究情境。每一个情境都有一些伦理两难问题。对每一个例子，你认为应该注意些什么？

表1.8 被研究者的权利

被研究者权利	内容
避免伤害	被研究者有权免受身体或心理伤害。如果不确定研究是否存在有害影响，研究者必须征求他人意见。如果可能造成伤害，研究者应寻找其他途径来获取需要的资料或者放弃研究。
知情同意	所有被研究者，包括儿童和老人，都有知情权，必须以符合他们理解程度的语言向他们解释可能影响他们参与意愿的所有事项。如被研究者是儿童，其父母和其他可代表儿童者（如学校教师）有书面方式的知情同意权。对于认知能力衰退的老年人，应该由代理人做出决定。若代理人不能决定，应由伦理委员会在认真咨询熟悉该老年人情况的亲属或专业人员之后做出决定。所有被研究者在研究的任何时候都有权退出研究。
隐私权	被研究者对研究中所收集的所有资料都有隐蔽其身份的权利。在涉及书面报告或关于研究的非正式讨论等资料时，他们同样有这种隐蔽身份权。
了解结果	被研究者有权要求研究者以符合他们理解程度的语言告知研究结果。
有益处理	如果研究中的实验处理被认为是有益的，控制组的被研究者在条件允许时有权要求转入有益的处理组。

资料来源：美国心理学会，2002；加拿大心理学会，2000；儿童发展研究会，1993。

- 在一项道德发展研究中，研究者想在儿童不知道的情况下对他们进行摄像，以考察他们的抗拒诱惑能力。研究者对7岁儿童承诺说，如果他们能完成一个困难的拼图任务，会给他们奖励。同时又告诉他们，不要回头看放在背后的、同学正确拼出的图案。如果研究者事先告诉儿童，这是在研究欺骗行为，或者他们的行为在被摄像，研究目的就不可能实现。

- 一位研究者想考察每天的适度锻炼对疗养院里患病老人的身体和心理健康的影响。他咨询了每个老人的医生，以保证锻炼程序不会造成伤害。但是当研究者征求老年人的意见时，很多老人不理解这项研究的目的。有些人同意参加只是为了排解孤独寂寞。

这两个例子说明，当儿童和老人参加研究时，伦理问题就会很复杂。儿童的不成熟使他们很难或不能懂得参加研究对自己意味着什么。对老年人来说，年龄越大，心理衰退也越严重，有些老年人不能自主、明智地做出选择。还有一些人的生活境况使他们面临参加研究的压力时表现出非同寻常的脆弱（Kim et al.，2004；Society for Research in Child Development，1993）。

事实上，制定发展研究伦理原则的任何组织都很清楚，研究情境引发的冲突很难用简单对错方式得到解决。维护研究的伦理原则的最终责任由研究者来承担。但是，研究者被建议——常常是被要求——认真听取别人的意见。高校和其他研究机构都为此而成立了专门的委员会。这种伦理委员会（Institutional Review Board，IRB）在 40
权衡研究带给被试的麻烦和可能的身心伤害，与研究在增进知识、改善生活方面的好处之后，来确定一项研究对被研究者的价值。如果对被研究者的安全和身心健康有任何危害，这样的研究就不会被批准，反之，对被研究者有好处的研究大多能获得批准。

知情同意这一伦理原则，在被研究者不能完全了解研究目的和研究活动时，需要给以特别的解释。对于年龄小、无法做出决策的儿童，父母的知情同意就是对儿童安全的保护。到7岁以后，需要孩子自己和家长两方面的知情同意。在这个年龄，儿童思维的发展使他们能够理解简单的科学原则和他人的需要。研究者应该用学龄儿童能理解的语言

老年人不应该被武断地排除在研究之外。他们大多只需履行一般的知情同意手续，他们的参加对个人和科学事业都有益处。对认知衰退的老年人，如这个患阿尔兹海默症的老人，知情同意很难做到，需要代理人协助做出决定。

把研究要做什么充分地解释给他们听，以尊重并促进他们的这种能力（Fisher，1993）。当告诉儿童他们提供的信息会被保密，而且他们任何时候都可以终止实验时一定要格外认真。一些青少年可能不理解、有时甚至不相信这些承诺（Bruzzese & Fisher，2003；Ondrusek et al.，1998）。

多数老年人只需要一般的知情同意程序。很多研究者在研究老年人时设定了年龄上限，把年龄最大的老人排除在外（Bayer & Tadd，2000）。其实，对老年人不应抱有成见，认为他们不能自己决定是否参与研究，或认为他们不能实际参加研究活动。但是，为了保护那些认知衰退和因慢性病住疗养院的老人，必须实施额外的测查。值得注意的是，有些人同意参加研究只是为了投入有益的社会互动。但是既然研究对个人和科学都有好处，他们的参与不应该被拒绝。在这些场合，需要请他们指定，谁能代表他们做出决定。如果代理人也不能决定，就应由伦理委员会在认真咨询熟悉该老年人情况的亲属或专业人员之后做出决定。为防患于未然，如果老年人没有能力决定是否参加，并且该研究的危险不能降低到最小限度，研究就不应该实施，除非它可能给被试带来直接的好处（Kim et al.，2004）。

最后一点，所有的伦理指导原则都建议，在使用欺骗和隐藏手段时，如在隐匿处通过单向玻璃观察人的行为，对儿童行为给予错误反馈，以及不告诉他们研究的真实目的时，研究者必须要格外谨慎。当采用这类程序时，必须给以事后说明，即在研究结束后对研究活动做出完整的说明并解释原因。事后说明也应该适用于儿童，但是很少起作用。虽然做了解释，但是儿童离开实验情境后还是相信成人的诚实的。在研究者说服伦理委员会欺骗手段的必要性之后，伦理委员会可以批准使用这一手段。但是无论如何，欺骗可能给一些年幼儿童带来严重的情绪后果，所以，当被研究者是儿童时，研究者最好选择其他的研究策略。

本章要点

一、人的发展：一个科学的、应用性的跨学科领域

41 *人的发展指什么？哪些因素促进了该领域的迅速发展？*

■ **人的发展**是致力于查明生命全程中的稳定性和变化性的一个跨学科研究领域。人的发展研究的进展受到科学好奇心和改善人类生活的社会需求两方面的激励。

二、基本问题

阐述了人的发展领域的三个基本问题及各派理论的立场。

■ 有关人的发展的每一种**理论**都要涉及三个问题：发展是一个**连续的**过程，还是要经历一系列**非连续的阶段**？发展是普遍适合于任何人的单一进程，还是依儿童成长的不同**背景**而有多种可能的进程？发展主要由**天性**决定还是**教养**决定？发展是稳定的还是不断变化的？

三、毕生发展观：一种平衡的观点

介绍了毕生发展观。

■ **毕生发展观**是一种平衡的观点，强调人的发展变化及影响因素的复杂性。该理论认为发展是毕生的，多维度的（受到生物、心理和社会力量的共同影响）、多方向的（成长和衰退同时存在）和高度可塑的（新经验引起变化），对**复原力**的研究证明了这一点。

■ 毕生发展观认为，生命进程受多种相互作用的推动力的影响，这些推动力分为三类：**年龄阶段的影响**，它在时间和持续性上是可预测的；**历史时期的影响**，它在特定历史时代是独特的；**非常规的影响**，它只对一个人或少数人具独特性。

四、历史上的发展理论

介绍了对当代发展理论最有影响的早期理论。

■ 当代的人的发展理论具有遥远的历史根源。早在中世纪的欧洲，儿童期被看作是与成年期分离的截然不同的时期。16世纪清教徒的原罪观导致了严苛的儿童教养观念。17世纪启蒙运动带来了更人性化的儿童教育观。

■ 洛克的**白板说**是20世纪行为主义产生的基础。卢梭认为儿童是**高尚的自然人**，并首次提出阶段和**成熟**的概念。

■ 18世纪末19世纪初，两位德国哲人，特滕斯和卡鲁斯，把发展概念拓展到成年期。他们的观点成为当代毕生发展观的起源。

■ 达尔文的进化论影响到20世纪的很多重要理论，并引发了对儿童的科学研究。在20世纪初叶，霍尔和格塞尔创立了**常模法**，获得有关儿童的大量描述性资料。比奈和西蒙成功地编制了第一个智力测验，引发了心理测验运动。

五、20世纪中期的理论

哪些理论影响到20世纪中期的人的发展研究？

■ 在20世纪30—40年代，精神病学家和社会工作者诉诸**精神分析视角**治疗人们的情绪障碍。弗洛伊德的**心理性欲理论**认为个体经历五个发展阶段，在每个阶段，人格的三种成分，本我、自我和超我都会重新整合。埃里克森的**心理社会理论**扩展了弗洛伊德的理论，强调与文化相关的态度和技能的发展，以及发展贯穿于生命全程的属性。

■ 在精神分析理论兴盛之时，**行为主义**和**社会学习理论**也开始显露头角，它们强调条件反射原理、模仿作用和**行为矫正**的练习程序，来抑制不良行为，培养符合期望的行为。

■ 与行为主义相比，皮亚杰的**认知发展理论**强调具有丰富知识结构的主动个体。皮亚杰认为，儿童发展经历了从婴儿期的感觉运动的动作方式到青少年的精细、抽象推理系统的四个发展阶段。尽管皮亚杰的理论受到质疑，但是他的工作具有压倒性影响，引发了有关儿童思维的大量研究，带来了强调发现学习的教育理念和教育项目。

六、当代理论观点

阐述了当代关于人的发展的理论观点。

■ **信息加工学说**认为心理是一个很像计算机的复杂的符号操作系统，把发展看作一种连续的变化。该学说帮助研究者查明了不同年龄的人面对任务和问题时的行为细节，认为儿童和成人的思维过程很相似，发展是一个连续的过程。它的发现对教育有重要影响。

■ 过去20多年里，**发展认知神经科学**的研究 42
者探索了脑发育与认知加工及行为方式的发展之间的关系，在查明脑发育敏感期的各年龄的经验类型方面取得了进展。

■ 当代另外三种理论强调发展的背景。**习性学**强调进化的起源和行为的适应价值，并提出了**敏感期**概念。**进化发展心理学**研究者扩展了这种看法，致力于查明整个物种的能力随年龄增长的适应性。

■ 维果茨基的**社会文化理论**促使我们去了解文化怎样影响认知发展。通过与更成熟的社会成员的合作性对话，儿童用语言指导自己的思维和行为，逐渐习得被文化所认可的知识技能。

■ **生态系统论**把环境分为不同层次——**小环境系统**、**中环境系统**、**外环境系统**和**大环境系统**，并把它们看作对成长中的人的重要影响因素。而**时序系统**表现出人与人的经验的动力性和永远变化的属性。

七、理论的比较与评价

阐明了各种理论对人的发展的三个基本问题的立场。

■ 各种理论在对发展的不同领域的关注点上，在对发展的看法上，在各自的优缺点上均有所不同（参见表1.5）。

八、发展的研究方法

介绍了对人的发展的常用研究方法。

■ **自然观察**，在真实环境中收集信息，研究者可以直接观察他们想考察的日常行为。**结构观察**是在实验室进行的观察，每个被研究者有平等的机会表现出研究者关注的行为。

■ 自我报告法可以很灵活、自由，如**临床访谈**。与此不同的方法有**结构访谈**、测验和问卷，都可以高效率地实施和计分。研究者还可采用**临床法**或**个案法**获得一个研究对象的深度资料。

■ 对文化影响的日益浓厚的兴趣推动研究者采用观察和自我报告进行文化比较。**人种学方法**，一种从人类学借用来的方法，可用来进行参与观察，以查明一种文化或一个特殊群体独特的价值观和社会过程。

区分了相关设计和实验设计，归纳了二者的优缺点。

■ **相关设计**在不改变人的经验基础上考察自然发生的各变量间的关系。**相关系数**经常用来测量变量间的关系。相关研究不能做因果推论，但是当研究者很难或不能对关注的变量加以控制时，采用这种设计是合理的。

■ **实验设计**可以做因果推论。研究者把被试分配到两个或更多个处理条件下来操纵**自变量**，检验自变量对**因变量**的影响。**随机分配**降低了被研究者特征干扰实验结果的机会。

■ 为了进行更严格的控制，多数实验在实验室进行，但是其结果难以应用到日常生活。现场实验和自然实验可以把发生在自然环境下的不同处理加以比较。但是这两种方法不如实验室实验那样严格。

介绍了发展研究的设计，指出了各自的优缺点。

■ **追踪设计**可用于考察发展的一般模式，也可考察发展的个体差异，以及早期事件和行为与后期事件和行为之间的关系。追踪研究会遇到被试流失和练习效应等问题。威胁追踪结果的另一个被广泛关注的问题是**同龄群组效应**，它使研究结果难以推广到年龄相同、生活年代不同的人群中去。

■ **横断设计**是研究发展的一种高效率方式，但是只局限于对不同年龄群体平均数的比较。横断研究的结果也会因同龄群组效应而被扭曲，尤其是当被研究者的年龄跨度很大时。

■ 为了克服两种设计的局限，研究者有时把二者结合起来。**系列设计**是在不同时间进行几个相似的横断研究或追踪研究，它可以检验同龄群组效应，也可以比较追踪研究和横断研究的结果。当研究者把实验设计与发展设计结合起来使用时，就可以对发展做出因果推论。

九、毕生发展研究中的伦理原则

在人的发展研究中需考虑哪些特殊的伦理原则？

■ 由于对科学知识的追求可能会侵犯人的利益，所以研究导致了很多伦理问题。知情同意这一伦理原则对于儿童和认知衰退或因慢性病在疗养院生活的老人需要特别谨慎。在儿童研究中采用欺骗手段是有危险的，它可能破坏儿童心目中“成人值得信任”的固有看法。

重要术语和概念[①]

43 age-graded influences (p. 10) 年龄阶段的影响

behavior modification (p. 18) 行为矫正

behaviorism (p. 17) 行为主义

chronosystem (p. 25) 时序系统

clinical interview (p. 28) 临床访谈

clinical, or case study method (p. 29) 临床或个案法

cognitive-developmental theory (p. 19) 认知发展理论

cohort effects (p. 35) 同龄群组效应

contexts (p. 7) 背景

continuous development (p. 6) 连续的发展

correlation coefficient (p. 32) 相关系数

correlation design (p. 30) 相关设计

cross-sectional design (p. 35) 横断设计

dependent variable (p. 32) 因变量

developmental cognitive neuroscience (p. 21) 发展认知神经科学

discontinuous development (p. 6) 非连续的发展

ecological systems theory (p. 24) 生态系统论

ethnography (p. 30) 人种学方法

ethology (p. 22) 习性学

evolutionary developmental psychology (p. 22) 进化发展心理学

exosystem (p. 25) 外环境系统

experimental design (p. 32) 实验设计

history-graded influences (p. 11) 历史时期的影响

human development (p. 5) 人的发展

independent variable (p. 32) 自变量

information processing (p. 20) 信息加工学说

lifespan perspective (p. 8) 毕生发展观

longitudinal design (p. 33) 追踪设计

macrosystem (p. 25) 大环境系统

maturation (p. 13) 成熟

mesosystem (p. 24) 中环境系统

microsystem (p. 24) 小环境系统

naturalistic observation (p. 27) 自然观察

nature-nurture controversy (p. 7) 天性—教养的争论

noble savage (p. 13) 高尚的自然人

nonnormative influences (p. 11) 非常规的影响

normative approach (p. 14) 常模法

psychoanalytic perspective (p. 15) 精神分析观点

psychosexual theory (p. 15) 心理性欲理论

psychosocial theory (p. 15) 心理社会理论

random assignment (p. 33) 随机分配

resilience (p. 10) 复原力

sensitive period (p. 22) 敏感期

sequential design (p. 35) 系列设计

social learning theory (p. 18) 社会学习理论

sociocultural theory (p. 23) 社会文化理论

stage (p. 6) 阶段

structured interview (p. 29) 结构访谈

structured observation (p. 27) 结构观察

tabula rasa (p. 13) 白板

theory (p. 5) 理论

① 在每一章的这一部分，英文术语后的页码均为英文版页码，即本书边码。以下不再一一注明。——译者注

第二篇　发展的基础

每一个新生的个体都是遗传和环境作用下的复杂而混合的产物。图中这个学步儿，在生理特征和行为的某些方面和她的父母、祖父母很相像，而在另外一些方面则不同。

第2章

生物基础与环境基础

一、遗传基础

1. 遗传密码
2. 性细胞
3. 是男是女?
4. 多胞胎
5. 基因遗传的方式
6. 染色体异常

二、生育选择

1. 遗传咨询

专栏　社会问题　生育技术的利与弊

2. 孕期诊断和胎儿医学
3. 基因检测
4. 收养

三、发展的环境背景

1. 家庭
2. 社会经济地位与家庭功能

专栏　毕生发展观　世界女童教育：为了下一代

3. 富裕的影响
4. 贫穷的影响
5. 家庭之外：邻居、城镇和城市
6. 文化背景

专栏　文化影响　非洲裔美国人大家庭

四、遗传和环境的关系

1. 遗传和环境各起多大作用
2. 遗传和环境怎样共同起作用

45 医生举着大声啼哭的小生命宣布“是个女孩！”时，她的父母正用惊喜的目光注视着他们眼前这个不可思议的新生命。

父亲骄傲地向急切等待新家庭成员消息的亲属们通报：“是个女孩！我们已经给她取名叫萨拉！”

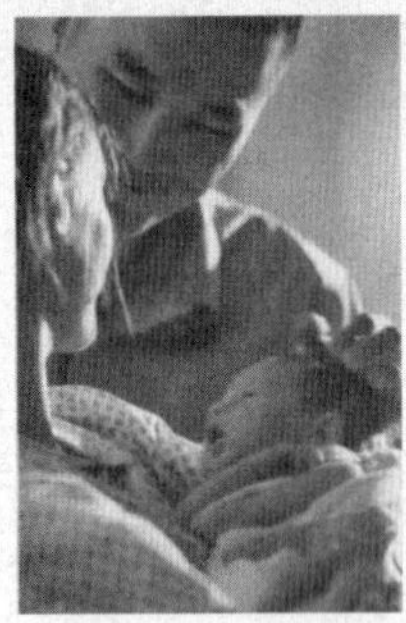

当我们与这些父母一道思考这个令人惊奇的小生命如何出现在人世，并设想她的未来时，我们会对许多问题感到纳闷：这个婴儿是怎样从两个小细胞的融合慢慢长大，并发育出各种适应子宫外生活的必要机能的？是什么保证了萨拉如同每一个先于她出生的正常孩子一样，在预定时间内会翻身、够物、走路、说话、交友、学习、想象和创造的？为什么她是一个女孩而不是一个男孩？为什么她的毛发乌黑，而不是金色的？为什么她那么安静，让人见了就想抱抱，而不是那么尖叫和哭闹不停？如果给萨拉起另一个名字，并且出生在另一家庭、社区、国家和文化，她会有什么不同呢？

为了回答这些问题，本章将集中探讨发展的基础：遗传和环境。因为自然给我们准备了生存之需，人类在许多方面存在共性。然而，我们每一个人又是独一无二的。不妨花点时间粗略回忆一下你的几个朋友和他们的父母之间在生理特征和行为上最明显的相似性和差别。你是否发现，其中某个人表现出了父母双方特征的组合，另一个人可能仅体现父母中一方的特点，而第三个人则可能谁也不像？这些能被直接观察的特征被称为**表型**（phenotype）。表型部分地取决于个体的**基因型**（genotype）——决定人类物种并影响人的所有独特特征的遗传信息的混合体。当然，表型也受每个人的人生经历的影响。

我们的讨论从受精的瞬间开始，它建立起新生命的遗传结构。我们先回顾遗传学的一些基本原理，帮我们理解人们在外貌和行为上的相似性和区别。然后转到环境方面，它在人的一生中发挥着重要作用。本章最后，我们将探讨天性和教养如何共同起作用，影响发展进程。

一、遗传基础

46 每个人都是由数以亿计的被称为细胞的独立单元构成的。每个细胞（除红细胞外）内都有一个控制中心，称细胞核，其中含有负责保存和传递遗传信息的杆状结构，称作**染色体**（chromosomes）。人类有23对染色体（在男性，有一对XY染色体例外）。每对染色体中的一条，在大小、形状和基因的功能上都和另一条相对应。其中一条来自母亲，另一条来自父亲（见图2.1）。

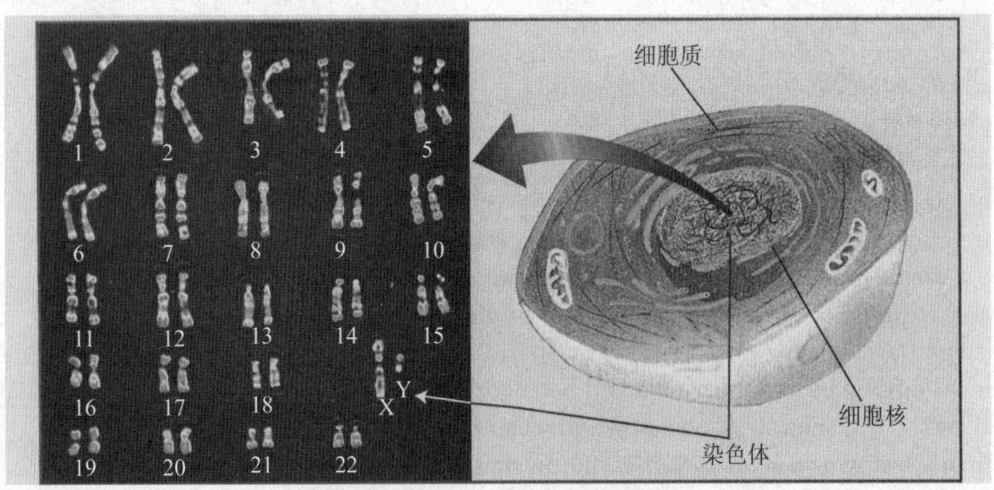

图2.1 人类染色体核型显微照片

左图中的46条染色体是从一个体细胞（右图）中分离出来后，经过染色、高倍放大后，成对地按染色体上“臂”从大到小的顺序排列的。注意第23对染色体XY，它表明这个细胞的供体是男性。女性第23对染色体应该是XX。

1. 遗传密码

染色体由**脱氧核糖核酸**（deoxyribonucleic acid），即 DNA 这种化学物质构成。如图 2.2 所示，DNA 是螺旋转梯状的长双链分子。梯子的每一转都由配对碱基组成，它们连接了两链。碱基序列包含遗传信息。**基因**（gene）是染色体上的一段 DNA。基因可以有不同的长度——从一百到数千个旋梯。人体总共有 20 000 到 25 000 个基因排布在染色体上（International Human Genome Sequencing Consortium，2004）。

我们与很多物种，包括最简单的细菌和蠕虫类生物，以及其他哺乳动物，尤其是灵长类，都由一些相同的遗传组成。黑猩猩与人类的 DNA 中有 98%～99%完全相同。这意味着仅有很少比例的遗传因素造就了人类特性，从直立行走到不可思议的语言和认知能力。而人类代际之间的总体 DNA 序列变化就更小（Gibbons et al.，2004；Human Genome Program，2004）。但是，只要一个碱基对改变，就会影响人类的特性和能力。这些细微变化还能以独特方式在多个基因间组合，从而放大人类的种内变异（National Center for Biotechnology Information，2004）。

DNA 能通过**有丝分裂**（mitosis）而自我复制。这种独特功能使一个单细胞受精卵发育成一个由无数细胞组成的复杂的人。再看图 2.2，在有丝分裂中，染色体自我复制，保证每个新的体细胞都拥有同样数目的染色体和相同的遗传信息。

基因向细胞核周围的细胞质发出指令，制造出种类繁多的蛋白质，以此来行使其功能。蛋白能激发全身的生物化学反应，是人的各种特性得以建构的基础。人类是如何仅靠这么少的基因（仅是蠕虫或苍蝇的两倍），发育成这样一个复杂的生物体的？答案在于，人类基因产生的蛋白质能在变化中达到令人惊异的分解和组合，其组合可能性多达一千万到两千万种。而较简单的物种只有很少的蛋白。此外，与简单物种相比，人类细胞核与细胞质之间的传递系统更复杂，这个系统精细地调节着基因的活动性。在细胞内部，大量的环境因子调节着基因的表达（Strachan & Read，2004）。因此，即使在微观水平，生物事件也是遗传因素和环境因素共同作用的结果。

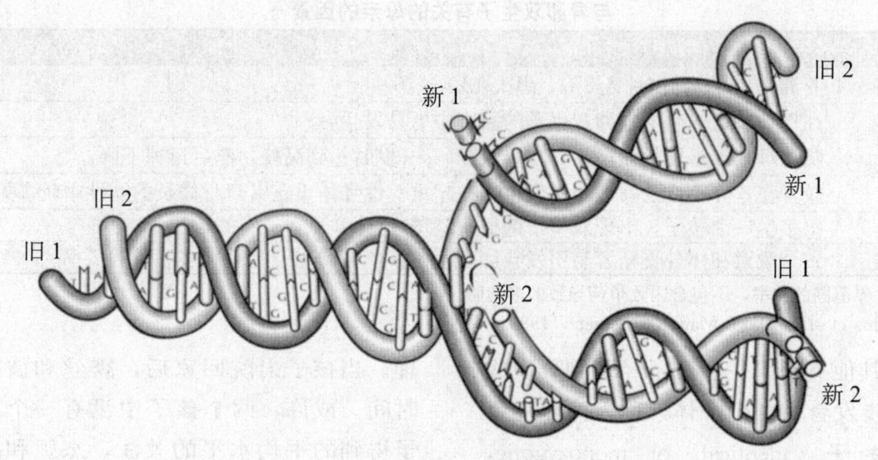

图 2.2　DNA 的梯状结构

这张图显示，DNA 双螺旋旋梯间的碱基对是十分特异的：腺嘌呤（A）通常与胸腺嘧啶（T）结对，胞嘧啶（C）通常与鸟嘌呤（G）结对。DNA 链通过梯子中部的分离而复制。每个自由碱基与细胞核周围环境中新的配对碱基组合。

2. 性细胞

当两个**配子**（gametes），或性细胞——精子和卵子——结合的时候，新生命就产生了。一个配子含有 23 条染色体，是正常体细胞染色体数量的一半。配子是通过**减数分裂**（meiosis）产生的，减数分裂使染色体数目比正常体细胞减半，当精卵结合形成**合子**（zygote）时，细胞再次恢复为 46 47
条染色体，因此，减数分裂保证了遗传物质从一代到另一代以恒定的数量传递。

在减数分裂中，染色体配对并交叉互换，因此，配对的染色体间会发生基因互换。接着，由概率随机决定每对染色体中的哪一条会与其他染色体对中的一条在同一个配子中出现。正是这个原因，相同父母的非双生子后代在遗传上完全相同的可能性只有大约700万亿分之一（Gould & Keeton，1996）。所以，减数分裂造就了遗传的变异，这种变异可能是适应性的：因为它加大了一种可能性，使物种中至少有一部分个体能够应对不断变化的环境并得以生存。

男性的每一次减数分裂会产生四个精子。精子在男性一生中持续产生。因此，一个健康男性在性成熟以后的任何年龄都具有生育力。而女性每次减数分裂仅产生一个卵子，并且她们一生能用的卵子在出生时就全部存在于卵巢中，她们的生育期只能维持30～40年。虽然如此，雌性性细胞的数目很大。刚出生时有100万～200万个，青春期时还有4万个，有350～450个卵细胞在女性的生育年龄内成熟（Moore & Persaud，2003）。

3. 是男是女?

回到图2.1，23对染色体中，有22对是匹配的，称为**常染色体**（autosomes）。第23对染色体是**性染色体**（sex chromosomes）。在女性，这对染色体称为XX；在男性，称为XY。X是一条较长的染色体，而Y较短，携带的遗传物质很少。对男性，配子形成时，X和Y染色体分离并进入不同的精子细胞。对女性，所有配子都携带X染色体。因此，新生命的性别取决于卵子是和具有X还是Y的精子结合。

4. 多胞胎

露丝和彼得是我很熟悉的一对夫妇，多年来想要一个孩子但都不成功。露丝33岁的时候，医生给他们开了致孕药，结果，双生子杰妮和杰森出生了。杰妮和杰森是多胞胎中最常见的**异卵双生子**或**双卵双生子**（fraternal, or dizygotic, twins），因两个卵子排出并双双受孕所致。因此，杰妮和杰森在遗传上并不比普通兄弟姐妹更相像。母亲的高生育年龄、致孕药的使用和体外受精（随后会讨论），是20世纪70年代以来北美异卵双生子和其他多胞胎高发生率的主要原因（Russell et al.，2003；SOGC，2005）。表2.1显示，还有其他的遗传和环境因素也会对此产生影响。

表2.1　与异卵双生子有关的母亲的因素

因素	描述
种族	亚洲人为4‰，白种人8‰，黑人12‰～16‰[a]。
双生子家族史	在母亲或姐妹生了异卵双生子的家庭中更易发生。
年龄	随着母亲年龄增长而增加，在母亲35～39岁时达到高峰，然后迅速下降。
营养	较少在营养不良的女性身上发生，在超重女性和体重正常身材修长的女性中较多见。
生育数量	每多生一个孩子，出现双生子的概率就增大。
致孕药和体外受精	致孕激素和体外受精容易引发异卵双生子，也会增加三胞胎和多胞胎的概率。

[a] 这些数据反映世界范围的比率，不包含因致孕药导致的多胞胎。

资料来源：Bortolus et al.，1999；Mange & Mange，1998.

48 双生子还有其他类型。一个合子经复制分裂成两个细胞，进一步发育为两个个体，称为**同卵双生子**或**单卵双生子**（identical, or monozygotic, twins），他们携带有相同的基因结构。同卵双生子在全世界的比率都是一样的——每285例新生儿中有1例（Zach，Pramanik & Ford，2001）。动物研究表明，很多环境影响能够促进这种双生子的形成，如温度变化、空气含氧量，以及卵子后期受精等。

在婴儿期和幼儿期，单胞出生的儿童一般比双生子更健康且发育更快（Mogford-Bevan，1999）。杰妮和杰森像很多双生子一样，是早产儿，比露丝的预产期提前了3周。他们和其他早产儿一样（第3章将介绍），出生后需要特殊护理。当孩子出院回家后，露丝和彼得需要安排好时间。或许，两个孩子中没有一个能得到单个孩子得到的平均水平的关注，杰妮和杰森比一般孩子都晚几个月开始走路和说话，但是到小学期，他们俩都赶了上来（Lytton & Gallagher，2002）。如果是三胞胎，父母的精力会更分散，因此三胞胎的发育比双生子更慢（Feldman，Eidelman & Rotenberg，2004）。

5. 基因遗传的方式

杰妮有着她父母一样的黑色直发，而杰森却是一头金色卷发。基因遗传的方式——来自父母的基因相互作用——可以解释这些表型。除了男性中的XY染色体对，所有的染色体都是成对出

这两个长得很像的同卵双生子是因为一个受精卵分裂为两个而产生的，她们具有相同的遗传结构。这种双生子不仅外表相像，很多心理特质也很相像。

现的。每个基因的两个排列一个来自母方，另一个来自父方，位于同源染色体上的相同位置，称作**等位基因**（allele）。如果来自父母双方的等位基因相似，孩子就是**纯合型**（homozygous），表现出相应的遗传特征。如果这两个基因不同，孩子就是**杂合型**（heterozygous），具体表现出什么特征，由基因间的相互关系决定。

（1）显性—隐性遗传

在许多杂合体中，存在**显性—隐性遗传**（dominant-recessive inheritance）：只有一个等位基因影响孩子的特性，称为显性基因。另一个等位基因不起作用，称为隐性基因。头发颜色的遗传就是一例。控制黑色头发的基因为显性（用 D 表示），控制金发的基因为隐性（用 b 表示）。遗传了一对纯合显性基因（DD）和一对杂合基因（Db）的孩子，他们的基因型不同，但都是黑发。金发（像杰森）则肯定是遗传了一对纯合隐形基因（bb）。只有一个隐性基因的杂合体（Db）能把这种隐性特征传给后代，他们是这种特征的**携带者**（carrier）。

表 2.2 和表 2.3 显示了遵循显性—隐性遗传规律的一些特征。可以看到，许多疾病和残疾都
50 由隐性基因导致。其中一种发病率较高的隐性失调是苯丙酮酸尿症（PKU），它能影响体内分解食物蛋白的方式。带有两个隐性基因的婴儿，出生时便缺少一种酶，这种酶能把构成蛋白的氨基酸（苯丙氨酸）转换为人体必需的物质（酪氨酸）。缺少这种酶，苯丙氨酸就会在体内迅速累积到毒性水平，从而损害中枢神经。到一岁时，患有 PKU 的婴儿就会成为永久性智障儿。

PKU 破坏力很大，但它提供了一个实例，说明遗传到一个坏基因，并不意味着不能治愈。美国各州和加拿大各省都要求对新生儿作 PKU 血检。如果发现有这种疾病，医生就会给婴儿安排低苯丙氨酸饮食。接受这种治疗的儿童，在认知技能，如记忆、计划、问题解决等方面都会表现出轻微缺陷，因为即使很小量的苯丙氨酸，也会干扰大脑功能（Antshel，2003；Luciana，Sullivan & Nelson，2001）。但只要早期采用这种饮食并持之以恒，这些儿童就能达到平均水平的智力，并正常度过一生。

表 2.2　显性和隐性遗传特征的例子

显性	隐性
黑发	金发
正常头发	秃发
卷发	直发
非红发	红发
有酒窝	无酒窝
正常听力	聋
正常视力	近视
远视	正常视力
正常视力	先天性白内障
皮肤颜色正常	白化病
大骨节	正常的关节
A 型血	O 型血
B 型血	O 型血
Rh 阳性	Rh 阴性

注：过去被认为是显—隐遗传的许多正常特征，如眼睛颜色，现在被认为是多基因控制的。这里列出的特征到目前仍被认为是由单一显—隐关系决定的。

资料来源：McKusick，2002.

在显性—隐性遗传中，如果我们知道了父母的基因组成，就可以预测一个家庭中孩子表现出某种性状或是成为这种性状携带者的可能性。图 2.3 表示了 PKU 的遗传方式。注意如果一个孩子要遗传到这种性状的话，父母双方都必须携带隐性的等位基因。

由显性等位基因引起的严重疾病非常少见。因为遗传了显性等位基因的儿童大多会患相应疾病，很少能活到生育年龄，因此，这种有害的显性等位基因在一代内就从这个家族遗传中消除。但是，有些显性疾病却一直存在。其中之一是亨

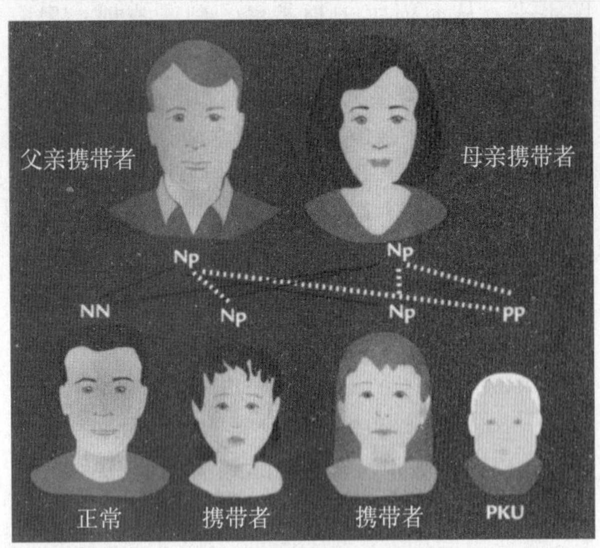

图 2.3 用 PKU 说明显性—隐性的遗传模式

若父母双方都是隐性基因（p）携带者，即可预测，他们的孩子中有 25%为正常（NN）；50%可能是携带者（Np）；25%可能遗传到这种疾病（pp）。注意，与兄弟姐妹相比，患 PKU 的孩子的头发颜色较浅，即 PKU 隐性基因不止影响一种特征，还会影响头发颜色。

廷顿症，其症状是中枢神经系统退化。为什么这种病在一些家庭中持续存在呢？原因在于，其症状一般在 35 岁甚至更晚才表现出来，晚于病人把这个显性等位基因遗传给孩子的时间。

（2）共显性

有些杂合体并不存在显性—隐性关系，而表现为**共显性**（incomplete dominance），因两个等位基因在遗传中同时表达，表现出一种组合的或介于二者之间媒介的遗传模式。

镰细胞特质，一种在非洲黑人中流传的杂合体遗传，就是一例。当儿童遗传到两个隐性等位基因时，镰细胞贫血症（见表 2.3）就会出现。尤其在低氧环境下，它们使正常呈圆形的血红细胞变成镰刀（新月）状的。镰状细胞阻塞血管壁，阻碍血流，引发剧痛、水肿和组织坏死。虽然医学发展使今天 85%的患者能活到成年期，但北美的镰细胞贫血症患者的平均期望寿命只有 55 岁（Quinn，Rogers & Buchanan，2004；Wierenga，Hambleton & Lewis，2001）。大多数情况下，杂合个体都不会发病，但是，当他们处于缺氧状态，例如在高海拔或高强度运动之后，单个的隐性基因会自我保护，从而出现暂时性的轻微病状。

表 2.3 隐性和显性疾病举例

疾病	描述	遗传模式	概率	治疗
常染色体疾病				
库利（Cooley）氏贫血症	相貌苍白，身体发育迟缓，幼年就开始有昏睡行为。	隐性	父母是地中海血统的，患病率为 1/500。	频繁地输血。通常死于青少年期的并发症。
囊性纤维化（Cystic fibrosis）	肺、肝和胰脏分泌大量黏液，引起呼吸和消化困难。	隐性	白人患病率为 1/2 000 到 1/2 500，非洲裔北美人中为1/16 000。	用支气管引流法治疗呼吸感染，饮食管理。医护技术进步使幸存者能够以较好的状态进入成年。
苯丙酮酸尿症（PKU）	不能代谢蛋白中的苯丙氨酸，导致生命早期中枢神经的严重损害。	隐性	1/8 000。	给儿童安排特殊饮食可使其达到平均智力并过正常生活。但做计划和问题解决仍有困难。
镰细胞贫血症	血红细胞的异常月牙形引起缺氧、疼痛、水肿和组织损坏。贫血，易感染，尤其易患肺炎。	隐性	非洲裔北美人中为 1/500。	血液置换和镇痛药促进了这种疾患的治疗。目前尚未报道有治愈病例，50%的患者在 20 岁死去。
泰—萨氏病（Tay-Sachs）	中枢神经系统的病变，患病 6 个月后肌肉状况不佳，失明，耳聋和抽搐。	隐性	欧洲犹太人后代中为 1/3 600。	尚无治疗方法，3～4 岁即死亡。
亨廷顿症	中枢神经系统病变，导致肌肉协同运动困难、心理迟滞和人格改变。症状一般出现在 35 岁及以后。	显性	新生儿中为 1/18 000 到 1/25 000。	尚无治疗手段。一般在症状出现后 10 到 20 年之间死亡。
马凡（Marfan）综合征	身材高瘦，四肢细长。有心脏缺陷，眼晶状体出现异常，身体过长引起各种骨骼缺陷。	显性	1/20 000。	有时可以矫正心脏和眼睛缺陷。在成年早期因心脏功能衰竭而导致的死亡较普遍。

续前表

疾病	描述	遗传模式	概率	治疗
伴 X 疾病				
杜兴肌营养不良	恶性肌肉疾病。在 7～13 岁表现为异常步态和行走能力丧失。	隐性	男性新生儿中为 1/3 000 到1/5 000。	尚无治疗方法。一般在青少年期死于呼吸道感染或心肌萎缩。
血友病	血液不能正常凝聚。导致严重的内出血和组织损伤。	隐性	男性新生儿中为 1/4 000 到1/7 000。	输血。防止受伤。
尿崩症	抗利尿激素分泌不足导致过度干渴和排尿。脱水会引起中枢神经系统的损伤。	隐性	男性新生儿中为 1/2 500。	激素治疗。

注：表中所列的隐性遗传疾病，携带者的状态可通过孕期血检或基因分析提前发现。表中所有疾病现在都可以进行产前诊断。

资料来源：Behrman，Kliegman & Arvin，1996；Chodirker et al.，2001；Gott，1998；Grody，1999；Knoers et al.，1993；McKusick，2002；Schulman & Black，1997.

镰细胞等位基因在非洲黑人中流行有其特殊原因。携带者相对于有两个正常血红细胞基因的个体对疟疾的抵抗力更强。在疟疾风行的非洲，这些携带者比其他个体更利于生存并生育后代，使这种基因在黑人中流传。

（3）伴 X 遗传

男性和女性有相同概率遗传到常染色体上的隐性致病基因，例如 PKU 和镰型贫血症。但是当一个有害等位基因位于 X 染色体上时，就遵循**伴 X 遗传**（X-linked inheritance）规律。由于性染色体不配对，男性更易受影响。而对于女性，任何一个 X 染色体上的隐性等位基因都有机会被另一条 X 染色体上的显性等位基因抑制；而 Y 染色体仅有 X 染色体的 1/3 长，所以缺少很多与 X 染色体基因相对应的基因来控制其表型。其中一个例子是血友病，一种血液不能正常凝固的疾病。图 2.4 显示，携有坏等位基因的母亲，生下的男孩有更大的可能性患病。

除了伴 X 遗传疾病外，还有很多性别差异都
51 显示，男性处于不利地位。流产、幼儿和儿童期死亡、各种先天缺陷、学习障碍、行为失调和智力迟滞在男孩中的发生率都较高（Halpern，1997）。这些性别差异可以追溯到基因编码。女性得益于两个 X 染色体，具有更大的基因变通性。但是大自然似乎对男性的弱势作了一些弥补。世界范围内平均 105 个男孩的出生对应于 100 个女孩出生，考虑到堕胎和流产的统计数据，应该有更多的男性胎儿被孕育（Pyeritz，1998）。

最近几十年，许多工业化国家男孩出生率有所下降，包括美国、加拿大和欧洲国家（Jongbloet et al.，2001）。一些研究者指出，生活环境压力的上升，加重了自然夭折，尤其是男胎的夭折。为了验证这个假设，有人对德国东部 1946 年到 1999 年间的出生的男女比率进行了调查，发现这个比例在 1991 年最低，而这一年正是这个国家经济崩溃的时期（Catalano，2003）。

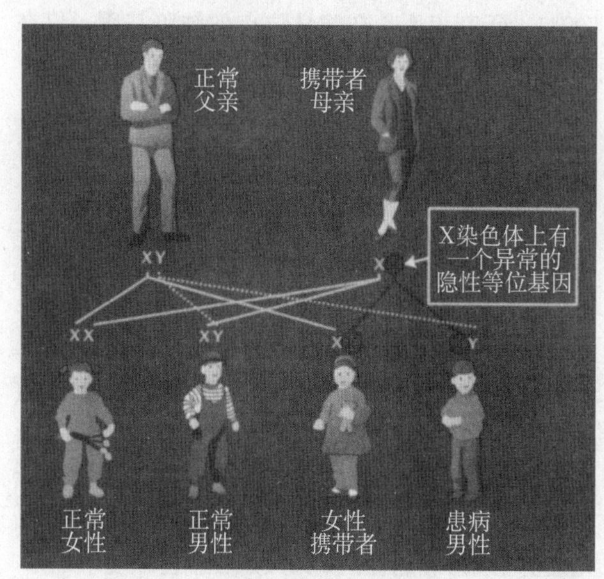

图 2.4　伴 X 遗传

父亲 X 染色体上的等位基因正常，母亲 X 染色体上有一个正常的隐性等位基因和一个异常的隐性等位基因。图中显示了这对父母等位基因的四种可能组合，可以预测，这对夫妇的子女，男孩有 50%的可能遗传该病，女孩有 50%的可能是携带者。

（4）基因印刻

人类至少有 1 000 种特征遵循显性—隐性遗传和共显性遗传规则（McKusick，2002）。在这种情况下，无论父母中哪一方把基因遗传给子女，基因都以相同方式起作用。但遗传学家发现了一些例

外。在**基因印刻**（genetic imprinting）中，等位基因被印刻，或者做了化学标记，无论其怎样组合，配对等位基因中只有一个（来自父或母）被激活。印刻往往是暂时的，它可能在下一代消除，并且不在所有人身上发生（Everman & Cassidy，2000）。

基因印刻可解释一些遗传方式的难题。例如，父亲患糖尿病，子女更可能患病，母亲患病，情况则不然。哮喘病人或花粉热病人更有可能遗传了母亲而不是父亲的坏基因。印刻可能影响到儿童期癌症。它也可解释亨廷顿症的原因，如果这种病遗传自父亲，则发病年龄较早，且病情发展更快（Navarrete，Martinez & Salamanca，1994）。

基因印刻还出现在性染色体上，如脆性X染色体综合征，它是引发智力迟滞的一种最常见的遗传病。该病患者X染色体上某些DNA碱基序列重复次数增多，破坏了一个特定基因。脆性X染色体症与2%～3%的*自闭症*有关，这是一种严重的幼儿期疾病，表现为早期社交功能受损、语言或交流迟滞或缺失，以及重复运动行为（Goodlin-Jones et al.，2004）。研究表明，在脆性位点的缺陷基因，仅在遗传自母亲时才表达（Reiss & Dant，2003）。

（5）突变

有害基因最初是怎么产生的呢？答案是**突变**（mutation），一种在DNA片段上的突然变化。一个突变可能只影响一两个基因，也可能影响多个基因，如下面将讨论的染色体疾病。有些突变是自然发生的，仅仅是基于概率。有些突变则由危险的环境因素引致。

非离子形式的辐射，如电磁波和微波，对DNA没有已证实的影响，但是离子化的（高能量的）辐射是突变的一个基本原因。妊娠前重复受到一定剂量辐射的女性更可能流产，或生下有遗传缺陷的孩子，如儿童生理畸形和癌症。如果父亲在辐射环境中工作，其子女的发病率也高于一般水平。受到低频率、轻度的辐射不会引起基因突变（Jacquet，2004）。但高频率、长时间的辐射会损伤DNA。

上述例子说明了*生殖细胞系突变*，这种突变发生在配子细胞产生过程中。当发生病变的男女结合后，有缺陷的DNA就会遗传到下一代。另一种称为*体细胞突变*，是正常体细胞的突变，能在一生中任何时间发生。从突变细胞演化而来的所有细胞都表现出DNA缺陷，最终引发疾病或残障。许多癌症，如肝癌、结肠癌、前列腺癌，都是这样发生的。其他疾病，如癫痫和心脏病，也被认为是因体细胞突变引发的（Gottlieb，Beitel & Trifiro，2001；Steinlein，2004）。

总之，在家族中传递的很多疾病是由生殖细胞突变导致的。但是体细胞突变也会引发这些疾 52
病。有些人可能具有遗传易感性，使特定的体细胞容易在刺激条件下发生突变（Weiss，2005）。这有助于解释，为什么有的人由于吸烟、污染物或心理压力而患病，其他人却没有。

体细胞突变表明，每个人的基因型都不是自己独有的、永久性的。每个细胞的基因组织会随着时间发生变化。体细胞突变的发生率会随着年龄增长而增大，从而增加了它对与年龄相关疾病和自身衰老过程的影响（Vijg，2000）。

（6）多基因特质的遗传

以上讨论的都是人们表现或未表现出的某一种特质的遗传方式。这些有案可查的个体差异较容易查明遗传源头，而那些在人群中的连续变量，如身高、体重、智力和人格等特征则不然。这些特征属**多基因遗传**（polygenic inheritance），即多个基因共同影响一种特征的表型。多基因遗传非常复杂，其中大多尚属未知。本章最后一节将讨论，当研究者不能确知遗传的确切方式时，他们怎样推断遗传对人类特性的影响。

6. 染色体异常

除了有害的隐性等位基因，染色体异常也是造成一些严重发育问题的重要因素。多数染色体缺陷由卵子和精子形成时的减数分裂错误而引发。这些错误有：成对染色体错误分离、部分染色体断裂。与单基因错误相比，这些错误有更多DNA参与，常会导致多种生理和心理疾病。

（1）唐氏综合征

最常见的染色体疾病是唐氏综合征，每800个新生儿中有1个发生。其中95%是减数分裂过程中第21号染色体分离失败而引起的，新生儿遗传得到三条染色体，而不是正常的两条。偶尔也有两条染色体加一条断裂的21号染色体片段的情况。错误也可能发生在有丝分裂早期，使一部分但不是所有体细胞含有不正常染色体（称为*镶嵌式*）（Tocci，2000）。这些镶嵌型染色体只含有较少的遗传物质，发病程度也就不那么严重。

唐氏综合征多表现为智力障碍、语言障碍、词汇量小以及动作发展缓慢。患者有明显的生理特征，如身材矮小、体格粗壮、面部扁平、舌头突出、杏仁眼、手掌有一道不寻常的跨掌握痕。患者还常常伴有先天性白内障、心脏及肠道疾病。30多年前，多数患者在成年早期死去。今天，由于医疗进步，很多唐氏综合征患者活到50多岁，还有人活到60～80岁（Roizen & Patterson，2003）。

患唐氏综合征的婴儿很少笑，很少与人对视，探索物体时缺乏坚持性。但是，当家长鼓励他们参与到周围环境中时，他们会发展得更好些（Sigman，1999）。唐氏综合征儿童也能从婴幼儿干预项目中受益，通过这些项目，他们的情绪与社会性和动作技能的进步大于智力方面（Carr，2002）。可见，环境因素会影响到唐氏综合征儿童的生活质量。

唐氏综合征的发生率随母亲年龄的增加而明显增加，从20岁时的1/1 900到35岁时的1/300，45岁则高达1/30（Halliday et al.，1995；Meyers et al.，1997）。为什么会出现这种情况呢？遗传学家认为，出生时就存在于女性体内的卵子，会因为女性年龄增长而变脆弱。导致染色体不能像正常减数分裂那样顺利地分离。但有5%～10%的可能，多余的基因物质来自父亲，这种突变的原因仍然未
53 知。一些研究表明，父母年龄偏大可能有影响，另一些研究则未发现年龄效应（Fisch et al.，2003；Muller et al.，2000；Savage et al.，1998）。

（2）性染色体异常

除了唐氏综合征，常染色体异常也会严重影响发育甚至引发流产。当这些婴儿出生时，他们很少能活到幼儿期。相比之下，性染色体异常则常常只引发较小的问题。性染色体异常多是到了青少年期发育迟缓才被发现。最常见的问题是女性多一条染色体（X或Y）或少一条X染色体。

图中右边的矮小粗壮的男孩就是典型的唐氏综合征患儿。他的智力发育难以补救，但他表现得不错，因为他生长在一个有丰富刺激的家庭中，他的特殊需要能得到满足，他得到家人的爱和接纳，包括发育正常的哥哥的关心。

研究曾误导了人们对性染色体异常的看法。后来查明，带有XYY综合征的男性并不比带有XY染色体的男性更具侵略性和反社会性，性染色体异常的儿童也并没有智力障碍。但是，他们的智力问题常有异常表现。比如，三X综合征（XXX）的女孩和克林费尔特综合征（XXY）的男孩，普遍存在阅读和词汇困难，他们都遗传了一条多余的X染色体。相比之下，少一条X的特纳综合征（XO）女孩则在空间关系上存在困难，如画画，说出左右顺序，辨认方向，注意别人表情变化等（Geschwind et al.，2000；Lawrence et al.，2003；Simpson et al.，2003）。这些发现表明，X染色体数量多和少都会引起智力缺陷。到目前为止，遗传学家尚不知其中的原因。

思考题

复习　解释PKU和唐氏综合征的遗传原因。引用证据说明遗传和环境因素如何影响这两种病。

应用　格里波特是黑发的纯合体，他的妻子詹妮是金发的纯合体，那么格里波特的头发是什么颜色？詹妮的呢？他们的孩子黑发的概率是多大？为什么？

联结　回顾生态系统论，解释为什么有遗传疾病儿童的父母常常感受到压力。有哪些家庭内外的因素能帮助这些父母支持孩子的发展？

二、生育选择

在结婚两年后，泰德和玛丽安娜生了他们的第一个孩子肯德拉。起初，肯德拉是个健康活泼的婴儿，但4个月后，她的生长放缓，被诊断为有泰—萨氏病（见表2.3）。两岁时肯德拉就死了。泰德和玛丽安娜因女儿夭折备受打击。他们很想再要一个孩子，但是不希望孩子有同样的疾病。他们开始回避家庭聚会，因为侄子侄女们常使他们感到失落。

过去，许多有家族遗传病的夫妇选择不生孩子，以此避免生下不正常孩子的风险。今天，遗传咨询和产前诊断能够帮助人们做出明智的决定：生孩子，还是领养孩子。

1. 遗传咨询

遗传咨询（genetic counseling）是为了帮助夫妇估计生一个有遗传病孩子的概率，并根据风险和家庭目标，选择最佳方案的沟通过程（Hodgson & Spriggs，2005）。生育有困难的人们，例如习惯性流产，或知道家族中存在基因问题的，都愿意做遗传咨询。35岁以上的晚育妇女也是这种咨询的对象。超过这个年龄之后，染色体异常比率大幅上升，从35岁时的1/190到43岁时的1/20（Wille et al.，2004）。

如果家族中有智障、生理缺陷或遗传病史，遗传咨询师会约见夫妇，绘制家谱图，在家谱图上标明有问题的亲属。根据前述的遗传规律，用家谱图来估计父母生出有问题孩子的概率。许多遗传疾病可通过验血或基因分析，查明父母是否携带有害基因。表2.3中所列的和其他的隐性疾病，以及脆性X染色体综合征，都能对是否携带坏基因做出鉴定。

所有相关信息都收集齐备之后，遗传咨询师能帮助人们做出恰当的选择。这些选择包括“碰碰运气”，采用某种生育技术来怀孕（见本节“社会问题”专栏），或领养一个孩子。

专栏　社会问题

生育技术的利与弊

由于有家族遗传病史，一些夫妇决定不冒险怀孕。其他打算怀孕的夫妇中，大约1/6的人其实是不能生育的。还有一些不结婚的成人、男同性恋者和女同性恋者希望生孩子。如今，越来越多的人选择其他技术手段来怀孕，这些技术满足了他们做父母的愿望，但也成为社会争议的热点。

捐精式人工授精和体外受精　捐精式人工授精是把匿名捐精者的精子置入女性体内，来解决男性无生育力问题，这种方法已用了几十年。近年来，女性不通过男性伴侣来生育已被允许。在北美，每年有70%～80%的捐精式人工授精获得成功，生出3万～5万个婴儿（Reynolds et al.，2003；Wright et al.，2004）。

体外受精是另一种体外生育技术。从1978年首例“试管婴儿”在英国降生以来，在发达国家每年出生的全部婴儿中，大约1%是试管婴儿，美国有4万个，加拿大有3 500个（Jackson，Gibson & Wu，2004；Sutcliffe，2002）。体外受精前，先给女性施用激素，促使卵子成熟，再通过手术把成熟卵子从体内取出，置于加入精子的营养液。当卵子受精并开始复制成多个细胞时，再把受精卵置入女性子宫。

通过把卵子进行混合和匹配，无论父母中的一人或两人有生育问题，都可以怀孕。体外受精通常用在那些输卵管永久性损坏的女性身上。但是现在已发明出新技术，能把单个精子直接注入卵子，从而克服了大部分的男性不育问题。此外，通过“性别选择”法，还能确保携有伴X遗传病基因（多发生于男性）的夫妇怀上一个女孩。受精的卵子和精子甚至可以冰冻在胚胎库里以后再用，从而解决了因年龄或疾病而导致的暂时不能怀孕问题。

体外受精的成功率大约为30%。成功率随年龄增长而下降，低于35岁的女性，成功率约40%，超过43岁的女性，成功率仅7%（Wright et al.，2004）。受孕胎儿在遗传上可能与父母中的一人无关，也可能与两人都无关。此外，虽然医生建议父母告诉孩子他们是怎么来的，但大多数使用体外受精的父母都没有这样做。没有血亲关系，或这些技术的秘密对亲子关系有干扰吗？或许，由于强烈的做父母愿望，那些经过捐精式授精或体外受精怀上的孩子可能会得到更多的疼爱。另外，他们像那些自然受孕的孩子一样，都能安全地依恋父母，在儿童期和青少年期的适应和

发展也正常 (Golombok & MacCallum，2003)。

捐精式授精和体外受精虽然引发了很多争议，但这两种方式还是有很多好处。美国大部分州和加拿大各省都很少有这方面的立法。其结果是，对捐精者常常未做遗传或性传播疾病的检测。很多国家（包括美国和加拿大），都未要求医生对捐精者特征做记录。只有加拿大保存一份有关捐精者特征文件，允许在出现重症疾病时进行咨询，因为有关儿童遗传背景的资料具有医疗价值 (Bioethics Consultative Committee，2003)。另一个备受关注的问题是，"性别选择"法可能引致父母的性别选择，从而冲击男女平等的道德价值。

另外，一半以上的体外受精导致了多胞胎，其中大多数是双胞胎，三胞胎和多胞胎占 9%。因此，在体外受精的婴儿中，低出生体重儿的比例比普通婴儿高 2.6 倍 (Jackson，Gibson & Wu，2004)。诱发卵子成熟、延缓卵子在子宫外受精的药物等多种因素，加大了出生缺陷的比率 (Hansen et al.，2002)。总之，体外受精比自然受孕对儿童的存活与健康发展具有更大风险。

代孕母亲　代孕母亲是一种争议更大的辅助怀孕方式。把妻子无生育力的男性精子置入一个代孕女性的体内，代孕者因代孕、代生而获得一定酬金。作为交换，代孕者把婴儿还给男性（即生父），然后孩子由他们夫妻抚养。

这种做法大多很顺利，但也有因此走上法庭的事件，给关心这种技术的人亮起了红灯。在一个案例中，双方都拒绝扶养代孕母亲生下的严重残障婴儿。个别代孕母亲改变主意想自己养孩子，或者委托夫妇在代孕母亲怀孕期间改了主意。这样的孩子自出生起就夹在家庭冲突中，而且这种冲突可能持续多年。

由于代孕服务对有钱的定约人和经济状况欠佳的代孕人双方都有利，它可能促使一些有经济需求的女性冒此风险 (Sureau，1997)。此外，大部分代孕者都已经有孩子，她们可能因此而受到很大影响：有朝一日自己的孩子知道母亲为了钱帮别人生孩子，这些孩子会担心自己的家是否安全。

生育新进展　生育技术的发展大大超前于社会对采用这些技术的伦理讨论。现在，医生们已能使用年轻女性捐献的卵子与体外受精相结合的技术，帮助绝经妇女成为孕妇。她们大多 40 多岁，有些已五六十岁。这一技术引发的问题是，孩子的父母也许不能活到他们长大成人。根据美国的期望寿命数据，55 岁才有孩子的家庭中，有 1/3 的母亲、一半的父亲会在孩子上大学前去世 (U. S. Census Bureau，2006b)。

专家们对其他生育选择也颇有异议。一个案例中，一位正处于事业繁忙阶段的妇女，本可以正常地做母亲，但她选择了体外受精（用她自己的卵子和她丈夫的精子），聘请了代孕母亲。当代孕母亲怀着她的孩子时，她可以继续自己的事业 (Wood，2001)。在精子和卵子库中，顾客可以根据生理特征甚至 IQ 来选择卵子或精子。一些人担心，这种对人类物种的选择性繁育是一种危险手段，因为它通过操控基因来控制下一代的特性，获得"设计好的婴儿"。

科学家已经成功地克隆了羊、牛和猴子的受精卵，并成功地对人类进行了类似工作。通过提供额外的卵子，克隆能够提高体外受精的成功率。但是它也同样提供了繁育出大量基因相同的人群的可能性，并因此遭到广泛谴责 (Fasouliotis & Schenker，2000)。

生育技术使很多不孕夫妇喜得贵子，但这些技术需要有相应的法律来调控。在澳大利亚、新西兰、瑞典和瑞士，通过捐赠的配子怀孕的人有权获得其基因源的信息 (Frith，2001)。来自辅助生育领域的压力会促使美国和加拿大也制订类似政策。

由于代孕母亲涉及复杂的伦理问题，所以在美国的 18 个州被禁止，在澳大利亚、加拿大和许多欧洲国家也被禁止，他们认为，孩子的身份不应成为一种商品，身体的一部分也不应该被租赁或被出卖 (Chen，2003；McGee，1997)。丹麦、法国和英国签署了禁止妇女体外受精的备忘录 (Bioethics Consultative Committee，2003)。目前还不知道采用这种手段产下的儿童引发的心理问题。有关这些孩子如何成长，包括他们以后的生理状态、他们对自己身世的了解和感受等信息，对于评判这些技术的利弊非常重要。

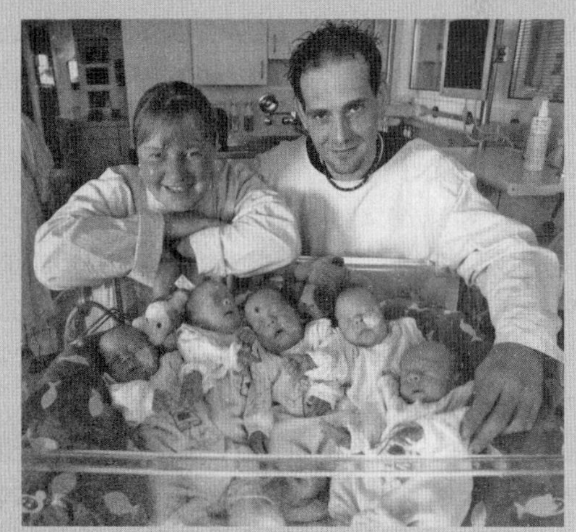

这对德国夫妇是图中五胞胎的父母。这些婴儿现在的状况不错，但他们出生时平均只有 940 克。生育技术可能引发道德两难。体外授精和生育药物会导致多胞胎的降生，与自然怀孕生出的孩子相比，多胞胎会伴随低出生体重和先天缺陷的高风险。当有可能出现严重的孕期并发症时，医生会建议留下一个，把其他胎儿流产。

2. 孕期诊断与胎儿医学

如果一对可能生出异常婴儿的夫妇决定怀孕，他们可以求助于**孕期诊断法**（prenatal diagnostic methods），即在出生之前查出问题的医疗程序（见表 2.4）。大龄产妇是进行羊水诊断或绒毛膜取 56
样的主要人群（见图 2.5）。除了超声波和母体血液分析外，产前诊断不应该例行公事地进行，因为其他方法有可能伤害发育中的胎儿。

表 2.4　孕期诊断法

方法	描述
羊水诊断	应用最广泛的一项技术。向腹壁插入一根中空的针，获取子宫液体样品，对细胞进行遗传缺陷检查。可在怀孕 11 到 14 周之间进行，最安全的时间在第 15 周。等待结果需一到两周。流产可能性很小。
绒毛膜取样	用于怀孕早期急于知道结果的检查。将一根细管经阴道插入子宫，或用一根针通过腹壁插入子宫。在一个或几个绒毛膜（发育中的胚胎周围的膜上的毛发状突起）末梢取一小块组织。对得到的细胞进行遗传缺陷检查。可在怀孕 6 至 8 周进行，24 小时内出结果。流产风险略高于羊水诊断。亦有较小的肢体畸形风险，且检测的时间越早，可能性越大。
胎儿镜检查	把一端带有光源的小管插入子宫，检测婴儿是否有肢体和面部缺陷。还可取出婴儿血样进行血友病、镰细胞贫血症和神经缺陷等诊断。最早可在怀孕 5 周、多在 15～18 周进行。有流产风险。
超声波	向子宫发出高频超声波，反射至屏幕转换为一张显示婴儿大小、形状和位置的图片。可做出胎儿月龄估计、多胞胎鉴定和整体身体缺陷检查。也可作为羊水诊断、绒毛膜取样和胎儿镜检查的辅助手段。使用超声波检测 5 次或以上，会增大低出生体重的发生率。
母体血液分析	怀孕后第二个月，胎儿细胞会进入母体血流中。其中，甲胎球蛋白水平的增高可预示肾病、食管异常关闭，或神经管的缺陷，如无脑畸形（脑缺失大部）和脊柱裂（脊髓从脊柱处突出）。通过分离的细胞，可以检测唐氏综合征等遗传缺陷。
胚胎植入前遗传学诊断	在体外受精以及合子复制到含 8 到 10 个细胞的胚团后，取出一两个细胞做遗传缺陷检测。只有在未检测到遗传疾病时，才将受精卵移植至子宫。

资料来源：Kumar & O'Brien，2004；Moore & Persaud，2003；Newnham et al.，1993；Sermon，Van Steirteghem & Liebaers，2004.

孕期诊断技术的进步促进了胎儿医学的发展。例如，通过向子宫中插针，医生可对胎儿用药。现已能通过手术来修复心肺发育不良、尿道阻塞、神经缺陷等。还可以对患有血液疾病的婴儿输血。患先天性免疫缺陷的胎儿，已可接受骨髓移植，使其免疫功能恢复正常（Flake，2003）。

对上述做法，仍然存有争议。因为这些技术常引起早产和流产（James，1998）。但是哪怕只有微小的成功可能，父母们还是乐意尝试。当前，医学界正致力于帮助父母做出关于胎儿手术的正确决定。其中一条建议是，向一个独立咨询师（不参与研究或手术的医生或护士）征求意见。

基因工程的进步给纠正遗传缺陷带来了希望。作为人类基因组计划的一部分，这项颇具挑战性的国际性研究项目旨在解开人类遗传物质（基因组）的密码。现在，研究人员已经绘制出人类所有 DNA 碱基对的序列。这些信息如同给基因组作了“注释”，可帮助查明所有的基因及其功能，包括相应的蛋白产物及用途。研究的主要目标是了解近 4 000 种人类疾病，这些病症可能受单基因、多基因以及与环境的复杂相互作用的影响。

目前，已有数以千计的基因得到了确认，并查明了它们与数以百计的疾病的关联，如囊性纤维化、亨廷顿症、杜兴肌营养不良、马凡综合征，以及多种癌症（National Institutes of Health，2005）。这些成果推进了新的治疗方法的拓展，例如基因治疗，使携有功能性基因的 DNA 进入细胞内，矫正异常的基因。有实验表明，基因治疗可 57
以缓解血友病和严重免疫缺陷的症状。但是，有很少部分的患者出现了严重的负效应（Ralgh，Harrington & Pandha，2004）。另一种方法称为蛋白组学（Proteomics），可对与生物学衰老和疾病有关的特定基因的蛋白进行修复（Bradshaw & Burlingame，2005）。

对大部分的单基因缺陷来说，距离基因治疗还有一定距离，而那些以复杂方式相互纠缠，并有环境作用介入的多基因缺陷，则有更长的路要走。本节的“学以致用”表可以应用我们的已有知识，帮助准父母了解，为了做好孩子的优生保健，他们在怀孕前需要做哪些事情。

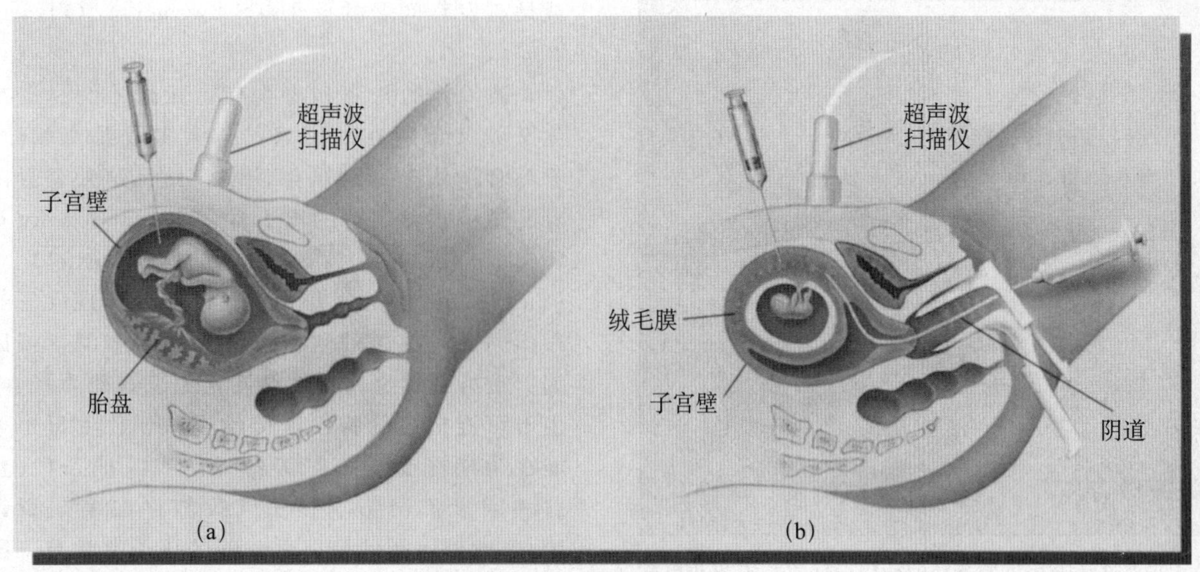

图2.5　羊水诊断和绒毛膜取样

目前已可使用这两种技术在孕期检出数以百计的缺陷和疾病。(a) 羊水诊断，将一根中空针经腹壁插入受孕14周或以后的子宫中，取出液体做细胞培养，全过程需一到两周。(b) 绒毛膜取样可在妊娠第九周进行，24小时内出结果。两种获得绒毛膜的方法如图所示：将一根细管经阴道插入子宫或经腹壁插入一根针。羊水诊断和绒毛膜取样都需B超作引导。

资料来源：K. L. Moore & T. V. N. Persaud，2003，*Before We Are Born*，6th Edition，Philadelphia：Saunders，p. 87. 经授权引用。

学以致用　　有助于生一个健康婴儿的孕前注意事项

建议	主要事项
体检。	孕前体检能查明是否患病，是否存在可能导致不孕、怀孕后难以治疗及影响身体发育的问题。
考虑自己的遗传素质。	找找家族中是否有谁的孩子患有遗传疾病或失调。如有，可在孕前接受遗传咨询。
在你控制下减少或消除有害因素。	怀孕后的最初几周，胚胎对环境中的有害物质极为敏感（见第3章），计划怀孕的夫妇要避免工作场所和家里的药物、酒精、香烟、辐射、污染、化学物质以及传染病。还须远离辐射物和一些已知会引发突变的工业化学物质。
确保适当的营养。	在怀孕前应遵医嘱服用维生素—矿物质片剂，预防孕期可能发生的问题。营养药物应包括叶酸，它能预防胎儿神经管缺陷、早产和低出生体重（见第3章）。
计划怀孕一年仍不成功，向医生咨询。	长时间不孕可能是因为双方中某一方的未查出的遗传缺陷引起的自然流产所致。如果体检表明生殖系统正常，则有必要做遗传咨询。

3. 基因检测

在北美，90%以上的新生儿是正常的（Moore & Persaud，2003）。对于那些携带日后可能致病的基因的个体，有少数几种检验方法可筛查出与乳腺癌、结肠癌、肾病和严重的慢性贫血有关的DNA突变。预计在未来，将会提供更多这样的检测，从而帮助人们了解他们的遗传风险，并采取医疗控制、改变生活方式或药物治疗来减小这些风险（Collins，2003）。

基因检测虽然有好处，但也引发了一些社会、伦理和法律问题。争论焦点之一在于检测那些有患病风险但尚无症状表现的儿童和成人。在预测性检测之后，却没有有效的干预措施，这些人不得不生活在明知自己要得重病却无可奈何的尴尬中。

一个相关问题是，医学专业领域和普通大众 58
需要掌握更多的遗传学知识。缺乏这些知识，医生和病人可能会错误地解释遗传危险。例如，与乳腺癌有关的基因最早是在该病的高发家庭中发现的。在这些家庭中，85%的人携有可能导致乳腺癌的基因。但是在普通人群中，这个比例为35%～50%（Burke et al.，2002）。另一个问题是，一些经过检测发现有不正常基因的美国人，在职场遭到歧视，他们因此失掉了健康保险，甚至工作（National Human Genome Research Insti-

这个患囊性纤维化疾病女孩的妈妈已经学会给女儿做必需的护理，这种护理需花费大量时间。她正张开手掌拍打孩子的胸部，帮助排除她肺部的黏液。将来，这些孩子可能会从治疗遗传疾病的基因治疗中获益。

tute，2005）。

医学伦理专家建议，只应该向那些处于高风险的人们提供遗传检测，要对他们进行充分的教育和咨询，并且经商定，进行不断的医学和心理学随访，看其检测是否呈阳性。在美国和加拿大已经制定出相应的法律程序，以确保遗传信息的隐私权，阻止雇主强制进行遗传检测（Privacy Commissioner of Canada，2005；U. S. Department of Health and Human Services，2005i）。在人类基因组计划不断对人类健康做出巨大贡献的同时，科学家正在探讨既能充分享用这一项目带给人们的巨大好处，又能保护公共利益的最佳途径。

4. 收养

有些未生育的成年人，他们要么害怕把遗传疾病传给后代，要么因为年龄偏大且单身，但是又希望建立一个家庭，于是决定收养孩子，这样的人越来越多。有些成人已经有了自己的孩子，但是还想增加人口，他们也会选择收养。收养代理机构总是尽力找到与孩子的种族和宗教背景相同的父母。如有可能，他们还会选择与孩子的亲生父母年龄相仿的父母。由于可收养的健康婴儿越来越少（与过去相比，放弃孩子的未婚妈妈越来越少），北美和西欧的人们越来越多地从其他国家领养，或收养那些已经过了婴儿期的大孩子，或是有发育问题的孩子（Schweiger & O'Brien，2005）。

被领养的儿童和青少年，无论他们是否出生于养父母所在的国家，与大多数儿童相比，学习和情绪上的困难都较多，并且这种差异随着儿童被收养年龄的增大而扩大（Brodzinsky & Pinderhughes，2002；Nickman，Rosenfeld & Fine，2005）。被收养儿童在儿童期出现问题有很多原因。孩子的生母可能是因为酗酒，或因为严重抑郁等遗传性情绪问题而没有能力抚养。生母可能把这种脾性遗传给了孩子。生母也可能在孕期经受重压、营养不良或医护条件差，这些因素都会影响孩子（我们将在第3章讨论）。此外，婴儿期以后收养的孩子常常有一段时间生长于家庭冲突中，缺少父母教育，甚至有被忽略、被虐待的经历。另外，与直系亲属相比，遗传上没有关系的养父母与孩子，其智力和人格的相似性很低，这有时会影响家庭和睦。

虽然有这些不利条件，但大多数被收养儿童都生活得很不错，原来有问题的儿童也表现出快速的进步（Johnson，2002；Kim，2002）。瑞典研 59
究者追踪了600多个领养幼儿直到他们的青春期。这些被收养儿童，一些是在出生后就很快被收养的，一些在寄养家庭中被养育，一些则由原来打算放弃、后来又改了主意的生母养育。如图2.6所示，被收养的儿童比在寄养家庭长大或回到生母身边的孩子发展得更好（Bohman & Sigvardsson，1990）。荷兰的一项有关国际收养儿童的研究中，婴儿期敏感的母亲照料和安全依恋能预测儿童7岁时的认知和社会竞争力（Stams，Juffer & van IJzendoorn，2002）。因此，即使父母和子女没有血缘关系，早期温暖、信任的关系也能促进发展。即使那些原来家庭有问题的儿童，当他们感受到收养父母的爱和支持时，也能形成对收养父母的信任和爱（Sherrill & Pinderhughes，1999）。

到了青少年期，被收养人常因对生父母是谁的好奇而感到困惑。有的人不能接受永远不知生父母的现实。有些人担心，如果有一天生父母突然出现该怎么办。去寻找生父母的想法往往会在成年早期冒出来，结婚和孩子出生都可能激发这种想法。虽然存在不知自己出身的影响，但大部

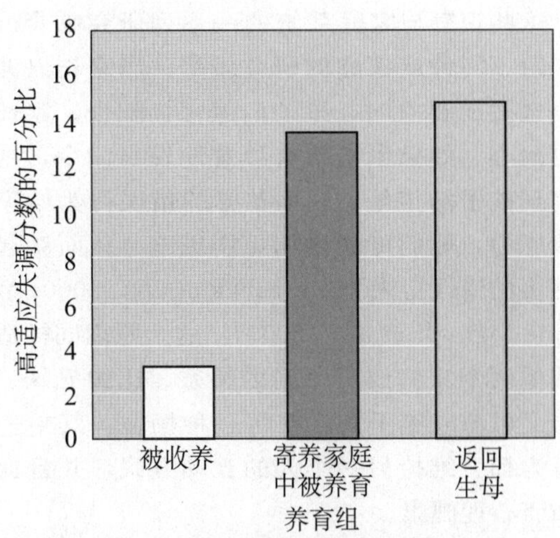

图 2.6　出生后就被收养的瑞典青少年的养育类型与适应失调的关系

与另两个组相比，被收养的青少年被教师评价为问题更少，包括焦虑、冷漠、攻击性、注意力不集中、同伴交往困难及缺乏学习动机。

资料来源：Bohman & Sigvardsson，1990.

分被收养者都成为适应良好的成人。只要父母在儿童期就采取措施，帮助他们了解自己的生父母背景，总的来看，不同种族或不同文化背景下被收养的年轻人都形成了关于其出身和收养背景的健康、协调的同一性（Brooks & Barth，1999；Yoon，2004）。

当我们结束关于生育选择的讨论时，你可能想知道泰德和玛丽安娜的后来情况。通过遗传咨询，玛丽安娜知道她的母系亲属中有一个患泰—萨氏病。泰德有一个远房表兄死于这种病。遗传咨询师分析，他们生一个患有同样疾病孩子的概率是 1/4。泰德和玛丽安娜决定冒这个风险。现在，他们的儿子道格拉斯已经 12 岁了，道格拉斯虽然是泰—萨氏病的隐性等位基因携带者，但他是一个正常而健康的男孩。泰德和玛丽安娜打算，再过几年会告诉道格拉斯他的遗传史，并给他讲什么是遗传咨询，以后他打算生小孩之前也应该去做检查。

思考题

复习　为什么遗传咨询被称为一个沟通过程？哪些人需要进行遗传咨询？

应用　假如你要给一对正打算做体外授精的夫妇进行遗传咨询。他们想用妻子的卵子和捐精者的精子来解决丈夫的不育问题。你会把他们将面临的哪些医疗和伦理风险告诉他们？

联结　收养研究怎样证明了心理复原力？与复原力有关的哪些原因是被收养者积极发展结果的核心要素？

反思　假设你是女性，是脆性 X 染色体等位基因的携带者，但很想要一个孩子。你是选择怀孕、收养、雇用代孕母亲，还是放弃做父母的打算？如果你怀了孕，你是否会做产前诊断？为什么？

三、发展的环境背景

就像遗传特征非常复杂一样，人所处的环境也很复杂，它是一整套多层次的影响相互结合，促进或妨碍着人的身心健康。请回顾自己的童年，简要地写写对你成长非常重要的人和事。然后对自己的成年时光也如法炮制。当我要求学生这样做时，他们列出的大部分影响都与家庭有关。这个结果并不意外，毕竟家庭是成长的第一个环境，也是永远的环境。不过，其他环境也同样重要。朋友、邻里、学校、工作单位、社区、教堂，这些都排在前 10 位。

第 1 章提到的布朗芬布伦纳的生态系统论认为，小环境之外的环境系统，即刚才提到的那些环境，对发展有很大影响。我的学生忽略了一个非常重要的环境因素，它的作用无处不在，以至于我们对它视而不见。这就是**大环境系统**，即大社会背景，包括社会价值观以及支持、保护着人的发展的各种项目。所有人在一生中的各个年龄阶段都需要帮助，一套买得起的房子、医疗保险、安全的社区、好学校、齐备的娱乐设施、优质的儿童保育中心及其他能满足工作和生活需求的服务。一些人因为贫穷或特殊困难，还需要更多的救助。

本节将讨论这些环境因素。由于环境影响着各个年龄的人们，影响着发展变化的各个方面，以后各章还会涉及这个主题。我们的讨论首先要强调，环境与遗传一样，既能促进发展，也可能给发展造成危险。当一个脆弱的儿童或成人，即一个在生理和心理上有问题的人身处不利环境时，其发展将面临严重威胁。

1. 家庭

就影响力和影响范围而言，没有什么环境可以和家庭相比。家庭创造了人与人之间独一无二的联系。对父母和兄弟姐妹的依恋往往会持续一生，这种依恋模式还会推广到更大的环境中，比如邻里、学校和社区。儿童在家里学会语言、各种技能以及合乎自己文化的社会价值观和道德价值观。不管什么年龄的人，都从家人那里获得信息、帮助和温馨的互动。温暖而满意的家庭关系可以预测整个一生的身心健康。相反，与家庭的疏离则常常导致发展的问题（Deković & Buist，2005；Parke & Buriel，1998）。

当代研究者把家庭看作一个相互依赖的关系网。生态系统论里的双向影响就是指家庭成员之间相互的、彼此的影响。系统这个词本身就是指一个相互依赖的关系网络（Lerner et al，2002）。这些系统通过直接或间接的方式起作用。

伊拉克巴格达的一个大家庭的成员在一起进餐。家庭是一个复杂的相互依赖的关系系统，其中每个人的行为都以直接或间接方式影响着其他人的行为。

（1）直接影响

以后你若有机会观察家庭的互动情况，请仔细地看。你可能会看到，亲切、耐心的交流能引发合作、和谐的反馈，而苛刻、烦躁则引来愤怒和反抗行为。这些反应反过来又造成互动链条上新的一环。在第一种情况下，跟随的将是积极信息；在第二种情况下，跟随的将是消极、回避行为。

这些观察与家庭系统的一系列研究吻合。例如，对不同种族家庭的研究表明，当家长以温和的语气提出要求时，孩子们通常会配合，家长也会更耐心。如果家长带有敌意地发出命令，则容易遭到孩子的拒绝。因为孩子的错误行为给家长造成压力，他们可能增加惩罚措施，从而激起孩子更多的错误行为（Stormshak et al.，2000；Whiteside-Mansell et al.，2003）。这个原理同样适用于其他两个家庭成员之间的关系，比如兄妹、夫妻、父母与成年子女。在每一种场合，其中一人的行为都会维持另一个人的互动方式，并且促进或妨碍心理健康。

（2）间接影响

当任何两个家庭成员的互动受到当时在场的第三个家人影响时，家庭关系对发展的影响会变得更复杂。布朗芬布伦纳把这些间接影响称为第三方效应。

第三方既可能支持发展，也可能妨碍发展。例如，夫妻关系若是体贴、体谅的，父母就会更多地表扬、鼓励孩子。夫妻关系剑拔弩张，父母就顾不上关心孩子的需求，反而会更多地训斥、生气和责罚（Cox，Paley & Harter，2001；McHale et al.，2002）。长期处在愤怒和难以调和的父母冲突中的儿童往往有严重的情绪问题（Harold et al.，2004）。这些问题中既有内隐问题
（女孩居多），如焦虑、害怕，希望父母和好，又 61
有外显问题（男孩居多），如语言攻击和身体攻击等（Davies & Lindsay，2004）。孩子的问题又会使夫妻关系进一步恶化。

如果第三方对家庭关系起破坏作用，其他成员可以帮助弥补。以祖辈为例，他们能在很多方面促进孙辈的成长，比如直接、热情地回应儿童，向父母讲授育儿经验，以间接方式提供物质帮助，等等。当然，祖父母有时也会帮倒忙。如果祖辈与父辈之间争吵不休，那么，父母—子女之间的沟通会受影响。

（3）对变化的适应

再来看布朗芬布伦纳理论的时序系统（见第1章）。家庭内部的各种影响力的交互作用是动力的、持续变化的。新宝宝出生，工作更换，照顾年迈父母，这些重要生活事件都可能带来困难并改变现有家庭关系。生活事件起作用的具体方式，取决于其他家人给予的支持和每个人所处的发展阶段。比如，弟妹的出生对学步儿的影响很大，对小学生则不然。照料病重的年迈父母给一个养

育着年幼子女的中年人造成的压力更大，而对年龄相仿却没有子女的成人则不然。

历史时期也对动态的家庭系统发挥着影响力。近几十年来，随着出生率降低，离婚率攀高和妇女角色的扩展，家庭规模逐渐变小，加之寿命的延长，导致老年人多而年轻人少的头重脚轻式的家庭结构。当今的年轻人拥有的老年亲属比历史上任何时候都多，这种局面既可以带来富足，也可能造成紧缺。总之，由于复杂的代际系统随着时代而变化，家庭中的人际关系也在改变，家庭成员既要适应自己与别人的发展，也要适应来自外部的压力。

除了上述因素，还存在着家庭功能的一般模式。在美国和加拿大等西方国家，社会经济地位是影响家庭关系的一个重要因素。

2. 社会经济地位与家庭功能

在工业化国家，人们是根据做什么工作和收入多少而分为阶层的，这是决定着他们的社会地位和经济条件的因素。研究者评价一个家庭在这个连续体上的位置的指标称为**社会经济地位**（socioeconomic status，SES，以下简称社经地位），它包括三个相互联系但又有所区别的变量：一是受教育年限；二是用于衡量社会地位的职业声望和职业技能；三是用于衡量经济地位的家庭收入。随着社经地位的起伏，人们的境况也会随之变化，并深深地影响着家庭功能的运转。

社经地位影响着家庭生活周期中各个阶段的起始点和持续长度。从事技术、半技术体力劳动职业的人（如机械师、卡车司机和保管员）一般比白领和专业人员早结婚，早生孩子，生的孩子也比较多。这两个人群的价值观和期望也不同。例如，问他们希望自己的孩子具有哪些品质时，社经地位低的父母强调一些表面的特质，如服从、礼貌、整洁等等。而社经地位高的父母关注孩子的心理特质，如好奇心、快乐、自律和成熟（Duncan & Magnuson，2003；Hoff，Laursen & Tardif，2002；Tudge et al.，2000）。

社经地位不同，家庭互动方式也不同。社经地位高的父母常跟孩子谈话，给他们读书，给他们的婴儿和幼儿更多的刺激。等孩子长大以后，他们较多地运用关心、讲道理和口头表扬等方法。而命令（“你必须做，这是命令”）、批评和体罚则较多地出现在低社经地位的父母身上（Bradley & Corwyn，2003）。

受教育程度对儿童的养育也有影响。多年受教育使高社经地位的父母养成抽象思维的习惯，他们较多地对孩子进行口头鼓励，培养内在的品质。本节的“毕生发展观”专栏介绍了在世界上多样化的文化中，对女性的教育都会以特殊方式培养她们的思维方式，并且在很大程度上改进父母和子女的生活质量。

因为受教育不多，低社经地位的父母心头常有一种无能感，在家庭以外的社会关系中缺乏影响力。例如，在工作单位，他们必须遵从有权力有地位的人给他们制定的规则，回家后，他们的亲子互动就成了他们在工作单位的翻版，不过这时他们成了权势者。沉重的生活压力加上偏好体罚的观念使他们更多地采用强制管教方式（Pinder-hughes et al.，2000）。相反，社经地位高的父母对生活有一种掌控感。工作时他们可以独立做决定，并让别人接受自己的观点。回到家，他们把这种技能教给孩子（Greenberger，O'Neil & Nagel，1994）。

3. 富裕的影响

虽然受过高等教育，享有优厚的收入，这些有钱的爸爸妈妈——拥有高职业地位和六位数年薪者，却往往在家庭互动、行使父母教育责任并促进孩子良好发展方面吃败仗。几项研究追踪考察了生活在高档住宅区的青年的社会适应（Luthar & La- 63
tendresse，2005a）。在七年级时，很多人出现了严重的、波及全校的问题。他们的学习成绩不良，喝酒吸毒，其自我报告的焦虑和抑郁分数比低社经地位的学生高（Luthar & Becker，2002）。而且，在家境富裕的青少年（而不是低社经地位青少年）中，吸毒常和焦虑、抑郁相关，这显示，富裕的青少年用致瘾物来自我治疗，这种行为可以预测持久性的吸毒（Luthar & Sexton，2004）。

专栏　**毕生发展观**

世界女童教育：为了下一代

当埃及的贝尼沙拉安村的一所新学校开学时，一些村民抱怨说，学校会使他们失去孩子对干农活和开小店的帮助。阿赫曼是一个没读过书的店主。他听见学校的捐资人、一位上年纪的商人说：“我现在发现，女孩的教育比男孩更重要。”（Bellamy，2004，p.19）于是阿赫曼马上就把他8岁的女儿拉维亚送进了学校。而直到上学那一天，拉维亚不是在地里干活，就是在家里不许出门。

上学后不久，拉维亚的语言、识字和推理技能的大大提高改变了她家的生活质量。阿赫曼说：“原来我家小店的账目混乱，后来拉维亚把账本都整理好了。”拉维亚还能辅导妹妹的功课，帮家里人读药品说明书和电视新闻。拉维亚还想象着她将来的好生活。她对爸爸说：“等我长大了，要当医生，或者当教师。”

在过去的一个世纪，发展中国家儿童的入学率明显上升。以前只有少数男孩可以上学，现在多数地区的大部分儿童能够上学。然而，仍有约1.35亿的7～18岁的儿童没受过教育，其中大多数是贫困地区的女童（见图2.7）。其他儿童中，有数以千万计的孩子，主要是女孩，没读到小学三年级就辍学了（Gordon，2003）。

教育当然应该面向所有儿童，但是女童的教育对家庭、社会和下一代的福祉却有特别重要的影响。女童上学读书的好处主要体现在两个方面：第一，可以提高她们的语言能力，包括读、写和语言沟通；第二，增强她们的权利意识，即改善生活条件的愿望。一项研究分别在三大洲、三个国家的三个社区进行，分别是尼泊尔乡村、墨西哥小镇和赞比亚的大城市，调查结果发现，妇女受教育越多，其语言和读写能力就越强，对美好生活的愿望也越强。她们的知识和态度进而极大地影响了家庭的健康水平、家庭关系和教养方式（LeVine，LeVine & Schnell，2001）。

家庭健康 教育使人掌握沟通技能和信心，去获得医疗服务，并从公共卫生资讯中获益。上学年限能强有力地预测妇女的预防性的保健行为，如孕期检查，孩子的预防接种，健康饮食和卫生习惯（Dexter，LeVine & Velasco，1998；LeVine et al.，2004；Peña，Wall & Person，2000）。此外，由于受过教育的妇女有更多的机会，她们更乐意接受计划生育，推迟生育年龄，养育较少的孩子（Caldwell，1999）。这些都有助于母婴的生存和家庭健康。

家庭关系和教养方式 无论是在发达国家还是发展中国家，教育带来的权利意识都有助于夫妻关系的平等，减少对孩子的严厉管教行为（LeVine et al.，1991；LeVine，LeVine & Schnell，2001）。受过教育的母亲给孩子更多的言语刺激，教孩子读写技能，帮助孩子在学校取得好成绩，因而可以提高下一代人的经济收入。世界上对女童教育投入较多的地区，如东南亚和拉丁美洲，经济发展都较好（King & Mason，2001）。

据2004年联合国的报告，女童教育是消除那些给人类造成严重的全球性威胁的最有效途径，这些威胁包括贫困、母婴死亡率和疾病。联合国呼吁所有的发展中国家把教育放在优先地位，为女童入学采取特殊步骤（Bellamy，2004）。

拉维亚得到上学机会，得益于埃及政府的一项创举：在国内女童教育状况最差的农村地区建立几千所单班制学校。但是有些父母却不让女儿去上学，原因是他们头脑中关于性别角色的文化观念，或不愿让女儿放弃在家里干活。为此，政府为妇女提供了更多的就业机会，同时大力宣传女童上学的好处，使大多数父母，包括非常贫困家庭的父母，都把女儿送到了学校，哪怕自己做出很大牺牲（Narayan et al.，2000）。

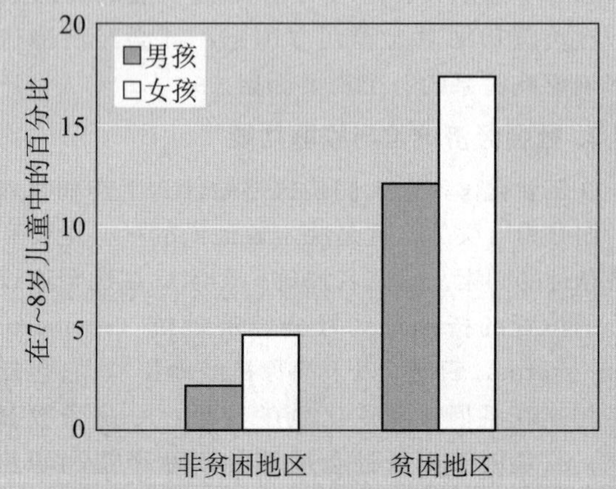

图2.7 发展中国家7～18岁儿童从未上学的人数百分比

贫困儿童比非贫困儿童上学机会少得多。女孩，特别是贫困女孩，比男孩受到的影响大得多。

资料来源：D. Gordon，2003，*The Distribution of Child Poverty in the Developing World*：*Report to UNICEF*. Bristol，U.K.：Centre for International Poverty Research，University of Bristol. 经授权引用。

对毛里塔尼亚塔扎地区的这些女孩来说，上学能极大地改善她们的生活条件和她们国家的福利。无论在发达国家还是发展中国家，让女童接受教育都能提高家庭收入，改善家庭关系，从而增进下一代人的健康、教育和经济收入。

为什么有这么多的富裕的青年会惹上麻烦？根据自我报告，与适应较好的青少年同学相比，这些适应不良的有钱年轻人从父母那里得到的亲密情感和指导较少，因为这些父母整天为职场和社交忙碌。像他们的父母那样，这些青少年平时也是事务繁多，过量的活动使他们疲于奔命，与家庭失去联系。总的来说，有钱的父母对他们的子女来说，无论身体上还是情绪上几乎都是无法接近的，这一点与那些为克服严重经济困难而挣扎的父母是一样的。同时，有钱的父母往往还对孩子的成绩提出过高要求（Luthar & Becker，2002）。其父母看重孩子的成绩而非个性的青少年，更可能出现学习和情绪问题。

无论是富裕家庭还是低收入家庭的青少年，一种简单的做法——跟父母一起吃晚饭，与适应问题的减少相关。即使控制了养育方式的其他方面，结果仍然如此（见图 2.8）（Luthar & Latendresse，2005b）。现在，急迫地需要干预措施，使有钱的父母认识到充满竞争、过于忙碌的生活方式以及花在家庭上的时间过少，会付出什么代价。

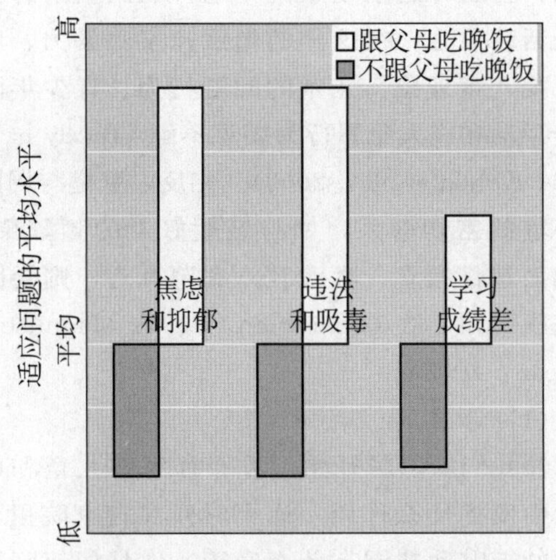

图 2.8　富裕家庭青少年定期跟父母一起吃晚饭与其适应问题的关系

对六年级学生而言，即使控制了养育方式的其他方面，与经常跟父母一起吃晚饭的同学相比，不跟父母一起吃晚饭的学生表现出更多的适应问题，包括焦虑和抑郁、行为问题和吸毒以及学习成绩差。研究还发现，家人一起吃饭可保护低社经地位家庭的青少年，减少他们的违法行为、吸毒和课堂学习问题。

资料来源：Luthar & Latendresse，2005b.

4. 贫穷的影响

如果家庭陷入贫穷境地，发展就会受到严重 64
威胁。来看吉尼娅·梅耶的案例，她在美国东南部小城的一个关系紧密的黑人社区长大（Heath，1990）。20 世纪 80 年代，受失业打击，这里的人们纷纷外迁，当时 16 岁的吉尼娅·梅耶来到亚特兰大。两年后，她成了一个女儿和一对双生子儿子的妈妈，住在一幢高层公寓里。

日复一日，吉尼娅·梅耶过着乏味的日子。她总是在担忧如何弄到钱，好把饭摆上饭桌；怎样能找个保姆，她好脱身去洗衣房和杂货店；怎样避免债台高筑；怎么找到已不再寄钱的双生子的父亲。为了排解孤独和焦虑，吉尼娅除了看电视，就是和仅有的几个朋友打电话。她说得最多的话是："累死我了。"孩子们只有一顿饭（早餐）是固定的，其余时间孩子饿了、闹了才吃。他们玩的地方仅限于起居室的沙发和地上的一张床垫。他们的玩具不过是碎毯子、调羹、食品包装盒、小橡皮球、几辆塑料汽车和捡来的旱冰鞋。

在研究者请求下，吉尼娅同意对她和孩子们互动的情况进行录音。与家庭和社区联系被切断，被生活困难压得喘不过气以及常常袭上心头的无助感，使吉尼娅很难参与到孩子们的活动中。在 500 个小时的录音中，她发起的跟孩子的谈话只有 18 次。

美国和加拿大的贫困人口比例在 20 世纪 90 年代略有下降，近年来这个数字又在上升（UNICEF，2005a）。目前，美国和加拿大的贫困人口比例分别是 13% 和 12%。25 岁以下有小孩的父母和独居老人是贫困的高发人群。少数族裔和妇女也容易受到贫困的威胁。例如，16% 的加拿大儿童和 18% 的美国儿童属于贫困人口，而美国原住民儿童的贫困比例为 32%，非洲裔美国儿童和西班牙裔美国儿童为 34%，加拿大的原住民儿童为 60%[①]。在孩子未上学的单身母亲和独居老年妇女中，贫困人口高达 50%，两国情况相同（Canada Campaign 2000，2003b，2004；U.S. Census Bureau，2006b）。

---

① 加拿大的原住民由三部分组成：一是第一代居民或加拿大本土居民；二是因纽特人，大多居住在加拿大北部；三是混血儿，加拿大原住民与欧洲人的后代。

妇女的失业率和离婚率高于男性，再婚率则低于男性。寡居和（下面将讲到的）政府在满足家庭需求方面的措施不力造成了这种局面。儿童的贫困率比其他任何年龄群体都高。在西方国家，美国的极端贫困儿童的比例最高。6%以上的美国儿童生活在极端贫困中（处于仅能维持最低生活收入水平的贫困线以下），而加拿大生活极端贫困的儿童占2.5%。这两个国家儿童的生存现状都应该引起关注。因为贫困出现得越早，程度越深，持续时间越长，危害就越大。贫困儿童特别容易辍学，出现心理问题和反社会行为，认知发展滞后，学习成绩差。长大后，他们一生的健康状况都堪忧（Children's Defense Fund，2005；Poulton et al.，2002；Seccombe，2002）。

经济的持续压力慢慢蚕食着家庭系统。贫困家庭每天都在挣扎中——待付的账单，要修理的汽车，拿不到福利救济金和失业救济金，家里被窃贼光顾，不一而足。日益加重的危机使家庭成员变得抑郁、易怒，敌意的互动增多（Evans，2004）。对单亲家庭和居住在残破房子及危险街区的家庭，结果更糟，因为在这样的条件下，连日常生活都困难，赖以对付经济拮据的社会支持也少之又少（Leventhal & Brooks-Gunn，2003）。

最近25年来，与贫困共存、造成儿童与成人失去生活机会的另一个社会问题日趋严峻。在任意一个夜晚，加拿大有3.5万人、美国有35万人
65 无家可归。其中大部分是独居的成年人，多数伴有严重的精神障碍。25%～40%的无家可归者属于拖儿带女的家庭（Kidd & Scrimenti，2004）。造成流浪人口激增的因素主要有两个：一是政府廉租房减少；二是相关机构放任大量有精神障碍的人流落街头，却没有给予相应的救治。

许多流浪家庭由妇女和5岁以下儿童组成。除了健康问题（对流浪人口威胁最大的因素），流浪儿童每天生活在动荡不安中，饱受精神折磨（Bratt，2002；Pardeck，2005）。估计有25%～30%的适龄儿童没有上学。与贫困儿童相比，流浪儿童即使勉强能上学，也会因为旷课、健康和情绪问题而成绩很差（Vostanis，Grattan & Cumella，1997）。

5. 家庭之外：邻居、城镇和城市

生态系统理论里的中环境系统和大环境系统强调，家庭与社区的联系对心理健康非常重要。从我们对贫困问题的讨论就能明白其中的原因。在城市的贫民窟，社区生活陷于混乱。不断有人搬家，公园和运动场杂乱不堪，社区里没有休闲娱乐活动中心。在这样的街区，家庭暴力、虐待和忽视儿童现象、儿童的问题行为、青少年的反社会举动和成人犯罪行为屡见不鲜（Brody et al.，2003；Kohen et al.，2002）。相反，家庭与周围社会环境的密切联系，如与亲朋好友的频繁聚会，定期去基督教堂、犹太教堂和清真寺，则会减轻家庭压力和变故（Boardman，2004；Magnuson & Duncan，2002）。

这对母子在2005年“卡特里娜”飓风席卷美国南部海湾之后，正等待撤离。自然灾害给低收入家庭造成的破坏和混乱极易造成长期的流离失所、贫困和情绪压力。

（1）邻居

让我们从邻居开始，看看社区在儿童和成人生活中发挥什么作用。你小时候在自家院里、家旁边的街道和花园有什么经历？你是如何度过那些时光的？在那儿你认识了什么人？那些回忆对你来说重要吗？

邻居提供了儿童成长不可或缺的资源和社会支持。在几项研究中，随机颁发给一部分低社经地位家庭离开公寓、搬进富人小区的资格证。与留在贫民区的同伴相比，移居富裕小区的儿童和青少年，身心健康和学习成绩都更好（Goering，2003；Leventhal & Brooks-Gunn，2003）。

邻居资源对家庭经济困难青少年的影响比对经济条件好的青少年的影响更大。社经地位较高

的家庭很少依靠周围人来获得社会支持、教育和休闲活动。他们有条件把孩子送到小区以外的地方上课和参加课外活动（Elliott et al.，1996）。在低收入住宅区，开展一些校内和校外项目，提供丰富多彩的活动，来弥补资源的匮乏，有利于提高小学生的学习成绩，减少情绪和行为问题（Peters，Petrunka & Arnold，2003；Vandell & Posner，1999）。居民区有组织和非正式的社会活动能够预测青少年的良好发展，包括自信心增强、学习动机增强和学习成绩提高（Gonzales et al.，1996）。

邻居还会影响成年人的心理健康。如果邻居能帮助上班的妈妈临时照看上学的孩子，孩子往返学校的路上很安全，妈妈就能安心工作。在住户稳定、邻里关系和谐的低收入街区，街坊们共同维护环境卫生，提防故意破坏公物和其他犯罪行为，这样的住宅区里的成人报告的压力比较少，而压力少反过来又可以预测其身体更健康（Boardman，2004；Feldman & Steptoe，2004）。

进入老年期，邻居变得更重要，因为老年人待在家里的时间多。虽然给老年人准备了养老院，但是 90%的老人宁愿住在自己家，和老邻居一起住，那里是他们退休前一直住的地方（Health Canada，2002；U.S. Census Bureau，2006）。距离亲友的远近是老年人决定搬不搬家的一个重要因素。因为家人不在身边，老年人在身体有问题或需要帮助时，把邻居和附近的朋友当做最可依赖的资源（Hooyman & Kiyak，2005）。

在佛罗里达的一个社区中心的大活动室里，一个女孩正和她爸爸享受下棋的快乐。类似这样的社区资源在发展中起着重要作用，尤其是对那些经济条件差的青少年更是如此，因为他们的家庭往往依赖周围邻居获得社会支持。

（2）城镇和城市

住宅区是城镇和城市的一部分，城镇和城市也影响着儿童和成人的日常生活。在一些农村地区和小城镇，儿童、青少年可能要承担一些重要的工作任务，如喂养家畜，开着扫雪机扫雪或参加镇上乐队的演出。他们一般是跟成人一起干这些事情的，成人给他们灌输强烈的责任感，教给他们本社区需要的劳动技能和社交技能。与大城市相比，小城镇也能提供影响儿童成长的各种环境之间的密切联系。由于大多数居民彼此认识，学校又是社区生活的中心，教师和家长的联系密切，这是提高儿童学习成绩的重要因素（Hill & Taylor，2004）。

小城镇的成人参加很多公民团体，比如，镇议会、学校董事会和义务消防队等等。而且他们有很多机会担任领导者，因为占小镇居民很大比例的人们要承担社区责任（Elder & Conger，2000）。住在小镇和市郊的人们到老年期以后，会有很多邻居愿意提供帮助。于是，他们跟这些非亲非故的邻居建立起热诚的关系。住在中西部某小社区的一位 99 岁高龄、独自一人过着充满活力生活的老人说："如果没有这些好邻居，我就不会有这样的生活。"隔壁邻居替他去杂货店购物，晚上检查墙角的灯是否关了（这是他洗完澡上床睡觉的信号），早晨再察看车库门是否已卷起（这是他已经起床而且一切正常的信号）（Fergus，1995）。

当然，小城镇的儿童和成人不能参观博物馆，不能看职业棒球赛，不能定期听音乐会。这种环境确实不如大城市那样丰富多彩。但是，在小城镇，整个一生中都会更多地投入社区事务中。小镇的公共场所相对比较安全，负责照看孩子的成人几乎在任何地方都能直接看到孩子。老年人也感到很安全，这是对居住环境是否满意的一个重要因素（Parmelee & Lawton，1990；Shields et al.，2002）。这些条件都是当今的城市无法相比的。

6. 文化背景

我们在第 1 章的讨论中曾经强调，只有从大的文化背景角度看待人的发展，才能对它有完整的理解。下面，我们借助于对大环境系统的讨论，把这个主题加以扩展。首先讨论文化价值观和行为以什么样的方式影响发展环境。其次，我们看看，良好的发展是怎样依赖于法律和使人们免受伤害、有利健康的政府项目的。

（1）文化价值观与行为

文化影响着家庭互动和家庭之外的社会环境，也就是日常生活的所有方面。我们中有不少人平时对自己的文化遗产视而不见，直到某一天从别人的行为中才意识到自己的文化。

我常问学生一个问题：抚养年幼孩子的责任应该由谁来承担？常见的回答是："如果父母决定要孩子，他们就应该对这件事做好准备。""人们大多不愿意别人闯进自己的家庭生活。"这些说法反映了北美多数人的看法——照管和养育孩子，并为之付出心血，是父母的责任，只有父母才能承担这个责任。这种观点由来已久——独立、自信和家庭生活的隐私，这是北美的核心价值观（Halfon & McLearn，2002）。这也是公众对政府面向所有家庭提供的支持性福利如开办高质量的日托反应不积极的原因之一。这种价值观还使得美国和加拿大很多家庭，虽然有工作和收入却仍然处于贫困状态（Pohl，2002；UNICEF，2005a）。

虽然北美文化从整体上看重独立性和隐私权，但是并非所有公民都赞同这样的价值观。有些人就属于**亚文化**（subculture），即拥有不同于主流文化的观念、习俗的人的群体。美国和加拿大的许多少数族裔都拥有合作式的家庭结构，这样可以使家人免受贫困之苦。非洲裔美国家庭就是一个例子。本节的"文化影响"专栏介绍的就是非洲裔美国人独特的文化传统——三代或三代人以上的家庭成员一起生活的**大家庭**（extended family households），它是黑人家庭生活的显著特征，正是由于这种家庭，黑人才在长期遭受歧视和经济剥夺的困境中得以生存。"大家庭"中的祖辈引导着年轻一代的成长；年轻人若有工作、婚姻和子女教育方面的困惑，都可以从祖辈那里得到指点和支持；对孩子和老人的照顾也更周到。此外，亚裔、西班牙裔、美国和加拿大的原住民家庭都沿袭了这种大家庭的形式（Becker et al.，2003；Harrison et al.，1994）。

我们的讨论到目前为止都围绕着一个大的维度，在这个维度中，文化与亚文化有区别，所强调的都是集体主义对个体主义的程度。在**集体主义社会**（collectivist societies），人们把自己视为集体的一部分，重视集体目标而不是个人目标。在**个体主义社会**（individualistic societies），每个人都认为自己是独立的实体，在相当程度上关心他们自己的需要（Triandis，1995）。这两种定义显示，两种文化模式与人们对自我的两种看法有关。集体主义社会重视*相依的自我*（interdependent self），强调社会和谐、对他人的义务和责任以及合作行为。与此相反，个体主义社会更重视*独立的自我*（independent self），强调个人的探索、发现、成就以及个人选择的人际关系。相依性和独立性二者都是每个人身上的一部分，二者以这样那样的混合体出现（Greenfield et al.，2003；Kel- 67
ler，2003）。只是各个社会对二者的强调程度不同，并且把看重的东西灌输给年轻人。

由于文化变得更复杂，个体主义有增强的趋势，但是跨国家的差异仍然存在。美国是一个强烈推崇个体主义的社会，而加拿大处于美国和偏于集体主义的多数西欧国家之间。接下来我们将看到，一个国家制定的保护儿童、家庭和老年人福利的政策，受到集体主义还是个体主义的价值观的重要影响。

（2）公共政策与毕生发展

当贫困、无家可归、饥饿和疾病等社会问题蔓延之际，各国政府都试图制定解决这些问题的**公共政策**（public policies），即为了改善当前生活条件而制定的法律和政府计划。比如，当贫困加重，很多家庭没有住所时，政府可能会建造更多的廉租房，提高最低工资和增加福利。当研究报告表明很多儿童学习成绩不良时，联邦政府和州、省政府可能会把税收更多地拨给学区，加强教师培训，最大限度地满足儿童的需要。当老年人由 68
于通货膨胀而入不敷出时，政府可能提高社会保险福利水平。

然而，在美国和加拿大，保障儿童和青少年权益的公共政策滞后于有关老年人的福利措施。而且这两方面的政策在美国迟迟未能出台。

1）儿童、青少年和家庭政策

前面讲过，北美很多儿童的处境良好，但仍有为数不少的儿童生活在对其发展有威胁的环境中。如表2.5所示，在儿童健康和福利的各项重要指标上，美国都不能名列前茅。由于加拿大政府比较重视教育和健康问题，所以加拿大的情况略好一些。比如，每一个加拿大公民都享有政府提供的卫生保健服务。

专栏 **文化影响**

非洲裔美国人大家庭

非洲裔美国大家庭的历史可以追溯到非洲裔美国人的非洲传统。在许多非洲社会，新婚夫妇并不开始自己的家庭生活。他们与大家庭共同生活，大家庭在生活的各个方面帮助每个成员。贩奴时期，这种维持紧密联系的大家庭网络的传统也传到美国。从那时起，它一直保护着非洲裔美国家庭免受贫困和种族歧视的侵害。当今，在成年人中，黑人比白人更多地和自己的亲戚而不是自己的子女住在同一个家里。非洲裔美国人的父母通常与亲戚住得很近，他们与朋友和邻居形成像家人一样的关系，周末时要去很多亲戚家串门，把亲戚看作生活中重要的人（Kane，2000）。

非洲裔美国大家庭为其成员提供了情感支持和丰富的资源，从而缓解了贫困和单亲带来的压力。非洲裔美国大家庭经常能帮忙照顾孩子，所以，生活在大家庭的少女妈妈更可能从中学毕业，找到工作，不像自己单独生活的少女妈妈那样依赖社会福利，这反过来对她们孩子的健康发展也有好处（Gordon，Chase-Lansdale & Brooks-Gunn，2004；Trent & Harlan，1994）。

对于其孩子出生时还非常年轻的单身母亲，大家庭生活使孩子在幼儿期拥有更多积极的母子互动。相反，在附近亲戚帮助下建立独立家庭生活，和较强的养育孩子能力相关。也许这种生活是那些掌握了熟练的做母亲技能的、比较成熟的少女妈妈才能驾驭的（Chase-Lansdale，Brooks-Gunn & Zamsky，1994）。大家庭在教育青少年方面，由于亲戚的支持提高了教育的有效性，这常与青少年的自信、情绪健康和违法行为减少有关（Hamilton，2005；Taylor & Roberts，1995）。

大家庭在传递非洲裔美国文化方面起着重要作用。与核心家庭（父母和子女组成的家庭）相比，大家庭更重视合作、道德与宗教价值观。老年黑人，像祖辈、曾祖辈大多认为，让孩子了解他们的非洲传统是非常重要的（Mosely-Howard & Evans，2000）。这些影响增进了家庭团结，保护了儿童的成长，也更可能使大家庭生活方式代代相传。

与大家庭成员的密切关系有助于保护在贫穷和单身妈妈条件下成长的许多非洲裔美国儿童。这个大家庭正团聚在一起，为家里的最长者过85岁生日

在儿童和青少年中存在的问题还不止表格中所列的这些。约11%的美国儿童——大多数来自低收入家庭——没有健康保险，是美国最大的未保险人群（U. S. Census Bureau，2006b）。此外，美国和加拿大在制定儿童保健的国家标准和建立基金方面也行动迟缓。在这两个国家，很多儿童保健的质量不达标（Goelman et al.，2000；NICHD Early Child Care Research Netword，2000a）。在离异家庭中，子女抚养费的给付不能强制执行，加重了单身母亲家庭的贫困。北美很多高中毕业未进大学的年轻人没有受到为社会服务所必需的职业训练。大约11%的美国和加拿大青少年未拿到中学毕业证书即辍学（Bushnik，Barr-Telford & Bussiére，2004；U. S. Department of Education，2005）。

为什么在美国和加拿大（加拿大稍好）推行儿童和青少年的保护政策如此艰难呢？原因来自政治和经济两方面。北美崇尚自立和隐私权的价值观使政府不愿介入家庭事务。并且高质量的社会项目开支巨大，它必然对国家的经济资源形成竞争。在这种情况下，儿童很容易处于被忽视地位，因为他们不能像成人那样，可以用投票或发表言论来捍卫自己的权益（Ripple & Zigler，2003）。他们只能仰仗别人的善意成为政府优先照顾的对象。

表 2.5　　美国、加拿大与其他国家和地区的儿童健康和福利指标比较

指标	美国排名[a]	加拿大排名[a]	排在北美前面的一些国家和地区
贫困儿童比率（在23个工业化国家和地区中）	23	16	澳大利亚、捷克、德国、挪威、瑞典、中国台湾
1岁以内婴儿死亡率（世界范围内）	26	16	中国香港、爱尔兰、新加坡、西班牙
少女怀孕的比率（在45个工业化国家和地区中）	28	21	阿尔巴尼亚、澳大利亚、捷克、丹麦、波兰、荷兰
教育预算占GDP[b]的比率（在22个工业化国家中）	10	6	对加拿大：以色列、瑞典 对美国：澳大利亚、法国、新西兰、瑞典
卫生预算占GDP的比率（在22个工业化国家和地区中）	16	3	对加拿大：冰岛、瑞士 对美国：奥地利、澳大利亚、匈牙利、新西兰

[a] 1为最高排名。

[b] GDP是指在特定时间，一个国家所有货物和服务性产品的总价值，是衡量一个国家财富的总指标。

资料来源：Luxembourg Income Study，2005；Perie et al.，2000；UNICEF，2001；U.S. Census Bureau，2006b；U.S. Department of Education，2005.

2）老年人政策

直到20世纪，美国才有少数保护老年人口的政策问世。例如，向原来就职、为社会作过贡献的退休者发放退休金的社会保险福利，在20世纪30年代末才通过司法程序。而在此10年甚至更长时间前，大多数西方国家就已经形成了社会保险体制；加拿大的这一体制于1927年开始执行（DiNitto & Cummins，2005）。从20世纪60年代起，美国联邦政府在老年人项目上的支出剧增。美国“医疗保险制度”，即由国家为老年人支付部分医药费用的一项医疗保险项目开始实施。但是它只能给付急性病治疗所需的部分费用，不足部分由参保者自付，导致老年人大约一半的医疗费由私人保险承担，或由政府为贫困的、需用现金支付
69 的人们设立的保险项目来承担（National Coalition on Health Care，2005）。而加拿大老年人，像加拿大的其他居民一样，从20世纪50年代起就开始享受由政府全包的医疗保险（也称为“医疗保险制度”）。

美国联邦政府关于老年人的预算中有96%拨给了社会保障和医疗保险制度；仅余4%用于其他项目。因此，有人批评美国的老年人政策忽略了社会服务的方面（Hooyman & Kiyak，2005）。为了解决这种需求，一个为老年人计划、协调和提供帮助的全国性网络已经建立起来。大约700个为老年人服务的“地区代理机构”正在各大区和本地开始运作，包括评估社区需求，提供公共餐食和家庭送餐，开展生活自理教育，预防老年人虐待，以及其他名目繁多的社会服务。由于资金短缺，“地区代理机构”能够帮助的人太少了。

如前所述，许多老年人，特别是妇女、少数族裔和独居者仍处于令人担忧的经济困境中。那些具有时断时续的就职经历，从事无工资工作或一生陷于贫困的人没有资格享受社会保险。虽然在美国所有65岁以上的老年人都有最低收入的保证，但这个最低收入低于贫困线——联邦政府判断的最低生活费。另外，社会保险福利若成为唯一的退休生活来源，是不够用的，还需养老金和家庭储蓄补贴。但是，有很大比例的美国老年人不具备这些经济来源。他们比其他年龄组的人更“接近贫穷”（Greenberg，2005）。由于加拿大政府拿出一笔收入补贴作为其“老年保险项目”的一部分，所以加拿大很少有老年人比美国老年人更贫穷。

总体来说，美国老年人的经济状况比起过去已有很大改善。如今，老年人是一个人数众多、力量强大、组织良好的选民群体，远比儿童和低收入家庭更容易争取到政治家的支持。因此，贫困老年人口在所有老年人中所占比例，已从1960年的1/3下降到21世纪初的1/10（U.S. Census Bureau，2006b）。现在的老年人比过去更健康，更独立。虽然如此，图2.9仍然表明，美国老人的经济条件比不上许多西方国家的老年人。

（3）展望未来

虽然儿童、家庭和老年人的现状值得忧虑，但各种努力正在使他们的环境得到改善。在本书中，我们将讨论许多值得推广的成功项目。由于人的发展研究者越来越清醒地认识到，在我们知道什么与我们应该为人民做什么之间存在一条鸿沟，他们正在加入关心人民利益的宣传者行列，以促进更有效的政策的制定。一些投身于儿童与老年人福利的有影响的利益集团已经出现。

玛丽安·莱特·埃德尔曼（Marian Wright Edelman）于1973年在美国成立了一个私人的非营利性组织——儿童保护基金，致力于推动研究、

在美国，老年人的经济状况确实要好于儿童。但是，仍有许多老人，特别是妇女和少数族裔，仍饱受贫困之苦。美国老年人的处境不如加拿大的老年人，后者可以享受政府的工资补贴和全额医疗保险。

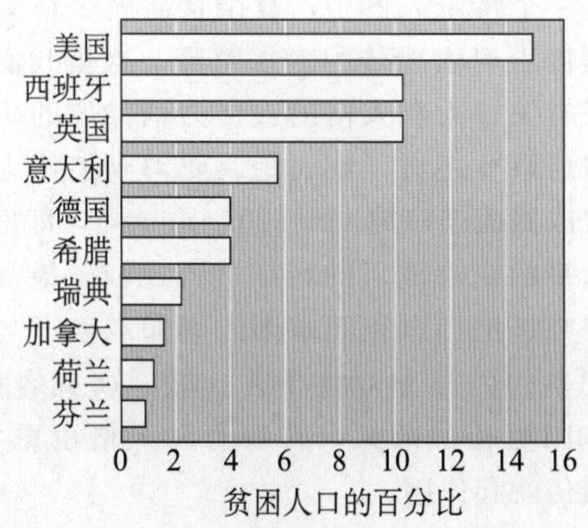

图 2.9　10个工业化国家的贫困老年人口百分比

图中，贫困人口的百分比为收入等于或低于全国中位数40%的65岁及以上的老年人的比例。在以上国家中，美国的贫困老年人口所占比例最高。在老年人社会保险和其他收入保障的公共支出上，芬兰最高，其次是荷兰和加拿大，美国最低。

资料来源：Luxembourg Income Study，2005.

公共教育、法律诉讼、法案起草、国会听证和社区组织的建立等。该基金每年出版一份《美国儿童状况》的报告，就儿童的生活状况和政府服务于儿童和家庭的相关项目进行综合分析，并提出改进建议。要了解“儿童保护基金”的详细信息，可访问：www. childrensdefense. org。

1991年，加拿大发起了一场称为“2000运动”的公民教育运动，目的是唤起人民认识到儿童贫困的程度和后果，游说议员们制定有利于儿童的政策。加入这场运动并为其目标做出努力的有全国性的、各省的和社区级的形形色色的组织，包括行业、宗教、卫生、工会组织等等。这场运动提出的目标包括：提高基本生活标准，不让一个孩子陷入贫困；加强儿童保健和其他社会资源，对家庭的儿童养育提供帮助。如果想了解“2000运动”的开展情况及其年度报告《加拿大贫困儿童年报》，可访问：www. campaign 2000. ca。

50岁以上的美国人大约有一半（退休和在职的）是美国退休者联合会（AARP，American Association of Retired Persons）的会员。该组织由埃德尔·佩尔斯·安德鲁斯（Ethel Percy Andrus）于1958年创建，它拥有一支庞大而活跃的游说团，促成政府多做有利于老年人权益的事情。该组织每年发表一次《美国退休者联合会公共政策议程》，它构成了各领域宣传活动的基础，包括收入、保健、社会服务、住房、个人权利和法律权益。美国退休者联合会的项目还动员老年投票者督促立法者高度重视可能影响美国老年人的相关政策的制定。要了解AARP的概况和活动，可访问：www. aarp. org。

除了强有力的动员之外，促进人的发展的社会政策还有赖于对政策的研究，这种研究可查明社会需要，评价各种项目，以推动各项事业的进展。如今，很多研究者正与社会及政府部门合作，推进他们所研究的问题的进展。他们还通过电视记录片、报纸报道、期刊论文、互联网和向政府部门直接提供报告，向公众宣传他们的研究成果。这些工作增强了社会对改善儿童、家庭和老年人境况的紧迫感，鞭策全社会采取行动。

美国的“儿童保护基金”组织和加拿大“2000运动”等都对儿童的需求进行了援助动员。政策研究则推动了像亚利桑那州凤凰城 Thomas J. Pappas 学校这类项目的推广，该校的所有学生都是无家可归者。通过提供保健、丰富多彩的课堂活动、家长与教师的密切联系，每个学生都在学习上获得了支持。图为学生们正在参加一个集会。

思考题

复习 家庭和社区的联系将促进整个一生的发展。从书中找出几个支持这一观点的例子。

应用 查阅你们当地的报纸或一两份全国性报刊，看看有多少文章提到了儿童、家庭和老年人的生活状况。想一想，为什么就儿童、家庭和老年人问题与公众沟通对研究者非常重要？

联结 贫困对家庭系统有何影响？又怎样把发展的所有方面都引入危险境地？

反思 回顾对文化价值观和行为方式的讨论。你认为什么情况下政府应该介入家庭生活？

四、遗传和环境的关系

至此，我们讨论了遗传和环境广泛多样的影响，二者中的每一个都足以改变发展进程。但是，即使生长在同一个家庭的人们（他们共享着基因和环境）也往往有相当不同的特征。我们还知道，有些人比别人更多地受到家庭和邻居的影响。还有这样的情况：一个人在生活中得到了所有优越的条件，他成长得并不好；另一个处在很差环境中的人却表现很好。科学工作者面对如此纷繁复杂的现象时，他们怎么解释遗传与环境的影响呢？

当代研究者一致认为，遗传与环境对发展的每一个方面都有影响。但是像智力和人格这样由多基因决定的特质，科学工作者要想查明遗传影
71 响的细节，还有很长的路要走。虽然他们查明了与复杂特质有关的DNA序列的多种变式，但截至目前这些遗传标记物对人的行为变异的解释量很小，也只能解释形形色色的心理疾病案例中的少数（Plomin，2005；Plomin et al.，2003）。大多数情况下，研究者只能查明基因对复杂特质的间接影响。

一些研究者相信，回答下面这个问题既重要又有可能：对人的差异来说，*每种因素各起多大作用？*但是越来越多的人认为，这个问题是无解的。他们相信，遗传和环境的影响是不可分离的。重要的是，*天性和教养怎样共同起作用*。下面，我们分别看看这两种观点。

1. 遗传和环境各起多大作用

研究者采用遗传力估计值和一致率这两种指标来推断遗传对人的复杂特质的作用。来看这种方法取得的结果及其局限性。

（1）遗传力估计值

遗传力估计值（heritability estimate）衡量的是，在一个特定人群中，复杂特质的个体差异在多大程度上可由遗传因素来解释。这里我们先简单说说有关智力和人格的遗传力估计值的研究结果，以后章节还会详细讨论。要得到遗传力估计值，可以做**血亲研究**（kinship studies），即把不同血亲水平的家庭成员的特征进行比较。最常用的血亲研究是把拥有相同基因的同卵双生子与有一半相同基因的异卵双生子作比较。研究者推论：如果基因更相似的人，其智力和人格也更相似，那么遗传就起作用。

对智力的血亲研究获得了一些在人的发展领域争议最多的结果。一些专家坚称遗传的影响力强大，另一些人则相信，遗传仅仅是介入其中而已。现在，大多数血亲研究结果表明，遗传起着中度的作用。对双生子的大量研究发现，同卵双生子之间测验分数的相关显著高于异卵双生子之间分数的相关。对13 000多对双生子的研究发现，智力的相关，同卵双生子为0.86，异卵双生子是0.60（Plomin & Spinath，2004）。

研究者使用复杂的统计程序来比较这些相关，确定出遗传力估计值的范围在0到1之间。对于西方工业化国家的儿童和青少年双生子样本，智力的遗传力估计值约0.5。这意味着智力中一半的变异可由基因的个体差异来解释。到成年期，遗传力估计值还会升高，甚至达到0.80。这可能是由于成人比儿童更能控制自己的智力活动，比如，花多少时间来阅读或解决难题（McClearn et al.，1997；McGue & Christensen，2002）。与养父母

相比，收养儿童的智力更接近于亲生父母的智力，这也证明了遗传的重要作用（Plomin et al.，1997）。

遗传因素对人格也有影响。对于交际性、情绪表达性、宜人性和活动水平等研究较多的特质上，儿童、青少年和成人双生子的遗传力估计值在0.4～0.5之间（Bouchard & McGue，2003；Rothbart & Bates，1998）。与智力不同的是，人格的遗传力估计值不随年龄增长而升高（Loehlin et al.，2005；Heiman et al.，2003）。

祖籍墨西哥的一对同卵双生子阿德丽亚娜和塔玛拉出生后不久就被纽约的两个家庭收养了。直到她们两人的一个共同的朋友察觉两人很相像，她们才知道对方的存在。两人在20岁重逢时，发现了很多相同之处：喜欢同样款式的衣服，都是班里的中等生，都喜欢熬夜，都热爱跳舞。对分开抚养的同卵双生子的研究表明，遗传对许多人格特质都起作用。不过并非所有分开抚养的双生子都跟这对一样相似。要把结论从双生子推向一般人群，还需谨慎。

（2）一致率

用来推断遗传对复杂特征所起作用的第二个测量指标是**一致率**（concordance rate），它表示一种特质在一对双生子身上同时出现的比例。一致率通常被用于考察遗传对那些可判断为“有”或“无”的特征的影响，如情绪和行为障碍。

一致率的变化范围从0到100%，0表示双生子中的一个有某种特质，而另一个没有。100%表示如果双生子中的一个有某种特质，另一个肯定也有。若同卵双生子的一致率远远高于异卵双生子，就说明遗传起作用。以精神分裂（临床症状 72
为，不能区分幻想和现实，伴有错觉和幻觉，行为失常）为例，同卵双生子的一致率是50%，而异卵双生子只有18%。在重度抑郁症上，同卵双生子的一致率高达69%，异卵双生子是25%（Gottesman，1991；McGuffin & Sargeant，1991）。收养研究也证明，如果被收养者患有精神分裂和抑郁，其血亲更可能表现出同样的障碍（Plomin et al.，2001；Tienari et al.，2003）。

一致率和收养研究表明，家族成员中精神分裂和抑郁的高患病率在一定程度上与遗传因素有关。但也不能忽略环境影响：如果只是遗传因素起作用，那么同卵双生子的一致率应该达到100%。

（3）遗传力估计值和一致率的局限

人们对遗传力估计值和一致率的正确性提出了各种质疑。首先，这两个数值只能针对所研究的特定人群，以及遗传与环境影响的特定范围。例如，假设有这样一个国家，那里人们的家庭、学校和社区经验非常相似，在这种条件下，行为的个体差异就可能主要来自遗传，遗传力估计值将接近1.00。反之，环境的差异越大，它们对个体差异起的作用就越大，遗传力估计值就相应降低了。

其次，遗传力估计值和一致率的准确性取决于选择的双生子在多大程度上能反映该人群中的遗传与环境变量。但是，所研究的大多数双生子，都是在非常相似的环境中被共同养育的。即使研究中有些双生子是被分别收养的，社会福利机构也常常把他们安排到各方面都相似的富裕家庭（Rutter et al.，2001）。因为大多数双生子的环境不像一般人口那样五花八门，所以遗传力估计值可能高估了遗传的作用。

再次，遗传力估计值引起争议还因为它很容易被误用。例如，有人曾用高遗传力来解释智力的种族差异，说黑人儿童成绩不如白人儿童有其遗传基础（Jensen，1969，1985，1998）。但是人们普遍认为这种推理方法是错误的。主要根据白人双生子样本计算出来的遗传力数值，不能告诉人们，它对于种族群体之间的测验分数差异能说明什么。我们已经知道，其中存在着巨大的经济和文化差异。本书第9章将要讨论的一项研究表明，如果黑人儿童很小就被富裕的家庭收养，他们的分数会超过平均水平，并且远高于在贫困家庭长大的儿童。

最后，对遗传力估计值和一致率批评最多的一点涉及它们的用途问题。它们是令人感兴趣的统计数字，但是没有详细告诉我们智力和人格是怎样形成的，儿童怎样对专门为促进其尽快发展而设计的环境做出反应（Rutter，2002；Wachs，1999）。儿童智力的遗传力确实与父母文化程度和经济收入呈正相关，也就是说，这样的成长环境能使儿童更好地展现他们的天资。处境不利的儿童，其潜能发挥就会受到阻碍。所以，对父母的教育、高质量的学前教育和儿童保健，这样的干预措施对儿童的发展将产生深远影响（Bronfenbrenner & Morris，1998；Turkheimer et al.，2003）。

一些专家认为，遗传力估计值的问题太多，不能确定天性和教养哪个起作用更大（Collins et al.，2000）。虽然这些统计数据证实了遗传对复杂特质的影响，但是没有告诉人们，环境会怎样改变遗传影响。

2. 遗传和环境怎样共同起作用

现在，多数研究者把发展看作遗传与环境动态相互作用的结果。天性和教养是怎样共同起作用的？要搞清楚这个问题，必须先明确几个概念。

（1）反应范围

这些概念中，第一个是**反应范围**（range of reaction），是指每个人独特的、由遗传决定的对环境的反应方式（Gottesman，1963）。图2.10可以帮助我们理解这一概念。反应范围可用于任何特
73 征，这里用智力来说明。请注意，随着环境从极度缺乏刺激过渡到刺激非常丰富，伯恩的智力分数稳步增长，琳达的智力分数先快速上升然后下降，而直到刺激变得中等丰富时，罗恩的智力分数才开始上升。

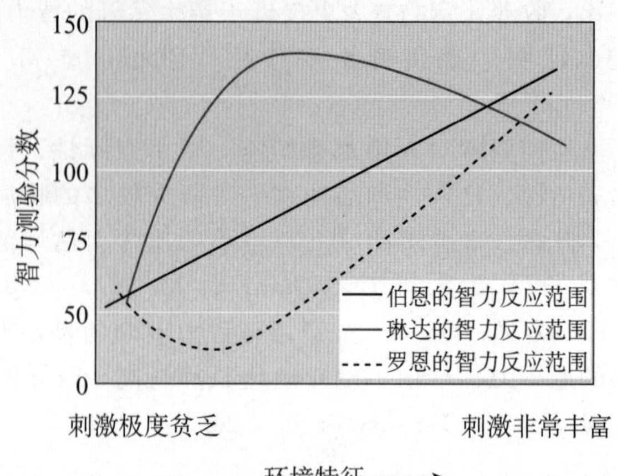

图2.10　当刺激从贫乏向丰富过渡时三个孩子智力的反应范围（RP）

因为遗传素质不同，三个孩子的反应因环境变化特征而不同。伯恩的智力分数稳步增长，琳达的智力分数先快速上升然后下降，而直到刺激变得中等复杂时，罗恩的智力分数才开始上升。

资料来源：Wahlsten，1994.

反应范围强调了两点。第一，由于每个人的遗传素质不同，所以人们对相同环境会做出不同反应。图2.10中，当刺激极度贫乏时，三个孩子的智力测验得分都很低。当刺激中等复杂时，琳达的得分暂时领先。当刺激高度丰富时，伯恩升至第一，罗恩第二，两人都超过了琳达。第二，遗传—环境的不同组合有时会使两个人很相似。假设琳达生活在一个缺乏刺激的环境里，她的智力测验得分是100，也就是人群的平均分。伯恩和罗恩也能达到这个分数，但前提是他们必须拥有相对丰富的环境刺激。反应范围的概念表明，遗传和环境的独特结合，既能导致行为的相似性，也能导致行为的差异（Wahlsten，1994）。

（2）可开发性

可开发性概念从另一个角度说明了遗传和环境是怎样结合的。**可开发性**（canalization）指遗传限定了某些特征只朝向一种或几种结果发展的程度。可开发性强的行为可以在大范围的环境中以相似方式形成，只有强大的环境力量才能将其改变（Waddington，1957）。例如，婴儿的知觉和动作发展就是容易开发的，因为所有正常的婴儿最终都会翻身、够物、坐、爬、走。只有极端特殊的环境才能改变这些行为。相形之下，智力和人格的可开发性则较低，因为二者随着环境的变化而发生很大的波动。

当我们审视那些受遗传限制的行为时，会发现，可开发性具有很强的适应意义。通过它，儿童的天性使他们无论在什么生活条件下都能获得种系固有的技能，从而保证了生存。

（3）遗传—环境相关性

把遗传和环境剥离开的一个主要困难是，二者总是纠缠在一起的（Plomin et al.，2001；Scarr & McCartney，1983）。根据**遗传—环境相关性**（genetic-enviromental correlation）的概念，人的基因会影响人们身处其中的环境。这种影响的方式随

年龄而变化。

1）被动相关性和激发相关性

在幼年时期，遗传—环境的两种相关性比较常见。第一种称作被动相关性（passive correlation），因为儿童没有能力控制这种关系。起初是父母替孩子营造环境，而这种环境是受父母自身遗传特质影响的。比如，身为优秀运动员的父母喜欢户外活动，他们带着孩子去游泳，练体操。儿童在身处“运动员的环境”的同时，他们也许还继承了父母的运动天赋。这样一来，在遗传和环境的双重作用下，他们可能也会成为优秀运动员。

遗传—环境相关性的第二种形式是激发相关性（evocative correlation）。儿童引发了别人对他们的反应，这些反应是受到儿童自己遗传特征影响的，它们又加强了儿童最初的反应方式。例如，一个活泼、友善的小孩受到的社会刺激，可能比一个消极、安静的孩子更多。一个善于合作、注意力集中的幼儿可能比一个注意力不集中、心不在焉的孩子得到父母更多耐心、细致的教导。因此，父母对待同卵双生子的方式非常相似，对待异卵双生子和非双生的兄弟姐妹的方式只有中度相似。在父母与无血亲关系的继子女的关怀互动和消极互动方面，则不存在什么相似性（Reiss，2003）。

这位妈妈正与女儿一起分享跑步的乐趣。同时，女孩也许继承了妈妈的运动天赋。遗传和环境是相互关联的，二者共同促进了一些能力的发展，彼此难以剥离。

2）主动相关性

到一定年龄，主动的（active）遗传—环境相关性开始占据上风。当儿童把生活经验扩展到家门之外、有了更多的选择自由的时候，他们会主动寻找适于展现自己遗传潜力的环境。身体协调、体格健壮的儿童把更多的时间消磨在运动场上，有音乐天 74
才的儿童会参加学校的管弦乐团，练小提琴；睿智和求知欲强的孩子则成为当地图书馆的常客。

这种主动选择适合于自己遗传特征的环境的倾向，称为**小环境选择**（niche-picking）（Scarr & McCartney，1983）。婴幼儿没有能力做什么小环境选择，因为成人替他们选择了环境。而年长儿童、青少年和成人才能越来越多地掌控他们的环境。

小环境选择的观点可以解释，为什么在儿童期被分开抚养的同卵双生子，后来团聚时会令人大吃一惊，他们的业余爱好、饮食偏好和职业竟然如此相似，这是一种特殊的标志，说明环境给了他们相似的机会（Plomin，1994）。小环境选择帮助我们理解了，为什么随着年龄增长，同卵双生子的智力水平会变得越来越相似，而异卵双生子和收养儿童却越来越不相似（Loehlin，Horn & Willerman，1997；McGue & Bouchard，1998）。小环境选择还回答了，为什么同卵双生子比异卵双生子和其他成人选择更相似的配偶和好朋友——无论是身高、体重、人格、政治态度还是其他特征（Rushton & Bons，2005）。

遗传和环境的影响不是稳定不变的，而是随着时间的变化而变化的。随着年龄增长，遗传对人所经历的环境以及对自己所选环境的影响可能变得越来越重要。

（4）环境对基因表达的影响

在上面讨论的概念中，请注意遗传是怎样被赋予优先地位的。在反应范围概念中，遗传限制了对变化的环境的反应性。在可开发性概念中，遗传限制了某些行为的发展。同样，一些理论家认为，遗传—环境相关性是完全由遗传驱动的（Harris，1998；Rowe，1994）。他们相信，儿童的遗传素质导致他们去接受、激发或寻求体验，从而实现他们与生俱来的趋向。

另一些人反唇相讥道，遗传素质并不能规定儿童的经验，也不能规定发展以一成不变的方式进行。父母和教育者可以给儿童提供可改变基因表达的经验，从而获得理想的结果。例如，有研究对一组5岁的同卵双生子进行追踪，他们曾经彼此表现出相似的反社会行为。他们表现出的反社会行为越多，受到的母亲的训斥和敌意就越多（遗传—环境相关性的具体体现）。然而，有些母亲对她们的双生子的态度不同。追踪到7岁时，受到母亲消极管教的双生子表现出更多的反社会行为。相反，受到善待、遗传上完全相同的另一个孩子，敌意行为则减少了（Caspi et al.，2004）。因此，良好的教养方式可以避免螺旋形上升的、反社会的发展进程。

追踪时间更长的研究也得到相似的结果。收养研究发现，有犯罪的遗传风险（亲生母亲是在押罪犯）的儿童，只有当他们在不良家庭中长大，即养父母或兄弟姐妹有严重适应问题时，到青少年期才出现较多的反社会行为。如果家庭没有心理失调，有犯罪遗传素质的被收养者与没有犯罪遗传素质的被收养者并没有什么不同（Bohman，1996；Yates，Cadoret & Troughton，1999）。

大量证据揭示，遗传和环境的关系不是一条从基因到环境到行为的单向行车道。相反，像本章和第1章所介绍的其他系统一样，它是一种双向关系：基因影响着人的行为和经验，这些行为和经验也会影响基因的表达（Gottlieb，2000，2003；Ryff & Singer，2005）。

75 研究者把对遗传和环境的这种双向关系称作渐成式框架（epigenetic framework）（Gottlieb，1998，2002），见图2.11。**渐成作用**（epigenesis）表示，基因与各种水平的环境之间渐进、双向的交流导致了发展。比如，给婴儿提供的健康营养促进了脑发育，脑发育导致神经细胞之间形成新的联结，新联结又转变为基因表达。这将打开一扇面向新的遗传—环境交流的大门——对客体的更高水平的探索，与养育者的积极互动，这些又会进一步促进大脑发育和基因表达。这些渐进的、双向的影响促进了认知和社会性的发展。反之，伤害性的环境会抑制基因表达，当影响过深时，以后的经验将难以改变原来曾具有灵活性的一些特征（比如智力和人格）。

研究者对天性—教养问题感兴趣的一个主要原因是，他们希望能改善环境，使人得到尽可能理想的发展。渐成作用概念提醒我们，最好把发展看作天性与教养之间一系列的复杂互动。虽然人们无法按照我们期望的方式被改变，但是环境却能改变基因的影响。任何试图促进发展的尝试若想取得成功，都依赖于我们想要改变的特征，依赖于个体的遗传素质，依赖于我们所做的干预的类型和持续时间。

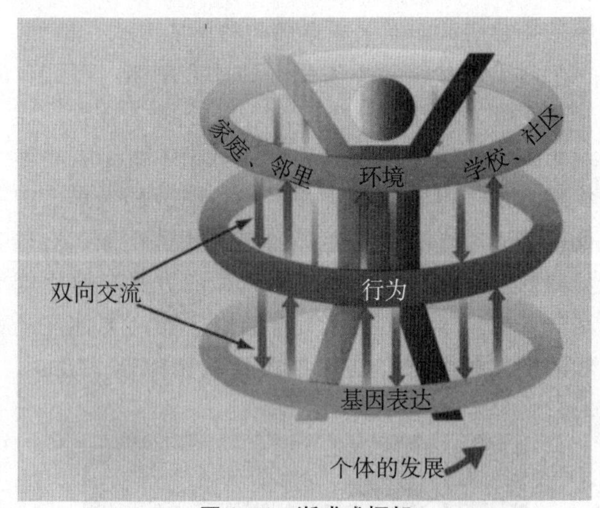

图2.11 渐成式框架

发展是由于基因与各种水平的环境之间渐进的、双向的交流而发生的。基因影响着行为和经验，行为和经验也影响着基因的表达。

资料来源：Gottlieb，2000.

思考题

复习 渐成作用指什么，它与反应范围、遗传—环境相关性有何不同？试举一个渐成作用的例子。

应用 比安卡的父母是造诣颇高的音乐家。比安卡从4岁开始学钢琴。10岁时，她已能为学校的合唱队伴奏。14岁时，她想考入一所音乐中学。试说明遗传—环境相关性怎样发掘了比安卡的音乐天资。

联结 解释下列概念是如何支持“遗传对人的特质的影响不是稳定不变的而是随时间变化的”这一结论的？

体细胞突变、小环境选择、渐成作用

反思 你自己发展的哪些方面，如业余爱好、大学专业或职业选择，是小环境选择的结果？为什么？

本章要点

一、遗传基础

什么是基因，基因怎样从一代传递到下一代？

■ 每个个体的**表型**，或者可直接观察到的特征，都是**基因型**和环境共同作用的产物。**染色体**，细胞核中的杆状结构，含有人的遗传天赋。沿着它的长轴排布的是**基因**，这些**脱氧核糖核酸**（DNA）片段能向细胞质发送指令，制造丰富的、各种类型的蛋白质——这是使人成为独特的人类，并影响人的发展和特征的过程。人的大部分基因组与其他哺乳动物相同，尤其是灵长类。

■ **配子**，或性细胞，是**减数分裂**的产物。在减数分裂中，每个个体都从父母那里分别得到一套独特的基因。精子与卵子结合产生的**合子**通过细胞复制或**有丝分裂**发育成为一个复杂的人。

■ 如果受精卵带有一条 X 染色体，那么孩子会是一个女孩；如果它含有一条 Y 染色体，那将是男孩。**异卵双生子**或**双卵双生子**，是因两个卵子从母亲卵巢排出并双双受精而形成的。**同卵双生子**或**单卵双生子**是由一个合子在细胞复制早期一分为二而产生的。

介绍了基因遗传的各种类型。

■ 由单基因控制的一些特质属于**显性—隐性遗传**和**共显性遗传**方式。**纯合型**个体有两个相同的**等位基因**。带有一个显性基因和一个隐性基因的**杂合型**个体是隐性特质的**携带者**。

■ 因 X 染色体（**伴 X**）携带的隐性失调更容易影响男性。在**基因印刻**中，无论其组成如何，父母中只有一方的基因被活化。

■ 不良基因会因**突变**而产生，突变可能是自发的，也可能因危险的环境因素而产生。突变可能属生殖细胞系，可影响产生配子的细胞，也可能属体细胞系，在任何年龄段的体细胞中发生。

■ 多基因的人类特质，如智力和人格等，是受**多基因遗传**影响的。对于这些特性，研究者只能对遗传影响做间接考察。

介绍了主要的染色体异常，并解释了其发生原因。

■ 多数染色体异常由减数分裂中的错误引起。最常见的是唐氏综合征，它引起生理缺陷和智力障碍。**性染色体**失调比**常染色体**缺陷轻微些。若儿童的 X 染色体多于或少于正常数量，则会表现出一些智力问题，如三 X 综合征、克林费尔特综合征和特纳综合征。

二、生育选择

目前有哪些方法可帮助夫妻生育健康的孩子？

■ **遗传咨询**帮助可能会生出遗传失调孩子的父母决定是否怀孕。**孕期诊断法**可对遗传问题做早期检查。

■ 捐精者授精、体外受精、代孕母亲和绝经后辅助受孕等生育技术可使本来不孕不育者能成功地生育，但是它们引发了法律和伦理问题。

■ 一些不能生育或是有传播遗传疾病风险的父母决定收养孩子。总体来说，收养儿童有较多学习和情绪问题，但是关怀、敏感的父母教养能导致良好的发展。长远来看，他们大都生活得很好。

三、发展的环境背景

介绍了关于家庭机能的社会系统观，以及有利于家庭心理健康与发展的各种环境。

■ 就像遗传因素之复杂性一样，人的发展环境也很复杂。家庭是发展的第一个和最重要的场所。家庭系统是动力性的，它会根据新情况、家庭成员的发展和社会变化而做出调整。生态系统论强调每个家庭成员的行为会影响其他人。

■ **社会经济地位**是家庭机能中一个稳定的影响源。社经地位高的家庭一般规模较小，重视培养心理特质，主张与孩子进行充满关怀的、有丰富语言刺激的互动。低社经地位的家庭较多关注表面特征，较多地限制孩子。贫困和无家可归会严重阻碍发展。

■ 良好社区环境鼓励建设性的休闲活动，邻里之间充满诚心的互动，不同环境之间的联系以及儿童、成人的积极参与，这些都可促进贯穿一生的心理健康。

■ 文化和**亚文化**的价值观和行为方式影响着日常生活的各个方面。三代或三代人以上共同居住的**大家庭**在少数族裔中较常见。它保护了在巨大生活压力下的发展。

■ 在纷繁复杂的社会里，良好的发展取决于**公共政策**。促进有效社会政策的因素包括：强调**集体主义**或**个体主义**的文化价值观、国家经济资源以及为改善人民生活而努力的组织和个人。

■ 美国和加拿大保障老年人的政策比较完善，而保障儿童及其家庭的政策不够完善。

四、遗传和环境的关系

解释了遗传和环境共同影响复杂特质的多种途径。

■ 一些研究者试图查明遗传和环境各自对个体差异的影响力，办法是通过**血亲研究**计算出**遗传力估计值**和**一致率**。这些测量显示遗传因素影响着智力和人格等特质，但其准确性和实用性受到了质疑。

■ 多数研究者把发展看作天性和教养之间的动态相互作用。**反应范围**、**可开发性**、**遗传—环境相关性**，**小环境选择**和**渐成作用**这些概念提示我们，对发展的最佳解释是把它看作天性和教养之间持续一生的复杂的交互作用。

重要术语和概念

allele (p. 48) 等位基因
autosomes (p. 47) 常染色体
canalization (p. 73) 可开发性
carrier (p. 48) 携带者
chromosome (p. 46) 染色体
collectivist societies (p. 66) 集体主义社会
concordance rate (p. 71) 一致率
deoxyribonucleic acid (DNA) (p. 46) 脱氧核糖核酸
dominant-recessive inheritance (p. 48) 显性—隐性遗传
epigenesis (p. 75) 渐成作用
extended family household (p. 66) 大家庭
fraternal, or dizygotic, twins (p. 47) 异卵双生子或双卵双生子
gametes (p. 46) 配子
gene (p. 46) 基因
genetic counseling (p. 53) 遗传咨询
genetic-environmental correlation (p. 73) 遗传—环境相关性
genetic imprinting (p. 51) 基因印刻
genotype (p. 45) 基因型
heritability estimate (p. 71) 遗传力估计值
heterozygous (p. 48) 杂合型
homozygous (p. 48) 纯合型
identical, or monozygotic, twins (p. 48) 同卵双生子或单卵双生子
incomplete dominance (p. 50) 共显性
individualistic societies (p. 66) 个体主义社会
kinship studies (p. 71) 血亲研究
meiosis (p. 46) 减数分裂
mitosis (p. 46) 有丝分裂
mutation (p. 51) 突变
niche-picking (p. 74) 小环境选择
phenotype (p. 45) 表型
polygenic inheritance (p. 52) 多基因遗传

prenatal diagnostic methods (p. 53) 孕期诊断法

public policies (p. 67) 公共政策

range of reaction (p. 72) 反应范围

sex chromosome (p. 47) 性染色体

socioeconomic status(SES) (p. 61) 社会经济地位

subculture (p. 66) 亚文化

X-linked inheritance (p. 50) 伴 X 遗传

zygote (p. 46) 合子

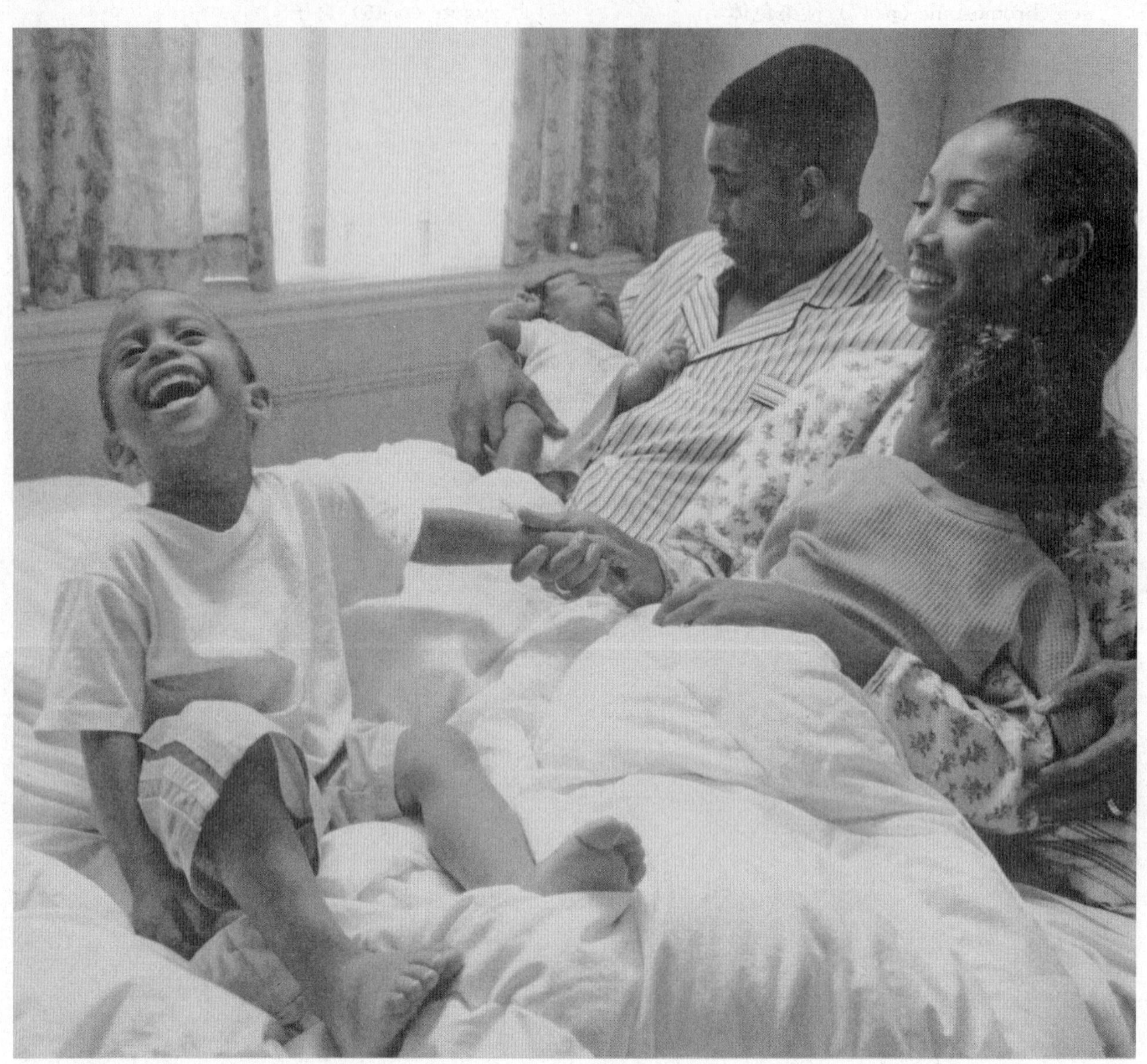

父母在与孩子们共渡欢乐亲密时光的同时，也把家庭添了新丁的喜悦传递给他们，并帮助哥哥姐姐迎接新生儿的到来。

第3章

孕期发育、分娩及新生儿

79 秋日里的一天，我在上“儿童发展”课的时候遇见了约兰达和杰伊，当时约兰达刚怀孕两个月。经过数月考虑时机是否恰当之后，他们决定要一个孩子。两个人有很多问题：“婴儿在出生前是怎样成长的？不同的器官在什么时候形成？他的心脏已经开始跳动了吗？他能听见、摸到，或通过其他途径感知我们的存在吗？”

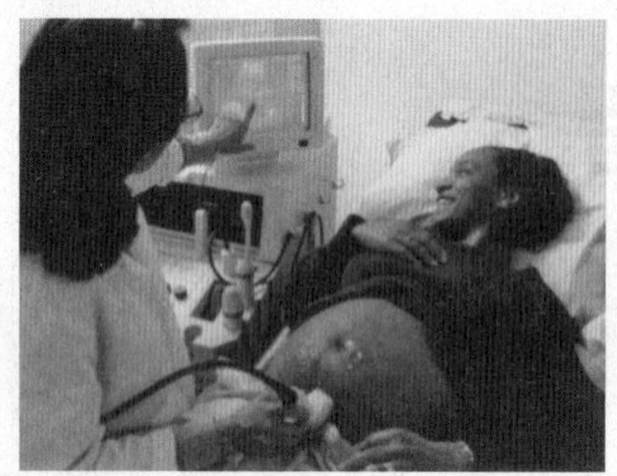

最重要的是，约兰达和杰伊想尽可能保证他们的宝宝能够健康地出生。起初，他们相信子宫能够保护发育中的胎儿，使其完全避开环境中的威胁。他们认为，出生就有问题的婴儿都是因为带有不良基因。浏览了一些怀孕书籍后，约兰达和杰伊发觉他们错了。约兰达开始注意饮食，她向我询问一片治头痛的阿司匹林、晚餐时的一杯酒或学习时喝的几杯咖啡是否会造成损害。

本章，我们将回答约兰达和杰伊的疑问，介绍科学家们怎样回答有关胎儿发育的很多问题。首先，我们讨论孕期的发展，其重点是，有助于健康成长的环境因素，威胁儿童健康和生存的伤害性影响。接着，我们将转向分娩。当今工业化国家的女性，在分娩地点和方式上，比过去有了更多的选择，而医院往往会尽力使新生儿的到来成为一件令人愉快的、以家庭为中心的事件。

约兰达和杰伊的儿子约书亚受益于他们在怀孕期间对他的需求所给予的悉心关注，他出生时壮实、活泼而健康。不过，分娩过程并非总是如此顺利。我们将考察对医疗干预的赞同和反对意见，诸如用以减轻分娩痛苦、保护母婴健康的镇痛药、手术分娩等干预措施。我们还将讨论出生时体重过低或在孕期结束前就早产的婴儿的发育。最后，我们将关注新生儿非凡的能力，以此作为结束。

一、孕期发育

80 精子和卵子结合在一起形成新生命，它们是这项繁殖任务唯一合适的承担者。卵子是一个小球，直径 0.1 毫米，像一个英文句点大小，刚能为裸眼所见。但在微观世界中，它是一个庞然大物——人体内最大的细胞。卵子的大小使它成为长度仅为 0.05 毫米的精子的最佳目标。

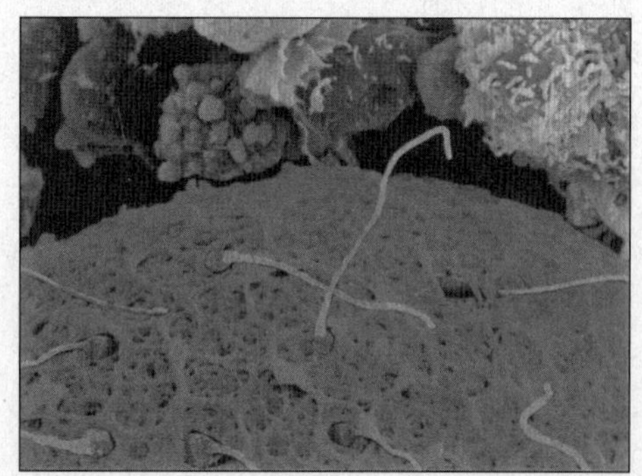

这幅图片是用高倍显微镜拍摄的。图中精子已经完成了在女性生殖道内的旅行，正在穿透看起来很庞大的卵子的表面，卵子是人体最大的细胞。当其中一个精子成功地使卵子受精后，受精卵将开始分裂。

1. 概念

每隔大约 28 天，在女性月经周期的中期，一个卵子从她的一侧卵巢中排出。卵巢是胡桃大小的两个器官，位于腹部深处。卵子被吸入两条输卵管中的一条，这是一个长而细的组织，通向中空的、具有柔软内膜的子宫（见图 3.1）。当卵子移动时，卵巢上刚刚释放出卵子的部位，即黄体，开始分泌激素，使子宫内膜准备接收受精的卵子。如果没有受孕，黄体将萎缩，子宫内膜将在两周后随月经一起排出。

男性平均每天产生 3 亿个精子，这些数量庞大的精子是由位于阴茎后的阴囊内的两个腺体——睾丸——制造的。在成熟的最终阶段，每个精子都会长出一条尾巴，这使它可以在女性生殖道内溯流而上，游过相当长的距离，穿过子宫颈（子宫的开口），进入输卵管，受精过程一般就发生在这里。这是一段艰难的旅程，许多精子死去，只有 300～
500 个精子到达卵子——如果恰巧有一个卵子出现。 81
精子最多能存活 6 天等待卵子到来，卵子在被排到输卵管后，仅能存活1天。大多数导致受精的性交都发生在三天内——排卵当天加上之前的两天（Wilcox，Weinberg & Baird，1995）。

有了受精过程，孕期发育的历程就开始了。怀孕的38周内所发生的巨大变化通常可以分为三个阶段：受精卵期、胚胎期、胎儿期。当我们着眼于各个阶段发生的变化时，表3.1非常有帮助，表中总结了孕期发育的重要标志。

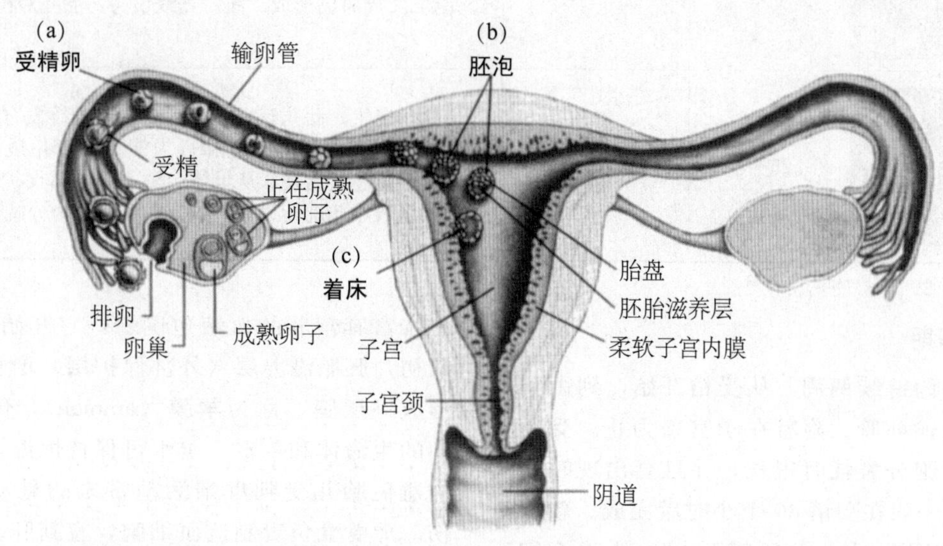

(a)
受精卵
受精卵一边在输卵管内向下移动，一边开始复制，起先复制速度较慢，然后大大加快。

(b)
胚泡
第四天，形成一个充满液体的中空圆球，称作胚泡。胚泡内层的细胞称为胚盘，将成为新的生命体。而外层细胞，即胚胎滋养层，将作为遮盖物提供保护。

(c)
着床
第七天，胚泡开始在子宫内膜着床。

图3.1　女性生殖器官，展示了受精过程、早期细胞复制和着床过程

资料来源：K. L. Moore and T. V. N. Persaud，2003，*Before We Are Born*，6th ed.，Philadelphia：Saunders，p.36. 经授权引用。

表3.1　孕期发育的重要标志

三月期	时期	周	身长和体重	重要标志
第一个	受精卵	1		单细胞的受精卵分裂增殖，形成胚泡。
		2		胚泡在子宫内膜着床。为发育中的生命体提供营养和保护的组织开始形成——羊膜、绒毛膜、卵黄囊、胎盘、脐带。
	胚胎	3～4	6毫米	脑和脊髓出现。心脏、肌肉、肋骨、脊柱和消化道开始发育。
		5～8	2.5厘米；4克	身体外部结构（面部、手臂、腿、脚趾、手指）和内部器官出现。触觉开始形成，胚胎可移动。
	胎儿	9～12	7.6厘米；不足28克	开始迅速发育。神经系统、器官、肌肉之间开始建立组织和联系，新的行为能力（踢腿、吮手指、张嘴、胎儿式呼吸）出现。外生殖器已经形成，胎儿的性别可见。

续前表

三月期	时期	周	身长和体重	重要标志
第二个		13～24	30 厘米； 820 克	胎儿继续迅速发育。此阶段中期，母亲可以感受到胎动。胎儿皮脂和胎毛防止胎儿的皮肤在羊水中皲裂。脑的大部分神经元到24周时已形成。眼对光线敏感，胎儿对声音有反应。
第三个		25～38	50 厘米； 3 400 克	如果此时出生，胎儿有机会存活。胎儿继续发育，肺发育成熟。脑的快速发育使感觉和行为能力得以拓展。此阶段中期，皮下脂肪层出现。从母体内输入的抗体保护胎儿免于疾病。大多数胎儿旋转为头下脚上的姿势，为分娩做好准备。

资料来源：Moore & Persaud，2003.

2. 受精卵期

受精卵期约持续两周，从受精开始，到微小的细胞群游出输卵管、附着在子宫壁为止。受精卵的第一次细胞分裂耗时很长，并且会出现时间延长的状况，一般在受精30个小时后完成。新细胞的增长速度逐渐加快。到第四天，60到70个细胞形成一个充满液体的中空圆球，称作胚泡（见图3.1）。胚泡内部的细胞称为胚盘，将成为新的生命体。而外层细胞称为胚胎滋养层，将作为遮盖物提供保护并供给营养。

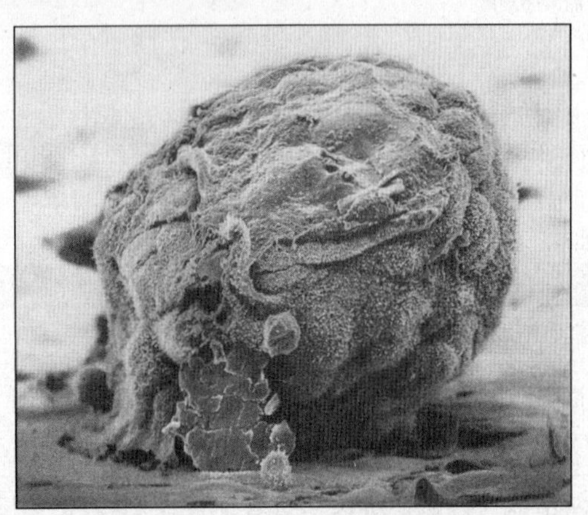

受精卵期　第七至第九天

受精卵开始以越来越快的速度分裂，在受精后第四天形成一个中空的细胞球，即胚泡。这是放大数千倍后的胚泡，在第七天到第九天之间着床于子宫内膜。

（1）着床

82 在受精后第七天到第九天之间，**着床**（implantation）发生：胚泡深深地埋入子宫内膜。被母亲富有营养的血液包围着，它开始茁壮成长。最初，胚胎滋养层（外部保护层）增长最快，它形成一层膜，称为**羊膜**（amnion），包裹着发育中的生命体和羊水。羊水可保持恒温，像衬垫一样避免胎儿受到母亲活动带来的晃动而造成损伤。卵黄囊负责制造血细胞，直到肝、脾和骨髓成熟到能够承担这项功能（Moore & Persaud，2003）。

在这最初两周里发生的事情微妙而不确定，30%的受精卵没能度过这个阶段。有些是由于精子和卵子结合不成功，有些则因细胞未分裂。在这种情况下，母体会通过阻止着床迅速排除大部分异常的受孕（Sadler，2003）。

（2）胎盘和脐带

第二周结束时，胚胎滋养层的细胞形成了另一层保护膜，称为**绒毛膜**（chorion），包裹在羊膜外面。细小得像毛发一样的绒毛，即血管，开始在绒毛膜上出现。[①] 随着这些绒毛埋入子宫壁，一个特殊的器官胎盘开始发育。通过将母亲和胚胎的血液联系在一起，**胎盘**（placenta）向发育中的生命体提供养料和氧，并将废物排出。一种膜结构既能保证这些物质交换的进行，又能避免母亲和胚胎的血液混合在一起。

把胎盘与发育中的生命体联结起来的是**脐带**（umbilical cord），脐带起初像一个小柄，最终能长到30～90厘米长。脐带中有一条大静脉，输送带有养料的血液，还有两条动脉，负责排出废物。流经脐带的血液造成的压力使其保持稳固，当胚

① 见表2.4，绒毛膜取样是一种最早可实施的产前诊断技术，在受精后6到8周即可进行。

胎像宇航员漫步太空一样在它充满液体的房间里自由飘浮时，脐带很少会缠结（Moore & Persaud，2003）。

到受精卵期结束时，发育中的生命体已经找到了养料和庇护所。而当这些戏剧性的开端正在发生时，大多数母亲还不知道自己已经怀孕了。

3. 胚胎期

胚胎期（embryo）从着床开始持续至孕期第八周。这短短的六周时间是怀孕期间变化最大的时期，所有身体结构和内脏器官都在这一时期打好基础。

（1）第一个月的后半月

这一阶段的第一周，胚盘形成三个细胞层：*外胚层*，将发育为神经系统和皮肤；*中胚层*，将发育为肌肉、骨骼、循环系统和其他内脏器官；*内胚层*，将成为消化系统、肺、尿道和腺体。这三个细胞层是身体所有部分的基础。

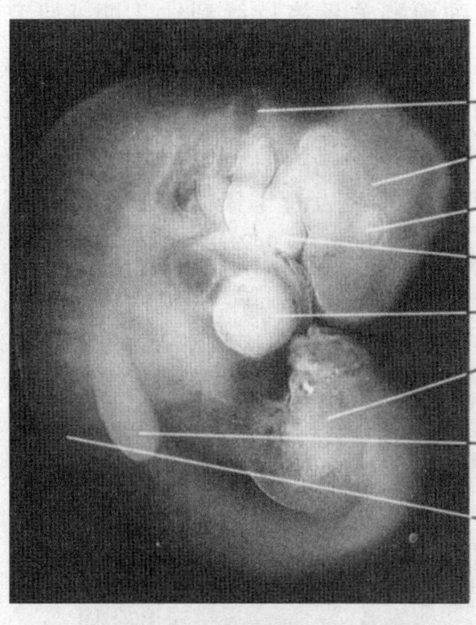

胚胎期：第四周

这个四周的胚胎实际只有 0.64 厘米长，但许多身体结构已开始形成。最初的尾状物将在胚胎期结束时消失。

83 最初，神经系统发育最快。外胚层折叠形成**神经管**（neural tube），它将发育为脊髓和脑。三周半时，神经元（储存和传递信息的神经细胞）开始在神经管深处以令人惊异的速度产生出来，每分钟超过 25 万个。一旦形成，神经元就会沿细线移动到其永久位置上，在这里它们将形成脑的主要部分（Huttenlocher，2002）。

在神经系统发育的同时，心脏开始输送血液，肌肉、脊柱、肋骨和消化道开始出现。到第一个月结束时，这个蜷缩的胚胎中已经包含数百万个有组织、有特殊功能的细胞，此时它只有 0.64 厘米长。

（2）第二个月

第二个月，发育继续快速进行。眼睛、耳朵、鼻子、腭和脖子形成，小小的芽状物变成了手臂、腿、手指和脚趾。内脏器官进一步分化：肠在生长，心脏发育出分隔的房室，肝和脾承担起造血功能，因此不再需要卵黄囊了。身体比例的变化使胚胎的姿势变得挺直。此时，2.5 厘米长、4 克重的胚胎已经可以感知到它的环境。它可以对触摸做出反应，尤其是嘴部和脚底。它还可以移动，虽然它的摆动过于轻微，还不能被母亲感觉到（Moore & Persaud，2003）。

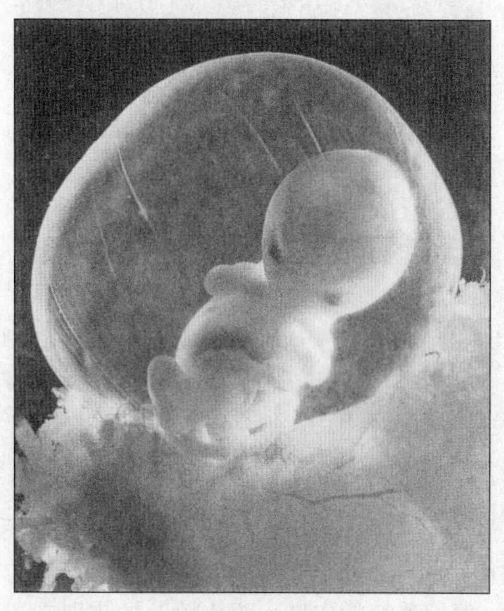

胚胎期：第七周

胚胎的姿势更为挺直。身体结构，包括眼睛、鼻子、手臂、腿和内脏器官进一步分化。这一时期的胚胎可以对触摸做出反应。此时的胚胎不到 2.5 厘米长、4 克重，已经可以移动。它还太小，不能被母亲感觉到。

4. 胎儿期

胎儿期（fetus）从第九周到孕期结束，是最长的孕期阶段。在这个“成长与结束”阶段，生命体在迅速增大。

（1）第三个月

第三个月，器官、肌肉和神经系统变得有组织且相互联系。当脑发出信号时，胎儿会踢腿，弯曲手臂，握拳，弯脚趾，张嘴，甚至吸吮自己的拇指。肺开始扩张和收缩，进行呼吸的早期预演。到第十二周，外生殖器已完全形成，胎儿的性别可以用超声波探测到。其他小器官也出现了，如手指甲、脚趾甲、萌芽状态的牙齿以及会开合的眼睑。此时可以用听诊器听到心跳。

孕期发育有时可以用**三月期**（trimesters）来划分，即三个相等的时间段。到第三个月末，第一个三月期结束了。

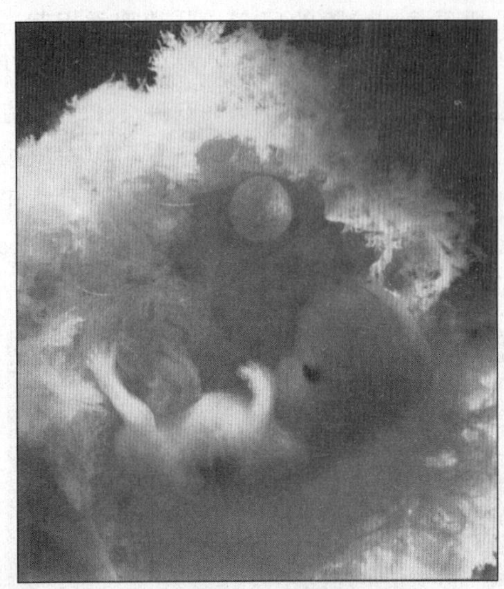

胎儿期：第十一周

生命体迅速长大。第11周，脑和肌肉联系得更好，胎儿能踢腿，弯曲手臂，张合它的手和嘴，吸吮拇指。卵黄囊随着孕期进程逐渐萎缩，内脏器官已经承担起造血功能。

（2）第二个三月期

在第二个三月期的中期，即17到20周之间，一种像奶酪一样的白色物质，称作**胎儿皮脂**（vernix），保护着它的皮肤，防止胎儿的皮肤在羊水中
84 浸泡数月之久而发生皱裂。像绒毛一般的白色**胎毛**（lanugo）也在全身出现了，帮助胎儿皮脂贴紧皮肤。

到第二个三月期结束时，许多器官已经发育完善，脑部数十亿神经元中的大多数已经各就各位，只有极少数将在此后生成。对神经元起到支撑和给养作用的*胶质细胞*则在整个孕期及出生后一直快速增长。因此从第20周到分娩，脑重将增长10倍（Roelfsema et al.，2004）。

脑发育意味着新的行为能力。20周的胎儿能感觉到刺激，也会被声音激惹。如果医生使用胎儿镜观察子宫内部（见表2.4），胎儿会用手遮挡住照向眼睛的光线，说明视觉已开始出现（Moore & Persaud，2003）。胎儿如果在此时出生仍然不能存活，它的肺还不成熟，脑还不能控制呼吸和体温。

（3）第三个三月期

在最后一个三月期中，早产的胎儿将有机会存活。胎儿最早可以存活的时间点被称为**存活龄**（age of viability），约在22～26周之间（Moore & Persaud，2003）。但如果在第七到第八个月间出生，婴儿需要辅助呼吸。虽然此时脑呼吸中枢已成熟，但肺中的肺泡还没有为二氧化碳与氧气的吸入和交换做好准备。

脑发育继续大踏步前进，人的智慧所在——*大脑皮层*不断增大。随着神经组织的完善，胎儿觉醒的时间越来越长。在第20周，心率的变化表明还没有清醒着的时间。但到了第28周，胎儿约有11%的时间处于觉醒状态，这一比例到出生前上升到16%（DiPietro et al.，1996）。

此时，胎儿呈现出人格的萌芽。胎动与婴儿的气质有关，孕期最后几周内较高的胎动水平预示着一个在出生后第一个月中更活跃的婴儿。对男孩来说，这种预测关系将持续到幼儿期。研究发现，在第三个三月期较活跃的胎儿，一岁时能更好地应对挫折，两岁时，他们在实验室更喜欢玩玩具或与陌生成人交流（DiPietro et al.，2002）。胎动可能是神经发育健康的一项指标，而健康的神经发育会促进儿童期的适应性。但以上所描述的相关关系是有限的，第10章将讨论，敏感的养育能够调节对新环境适应困难儿童的气质。

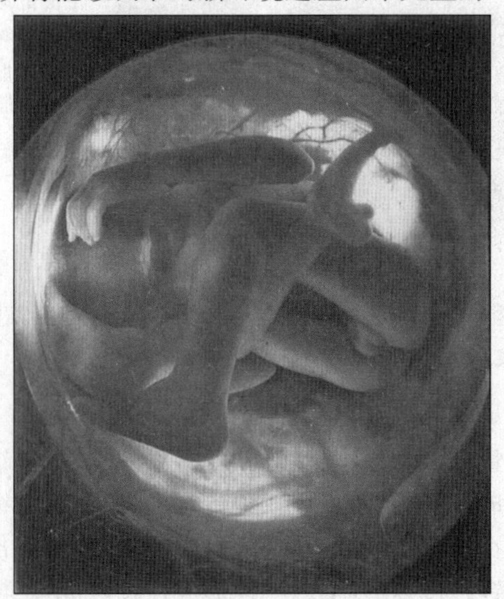

胎儿期：第二十二周

这个胎儿有近30厘米长，约500克重。只要大人把手放在母亲腹部，就能和她一起清晰地感觉到胎儿的活动。胎儿已经到达存活龄，但此时出生，存活的机会很小。

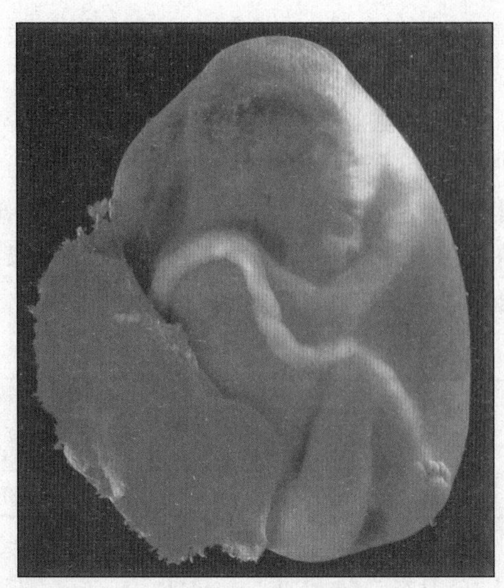

胎儿期：第三十六周

这个胎儿已充满了子宫。为满足它对营养的需求，脐带和胎盘已发育得非常大。注意皮肤上的胎儿皮脂（像奶酪一样的物质），它防止胎儿的皮肤发生皲裂。胎儿已经积聚了一层脂肪，以帮助出生后的体温调节。再过两周，它就足月了。

第三个三月期中，胎儿对刺激的反应性大大增加。正如稍后在谈到新生儿的能力时所说的，
85 胎儿通过在羊水中游动和吞咽羊水，产生了味觉和嗅觉偏好。在23～30周之间，大脑皮层与掌管疼痛敏感性的脑区之间形成了联结。从此，进行任何外科手术都需要使用镇痛药（Lee et al.，2005）。第25周左右，胎儿会通过身体活动对附近的声音做出回应（Kisilevsky & Low，1998）。很快它们就能区分不同嗓音的语调和节奏。它们对男性与女性、母亲与陌生人的声音表现出有规律的心律变化（Kisilevsky et al.，2003；Lecanuet et al.，1993）。在一项巧妙的研究中，母亲在怀孕的最后六周内大声朗读索伊斯博士有趣的著作《戴帽子的猫》。分娩后，教会婴儿通过吸吮奶嘴打开母亲声音的录音。与其他有节奏的故事相比，他们更喜欢熟悉的诗歌，当听到《戴帽子的猫》时他们会吸吮得更用力（DeCasper & Spence，1986）。

最后3个月中，胎儿体重增长超过2 200克，身长增长了18厘米。第八个月时脂肪层出现，它能够帮助调节体温。胎儿还从母亲的血液里获得抗体来抵抗疾病，因为新生儿自己的免疫系统要到出生后几个月才能发挥机能。在最后几周，大多数胎儿呈倒立姿势，这在一定程度上是由子宫的形状造成的，还因为头部要比脚部重一些。此时发育逐渐减慢，胎儿即将分娩。

思考题

复习　为什么胚胎期被认为是最富戏剧性的怀孕阶段？为什么把胎儿期称为“成长与结束”阶段？

应用　艾米怀孕两个月了，想象一下胚胎是如何获取养料的。“我还看不出已经怀孕了，这是否意味着大部分发育还没开始？”你怎样回答艾米的问题？

联结　脑发育与胎儿行为是怎样联系的？

二、孕期环境的影响

虽然孕期环境比子宫外环境稳定得多，但仍有许多因素会对胚胎和胎儿的发育产生影响。约兰达和杰伊认识到，为了给孕期发育创造一个安全环境，父母及整个社会可以做的事情还有很多。

1. 致畸剂

致畸剂（teratogen）指可能在妊娠期间造成损害的环境因素。它源自希腊语中的“teras”一词，意为“畸形”或“怪物”。科学工作者选择这个术语，是因为他们最初是从受到严重伤害的婴儿身上认识到有害的孕期影响的。但致畸剂所造成的伤害并非简单直接的，它取决于若干因素：

- 剂量。致畸剂使用的剂量越大、时间越长，造成的危害越大。
- 遗传。母亲和发育中的生命体的基因组织起重要作用。有些个体能更好地耐受有害环境。
- 其他消极影响。许多消极因素同时出现，如营养不良、缺少医疗保健、其他致畸剂，都会使单一有害因素的影响变得更加严重。

● 时机。致畸剂的影响随生命体接触致畸剂时所处发育时期的不同而有所不同。重温第1章中介绍过的敏感期概念，就能更好地理解这一因素。敏感期是指一个有限的时间段，在这个时间段内某个身体部位或某种行为将在生理上迅速发展。在此期间，它对环境尤其敏感。如果环境有害，就会对其造成伤害，而且很难恢复，有时甚至不能恢复。

图3.2概括了妊娠期发育的敏感期。在受精卵期，着床之前，致畸剂很少会产生影响。如有影响，微小的细胞团一般会受到严重伤害而死亡。胚胎期是最可能出现严重缺陷的时期，因为身体各个器官都是在这一时期打下基础的。在胎儿期，致畸剂造成的损害一般较小。但是，脑、眼睛和生殖器等器官仍有可能被严重伤害。

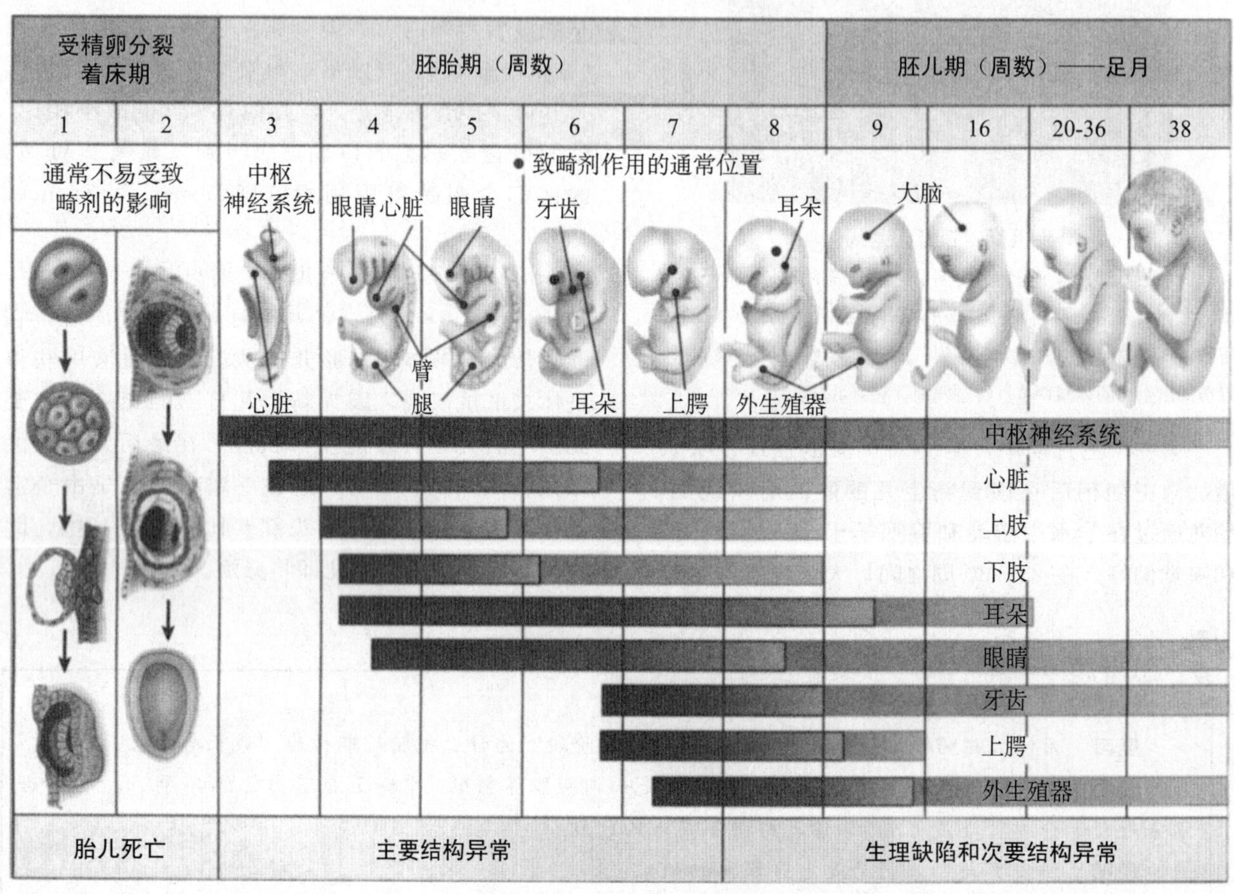

图3.2 孕期发育的敏感期

每个器官或组织都有一段敏感期，期间它的发展可能被扰乱。图中左侧横条表示高度敏感期，右侧横条表示对致畸剂敏感性较低的时期，但损害仍可能发生。

资料来源：K. L. Moore & T. V. N. Persaud，2003，*Before We Are Born*，6th ed.，Philadelphia：Saunders，p. 130. 经授权引用。

致畸剂的影响并不限于直接身体损害，一些对健康的影响十分微妙并且有延迟作用。本节“毕生发展观”专栏中介绍的研究表明，有些影响可能几十年后才显露。此外，生理损害还会间接导致对心理的影响。例如，母亲在怀孕期间使用药物所造成的缺陷，会改变他人对儿童的反应及儿童探究环境的能力。随着年龄增长，亲子互动、同伴关系，以及认知、情绪和社会性发展都会受到影响。

在以前章节中我们曾讨论过一个关于发展的重要论点——儿童与环境之间的双向影响——在此处得以体现。现在我们来关注一下学者们发现的各种致畸剂。

（1）处方药和非处方药

20世纪60年代初，一场关于药物与孕期发育的悲剧让全世界记住了一个教训。当时，一种叫做反应停（thalidomide）的镇静剂在欧洲、加拿大和南美地区被广泛使用。在受精后4至6周，母亲服 86

用反应停，将造成胚胎的四肢完全畸形，并可能对耳、心脏、肾脏和生殖器造成损害。全世界约有7 000名婴儿受害（Moore & Persaud，2003），许多儿童长大后的智力得分低于平均水平。药物可能直接损害了中枢神经系统，也可能是这些严重畸形儿童的抚养环境阻碍了他们的智力发展。

1945—1970年间，另一种叫做己烯雌酚（diethylstilbestrol，DES）的合成激素广泛用于防止流产。使用这种药物的母亲，其女儿长到青少年期和成年早期时，患阴道癌、子宫畸形和不孕症的比率非常高。如果她们想生育，与那些未受到该药影响的女性相比，她们更容易发生早产、低出生体重和流产。对于男孩，出现生殖器异常和睾丸癌的风险较大（Hammes & Laitman，2003；Palmer et al.，2001）。

目前一种用于治疗严重痤疮的维生素A衍生物保肤灵（accutane）（通用名异维甲酸，isotretinoin）是使用最广泛的强致畸剂，美国和加拿大有数十万育龄女性都在服用。第一个三月期内接触这种药物会导致眼、耳、颅骨、脑、心脏及免疫系统异常（Honein，Paulozzi & Erickson，2001）。保肤灵的包装上警示，必须采用两种方法避孕，但很多女性未留意这一警示（Honein，Paulozzi & Erickson，2001）。

任何含有可穿透胎盘的小分子的药物都能进入胚胎或胎儿的血液。但许多怀孕女性在服用非处方药之前没有咨询过医生，阿司匹林就是其中最常见的一种。研究表明，经常使用阿司匹林，与低出生体重、分娩期间婴儿死亡、动作发育不良及幼儿期
87 智力分数较低有关，不过这些结果没有得到其他研究的证实（Barr et al.，1990；Hauth et al.，1995；Streissguth et al.，1987）。摄入大量咖啡因（每天3杯以上咖啡）与低出生体重，流产和易激惹、呕吐等新生儿戒断综合征有关（Klebanoff et al.，2002；Vik et al.，2003）。在第三个三月期内服用抗抑郁药物，会加大分娩并发症的风险，如呼吸困难（Costei et al.，2002）。

因为关系到儿童的一生，我们必须严肃地看待这些发现。同时，我们并不能确定这些常用药是否可导致以上问题。孕妇经常同时服用多种药物。如果胚胎或胎儿受到损伤，很难判断是哪一种药造成，或是与服药有关的其他因素带来的问题。在我们得到更多信息之前，最安全的办法是像约兰达那样：根本不碰这些药物。

（2）非法药物

可卡因、海洛因等可改变情绪的高致瘾药物，使用越来越普遍，尤其是在城市贫民区，致瘾物能使人暂时逃离绝望的日常生活。在美国和加拿大大城市出生的婴儿，孕期接触过可卡因的达3%～7%，这个比例在整个北美新生儿中为1%～2%（British Columbia Reproductive Care Program，2003；Lester et al.，2001）。

使用可卡因、海洛因或美沙酮（一种致瘾性较低的药物，用于戒断海洛因）的孕妇生下的婴儿存在各种风险，包括早产、低出生体重、生理缺陷、呼吸困难以及分娩死亡（Behnke et al.，2001；Walker，Rosenberg & Balaban-Gil，1999）。有些婴儿生来就药物成瘾，他们出生时一般很兴奋，易激惹、睡眠差，哭声异常尖锐刺耳——这是新生儿应激的常见症状（Bauer et al.，2005）。当母亲自己就有许多问题时，若让她们必须照顾难以安抚、搂抱和喂养的婴儿，其行为问题可能会持续下去。

一岁前接触过海洛因和美沙酮的婴儿较少关注环境，动作发育缓慢。婴儿期过后，一些儿童有好转，另一些仍然紧张不安，缺乏注意力。这些儿童所接受的教养方式能够解释，为什么有些儿童的问题持续存在而其他儿童则没有（Cosden，Peerson & Elliott，1997）。

有证据显示，胎儿期接触过可卡因的婴儿会有持久的麻烦。可卡因可使血管收缩，一次性大剂量摄入后15分钟，输送给胎儿的氧显著减少。可卡因还会改变神经元的形成和功能，以及胎儿脑部的化学平衡。这些影响可致多种生理缺陷，如眼、骨骼、生殖器、尿道、肾脏和心脏的畸形，出血和惊厥，以及严重的发育迟滞（Covington et al.，2002；Feng，2005；Mayes，1999）。还有一些研究报告了持续到学前期的知觉、动作、注意、记忆及语言方面的问题（Lester et al.，2003；Noland et al.，2005；Singer et al.，2002，2004）。

也有研究未发现孕期接触可卡因的消极影响（Frank et al.，2005；Hurt et al.，2005）。这些相互矛盾的结果显示，准确地查明非法药物的伤害是困难的。可卡因的使用者在摄入药物的数量、效力和纯度上差异非常大。他们还经常吸食多种药物，参与其他高危行为，受到贫困和其他压力的困扰，并且他们对孩子的养育常常是不敏

感的。这些因素的共同影响会使儿童情况的恶化更甚（Alessandri，Bendersky & Lewis，1998；Carta et al.，2001）。目前研究者已能确定一部分研究中与可卡因有关的伤害是由哪些原因所导致的。

大麻是另一种非法药物，其使用比海洛因和可卡因更广泛。有研究发现，大麻与低出生体重和早产之间有复杂的相关（Fried，1993）。一些研究发现，与孕期接触大麻有相关关系的变量有：头部较小（头部大小是脑发育指标），儿童期睡眠、注意、记忆和学习成绩不良，青少年期问题解决能力偏低（Dahl et al.，1995；Gray et al.，2005；Goldschmidt et al.，2004）。但与可卡因一样，大麻的长期影响仍未能确定。

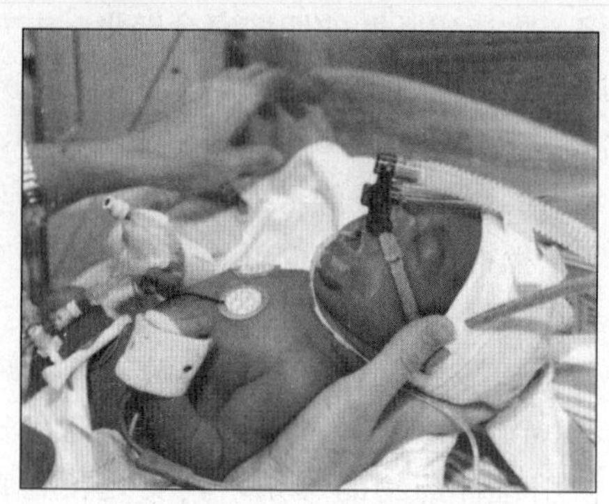

这个出生3天的婴儿早产了好几周。他体重过轻，需要在呼吸器辅助下呼吸。早产和低出生体重可能由各种孕期环境影响导致，包括母亲摄入药物和吸烟。早产儿后期出现生理、情绪和行为问题及学习障碍的风险较大。

专栏　**毕生发展观**

孕期环境与后期健康

55年前，当迈克尔降临人间时，他早产6周，只有1 800克重，接生的医生不能确定他能否活下来。但是，迈克尔不但活了下来，而且身体一直很不错。直到45岁，一次常规体检查出他有高血压和II型糖尿病。迈克尔并不具备导致这两种病的危险因素，他既不超重、不吸烟、不吃高脂肪食物，也没有家族病史。迈克尔健康问题的根源能追溯到他的孕期发育吗？

越来越多的证据表明，孕期环境因素，某些虽然无毒却后果难料的东西，如烟和酒，以及胎盘提供的营养和激素的量，会影响几十年后的健康。

低出生体重与心脏病、中风和糖尿病　严格控制下的动物实验表明，营养不良、低体重胎儿会发生身体结构和机能的变化，导致成年期的心血管疾病（Franco et al.，2002）。为了查明这种关系是否存在于人类，研究者对居民的病例进行了筛选，收集到15 000名英国人的出生体重及其在成年中期所患疾病的资料。在控制了社经地位和其他健康风险因素等变量后，出生时体重低于2 300克的人，死于心脏病和中风的概率要高出50%。出生时的体重—身高比非常低，是孕期发育迟缓的标志。这种人出生体重与心血管病的相关最明显（Godfrey & Barker，2000；Martyn，Barker & Osmond，1996）。

其他大样本研究还发现了低出生体重与成年中期的心脏病、中风和糖尿病之间的稳定关系。参与研究的国家包括芬兰、印度、牙买加和美国，未发现性别差异（Barker，2002；Fowden，Giussani & Forhead，2005；Godfrey & Barker，2001）。研究者认为，出生个头小本身并不会导致后期健康问题，但与之相伴的一些复杂因素与后来的健康问题有密切关系。

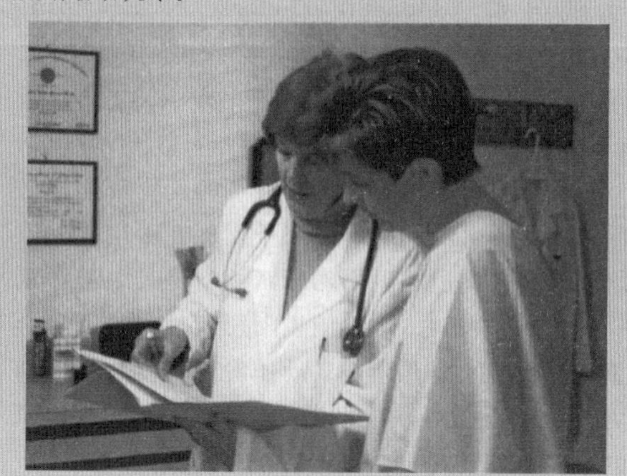

胎儿期导致低出生体重或巨大儿的影响，可能会增大生命后期患心脏病、糖尿病、乳腺癌等疾病的风险。孕产妇从医生那里得到有关婴儿出生体重的信息，是预防性保健的必要环节。

研究者推测，营养不良的胎儿会将大量血液转移到脑部，导致肝、肾（与控制胆固醇和血压有关）等器官发育不良（Hales & Ozanne，2003）。这加大了后期患心脏病和中风的危险。而孕期营养不良可能会永久性地削弱胰腺功能，导致糖耐量随年龄而增长（Wu et al.，2004），最终导致糖尿病。另一种在动物和人类研究中均得到支持的假设认为，一些孕妇的胎盘出了问题，使胎儿接受了过多的应激激素，阻碍了胎儿的发育，造成胎儿血压和血糖升高，使发育中的胎儿容易出现后来的疾病（Stocker，Arch & Cawthorne，2005）。此外，孕期发育迟缓的婴儿在儿童期一旦接触到丰富的食物，体重常会增加过多。多余的体重会一直持续并增加患糖尿病的风险（Hypponen，Power & Smith，2003）。

巨大儿与癌症 孕期发育的另一个极端——巨大儿——与乳腺癌有关，这是成年女性中最常见的恶性肿瘤（Ahlgren et al.，2004；Vatten et al.，2002）。在一个超过2 000名英国女性的样本中，控制了其他致癌危险因素后，巨大儿，尤其是高于3999克者，与乳腺癌发生率的显著增高有关（见图3.3）（Silva et al.，2004）。研究者怀疑，罪魁祸首是怀孕期间过多的雌激素。它使胎儿过大，同时改变了早期乳房组织，使其成年期时在雌激素作用下成为恶性肿瘤。

巨大儿还与消化道和淋巴组织的恶性肿瘤有关，且在男女人群中都存在（McCormack et al.，2005）。但其原因还不清楚。

预防 研究发现的孕期发育与后期疾病之间的关系并不是必然的。确切地说，孕期环境影响成年期的健康，我们所采取的保护健康的措施能够避免孕期风险变成现实。研究者建议，低出生体重者应定期体检，并注意自己的饮食、体重、健康状况和压力，这些都是与心脏病和Ⅱ型糖尿病有关的可控因素。而巨大儿的女性应该认真做乳房自检和乳房X光检查，使乳腺癌能够被早发现，早治疗。

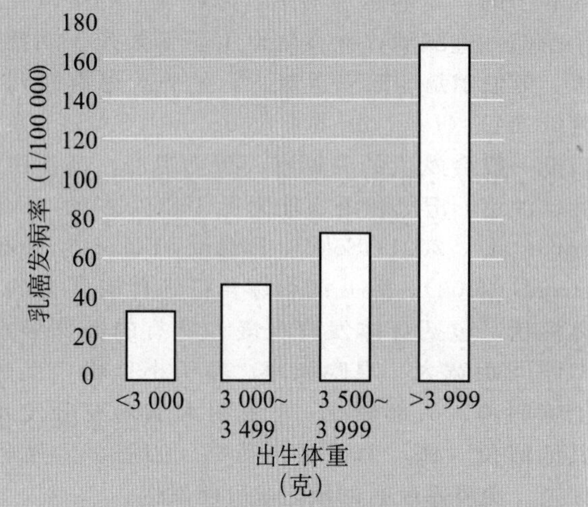

图3.3 出生体重与成年期乳腺癌风险的关系

一项对2 000多名英国婴儿的追踪研究中，控制了孕期和产后健康风险等多个因素后，出生体重可预测乳腺癌发生率。出生体重高于3 999克者，患乳腺癌的风险最高。

资料来源：Silva et al.，2004.

（3）烟草

虽然吸烟者在西方国家有所减少，但仍有约12%的美国女性和17%的加拿大女性在孕期吸烟（Martin et al.，2005；Millar & Hill，2004）。孕
88 期吸烟的影响中，最广为人知的是低出生体重，但出现其他严重后果的可能性也在增加，如流产、早产、心率和呼吸紊乱、婴儿死亡，及以后在儿童期发生的哮喘和癌症（Franco et al.，2000；Jaakkola & Gissler，2004）。母亲吸烟越多，孩子受到影响的可能性就越大。但如果一个怀孕女性在任何时候决定停止吸烟，即使是在最后一个三月期内，也能降低婴儿出生低体重和将来出现问题的可能性（Klesges et al.，2001）。

即使吸烟母亲的婴儿在出生时身体状况良好，轻微的行为异常仍有可能威胁儿童的发展。吸烟母亲的新生儿对声音较少注意，表现出更多肌肉紧张，在被抚摸或受到视觉刺激时更易兴奋，并且更易出现腹部剧痛（长时间哭闹），这些结果证明了吸烟对脑发育的持续性消极影响（Law et al.，2003；Sondergaard et al.，2002）。有研究报告，孕期受到吸烟影响的胎儿，到儿童期和青少年期，其注意广度较小，记忆力较差，智力测验分数偏低，行为问题较多（Cornelius et al.，2001；Fried，Watkinson & Gray，2003；Thapar et al.，2003）。但其他与吸烟有密切联系的因素，如母亲教育水平和收入水平较低，也可能导致这些结果（Ernst，Moolchan & Robinson，2001）。

吸烟是怎样伤害胎儿的呢？首先，尼古丁这种烟草中的致瘾物质，会使血管收缩，减少流至子宫的血液，导致胎盘发育异常，还会减少营养输送，使胎儿体重不足。其次，吸烟使母亲和胎儿血液中一氧化碳浓度升高。一氧化碳取代了血红细胞中的氧，对实验室动物胎儿的中枢神经系统造成破坏，导致发育缓慢（Friedman，1996）。89
类似影响也会发生在人类身上。

再次，有1/3到一半不吸烟的怀孕女性是“被动吸烟者”，因为她们的丈夫、亲属或同事吸烟。被动吸烟同样与低出生体重、婴儿死亡有关，并可能对注意和学习能力造成长期伤害（Hanke，Sobala & Kalinka，2004；Makin，Fried & Watkinson，1991）。怀孕女性无疑应该避开烟雾缭绕的环境。

（4）酒精

在《断裂的脐带》（*The Broken Cord*）一书中，达特茅斯学院的人类学教授迈克尔·多利斯（Michael Dorris，1989）描述了他是怎样抚养他的养子的。亚伯尔（书中名为亚当）的生母在整个孕期一直酗酒，并在他出生后不久死于酒精中毒。亚伯尔是印第安苏族人，他先天患有**胎儿酒精综合征**（fetal alcohol syndrome，FAS）。在儿童期一般会发生的失调有：智力迟滞，动作协调性、注意、记忆和语言能力低下以及多动（Connor et al.，2001；Sokol，Delaney-Black & Nordstrom，2003）。胎儿酒精综合征还伴有明显的身体症状，包括身体发育缓慢和特有的面部异常：双眼间距宽大、眼睑微睁、鼻子小且略向上翻、上嘴唇薄、头部较小——表明大脑未充分发育。其他部位（眼、耳、鼻、咽喉、心脏、生殖器、尿道、免疫系统）的缺陷也可能发生。

另一种情况称为**胎儿酒精影响**（fetal alcohol effects，FAE）。其母亲一般饮酒量较小，个体只表现出一部分异常。具体导致什么缺陷，与孕期的哪一时期喝酒及持续时间长短有关。有新证据显示，
90 受精期间父亲饮酒会改变基因的表达（见第2章“环境对基因表达的影响”部分），导致低出生体重、心脏缺陷、轻微认知障碍和多动（Abel，2004）。

即使在幼儿期和儿童期给胎儿酒精综合征儿童提供丰富的饮食，他们的体形也难以赶上正常儿童。而智力损害将是永久性的：在十几岁和二十几岁的时候，亚伯尔·多利斯仍难以投入并维持一份正常工作。他的判断力低下：购物后会忘记找零，做事情常常开小差。他因交通事故死于1991年，年仅23岁。母亲在孕期喝酒越多，孩子的动作协调性、信息加工速度、推理能力越差，学前和学龄期的智力与学习成绩测验分数也越低（Korkman，Kettunen & Autti-Raemoe，2003；Streissguth et al.，1994）。在青少年期，胎儿酒精综合征与学校表现不佳、违法行为、不良性行为、喝酒和吸毒及其他持续性的精神健康问题有关（Baer et al.，2003；Kelly，Day & Streissguth，2000）。

酒精是怎样造成伤害的？首先，它在最初的神经管阶段干扰神经元的产生和移动。脑成像研究发现，酒精可阻碍脑发育，损伤脑结构，与脑各部分之间的信息传递有关的电活动和化学活动异常（Bookstein et al.，2002；Riley，McGee & Sowell，2004）。其次，饮酒迫使身体消耗大量的氧来代谢酒精。孕期女性的饮酒行为消耗了胎儿细胞发育必需的氧。

约25%的美国和加拿大母亲报告，她们在怀孕期间饮过酒。与海洛因和可卡因一样，过量饮酒行为更多地发生在贫困人群中（Health Canada，2003b；U.S. Department of Health and Human Services，2005f）。在美国和加拿大原住民的保留地，胎儿酒精综合征的发生率达10%（Silverman et al.，2003）。遗憾的是，当患有胎儿酒精综合征或胎儿酒精影响的女性怀孕时，疾病导致的判断力低下常使她们不懂得自己为什么应该戒酒。因此，悲剧可能会在下一代身上重演。

怀孕期间喝多少酒是安全的呢？即使少量饮酒，即平均少于每日一次，也可能导致胎儿酒精综合征的面部异常、头部较小和身体发育缓慢、智力测验分数较低等症状（Day et al.，2002；Jacobson et al.，2004）。但考虑到包括遗传和环境在内的其他因素会造成某些胎儿更容易受到致畸因素的影响，因此，饮酒不存在安全剂量。打算怀孕的夫妇和正在怀孕的女性应该完全戒酒。

（上图）这两个女孩的母亲在怀孕期间酗酒。她们的眼距较宽、上唇较薄，眼睑微睁，是胎儿酒精综合征的典型特征。（下图）这个少女同样患有胎儿酒精综合征。

（5）辐射

对于二战期间广岛和长崎原子弹爆炸中的幸存孕妇，辐射造成的缺陷悲惨地出现在她们的孩子身上。类似情况出现在1986年乌克兰切尔诺贝利核电站事故发生9个月后。灾难过后，流产、头部较小（脑部未发育）、身体畸形以及身体发育缓慢的新生儿比例急剧增长（Hoffmann，2001；Schull，2003）。

即使受到辐射的婴儿表现正常，后期也可能出现问题。例如，受到工业泄露或医用X射线的低水平辐射，也会增大儿童期患癌症的风险（Fattibene et al.，1999）。在小学期，其母亲在孕期受到辐射的切尔诺贝利儿童，与未受过辐射的正常苏联儿童相
91 比，其脑电活动异常，智力测验分数较低，并且出现语言和情绪障碍的比例高两到三倍（Kolominsky，Igumnov & Drozdovitch，1999；Loganovskaja & Loganovsky，1999）。此外，切尔诺贝利儿童的父母被迫离开家园，还要为搬迁到未受辐射地区后的生计担心。父母的精神越紧张，孩子的情绪机能就越差（Kolominsky，Igumnov & Drozdovitch，1999）。充满压力的教养环境与孕期辐射的损害结合在一起，对儿童发展产生阻碍。

这个孩子的母亲在切尔诺贝利核电站发生事故时刚怀孕几周。他的四肢畸形可能由辐射引起，他还处于智力低下、语言和情绪障碍的危险中。

（6）环境污染

在工业化国家，数量惊人的带有潜在危险的化学制品被排放到环境中。在美国，日常使用的有超过75 000种，并且每年还产生许多新的污染物。研究者在美国各地的医院中随机选择了十名新生儿做脐带血分析，发现了数量令人震惊的工业污染物——共287种！他们的结论是，许多婴儿天生是被“污染”了的，这些化学物质不但阻碍了孕期发育，还会加大以后出现危及生命的疾病和健康问题的可能性（Houlihan et al.，2005）。

20世纪50年代，一家工厂将含有大量汞的废水排放到一个海湾中，这个海湾是日本水俣镇居民食用的海产品和水的来源。当时出生的许多儿童出现了身体畸形、智力缺陷、口齿不清、咀嚼和吞咽困难、动作不协调等症状。孕期接触过量的汞，破坏了神经元的生成和移动，造成大规模的脑损伤（Clarkson，Magos & Myers，2003）。孕期女性应尽量避免食用寿命较长的食肉性鱼类，如箭鱼、长鳍金枪鱼、鲨鱼等，这些鱼类都可能被汞严重污染。

多氯化联苯（polychlorinated biphenyls，PCBs）曾被长期用于电子设备的绝缘材料中，直到有研究发现它会像汞一样进入水道和食物供应。在中国台湾，孕期接触米糠油中高剂量的多氯化联苯者，导致了低出生体重、皮肤变色、牙龈和指甲畸形、脑电波异常以及认知发展缓慢（Chen & Hsu，1994；Chen et al.，1994）。低剂量多氯化联苯的慢性接触同样是有害的。经常食用五大湖中被多氯化联苯污染的鱼的女性，与极少吃或不吃这些鱼的女性相比，她们产下的新生儿出生体重较低、头部较小，并有持久的注意和记忆困难，儿童期的智力测验分数也较低（Jacobson & Jacobson，2003；Stewart et al.，2000；Walkowiak et al.，2001）。

另一种致畸剂，铅，出现在老旧房屋的墙壁掉落的漆片，及工厂车间使用的某些特定材料中。孕期接触高剂量的铅，与早产、低出生体重、脑损伤以及一系列身体缺陷有关。即使少量接触也可能存在危险，受害的婴儿表现出轻微的智力和动作发育不良（Bellinger，2005）。

此外，孕期接触二噁英——一种焚烧产生的有毒化合物——与脑、免疫系统和甲状腺损害有关，并可能因激素水平的改变，增加女性患乳腺癌和子宫癌的可能性（ten Tusscher & Koppe，2004）。此外，孕期血液中即使含有微量二噁英，也会导致后代性别比率的显著变化：接触二噁英

的男性所生育的女孩将近男孩的两倍（Mocarelli et al.，2000）。出现这一现象的原因尚未查明。

（7）传染病

在约兰达的第一次产前检查中，医生询问了她和杰伊是否得过麻疹、腮腺炎、水痘和其他一些疾病。虽然大部分传染病似乎是没有影响的，但少数（如表3.2所示）会造成损害。

表3.2　　一些孕期传染病的影响

疾病	流产	身体畸形	智力迟滞	低出生体重和早产
病毒性				
获得性免疫缺失综合征（艾滋病，AIDS）	0	?	+	?
水痘	0	+	+	+
巨细胞病毒	+	+	+	+
Ⅱ型单纯疱疹（生殖器疱疹）	+	+	+	+
腮腺炎	+	?	0	0
风疹（德国麻疹）	+	+	+	+
细菌性				
衣原体感染	+	?	0	+
梅毒	+	+	+	?
肺结核	+	?	+	+
寄生性				
疟疾	+	0	0	+
弓形体病	+	+	+	+

+：确定的结果；0：尚无证据；?：可能有影响但尚未查明。

资料来源：Behrman，Kliegman & Jenson，2000；Jones，Lopez & Wilson，2003；Mardh，2002；O'Rahilly & Muller，2001.

20世纪60年代中期，一次在世界范围内流行的风疹（又称德国麻疹、三日麻疹）导致超过20 000名北美婴儿出生时带有严重的身体缺陷。与敏感期的概念相一致，在胚胎期感染风疹将造成最严重的损害。如果母亲在这一时期生病，超过50%的婴儿将出现白内障、失聪、心脏缺陷、生殖器异常、泌尿器官和肠异常以及智力迟滞
92 (Eberhart-Phillips，Frederick & Baron，1993)。胎儿期感染的危害较小，但仍可能发生低出生体重、听力损害和骨骼缺陷。孕期风疹造成的脑部异常还加大了成年期患严重精神疾病的风险（Brown & Susser，2002）。虽然婴儿期和儿童期的免疫接种已成为惯例，但仍有约10%～20%的北美和西欧女性缺少风疹抗体，因此仍可能出现新一轮的疾病爆发（Health Canada，2002d；Pebody et al.，2000）。

过去20年中，感染*人体免疫缺失病毒*（human immunodeficiency virus，HIV）的女性数量在持续增长。HIV能够导致*获得性免疫缺失综合征*（acquired immune deficiency syndrome，AIDS），这种疾病会摧毁人的免疫系统。当这些女性怀孕时，她们把这种致命病毒传播给胎儿的概率达20%～30%。在婴儿身上，AIDS发展迅速。到6个月时，普遍出现体重减轻、腹泻和反复出现的呼吸系统疾病，病毒还会造成脑损伤。大多数AIDS婴儿在这些症状出现后只能存活5到8个月（O'Rahilly & Muller，2001）。抗病毒药物叠氮胸苷（ZDV）能够减少95%的孕期AIDS传染，并且对儿童没有损害（Culnane et al.，1999）。这种药物使西方国家中孕期感染的AIDS大幅度下降，但在世界上较贫困的地区尚未得到广泛应用。而新增感染中有95%都出现在这些地区，其中超过一半感染者是女性。例如在非洲，所有怀孕女性中有1/4是HIV阳性（United Nations，2004a）。

如表3.2所示，发育中的生命体对疱疹族病毒尤其敏感，对这些病毒还没有疫苗和治疗手段。其中，*巨细胞病毒*（孕期感染中最常见的病毒，通过呼吸或性接触传染）和*Ⅱ型单纯疱疹*（通过性传播）尤其危险。这两种病毒侵害母亲的生殖道，在怀孕期间或分娩时感染孩子。

表3.2还列出了一些细菌性和寄生性疾病。其中最常见的是*弓形体病*，由许多动物身上的一种寄生虫导致。怀孕女性可能因为吃未加工或未煮熟的肉感染，也可能因接触被感染的猫的粪便

而感染。患有此病的女性，约有40%会把其传染给胎儿。如果在第一个三月期感染，很可能会损害眼睛和脑部。在此后感染，则会造成轻度的视力和认知损伤（Jones，Lopez & Wilson，2003）。孕妇预防弓形体病的措施包括：确保所吃的肉是完全煮熟的，带宠物猫去做检查，将清理垃圾桶的任务交给其他家人。

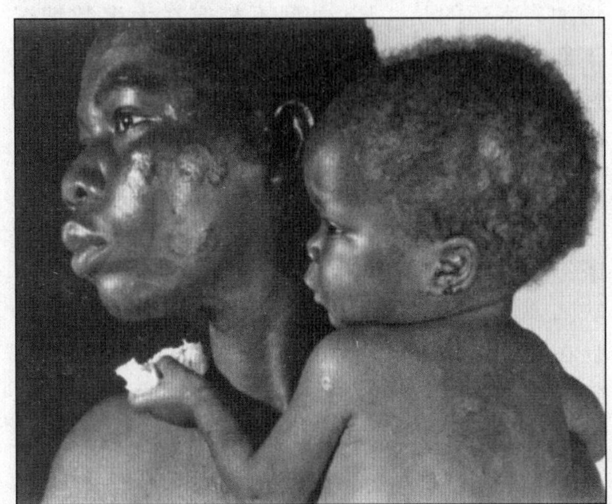

这对患有AIDS的南非母子都有大面积的癣菌病皮疹。他们虚弱的免疫系统使通常无害的感染变得能够致命。因为AIDS在婴儿身上发展迅速，这个孩子只能活几个月。使西方国家的AIDS孕期传染率大幅下降的抗病毒药物尚未在世界上的贫困地区得到广泛应用。

2. 母亲的其他因素

93 除了远离致畸剂外，准父母还可以通过其他方式促进胚胎或胎儿的发展。对于身体健康的女性，坚持做适量运动，如散步、游泳、骑车及有氧运动，与出生体重的增高有关（Leiferman & Evenson，2003）。但过于频繁、剧烈的运动则可导致相反的结果——与健康、不运动的控制组母亲相比，婴儿的出生体重更低（Clapp et al.，2002；Pivarnik，1998）。（有健康问题的孕妇，如循环系统障碍或流产史，应就日常健身事项咨询医生。）

下面，我们将考查母亲的其他因素——营养、情绪压力、血型、年龄及生育史。

（1）营养

儿童在孕期的发育比其他任何发展阶段都要快。而在这一时期，他们完全依赖母亲提供营养。使孕妇体重增长10～13.5公斤的健康饮食有助于母婴健康。

孕期营养不良会导致中枢神经系统的严重损害。母亲的饮食越贫乏，脑重的降低越严重，在最后一个三月期出现营养不良，后果尤其严重。这一时期脑迅速发育，为了使脑发挥最大潜能，富含所有基本营养成分的饮食是必需的（Morgane et al.，1993）。孕期饮食不当，还会损害其他器官结构，如肝、肾和胰腺，导致一生的健康问题（见前面的专栏“孕期环境与后期健康”）。

营养不良会抑制免疫系统发育，孕期营养不良的儿童会经常患呼吸系统疾病（Chandra，1991）。而且这些婴儿易发脾气，对刺激反应迟钝。在赤贫家庭中，这些影响很容易与压力重重的家庭生活相互交织。随着年龄增长，智力低下和严重的学习问题将越来越明显（Pollitt，1996）。

许多研究表明，为孕期女性提供充足的食物，对新生儿的健康至关重要。但孕期发育所需要的不仅仅是饮食的量，丰富的维生素和矿物质同样重要。

例如，在受精期间补充叶酸能够大大降低出现无脑儿和脊柱裂等神经管畸形的概率（见58页的表2.4）。此外，在孕期最后10周，适量摄入叶酸，能使早产和低出生体重的风险减半（MCR Vitamin Study Research Group，1991；Scholl，Heidiger & Belsky，1996）。基于这些发现，美国和加拿大政府建议所有育龄女性每天摄入0.4～1毫克叶酸（摄入过多亦有害）。面包、面粉、稻米、意大利面和其他谷类制品通常都富含叶酸。

如果整个孕期始终营养不良，那么婴儿所需要的就不仅是饮食的改善了。成功的干预还必须打破母婴之间缺乏感情的互动循环。一些课程通过教会父母怎样有效地与婴儿互动实现了这一点，另一些干预则着重于刺激婴儿，促进他们主动参与周围的物质环境和社会环境（Grantham-McGregor et al.，1994；Grantham-McGregor，Schofield & Powell，1987）。

孕期营养不良在世界较贫困地区的发生率最高，但并不限于发展中国家。美国的妇女、婴儿和儿童食物补助特别计划（WIC）会向低收入孕妇提供食物包，惠及约90%的极低收入者（U.S.Department of Agriculture，2005c），但仍有许多需要营养干预的美国女性没有领取资格。加拿大孕期营养计划（CPNP）则向所有需要帮助的女性提供指导建议、社会支持、卫生保健、庇护场所以及食物，无论其收入高低。近10%的加拿大怀孕女性从中获益（Health Canada，2005a）。

（2）情绪压力

如果女性在怀孕期间有严重的情绪压力，她们的孩子将可能出现各种问题。严重的焦虑可能导致流产、早产、低出生体重、婴儿呼吸系统疾病和消化系统紊乱的发生率升高（Mulder et al.，2002；Wadhwa，Sandman & Garite，2001），并
94 且与某些常见的生理缺陷有关，如唇腭裂和幽门狭窄（婴儿的胃部出口过紧，须手术治疗）（Carmichael & Shaw，2000）。

当人们体验到恐惧和焦虑时，兴奋激素将被释放到血液中，使人“蓄势待发”。大量血液将被输送到掌管防御反应的身体部位——脑、心脏以及手臂、腿和躯干的肌肉。流向其他器官、包括子宫的血液减少，使胎儿无法得到充足的氧和营养。

应激激素若经过胎盘，会导致胎儿的心律急剧增高（Monk et al.，2000，2004）。激素还会改变胎儿的神经功能，从而提高对压力的反应性。一项研究找到在怀孕期间亲身经历了“9·11”世贸中心倒塌事件的母亲们，在她们的孩子9个月时，测量了婴儿唾液中皮质醇的浓度，这是一种与控制应激反应有关的激素。对灾难的反应使严重焦虑的母亲所生的婴儿皮质醇水平异常低——这是控制压力的心理能力低下的标志（Yehuda et al.，2005）。与此结果一致的是，母亲在孕期的情绪压力能够预测儿童学龄期的焦虑、愤怒、攻击行为和多动。且这种情绪压力大于其他危险因素的影响，包括母亲孕期吸烟、低出生体重、母亲产后焦虑和低社经地位（Van den Bergh，2004）。

但是当丈夫、其他家人和朋友向母亲提供社会支持时，与压力有关的孕期并发症将大大减少（Federenko & Wadhwa，2004）。社会支持与积极的怀孕结果之间的联系，在充满生活压力的低收入女性身上尤其显著（Hoffman & Hatch，1996）。

（3）Rh血型不相容

如果母亲和胎儿遗传的血型不同，有时会导致严重问题。造成问题的常见原因是**Rh血型不相容**（Rh factor incompatibility）。当母亲血型是Rh阴性（缺少Rh血液蛋白）而父亲是Rh阳性（有这种蛋白）时，婴儿可能会遗传父亲的Rh阳性血型。如果胎儿的Rh阳性血液经胎盘进入Rh阴性母亲的血液中，即使很少量，母体也会形成对Rh蛋白的抗体。如果这些抗体进入胎儿体内，将会破坏血红细胞，降低器官和组织的氧供应。这种情况会导致智力迟滞、流产、心脏损害和婴儿死亡。

由于母体制造Rh抗体需一定时间，因此第一胎很少受到影响。危险随着怀孕次数的增加而增加。幸运的是，Rh血型不相容在大多数情况下都能避免。每一个Rh阳性婴儿出生后，Rh阴性的母亲都要接种一种疫苗，以防止抗体的生成。

（4）母亲年龄与生育史

第2章曾指出，生育年龄推迟到30多或40多岁的女性，面临的不孕、流产、产下染色体缺陷婴儿的风险将增大。那么，其他妊娠并发症在年龄较大的母亲中是否也更多呢？研究一致表明，30多岁的健康女性患妊娠和分娩并发症的概率与20多岁时相同（Bianco et al.，1996；Dildy et al.，1996；Prysak，Lorenz & Kisly，1995）。但是如图3.4所示，此后患并发症的概率增加，并在50～55岁的女性中急剧升高——在这一年龄段，由于更年期（绝经）和生殖器官衰老，极少有女性能自然受孕（Salihu et al.，2003）。

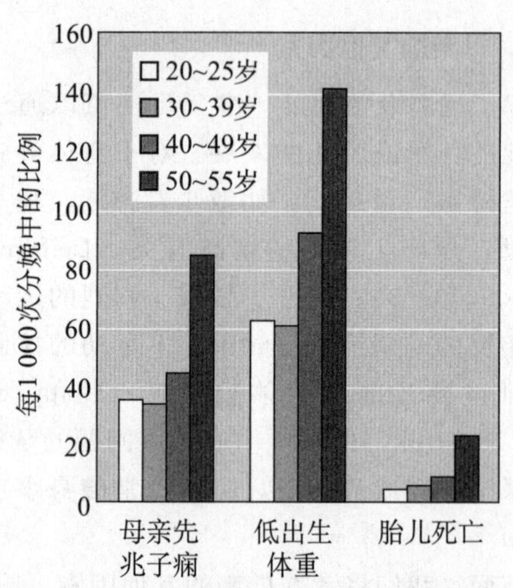

图3.4　母亲怀孕年龄与分娩并发症的关系

40岁后并发症增加，在50到55岁之间急剧升高。见97页对血毒症的描述。

资料来源：Salihu et al.，2003.

在十几岁的母亲身上，生理不成熟会导致妊娠并发症吗？第11章将讲到，人这个物种似乎能

保证，一个女性只要能受孕，她在生理上就已经准备好孕育和分娩一个孩子了。十几岁的少女产下的婴儿，有问题的比例较高，但这不是由母亲年龄直接导致的。大多数怀孕少女来自低收入背景，压力、营养不良和健康问题很普遍。此外，在美国，许多人害怕去求助医疗保健，或缺乏获得医疗保健的途径，因为她们没有健康保险（U. S. Department of Health and Human Services，2005n）。

3. 孕期保健的重要性

约兰达在停经3周后做了第一次产前检查。此后她每月去一次医院，直到怀孕7个月，在第8个月去检查两次。随着分娩临近，约兰达的检查增加到每周一次。医生持续追踪她的总体健康状
95 况、体重增加情况、子宫和宫颈对胎儿的支撑能力，胎儿发育也加以细致地监控。

像大多数人一样，约兰达的妊娠没有出现并发症。但意外也有可能出现，尤其是当母亲本来就有健康问题时。例如，患糖尿病的母亲需要仔细监控。母亲血液中多余的糖导致胎儿长得比平均水平更大，导致妊娠和分娩困难。另一种并发症，*血毒症*（有时称为先兆子痫），有5%～10%的孕妇都经历过。发病时血压急剧升高，面部、手和脚在妊娠后半段出现水肿。如果不治疗，血毒症将导致母亲惊厥和胎儿死亡。通常，医院治疗、卧床休息和药物能够把血压降低到安全水平（Vidaeff，Carroll & Ramin，2005）。否则，婴儿必须马上被分娩出来。

令人遗憾的是，17%的美国怀孕女性获得孕期保健过迟或从未获得孕期保健。这些母亲大多是青少年、未婚或贫困的少数族裔女性。她们的婴儿出现低出生体重的概率是如期接受医疗保健母亲的三倍，死亡的风险是其五倍（Child Trends，2005b）。为什么这些母亲拖着不去看医生呢？原因之一是没有健康保险。虽然其中最贫困的母亲符合条件接受政府资助的健康服务，但许多低收入女性并不具有资格。我们在讨论分娩并发症时还要讲到，在人人都能享受医疗保健的国家，如澳大利亚、加拿大、日本和西欧国家，过迟的孕期保健和母婴健康问题要少得多。

除了经济困难，还有其他原因导致一些母亲不做孕期保健，包括环境障碍（难找到医生、预约有困难无法做检查、交通不便）和个人原因（心理压力、需要照顾其他幼儿、对怀孕的矛盾心理、家庭危机）。许多人还染指高危行为，如吸烟和吸毒（Maupin et al.，2004；Rogers & Shiff，1996）。这些在怀孕大部分时间里未得到医疗关注的女性，恰恰是最需要孕期保健的人群！

毫无疑问，美国迫切需要对所有怀孕女性尽早地、持续地开展孕期保健重要性的公众教育。本节的“学以致用”表，基于我们对孕期环境的讨论，列出了健康妊娠的“应该做什么”和“不该做什么”。

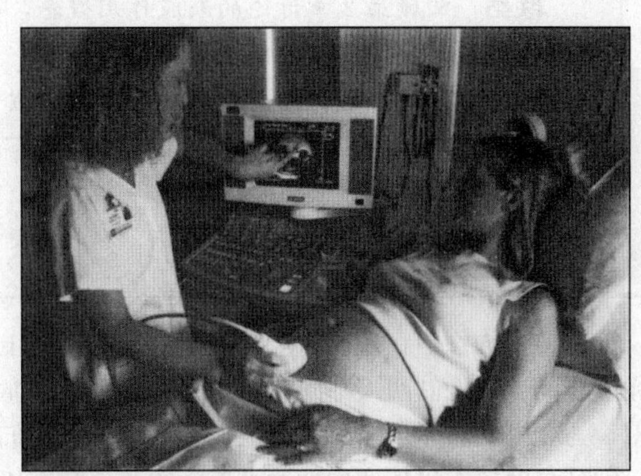

在一次常规产前检查中，这位医生使用超声波向一位母亲展示胎儿图像，并对其发育做出评估。所有孕妇都应该及早接受定期孕期保健，保障她们自己和孩子的健康。

学以致用　**健康妊娠中应该做什么与不该做什么**

应该做什么	不该做什么
在怀孕之前接种能预防对胚胎和胎儿有危险的传染病（如风疹）的疫苗。在孕期接种大多数疫苗都是不安全的。	未向医生咨询前不要服用任何药物。
发现可能怀孕要马上去医院检查，并在整个孕期坚持定期检查。	不要吸烟。如果你是个吸烟者，减少吸烟数量或最好戒烟。避免二手烟，如果家中有其他人吸烟，让他们戒烟或到外面去吸。
怀孕前和怀孕期间的饮食要充分平衡，并根据医生的处方补充维生素和矿物质。体重逐渐增加11～14公斤。	从决定怀孕开始不要喝酒。

续前表

应该做什么	不该做什么
适度运动，保持身体健康。最好能参加一个孕妇锻炼班。	不要参与可能使胎儿受影响的危险环境（如辐射或污染）的活动。
避免情绪压力。如果是单身母亲，找一个能让你寻求情感支持的亲戚或朋友。	不要参与可能使胎儿受到传染病损害，如儿童期疾病、弓形体病的活动。
充分休息。过度劳累有患妊娠并发症的危险。	不要吃未煮熟的肉，不要处理猫的排泄物，不要修整经常有猫活动的花园，这些行为都会增加患弓形体病的危险。
从医生、图书馆和书店获取一些关于孕期发育和保健的资料。就所关心的任何事情询问医生。	不要在怀孕期间节食。
和配偶或其他同伴一起参加一个妊娠和分娩教育课程。如果你们知道该期待些什么，分娩前的 9 个月将成为人生中最快乐的时光之一。	不要在孕期增加太多体重。体重过重与并发症有关。

思考题

复习 为什么某些环境因素（如药物和污染）对妊娠的影响尚难以确定？

应用 诺拉第一次怀孕，她认为少量吸烟和偶然喝酒是无害的。请引用研究证据向诺拉解释为什么孕期不能吸烟喝酒。

联结 回顾第 2 章讨论的渐成作用概念，即环境能够影响基因的表达，举例说明致畸剂如何说明了这一概念。

反思 如果必须选择五种环境影响进行宣传以促进健康的孕期发育，你会选择哪些？为什么？

三、分娩

约兰达和杰伊在他们的宝宝出生前 3 个月就上完了我的课，他们两人都同意在来年春天回到课堂上，与我的下届学生一起分享他们的经历。与他们一同到来的还有出生两周的约书亚。约兰达和杰伊的经历告诉我们，一个婴儿的诞生是人类体验中最激动人心的事件之一。杰伊在约兰达的整个阵痛和分娩过程中一直在场。约兰达这样说道：

> 到了早晨，我确信我是在阵痛。那是星期四，我们去与医生进行每周例行的会面。医生
> 96 说：“是的，孩子已经出发了，但还得等好长时间。”他让我们先回家，放松，过三四个小时后再去医院。我们下午 3 点住进医院，约书亚在第二天凌晨 2 点出生。当我最终做好分娩准备后，一切进行得很快。经过半个小时、几次十分辛苦的用力后，他降临了！他的脸肿得红红的，他的头形状很奇怪，不过我想：“哦！他真美。我简直难以相信他真的已经出生了！”

杰伊也为约书亚的诞生兴奋不已：“我想支持约兰达，想尽可能多地体验。这是令人敬畏、难以形容的。”说着，他把约书亚举过肩膀，温柔地爱抚、亲吻他。下面，我们将从父母和婴儿两方面探究分娩的体验。

1. 分娩的阶段

分娩（childbirth）常常也被称作生产（labor）。分娩也许是女性一生中所做过的最艰苦的体力劳动。母亲和胎儿之间一系列复杂的激素变化发动了这一过程，此过程自然地分为三个阶段（见图 3.5）：

● 宫颈扩张与完全开大。这是分娩过程中最漫长的一个阶段，初次分娩平均持续 12～14 小时，此后的分娩平均持续 4～6 小时。子宫的收缩

阶段1:

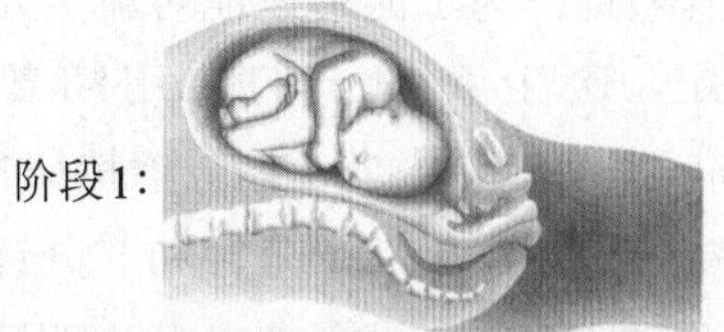

（1）宫颈扩张与完全开大：
子宫收缩致使宫颈扩张并完全开大。

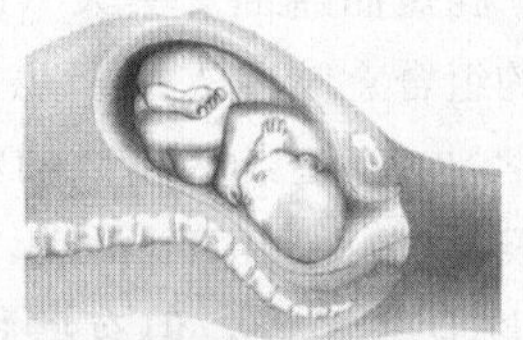

（2）过渡期：
当宫缩的频率和力度达到顶峰时，宫颈完全开大。

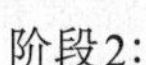

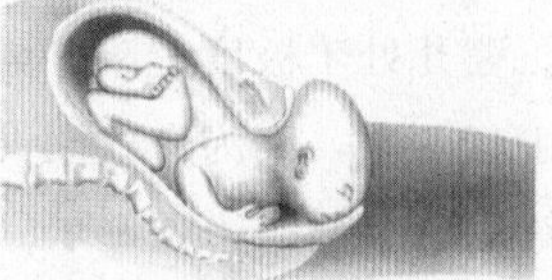

（3）推动：
随着每次宫缩，母亲推动胎儿，迫使胎儿落入产道，头先露出。

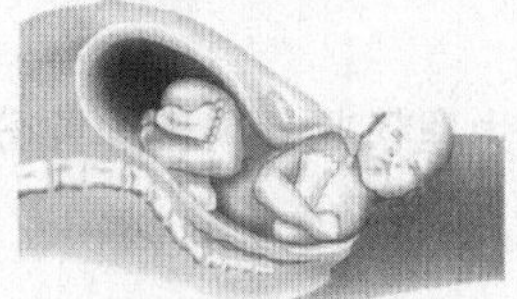

（4）婴儿诞生：
第二阶段接近尾声，肩部出来，身体其他部分很快随之娩出。

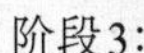

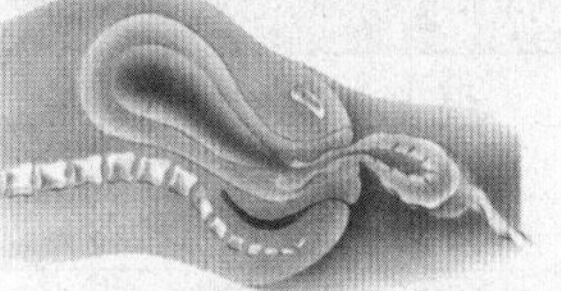

（5）胎盘脱落：
随着最后的几次推动，胎盘排出。

图 3.5　分娩的三个阶段

逐渐变得越来越频繁和有力，致使子宫颈（即子宫的开口）变宽、变薄直至完全开大，形成一条从子宫到产道（即阴道）的通道。

● *胎儿娩出*。这一阶段短得多，初次分娩持续约 50 分钟，以后的分娩约 20 分钟。子宫持续强有力地收缩，母亲以一种强烈的本能用腹部肌肉去推动胎儿。每次收缩的竭力推动迫使胎儿向下并娩出。

● *胎盘脱落*。产程的最终阶段伴随着几次收缩和推动，使胎盘与子宫壁分离并脱落，耗时 5～10 分钟。

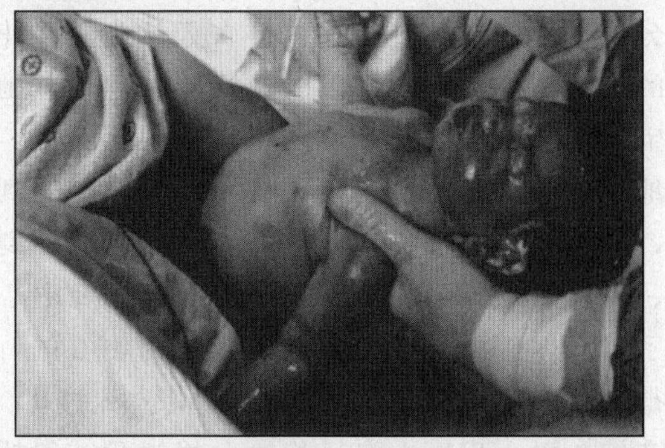

为了容纳发育完善的脑，新生儿的头比躯干和四肢大得多。此外，他们圆圆的脸、胖胖的脸颊和大大的眼睛都让大人想要接近并抱起他们。

2. 婴儿对分娩过程的适应

乍看上去，阵痛和分娩过程对婴儿是一次严 97
峻考验。强烈的宫缩给约书亚的头部造成了极大的压力，并且不断地挤压着胎盘和脐带。每一次宫缩，约书亚得到的氧供应都会暂时减少。

幸好，健康的婴儿都为应付分娩造成的创伤做好了充分准备。宫缩的力量促使婴儿分泌高水平的应激激素。回想一下，怀孕期间母亲的压力会危及孩子。相反，分娩期间婴儿分泌皮质醇和其他应激激素却是有适应意义的，由于大量血液被输送到脑部和心脏，婴儿得以忍受缺氧环境（Gluckman，Sizonenko & Bassett，1999）。此外，激素促使肺吸收多余的液体，使支气管（通往肺的通路）扩张，为婴儿正常呼吸做好准备。最后，应激激素使婴儿进入唤醒状态。约书亚出生时完全清醒，做好了与环境互动的准备（Lagercrantz & Slotkin，1986）。

3. 新生儿的外表

出生后的婴儿是什么样子的？当我的学生提出 98
这个问题时，杰伊笑了："世界上可能只有约兰达和我会认为约书亚很美！"新生儿平均身长 50 厘米，重 3 400 克，男孩一般比女孩稍长、稍重。与躯干和四肢相比，头很大，腿短而蜷曲。头大（以及充分发育的脑）身子小的组合意味着人类婴儿在生命最初几个月中能快速学习。不过与大多数哺乳动物不同的是，他们要等很久才能独自四处活动。

新生儿看上去也许有些怪异，但有些特征使他们非常讨人喜欢。圆圆的脸、胖胖的脸颊、宽阔的额头和大大的眼睛，都让大人想去抱起他们（Berman，1980）。

4. 评估新生儿的生理状况：阿普加评分

对分娩后出现生存困难的婴儿，必须立即给予特殊救助。为了能迅速地对新生儿的生理状况做出评定，医生和护士们使用**阿普加评分**（Apgar Scale）。如表3.3所示，五项特征各分为0，1，2三个等级，在出生后1分钟和5分钟分别评定。阿普加分数之和大于或等于7分表明婴儿的生理状况良好。如果分数在4～6分之间，婴儿需要协助才能呼吸并显示其他生命迹象。如果分数小于或等于3分，婴儿处于极度危险中，需要抢救。阿普加评分要进行两次，因为有些婴儿刚开始会适应困难，几分钟后就会适应得很好了（Apgar，1953）。

表3.3 **阿普加评分**

体征[a]	分数		
	0	1	2
心律	无心跳	低于100次/分钟	100～140次/分钟
呼吸	60秒钟无呼吸	呼吸不规则、微弱	强有力的呼吸和啼哭
反射反应（打喷嚏、咳嗽和面部扭曲）	无反应	反射反应弱	强有力的反射反应
肌肉张力	完全松弛	四肢动作微弱	四肢动作有力
肤色[b]	身体和四肢青紫	身体粉红，四肢青紫	身体和四肢均为粉红色

[a]有个窍门能帮你记住这5项体征。按以下方式把这些体征重命名：肤色（color）＝Appearance，心律（heart rate）＝Pulse，反射反应（reflex irritability）＝Grimace，肌肉张力（muscle tone）＝Activity，呼吸（respiratory effort）＝Respiration。所有新名称的首字母拼在一起就是Apgar（阿普加）。

[b]非白种新生儿的肤色难以符合“粉红色”的标准，但由于氧在身体组织中的循环，所有种族的新生儿都可以被评定为“泛粉红色”。

资料来源：Apgar，1953.

四、分娩方式

与家庭生活的其他方面一样，分娩习俗也受母亲和婴儿所处社会的影响。在许多村庄和部落文化中，孕妇熟知分娩的全过程。例如南美洲的亚拉拉族和太平洋群岛的普卡普坎族，分娩被视为日常生活中一个至关重要的部分。亚拉拉族的母亲在整个部落的注视下生产，小孩子们也来观看。普卡普坎族的女孩很熟悉阵痛和分娩过程，甚至经常可以看到她们在玩生小孩的假装游戏。她们把一只椰子塞到衣服里装作婴儿，模仿母亲用力，然后让椰子在适当的时候掉出来。在大多数非工业化的文化中，女性在分娩过程中都会得到协助。在尤卡坦半岛的玛雅人中，母亲倚靠在一名被称作“第一帮手”的女人身上，她支撑着产妇的身体，并在每次宫缩时陪她一起使劲（Jordan，1993；Mead & Newton，1967）。

在西方国家，几个世纪以来分娩已经发生了翻天覆地的变化。19世纪末以前，分娩大多在家里完成，是一件以家庭为中心的事件。工业革命给城市带来了大量人口，随之产生了新的健康问题。因此分娩从家里转移到医院，在这里，母婴健康能得到保障。一旦由医生承担了分娩的责任，女性的分娩知识就减少了，也不再欢迎亲戚和朋友来参与（Borst，1995）。

到20世纪50—60年代，女性开始质疑阵痛和分娩中使用的常规程序。许多人认为，五花八门的强效药物和频繁使用的分娩器械剥夺了她们的宝贵体验，对婴儿来说既不必要也不安全。渐 99
渐地，一场自然分娩运动在欧洲兴起并蔓延到北美，其目的是使医院分娩尽可能地让母亲感到舒适、有意义。现在，大多数医院通过分娩中心落实了这一思想。分娩中心是以家庭为中心的，布置得像家一样温馨。另外还有独立分娩中心，它使产妇在更大程度上自己控制分娩过程，包括选择分娩姿势，家人和朋友是否在场，以及父母与新生儿尽早接触。还有一小部分北美女性完全拒绝在医院分娩，而选择家庭分娩。

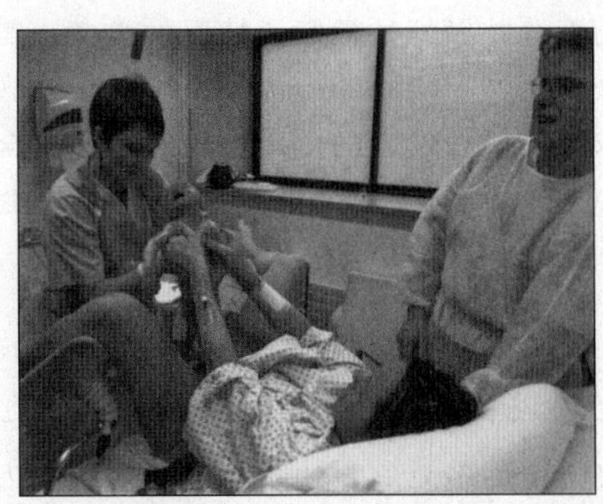

在一家医院的分娩中心，这位妈妈和爸爸一起迎来了他们的宝宝，这个新生儿刚刚由助产士接生出来。父亲的支持是西方国家普遍运用的自然分娩技术。自然分娩可使阵痛过程较短，并发症较少，它为父母提供了一种更有意义的分娩体验。

1. 自然分娩或无痛分娩

约兰达和杰伊选择了**自然分娩**（natural childbirth），即**无痛分娩**（prepared childbirth），这是*一套分娩技术，目的在于减轻疼痛，减少医疗干预，同时尽可能使分娩成为一次有意义的体验。*自然分娩技术名目繁多，但大多吸收了由英国人格兰特林·迪克-里德（Grantly Dick-Read，1959）和法国人费尔南德·拉马泽（Fernand Lamaze，1958）设计的方法。这两位医生认为，文化态度使女性产生了对分娩的恐惧。一个焦虑、惊恐的女性会在分娩中绷紧肌肉，把伴随强烈宫缩出现的轻微疼痛变成了强烈的痛楚。

在常见的自然分娩程序中，孕妇和一位同伴（丈夫、亲戚或朋友）一起参加三项活动：

- 课程。约兰达和杰伊参加了一系列课程，课上他们学习了关于阵痛和分娩的解剖学和生理学知识。对分娩过程的了解可以降低产妇的恐惧。
- 放松和呼吸技巧。每次课上，约兰达都要做放松和呼吸练习，目的是减轻子宫收缩造成的疼痛。
- 分娩指导。杰伊学习了怎样在分娩中帮助约兰达：提醒她放松和呼吸，按摩她的背，支撑她的身体，用语言表达鼓励和爱意。

社会支持是成功的自然分娩技术的重要部分。一项研究在危地马拉和美国的医院中，把产妇照惯例进行隔离，一些产妇被随机指派一个同伴，在整个分娩过程中陪伴她们，与她们谈话，握着她们的手，抚摸她们的后背帮她们放松。与无人陪伴的产妇相比，这些产妇出现的并发症较少，且阵痛过程较短。分娩后，得到支持的危地马拉母亲与婴儿的互动（谈话、微笑和轻抚）更积极（Kennell et al.，1991；Sosa et al.，1980）。另有研究表明，在分娩过程中得到支持的产妇较少接受剖宫产手术，她们所生婴儿的阿普加评分也较高（Sauls，2002）。社会支持还使西方“在医院分娩”的习俗更容易被世界其他地区的女性所接受，特别是在那些由家人和邻居帮助产妇完成分娩的地区（Granot et al.，1996）。

2. 家庭分娩

家庭分娩在某些工业化国家一直较普遍，如英国、荷兰和瑞典。20世纪70—80年代，选择在家里生孩子的北美女性数量也有所增长，但人数仍然很少，只有约1%（Curtin & Park，1999）。有些家庭分娩有医生在场，更多的是由经过认证的助产士来协助的。她们拥有护理学学位，还接受过助产培训。

多恩给我讲的经历充分说明了家庭分娩的乐趣和危险，在我写作这本书时他正帮我油漆房子。“我们的第一个孩子是在医院出生的，”他说，“虽然我在场，但凯西和我仍然觉得气氛呆板麻木。我们想要一个更温馨、更私密的分娩环境。”在一位助产士的指导下，多恩在他们的农场给第二个孩子辛迪接生，那里距离镇上有约5公里远。三年后，当凯西将要生玛尔尼时，一场暴风雪使助产士没能准时到达，多恩只能独自为孩子接生。那次分娩十分艰难，玛尔尼几分钟都未能呼吸。经过巨大的努力，多恩救活了她。对玛尔尼那无力、青紫的身体的恐怖记忆，使多恩和凯西在生他们最后一个孩子的时候重新回到了医院。那时候，医院的惯例已经有了改变，分娩成了父母两个人的事情。 100

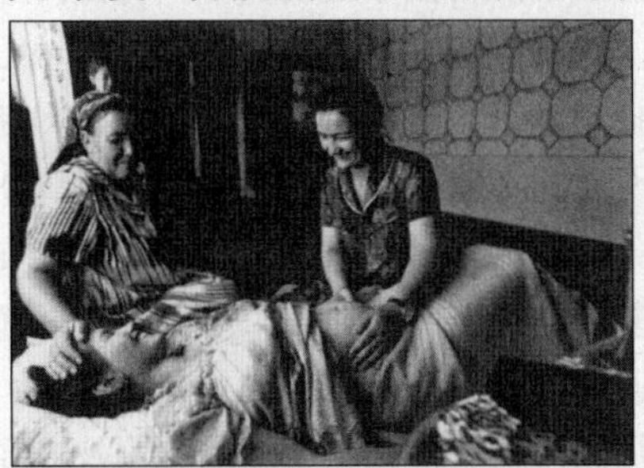

与发达国家中的女性大多在医院或产科中心诞下婴儿不同，非工业化文化中的很多女性在家中分娩。位于亚洲中部乌兹别克斯坦的这位女性在准备分娩时由一位助产士来照顾，她的母亲也在一旁帮忙。

多恩和凯西的经历提出了这样一个问题：家庭分娩和在医院分娩同样安全吗？对于健康女性，当有受过良好训练的医生或助产士协助时，答案是肯定的，因为并发症很少出现（Janssen et al.，2002；Vedam，2003）。但是，如果协助者没有经过专门训练并做好处理紧急情况的准备，婴儿死亡率会较高（Mehlmadrona & Madrona，1997）。当母亲有任何并发症的危险迹象时，最适合的分娩地点还是医院，在这里能够得到挽救生命的处置。

五、医疗干预

两岁大的美琳达只能用一种蹒跚、笨拙的步态行走，并且不能保持平衡。她患有脑瘫，这是对由分娩前、分娩中或刚刚分娩后出现的脑损伤引起的多种肌肉协调性障碍的统称。

与其他10%的脑瘫患儿一样，美琳达的脑损伤是由于阵痛和分娩过程中**缺氧**（anoxia），即氧供应不足造成的（Anslow，1998）。她的母亲是意外怀孕，她很恐惧并且独身一人，直到最后一分钟才赶到医院。美琳达处于**臀位**（breech position），一种颠倒的胎位，须先娩出臀部或脚，而且有脐绕颈。如果她的母亲早点去医院，医生就能监测到美琳达的情况，如果脐带缠绕过紧可能造成不幸，医生也可以动手术及时将胎儿取出，减少或完全避免伤害。

像美琳达这样的案例，医疗干预显然是合理的。但在有些情况下，医疗干预会干扰分娩甚至造成新的危险。下面，我们将介绍一些在分娩过程中普遍使用的临床医疗技术。

1. 胎儿监测

胎儿监测仪（fetal monitor）是用以追踪分娩过程中胎儿心律的电子设备。异常的心跳可能意味着胎儿处于缺氧危险中，需要立即分娩出来。大多数美国医院都要求进行持续不断的胎儿监测，在美国，它被用于超过80%的分娩中。在加拿大，连续的胎儿监测通常针对有分娩并发症危险的婴儿（Banta & Thacker，2001；Liston et al.，2002）。最常见的一种监测仪是在整个分娩过程中用带子缚住母亲的腹部。另一种更准确的方法是把一个记录装置穿过子宫颈，直接置于胎儿的头皮下。

胎儿监测是一种安全医疗措施，挽救了许多处于高危状况下的孩子。然而，对其使用仍有争议。在正常妊娠中，它并不能使已经很低的婴儿脑损伤和死亡率进一步降低。此外，大多数婴儿在分娩过程中都会出现一些不规则心跳，批评者担心，胎儿监测仪会把许多无危险的胎儿错误地鉴别为有危险。胎儿监测与剖宫产数量的增长有关，对此稍后将讨论（Thacker & Stroup，2003）。此外，一些女性抱怨这些设备很不舒服，使她们不能轻松地移动，并且妨碍了分娩的正常进程。

在美国，胎儿监测仪仍会继续使用，虽然大多数情况下它并非必要。如果婴儿死亡或出生时带有问题，医生又无法证明他们尽了一切可能去保护这个孩子时，他们可能被控玩忽职守。

2. 分娩中的药物干预

北美超过80%的分娩中都使用了某些药物（Sharma & Leveno，2003）。在阵痛时，可给产妇小剂量的止痛剂（用于减轻疼痛的药物）帮助其放松。麻醉剂是一种药效更强的止痛药，能够阻断感觉。目前，分娩中最常用的控制疼痛的方式是硬膜外麻醉，用一根导管把局部麻醉剂持续不断地注入腰椎的间隙。与以前会使身体的下半部失去知觉的腰麻方式相比，硬膜外麻醉把疼痛减轻的范围限制在骨盆区。由于产妇仍能感受到宫缩的力量，并且可以活动躯干和腿，所以她在分娩的第二阶段可以去推动胎儿。

虽然镇痛药能帮助女性应对分娩，也使医生能实施基本的医疗干预，但它们也会造成一些问题。 101
例如，硬膜外麻醉会使子宫收缩减弱，延长分娩过程。此外，药物会快速通过胎盘，因此接触药物的新生儿，其阿普加评分可能偏低，出现困乏和退缩，喂奶时较少吸吮，并且醒着的时候易被激惹（Caton et al.，2002；Eltzschig，Lieberman & Camann，2003；Emory，Schlackman & Fiano，1996）。

分娩过程中大剂量药物的使用对生理心理发展有长远影响吗？有些研究者认为如此（Brackbill，McManus & Woodward，1985），另一些人则意见相反（Golub，1996；Riordan et al.，2000）。药物使用与其他可能导致长期后果的危险因素有关，一些研究发现的持久影响也可能是这些因素造成的，还需更多研究来区分这些效应。由于这些药物对新生儿适应有负面影响，目前的趋势是限制其使用。

3. 剖宫产

剖宫产（cesarean delivery）是一种手术分娩：医生在母亲的腹部切一个口，将胎儿取出子宫。剖宫产在40年前还不多见。此后，剖宫产率在世界各国都不断升高，在芬兰达到15%，加拿大和新西兰为19%，澳大利亚为21%，美国为29%（Canadian Institute for Health Information，2005；Martin et al.，2005）。

医学上的紧急情况永远是实施剖宫产的正当理由，如Rh血型不相容、胎盘早剥及产妇患重病或传染病（例如单纯疱疹Ⅱ型病毒，它可能在阴道分娩中传染给婴儿）。在臀位分娩中，婴儿存在头部受伤或缺氧的危险（就像美琳达的案例中的情况），这时实施剖宫产是恰当的。但具体姿势不同的婴儿间存在很大差异，某些婴儿的正常分娩过程与剖宫产进行得同样顺利（Giuliani et al.，2002）。有些情况下在分娩刚开始时医生可以轻轻地将婴儿旋转为头位。

直到最近，许多曾经接受过剖宫产手术的女性在后来怀孕时仍可以选择顺产方式。但有新的研究证据显示，与重复进行剖宫产相比，在剖宫产后再进行自然分娩与子宫破裂和婴儿死亡发生率的小幅度增高有关（Gerten et al.，2005）。因此，“一旦剖宫产，永远剖宫产”的道理又有了依据。

重复的剖宫产并不能解释它在世界各地的增加，相反，分娩过程中的医疗控制应承担很大责任。由于已经实施的许多剖宫产手术都是不必要的，因此怀孕女性在选择医生之前应该询问分娩的程序。虽然手术本身是安全的，但母亲和婴儿都需要更长的时间恢复。由于麻醉剂可能通过胎盘，因此剖宫产的新生儿更可能出现困乏和反应迟钝，发生呼吸困难的危险也会增高（McDonagh，Osterweil & Guise，2005）。

思考题

复习 描述自然分娩的特点和益处。哪些因素导致了良好结果？为什么？

应用 当卡罗琳第一次见到她的宝宝时，她惊呼：“她的比例为什么这么不协调？”什么现象使卡罗琳提出了这样的问题？解释她的宝宝的外表为什么具有适应性。

联结 硬膜外麻醉的应用对父母和新生儿之间的关系可能产生哪些消极影响？你的回答是否阐明了生态系统论中特别强调的母婴之间的双向影响？请解释。

反思 如果你是一位准父母，你会选择家庭分娩吗？为什么？

六、早产儿和低出生体重儿

多年来，在38周足月妊娠前三周及三周以上出生，或出生时体重低于2 500克的婴儿被称为“早产儿”。很多研究表明，早产儿处于多种危险中。出生体重是婴儿存活和健康发育的最有效预测指标。许多体重低于1 500克的新生儿会遇到难以克服的问题，体重越轻后果越严重（见图3.6）。如经常生病，注意力不集中，多动，语言发展迟滞，智力测验分数较低，学校学习缺陷以及有情绪和行为问题等，这些问题会一直持续到儿童期、青少年期，并延伸到成年期（Bhutta et al.，2002；Davis，2003；Johnson et al.，2003）。

约13个美国婴儿或18个加拿大婴儿中有1个在出生时体重不足。虽然问题可能意外出现，但在贫困女性中发生率最高，包括少数族裔女性和少女妈妈（Children's Defense Fund，2005；Statistics Canada，2004a）。正如我们之前所指出的，这些母亲更可能出现营养不良并受到其他有害环境的影响。此外，她们通常都没有获得必要的孕期保健。

重温第2章的内容，早产在双胞胎中也很普遍。双胞胎平均比普通婴儿早出生三周。并且因为子宫内的空间有限，双生子在孕期20周后的体重会低于一般婴儿。

1. 早产儿与小于胎龄儿

102 虽然低出生体重婴儿的健康发展面临许多障碍，但其中大多数人都会过上正常的生活。那些出生时低体重的人中，有一半没有留下任何残疾（见图3.6）。为了更好地理解为什么其中一些儿童比其他人发展得更好，研究者将他们分为两类。第一类称作**早产儿**（preterm），这些婴儿在他们的预产期前几周或更早出生。虽然体型较小，但他们的体重通常仍合乎他们在子宫内所停留的时间。第二类称为**小于胎龄儿**（small-for-date），这些婴儿的实际体重低于他们所处胎龄的预期体重。有些小于胎龄儿实际上是足月儿，另一些则是体重特别不足的早产儿。

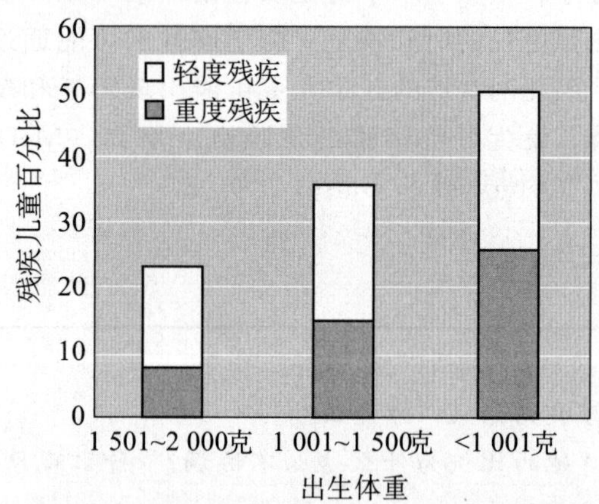

图3.6 不同出生体重儿童重度残疾和轻度残疾的发生率：来自低出生体重儿的学龄期数据研究

重度残疾包括脑瘫、智力迟滞以及视力和听力损伤。轻度残疾包括略低于平均智力水平、学习困难（通常表现在阅读、拼写和数学上）、轻度动作控制障碍以及行为问题（包括注意缺失、不能控制冲动、攻击行为、不顺从、抑郁、被动、焦虑以及与父母分离困难）。

资料来源：D'Agostino & Clifford，1998.

这两类婴儿中，小于胎龄儿的问题通常更严重。他们更可能在一岁以前死亡，患传染病，表现出脑损伤迹象。到小学期，他们的智力测验分数较低，注意力难以集中，学习成绩较差且社会性发展不成熟（Hediger et al.，2002；O'Keefe et al.，2003）。小于胎龄儿可能在妊娠期间营养不良，也可能因为其母亲饮食不当，胎盘没有正常工作，或者婴儿自己存在缺陷使他们没能正常发育。前面曾讲到，功能异常的胎盘会迅速地将应激激素由母体传给胎儿。因此，小于胎龄儿尤其易受妊娠期神经损害，永久地削弱他们应对压力的能力（Wust et al.，2005）。

2. 护理的效果

想象一个骨瘦如柴、皮薄如纸的婴儿，他的身体只比你的手稍大一点。你小心地抚摸他，轻声跟他说话，跟他玩耍，但他总是困顿，没有反应。你喂他的时候，他很少吸吮。即使有短暂的清醒时间，他也很容易被激惹。

早产儿的表现和行为，使父母在护理他们时敏感性较低，也较少做出回应。与足月儿相比，早产儿——尤其是在分娩时十分不健康的孩子——较少被抱近、抚摸和与之温和地说话。有时，这些婴儿的母亲会用手指戳或朝他们喊叫，让他们做出反应（Barratt，Roach & Leavitt，1996），这或许可以解释，为什么早产儿是处于被虐待危险中的一类孩子。如果这些婴儿的母亲孤身一人且为贫穷所困，不能提供丰富的营养、良好的保健和养育，那么发生不良后果的可能性便会增加。反之，拥有稳定的生活环境和社会支持的父母，通常能应对早产儿养育带来的压力。在这种情况下，即使是病弱的早产儿也有很多机会在小学期赶上正常儿童（Ment et al.，2003）。

这些发现表明，早产儿发展得如何，要看亲子关系如何。因此，对这条关系链的两端都予以支持的干预，对这些婴儿的恢复帮助较大。

3. 对早产儿的干预

早产的婴儿会被放入一个特制的封闭树脂玻璃床内，称作*早产儿保育箱*。温度被严格加以控制，因为这些婴儿还不能有效地调节自己的体温。空气在进入保育箱之前都经过过滤，以免婴儿受到感染。早产六周以上的婴儿一般患有*呼吸窘迫综合征*（*又称肺透明膜病*）。他们小小的肺发育很不完善，肺泡塌陷，导致严重的呼吸困难。早产儿在呼吸机帮助下呼吸时，只能通过胃管进食，通过静脉针获得药物，保育箱完全与世隔绝！在正常情况下，新生儿的生理需求会带来亲密接触和成人的刺激，但是早产儿的生理需求只能通过机器来满足。

（1）特殊的婴儿刺激

医生们曾经认为，刺激一个如此脆弱的婴儿可能会造成伤害。现在我们知道，某些适度

的刺激能够促进早产儿的发展。在一些重症监护的婴儿室中，可以看到，一些早产儿被放在
103 悬挂的吊床上摇动，或让他们躺在水床上，这是为了替代他们本应在母亲子宫中接受到的柔和运动。其他形式的刺激也在使用——能引起婴儿兴趣的移动物体，或录有心跳声、轻音乐或母亲说话声的录音带。这些经验可以促进体重的较快增长，使睡眠更有规律，并使婴儿更活跃（Marshall-Baker，Lickliter & Cooper，1998；Standley，1998）。

触摸是一种非常重要的刺激。在动物幼仔中，触摸皮肤能促使脑部释放化学物质，促进身体发育，这种效应在人类身上也同样会出现。如果早产儿在医院中每天接受几次按摩，那么他们的体重增长得更快。到一周岁时，其智力和动作发展，比没有接受这种刺激的早产儿更超前（Field，2001；Field，Hernandez-Reif & Freedman，2004）。

在发展中国家，常常不能住院治疗，因此一种肌肤相亲的"袋鼠育儿法"成为促进早产儿存活和康复的最简便易行的干预手段。这种方法是让婴儿采取直立姿势，固定于母亲或父亲的胸前（在父母的衣服下面），由父母的身体来充当育婴器。袋鼠育儿法为父亲们提供了一个独特机会，提高了他们在照顾早产儿中的参与度。由于这种技术对生理和心理发展好处很多，西方国家也把它作为医院重症监护的一种补充。

袋鼠育儿法中的肌肤接触能够改善婴儿身体的氧合作用、体温调节、睡眠、进食、体重增加和婴儿的存活（Feldman & Eidelman，2003）。此外，袋鼠育儿法在所有感觉通道上都为婴儿提供了温和的刺激：听觉（通过父母的谈话声）、嗅觉（通过亲近父母的身体）、触觉（通过肌肤的接触）以及视觉（通过直立的姿势）。实施袋鼠育儿法的父母对养育羸弱的婴儿更有自信，与婴儿的互动也更敏感、亲切（Feldman et al.，2002，2003）。这些因素综合在一起或许可以解释，为什么那些在最初几周每天享受几个小时袋鼠育儿法的早产儿，与没有或极少用这一方法的早产儿相比，在一岁以内的智力和动作发展方面得分更高（Charpak et al.，2005；Tessier et al.，2003）。

(2) 训练父母抚养婴儿的技能

对早产儿父母的干预，一般会教一些关于婴儿特点的知识，提高其抚养技能。对那些经济条件较好、有能力照料一个低出生体重儿的父母来说，只要对如何分辨和回应婴儿需求做短期辅导，就能使儿童的智力测验成绩稳定地增长，几年后追上足月儿童的水平（Achenbach et al.，1990）。帮助早产儿维持注意力的教育（例如温和地谈论和展示一个玩偶的特征）对促进早期认知和语言的良好发展特别有帮助（Smith et al.，1996）。

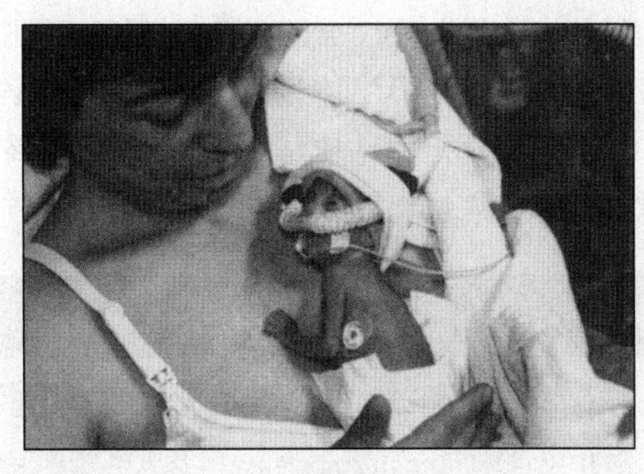

在重症监护婴儿室中，这位母亲正对她的早产宝宝实施袋鼠育儿法。把婴儿贴近她的胸前，可促进婴儿身体的氧合作用、体温调节、进食、觉醒和更好的发育。同时，她对自己能否满足这个羸弱新生儿的需求有了更大的信心。

如果早产儿生活在压力重重的低收入家庭，那么长期的特别干预对减少发育中的问题是必需的。有一个"婴儿健康和发育项目"，对出生于贫困家庭的早产儿开展了一套全面的干预，包括医疗随访、每周的家长培训和认知刺激课程。到3岁时，在智力、心理适应和身体发育上处于正常范围内的干预组儿童是控制组的4倍多（39%比9%）（Bradley et al.，1994）。此外，干预组的母亲更亲切，更多地鼓励她们的孩子做游戏和运用认知技巧，这也是她们的孩子到3岁时能发展良好的原因之一（McCarton，1998）。

到5岁和8岁时，定期参加该项目的儿童继续表现出较好的智力，此时他们参加项目的时间已经比3岁时多出350天以上。他们参加得越多，智力分数就越高。其中，出生体重较高（2 001～2 500克）的儿童受益较大。相反，只是偶尔参加的儿童基本没有获益，有人甚至有退步（Hill，Brooks-Gunn & Waldfogel，2003）。这些发现进一步证实，出生于贫困环境中的早产儿需要特别干预。对于体重最低的儿童，必须采取一些特别措施，如特别增加的成人儿童互动，才能增强干预效果。

通过改善本节“社会问题”专栏中所述的健康和社会状况，低出生体重在美国的高发率（在所有工业化国家和地区中情况最糟糕）能够得到很大程度的降低。幸好，现在我们能够救活许多早产儿。但更好的做法应该是，在这种严重威胁婴儿生存和发育的情况出现之前，就对其做出预防。

专栏 社会问题

从跨国视角看保健和其他有关父母及新生儿的政策

婴儿死亡率（infant mortality）是世界通用的评估一个国家儿童整体健康状况的指标，指每1 000个活产婴儿中在出生后第一年内的死亡数。虽然美国拥有世界上最先进的医疗保健技术，但其在减少婴儿死亡数量上所取得的进步却比其他许多国家和地区都要小。在过去30年中，美国在国际排行榜上的位置有所下滑，从20世纪50年代的第7位滑落到2003年的26位。美国的贫困少数族裔成员所处的危险最大，非洲裔美国婴儿和美国原住民的婴儿在出生后第一年中死亡的比率是白人婴儿的两倍多（U. S. Census Bureau，2006b）。相反，加拿大是世界上婴儿死亡率最低的国家和地区之一。它排在16位，稍落后于最前面的国家和地区。但在加拿大收入最低的人群中，婴儿死亡率仍远远高于平均水平。原住民的婴儿死亡率是加拿大一般婴儿的两倍，而因纽特婴儿的死亡率是其三倍（Smylie，2001；Statistics Canada，2005d）。

新生儿死亡率是指婴儿出生后第一个月内的死亡率，占美国婴儿死亡率中的67%，加拿大婴儿死亡率中的80%。新生儿死亡主要可以归于两个因素。第一个是严重生理缺陷，其中大部分是难以避免的。婴儿出生时带有生理缺陷的比例在所有族裔和收入群体中大体相仿。导致新生儿死亡的第二大原因是低出生体重，这在很大程度上是可以预防的。非洲裔美国人、美国原住民和加拿大原住民的婴儿早产和出生体重过低的比率是白人婴儿的两倍以上（Health Canada，2004b；U. S. Census Bureau，2006b）。

这些趋势主要应归咎于大范围的贫困和美国母婴医疗保健系统的薄弱。图3.7中在婴儿存活率上居美国之上的任何一个国家和地区都向其全部公民提供政府资助的医疗保健福利，每个国家和地区都采取额外措施，保证孕妇和婴儿能够获得充分的营养、高质量的医疗保健以及社会和经济支持，以促进其有效的抚养。

例如，所有西欧国家都保证女性进行一定次数的产前检查，价格极低或完全免费。婴儿出生后，一位保健人员会定期随访，提供育婴建议并安排后续的医疗服务。家庭援助在荷兰尤其普遍。加入“家庭护理互助协会”并缴纳会费后（会费约占家庭收入的20%），每个母亲可以得到一位经过培训的产妇助手，帮助进行婴儿护理、购物、做家务、做饭，以及在分娩后的一段时间内帮助照顾其他孩子（Bradley & Bray，1996；Kamerman，1993）。

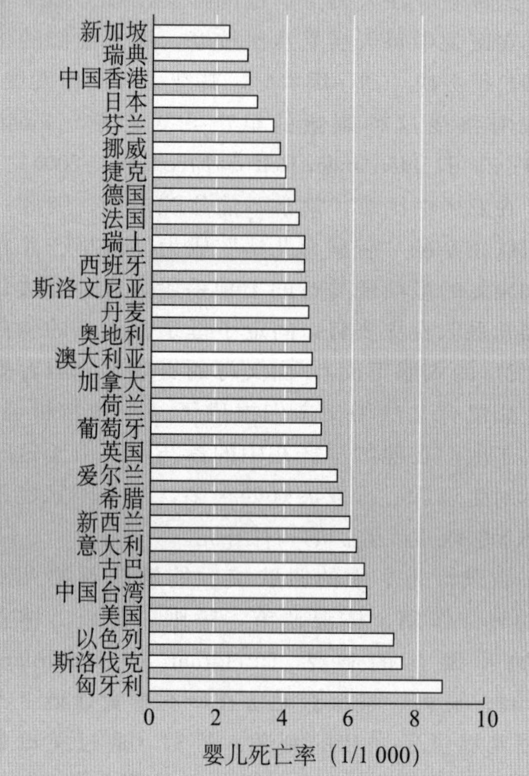

图3.7　29个国家和地区的婴儿死亡率

虽然拥有先进的医疗保健技术，但美国的排名较差，在世界上排名26位，每1 000个出生婴儿中有6.6个死亡。加拿大政府向全体公民提供医保福利，它排在16位，婴儿死亡率为4.8‰。

资料来源：U. S. Census Bureau，2006b.

带薪休假对新父母来说是另一种重要的社会干预。加拿大的母亲能获得15周的产假及原工资的55%，此外，加拿大父母还可获得35周的育婴假期及同样比例的收入。带薪假期在其他工业化国家和地区中也很普遍。瑞典的产假是世界上最慷慨的，父亲有两周的带薪假期，父母还享有18个月的假期，前12个月享受80%的工资，之后3个月工资适度减少，最后 3 个月无工资（Seward，Yeats & Zottarelli，2002）。即使是在发展中国家中，政府也会提供产假福利。例如中国，新妈妈有 3 个月的全薪假期。此外，还有许多国家都提供基本的带薪假期。例如德国，在享受了 3 个月的全薪假期后，父母一方还可享受两年以上的假期，前两年享有适度减少的工资，第三年无薪（Waldfogel，2001）。

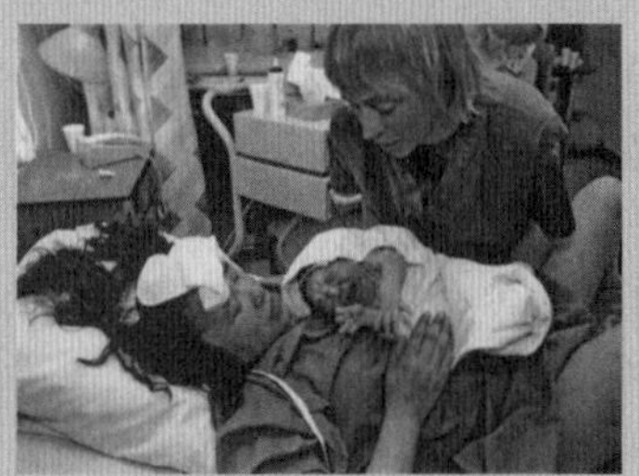
这位因纽特母亲来自加拿大最北部的巴芬岛，她因妊娠并发症，不得不飞到 300 多公里以外生下她的儿子。偏远地区有限的保健和社会服务危及许多因纽特新生儿的未来。

但在美国，仅在拥有 50 名以上员工的公司企业中，政府才给予雇员 12 周的无薪假期。2002 年，加利福尼亚州成为第一个向母亲或父亲提供带薪假期的州，无论公司大小，均可享受 6 周的半薪假期。然而研究表明，6 周的产假（美国标准）太短了。当一个家庭面临着孩子出生带来的压力时，6 周或更少的假期与母亲焦虑、抑郁、婚姻满意度较低、角色超负荷感（工作和家庭责任之间的冲突）以及母婴之间的消极互动有关。12 周及以上的长假则能预测母亲良好的精神健康状况和敏感、反应迅速的抚育（Clark et al.，1997；Hyde et al.，2001）。如果政府没有宽松的带薪休假政策，最易受伤害的是单身母亲和她们的婴儿。这些母亲通常是家庭的唯一支柱，她们能从工作中抽出的时间最少。

在婴儿死亡率较低的国家和地区中，准父母们不需担心他们怎样取得医疗保健和其他资源来支持孩子的发展。全国性、高质量的医保，丰厚的产假政策及其他社会服务，对母婴健康产生的巨大影响，为这些政策提供了强有力的根据。

七、分娩并发症、养育和复原力

105 前几节讨论了各种分娩并发症。现在，我们把这些情况归并一下。是否存在一些普遍原则帮助我们了解在分娩创伤中幸存的婴儿会如何发展？一项在夏威夷进行的里程碑式的研究为这一问题提供了答案。

1955 年，艾米·沃纳（Emmy Werner）和鲁丝·史密斯（Ruth Smith）开始对考艾岛上近 700 个婴儿进行追踪，这些婴儿分别经历了轻度、中度或重度的分娩并发症。每个婴儿都根据社经地位和种族与一个健康新生儿做了匹配（Werner & Smith，1982）。结果显示，如果分娩创伤十分严重，出现长期问题的可能性就会加大。但是轻度和中度创伤儿童，对其后期发展的最好预测指标是家庭环境的质量。在稳定家庭中长大的儿童，其智力和心理适应几乎和顺产儿童一样好。生活在贫困、家庭破裂和父母有精神疾病环境中的儿童往往会出现严重的学习困难、行为问题和情绪障碍。

考艾岛的研究告诉我们，只要分娩损伤不是毁灭性的，支持性的家庭环境就能使儿童成长得到恢复。但这项研究中最令人感兴趣的案例是少数例外，一些有重度分娩并发症并且家庭环境也不良的儿童，最终却成长为出色的成人，在职业成就和心理适应上与控制组做得同样好。沃纳和史密斯发现，这些儿童依靠家庭外部和自己内部的因素战胜了压力。有些人具有极富魅力的人格，使得他们从亲属、邻居和同伴那里获得了积极的回应。另一些案例是因为祖父母、姨妈、叔叔或保姆为孩子提供了所需的情感支持（Werner，1989，2001；Werner & Smith，1992）。

这些结果是否让你想起了第 1 章曾讨论过的具有复原力的儿童的特点呢？考艾岛研究和其他类似调查表明，随着儿童人格特点和社会经验影响的不断增大，早期生理危险对机能的影响常常会减弱（Laucht，Esser & Schmidt，1997；Resnick et al.，1999）。总之，只要生活事件的总体平衡向有利的一面倾斜，有重度分娩问题的儿童也能得到正常发展。

思考题

复习 敏感的养育能够帮助早产儿恢复，但他们得到这种养育的可能性比足月儿要少。为什么？

应用 塞西莉亚和阿黛娜各生了一个早产7周的婴儿，只有1 400克重。塞西莉亚是单身母亲并且接受社会救济，阿黛娜和丈夫婚姻很幸福，并且有一笔不错的收入。请设计一套干预措施帮助这两个婴儿的发展。

联结 列出本章介绍的导致婴儿低出生体重的因素。其中哪些可以通过良好的母婴保健加以预防？

反思 极低体重的婴儿（小于1 000克）即使存活，也面临着严重的生理、认知和情绪问题的高风险。对于采取特别医疗措施来挽救这些婴儿的生命，你是支持还是反对？为什么？

八、新生儿的能力

106 新生儿具有一系列非凡的能力，这对生存，对唤起父母的注意与关心极其重要。在与物质世界发生联系并建立他们的最初社会关系方面，婴儿从一开始就非常主动而活跃。

1. 新生儿的反射

反射（reflex）是对某种特定刺激做出的与生俱来的、无意识的反应。反射是新生儿最明显的有组织的行为。当杰伊把约书亚放在教室的一张桌子上时，我们看到了一些反射。当杰伊击打桌子一侧时，约书亚的反应是先展开双臂，然后向身体收拢。约兰达抚摸约书亚的脸颊时，他把头转向了她的方向。约兰达把手指放在约书亚的手掌中时，他紧紧地抓住不放。查阅表3.4，看你能否找到约书亚所表现出的新生儿反射的名称。

表3.4 新生儿反射

反射	刺激	反应	消失的时间	功能
眨眼	强光照射眼睛或在头附近击掌。	婴儿迅速闭上眼睛。	永久性的	免受强烈的刺激
觅食	抚摸靠近嘴角的面颊。	头部转向刺激源方向。	3周（此时头部已能自主转动）	帮助婴儿找到乳头
吸吮	把手指放入婴儿口中。	婴儿有节奏地吸吮手指。	4个月后被自主吸吮取代	为进食提供了可能
摩罗氏惊跳	让婴儿水平仰卧，突然把头部下沉或敲击支撑婴儿的台面发出很大声响。	婴儿做出“拥抱”姿势，背部呈弓形，双腿伸展，双臂外伸，然后双臂向内收拢。	6个月	在人类进化过程中可帮助婴儿抓紧母亲
抓握	把手指放在婴儿手中并按压手掌。	婴儿自然地握住手指。	3至4个月	为婴儿的自主抓握做准备
颈强直	当婴儿清醒着仰卧时，将其头部转向一侧。	婴儿做出“击剑姿势”，头所朝向侧的手臂伸展到眼前，另一侧手臂弯曲。	4个月	为婴儿自主伸手做准备
踏步	从腋下托住婴儿，让其赤脚接触一个平面。	婴儿交替抬起双脚，作踏步反应。	体重增长快速的婴儿为2个月，体重较轻的婴儿保持时间较长	为婴儿自主行走做准备
巴宾斯基	从脚趾向脚跟方向轻抚脚底。	脚趾呈扇形张开，然后蜷曲，同时脚向内扭。	8至12个月	未知

资料来源：Knobloch & Pasamanick，1974；Prechtl & Beintema，1965；Thelen，Fisher & Ridley-Johnson，1984.

有些反射具有生存意义。觅食反射帮助哺乳中的婴儿找到母亲的乳头。婴儿只有在饥饿和被别人触摸时会表现出这种反射，在自己触摸自己时不出现（Rochat & Hespos，1997）。如果新生

儿不会吸吮，我们的物种可能存活不过一代！出
107 生时，婴儿就会调整他们的吸吮压力，使乳汁更
容易被吸出（Craig & Lee，1999）。

有些反射为稍后将要发育的复杂动作技能打下基础。踏步反射看起来就像是早期的行走反应。对于出生后几周体重快速增长的婴儿，踏步反射会消失，因为大腿和小腿的肌肉还不足以支撑婴儿胖胖的双腿。但如果把婴儿下半身浸入水中，这种反射会重新出现，因为水的浮力减轻了婴儿肌肉的负荷（Thelen，Fisher & Ridley-Johnson，1984）。如果经常练习踏步反射，婴儿就会做出更多的反射性踏步动作，可能提前几周学会走路（Zelazo et al.，1993）。但是婴儿没有必要去练习踏步反射，因为所有正常婴儿都会在适当的时候学会走。

有些反射有助于父母和婴儿之间建立良好的互动。婴儿如果会搜寻并找到乳头，喂食时毫不费力，手被触碰时会紧紧握住，这些都鼓励父母给予亲切的回应，增强他们作为抚育者的胜任感。反射还能帮助抚育者安抚婴儿，因为它使婴儿能够应对困境，控制刺激结果。例如，带约书亚去杂货店的途中，约兰达会带着一个橡皮奶嘴。如果他显出烦躁，吸吮能帮助约兰达使他平静下来，以便给他喂奶，换尿布，或把他抱起来。

表3.4显示，新生儿反射多数在前6个月就消失了。研究者认为，这是大脑皮层发育导致行为自主控制增多的结果。儿科医生会对反射进行仔细的测试，因为反射能够反映婴儿神经系统的正常发育。反射很弱或缺少反射，反射过于僵硬或夸张，在某时间点本应消失却仍持续存在的反射，这些都是脑损伤的信号（Schott & Rossor，2003；Zafeiriou，2000）。

2. 新生儿的状态

新生儿终日在5种不同的**唤醒状态**（states of arousal）——睡眠和觉醒的程度——间转换，表3.5对此进行了描述。在第一个月，这些状态转换频繁。安静的清醒状态最短暂，通常会很快转为哭闹。使疲惫的父母感到安慰的是，新生儿的大部分时间都花在睡眠上，每天约16～18小时。新生儿在夜间比白天睡得更多，但他们的睡眠—觉醒周期更多的是受饥饱而非日夜的影响（Davis，Parker & Montgomery，2004；Goodlin-Jones，Burnham & Anders，2000）。

但不同婴儿的日常节律有很大差异，它影响着父母对婴儿的态度和互动方式。一些新生儿睡眠时间很长，父母能得到充分的休息，因此有精力给他
们敏感、反应迅速的照看。另一些婴儿经常哭闹，
父母不得不付出很大努力去安抚他们。如果这些父 108
母安抚不好孩子，他们就会感到胜任感较低并且较少对婴儿做出积极反应。清醒时间较长的婴儿会获得更多的社会刺激和探索机会，因此他们的智力发展略有优势（Gertner et al.，2002）。

在表3.5所列出的状态中，睡眠和哭闹两个极端是研究者最感兴趣的，有助于我们了解早期发展是否正常。

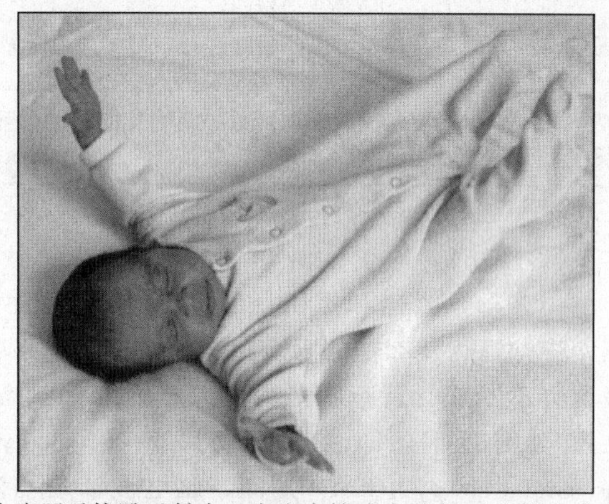

在摩罗氏惊跳反射中，失去支撑或突然的巨响使这个婴儿挺胸后仰，双臂先向外伸展再向内收拢。

抓握反射在出生后第一周非常强而有力，许多婴儿甚至能够依靠这种反射支撑全部体重。

表3.5 新生儿的唤醒状态

状态	描述	每日持续时间
规则睡眠	处于充分休息中，极少或没有身体活动。眼睑闭合，没有眼球运动，面部放松，呼吸缓慢而有规律。	8～9小时
不规则睡眠	轻缓的四肢运动，偶尔活跃并有皱眉等表情。眼睑虽然闭合，但能看到眼睑下偶尔出现快速眼动。呼吸不规律。	8～9小时
瞌睡	正在入睡或醒来。身体活动比不规则睡眠少，但比规则睡眠多。眼睛时张时合，张开时目光呆滞。呼吸平稳，但比规则睡眠稍快。	因人而异
安静清醒	身体不活跃，眼睛睁开，有神。呼吸平稳。	2～3小时
活跃清醒和哭闹	婴儿频繁表现出不协调的身体活动。呼吸非常不规律。面部可能放松，也可能紧张或皱起。有时会哭闹。	1～4小时

资料来源：Wolff，1966.

（1）睡眠

一天，约兰达和杰伊注视着睡着了的约书亚，想知道为什么他的眼睑和身体在抽动并且呼吸节奏不断变化。睡眠至少可以分为两种状态。在不规则睡眠，即**快速眼动睡眠**（rapid-eye-movement sleep，REM）期间，脑电波活动与清醒状态下非常类似。眼球在眼睑下面快速运动；心律、血压和呼吸都不规则；并出现轻微的身体运动。相反，在规则睡眠，即**非快速眼动睡眠**（non-rapid- eye- movement sleep，NREM）期间，身体几乎是静止的，心律、呼吸和脑电波活动缓慢而有规律。

与儿童和成年人一样，新生儿会在快速眼动睡眠和非快速眼动睡眠之间转换。但他们处于快速眼动睡眠状态的时间，比一生中任何时候都多得多。快速眼动睡眠占新生儿睡眠时间的50%，在3至5年内会下降到成年人的20%水平（Louis et al.，1997）。

为什么小婴儿要花这么长时间在快速眼动睡眠上？在年长儿童和成人中，快速眼动睡眠状态与梦有关。婴儿也许并不做梦，至少做梦的方式与成人不同。但研究者相信，快速眼动睡眠的刺激对中枢神经系统的发育很重要。小婴儿似乎对快速眼动睡眠的刺激有特别的需要，因为他们处于清醒状态的时间极少，而只有在清醒状态下，他们才能从环境中获得信息输入。支持这种观点的证据是，快速眼动睡眠的比例在胎儿和早产儿中尤其高，他们比足月新生儿更难以利用外部刺激（DiPietro et al.，1996；de Weerd & van den Bossche，2003）。

由于新生儿的正常睡眠行为是有组织、模式化的，因此对睡眠状态的观察有助于鉴别中枢神经系统的异常。脑部受到损伤或经历过严重分娩创伤的婴儿，常会出现混乱的快速眼动—非快速眼动睡眠周期。睡眠组织性差的婴儿可能会出现行为紊乱，因此他们难以进行学习以及唤起与抚养者的互动，而这些互动是促进他们的发展所必需的（de Weerd & van den Bossche，2003；Groome et al.，1997）。新生儿睡眠紊乱背后所潜藏的脑功能问题，最终可能会导致婴儿猝死综合征，这是婴儿死亡的一个主要原因（见本节的“生物因素与环境”专栏）。

专栏　生物因素与环境

神秘的悲剧——婴儿猝死综合征

一天清晨，米莉突然从沉睡中惊醒。她看了看钟，已经七点半了，萨莎既没有夜醒也没有吃清晨的那次奶。不知道她是否一切安好，米莉和丈夫斯图亚特踮着脚尖走进了房间。萨莎安静地躺着，蜷缩在毯子下面。她已经在睡眠中安静地死去了。

萨莎的死因是**婴儿猝死综合征**（sudden infant death syndrome，SIDS），这是一种发生在一岁以内婴儿身上的意外死亡，通常在夜间发生，虽经全面研究但仍未知其详。

在工业化国家，婴儿猝死综合征是1～12个月婴儿死亡的最主要原因（Health Canada，2004d；Hamilton et al.，2005）。

虽然婴儿猝死综合征的确切原因尚属未知，但其受害者通常从一开始就有生理问题。猝死婴儿的早期医疗记录显示，这些婴儿的早产率和低出生体重率较高，阿普加评分较低，肌肉张力差。此外还常出现心律和呼吸异常，以及睡眠—觉醒活动失调（Daley，2004；Kato et al.，2003）。在死亡时，许多婴儿患有轻微呼吸系统感染（Samuels，2003）。这似乎增大了这些本来身体就较弱的婴儿出现呼吸衰竭的可能。

关于婴儿猝死综合征的原因，有一种假设认为，脑功能损伤使婴儿难以学会在生存受到威胁时（如呼吸突然中断）该如何做出反应。2～4个月是婴儿猝死综合征最可能发生的时期，此时反射活动正在减弱，逐渐被习得的自主反应代替。呼吸和肌肉力量衰弱可能导致婴儿猝死综合征的受害者没有获得可代替反射活动的行为（Lipsitt，2003）。结果，当婴儿在睡眠中出现呼吸困难时，他们没能醒来、变换姿势或是哭出来寻求帮助。他们轻易地向缺氧和死亡投降了。尸检结果支持了这种解释，与其他婴儿相比，婴儿猝死综合征的受害者脑部控制呼吸的中枢较多地出现异常（Kinney et al.，2003）。

为了减少婴儿猝死综合征的发生，研究者对与其相关的环境因素进行了研究。母亲吸烟（无论在妊娠期间还是产后）以及其他看护者吸烟，都能有力预测这一疾病的出现。接触香烟的婴儿会出现更多的呼吸系统感染，他们死于婴儿猝死综合征的可能性是其他婴儿的两倍（Anderson，Johnson & Batal，2005）。妊娠期间滥用抑制中枢神经系统功能的药物（鸦片制剂、巴比妥类药物），会使婴儿猝死综合征的风险增大十倍（Kandall et al.，1993）。此外，婴儿猝死综合征的受害者更可能是俯睡而不是仰睡的，他们通常被衣服或毯子裹得非常暖（Hauck et al.，2003）。

研究者认为，尼古丁、镇静剂、体温过高和呼吸系统感染都会导致生理应激反应，破坏正常的睡眠模式。当这些睡眠剥夺的婴儿处在睡眠的“反弹”中时，他们会睡得更沉，这导致呼吸通路上的肌肉张力减弱。这时处于风险中的婴儿呼吸通路可能会衰竭，而婴儿也许不能充分唤醒，重新开始呼吸（Simpson，2001）。另一种情况是，健康的婴儿脸朝下睡在柔软的襁褓里，他们可能因为不断吸入自己呼出的气而死亡。

戒烟、改变婴儿睡姿以及移开一些被褥，都能减少婴儿猝死综合征的发生。如果女性在妊娠期间戒烟，估计有30%的婴儿猝死综合征可以避免。鼓励父母让婴儿仰睡的公众教育活动，使许多西方国家的婴儿猝死发生率降低了一半（Byard & Krous，2003）。另一项保护措施是使用橡皮奶嘴：边吸吮边睡觉的婴儿在遇到呼吸和心律紊乱时更容易唤醒（Hauck，Omojokun & Siadaty，2005）。与白人婴儿相比，贫困的少数族裔群体中婴儿死亡综合征的发生率要高2至6倍。这些群体中父母压力、吸毒、保健途径较少以及预防知识的缺乏等现象广泛存在（Pickett，Luo & Lauderdale，2005）。

婴儿猝死综合征发生后，家人往往需要大量的帮助才能面对这一突如其来的意外死亡。正如米莉在萨莎死后六个月所说的：“这是我们所经历过的最难过的日子。对我们帮助最大的是那些经历过同样悲剧的人对我们的安慰。”

鼓励父母让婴儿仰睡的公众教育活动可降低婴儿猝死综合征的发生率，在许多西方国家中甚至减少了一半。研究还证实了使用橡皮奶嘴的作用。如果发生呼吸和心律紊乱，吸吮奶嘴的婴儿更容易从睡眠中醒来。

（2）哭闹

哭闹是婴儿的第一种沟通方式，他们用哭闹让父母知道他们需要食物、安慰或刺激。在出生后的几周内，所有婴儿都会出现难以抚慰的烦躁期。但大多数时候，哭闹的类型以及之前的经验都有助于父母找到婴儿哭闹的原因。婴儿的哭闹是一种复杂的刺激，其强弱变化极大，从低声呜咽到声嘶力竭地表达痛苦（Gustafson，Wood & Green，2000）。早在最初几周，婴儿就能通过独特的哭声“信号”被辨认出来，帮助父母在一定距离外找到婴儿所处位置（Gustafson，Green & Cleland，1994）。

小婴儿通常因为生理需要而哭闹，其中饥饿是最常见原因。婴儿哭闹也可能是对其他刺激做
110 出的反应，例如光着身子时的温度变化、突然的响声或疼痛的刺激。新生儿（与较大婴儿一样）还常常在听见另一个婴儿的哭声时跟着哭（Dondi，Simion & Caltran，1999）。有些研究者认为，这是一种天生的对别人痛苦做出反应的能力。此外，哭闹通常在最初几周内不断增加，约第六周时达到顶峰，然后开始减少。由于这种趋势在育儿方式差异极大的多种文化下都会出现，因此研究者认为，是中枢神经系统的调整导致了这种现象（Barr，2001）。

婴儿的哭声在几乎所有人身上都会激起强烈的唤醒和不适感（Murray，1985）。这种强烈的反应也许是在人类身上先天设定好的程序，以保证婴儿能够得到生存所必需的照料和保护。

1）安抚哭闹的婴儿

父母不一定能准确地听出婴儿哭声的意思，但经验会使他们的准确性很快提高（Thompson & Leger，1999）。如果喂食、换尿布都不管用，还有许多方法能够安抚哭闹的婴儿（见本节的“学以致用”表）。西方的父母最先尝试的办法是把婴儿抱起来，靠在肩上，边轻摇，边走动。这种办法是最有效的。

另一种常见的安抚方式是襁褓法——把婴儿舒适地包裹在毯子里。生活在秘鲁高纬度的寒冷沙漠地区的盖丘亚族人会将婴儿用一层层的衣服和毯子包裹起来，遮盖住婴儿的头部和身体。最后会形成一个温暖的育儿袋，由母亲背在背上。
111 随着母亲的走动，育儿袋也会有节奏地摇动，这能够减少哭闹，促进睡眠。这种方法还使婴儿在秘鲁高原上严酷的环境下能够保存早期发育所需的能量（Tronick，Thomas & Daltabuit，1994）。

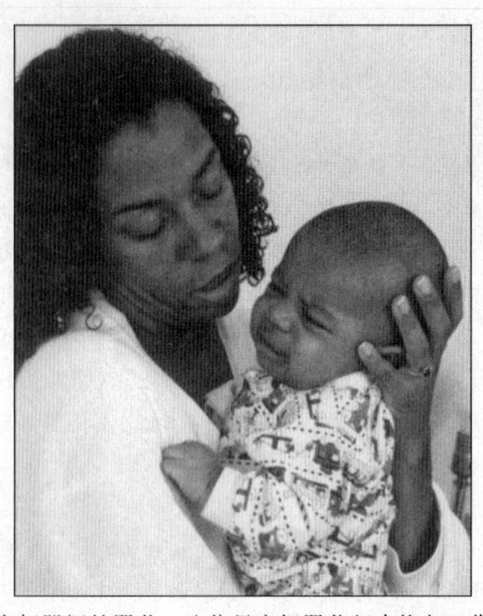

为了安抚哭闹的婴儿，这位母亲把婴儿竖直抱起，靠在自己轻轻晃动的身体上。除了能够鼓励婴儿停止哭闹外，这一技巧还能促使婴儿进入安静清醒状态并关注环境。

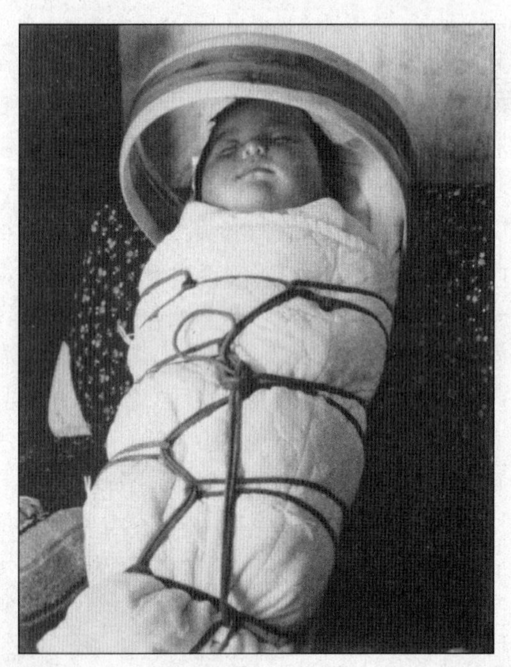

一些文化中人们习惯把婴儿包在襁褓中，用毯子紧紧裹住婴儿以限制其活动并保持温暖。这个纳瓦霍族的婴儿正睡在一个传统的摇篮板上，这种摇篮板能绑在母亲背上。襁褓能减少哭闹并促进睡眠。

在许多部落、村庄和非西方的发达国家中，婴儿每天的大部分时间都与他们的养育者有亲密的身体接触。生活在非洲博茨瓦纳沙漠地带的昆族人，母亲把婴儿挂在自己髋部，婴儿可以随意观察周围环境和抚育者。古斯族是肯尼亚的一个农牧民族，这里的母亲把婴儿背在背上，婴儿哭闹时，母亲可以马上给他们喂奶。日本的母亲和婴儿也有很多时间进行亲密的身体接触（Small，1998）。与北美文化的对照组相比，这些文化中的婴儿每次哭闹的时间较短（Barr，2001）。

但并非所有研究都表明父母的快速反应会减少婴儿的哭闹（van IJzendoorn & Hubbard，2000）。父母必须基于文化可接受的习俗、哭闹可能的原因及哭闹发生的背景（例如，在自己家里还是在餐厅吃晚餐时）选择合适的行为。幸好，随着年龄增长，哭闹会减少。事实上，所有研究者一致同意，父母可以鼓励较大的婴儿通过更成熟的方式表达自己的愿望，例如手势和声音，以此减少婴儿的哭闹愿望。

学以致用　　安抚哭闹中的新生儿的方法

方法	解释
把婴儿抱起，靠在肩上轻摇或走动。	这是身体接触、直立姿势与运动的结合，是最有效的安抚技巧，能使婴儿进入安静清醒状态。
用襁褓包起婴儿。	限制其活动并给予更多的温暖常常能安抚一个小婴儿。
给婴儿一个橡皮奶嘴，最好蘸过糖水使其变甜。	吸吮帮助婴儿控制自己的唤醒水平。吸吮甜的橡皮奶嘴能够减轻痛苦，使哭闹的婴儿安静下来。
轻声说话或播放有节奏的声音。	持续、单调、有节奏的声音（例如钟表的嘀嗒声、风扇的呼呼声或平静的音乐）比断断续续的声音更有效。
带婴儿坐一小段车或放在婴儿车中走动；把婴儿放在摇篮中摇动。	任何形式的柔和、有节奏的运动都能帮助婴儿安静下来，进入梦乡。
按摩婴儿的身体，用持续、轻柔的动作抚摸婴儿的躯干和四肢。	这一技巧在一些非西方文化中使用，用以放松婴儿的肌肉。
结合上述方法中的几种。	同时刺激婴儿的几种感官常常比只刺激一种更有效。
如果这些方法都无效，就让孩子哭一小段时间。	偶尔，婴儿只是对被放下做出反应，几分钟后就会进入睡眠。

资料来源：Blass，1999；Campos，1989；Lester，1985；Reisman，1987.

2）异常的哭闹

与反射活动和睡眠模式一样，婴儿的哭声也为诊断中枢神经系统的疾病提供了线索。脑部有损伤和经历过妊娠、分娩并发症的婴儿的哭声往往尖锐刺耳，并且比健康婴儿的哭声更短（Boukydis & Lester，1998；Green，Irwin & Gustafson，2000）。即使是发生常见的因腹部绞痛而持续哭闹的新生儿的哭声，也非常尖锐刺耳（Zeskind & Barr，1997）。虽然造成腹部绞痛的原因尚未查明，但那些对令人不愉快的刺激反应强烈的新生儿更易出现此症状。由于这些婴儿哭闹非常厉害，他们比其他婴儿更难安抚。腹部绞痛一般在3～6个月时开始缓解（Barr & Gunnar，2000；St James-Roberts et al.，2003）。

大多数父母会给哭闹的婴儿更多的照顾和敏感反应，但有时哭声令人难以忍受或婴儿太难安抚，使父母陷于沮丧、怨恨和愤怒。早产和病弱婴儿更可能被压力过大的父母虐待，这些父母常说起，令人烦躁的尖锐哭声是导致他们失控并伤害婴儿的因素之一（Zeskind & Lester，2001）。我们将在第8章对影响儿童虐待的各种因素加以讨论。

3. 感觉能力

在课堂上，约书亚会张大眼睛看着我的粉色衬衫，妈妈说话时他会转向她声音的方向。吃东西时，他会通过吸吮的节奏让约兰达知道，比起纯净水，他更喜欢吃母乳。显然，约书亚的感觉能力已经得到了充分发展。下面，我们来看看新生儿对触觉、味觉、嗅觉、听觉和视觉刺激的反应。

（1）触觉

说到早产儿时，我们曾提到，触摸有助于促进早期身体发育。第6章我们将看到，触摸对情绪发展也是必不可少的。触觉在出生时已经相当完善了。表3.4列举的反射说明，新生儿会对触摸做出反应，尤其是在嘴部周围、手掌和脚底。在妊娠期间，这些区域和生殖器是触觉最先变敏感的部位（Humphrey，1978）。

分娩时，婴儿对疼痛非常敏感。由于对幼小的婴儿使用药物有风险，有时给男婴做包皮环切术时是不使用麻药的。此时婴儿的典型反应是发出尖锐、带压迫感的哭声，心律和血压大幅升高，手掌大量出汗，瞳孔放大，肌肉紧张（Jorgensen，

1999；Warnock & Sandrin，2004）。最近的研究证实了某些用于新生儿的局部麻醉的安全性，这些局部麻醉药能缓解手术的痛苦。给婴儿一个能吮到蔗糖溶液的奶嘴也有帮助，它能迅速减少小
112 婴儿的哭闹和不适感。在给婴儿甜水的同时，父母抱起婴儿能有效地减轻疼痛。对哺乳动物幼仔的研究发现，触摸能够释放内啡肽，这是大脑中起镇痛作用的化学物质（Gormally et al.，2001）。让新生儿忍受剧痛，会给神经系统带来过多的应激激素，妨碍儿童形成应对日常压力的能力。这会导致儿童的痛觉敏感性增高、睡眠紊乱和进食问题增多，烦躁时更难安抚（Mitchell & Boss，2002）。

（2）味觉和嗅觉

面部表情说明婴儿已能区分几种基本的味道。像成人一样，他们对甜味的反应是面部肌肉放松，尝到酸味时撅起嘴唇，苦味则使婴儿把嘴张成拱形（Steiner，1979；Steiner et al.，2001）。这些反应对生存十分重要，支持婴儿早期发育的最佳食物是甜味的母乳。到4个月时，婴儿开始喜欢咸味，这一改变有助于为接受固体食物做好准备（Mennella & Beauchamp，1998）。

对那些最初引发中性或负性反应的味道，新生儿也容易学会接受它们。例如，对奶制品过敏的婴儿，如果给他们喂食大豆或其他蔬菜制成的替代品（味道较重并有苦味），婴儿很快会喜欢吃替代品，胜过普通配方的婴儿食品。当婴儿饥饿时，常可接受原来不喜欢的味道（Harris，1997）。

和味觉一样，对气味的偏好出生时就有了。例如，香蕉或巧克力的气味引起放松、愉快的表情，臭鸡蛋气味会使婴儿皱眉头（Steiner，1979）。在妊娠期间，羊水含有丰富的味道和气味，并会随着母亲的饮食而变化，这种早期经验会影响新生儿的偏好。在法国的阿尔萨斯地区，八角茴香是常用调味料，研究者测试了这里的新生儿对茴香气味的反应（Schaal，Marlier & Soussignan，2000）。一部分婴儿的母亲在妊娠最后两周经常食用茴香，另一些婴儿的母亲则不食用。出生当天给新生儿闻茴香的气味时，与食用茴香的母亲所生婴儿相比，从不食用的母亲所生婴儿会把脸转向另一边（见图3.8）。这种反应差异在四天后仍然持续，即使所有母亲在此期间都不再食用茴香。

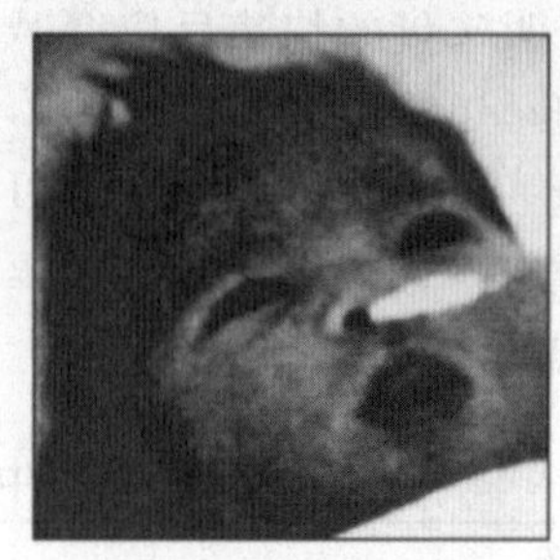
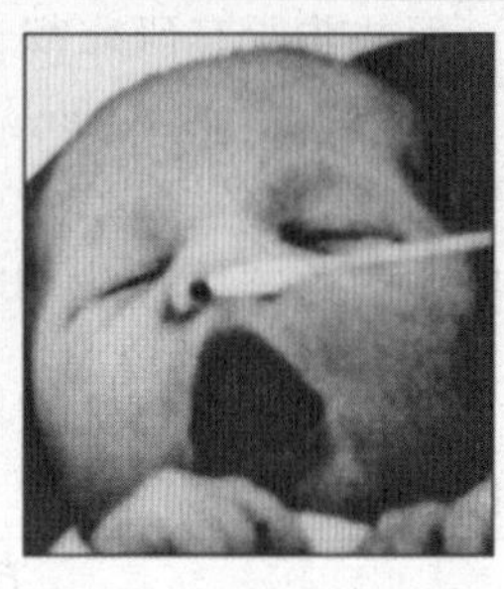

（a）食用茴香的母亲所生婴儿的反应

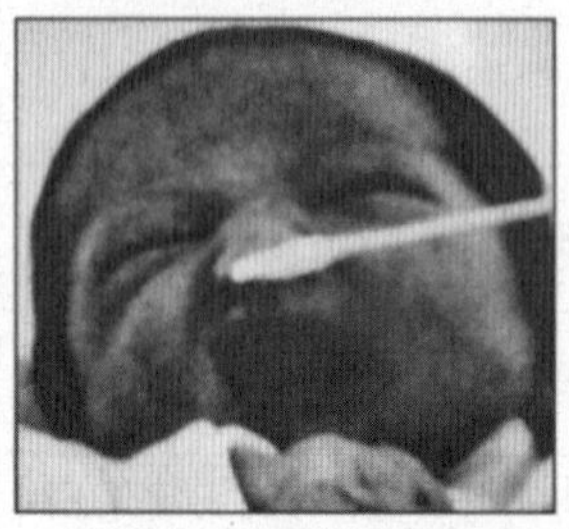
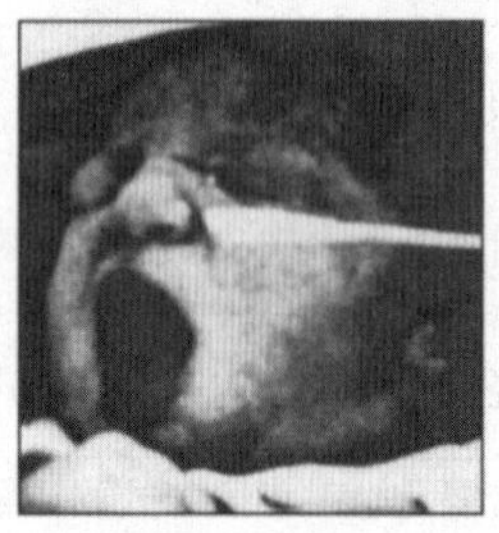

（b）未食用茴香的母亲所生婴儿的反应

图3.8 新生儿闻到茴香气味时的表情

（a）食用茴香的母亲所生婴儿更多地转向气味方向，并且更多地吸、舔和咂摸。（b）未食用茴香的母亲所生婴儿更多转向另一边，表现出消极的面部表情。

资料来源：B. Schaal，L. Marlier & R. Soussignan，2000，"Human Foetuses Learn Odours from Their Pregnant Mother's Diet," *Chemical Senses*，25，p. 731. 授权引用。

对于许多哺乳动物，嗅觉能帮助母亲和幼仔彼此识别，在哺喂和保护幼仔免遭天敌伤害中起着重要作用。虽然人类的嗅觉不那么发达，但其生存意义的痕迹仍然显而易见。让新生儿在自己母亲和另一位母亲的羊水之间进行选择，他会花更长时间朝向自己母亲的羊水（Marlier，Schaal & Soussignan，1998）。母亲羊水的气味使婴儿觉得舒适，闻到这种气味的婴儿比其他婴儿哭闹较少（Varendi et al.，1998）。

刚出生的婴儿会自然地把头埋入母亲胸前，寻找一个乳头，并在1小时之内开始吸吮。如果清洗一侧乳房，去除天然气味，大部分婴儿都会去找没洗过的乳房，这表明他们是被气味引导的（Varendi & Proter，2001）。出生4天时，母乳喂养的婴儿更喜欢自己母亲乳房的气味，而不是另一位正在哺乳的陌生女性的乳房气味（Cernoch & Porter，1985）。人工喂养的婴儿则更喜欢任何一个正在哺乳的女性的气味，而不是婴儿食品或非哺乳女性的气味（Marlier & Schaal，1997；Porter et al.，1992)。母亲和母乳气味对新生儿的双重吸引，能帮助他们寻找适当的食物来源的位置，因此慢慢分辨出人群中谁是自己的母亲。

(3) 听觉

新生儿能够听到各种声音，其感受性在最初几个月里进步很快（Tharpe & Ashmead，2001)。与纯音相比，新生儿更喜欢复杂的声音，如喧闹声和说话声。出生几天的婴儿已能分辨一些声音模式间的差异，比如一列上升的音调与一列下降的音调，双音节与三音节的发音，词语的重音模式（如妈—妈对妈—妈)，以及快乐动听的言语与消极或中性情绪的言语（Mastropieri & Turke-
113 witz，1999；Sansavini，Bertoncini & Giovanelli，1997；Trehub，2001)。

小婴儿倾听人的语言的时间比倾听结构相似的非语言声音的时间更长（Vouloumanos & Werker，2004)。他们能够觉察到任何一种人类语言的声音。幼小的婴儿能够分辨语音中的许多细微差别。例如，在喂奶的同时播放一个“ba”的音，婴儿刚听到时吸吮会加快，随着新鲜程度的降低，吸吮逐渐慢下来。而把声音改为“ga”时，吸吮又变快，表明婴儿觉察到了这一细微差别。借助这种方法，研究者已经发现，只有很少的语音是婴儿不能分辨的（Aldridge，Stillman & Bower，2001；Jusczyk & Luce，2002)。这些能力表明，婴儿已经令人惊异地为获得语言的艰巨任务做好了准备。

成人对小婴儿说话时，常用一种强调句子重点的方式说话，说的缓慢，音调较高，富于表现力，在短语或句子的末尾使用升调，说下一句之前先停顿。用这种方式与婴儿交流，是因为成人发现，当他们这样说的时候，婴儿更专注。研究表明，婴儿确实更喜欢具有这些特征的语言（Aslin，Jusczyk & Pisoni，1998)。婴儿听到自己妈妈的声音，比听到陌生女性的声音时更多地吸吮奶嘴，与外语相比，他们更注意自己的母语（Moon，Cooper & Fifer，1993；Spence & DeCasper，1987)。这些偏好可能是由于出生前听到模糊不清的母亲声音而形成的。

(4) 视觉

视觉是新生儿最不发达的感官。大脑和眼睛中的视觉结构都还没有完全形成。例如视网膜——位于眼球内侧、可捕获光线并将其转换成信号传递给大脑的一层膜，其细胞还不像几个月后那样成熟和密集。视神经和传递这些信号的其他通路以及大脑接受这些信号的视觉中枢都要到几年以后才会发育到成人水平。同时，晶状体的肌肉在出生时还很弱，其作用是在看远近不同的对象时负责对焦（Atkinson，2000)。

因此，新生儿的眼睛不能很好地调焦，且**视敏度**（visual acuity)，即分辨力的精细程度，还比较差。刚出生时，婴儿对6米远物体的知觉与成年人对180米远物体的知觉清晰度相似（Slater，2001)。此外，与成年人（近处的物体看得更清楚）不同，新生儿对很大范围的距离内的物体都看不清楚（Banks，1980；Hainline，1998)。因此，即使很近的距离，父母面孔这样的图像对婴儿来说也是模糊不清的。

虽然新生儿不能看清楚，但他们通过搜寻有趣的景象和追踪移动物体，主动探索着周围的环境。他们眼睛的运动缓慢且不准确（Aslin，1993)。约书亚对我的粉色衬衫着迷，说明他被明亮的物体所吸引。与灰色刺激相比，新生儿更喜欢注视彩色的刺激，但他们还不擅长分辨颜色。色觉的改善还需要一两个月时间（Teller，1998)。

4. 新生儿的行为评估

有多种工具可供医生、护士和研究者来评估新生儿的行为。这些测试中使用最普遍的是T·贝里·布雷泽尔顿（T. Berry Brazelton）的**新生儿行为评价量表**（Neonatal Behavioral Assessment Scale，NBAS)，可对婴儿的反射、状态变化、对生理和社会刺激的反应及其他反应进行评价（Brazelton & Nugent，1995)。其主要目的是了解婴儿争取抚育者的帮助并调整自己行为以避免被刺激控制的能力。

新生儿行为评价量表已用于世界各地的婴儿测量中。研究者发现了新生儿行为的个体和文化差异，以及儿童教养方式是如何保持或改变婴儿反应的。例如，亚洲和美国原住民婴儿的新生儿行为评价量表得分表明，他们与白种婴儿相比，更不易被激惹。这些文化中的母亲通常鼓励婴儿安静一些，她们在不舒适的信号刚出现就抱起或照料婴儿（Chisholm，1989；Muret-Wagstaff &
Moore，1989)。而母亲的照顾能迅速改善非洲赞 114
比亚的营养不良婴儿在新生儿行为评价量表中的

较低得分。赞比亚的母亲整日把婴儿带在身边，为婴儿提供了丰富的感觉刺激。在出生一周时进行重新评估，原来反应迟钝的新生儿已经变为一个警觉、满足的婴儿（Brazelton，Koslowski & Tronick，1976）。

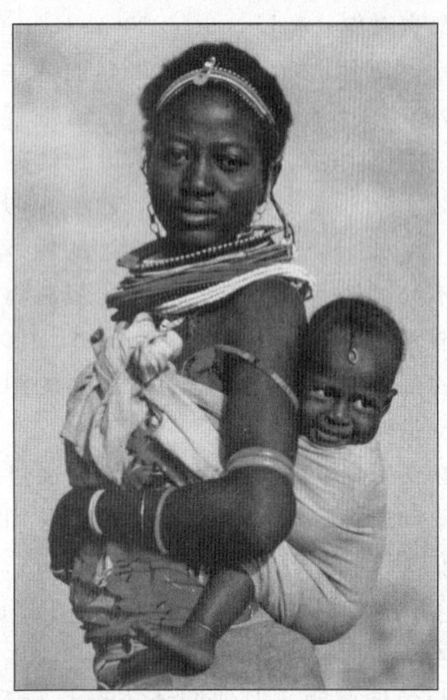

与赞比亚文化中的女性类似，这位来自肯尼亚北部莫洛的母亲终日带着她的孩子，给孩子提供了亲密的身体接触、丰富的刺激和迅速的哺育。

以上例子表明，单靠新生儿行为评价量表得分并不能很好地预测后期发展。因为新生儿的行为和教养方式共同影响了发展。出生一两周的新生儿行为评价量表的分数变化（而非单一的分数）可对婴儿从难产中得以恢复的能力做出最好的评估。新生儿行为评价量表的“恢复曲线”对智力和情绪及行为问题的预测直到学龄前都很有效（Brazelton，Nugent & Lester，1987；Ohgi et al.，2003a，2003b）。

新生儿行为评价量表还可帮助父母了解他们的婴儿。在一些医院，保健医生会与父母讨论或向父母展示新生儿行为评价量表中所测查的各种能力。无论早产儿还是足月儿的父母，参与了这些活动后都能更自信、更有效地与婴儿进行互动（Eiden & Reifman，1996）。一项在巴西的研究安排一些母亲在分娩后几天参加了50分钟的讨论，内容和新生儿行为评价量表有关，与只学习保健知识的控制组相比，她们在一个月后更可能对婴儿的信号做出反应，与婴儿进行目光接触，向婴儿微笑，发声和安抚婴儿（Wendland-Carro，Piccinini & Millar，1999）。虽然这对发展的持久影响尚未得到证实，但基于新生儿行为评价量表的干预，显然有助于为亲子关系建立一个良好的开端。

思考题

复习 快速眼动睡眠对小婴儿的功能是什么？睡眠能否为我们提供一些关于新生儿的中枢神经系统是否健康的信息？为什么？

应用 杰姬经历了一次难产，她观看了专家使用新生儿行为评价量表对她出生两天的女儿凯莉进行测评的过程。凯莉在许多项目上的分数都较低。杰姬想知道这是否意味着凯莉不能正常发育。你怎样回答杰姬担心的问题？

联结 新生儿具有各种各样的能力，这些能力对最初社会关系的建立有何影响？举几个例子说明。

反思 新生儿是不是比你学习本章之前所认为的更有能力？他们的能力中哪一项最令你惊讶？

九、适应新家庭

父母有效的抚育对婴儿的生存和最佳发展是至关重要的，因此人的本能会帮助准父母们为他们的新角色做好准备。妊娠末期，母亲开始分泌催产素，这种激素能刺激子宫收缩，促使乳房分泌乳汁，引起平静放松的心情并增进婴儿的反应性（Russell，Douglas & Ingram，2001）。一些研究中，参加孕期课程的新爸爸们会在分娩期左右与妈妈们出现一致的激素变化，尤其是催乳激素（这种激素能够促进女性的乳汁分泌）和雌性激素（女性体内大量分泌的性激素）的增加，同时雄性激素（男性体内大量分泌的性激素）会减少。在动物和人类研究中，这些变化都与对婴儿积极的情绪反应和父母的养育行为有关（Storey et al.，2000；Wynne-Edwards，2001）。

虽然与分娩有关的激素有助于养育，但其分泌情况、效果如何，还取决于环境，如良好的夫妻关系、丈夫与孕妇的亲密接触。此外，人类能够在没有相关激素变化的情况下有效地抚育婴儿，就像成功的收养案例中那样。如前所述，从家庭功能到社会政策，很多因素与良好的婴儿抚育有关。

事实上，在新生儿出生的最初几周，充满了重大的挑战。母亲须从分娩中恢复过来。如果是母乳喂养，还必须投入精力去建立这种亲密关系。在帮助产妇恢复的过程中，丈夫也要成为这个新的三口之家的一部分。有时，父亲对婴儿有一种矛盾情绪，婴儿会不断地要求并得到母亲的注意。第 6 章还要讲到，哥哥姐姐们，尤其是头生的幼童，会觉得自己的位置被取代了，这是可以理解的。他们有时会做出嫉妒和愤怒的反应。

当出现这些情况时候，小婴儿对他急迫的生理需求却是很坚决的，要求进食、换尿布和安抚，随时可能发生在白天或夜晚的任何时间。曾经井井有条的家庭作息时间表，变得既不规则也不确定。约兰达坦率地讲述了她和杰伊经历的变化：

> 把约书亚带回家之后，我们不得不去面对新责任。约书亚看起来如此弱小无助，我们担心自己能否照顾好他。换第一张尿片花了我们 20 分钟的时间。我总觉得休息不够，115
> 因为每天夜里都要起来两次到四次，醒着的时间大多用来迎合约书亚的节律和需要。如果杰伊不是这么愿意帮我抱着约书亚走来走去，我可能觉得更难。

父母身份的适应期会持续多久呢？在《伯克毕生发展心理学：从青年到老年》第 2 章中我们会看到，当丈夫和妻子能够支持对方的需要时，婴儿出生造成的压力就是可控的。一对曾为许多新父母提供咨询的顾问夫妇说道："只要孩子还在依赖他们的父母，那些父母就会发现，自己的心思完全被孩子占据了。这并不妨碍他们享受生活中的其他方面，但这意味着，他们再也不会回到做父母之前的那个人了。"（Colman & Colman，1991，p. 198）

本章要点

一、孕期发育

列举了孕期发育的三个阶段，描述了每个阶段的重要标志。

■ 妊娠的第一个阶段是受精卵期，大约持续两周，从受精开始直到胚泡在子宫内膜**着床**。在此期间，将来要支持妊娠期成长的组织开始形成。胚盘被**羊膜**包裹，羊膜中充满羊水。羊水能够保持恒温，并像衬垫一样使胎儿免受母亲活动的影响。埋入子宫壁的绒毛出现在**绒毛膜**上，**胎盘**开始发育。胎儿通过脐带与胎盘相连接。

■ **胚胎期**从孕期的第二周持续到第八周，期间所有身体结构的基础已经打好。此阶段的第一周，**神经管**形成，神经系统开始发育。其他器官也紧随其后迅速发育。这一阶段结束时，胚胎对触摸有反应并且可以移动。

■ 此后至孕期结束是**胎儿期**，其间身体显著增大，生理结构日趋完善。第二个**三月期**中期时，母亲能够感受到胎动。胎儿被一层**胎儿皮脂**覆盖，防止胎儿皮肤在羊水中长时间浸泡发生皲裂。像绒毛一般的白色**胎毛**帮助胎儿皮脂贴紧皮肤。到第二个三月期结束时，脑部神经元全部生成。

■ **存活龄**出现在第三个三月期开始，在 22～26 周之间。脑部继续快速发育，新的感觉和行为能力出现。肺部逐渐成熟，胎儿填满子宫，分娩临近。

二、孕期环境的影响

什么是致畸剂？哪些因素影响了致畸剂的作用？

■ **致畸剂**指妊娠期造成损害的环境因素，其作用印证了敏感期的概念。致畸剂的影响取决于接触的剂量和时间长短、母亲和胎儿的遗传素质、是否存在其他有害因素，以及接触时胎儿所处的发育时期。发育中的生命体在胚胎期尤其脆弱，因为所有基本的身体结构都在此时形成。直接的生理损害容易被察觉，但健康和心理上的严重后果到后期才显现。

列出已知或疑似的致畸剂，引用证据说明每一种致畸剂的有害影响。

■ 目前应用最广泛的强效致畸剂是一种用于治疗痤疮的药物保肤灵。许多日常使用的药物，如阿司匹林和咖啡因，其孕期影响很难从与药物摄入有关的其他因素中分离出来。在孕期吸食海洛因、美沙酮或可卡因的母亲，所生婴儿出生后会出现戒断综合征，紧张不安，缺乏注意力。孕期接触过可卡因的一些婴儿表现出长期问题，另一些则没有表现出严重消极影响。对大麻使用影响的研究结果尚不一致。

■ 吸烟的父母所生的婴儿出生时体重可能较低，并在儿童期出现注意、学习和行为问题。如果母亲摄入大量酒精，通常会导致**胎儿酒精综合征**，这种障碍涉及智力迟滞、注意力不集中、多动、身体发育缓慢及面部异常。较小剂量的酒精可能导致这些问题中的一部分，称为**胎儿酒精影响**。

■ 孕期接触大剂量的辐射、汞、铅、二噁英和多氯化联苯会导致身体畸形和严重脑损伤。小剂量的接触也与各种损害有关，包括智力测验分数较低，以及受到辐射后出现的语言和情绪障碍。

■ 传染性疾病中，风疹（又称德国麻疹）会导致多种异常，随妊娠过程中感染疾病时期的不同而变化。能够导致艾滋病的人体免疫缺失病毒（HIV）与脑损伤、智力和动作发育迟滞以及早期死亡有关。胎儿对疱疹病毒尤其敏感，包括巨细胞病毒和Ⅱ型单纯疱疹病毒。第一个三月期中，弓形体病会造成眼睛和脑部损伤。

描述了母亲的其他因素对胎儿孕期发育的影响。

■ 对于身体健康的女性，经常做适量运动与婴儿出生体重增加有关。但过于频繁、剧烈的运动则会导致出生体重较低。母亲饮食不足可导致低出生体重，脑和其他器官损伤。

■ 严重的情绪压力与许多妊娠并发症有关，但可以通过向母亲提供情绪支持降低其影响。当 Rh 阴性的母亲怀有 Rh 阳性的胎儿时会出现 **Rh 血型不相容**，导致缺氧、脑和心脏损害和婴儿死亡。

■ 在年龄较大的女性身上，除了出现染色体异常的风险之外，母亲年龄和以前的生育数量并不是妊娠问题的主要原因。健康状况差和 *116*
贫困带来的环境风险是妊娠并发症的最强预测指标。

为什么妊娠期间及早进行定期保健是至关重要的？

■ 血毒症等意外问题有可能发生，尤其是在母亲本身存在健康问题情况下。对不太可能做保健的女性，特别是那些年轻、单身和贫困者，孕期保健最重要。

三、分娩

阐述了分娩的三个阶段、胎儿对分娩过程的适应以及新生儿的外表。

■ 分娩分三个阶段，从子宫收缩开始，到胎盘排出结束。宫缩打开了子宫颈，使产妇能够推动婴儿通过产道。在分娩过程中，胎儿分泌大量应激激素，帮助他们克服缺氧，清理肺部准备呼吸，并在分娩时处于唤醒状态。

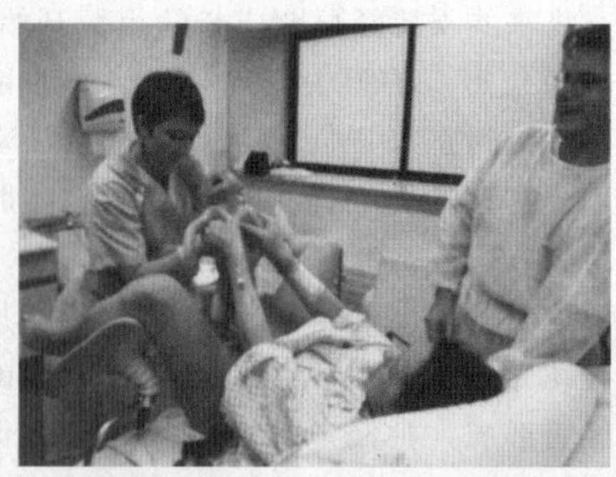

■ 新生儿体征为头大、身子小和让成人想去抱起他们的面部特征。**阿普加评分**可对婴儿出生时的生理状况进行评估。

四、分娩方式

描述了自然分娩和家庭分娩，分析了二者的优点和值得注意的问题。

■ **自然分娩**，即**无痛分娩**，包括一系列供准父母学习分娩知识的课程、减轻疼痛的放松和呼吸练习以及分娩过程中的指导。这种方法有助于减轻宫缩带来的压力和痛苦，减少药物干预。社会支持是自然分娩中的重要部分，能够减少分娩并发症，缩短产程。对于健康母亲，只要有受过良好训练的医生或助产士协助，家庭分娩就是安全的。当母亲有任何并发症的迹象时，在医院分娩更安全。

五、医疗干预

列举了分娩中常用的医疗干预措施，详述了每种措施在何种情况下使用最合理，以及与之相关的所有风险。

■ 当妊娠和分娩并发症造成**缺氧**时，**胎儿监测仪**能够挽救婴儿生命。但常规使用时，胎儿监测仪可能把一些无危险的胎儿错误地鉴别为有危险的胎儿。

■ 难产时可能需要使用止痛药。但如果使用剂量较大，药物可能延长产程并使新生儿陷入抑制状态，影响早期母婴关系的建立。

■ 在出现临床紧急状况、母亲有重症和婴儿**臀位**情况下，可采取**剖宫产**。剖宫产率在世界范围不断上升。许多剖宫产是不必要的，尤其是在美国。

六、早产儿和低出生体重儿

早产儿和低出生体重儿有哪些危险？哪些因素能够帮助在分娩创伤中幸存的婴儿发展？

■ **早产儿**和低出生体重儿的母亲往往处于贫困中。**小于胎龄儿**的发育可能比早产儿差。早产儿羸弱的身体和缺乏反应、易激惹的行为会导致父母在护理他们时敏感性降低且回应不积极。

■ 在重症监护婴儿室中，某些干预措施提供了特殊的刺激。另一些干预则指导父母如何照顾他们的婴儿并与之互动。如果早产儿生活在充满压力的低收入家庭中，则需长期的强化干预。**婴儿死亡率**的主要原因是低出生体重。

七、分娩并发症、养育和复原力

■ 当婴儿经历过分娩创伤时，支持性的家庭环境能帮助他们恢复。即使是有严重分娩并发症的儿童，也能在有利的生活条件帮助下恢复正常。

八、新生儿的能力

描述了新生儿的反射和唤醒状态，介绍了睡眠特点和安抚哭闹婴儿的方法。

■ 婴儿在生命之初就有一些非凡的能力，使他们与物质世界和社会产生联系。**反射**是新生儿最明显的有组织的行为模式。有些反射具有生存意义，有些为自主运动技能打好基础，还有一些反射为早期社会关系的建立做了准备。

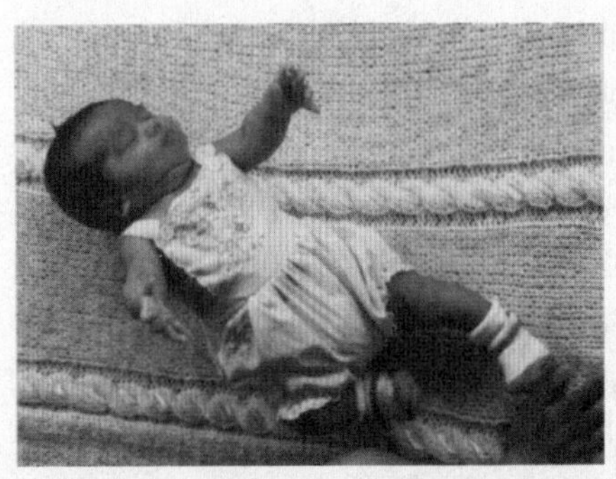

■ 新生儿在五种不同的**唤醒状态**间转换，他们的大部分时间花在睡眠上。睡眠可分为两种状态：**快速眼动睡眠**和**非快速眼动睡眠**。快速眼动睡眠为小婴儿提供了中枢神经系统发育必需的刺激。快速的眼球运动保证了睡眠期间眼睛得到充分的氧供应。混乱的快速眼动—非快速眼动睡眠周期是中枢神经系统异常的标志，可能会导致**婴儿猝死综合征**。

■ 哭闹的婴儿会激起身边成人的强烈不适感。哭声的强度和诱发哭声的经验能帮助父母找到问题出在哪里。在尝试过喂食和换尿布后，把婴儿抱起、靠在肩上是最有效的安抚方式。在一些文化中，婴儿每天的大部分时间都与他们的养育者有亲密的身体接触，使哭闹大大减少。

描述了新生儿的感觉能力。

■ 触觉、味觉、嗅觉和听觉在出生时已经相当完善。新生儿对疼痛十分敏感，喜欢香甜的味道和气味，并会朝向自己母亲羊水和乳汁的味道。他们已能区分一些声音模式和几乎所有语音。他 117
们对富于表现力的高声噪音、母亲的声音和母语反应性更强。

■ 视觉是在出生时最不发达的感觉。出生时的调焦能力和**视敏度**都较差。在向四周观望时，新生儿会被明亮的物体所吸引，但还不能辨别颜色。

为什么对新生儿的行为进行评估是有益的？

■ 在新生儿行为评估中使用最广泛的工具是布雷泽尔顿的**新生儿行为评价量表**。该量表能帮助研究者理解新生儿行为的个体和文化差异，有时还能帮助父母了解婴儿的能力。

九、适应新家庭

描述了新生儿出生给家庭带来的变化。

■ 新生儿的出生激动人心但也充满压力。如果夫妻之间对彼此的需要很敏感，那么适应问题通常只是暂时的，向父母身份的转变也会十分顺利。

重要术语和概念

age of viability（p. 84）存活龄
amnion（p. 82）羊膜
anoxia（p. 100）缺氧
Apgar Scale（p. 98）阿普加评分
breech position（p. 100）臀位
cesarean delivery（p. 101）剖宫产
chorion（p. 82）绒毛膜
embryo（p. 82）胚胎
fetal alcohol effects（FAE）（p. 89）胎儿酒精影响
fetal alcohol syndrome（FAS）（p. 89）胎儿酒精综合征
fetal monitor（p. 100）胎儿监测仪
fetus（p. 83）胎儿
implantation（p. 82）着床
infant mortality（p. 104）婴儿死亡率
lanugo（p. 84）胎毛
natural, or prepared, childbirth（p. 99）自然分娩或无痛分娩
Neonatal Behavioral Assessment Scale（NBAS）（p. 113）新生儿行为评价量表
neural tube（p. 83）神经管
non-rapid-eye-movement（NREM）sleep（p. 108）非快速眼动睡眠
placenta（p. 82）胎盘
preterm（p. 102）早产儿
rapid-eye-movement（REM）sleep（p. 108）快速眼动睡眠
reflex（p. 106）反射
Rh factor incompatibility（p. 94）Rh血型不相容
small-for-date（p. 102）小于胎龄儿
states of arousal（p. 107）唤醒状态
sudden infant death syndrome（SIDS）（p. 109）婴儿猝死综合征
teratogen（p. 85）致畸剂
trimester（p. 83）三月期
umbilical cord（p. 82）脐带
vernix（p. 83）胎儿皮脂
visual acuity（p. 113）视敏度

第三篇　婴儿期和学步期：0～2岁

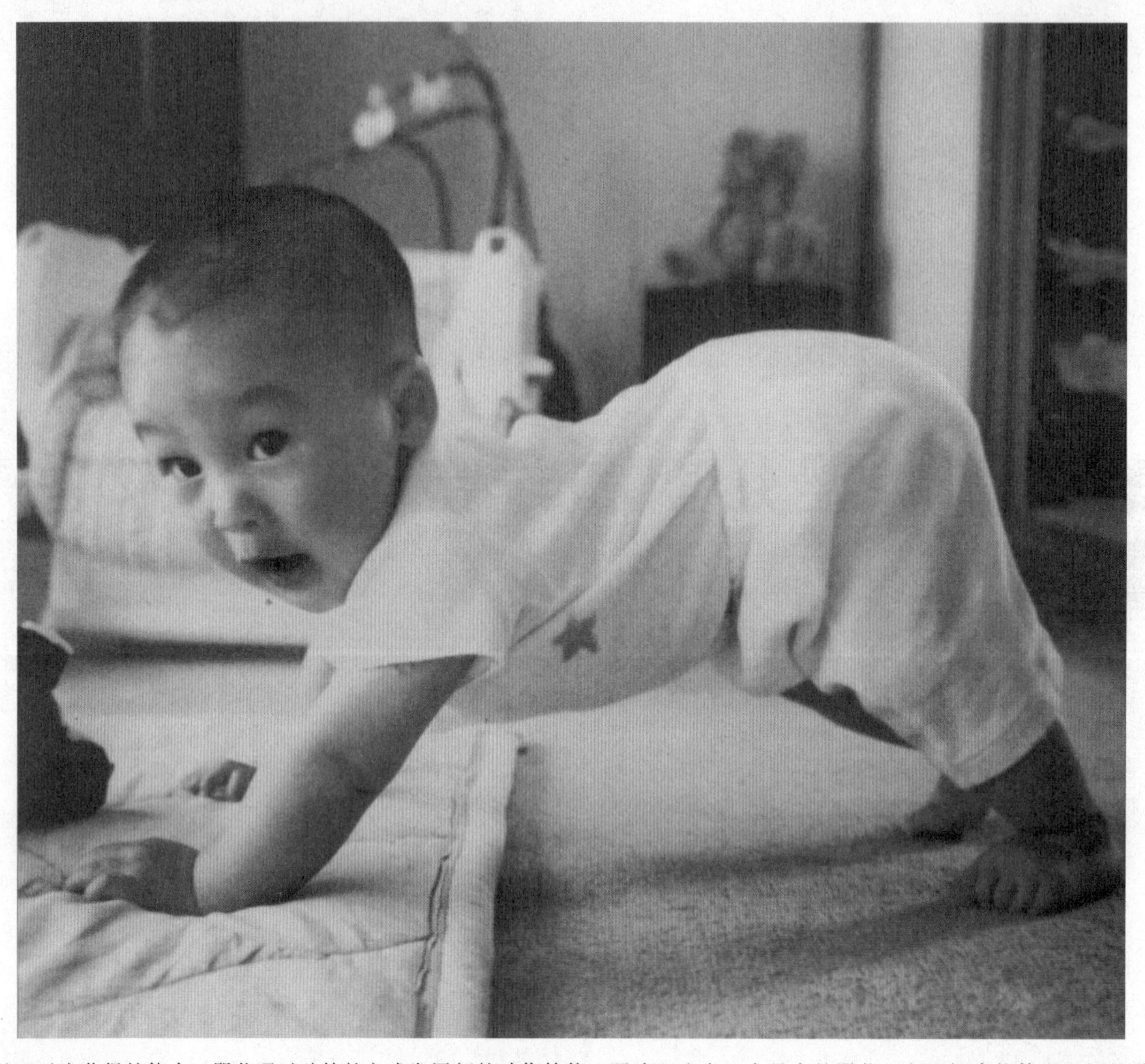

基于过去获得的能力，婴儿通过独特的方式发展新的动作技能。照片上这个 7 个月大的婴儿正急于探索物体和空间的世界。一旦明白了如何移动自己，他对周围世界的理解就会大幅度提高。

第4章

婴儿期和学步期的身体发育

一、体格发育

1. 体型大小与肌肉—脂肪结构的变化

2. 个体差异与群体差异

3. 身体比例的变化

二、大脑发育

1. 神经元的发育

2. 大脑皮层的发育

专栏　毕生发展观　大脑可塑性：来自大脑损伤儿童与成人研究的启发

3. 脑发育的敏感期

4. 唤醒状态的变化

专栏　文化影响　婴儿睡眠习俗的文化差异

三、早期身体发育的影响因素

1. 遗传

2. 营养

3. 营养不良

4. 情绪健康

四、学习能力

1. 经典条件反射

2. 操作条件反射

3. 习惯化

4. 模仿

五、动作发展

1. 动作发展的顺序

2. 动作技能是一个动态系统

3. 精细动作的发展：够拿和抓握

六、知觉发展

1. 听觉

2. 视觉

专栏　生物因素与环境　视觉严重损伤的婴儿的发展

3. 联合知觉

4. 知觉发展的分化理论

明媚的六月清晨，1岁4个月的凯特琳走出前
119 门，准备坐车到儿童保育之家，当妈妈卡罗琳和爸爸戴维工作时，她会在那里度过周末的时间。凯特琳一只手拿着泰迪熊，另一只手抓着妈妈的胳膊，一步步走下台阶。卡罗琳牵着凯特琳的手下台阶的时候，嘴里数着：“一步，两步，三步！”看着不久前还躺在自己臂弯里的这个女儿，卡罗琳在心里默默地感慨：“她的变化可真大啊！”随着她生命里最早步伐的开始，凯特琳已经过了婴儿期，进入了学步期——生命里的第二个年头。刚开始“蹒跚学步”的时候，她的步伐确实比较笨拙，经常左晃右倒，栽跟头。但是她的脸上却洋溢着学会了一种新技能后的喜悦。

当他们走向汽车的时候，卡罗琳和凯特琳碰到了住在隔壁院子里的3岁的艾利和他爸爸凯文。艾利挥动着一个黄色信封冲向他们。卡罗琳弯下身，打开信封，拿出一张卡片。上面写着：“向大家宣布格瑞丝·安妮的到来。出生地：柬埔寨。年龄：1岁4个月。”卡罗琳对凯文和艾利说：“这真是个好消息！我们什么时候能见到她？”

“再等几天，”凯文说道，“莫妮卡今早带格瑞丝去看医生了。她体重不足，营养不良。”凯文说着莫妮卡与格瑞丝来美国的前一天在金边一个旅馆里的情况。格瑞丝躺在床上，退缩而恐惧。最后终于拿着饼干睡着了。

卡罗琳感到凯特琳在不耐烦地扯着她的袖子，便开车去儿童之家了，而瓦内莎也刚把她的1岁半的儿子蒂米送到了儿童之家。一会儿工夫，凯特琳和蒂米就跑到沙箱里，在保育员吉内特的帮助下，把沙子铲到塑料杯和塑料桶里面。

几周后，格瑞丝也同凯特琳和蒂米一起，进入了吉内特的儿童之家。虽然由于依然很瘦，既不能爬也不能走，但是格瑞丝已经长高长胖了很多，那种悲伤、迷茫的眼神也不见了，取而代之的是警惕的表情、发自内心的微笑以及热切希望模仿和探索的愿望。当凯特琳走向沙箱的时候，格瑞丝伸出她的小胳膊，要吉内特把她也抱到那儿去。格瑞丝不久就振作起来了。1岁半的时候，她终于学会走了！

这一章追踪了0～2岁身体发育的轨迹，这一 120
阶段是发育中变化最快、内容最丰富的时期。我们将了解婴儿身体和大脑是怎样快速发育，以支持学习、动作技能和知觉能力发展的。凯特琳、格瑞丝和蒂米将和我们一起，呈现出发展的个别差异以及环境对身体发育的影响。

一、体格发育

当我们在公共场所看到婴儿和学步儿的时候，会发现他们的能力相差很大。在0～2岁这两年里，儿童从不会做什么事情到能够做许多事情，主要原因是他们的身体在迅速发育，其速度快于出生后的任何其他时期。

1. 体型大小与肌肉—脂肪结构的变化

一岁末，正常婴儿的身高大约为80厘米，比刚出生的时候高50%；两岁时比刚出生增长75%（90厘米）。5个月时，他们的体重是出生时的两倍（大约6.8公斤），一岁时是出生时的3倍（10公斤），两岁时是出生时的4倍（13.6公斤）。

图4.1描述了0～2岁婴儿体型大小的迅速变化。婴儿和学步儿的发育有一些爆发性，并不是平稳的增加。一项研究追踪了婴儿出生后21个月里的发展变化，其中大约有7～63天的时间没有增长，而在一些时间里一天居然能够长1.3厘米！在身体迅速发育之前，家长几乎都认为他们的孩子容易被激惹，也容易饿（Lampl，1993；Lampl，Veldhuis & Johnson，1992）。

在外表上，婴儿的一个最显著变化就是他们在6个月左右变得又圆又胖。婴儿期脂肪的增长大约在9个月达到顶点。1岁以后，多数学步儿就 121
瘦下来，这一趋势一直持续到小学期（Fomon & Nelson，2002）。相反，肌肉组织在婴儿期增长缓慢，直到青少年期才达到顶点。婴儿的肌肉并不强健，他们的力量和协调性都较差。

2. 个体差异与群体差异

和所有方面的发展一样，儿童的体型和肌肉—脂肪组织差异很大。在婴儿期，女孩比男孩稍微轻一些、矮一些，但是肌肉的脂肪比率略高。

图 4.1 0～2 岁婴儿的体格发育

安迪和艾米是兄妹，相差两岁。这些照片是他们的父母拍的，记录了他们从婴儿到学步儿期间身体大小和比例的显著变化。6 个月以前，头部所占比重非常大，身高和体重迅速增加。1 岁以后，比重较低的部位慢慢赶了上来。注意，安迪和艾米在前几个月都有"婴儿肥"现象，之后瘦了下来，这一趋势一直持续到小学期。从出生开始，安迪就比艾米稍微高一些、重一些，这种性别差异很典型。本书第 7 章、第 9 章和第 11 章将再次提及安迪和艾米的发育。

这些细微的性别差异一直持续到幼儿期和小学期，到青少年期迅速扩大。婴儿体型的种族差异也非常明显。格瑞丝的发育要低于常模（即该年龄儿童身高和体重的平均值）。虽然早期营养不良对她的体格发育有一定影响，但即使她的体格发育比较好时，仍然低于北美儿童的常模水平，这种趋势普遍存在于亚洲儿童之中。相比之下，蒂米则稍高于平均值，这种趋势普遍存在于非洲裔美国儿童中（Bogin，2001）。

同年龄的儿童在体格发育速度方面同样存在差异；一些儿童比另一些发育快。当前体型的大小不能说明儿童体格发育的快慢。例如，蒂米比凯特琳或格瑞丝要高要重，但是他的身体并不更成熟。下面会讲到其中原因。

对儿童身体成熟度的最好估计方法就是采用骨龄，也就是测量儿童骨骼的发育。用 X 射线作骨骼透视，看柔韧的软骨硬化成骨头的程度，这是一个缓慢的、直到青少年期才完成的过程。测量骨龄会发现，非洲裔美国儿童通常早于白人儿童，女孩也比男孩早很多。刚出生时，男女孩之间差 4～6 周，这个差距在婴儿期和儿童期不断扩大，因此，女孩体格发育成熟的时间一般比男孩早好几年（Tanner，Healy & Cameron，2001）。女孩身体的迅速成熟使他们能有效抵制有害的环境影响。正如第 2 章提到的，女孩的发育问题比男孩少很多，在婴儿期和儿童期的死亡率也比男孩低。

3. 身体比例的变化

随着儿童整个体型的增长，身体各部分以不

同速度发育。两种发育模式描述了这种身体比例的变化。第一种是**头尾趋势**（cephalocaudal trend），来源于拉丁语“从头到脚”这个词。在出生前的一段时期内，头部比其他部分的发育快得多。刚出生的时候，头部大约占总身长的1/4，腿部只占1/3。注意图4.1中，身体的其他部分的发育是怎样迅速赶上头部发育的。到两岁时，头部只占身长的1/5，腿部则占一半以上。

第二种模式是**近远趋势**（proximodistal trend），发育遵循“从近到远”，从中心向外周发展的顺序。出生前，头部、胸部和躯干先发育，其次是胳膊和腿，最后是手和脚。在婴儿期和学步期，胳膊和腿继续领先于手和脚。后面我们将要看到，动作发展也遵循这些普遍规律，只有少数例外。

二、大脑发育

刚出生的时候，婴儿的脑比身体其他结构都更接近于成人的大小，在婴儿期和学步期，它继续以惊人的速度发展。在理解脑发育的时候，最好从两种全局观出发：一是个体脑细胞的微观结构；二是宏观的大脑皮质水平，这是人类智力快速发展的根本原因。

1. 神经元的发育

人类的大脑大约有120亿～140亿个储存和传递信息的**神经元**（neurons），或神经细胞，其中大部分都与其他神经元之间有千丝万缕的联系。与别的身体细胞不同，神经元之间不是相互挨近的。各个神经元的纤维离得很近但不接触，其间有细微间隙，称为**突触**（synapses）（见图4.2）。神经元之间通过释放化学物质来传递信息，这种化学物质分布在突触中，被称为**神经递质**（neurotransmitters）。

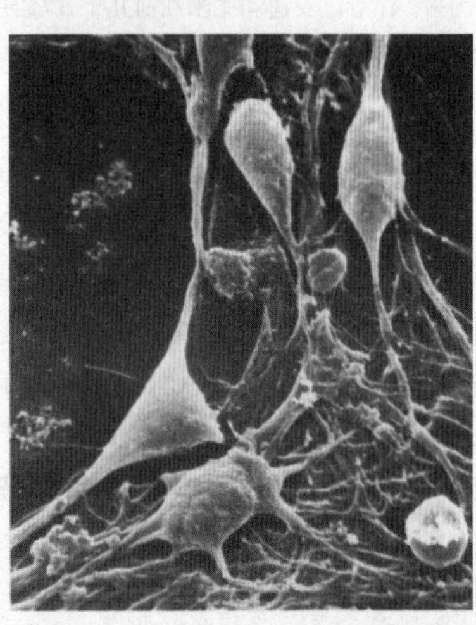

图4.2 神经元和与其联结的纤维

这张图片是在显微镜下观察到的一些神经元，展示了神经元与邻近细胞形成的丰富的突触联结。

122 概括地说，脑发育就是神经元发育并形成精细交流系统的过程。图4.3概括了脑发育中的重要标志。出生前，神经元在胚胎中最初的神经管里发育。它们从那里沿着导向细胞网络生成的线路移动，逐渐转变为大脑的主要部分。怀孕6个月的时候，已经完成了大部分神经元的产生和转化。

神经元生成后就开始分化，通过与邻近神经元的纤维产生突触联结，形成其独特功能。在0～2岁，神经纤维和突触以惊人的速度增长（Huttenlocher，2002；Moore & Persaud，2003）。脑结构发育有一个令人诧异的特点，由于神经元的发育需要为这些联结结构提供相当的空间，当突触形成后，它周围的神经元就会死亡，死亡比例根据所处脑区可达20%～80%（de Haan & Johnson，2003；Stiles，2001a）。幸好，在出生前，神经管产生的神经元比大脑实际需要的神经元多得多。

当神经元形成联结以后，刺激对它们的存活很重要。那些受到周围环境刺激的神经元会继续形成突触，建立更精细复杂的交流系统，从而支持复杂能力的发展。很少受到刺激的神经元将会丧失突触，这一过程称作**突触削减**（synaptic pruning），它使不需要的神经元暂时沉寂，以支持未来的发展（Webb，Monk & Nelson，2001）。总的来说，在儿童期和青少年期，大约有40%的突触被削减了，这达到了成人的水平（参见图4.3）（Webb，Monk & Nelson，2001）。要使这一过程顺利进行，在突触形成达到顶点的时期，对儿童大脑的适当刺激非常重要（Greenough et al.，1993；Huttenlocher，2002）。

如果在孕期之后没有神经元形成，那么是什么原因导致了0～2岁婴儿大脑的迅速增大呢？大约一半的脑重是由**神经胶质细胞**（glial cells）构成，它们掌管着神经纤维的**髓鞘化**（myelination），即在神经纤维外面形成一层绝缘的、可提高信息传递效率的脂肪鞘（称髓鞘脂）。从出生到两岁，

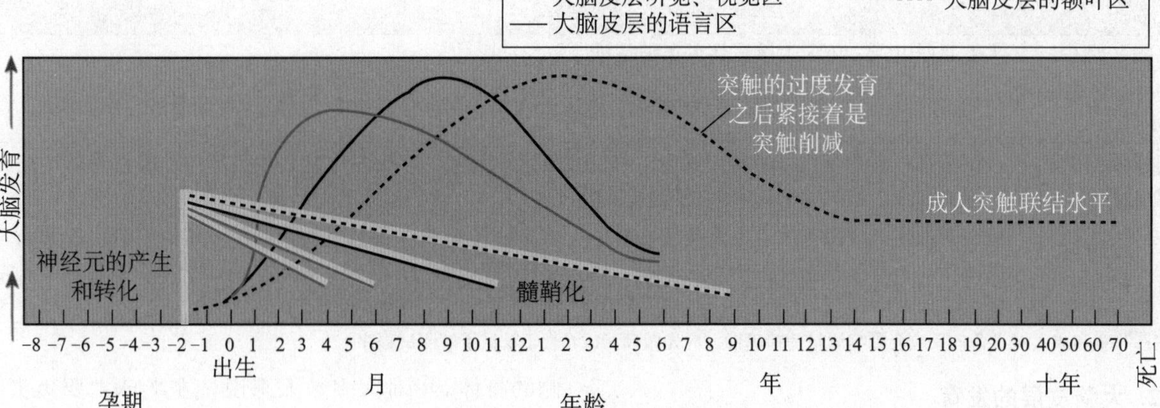

图 4.3　大脑发育的重要标志

在 0～2 岁，突触形成的速度非常快，尤其是大脑皮层的听觉、视觉和语言区域。额叶的突触发育得更加密集。在每个区域，突触的过度发育之后，紧接着就是突触削减。额叶是最后达到成人突触联结水平的区域之一——在青少年中期和后期。在前两年里，髓鞘形成的速度非常快，之后在整个儿童期和青少年期，它放慢了步伐。在不同的脑区，髓鞘化的时间是不一样的。例如，语言区，尤其是额叶的神经纤维髓鞘化持续的时间要比视觉区和听觉区的髓鞘化时间长。

资料来源：Thompson & Nelson，2001.

神经胶质细胞增加了好几倍，这一过程在小学期减缓，到青少年期又加速。因此，神经纤维的迅速增长以及髓鞘化是大脑体积迅速膨胀的原因。刚出生时，婴儿脑重大约相当于成人脑重的 30%，到两岁即达到了 70%（Thatcher et al.，1996）。

脑发育好像是在雕刻一个“活雕塑”。当神经元和突触过多时，通过细胞死亡和突触削减，去掉多余材料以形成成熟的大脑，这一过程受到遗传和儿童经验的双重影响。最终的雕刻作品是一系列相互联结的区域，每个区域都有独特功能——就像地球上的各个国家一样相互交流（Johnston et al.，2001）。

大脑的这种“地理分布”，使研究者能用表 4.1 描述的各种生理技术来探索发育中的组织和区域的活动。例如，脑电图（EEG）显示的脑电波可以检测稳定性和组织——成熟的皮质功能指标。当儿童加工一个刺激的时候，事件相关电位 123
（ERPs）能够检测大脑皮层中大脑活动的位置。脑功能核磁共振成像（fMRI）能够生成整个大脑的三维图形，从而提供某种能力所对应大脑区域的精确信息。这些方法中，最有前景的是脑功能核磁共振成像。与正电子发射断层显像（PET）不同，脑功能核磁共振成像不需用 X 射线照片，所以不需要注射放射性物质。当儿童身处刺激中的时候，脑功能核磁共振成像通过磁场探测到血液流的变化，从而生成大脑活动区域的图像（见图 4.4 的例子）。

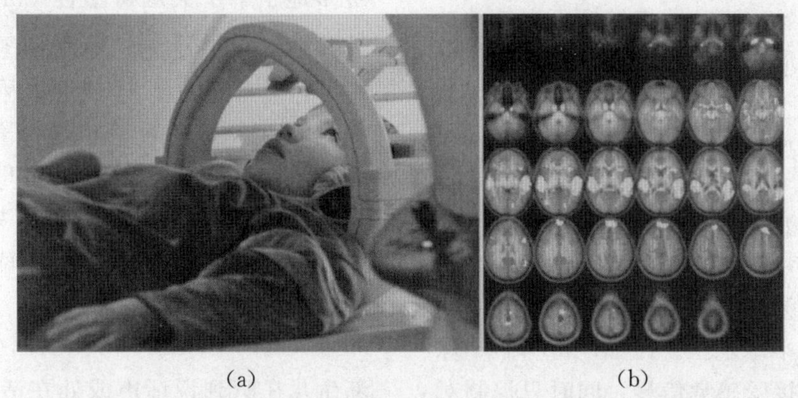

(a)　　(b)

图 4.4　用脑功能核磁共振成像技术（fMRI）测量脑区活动

(a) 这个 6 岁儿童参与了一项用脑功能核磁共振成像测量大脑如何加工光线和动作的研究。(b) 脑功能核磁共振成像技术显示，当视觉刺激改变时，男孩的哪个脑区在活动。

表 4.1　　测量大脑机能的方法

方法	描述
脑电图（EEG）	头上佩戴电极，记录大脑皮层的电波活动。
事件相关电位（ERPs）	使用 EEG，记录特定刺激（例如图片、音乐和语音）引起的大脑皮层特定区域的电波频率和幅度。
脑功能核磁共振成像（fMRI）	被试躺在一个置于磁场中的仪器内，通过一个磁性扫描仪，探测特定刺激引起的脑区血流的增加和新陈代谢产生的氧的增加。所得结果是计算机生成的一张各脑区（不只是皮层）活动的图片。
正电子发射断层显像（PET）	被试者在注射或摄入放射性物质后，躺在一个发射 X 射线的仪器里面，以探测特定刺激引起的脑区血流增加及新陈代谢产生的氧的增加。同 fMRI 一样，所得结果是计算机生成的一张各脑区（不只是皮层）活动的图片。

注：儿童和成人对设备的反应会影响测量的精确性。应先做预测试，便于被试了解测试程序。

2. 大脑皮层的发育

包围大脑的是**大脑皮层**（cerebral cortex），它像一个可掰成两半的核桃，是大脑中最大最复杂的结构，占脑重的 85%，包含有最多的神经元和突触，是人类特有的智力的基础。大脑皮层是大脑中最后停止发育的结构，它对环境影响的敏感时期比大脑其他部分都长得多。

（1）皮层的分区

124 图 4.5 展示了大脑皮层区域的特殊机能，例如从感官接受信息，指挥身体的运动和思维。皮层区域发育的顺序与婴儿期和成年期出现的各种能力的顺序相对应。例如，ERP 和 fMRI 研究显示，在 1 岁以前，视觉皮层、听觉皮层及与身体动作有关的区域活动非常旺盛（突触和髓鞘发育迅速），这一时期正是视觉、听觉、动作技能迅速发展的时期（Johnson，2005）。从婴儿后期到学前期，语言区一直都很活跃，这也是语言能力迅速发展的时期（Thompson，2000a）。

额叶是皮层区域中发育时间最长的区域，它与意识、冲动控制、信息整合以及行为的计划调控有关。从两岁开始，该区域将发挥更有效的功能。前额叶突触的形成和削减要持续很多年，到青少年中期至晚期才会达到成人的突触联结水平（Nelson，2002；Sowell et al.，2002；Thompson et al.，2000a）。

（2）皮层的可塑性和单侧化

大脑两半球——左半球和右半球，其功能是不一样的。有些任务主要由左半球完成，另一些任务则主要是由右半球承担。比如，每一个半球都从对侧身体部位接受感觉信号，同时只控制对侧的身体。[①] 对大多数人来说，左半球主要负责言语能力（如口头和书面语言）和积极情绪（如喜悦），右半球掌管空间能力（判断距离，看地图，识别几何形状）和消极情绪（如压力）（Banish & Heller，1998；Nelson & Bosquet，2000）。对左利手的人来说，这个规律是相反的，但左利手的人，大脑专门化程度往往不如右利手。

两个半球的专门化称作**单侧化**（lateralization）。为什么能力和行为有单侧化呢？脑功能核磁共振成像的研究揭示，左半球擅长对信息进行有序的、分析式的（逐步的）加工，这种方法有利于处理交流信息，包括口头信息（语言）和情绪信息（愉快的笑容）。相反，右半球专门对信息做整体、综合的加工，它有利于加工空间信息，调节消极情绪。大脑单侧化可能是进化的结果，它使人类能更有效地应对环境变化的要求（Rogers，2000）。比起两半球以相同方式加工信息，单侧化有利于有效地发挥更多的功能。

研究者考察了大脑单侧化在何时发生，并更多地了解了**大脑可塑性**（brain plasticity）。那些高度可塑的皮层，许多区域还没有形成专门化的功能。因此，这部分皮层就具有较强的学习能力。而且，如果大脑的某部分受到损伤，其他部分能够代偿这一部分的功能。但是一旦大脑单侧化形成后，某一区域如果受到损伤，这一区域掌管的能力就不能或不易恢复到以前的水平了。

大脑两半球的专门化从出生就已开始。多数新生儿在听到说话声或处在活跃的唤醒状态时，

---

① 眼睛是个例外。从视网膜右侧传入的信息到达大脑右半球，左侧传入的信息到达大脑左半球。因此，从双眼传入的信息都能够到达两个半球。

左半球的 ERP 脑电活动更活跃。相反，在听到非言语的声音或其他刺激（如酸味液体）引发消极反应时，右半球的活动水平更高（Davidson，1994；Fox & Davidson，1986）。

研究大脑受损的儿童和成人，为大脑可塑性提供了大量证据，本节的“毕生发展观”专栏对此有介绍。此外，早期经历在很大程度上影响着大脑皮层的组织。例如，婴儿期和儿童期因失聪而学习手语（空间技能）的成人，与听力正常的人相比，其语言加工更多地依赖右半球（Neville & Bavelier，2002）。语言能力较强的学
126 步儿童与语言发展迟缓的同龄儿童相比，左半球的专门化程度更高（Mills，Coffey-Corina & Neville，1997）。显然，语言和其他技能的学习促进了大脑单侧化进程（Casey et al.，2002；Luna et al.，2001）。

总之，在生命的前几年里，大脑的可塑性远远大于以后的年龄（Nelson，2000）。过剩的突触联结为大脑可塑性提供了支持，也支持了年幼儿童的学习能力，这是他们赖以生存的基础。虽然从一开始，大脑皮层的专门化过程就按照遗传程序运行了，但经验在很大程度上影响着这种预先组织的程序的速度和成败。

3. 脑发育的敏感期

在大脑的快速发育时期，对大脑的刺激至关重要。动物研究证实，早期的极端感觉剥夺会导致永久性的大脑损伤和功能丧失，这一结果证实了脑发育存在着敏感期。例如，早期各种视觉经验对大脑视觉中枢的正常发育非常重要。如果对出生 1 个月的小猫进行光剥夺，哪怕只有 3～4 天，

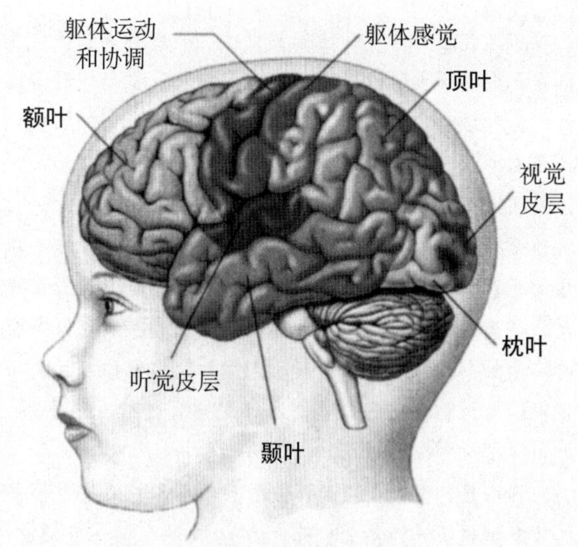

图 4.5　人的大脑的左半球皮层

大脑皮层分为两半，每一半球有许多脑区，各自具有特殊功能。图中标出了一些主要的脑区。

这一脑区也会退化。如果把 4 周的小猫一直关在黑暗中，其大脑的损伤就会非常严重，而且是永久性的（Crair，Gillespie & Stryker，1998）。

早期环境的质量影响整个大脑的发育。把从小在充满物质刺激和社会性刺激的环境中长大的动物与隔绝环境中长大的动物做比较，前者拥有更密集的突触联结（Greenough & Black，1992）。

（1）人类的证据：孤儿院儿童

由于伦理原因，我们不能剥夺婴儿正常的养育经验来观察其对大脑和能力的影响。但我们可以求助于一些自然实验，例如一些儿童，早期在缺乏刺激的环境中长大，但后来得到了敏感的、刺激丰富的养育。

专栏　**毕生发展观**

大脑可塑性：来自大脑损伤儿童与成人研究的启发

在生命的前几年，大脑具有高度可塑性。它能重组大脑各区域的特定功能，这是成熟大脑做不到的。因此，若大脑在婴儿期和幼儿期受损，其认知功能的损伤不如大脑在后期受到损伤的成人严重（Huttenlocher，2002）。然而，幼儿大脑不是完全可塑的。当脑受到损伤以后，其功能会受到一定影响。可塑程度受多个因素影响，包括受伤时的年龄、受伤部位及所掌管能力的区域。可塑性也不只限于儿童期。成熟的大脑受到损伤，也可出现一定的重组。

婴儿期和幼儿期的可塑性　一项大型研究对出生前或出生后 6 个月内大脑皮层受损伤的儿童进行了追踪，重复测量了其语言和空间能力，直到青少年期（Akshoomoff et al.，2002；Stiles，2001a）。这些儿童都经历过早期的大脑惊厥或脑出血。核磁共振成像和正电子发射断层显像查明了损伤的准确位置。

无论损伤发生在左半球还是右半球，儿童的言语发展都有一定的延迟，并持续到 3 岁半左右。早期任一侧半球

的损伤都会影响到早期语言能力，这一事实说明，语言功能在早期受到大脑的广泛影响。但是到5岁时，这些儿童的词汇和语法能力都赶上了正常儿童。未受伤的区域，无论是左半球还是右半球，对这些功能进行了补偿。

相比语言，早期脑损伤对空间能力的影响更大。让学龄前至青少年期的儿童模仿一些设计任务，早期右半球受损的儿童在进行整体加工时存在困难，不能准确表征完整形状。而左半球受损的儿童能够把握完整形状，只是会忽略一些细节。随着年龄增长，这些儿童在素描方面有一定提高，而大脑受损的成人则没有这样的提高（Akshoomoff et al.，2002；Stiles et al.，2003）。

很明显，早期大脑受损伤之后，语言能力比空间能力的恢复更容易。为什么？研究者推测，在人类进化历史中，空间加工是一种更古老的能力，因此，在刚出生时就已经形成了单侧化（Stiles，2001b；Stiles et al.，2002）。但是早期的大脑损伤对语言和空间能力的影响要远远小于后期的大脑损伤。总之，年幼儿童的大脑具有高度可塑性。

年幼儿童大脑高可塑性的代价 虽然语言和空间能力（稍逊些）具有令人惊异的恢复能力，但早期大脑受损伤的儿童到了学龄期，仍在一些复杂心理能力上表现出缺陷。例如，他们在阅读和数学上进步速度很慢。在讲故事时，他们比大脑未受损伤的同龄人使用的陈述句更简单（Reilly，Bates & Marchman，1998）。

研究者对此做了解释，他们认为，大脑的高可塑性是需要付出代价的。当健康的大脑区域代替了受损区域的功能时，会出现一种“拥挤效应”：比正常大脑区域小得多的区域要完成多重任务。因此，与没有受损的大脑相比，受损大脑加工信息的速度慢，准确性差。复杂心理能力就受到影响了，因为要实现这些复杂心理能力，需要大脑皮层很多区域的参与（Huttenlocher，2002）。

成年期的大脑可塑性 虽然成人的大脑可塑性有限，但是仍有一定的可塑性。例如，遭遇撞击的成人，其恢复一般都较好，尤其是对语言刺激的反应和空间技能方面。脑成像技术揭示，在受到永久性损伤的脑区，其邻近结构和对侧半球区域发生了重组，从而支持了受损能力的恢复（Bach-Rita，2001；Hallett，2000）。

在婴儿期和儿童期，大脑发育的目标是形成神经联结，以保证重要技能的掌握。当大脑正在形成新的突触时，其可塑性是最大的（Kolb & Gibb，2001）。年龄大一些后，专门化的大脑结构形成了，但是大脑受损之后仍能进行一定程度的重组。成人大脑可以产生少量新神经元（Gould et al.，1999）。当个体练习相关任务时，大脑会强化已有的突触，并且会形成一些新的突触。

可塑性是神经系统的一种基本属性。研究者希望查明，在人的一生中，经验和大脑可塑性是如何共同起作用的，如何帮助各个年龄的人们，无论大脑有没有损伤，得到更好的发展。

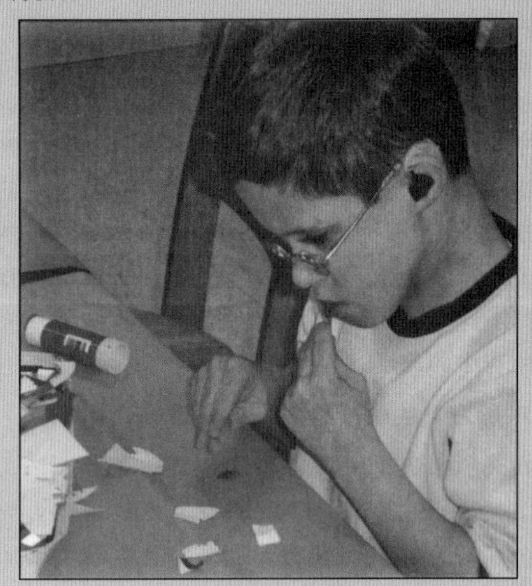

这个在婴儿期受过脑损伤的8岁男孩具有发展良好的语言技能，但是完成空间任务仍感到困难。由于早期的高度可塑性，他未受到严重影响。他的老师给他提供模仿和创建图形设计的活动增强了他的空间技能。

一项研究追踪了一个大样本的儿童，这些儿童在0～3岁半之间经历了一次转变，他们从极度缺乏刺激的罗马尼亚孤儿院转而被英国的家庭收养（O'Connor et al.，2000；Rutter et al.，1998，2004）。刚到英国时，他们各个领域的发展都受到了损害。但是到学前期，他们的体格迅速追上了正常儿童。认知能力方面的进步也很显著，但是6个月以后才被收养的儿童，进步不明显。婴儿在孤儿院待的时间越长，缺陷就越严重，越不容易恢复。图4.6显示，两岁以后被收养的儿童受到了非常大的影响。虽然有些婴儿获得了充足的营养，但他们在孤儿院待的时间和贫乏的认知功能，仍与大脑容量低于平均水平有关，说明早期刺激的缺乏会损伤大脑。

其他证据显示，由于损害了大脑应对压力的能力，早期的长期压力、剥夺性的养育会对身体和情绪健康造成长期影响。另一项调查中，研究者追踪了被加拿大家庭收养的儿童的发展情况，他们出生后的前 8 个月或更长时间是在罗马尼亚孤儿院度过的（Gunnar et al.，2001；Gunnar & Cheatham，2003）。与出生后不久就被收养的同龄儿童相比，这些儿童表现出极端的应激反应，主要表现在他们唾液里的应激激素皮质醇的浓度很高——这一生理现象与疾病、身体发育迟滞以及学习和行为问题有关，包括注意缺陷、控制愤怒和冲动能力的不足。儿童在孤儿院待的时间越长，他们的皮质醇水平越高，即使被收养 6 年半之后仍然如此。

上述收养研究及其他类似研究表明，把婴儿放在刺激缺乏的福利机构里 6 个月到 2 年，会永久地阻碍各方面的心理发展（Ames & Chisholm，2001；MacLean，2003）。被剥夺的时间越长，受到的影响越大。

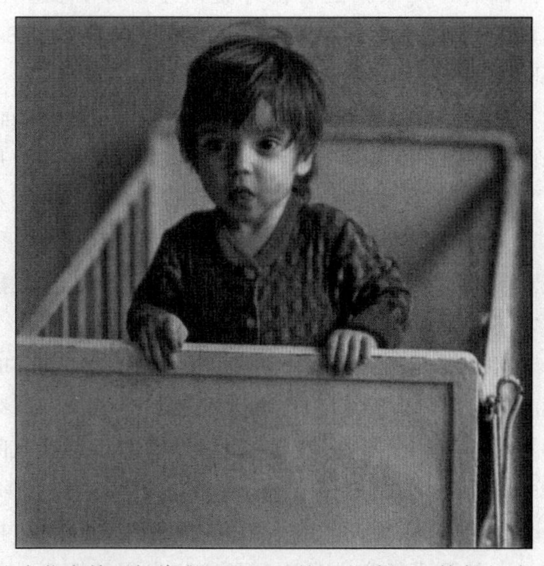

这个儿童前两年待在罗马尼亚的孤儿院里，接触的成人和刺激很少，他的各方面发展都受到显著影响。

（2）适宜的刺激

与前述的孤儿院儿童不同，格瑞丝表现出良好的发展，她在 1 岁 4 个月时被莫妮卡和凯文从柬埔寨收养。两年前，他们收养了格瑞丝的哥哥艾利。当艾利两岁时，莫妮卡和凯文给艾利的生母寄去了艾利的照片，照片上是一个阳光、快乐
127 的小孩。第二天，艾利的生母含泪找到收养机构，要求把她的女儿也送给这个美国家庭，让她和艾利在一起。虽然格瑞丝的早期环境非常贫乏，但她的生母充满爱的照料——温柔的怀抱，轻声说话，母乳喂养——都防止了对她大脑的不可逆损伤。

除了贫穷的环境之外，对儿童不切实际的期望也会破坏大脑潜能。最近几年，费用昂贵的早期学习中心争先恐后地出现，用字母和数字卡片来训练婴儿，对年龄稍大的学步儿童，则开设全部课程，如阅读、数学、科学、美术、音乐、体育等等。没有证据表明这种做法可培养更聪明的“超级宝宝”（Hirsh-Pasek & Golinkoff，2003）。相反，给婴儿呈现那些他们还没有做好接受准备的刺激，会导致他们退缩，从而削弱他们的学习兴趣，造成一种类似于刺激剥夺的状况。

那么，如何来衡量早期刺激是否恰当呢？为了回答这个问题，研究者区分了两种类型的脑发育。一种是**经验—预期型脑发育**（experience-expectant brain growth），指的是幼年大脑迅速形成组织，这个过程取决于日常经验，包括看和接触物体的机会，听到言语和其他声音，四处移动探索环境。经过千百万年的进化，我们预期所有婴儿、学步儿和幼儿的大脑都会有这种经验，只要他们积累了这种经验，就会正常发育。第二种类型是人一生中都在发生的**经验—依赖型脑发育**（experience-dependent brain growth），它是由特殊学习经验导致的已形成的脑结构的额外发育和精细化，此过程存在着巨大的个体差异和文化差异（Greenough & Black，1992）。阅读、书写、玩电脑游戏、编织复杂的毯子、拉小提琴就是这种发育类型的典型例子。小提琴家的大脑与诗人的大脑存在着某些不同，这是因为两人长期使用不同的脑区（Thompson & Nelson，2001）。

经验—预期型脑发育在生命早期自然发生，因为养育者给婴儿和幼儿提供了适合这个年龄的
游戏材料，让他们参与有趣的日常活动，如一起 128
吃饭、玩躲猫猫、睡前洗澡、谈论小人书和唱歌等。这一过程为随后发生的经验—依赖型发育打好了基础（Huttenlocher，2002；Shonkoff & Phillips，2001）。没有证据表明在生命前几年里存在着技能发展的关键期，如阅读、音乐表演或体操，这些技能取决于大量的训练（Bruer，1999）。

我们已经知道，年幼时迅速发育的大脑非常脆弱，容易受伤害，包括危险药物、环境中的毒素、营养不良、刺激剥夺以及长期压力等等。研究者认为，过度的早期学习同样会伤害大脑，损害神经回路，减弱大脑对日常经验的敏感性，而这些经验是健康的生命开端所必需的。此外，当

那些“益智”课程没有使幼儿变成天才时，失望的父母会觉得孩子很无能。

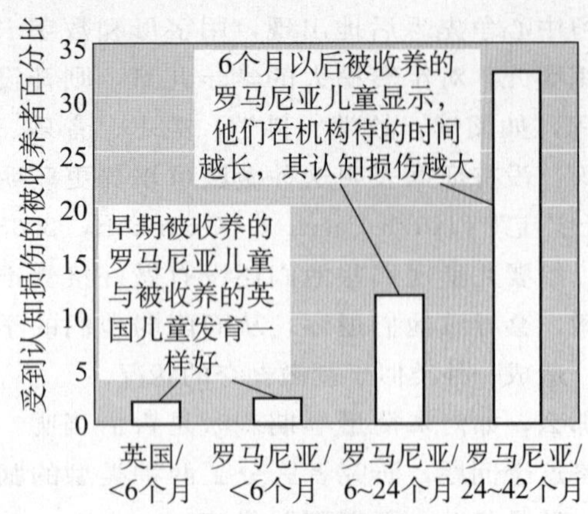

图 4.6 儿童被收养的时间与6岁时认知迟缓的关系

在前6个月从罗马尼亚孤儿院转到英国家庭收养的儿童与很早就被收养的儿童适应得一样好，表明他们已从极端的早期剥夺中恢复过来。6个月以后被收养的罗马尼亚儿童，在福利院待的时间越长，认知迟缓越严重。在两岁后被收养的儿童明显受到了影响，其中30%的人智力测验得分低于80。

资料来源：Rutter et al.，2004.

经验—预期型脑发育在日常刺激经验的作用下自然发生。这些年幼儿童在秋天落叶时节，兴高采烈地做着可促进早期脑发育的活动。

4. 唤醒状态的变化

大脑的快速发育意味着，在0～2岁，婴儿的睡眠和觉醒组织发生了本质变化，他们的惊叫和哭喊迅速减少。新生儿不分昼夜地睡觉，每天总共能睡16～18个小时（Davis，Parker & Montgomery，2004）。总睡眠时间随年龄缓慢减少，两岁儿童的平均睡眠时间在12～13个小时。但是睡眠和觉醒的周期逐渐变长，交替次数变少，睡眠—觉醒的模式逐渐与白天—黑夜模式相符。6～9个月，婴儿白天的睡眠减少到每天两次。1岁半时，多数婴儿白天只睡一次（Iglowstein et al.，2003）。

大脑唤醒模式的变化由脑发育引起，也受社会环境影响。在西方国家，父母在孩子4个月左右，睡前喂固体食物，使婴儿一觉睡到天亮，这种做法可能与婴儿的神经发育周期不一致。因为6个月以后，褪黑素的分泌才是晚上多于白天，褪黑素是大脑分泌的一种能增加睡意的激素（Sadeh，1997）。

本节的“文化影响”专栏揭示，让婴儿分床睡来促进睡眠的做法在世界各地并不多见。1～8个月婴儿若与父母一起睡，其平均睡眠周期在3小时左右。只有到将近1周岁时，随着快速眼动睡眠（促进觉醒的一种状态）的减少，婴儿的睡眠—觉醒模式才迅速接近成人（Ficca et al.，1999）。

即使婴儿进入整夜睡着的时期，他们仍会不时地醒来。在睡眠观察和对澳大利亚、英国、以色列的父母进行的调查中发现，从1.5～2岁，儿童夜间醒来的次数增加（Scher，Epstein & Tirosh，2004；Scher et al.，1995）。第6章将讲到，学步期的挑战——从熟悉的亲人身边到更广阔世界的探索，并清晰地意识到自己是一个独立于他人的个体，通常会引发焦虑，这可以从混乱的睡眠和哭闹中看出来。当父母给予安慰时，这些行为会减少。

思考题

复习 刺激如何影响早期的大脑发育？从神经元和大脑皮层两方面引用证据来说明。

复习 突触的过度生长和突触削减是如何支持婴儿和儿童的学习能力的？

应用 你会选择哪一种婴儿益智课程：是轻轻地说话和抚摸、给予图像和声音刺激、做社会性游戏，还是阅读、数字训练和古典音乐？解释原因。

反思 你对亲子同床睡觉的态度是什么？你的观点是否受到文化背景的影响？解释原因。

专栏　**文化影响**

婴儿睡眠习俗的文化差异

在等待新生儿出生时，北美的父母一般会整理好一个房间作为婴儿卧室。几十年来，婴儿养育专家大力提倡在夜晚让婴儿与父母分床睡。例如，本杰明·斯波克的《婴儿和儿童保育》(*Baby and Child Care*) 一书建议，让 3 个月的婴儿单独睡一个房间。书中说："到 6 个月时，如果婴儿还睡在父母房间，他们会对这种安排形成依赖。"(Spock & Needlman，2004，p. 60)

但是，亲子"一起睡"仍是世界上近 90%人口的常规做法。日本人、危地马拉的玛雅人、加拿大西北部的因纽特人和非洲博茨瓦纳的昆族人，他们的文化各不相同，但都主张婴儿和父母一起睡。日本和韩国的儿童在整个婴儿期和幼儿期，一直和母亲一起睡（Takahashi，1990；Yang & Hahn，2002）。在玛雅人中，只有在另一个婴儿出生后，母亲才不和原来的孩子同睡，让大孩子挨着父亲睡，或到同一个屋的另一张床上去睡（Morelli et al.，1992）。婴儿与父母同睡，在北美的亚文化中也很普遍。非洲裔美国儿童一般跟父母一起入睡，睡着之后的整个晚上或部分时间仍与父母睡在一起（Brenner et al.，2003）。肯塔基州东部的阿帕拉契儿童在前两年里也与父母一起睡（Abbott，1992）。

文化价值观，尤其是集体主义和个体主义价值观（见第 2 章）强烈地影响着人们安排婴儿睡觉的习俗。一项研究就睡眠习俗访谈了危地马拉的玛雅母亲和美国中产阶级母亲。研究发现，玛雅母亲强调集体主义观点，认为和孩子一起睡有助于建立亲密的亲子关系，对孩子学习周围人的习惯很重要。相反，美国母亲表达了个体主义的看法，强调早期独立、预防不良习惯和保护隐私（Morelli et al.，1992）。

过去 15 年，在美国和其他西方国家，父母和婴儿一起睡的比例显著上升，这可能与越来越多的母亲选择母乳喂养有关。今天，约有 50%的母亲与年幼子女一起睡（Willinger et al.，2003）。研究表明，父母和孩子同床睡能保护婴儿的生存和健康。与父母一起睡的婴儿在夜间接受母乳喂养的时间比单独睡的婴儿长 3 倍。因为婴儿睡在母亲身边，他们会经常醒来要妈妈喂奶，因此有研究者认为，与父母一起睡可使婴儿免于婴儿猝死综合征的危险（见第 3 章）。在亚洲文化中，包括柬埔寨、中国、日本、韩国和越南，婴儿与父母一起睡非常普遍，在这些地区婴儿猝死综合征很少见（McKenna，2002；Mckenna & McDade，2005）。此外，与普通人的想法不同，与婴儿一起睡并没有减少母亲的睡眠时间，她们在夜间会处于微醒状态，以便察看孩子睡得如何（Mosko，Richard & McKenna，1997）。

婴儿的睡眠习俗会影响家庭生活的其他方面。睡眠问题对玛雅人父母不是一个问题。在家庭活动过程中，打瞌睡的婴儿会很自然地被母亲抱到床上。相反，北美父母把婴儿安顿好入睡通常需要一番精心安排，要花很长时间。或许，"为睡觉而斗争"在西方家庭非常普遍，而在其他地方则很少见，它与年幼子女被要求睡觉却未得到父母帮助时感受到的压力有关（Latz，Wolf & Lozoff，1999）。

对婴儿与父母一起睡的反对者警告说，与父母一起睡的儿童会出现情绪问题，尤其是过度依赖性。但是一项从怀孕追踪到 18 岁的纵向研究发现，早期与父母同睡的儿童并没有在适应方面表现出什么不同（Okami，Weisner & Olmstead，2002）。还有人担忧，婴儿会被父母压在身下或被裹到被子里窒息而死。肥胖的父母或吸烟、酗酒、吸毒的父母会使他们的孩子处于高危状态。使用被子或毛巾被也有一定危险（Willinger et al.，2003）。

只要进行恰当的防范，父母和婴儿能够安全地一起睡。在父母和婴儿同睡比较普遍的文化中，婴儿和父母经常睡在有柔软铺垫的硬床面上，例如硬床垫、地毯、厚木板，有时婴儿睡在父母床边的摇篮或吊床上（McKenna，2001，2002；Nelson，Schiefenhoevel & Haimerl，2000）。婴儿是仰睡的，这有助于婴儿在呼吸不通畅时醒来，也有助于确保父母与婴儿之间频繁而轻松的交流。

这个柬埔寨父亲正和孩子一起睡觉，这在他们的文化里和全世界都很普遍。这个家庭睡在硬木板上，可防止孩子陷到软床垫里。

三、早期身体发育的影响因素

与其他领域的发展一样，身体发育是遗传和环境因素间持续、复杂交互作用的结果。遗传、营养和情绪健康都会影响早期身体发育。

1. 遗传

同卵双生子在体型上比异卵双生子更相像，说明遗传对身体发育起重要作用。在饮食和健康都有保证的前提下，身高和身体发育速度在很大程度上是由遗传决定的。只要营养不良和疾病等消极环境影响不很严重，一旦情况改善，儿童和青少年都会迎头赶上，回到受遗传影响的成长路径上来。但有些器官，从大脑到心脏和消化系统，会受到永久性的影响（Hales & Ozanne，2003）（可重温第3章，出生前营养不良对健康的长期影响）。

遗传素质也会影响体重：收养儿童的体重与其亲生父母体重的相关高于与收养父母体重的相关（Sørensen，Holst & Stunkard，1998）。同时，环境，尤其是营养，也起重要作用。

2. 营养

130 营养对0～2岁的发育至关重要，因为这期间婴儿大脑和身体的发育很快。婴儿对能量的需求是成人的2倍。他们摄入能量的1/4都用于生长发育，并需要剩余热量使各器官形成恰当的功能（Trahms & Pipes，1997）。

（1）母乳喂养与人工喂养

婴儿不仅需要充足的食物，也需要恰当的食物。在婴儿早期，母乳喂养是最理想的，人工喂养也能模仿母乳喂养的一些功能。本节的“学以致用”表，概括了母乳喂养在营养和健康上的优势。

由于这些优势，贫穷多病地区的母乳喂养婴儿，其营养失调的可能性大大降低，他们在第一年里存活的概率是非母乳喂养的6～14倍。世界卫生组织推荐在0～2岁都采取母乳喂养，在6个月后适当增加辅食。如果这些建议被广泛接受，每年就能拯救100多万婴儿的生命。即使母乳喂养只持续几周，也能保护呼吸和消化系统免受感染，在发展中国家，这些感染对年幼儿童来说往往是致命的。同样，因为哺乳期的母亲很少怀孕，母乳喂养使兄弟姐妹的年龄间隔增大，这使贫穷国家的婴儿和儿童死亡率大大降低（Bellamy，2005）。（注意：但是母乳喂养并不是控制出生率的可靠方法）

在发展中国家，许多母亲并不知道母乳喂养的好处。她们常给婴儿吃一些商业配方食品或低劣的营养物质，如米汤、稀释的牛奶或山羊奶。由于卫生不达标，这些食品的污染比较普遍，经常导致一些疾病。联合国鼓励发展中国家的所有医院和产科部门提倡母乳喂养，只要母亲未感染可传递给婴儿的病毒和细菌（如艾滋病或肺结核）。今天，大多数发展中国家都禁止给产妇提供免费或福利性的配方食品。

作为自然分娩运动兴起的一个结果，母乳喂养在工业化国家，尤其是在受过良好教育的妇女中越来越普遍。今天，68%的美国母亲和73%的加拿大母 131
亲都采用母乳喂养。但是在她们中间，约2/3的美国母亲和一半的加拿大母亲，几个月后就停止了母乳喂养（Health Canada，2003e；U. S. Department of Health and Human Services，2004a）。这并不奇怪，母亲回到工作岗位越早，孩子断奶越早（Arora et al.，2000）。

母乳喂养对发展中国家是尤其重要的，在这些国家，普遍的贫困使婴儿有营养不良和夭折的危险。这个冈比亚婴儿的母亲采用母乳喂养，因此孩子在第一年里很可能会正常地发育。

不能与孩子待在一起的母亲仍可以把母乳喂养和人工喂养结合起来。美国和加拿大的国家卫生机构建议在6个月内要坚持母乳喂养。美国的专家建议，1岁之前，婴儿饮食中应该包括一定的母乳；加拿大卫生部门建议母乳喂养应持续到两岁以后（Health Canada，2004c；U. S. Department of Health and Human Services，2004a）。

未采取母乳喂养的母亲往往会担心，她们这样做剥夺了对孩子心理健康发展非常重要的一种经验。然而，在工业化国家，母乳喂养的孩子和人工喂养的孩子在情绪适应上并不存在差异（Fergusson & Woodward，1999）。"学以致用"表中提到，母乳所含营养对早期大脑发育是最理想的。一些研究发现，母乳喂养的儿童，在控制了其他因素后，智力测验上仍表现出轻微优势，但另一些研究没有发现这种优势（Gomez-Sanchiz et al.，2003；Jain，Concat & Leventhal，2002）。

学以致用　　母乳喂养的好处

营养和健康优势	解释
保证脂肪和蛋白质的平衡	与其他哺乳动物的奶相比，人奶的脂肪含量高，蛋白质含量低。这种平衡以及人奶所含有的独特蛋白质和脂肪是迅速髓鞘化的神经系统最理想的营养。
保证营养的完整性	6个月前进行母乳喂养的母亲不需为婴儿添加任何食物。虽然所有哺乳动物奶的含铁量都较低，但母乳中的铁更易被婴儿吸收。因此人工喂养的婴儿需适当补铁。
可确保健康发育	最初几个月，母乳喂养婴儿的体重和身高的增长速度比人工喂养的婴儿稍快，但是到一岁末，后者就赶上来。母乳喂养的一岁婴儿稍瘦（肌肉所占比重大于脂肪所占比重），这一生长模式可预防以后体重超标和肥胖。
有助于预防各种疾病	母乳喂养把抗体和其他免疫机制传递给婴儿，增强免疫系统机能。母乳喂养婴儿比人工喂养婴儿过敏反应少，呼吸和消化系统疾病较少。母乳有抗炎症机能，可降低患病症状的严重程度。
避免腭发育不良和龋齿	吸吮母亲奶头而不是人造奶嘴可避免咬合不正，即上下腭不能很好地闭合。也可避免婴儿在睡觉时吸吮奶嘴，使残留的糖分导致龋齿。
确保消化功能	母乳喂养婴儿与人工喂养婴儿的肠内细菌生长不同，他们很少便秘或有胃肠问题。
使流食顺利转到固体食物	母乳喂养婴儿比人工喂养婴儿更易接受固体食物，因为他们熟悉从母亲吃的食物进入母乳的各种味道。

资料来源：Buescher，2001；Fulhan，Collier & Duggan，2003；Kramer et al.，2002，2003.

（2）肥胖婴儿以后会不会有超重和肥胖危险？

从婴儿早期开始，蒂米就非常能吃，他精力旺盛，体重增加迅速。5个月时，他开始伸手去够父母盘子里的食物。瓦内莎怀疑，她是不是给蒂米吃得太多了，会不会使蒂米体重超标？

随着体重增长速度的减慢和活动增多，多数肥胖的婴儿到了学步期和幼儿期，身体会瘦下来。婴儿和学步儿可以自由地吃有营养的食物，而不用担心超重。但最近的证据的确表明，婴儿期体重迅速增加和后期的肥胖之间存在相关（Stettler et al.，2005；Yanovski，2003）。这一趋势可能是因为超重和肥胖的父母越来越多，使孩子形成了一些不健康的饮食习惯。对美国3 000多名4～24个月婴儿的父母进行的访谈表明，许多人平时常吃法式油炸食物、比萨、糖果，喝含糖的水果饮料和苏打水。婴儿摄入的能量比实际需要平均多出20%，学步儿摄入的能量比实际需要平均多30%。1/3的婴幼儿不吃水果和蔬菜（Briefel et al.，2004）。

忧心忡忡的父母怎样才能防止婴儿将来变成过胖的儿童和成人呢？一种方法是在0～6个月采取母乳喂养，这会使体重增加放缓（Baker et al.，2004；Kalies et al.，2005）。其次，不要吃高糖、高盐、高脂肪的食物。如果幼儿经常吃这些食物，他们就会喜欢这些食物（Birch & Fisher，1995）。再次，体育锻炼是预防体重超标的安全可靠的方法。一旦学步儿学会了走、爬和跑，父母就应该给他们机会，让他们多做那些耗费能量的游戏。

3. 营养不良

奥西塔是个两岁的埃塞俄比亚儿童，他妈妈从不担心他的体重会超标。在孩子1岁前后给他断奶时，除了一些大米和面包之外，就没有其他可吃的了。不久，他的腹部鼓起来，脚发肿，头发脱落，皮肤出疹。他眼睛里闪耀的好奇心也渐渐消逝，变得容易激惹和冷漠。

在发展中国家和饱受战乱的地区，食物紧缺，营养不良很普遍。最近有证据显示，全世界约1/3的儿童在5岁以前都经历过营养不良（Bellamy，2005）。大约4%～7%的儿童受到严重影响，患上两种饮食方面的疾病。

消瘦症（marasmus）是由于饮食中缺乏重要的营养物质而导致的身体耗竭状态，经常发生在1岁前，原因是母亲严重营养不良，没有足够的奶水，且人工喂养也不足。这些饥饿的婴儿会痛苦地消瘦下去，濒临死亡。

奥西塔患有**恶性营养不良**（kwashiorkor），这种病由摄入蛋白质过低和饮食不均衡所致，通常发生在1～3岁，断奶后出现。在儿童只能获
132 得高淀粉低蛋白食物的地区，这种疾病很常见。为了应对食物中蛋白质的缺乏，儿童不得不分解体内储存的蛋白质，从而导致像奥西塔那样的浮肿及其他症状。

经历过极端营养不良而幸存下来的儿童，身体的各部分都发育不足（Galler，Ramsey & Solimano，1985）。但是，当饮食得到改善之后，他们的体重又会超标。对许多贫困多病地区的研究发现，那些发育迟缓的儿童，其脂肪占身体的比例高于那些发育正常的儿童，也更有可能超重（Branca & Ferrari，2002；Martins et al.，2004）。营养不良儿童会形成一种保护机制，他们的基础代谢水平比较低，这使他们在营养改善之后会出问题。营养不良还会破坏大脑的食欲控制中心，导致暴饮暴食。

营养不良还会严重地影响到学习和行为。对消瘦儿童进行的一项长期研究表明，饮食改善并不能使婴儿的大脑容量赶上正常水平（Stoch et al.，1982）。营养不良可能阻碍了神经纤维和髓鞘的发育，引起大脑机能的永久性丧失。这些儿童在智力测验上的得分较低，精细动作的协调能力较差，注意难以集中（Galler et al.，1990；Liu et al.，2003）。在恐惧唤醒情境下，他们表现出更严重的应激反应，这或许是由于持续饥饿引起的痛苦所致（Fernald & Grantham-McGregor，1998）。

营养不良并不只限于发展中国家。由于政府支持的食物补助项目没有惠及全部有需要的家庭，大约13%的加拿大儿童和16%的美国儿童面临饥饿危机，即健康、积极的生活所需食物不能得到保障。饥饿危机在单亲家庭（30%）和低收入的少数族裔家庭所占比例较高，例如，西班牙裔、拉丁美洲裔（22%）和加拿大原住民（31%）（Government of Canada，2004；U.S. Department of Agriculture，2005b）。虽然这些儿童中很少有人患消瘦症和恶性营养不良症，但他们的身体发育和学习能力仍然受到影响。

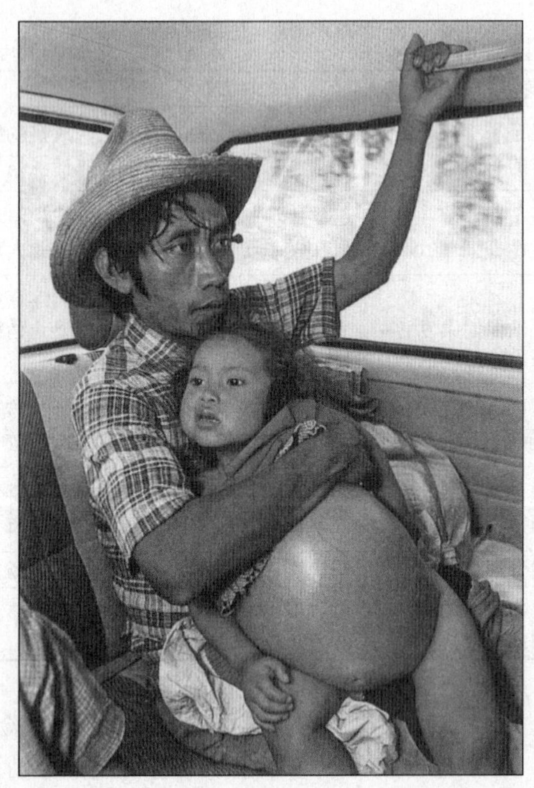

这个洪都拉斯儿童的腹部肿胀，情绪低落，是恶性营养不良症的典型症状，这种营养疾病是由于饮食中的蛋白质含量过低造成的。

4. 情绪健康

人们可能并不认为爱和刺激是身体健康发育所必需的，但它们确实跟食物一样重要。**非器质性发育迟缓**（nonorganic failure to thrive），是一种由于缺乏爱导致的发育障碍，通常出现在18个月左右。有这种障碍的婴儿表现出消瘦症的所有特征——身体消瘦，退缩，缺乏兴趣。但是未发现导致发育失常的器官（或生物学）方面的原因。这些婴儿有足够的食物，也没有严重的疾病。

拉娜是公立诊所的一位细心的护士，她最近

为 8 个月的梅拉尼担忧，梅拉尼的体重比她上次检查的时候轻了近 1.5 公斤。她妈妈说她经常喂孩子奶吃。拉娜观察了梅拉尼的行为，发现她对玩具兴趣淡漠，总是盯着周围的成人看，怕生生地看着他们的每个动作。当妈妈走近她，把她抱起来的时候，她脸上也很少有笑容（Steward，2001）。

发育迟缓者的家庭环境帮助我们解释了这些典型的反应。在喂养、换尿布、游戏期间，梅拉尼的妈妈冷淡而疏远，有时甚至不耐烦和有些敌意（Hagekull，Bohlin & Rydell，1997）。梅拉尼想跟着妈妈，以寻求保护，但当妈妈靠近的时候却又回避她的注视。通常，不幸福的婚姻和父母的心理失调会导致这些严重的照料问题（Drotar，Pallotta & Eckerle，1994；Duniz et al.，1996）。这些儿童容易发脾气，喂养时出现不正常行为，例如不良吸吮行为或呕吐， 133
这又进一步影响了亲子关系（Wooster，1999）。

在梅拉尼的个案中，她的父亲酗酒，失业，父母经常吵架。梅拉尼的母亲没有足够精力来满足她的心理需要。如果能及早干预，给父母提供一些帮助，或把孩子送到托幼家庭，这些儿童的生长发育就能慢慢赶上正常儿童。如果这些障碍没有在婴儿期得以矫正，他们会瘦小体弱，表现出长期的认知和情绪困难（Dykman et al.，2001）。

思考题

复习 为什么母乳喂养对生于贫困多病地区的婴儿的终生发展都有影响？

应用 10 个月的沙文身体非常瘦弱。他患了两种严重的发育障碍中的一种。说出这两种障碍的名称，并说明你根据什么线索来判断沙文得的是哪种病。

联结 亲子双向互动是如何介入营养不良对心理发展的消极影响的？

反思 假如你是一个新生儿的父母。说说你打算采用哪些和避免哪些养育方法来预防超重和肥胖。

四、学习能力

学习是由经验而导致的行为改变。首先，新生儿从出生就有天生的学习能力，使他们能够立即从经验中受益。第 1 章曾讲到，婴儿能够进行两种基本的学习：经典条件反射和操作条件反射。其次，他们对新异刺激的自然偏好，也使他们能够学习。此外，出生后不久，婴儿就可以通过观察别人而学习；他们很快就能模仿成人的表情和姿势。

1. 经典条件反射

第 3 章曾讲到新生儿反射使幼小的婴儿能够学会**经典条件反射**（classical conditioning）。在这种学习形式中，一个中性刺激与一个可导致反射行为的刺激同时出现。一旦婴儿的神经系统在这两个刺激之间建立了联结，中性刺激就可以引发该行为。

经典条件反射帮助婴儿了解，身边有哪些事件经常同时出现，从而使他们能够预测接下来会发生什么。这样，环境就变得有序而可预测了。让我们进一步地看看经典条件反射建立的步骤。

每当卡罗琳打算给坐在摇椅里的凯特琳喂奶时，她就拍拍凯特琳的额头。不久，卡罗琳发现，每当她这么做的时候，凯特琳就做出吸吮动作。凯特琳建立了经典条件反射。下面是经典条件反射的形成步骤（见图 4.7）：

- 在这种学习发生以前，一个**非条件刺激**（unconditioned stimulus，UCS）总是会引发一个反射，即**非条件反应**（unconditioned response，UCR）。在凯特琳的例子中，香甜的乳汁（非条件刺激）引起吸吮（非条件反应）。
- 要使学习发生，原本不能引发反应的一个中性刺激要先于或同时与非条件刺激出现。卡罗琳在每次喂奶之前总要先拍拍凯特琳的额头。拍头（中性刺激）与奶水味道（非条件刺激）同时出现了。

● 如果学习已经发生，那么中性刺激本身就能引发一个类似于反射的反应。这时中性刺激就被称为**条件刺激**（conditioned stimulus，CS），它激发的反应称之为**条件反应**（conditioned response，CR）。因为在没喂奶的时候拍凯特琳的额头（条件刺激）就引起了吮吸动作（条件反应），所以我们知道她形成了经典条件反射。

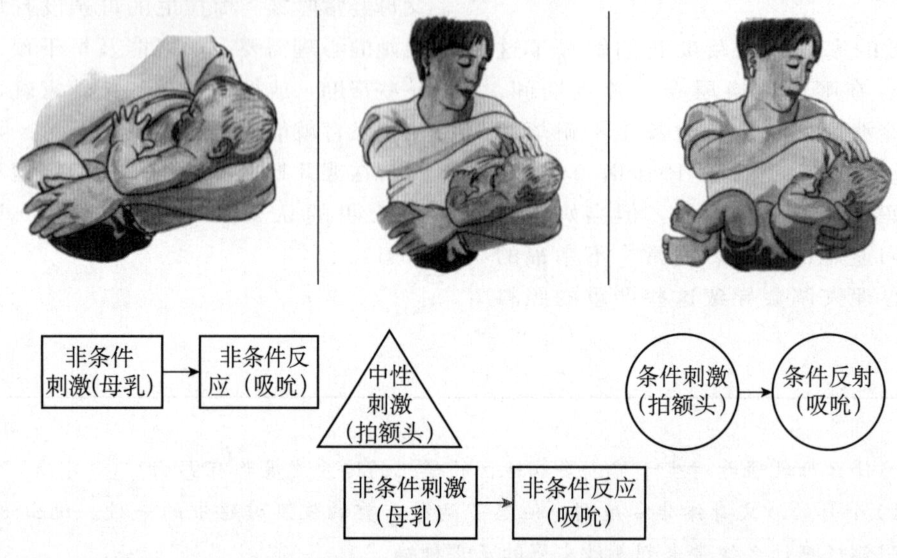

图 4.7 经典条件反射的步骤

这个例子表明，因为妈妈每次喂奶前都要拍拍凯特琳的额头，她形成了吮吸动作的经典条件反射。

如果条件刺激单独出现很多次，但是没有和非条件刺激同时出现，条件反射就不再发生，这一结果称为消退。换句话说，如果卡罗琳重复拍凯特琳的额头而不喂她奶，那么凯特琳因为额头被拍打而引发的吮吸动作就会慢慢消失。

如果两个刺激之间的联结具有生存价值，婴儿就更容易建立条件反射。对经常与哺乳行为一起出现的刺激的学习，提高了婴儿获得食物和生存的能力（Blass，Ganchrow & Steiner，1984）。相反，有些反应，如恐惧，在婴儿身上是很难建立起经典条件反射的。在婴儿具备逃避不愉快刺激的动作技能之前，还没有形成这种联结的生物需要。但是，在6个月以后，恐惧就容易形成条件反射了。第6章将讨论恐惧和其他一些情绪反应的发展。

2. 操作条件反射

在经典条件反射中，婴儿形成对环境中刺激事件的期待，但是他们并不改变将要出现的刺激。在**操作条件反射**（operant conditioning）中，婴儿对环境发出动作或操作，跟在婴儿行为之后的刺激会改变该行为再次发生的概率。增加行为出现概率的刺激物称**强化物**（reinforcer）。例如，甜味的水能强化新生儿的吮吸动作。通过移除期望的 134
刺激物或呈现不愉快的刺激物，降低行为再次出现的概率，称为**惩罚**（punishment）。酸味的水惩罚了新生儿的吮吸动作，使他们咂嘴唇并停止吮吸。

对婴儿来说，他们只能控制很少的行为，因此，成功的操作条件反射只局限于吮吸和转头。但是，除了食物之外，许多刺激都可以作为强化物。例如，研究者创造了一种特殊的实验室情境，婴儿吮吸奶头的速度会产生各种有趣的图像和声音。新生儿为了看到栩栩如生的图像或听到音乐和人的声音，他们会吮吸得越来越快（Floccia，Christophe & Bertoncini，1997）。这些研究揭示，操作条件反射可以作为一种有效手段，来探察婴儿能知觉到和更喜欢哪些刺激。

随着婴儿不断长大，操作条件反射开始包括更多的反应和刺激。例如，把一个可转动的十字木架挂在2～6个月婴儿的小床上方，用一根绳子把婴儿的脚与这个木架相连接，婴儿可以通过踢腿使这个木架转动。在这种情况下，只需几分钟时间，婴儿就开始兴致勃勃地踢腿了（Rovee-Collier，1999；Rovee-Collier & Barr，2001）。

第 5 章会讲到，用移动物体建立起来的操作条件反射，常用来研究婴儿的记忆和归类能力。一旦婴儿学会了这个反应，研究者就开始研究，当反复呈现起先的那个移动物体或不断变换移动物体的特征时，这个反应能保持多长时间，在什么情况下能够保持。操作条件反射对社会关系的形成也有重要作用。当婴儿盯着成人的眼睛时，如果成人也盯着婴儿看并对他笑，婴儿就会再次盯着成人看并对成人笑。成人和婴儿的每个行为都强化了对方的行为，使这种令人愉悦的交往持续下去。在第 6 章，我们将详细考察这种相互依随的反应怎样促进了亲子依恋的发展。

3. 习惯化

从出生起，人的大脑就与生俱来地被新异刺激所吸引。婴儿对周围环境中出现的新东西反应会更强。**习惯化**（habituation）指的是由重复刺激引起的反应强度的逐渐降低。注视、心率和呼吸频率的降低意味着婴儿对这个刺激物失去了兴趣。一旦这一现象出现，新的刺激物——环境变化——会使反应性恢复到较高水平，反应性的增高称为**反应恢复**（recovery）。例如，当你走过一个熟悉的场所时，你会注意那些新奇的、不一样的东西，如新挂到墙上的一幅画或移动过的家具。习惯化和去习惯化使我们能够把注意力集中在那些不熟悉的环境事物上，从而使学习更有效。

考察婴儿怎样了解周围环境的研究者较多地凭借婴儿的习惯化和反应恢复能力而不是其他的
135 学习能力。例如，婴儿起先对一个视觉模式（婴儿照片）形成了习惯化，然后由于新刺激物（秃顶男人照片）的出现而反应恢复，这一过程说明，婴儿记住了第一个刺激物，并把第二个刺激物看作与第一个刺激物不同的新刺激。如图 4.8 所示，这种考察婴儿知觉和认知的方法，可以用于新生儿，甚至胎儿。它可以用来研究在怀孕 7～9 个月期间，胎儿对外部刺激的敏感性，例如，呈现各种重复的声音并测量胎儿心率的变化（Doherty & Hepper，2000）。

对新异刺激的反应恢复，或对新事物的偏好，可以评价婴儿的近期记忆。但是，当你回到一个很久没回去的地方时，会发生什么？你并不是先关注那些新异事物，而更可能先关注那些熟悉事物："我想起来了，我曾经来过这儿！"同样，过一段时间以后，婴儿也会从新异偏好转向熟悉偏好。即，婴儿的反应恢复指向熟悉刺激物而不是新异刺激物（见图 4.8）（Bahrick & Pickens，1995；Courage & Howe，1998）。通过考察这一转变，研究者也用习惯化来测量长久记忆，或婴儿对几周或几个月前见到过的刺激的记忆。

第 5 章将要讨论，有关习惯化的研究极大地丰富了我们对婴儿记忆的理解，知道他们对不同刺激分别能记忆多长时间。通过把刺激特征加以变化，研究者能根据习惯化和反应恢复来考察婴儿对刺激的分类能力。

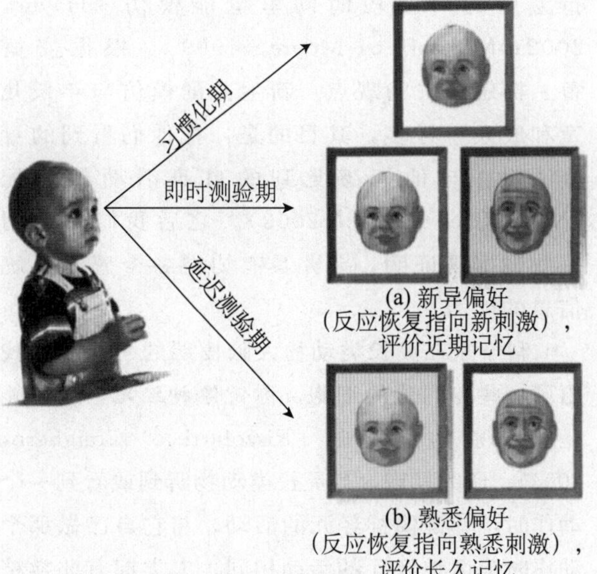

图 4.8　用习惯化来研究婴儿的记忆和知识

在习惯化阶段，让婴儿看一张幼儿的图片，直到他的注视减少。在测试阶段，再次给婴儿看幼儿图片，但这次同时给他看一张秃顶男人的图片。(a) 如果测试阶段发生在习惯化阶段之后不久（几分钟、几个小时或几天，这取决于婴儿的年龄），那些记得幼儿面孔并且能够把它与成人的面孔区分开来的婴儿就会表现出新异偏好，他们会偏好新异刺激。(b) 当测试阶段延迟了几周或几个月，那些能够记得幼儿面孔的婴儿又表现出熟悉偏好：他们喜欢看曾经见过的幼儿图片而不是不熟悉的成人图片。

4. 模仿

新生儿呱呱坠地时，就有一种通过**模仿（imitation）**即复制他人行为来学习的原始能力。图4.9展示了一个婴儿和一只黑猩猩从出生后两天到几周，对成人面部表情的模仿（Field et al.，1982；Meltzoff & Moore，1977）。新生儿的模仿能力还包括一些特定的姿势，如在许多种族和文化里都发现了的头部运动（Meltzoff & Kuhl，1994）。这幅图揭示，在进化史上与人类最接近的祖先黑猩猩，在刚出生时，就已经会模仿一些面部表情了（Myowa-Yamakoshi et al.，2004）。

由于有的研究（如Anisfeld et al.，2001）没能在人类被试身上重复这些发现，所以有研究者认为，模仿能力只是一种自动化反应，与反射相似。但是另一些研究者认为，新生儿模仿面部表情时，显然是付出了努力，甚至在成人停止这些行为后的一小段时间里也能模仿（Hayne，2002；Meltzoff & Moore，1999）。根据安德鲁·梅尔佐夫的观点，新生儿的模仿与年长儿童和成人一样多，其目的是，把他们看到的身体活动，与他们感觉到的自身活动相匹配（Meltzoff & Decety，2003）。之后我们会引用一些证据来证明，婴儿具有协调各个感觉系统信息的能力。

科学家在灵长类动物大脑皮层的一些区域找出了一些专门化的细胞，称镜像神经元，这可能是模仿能力的基础（Rizzolatti & Craighero,
136 2004）。研究发现，当灵长类动物听到或看到一个动作时，其镜像神经元的活动，与它自己做那个动作时镜像神经元的活动相同。人类拥有非常精细的镜像神经元系统，使我们能够观察其他人的行为（如微笑或扔球），同时使其在大脑里进行模拟。镜像神经元被认为是一系列相互关联的、复杂社交能力的生物基础，包括模仿、共情和理解他人意图（Iocaboni et al.，2005）。

梅尔佐夫把新生儿的模仿能力看作一种自发能力，这种观点目前还存在争议。镜像神经元可能需要很长一段时间来发育。但是无论刚出生时模仿能力多么有限，它仍是一种有效的学习手段（Blasi & Bjorklund，2003）。婴儿通过模仿来探索他们的社交世界，通过把自己行为与别人行为相匹配来了解他人。当婴儿发现自己行为与他人行为相似时，他们也就了解了自己。通过开发婴儿的模仿能力，成人可以让婴儿表现出人们希望的行为。当然，养育者也乐于看到宝宝模仿自己的表情和动作。模仿能力似乎使婴儿与父母的关系有一个良好开端。

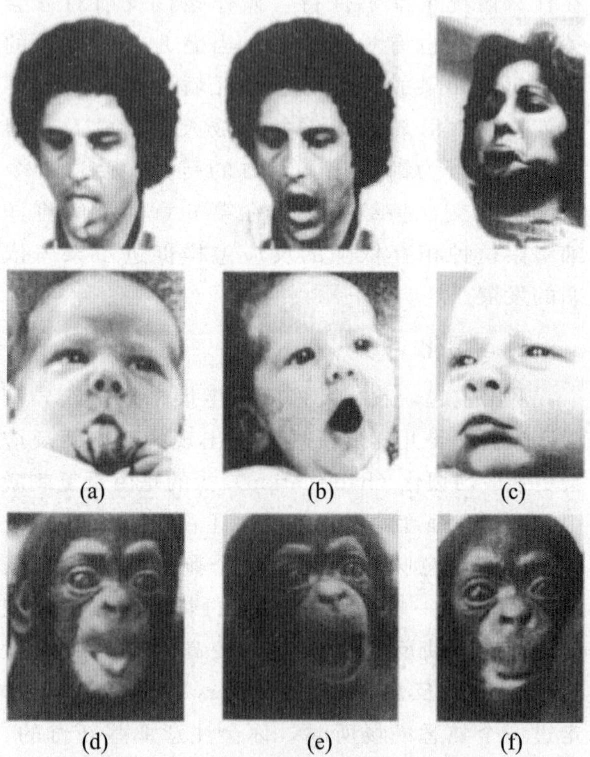

图4.9 新生儿和新出生黑猩猩的模仿

中间一排的婴儿分别模仿（a）伸舌头和（b）张嘴，此婴儿出生2～3周。（c）模仿噘嘴，此婴儿出生两天。（d）、（e）、（f）是模仿同样面部表情的黑猩猩，它出生两周。

资料来源：A. N. Meltzoff & M. K. Moore，1977，"Imitation of Facial and Manual Gestures by Human Neonates," *Science*，198，p. 75；T. M. Field et al.，1992，"Discrimination and Imitation of Facial Expressions by Neonates," *Science*，218，p. 180；M. Myowa-Yamakoshi et al.，2004，"Imitation in neonatal chimpanzees（Pan troglodytes）," *Developmental Science*，7，p. 440. Copyright 1997 and 1982 by the AAAS，copyright 2004 by Blackwell Publishing Ltd. 经授权引用。

思考题

复习 举一个发生在婴儿身上的经典条件反射、操作条件反射和习惯化/反应恢复的例子。为什么每种类型的学习都有用?

应用 9个月的拜伦有一个玩具,上面有一个彩色大按钮。每次只要他一按这个按钮,就会听到儿歌。玩具制造商利用了哪一种学习原理?拜伦玩玩具的行为反映的是他对声音模式知觉的哪个方面?

联结 非器质性发育迟缓的婴儿很少对着友好的成人微笑。他们会焦虑地盯着身边的成人看。用前面章节讨论过的学习能力来解释这些反应。

五、动作发展

137 卡罗琳、莫妮卡和瓦内莎都有一本婴儿日记,里面自豪地记录了她们的宝宝第一次抬头、第一次够物、第一次自己坐下、第一次单独走的时间。父母对这些新的动作技能兴高采烈是人之常情,这些技能使婴儿能够以一种新的方式控制自己的身体和环境。例如,直坐在座位上使婴儿对周围环境有了一种新视角。伸手够物使他们能够作用于物体并探索物体。当婴儿能够自己移动时,他们探索环境的机会就大大增加了。

婴儿的动作技能对他们的社会关系有很大影响。当凯特琳7个半月会爬的时候,卡罗琳和戴维就开始通过说“不”和表示轻微不满意,来限制她的活动。当凯特琳在过完1岁生日后的第三天开始走路时,第一次的“意志考验”出现了(Biringen et al.,1995)。虽然妈妈曾经提出过警告,但有时她仍会把架子上那些不让动的东西给拽出来。每到这时候,卡罗琳会很坚定地说:“我说过了,不许动这些东西!”然后牵着凯特琳的手走到别的地方,转移她的注意力。

同时,卡罗琳和戴维表达爱的次数增多了,当凯特琳想得到赞扬、拥抱或做捉迷藏游戏时,他们与她一起玩游戏的次数增多了(Campos,Kermoian & Zumbahlen,1992)。不久,凯特琳和父母一起看图说话时,她会自己翻页了。每当凯特琳学会一个新动作,她表现出来的快乐就会感染别人,别人也很快乐,这又鼓励她更努力地学习(Mayes & Zigler,1992)。动作技能、社交能力、认知和语言是同步发展的,彼此之间相互支持。

1. 动作发展的顺序

*大动作发展*指儿童对在环境中进行四处移动的动作的控制,如爬、站立、走。*精细动作发展*指对小一些的动作的控制,例如够物和抓握。表4.2列出了北美婴儿和学步儿获得各种大动作技能和精细动作技能的平均年龄。绝大多数(不是所有)儿童都遵循这样的顺序。

表4.2也列出了大多数儿童获得每一项技能的年龄范围。虽然动作发展的顺序一致,但是在动作发展的速度上有很大的个体差异。只有当儿童许多方面动作技能的发展都严重滞后时,我们才会特别关注这个儿童的发展。 138

表4.2还揭示了婴儿动作发展的组织和方向。*头尾顺序*非常明显:对头的控制早于对胳膊和躯干的控制,对胳膊和躯干的控制早于对腿的控制。*近远趋势*也很明显:对头、躯干和胳膊的控制早于手和手指的协调。身体和动作之间的相似性显示,动作发展可能存在遗传影响。但是动作发展中的一些重要标志可能会严重偏离这一趋势。

表 4.2 前两年里大动作和精细动作的发展

动作技能	达到这个技能的平均年龄	90%的婴儿学会这种技能的年龄范围
被竖直抱着时能稳稳地直着头	6周	3周～4个月
歪倒时能用胳膊撑住自己	2个月	3周～4个月
侧躺时翻身成仰卧姿势	2个月	3周～5个月
抓握木块	3个月3周	2～7个月
仰卧时翻身成侧卧姿势	4个半月	2～7个月
独自坐着	7个月	5～9个月
爬	7个月	5～11个月
抓住东西站起来	8个月	5～12个月
玩拍手游戏	9个月3周	7～15个月
自己站	11个月	9～16个月
自己走	11个月3周	9～17个月
搭两块积木	11个月3周	10～19个月
兴奋地涂鸦	14个月	10～21个月
在帮助下上楼梯	16个月	12～23个月
跳	23个月2周	17～30个月
用脚尖走	25个月	16～30个月

我们必须谨慎一些，不要把动作技能看作是随着固定的成熟时间表发展起来的一些不相关的成果。恰恰相反，每一种技能都是在先前的动作技能基础上发展起来的，它又会影响新动作技能的形成。儿童以非常个性化的方式获得这些动作技能。例如，格瑞丝在被收养之前大部分时间都躺在吊床上，因为她很少待在坚固的平面上，无法自己移动，所以她没有试着爬。结果，她在会爬之前就会站立和行走了！许多影响——儿童内因和外因——结合起来，支持了前两年里动作能力的迅速转换。

2. 动作技能是一个动态系统

根据**动作发展的动态系统理论**（dynamic systems theory of motor development），动作技能的掌握意味着获得越来越复杂的动作系统。当动作技能作为一个系统起作用时，各种单一能力结合起来共同发挥作用，每一技能和其他技能一起，使人对环境的探索和控制更有效。例如，对头和上身的控制共同支持了坐这个动作；踢腿、四肢一起运动、伸手等动作一起组成了爬行；爬、站立、踏步又一起构成了走这个行为（Thelen，1989）。

每一项新技能都是以下四个因素的共同产物：一是中枢神经系统的发育；二是身体运动能力；三是儿童内心的目标；四是环境对技能的支持。任一元素的改变都会导致系统的不稳定，儿童会开始探索并选择新的、更有效的动作方式。大的物理环境同样对动作技能具有深刻影响。如果儿童在月球上长大，受到的重力较小，儿童就会更喜欢跳而不是走或跑了。

刚习得一种技能时，婴儿必须对其进行精细化。例如，刚学会爬的儿童，由于腹部无力，经常向后爬而不是向前爬。不久，他就知道怎样伸胳膊蹬腿来推动自己往前爬了。他一边试验，一边使自己的爬行动作更完美（Adolph，Vereijken & Denny，1998）。为了学会走，学步儿每天练习6小时甚至更长时间，走过的距离相当于29个橄榄球场的长度！逐渐地，摇摇晃晃的小步子变成了大步，移动时两脚的距离变小，脚趾朝前，两腿动作也逐渐协调（Adolph，Vereijken & Shrout，2003）。这些动作经过成千上万遍的重复以后，他们的大脑里出现了新的、控制这种动作模式的联结。

动态系统理论很好地展示了，为什么动作发展不只是由遗传决定的。因为探索和掌握新任务的愿望激发了这种行为，而遗传只决定一般水平（Hopkins & Butterworth，1997；Thelen & Smith，1998）。每一种技能的获得都是把先前掌握的技能整合到更复杂的系统里，使儿童达到某一目标。因此，同一技能的获得有不同路径。

（1）动作的动态系统

为了查明婴儿是怎样学习动作技能的，一些研究追踪了婴儿从起初学习某种技能，到最后能轻易流畅地做出这种行为的过程。一项研究中，成人在婴儿的手和脚面前不停地变换发声玩具，观察他们开始表现出兴趣到最后能很好地协调够物和抓握的过程（Galloway & Thelen，2004）。如

图 4.10 所示，婴儿打破了头尾原则，先用脚去够这些玩具，早在 8 周时就可以做这个动作，这比他们用手够物至少要早一个月！

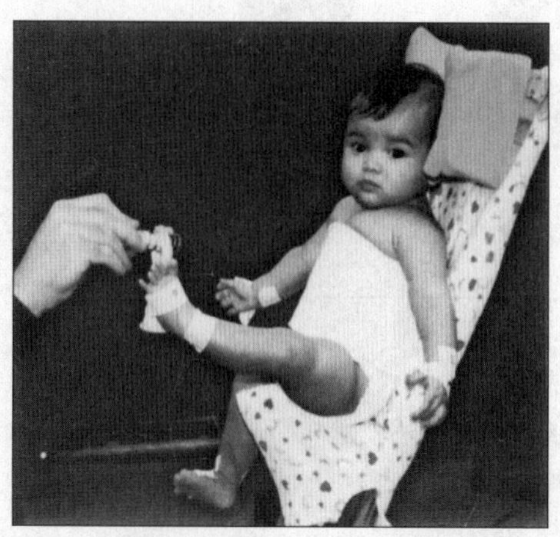

图 4.10　够物时"脚先行"

如果把一个会发声的玩具放在婴儿的手和脚面前，早在 8 周时婴儿就能用脚去够物，而至少要再过一个月，他们才能用手够物，这明显不符合头尾原则。这个两个半月的婴儿正在熟练地用脚来探索物体。

为什么婴儿先用脚够物呢？因为髋关节对腿部自由移动的限制小于肩膀对胳膊的限制，婴儿更容易控制腿的运动。当他们开始尝试用手够物的时候，他们胳膊的移动往往会偏离客体！因此，用手够物比用脚够物需要更多的练习。这些发现证实，动作技能的发展顺序不是严格地遵循头尾
139 模式，而是取决于所用身体部位的解剖结构、周围环境和儿童的努力程度。

（2）动作发展的文化差异

跨文化研究进一步说明，早期的活动机会和刺激环境是怎样影响动作发展的。大约半个世纪以前，韦恩·丹尼斯（Wayne Dennis，1960）观察了伊朗孤儿院里的婴儿，他们被剥夺了能够诱发其学习动作技能的环境。这些婴儿成天躺在吊床上，没有玩具可玩。结果，他们中的绝大多数直到两岁以后才能自己移动。等他们终于学会移动的时候，长期卧床的经验使得他们以坐姿滑行，而不是用手和膝盖往前爬。因为滑行的儿童是用脚接触家具而不是用手，他们就不太可能学会为走做准备的扶着东西站起来的技能。的确，到 3～4 岁，只有 15%的儿童学会走。

婴儿养育方式的文化差异也影响着动作技能的发展。如果对父母做一个调查：父母应该有意识地鼓励孩子坐、爬、走吗？对这个问题的回答存在很大的文化差异。例如，日本妈妈和印度农村的妈妈认为没必要这么做（Seymour，1999）。墨西哥南部的辛纳坎特科印第安人会主动地阻止动作技能的快速发展。当地人认为，如果婴儿在学会走之前还不懂得要远离厨房的火和织布机，会给自己带来危险，也会给家人带来麻烦（Greenfield，1992）。

相反，在肯尼亚的基普西吉人和牙买加的西印度群岛人中，婴儿抬头、独立坐下、行走的时间都比北美儿童早得多。基普西吉部落的父母有意识地教孩子这些技能。他们把出生几个月的婴儿用毯子裹起来放在地上挖的一个坑里，让他直坐。通过经常练习腿部力量来促进他们走的能力（Super，1981）。如图 4.11 所描绘的，西印度群岛人的母亲安排的日常活动是高度刺激性并需要正式掌握的。他们认为，练习能够帮助孩子长得更强壮、更健康，体格上更讨人喜欢（Hopkins & Westra，1988）。

当前西方国家的父母为了避免婴儿猝死综合征，都让婴儿仰睡，腹部朝下的时间很少，这使滚、坐和爬这些大动作的发展都有些延迟（Majnemer & Barr，2005；Scrutton，2005）。为了防止这些延迟，养育者可以在婴儿醒着的时候，多让他们在床上趴着。

3. 精细动作的发展：够拿和抓握

在所有的动作技能中，伸手在婴儿认知发展中起最重要的作用，因为它开创了一种全新的探索周围环境的方法。通过抓握、转动物体，观察扔掉一个东西时会发生什么，婴儿在很大程度上了解了客体的外形、声音和手感。

同许多其他的动作技能一样，够拿和抓握在 140
一开始时是粗放的、扩散的动作，到后来才逐渐变得精细。图 4.12 描绘了前 9 个月里，主动够拿动作发展的一些重要阶段。新生儿还不能把击打和摇动相协调，称为前够拿动作。因为他们不能控制自己的胳膊和手，很少接触到物体。同新生儿的一些反射一样，7 周后，前够拿动作消失，但这些早期行为显示，儿童天生就能在探索活动中协调手和眼（Thelen，2001；von Hofsten，2004）。

大约 3 个月，婴儿形成了必要的注视及对头和肩的控制，够拿动作再次出现，且准确性逐渐提高（Spencer et al.，2000）。到 5～6 个月，婴儿

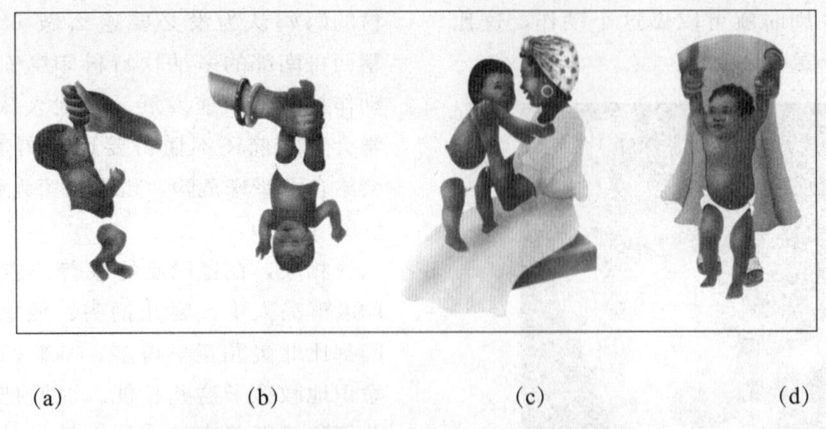

图 4.11 牙买加西印度群岛人训练婴儿的方法

前几个月的训练包括：(a) 抓住婴儿的胳膊把他往上拉；(b) 抓住婴儿的脚踝，呈倒挂状；(c) 让婴儿“走”到妈妈身上；(d) 在妈妈的帮助下在地上走几步。

资料来源：B. Hopkins & T. Westra，1988，“Maternal Handling and Motor Development：An Intracultural Study，” *Genetic，Social and General Psychology Monographs*，14，pp. 385，388，389. 经授权引用。

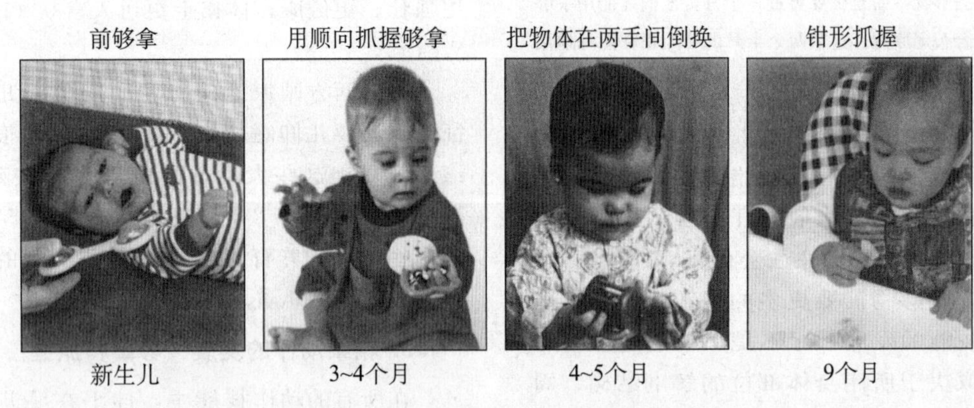

图 4.12 主动够拿动作发展的几个标志（获得每一种技能的平均年龄）

资料来源：Bayley，1969；Rochat，1989.

在房间里拿一个东西时，如果关掉电灯，房间变暗，他们仍可去拿，这一技能在此后几个月里进一步提高（Clifton et al.，1994；McCarty & Ashmead，1999）。起先，视觉先摆脱够拿的基本动作，使眼睛能关注更复杂的调整。7个月时，胳膊更独立；婴儿只需伸出一只手即可够拿，不再需两只手（Fagard & Peze，1997）。以后几个月，婴儿越来越擅长够拿移动物体，包括会转动的、改变方向的或来回移动的物体（Wentworth，Benson & Haith，2000）。

婴儿学会够拿后，他们会改变他们的抓握行为。新生儿时期的抓握反射被顺向抓握取代，这是一种用五指对向手掌的笨拙动作。但是即便3个月的婴儿也会根据物体的大小和特点来调整他们的抓握动作，这种能力在1岁前迅速提高（Newman，Atkinson & Braddick，2001）。4～5个月，婴儿能直坐时，他们会协调两只手来探索物体。例如，用一只手拿起物体，另一只手的指尖来细察物体，并频繁地把物体在两手间调换（Rochat & Goubet，1995）。到1岁末，婴儿会把拇指和食指相对，做出一个协调得很好的钳形抓握姿势。之后，控制物体的能力极大地提高。1岁婴儿能捡起葡萄干和割草刀，转动球形把手，打开、合上小盒子。

在8～11个月，由于够拿和抓握已经做得游刃有余，注意力也从动作技能本身转到拿起物体前后发生的事件。例如，10个月婴儿能轻而易举地根据下一个要做的动作而调整其够拿动作。如果想把球扔出去，他们会很快地拿起球，但是如果他们想小心地把球从一个口子扔下去，拿球动作就慢一些（Claxton，Keen & McCarty，2003）。

在同一时期，婴儿开始解决有够拿动作的简单问题，如寻找或发现藏起来的玩具。

思考题

复习　举例说明动作发展是生物、心理和环境因素的共同产物。

应用　列举可支持够拿、抓握、坐和爬等动作的日常经验。为什么养育者应该在婴儿醒着的时候让他们做出各种不同姿势？

联结　举几个例子说明动作发展对婴儿的社会经验有何影响。社会经验又如何影响动作发展？

反思　你支持在婴儿早期对他们进行系统的动作技能训练（如爬、走、爬楼梯）吗？为什么？

六、知觉发展

141 第 3 章讲过，除视觉外，触觉、味觉、嗅觉和听觉在出生时就已经发展得相当好。现在我们来看一个相关的问题：0～1 岁期间的知觉是怎样发展的？

我们的讨论将集中在听觉和视觉上，因为几乎所有的研究都关注这两个领域的知觉发展。第 3 章讲的全部是感觉（sensation），现在我们要讨论的是知觉（perception）。感觉是相对被动的过程——当婴儿处在各种刺激环境中时，他们的接收器所探测到的东西。知觉则是一个主动过程：当我们知觉时，我们在组织和解释我们所看到的东西。

说起婴儿的知觉发展，我们很难判断，在什么时候，知觉停止而思维开始了。我们将要讨论的研究将为第 5 章的主题，即 1～2 岁的认知发展做一个铺垫。

1. 听觉

在蒂米的 1 周岁生日上，瓦内莎买了几盘儿歌光盘，每天下午，她就播放其中的一盘。不久她就知道蒂米最喜欢的调子是什么。如果她放《一闪，一闪，小星星》，蒂米会从他的床上站起来哭，直到她换成《杰克和吉尔》为止。蒂米的行为反映了 1 岁前听觉的巨大变化：婴儿开始把声音组织成越来越复杂的模式。

在 4～7 个月之间，婴儿有了音乐乐句意识：他们偏爱乐句之间有停顿的莫扎特小步舞曲，不喜欢带有不好听的中断的乐句（Krumhansl & Jusczyk，1990）。在接近 1 岁时，他们已能分辨出用不同调子演奏的同一支好听的曲子。哪怕把曲调稍稍作一些变化，他们就能听出，这跟刚才那支曲子不一样（Trehub，2001）。

对声音的反应性为婴儿通过图像和触摸来探索世界提供了支持。刚出生 3 天的婴儿已能把头和眼转向声音传来的方向，这一能力在前 6 个月迅速提高，并在 1～2 岁得到更大进步（Litovsky & Ashmead，1997）。

下一章会讲到，在整个第一年里，婴儿都在为学习语言做准备。第 3 章曾讲过，新生儿能够区分人类语言里几乎所有的发音，而且喜欢听母语。在婴儿听周围人说话的过程中，他们学会注意那些有意义的发音。事件相关电位图显示，大约 5 个月时，婴儿对母语中的逻辑重音变得敏感（Weber et al.，2004）。6～8 个月时，他们会“过滤掉”母语中不用的发音（Anderson，Morgan & White，2003；Polka & Werker，1994）。

不久，婴儿开始关注更大的语言片断。7～9 个月，他们能再认口语中的熟悉单词，开始知觉到以词为单元的言语流，并能听带有清楚的从句和短语的长句子（Jusczyk，2002；Soderstrom et al.，2003）。

在知觉语言结构上，婴儿为什么进步得这么快？研究表明，在辨别声音模式方面，婴儿是令人惊异的统计分析者。例如，在觉察单词时，他们能把经常一起出现的音节（表明它们属于同一单词）和很少一起出现的音节（表明一个字边界）分开（Saffran，Aslin & Newport，1996；Saffran & Thiessen，2003）。

显然，婴儿拥有从连续语言刺激中找出规律的很强的能力。一些研究者认为，婴儿天生就有一个觉察环境结构的一般学习机制，他们也把这种机制运用到视觉刺激上（Kirkham，Slemmer & Johnson，2002）。因为沟通往往是多感觉通道的（同时有口语、视觉、触觉刺激），婴儿在分析言语时从其他感觉通道获得大量支持。例如，父母说到某一物体的时候总会展示一番，说“娃娃”的时候晃一下娃娃，有时候用娃娃碰一下婴儿。养育者的这种做法帮助婴儿记住单词和实物之间的联系（Gogate & Bahrick，2001）。

2. 视觉

在探索环境时，人对视觉的依赖要大于对其他任何感觉的依赖。虽然起初婴儿的视觉是支离破碎的，但在前7～8个月里它经历了巨大的改变。

视觉的发展与眼睛及大脑皮层视觉中枢的迅速成熟分不开。第3章讲到，新生儿的聚焦能力和颜色知觉比较差。而两个月左右的婴儿已能和成人一样聚焦和区分颜色（Teller，1998）。*视敏度*（分辨的精细程度）在第一年里稳步提高，6个月时就接近成人的20%的水平（Slater，2001）。随着婴儿更好地控制眼球运动并建构一个有组织的知觉视野，他们筛查环境、追踪移动物体的能力在0～6个月也得到了改善（Johnson，Slemmer & Amso，2004；von Hofsten & Rosander，1998）。

由于婴儿不断地对眼中的环境加以探索，他们了解了物体的特征以及它们在空间里的摆放。为了查明他们怎样做到这一点，来看深度知觉和模式知觉两方面的发展。

(1) 深度知觉

*深度知觉*是判断物体间以及物体与人之间距离的能力。它对于理解环境的布局以及指导运动来说是非常重要的。为了够到物体，婴儿必须有一定的深度感。当他们会爬时，深度知觉可以帮他们防止碰到家具或从楼梯上摔下来。

图4.13展示的是由埃莉诺·吉布森和理查德·沃尔克（Eleanor Gibson，Richard Walk，1960）设计，用于早期深度知觉研究的*视崖*。它由一个覆盖着玻璃的桌子构成，中间有一个平台，“浅”的一侧下面有一个挨着玻璃的棋盘，“深”的一侧在距离玻璃几英尺的下方有一个棋盘。研究者发现，会爬的婴儿大都愿意爬过浅的一侧，当他们爬到深的一侧边缘时，都会表现出恐惧。他们的结论是，婴儿会爬以后，大多数婴儿能区分深与浅，害怕掉下去。 *142*

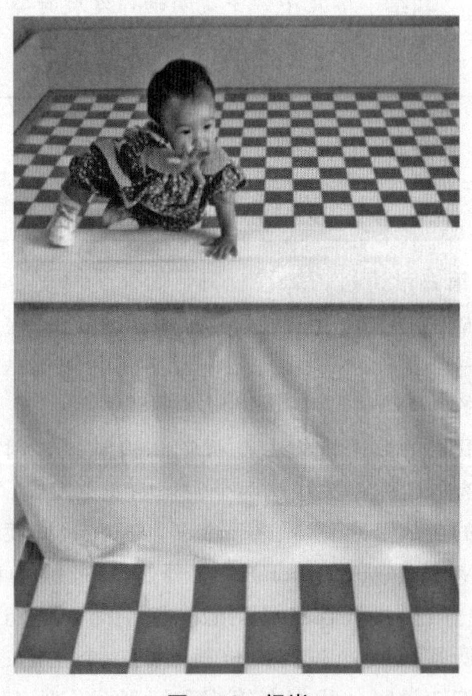

图4.13 视崖

树脂玻璃盖住了深侧和浅侧。婴儿拒绝爬到深侧去，而偏好浅侧，表明他们具有了深度知觉的能力。

吉布森和沃尔克的研究表明，爬行与害怕掉下去之间有相关，但却不能揭示出孰因孰果，也不确定深度知觉最早何时出现。为了更好地理解深度知觉的发展，研究者转向了婴儿觉察深度刺激的能力，采用的方法对婴儿爬行能力没有要求。

位移（motion）是婴儿比较敏感的第一种深度线索。当把一个物体移向婴儿眼睛、似乎要碰到眼睛时，3～4周的婴儿就会防御性地眨眼（Nánez & Yonas，1994）。我们看物体时，双眼看到的会稍微有所不同，从而产生了*双眼深度线索*。大脑能把两个图像进行整合，产生深度知觉。有研究在婴儿面前用投影呈现两个重叠的画面，给婴儿戴上护目镜，让每只眼睛分别看到一

个画面，结果表明，在2～3个月时就出现了对双眼线索的敏感性，并在第一年里迅速提高（Birch，1993；Brown & Miracle，2003）。6～7个月时，婴儿开始对有立体感的图画深度线索表现出敏感。例如，能够产生透视效果的倾斜线条、纹理的变化（近处的纹理要比远处的纹理更清晰）、重叠的物品（被挡住的物体看起来距离更远）（Sen，Yonas & Knill，2001；Yonas et al.，1986）。

为什么深度知觉线索是按这样一个顺序出现的？研究者推测，动作发展在其中起作用。例如，前几周对头的控制可以帮助婴儿注意到位移线索和双眼线索。5～6个月，转、推和感觉物体表面的能力能够促进对图画线索的知觉（Bushnell & Boudreau，1993）。此外，如下文所述，动作发展的一个方面——独立动作——在深度知觉精细化过程中也起重要作用。

（2）独立运动与深度知觉

6个月的蒂米开始爬了。"他一点也不害怕！"瓦内莎说道，"把他放到床中间，他会爬到床沿去。在楼梯旁也会发生这种事。"当蒂米会熟练地爬行时，他会不会对床沿和楼梯更警觉？研究显示，他确实会更警觉。能熟练爬行的婴儿（无论他们什么时候开始爬）更可能拒绝爬过视崖的深侧（Campos et al.，2000）。

大量日常经验使婴儿逐渐学会了怎样利用深度刺激来觉察摔倒的危险。但是由于导致摔倒的身体失控，对各种身体姿势来说差别很大，所以婴儿必须分别学习每一种姿势。一项研究中，把那些坐姿很熟练但刚开始学爬的9个月婴儿放到一个可调节下降高度的斜坡上（Adolph，2000）。当婴儿用熟悉的坐姿时，他不会伸手去抓放在远处的好玩的玩具，因为这样做可能会掉下去。但是当他们用的是不太熟练的爬姿时，他们根本不顾斜坡的边缘，即使玩具的距离非常远。再往后，当婴儿会走时，他们必须再次学习在直立姿势下怎样知觉物体的表面（Adolph & Eppler，1999）。

独立运动促进了三维知觉的另一些方面。例如，能熟练爬行的婴儿比不会爬的同龄婴儿能更好地记住物体方位，找出藏起来的物体（Bai & Bertenthal，1992；Campos et al.，2000）。为什么爬行会造成这样的差异？比较一下你搭车从一地到另一地，与你自己开车或走路有什么不同。你自己走时，你会更注意路标和路线，也会更仔细地注意从不同角度看某一建筑物的样子。婴儿也是同样道理。 143
爬行促使大脑发育达到一个新水平，这从大脑皮层更有序的脑电活动可以看出来。一种解释是，它加强了中枢神经，尤其是与视觉和空间知觉有关的神经元的联结（Bell & Fox，1996）。正如本节"生物因素与环境"专栏所介绍的，独立运动和空间知觉之间的联系确实存在，即使在知觉经验非常不同的人群中，例如有严重视觉损伤的婴儿，也是这样。

爬行促进了对三维空间的理解，包括意识到会掉下去，以及找到藏起来的东西。这个斯里兰卡儿童逐步适应了爬行，她慢慢知道，怎样从一个地方爬到另一个能拿到她喜欢东西的地方，以及从不同的角度来看这些东西应该是什么样子。

专栏 生物因素与环境

视觉严重损伤的婴儿的发展

对视力微弱或丧失视力的婴儿进行的研究，证明了视觉、动作探索、社会交往和对世界的理解之间的相互依赖性。在一项长期追踪研究中，对视敏度在20/800或更差（只能看到微弱的光线或完全失明）的儿童在整个学前期进行了追踪。与视觉损伤不严重的同龄人相比，他们各方面的发展都表现出严重的迟滞。动作和认知功能受到的影响最大；随着年龄增长，他们在这两个领域的表现与其他儿童的差距越来越大（Hatton et al.，1997）。

什么原因导致了这么严重的发展迟滞？视力微弱或失明似乎在两个重要且相互关联的方面改变了儿童的经验。

对动作探索和空间理解的影响 视觉损伤的婴儿比视力正常的同龄人要晚几个月才能达到相应的大动作和精细动作水平（Levtzion - Korach et al.，2000）。例如，失明儿童一般到12个月才会够拿和操作物体，13个月会爬，19个月会走（可把这些数值与表4.2的数据对照）。为什么会这样？

有严重视觉损伤的婴儿必须依赖声音来定位物体。但是若要让声音对物体的定位达到跟视觉一样准确的水平，要晚大约6个月（Litovsky & Ashmead，1997）。由于盲童较难吸引养育者的注意，成人可能不会给他们提供丰富的可发声的东西。因此，这些婴儿知道身边有很多有趣的东西可去探索的时间相对要晚一些。

直到能够"根据声音够拿"时，有严重视觉损伤的儿童才愿意独自活动。由于他们自己的不确定感以及父母为了预防受伤而采取的保护和限制，失明婴儿的活动都是尝试性的。这些因素加剧了动作发展的延迟。

动作和认知发展是密切联系的，对那些视力微弱或失明婴儿来说更是如此。这些婴儿只有在会够拿和爬行之后才能知道方位和物体空间布局（Bigelow，1992）。随着年龄增长，无法模仿别人动作给他们造成了更大困难，使他们与视力正常的同龄人相比，在动作和认知发展方面的差距加大（Hatton et al.，1997）。

对养育者与婴儿关系的影响 视力弱的婴儿在引发与养育者间的互动方面存在巨大困难。他们不能进行目光接触，不能模仿，不能获得非言语的社交刺激。他们的情绪表达较少。例如，他们的微笑短暂而难以意料。由于他们不能与养育者一起看某一个方向，所以他们与成人一起注意某物体时有很大延迟，而这是游戏的基础（Bigelow，2003）。因此，这些婴儿不易被成人关注，也很少接受其他刺激，这些对各方面发展都很重要。

如果一个视力受损的婴儿不能在婴儿期形成社会交往能力，那么到幼儿期，他们在与人交流方面就会大打折扣。一项对幼儿园失明儿童的观察研究发现，失明儿童很少主动发起与同伴和教师的接触。当他们与人交往时，较难理解别人的反应，也不能恰当地做出反应（Preisler，1991，1993）。

干预 父母、教师和专业养育者可以通过刺激丰富、反应迅速的交往，帮助弱视婴儿克服早期发展延迟。弱视婴儿只有与成人形成亲密的情感联系，才能与环境建立重要联系。

帮助婴儿意识到他们的身体和社交环境的方法包括，把声音与触觉相结合，给予他们强烈的感觉输入（在跟婴儿说话或唱歌时，抱着婴儿，触摸婴儿，或把婴儿的手放到成人脸上），重复多遍，不断强化婴儿与人接触的努力。在这个过程中，要善于使用发声物体。

此外，丰富的语言刺激能够补偿视力的丧失（Conti-Ramsden & Pérez-Pereira，1999）。它为年幼儿童提供了一种现成方法来了解他们看不见的物体、事件和行为。一旦学会说话，视力微弱或失明的儿童表现出很大进步。一些儿童形成了独特的抽象思维能力，绝大多数儿童掌握了社交和实践技能，这使他们的生活丰富而独立（Warren，1994）。

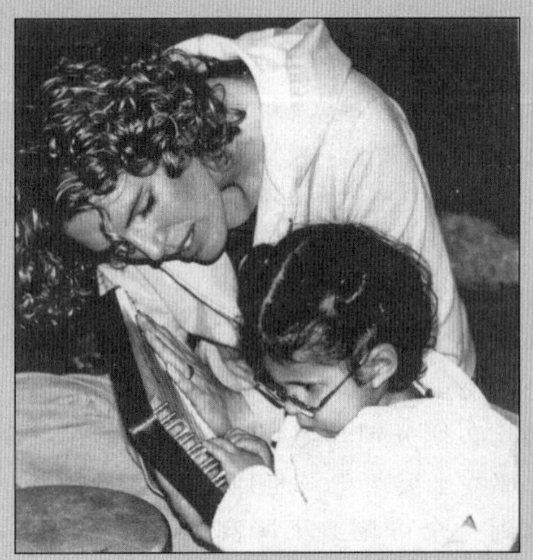

由于早产引发的并发症，这个两岁幼儿的视网膜几乎完全脱落，她对光只有微弱的知觉。养育者正在指导孩子用触摸和声音学习弹奏齐特拉琴，预防由于严重的视觉损伤而导致的发展延迟。

（3）图案与面孔知觉

新生儿喜欢看图案的而不是平淡的刺激，例如，喜欢看人脸图或结构错乱的人脸图，而不喜欢看黑白椭圆图（Fantz，1961）。随着婴儿逐渐长大，他们喜欢更复杂的图案。3周的婴儿看正方形黑白棋盘图的时间最长，而8～14周的婴儿则更喜欢看格子很小的棋盘图（Brennan，Ames & Moore，1966）。

对比敏感度（contrast sensitivity）是一个一般原理，可以解释早期的图案偏好（Banks & Ginsburg，1985）。对比度指在同一图案中两个相邻区域的光量差异。如果婴儿对两个或多个图案的对比度敏感（能够觉察），他们就喜欢其中对比度较强的一个。要理解这一原理，可以看图 4.14 上面一排的棋盘图。由小方格组成的棋盘，其对比元素更多。而下面一排显示的是这些棋盘图在出生几周的婴儿眼里的样子。由于视觉的局限，小婴儿不能分辨复杂图案的特征，因此他们更喜欢看左边那个大格子棋盘图。大约两个月时，随着对细致纹理觉察能力的增强，婴儿对复杂图案的对比度变敏感，因此花更长时间看左边这些纹理（Gwiazda & Birch，2001）。

两种棋盘图在小婴儿眼里的样子

图 4.14　两种复杂性不同的棋盘图在出生几周婴儿眼里的样子

由于视力有限，小婴儿不能分辨复杂棋盘图的细节，该图在他们眼里是模糊的一片灰。而大格棋盘图的对比度更强，因此婴儿更喜欢看。

资料来源：M. S. Banks & P. Salapatek，1983，"Infant Visual Perception，" in M. M. Haith & J. J. Campos [Eds.]，*Handbook of Child Psychology：Vol 2. Infancy and Developmental Psychobiology* [4th ed.]，New York：Wiley，p. 504. Copyright © 1983 by John Wiley & Sons. 经授权引用。

在前几周，婴儿对图案各个单独的部分做出反应。他们会盯着单一的、高对比度的特征看，不能把注意转移到其他有趣的刺激上（Hunnius & Geuze，2004a，2004b）。例如，在看人脸图时，1 个月的婴儿关注刺激的边缘部分——发线和下腭。2～3 个月时，随着细察能力和对比敏感度的提高，婴儿开始细察图案的内部特征，只是偶尔停一下看各个部分（Bronson，1994）。

婴儿能够理解图案的各个方面之后，就能把各部分整合为一个统一体。4 个月左右，他们觉察图案组织的能力已经很强，以至于能够知觉到实际并不存在的主观边界。例如，在图 4.15a 里，他们知觉到图中心有一个正方形，而成人也有这样的知觉（Ghim，1990）。年龄再大些的婴儿对主观形状的这种反应性又有进步。例如，9 个月婴儿注视那些有组织的、看起来像一个人在走路的移动光线的时 145
间，要长于看凌乱光线的时间（Bertenthal，1993）。12 个月时，婴儿能从不完整的图形中看出物体，甚至当 2/3 的线条都不出现的时候也是如此（见图 4.15b）（Rose，Jankowski & Senior，1997）。这些结果表明，婴儿对客体的了解和动作的进步支持了他们对图案的知觉。

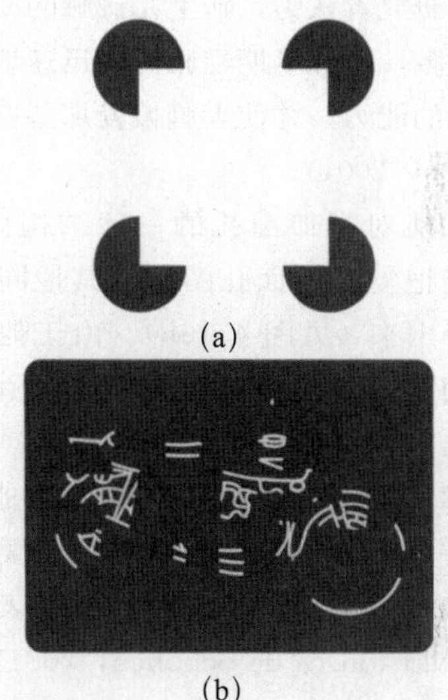

图 4.15　视觉图案中的主观边界

成人能知觉到图（a）的中间是一个正方形，4 个月的婴儿也会如此。图（b）中的图像缺少 2/3 的线条，但 1 周岁的婴儿能看出这是一辆摩托车。在对这张不完整的摩托车图像习惯化以后，研究者拿出一张完整但形状不同的摩托车图，12 个月的婴儿对新图形出现反应恢复行为（较长时间地看），显示他们根据很少的视觉信息就认出了摩托车的图案。

资料来源：Ghim，1990；Rose，Jankowski & Senior，1997.

在图案化的刺激中寻找结构的倾向同样适用于面部知觉。新生儿喜欢看简单的、其特征按自然排列（竖直）的类似人脸的图形，而不喜欢排列不正确的人脸图（混乱的或集中在一边）（见图 4.16a）（Mondloch et al.，1999）。相对于其他刺激，他们更愿意追踪视野里出现的那些移动的面部图案（Johnson，1999）。虽然他们根据内部特征来区分真实面孔的能力还较弱，但是刚出生不久的婴儿就偏爱那些睁着眼睛正视读者的人脸图。另一个令人吃惊的能力是，婴儿更喜欢看被成人认为有吸引力的面孔，而不喜欢看被成人认为缺乏吸引力的面孔，该偏向可能是普遍存在的、喜欢有身体吸引力的人的这种社会偏好的起源（Slater et al.，2000）。

一些研究者认为，这些行为显示，新生儿具备一种天生的适应本种族成员的能力，就像许多刚出生的小动物那样（Johnson，2001；Slater & Quinn，2001）。但另一些研究者认为，对于图案中上方的主要元素，无论任何刺激，新生儿都会表现出偏爱，就像图 4.16a 里的眼睛一样（Turati，2004）。然而，很可能是对面部图案的偏向促进了这种喜好。还有些研究者认为，新生儿接触的面孔比接触的其他刺激多，这种早期经验可以迅速地使大脑具备觉察面孔的能力，并使大脑偏爱那些有吸引力的面孔（Nelson，2001）。

新生儿能对类似面孔的一般结构做出反应，但他们不能把复杂的面孔图案从其他同样复杂的图案里区分出来（见图 4.16b）。由于他们不断地看到母亲面孔，所以他们能很快地从陌生女性面孔中辨认出母亲面孔，虽然他们只是对母亲面孔的大致轮廓比较敏感。2个月左右，当他们能细察所有刺激并把各个成分合为一体时，婴儿才能认出他们母亲详细的面部特征，并对其表现出偏好（Bartrip，Morton & de Schonen，2001）。他们对人脸图的偏好胜过其他图形（Dannemiller & Stephens，1988）。

3个月左右，婴儿对不同面孔的特征能做出精细的区分。例如，他们能区分出两个陌生人照片的不同之处，即使这两个面孔有中等程度的相似。
146 5个月时，婴儿能把表情知觉为一个整体，在7～12个月，这种能力不断进步。他们把积极表情（高兴和吃惊）与消极表情（悲伤和恐惧）看作是不同的（Bornstein & Arterberry，2003；Ludemann，1991）。婴儿与养育者之间大量的面对面交流，无疑对他们面孔知觉的精细化有很大影响。由于婴儿能够意识到他人的表情并做出反应，面孔知觉支持了他们早期的社会关系。

表 4.3 概括了深度知觉和图案知觉的发展。到目前为止，我们逐一讨论了婴儿的感觉系统，下面来看这些系统之间是如何协调的。

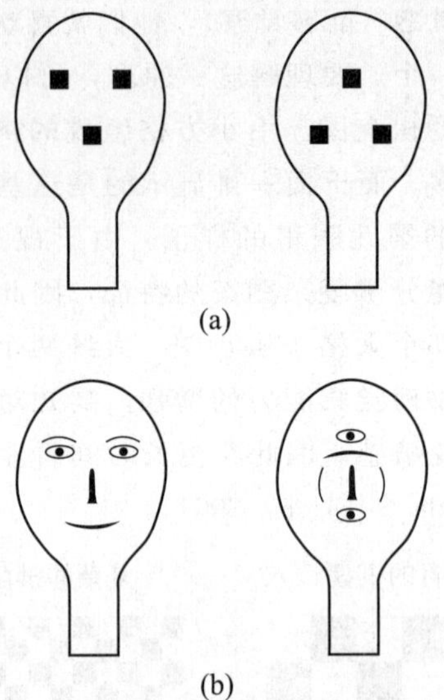

图 4.16 早期面孔知觉

（a）新生儿喜欢看左侧类似面孔的简单图案，而不喜欢右侧位置颠倒的那张图。（b）如果把左侧复杂的面孔图和右侧的同样复杂但五官被打乱的图形从新生儿视野中移过，他们看左侧面孔图的时间更长。但是如果两个图形静止不动，婴儿到2～3个月才表现出对左侧面孔的偏好。

资料来源：Johnson，1999；Mondloch et al.，1999.

3. 联合知觉

我们的环境提供了丰富而连续的联合刺激——来自一种以上形态或感觉系统、同时输入的刺激。在**联合知觉**（intermodal perception）中，人们把客体和事件知觉为一个整体，来理解光、声、触觉、味觉和嗅觉等信息流。

新生儿转向声音传来的方向时，能用很简单的方式来够物。这一行为表明，婴儿是把视觉图像、声音和触摸放在一起做出预期的。研究揭示，婴儿以一种统一的方式来知觉各个感觉系统的输入：觉察多形态感觉属性（amodal sensory properties），即在两个或多个感觉系统间重叠的信息，如速度、节律、持续时间、强度和同步性。例如，一个球弹起来时的图像和声音，以及一个正在说话者的面孔和声音。在每一个事件中，视觉和听觉信息是同时发生的，且其速度、节律、持续时间和强度是相同的。

刚出生的动物幼仔和人类新生儿都能非常显著地产生多形态属性知觉（Lickliter & Bahrick，2000）。一项研究在小鸡孵出的前一天，给其呈现速度和节律与母鸡叫声同步的闪光。孵出后，曾经接受过这种多形态信息的小鸡能更快地形成对熟悉叫声的偏好（Lichliter，Bahrich & Honeycutt，2002）。同样，只要接受一次刺激，人类新生儿就能在玩具形状和声音（如有节律的刺耳谈话声）之间建立联结（Morrongiello，Fenwick & Chance，1998）。

0～6 个月期间，婴儿掌握了范围可观的多形态关系。例如，3～4 个月婴儿能把儿童或成人的嘴唇活动与相应的声音联系起来。他们也能把发声者的年龄（儿童或成人）、情绪状态（高兴或生气）同恰当的人脸联系起来（Bahrick，Netto & Hernandez-Reif，1998；Walker -Andrews，1997）。

表 4.3　　**视知觉的发展**

	0～1 个月	2～4 个月	5～12 个月
深度知觉	对位移线索敏感	对双眼线索敏感	对图画线索敏感，对高度有警觉
图案知觉	喜欢大元素图案 视觉探索局限于刺激的边缘部分或单一的、对比度强的特征	对完整刺激，包括内部特征的觉察 把图案的各成分整合为一个有组织的整体	觉察到比较复杂、有意义的图案
面孔知觉	偏爱简单的、类似人脸的刺激	喜欢看复杂的面孔图形胜过同样复杂的其他图形，喜欢母亲的面部特征胜过陌生女性	对面孔的区分更细致，能把表情知觉为一个整体

在 4～6 个月之间，婴儿能够知觉并记住独特的陌生成人的面孔—声音配对（Bahrick，Hernandez-Reif & Folm，2005）。8 个月时，他们甚至能够根据性别匹配声音和面孔（Petterson & Werker，2002）。

联合知觉为什么发展得这么迅速？婴儿似乎生下来就准备好关注多形态信息。他们对多形态信息的知觉，例如对图像、声音的速度和节拍的知觉，可能为觉察更特殊的多形态关系打好了基础，例如某个人的面孔和声音之间的关系，或一个物体和它的名称之间的关系（Bahrick，2001）。

多形态的敏感性对知觉发展非常重要。在最初几个月，许多刺激都是不熟悉的、令人困惑的，它使婴儿注意到感觉输入之间的关系，从而迅速了解周围环境（Bahrick，Lickliter & Folm，2004）。上面的例子揭示，多形态知觉同样能够促进社会加工和语言加工。前面讲到听觉的时候曾提到，婴儿在最初理解语言的时候，从语音和物体运动的同步性这一过程中得到帮助。

147 早期亲子互动为婴儿联合知觉的扩展提供了丰富的背景，包括同时发生的图像、声音、触觉和嗅觉等（Lickliter & Bahrick，2000）。联合知觉是促进各方面心理发展的一种基本能力。

4. 知觉发展的分化理论

我们已经回顾了婴儿知觉能力的发展，怎样把这些令人吃惊的发展成果整合到一起呢？埃莉诺·吉布森和詹姆斯·吉布森（Eleanor Gibson & James Gibson）提出了一种得到广泛接受的观点。根据吉布森夫妇的**分化理论**（differentiation theory），婴儿在一个不断变化的知觉环境里主动寻找环境的**恒定特征**（invariant features），例如，在图案知觉中，婴儿最初面对的是一堆令人困惑、混乱无序的刺激。很快，他们开始寻找刺激边缘的那些突出特征，并把眼光投向那些与人脸相似的图像。不久，他们开始觉察内部特征，注意到这些特征间的稳定关系。结果，他们觉察到了各种图案，例如各种复杂的图案和面孔。联合知觉的发展同样反映了这一原理。婴儿找出恒定关系，例如同时出现的图像和声音节律这样的多形态属性。渐渐地，他们知觉到更详细的多形态联系。

吉布森夫妇之所以把他的理论说成分化（“分化”意味着分析或分解）是因为，随着年龄增长，婴儿觉察到刺激中越来越精细的恒定特征。除了图案知觉和多形态知觉以外，分化还适用于深度知觉。婴儿对运动刺激和双眼刺激的敏感性，是觉察纹理细密的图像特征的前提。因此，理解知觉发展的一种方法，是把它看作一种天生的寻求秩序和一致性的倾向，这种能力随着年龄增长越来越强（Gibson，1970；Gibson，1979）。

婴儿对环境的操作对知觉分化来说至关重要。

请回忆本章讨论过的动作发展与知觉发展之间的联系。婴儿不断地在环境中寻找机会来活动（Gibson，2000，2003）。通过四处移动和探索环境，他们知道了哪些东西可以抓，哪些可以压，哪些会弹跳，哪些可以敲打，什么情况下可以从一个平面安全地走过去，什么时候会掉下去。结果，他们以一种新的方式对环境进行了区分，并表现出更有效的行为（Adolph & Eppler，1998，1999）。

当我们对本章做一个小结时，需要指出，有些研究者认为，婴儿不只是通过寻求恒定特征来弄明白这些经验。他们会给知觉到的经验赋予意义，能把周围环境中的物体和事件分类。本章隐约提示了这种认知观点。例如，年龄稍大的婴儿会把熟悉的面孔解释为快乐和爱的源泉，把闪光图案解释为移动的人。这种认知观点有助于我们理解婴儿的发展。事实上，许多研究者整合了这两种观点，把婴儿0~1岁的发展看作是一个从知觉到认知的进程。

思考题

复习 0~1岁时图案知觉的哪些进步促进了婴儿面孔知觉能力的提高？

复习 举例说明联合知觉对婴儿心理发展的各个方面有何促进作用。

应用 在学会爬之后几周，伯恩学会了避免从一个较陡的斜坡上头朝下地掉下来。现在他开始走了。他的父母能相信他不会从较陡斜面上往下走吗？为什么？（可参阅本章独立运动与深度知觉部分）

联结 根据分化理论，知觉发展反映了婴儿对恒定特征的积极寻求。从有关听觉、图案知觉和联合知觉的研究中举一些例子来说明。

本章要点

一、体格发育

148 描述了0~2岁婴儿体格发育的主要变化。

■ 0~2岁婴儿的身高和体重变化非常迅速。在0~9个月，身体脂肪下降很快，肌肉发育相对缓慢。骨龄是估计儿童身体成熟度的最好方法，它因种族和性别不同而不同。由于身体发育遵循**头尾趋势**和**近远趋势**，所以身体各部分的比重也发生变化。

二、大脑发育

在脑细胞水平和大脑皮层水平上，婴儿期和学步期大脑发育有哪些变化？

■ 在早期，大脑发育比身体其他器官都要快。当**神经元**或称神经细胞发育得较好时，就开始形成**突触**。为了交流信息，神经元释放**神经递质**，在突触间传递。突触形成以后，为了给新生成的突触联结腾出空间，周围有许多神经元死亡。很少受到刺激的神经元在**突触削减**过程中会失去突触。**神经胶质细胞**掌管着神经纤维的**髓鞘化**，它在1岁后成倍增长，导致脑重迅速增加。

■ **大脑皮层**是脑最大、最复杂的结构，在大脑里最后停止发育。它的各区域的发展顺序与儿童各种能力出现的顺序一致。大脑两半球的专门化称**单侧化**。最初几年，大脑具有很高的**大脑可塑性**，许多区域尚未局限于某一特定功能。

■ 遗传和早期经验都对大脑组织有影响。在大脑发育的关键期，对大脑的刺激至关重要，关键期指大脑发育最快的时期。长期的早期剥夺，如孤儿院长大的孩子的早期经验，会阻碍各方面的心理发展。

■ 恰当的早期刺激促进了**经验—预期型脑发育**，这种发育主要取决于日常经验。没有证据表明，**经验—依赖型脑发育**有关键期，这种脑发育依赖于特定的学习经验。对儿童的过高期望会阻碍儿童大脑潜能的发挥。

睡眠和觉醒的组织在 0～2 岁是如何改变的？

■ 婴儿不断变换的唤醒模式主要受大脑发育的影响，但与社会环境也有一定关系。睡眠和觉醒的周期逐渐变得长而少，与昼夜周期一致。与世界其他地区的国家相比，西方国家的父母较早开始训练婴儿整夜独自睡觉，其他地方的父母则更多地与婴儿一起睡。

三、早期身体发育的影响因素

论述了遗传、营养、爱和刺激对早期身体发育的影响。

■ 双生子研究和收养研究揭示，遗传对体型大小和身体发育速度有影响。

■ 营养也很重要。母乳喂养最适合婴儿生长需要。母乳喂养可以预防各种疾病，防止营养不良，降低贫穷多病地区的婴儿死亡率。母乳喂养和人工喂养婴儿在情绪适应上不存在差异，但是一些研究报告，母乳喂养的儿童和青少年在心理测验中成绩稍好些。

■ 绝大多数肥胖婴儿在学步期和幼儿期都会瘦下来。婴儿和学步儿可以随意地吃有营养的食物而不用担心超重。最近研究发现，婴儿期体重的快速增加与后来的肥胖有关。采用母乳喂养，限制高糖、高脂肪食物，鼓励儿童进行消耗能量的游戏，这些方法有助于儿童保持理想体重。

■ **消瘦症**和**恶性营养不良**是由于营养不良导致的饮食疾病，它影响着许多发展中国家的儿童，如果长期下去，会永久性地阻碍身体发育和脑发育。

■ **非器质性发育迟缓**发生在虽有充足营养但缺少爱与刺激的婴儿身上，说明这些因素对正常身体发育的重要性。

四、学习能力

描述了婴儿的四种学习能力、它们发生的条件，以及每一种学习的独特价值。

■ **经典条件反射**建立在婴儿把同时发生的两个事件相联系的能力基础上。当**非条件刺激**和**条件刺激**的同时出现具有生存价值时，婴儿就容易形成经典条件反射，例如经常和哺乳同时出现的刺激。

■ 在**操作条件反射**中，婴儿对环境进行操作，其行为后紧跟着一个**强化物**（可增加行为发生概率的刺激）或**惩罚**，惩罚指为减少这个行为再次出现，施加一个厌恶刺激，或撤销一个愉快刺激。对婴儿，有趣的图像和声音都可作为有效的强化物。操作条件反射在早期社会关系中也发挥着重要作用，婴儿和养育者会用愉快的交往来强化彼此的行为。

■ **习惯化**和**反应恢复**揭示，刚出生时，婴儿会被新异刺激吸引。新异偏好可以评价近期记忆， *149*
而熟悉偏好则可测量长久记忆。

■ 新生儿有与生俱来的模仿成人表情和姿势的能力。另一种强有力的学习，即**模仿**也会影响亲子关系。

五、动作发展

描述了 0～2 岁动作发展的一般过程及其影响因素。

■ 像身体发育一样，动作发展遵循头尾趋势和近远趋势。根据**动作发展的动态系统理论**，新的动作技能是借助已有技能被整合到更复杂的动作系统中而获得的。每一种新技能是中枢神经系统发育、身体运动能力、儿童的目标和环境对技能的支持共同作用的结果。

■ 对孤儿院长大的婴儿所做的研究揭示，运动机会和刺激丰富的环境对动作发展有深刻影响。文化价值观和儿童养育习俗也对早期动作技能的出现和精细化产生影响。

■ 在 0～1 岁，婴儿的够拿和抓握动作已经发展得相当完善。新生儿阶段协调不良的前够拿阶段已经过去。主动够拿逐渐准确而灵活，笨拙的顺向抓握被精细的钳形抓握取代。

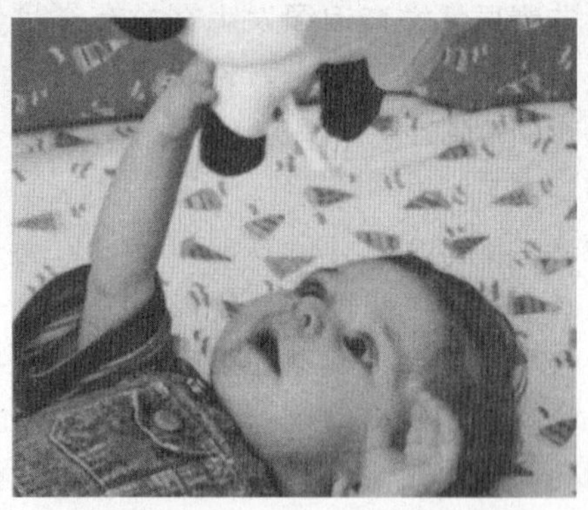

觉和对其他三维空间的理解，但是婴儿必须学会怎样避免在各种身体姿势下摔倒。

■ **对比敏感度**解释了婴儿早期的图案偏好。起先，婴儿盯着单一的、对比度强的特征看，较多地注视图案的边缘部分。2～3个月时，开始探索图案的内部特征，觉察图案的组织。随着年龄增长，他们能够区分越来越复杂而有意义的图案。

■ 新生儿喜欢注视和追踪简单的、类似人脸的刺激。他们是否天生就存在着朝向人脸的倾向，研究者还未达成一致。2个月时，他们能认出母亲的面部特征并表现出偏好，3个月时，他们能区分不同面孔的特征。在6～12个月间，他们把表情知觉为一个有意义的整体。

■ 从出生起，婴儿就具备**联合知觉**能力——把来自多个感觉形态获得的信息加以整合。觉察各种知觉的关系（例如速度和节律）最先得到发展，它为觉察其他多形态模式打下基础。

六、知觉发展

在婴儿期，听觉、深度知觉、图案知觉和联合知觉发生了哪些变化？

■ 在0～1岁，婴儿把声音组织成复杂模式，能够识别其准确位置。婴儿对母语发音愈益敏感。在7～12个月，他们能够觉察有意义的言语单位。

■ 在0～6个月，眼睛和大脑视觉中心的迅速发育支持了聚焦、分辨颜色和视敏度的发展。察看环境和追踪移动物体的能力也有提高。

■ 对深度知觉的研究表明，婴儿对深度知觉线索表现敏感的次序是：位移深度线索、双眼深度线索和图画深度线索。爬行经验促进了深度知

解释了知觉发展的分化理论。

■ 根据**分化理论**，知觉发展就是在不断变化的环境中找出**恒定特征**。在知觉分化过程中，对环境的操作起重要作用。从认知观点出发，在早期，婴儿给他们知觉到的事物赋予意义。许多研究者都把知觉观和认知观加以结合。

重要术语和概念

brain plasticity (p. 124) 大脑可塑性

cephalocaudal trend (p. 121) 头尾趋势

cerebral cortex (p. 123) 大脑皮层

classical conditioning (p. 133) 经典条件反射

conditioned response (CR) (p. 133) 条件反应

conditioned stimulus (CS) (p. 133) 条件刺激

contrast sensitivity (p. 143) 对比敏感度

differentiation theory (p. 147) 分化理论

dynamic systems theory of motor development (p. 138) 动作发展的动态系统理论

experience-dependent brain growth (p. 127) 经验—依赖型脑发育

experience-expectant brain growth (p. 127) 经验—预期型脑发育

glial cells (p. 122) 神经胶质细胞

habituation (p. 134) 习惯化

imitation (p. 135) 模仿

intermodal perception (p. 146) 联合知觉

invariant features (p. 147) 恒定特征

kwashiorkor (p. 131) 恶性营养不良

lateralization (p. 124) 单侧化

marasmus (p. 131) 消瘦症

myelination (p. 122) 髓鞘化

neurons (p. 121) 神经元

neurotransmitters (p. 121) 神经递质

nonorganic failure to thrive (p. 132) 非器质性发育迟缓

operant conditioning (. 133) 操作条件反射

proximodistal trend (p. 121) 近远趋势

punishment（p. 134）惩罚
recovery（p. 134）反应恢复
reinforcer（p. 133）强化物
synapses（p. 121）突触
synaptic pruning（p. 122）突触削减
unconditioned response（UCR）（p. 133）非条件反应
unconditioned stimulus（UCS）（p. 133）非条件刺激

中国上海的这位爷爷与他的孙子一起分享发现新事物的好奇心和喜悦。婴儿和学步儿在成人敏感的支持下，他们的认知和语言得到迅速发展。

第5章

婴儿期和学步期的认知发展

151 凯特琳、格瑞丝和蒂米都来到吉内特的儿童保育中心，游戏室顿时活跃起来。三个年龄一岁半、精神饱满的探索者都在弯腰探索着。格瑞丝正把积木块从吉内特拿着的一个塑料盒子上面的小洞塞进去，她调整着木块，好让那些难放的木块掉进去。每塞进几块积木，格瑞丝就把盒子抢过来摇，当盒盖打开，积木散落在她周围时，她就兴奋地叫起来。积木散落的哗啦声吸引了蒂米，他捡起积木块，把它们拿到地下室台阶的栏杆旁，扔到台阶下，接着又扔了一只玩具熊、一只皮球、自己的鞋和一支勺子。那边，艾普利尔拉开抽屉，拿出了一些木碗，把它们摞成一摞，又把它们推倒，然后拿两个碗互相敲打。

孩子们做这些实验的时候，我发现有语言出现了，这是一种全新的影响环境的方式。当蒂米把一只红色的球扔到地下室楼梯下时，凯特琳喊道："都下去了！"当球在眼前消失时，格瑞丝一边挥手一边说："拜拜。"从那天以后，格瑞丝表现出了用语词和体态来假装。她一边说"晚上、晚上"，一边低下头，闭上眼睛，做这样的假装时她总是很高兴，她能自己决定何时何地上床睡觉。

在0～2岁，这些孩子从幼小的、只有反射行为的新生婴儿变成了自主的、有目的性的人，他们开始解决简单问题，并开始掌握人类最不可思议的能力：语言。做父母者往往纳闷，这一切怎么发生得这么快？这个问题也困扰着研究者，在解释婴儿和学步儿惊人的认知发展速度上，伴随着激烈的争论，正在取得有益的研究发现。

本章，我们将讨论关于早期认知发展的三种理论观点：**皮亚杰的认知发展理论、信息加工学说，以及维果茨基的社会文化理论**。我们还要分析测量婴儿和学步儿智力发展的测验的有效性。最后将讨论语言的产生。先来看学步儿怎样在早期认知发展基础上说出他们最初的语词，再来看新词汇和表达能力怎样大大提高了他们思维的速度和灵活性。在整个发展过程中，认知和语言一直是相互支持的。

一、皮亚杰的认知发展理论

152 瑞士理论家让·皮亚杰把儿童看作忙碌、主动的探索者，当他们直接对环境进行操作的时候，其思维也就得到发展。受生物学背景的影响，皮亚杰认为，儿童头脑中不断形成并修正着一些心理结构，使他们更好地适应外部环境。第1章曾介绍皮亚杰的理论，从婴儿到青少年，儿童要依次经历4个阶段。根据皮亚杰的理论，认知的各方面都是以整合方式得到发展的，而且是在大致相同的时间、以相同的方式发生变化的。

皮亚杰的第一个阶段，**感知运动阶段**（sensorimotor stage），跨越了生命的前两年。皮亚杰认为，婴儿和学步儿用眼、耳、手和其他感官进行"思维"。他们还不能在头脑里进行很多活动。但是到了学步期的晚期，儿童已能解决一些日常生活的实际问题，并且能用言语、姿势和游戏来表征他们的经验。这些巨大变化是怎样发生的？皮亚杰是怎样看这个问题的？让我们先搞清楚皮亚杰提出的几个概念。

1. 皮亚杰的认知发展观

根据皮亚杰的理论，一种特殊的心理结构，使经验变得有意义的组织形式称为**图式**（schemes），它是随年龄发展而变化的。起初，图式就是感知运动的动作方式。例如，6个月时，蒂米以相当单调的方式向下扔东西，只是让拨浪鼓或橡皮环掉下去，并充满乐趣地看着它们。到18个月时，他的"丢的图式"已经变得更精细而具有创造性。他会把各种东西从地下室的台阶上往下滚，把一些东西抛向空中，把另外一些东西抛向墙壁让它弹回来，轻轻地放一些东西，或重重地放另一些东西。很快，他不再用物体进行操作，而是在行动前表现出思维的痕迹。对皮亚杰来说，这一变化标志着从感知运动阶段向前运算阶段的过渡。

在皮亚杰的理论中，有两个过程说明了图式的变化，这就是适应和组织。

（1）适应

婴儿和学步儿会不厌其烦地重复那些产生有

趣后果的行为，**适应**（adaptation）就是通过与环境的直接互动建立图式。它包括两种互补性的活动，即同化和顺应。在**同化**（assimilation）过程中，人用已有的图式去解释外部世界。例如，蒂米向下丢东西时，就是在把所有的东西同化到他的“丢”这个图式中来。在**顺应**（accommodation）过程中，人的已有思维方式不能完全掌控环境，必须建立新图式或调整原来的旧图式。当蒂米以不同方式向下丢东西时，他调整了“丢”的图式，来思考物体的不同特性。

皮亚杰认为，同化与顺应之间的均衡随着时间而变化。当儿童自己的变化很小时，其同化多于顺应；皮亚杰把这个状态称作认知平衡，意指一种稳定、适当的状况。在认知迅速变化期，儿童处于失衡或认知不适状态。他们发现，新信息与自己的已有图式不匹配，因此他们从同化转向了顺应。一旦他们调整了原有图式，就会重新回到同化状态，对新形成的结构进行练习，直到他们再次调整图式。

每次这种平衡与失衡交替出现时，就会产生更有效的图式。因为最大的顺应也是最早发生的，所以皮亚杰认为感知运动阶段是最复杂的发展期。

（2）组织

图式也会通过**组织**（organization）而变化，组织是在内部发生、不直接与环境接触的过程。儿童形成新图式后，会对这些图式进行重组，把它们与其他图式联系起来，形成相互联结的认知体系。例如，蒂米最终会将“丢”与“扔”这两个图式联系起来，并且与他对“近”和“远”的理解联系起来。皮亚杰认为，图式达到真正的平衡状态时，各种图式会联系在一起形成更大的结构网络，以适应周围的环境（Piaget，1936/1952）。

下面，我们先看看皮亚杰所观察的婴儿的发展，介绍一些支持他的观点的研究。然后我们看看目前发现的证据，这些证据表明，在某些方面，婴儿的认知能力比皮亚杰所说的更强。

2. 感知运动阶段

因为新生儿和两岁儿童之间的差异很大，所
153 以皮亚杰把感知运动阶段分为六个亚阶段（见表5.1）。皮亚杰观察了一个很小的样本，即自己的三个孩子，并在此基础上提出了发展的顺序。皮亚杰观察得很仔细，他给自己的一个儿子、两个

在皮亚杰的理论中，起初的图式是动作图式。当这个8个月大的男孩开始翻转、敲击这些壶和平底锅时，他发现自己的动作对物体产生了可预测的效果，物体能够以可预见的方式相互影响。

女儿呈现了各种日常问题（如把东西藏起来），来考察他们对世界的理解。

皮亚杰认为，新生儿对身边的环境知之甚少，起初他们是毫无目的地探索环境的。**循环反应**（circular reaction）为婴儿提供了一种调整最初图式的特殊方式。循环反应是由婴儿自己的动作引起的对新经验的偶然发现。之所以称为“循环”反应，是因为婴儿一遍一遍地重复该活动，起先偶然发生的感知运动反应被加强，成为一个新的图式。例如，两个月的凯特琳吃奶后偶尔发出咂嘴声。她觉得这个声音好听，就一再重复，直到她能熟练地咂嘴。

在皮亚杰所说的第二个亚阶段，婴儿的适应开始指向他们自己的身体。这个小婴儿正在仔细观看她的手的动作，这种初级循环反应慢慢地使她能有意识地控制自己的行为。

起初，循环反应是以婴儿自己的身体为核心。后来，它转向外部，指向对物体的操纵。一岁以后，循环反应变成了实验性和创造性的活动，目的在于产生新的结果。婴儿对新奇有趣行为的抑制困难可能是循环反应的基础。这种自我抑制的不成熟性似乎具有适应意义，它保证了新技能巩固之前不被打断（Carey & Markman，1999）。皮亚杰认为，循环反应的级别非常重要，因此，他以循环反应的级别给感知运动的亚阶段命名（见表5.1）。

表5.1　皮亚杰的感知运动阶段

感知运动亚阶段	典型的适应性行为
1. 反射图式（0～1个月）	新生儿的反射（见第3章）
2. 初级循环反应（1～4个月）	围绕着婴儿自己身体的简单动作习惯，对事件的预期有限
3. 二级循环反应（4～8个月）	有目的地重复可对周围环境产生有趣影响的动作，模仿熟悉行为
4. 二级循环反应的协调（8～12个月）	有意的或目标导向的行为，能在原来位置找到隐藏物体（客体永存性），对事件的预期能力增强，模仿与婴儿通常表现略有不同的行为
5. 三级循环反应（12～18个月）	以新的方式操作物体以探究物体的特性，模仿新的行为，能在几个地方寻找藏起来的物体（准确的A—B寻找）
6. 心理表征（18个月～2岁）	在内心对客体和事件进行描画，其特征是：突然地解决问题，能找到被移出视线之外的物体（在没看见情况下被转移），延迟模仿，假装游戏

（1）重复偶然行为

皮亚杰把新生儿反射看作构建感知运动智力的基石。在第一个亚阶段，无论婴儿遇到什么刺激，他们总是以几乎相同的方式吸吮、抓和四处看。有一个有趣的例子，卡罗琳说，出生两周的凯特琳躺在熟睡的爸爸身旁，突然，爸爸从熟睡中醒来，看见凯特琳贴过来正在吸吮他的背。

一个月左右，婴儿进入了第二个亚阶段，他们用*初级循环反应*，即重复那些主要由基本需要引发的偶然行为，开始自主地控制自己的动作。这就导致了一些简单的动作习惯，如吸吮自己的手或指头。这个亚阶段的婴儿，其行为开始根据环境需要而变化。例如，他们对奶头和勺子张嘴
154 的方式是不同的。婴儿还开始预期结果。3个月的时候，蒂米睡醒后，因为饿哭了起来，但瓦内莎一进入房间，他就停止了哭。他知道马上就要喂奶了。

第三个亚阶段，4～8个月，婴儿能坐起来，会够拿和操纵物体。这些动作在他们的注意转向外部环境的过程中发挥着主要作用，他们开始了*二级循环反应*，重复那些可导致有趣事件的动作。如，4个月的凯特琳偶然碰到了挂在她面前的一个玩具，玩具摇摆起来。之后的3天中，凯特琳不断重复这个动作，当她尝试成功的时候，就愉快地重复新的击打图式。对自己行为控制的逐步提高，使婴儿能更好地模仿他人行为。但是，4～8个月的婴儿还不能灵活、迅速地适应并模仿新的行为（Kaye & Marcus，1981）。虽然婴儿喜欢看大人做拍手游戏，但是他们还不能跟着做。

（2）有意行为

第四个亚阶段，8～12月的婴儿能把原有图式运用到新的、更复杂的系列动作中。这时候导致新图式的行为不再毫无目的，例如偶然把拇指放到了嘴里或者碰到了玩具。相反，8～12个月的婴儿能做出**有目的，或指向目标的行为**（intentional，or goal-directed behavior），能够准确地协调图式来解决简单问题。皮亚杰著名的“藏东西任务”是最明显的例子。在这个任务中，他给婴儿一个好玩的玩具，然后把它藏到手的后面或把它盖住。这个亚阶段的婴儿能够“移”开障碍物并“抓”住玩具，用这两种图式找到东西。皮亚杰认为，这种系列动作是解决所有问题的基础。

找到藏起来的东西，显示婴儿已经掌握了**客体永存性**（object permanence），懂得了物体即使看不见也仍然存在。但是他们的客体永存性意识

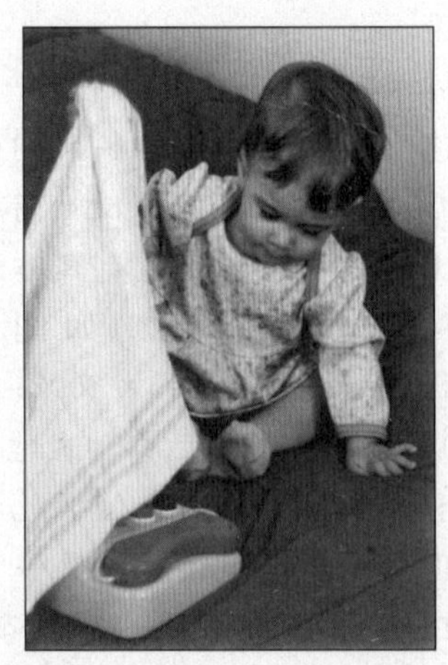

能寻找并找到藏起来的东西，是 8～12 个月的婴儿在认知发展中取得的主要进步。这个婴儿表现出了有目的行为，或指向目标的行为，她把“掀毛巾”和“找电话”两个图式加以协调，找到了玩具，这是今后解决所有问题的基础。

还不完善，如果婴儿反复几次在隐藏地点（A）找到某一物体，然后看着这个物体从（A）地移到另一个地点（B），他将仍会在地点（A）寻找这个物体。这就是所谓的 *A 非 B 寻找错误*，皮亚杰认为，当物体在视野中消失时，婴儿还没有一个持久存在的清晰的物体映像。

在第四个亚阶段，婴儿能较好地预期事件，他们有时会用有意的行为来改变预期到的事件。蒂米 10 个月时，当瓦内莎穿上大衣要出门时，蒂米爬着跟在她身后，哭着不让她走。而且婴儿也能模仿与他们日常行为稍不同的行为。在观察他人行为之后，他们会试着搅汤匙，推玩具车，把葡萄干放进杯子等等。他们还用这种有意行为去调整图式，来做出他们看到的行为（Piaget, 1945/1951）。

第五个亚阶段，12～18 个月，这个阶段出现了*三级循环反应*，学步儿变换花样地重复着各种行为。在蒂米把玩具顺着地下室台阶扔下去的时候，他不断地变换着扔的动作。由于 12～18 个月的儿童能以这种有意的方式探索世界，所以他们就能更好地解决问题。例如，格瑞丝发现，把一块积木转一下，就能顺着小洞放进盒子，她还知道了怎样用小棍够到拿不着的玩具。皮亚杰认为，这种实验能力有助于更好地理解客体永存性。能在几个地方找到隐藏的玩具，表现出准确的 A—B 寻找行为。儿童更灵活的动作模式也使得他们能够模仿更多的行为，如搭积木，画涂鸦画，拌鬼脸等。

（3）心理表征

第六个亚阶段的儿童已能建立**心理表征**（mental representations）即大脑可操纵的信息的内部表述。人的最主要的心理表征有两种：一是映像，或者物体、人及空间的心理图像；二是概念，或把相似客体和事件归为一组的分类。人能用心理映像回想把一个东西放错地方的细节，或者经过长时间观察某人的行为之后把它模仿出来。人可以运用概念来进行思维并对物体进行描述（例如，“球”是圆的、用来游戏的可滚动物体），因此人可以进行更有效的思维，把五花八门的经验组成有意义、可操作和可记忆的单元。

皮亚杰认为，18～24 个月的儿童能够突然解决问题，而不再靠试—误来解决问题。儿童好像是在头脑里对动作进行实验，这说明儿童能在心理上对自己的经验进行表征。例如，19 个月时，格瑞丝把一个新的推拉玩具撞了一次墙后，她停了一会儿，似乎在“思考”，然后很快地将玩具转向了另一个方向。

表征还使稍大一点的学步儿能够解决难度较高的客体永存性问题，例如*没看见的消失*——找一个在没看见情况下被拿走的玩具，如把玩具放进小盒子里再盖上盖子。这种能力可使儿童做出 155 **延迟模仿**（deferred imitation），记住并重复那些已经不在眼前的榜样行为。它还使儿童能够玩那些模仿日常活动和想象活动的**假装游戏**（make-believe play）。当感知运动阶段接近尾声的时候，心理符号已经成为主要的思维工具。

3. 对婴儿认知发展的后续研究

许多研究认为，婴儿在各方面表现出的理解力比皮亚杰所认为的要早些。第 4 章曾介绍有关操作条件反射的研究，新生儿一边聚精会神地吸吮乳头，一边获得有趣的视觉和声音刺激。这种行为很像皮亚杰的二级循环反应，它表明，婴儿在 4～8 个月之前就已经尝试探索和控制外部世界了。事实上，他们一出生就开始探索世界了。

第 4 章曾讨论，习惯化是用于考察婴儿对隐藏物体及物质世界的理解的一种重要方法。在违

反预料法（violation-of-expectation method）中，研究者使婴儿对一个物理事件习惯化（让婴儿看到一个事件，直到其不再注视）。然后他们看婴儿的反应是恢复到（长时间注视）一个预料之中的情形（按照物理规律变化的第一个事件）还是预料之外的情形（违背物理规律的一种变化）。恢复到预料之外的情形表明婴儿因违背物理现实而感到“惊讶”，从而提高了注意力，并且关注到物理世界的其他方面。

对违反预料法有一些争议。有些研究者认为，这种方法揭示的是儿童对物理事件的有限的、内隐的（无意识的）的觉察，而不是对其有意识的、成熟的理解，即皮亚杰所关注的，婴儿在寻找藏起来的东西时对周围环境进行操作所需要的那种理解力（Munakata，2001；Thelen & Smith，1994）。还有研究者认为，这种方法仅仅表明了婴儿对新异物体的知觉偏好，并不能说明他们理解了经验（Bremner & Mareschal，2004；Hood，2004；Schilling，2000）。让我们用最新的证据来检验这些争论。

（1）客体永存性

在使用违反预料法进行的一系列研究中，列内·拜拉热昂（Renee Baillargeon）等人宣称，他们找到了刚出生几个月婴儿就有客体永存性的证据。拜拉热昂的一个研究如图5.1所示（Aguiar & Baillargeon，1999，2002；Baillargeon & DeVos，1991）。在屏幕后移动式地分别呈现一个长胡萝卜和一个短胡萝卜，使婴儿习惯化，然后给婴儿呈现两个测试事件：一是一个预料之中的情形，即在屏幕后面移动一只短胡萝卜，经过窗户时它被挡住，片刻后它从窗户的另一侧出现。二是一个预料之外的情形，在屏幕后面移动一只长胡萝卜，经过窗户时看不到胡萝卜（虽然胡萝卜的高度比窗户的下边缘高），片刻后它从窗户的另一侧出现。2个半月到3个半月大的婴儿在非预料的事件上注视的事件更长，这说明婴儿已经开始意识到，一个物体移动到屏幕后面时仍然存在。

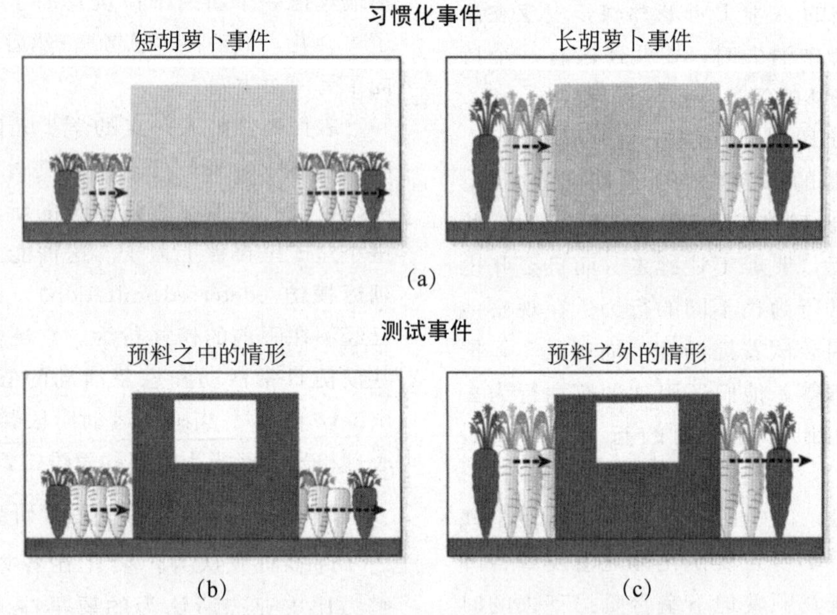

图5.1 用违反预料法测查婴儿对客体永存性的理解

（a）先让婴儿对两个事件习惯化：把一个短胡萝卜和一个长胡萝卜分别移动到屏幕后面。接着呈现两个测试事件。这时屏幕的颜色改变了，以帮助婴儿注意到屏幕上面的窗户。（b）在预料之中的情形中，胡萝卜低于窗户的下边缘，胡萝卜从变色后的屏幕后面移过，从另一侧出来。（c）在预料之外的情形中，胡萝卜高于窗户的下边缘，它从屏幕后移过，但经过窗户时婴儿看不见它，之后从另一侧出现。2个半月到3个半月的婴儿，其反应恢复（更长时间地关注）指向预期外事件，说明他们已能理解一些客体永存性。

资料来源：R. Baillargeon & J. DeVos，1991，“Object Permanence in Young Infants：Further Evidence，” *Child Development*，62，p. 1230，© The Society for Research in Child Development. 经授权引用。

其他一些采用违反预料法进行的研究也获得了相似结果（Baillargeon，2004；Wang，Bail-

largeon & Paterson，2005）。但是，有几位研究者使用了相同程序却没有证实拜拉热昂的结果
156 （Bogartz，Shinskey & Schilling，2000； Cashon & Cohen，2000；Rivera，Wakeley & Langer，1999）。拜拉热昂等人对这些反面证据进行了回答，说他们没有对关键因素进行控制。他们同时强调了婴儿较长时间地注意各种各样的预料外事件，包括隐藏物体（Baillargeon，2000；Newcombe，Sluzenski & Huttenlocher，2005）。然而，批评者们仍然质疑婴儿的注视偏好究竟是否说明他们理解了什么。

如果2.5～3.5个月的婴儿已经有了一些客体永存性概念，怎么解释皮亚杰的结果呢？皮亚杰的研究发现，即便再大些的婴儿（他们已有能力寻找了）也没有尝试去寻找藏起来的东西？支持皮亚杰理论的研究发现，寻找藏起来的物体，是真正理解客体永存性的标志，因为婴儿找到隐藏东西的能力，要早于解决其他问题的能力。10个月的婴儿寻找一个放在桌子上、被布盖起来的东西，要早于寻找一个原来用手攥着、后来藏到布下面的东西（Moore & Meltzoff，1999）。在第二项更难的任务中，婴儿似乎预期一个原来从手里消失的东西会重新出现在手里。当手掌张开没有东西时，他们认为这个东西也不会在别的地方。直到14个月，多数婴儿才能推断，手里攥着的东西被藏到了布下面。

8～12个月的儿童在寻找藏起来的东西时，他们会犯A非B寻找错误。一些研究表明，他们到A处（最初看见物体的位置）而不是到B处（最后放物体的位置）去找，因为他们很难抑制以前受到奖赏的某些反应（Diamond，Cruttenden & Neiderman，1994）。另一种可能是，在A处找到了几次物体之后，他们没有注意到物体何时被放到了B处（Ruffman & Langman，2002）。一个更全面的解释是，有多个复杂而动态的因素，如习惯了在A处找物，连续注视A的习惯，隐藏地点B看起来跟A相似，儿童会保持原来的身体姿势，这些因素加在一起，造成了婴儿所犯的A非B错误。研究表明，消除这些因素中的任何一个，都能增强10个月婴儿准确到B处寻找的能力（Smith et al.，1999）。

总之，在12个月以前，婴儿很难把他们知道的物体位置转换到正确的搜寻策略中去。能够准确进行A—B寻找的能力，与1周岁时大脑额叶的迅速发育密切相关（Bell，1988）。同时，大量的知觉、动作以及物体记忆经验也很重要。

（2）对心理表征的研究

皮亚杰理论认为，婴儿过着纯粹感知运动的生活；直到18个月，他们才能对经验进行表征。但是，8个月的婴儿已能在延迟一分多钟后想起藏东西的位置，14个月的婴儿能在延迟一天甚至更长时间后想起藏东西的位置，表明婴儿已建构起客体及其所在位置的心理表征（McDonough，1999；Moore & Meltzoff，2004）。有关延迟模仿和问题解决的新研究证明，表征思维更早就已存在。

1）延迟模仿

皮亚杰通过记录自己三个孩子的日常行为来研究模仿。在这种条件下，必须对婴儿的日常生活有充分了解，才能保证延迟模仿，即婴儿重复榜样过去出现过的行为会发生。

实验室研究表明，延迟模仿在6周左右就已出现！一项研究中，让婴儿观察一个陌生成人的面部表情，第二天这个成人再次向婴儿显露前一天的面部表情时，婴儿开始模仿（Meltzoff & Moore，1994）。随着动作能力的增强，婴儿就能开始模仿操纵物体的动作。在另一项研究中，一个成人用木偶给6个月的婴儿表演了一些新奇动作：摘下木偶的手套，摇晃手套，使里面的铃铛发出响声，然后给木偶戴上。一天之后进行测试，那些看见过新奇动作的婴儿更喜欢模仿那些动作。如果把一个静止不动的木偶和早先活动的木偶一起呈现，研究者就能引导婴儿把新奇动作泛化到这个新的、看上去很不同的木偶上（Barr，Marrott & Rovee-Collier，2003）。

12～18个月的学步儿已能熟练地凭借延迟模仿来丰富他们的感知运动图式。婴儿至少能把模仿行为保持几个月，他们照着同伴和成人的样子做动作，并在不同情境中进行，例如，在家里练习那些从托儿所或电视上学习到的行为（Barr & Hayne，1999； Hayne，Boniface & Barr，2000； 157
Klein & Meltzoff，1999）

学步儿甚至能根据别人的意图进行理性的模仿。14个月的婴儿更可能去模仿有目的的行为而不是偶然的行为（Carpenter，Akhtar & Tomasello，1998）。他们还会根据被模仿者的目的来调整自己的模仿动作。如果14个月的婴儿看见一个成

延迟模仿极大地促进着幼儿对周围环境的适应。这个学步儿因为见过别人浇花，知道了喷壶的用途，正在模仿浇花行为。

人因为高兴而做出不寻常的举动（如手闲着却用头来开灯），他们会在一周后重复这个行为。但如果成人不得不做出这种古怪行为时（他的手正做着其他事情），学步儿会用更有效的动作来模仿这个行为（会用手打开灯）（Gergely，Bekkering & Király，2003）。

18个月左右，学步儿已能模仿成人打算做的行为，即使他们还没有完全意识到这些行为（Meltzoff，1995）。例如，一位妈妈打算把一些葡萄干装进一个小袋里，但是掉出来一些。过了一会儿，她18个月的儿子开始把掉出来的葡萄干往袋里装，这表明他已经领会了妈妈的意图。到了两岁，儿童会在假装游戏中模仿很多社会角色，如妈妈、爸爸、其他婴儿等。

2）问题解决

皮亚杰指出，7～8个月的婴儿形成了有次序的有意动作，他们用这些动作来解决简单问题，如通过拉拽毛巾拿到放在毛巾远端的玩具（Willatts，1999）。此后不久，婴儿的表征能力就使他们能比皮亚杰所说的更有效地解决问题。

10～12个月时，婴儿就能**用类比解决问题**，即从一个问题中获得的策略应用到另一个相关问题上。在一项研究中，给该年龄段的婴儿3个相似的问题，每个问题都需要他们克服一个障碍，抓住一根绳子，拉动绳子来拿到一个好玩的玩具，三个问题在具体特征上都不相同（见图5.2）。在第一个问题中，让父母演示解决办法，然后鼓励

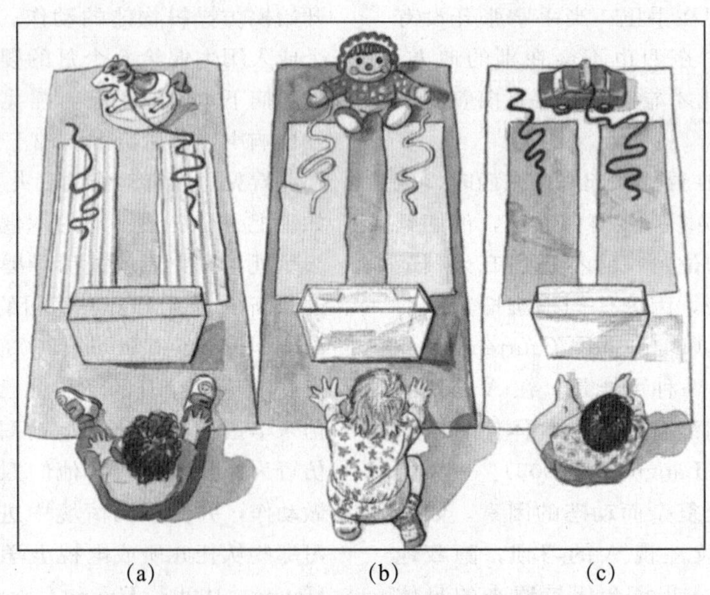

图5.2　10～12个月婴儿的类比问题解决

在父母演示完问题（a）的解决办法后，婴儿能以更有效的方法解决问题（b）和（c），即使问题（b）和（c）在表面特征的各个方面都不同于问题（a）。

资料来源：Z. Chen，R. P. Sanchez，& T. Campbell，1977，“From Beyond to Within Their Grasp：The Rudiments of Analogical Problem Solving in 10-to-13-Month-Olds，” *Developmental Psychology*，33，p. 792. Copyright © 1997 by the American Psychological Association. 经授权引用。

婴儿模仿。在另两个问题中，婴儿就能更容易地取得玩具（Chen，Sanchez & Campbell，1997）。另一项研究，给 12 个月的婴儿反复地从相同的方向（手柄朝向一个方向）递给他勺子，当把勺子反方向（手柄朝向另一个方向）递给婴儿时，他们大多能把勺子调整过来，用勺子吃东西（McCarty & Keen，2005）。这些结果表明，1 岁末时，婴儿已经形成了使用工具来获得物体的灵活的心理表征。

随着年龄增长，儿童能更好地借助类比来推理，在迥然不同的情境中应用某些相似的策略（Goswami，1996）。但是，即使在第一年，婴儿就已能超越试—误法，只是在心理上进行表征，并将它应用于新情境中。

4. 对感知运动阶段的评价

表 5.2 概括了上面所讲的认知进步。把这个表与表 5.1 中皮亚杰所描述的感知运动亚阶段相比较，可以发现，婴儿开始预期事件，积极寻找隐藏物体，掌握 A—B 物体寻找，灵活地变化自己的感知运动图式，参加各种假装游戏的年龄都在皮亚杰所说的时间框架内。但其他一些能力，如二级循环反应，对客体属性的理解，客体永存 158
性首次出现，延迟模仿和使用类比来解决问题，这些都比皮亚杰所预期的要早些。这些结果表明，婴儿认知方面的进步并不像皮亚杰假设的那样整齐划一。

皮亚杰的观察和新近研究结果之间的分歧，加剧了对婴儿认知是怎样发展的这个问题的争论。与皮亚杰的观点一致的是，感知运动行为帮助婴儿建构了各种类型的知识。例如，第 4 章讲过，爬行改进了婴儿深度知觉和寻找隐藏物体的能力。但是我们也知道，婴儿在能做动作之前就已经理解很多事情了，而皮亚杰假定，是动作导致了理解。我们究竟怎样来解释婴儿令人惊异的认知进步呢？

表 5.2　婴儿期和学步期的一些认知发展成绩

年龄	认知发展成绩
出生至 1 个月	二级循环反应，用有限的动作技能，如吮吸乳头来获得感兴趣的视觉和声音。
1～4 个月	违反预料的研究结果证明，婴儿意识到许多物体的属性，包括客体永存性、客体坚固性和重力；在短期延迟后（1 天）会模仿成人的面部表情。
4～8 个月	违反预料研究证明，此时婴儿的物理知识和基本数字知识取得进步；在短期延迟后（1 天）模仿成人操作客体的新奇动作。
8～12 个月	在各种情境下能找到隐藏的物体，如用毛巾盖住的物体，从攥住的手心悄悄移到毛巾下的物体，从一地移到另一地的物体（准确的 A—B 寻找）；通过与前面问题的对比解决感知运动问题。
12～18 个月	长期延迟后（至少几个月），能模仿成人对物体做出的新奇动作，能在不同情境间做类比（从托儿所到家庭，从电视到日常生活）；能根据榜样的意图进行理性模仿。
18 个月至两岁	延迟模仿成人试图做的事情，表明儿童开始出现推断他人意图的能力；能够在假装游戏中模仿日常行为。

注：表中所罗列的哪一种能力表明心理表征能力比皮亚杰所认为的要早？

（1）核心知识观对婴儿认知的解释

皮亚杰认为婴儿所有的心理表征都是在感知运动活动中建构起来的，但目前绝大多数研究者不同意这种观点，他们认为，婴儿有先天的认知建构装置给经验赋予意义。至于婴儿的最初理解能达到什么程度，目前还存在着巨大分歧。据我们所知，很多有关婴儿认知的研究证据都是建立在违反预料法基础上的。对这种研究方法缺乏信任的研究者认为，婴儿的认知起点是有限的。例如，有人认为，婴儿刚出生就具备了关注特定信息和进行多方面学习的基础，如分析复杂知觉信息的技术。这些能力使婴儿可以建构各种图式（Bahrick，Lickliter & Flom，2004；Huttenlocher，2002；Kirkham，Slemmer & Johnson，2002；Mandler，2004）。

另一些研究者对违反预料法得出的结果深信不疑，他们认为，婴儿一出生就能理解很多东西。根据这种**核心知识观**（core knowledge perspective），婴儿出生就带有与生俱来的知识系统，或核心思维领域。这些预先存在的理解使婴儿很容易获取新的相关信息，从而支持早期的快速发展（Carey & Markman，1999；Spelke & Newport，1998）。核心知识理论家认为，婴儿如果没有在进化过程中形成理解关键信息的遗传“启动”，就无法知道自己周围的复杂刺激有何意义。

根据核心知识观，第一，婴儿遗传了语言知识的基础，这使他们能在幼儿期迅速地掌握语言，本章的后面将会对此问题加以讨论。第二，核心知识观认为，婴儿早期的人际取向使得心理知识迅速发展，尤其是对心理状态的理解，如意图、情绪、愿望和信念等。这些将在第 6 章讨论。第三，研究者对婴儿的许多物理知识进行了考察，包括客体永存性、客体坚固性（一个物体不能在移动中穿过另一物体）和重力（一个物体在没有支撑的情况下会自由下落）。违反预料法的研究结果说明，在出生后几个月里，婴儿已经对这些基本的客体属性有了一定的意识，并很快形成有关这些客体的知识（Baillargeon，2004；Hespos & Baillargeon，2001；Luo & Baillargeon，2005；Spelke，2000）。

第四，研究者还考察了婴儿的数字知识！在最著名的一项研究中，让 5 个月大的婴儿看一个动物玩具，之后，屏幕慢慢升起挡住了玩具，接
159 着看到一只手在屏幕后面放上了第二个相同的动物玩具。最后降下屏幕，出现两种结果：符合预期的结果是，婴儿看见两个动物玩具；不符合预期的结果是，婴儿只看到一个玩具。如果婴儿一直注意看并且能对两个玩具进行表征（一个玩具旁边增加另一个玩具的表征），他们会对不符合预期的结果，即“一个玩具”注视更长时间，而他们也确实是这样做的（见图 5.3）（Wynn，Bloom & Chiang，2002）。这一结果以及其他相关研究发现，婴儿能够区分 3 以下的数量，并且能使用这些知识来进行简单加减运算（在研究中盖上两个物体，其中一个被移走）（Kobayashi et al.，2004；Kobayashi，Hiraki & Hasegawa，2005；Wynn，Bloom & Chiang，2002）。

但是就像用违反预料法得出的其他研究结果一样，婴儿的数字能力也备受争议。一些采用相同程序进行的研究发现，婴儿注视的结果是不一致的（Langer，Gillette & Arriaga，2003；Wakeley，Rivera & Langer，2000）。批评者也提出，认为婴儿具有数概念，这很令人质疑，因为一些研究发现，儿童在 14～16 个月之前，对小数量的“少于”或者“多于”这种数量关系的理解还很困难，而且直到学龄前都不能正确进行加减运算。

这个学步儿是像皮亚杰认为的那样，通过大量感知运动活动而弄懂了，如果没有支撑，放在塔上的积木就会掉下去，还是从出生起就具备与生俱来的物理知识，这种核心知识促进了她的认知快速发展呢？

第五，虽然核心知识观强调了先天因素，但是它也承认，后天经验对儿童拓展最初知识也很重要。但是，迄今为止，它还难以解释对于每一核心思维领域来说，哪些经验是最重要的，这些经验怎样改进了儿童的思维。虽有种种局限，但核心知识的研究突显了这个领域的重点，它们关注人类认知的起点，并且仔细追踪它的变化情况。

（2）皮亚杰的贡献

当前婴儿认知领域的研究在两个问题上取得一致意见：第一，婴儿许多认知变化的发生是逐
步和连续的，而不是突然的、阶段性的（Bjork- 160
lund，2004；Courage & Howe，2002）。第二，发展不是同步的。由于不同类型的任务难度不一样，婴儿与这些任务相关的经验各不相同，所以婴儿各方面的认知变化是不均衡的，这些观点是另一个认知发展研究流派——信息加工学说的基础。

在讨论信息加工学说之前，让我们对感知运动阶段的讨论做个小结，来认识皮亚杰的巨大贡献。皮亚杰的研究引发了大量对婴儿认知的研究，包括质疑他的理论的研究。虽然他有关发展的理论不再被全盘接受，但是当前的理论家们并没有在如何修正或取代他的理论上达成一致。皮亚杰的研究同样具有很大的实践价值。教师和家长至

今仍然把感知运动阶段作为他们给婴幼儿创造适宜发展环境的指导纲领。

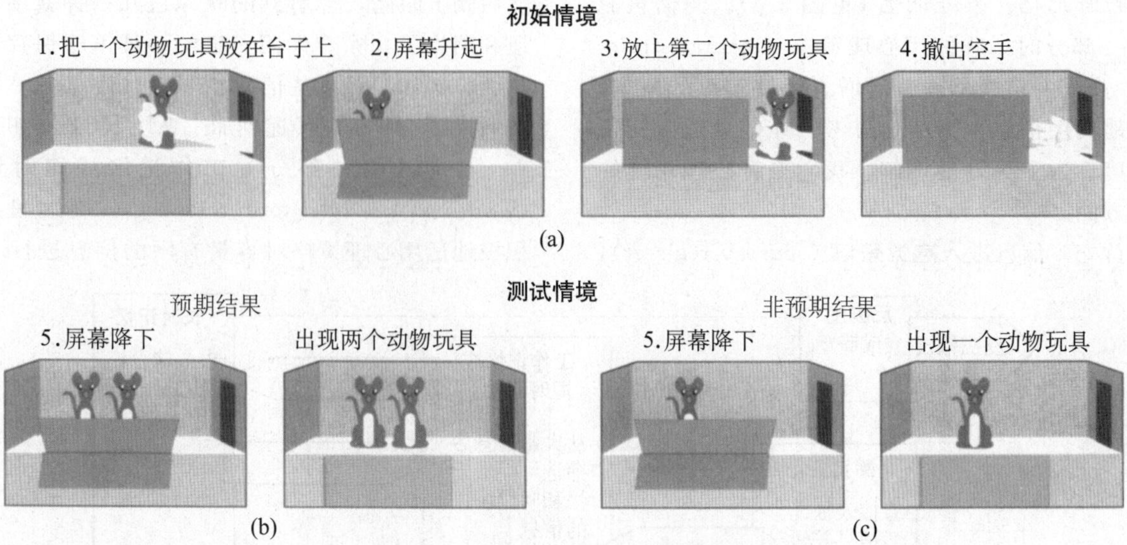

初始情境

1.把一个动物玩具放在台子上　2.屏幕升起　3.放上第二个动物玩具　4.撤出空手

(a)

测试情境

预期结果

5.屏幕降下　出现两个动物玩具

(b)

非预期结果

5.屏幕降下　出现一个动物玩具

(c)

图 5.3　对婴儿基本数概念的测查

(a) 婴儿先看到一个动物玩具，在它前面屏幕慢慢升起。然后儿童看到研究者在屏幕后面放了另一个相同的玩具。接着，研究者呈现两种结果。(b) 在预期结果中，屏幕降下来后出现两个动物玩具。(c) 在非预期结果中，屏幕降下来后出现一个动物玩具。5 个月的婴儿对非预期结果注视的时间比预期结果要长。研究者认为，婴儿能够区分数量"1"和"2"，并能用这些知识进行简单的加法运算：1＋1＝2。对这个测试程序稍加变化的一项研究说明，5 个月的婴儿也能做简单的减法运算：2－1＝1。

资料来源：K. Wynn，1992，"Addition and Subtraction by Human Infants，" *Nature*，358，p. 749. 经授权引用。

思考题

复习　阅读本节"对婴儿认知发展的后续研究"和"对感知运动阶段的评价"两部分内容，列出一个与年龄相对应的婴幼儿认知水平的清单。这个清单里的哪些项目与皮亚杰的感知运动阶段一致？哪些比皮亚杰所预期的发展要早？

应用　有几次，咪咪的爸爸在一只红色杯子下面藏了一块饼干，12 个月的咪咪很容易就找到了饼干。然后咪咪的爸爸把饼干藏到了旁边的黄色杯子下面。为什么咪咪会继续在红色杯子下面找饼干呢？

反思　在有关婴儿认知能力的理论中，你更倾向于哪一个？为什么？

二、信息加工学说

信息加工学说同意皮亚杰所说的，儿童是主动的和富于探索的。但他们没有提出一个统一的、独立的认知发展理论，他们只是关注思维的具体领域，从注意、记忆、分类能力到复杂问题的解决。

第 1 章曾指出，信息加工学说往往采用像计算机一样的流程表来描绘人的认知系统。信息加工学者不满足于用顺应和同化等抽象概念来描述儿童怎样思维。他们想确切地查明，不同年龄的人们在面对一个任务或问题时做些什么（Birney et al.，2005；Halford，2002）。人的思维的计算机模型，因为其外显性和准确性而引人注目。

1. 信息加工系统的结构

多数信息加工研究者认为，我们在心理系统

的三个部分对信息进行加工：感觉登记、工作记忆或短时记忆、长时记忆（见图5.4）。当信息流经每一部分时，我们用**心理策略**（mental strategies）操作并转换信息，以增大保持信息的概率，有效地利用信息，灵活地思考，让信息适应变化的环境。为了更好地理解，我们来看心理系统的每个方面。

首先，信息进入**感觉登记**（sensory register），光和声在此被直接表征并被暂时储存。环顾四周然后闭上眼睛，你看到的映像过几秒钟就逐渐衰退和消失了，除非你用一定的心理策略保存这些东西。例如，对某些信息给予更仔细的注意，你就增大了这些信息传递到加工系统下一步的机会。

心理的第二部分是**工作记忆**或**短时记忆**（working，or short-term memory），在这里我们积极地运用心理策略对容量有限的信息进行“加

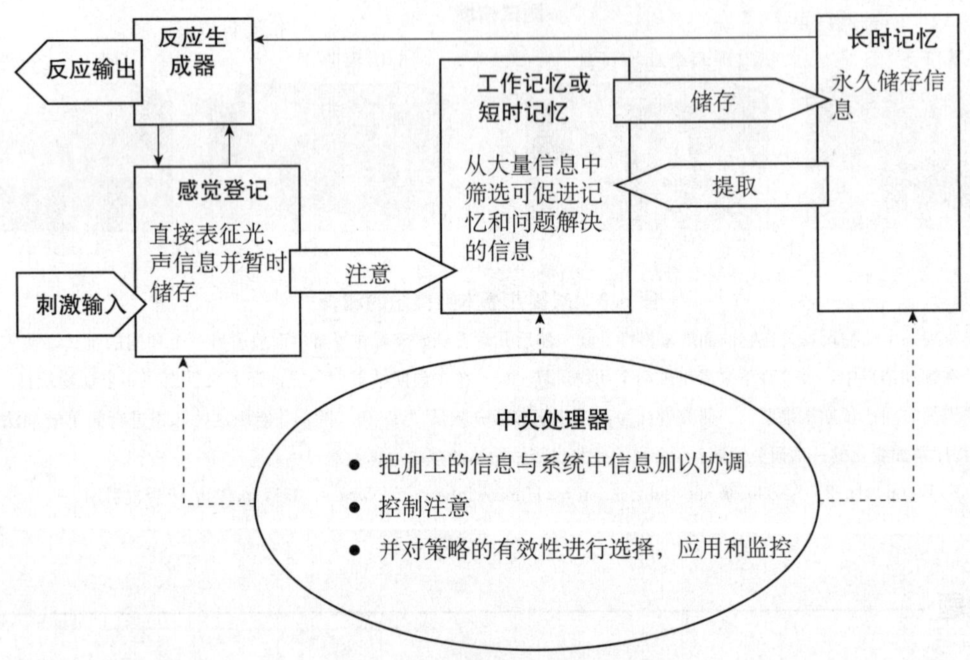

图5.4 人的信息加工系统模型

信息流走过心理系统的三部分：感觉登记、工作记忆或短时记忆、长时记忆。在每一部分，心理策略都可用于操纵信息，增强思维的有效性和灵活性，并使信息尽量得以保持。中央处理器是工作记忆中有意识的、反思的部分，它把刚接收的信息与系统中的原有信息加以协调，决定该注意哪些信息，并对策略的使用加以监控。

工”。举例来说，如果你想高效率地学习这本书，你就要做笔记，重复某些信息，或者把零碎信息整合起来。为什么你要使用这些策略？因为感觉登记虽然有限，但它能接受大量整体性的信息。工作记忆的容量就更加有限。通过把信息碎片有意义地联系起来形成一个表征，我们减少了必须注意的零碎信息的数量，从而给工作记忆腾出更大空间。我们对信息越熟悉，使用它的自动化程度也越高。自动化加工可以扩展工作记忆，使我们能同时关注其他信息。

为了管理其复杂活动，工作记忆的一个特别部分，称为**中央处理器**（central executive），指引着信息的流向。中央处理器是人的心理系统中有意识的、反思的部分。它决定人注意什么，把正接收的信息与系统原有信息加以协调，并对策略加以选择、应用和监控（Baddeley，1993，2000）。

信息在工作记忆中保留的时间越长，就越容易进入第三部分，最大的储存区，即**长时记忆**（long-term memory），人的永久性的、容量无限的知识基地。人在长时记忆中贮存了非常多的信息，以至于有时候人们从长时记忆中提取或回忆信息时会有困难。为了协助提取，我们会像在工作记忆中一样使用一些策略。长时记忆中的信息根据以内容为基础的总体规划进行分类，它很像图书馆的书架系统，只要我们根据当初存放图书
时使用的关联网络来寻找，就很容易找到图书。 161

信息加工研究者认为心理系统的基本结构在一生中都是很相似的。但是，系统的容量，即可

被储存和立即加工的信息量及信息加工速度随着年龄增长而增长，思维形式也更加复杂（Case，1998；Kail，2003）。信息加工容量的加大，一部分取决于脑发育，一部分取决于策略使用的改进，例如对信息的有效注意和分类，对策略的使用在0～2岁已经开始了。

2. 注意

第4章讲到，一两个月的婴儿从探索具有明显对比特征的单个物体，转向更详细地探索几个客体和模式。婴儿除了对周围环境的注意增多之外，接受信息的速度也逐步加快了。习惯化的研究表明，早产儿和新生儿对新奇视觉刺激的习惯化和反应恢复需要较长时间，大约3～4分钟。但是到4～5个月时，婴儿只需要5～10秒的时间就能注意到一个复杂视觉刺激并从原来的与其不同的刺激中认出它来（Slater et al.，1996）。

小婴儿之所以需要这么长时间来习惯化，原因是他们难以把注意从感兴趣的刺激中转移出来（Colombo，2002）。当卡罗琳举起一个穿着红白相间衣服的洋娃娃的时候，2个月的凯特琳目不转睛地盯着它看，无法分散目光，直到突然大哭起来。把注意从一个刺激转到另一个刺激的能力，与对刺激的注意能力一样重要。到4个月时，婴儿的注意变得更加灵活（Hood，Atkinson & Braddick，1998）。

在0～1岁，婴儿能够注意新奇事件和眼睛可捕捉到的事件（Richards & Holley，1999）。随着向学步期的过渡，婴儿的有目的行为能力不断增长（见皮亚杰的第4个亚阶段）。结果，新奇事物对他们的吸引力下降（但没有消失），保持注意的能力增强，在儿童玩玩具的时候尤其如此。学步儿即使做出一个简单的指向目标行为，如搭积木或把积木装进盒子里，也必须保持注意直到实现目标。由于计划和活动变得越来越复杂，注意的时间也随之变长（Ruff & Capozzoli，2003）。

3. 记忆

操作条件反射和习惯化打开了探索早期记忆的窗口。这两种方法都揭示，对视觉事件的保持力在婴儿期和学步期进步巨大。

研究者用操作条件反射考察婴儿记忆时，他们把一条绳子系在婴儿脚上，教2～6个月的婴儿踢脚，使和绳子连接的一个木架转动。训练之后，过了一周，2～3个月的婴儿仍能记得怎样使木架转起来。6个月婴儿的记忆时间增加到2周（Rovee-Collier，1999；Rovee-Collier & Bhatt，1993）。半岁左右，婴儿能够操控开关或按钮来控制刺激。让6～18个月的婴儿学习按压杠杆来控 162
制玩具火车在轨道上运动，之后他们保持记忆的时间随着年龄的增长而增加；训练之后，过了13周，18个月的婴儿仍能记得怎样压杠杆（见图5.5）（Hartshorn et al.，1998）。

即使2～6个月的婴儿忘记了一个操作反应，他们只需要一点提示，如成人转一下木架，他们就能恢复记忆（Hildreth & Rovee-Collier，2002）。如果给6个月婴儿几分钟时间让他们重新激活这些反应，他们不仅能恢复原有记忆，而且记忆时间显著地延长到17周（Hildreth，Sweeney & Rovee-Collier，2003）。让婴儿复习以前学过的行为似乎能促进记忆，因为这样就使婴儿再次身处原来的学习情境中，学到了更多的东西。

习惯化/反应恢复研究表明，婴儿仅仅观察客体和事件，就能学习和保存各种信息，而不需要身体活动。有时候，他们在这上面花的时间比操作条件反射需要的时间更长。婴儿对移动的物体和人尤其感兴趣。在一项研究中，5个半月的婴儿在7周之后仍能记得一个女人的有趣动作（如吹泡泡或梳头），因为婴儿对此表现出熟悉偏好（见第4章）（Bahrick，Gogate & Ruiz，2002）。事实上，这些婴儿注意的是女人的动作，他们并没有记住这个女人的面孔，即使在1分钟后测试新异偏好时也还是这样。

在第4章，我们知道3～5个月的婴儿能够很好地区分静态照片上的面孔。但是3个月婴儿对陌生人面孔及其他静态图案的记忆仍非常短暂，仅能保持24个小时左右，但是到1岁末，能保持几天到几周（Fagan，1973；Pascalis，de Haan & Nelson，1998）。相比之下，3个月婴儿对不寻常的物体运动的记忆（如绳子末端金属坚果的摆动）至少能保持3个月（Bahrick，Hernandez-Reif & Pickens，1997）。

至此，我们讨论的都是**再认**（recognition），**即当一个刺激与以前经历过的刺激相同或相似时，能认出来**。它是最简单的记忆形式：婴儿做的所有事情（踢腿、压杠杆或者看）都说明，一个新刺激与以前见过的刺激相同或相似。**回忆**（recall）

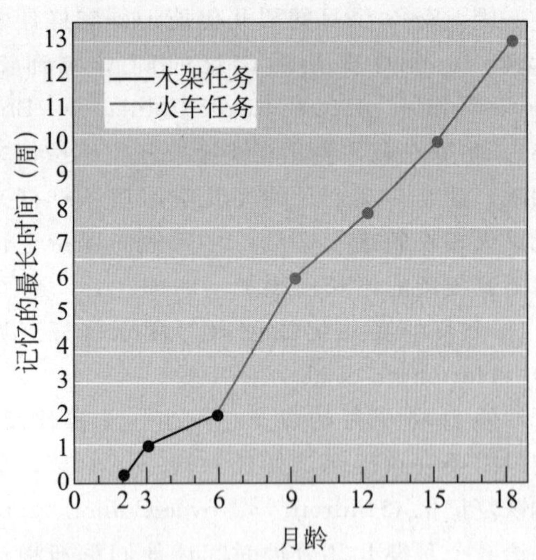

图 5.5　2～18 个月婴儿在两个操作条件反射任务中记忆保持的增长

让经过训练的 2～6 个月的婴儿做踢的动作以使一个木架转动。对 6～18 个月的婴儿进行压杠杆训练，杠杆会让玩具火车沿着轨道运动。让 6 个月婴儿学习这两种行为，他们对两种行为的保持时间基本相同，表明两个任务具有可比性。因此，研究者可以绘制一条 2～18 个月婴儿的操作反应的保持曲线。这条曲线表明婴儿的记忆显著增长。

资料来源：C. Rovee-Collier & R. barr，2001，"Infant Learning and Memory，" in G. Bremner & A. Fogel，eds.，*Blackwell Handbook of Infant Development*，Oxford，U.K.：Blackwell，p. 150. 经授权引用。

相对比较难，它要记起不在眼前的某些东西。但是到 1 岁末，婴儿已经能够回忆了，表现在他们已能找到隐藏的物体，而且在观察别人行为之后能模仿其动作。但是对成人来说，我们不能回忆我们的早期经历。本节的"毕生发展观"专栏能帮助我们解释这个令人迷惑的现象。

4. 分类

小婴儿已能进行分类，他们会把相似的客体和事件归于同一类，形成一个表征。分类帮助婴儿懂得个人经验的意义，简化婴儿每天遇到的大量新信息，使他们可以记忆和学习（Cohen，2003；Oakes & Madole，2003）。

对转动木架进行操作条件反射研究的几种创造性变式，用来考察了婴儿的分类能力。图 5.7 显示的就是这样的一项对 3 个月婴儿的研究。相似研究发现，在前几个月中，婴儿能够根据形状、大小、颜色和其他物理属性对刺激进行分类（Wasserman & Rovee-Collier，2001）。6 个月时，婴儿能根据两个相关特征对刺激进行分类，例如字母的形状和颜色（Bhatt et al.，2004）。能用几个特征进行分类，使婴儿为掌握复杂的日常分类做了准备。

习惯化/反应恢复在婴儿分类研究中经常被用到。研究者向婴儿呈现一系列同属一类的图片，观察他们是否将其反应恢复（长时间注视）指向不属于该类的一张图片。结果发现，7～12 个月的婴儿能把物体归为各个有意义的分类，例如，食物、家具、鸟、动物、交通工具、厨具、植物和空间位置（"上"和"下"，"在上面"和"在里面"）（Casasola，Cohen & Chiarello，2003；Mandler & 164
McDonough，1998；Oakes，Coppage & Dingel，1997）。除了对物理世界分类之外，这个年龄的婴儿还能对自己的情绪和社会环境分类。他们能根据性别和年龄对人及其声音分类，而且他们已能区分各种情绪表达，甚至能把人的自然动作与其他动作区分开来（见第 4 章"图案与面孔知觉"部分）。

婴儿最早的分类是**知觉的**，这种分类的根据是整体外表的相似性或客体的显眼的部分（动物的腿与车的轮子）。但是到 1 岁末，更多的分类是**概念的**，以共同的功能和行为为基础（Cohen，2003；Mandler，2004）。例如，1 岁儿童把厨具分为一类，因为其中每种东西都是用来做饭、吃饭的。

1～2 岁间，学步儿更主动地进行分类。12 个月左右，他们接触到很多相似的物品，但还不会把它们分类。16 个月时，他们能把物品归为单一类别。例如，给他们四个球和四个盒子，他们会把所有的球而不是盒子放在一起。18 个月左右，他们能把物品分为两类（Gopnik & Meltzoff，1987）。与习惯化/反应恢复相比，触摸、分类及其他的游戏行为可以更好地考察婴儿分类的意义。如果让 14 个月的婴儿先看成人用杯子给玩具狗喂水喝的情境，然后再给他们一只兔子和一辆自行车，他们只会给兔子喂水（Mandler & McDonough，1998）。他们清楚地知道，特定的活动适合于某一类的客体（动物），而不适合于另一类客体（交通工具）。

这种从知觉到概念的变化是怎样发生的？这种转换是否需要一种分析经验的新方法？在这个问题上，研究者的意见还不一致，但多数研究者认为，对客体的探索和对环境的知识的扩展，促进了婴儿根据客体的功能和行为对它们进行分类的能力（Mandler，2004；Oakes & Madole，2003）。另外，语言既建立在分类基础上又能促进分类的发展。成人给物品命名（“这是汽车，那是自行车”）帮助学步儿提炼出最早的类别。学步儿在词汇上的进步反过来又促进了分类（Waxman，2003）。韩国的学步儿在学说话的时候往往把物品的名称从句子中省略，他们对物品分类的能力滞后于讲英语的同龄人（Gopnid & Choi，1990）。

专栏 毕生发展观

婴儿期健忘症

既然婴儿与学步儿能记住他们日常生活的很多东西，我们怎样解释**婴儿期健忘症**（infantile amnesia），即大多数人记不起3岁以前的事情呢？原因不能仅归结于时间太长，因为我们能记得许多当前和遥远过去发生的对个人有意义的一次性事件，如兄弟姐妹出生的日子，一次生日聚会或搬新家等，这种记忆称为**自传式记忆**（autobiographical memory）。

对婴儿期遗忘有几种另外的解释。一种理论认为，大脑皮层额叶的重要变化可能为外显记忆系统铺平了道路，儿童的外显记忆是有意的，而不是不需意识参与的内隐记忆（Boyer & Diamond，1992；Rovee-Collier & Barr，2001）。与此相关的一种假设是，年长儿童和成人往往用言语手段来储存信息，但是，婴儿和学步儿的记忆加工很大程度上是非言语的，这种不相容可能阻碍了他们对经验的长期保持力。

为了验证这些观点，研究中让两个成人去2～4岁儿童家里，他们带着一件非同寻常的、儿童容易记住的玩具：一个如图5.6所示的魔幻伸缩机。一个成人先给儿童示范怎么玩，在机器顶部的开口处放入一个圆球，然后转动一个可以启动闪光和音乐的曲柄，儿童可以从机器前部的一个门后面找到一个较小但样子相同的东西（另一个成人悄悄把那个小东西放在通往门边的斜槽上）。当机器“收缩”出另外的东西时，鼓励儿童来一起玩。

(a)

(b)

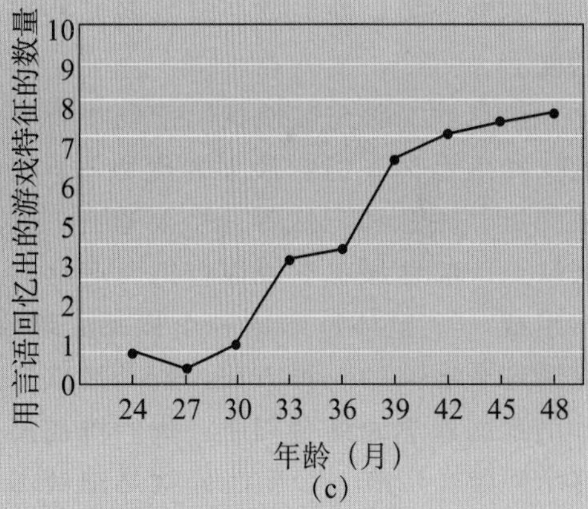

(c)

图5.6 用于测查儿童对不寻常事件的言语和非言语记忆的魔幻伸缩机

在演示完机器如何工作之后，让儿童从一个布包里选择一样东西，然后把选择的东西放进机器顶部的凹坑里。(a) 旋转曲柄，机器会制造一个“缩小”的物体。(b) 测试后的第二天，2～4岁儿童对事件的非言语记忆非常好。但是在开放式访谈中统计儿童说出的游戏特征的数量，发现36个月以下的儿童言语回忆很差。(c) 36～48个月的儿童的回忆进步很快，这期间他们正在摆脱婴儿期健忘症。

资料来源：G. Simcock & H. Hayne，2003，“Age-Related Changes in Verbal and Nonverbal Memory During Early Childhood,” *Developmental Psychology*，39，pp. 806，808. Copyright © by the American Psychological Association. 经授权引用。

一天后，研究者对儿童进行了测查，看他们对这件事的记忆如何。他们的非言语记忆，例如对“伸缩机”的操作，对照片上“缩小物”的再认，都非常好。但3岁以下儿童即使会说一些词汇，也很难描述“伸缩机”经历的特征。3～4岁期间，儿童的言语回忆能力快速增长，这个年龄的儿童正在“越过健忘症障碍”（Simcock & Hayne，2003，p. 813）。另一项研究发现，幼儿不能在间隔6个月至1年后，也就是其语言能力得到巨大进步后，把对原来游戏的非言语记忆转换成语言。他们的言语报告被“冻结在时间中”了，这反映了他们在当初做游戏时候的言语技能很有限（Simcock & Hayne，2002）。

这些发现帮助我们解决了婴儿、学步儿具有不错的记忆力与婴儿期健忘症之间的矛盾。在出生后的前几年，儿童主要依靠非言语记忆，例如视觉映像和动作等。随着语言的发展，儿童开始用言语来谈论当时当地的事情。只是在 3 岁以后，他们才经常用言语来表征各种事件，并且在跟成人的详细谈话中讨论这些事件。由于儿童用言语形式对自传式事件进行编码，他们就有可能在以后回忆起来，因为他们能用凭借言语线索来提取那些事件（Hayne，2004）。

另一些研究结果显示，清晰的自我映像的出现对婴儿期健忘症的结束发挥了作用。在追踪研究中，那些自我感觉发展较好的学步儿，一年以后，在与母亲谈论往事时，表现出较好的言语记忆（Harley & Reese，1999）。生物因素和社会经验对婴儿期健忘症的摆脱都有影响。脑发育与成人—儿童交往共同培养了儿童的自我意识和语言能力，它们使儿童能够与成人谈论过去的重要经历（Nelson & Fivush，2004）。结果，幼儿开始建构起长期—持久的有关自己生活的自传式记忆，开始走进家庭和社会的历史。

5. 对信息加工研究的评价

信息加工观点强调从婴儿期到成年期思维的连续性。在注意环境、记住日常生活事件、把物品分类等方面，凯特琳、格瑞丝和蒂米的思维方式与成人非常相似，只是他们的心理加工还很不熟练。有关婴儿记忆、分类及其他研究结果，对皮亚杰有关早期认知发展的观点提出了挑战。既然 3 个月婴儿能记住某些事情达 3 个月之久，并能把刺激分类，他们就必定具备某些表征其经验的能力。

信息加工研究促使我们把幼小婴儿看作熟练的认知生命体。但它最大的优势——把认知分解成知觉、注意和记忆等几个要素——也是它的最大缺点。信息加工学说很难把所有这些成分或要素组成一个整体，形成一个概括、综合的理论。克服这个缺陷的一种方法，就是把皮亚杰的理论和信息加工学说结合起来，我们将在第 9 章讨论这个问题。当前一个新趋势就是把动态系统观运用到早期认知中（见第 4 章）。研究者对认知的每
165 个进步加以分析，揭示这些进步是怎样从儿童原有能力与当前目标的复杂系统中产生的（Courage & Howe，2002；Spencer & Schoner，2003；Thelen & Smith，1998）。这些观点如能经过检验，就会促使这一领域朝着更具说服力的、解释婴儿和儿童心理发展的观点迈进。

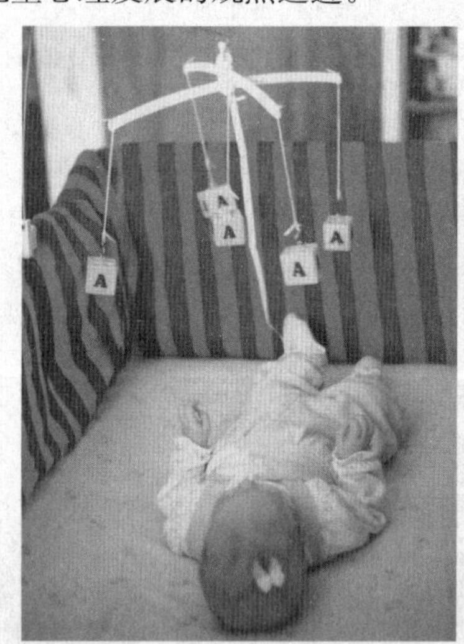

图 5.7　用操作条件反射研究婴儿的分类能力

可旋转的木架上挂着写有字母 A 的木块，木架上有滑轮，用带子连在婴儿脚上，婴儿踢腿，木架就会转动。3 个月婴儿很快就能学会这一操作。一段延迟后，如果给婴儿呈现印有字母 A 的木块，他们蹬腿的速度就较快。如果木块上的字从 A 变成了数字 2，婴儿就不再活跃地蹬腿了。这一结果显示，婴儿会根据转动木块的特征来分类。起先，他们把蹬腿反应与字母 A 联系起来，之后，他们能把字母 A 与数字 2 区分开来。

资料来源：Bhatt，Rovee-Collier & Weiner，1994；Hayne，Rovee-Collier & Perris，1987.

三、早期认知发展的社会环境

回顾本章开头提到的格瑞丝往塑料盒里放积木块的那一幕。她在吉内特的帮助下学到了很多有关玩具的知识。在成人帮助下，格瑞丝逐渐能更好地把积木对准小洞，把积木放进盒子。后来她就能独自玩这个游戏（以及类似游戏）了。

维果茨基的社会文化理论使研究者认识到，儿童生活在丰富的社会环境中，而社会环境影响着儿童认知领域形成结构的方式（Rogoff，2003；

Tudge & Scrimsher，2003)。维果茨基认为，复杂的心理活动起源于社会交往。通过与身边更老练的人们一起活动，儿童能逐渐掌握活动技能，以所处文化中有意义的方式进行思维。

维果茨基的一个特有的概念能够解释这一切是怎样发生的。**最近（或潜能）发展区**（zone of proximal，or potential，development）指儿童不能独自完成、但能在更老练的同伴帮助下完成的任务的范围。要搞懂这一观点，可以设想，一个敏感的成人（如吉内特）是怎样把儿童带到一个新活动中的。成人要选择一项有难度的任务，这个任务儿童不能独自完成，但是在大人帮助下能够完成，这个活动也可以是儿童自己选择的。然后，成人给儿童指导和支持，儿童参与到互动活动中，慢慢掌握一些心理策略。随着儿童能力的增长，成人要退出，让儿童在任务中承担更多的责任。

维果茨基的思想往往被用于语言和社会交往技能更强的年长儿童。最近，他的理论已经拓展到婴儿期和学步期。本书曾讲过，婴儿生来就有能力确保养育者与他们的交往。而成人也会调整环境和他们与婴儿的交流方式，以促进婴儿学会怎样适应所处文化。

芭芭拉·罗戈弗（Barbara Rogoff）等人详细探讨了这一过程。在罗戈弗的儿子和女儿两岁之前，她把一个“玩偶匣”放在孩子身边，观察几个成人是怎样与两个孩子互动的。最初几个月，成人试图摆弄玩具来吸引婴儿的注意力，当打开盒盖，跳出一只小兔子的时候，成人会说“哎呀！看看怎么啦?”之类的话。1岁左右，婴儿的认知和动作技能都提高了，互动集中在怎么玩玩具上。成人把着孩子的手转动曲柄，把小兔放回到盒子里。1～2岁间，成人在一定距离之外，用身体姿势和言语提示给予帮助，比如在曲柄旁边用手做一个旋转动作。研究表明，这种调整性的支持与学步儿和幼儿期的游戏、语言和问题解决的进步之间存在相关（Bornstein et al.，1992；Charman et al.，2001；Tamis-LeMonda & Born-stein，1989）。

在0～1岁间，社会经验中的文化差异会影响心理策略。以“玩偶匣”为例，成人和儿童都把他们的注意集中在这个单独的活动上。这种策略在西方中产阶级家庭普遍存在，它很适合于教孩子掌握与日常情境不同的技能，好让他们以后遇到这种情况时会使用这些技能。相形之下，危地马拉玛雅人的成人与婴儿往往会同时注意几件事情。例如，一个1岁婴儿会熟练地一边把东西放进瓶子，一边看路边驶过的卡车，一边吹一个玩具哨（Chavajay & Rogoff，1999)。在有些文化中，儿童必须认真观察别人所做的事情，从中学会很多本事，在这样的文化中，同时做几件相互冲突的事情可能很重要。来自较低社经地位家庭的墨西哥儿童从婴儿期到小学期一直表现出这种注意风格（Correa-Chavez，Rogoff & Arauz，2005)。　　此前我们讲过，婴儿与学步儿是怎样对物质环境进行操作，来创造新图式的（皮亚杰），当儿童能更有效和更有意义地表征自己的经验时（信息加工），各种技能是怎样发展得更好的。维果茨基又为我们的理解增加了第三个维度，强调认知发展的许多方面都是以社会为中介的。本节的“文化影响”专栏引用更多证据介绍了这一观点。在下一节，我们会了解到更多的内容。

这个父亲用简单的言语支持和亲切的身体抚爱，帮助他年幼的儿子玩拼图。通过给孩子提供最近发展区的任务并调整交流方式以适应孩子的需要，这个父亲把心理策略传递给了儿童，促进了他的认知发展。

专栏　文化影响

养育者与学步儿的互动及早期假装游戏

在我的两个儿子年幼时，我丈夫科恩经常跟孩子一起干的事就是烤菠萝蛋糕，这是他们最喜欢干的事。一个周日的下午，他们正在制作一个蛋糕，21个月的彼得站在厨房水池里的一把椅子上，忙着一杯接一杯地加水。

“爸爸！他挡住了我。”4岁的戴维向父亲抱怨，试图把彼得从水池旁推开。

科恩说：“如果我们让他帮忙，没准儿他会给我们腾出地方。”当戴维搅面糊时，科恩舀了些面粉放进一个小碗，递给彼得。然后把他的椅子挪到了水池旁，递给他一把勺子。

“这么做，彼得。”戴维不无优越感地在旁边指导着。彼得看着戴维搅面粉的动作，然后试着模仿。该倒出面糊的时候，科恩帮助彼得抓住小碗的边。

科恩说：“该烤了。”

“烤，烤。”彼得一边跟着说，一边看着科恩把平底锅放进烤箱。

几个小时后，我们观察到彼得最早的一个假装游戏。他从沙箱中拿出桶，往桶里装沙子，然后把桶拿进厨房，把桶放在了烤箱前面的地上。彼得对着科恩叫：“烤它，烤它。”之后，父子俩把假装的蛋糕放进了烤箱。

直到最近，多数研究者研究假装游戏时都没有把其发生的社会情境考虑在内，只是观察儿童单独游戏时的行为。或许由于这些原因，皮亚杰及其追随者认为，一旦儿童能够表征图式，就能独立地学会假装游戏。维果茨基理论对这种观点提出了质疑。他认为，社会给儿童提供了机会，让他们在游戏中表征一些具有文化意义的活动。像其他复杂的心理活动一样，假装游戏首先也是在成人指导下习得的（Berk，2006a）。在刚才引述的例子中，当科恩把彼得带入烤面包任务中、帮助他在游戏中表演这个任务时，他就扩展了自己表征日常事件的能力。

当前的一些研究结果证明，早期假装游戏是儿童自己的准备状态与社会经验的促进二者相结合的产物。对美国中产阶级的学步儿进行的一项研究发现，75%～80%的假装游戏都有母子互动的内容（Haight & Miller，1993）。12个月左右，假装游戏几乎都是母亲发起的。到两岁末，在假装游戏的开头，母子都表现出浓厚兴趣；彼此都能发起一半的假装情境。

当有成人参与的时候，儿童的假装游戏会更加详细生动（Keren et al.，2005）。儿童会把图式结合到复杂的序列中去，像彼得那样，把沙子放进桶里（和面），把桶拿进厨房，在科恩帮助下把桶放进烤箱（烤蛋糕）。父母与孩子扮演得越多，孩子就会用更多的时间来做假装游戏。在一些集体主义社会，如阿根廷和日本，母亲在表扬孩子和表达情感时，经常使用内容丰富的指向他人的假装游戏（喂布娃娃或哄布娃娃睡觉）（Bornstein et al.，1999）。

在印度尼西亚和墨西哥文化中，大家族以及哥哥姐姐照顾弟弟妹妹很普遍，与哥哥姐姐之间的假装游戏比与母亲之间的假装游戏更多，也更复杂。3～4岁时，儿童就会给弟弟妹妹提供丰富和具有挑战性的刺激，认真承担起教育责任。随着年龄增长，他们做得越来越好（Zukow-Goldring，2002）。一项对墨西哥南部印第安儿童的研究发现，8岁时，哥哥姐姐能以高超的技能给两岁的弟弟妹妹示范，怎样用假装游戏来假装日常活动，如洗衣服和做饭。他们常在游戏时用言语和动作指导弟弟妹妹并做出反馈（Maynard，2002）。

在西方中产阶级家庭中，哥哥姐姐很少有意地教弟弟妹妹，但是他们仍然是游戏行为的榜样。在对新西兰的西欧后裔家庭进行的一项研究中，当父母一方和哥哥姐姐都参与时，学步儿会更多地模仿哥哥姐姐的活动，尤其是当哥哥姐姐参与到假装游戏或日常活动（如接电话或选树叶）时，会更加激发他们的扮演（Barr & Hayne，2003）。

第7章将学习，假装游戏是儿童扩展认知技能、学习本文化各种活动的主要手段。维果茨基的理论及其研究结果支持了这个观点，它告诉我们，仅提供一个物质环境的刺激来促进早期认知发展还不够。此外，儿童所处文化环境中一些技能熟练的社会成员必须邀请或鼓励儿童参与其周围社会环境的活动。父母和教师通过与儿童一起游戏，指导和丰富他们的假装游戏内容能促进早期的假装游戏。

在一些文化中哥哥姐姐照顾弟弟妹妹是很普遍的，与哥哥姐姐的假装游戏比与母亲的假装游戏更多、更复杂。这两个委内瑞拉的兄弟正在玩小木船，哥哥给弟弟带来了欢乐，也带来挑战性的刺激。

思考题

复习 举例说明，随着年龄增长，儿童的分类越来越不凭借知觉，而是凭借概念。成人如何培养儿童的分类能力？

应用 相对于婴儿期，凯特琳在学步期更多地以指向目标的方式玩玩具。这些高级的游戏行为对注意发展有何影响？

应用 蒂米18个月时，他妈妈站在他后面，帮他把一个大球扔到一个盒子里。随着他技能的提高，妈妈慢慢退后让他自己尝试。根据维果茨基的理论，解释蒂米妈妈如何支持他的认知发展。

反思 叙述你最早的自传式记忆。你记得几岁时的事情？你的经历与婴儿期健忘症的研究相符吗？

四、早期心理发展的个体差异

167 由于格瑞丝早期环境缺乏，所以凯文和莫妮卡请了一位心理学家给她做了心理测验，评估她在婴儿和学步期的心理发展。出于对蒂米发展的担忧，瓦内莎也让蒂米做了测试。22个月的时候，他的词汇量很少，与凯特琳和格瑞丝相比，他玩游戏的表现也不成熟，而且有些吵闹和多动。

前面讲的认知理论都是要解释发展的过程——儿童的思维是如何变化的。相反，心理测验关注的是认知的结果。心理测验的目的，是测量反映发展的行为并得到一个分数，这个分数可以预测将来的成就，如后来的智力、学习成绩，以及成人的职业表现等。这种预测在100年前就兴起了，当时法国心理学家阿尔弗雷德·比奈（Alfred Binet）首次成功地编制了智力测验，用来预测学习成绩（见第1章）。它带动了大量新测验的产生，包括一些对早期年龄阶段的智力测量。

1. 婴儿和学步儿智力测验

要准确地测量婴儿智力是一件困难的事情，因为年幼的婴儿既不能回答问题，也不能按要求去做一些事情。我们所能做的就是给他们呈现刺激，耐心地等着他们的反应，观察其行为。这使大多数婴儿测验都着重知觉和动作反应。但是一些新编制的测验不断地增加早期语言、认知和社会行为的测试，尤其是针对稍大的婴儿和学步儿。

贝雷婴儿发展量表（Bayley Scales of Infant Development）是一个普遍使用的测验，它适用于1.5～3.5个月的婴儿。最新的版本是贝雷-Ⅲ，有三个分测验：一是认知分量表，其项目包括对熟悉和陌生物体的注意，寻找落下的物体以及假装游戏。二是语言分量表，涉及语言理解和表达，如识别物体和人，听从简单指令，给物体和图片命名。三是动作分量表，包括大动作和精细动作技能，如抓握、坐立、搭积木和爬楼梯等（Bayley，2005）。

一位受过训练的测试员正在用贝雷婴儿发展量表对一名婴儿进行测试，婴儿的母亲在一旁观看。和测试年长儿童不同，贝雷量表评价的是言语、知觉以及问题解决技能等。针对婴儿的大多数测验强调知觉和动作反应，这种测验对后来智力的预测力较差。

此外，贝雷-Ⅲ还有两个由父母报告的分量表：一是社会情绪分量表，询问养育者一些问题，如平静下来的难易程度、社会反应以及游戏中的模仿行为等。二是适应行为分量表，主要涉及一些日常生活适应的问题，如交流、自我控制、遵守规则、与其他孩子相处等。

（1）智力测验分数的计算

168 对婴儿、儿童和成人智力测验的计分方式大同小异，都要计算**智力商数**（intelligence quotient，IQ，简称智商），即原始分数（通过的题目数）偏离同龄个体平均成绩的程度。在设计一个测验的过程中，编制者要做**标准化**（standardization），对代表性好的大样本施测，把测试结果作为解释分数的标准。贝雷-Ⅲ的标准化样本有1 700个婴儿、学步儿和幼儿，可代表美国各社经地位和种族的人群。

在标准化的样本中，每个年龄组的成绩服从**正态分布**（normal distribution），正态分布是多数分数都分布在平均数或平均数附近、少数人的分数落在两端的一种分布（见图5.8）。只要研究者用大样本来测量个体差异，就会得到这种钟形分布。当智力测验标准化后，平均智商为100。个体的分数高于或低于100的多少，就反映了他的测验成绩偏离标准化样本平均数的程度。

智商提供了一种方法，来判定一个人在同龄群体中的心理发展水平是超前、落后或处于平均水平。若一个儿童的表现比50%的同龄人都好，那么他的成绩就是100。如果一个儿童只比16%的同龄人做得好，那么他的智商就是85；如果比98%的人都要好，智商就为130。96%的个体的智商分数处于70到130之间；仅有很少的人高于或低于这个范围。

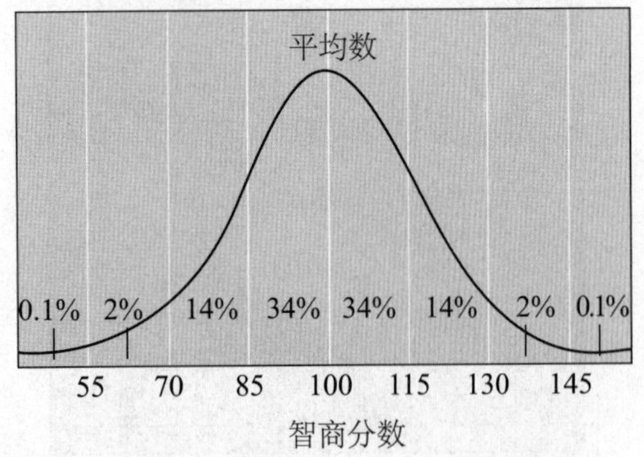

图5.8 智力测验分数的正态分布图

为了判断得到某个智商分数的人在同龄人中所处的百分位，可把该分数左侧的百分比算出来。例如，一个智商是115分的8岁儿童，其智商优于84%的同龄儿童。

（2）婴儿测验对后来成绩的预测

虽然经过仔细建构，但是大多数婴儿测验对后来成绩的预测都较差。追踪研究发现，多数儿童的智商在学步期到青少年期出现较大起伏，很多人出现了10～20分的变化，甚至更多（McCall，1993；Weinert & Hany，2003）。

因为婴儿和学步儿在测试期间可能会分心、疲倦或烦躁不安，所以他们的分数往往不能反映真实能力。此外，对婴儿测试的题目不同于对年长儿童测试的任务，对后者的测验强调言语、知觉以及较复杂的问题解决技能。由于婴儿测验分数不包括年长儿童智力测验中那些维度，所以婴儿智力测验的分数被谨慎地称为**发展商数**（developmental quotients，DQ），而非智商。

婴儿测验对分数极低婴儿的长期预测稍好一些。今天，婴儿智力测验大部分用来检查，即筛查，以便对那些可能存在发展问题的婴儿做进一步观察和干预。

因为婴儿测验不能预测大多数儿童后来的智商，所以有些研究者转向信息加工测验，如用习惯化来评价早期心理发展。他们的研究结果表明，习惯化与对新异视觉刺激的反应恢复的速度，是对幼儿期到青少年期的智商进行预测的最好指标（McCall & Carriger，1993；Sigman，Cohen & Beckwith，1997）。习惯化与反应恢复似乎是早期智力的一个有效指标，原因是它们既能测量记忆，又能测量思维的速度和灵活性，而这些成分包括在各年龄阶段儿童的智力行为中（Colombo，1995；Rose & Feldman，1997）。这些一致的研究结果已经促使贝雷-Ⅲ的编制者增加了如习惯化或反应恢复、客体永存性和分类等认知技能的项目。

2. 早期环境与心理发展

第2章曾讲过，智力受到遗传与环境的复杂的共同影响。许多研究证明了环境因素与婴儿、学步儿智力测验分数之间的关系。也有研究发现了遗传的作用。

（1）家庭环境

测量环境的家庭观察（Home Observation for Measurement of the Environment，HOME）是一

种核查表，目的是通过观察和父母访谈，收集有关儿童家庭生活质量的资料（Caldwell & Bradley, 1994）。参考本节的“学以致用”表提到的在 3 岁前 HOME 测量的一些因素，其中每个因素都与学步儿心理测验成绩呈正相关。无论社经地位和种族如何，一个有条理、刺激丰富的物质环境以及父母的鼓励、参与和情感投入，都能预测学步期和幼儿期较好的语言和智商分数（Espy, Molfese & DiLalla, 2001; Klebanov et al., 1998; Roberts, Burchinal & Durham, 1999）。父母对婴儿和学步儿谈话的多少
169 非常重要。它对早期语言进步影响很大，言语能力反过来又可以预测小学时的智力和学习成绩（Hart & Risley, 1995）。

但是，我们必须谨慎地解释智商分数。在所有的研究中，由亲生父母抚养的儿童，不仅分享着共同环境，而且也共享着遗传基因。那些智力较高的父母可能会提供更好的环境，所生的孩子可能先天聪慧，这些天生聪明的孩子又会从父母那里得到更多的刺激。这种假设称*遗传—环境相关性*（见第 2 章），它得到了研究的支持（Saudino & Plomin, 1997）。但是遗传不能解释家庭环境与心理测验分数之间的全部关系。除了父母的智商和文化水平之外，家庭生活状况也对儿童智商有稳定的预测力（Chase-Lansdale et al., 1997; Klebanov et al., 1998）。一项研究发现，在人口较少的家庭长大的婴幼儿，其父母会给他们更多的言语反应，这种反应对儿童语言、智力和学习进步的影响很大（Evans, Maxwell & Hart, 1999）。

到目前为止，我们总结的这些研究如何帮助我们更好地理解瓦内莎对蒂米发展状况的担忧？心理学家伯恩测试了蒂米，发现他的得分稍低于平均水平。伯恩帮瓦内莎分析了她的教育方法，观察了瓦内莎与孩子的游戏。瓦内莎是一个单身母亲，每天要工作很长时间，下班以后很少有精力照看蒂米。伯恩也注意到瓦内莎对蒂米表现的焦虑，而且有对蒂米施压的倾向，对他的积极活动表现出沮丧的样子，同时对他的指导带有攻击性：“球已经玩够了！把积木收起来！”

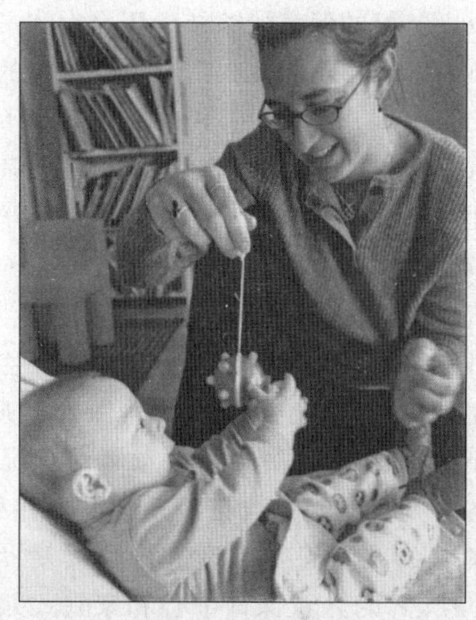

一位妈妈与自己 6 个月的婴儿玩耍时正在充满感情地谈话。父母的疼爱、敏感的关注以及言语交流对早期语言发展影响很大。

学以致用　高质量家庭生活的特征：HOME 家庭观察中的婴儿—学步儿分量表

家庭分量表	样题
父母的情绪和言语反应性	在观察者访问期间，父母至少有一次爱抚和亲吻孩子。 观察者访问期间，父母自发地对孩子讲两次及两次以上的话（包括责备）。
父母对儿童的接受性	在观察者访问期间，父母对儿童的活动干预或动作限制不超过三次。
物质环境	儿童游戏的环境安全，无危险。
提供恰当的玩具材料	观察者访问期间，父母给儿童提供玩具或感兴趣的活动。
父母参与儿童的活动	观察者访问期间，父母常常让儿童处于自己的视野内，经常注视儿童。
经历各种日常刺激的机会	根据父母报告，儿童至少每天与母亲或父亲在一起吃一次饭。 儿童有很多机会到户外活动（例如，在父母的陪伴下散步或去百货商店）。

资料来源：Bradley, 1994; Bradley et al., 2001.

170 伯恩认为，当父母以这种方式干扰孩子时，婴儿和学步儿可能会分心，表现出不成熟的游戏行为，而且在心理测验上表现较差（Bono & Stifter, 2003; Stilson & Harding, 1997）。他教瓦内莎怎样与蒂米敏感地交往。他还明确地告诉瓦内莎，蒂米当前的成绩并不能预测他将来的发展。立足于学步儿当前能力之上，父母的温暖、反应敏感的养育方式比早期智力测验分数能更好地预

测他将来的发展。

（2）婴儿和学步儿保育

当今，孩子未满两岁的北美母亲中有60%以上的人有工作（Statistics Canada，2003g；U. S. Census Bureau，2006b）。对婴儿和学步儿的保育变得越来越普遍，保育质量对心理发展有很大影响。研究一致表明，在质量较差的保育中心的婴幼儿，不论来自中产阶级还是低社经地位家庭，其认知和社交技能测验分数都较低（Hausfather et al.，1997；Kohen et al.，2000；NICHD Early Child Care Reserch Network，2000b，2001，2003b）。

相反，良好的保育能够减少压力大和贫困家庭生活的负面影响，还能使在富足家庭得到的好处加以保持（Lamb，1998；NICHD Early Child Care Research Network，2003b）。瑞典的一项追踪研究发现，婴儿期和学步期高质量的保育，与小学期和青少年期较好的认知、情绪及社交能力相关（Andersson，1989，1992；Broberg et al.，1997）。

多数欧洲国家以及澳大利亚和新西兰的儿童保育，都是由国家建立、管理并保证其质量的。相形之下，美国和加拿大的儿童保育状况则令人担忧。各个州和省都是自行制定标准，差异很大。对两个国家的儿童保育质量进行的调差发现，仅有20%～25%的儿童保育中心和家庭式儿童保育机构（保育人员在自己家里照看儿童）能给婴幼儿提供足够的、积极的、富于刺激的经验，从而促进健康的心理发展；大多数机构只能提供符合亚标准的看护（Doherty et al.，2000；Goelman et al.，2000；NICHD Early Childhood Research Network，2000a）。来自低收入家庭的孩子很可能得不到足够的儿童保育（Brooks-Gunn，2004）。

参照本节“学以致用”表中的标准，我们可以给婴儿和学步儿选择高质量的儿童保育机构，它建立在**适于发展的教育**（developmentally appropriate practice）标准基础上。这些标准由美国幼儿教育协会制定，它根据当前的研究结果和专家的一致意见列出了可以满足幼儿发展需要和个体需要的婴幼儿教育机构的特点。当儿童保育达到这些标准时，儿童学习的机会，保育人员的温暖性、敏感性和稳定性都会得到保证（Helburn，1995）。

美国和加拿大的儿童保育受到个体主义价值观以及政府管理和投资不力等宏观系统的影响。此外，许多父母不能鉴别哪些机构的儿童保育质量好，他们对此也不提出要求，因此，他们的孩子所接受的保育质量远远不如他们所认为的那么好（Helburn，1995）。最近几年，人们意识到儿童保育处于危机之中，美国和加拿大政府，以及一些州和省拨出额外资金来资助儿童保育，尤其是针对低收入家庭的儿童。虽然离要求的标准还有一定距离，但资源的增加对儿童保育质量已经产生了积极影响（Canada Campaign 2000，2003a；Children's Defense Fund，2005）。在加拿大，魁北克省发起了全国性的针对婴儿和幼儿的高质量儿童保育运动。魁北克每个幼儿的父母只需向儿童保育机构支付相当于政府给每个幼儿拨款数额的托儿费即可。

这些进步显示，我们的幼教是有希望的，因为好的儿童保育是保护儿童健康幸福的最划算的方式。就像下面要介绍的这些项目一样，高质量的儿童保育也能对处在发展危险中的儿童进行有效干预。

3. 对危险处境中的婴儿和学步儿的早期干预

许多研究发现，生活在贫困中的儿童，其智力测验分数会逐渐下降，并且他们上学后学习表现也很差（Bradley et al.，2001；Gutman，Sameroof & Cole，2003）。这些问题大部分是由于家庭环境的压力破坏了儿童的学习能力，增加了他们今后一生继续生活在贫困中的可能性。研究者设计出各种干预计划，来打破由贫穷产生的
恶性循环。虽然多数干预计划在学前阶段才开始 171
实施（第7章将讨论这个问题），但仍有少数项目是从婴儿期开始一直持续到幼儿期的。

对婴幼儿的保育变得越来越普遍，大量的低质量保育机构的存在是令人担忧的。但是，在像这样的高质量儿童保育机构里，由接受过良好训练的保育人员提供积极的、适合于发展的刺激，会使来自低社经地位家庭的儿童受益。

学以致用 **适于发展的婴儿和学步儿保育机构特征**

特征	质量指标
物质环境	室内环境清洁，修缮良好，照明和通风条件良好，配有设置护栏的室外游戏场地。儿童活动时不过分拥挤。
玩具和设施	游戏材料适合婴幼儿，存放在容易拿到的低架子上。有婴儿床、高椅子、婴儿座位、儿童用桌椅。室外设施包括可骑的小玩具、秋千、滑梯和沙箱。
保育人员和儿童比例	在儿童保育中心，保育人员和儿童的比例，婴儿不超过 1∶3，学步儿不超过 1∶6，班级规模（一个房间内的儿童数量）是 2 个保育人员带 6 个以下的婴儿，2 个保育人员带 12 个以下的学步儿。在家庭式儿童看护场所，每个保育人员所带儿童不能超过 6 个，其中婴儿和学步儿不超过 2 个。工作人员较稳定，以利于儿童能与特定的保育人员建立关系。
日常活动	一日活动安排包括活跃游戏、安静游戏、午睡、茶点和吃饭时间。作息时间可以根据情况灵活变动，以满足每个儿童的需要。气氛温和而富有支持性，不存在儿童无人看管现象。
成人和儿童的互动	保育人员对婴儿的痛苦能做出及时反应；拥抱他们，与他们交谈，给他们唱歌，朗读；以尊重儿童兴趣和儿童对刺激的容忍度的方式与他们和谐交往。
保育人员资格	保育人员要接受关于儿童发展、急救和安全方面的训练。
与儿童父母的关系	任何时候都欢迎父母的到来，保育人员经常与孩子的父母讨论儿童的行为和发展情况。
许可与认证	无论是保育中心还是家庭式儿童看护机构，都须经州或省批准认证。在美国，通过国家早期儿童计划学术委员会（www. naeyc. org/accreditation）或全国家庭保育协会（www. nafcc. org）认证的机构，其资质可以保证。加拿大的认证由非官方组织负责，隶属于加拿大儿童保育联盟（www. ccf-fcsge. ca）。

资料来源：Bredekamp & Copple，1997；National Association for the Education of Young Children，1998.

一些干预项目以托幼机构为基础，儿童参加一些有组织的保育或学前教育项目，这些项目包括接受教育、营养和健康方面的服务，也为儿童父母提供儿童养育和其他社会支持。另一些干预以家庭为基础，受过专业训练的成人拜访儿童的家庭，指导父母如何促进儿童的发展。在大部分项目中，参加教育项目的儿童通常比不参加项目的控制组儿童在两岁时心理测验得分高。干预开始越早，持续时间越长，参与者在儿童期到青少年期的认知和学习成绩表现越好（Brooks-Gunn，2003；Nelson，Westhues & MacLeod，2003）。

卡罗莱纳州启蒙项目（The Carolina Abecedarian Project）证明了这些令人欣喜的效果。20 世纪 70 年代，来自贫困家庭的 100 多个婴儿，年龄从 3 周到 3 个月不等，被随机分成干预组和控制组。干预组的婴儿接受全时的、整年的儿童保育，直到他们上幼儿园为止。他们接受旨在促进动作、认知、语言和社交技能的刺激，3 岁以后，进行前阅读和数学概念的学习。在所有年龄段，都强调成人与儿童进行丰富的、反应性的言语交流。对所有儿童都开展营养保健服务；干预组和控制组之间的主要差别在于养育经验。

如图 5.9 所示，到 12 个月时，两个组儿童的智商分数拉开距离，干预组儿童一直到 21 岁都保持优势。在他们上学后，干预组的青少年在阅读和数学方面的成绩更好些。这些成绩迁移到了以后的学习中，他们进入大学和在熟练工作中的受雇比例也较高（Campbell et al.，2001，2002；Ramey & Ramey，1999）。

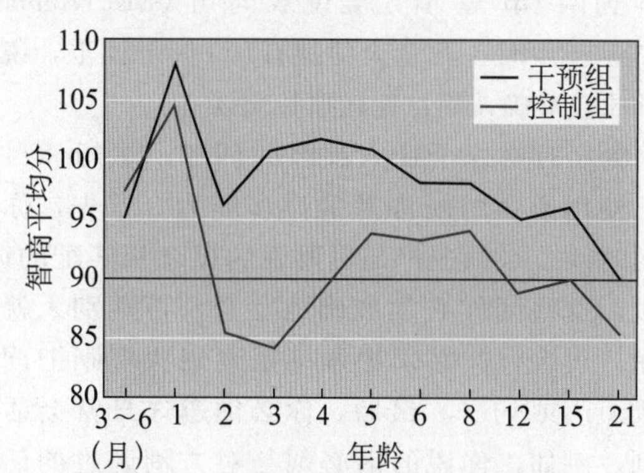

图 5.9 卡罗莱纳州启蒙项目干预组和控制组儿童从婴儿到 21 岁的智商分数

1 岁时，干预组开始优于控制组，这种优势一直保持到 21 岁。两个组的智商分数从儿童期到青少年期都有所下降，这种趋势可能由贫穷对心理发展的负面影响所致。

资料来源：Campbell et al.，2001.

若没有任何形式的早期干预，许多出身于贫困家庭的儿童就无法实现他们的潜能。对这个事实的认识促使美国国会又为干预性服务提供了一些资助，帮助那些有发展问题危险的婴儿和学步儿。早期智力启蒙（Early Head Start）项目开始于1995年，目前已经有700多个地方
172 为62 000个低收入家庭提供服务。最近在对满3岁儿童所做的一次评估中发现，干预使养育变得更温暖，刺激更丰富，严厉管教减少，认知和语言发展取得进步，儿童的攻击性也减少了。在保育中心与家庭式保育相结合的地方效果最好（Love et al.，2005）。虽然目前仍没有足够的干预可满足需求，但是这样的项目是一个比较有前景的开端。

思考题

复习 怎样解释对新异刺激的习惯化与反应恢复速度是后期智商的良好预测指标？

应用 15个月的乔伊的发展商数是115。他的妈妈想知道，这个分数是什么意思，她应该为乔伊的心理发展提供什么支持。你怎样回答她的问题？

联结 用你在第4章学过的大脑发育的知识来解释，为什么对0～2岁处在贫困威胁中的儿童进行干预很重要。

反思 假如你在为自己的婴儿找一个托幼机构。你想找什么样的？为什么？

五、语言发展

婴儿期知觉和认知的发展，为人类一项非凡成就——语言的获得——奠定了基础。第4章讲到，在7～12个月，婴儿能够区分自己语言的基本发音，把连续的语音流分割成单词或短语。他们也开始理解一些词语的意思，12个月左右会说第一个词。1岁半到两岁，学步儿会说双词句（MacWhinney，2005）。6岁时，儿童大约拥有10 000个词汇，说的句子比较准确，而且比较擅长交谈。

为了理解这个让人畏惧的任务，想想你自己灵活使用语言时所涉及的许多能力。首先，你说话的时候，必须选择与你要说的概念相匹配的词。其次，这些词你必须准确地发音，否则别人就听不懂。再次，你必须根据一系列语法规则把词汇合成短语或句子。最后，你必须遵守日常会话的规则。例如，你说的话必须与对方刚说过的话有联系，还要使用恰当的语气。

婴儿和学步儿是怎样在学习这些技能中取得巨大进步的？要回答这个问题，让我们来看几个主要的语言发展理论。

1. 语言发展理论

20世纪50年代，研究者还没有足够多地重视这一现象，即很小的孩子就能领会他们听到的语言的一些重要特性。结果，有关儿童怎样学习语言的最初两种理论都走向了极端。一种是行为主义，认为语言发展纯粹受环境影响；另一个是先天论，认为儿童是“预先装置”好能掌握语言的复杂规则的。

（1）行为主义观点

行为主义者斯金纳（B. F. Skinner，1957）指出，语言就像其他行为一样，是借助操作条件反射获得的（见第4章）。当儿童发出声音时，父母就用微笑、拥抱和言语强化他们那些像是话语的声音。例如，我的儿子戴维12个月时，他常发出一些咿呀语式的声音，如“book-a-book-a-dook-a-dook-a-book-a-nook-a-book-aaa”，有一天，他正在咿咿呀呀地说着什么，我拿起图画书说：“book。”于是戴维对着书说：“book-aaa。”

一些行为主义者用模仿来解释，儿童怎样获得复杂的表达方式，如完整的短语和句子（Moerk，1992）。模仿与强化共同促进了语言的发展。例如，一位家长教孩子：“说‘我想要一块小点心’。”在婴儿说出“要点心”后，就给他一块点心作为奖励。

强化和模仿的确促进了早期的语言发展，但它
们只是支持了语言发展，而不能圆满地解释语言发 173
展。有一天，卡罗琳说：“凯特琳使用语言的创造

性真令人惊奇！她用从来没听过的方式把词语组合起来，她想让我把她的玩具熊缝好的时候，她会说‘缝它’，她必须要进来的时候会说‘都出来了’。”

卡罗琳的观察非常准确，小孩子会自己创造出许多新的表达方式，既不是被强化的也不是模仿别人的。当他们模仿别人说话时，也是有选择的，主要关注的是怎样组成词汇，以及怎样提炼出他们所要说的话（Owens，2005）。

（2）先天论观点

语言学家诺姆·乔姆斯基（Noam Chomsky，1957）提出的先天论观点认为，儿童令人惊奇的语言技能好像是被铭刻在人脑结构中的。在说到语法时，乔姆斯基认为，组句规则过于复杂，不能直接教给儿童，也不能由儿童自己去领会，哪怕认知比较熟练的幼儿也不行。他认为，所有儿童天生就带着一个**语言获得装置**（language acquisition device，LAD），它是一个与生俱来的系统，系统中有一套适合所有语言的规则。它使儿童无论听到的是何种语言，只要积累足够多的词汇，都能以符合语法规则的方式听懂别人说话并自己说话。

儿童真的在生物学意义上预先准备好学习语言了吗？支持这一论断的理由有：第一，新生婴儿对说话的声音反应非常敏感，而且对人类的声音表现出喜好。第二，全世界的儿童都以一种相似顺序达到语言发展的主要阶段（Gleitman & Newport，1996）。第三，掌握规则复杂的语言系统是专属于人类的能力，研究者曾经试图教灵长类动物学习语言，无论使用特别设计的人工符号，还是符号语言，学习效果都很有限。即使经过大量训练，在进化上离人类最接近的黑猩猩也只能掌握一些基本的词汇和短句，其能力还不如人类的幼儿（Tomasello，Call & Hare，2003）。

第四，有证据表明，儿童期是语言获得的敏感期，这与乔姆斯基关于语言具有先天生物基础的观点一致。研究者考察了聋人的语言能力，这些聋人习得了他们的主要语言——美式手语（ASL），这是不同年龄的聋人使用的一种手势语。其中有一些较晚学习手势语的人，他们的父母起初选择教他们口语和唇读，因为他们深度耳聋，无法学习说话。研究结果支持了敏感期概念，在青少年期和成年期才学习手语的人永远不能达到在儿童期学习手语者的精通程度（Mayberry，1994；Newport，1991；Singleton & Newport，2004）。

另一方面，对乔姆斯基学说也有置疑，说这一理论只能部分地解释语言发展。首先，人们很难确认乔姆斯基所说的包含在所有语言里的单一语法系统是什么（Maratsos，1998；Tomasello，2003）。其次，儿童并不能像先天论说的那么快地获得语言。他们掌握句子结构的进步不是突然的，而是逐步的，说明其中包含的非先天的学习和领会，比乔姆斯基假设的更多（Tager-Flusberg，2005）。

从这个 6 个月婴儿和他的爷爷的表现可以看出，婴儿从一开始就是一个沟通者。这个孩子在以后几年里怎样完成这个艰巨的任务？理论家们对这个问题说法不一。

第 4 章讲到，大多数人的语言区位于大脑左半球，这与乔姆斯基所说的，从开始加工语言，大脑就发生单侧化的观点一致。但是，皮层语言区也是随着儿童语言的获得而发展的。此外，左半球虽是语言加工的优势半球，但如果语言区在早期遭到损伤，其他区域可以代偿其功能（见第 4 章专栏之“大脑可塑性：来自大脑受损儿童和成人研究的启示”）。所以，语言在左半球的定位并不是有效使用语言所必需的。脑成像研究也表明，皮层的许多区域都支持着语言活动（Dick et al.，2004）。

（3）交互作用观

近年来，又出现了关于语言发展的新观点，强调内在潜能与环境影响的交互作用。其中一种交互作用论把信息加工学说应用到语言发展中。另一种交互作用观则强调社会互动。

有些信息加工理论家认为，儿童凭借强有力的一般认知，来理解复杂的语境（Bates，1999；Elman，2001）。这些理论家发现，语言脑区同时也掌管着相似的知觉和认知能力，如对音乐和视觉图案的分析（Bates et al.，2003；Saygin et al.，2004）。有研究者把这种信息加工观与乔姆斯基理

论加以融合。他们赞同婴儿有惊人的分析话语和
174 其他信息的能力，但是这些能力还不能圆满解释儿童是怎样掌握语言的高级成分如语法结构的（Newport & Aslin，2000）。

另一些交互作用论者认为，儿童的社交技能和言语经验在语言发展中起着核心作用。这种社会交互论观点主张，一个积极主动的儿童会更好地理解语言，努力去交流。在此过程中，他们促使养育者提供适当的语言刺激，帮助他们把语言的内容与结构同社会意义关联起来（Bohannon & Bonvillian，2005；Chapman，2000）。

在社会交互作用论中，对儿童是否具备特殊的语言能力，还存在争论（Bloom，1999；Tomasello，2003）。但是，随着我们对语言发展过程的描绘，社会交互作用论的核心假设将得到更多的支持，根据这一假设，儿童的社交能力和言语经验对语言进步有很大的影响。实际上，先天禀赋、认知加工策略以及社会经验，在语言的不同方面起着不同的作用。表5.3对早期语言发展的重要阶段作了一个概括，我们将在下面内容中继续讨论。

表5.3　0～2岁语言发展的重要标志

大约年龄	重要标志
2个月	以咕咕声发出愉快的元音。
4个月以上	出现咿呀语，在咕咕声中加入一些和谐的声音并重复音节。7个月，咿呀语中开始加入许多口语发声。 成人玩轮流游戏如躲猫猫时，婴儿在一旁饶有兴致地看。
8～12个月	能够理解一些词语。 当养育者给婴儿正注视的物体命名时，婴儿能准确地与养育者形成共同注意。 主动地参加轮流玩的游戏，与养育者互换角色。 使用前言语姿势，如通过展示和用手指来影响他人行为。
12个月	咿呀语中包括儿童语言共有的声音和语调模式。 说出第一个能被别人听懂的词。
18～24个月	口语词汇从50个增加到200个。 说出双词句。

2. 准备说话

在婴儿说出第一个词之前，他们已经在听说母语方面取得了显著进步。他们仔细地听那些有意义的言语单元，发出类似言语的声音。成年人在其中几乎帮不了什么忙，只能做出反应。

（1）咕咕声和咿呀语

2个月左右，由于婴儿喜欢"oo"的声音，开始发出类似元音的声音，称作**咕咕声**（cooing）。慢慢地，一些和谐的声音加入进来，4个月左右，**咿呀语**（babbling）开始出现，婴儿能够重复发出一长串和谐的组合元音，如"bababababa"或"nananananana"。

世界各地的婴儿都在相同年龄出现咿呀语，而且早期声音的类型也相似。但是，要使咿呀语进一步发展，婴儿必须能听人说话。听力损伤的婴儿，这些类似话语的发音会大大延迟，聋儿则完全缺失（Oller，2000）。

随着婴儿听的口语越来越多，他们的咿呀语已经有了很多发音。7个月左右，咿呀语开始包括许多成熟的口语发音。10个月，咿呀语已能反映婴儿语言共有的一些声音和语调，其中有些转变成最初的词（Boysson-Bardies & Vihman，1991）。

经常接触手语的聋儿从出生起就用手来表达咿呀语，就像听力正常的婴儿用声音来表达一样（Petitto & Marentette，1991）。那些本人耳聋、靠手语交流的父母生出的听力正常的婴儿，会出现具有自然手语节奏的咿呀语式的手部动作（Petitto et al.，2001，2004）。这种对语言节奏的敏感性，已在口语和手语咿呀语中得到证明，它支持了有意义的语言单元的探索和生成。

（2）成为一个交流者

出生时，婴儿已为交流行为的一些方面做了准备。例如，他们通过眼光的接触和转移来发起交往。4个月左右，婴儿开始表现出**共同注意**（joint attention），眼光朝向成人所看的同一个方向，10～11个月，婴儿知道了，别人的关注点会提供有关他们的沟通意图的信息，因此共同注意
变得更准确（Brooks & Meltzoff，2005）。成人也 175
会追踪婴儿的视线，告诉婴儿他们看见的东西是什么。经常经历这种共同注意的婴儿和学步儿能听

懂更多的语言，做出有意义的手势、说出词语的时间更早，词汇发展也更快（Carpenter，Nagell & Tomasello，1998；Flom & Pick，2003；Silvén，2001）。

4～6个月，父母与婴儿玩拍手游戏和躲猫猫游戏时，开始了角色互换。起初是父母发起游戏，婴儿只是一个快乐的旁观者。但是即便4个月的婴儿也对这些互动的结构与时间很敏感，比起无角色分配的躲猫猫交流，他们对有角色分配的躲猫猫游戏投以更多的微笑（Rochat，Querido & Striano，1999）。12个月时，婴儿主动地参加游戏，与父母互换角色。他们这么做时，也就练习着按顺序轮换的会话模式，这是获得语言与交流技能的一个重要背景。婴儿在游戏中的行为成熟度和游戏中的词汇能够预测他们第二年语言的进步（Rome Flanders & Cronk，1995）。

这个1岁婴儿用前语言的姿势吸引他的爸爸对火车的注意。他爸爸的口头反应则促进了他口头语言的进步。

1岁末，随着婴儿有意行为的发展，他们开始用前言语手势影响他人的行为（Carpenter，Nagell & Tomasello，1998）。例如，当凯特琳想要小点心时，她举起一个玩具给别人看，同时指着橱柜。卡罗琳对她的手势给予回应，同时告诉她，她指的东西是什么（“哦，你想要饼干啊!”）。通过这种方式，婴儿学会了用语言来得到自己希望的东西。他们很快地把词与手势结合起来，用手势来扩展他们所说的话，例如，指一个玩具的同时说“给”（Namy & Waxman，1998）。逐渐地，手势消退了，词句占了上风。不过，学步儿口手并用的时间越早，他们在将近两岁时整合词语的速度也越快（Goldin-Meadow & Butcher，2003）。

3. 最早说出的词

7～12个月，婴儿开始理解词语的含义。当6个月的婴儿一边看着录像机里的父母，一边听着词语“妈妈”或“爸爸”的时候，他们会对词语所指的父母的录像注释更长时间（Tincoff & Jusczyk，1999）。婴儿最早说出的词出现在1岁左右，它们建立在皮亚杰所说的感知运动和两岁之前形成的分类能力上。这些词一般包括重要他人（“妈妈”、“爸爸”）、动物（“狗”、“猫”）、移动的物体（“汽车”、“球”）、食物（“奶”、“苹果”）、熟悉的活动（“再见”、“多”）或熟悉活动的结果（“湿”、“热”）（Hart，2004；Nelson，1973）。婴儿的前50个词，很少有静止的物体，如“桌子”或“花瓶”之类。

最早说出的词当中，有些可能与特定的认知成就相关。例如，学步儿在客体永存性上取得进步的时候，他们也开始使用代表消失的词语（“都没了”）。当学步儿突然能够解决感知运动问题时，会说出表示成功和失败的词语［“There（好啦)!”、“Uh-oh（呃呜〈惨了〉)”］（Gopnik & Meltzoff，1986）。

除了认知，情绪也会影响早期的词汇学习。1岁半的儿童刚会说一个新词时，是不带感情的。为了学习，他们需要仔细听，情绪太强会转移他们的注意力。但是随着词越说越好，学步儿开始把说话和情感表达结合起来（Bloom，1998）。当一个22个月孩子的妈妈看见孩子鞋带快开了给他系鞋带的时候，他会很热情地说“鞋子!”。两岁末，儿童会使用“高兴”、“生气”和“悲伤”之类的词来表达自己的情绪。

学步儿刚学说话时，有时使用学过的词会意义过窄，这种错误称作**外延缩小**（underextension）。例如，16个月时，凯特琳用“熊”这个词仅仅指代自己一天到晚拿着的旧玩具熊。更普遍的一种错误是**外延扩大**（overextension）——使用词语时超出了它本身的范围而去描述更多的物体和事件。例如，格瑞丝用“小汽车”这个词来指代公共汽车、火车、卡车、消防车等等。学步儿外延扩大的错误反映了他们对分类的敏感性。他们会把一个新词应用到一类相似的经验中：把“小汽车”应用到所有带轮子的东西上，把“打开”用到打开门、给水果削皮以及解开鞋带等活动中。这说明儿童的外延扩大是经过思考的，因为他们回忆起来有困难，或者一时找不到合适的词（Bloom，2000）。随着词汇的丰富，外延扩大会逐渐消失。

外延扩大说明了语言发展的另一个重要特征：即语言生成（儿童使用的词语）和语言理解（他们理解的词语）之间的区别。在所有年龄段，语言理解都要早于语言生成。结果儿童在生成词语
176 时要比在理解词语时扩展得多很多。一个两岁的儿童把卡车、火车和自行车都称为“小汽车”，但是当别人说出这些名称时，他们能正确地找到或指出这些东西（Naigles & Gelman，1995）。说不出一个词来并不意味着学步儿不理解这个词。如果我们仅仅着眼于儿童所说的内容，就会低估他们的语言知识。

4. 双词句时期

起初，学步儿以平均每周 1～3 个词的速度增加着自己的词汇。后来，他们学会的词汇数量成倍增长（Caselli et al.，1995）。18～24 个月，儿童的词语学习速度惊人（每天 1～2 个词），有研究者认为，学步儿的词汇学习中有一个迸发期，它是慢速学习与快速学习中间的一个过渡期。但是最近的研究发现，大多数儿童在学前期的词语学习保持一个稳定、持续增长的速度（Ganger & Brent，2004）。

学步儿为什么能这样快地积累起他们的词汇呢？在第二年，他们的分类、识记词语、把握他人意图等能力有所提高，这都帮助他们更好地理解别人所说的话（Dapretto & Bjork，2000；Gershoff-Stowe & Smith，1997；Tomasello，2003）。在第 7 章，我们将探讨幼儿词语学习的具体策略。

当学步儿能说出 200 个词时，他们就开始会说两个词：“妈妈鞋”，“汽车走”，“多饼干”。这些双词模式被称作**电报句**（telegraphic speech），因为它像电报一样，省略了细节和不太重要的词。全世界的儿童都用这种电报句来表达各种各样的含义。

双词句由一些简单格式构成，如“多＋X”、“吃＋X”，用不同的词语来代替 X 的位置。学步儿很少犯大的语法错误，如说“我的椅子”而不说“椅子我的”。但是他们的词序规则经常模仿成人的词语配对，比如父母说，“再多来点三明治怎么样？”或“让我们看看你能不能再吃点果酱”（Tomasello & Brooks，1999）。第 7 章讲到，儿童会在学前阶段逐渐获得词序规则和其他基本语法规则。

5. 个体差异与文化差异

虽然儿童开始说话的平均时间是 1 岁左右，但是这个年龄范围很大，从 8 个月到 18 个月不等，这种差异是由许多复杂的遗传与环境原因造成的。例如，先前我们了解到蒂米的口语滞后，部分原因是因为瓦内莎过于着急的、外控式的交流方式。除此以外，蒂米是个男孩，许多研究发现，女孩在早期词汇增长方面，要稍微超前于男孩（Fenson et al.，1994）。最常见的一种解释是，女孩身体成熟的速度较快，从而促进了大脑左半球的提前发育。儿童的个性也会有影响。害羞的学步儿会经常等到听懂大量词汇之后才试着开口说。只要一开口，他们词汇增长得就很快，但是他们仍然比同龄儿童稍微滞后（Spere et al.，2004）。

周围的环境也是一个影响因素：养育者使用的词汇越多，儿童学习到的词汇就越多（Weizman & Snow，2001）。母亲与学步期女孩的谈话要比男孩多，父母与害羞儿童的谈话要少于与开放大胆的儿童的谈话（Leaper，Anderson & Sanders，1998；Patterson & Fisher，2002）。社经地位较低的儿童比社经地位较高的儿童在家里听到的词汇少，所以他们的词汇量会少一些（Hoff，2004）。亲子阅读也会造成很大的差异。一个中等社会经济水平的儿童在 1～5 岁之间的平均阅读时间是 1 000 小时，一个低社经地位儿童的平均阅读时间仅仅是 25 小时（Neuman，2003）。结果，低社经地位幼儿的词汇量只是高社经地位同龄幼儿的 1/4（Lee & Burkam，2002）。

幼儿有独特的早期语言学习方式。凯特琳与格瑞丝跟大多数学步儿一样，用一种**指代型方式**（referential style），所用的词汇主要由指代物体的词语组成。一小部分儿童使用**表达型方式**（expressive style），与指代型方式相比，表达型方式会生成许多名词和社会表达模式：“停下来”、“谢谢”、“我想要这个”。这两种方式反映了幼儿期有关语言功能的想法。例如，格瑞丝认为词就是用来命名东西的。相比之下，表达型方式的儿童认为，词语是用来谈论人们的情感和需要的。指代型方式的儿童，其词汇增长速度要快于其他方式的儿童，因为不管在什么语种里，表示人、事、物的名词数量总

是远远多于社会性词汇（Bates et al.，1994）。

如何解释学步儿的语言方式呢？指代型方式迅速形成的儿童，往往对探索物体有内在兴趣。他们经常模仿父母，给各种东西命名，他们的父母又会模仿他们——这是帮助儿童记住新名称，以促进儿童词汇增长的一种策略（Masur & Rodemaker，1999）。表达型方式的儿童往往更喜欢社会交往，他们的父母也更多地使用常用的社交语汇（“你好”、“没关系”）来搞好社会关系（Goldfield，1987）。两种语言方式都与文化有关。在讲英语的学步儿词汇中，物体名称（名词）的词语很普遍，讲汉语和韩语的儿童拥有大量的动作词汇（动词），母亲的言语也反映了这些差异（Choi & Gopnik，1995；Tardif，Gelman & Xu，1999）。

如果儿童不会说话或者只能说很少的话，那么他们的父母在什么时候应该开始担忧呢？如果学步儿的语言明显地滞后于表5.3中列出的常模，那么儿童的父母应该咨询儿科医生或言语治疗师。迟缓的咿呀语可能是早期语言发展缓慢的一个预兆，但是它可以提早预防（Oller et al.，1999）。有些学步儿不能听从简单的指导，有些在两岁后还不能用词汇把自己的想法表达出来，他们可能遭受了一些听力损伤或语言障碍，需要立即治疗。

这位妈妈跟她的宝宝说话时句子简短，发音清晰，音调高亢，语气夸张。使用这种指向儿童的言语，在许多文化中都很普遍，它有益于早期语言学习。

6. 促进早期语言发展的方法

177 根据交互作用论的观点，丰富的社会环境会增强儿童获得语言的自然准备状态。在本节的“学以致用”表中，对养育者怎样做，才有助于早期语言发展，做了一个总结。养育者无意当中也在通过特殊的言语方式做这件事情。

许多文化中的成人都以一种**指向儿童的言语**（child-directed speech，CDS）与儿童讲话，这是一种句子简短、发音清晰、音调高亢、语气夸张的交流方式，在句子之间有明显停顿，在各种情境下反复使用新单词（“看球”，“球弹起来了！”）（Fernald et al.，1989；Kuhl，2000）。耳聋的父母在用手语与他们的聋儿进行交流时，也会使用相似的交流风格（Masataka，1996）。指向儿童的言语建立在我们前面讨论过的几种交流策略之上：共同注意、轮流说话以及养育者对儿童前言语手势的敏感性。以下是卡罗琳使用指向儿童的言语与18个月的凯特琳交流的一个例子：

凯特琳：“走汽车。”

卡罗琳：“是的，该坐汽车走了。你的夹克在哪里？”

凯特琳：［环顾四周，走到（夹克）跟前］“达克！”［指着她的夹克说］

卡罗琳：“夹克在那里！［她帮凯特琳穿上夹克］穿上它就走！让我们拉上拉链［然后拉上拉链］现在，跟格瑞丝和蒂米说再见。”

凯特琳：“再见，格—艾丝。”

卡罗琳：“还有蒂米呢，跟蒂米说再见！”

凯特琳：“再见，蒂—蒂。”

卡罗琳：“你的熊在哪儿？”

凯特琳：［环顾四周］

卡罗琳：［指］“看？去拿熊。沙发那儿。”［凯特琳找到了熊］

从出生开始，婴儿就喜欢指向儿童的言语，远胜过其他类型的成人谈话。5个月时，他们对这种说话方式的情绪反应更强烈（Aslin，Jusczyk & Pisoni，1998）。同时，父母不断地对自己说话的长短和内容做细微调整来满足孩子的需要，这种调整促进了词语学习，并鼓励儿童参与进来（Cameron-Faulkner，Lieven & Tomasello，2003）。就像前面讲到的，亲子对话情境——尤其是阅读和谈论图画书——能较强地预测在学校期间的语
言发展和学习成功。本节的“生物因素与环境” 179
专栏说得很清楚，当父母跟有残疾的孩子不能进行指向儿童的言语交流时，孩子的语言和认知发展会显著滞后。

社会经验可以促进语言发展，它是否也可以促进一般认知能力发展呢？指向儿童的言语和亲

子谈话可以创造一个最近发展区，它使儿童的语言技能得到了扩展。相反，如果以不耐烦和拒绝态度对待孩子努力说出的话，会导致他们停止尝试和语言技能的不成熟（Baumwell，Tamis-LeMonda & Bornstein，1997）。下一章，我们将看到，对儿童的需要和能力的敏感性会支持他们的情绪和社会性发展。

学以致用　　**怎样帮助婴儿的早期语言学习**

策略	结果
以言语和词对咕咕声和咿呀语做出反应。	鼓励儿童试着发音，这些发音后来会融入最早说出的词的发音中去。 提供机会，让婴儿能以轮流的方式进行交谈。
和孩子一起注意孩子看到的事物并评论之。	能预测较早的说话和词汇的快速发展。
玩拍手游戏和躲猫猫等社会性游戏。	提供轮流说话的经验。
鼓励婴儿玩假装游戏。	促进会话能力的发展。
鼓励学步儿多交谈。	可以预测幼儿期语言的快速发展和学习成绩良好。
经常给学步儿读书，就书的内容展开对话。	可提供各种语言环境，包括词汇、语法、交往技能和有关书写符号、故事结构的知识。

专栏　　**生物因素与环境**

亲子互动对聋儿语言和认知发展的影响

大约每1 000个北美婴儿中有一个是先天性深度聋儿或完全耳聋儿（Deafness Research Foundation，2005）。当一个聋儿完全不能和养育者交谈时，其发展就会受到严重威胁。耳聋对儿童语言和认知发展的影响随着社会背景的不同而不同，父母正常的聋儿与父母也耳聋的聋儿的比较可以证明这一点。

90%以上的聋儿，其父母的听力正常，但他们的手语表达不流利。在学步期与幼儿期，这些儿童往往在语言发展和假装游戏方面表现滞后。小学期，他们在学校的成绩差并且缺乏社交技能。然而，那些父母也耳聋的聋儿却没有遇到这些困难。他们的语言（用手语）和游戏成熟度与正常儿童的节奏一致。入学后，父母也耳聋的聋儿学习较轻松而且能很好地与成人、同伴相处（Bornstein et al.，1999；Spencer & Lederberg，1997）。

这种差异可以追溯到早期的亲子交流中。从婴儿期开始，聋儿的听力正常的父母会对孩子表现出较低的积极性，对儿童的努力交流反应较少，他们与孩子的共同注意和轮流说话不多，很少参与孩子的游戏，却较多地对孩子指手画脚（Spencer，2000；Spencer & Meadow-Orlans，1996）。相反，聋儿与耳聋的父母之间的互动质量和听力正常的亲子互动质量没有什么差别。

与父母交流很少且交流缺乏敏感性的儿童，在用言语控制行为方面明显滞后于同龄儿童，即不善于三思而后行。父母听力正常的聋儿经常表现出不善于控制冲动的问题（Arnold，1999）。

当这个母亲用手势来给自己的16个月大的聋儿表达“吃”时，她的孩子以手部动作的咿呀语做出回应，这与听力正常的孩子的咿呀语很相似。这种“咿呀语”支持了他们有意义语言的产生。

聋儿的问题并不是他们听力正常的父母的错误。但是，他们缺少视觉交流的经验，而这种经验可以使耳聋的父母对聋儿的需要做出积极反应。耳聋的父母知道在互动前必须等着孩子注意自己（Loots & Devise，2003）。听力正常的父母往往在孩子的注意力还指向别处时，就开始说话或发出手势，这种方式适合于听力正常的儿童，却不适合聋儿。当聋儿还没搞明白或没有反应的时候，听力正常的父母会觉得灰心，进而变得过分控制（Jamieson，1995）。

为了更好地理解耳聋对语言和认知的影响，我们可以先想一想耳聋对父母及儿童生活中的其他人的影响。聋儿需要接触语言榜样——耳聋的成人或同伴——来参与自然的语言学习。聋儿的父母需要从社会支持和培训中获益，这种培训是教他们如何与耳聋的同伴进行敏感的交往。

在两岁半之前，耳聋一般难以诊断出来。产前诊断能确认遗传性耳聋（Santoro et al.，2003）。另一些筛查技术能在出生后短时间内查明婴儿是否耳聋，并让其父母马上参加促进有效亲子互动的干预项目。如果有深度听力障碍的儿童被确诊并在1岁前接受干预，那么他们在后来的语言、认知及社会性发展中的表现会有明显的改善（Yoshinaga-Itano，2003）。

思考题

复习 为什么社会交互作用观吸引了许多语言发展的研究者？举例说明。

应用 列出几条有研究根据的建议来帮助促进两岁期间的语言发展。

联结 认知与语言是有内在关系的。举例说明认知怎样促进语言发展，以及语言怎样促进认知发展的。

反思 找机会跟婴儿和学步儿说话。你跟他们说话的方式与跟成人的说话方式有何不同？你跟他们说话的哪些特征会促进早期语言发展？为什么？

本章要点

一、皮亚杰的认知发展理论

根据皮亚杰的理论，发展过程中图式是如何变化的？

■ 在皮亚杰的理论中，儿童通过对环境的直接操作经过认知发展的四个阶段，在渐进的阶段中，心理结构，或**图式**，越来越适应于外部现实。

■ 图式以两种方式变化：一种是**适应**，它是由两个互补的活动组成，即**同化**和**顺应**；另一种是**组织**，即图式经内部重组，进入一个相互紧密联结的认知系统。

介绍了感知运动阶段的认知的主要进展。

■ 皮亚杰的**感知运动阶段**分为六个亚阶段。借助**循环反应**，新生儿的反射逐渐转变为婴儿期较灵活的动作模式。在第四个亚阶段，婴儿形成了**有目的**，或**指向目标的行为**，并开始理解**客体永存性**。到第六个亚阶段，学步儿开始进行**心理表征**，例如他们可以突然解决感知运动问题，在未看见的情况下找到隐藏客体，做到**延迟模仿**以及**玩假装游戏**。

关于皮亚杰感知运动阶段的准确性，近期研究有何结果？

■ 许多研究显示，婴儿表现出的某些认知能力在时间上早于皮亚杰所说的年龄。用**违反预料法**所做的研究结果表明，对客体永存性的意识可能在前几个月中就出现。此外，小婴儿表现出的延迟模仿和类比能力表明，他们在1岁以前就能进行心理表征。

■ 当今，虽然研究者在婴儿早期具有多少认知能力这个问题上还存在争论，但他们大多认为，新生儿具有多于皮亚杰所预料的先天能力来认识环境。根据**核心知识观**，婴儿刚出生就具备思维的各种核心领域，它们支持了早期认知的快速发展。虽然在幼儿期具有哪些现成的理解力问题上，研究结果不一致，但人们大都认为，婴儿期的许多认知变化是连续的而非阶段性的，认知发展的各个方面是不平衡的而非单一形式的。

二、信息加工学说

讲述了认知发展的信息加工学说与信息加工 180
系统的一般结构。

■ 信息加工研究者认为，发展是逐步而连续的，并对思维的各种成分进行了研究。他们想确切地查明，当面对一项任务或问题时，不同年龄的个体是怎样做的。

■ 多数信息加工研究者认为，信息加工系统有三个部分，即**感觉登记**、**工作记忆**或**短时记忆**、**长时记忆**。当信息流通过系统时，**心理策略**对其进行操作，使信息得以保存并有效利用。为了管理工作记忆的复杂活动，**中央处理器**对信息流起着引导作用。

在前两年里，注意、记忆和分类发生了什么变化？

■ 随着年龄增长，婴儿接触到环境的各个方面，获取信息的速度也更快。1 岁以后，对新异刺激的注意下降而保持注意的能力提高，尤其是在玩玩具的时候。

■ 小婴儿能够进行**再认**；1 岁末，他们可以**回忆**过去的事件。到学步儿晚期，他们可以较好地回忆人、地点和物体。大脑发育和社会经验可能对**婴儿期健忘症**的减弱和**自传式记忆**的出现产生影响。

■ 0～1 岁期间，婴儿对刺激的分类越来越复杂，分类方式由知觉型向概念型转变。1 岁以后，儿童开始主动地分类，在游戏时能自发地对客体进行分类。

概括了信息加工学说在理解早期认知发展方面的贡献与局限。

■ 皮亚杰认为婴儿是纯粹的感知运动生命体，不能进行心理表征，信息加工的研究结果对此观点提出了质疑。但是信息加工学说没有提出一个全面、综合的儿童思维发展理论。

三、早期认知发展的社会环境

维果茨基最近发展区的概念怎样扩展了我们对早期认知发展的理解？

■ 根据维果茨基的社会文化理论，复杂的心理活动起源于社会交往。在更成熟的同伴的支持和指导下，婴儿在**最近发展区**内掌握了超过他们当前能力的任务。1 岁以前，因文化而不同的社会经验就对婴儿的心理策略产生影响。

四、早期心理发展的个体差异

介绍了心理测验的方法、智力测验分数的含义，以及婴儿测验对后期行为的预测力。

■ 心理测验方法可测量智力发展，以便对后期行为做出预测。测验分数经计算转换为**智力商数**。它把个体的测验成绩与同龄个体中的标准化样本形成的**正态分布**或钟形分布进行比较。智商高低取决于受测者成绩偏离**标准化样本**平均数的程度。

■ 主要针对知觉和动作反应所做的婴儿测验对后期行为的预测力很低。因此，婴儿智力测验的分数更多地被称作**发展商数**，而不是智商。对视觉刺激的习惯化和反应恢复的速度能够较好地预测后期行为。

阐述了环境对早期认知发展的影响，包括家庭、儿童保育以及对危险处境中的婴儿和学步儿的早期干预。

■ **测量环境的家庭观察**（HOME）的研究表明，一个有条理的、刺激丰富的家庭环境和父母的鼓励、参与及情感关怀能够预测早期心理测验的成绩。虽然家庭观察与智商之间的关系在一定程度上受遗传影响，但是家庭生活条件有重要作用。

■ 婴儿和学步儿的保育越来越普遍，其质量是心理发展的一个主要影响因素。**适于发展的教育**标准规定了符合儿童发展需要的托幼机构的特点。

■ 加强早期干预可以预防贫困家庭儿童的智力和学习成绩的逐步下降。卡罗莱纳州启蒙项目的结果表明，干预组被试的智力优势在 21 岁时仍然明显，他们的学习成绩较好，后来受教育更多，受雇比例更高。

五、语言发展

介绍了语言发展的理论，以及每种理论怎样看待先天能力与环境影响。

■ 根据行为主义的观点，父母可以通过操作条件反射和模仿学习来训练儿童的语言技能。但是行为主义无法解释儿童自己说出的与众不同的言语。

■ 乔姆斯基的先天论认为儿童天生就有**语言获得装置**。确有研究证明，掌握复杂的语言系统是人类特有的，儿童期是语言获得的敏感期也得到支持，但是乔姆斯基的理论只能部分地解释语言发展。

■ 新近的理论认为，语言发展是由内部能力与外部环境的交互作用导致的。一些交互作用论者把信息加工观点运用到了语言发展中。另一些研究者强调儿童社交技能和语言经验的重要性。

介绍了 0～2 岁语言发展的主要标志、个体差异以及成人支持的方式。

■ 婴儿在 2 个月的时候就开始发出**咕咕声**，4 个月左右出现**咿呀语**。10～11 个月，他们与成人共同注意的技能提高。成人通过对儿童的咕咕声和咿呀语做出回应，建立**共同注意**并给看到的物体命名，玩轮流游戏以及学习婴儿的前言语手势
181 等形式来鼓励和促进其语言进步。

■ 7～12 个月，婴儿开始理解词语的含义。在 1 岁末，他们使用前言语手势，例如用手指向某物来影响其他人的行为。

■ 12 个月左右，学步儿开始说出第一个词。年幼儿童经常会犯**外延缩小**和**外延扩大**的错误。词语学习的速度平稳增长，当词汇量达到 200 个左右时，儿童就开始说双词句，称作**电报句**。在各个年龄段，语言理解都先于语言生成。

■ 早期语言发展中存在着个体差异与文化差异。女孩比男孩的发展速度快，内敛、退缩的学步儿开始说话略晚些。大多数学步儿表现出**指代型方式**的语言学习；他们早期的词语主要由物体的名称组成。少数儿童表现出**表达型方式**，这种方式的儿童较多地说代词和社交词汇，词汇增长较慢。

■ 许多文化中的成人以**指向儿童的言语**对儿童说话，这是一种符合儿童学习需要的简单语言形式。父母与学步儿之间的对话是早期语言发展和在校学习成绩的最好预测指标。

重要术语和概念

accommodation（p. 152）顺应

adaptation（p. 152）适应

assimilation（p. 152）同化

autobiographical memory（p. 163）自传式记忆

babbling（p. 174）咿呀语

central executive（p. 160）中央处理器

child-directed speech（CDS）（p. 177）指向儿童的言语

circular reaction（p. 153）循环反应

cooing（p. 174）咕咕声

core knowledge perspective（p. 158）核心知识观

deferred imitation（p. 155）延迟模仿

developmental quotient，or DQ（p. 168）发展商数

developmentally appropriate practice（p. 170）适于发展的教育

expressive style of language learning（p. 176）表达型语言学习方式

Home Observation for Measurement of the Environment（HOME）（p. 168）测量环境的家庭观察

infantile amnesia（p. 163）婴儿期健忘症

intelligence quotient，or IQ（p. 168）智力商数

intentional，or goal-directed behavior（p. 154）有目的，或指向目标的行为

joint attention（p. 174）共同注意

language acquisition device（LAD）（p. 173）语言获得装置

long-term memory（p. 160）长时记忆

make-believe play（p. 155）假装游戏

mental representation（p. 154）心理表征

mental strategies（p. 160）心理策略

normal distribution（p. 168）正态分布

object permanence（p. 154）客体永存性

organization（p. 152）组织

overextension（p. 175）外延扩大

recall（p. 162）回忆

recognition（p. 162）再认

referential style of language learning（p. 176）指代型语言学习方式

scheme（p. 152）图式

sensorimotor stage（p. 152）感知运动阶段

sensory register（p. 160）感觉登记

standardization（p. 168）标准化

telegraphic speech（p. 176）电报句

underextension（p. 175）外延缩小

violation-of-expectation method（p. 155）违反预料法

working，or short-term memory（p. 160）工作记忆或短时记忆

zone of proximal development（p. 165）最近发展区

这对母婴高兴地盯着对方，表明他们形成了深切的情感联结。婴儿对养育者的信任感是早期各领域的发展基础。

第6章

婴儿期和学步期的情绪与社会性发展

183 凯特琳8个月的时候，她的父母发现她变得越来越容易害怕。一天晚上，卡罗琳和戴维让保姆在家照顾她，当他们走向门口的时候，她号啕大哭。几个星期前，她还能很容易地接受与父母的分离。凯特琳和蒂米的保育老师吉内特也发现，孩子们对陌生人越来越警惕。当吉内特走向另一个房间的时候，两个婴儿都停下了手中的游戏，跟在她后面爬。当邮递员敲门的时候，孩子们抱住吉内特的腿，伸出手要大人抱。

同时，孩子们似乎更加任性。婴儿5个月的时候，把他们手里的东西拿走，基本不会引起他们的反应，但是蒂米8个月时，当他妈妈瓦内莎把他要去够的那把餐刀拿走的时候，蒂米开始反抗。他发出生气的尖叫，妈妈拿出玩具来逗他也无法安抚他的情绪。

莫妮卡和凯文对格瑞丝1岁之前的事情知之甚少，只知道她那贫穷而无家可归的妈妈深深地爱着她。与妈妈分别后，被送到一个遥远的陌生家庭，这给格瑞丝留下了创伤。开始时她非常伤心，当莫妮卡和凯文抱她的时候，她总是会转过脸。她几乎有一个星期没有笑过。

但是当格瑞丝的新父母亲密地抱着她，温柔地跟她说话，满足她对食物的需求时，格瑞丝会回报他们的爱。来到这个家两个星期以后，她的沮丧、失望一扫而光，取而代之的是快乐与自在。当她看见莫妮卡和凯文的时候，显得非常开心，伸手要他们抱，当她看着哥哥艾利有趣的脸蛋时也会大笑。快两岁的时候，她指着自己，大喊“格维丝（她把Grace错误地发音为Gwace）”，而且她会宣称自己对某个物品的所有权。她会在吃饭的时候说“格维丝的鸡肉”，吸吮鸡腿骨里的骨髓，这是她从柬埔寨带来的习惯。

凯特琳、蒂米和格瑞丝的表现反映出0～2岁人格发展的两个相关方面：第一，与别人保持亲密联系；第二，自我感。我们将从埃里克森的心理社会理论讲起，这个理论对婴儿期和学步期的人格发展有一个总的看法。接着介绍情绪发展。这样我们就能懂得，为什么凯特琳和蒂米1岁的时候，害怕和生气会成为一种常见的情绪反应。184
然后我们将转向气质的个体差异，看看遗传和环境对这些个体差异各起多大作用，它们对后来的发展有什么影响。

之后，我们将介绍儿童对养育者的依恋，这是儿童最初的情感联结。我们将考察从这种重要的纽带里产生的安全感如何为儿童提供独立感并扩展他们的社会关系。

最后，我们关注早期的自我发展。在学步期结束的时候，格瑞丝能从镜子和照片中认出自己，知道自己是女孩，表现出最初的自我控制。一天，当她抑制自己想把电源线从插座上拔下来的冲动时，她对自己说“不要碰！”。认知发展与社会经验共同导致了发生在第二年的这些变化。

一、埃里克森关于婴儿与学步儿人格的理论

第1章在介绍主要理论时曾介绍，精神分析理论不再是人的发展研究领域的主流理论。但它能够揭示各个阶段人格发展的本质，而且产生了深远影响。精神分析的奠基者弗洛伊德认为，心理健康和心理失调都可以追溯到个体生命的最初几年，尤其是早期亲子关系的影响。虽然弗洛伊德过分强调本能，忽视婴儿期和幼儿期以后重要经验的影响，从而招致批评，但其理论的基本要旨被其后的一些精神分析学家继承下来，这些新弗洛伊德理论中，最突出的是埃里克森的心理社会理论，在第1章已作介绍。

1. 基本信任对不信任

埃里克森与弗洛伊德一样，也强调在喂养过程中亲子关系的重要性，但是他扩展和丰富了弗洛伊德的观点。埃里克森认为，婴儿心理的健康成长不取决于食物的数量或口唇刺激的多少，而取决于养育质量：及时、敏感地减轻婴儿的不适，温柔地抱着孩子，耐心地喂奶，当婴儿对奶头或奶嘴不感兴趣时及时断奶。

埃里克森认为，没有哪一个父母能完全满足和符合婴儿的需要。父母的反应性受很多因素的影响：个人的幸福感、当前的生活状况（又生了

孩子）和文化价值观等。只要父母和谐的养育是富有同情心、充满爱的，0～1 岁的心理冲突——**基本信任对不信任**（basic trust versus mistrust）——就能顺利得到解决。具有基本信任感的儿童会觉得，世界是美好的和令人安心的，因而能自信地探索外部世界。缺乏信任感的儿童不相信别人是友好和富有同情心的，他们可能在人际交往和环境探索中以退缩来保护自己。

埃里克森认为，基本的信任感来自良好的早期养育质量。在喂养期间和其他场合能及时减缓婴儿的不适感，温柔地抱着孩子，就能促进基本信任感——使婴儿感到，世界是美好的和令人安心的。

2. 自主性对羞怯和怀疑

弗洛伊德认为，当婴儿进入学步期时，排便训练对心理健康有决定作用。埃里克森也承认，父母训练孩子排便的方式对心理健康很重要，但他认为，这只是影响儿童心理健康的许多因素之一。在家里经常听到这些刚学会走路、说话的孩子对父母说“不”、“我自己来”，说明这一时期的儿童已经进入自我意识的萌芽期。他们希望自己不仅能在大小便这件事情上，也能在别的事情上做决定。学步期的冲突，**自主性对羞怯和怀疑**（autonomy versus shame and doubt），要得到顺利解决，父母必须给孩子提供恰当的引导和理性的选择。一个具有安全感的自信的儿童，其父母不仅鼓励他自己大小便，也鼓励他用勺子吃饭，自己捡起玩具。即使做不了这些事，父母也不会批评或打骂。父母以充分的容忍和理解来满足他对独立的要求。例如，在外出购物之前，多等 5 分钟，让孩子做完他的游戏，耐心地等孩子自己拉上衣服的拉链。

埃里克森认为，在排便训练中过分控制或控制不够的父母，可能在其他方面也是如此。结果，儿童会产生一种羞愧感，或者怀疑自己控制冲动、自主行动的能力。

总之，基本信任感和自主性来自 0～2 岁温 185
和、敏感的父母养育行为和对冲动进行控制的合理期望。如果儿童在最初几年对养育者没有足够的信任，没有形成健康的个体感，就埋下了心理失调的种子。在婴儿期和学步期没有完成信任与自主任务的儿童，成年后将很难与他人建立起相互信任的关系。他们要么对自己所爱的人过分依赖，要么在遇到困难时怀疑自己的能力。

二、情绪的发展

你不妨观察几个婴儿和学步儿，记录他们表现出的情绪、你用来解释婴儿情绪状态的线索，以及养育者是如何反应的。研究者做了许多类似的观察，探察婴儿如何交流他们的情绪，解释他人的情绪。他们发现，情绪在埃里克森强调的社会关系、探索环境和发现自我过程中起着重要作用（Frijda，2000；Halle，2003；Saarni，Mumme & Campos，1998）。

由于婴儿无法说出他们的感受，因此很难准确判断他们所体验到的情绪。言语和身体活动提供了某些信息，而面部表情仍是最可靠的线索。跨文化研究表明，世界各地的人能以同样方式把面部表情的照片和相应表情联系起来（Ekman，2003；Ekman & Friesen，1972）。这些发现表明，情绪表达是潜在的社会信号，它可以帮助研究者分析婴儿的表情模式，查明他们在不同年龄表现出的情绪特点。

1. 基本情绪的发展

基本情绪（basic emotions）——高兴、感兴趣、吃惊、恐惧、愤怒、悲伤、厌恶——在人类和其他灵长类动物中普遍存在，它们在促进生存方面有漫长的进化史，而且能直接从表情中看出来。婴儿生来就有表达基本情绪的能力吗？虽然婴儿很早就表现出一些情绪信号，但是其早期情感生活只有两种基本的唤醒状态：趋向愉快的刺激，以及回避不愉快的刺激（Camras et al.，2003；Fox，1991）。

一种观点认为，如果父母能够敏感地与孩子交流，选择性地对儿童的各种情绪表达做出反馈，就可以帮助婴儿建立起与成人相似的情绪表达方式（Gergely & Watson，1999）。大约6个月时，婴儿的面孔、声音和姿势形成了组织良好的信号，随着环境事件的不同而变化。例如，凯特琳总是以一副高兴的面孔、悦人的声音和轻松的姿势对妈妈游戏性的互动做出反应，似乎在说："真好玩！"相形之下，一位反应迟钝的母亲，可能会使孩子流露出伤心的面孔、沮丧的声音和无精打采的姿势（传达了的信息是"我不高兴"），或表现出一副生气的面孔、哭泣和"抱我"的手势（似乎在说，"不要这些不愉快的事情"）（Weinberg & Tronick，1994；Yale et al.，1999）。到6个月时，情绪表达得到良好的组织，变得更具体，可以向人们透露出婴儿的许多内部状态。

截至目前，高兴、愤怒、悲伤和恐惧是研究最多的四种情绪。表6.1概括了这些情绪以及其他情绪的发展，接下来我们将具体介绍。

表6.1　0～2岁情绪发展的重要标志

大约年龄	重要标志
出生	婴儿情绪包括两种主要的唤醒状态：趋向愉快的刺激，以及回避不愉快的刺激。
2～3个月	婴儿表现出社交微笑，能对成人的面部表情做出反应。
3～5个月	当大人使劲逗孩子时，婴儿能用大笑来回应。婴儿把面部表情知觉为有组织的模式，能把声音和面部表情里传达的情绪匹配起来。
6～8个月	基本情绪的表达得到很好的组织，并随着环境事件的变化而发生有意义的变化。婴儿更频繁地、在更多的情境中愤怒。恐惧，尤其是怯生开始出现。对熟悉的养育者具有明显的依恋，出现了分离焦虑。婴儿把养育者当作探索环境的安全基地。
8～12个月	理解他人情绪表达的能力提高，出现社交参照。婴儿对着惊奇、滑稽的表情大笑。
18～24个月	开始出现自我意识的情感，如羞愧、尴尬、内疚和自豪。表述感情的词汇迅速发展，情绪调节能力提高。婴儿开始知道，别人的情绪与他们自己的情绪可能不同。出现了最初的共情信号。

（1）高兴

186 高兴，最初通过快乐的微笑，后来通过放声大笑表现出来，它可以促进许多方面的发展。当婴儿学会新技能时，他们会微笑或大笑，用身体动作或认知控制来表现他们的快乐。这种微笑会激发养育者更多的爱，提供更丰富的刺激，婴儿也因此更多地笑。高兴情绪使父母和婴儿建立起一种温暖、支持的关系，促进了婴儿技能的发展。

最初几周，新生儿在吃饱喝足后以及快速眼动睡眠阶段往往会微笑，温柔的触摸和轻柔的声音，例如抚摩皮肤、摇晃以及妈妈柔和的声调也会使婴儿微笑。在第1个月末，婴儿对那些活动的、引人注意的有趣景象微笑，例如突然略过眼帘的明亮物体。6～10周，人的面孔引起的婴儿的笑称为**社交微笑**（social smile）（Sroufe & Water，1976）。微笑的这些变化与婴儿的知觉发展，尤其是对人脸图像的敏感性提高是同步的。

大笑在3～4个月时出现，它反映了比微笑更快的信息加工过程。像微笑一样，最初的大笑主要针对外界的活跃刺激，如妈妈开玩笑地说"我要抓住你！"或者亲婴儿的肚子。随着婴儿对周围世界了解更多，他们会对那些让人吃惊的事情大笑，例如安静的躲猫猫游戏（Sroufe & Wunsch，1972）。

6个月左右，婴儿与熟人交往时，会经常微笑和大笑，这增强了亲子之间的情感联系。像成人一样，10～12个月的婴儿会根据环境变化表现出不同的微笑。在回应父母的问候时，他们会露出明显的、"脸颊向上"式的微笑；相反，他们会对一个友善的陌生人表现出淡淡的笑；在玩刺激性的游戏时会"张嘴"笑（Bolzani et al.，2002；Dickson，Fogel & Messinger，1998）。

（2）愤怒和悲伤

新生儿对各种不愉快体验，如饥饿、治疗中的疼痛、发烧以及刺激过多或过少，都会表现出一般性的痛苦。从4～6个月到两岁，愤怒表情的频率和强度逐渐增加。较大的婴儿会在许多情境中表现出愤怒，例如，把他喜欢的东西拿走，限制住他们的胳膊，养育者稍微离开一会儿，强制他们睡觉等等（Camras et al.，1992；Stenberg & Campos，1990；Sullivan & Lewis，2003）。

为什么愤怒会随着年龄的增长而增多呢？这在一定程度上是认知和动作的发展引起的。当婴儿能够表现出有意行为的时候（见第 5 章），他们希望控制自己的行动（Alessandri，Sullivan & Lewis，1990）。年龄稍大的婴儿能更好地识别什么弄疼了他们或者谁拿走了玩具。愤怒的产生具有一定的适应意义。新的运动能力使愤怒的婴儿能够保护自己或克服障碍（Izard & Ackerman，2000）。此外，愤怒还能促使养育者来减缓婴儿的不适，在分离情境中，使他们不会很快又离开。

虽然婴儿在疼痛、东西被拿走和短暂分离时会表现出悲伤表情，但是悲伤的发生比愤怒少一些（Alessandri，Sullivan & Lewis，1990；Izard，Hembree & Huebner，1987）。然而当婴儿与养育者之间的交流被打断时，婴儿普遍表现出悲伤——这种状况损害了所有领域的发展（见本节的“毕生发展观”专栏）。

（3）恐惧

和愤怒一样，恐惧在 7 个月以后也开始出现。较大的婴儿在面对一个新玩具时常常会犹豫，刚学会爬的婴儿也表现出对高的恐惧（见第 4 章）。多数恐惧表情是由不熟悉的成人引起的，这种反应称做**陌生人焦虑**（stranger anxiety）。许多婴儿和学步儿在面对陌生人时都很谨慎，尽管这种反应并不经常发生。它取决于几种因素：婴儿的气质（一些婴儿更容易害怕）、过去与陌生人在一起的经验以及当前的情境（Thompson & Limber，1991）。当婴儿在环境中遇到一个不熟悉的成人时，陌生人焦虑就容易产生。但是如果婴儿四处玩耍时成人静坐不动，或者父母在旁边，婴儿会表现出积极、好奇的行为（Horner，1980）。陌生人的互动方式，如互相表现得很热情，拿出一个好玩的玩具，玩一个熟悉的游戏，慢慢地而不是突然靠近儿童，会减少婴儿的恐惧。

188 跨文化研究揭示，养育婴儿的方式能够改变其陌生人焦虑。在西非埃菲族（Efe）的狩猎者和刚果的部落里，母亲的死亡率很高，婴儿要存活，只能靠集体养育，所以埃菲的婴儿从一出生就从一个成人转移到另一个成人那里。结果，埃菲的婴儿很少表现出陌生人焦虑（Tronick，Morelli & Ivey，1992）。相反，以色列集体农场（kibbutzim）的居民生活在分隔的社区里，容易遭受恐怖袭击，这导致了对陌生人的普遍警惕。当让 1 岁婴儿看着成人怎样对情境做出情绪反应时，集体农场的婴儿比城市婴儿表现出更多的陌生人焦虑（Saarni，Mumme & Campos，1998）。

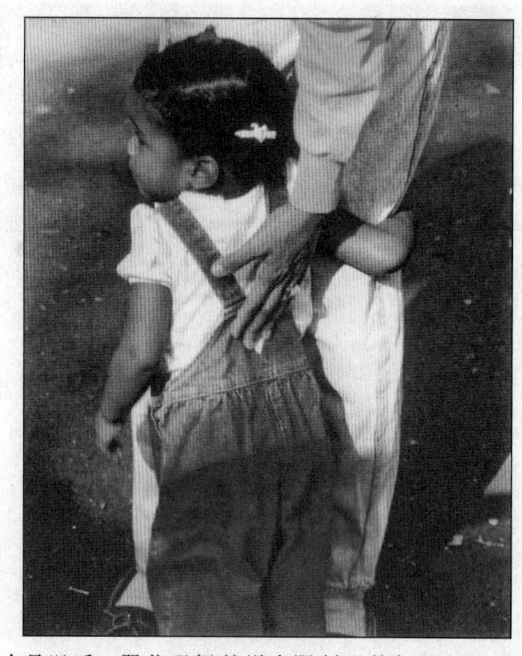

6 个月以后，婴儿恐惧的增多限制了他们的行为动力，但是对这个 1 岁女孩来说，只要妈妈作为安全基地待在身边，害怕的时候能回到妈妈这儿来，她就能自信地去探索周围环境。

6 个月之后表现出的恐惧，使这些刚具有运动能力的婴儿把探索环境的驱力控制在一定范围内。当感到害怕的时候，婴儿把熟悉的养育者作为**安全基地**（secure base），或作为探索的出发点，闯入周围环境中，然后又返回来寻求情感支持。作为这个适应性系统的一部分，遇到陌生人会带来两种相互冲突的倾向：接近（表现为感兴趣和友好）与回避（表现为恐惧）。婴儿的行为是由二者的平衡决定的。

最终，由于认知发展使学步儿能更有效地区分有威胁和无威胁的人和环境，陌生人焦虑和其他的恐惧开始下降。当学步儿获得新的应对策略后，恐惧也慢慢减少，这种策略就是下面将要讲到的情绪调节。

专栏 毕生发展观

父母的抑郁与儿童发展

大约8%～10%的妇女经历过慢性抑郁——轻微至严重的悲伤和退缩感，持续数月或数年。通常我们难以查明这种情绪状态是从何时开始的；不知不觉间就变成了个体日常生活的一部分。在一些案例中，抑郁症状在孩子出生以后出现或加重，即使在母亲适应了体内的激素变化，有了带孩子的信心之后，症状也不能减轻。朱莉亚就经历了这种**产后抑郁症**。

大约4%的父亲在孩子出生之后也表现出抑郁症状，但对他们的关注和研究很少（Deater-Deckard et al.，1998）。无论母亲还是父亲抑郁都会影响到养育的有效性，伤害儿童的发展。遗传因素会增加患抑郁症的危险，但社会文化因素也起一定作用。

母亲抑郁 在朱莉亚怀孕期间，她的丈夫吉尔对孩子没什么兴趣，这使朱莉亚怀疑，要这个孩子是个错误。露茜生下后不久，朱莉亚就陷入抑郁中。她焦虑不安，眼泪不断，被露茜的需求压得喘不过气，对自己不能掌控自己的时间很气恼。朱莉亚对吉尔抱怨说自己很累，怪吉尔不愿帮忙照顾孩子，吉尔反唇相讥说，她对他一举一动反应过度。朱莉亚的那些没有孩子的朋友只来看过露茜一次，就再也没打过电话。

朱莉亚的抑郁情绪很快就影响到孩子。在出生后的几个星期，母亲患抑郁症的婴儿睡眠很差，很少关注周围的环境，应激激素皮质醇的水平升高（Field，1998）。抑郁症状越严重，母亲生活中的压力事件越多（例如婚姻不和，缺少或没有社会支持，贫穷），亲子关系受到的影响就越大（Simpson et al.，2003）。例如，朱莉亚很少对露茜笑，哄她，跟她说话，而露茜对妈妈的悲伤和空洞目光的反应就是转过头，哭泣，看起来很悲伤或很生气（Herrera，Reissland & Shepherd，2004；Stanley，Murray & Stein，2004）。一出现这种状况，朱莉亚就感到内疚和无力，抑郁更严重。6个月时，露茜出现了心理和情绪症状，这在母亲患有抑郁症的婴儿当中很普遍，具体表现为发育迟缓，易激惹，依恋困难（Martins & Gaffan，2000）。

如果母亲的抑郁持续存在，亲子关系会更恶化。抑郁的母亲比旁观者看待自己的孩子更消极（Hart，Field & Roitfarb，1999）。她们的教养行为不一致，有时过宽，有时过严。下一章会讲到，经历这种失常教养的婴儿通常有严重的适应问题。有些婴儿自己也陷入抑郁，另一些婴儿则变得冲动、攻击（Hay et al.，2003）。

父亲抑郁 研究者对一个代表性较好的英国父母和孩子的大样本测量了孩子刚出生后父亲和母亲的抑郁症状，在接下来的几年进行了追踪。结论与母亲患有抑郁症的儿童一样，父亲抑郁与儿童的行为问题也有关，尤其是男孩的活动过度、违抗、攻击，控制了家庭社经地位和母亲抑郁等因素之后，仍然如此（Ramchandani et al.，2005）。

关于父亲抑郁对教养方式的影响，目前还知之甚少，适应较好的父亲更积极、专注，对孩子更投入。对年龄大些的儿童来说，父亲抑郁与频繁的亲子冲突有关（Kane & Garber，2004）。随着年龄增长，生活在父母消极情绪阴影里的儿童会形成一种消极的世界观，他们缺乏自信，认为父母和其他人是有威胁的。而持续感觉到危险的儿童，在压力情境中很容易被唤醒，在面临认知和社交困难时容易失控（Cummings & Davies，1994）。虽然母亲或父亲患有抑郁症的儿童可能会有遗传的情绪和行为问题倾向，但养育质量是他们走向适应的一个主要因素。

干预 父母抑郁的早期治疗对预防其对亲子关系的伤害至关重要。朱莉亚的医生把她介绍给一个心理医生，心理医生帮助朱莉亚和吉尔解决他们的婚姻问题，鼓励他们在与露茜相处的时候更敏感些。他还教会抑郁的母亲表现出更积极的情绪和更敏感的反应，这些治疗能减少儿童的依恋和发展障碍（Van Doesum，Hosman & Riksen-Walraven，2005）。有时，医生会开一些抗抑郁药物。在多数产后抑郁症案例中，母亲会在短时间的治疗之后恢复正常（Steinberg & Bellavance，1999）。如果抑郁的父（母）亲的治疗没什么效果，那么孩子与另外一位母（父）或养育者的亲密关系也能保障儿童的发展（Mezulis，Hyde & Clark，2004）。

这位抑郁的母亲看起来似乎被击垮了，对她的婴儿没什么反应。如果她继续沮丧下去，婴儿很可能变得消极、易激惹，最终变得退缩。随着孩子年龄增长，不良亲子关系会导致严重的情绪和行为问题。

2. 理解他人情绪并做出反应

婴儿的情绪表现与他们解释他人情绪的能力密切相关。前面讲过，在前几个月中，婴儿能在面对面的交流中适应养育者的情绪反应。从很早开始，婴儿就借助一种相当自动化的情绪感染过程探测他人的情绪，就像我们在感觉到别人的悲欢时，自己也会觉得悲欢一样。4 个月左右的婴儿在和别人进行面对面交流时，他们对这种交流的结构和时机越来越敏感。当他们注视别人、微笑并发出声音时，他们希望陪伴者能做出反应（Rochat，Striano & Blatt，2002）。在这些交流中，婴儿逐渐意识到情绪表达的范围（Montague & Walker-Andrews，2001）。

5 个月左右，婴儿会把面部表情看成有组织的模式，他们能把声音表现的情绪与说话人恰当的面部表情匹配起来（见第 4 章）。把情绪表现作为一个整体来反应，说明婴儿已经理解了这些信号的意义。随着婴儿理解他人意图和共同注意技能的提高，他们懂得了，情绪表现不仅是有意义的，而且是对具体客体或事件做出的有意义的反应（Moses et al.，2001；Tomasello，1999a）。

懂得了这些，婴儿就可以进行**社交参照**（social referencing），即面对不确定情境时主动地从可信赖的人那里寻求情绪信息。研究表明，养育者的情绪表现（高兴、愤怒或恐惧）会影响 1 岁儿童是否对陌生人保持谨慎，是否会玩一种不熟悉的玩具，是否会通过视崖的深侧（Repacholi，1998；Stenberg，2003；Striano & Rochat，2000）。

母亲和父亲在提供情绪信息方面是同等重要的。当父母都不在的时候，幼儿开始转向其他熟悉的养育者（Camras & Sachs，1991；Hirshberg & Svejda，1990）。成人的声音，无论是只有声音，还是声音和表情一起出现，都能比单独的面部表情更有效地指导幼儿的行为（Vaish & Striano，2004）。通过判断声音，儿童不需要看着成人就能对新异事件做出评价。声音可以同时提供情绪和言语信息。

父母可以利用社交参照教孩子怎样对日常事件做出反应。社交参照使学步儿能把自己对事件的评估与他人对事件的评估作比较。1 岁半左右，他们开始懂得，别人的情绪反应与自己的情绪反应可能是不同的。在一项研究中，成人给 14 个月和 18 个月的孩子看花椰菜和曲奇饼，做出喜欢其中一种而讨厌另一种食物的表情。然后请这些孩子来一起吃这些食物，18 个月的孩子无论自己喜欢哪种食物，都能递给成人她们喜欢的食物（Repacholi & Gopnik，1997）。

总之，社交参照使年幼儿童不再只是对别人的情绪信号做出反应，他们还能应用这些信号揣摩别人的内心状态和偏好，以指导自己的行动。

3. 自我意识的情感的出现

除了基本情绪之外，人还有一种较高级的情感，如内疚、羞愧、尴尬、嫉妒和自豪。它们被称为**自我意识的情感**（self-conscious emotions），这些情感可能会伤害或增强人的自我感。当人伤害了别人或想改正自己的错误时，会感到内疚。人感到羞愧或尴尬时，对自己的行为就持一种消极态度，想回避别人，不希望别人看到自己的失败。相反，自豪则反映了对自己成就的快乐，愿意把自己做得好的事情告诉别人（Saarni，Mumme & Campos，1998）。

自我意识的情感在 1 岁半以后出现，因为 18～24 个月的儿童越来越把自己看作一个唯一、独特的个体。感到羞愧和尴尬时，他们会垂下眼皮，低下头，用手捂脸。他们也表现出类似内疚的反应，比如，一个 22 个月大的孩子把他从同伴那儿抢来的玩具还给别人时，会拍拍那个伤心的同伴。自豪也在这个年龄出现了，而嫉妒和自责在 3 岁时才出现（Barrett，1998；Garner，2003；Lewis et al.，1989）。

除自我意识之外，自我意识的情感需要另一种成分：成人告诉他们何时该感到自豪、羞愧或自责。 *189*
父母很早就开始了这种教导，他们经常说："看，你把球扔得真远啊！""你抢别人玩具，羞不羞啊！"

自我意识的情感在儿童与成就相关的行为和道德行为中起着重要作用。成人鼓励这些情感的情境在各种文化中是不同的。在美国的绝大多数地方，儿童从很早就被教育要为他们自己的成就而自豪——把球扔得很远，在比赛中取胜，得到好分数等等。但是在集体主义文化中，例如中国和日本，只关注个人成功会引起尴尬和自责，而没有关心父母、老师和上级，就会因不合乎文化标准，引发强烈的羞愧（Akimoto & Sanbonmatsu，1999；Lewis，1992）。

自我意识的情感在两岁末开始出现。这个危地马拉的两岁儿童正在照顾她的年迈祖母，这种行为在她的文化中会受到好评，她无疑感到了一种自豪感。

4. 情绪自我调节的萌芽

除了情绪反应范围的拓展之外，婴儿和学步儿还开始用各种办法调适自己的情绪。**情绪自我调节**（emotional self-regulation）是把情绪强度调节到恰当水平，以更好地达到目标的策略（Eisenberg et al.，1995；Eisenberg & Spinrad，2004）。当你提醒自己，引起焦虑的事件很快就会过去，当你努力抑制对一个朋友的愤怒，或决定不去看一场恐怖电影时，就是在做情绪自我调节。

情绪自我调节必须是自发的，必须付出努力来调适情绪。这种努力控制的能力随着大脑皮层的发育和成人的教育而不断提高，成人会帮助儿童控制强烈的情绪，教给他们一些办法（Eisenberg & Morris，2002；Fox & Calkins，2003）。情绪控制方面的个体差异在婴儿期就已经很明显，到了幼儿期，它对儿童的适应有非常重要的影响，以至于努力控制被认为是气质的一个重要维度。在前2年里，情绪调节的良好开端会对自主性、认知及社交技能的发展起着重要作用（Crockenberg Leerkes，2000）。

在最初几个月中，婴儿只有一些有限的情绪调节能力。在过于紧张时，他们会离开不愉快的刺激，咧嘴和吮吸，但他们仍然难以忍受。他们需要大人的安慰——把痛苦的婴儿举到肩上，摇晃，温柔地讲话，以此帮助他们解除紧张情绪。

前额叶的快速发育逐渐增强了婴儿对刺激的耐受力，2～4个月时，成人通过面对面的游戏和对物体的注意来培养儿童的这种能力。在这些互动中，父母调整他们行为的节奏，使孩子既不要快乐过度，也不会痛苦。这些做法会提高婴儿对刺激的耐受力（Kopp & Neufeld，2003）。4个月时，转移注意的能力可以帮助儿童控制自己的情绪。那些善于离开不愉快刺激的婴儿会较少感到痛苦（Axia，Bonichini & Benini，1999）。1周岁时，婴儿的爬和走的能力使他们能接近或离开各种情境，更好地调节自己的情绪。

如果父母善于“阅读”孩子的情绪线索并做出疼爱反应，他们的孩子就较少烦恼，容易抚慰，探索环境的兴趣更强。相形之下，父母等到孩子大发脾气才去抚慰，会强化孩子的痛苦，使之快速增强。如果养育者不善于调节婴儿的压力体验，那么，经常处于应激状态的脑结构就不能正常发育，导致儿童容易焦虑、冲动，调节情绪的能力减弱（Crockenberg & Leerkes，2000；Nelson & Bosquet，2000）。

成人还会教婴儿学习以社会认可的方式表达情绪。从几个月开始，父母就鼓励婴儿克制自己的消极情绪，他们通过较多地模仿婴儿感兴趣、高兴、吃惊的表情，较少模仿愤怒和悲伤的表情来达到这一目的。这样的训练，男孩比女孩得到的更多，部分原因是男孩需要付出更多的努力来调节自己的消极情绪（Malatesta et al.，1986；Weinberg et al.，1999）。结果，众所周知的性别差异——女人善于表达情绪，而男人善于控制情绪——在儿童很小时就得到促进和培养。集体主义文化更强调以社会认可的适当方式表达情绪。与美国人相比，日本人和中国人不鼓励儿童表达强烈的情绪（Fogel，1993；Kuchner，1989）。到1岁末，中国和日本婴儿的微笑和哭泣比美国婴儿少得多（Camras et al.，1998）。

到两岁末，用词汇说出感受的能力大大加强，190
如“高兴”、“吓一跳”、“害怕”、“讨厌”、“生气”等等（Bretherton et al.，1986）。虽然两岁儿童在感到痛苦时会暂时转移注意，但如果有一个教养有方的成人在场，他们会做得更好（Grolnick，Bridges & Connell，1996）。一旦儿童能说出自己的内心状态，成人就能更好地了解他们的情绪。例如，在听了妖怪故事后，格瑞丝呜咽着说：“妈妈，我害怕。”莫妮卡就放下书，给她一个拥抱来安慰她。

思考题

复习 为什么许多婴儿在7个月以后开始表现出陌生人焦虑？什么因素可能增强或减轻对陌生人的警惕？

应用 14个月的时候，列吉搭了一个塔，然后高兴地把它给推倒了。但是在两岁时，他叫住了妈妈，自豪地指着自己搭的塔。什么因素能够解释列吉在情绪方面的这种变化？

联结 为什么母亲抑郁的婴儿在调节情绪方面会有困难？他们自我调节技能的缺乏对他们面对认知和社会挑战时的反应有哪些影响？

反思 说出最近发生在你生活中、要求你调节自己消极情绪的几件事。你是怎么对这些事做出反应的？你的早期经历、性别和文化背景如何影响你的情绪调节风格？

三、气质与发展

凯特琳善于交际的特点出生不久就显露无遗。与成人交往时，她对着他们微笑或大笑，两岁时，她经常接近其他儿童。但同时，格瑞丝平静、放松的特点令莫妮卡吃惊。19个月时，她很满足地坐在饭店里的一把高脚椅上参加持续两个小时的家庭晚宴。相反，蒂米很活跃，容易分心。他一会儿扔下一个玩具转向另外一个玩具，一会儿又爬上桌子和椅子，瓦内莎必须紧紧跟着他。

当我们说一个人愉快、乐观，说另一个人主动、有活力，说另一些人平静、谨慎，或容易愤怒时，我们就是在谈论一个人的**气质**（temperament），即婴幼儿期出现的在反应性和自我调节等方面的稳定个体差异。反应性指情绪唤醒、注意以及活动的速度和强度。自我调节指用于改变反应性的策略（Rothbart，2004；Rothbart & Bates，1998）。构成婴儿气质的心理特质是成人人格的基础。

1956年，亚历山大·托马斯（Alexander Thomas）和斯蒂拉·切斯（Stella Chess）开始了他们的纽约追踪研究项目，他们对114名被试从婴儿期到成年期的气质发展进行了富于创造性的研究。结果表明，气质会增加儿童心理问题发生的概率，也可以保护儿童免受高压力家庭生活事件的消极影响。托马斯和切斯还发现，父母教养方式可以在很大程度上改变儿童的气质。

这些发现引发了有关气质的大量研究，其中包括对气质稳定性、生物基础及气质与儿童教养经验的交互作用的研究。我们首先看一下气质的结构或组成，及气质是如何测量的。

1. 气质的结构

托马斯和切斯提出的关于气质的九个维度如表6.2所示。通过父母访谈，获得了有关婴儿和儿童行为的详细描述，并把它们按九个维度加以评定，某些特征被分到一起，形成三种类型的气质：

- **易照养儿童**（easy child）（约占样本的40%）：在婴儿期能很快地形成日常生活习惯，通常比较乐观，容易适应新环境。
- **难照养儿童**（difficult child）（约占样本的10%）：生活习惯不规律，接受新经验较慢，有消极和强烈的反应倾向。
- **慢热儿童**（slow-to-warm-up child）（约占样本的15%）：不活跃，对环境刺激的反应温和、抑制。心态消极，对新经验适应慢。

有35%的儿童不能划分为上述三种类型。他们的气质属于三种气质特征的不同组合。

难照养儿童引起了研究者的最大兴趣，因为这种儿童出现行为适应问题的可能性较高，包括幼儿期和小学期的焦虑退缩行为和攻击行为（Bates，Wachs & Emde，1994；Ramos et al.，2005；Thomas，Chess & Birch，1968）。与难照养儿童相比，慢热儿童在早几年行为问题并不多。但是到了学前期和学龄期，当人们期望他们在教室里和同伴群体中积极迅速地做出反应时，他们表现出一些恐惧、迟钝和退缩的行为（Chess & Thomas，1984；Schmitz et al.，1999）。

表6.2还列出了第二种气质模型，它是由罗斯巴特（Mary Rothbart）提出的，它把托马斯和
191 切斯的模型和其他研究者的气质模型的重叠维度加以合并，例如，“注意分散”与“注意广度/持久性”被认为是同一个连续体的两极，因而合并为“注意广度/持久性”。这个模型还包括托马斯和切斯没提到的一个维度，“易激惹痛苦”，把挫折引起的反应性和恐惧引起的反应性加以区分。它略去了“节律性”、“反应强度”、“反应阈限”这些维度（Rothbart，Ahadi & Evans，2000；Rothbart & Mauro，1990）。因为，睡觉有节律的儿童不一定吃饭也有节律。经常笑的儿童不一定会体验高度的恐惧，会大笑的儿童不一定在恐惧、易激惹和身体运动方面也有强烈体验。

表6.2 **两种气质模型**

托马斯和切斯		罗斯巴特	
维度	描述	维度	描述
活动水平	主动活动时间与被动活动时间之比	**反应性**	
节律性	身体功能，如睡眠、苏醒、饥饿和排泄的规律性	活动水平	大肌肉活动水平
注意分散	环境刺激改变行为的程度，例如，给哭的婴儿一个玩具，是否会停止哭	注意广度/持久性	朝向一种事物或对一种事物感兴趣的持续时间
趋近/退缩	对一种新物体、食物或陌生人的反应	恐惧性痛苦	对强烈的、新颖刺激的警惕和痛苦反应，包括适应新情境的时间
适应性	根据环境变化调整自己的难易程度，如在一个陌生的地方睡觉或吃东西	易激惹痛苦	愿望未能实现时的慌乱、哭泣和痛苦
注意广度和持久性	投入某种活动的时间，例如看一个运动物体，或玩一个玩具的时间	积极情感	表达幸福或快乐的频率
		自我调节	
反应强度	笑、哭、谈话或大肌肉活动等反应的活跃程度	努力控制	主动抑制一种占优势的活跃反应，计划和执行更具适应性的行为的能力
反应阈限	引起一种反应的刺激强度		
心境	友好、高兴或不友好、不高兴行为的多少		

资料来源：左：Thomas & Chess，1977。右：Rothbart，Ahadi & Evans，2000；Rothbart & Mauro，1990。

根据罗斯巴特的观点，个体不仅在反应性的每个维度上存在差异，而且在气质的自我调节维度上存在差异，这一自我调节维度称**努力控制**（effortful control），即主动抑制一个占优势的活跃反应，计划和执行更具适应性的行为的能力（Rothbart，2003；Rothbart & Bates，1998）。努力控制方面的差异体现在儿童如何有效地集中和转移注意力，抑制冲动和消极情绪。

2. 气质测量

通常通过对父母的访谈和问卷调查对气质进行测量。了解儿童的医生、教师或其他人对儿童行为进行评定，以及研究者的直接观察等方法也可使用。父母报告法比较方便，而且父母对孩子的了解也更清楚（Gartstein & Rothbart，2003）。虽然父母报告常被批评为有偏差，但父母评定和对儿童行为的观察仍有中度相关（Mangelsdorf，Schoppe & Buur，2000）。研究父母的知觉有利于理解父母看待孩子、对孩子做出反应的方式。

研究者在家里或观察室里进行观察有助于避免父母报告的主观性，但又会导致其他偏差。有人发现，家庭观察很难捕捉到那些极少发生但却很重要的情形，例如婴儿对挫折的反应。有些在家里能从容避免某些不愉快情形的儿童，在不熟悉的观察室里会烦躁不安，难以完成观察（Wachs & Bates，2001）。但研究者仍然可以更好地控制儿童在研究室里的行为。他们能很容易地把行为观察和生理指标结合起来，探索气质的生理基础。

生理研究主要关注在气质的积极情感和恐惧痛苦这两个维度上处于两个极端的儿童（见表6.2）。**抑制型儿童或害羞儿童**（inhibited，or shy children），对新异刺激反应消极，表现退缩；而
非抑制型儿童或善交际儿童（uninhibited，or so- 192
ciable children），则对新异物体和陌生人表现出积极情绪和趋近行为。正如本节的“生物因素与环境”专栏所揭示的，具有生理基础的反应性，如心率、激素水平和脑电波，可以区分抑制和非抑制儿童。而父母教养方式对决定抑制风格是否会持续则很关键。

专栏 生物因素与环境

害羞与交际性的发展

两个 4 个月大的婴儿，拉里和米奇，来到了杰罗姆·凯根（Jerome Kagan）的实验室，凯根观察了他们对各种陌生情境的反应。当给予他们新的光线和声音刺激，如装饰有各种颜色玩具的运动物体时，拉里的肌肉收缩，激动地晃动胳膊和腿，开始哭泣。相反，米奇仍然很放松、安静，微笑着，发出咿咿呀呀的声音。

等他们到了学步期，拉里和米奇又来到实验室，研究者用一些程序引起他们的不确定感。研究者在他们身上放置电极，胳膊连接了血压计来测量心率；在他们的眼前移动玩具机器人、动物和木偶；一个陌生人做出不寻常的行为或穿着奇特的衣服。拉里开始呜咽，迅速退缩，而米奇则饶有兴致地看着、笑着，接近玩具和陌生人。

4 岁半，他们第三次来到实验室，当一个陌生成人对拉里进行访谈时，拉里几乎不说话，也不笑。相反，米奇会问一些问题，说出他每次在面临新活动时的愉悦。在一间有两个陌生同伴的游戏室里，拉里退到一边，看着别人玩，而米奇很快就与别人成为朋友。

在对几百名白人儿童进行的追踪研究中，凯根（Kagan，1998）发现，大约 20%的 4 个月婴儿跟拉里一样，因为新异刺激而烦躁；大约 40%的婴儿像米奇，在面临新情境时，自在甚至高兴。大约 20%～30%的婴儿长大后仍然保持着他们的气质风格（Kagan，2003；Kagan & Saudino，2001）。但是随着年龄增长，多数儿童的气质变得不那么极端。生物因素和儿童的经验共同影响着气质的稳定性和变化。

害羞和社交性的相关生理因素 凯根认为，个体在大脑掌管回避反应的杏仁核唤醒程度上的差异，影响着这些看上去截然不同的气质特征。对于害羞、抑制的儿童来说，新异刺激很容易激活杏仁核及其与大脑皮层的联结和交感神经系统，使个体在面临威胁时生理上做好行动准备。对于善交际、非抑制的儿童来说，相同水平的刺激导致了较低水平的神经兴奋。核磁共振成像研究显示，给成人看一组陌生面孔时，那些在两岁时曾被划分为抑制儿童的成人比被划分为非抑制儿童的成人，其杏仁核活动水平更高（Schwartz et al.，2003）。这两种情绪风格也可以通过那些由杏仁核中介的生理反应加以区分：

心率。从出生几周开始，害羞儿童的心率就一直高于善交际儿童，面对不熟悉情境时，这些儿童的心率进一步加快（Snidman et al.，1995）。

皮质醇。害羞儿童唾液里的应激激素皮质醇浓度高于善交际儿童（Gunnar & Nelson，1994）。

瞳孔扩张、血压和皮表温度。与善交际儿童相比，害羞儿童在面对新异刺激时，瞳孔扩张更大，血压升高更多，指尖温度更低（Kagan et al.，1999）。

与对人和物接近—退缩相关的另一项生理指标是大脑前额叶脑电波。害羞婴幼儿右额叶的脑电活动水平更高，而右额叶的活动是与消极情绪反应有关的；善交际的儿童则刚好相反（Calkins，Fox & Marshall，1996）。杏仁核的神经活动传递到前额叶，可能是造成差异的原因。抑制儿童的大脑皮层的一般激活程度也更高，这是高情绪唤醒和对有潜在危险的新异情境的高监控的一个指标（Henderson et al.，2004）。

儿童教养方式 根据凯根的观点（Kagan，1998），极端害羞或极端善交际的儿童都遗传了某些生理基础，使他们表现出不同的气质类型。然而遗传力的研究表明，遗传对害羞和社交性只有较低的影响。经验的影响较大。

儿童教养方式影响着那些情绪反应强的婴儿会不会变成胆小的儿童。疼爱、教养有方的父母养育可以减少害羞婴幼儿对新异刺激的生理反应，而冷漠、粗暴的父母养育则可以加重焦虑（Rubin，Burgess & Hastings，2002）。如果父母一味地保护那些不喜欢新异刺激的儿童，即使很小的压力也不让他们经历，那么这些儿童就更难克服退缩。适当地要求孩子接近新情境的父母，可以帮助孩子克服恐惧（Rubin et al.，1997）。

如果抑制性持续下去，它将会导致过分谨慎、低自尊和孤独。在青少年期，持续害羞可增加严重焦虑的危险性，尤其是社交恐惧，即在社交情境中非常害怕丢面子（Prior et al.，2000）。要使抑制儿童掌握有效的社交技能，父母养育方式必须与儿童的气质适应相匹配。

对不确定情境的强烈生理反应使这个孩子紧靠在爸爸身边。如果父亲能够耐心并鼓励孩子，他就能调整女儿的反应性，帮助她摆脱怕生的冲动。

3. 气质的稳定性

许多研究发现，在注意广度、活动水平、易激惹性、社交能力或腼腆等方面得分高或低的婴幼儿，在几个月到几年后，甚至到成年期再次测量时，都会做出相似反应（Caspi et al.，2003；Kochanska & Knaack，2003；Pedlow et al.，1993；Rothbart，Ahadi & Evans，2000；Ruff & Rothbart et al.，1996）。但是总体上看，气质的稳定性并不高（Putnam，Samson & Rothbart，2000）。

气质会随着年龄而发生变化是一个主要原因。为了说明这个问题，让我们来看易激惹性和活动水平。第3章讲到，出生后的前几个月，大部分孩子都会哭闹。当婴儿能更好地调节注意和情绪的时候，许多原来易激惹的孩子变得平静而满足了。活动水平则因行为意义的变化而变化。起先，那些好动的孩子可能是高度唤醒和不舒适的，而不好动的孩子一般比较警觉而专注。但到了孩子可以自己活动的时候，情况就走向反面。活跃爱爬的孩子通常比较警觉，喜欢探索，而不活跃的孩子可能是害怕、退缩的。

这些差异可以帮我们理解，为什么只是在两岁以后，根据早期气质做出的长期预测才比较准确，因为这时儿童的反应风格已经比较确定了（Caspi，1998；Lemery et al.，1999）。因此，在两岁半～3岁时，儿童在要求努力控制的各种任务中表现得更一致，例如延迟满足、小声说话、选择性地注意一个刺激而忽略另一个更有趣的刺激。研究者认为，在这段时间，与抑制冲动有关的前额叶得到了迅速发展（Gerardi-Caulton，2000；Rothbart et al.，2003）。

如果那些气质胆小或消极、易激惹的2～3岁儿童能得到耐心、得力的养育，他们将会更好地控制自己的行为（Warren & Simmens，2005）。特别是，他们在幼儿期遇到的困难可能会减少。这一结果表明，儿童养育方式可以改变以生理为基础的气质特征。

对这些研究结果作整体分析，可以发现，气质的中低度稳定性是有意义的。许多因素影响着气质风格的延续，包括气质的生理基础，儿童努力控制的能力以及养育方式。但是儿童的气质很少从一个极端走到另一个极端，害羞儿童很少变成善交际儿童，易激惹儿童很少变得非常随和。带着这些观点，我们来看遗传和环境对气质与人格的影响。

4. 遗传的影响

气质这个词意味着，人格的个体差异具有遗传基础，研究表明，在气质和人格的许多特征上，同卵双生子都比异卵双生子更相似（Caspi，1998；DiLalla，Kagan & Reznick，1994；Emde et al.，1992；Goldsmith et al.，1999；Saudino & Cherny，2001）。第2章提到，遗传力估计值表明，气质和人格具有中等程度的遗传力：平均来看，一半的个体差异起源于遗传结构。

早期气质表现的种族差异和性别差异也表明了遗传的作用。与白人婴儿相比，中国和日本婴儿表现得不太活跃，不易激惹，不善表达，也比较容易被抚慰和平静下来（Kagan et al.，1994；Lewis，Ramsay & Kawakami，1993）。格瑞丝能在家庭聚餐中长时间安安静静地坐在高脚椅上，正好符合这个特征。蒂米较高的活动水平则与性别差异有关（Gartstein & Rothbart，2003）。从幼儿期开始，男孩就更活跃大胆，女孩则比较焦虑胆小，在整个儿童期和青少年期，男孩受伤率较高，也反映了性别差异。

遗传影响随着所研究的气质特征的不同和个体年龄的不同而不同。例如，消极情感表达比积极情感表达的遗传力估计值要高。婴儿期遗传所起作用比儿童期及以后的作用明显地小一些，因为气质在后期变得更稳定（Wachs & Bates，2001）。

5. 环境的影响

环境对气质也有重要影响。例如，持续的营养不良和情感剥夺会显著地改变气质，导致消极的情绪反应性。第4章讲到，早期经历严重营养不良的儿童，即使营养状况得到改善，仍然比同龄儿童更易分心和恐惧。在孤儿院长大的孩子，更容易受到压力事件的影响。他们缺乏情绪调节技能，导致注意力不集中，控制冲动的能力差，经常发脾气。

另一些研究还显示，遗传和环境会共同影响气质，因为儿童对周围环境的探索会影响他的经验。为了说明这一点，让我们来看气质的种族和性别差异。

日本母亲通常认为，婴儿作为一个独立的人
194 来到这个世界，必须学会通过亲密的身体接触依赖他的妈妈。北美母亲的看法恰好相反，她们要求婴儿不要依附于成人，要学会自立自强（Kojima，1986）。因此，亚洲母亲温柔地跟孩子互动，安慰孩子，非常讲究抱孩子的姿态，不希望孩子的情感太强烈，而白人的妈妈可能更多地使用活跃的、刺激性的和言语的方式与孩子交往（Rothbaum et al.，2000a）。这种行为差异加大了婴儿的气质差异。

类似差异也导致了气质的性别差异。在婴儿出生后24小时内（在父母与婴儿还没有很多交往经验之前），父母就以不同的方式看待男孩和女孩。儿子通常被认为长得较高大，协调能力好，灵活、强壮。女儿通常被看作较柔弱、娇小和笨拙（Stern & Karraker，1989；Vogel et al.，1991）。这种性别成见影响了他们对待婴儿的方式。父母更多地鼓励儿子进行积极的身体运动，而鼓励女儿寻求帮助和身体的亲近（Ruble & Martin，1998）。

在有几个孩子的家庭中，还有其他因素会影响气质。听听父母说的话，就会发现，父母经常寻找和强调每个孩子的不同特点："她活跃得多"，"他更喜欢与别人交往"，"她坚持得更久一些"。结果，父母通常比其他观察者认为孩子之间更不同。在一项对1～3岁的双胞胎进行的大型研究中，父母报告的同卵双胞胎在气质上的相似程度，要低于研究者报告的相似程度。研究者认为，异卵双胞胎有中等程度的相似性，父母却认为他们在气质风格上是相反的（见图6.1）（Saudino，2003）。

父母经常强调每个孩子的独特之处，这也影响他们对孩子的态度。一项对同卵双生子的研究显示，妈妈对待双胞胎的方式是不一样的。受到较多疼爱和较少严厉对待的孩子，情绪和社交行为更积极些（Deater-Deckard et al.，2001）。每个孩子的行为反过来又引发父母根据自己的养育观和孩子的气质做出反应。

除了在家庭里的不同经验外，兄弟姐妹与老师、同伴和社区里的其他人交往经验的不同，也会影响气质发展。在小学期和青少年期，他们总是试图与别人不同。在成人阶段，同卵双生子和异卵双生子都会变得越来越不同（Loehlin & Martin，2001；McCartney，Harris & Bernieri，1990）。双胞胎之间的接触越少，这种效应就越强。总之，气质

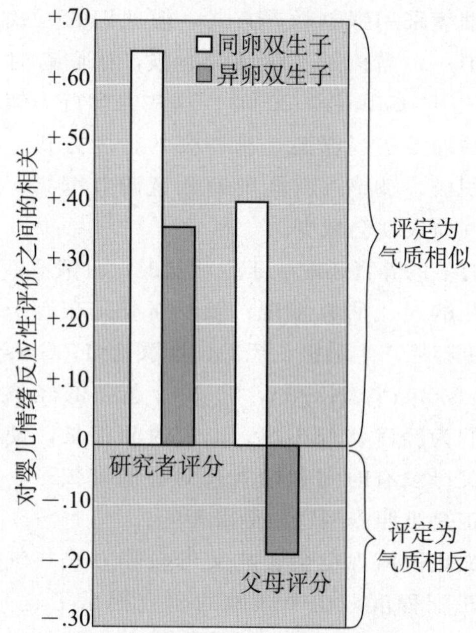

图6.1　研究者和父母评定的同卵双生子和异卵双生子的气质相关

父母报告的同卵双生子的气质上的相似性要低于研究者报告的相似性。研究者报告异卵双生子具有中等程度的相似性，而父母则报告他们在气质上则是相反的。这里描述的相关是情绪反应性的相关。活动性水平、害羞和注意广度/坚持性也有相似的结果模式。

资料来源：Saudino，2003.

和人格必须通过遗传和环境因素之间复杂的相互依赖加以解释。

6. 气质和儿童教养方式：良好匹配模型

前面提到，许多儿童的气质随着年龄增长发生了变化。这说明，如果儿童的先天倾向阻碍了儿童的学习或与他人的相处，那么成人可以削弱这些不适应的行为。

托马斯和切斯（Thomas & Chess，1977）提出了一个**良好匹配模型**（goodness-of-fit model），可以解释气质和环境如何共同起作用以导致最佳效果。良好匹配的意思是，创设一种最适合儿童气质类型的教养环境，帮助儿童形成更具适应性的能力。

难照养型气质的儿童（回避新情境，在新情境中反应强烈而消极）经常得到与其气质不相匹配的养育，这大大增加了他们随后发生适应问题的风险。到两岁时，难照养儿童的父母经常用生气和惩罚管教儿童，这阻碍了努力控制能力的发展。当儿童不听话、反抗父母时，父母变得愈发懊恼（Coplan，Bowker & Cooper，2002）。于是，

他们继续采用强制教养方式，但他们的方式往往前后不一，当孩子不听话的时候，他们有时又会放任孩子（Calkins，2002）。这些养育行为使儿童保持并加重了易激惹、易冲突的行为方式。如果
195 父母积极、敏感，就能帮助儿童调节情绪，难照养型气质表现会减少。

有效的养育还取决于生活状况。对俄罗斯和美国婴儿的对比研究发现，俄罗斯婴儿在经历挫折后，更容易产生消极、恐惧、烦躁情绪（Garstein，Slobodskaya & Kinsht，2003）。萧条的经济导致了人们为经济状况担忧，上班时间很长，使俄罗斯的父母没有时间和精力来耐心地带孩子，而这一点正是难照养型气质最需要的。

文化价值观也会影响父母教养方式与气质之间的匹配程度，在中国做的研究揭示了这一点。在中国的集体主义文化价值观里，是不鼓励人们张扬自我的，这使中国的成人积极评价害羞的儿童，一些研究表明，在10～20年前，这类中国儿童在学习和社交方面在父母眼里是适应良好的（Chen，Rubin & Li，1995；Chen et al.，1998）。

但是，中国市场经济的迅速发展要求人们具有成功所需要的个性和社交品质，这也许是近来中国父母和教师对儿童期害羞的态度发生逆转的原因（Xu & Peng，2001；Yu，2002）。在上海的四年级学生中，害羞与社会适应之间的相关也随着时间的变化发生了改变。1990年时，害羞与教师评价的能力、同伴接受性、领导能力和学习成绩呈正相关；到1998年，这种正相关减弱；到2002年，关系反过来了：这一结果与西方的研究结果一致（见图6.2）（Chen et al.，2005）。文化背景影响了害羞儿童得到的是肯定还是否定，以及他们能否适应良好。

养育方式与儿童气质之间的良好匹配最好及早建立，在不利的气质—环境关系导致适应不良之前及时预防。难照养型和害羞儿童都能从温和的、接纳孩子的父母养育中受益，这种养育在让儿童掌握新经验的过程中，提出明确而合理的要求。对于胆小、不活跃的学步儿来说，父母的激励，包括鼓励、提问、指向物体，会促进儿童去探索。对于活泼好动的儿童来说，类似的行为指导就不必要，它会妨碍儿童的游戏，削弱他们的好奇心（Gandour，1989；Miceli et al.，1998）。

良好匹配模型提示人们，婴儿具有独一无二的气质，成人必须接受它。父母不能总是赞扬儿童，也不能总是批评他们的缺点。父母应该把一个可能加重儿童问题的环境变成一个可以增强儿童能力的环境。良好匹配也是亲子依恋的核心。这种最亲密的关系产生于父母和婴儿之间的互动，双方的情绪特点都会影响依恋的质量。

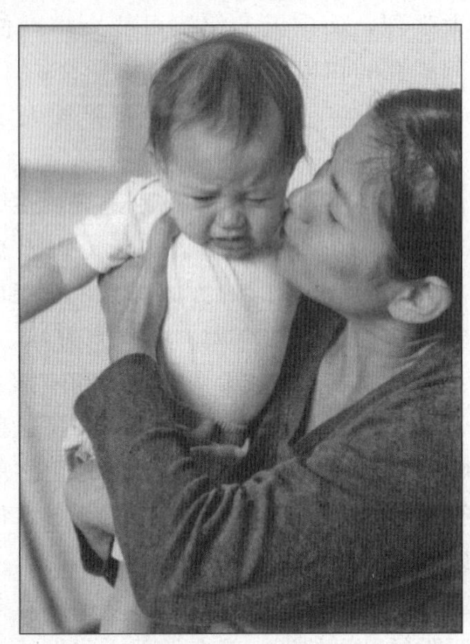

“良好匹配”描述了具有生理基础的儿童气质与养育环境之间的交互作用。这位妈妈面对孩子的哭闹，平静地安慰着孩子，这将帮助孩子调节强烈的情绪反应，面对挫折时形成一种更具适应性的反应。

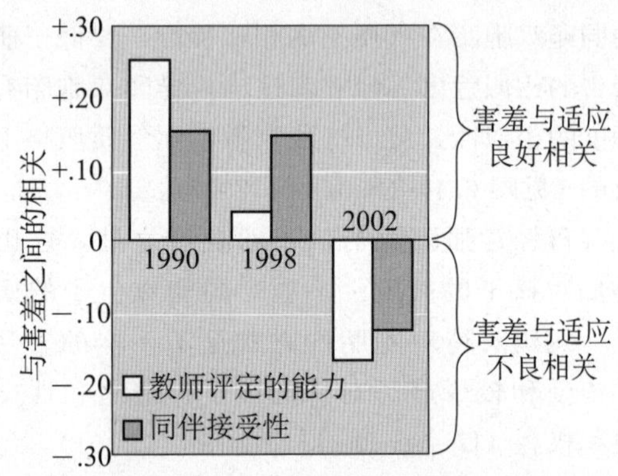

图6.2 中国四年级学生的害羞与社会适应之间的相关随时间的变化

在1990年，害羞的中国儿童表现出良好的适应。但是当中国的市场经济快速发展，自我决断和交际性被看重以后，相关方向发生了变化。到2002年，害羞与适应行为呈负相关。这是由教师评价和同伴评价得到的结果。在领导能力（担任班干部）和学习成绩方面也有相似的变化。

资料来源：Chen et al.，2005.

思考题

复习　遗传和环境因素是怎样共同影响气质的？引用研究实例加以说明。

应用　杰克 18 个月时，他的爸爸坚持让他坐在桌子旁直到把饭吃完，好动的杰克爬出高脚椅，大发脾气。用良好匹配的概念想出另一种对待杰克的办法。

联结　气质的种族和性别差异的研究结果能否证明第 2 章讨论的遗传—环境相关性？为什么？

反思　你怎样描述你小时候的气质？你认为你的气质是稳定的，还是发生了改变？什么因素起了作用？

四、依恋的发展

196 **依恋**(attachment) 是人对生活中特定人物的一种强烈而深刻的情感联结，与这个人交往带来愉快体验，面临压力时会从这个人处得到安慰。6 个月以后，婴儿依恋于那些能满足他们需要的熟人，特别是父母。当妈妈进入房间时，婴儿会露出开心的微笑。妈妈把他抱起时，他会摸妈妈的脸和头发，偎依在妈妈怀里。当他感到焦虑或害怕的时候，会爬到妈妈腿上，紧靠着妈妈。

弗洛伊德最先指出，婴儿与母亲的情感联结是以后所有人际关系的基础。最近的研究则发现，亲子联结的质量固然重要，但后期的发展不仅受到早期依恋经历的影响，也受到长期的亲子关系质量的影响。

依恋一直是理论争论的热点问题。回顾本章开头对埃里克森理论的介绍，精神分析理论把喂养看作是养育者和婴儿建立这种情感联结的最初原因。行为主义者从不同角度出发，也强调喂养在依恋形成中的作用。行为主义认为，由于母亲能满足婴儿的吃奶需要，婴儿就学会了喜欢她温柔的看护、温和的微笑和安慰，因为这些行为会导致压力减轻。

虽然喂养是形成亲密关系的重要条件，但它不是唯一条件，依恋不仅仅取决于对食物的满足。20 世纪 50 年代，有一个著名的实验，为恒河猴提供绒布做的母猴和铁丝做的母猴，结果发现，虽然铁丝母猴身上有奶吃，能满足幼猴的食物需要，但小猴并不长时间地亲近它，而喜欢待在绒布做的“代理母亲”身边（Harlow & Zimmerman, 1959)。同样，人类婴儿也会对那些很少喂养他们的人产生依恋，例如父亲、兄弟姐妹、祖父母等。西方文化中，那些分床睡、白天经常和父母分离的学步儿能对房间里的物体形成强烈的情感联结，例如地板、玩具熊，这些东西从来没有喂养过婴儿！

一出生就由“代理母亲”喂养的幼猴喜欢亲近绒布做的“母亲”，而不是可以吃到奶的铁丝“母亲”，这一发现显示，早期理论假设依恋——婴儿和照看者之间的情感联结——以喂养为基础，显然是不正确的。

1. 依恋的习性学理论

目前，一种被广泛接受的理论，**依恋的习性学理论**（ethological theory of attachment）认为，婴儿与养育者之间的情感联结是进化的产物，它可以增大物种存活的机会。受到康拉德·洛伦兹(Konrad Lorenz）关于印刻研究（见第 1 章）的

分离焦虑在 6～15 个月期间越来越严重，这一时期也是明确的依恋形成时期。但是分离焦虑的出现取决于婴儿的气质、情境和成人的行为。照片中这位母亲的离开给幼儿带来的痛苦只是暂时的，因为他的妈妈是敏感和教养有方的。

启发，约翰·鲍尔比（John Bowlby，1969）首先把这一观点应用到婴儿与养育者的情感联结上。他认为，人类婴儿就像其他动物的幼仔一样，天生就有一些办法使父母留在身边，这有助于婴儿
197 逃避危险，为他们探索和掌控环境提供了支持（Waters & Cummings，2000）。与父母的联系还能使婴儿得到及时喂养。但是，鲍尔比指出，喂养并不是依恋形成的基础，他主张把依恋放到进化背景中去理解，在进化过程中，物种的生存，即保证安全和发展能力，是最重要的。

鲍尔比认为，婴儿与父母的关系开始于一套内在的信号，它们把成人召唤到婴儿身边。随着年龄增长，在新的认知和情感能力、温暖而具有反应性的关怀的支持下，依恋，这种真正的情感联结就形成了，其发展经历了以下四个阶段：

- 前依恋阶段（0～6 周）。一些本能的信号，如抓、微笑、哭、看着成人的眼睛，有助于新生儿与他人建立亲密关系，让成人来安慰他们。虽然这么小的婴儿已能辨认母亲的声音和气味。但他们还没有依恋她，因为他们还不介意被留在一个陌生人身边。

- “正在形成的依恋”阶段（6 周～8 个月）。婴儿开始对熟悉的养育者，而不是对陌生人做出不同的反应。例如，4 个月的婴儿与母亲交往时，能自然地微笑、大笑并咿咿呀呀地说话，在妈妈抱他时能很快安静下来。当婴儿知道他们自己的行为能够影响周围人的行为时，他们开始形成信任感，知道养育者会对他们发出的信号做出反应，但是，他们在与父母分开时仍然不表示抗议。

- 明确的依恋阶段（6～8 个月到 18 个月～2 岁）。对熟悉养育者的依恋已非常明显，婴儿表现出**分离焦虑**（separation anxiety），在他们依赖的成人离开时烦躁不安。分离焦虑并非一直存在，和陌生人焦虑一样，它取决于婴儿的气质和当前的情境。在许多文化中，分离焦虑在 6～15 个月期间越来越严重。除了抗议父母离开，稍大些的婴儿还试图让他们一直在身边。他们爬近或走近她，跟随并爬到她身上。他们把熟悉的养育者作为安全基地，对环境进行探索。

- 双向关系的形成（18 个月～2 岁以后）。到两岁末，表征和语言能力的迅速发展使婴儿开始理解父母的离开和返回，并能预测她的返回。结果，分离抗议减少。儿童开始与养育者协商，通过请求和说服来改变养育者的目标。例如，两岁时，凯特琳在卡罗琳和戴维离开之前会要求他们讲个故事。随着与父母在一起的时间增加，他能较好地理解父母要去哪儿（“与西恩叔叔一起吃饭”）、什么时候回来（“就在你睡觉之后”），这都有助于凯特琳忍受妈妈的离开。

鲍尔比认为，通过这四个阶段的经历，婴儿与养育者建立起一种持久的情感联结，并把它当作安全基地。这个映像作为一个**内部心理作用模型**（internal working model）发挥着作用，这一模型可以预期依恋对象的存在，以及在压力情境中他们能否提供支持。内部心理作用模型成为人格的一个重要部分，指导着未来的亲密关系（Bretherton & Munholland，1999）。随着儿童的认知、情感和社交能力的提高，随着他们与父母的交往，随着他们与成人、兄弟姐妹和朋友形成亲密的纽带，他们会不断地修正并扩展内部心理作用模型。

2. 依恋安全性的测量

1 岁以后，所有在家中教养的婴儿都会对熟悉的养育者形成依恋，但这种依恋的特征是不同的。一些儿童感觉比较安全，相信养育者会给他们提供情感支持。另一些儿童则显得焦虑，缺乏信心。

一种广泛使用的测量 1～2 岁儿童依恋质量的实验室程序是**陌生情境法**（Strange Situation），让婴儿参与 8 个短情境，其中有很短的分离与重聚

情境（见表6.3）。其设计者玛丽·爱因斯沃斯
198 (Mary Ainsworth) 及她的同事认为，安全型依恋的儿童会把他们的父母作为安全基地，探索陌生的游戏室；在父母离开时他们应该有分离焦虑，看到父母比看到陌生人更容易被安慰。

观察婴儿在这些步骤中的反应，研究者划分出一种安全型依恋和三种不安全的依恋，有一些儿童不能被归为这几种类型（Ainsworth et al.，1978；Barnett & Vondra，1999；Main & Solomon，1990）。从这章开头的描述中，你认为格瑞丝在收养家庭里的表现是哪种类型？

- **安全型依恋**（secure attachment）。婴儿把妈妈作为安全基地。分离时，他们可能哭，也可能不哭，但是，如果他们哭，是因为他们更愿意与妈妈而不是与陌生人待在一起。妈妈返回时，他们能积极地寻求接近，哭泣也立即停止。约65%的美国婴儿属于这种类型。
- **回避型依恋**（avoidant attachment）。妈妈在时婴儿似乎漠不关心。当她离开时，婴儿也不伤心，他们对陌生人的反应与对妈妈的反应相同。重聚时，他们回避妈妈，或者缓慢地走近妈妈，当被抱起时，他们常常并不愿靠近。约20%的美国婴儿属于这种类型。
- **拒绝型依恋**（resistant attachment）。分离前，这些婴儿寻求与妈妈的亲近，常常停止探索。妈妈离开时，他们会大哭，妈妈返回时，他们又表现出生气、拒绝行为，有时打、推妈妈。被抱起后，许多儿童继续哭，不容易被安抚。约10%到15%的美国婴儿属于这种类型。
- **混乱型依恋**（disorganized/disoriented attachment）。这种依恋模式反映了最大程度的不安全性。重聚时，这些婴儿表现出许多困惑的、相互矛盾的行为。例如，在被抱起或接近妈妈时表现出费解的、抑郁的情绪。一些婴儿与妈妈交流时表情茫然。一些婴儿在受到安慰后意外地哭起来，或表现出奇怪的冷冰冰态度。大约有5%到10%的儿童属于这种类型。

表6.3　陌生情境法的实施步骤

步骤事件	观察到的依恋行为
1. 实验者把妈妈和婴儿带到游戏室，然后离开。	
2. 妈妈坐下，婴儿玩玩具。	妈妈被当作安全基地
3. 陌生人进来，坐下，与妈妈谈话。	婴儿对陌生成人的反应
4. 妈妈离开房间。陌生人对婴儿做出反应，如果婴儿哭泣，就进行安慰。	分离焦虑
5. 妈妈返回，问候婴儿，必要时进行安抚。陌生人离开房间。	对重聚的反应
6. 妈妈再次离开房间。	分离焦虑
7. 陌生人走进房间，安慰婴儿。	被陌生人安抚的能力
8. 妈妈回来，问候婴儿，必要时进行安抚，用玩具让婴儿高兴。	对重聚的反应

注：步骤1持续30秒，其余步骤各持续3分钟。在分离步骤，如果儿童哭得厉害，可以缩短。在重聚步骤，如果儿童需要较长时间才能平静下来，并重新游戏，可以延长时间。

资料来源：Ainsworth et al.，1978.

另外一种方法是**依恋的Q分类法**（Attachment Q-Sort），适用于1～4岁儿童，依赖于家庭观察（Waters et al.，1995）。父母或者一个经过培训的观察者对90种行为进行分类（“当妈妈进入房间时，儿童微笑着欢迎妈妈”，“如果妈妈走远一些，孩子就在后面跟着”），从非常符合到非常不符合。然后计算依恋安全性的分数，结果从“很安全”到“很不安全”。

Q分类法非常耗时，要求父母之外的一个观察者在进行分类之前先花几个小时观察儿童。而且它不能揭示不安全依恋的类型。但是它能更好地反映日常生活中的亲子关系。受过专门训练的观察者进行的Q分类与陌生情境中观察到的儿童的安全基地行为具有一致性。然而，父母所做的Q分类，与陌生情境中观察到的行为几乎没有什么相关（Van IJzendoorn et al.，2004）。尤其是不安全依恋儿童的父母很难对孩子的依恋行为做出准确的报告。

3. 依恋的稳定性

对1～2岁儿童依恋类型的稳定性所做的研究得到不同结果（Thompson，1998，2000）。细看之后发现，哪些儿童会保持不变，哪些儿童会发

生变化，是有一定规律的。生活较富裕的中产阶
199 级儿童，依恋质量比较安全和稳定。有些儿童从不安全依恋变为安全型依恋，其母亲往往适应良好，有积极的家庭和朋友圈。也许很多人在成为父母之前并没有从心理上准备好，但在社会支持下，他们很快进入了角色。相反，在压力重重的低收入家庭，儿童通常会从安全型依恋变为不安全依恋，或者从一种不安全依恋类型变为另一种不安全依恋类型（Belsky et al.，1996；Vondra，Hommerding & Shaw，1999；Vondra et al.，2001）。

这些发现表明，安全依恋的婴儿比不安全依恋的婴儿更容易保持原有的依恋特征，这种趋势在对依恋稳定性的长期测量中也得到验证，这种测量采用的是对青少年和成人进行的追踪访谈（Waters et al.，2000；Weinfield，Sroufe & Egeland，2000）。唯一例外的是混乱型依恋，这是一种非常稳定的依恋类型（Hesse & Main，2000；Weinfield，Whaley & Egeland，2004）。许多混乱型儿童经历过消极的养育，严重破坏了他们的情绪调节，所以他们对父母的混乱、矛盾的感受会持续多年。

4. 文化差异

跨文化研究表明，依恋类型在不同文化中有不同含义。例如，图6.3揭示，回避型依恋的德国婴儿比美国婴儿多。但是德国父母看重独立，鼓励孩子不要黏着父母（Grossmann et al.，1985）。相反，对非洲马里南部尼格尔河流域的多根人（Dogon）的研究发现，那里没有婴儿属于回避型依恋（True，Pisani & Oumar，2001）。即使主要由祖母抚养（她们一般与大儿子一起生活），多根的母亲对于孩子也是随叫随到，当孩子饿了或哭的时候，妈妈会紧紧抱着孩子，敏感地照料他们。

日本的婴儿很少表现出回避型依恋。在日本，拒绝型依恋的婴儿较多，但是这种反应并不代表真正的依恋安全性。日本的母亲很少让其他人照看孩子，因此，陌生情境给日本孩子带来的压力要大于那些经常与父母分离的孩子（Takahashi，1990）。同样，日本父母把婴儿的寻求注意看作是正常的婴儿依赖程度的指标，但这却是拒绝型依恋的特征（Rothbaum et al.，2000b）。虽然有这些文化差异，但在所有的社会中，安全型依恋仍然是最普遍的依恋类型（Van IJzendoorn & Sagi，1999）。

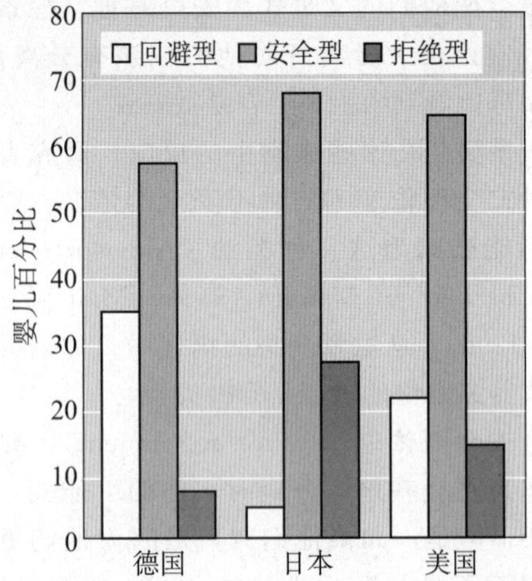

图6.3 婴儿在陌生情境中的反应的跨文化比较

德国婴儿回避型依恋的比例较大，日本婴儿的拒绝型依恋比例较大。这并不一定反映了真正的不安全依恋。它们可能是由于价值观和父母教养方式的文化差异所致。

资料来源：Van IJzendoorn & Kroonenberg，1988.

在非洲马里的多根人中，母亲总是离孩子很近，对孩子的痛苦做出敏感而温柔的反应。多根人的母亲从来不给孩子过多的刺激，也不打扰孩子，而刺激过多的养育方式与回避型依恋有关。在多根文化中，没有婴儿与他们的父母形成回避型依恋。

5. 影响依恋安全性的因素

200 哪些因素可能会影响依恋的安全性？研究者密切关注四种因素：一是建立亲密关系的机会；二是养育质量；三是婴儿的特征；四是婴儿及其父母生活的家庭环境。

（1）建立亲密关系的机会

如果婴儿没有机会与养育者建立情感联结将会怎样？列内·斯皮茨（René Spitz，1946）在一系列研究中观察了在教养机构长大的儿童，这些儿童在 3～12 个月间被遗弃。在孤儿院里，8 个婴儿一个房间，由一个护士看护。不久，他们的体重减轻，并回避周围的环境。如果婴儿认识的养育者不能代替婴儿的母亲，婴儿的抑郁就会很快变严重。

福利院养大的孩子常有情感问题，因为他们不能与一个或几个成人形成情感联结（Rutter，1996）。另一项研究支持了这一结论。研究者追踪了在一所保育人员—婴儿比例较高、有很多精选的图画书和玩具的福利院长大的儿童的发展情况。这个机构的工作人员更换太频繁，婴儿长到 4 岁半时，保育者竟换了 50 个。其中一些儿童 4 岁以后被一些家庭收养，大多数能与其养父母形成紧密的联结，这说明，在 4～6 岁仍能形成最初的依恋（Tizard & Rees，1975）。

但是，到儿童期和青少年期，这些儿童出现了较多的情感和社交问题，如希望得到成人的过分关注，对陌生成人和同伴"过分友好"，几乎没有友谊。出生后在罗马尼亚孤儿院度过 8 个月的儿童也表现出相似的障碍（Hodges & Tizard，1989；O'Connor et al.，2003）。这些研究表明，完全正常的发展取决于最初几年与养育者建立亲密关系。

（2）养育质量

研究表明，在不同的文化和社经地位的群体里，**敏感的养育**（sensitive caregiving）——对婴儿做出迅速、一致、恰当的反应，温柔细心地抱着他们——与依恋安全型有中度的相关（De Wolff & van IJzendoorn et al.，2004）。相形之下，不安全依恋儿童的母亲一般跟孩子身体接触较少，笨拙地或敷衍了事地抱孩子，有时对孩子表现出生气、拒绝态度（Ainsworth et al.，1978；Isabella，1993；Pederson & Moran，1996）。

儿项在北美婴儿中做的研究发现，**同步互动**（interactional synchrony）的交往形式是导致安全型和不安全型依恋的原因之一。这种互动好像是敏感的、协调的"情感舞蹈"，养育者以一种定时、有节律、适当的方式对婴儿发出的信号做出反应。双方都能适应对方的情感，尤其是积极情感（Feldman，2003；Isabella & Belsky，1991）。前面讲过，面对面的游戏是同步互动的主要场合，它能帮助儿童调节情绪。但是，可以预测依恋安全性的是母—婴之间的中度协调性，而不是"高度"的协调性，在"高度"协调的关系里，成人对婴儿的绝大多数信号都做出反应（Jaffee et al.，2001）。或许，温暖、敏感的养育者会使用一种放松、灵活的交流方式，他们很自然地接受双方情绪的不匹配状态，并积极地修正它，使之回到同步状态。

不同文化中看待敏感性的方式也不同。拿肯尼亚的古西人（Gusii）为例，虽然母亲对婴儿的需要非常敏感，但她们很少热情地拥抱孩子和逗孩子。结果呢，大多数肯尼亚婴儿是安全依恋的（LeVine et al.，1994）。这表明，安全型依恋取决于关注性的养育，而不是一刻不停的和谐互动。波多黎各的母亲非常强调顺从和表现出恰当的社交行为，经常会用身体指导限制儿童的行为，这种养育方式与波多黎各文化中的安全型依恋有关。但是在西方文化中，这种身体控制会导致不安全依恋（Carlson & Harwood，2003）。

与安全依恋的婴儿相比，回避型依恋的婴儿通常接受了过多的刺激和干扰性的照料。例如，母亲可能在婴儿不注意听甚至快睡着的时候，还在不厌其烦地跟孩子说话。这些孩子似乎想通过回避母亲，逃避过多的交往。拒绝型的婴儿常常 201
受到不一致的照料，母亲对婴儿发出的信号不敏感。但是，当婴儿开始探索环境时，她就干扰孩子，让婴儿关注她自己。结果，婴儿既形成了对母亲的依赖，又对母亲的不参与感到生气（Cassidy & Berlin，1994；Isabella & Belsky，1991）。

养育的极端缺乏可以有效地预测依恋发展障碍。对儿童的虐待和忽视（第 8 章将讨论）也与三种不安全依恋密切相关。在受到不良对待的婴儿中，很多婴儿属于问题最大的一种类型——混乱型依恋（van IJzendoorn，Schuengel & Bakermans-Kranenburg，1999）。遭受过创伤事件的抑郁母亲，例如，丈夫死亡，其婴儿也表现出这种依恋的典型行为（Campbell et al.，2004；van IJzendoorn，1995）。在观察中发现，这些母亲常常表现出惊恐、怒气冲冲和不高兴，例如，吓唬、戏弄孩子，生硬地抱着孩子，以惹恼孩子为乐（Goldbert et al.，2003；Lyons-Ruth，Bronfman & Parsons，1999）。

这位妈妈和孩子在进行敏感的、同步互动的交流，母子的情绪状态尤其是积极情绪非常匹配。同步互动可以支持安全型依恋，但是它并不能代表所有文化中的母子交往特征。

（3）婴儿的特征

由于依恋是母婴之间的关系，婴儿的特征自然会影响到依恋形成的难易。第3章曾讲到，早产、分娩并发症、新生儿疾病都会使婴儿养育更困难。在贫困和充满压力的家庭环境中，依恋的不安全性与家庭的这些困难密切相关（Wille，1991）。但是，只要父母肯于花时间，耐心地回应婴儿的特殊需要，积极地对待婴儿，处于危险中的新生儿也能顺利地形成依恋（Cox，Hopkins & Hans，2000；Pederson & Moran，1995）。

情绪易激惹、难教养的婴儿更可能形成不安全依恋（van IJzendoorn et al.，2004；Vaughn & Bost，1999）。母亲的抚养也有一定影响。一项对0～2岁婴儿的追踪研究发现，难照养型婴儿的母亲往往是非常焦虑的，到婴儿两岁的时候，经常会出现母亲不敏感、婴儿不安全的“不和谐关系”（Symons，2001）。

如果婴儿的气质会影响依恋类型，那么我们就会期望，依恋像气质一样，至少具有中度的遗传力。然而依恋的遗传力估计值是零（O'Connor & Croft，2001）。有研究发现，有2/3的兄弟姐妹与父母建立起相似的依恋类型，虽然这些兄弟姐妹在气质上并不相同（Dozier et al.，2001）。这表明，多数父母努力根据孩子的需要来调整他们的养育方式。

为什么儿童特征与依恋安全性之间没有密切的关系？答案是，儿童特征的影响可能取决于双方的匹配。从这种观点来看，只要养育者能敏感地调整自己的行为，以符合孩子的需要，孩子的特征就能直接促成安全型依恋（Seifer & Schiller，1995）。对难照养婴儿的父母可以进行卓有成效的干预，这种干预可以提高养育的敏感性，增强依恋的安全性（Bakermans-Kranenburg，van IJzendoorn & Juffer，2003）。但是，如果父母由于他们自己的人格问题或生活压力而缺乏这种能力，那么，有疾病的、有障碍的、难照养型的婴儿就极可能会产生依恋问题。

（4）婴儿及其父母生活的家庭环境

蒂米出生不久，他的父母离婚了，爸爸搬到了一个很远的城市。在焦虑不安、思绪纷乱中，瓦内莎把1个月的蒂米交给了吉内特照料，她一周工作50～60小时来维持生计。当瓦内莎下班很晚时，保姆就去接蒂米，给他喂奶，哄他睡觉。瓦内莎每周去看蒂米一两次。蒂米1岁时，瓦内莎发现，他不像别的孩子那样，会向妈妈伸出双手，爬到或走到妈妈跟前，蒂米对她的感情淡漠。

蒂米的行为反映了被多个研究发现的结果：失业、离婚、贫困等因素可能影响到父母养育的敏感性，进而损害依恋的安全性。这些因素也可能使婴儿不得不经常面对怒气冲冲的成人，或被送到条件不好的托儿所中，这会直接影响婴儿的安全感（Thompson & Raikes，2003）。（见本节的“社会问题”专栏）。社会支持，尤其是在养育方面的帮助，可以减轻压力，增强依恋的安全性。对吉内特的敏感性也有所帮助，这是瓦内莎从一个心理医生那里得到的建议。当蒂米两岁的时候，他与妈妈的关系似乎变亲密了。

做妈妈的也可能把自己的依恋经历带进家庭环境，通过她们的内部心理作用模型，影响她们与孩子的关系。莫妮卡记得，小时候她的母亲压力很大，紧张而忙碌，莫妮卡经常为没能跟母亲建立亲密关系而感到遗憾。对父母的这些记忆会影响格瑞丝的依恋质量吗？

研究者为了考察父母的内部心理作用模型，让妈妈评价她们自己的依恋经验（Main & Goldwyn，1998）。对西方国家做的几个研究发现，无论其经历好坏，都能客观冷静地讨论她们自己的童年的妈妈，其孩子通常都形成了安全型依恋。相反，那些否认早期人际关系的意义，或愤恨、困惑地回忆其童年经历的妈妈，其孩子通常形成不安全型依恋（Slade et al.，1999；van IJzendoorn，1995）。

但我们不能说，妈妈的童年经历会决定她们孩子的依恋特征。内部心理作用模型是一种重新建构的记忆，受许多因素的影响，包括人际关系经验、人格和当前的生活满意度。追踪研究显示，消极生活事件会削弱个体在婴儿时的依恋安全性与成人后安全型的内部心理作用模型之间的关系。根据成年期的自我报告，在婴儿期形成不安 202
全依恋而且成人后依然具有不安全的内部心理作用模型的妈妈，通常会遇到各种家庭危机（Waters et al.，2000；Weinfield，Sroufe & Egeland，2000）。

综上所述，人们的早期经验不能肯定一个人会成为敏感的或不敏感的父母。关键是怎样看待童年的经历，如果一个人能告别痛苦的过去，把新观念融入自己的心理作用模型，回过头来，理解、宽恕地看待自己的父母，那么，这种看法对她们养育自己子女的影响，将远远超过她们小时候受到养育的实际经历（Main，2000）。

专栏　社会问题

婴儿期养育对依恋安全性和后期适应的影响

研究显示，1岁之前在全托托儿所养育的婴儿比在家里养育的婴儿更可能在陌生情境中表现出不安全依恋，尤其是回避型依恋（Belsky，1992，2001）。这是否意味着，很早就在托儿所生活、每天必须和上班的父母分离的婴儿会有问题？来看研究证据。

依恋质量　关于儿童保育与依恋质量关系的一些研究发现，在托儿所长大的婴儿，其不安全依恋略多于不在托儿所养育的婴儿，比例大约是36%对29%（Lamb，Sternberg & Prodromidis，1992）。但并不是所有的研究都发现在托儿所养育的儿童与父母养育的儿童依恋质量有差别（NICHD Early Child Care Research Network，1997；Roggman et al.，1994）。儿童保育与情绪健康之间的关系取决于在家里的经验和在儿童保育中心的经验。

家庭环境　家庭环境会影响依恋安全性。许多上班的妈妈不得不应付两份全职工作，既要上班，又要当妈妈，因此压力重重。一些母亲得不到孩子父亲的支持，非常疲惫，饱受折磨，因此对孩子缺乏敏感，进而影响到孩子的安全感（Stifter，Coulehan & Fish，1993）。另一些上班的妈妈重视并鼓励孩子的独立性。或者她们的孩子在陌生情境中并不恐惧，是因为他们习惯了与妈妈分离。在这种情况下，在陌生情境中的回避可能反映了一种正常的自主性，而不是不安全依恋（Clarke-Stewart，Althusen & Goosens，2001）。

儿童保育的质量和程度　如果婴儿长期待在质量很差的托儿所，可能会导致更高比率的不安全依恋。美国儿童健康和人类发展研究所（NICHSD）对幼儿期保育做了迄今为止规模最大的一项追踪研究，考察了1 300多个婴儿及其家庭，结果发现，儿童保育本身并不能影响依恋的安全性。但是，如果婴儿同时经历家庭危险因素和儿童保育的危险因素，在家里和托儿所都得不到敏感的养育，或长时间待在托儿所，或在不同的托儿机构转来转去，就会增大不安全依恋的比率。如果儿童被送到高质量的托儿机构，即使待的时间较短，亲子交往质量也好得多（NICHD Early Child Care Research Network，1997，1999）。

当NICHD研究样本中的儿童长到3岁时，高质量托儿机构的养育经历能预测更好的社交技能（NICHD Early Child Care Research Network，2002b）。在4岁半到5岁时，平均每周在托儿机构待至少30个小时的儿童表现出较多的行为问题，尤其是对抗、逆反和攻击（NICHD Early Child Care Research Network，2003）。这并不意味着，进托儿所一定会导致问题行为。而是说，长时间接受一般水平的养育，才会引发这些问题，而这种一般水平的养育在美国很普遍。在澳大利亚，被送进由政府建立的、高质量的托幼机构的婴儿，比由亲戚、朋友或保姆带大的婴儿，形成安全依恋的比率高。澳大利亚的幼儿，待在托幼机构的总时间与行为问题之间没有相关（Love et al.，2003）。

但有些儿童会因为长期待在托儿所而感到压力。有许多整天待在托儿所的婴儿、学步儿和幼儿，白天唾液里的应激激素皮质醇的浓度有轻微增加（Watamura et al.，2003）。抑制型儿童可能感到待在托儿所的社交环境是非常有压力的，因为他们身边总有一大群同伴。

结论 研究显示，一些儿童可能由于经历不恰当的看护、长时间待在托儿所以及其母亲受到上班和当妈妈的双重压力，而形成不安全依恋并出现适应问题。但是仅仅因为这些结果就减少儿童保育服务是不恰当的。在家庭收入低，或想工作的妈妈被迫待在家里的情况下，儿童的情绪安全性并没有得到提高。

相反，增加高质量的儿童保育机构是有意义的，也可以提供带薪假期，父母就可以减少孩子待在托儿机构的时间，还可以教育父母，告诉他们敏感的养育以及儿童保育质量对早期情绪发展的重要作用。第5章讲过，从发展的角度，对婴儿和学步儿来说恰当的儿童保育有哪些特征。要促进依恋安全性，专业保育人员与婴儿之间的关系至关重要。保育人员与婴儿的比例恰当，班级规模较小，保育人员受过儿童发展和看护方面的训练，保育人员与儿童之间有积极交往，在这些条件具备时，儿童会发展得更好（NICHD Early Child Care Research Network，2002a，2000b）。具备这些特征的托幼机构将成为减轻而不是加剧父母和儿童压力的生态系统的一部分，因此会促进健康的依恋和发展。

这个学步儿在托儿所待了一天，盼望着妈妈来接她。高质量的托幼机构、每天在托儿所待的时间不要太长，有助于母子之间的良好互动和安全依恋的形成。

6. 多重依恋

婴儿能对许多熟悉的人形成依恋，不仅妈妈，还有爸爸、兄弟姐妹、爷爷奶奶、外公外婆和专业保育人员。鲍尔比（Bowlby，1969）也曾提到多重依恋，但他认为，婴儿天生具有对某一个人形成单一依恋的倾向性，尤其是感到痛苦的情况下。在婴儿焦虑和不开心的时候，他们通常会选择母亲的安慰。这种偏好在第二年显著降低。在不感到痛苦的时候，他们接近父母、与父母说话、对父母微笑的偏好是一样的（Lamb，1997）。

（1）父亲

像母亲一样，父亲的敏感照料和同步互动也能预测依恋的安全性（Lundy，2003；van IJzendoorn et al.，2004）。在许多文化中，如澳大利亚、美国、印度、意大利、以色列、日本等，父亲和母亲与孩子交往的方式是不同的。母亲花更多时间照顾儿童的身体，表达对孩子的爱，而父亲则花大量时间与孩子玩耍（Roopnarine et al.，1990）。

母亲和父亲跟婴儿游戏的方式也不同，母亲主要是提供玩具，与孩子谈话，做躲猫猫之类的
203 传统游戏。父亲则与婴儿一起玩更具刺激性和兴奋性的身体游戏，对儿子尤其如此（Yogman，1981；Feldman，2003）。或许这种游戏能帮助婴儿做好自信地探索周围世界的准备（Paquette，2004）。通过刺激性和惊险的游戏，父亲教会儿子怎样去探索不熟悉的环境，比如与同伴玩耍。

在日本这样的文化里，父亲的上班时间很长，无暇照料婴儿，游戏就成为父亲和孩子建立安全依恋的重要场合（Hewlett，2004；Schwalb et al.，2004）。在西方国家，由于女性就业和男女平等的文化价值观的影响，严格的父母角色划分——妈妈是养育者，爸爸是玩伴——的状况在过去20～30年里已经改变。晚近的研究发现，美国的双职工家庭，父亲照顾孩子的时间是母亲的85%，加拿大父亲照顾孩子的时间是母亲的75%，平均每天3个半小时（Sandberg & Hofferth，2001；Zuzanek，2000；Pleck & Masciadrelli，2004）。父亲照顾孩子的时间在不同种族和社经地位的家庭很相似，只有一个例外：西班牙裔的父亲花更多的时间照料孩子，这可能是由于西班牙的文化价值观强调对家庭的参与（Cabrera & Garcia-Coll，2004；Parke et al.，2004；Wilcox，2002）。

父亲参与照顾婴儿受到家庭态度和家庭关系这一复杂系统的影响。如果父亲和母亲都认为男人有能力带小孩，父亲就会花更多的时间带孩子
204 (Beitel & Parke, 1998)。和谐温暖的婚姻关系支持父母双方都参与照顾婴儿，但它对父亲尤其重要（Lamb & Lewis, 2004)。本节的“文化影响”专栏提供了一些跨文化研究证据，强调了温暖的父爱在儿童发展中的重要作用。

（2）兄弟姐妹

当今的家庭规模正在逐渐缩小，但 80%的美国和欧洲儿童至少有一个兄弟姐妹（Dunn, 2004)。弟弟或妹妹的出生，对多数幼儿来说都是一件困难的事，因为他们意识到，他们必须与弟弟或妹妹分享父母的关注和爱，这使他们在一段时间里变得好发命令，缠人，故意淘气。依恋的安全性也显著下降，对于两岁以上（这个年龄的儿童已能感受到失宠)、妈妈又因婚姻或心理问题而压力重重的儿童来说，问题尤其严重（Baydar, Greek & Brooks-Gunn, 1997; Teti et al., 1996)。

因为失宠而产生的敌意只是这些儿童对刚出生的弟弟妹妹的多种复杂情感之一。稍大的幼儿通常会表现出爱和关心，在弟弟妹妹哭时，亲吻、抚摩弟弟妹妹，或大叫“妈妈，他找你”。1 岁末，婴儿的很长时间都与哥哥姐姐在一起，他们也习惯了父母不在时由一个上幼儿园的哥哥或姐姐来安慰。两岁时，学步儿通常会模仿或参与哥哥姐姐的游戏（Barr & Hayne, 2003)。

弟弟妹妹一出生，兄弟姐妹之间的关系就有
很大的个体差异。儿童的气质在其中起重要作用。 205
例如，当其中一个孩子的情绪紧张或过分活跃时，同胞之间的冲突就会增加（Brody, Stoneman & McCoy, 1994; Dunn, 1994)。母亲对两个孩子的疼爱与同胞间的积极交往有关，也能促使哥哥姐姐去帮助遇到困难的弟弟妹妹（Volling, 2001; Volling & Belsky, 1992)。如果妈妈经常与年幼的孩子玩，并把弟弟妹妹的愿望和需要解释给哥哥姐姐听，会促进同胞之间的合作。相反，若妈妈非常严厉，不和孩子一起玩，会导致同胞之间的对抗（Howe, Aquan-Assee & Bukowski, 2001)。

上述这些知识可用来促进同胞之间的关系。兄弟姐妹提供了一个丰富的社交环境，年幼的弟弟妹妹可以从中学习和练习许多技能，包括亲切的关怀、解决冲突、控制敌意和嫉妒。

学以致用 **鼓励婴儿与哥哥姐姐建立情感联结**

建议	做法
多花些时间与大孩子在一起。	尽量减少大孩子失宠的感觉，腾出时间和较大孩子在一起。父亲在这方面可以多做些事情，对与小孩子在一起的时间做出计划，保证妈妈能和大孩子多在一起玩。
耐心处理大孩子的错误行为。	对大孩子的错误行为和被关注的需求做出耐心反应，意识到孩子的这些反应只是暂时的。给大孩子提供机会，使他们为自己比弟弟妹妹更成熟而自豪。例如，鼓励大孩子给弟弟妹妹喂饭、洗澡、穿衣和拿玩具。
讨论弟弟妹妹的需要和意图。	和大孩子讨论弟弟妹妹的感受和意图，例如，“他这么小，等不得别人去喂他”，“他想拿这个东西，但是够不着”。通过帮助哥哥姐姐理解弟弟妹妹的观点，父母能促进他们友好的、体谅人的行为。

专栏 **文化影响**

父亲疼爱对发展的重要作用

对不同文化的研究都发现，父亲的疼爱对儿童发展的长期良好结果相当重要。对不同的社会和种族进行的研究中，对父亲的疼爱方式和养育行为进行了编码，发现主要有以下行为：搂抱、拥抱、安慰、游戏、用语言表达爱、夸奖孩子的行为。作为预测指标，父亲的疼爱和母亲的一样，有时甚至比母亲的疼爱更能预测儿童后期的认知、情绪和社交能力（Rohner & Veneziano, 2001; Veneziano, 2003)。在西方文化中，父亲的疼爱能够减少孩子发展的困难，如儿童期的情绪、行为问题以及青少年期的吸毒和不良行为（Grant et al., 2000; Rohner & Brothers, 1999; Tacon & Caldera, 2001)。

在一些家庭，父亲很少照料儿童的饮食起居，但他们通过游戏来表达自己的疼爱。在德国的一项研究中，父亲在游戏中的敏感性，如接受孩子发起的游戏，根据学步儿

的能力调整自己的游戏行为，对学步儿的情绪表达做出的反应，可以预测儿童期和青少年期对父亲的安全依恋（Grossmann et al.，2002）。通过游戏，父亲似乎给孩子传递了父母会支持他的信心，因而增强他们克服困难的能力。

哪些因素会促进父亲的疼爱呢？跨文化研究显示，父亲花在婴儿和学步儿身上的时间，与他们表达的爱和关心之间呈正相关（Rohner & Veneziano，2001）。拿非洲中部从事狩猎和采集的阿卡人（Aka）来说，那里的父亲身体上亲近孩子的时间比我们所知的任何一个社会的父亲都要多。观察显示，阿卡人的父亲一天里有多半时间待在孩子的一臂距离之内。他们每天抱孩子、和孩子一起玩的时间是其他狩猎采集社会里的父亲的5倍之多。为什么阿卡人的父亲如此投入？原因是，阿卡人的夫妻关系往往是合作、亲密的。夫妻俩每天一起狩猎、做饭，一起从事社交和休闲活动。阿卡人的父母待在一起的时间越多，父亲就越多地与孩子待在一起（Hewlett，1992）。

在西方社会，婚姻幸福的父亲与孩子在一起的时间更长，交往更有效。而婚姻不幸通常与不敏感的父亲养育相关（Grych & Clark，1999；Lundy，2002）。这显示，夫妻关系的好坏跟他们与孩子关系的好坏密不可分。但是父亲的疼爱能促进良好的长期发展结果，甚至超过母亲疼爱的影响（Rohner & Veneziano，2001）。在所研究的每一种文化和种族里，结果都表明父爱的力量，这是鼓励爸爸更多地参与照料孩子的原因。

这个日本父亲在与孩子玩兴奋而活跃的游戏，这种情形存在于许多文化中。无论西方还是非西方国家，父亲的疼爱都能预测发展的长期良好结果。在西方社会，它能减少儿童期和青少年期的许多问题。

7. 依恋与后期发展

根据精神分析和习性学理论，内心的爱和安全感源自健康的依恋关系，它有助于心理各个方面的健康发展。与这种观点一致，大量的追踪研究发现，与具有不安全依恋的儿童相比，婴儿期形成了安全依恋的儿童，在幼儿期往往被教师评定为，具有更高的自尊，社会交往能力和共情能力更强。对11岁儿童的夏令营活动进行的研究发现，婴儿期形成安全依恋的儿童被老师评价为具有更强的社交技能（Elicker，Englund & Sroufe，1992；Matas，Arend & Sroufe，1978；Shulman，Elicker & Sroufe，1994）。

一些研究者认为，这些发现说明婴儿期的安全依恋可以促进后期的发展。但是，也有一些相反的证据。在另一些追踪研究中，安全型依恋的婴儿有时比不安全依恋儿童发展得更好，但并不总是如此（Lewis，1997；Schneider，Atkinson & Tardif，2001；Stams，Juffer & van IJzendoorn，2002）。混乱型依恋是一个例外，研究一致发现它与幼儿期和小学时期的高敌意、高攻击性呈正相关（Lyons-Ruth，1996；Lyon-Ruth，Easterbrooks & Cibelli，1997）。

弟弟妹妹的出生对许多大孩子来说是一件困难事，但是它也提供了机会来练习关爱和照料。当这个男孩抱着他的妹妹轻轻吻她时，他开始和妹妹建立起丰富的情感联结。

什么原因导致了结果的不一致呢？许多证据显示，养育行为的持续性决定了依恋的安全性是
否与后期发展相关（Lamb et al.，1985；Thomp- 206
son，2000）。许多研究显示，如果父母不只在婴儿期，而且在以后的若干年中都保持敏感的反应

性，就能促进儿童各方面的发展，包括充满自信的自我概念，情绪理解力较强，与老师和同伴关系良好，道德责任感和成就动机较强（Thompson，Easterbrooks & Padilla-Walker，2003）。相反，长期反应不敏感的父母，其孩子很可能在发展中遇到各种困难。

总之，婴儿期形成的安全型依恋能使亲子关系朝着积极方向发展。但是，早期依恋安全性的效应是有条件的，它取决于婴儿后来与父母的关系如何。仅仅在婴儿期得到疼爱的照顾，但后来缺乏亲密关系的儿童可能会出现问题。如果父母的养育行为后来又得到改善，或家庭之外有其他情感系做补救，这些儿童就可能表现出心理复原力，从逆境中恢复过来（Belsky & Fearon，2002）。

在结束对依恋的讨论时，总结一下影响亲子关系的各种因素：婴儿和父母的特征、父母的婚姻状况、家庭外的压力、社会支持、父母对他们小时候与父母的依恋的看法以及儿童保育等。虽然依恋是建立在温暖、亲密的亲子互动基础上的，但是只有从生态系统的视角出发，才能对它做出全面理解（Cummings & Cummings，2002）。请回忆第1章讲过的生态系统论，再看看各个水平的环境对依恋安全性的影响。

思考题

复习　哪些因素使有些儿童的依恋模式保持稳定，有些儿童的依恋模式却发生了改变？这些因素是否也影响着婴儿期的依恋与后期发展之间的关系？为什么？

应用　当瓦内莎把蒂米从托儿所接回来的时候，他表现出了哪种依恋模式？什么因素影响了他的反应？

联结　对照本章讲过的关于情绪自我调节的研究。解释安全型依恋的婴儿的早期经历怎样促进了情绪自我调节能力的发展。

反思　你的内部心理作用模型有什么特点？除了你与父母的关系以外，还有哪些因素对它产生了影响？

五、0～2岁自我的发展

婴儿期是儿童身体发育和社会理解能力形成和丰富的时期。第5章曾讲到，婴儿已经懂得了客体的永存性。下面我们将会看到，在1岁前，婴儿能够懂得别人的情绪，并做出恰当的反应，还能区分熟人和生人。对婴儿来说，物体和人都是独立、稳定的存在，这一认识说明婴儿开始把自己当作一个单独的、具有永存性的实体。

1. 自我觉知

卡罗琳经常在给凯特琳洗完澡之后，把她抱到浴室的镜子前。几个月的时候，凯特琳就会对着她自己的镜像微笑，做出友好行为。从什么时候开始，她开始知道镜子里那个盯着她看、对着她笑的可爱宝宝就是她自己呢？

(1) 自我觉知的开端

出生时，婴儿就意识到他们的身体与周围环境是分离的。例如，新生儿对外界刺激（成人触摸其脸颊）的反应，大大强于自我刺激（自己的手碰到自己的脸颊）的反应（Rochat & Hespos，1997）。新生儿的联合知觉能力（见第4章）为自我觉知的产生打下基础（Rochat，2003）。当他们能感受到自己的触摸，能感受并看到自己肢体的运动，能感受并听见他们自己哭的时候，婴儿就有了协调和匹配各种知觉的能力，开始把自己的身体与周围的物体和其他人区别开来。

在前几个月，婴儿能把他们自己的视觉映像与其他刺激的视觉映像相区别，虽然此时他们的自我觉知还非常有限——只表现在知觉和动作方面。给婴儿同时呈现两段他们踢腿的录像画面，一段从他们自己的角度（摄像机放在婴儿的后面），另一段从观察者的角度（摄像机放在婴儿对面），3个月的婴儿看那段从观察者角度拍摄的、他们不熟悉的录像的时间更长一些（Rochat，1998）。4个月的时候，婴儿对着录像中的他人看或笑的时间，要比对着录像中的自己看或笑的时间更长，这表明他们把别人（而不是他们自己）当作社交伙伴（Rochat & Striano，2002）。

（2）自我辨认

1岁以后，学步儿开始觉知到自己的身体特征。当他们从镜子里看到自己的形象时，会做出傻乎乎的或腼腆的举动，饶有兴致地反复看自己样子的变化（Bullock & Lutkenhaus，1990）。在一项研究中，把9～24个月的婴儿放在镜子前面。然后，妈妈借口给孩子擦脸，在孩子的鼻子上涂上一点红色。年龄小的婴儿会去摸镜子，好像那个红点跟他们无关。但是15个月的婴儿会擦自己奇怪的红鼻子，这个反应表明，他们已经知道了自己独一无二的外表（Lewis & Brooks-Gunn，1979）。

207 两岁左右，儿童能够**自我辨认**（self-recognition），知道自己身体是什么样子。儿童会指着照片中的自己，用名字或第一人称（“我”）来指代自己。但是，儿童还需要一年的时间才能领悟，即使过一段时间，自己还是自己。例如，给儿童看一段刚录制的他们自己的现场录像，两岁和3岁儿童看到屏幕中的自己头上有个即时贴纸片，就马上伸手去摸自己的头。但是如果过几分钟之后放录像，只有4岁儿童才会去拿掉头上的纸片，如果问录像里的人是谁，他们会肯定地说：“我。”（Povinelli，2001）

一些学者认为，当婴儿和学步儿懂得，他们自己的行为能使某物或某人按预想方式反应的时候，自我觉知就开始形成了（Harter，1998）。一些证据支持了这种观点，经常鼓励孩子探索、对孩子发出的信号反应敏感的父母，他们孩子的自我发展更快（Pipp，Easterbrooks & Harmon，1992）。

当婴儿对环境进行操作的时候，他们会注意产生的效应，这帮助他们区分自我、他人和客体（Rochat，2001）。例如，击打一个物体，看到物体摆动的方式与自己的动作不同，这给婴儿提供了关于他们自己和周围环境之间关系的信息。对着养育者微笑、说话，如果养育者也回以微笑，跟他们说话，这帮助他们澄清自我和周围人之间的关系。这些经验的对比帮助婴儿形成一个与外部现实既分离又有紧密联系的自己的映像。

（3）自我觉知与早期情绪和社会性发展

自我觉知很快成为儿童情绪和社交生活的核心部分。前面讲过的自我意识的情感就依赖于明确的自我感。自我觉知还帮助儿童开始理解别人的观点。与此相联系，**共情**（empathy）开始产生了，它是理解另一个人的情绪状态、与这个人一起感受或以相似方式做出情绪反应的能力。例如，学步儿会用别人感觉舒服的方式，给别人一个拥抱、一句安慰的话、一个好玩的玩具或小毯子（Hoffman，2000）。他们还清楚地知道，怎样做会让别人伤心。18个月的婴儿听到妈妈与另一个成人谈论她的姐姐——“安妮特别害怕蜘蛛”（Dunn，1989，p. 107），这个看似天真的孩子跑到卧室里，拿出一个玩具蜘蛛，把它放到了安妮的脸上！

这个1岁婴儿发现她自己的动作和镜子里影像的动作是对应的，这种情形帮她理解了镜子里的婴儿就是她自己。

2. 自我分类

两岁末，语言开始成为自我发展的有力工具。 208
它使儿童能够更清楚地表征自己，于是他们的自我觉知大大增强了。

鼓励这个学步儿帮忙把弄洒的牛奶擦干净，可以培养孩子的顺从，这是儿童自我控制的开端。他非常急切地、自愿地去擦桌子，表明他开始把成人的指示当作自己的意愿。

18～30个月，儿童开始根据年龄（“宝宝”、“男孩”、“男人”）、性别（“男孩”、“女孩”）、身体特征（“很大”、“很壮”）甚至好坏（“我是一个好女孩”，“托米很小气”）把自己和别人进行分类，开始形成**分类自我**（categorical self）（Stipek，Gralinski & Kopp，1990）。学步儿利用他们对这些社会分类的有限知识来组织自己的行为。例如，儿童说出自己性别的能力与他们的性别成见的增多有关。18 个月时，学步儿就会选择适合他们性别的玩具，女孩选择娃娃和茶具，男孩选择卡车和小汽车，玩这些玩具时也更投入。当孩子这样做时，父母往往做出积极的反应，鼓励他们的这种偏好（Fagot，Leinbach & O'Boyle，1992）。第 8 章还要讲到，性别角色行为在幼儿期增加得更快。

3. 自我控制

自我觉知还影响着努力控制，这是儿童抑制冲动、克服消极情绪、以社会可接受的方式行为的能力。研究标明，稳定的自我觉知为两岁之后努力控制的组织和稳定性打下基础。要实现自我控制，儿童必须把自己看作一个独立、自主、能指导自己行为的人。他们还必须具有表征和记忆能力，以回忆起养育者的指示（“凯特琳，不要碰那个插座!”），并用这种指示指导自己的行为。

这些能力出现在 12～18 个月之间，这时，学步儿能够**顺从**（compliance）成人的要求了。他们揣摩养育者的心愿和期望，并能遵守简单的要求和命令。每个父母都知道，这么大的孩子还会做一些与成人的指示相对立的事情。学步儿通过抵抗成人的指示来体现自己的自主性。但是对多数孩子来说，对抗行为远少于急切、自愿的顺从行为，这表明儿童开始采纳成人的指示（Kochanska，Murray & Harlan，2000）。听话使学步儿迅速地出现了最初的类似道德的语言，例如，在跳上沙发之前对自己说“不行，不行”（Kochanska，1993）。

在考察自我控制的早期表现时，研究者往往采用**延迟满足**（delay of gratification）任务，让儿童在一个地方等一段时间才能去做一件有诱惑力的事情。1 岁半～3 岁之间，儿童在吃东西、打开礼物、玩玩具之前等待的能力逐渐增加（Vaughn，Kopp & Krakow，1984）。

209 注意力和语言发展较好的儿童，在延迟满足任务中表现得也较好，这一发现有助于解释，为什么女孩的自我控制力比男孩好（Cournoyer，Solomon & Trudel，1998；Kochanska & Knaack，2003）。一些学步儿已经开始运用语言或其他分心术，如自言自语、唱歌、看别处，来抑制自己的行为。那些经常得到父母疼爱和耐心鼓励的儿童，自我控制发展得好一些（Kochanska，Murray & Harlan，2000；Lehman et al.，2002）。这样的养育行为似乎可以鼓励和塑造耐心的、非冲动的行为。

儿童自我控制能力发展的同时，母亲也要求婴儿遵循更多的规则，从安全、尊重财产和他人到家庭常规、礼貌和简单琐事（Gralinski & Kopp，1993）。但是，婴儿控制行为的能力依赖于父母不断的监控和提醒。如果要让凯特琳停止玩，与父母一起做一件事，那么一定的提醒（“记住，我们几分钟后就出发”）和坚持是必需的。运用本节“学以致用”表里归纳的“怎样培养婴儿的顺从和自我控制”，可以帮助年轻父母培养孩子的好行为。

到两岁末，卡罗琳、莫妮卡和瓦内莎为他们的孩子乐意学习社会规则而感到高兴。我们将在第 8 章讨论，认知和语言发展、父母的疼爱与自然的成熟，使幼儿在这方面获得巨大进步。

学以致用　　　　怎样培养婴儿的顺从和自我控制

建议	原理
对婴儿做出温和而敏感的反应。	敏感和教养有方的父母，其孩子更听话，自我控制能力更强。
当婴儿必须停下有趣的活动时，提前提醒。	让婴儿停止正在做的自己喜欢的活动比等着开始新的活动更难。
多催促提醒。	婴儿记忆和遵守规则的能力有限，需要成人不断的监督。
对自控行为用言语和拥抱加以赞许。	表扬和拥抱能强化适当的行为，提高它再次发生的概率。
鼓励持久的注意力（见第5章）。	注意的发展与自我控制有关。能把注意力从一个有诱惑力的刺激转移到一个吸引力不强的刺激上的儿童能更好地控制冲动。
重视语言发展（见第5章）。	早期语言发展与自我控制密切相关。1岁以后，儿童开始用语言提醒自己记住成人的期望，做到延迟满足。
逐渐增加符合婴儿能力的规则。	随着认知和语言发展，婴儿开始能遵守有关安全、尊重他人、爱惜财物、生活常规和简单事务的规则。

思考题

复习　为什么让婴儿在任何情况下都听父母的话是不恰当的？顺从和自我控制出现的前提是什么？

应用　莱恩是一个1岁婴儿和一个两岁学步儿的爸爸，他想知道孩子能否认出自己。说说莱恩在1岁以后孩子身上能看到哪些自我辨认行为。

联结　什么样的教养方式能促进情绪自我调节、安全依恋和自我控制的发展？为什么？对这三种心理成分它是否都有效？

本章要点

一、埃里克森关于婴儿与学步儿人格的理论

在埃里克森所说的信任对不信任、自主性对羞怯和疑虑这两个阶段，人格发生了哪些变化？

■ 根据埃里克森的理论，温暖、快速反应的养育有助于婴儿解决**基本信任对不信任**这一心理冲突，朝着积极方面发展。在学步期，如果父母提供恰当指导和合理选择，**自主性对羞怯和怀疑**这一心理冲突则容易解决。如果儿童在前两年没有形成充分的信任和自主性，以后就可能出现适应问题。

二、情绪的发展

介绍了儿童在0～1岁的高兴、愤怒和恐惧的发展及其适应功能。

■ 在0～6个月，**基本情绪**逐渐变成清晰而组织良好的信号。**社交微笑**出现在6～10周，大笑出现在3～4个月。愉悦感增强了亲子之间的联系，二者都可反映并促进身体和认知的发展。

■ 愤怒和恐惧，尤其是**陌生人焦虑**，在7个月以后迅速增强。刚具备运动能力的婴儿把熟悉的养育者作为**安全基地**来探索周围环境。当亲子之间的交流被中断时，会出现悲伤，但愤怒出现得更多。随着婴儿运动能力的提高，这些反应具有生存价值。

概括了0～2岁婴儿在理解他人情绪、表达自我意识情绪和情绪自我调节方面的发展。

■ 理解他人感受的能力在1岁以前得到发展。5个月左右，婴儿把面部表情知觉为有组织的模式，开始出现**社交参照**；在不确定环境中，婴儿从养育者那里积极地寻求情感信息，尤其依赖于养育者的声音。1岁半左右，婴儿知道别人的情绪反应与自己可能不同。

210 ■ 在学步期，自我觉知和成人指导为**自我意识的情感**，如内疚、羞愧、尴尬、嫉妒和自豪，打下基础。养育者通过减轻婴儿的痛苦、开展刺激性的活动、不鼓励婴儿的消极情感等方式帮助婴儿进行**情绪自我调节**。两岁左右，表征和语言能力的发展促进了有效的情绪自我调节。

三、气质与发展

什么是气质，怎样测量气质？

■ **气质**是早期表现出来的、个体差异巨大的反应性与自我调节特征。在纽约纵向研究中发现了三种类型的气质——**易照养儿童**、**难照养儿童**和**慢热儿童**。难照养儿童表现出较多的适应问题。由玛丽·罗斯巴特提出的另一种气质模型，增加了**努力控制**，即调节自己行为的能力。

■ 气质可以通过父母报告、其他熟人的行为评定以及实验室观察来测量。实验室观察和生理指标测量二者结合，可以区分**抑制性儿童**或**害羞儿童**，与**非抑制性儿童**或**善交际儿童**。

■ 一般来说，气质具有低到中度的稳定性。气质具有遗传基础，但是儿童养育方式以及文化观念和行为习惯会维持或改变气质特点。**良好匹配模型**描述了气质与环境怎样共同影响后期的发展。与儿童的气质匹配较好的教养行为可以帮助难照养儿童和害羞儿童获得更具有适应性的功能。

四、依恋的发展

介绍了依恋的习性学理论以及0～2岁依恋的发展。

■ 关于**依恋**的发展，影响最大的是**习性学理论**。它认为，婴儿生来就准备好了与养育者建立起良好关系，这种关系能确保他们的安全和适应，从而提高他们的存活机会。

■ 在婴儿早期，一些与生俱来的行为鼓励父母留在孩子身边。6～8个月，出现**分离焦虑**，婴儿把父母作为安全基地，标志着真正依恋的形成。随着表征和语言能力的发展，学步儿通过要求和劝说，希望父母不要离开。从早期养育经验中，儿童建构起**内部心理作用模型**，它对未来的亲密关系起重要作用。

介绍了陌生情境法和依恋的Q分类法，以及影响依恋安全性的因素

■ **陌生情境法**是测量1～2岁儿童依恋特征的一种实验室技术。研究者用它区分出四种不同的依恋类型：**安全型依恋**、**回避型依恋**、**拒绝型依恋**和**混乱型依恋**。**Q分类法**是另一种测量依恋的方法，它以家庭观察为基础，得到一个从低安全性到高安全性的依恋分数，适用于1～4岁儿童。

■ 在中产阶级家庭中，安全依恋儿童与不安全依恋儿童相比，经历了更多有利的生活事件，这帮助他们维持其依恋模式。比较特殊的是混乱型依恋，它非常稳定。在解释依恋类型的意义时，必须考虑文化因素。

■ 婴儿可能与一个或几个成人形成亲密的依恋关系，**敏感的养育**、儿童气质与父母教养行为的匹配、家庭环境等因素都会影响依恋的质量。在一些文化中，安全型依恋儿童大多受到**同步互动**的养育。父母的内部心理作用模型是婴儿依恋类型的良好预测指标，但是父母的儿童期经历不会直接转化为其子女的依恋特征。

讨论了婴儿对父亲的依恋及兄弟姐妹之间的依恋。

■ 婴儿可对父亲形成亲密的情感联结，父亲的敏感养育能够预测安全型依恋。在许多文化中，父亲与儿童进行富于刺激性的身体游戏的时间都比母亲多。5～6个月以后，婴儿与哥哥姐姐建立起丰富的情感联结，这种情感联结混合了爱、竞争与憎恨。兄弟姐妹间关系质量的个体差异受到气质和父母养育方式的影响。

描述并解释了婴儿期的安全依恋与后期发展之间的关系。

■ 养育方式的连续性是决定安全依恋与后期发展之间关系的关键因素。如果父母的养育得以改善，儿童就能摆脱早期的不安全依恋。婴儿期的安全依恋很重要，它使亲子关系走上一条积极的轨道。

五、0～2岁自我的发展

描述了婴儿期和学步期自我意识的发展，以及相应的情绪和社交能力发展 211

■ 刚出生时，婴儿感觉到他们的身体与周围环境是不同的，这种感觉随着知觉协调能力的发展而提高。两岁左右，儿童能够**自我辨认**，认出自己的独特相貌。两岁儿童可以用名字或人称代词来指代自己，能在照片里找出哪个是他自己。

■ 自我觉知使学步儿开始了解别人的观点。它与**共情**能力的出现密切相关，共情是分享别人感受的能力。随着学步儿语言能力的增强，以及他们把自己与别人做比较，在18～30个月，他们能根据年龄、性别、身体特征以及好坏形成**分类自我**。

■ 自我觉知为12～18个月之间出现的**顺从**行为打下基础，也为1岁半～3岁之间出现的**延迟满足**能力创造了条件。注意力和语言发展较好，拥有温暖、爱鼓励的父母的儿童，其自我控制能力发展较好。

重要术语和概念

attachment（p. 196）依恋
Attachment Q-Sort（p. 198）依恋的Q分类法
autonomy versus shame and doubt（p. 184）自主性对羞怯和怀疑
avoidant attachment（p. 198）回避型依恋
basic emotions（p. 185）基本情绪
basic trust versus mistrust（p. 184）基本信任对不信任
categorical self（p. 208）分类自我
compliance（p. 208）顺从
delay of gratification（p. 208）延迟满足
difficult child（p. 190）难照养儿童
disorganized/disoriented attachment（p. 198）混乱型依恋
easy child（p. 190）易照养儿童
effortful control（p. 191）努力控制
emotional self-regulation（p. 189）情绪自我调节
empathy（p. 207）共情
ethological theory of attachment（p. 196）依恋的习性学理论
goodness-of-fit model（p. 194）良好匹配模型
inhibited, or shy, child（p. 191）抑制性儿童或害羞儿童
interactional synchrony（p. 200）同步互动
internal working model（p. 197）内部心理作用模型
resistant attachment（p. 198）拒绝型依恋
secure attachment（p. 198）安全型依恋
secure base（p. 188）安全基地
self-conscious emotions（p. 188）自我意识的情感
self-recognition（p. 207）自我辨认
sensitive caregiving（p. 200）敏感的养育
separation anxiety（p. 197）分离焦虑
slow-to-warm-up child（p. 190）慢热儿童
social referencing（p. 188）社交参照
social smile（p. 186）社交微笑
Strange Situation（p. 197）陌生情境法
stranger anxiety（p. 186）陌生人焦虑
temperament（p. 190）气质
uninhibited, or sociable, child（p. 191）非抑制性儿童或善交际儿童

婴儿期和学步期发展的重要标志

212

年龄	身体	认知	语言	情绪/社会性
0～6 个月	● 身高体重迅速增加（120－121*） ● 反射动作减少（186－187） ● 大脑神经元突触生长，神经纤维髓鞘化迅速发生（121） ● 睡眠逐渐符合昼夜规律（128） ● 抬头、翻身、伸手够拿物体（137－139） 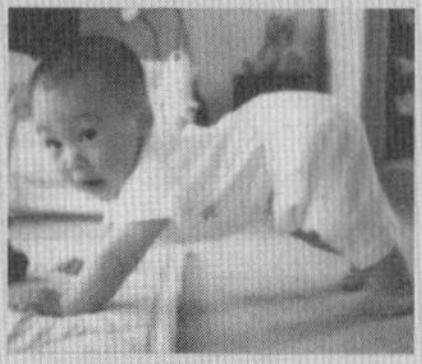 ● 6 个月时对语言中的逻辑重音敏感（141） ● 深度知觉和图案知觉进步（141－146）	● 对成人表情进行即时或延迟模仿（135－136，155） ● 对面孔或与类似面孔的视觉刺激产生偏好（145） ● 重复性的随机行为导致有趣的结果（153－154） ● 对一些物理特征（包括客体永存性）和数知识产生了意识（155） ● 注意更有效和灵活（161） ● 对人、地点和物的再认能力提高（161－162） ● 根据物体相似特征形成知觉分类（162－164）	● 对语音较敏感，对人的声音产生偏好（173） ● 开始发出咕咕声，随后开始出现咿呀语（174） ● 与养育者进行声音交流（177）  ● 当养育者指称某物体或事件时，开始与其形成共同注意（177）	● 出现社交微笑和大笑（300）  ● 在与成人面对面的交往中，能够与成人的情感相适应（285） ● 情绪表达的组织越来越好，与环境事件产生了有意义的联系（185） ● 感觉到自己身体与周围环境不同（206－207）
7～12 个月	● 独自坐，爬，走（118） 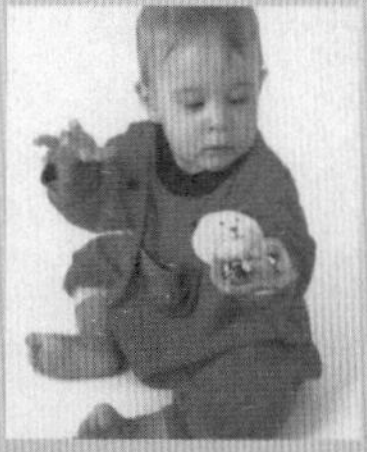 ● 出现钳形抓握（140） ● 能辨认出母语中没有的发音；能知觉到有意义的语言单位（141） ● 深度知觉迅速发展（146－149） ● 掌握了知觉间的关系（146）	● 出现有目的或指向目标的行为（161） ● 能找出藏在某个地方的东西（154） ● 延迟模仿成人操纵物体的动作（155） ● 对人、地点和物体的回忆能力提高（162） ● 根据相似的功能和行为对物体分类（154） ● 通过类比解决简单的问题（157）	● 咿呀语中加入口语里的一些发音和儿童式的语言交流（174－175） 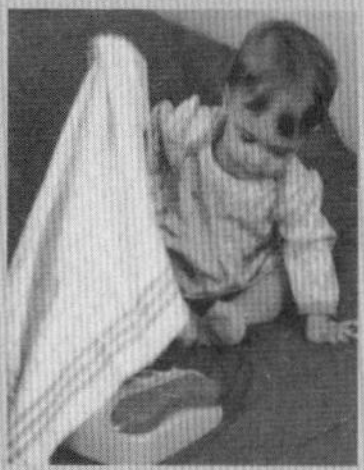 ● 理解了一些单词（174） ● 使用前言语的姿势进行交流（174－175）	● 愤怒和恐惧增加（186） ● 出现陌生人焦虑和分离焦虑（186） ● 把养育者作为安全基地（188） ● 懂得别人的情绪表现的意义，进行社交参照（188） ● 通过接近或回避刺激来调节情绪（189） ● 对熟悉的养育者表现出明确的依恋（197）
13～18 个月	● 身高体重迅速增长，但速度比第一年减慢。身体变苗条（120） ● 走路更协调（137）  ● 能较协调地操纵小物品（139－140）	● 以新奇方式来操纵物体，探索物体的属性（153） ● 在多个地点找到藏起来的物品（154） ● 对客体分类（162，164）	● 与成人的共同注意更准确（174） ● 轮流玩拍手和躲猫猫游戏（175） ● 说出第一批词（175） 	● 与熟悉成人或哥哥姐姐一起游戏（202－206） ● 认出镜子中的自己（207） ● 出现共情的萌芽（207） ● 听从简单的指令（208－209）

续前表

年龄	身体	认知	语言	情绪/社会性
19～24个月	● 大脑达到成人脑重的70%（122） ● 会跳跃、攀爬（137） ● 能很协调地操纵细小物品（139－140）	● 借助表征突然解决简单问题（154－155） ● 找到那些没看见时隐藏的物体（155） ● 延迟模仿成人试图做出的动作，即使不能够完全模仿出来（155） ● 玩假装游戏，做出简单动作（155） ● 持续注意力提高（161） ● 对客体的分类做得更好（162，164） ● 回忆能力继续进步（165）	● 会说200个词（176） ● 会说双词句（172－173）	● 出现自我意识的情感，如羞愧、尴尬、内疚和自豪（188－189） ● 开始用语言来协助进行情绪自我调节（189） ● 会使用表达感情的词（190） ● 能忍受养育者的离开（204） ● 用自己的名字或人称代词来指称自己（206） ● 根据年龄、性别、身体特征以及好坏标准把自己和他人分类（208） ● 表现出符合性别成见的玩具偏好（208） ● 出现自我控制（208－209）

* 表中的页码为英文版页码，即本书边码。以下不再一一注明。——译者注

第四篇　幼儿期：2～6 岁

假装游戏是幼儿喜欢玩并带给他们快乐的活动，他们根据丰富多彩的日常生活经验创造出精彩而细致的情节和故事。假装游戏对他们的认知和语言技能的快速发展起着非常重要的作用。

第7章

幼儿期的身体发育与认知发展

第一部分　身体发育

一、体格发育

1. 骨骼的发育

2. 身体发育的不同步

二、大脑发育

1. 左右利手

2. 大脑其他方面的发育

三、影响身体发育和健康的因素

1. 遗传和激素

2. 情绪健康

3. 营养

4. 传染病

专栏　社会问题　美国和其他西方国家的儿童保健

5. 儿童期伤害

四、动作的发展

1. 大肌肉动作的发展

2. 精细动作的发展

3. 动作技能的个体差异

第二部分　认知发展

一、皮亚杰的理论：前运算阶段

1. 心理表征

2. 假装游戏

3. 符号和现实世界的联系

4. 前运算思维的局限

5. 关于前运算思维的新研究

6. 对前运算阶段理论的评价

7. 皮亚杰和教育

二、维果茨基的社会文化理论

1. 个人言语

2. 幼儿期认知的社会起源

3. 维果茨基和教育

4. 对维果茨基理论的评价

专栏　文化影响　乡村和部落儿童怎样观察和参与成人的劳动

三、信息加工学说

1. 注意

2. 记忆

3. 幼儿的心理理论

专栏　生物因素与环境　“心理盲”与自闭症

4. 幼儿期的读写

5. 幼儿的数学推理

四、心理发展的个体差异

1. 家庭环境和心理发展

2. 幼儿园和托幼中心

3. 教育媒介

五、语言的发展

1. 词汇

2. 语法

3. 会话

4. 促进幼儿语言发展的方法

215 差不多有十几年的时间，我所在的四楼办公室，都能看到窗外实验幼儿园的操场。在秋天和春天风和日丽的清晨，教室门都是打开的，沙桌、黑板、大块积木组成一个小小的庭院。小楼周边有一片草地。那儿有健身器材、秋千、玩具房和孩子们培育的花房。还有一条供三轮车和马车走的圆形小道。每天，这个场景都这么栩栩如生，活力盎然。

2～6岁被称为“玩的年龄”，一定程度上来说，这样说是对的。因为游戏在这个年龄最丰富多彩，它促进着发展的每一个方面。本章，我们先从身体发育讲起，包括体格发育、动作协调性的提高以及知觉的改善。我们主要关注影响身体发育的生物和环境因素及身体发育和其他发展领域的关系。

接着，我们从皮亚杰的前运算阶段开始，介绍幼儿期的认知发展。近期的追随维果茨基社会文化理论和信息加工学说的研究，扩展了我们对幼儿认知能力的理解。最后介绍促进幼儿期心理发展的因素，如家庭环境、早期学校教育、儿童保健和教育媒介等。我们将以幼儿期的最大成就——语言发展——来结束本章。

第一部分　身体发育

一、体格发育

216 体格的增长速度在幼儿期减慢，身高每年平均增长5～8厘米，体重增加2.3公斤。男孩仍然比女孩略高。“婴儿肥”的现象减少，儿童逐渐变瘦，有些女孩体重比男孩略占优势，男孩则显得肌肉强健。如图7.1所示，5岁时，头大身子小、罗圈腿、大肚子的学步儿开始变得具有流线型、扁平肚、腿较长，身体比例接近于成人。因此，儿童的姿势和平衡性增强，动作的协调性越来越好。

图7.1　幼儿期身高和体重的增加

与婴儿期和学步期相比，安迪和艾米的生长速度放慢。5岁时，他们的身体变得具有流线型、扁平肚、腿较长。男孩比女孩略高，且肌肉也更发达。但男孩和女孩在身材比例和身体活动能力上差别不大。

身高体重的个别差异在幼儿期比婴儿期和学步期更明显。5 岁的达里尔正沿着自行车道奔跑，他身高 1.22 米，体重 25 公斤，他甚至能够俯视幼儿园的其他同学，他妈妈有点着急，对医生说要降低他的生长速度（北美儿童 5 岁时的平均身高是 1.09 米，平均体重 19 公斤）。可能是因为和文化有关的遗传因素，印度裔女孩普里蒂非常矮小。林奈和霍尔这两个在贫穷家庭成长的白人儿童，身高和体重也都低于一般儿童。具体原因将在下面讨论。

1. 骨骼的发育

217 幼儿的骨骼发育很快。2～6 岁，大约 45 个新的骨骺，即软骨变为骨骼的生长点，在骨骼的不同部位出现。用 X 射线检查这些生长点，医生可以判断儿童的骨龄或走向生理成熟的发育速度，可为发育障碍的诊断提供依据。

幼儿晚期，乳牙开始脱落。乳牙脱落的年龄受遗传影响很大。例如，女孩身体发育要早于男孩，乳牙脱落也早些。环境因素，尤其是长时间的营养不良，会延缓恒牙的长出。

乳牙的保健非常重要，因为乳牙坏损会影响恒牙。经常刷牙，不吃高糖食物，饮用含氟的水，进行局部的氟治疗或戴牙套（用来保护牙齿表面的塑料薄层）可以预防龋齿。另一个影响恒牙健康的因素是经常处在吸烟环境中。它会损坏儿童的免疫系统，降低对细菌的抵抗力，导致蛀牙。在控制其他导致蛀牙的条件下，家中有人吸烟的儿童，患蛀牙的概率比同龄儿童高 3 倍（Shenkin et al.，2004）。

遗憾的是，40%的北美儿童患有蛀牙，到 18 岁时的比率达到 80%（World Health Organization，2003）。营养不良，缺氟，牙齿保健不足等因素都可能导致蛀牙，这些因素对社经地位较低的儿童影响更大。

2. 身体发育的不同步

图 7.2 显示，身体发育是不同步的，身体的不同系统发育模式不同。身高、体重和内脏的生长遵循**一般发育曲线**（general growth curve），表现为婴儿期迅速发育，幼儿期和小学期发育减缓，青少年期再度加快。生殖系统从出生到 4 岁发育很慢，小学期仍变化不大，青少年期开始快速发育。淋巴腺在婴儿期和儿童期生长速度非常快，但是到青少年期出现下降。淋巴腺有助于抗感染，促进营养吸收，因而有利于儿童的健康和生存。

图 7.2 展示了另一种发展趋势：在出生的前几年，大脑比身体任何一部分的发育都快。下面来看幼儿期大脑的发育。

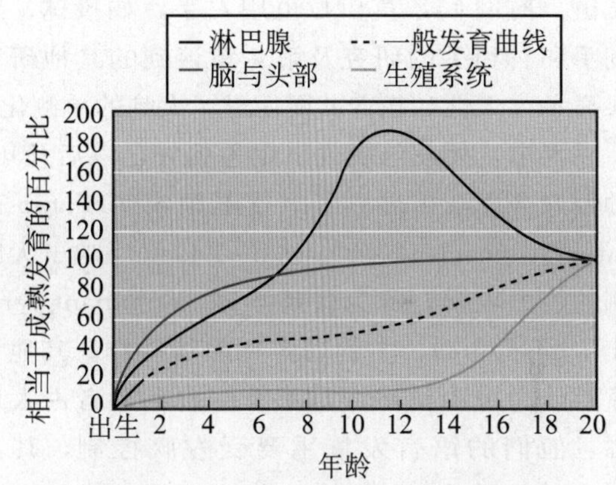

图 7.2　三种不同的器官系统和组织的成长情况和躯体一般成长情况的比较

图中 0～20 岁的发育以百分比的变化来表示。注意，到儿童晚期淋巴系统的发育几乎达到成人的两倍，随后开始下降。

二、大脑发育

在 2～6 岁间，儿童脑重从成人脑重的 70%达到 90%。4 岁时，大脑神经元的突触大量生长，功能性核磁共振（fMRI）研究显示，此时脑血流达到顶峰，说明需要大量的能量（Huttenlocher，2002）。随着突触形成、神经细胞死亡、神经纤维髓鞘化和突触修剪，幼儿各方面的技能，如身体协调性、感知、注意、记忆、语言、逻辑思维和想象能力等，都得到很大提高。

脑电图仪和功能性核磁共振的测量结果可以揭示大脑两半球发育的速度。尤其是 3～6 岁时前额叶的快速发展，这一部分主要掌管做计划和行为组织。对大部分儿童来说，3～6 岁时，都会出现左半球的急剧发展，然后速度下降。对比而言，右半球从幼儿期到小学期的发育比较稳定（Thatcher，Walker & Giudice，1987；Thompson et al.，2000a）。

这些研究发现与我们所了解的认知发展的各方面情况大体一致。幼儿期一系列任务的完成都要仰仗额叶的发育，它可以抑制冲动，用经过思考的反应代替冲动（Diamond，2004）。语言技能（由左半球主管）以惊人的速度发展，它帮助儿童对行为加以控制。但空间能力（主要由右半球主导），如认路、绘画、识别几何图形等在儿童期和青少年期发展缓慢。大脑两半球发育速率的差异显示，两半球的认知功能仍在单侧化（即认知功能的专门化）。下面通过左右利手的形成来看幼儿期的大脑单侧化情况。

1. 左右利手

有一次，我去幼儿园时，观察了3岁幼儿莫伊拉画画、吃茶点及室外游戏的情形。她与多数
218 同伴不同，用左手做事情，如画画、吃饭、拉衣服拉链。有时候，莫伊拉也用右手，如投球。对左利手和右利手的研究及第4章谈到的其他研究结果显示，天性和教养共同促进了大脑的单侧化。

一岁末，婴儿已表现出用手偏好，以后几年，这种偏好会逐渐扩展到各个技能领域（Hinojosa，Sheu & Michael，2003）。左右手偏好反映了大脑一侧的能力较强，称为**优势半球**（dominant cerebral hemisphere），掌管着各种熟练动作。其他一些重要能力也由优势半球掌管。右利手者占人口90%，他们的语言发展主要受左脑控制，其余10%为左利手者，其语言可能由右半球掌控，但大多由两半球均衡掌控（Szaflarski et al.，2002）。这表明，左利手者的大脑单侧化程度比右利手者要低。

左利手者的成人不一定会生出左利手的孩子。一种遗传学理论认为，多数儿童会遗传到一个基因，这个基因使他们偏向于右利手和左侧优势半球，但这种偏向还没有强大到足以压倒可能导致儿童偏好左手的经验（Annett，2002）。甚至出生前的经历都会严重影响用手偏好。例如双生子，无论是同卵还是异卵，都比一般兄弟姐妹在左右利手方面表现不同，每个双生子的用手偏好可能与他们在子宫内的体位有关（Derom et al.，1996）。这种观点认为，多数胎儿偏向左侧的胎位可能促使他们用右侧的手脚来控制身体动作（Previc，1991）。

用手偏好和练习也有关系。新生儿对优势半球的偏好使他们花更多时间注视并使用一只手，使这只手变成更熟练的手（Hinojosa，Sheu & Michael，2003）。在左利手者占人口比例上也有一定程度的文化差异。例如在非洲的坦桑尼亚，左利手的儿童会受到身体限制和惩罚，所以那里只有不到1%的成人是左利手（Provins，1997）。

在发育严重迟滞的儿童或有精神疾病的儿童中，左利手者比一般人要多。这种情况确实存在，但是他们的问题很难用优势半球来解释。这些儿童更可能早期大脑左半球受过伤，导致残疾和用手偏好的变化。支持这一观点的事实是，左利手往往和导致脑损伤的产前和出生困难有关，如产程过长、早产、Rh血型不相容和臀位分娩等（O'Callaghan et al.，1993；Powls et al.，1996）。

多数左利手者并不存在发展问题。实际上，左利手还有某些好处。与右利手的同龄儿童相比，左利手和兼具左右利手的儿童，到青少年期可能表现出良好的言语和数学才能（Flannery & Liederman，1995）。这大概要归功于两半球认知功能的平衡发展。

双生子胎儿期在母腹中侧躺的方向是相反的，这也许能够解释，他们为什么比一般兄弟姐妹更多地表现出一人左利手、一人右利手的现象。左利手有一定的发展问题，但大多数左利手儿童发育正常，有些甚至具有言语和数学天赋。

2. 大脑其他方面的发育

在幼儿期，除了大脑皮层以外，大脑的其他方面也在迅速发展（见图7.3）。这些发展变化使大脑不同部位建立起联系，增强了中枢神经系统的协调功能。

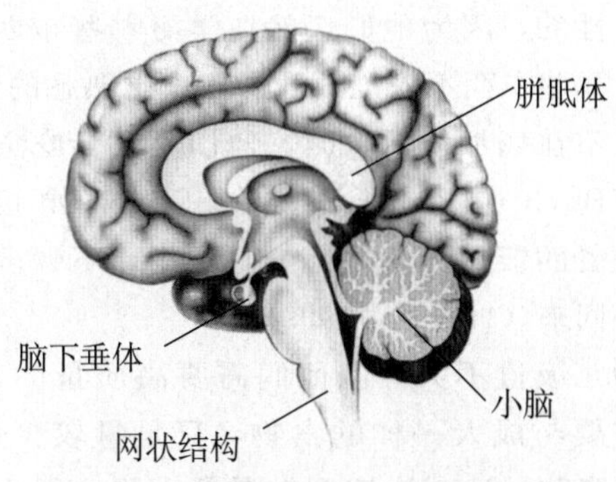

图 7.3 大脑剖面图，可以看到小脑、网状结构和胼胝体的位置

在幼儿期这些结构迅速发展。还可以看到垂体腺，它可以分泌控制身体成长的激素。

219 大脑背部和底部是**小脑**（cerebellum），负责身体平衡并控制身体运动。联系小脑和大脑皮层的神经纤维在出生后就开始髓鞘化，这种变化有助于动作协调能力的迅速发展，幼儿期末，儿童能够以协调的动作玩跳房子和投球游戏。小脑和大脑皮层的联系也有助于思考（Dimond，2000）：小脑受到损伤的儿童，通常表现出运动和认知缺陷，如记忆、计划和言语障碍（Noterdaeme et al.，2002；Riva & Giorgi，2000）。

网状结构（reticular formation）是脑干中用来保持警觉和意识的结构，它在整个儿童期一直到青少年期持续进行着髓鞘化。网状结构的神经元通过神经纤维与大脑额叶相连接，可以促进有控制的持续注意。

胼胝体（corpus callosum）是联结大脑两半球的一大束神经纤维。突触的生长和胼胝体的髓鞘化在3～6岁达到顶峰，之后，到青少年期以较慢的速度发育（Thompson et al.，2000a）。胼胝体促进身体两侧的协调性和智力过程的统合，包括知觉、注意、记忆、言语和问题解决。任务越复杂，两半球的联系就越重要。

幼儿期，胼胝体和大脑其他结构的发展促进了大脑各部位的联结，使儿童能够完成像下棋这样的复杂活动。它需要注意、记忆、语言和问题解决能力的配合才能胜任。

思考题

复习 大脑哪些部分的发育能够促进语言、思维和动作控制能力的发展？

联结 优势手的研究发现支持了天性与教养的哪个方面？试用研究发现进行解释。

反思 你小时候是什么时候有蛀牙的，严重程度如何？哪些因素可能导致了你蛀牙？

三、影响身体发育和健康的因素

谈到幼儿期影响身体发育和健康的因素，我们又会遇到一些熟悉的术语。虽然遗传影响很重要，但环境因素继续发挥着重要作用。情绪健康、良好的营养、较少患病和身体的安全都是重要因素。

1. 遗传和激素

遗传对儿童期身体发育的影响很大。儿童的身高、体重和发育快慢与他们父母的有关特点密切相关（Bogin，2001）。基因可以通过控制各种激素的分泌，尤其是控制位于大脑底部的**下垂体**（pituitary gland）分泌的两种激素，对儿童的生长发育产生重要影响。

第一种是**生长激素**（growth hormone，GH），它是儿童出生后除中枢神经系统和生殖器官之外的其他身体器官发育的必要因素。生长激素分泌少的儿童，成年后的平均身高只有1.32米，若在较小年龄用注射生长激素的方法治疗，这些儿童就会及时长高，以正常速度成长，比不治疗要高得多（Saenger，2003）。

影响儿童发育的第二种脑下垂体激素是**促甲状腺激素**（thyroid-stimulating hormone，TSH）。它促使甲状腺释放甲状腺素，这种激素对大脑的正常发育非常必要，并能使生长激素对身体高矮发挥充分的影响。甲状腺素缺乏的婴儿必须尽早接受治疗，否则可能导致精神残疾。如果大脑的迅速发育已经完成，缺乏甲状腺素的儿童的身体发育将低于平均速度，但是中枢神经系统不再受影响。如果及时治疗，这些儿童的身体发育就不会受影响，到成年期后身体发育也会正常（Salerno et al.，2001）。

2. 情绪健康

220 与婴儿期一样，儿童期的情绪健康对生长发育和身体健康有显著的影响。家庭生活压力大（由于父母离婚、贫穷或父母失业）的幼儿比其他儿童更可能有呼吸和消化系统疾病及更多的意外伤害（Cohen & Herbert，1996；Kemeny，2003）。

极端的情感剥夺可能影响生长激素的分泌，造成**心理社会性侏儒症**（psychosocial dwarfism），这是一种在2～15岁之间出现的发育障碍。其典型特征是，身材矮小，生长激素分泌不足，骨龄不成熟，有严重的健康问题。这些症状是区别心理社会性侏儒症和其他身材矮小症的标志（Doeker et al.，1999；Voss，Mulligan & Betts，1998）。前面提到的4岁儿童林奈就患有这种疾病。当人们发现她在家里很孤独、无人照看而且受过身体虐待后，就把她送到儿童福利院。让这些儿童脱离原来情感缺失的环境，他们的生长激素很快恢复正常，又能迅速成长。但如果贻误治疗，这种侏儒症就会持续下去。

3. 营养

向幼儿期过渡中，许多儿童吃饭变得没有规律，挑肥拣瘦。一位父亲说，他儿子在学步期特别喜欢吃中国菜，“现在，他3岁了，唯一爱吃的东西就是冰淇淋”。

幼儿胃口不好的现象很正常，它是由于成长放慢导致的。幼儿对没见过的食物抱有戒心，这是适应性的，因为他们仍然在学习哪些东西吃了安全，哪些东西不安全，他们喜欢吃熟悉的食物，在成人不在场加以保护时，他们不大会吃危险的东西（Birch & Fisher，1995）。家长不必担心孩子每一餐的饭量。幼儿上顿吃得少，下顿多吃些就能补回来（Hursti，1999）。

幼儿饭量不大，但他们需要高质量的营养。他们需要与成人一样的食物，只是量较少而已。应该把脂肪、油、盐控制在最低水平，因为这些东西容易导致成年期的高血压和心脏病。高糖食物也要避免，这些食物除了会导致龋齿，还会造成体重过重和肥胖，这一话题还要在第9章详细讨论。

儿童喜欢模仿他们崇拜的人的饮食偏好，包括成人和同龄人。比如在墨西哥，家人喜欢吃辣的食物，儿童也喜欢吃辣的食物。但是美国和加拿大的情况截然相反（Birch，Zimmerman & Hind，1980）。另外，重复而不强迫地让儿童接触某种食物，会促使儿童接受该食物。例如，吃饭时经常给孩子摆上花椰菜和豆腐，会让他们喜欢上这些有营养的食物。相反，如果定时给儿童提供甜水果和软饮料，会导致儿童的“牛奶逃避症”（Black et al，2002）。

健康的饮食依赖于有益于健康的饮食环境，但如果父母控制过多，会限制儿童培养自控能力的机会。有时，父母会讨好孩子，说：“吃了蔬菜，就给你一块甜点心。”这种做法会适得其反，使儿童更不喜欢某种健康食品，变得更挑剔（Birch，Fisher & Davision，2003）。

前几章提到，在北美和发展中国家的许多孩子都无法得到充足的高质量食物来保证健康成长。5岁的霍尔从一个贫民区被送到我们的实验幼儿园。他妈妈的福利补贴不足以交房租，更不要提食物了。霍尔缺乏蛋白质和必要的维生素、微量元素，如铁（防止贫血）、钙（促进骨骼和牙齿的发展）、维生素A（维持眼睛、皮肤和许多内部器官的健康）、维生素C（促进铁的吸收和伤口愈合）。这些是幼儿期普遍缺乏的营养（Kennedy，1998）。难怪霍尔在这个年龄显得消瘦、苍白，容易疲劳。美国的7岁儿童中，社经地位低者，身高平均比经济条件较好者矮2.5厘米（Yip，Scanlon & Trowbridge，1993）。

这个生活在秘鲁高原上的盖丘亚族儿童很享受和爸爸一起喝这种苦味的土豆汤。这说明她已经接受了她所在文化的食物口味。

4. 传染病

有一次，我注意到霍尔有好几个星期没有在操场上出现，就问他的幼儿园老师莱斯莉怎么回事。莱斯莉说，他因为麻疹住院了。莱斯莉说："他恢复很慢，他已经那么消瘦，体重还在下降。"对抚养条件好的儿童，一般疾病对身体发育没什么影响，但是，对抚养条件差的儿童，疾病就会与营养不良一起形成恶性循环，对身体发育的消极影响也就十分严重。

（1）传染病和营养不良

221 在发展中国家，像霍尔这样得了麻疹不容易好的情况很常见。在这些国家，大量人口生活贫困，许多孩子得不到免疫接种，像麻疹这类疾病，工业化国家在 3 岁以后才出现，在贫穷国家则出现得较早。不良饮食使孩子免疫功能大大降低，更容易染上疾病。每年 1 000 万 5 岁以下儿童的死亡案例中，约有 98%来自发展中国家，70%是由于传染病（World Health Organization，2005a）。疾病反过来又成为营养不良的重要原因，因而妨碍了儿童的身体发育和认知发展。疾病会降低儿童的食欲和身体对食物的吸收能力。这种情况在肠道感染时更严重。在发展中国家，由于水质问题和食物污染导致的痢疾广泛存在，导致发育障碍和每年数百万儿童死亡（Tharpar & Sanderson，2004）。

由于痢疾而导致的多数发育障碍和死亡可以通过免费的*口服补液*加以预防，喂给患儿加葡萄糖和盐的干净水，可以很快补充体内水分。1990 年以来，在发展中国家，公共保健人员已经教会近一半的家庭怎样使用口服补液。此外，锌是一种对免疫系统有重要影响的矿物质，补锌可以在很大程度上降低痢疾发病率（Bhandari et al.，2002）。这些措施每年使数百万儿童被挽救。

（2）免疫

过去半个世纪，工业化国家儿童期疾病的发生率显著降低，这归功于对婴幼儿普遍实施的免疫接种。霍尔得麻疹是因为，和经济条件好的儿童相比，他没能接受完整的免疫接种。美国幼儿中有 24%未接受重要的免疫接种，贫困儿童的这个比例是 40%，他们直到 5～6 岁还没有得到充分的保护，这时，他们已经要上学了（U. S. Department of Health and Human Services，2005j）。相形之下，丹麦和挪威未接受免疫的儿童不到 10%，加拿大、英国、荷兰和瑞典不到 7%（United Nations，2002）。

美国的免疫状况为何落后于这些国家？前几章提到，美国许多儿童不能得到他们需要的医疗保健。本节的"社会问题"专栏集中比较了美国和其他西方国家的儿童保健状况。

专栏　社会问题

美国和其他西方国家的儿童保健

在美国，医疗保险一般是一项可选择的、与职业相关的福利。强大的个体主义价值观强调父母对孩子的抚养和保健责任，加上医学界的巨大经济利益，使政府支持的卫生服务不能惠及所有美国儿童。靠低收入和兼职工作的行业一般不能保证员工的保险；其他行业也不能兼顾到员工的家庭成员，当然包括儿童。

美国最大的公共医疗保险计划，**公共医疗补助制**，仅服务于收入非常低的人群。这就使 850 万儿童（约占儿童总数的 11%）因父母有工作但无保险，而不能享受可以承受的医疗保健（U. S. Census Bureau，2006b）。在美国，无保险的儿童在必要时不能去看医生的比例，是有医疗保险儿童的 3 倍（Newachek et al.，2002）。因此，约 1/3 的 5 岁以下来自贫困家庭的儿童处于亚健康状态（U. S. Department of Health and Human Services，2004b）。美国儿童保健的不足和澳大利亚、加拿大、西欧各国、新西兰和其他工业化国家形成了鲜明对比。这些国家由政府出资的医疗保险几乎惠及所有公民。来看两个例子。

在荷兰，每个孩子从出生到青少年期都接受免费医疗保健。儿童保健还包括父母的营养咨询、疾病防护和儿童发育（de Winter，Balledux & de Mare，1997）。荷兰为每个新生儿的父母提供一份时间表，上面清楚地写明，应该在什么时候、什么地方给孩子进行免疫接种，这使荷兰的儿童免疫率很高。如果父母没有带孩子来接种，公共卫生部门就会给这个家庭打电话。如果多次预约仍没来，护士就会上门给孩子接种（de Pree-Geerlings，de Pree & Bulk- Bunschoten，2001）。

在挪威，国家法律要求所有社区设立婴幼儿诊所，1岁以内进行3次体检，之后在第二年和第四年再做体检。在其他时间，每个儿童都有专门的护士负责监控其发育，并在孩子的身心健康方面给父母以指导（AWC Oslo，2005）。公民为例行的医疗查访付小部分费用，治疗则免费。

目前，很多组织、政府官员和热情的民众在争取每个美国儿童得到最基本的医疗保健。州立儿童医疗保险计划（SCHIP）于1997年开始实施，至实施之日，参加该项目的州在相应的联邦基金每年收到40亿美元，用于儿童医疗保险。对项目实施的监控使每个州都能使保险覆盖面满足本州的特殊需要。这意味着儿童保健的拥护者必须向政府施加压力，制订支持家庭的政策。比如，有的州要求家庭分担医疗保健费用，但是，即使小部分的保险费或分担费用，也会使低收入家庭无力投保。很多有保险的美国儿童一般并不去看医生，但是如果父母自己不享受医疗福利，他们也很少会替孩子预约看医生。加之保险赔率较低，很多医生拒绝医治政府资助的患者，使享受公共保险的儿童没有专门的保健医师。他们要在拥挤的公共诊所排很长的队等待就诊，其父母常常抱怨，他们没有足够的机会接受必需的治疗（Dombrowski，Lantz & Freed，2004；Hughes & Ng，2003）。

目前，有数百万符合条件的儿童无法加入各州的儿童医疗保险计划，因为他们的父母要么不知道什么人可以参保，要么觉得申请程序太麻烦。显然，在保证所有儿童接受良好的保健方面，美国还有很长的路要走。

美国的儿童保健明显比其他西方国家差。例如在挪威，像这个奥斯陆的孩子一样，所有的婴幼儿都能享受免费、定期的保健服务。

付不起疫苗费用只是美国免疫率较低的一个原因。父母充满压力的生活使他们不知道什么时候要去接种疫苗，那些没有私人保健医生的家长，不愿意在拥挤的公共诊所长时间地等待。对疫苗安全性的错误认识也是一个原因。美国的父母受媒体影响，认为，麻疹、腮腺炎、风疹疫苗可能导致儿童自闭症，虽然已有大量研究证明二者毫无关系，但有些人还是相信媒体的报道（Dales，Hammer & Smith，2001；Stehr-Green et al.，2003）。在一些地区，很多父母拒绝给孩子打疫苗，使这些地方百日咳和风疹流行，严重时甚至危及生命（Tuyen & Bisgard，2003）。因此，目前急需一些公共教育项目，提高父母对及时免疫重要性的认识。

5. 儿童期伤害

比起幼儿园的其他孩子，3岁的托米在幼儿园不能安静地坐着，也不能集中注意力。他不停地从这里跑到那里，从一种活动换到另一种活动。几年后的一天，我在报纸上看到，托米在妈妈清扫汽车车窗上的冰雪时，把汽车换了档，车翻过护栏，跌进3米深的混凝土排水沟，直到救援人员赶到把他救出来，托米总算躲过了严重的伤害。警察起诉托米的妈妈，认为她没管好这个不到8岁的孩子。

在工业化国家，意外伤害是儿童期死亡的主要原因（Agran et al.，2001）。如图7.4所示，美国和加拿大在这些很大程度上可以预防的事故上排名第七和第六。在北美，儿童死亡的大约40%和青少 223
年死亡的75%，其死因是伤害事件（Children's Defense Fund，2005；Health Canada，2005b）。而幸存下来的儿童和青少年，有成千上万的人忍受着疼痛、脑损伤和永久性身体残疾的折磨。

汽车和交通事故、溺水和烧伤是幼儿期最常见的损伤。被汽车撞伤是从1岁到成年期各年龄阶段造成伤害的最常见事故，是造成死亡的罪魁祸首。

（1）儿童期伤害的相关因素

我们通常把儿童期伤害看作“意外”，认为它

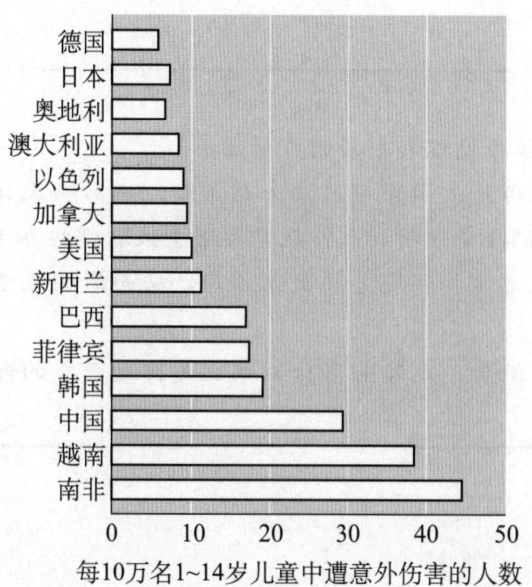

图 7.4　各国 1～14 岁儿童意外伤害的比率

和其他工业化国家相比，美国和加拿大的意外伤害比率较高，主要原因是广泛存在的儿童期贫困和缺乏高质量的儿童保健。在发展中国家，贫困、人口增长过快、城市过于拥挤和安全措施不足等因素威胁着儿童的生命，使这些国家的意外伤害率比发达国家高很多倍。

是偶然和不可控的（Sleet & Mercy，2003）。事实上，这些意外伤害发生在包括个人、家庭、社区和社会影响在内的一个复杂的生态系统内，我们是可以采取某些预防措施的。

由于男孩的活动水平高，冒险欲望强烈，他们受伤的人数相当于女孩的 1.5 倍（National Safe Kids Campaign，2005）。具有易激惹、粗心大意和消极心境等气质特点的儿童也容易受伤害。第 6 章讲过，即使跟他们说了好几遍，让他们坐进汽车安全座椅，他们还是会反抗，过马路时也不愿拉着大人的手（Matheny，1991）。

贫困和父母文化水平低与伤害有高相关（Ramsay et al.，2003）。这些父母不得不应付许多压力，没有精力顾及孩子的安全。噪音、拥挤、充满冲突的家庭和街区环境也会加大伤害的危险性（Dal Santo et al.，2004）。

美国和加拿大的儿童伤害比率较高，是因为大范围的贫穷以及缺乏高质量的儿童保育机构（父母不在的情况下监护儿童）。此外，美国存在着较高比率的少女生育，这些青少年并没有做好当父母的准备。在条件较好的北美家庭中，儿童伤害的发生率也高于西欧国家（Safe Kids Worldwide，2002）。就是说，除了降低贫困和少女怀孕，提高儿童保健质量，还须采取其他措施以保证儿童的安全。

（2）儿童期伤害的预防

儿童期伤害有很多原因，可以通过多种途径进行预防。法律要求使用汽车安全座椅，防止儿童误食药瓶盖，穿阻燃防护服，后院游泳池必须安栅栏（因溺水死亡的幼儿约一半死于家庭游泳池），这些措施防止了大量伤害事件的发生（Brenner et al.，2003）。

社区可以采取措施来改善环境。例如在操场铺上保护层，在高层公寓安装防护窗，防止儿童跌落。媒体也可向父母和儿童推广安全知识。

很多家长和儿童的行为方式会危及安全。例如，约 10%的加拿大家长和 40%的美国家长（比如托米的妈妈）没有给孩子准备安全座椅。即使有，也有 80%的父母使用不规范（Howard，2002；National Safe Kids Campaign，2005）。父母如果不能小心翼翼地注意安全问题，儿童就会处于危险中。对幼儿必须不断地督促，让他们记住家庭安全措施，并要对他们进行监督，保证按这些措施去做（Morrongiello，Midgett & Shields，2001）。

许多以行为矫正（榜样和强化）为基础的项目促进了父母和儿童的安全行为。但这些措施仅仅局限在某些特定的危险上。还需要关注家庭环境来确保儿童免受伤害，如降低房间的拥挤度，提供社会支持以减轻父母压力，教给父母使用有效策略，这个问题将在第 8 章详细讨论。

在工业化国家，意外伤害是造成儿童死亡的一个主要因素。这种意外伤害是发生在包括个人、家庭和社会影响在内的生态系统中的。社区可以帮助设计操场和其他的物理环境来降低伤害。

思考题

复习 怎样区分由严重的情绪剥夺导致的心理社会性侏儒症和一般的身材矮小？

应用 有一天，莱斯莉给孩子们做了新的甜点，在西芹上面涂一层意大利干酪。她第一次让孩子们拿来吃时，孩子们不去拿。莱斯莉应该怎么让孩子们接受这种甜点？她需要避免采取哪些办法？

联结 引用有关营养不良和意外伤害的研究，说说遗传和环境怎样交互作用，从而影响儿童期的身体发育和健康的。

反思 问一下你的父母或其他家人，你小时候是否挑食，是容易得传染病还是得过严重的慢性病？每种情况下，哪些因素起了作用？

四、动作的发展

224 如果在街头公园、幼儿园或托儿所观察几个2～6岁的孩子，你会发现，在幼儿期，新的动作技能大量涌现，每一种技能都是在学步期比较简单的动作模式基础上发展起来的。

在幼儿期，儿童把以前获得的技能整合到更复杂的动力系统中。由于身体变得更高更壮、中枢神经系统发育以及环境提出的新挑战，他们不断地修正着各项新技能。

1. 大肌肉动作的发展

幼儿的体型慢慢向流线型过渡，不再像原来那样头大身子小，于是，他们的重心也逐渐下移到躯干，平衡能力大大增强，这为需要身体大肌肉运动的新动作技能的发展打下了基础（Haywood & Getchell，2001）。两岁时，幼儿的步伐开始轻盈而富于节奏，这使他们的身体能安全地离开地面，先会跑，后学会双脚跳、单脚跳、快跑和跳跃。

随着步伐越来越稳当，幼儿的手臂和发育不完全的身体试着运用新技能，如扔球和接球、骑三轮车、玩单杠、滚圆环等。上、下肢的身体运动技能开始结合成更精细的活动。5～6岁儿童能骑三轮车，还能在投接东西、单脚跳和双脚跳等活动中灵活地移动身体。在幼儿期末，儿童能以更快的速度和和更强的耐力完成各种技能。表7.1显示了幼儿期大肌肉动作的发展。

随着儿童身体变得具有流线型，他们走得更稳，能自由挥动手臂和其他部位，掌握上肢和下肢的新技能。图中这个中国北京的3岁儿童，正在攀爬架上迈出她的试探性的一步。

表7.1 幼儿期大肌肉运动技能和精细动作技能的发展

年龄	大肌肉动作技能	精细动作技能
2～3岁	走路开始有节奏；由快走到跑。能跳远、双脚跳、投接东西，上肢动作不灵活。会用脚踢滚动的球；很少骑车。	穿脱简单的衣服。拉合与拉开大拉链。较熟练地使用匙子。
3～4岁	双脚交替上楼梯，单脚在前下楼梯。跳远，双脚跳，上肢较灵活。不需躯体的太大活动就能投接物体；能用胸部接球。会蹬、骑三轮童车。	系上和解开较大的衣扣。不需帮助自己吃饭。使用剪刀。模仿画直线和圆。画出最初的蝌蚪人图画。

续前表

年龄	大肌肉动作技能	精细动作技能
4～5 岁	双脚交替上下楼梯。跑得更稳。单脚跳和跑。用双脚支撑和身体的扭转扔球；用手接球。快而稳地骑三轮童车。	熟练地使用叉子。用剪刀沿线剪东西。照样子画三角形、十字和一些字母。
5～6 岁	跑步速度加快。平稳地快跑；准确地跳。做出稳健的投物和接物动作。骑带辅助轮的自行车。	用刀切软食物。系鞋带。分六个部分画出一个人。照样子写数字和简单的词。

资料来源：Cratty，1986；Malina & Bouchard，1991；Newborg，Stock & Wnek，1984；Roberton，1984.

2. 精细动作的发展

如表 7.1 所示，像大肌肉动作的发展一样，精细动作在幼儿期也有一个飞跃。因为对手和手指的控制能力提高，幼儿能用小块积木玩建筑游戏，切割和粘贴东西，串珠子等。对父母来说，精细动作的发展明显表现在两个方面：一是儿童对自己身体的保健；二是在家里、托儿所和幼儿园墙上画画。

（1）自助技能

表 7.1 揭示了幼儿是如何学会自己穿衣和吃饭的。父母需要对这些能力的发展抱着足够的耐心。如果感到厌烦，那么幼儿又要退回到吃手指的状态。3 岁孩子自己穿衣服时，会把上衣穿反，把裤子穿倒，把左脚的鞋穿在右脚上。

幼儿期最复杂的自助技能是系鞋带，儿童大约在 6 岁才能掌握。它需要较长时间的注意、回忆手的一系列复杂精细动作及相应的熟练操作。系鞋带显示了动作和认知发展之间的关系，同样需要这二者配合的活动还有：绘画和书写。

（2）绘画

225 给儿童蜡笔和纸，即使学步儿也会模仿别人进行涂画。随着儿童表征能力的逐步发展，画在纸上的符号也有了意义。各种因素与精细动作结合起来，影响着儿童艺术表征能力的发展（Golomb，2004）。这种能力包括：第一，把图画作为符号来代表现实的能力，它促进着计划性和空间理解力；第二，通过艺术表现体现出的儿童文化。

绘画技能的发展一般遵循以下顺序：

● *涂鸦*。最初，儿童有意的表征是通过姿势而不是画在纸上的符号来表现的。例如，一个 18 个月的儿童会用蜡笔在纸上跳着点出几个点，说这是“兔子一跳一跳地走”（Winner，1986）。

● *最初的表征形式*。3 岁前后，儿童的涂鸦变成图画。儿童用蜡笔做出一些动作，画出一些可识别的形状，并给它们命名（Winner，1986）。很少有 3 岁儿童能自发地画出别人能看出是什么东西的画来。但如果成人和儿童一起画，并指出画和实物之间的相似性，儿童的画就能逐渐地容易让人理解，也更具体（Braswell & Callanan，2003）。

儿童学会用线条来代表物体的边界，是他们绘画发展的一个重要标志。它使儿童在三四岁就能画出最初的人的图画。请看图 7.5 左图中的蝌蚪人，总是有一个圆，附带一些线条。这种画在世界各地普遍存在，由于精细动作技能的局限性，幼儿把画减缩为最简单的形式，但它仍然像人。

● *更接近现实的画*。幼儿和成人不同，他们的画并不追求现实主义。但是，随着知觉、语言（描述视觉细节的能力）、记忆和精细动作技能的发展，儿童绘画中的现实主义成分越来越多（Toomela，2002）。图 7.5 显示，5～6 岁儿童能画出更复杂的画，其中包含了很多传统的人类和动物形象，并能把头部和身体分开。由于深度知觉的表征能力刚开始形成，即使再年长一些的儿童，画画时也会出现知觉扭曲现象（Cox & Littlejohn，1995）。这种对现实的自由描绘，使他们的艺术作品显得更真实，更具有创造性。很多颇有成就的艺术家需要付出很大努力才能画出五六岁儿童毫不费力就画出的图画。

（3）绘画能力发展的文化差异

在艺术传统比较悠久的环境中，儿童的绘画能够精细地表现他们的文化传统。而在不重视艺术的文化中，即使年龄较大的儿童和青少年也只能画很简单的画。吉米（Jimi）峡谷是巴布亚新几内亚的一个偏远山区，本土文化中没有绘画艺术，许多儿童不上学，因此没有机会学习绘画技能。当一个西方研究者让没上过学的 10～15 岁儿童第一次画人像时，他们画出的大多是一些不具表征意义的涂鸦或简单的线段和人的轮廓，和幼儿的画相似（见图 7.6）（Martlew & Connolly，1996）。226
这些画似乎是最初绘画的普遍形式。等到儿童懂

图 7.5　幼儿绘画实例

左侧的蝌蚪人是广泛存在于世界各地的儿童最初画出的人。蝌蚪人逐渐成为从基本形状萌发出的更详细图画的基础。到幼儿期末，儿童可以画出像右侧这幅画那样的更复杂、更分化的画，它是一个6岁孩子的作品。

资料来源：H. Gardner，1980，*Artful Scribbles：The Significance of Children's Drawings*，New York：Basic Books，P. 64. Reprinted by permission of Basic Books，a division of Harper Collins Publishers，Inc. Six-year-old's picture from E. Winner，August 1986，"Where pelicans Kiss Seals，" *Psychology Today*，20 [8]，p. 35. Reprinted with permission from *Psychology Today* magazine. Copyright © 1986 Sussex Publishers，Inc.

得了线条可以代表人的特征，他们就掌握了画人的途径，当然，这种人物画因文化而各异，总体上还是要遵循上述的发展顺序。

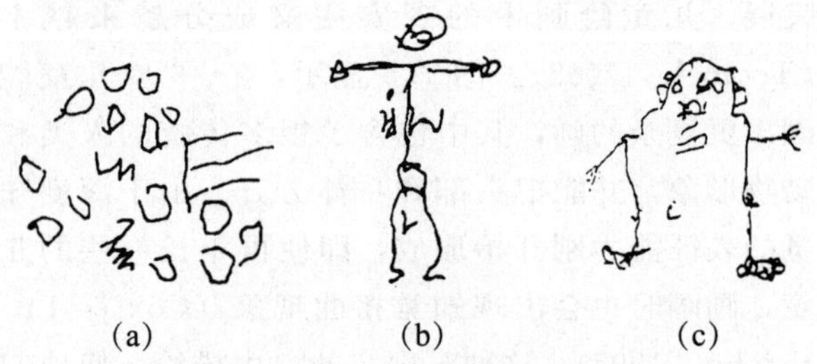

图 7.6　巴布亚新几内亚吉米峡谷没上过学的10～15岁儿童第一次画出的人像

他们画出的大多是不具表征意义的涂鸦和形状（a）、"木棍人"（b）或轮廓人（c）。与西方儿童画的蝌蚪人相比，吉米的"木棍人"和"轮廓人"更注重人的手和脚。这些年长儿童画的人与西方幼儿的画很相似。

资料来源：M. Martlew & K. J. Connolly，1996，"Human Figure Drawings by Schooled and Unschooled Children in Papua New Guinea，" *Child Development*，67，pp. 2750-2751. © The Society for Research in Child Development，Inc. 经授权引用。

（4）早期的书写

幼儿起先分不清写字和画画。他们开始学写字的时候，也像刚开始画画那样涂鸦。4岁左右，写字开始显现出一些与众不同的特征，比如，把纸上排成一排的不同的字形分开。但儿童写的字里常有像画一样的东西，例如，用一个圆来写"太阳"（Levin & Bus，2003）。从4岁到6岁，儿童慢慢知道了，写的东西是代表语言的。

儿童最早会写的往往是用一个字母代表的自己的名字。我的大儿子戴维3岁时曾经问我："怎样写D?"当我写出一个大写的D时，他就学着写。他边写边说，"D就是戴维"，对他的并不完美的作品感到相当满意。5岁时，他能清清楚楚地写出自己的名字，别人也能看懂。但是他和许多儿童一样，经常把一些字母写反，这种情况一直持续到二年级。直到学会阅读以后，他们才知道，必须把各种镜像式的字母，如b和d、p和q区分开（Bornstein & Arterberry，1999；Casey，1986）。

3. 动作技能的个体差异

当儿童的动作技能进入快速发展期时，存在很大的个体差异。与矮小瘦弱的孩子相比，个子高、肌肉发达的孩子通常跑得更快，学习某种技能也比较快。和其他方面的发展相似，家长和老师喜欢给身体动作上有优势的儿童更多的鼓励。

动作技能的性别差异在幼儿期已经很明显。在需要体力和爆发力的技能方面，男孩好于女孩。到5岁时，他们能跳得较远，扔球也扔得较远（平均有1.5米）。女孩在精细动作技能，以及某些需要良好平衡能力和脚部动作的大肌肉动作如单脚跳和双脚跳上占优势（Fischman，Moore & Steele，1992；Thomas & French，1985）。男孩的大肌肉群较强壮，前臂较长（如在掷球动作上）使他们在相应技能上占优势。女孩的身体成熟性较好，使她们在身体平衡性和动作准确性上占优势。

从儿童很小的时候起，我们就鼓励男孩和女孩参加不同的身体活动。例如，父亲常常和儿子玩抓人游戏，但很少跟女儿玩这样的游戏。体能的性别差异直到青少年期还不大，但随着年龄增长，动作技能的性别差异越来越大。这显示，社会要求男孩更活跃，有更强的身体技能，要求女孩玩安静的、需要精细动作的游戏，这些活动使
227 原本较小的遗传的性别差异变大了（Greendorfer，Lewko & Rosengren，1996）。

幼儿期对动作技能的掌握是在日常游戏中进行的。除了投掷（直接指导对此很重要）以外，没有证据表明，体操、摔跤和其他正规训练，可以使幼儿的动作技能发展更快。当儿童拥有适合跑步、爬行、跳远、投掷的游戏场所并得到鼓励时，他们会热情高涨地参加这些活动。同样，在日常生活中，像倒果汁、自己穿衣服和玩字谜游戏、构造游戏、画画、雕刻、修剪、粘贴等活动也会促进精细动作的发展。

成人创造的社会气氛也能促进或阻碍幼儿动作技能的发展。如果父母和教师批评儿童做得不好，或强迫儿童进行动作技能训练，就会影响幼儿的自信，阻碍他们的动作发展（Berk，2006b）。成人对幼儿活动的参与应当注重“乐趣”，而不是掌握“正确的”技术。

思考题

复习　幼儿期绘画能力在哪些方面取得了进步？哪些因素导致了这些进步？

应用　马贝尔和查德希望培养他们3岁女儿的运动能力，你对他们有什么建议？

联结　幼儿期促进动作发展的那些经验能否应用到促进大脑发育方面？

第二部分　认知发展

一个雨天的早晨，我在实验幼儿园观察时，孩子们的老师莱斯莉在教室后面跟我谈了一会儿。她说，幼儿期的思维是逻辑、想象和不完善的推理的混合物。日复一日，孩子们说话和做事的成熟度和原创性都让莱斯莉刮目相看。但有时候，他们的思维似乎受到什么约束，不太灵活。

莱斯莉的评价概括了幼儿期认知令人费解的矛盾之处。例如，有一天，3岁的萨米在窗外一阵雷声之后，吃惊地看着外面，自言自语说：“一个魔术师打开了雷。”莱斯莉耐心地告诉他，雷鸣是由闪电造成的，而不是由哪个人打开或关上的。萨米还是说：“那就是一个女魔术师打开的。”

萨米在其他方面的思维水平之高让人惊奇。在发放甜点时，他准确地数着“1，2，3，4”，拿了4盒牛奶，给他桌上的小朋友每人一盒。但他的小桌上再增加4个小朋友时，萨米就数乱了。他对数量的某些理解和对打雷的理解一样神奇。在餐桌上，普丽蒂的葡萄干撒了一桌子。这时萨米问：“为什么你的这么多，我的这么少？”却没想到他和普丽蒂的一样多，只不过他的葡萄干都在一个小红盒子里。

为了理解萨米为什么这样推理，我们先从皮亚杰和维果茨基的理论和研究出发，分析两种理论的优缺点。然后讨论关于儿童认知的其他理论，如信息加工学说，并关注幼儿期语言的快速发展。

一、皮亚杰的理论：前运算阶段

在2～7岁期间，儿童的认知从感知运动阶段发展到**前运算阶段**（preoperational stage），这一阶段的最明显变化是表征或符号活动急剧增加。前面讲过，婴儿期和学步期就已经具有某种表征

世界的能力。在幼儿期，这种能力得到迅速发展。

1. 心理表征

皮亚杰承认，语言是最灵活的心理表征形式。语言通过把想法和行动区分开，使这一阶段的认知比感知运动阶段更有效。当用语言进行思维时，人就克服了当时体验的局限性。人可以通过语言处理过去、现在和未来的问题，并以独特的方式把概念加以整合，就如我们想象一个饥饿的毛虫在吃香蕉或一个怪兽夜里飞越丛林。

无论语言的力量多大，皮亚杰都认为，它在认知发展过程中并不发挥主要作用。他认为，语言并不能促成表征性的思维。感知运动活动导致内部映像的产生，儿童对这种映像加以命名，即形成词语（Piaget，1936/1952）。为了理解皮亚杰的观点，可以回忆第5章讲过的，学步儿说出的最早的词都是建立在感知运动基础上的。另外，在学会使用词语之前，学步儿就已经掌握了很多认知分类。但是，其他理论家却认为，皮亚杰对语言和认知之间关系的认识是不完整的。

2. 假装游戏

幼儿期，心理表征的另一个典型例子是假装游戏。皮亚杰认为，幼儿通过假装游戏，可以练习和强化新获得的表征图式。根据这些思想，儿
228 个研究者考察了幼儿期假装游戏的发展。

这几个三四岁的孩子在照顾一个生病的婴儿时，把几个假装游戏结合了起来。社会剧游戏有利于儿童认知、情绪和社会性发展。

（1）假装游戏的发展

一天，萨米18个月的弟弟德文来到教室。德文转悠了一会儿，拿起玩具电话说：“嗨！妈咪。”然后放下了话筒。在家务区，他拿起一个杯子，假装喝水，然后又丢下走开了。

这时，萨米也和一群孩子在积木区发射航天飞机。“那是控制塔。”他指着书架附近的一个角落对万斯和林奈说。“倒计时！”萨米对着一个小木块——假装的步话机——喊道：“5，6，2，4，1，发射！”林奈让一个布娃娃按下一个假装的按钮，火箭发射了。比较德文和萨米的假装游戏，可以看出假装游戏发展的三个阶段，这些变化反映了幼儿运用符号能力的发展。

- *游戏和真实生活脱离。*在早期的假装游戏中，学步儿只是使用现实存在的实物，例如，用玩具电话说话，或用杯子喝水。他们的假装活动主要是模仿成人，很少变化。比如，两岁前，儿童会假装用杯子喝水，但不能把杯子当成帽子用（Tomasello，Striano & Rochat，1999）。他们不会用一个有明确用途的东西（比如杯子）代表其他东西（如帽子）。约两岁时，他们可以使用不太真实的玩具，例如用积木表示话筒。慢慢地，他们可以不需借助现实世界就能灵活地想象物体和事件，像萨米假想的控制塔就是这样（O'Reilly，1995；Striano，Tomasello & Rochat，2001）。
- *游戏的自我中心性减弱。*起初，假装是指向自我的，例如，德文假装喂他自己。后来，儿童把假装行为指向其他客体，如喂一个布娃娃。两岁以后，他们把自己从游戏中摆脱出来，而用另一个客体作为主动行为者，如让布娃娃自己喂自己，或让娃娃按下电钮发射火箭。当儿童懂得假装行为的发出者和接受者可以不是他们自己时，说明假装行为的自我中心性减弱了（McCune，1993）。
- *游戏包含了更复杂的组合图式。*例如，德文会假装用杯子喝水，但他还不能把倒水和喝水这两个图式组合起来。由于在两岁半左右产生并在以后几年迅速发展的**社会剧游戏**（sociodramatic play）中和同伴们一起假装别人的行为，儿童开始把不同的图式组合起来（Haight & Miller，1993）。萨米和同伴已能在一个精心设计的情节中创造并协调几个角色。到幼儿晚期，儿童

对故事情节已经有了成熟的理解（Göncü，1993）。

社会剧游戏表明儿童已经懂得，假装是一种表征活动，这种观念在幼儿期获得稳定发展（Lillard，1998，2001；Rakoczy，Tomasello & Striano，2004）。可以仔细听听幼儿分配假装的角色并协调计划时的谈话："你假装是宇航员，我假装正在操纵控制塔！"在交流中，儿童思考自己和他人的想象性的表征。这表明，他们开始推断别人的心理活动。

（2）假装游戏的作用

今天来看，皮亚杰认为假装游戏只是一种简单的表征活动的看法是片面的。研究表明，假装游戏不只反映了，而且促进了儿童认知和社交技能的发展。与社会性的非假装活动（如绘画）相比，在社会剧游戏中，幼儿的互动时间更长，表现得更投入，参与游戏的儿童人数更多，合作性也更强（Creasey，Jarvis & Berk，1998）。

经常参加社会剧游戏的幼儿通常被教师评定为具有较高社交技能的孩子（Connolly & Doyle，1984）。许多研究表明，假装活动促进了各种心理能力的发展，包括注意、记忆、逻辑推理、语言和识字、想象、创造性、对自己思维的反思能力、对自己行为的控制力和采纳别人观点的能力等（Bergen & Mauer，2000；Berk，2001；Elias &
229 Berk，2002；Kavanaugh & Engel，1998；Lindsey & Colwell，2003；Ruff & Capozzoli，2003）。在本章和下一章里，我们还要讨论幼儿期游戏这个话题。

3. 符号和现实世界的联系

要玩假装游戏，画画，理解其他象征活动，如照片、模型和地图等，幼儿必须懂得，每个符号代表日常生活事件的特定状态。那么，儿童是什么时候能够理解符号和现实世界的联系的呢？

在一项研究中，两岁半和3岁的儿童看到成人把一个小玩具史努比藏在一个缩小的房间模型里，然后，让他们找出这个玩具。第二步，他们要在那个模型所表示的真的房间里找到一个大的史努比。结果，3岁以前的多数儿童不能以房间模型为参照找出大的史努比（DeLoache，1987）。两岁半的儿童还不懂得，这个模型既可以是一个玩具房子，又可以是另一个房间的符号表征。他们还很难做出这种**双重表征**（dual representation），**即把一个象征性的客体既看作该客体本身，又看作一个符号**。为了验证这一解释，研究者把模型房子放在窗子后面，使儿童不去碰它，从而降低了这个模型房子作为真房子的特征，结果，能找到大史努比的两岁半儿童就比原来多了（DeLoache，2000，2002）。

前面曾讲过一个早期假装活动局限性的例子，即1岁半到两岁的儿童不能用一个用途明显的物体来代表另一个物体（如用杯子代表帽子）。与此类似，两岁儿童还不懂得，本身即是一个客体的一幅画，还代表着现实世界中的其他客体。

儿童是怎样理解象征性客体的双重表征呢？在成人指出模型房子和真房子的相似性之后，两岁半儿童寻找史努比的任务就能完成得更好（Peralta de Mendoza & Salsa，2003）。另外，知道了一种符号与现实的关系，可促进其举一反三。例如，1岁半到两岁的儿童把照片作为符号，因为一张照片的基本功能是代表某些事物，照片本身并不是一个有趣的客体（Preissler & Carey，2004）。3岁儿童能利用模型来找大的史努比，因为他们已能把模型房子当作一个简单的地图了（Marzolf & DeLoache，1994）。总之，亲身体验各种符号，如照片、画册、假装游戏和地图等，有助于幼儿理解一个客体可以代表另一个客体。

儿童亲身体验各种符号之后，就开始懂得，一个客体能代表另一个客体，比如这对父女做的鸟巢，也可以代表人住的那样大的房子。

4. 前运算思维的局限

除了获得表征能力以外，皮亚杰还描述了幼儿期的局限性，即他们不能理解的东西（Beilin，1992）。就像前运算这个术语所显示的，他把这个年龄的儿童与较年长、社交技能较高、达到具体运算阶段的儿童做了比较。皮亚杰认为，幼儿还不能进行运算这种遵循逻辑规则的心理操作。他们的思维是呆板的，局限于某一时间、某一情境的一个方面，而且受此时此刻出现的事物的强烈影响。

(1) 自我中心

皮亚杰认为，前运算思维最主要的缺陷是**自我中心主义**（egocentrism），不能把自己的符号性观点和别人的观点加以区分。他认为，当儿童最初对世界进行心理表征时，只关注自己的观点，认为别人的知觉、思维和感受和自己是一样的。

皮亚杰关于自我中心主义最令人信服的证据是图7.7显示的三山问题。自我中心主义使前运算阶段的儿童有一种**泛灵论思维**（animistic thinking），认为无生命的客体具有与生命类似的性质，
230 如思想、愿望、感情和意图（Piaget，1926/1930）。难怪萨米坚信，一定是什么人打开了雷电的开关才会打雷。皮亚杰认为，由于幼儿自我中心地把人的意图赋予物理事件，魔幻式思维在幼儿期表现很普遍。

图7.7 皮亚杰的三山问题

三座山的颜色和山顶都不同。一座山上有红色的十字架，一座山上有一间小房子，第三座山有积雪。前运算阶段的儿童是自我中心的，他们不能说出从布娃娃那个角度看到的离布娃娃最近的那座山，而认为离自己最近的山就是离布娃娃最近的山。

皮亚杰认为，自我中心论的偏向使儿童不能顺应、反思或修正他们对物理世界和社会世界做出的错误推理。为了充分理解幼儿的这种缺点，来看皮亚杰给儿童提出的其他任务。

(2) 不能守恒

皮亚杰广为人知的各种守恒任务揭示了前运算思维的一些缺陷。**守恒**（conservation）是指，即使外表发生了变化，客体一定的物理特征仍然保持不变。在茶点时间，普丽蒂和萨米的葡萄干一样多，但是，当普丽蒂把她的葡萄干撒在桌子上时，萨米认为普丽蒂的葡萄干一定比自己的多。

另一种守恒是液体守恒。给儿童看相同的两杯水，问他们水是否一样多，得到儿童确认之后，把其中一个杯子里的水倒进一个矮而粗的杯子，水的形状改变了，但量没变。这时，问儿童水变多了，变少了，还是跟原来一样多。前运算阶段儿童认为水量跟原来不同，他们说："水少了，因为水低了（也就是说，在矮而宽的杯子里，水位变低了）。"或者："水多了，因为水变宽了。"图7.8显示了其他几种守恒任务。

不能守恒反映了前运算阶段儿童思维的几个相关方面。首先，他们的思维是中心性的，或者说，是以**中心化**（centration）为特征的。他们只注意一个情境的某一个方面，而忽视其他方面。在液体守恒任务中，儿童以水的高度为中心，而忽视了水的高度和宽度的互补关系。其次，儿童很容易被知觉到的外部特征所迷惑。最后，儿童把水的最初状态和最终状态看作是不相关的，而忽视了二者之间的动力性转换（倒水）。

前运算思维最重要的非逻辑特征是**不可逆性**（irreversibility），不能从心理上通过问题的各个步骤，再以相反方向回到出发点。可逆性是任何逻辑运算的一部分。普丽蒂把她盒子里的葡萄干撒在桌子上，萨米就认为，她的葡萄干比自己的多，因为萨米不能进行逆向思维："普丽蒂只是把葡萄干撒在桌子上，如果把葡萄干再放进盒子里，还是和我的一样多。"

(3) 缺乏等级分类能力

缺乏逻辑运算能力使幼儿很难进行**等级分类** 231
（hierarchical classification），即根据客体的相似性和差异性把客体分成类和子类。图7.9显示的皮亚杰的一个著名的类包含问题，表明了这种局限性。前运算阶段的儿童集中注意黄色这一最主要的特征。他们不能做逆向思维，从大类（花）到各个部分（黄花和蓝花），然后再从"黄花和蓝花"回到"花"。

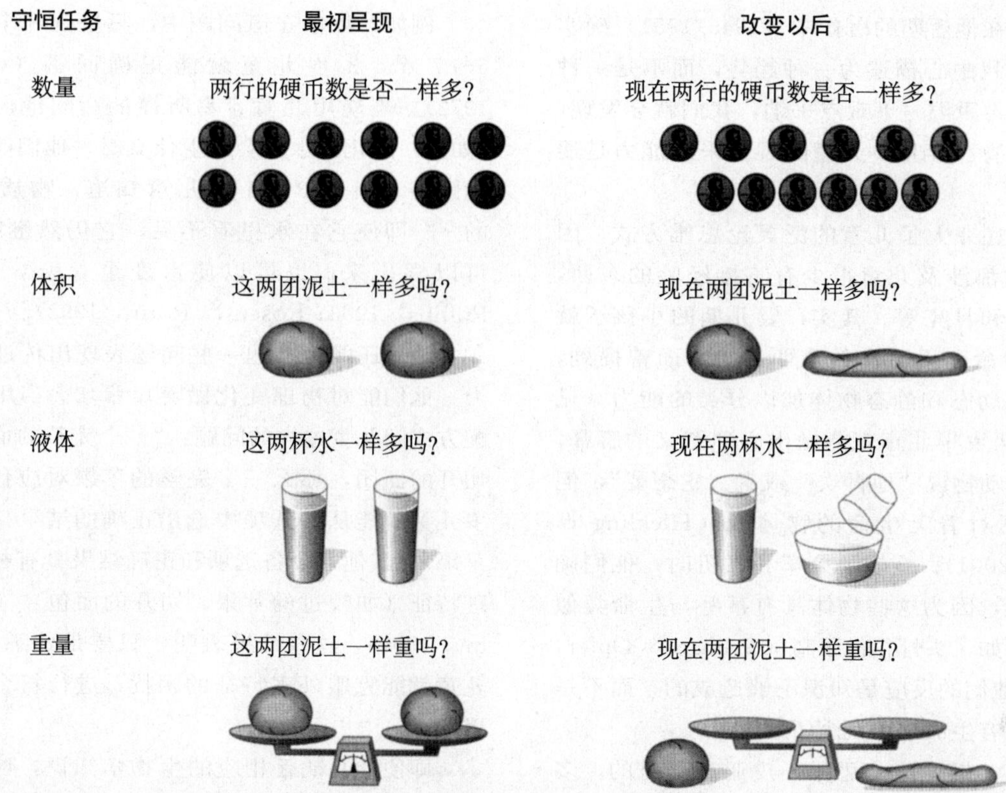

图7.8　皮亚杰设计的几个守恒任务

前运算阶段的儿童还不能守恒。他们将在具体运算阶段逐渐掌握这些任务。西方国家儿童一般是先掌握数量守恒，然后是体积守恒，6～7岁可完成液体守恒，8～10岁完成重量守恒。

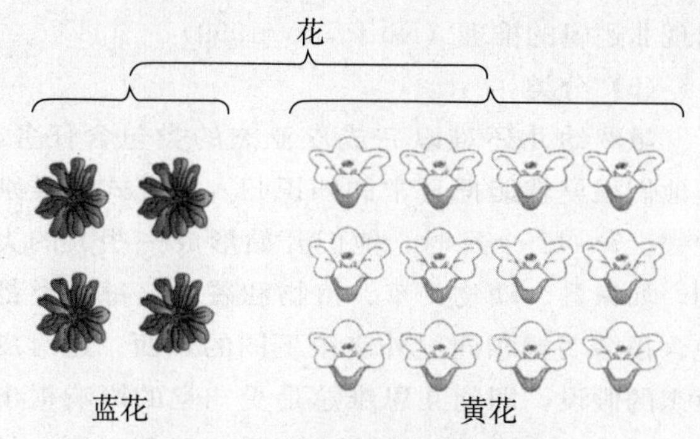

图7.9　皮亚杰的类包含问题

给儿童呈现16朵花，其中4朵是蓝色的，12朵是黄色的。问儿童黄花多还是花多，前运算阶段的儿童会回答“黄花多”，他们还不懂得，黄花和蓝花是包含在花这个类别里面的。

5. 关于前运算思维的新研究

过去30年中，研究者对皮亚杰关于幼儿认知缺陷的观点提出了挑战。这些研究表明，皮亚杰的许多问题含有幼儿不熟悉的成分，或者含有许多幼儿难理解的东西，因此，幼儿的反应并不代表他们的真实能力。皮亚杰还忽视了幼儿对自然发生的许多事件能做出很好的推理的现象。

(1) 自我中心的、泛灵论的、魔幻式的思维

幼儿真是自我中心地认为，站在房间另一位置的人与自己看到的相同吗？当研究者对三山任务加以改变，在三山问题中加进儿童熟悉的东西，而且使用不同于图画选择的方法（它对10岁儿童都有困难）重新实验时，4岁儿童就能正确意识到他人的观点（Borke，1975；Newcombe & Huttenlocher，1992）。

非自我中心的反应在守恒任务中也出现了。例如，幼儿会调整他们的言语，以适应听者的需要。4岁儿童在和两岁儿童说话时使用较短的简单句，而与同龄儿童或成人说话时，就不使用这种形式（Gelman & Shatz，1978）。在描述一个物体时，他们也不使用大或小这类自我中心的刻板言语，相反，他们会因为情境不同而调整自己的说话方式。3岁左右的儿童看到鞋子就能判断5厘米的鞋很小（因为它比大部分鞋都小），但是，它对于13厘米高的布娃娃来说，就太大了（Ebeling & Gelman，1994）。

第5章讲过，学步儿已经开始推测他人的意

图。皮亚杰在他后期的著作中（1945/1951）确实把幼儿的自我中心描述为一种趋势，而不是一种能力缺陷。再重温一下观点采纳，我们就会发现，从儿童期到青少年期，儿童的观点采纳能力是逐渐发展的。

皮亚杰还夸大了儿童的泛灵论思维方式，因为他的问题都涉及儿童很少有直接经验的东西，如云、太阳和月亮等。其实，婴儿期的小孩子就能区分有生命和无生命的东西，如前面曾提到，婴儿具有把动态和静态物体加以分类的能力（见第5章）。两岁半儿童就能做出心理意义的解释，如对着人或动物说“他喜欢”或者“它想要”，但这种话从不对着无生命的物体说（Hickling & Wellman，2001）。在涉及火车和飞机时，他们确实会犯错误，因为这些物体具有某些与生命类似的特征，例如，头灯很像眼睛（Gelman & Opfer，2002）。但他们的反应是知识不够造成的，而不是无生命物体有生命这种观念所致。

关于幼儿期魔幻式思维，皮亚杰是对的。多数3～4岁儿童相信仙女、妖精和其他怪物具有超自然力。他们认为有神秘力量可以解释他们搞不懂的一切事件，就像本章开头说的，3岁的萨米对打雷的神秘解释那种情况（Rosengren & Hickling，2000）。但是，他们并不认为，神秘力量能改变他们的日常经验，例如，把一幅画中的东西变成一个真的物体（Subbotsky，1994）。

4～8岁时，随着对物理事件和原理的逐渐熟悉，儿童的魔幻思维逐渐减少。多数儿童慢慢知道，圣诞老人和拔牙妖女是人扮演的，魔术师的滑稽表演是在骗人（Subbotsky，2004）。儿童摆脱魔幻思维的快慢因宗教和文化的不同而不同，例如，犹太儿童比基督教儿童更容易怀疑圣诞老人和拔牙妖女的真实性。由于家人告诉他们，圣诞老人不是真实存在的，他们也把这种态度推广到其他的神话人物上（Woolley，1997）。还有，关于许愿的文化传说，比如吹灭生日蜡烛之前先许愿，多数3～6岁的儿童会相信，只要你许愿，你的愿望就能成真（Woolley，2000）。

（2）非逻辑思维

许多研究检验了前运算思维的非逻辑特征。结果表明，如果把任务简化，并且和日常生活经验相联系，儿童的表现就比皮亚杰所说的要好得多。

例如，数量守恒问题中，只呈现3个而不是6～7个，3岁儿童就能正确回答（Gelman，1972）。当使用儿童容易听懂的话问他们，物质（如盐）融化到水里会发生什么时，他们能做出正确回答。很多3～5岁儿童知道，物质是守恒的——即使它在水里看不见，它仍然继续存在，232
可以尝出来，也可以使水变重（Au，Sidle & Rollins，1993；Rosen & Rozin，1993）。

幼儿还能对其他一些问题表现出传递推理能力。他们能对物理变化做类比推理。当用图画匹配方式问儿童这样的问题：“一个完整的面团对应切开的面团，那么一个完整的苹果对应什么？”3岁儿童就能从备选项中选出正确的结果（切开的苹果），其他几个备选项和正确结果具有相似的物理特征（如咬过的苹果、切开的面包）（Goswami，1996）。这些结果表明，只要是熟悉的东西，儿童就能克服外表特征的困扰，进行符合逻辑的思考。

即便幼儿缺乏相应的生物学知识，他们也能理解，动物的身体内部导致了一些因果关系（如动物会自己移动），而无生命物体就不行（Keil & Lockhart，1999）。只有在涉及不知道的东西、包含信息过多或儿童搞不明白的矛盾情况时，才会出现非逻辑的推理（Ruffman，1999）

（3）分类

虽然幼儿还难以完成皮亚杰的类包含任务，但他们很早就能把日常的知识归入嵌套式的类别中去。7～12个月时，他们开始形成一些大的类别，如家具、动物、车、植物和餐具。每一类都包含很多功能相同但外表很不同的东西。这对皮亚杰的假设，即幼儿思维总是受知觉的影响提出了质疑。研究发现，2～5岁的儿童已能对同一类东西看不见的特征进行推理（Gopnik & Nazzi，2003）。例如，先告诉他们，鸟身上的血是热的，剑龙（一种恐龙）身上的血是冷的，然后问他们，翼龙（一种恐龙）身上的血是冷的还是热的，虽然翼龙很像鸟，但他们仍推理说翼龙的血是冷的。

儿童的大类别很快地细化。幼儿逐渐形成了一些处于中等概括程度的基本水平的类别，例如椅子、桌子和床。到3岁末，儿童就能自如地在基本水平类别和高级类别（如家具）之间转换。他们还能把基本水平的类别再分成子类，例如，摇椅和课桌椅（Mervis，Pani & Pani，2003）。

幼儿是怎样掌握这么好的分类技术的呢？这是由于他们迅速增长的词汇量和一般常识所致（Gelman & Koenig，2003）。对周围环境了解得越多，他们对某一类东西的共同属性的认识就越深。例如，生理特征、内部器官和行为特征加在一起，决定了动物的种类（Krascum & Andrews，1998）。另外，成年人经常告诉孩子各种类别的名称，并且加以解释，阅读图画书为此提供了良好的情境（Gelman et al.，1998）。在看书时，父母做出一些关于类别的陈述："企鹅生活在南极，会游泳，捕鱼吃，有很厚的脂肪和羽毛保暖。"这类信息可以帮助儿童在分类时参考。

总之，幼儿的分类系统还不是非常复杂，但是进行等级分类的能力在幼儿早期就已经出现。

（4）外表对真实

当幼儿面临有两种属性的客体，一种是真实的，一种是表面的，他们会怎么样呢？他们能区分外表和真实吗？在一系列研究中，约翰·弗拉维尔（John Flavell）等人向儿童呈现各种客体，这些客体以不同方式被伪装起来，然后问儿童这些东西"像什么"和"实际是什么"，他们很难做出回答。比如问儿童："一支蜡烛的样子很像小船，它是不是一只小船？"他们一般会回答"是"。直到6～7岁，儿童才能做出正确回答（Flavell，Green & Flavell，1987）。

幼儿对这些任务感到困难，不是像皮亚杰所说的，他们大多难以区分外表和真实。真实原因是，他们理解这些任务的语言有困难（Deák，Ray & Brenneman，2003）。如果不用言语来解决外表—真实问题，而是让他们从一堆物体中找出一个其他属性的物体时，大部分3岁儿童能正确完成（Sapp，Lee & Muir 2000）。

外表—真实的区分涉及之前讨论过的一个发展任务：双重表征，即懂得一个东西可以是它本身（如蜡烛），也可以表示另一个东西（如小船）。起初，儿童的这种理解还不太稳固。戴上万圣节
233 的面具再照镜子，幼儿会感到有些害怕，甚至不敢看。如果能较好地完成口头方式的外表—真实任务，就说明儿童能较好地理解双重表征，它是表征能力取得进步的基础（Bialystok & Senman，2004）。

幼儿期的分类能力迅速发展。儿童以内在特征而不是知觉特征为基础，形成了很多类别。比如，翼龙虽有翅膀并且能飞，但是因为知道了"恐龙是冷血动物"，这个4岁儿童还是把翼龙归入恐龙类，而不是鸟类。

6. 对前运算阶段理论的评价

表7.2概括了幼儿期认知发展的情况。你可以把这些内容与前面皮亚杰关于前运算阶段儿童的描述对比一下。整体而言，皮亚杰关于幼儿认知能力的理论，一部分是正确的，一部分是错误的。当给儿童提供具有熟悉经验作基础的简化任务时，幼儿就能表现出逻辑运算能力。

幼儿已经具备某些逻辑理解力，这说明他们已能逐步地进行逻辑运算。随着年龄增长，他们逐渐能有效地使用心理方式而不是知觉方式来解决问题。比如，不会用数数来比较两种东西的儿童，也就不能掌握数量守恒（Sophian，1995）。等到幼儿学会了数数，它们就能把这种能力用在完成数目较少的数量守恒任务中。6岁时，儿童懂得了，只要没有增加或去掉什么，不管怎么摆放，这些东西的数量保持不变。这时，他们就不需要用数数来验证自己的答案了（Klahr & MacWhinney，1998）。

逻辑运算能力的逐渐发展对皮亚杰的阶段概念提出了另一个质疑。皮亚杰的阶段论认为，儿童在6～7岁时，逻辑推理能力发生急剧变化。发展中的前运算阶段确实存在吗？一些研究者不再认同这种观点。根据第5章讲的信息加工学说，儿童对各种类型任务的掌握是分别完成的。儿童的思维过程在所有阶段基本相同，只是程度大小不同。

另一些学者认为，阶段概念仍然有效，但必须加以修正。例如，一些新皮亚杰理论家把皮亚杰的阶段概念与信息加工学说的任务特殊性观点结合起来（Case，1998；Halford，2002）。他们认为，皮亚杰严格的阶段定义应该改为不那么严格的结点（knit）概念，根据这一概念，一套相关能力的形成所需时间长短，取决于脑的发育和特定的经验。这些研究者指出，研究证明，只要认真控制好任务的复杂性并且让儿童来完成这些任务，儿童就会以相似的、无阶段特征的方式去解决这些任务（Andrews & Halford，2002；Case & Okamoto，1996）。例如，画画时，幼儿是不管各种东西的空间位置，分别描画这些东西的。听故事时，他们能听懂单一的情节，如果故事由一个主要情节加上一个或几个次要情节组成，他们就听不懂了。

这种灵活的阶段论指出了幼儿期思维的独特性，同时更好地解释了，如莱斯莉所说，为什么“幼儿的思维是逻辑、想象和错误推理的混合体”。

表7.2　　幼儿期的认知成绩

年龄	认知成绩
2～4岁	表征活动快速发展，主要表现在语言、假装游戏、绘画和理解双重表征等方面。 在简单而熟悉的情境和日常的面对面的交流中能够采纳他人观点。 能区分有生命和无生命的东西；否认魔术能变成现实。 能理解守恒，注意到转换现象，可以进行逆向思维，理解了熟悉情境中的一些因果关系。 根据客体的共同机能和行为将客体归类，知道一类东西具有的内部特征。 把熟悉的客体归入不同等级的类别。 能够区分外表与真实。
4～7岁 	逐渐懂得假装（和其他的思维过程）是表征性活动。 对童话、精灵和违反现实事件不再抱有魔幻性观点，而是对它们做出一些似是而非的解释。 能够解决言语的外表—真实问题，标志着对此有了更准确的理解。

7. 皮亚杰和教育

皮亚杰的理论对教师培训和课堂教学，尤其是对幼儿教育实践产生了重要影响。根据皮亚杰的理论，可以归纳出以下三项教育原则：

234 ● *发现学习*。在皮亚杰理论指导下的课堂上，鼓励儿童主动与环境互动来发现他们自己。教师不是简单地教给儿童现成的知识，而是给儿童提供丰富多彩的材料，如手工材料、迷宫、桌面游戏、化妆衣服、积木、书、测量工具和乐器等等，激发他们的探索精神。

● *对儿童学习倾向的敏感性*。在皮亚杰理论指导下的课堂上，教师根据儿童当前的思维水平引导他们做一些活动，对儿童不正确的思维方式提出质疑，让他们去演练新认知图式。在儿童还没有表现出对新技能的兴趣和准备状态时，教师不强迫他们去做。

● *接受个别差异*。皮亚杰的理论认为，所有儿童都以相同顺序经过几个认知发展阶段，但是每个儿童的发展快慢不同。因此，教师应该给每个儿童和小组安排活动，不能对全班都安排相同的活动。教师要把每个儿童当前的和以前的发展状况进行比较来评价教育效果。教师并不注重儿童是否达到了正态分布的标准或同龄儿童的平均成绩。

和他的阶段论一样，皮亚杰理论在教育上的应用也受到了批评。最主要的质疑针对皮亚杰的这样一种观点：儿童的学习主要是通过与环境的互动而实现的（Brainerd，2003）。下一部分，我们会看到，幼儿还凭借以语言为基础的路径来掌握知识。

思考题

复习　从以下前运算阶段的特征中选出两个，引用研究证据来说明幼儿的思维能力比皮亚杰所说的强得多：自我中心主义，关注事物的知觉特征，不能进行转换推理，不会进行等级分类。

应用　3岁的威尔知道，他的玩具三轮车不是活的，它没有感觉，也不能自己移动。但是有一次去海滩，看到太阳落到地平线之下，威尔说："太阳累了，它要休息了。"怎么解释威尔这种看似矛盾的推理呢？

联结　为什么假装游戏能够促进儿童的认知和社会性发展？

反思　就你所了解的内容，你是否同意皮亚杰关于前运算阶段儿童认知发展的观点？为什么？

二、维果茨基的社会文化理论

皮亚杰不强调语言是认知发展的源头，这引来了另一个质疑，这个质疑来自强调认知发展社会背景的维果茨基的社会文化理论。在幼儿期，语言迅速发展，使幼儿有更多机会与知识丰富的人们进行社会对话，这些人鼓励他们掌握本文化所重视的技能。于是儿童很快就像和别人交谈那样，跟自己对话。这就大大促进了他们的思维和控制自己行为的能力。来看这一过程是怎样发生的。

1. 个人言语

观察幼儿的日常活动，就会发现，他们经常对自己大声说话。例如，当萨米玩七巧板游戏时，他对自己说："红的在哪儿？这个是蓝的，不行，它不合适。放在这里试试。"

皮亚杰（1923/1926）把这种言语叫做自我中心言语，反映了他的一种看法，即幼儿尚不能采纳别人的观点。他说，儿童的谈话经常是"对自己的谈话"，跟自己说话的时候，他们试着用偶然出现的任何一种方式去思维，而不管别人能否听懂。皮亚杰认为，认知的成熟性和特定的社会经验，例如与同伴的争论，最终会导致自我中心言语的消失。通过与同伴的争论，儿童反复地领悟到，别人有和自己不同的观点。这样一来，自我中心言语就逐渐减少了。

维果茨基（1934/1987）不同意皮亚杰的观点。因为语言有助于儿童思考他们自己的心理活动和行为，并对行为做出选择，所以维果茨基把语言看作所有高级认知过程的基础，包括有意注意、有意记忆、回忆、分类、计划、问题解决和自我反省等等。在维果茨基看来，儿童对自己说的话是为了自我指导。随着儿童年龄增长，逐渐感到任务越来越容易，他们的指向自己的言语也就内化为不出声的内部言语，即我们在日常生活情境中思考和行动时和自己的对话。

在过去30多年里，几乎所有的研究都支持维果茨基的观点（Berk & Harris，2003）。所以，儿童指向自己的言语现在被称为**个人言语**（private speech），而不是自我中心言语。研究表明，在儿童感到任务较难，不知如何解决时，就会较多地使用这种个人言语。而且，就像维果茨基所说的那样，个人言语随着年龄的增长而消失，变成小声言语和无声的唇部动作（Patrick & Abravanel，2000；Winsler & Naglieri，2003）。与不善言谈的同伴相比，在困难的活动中能灵活使用个人言语的儿童，其注意力更集中、更投入，任务也完成得更好（Berk & Spuhl，1995；Winsler，Diaz & Montero，1997）。

2. 幼儿期认知的社会起源

个人言语来自何方？第5章讲过，维果茨基 235
认为，儿童的学习发生在最近发展区内，它指的是一个区域，儿童在这个区域里，单独完成任务很困难，但在成人和其他技能熟练的同伴帮助下可能完成。来看萨米的妈妈和他一起玩较难的七巧板游戏中的共同活动：

萨米："这个放不进去。"（试图将一块板放进一个错误的地方）

妈妈：“哪一块可以放在这儿呢？”（指着七巧板的底部）

萨米：“他的鞋。”（找了一块与小丑的鞋一样的木块，但拿错了）

妈妈：“哪一块像这个形状？”（再次指着七巧板的底部）

萨米：“棕色的。”（试着放了一下，正合适，然后试另一块，看了妈妈一眼）

妈妈：“稍微转转。”（用手势比划）

萨米：“好了！”（妈妈在旁边看着，又放了几块）

萨米的妈妈在萨米的最近发展区内把七巧板的难度掌握在一个可操控的水平。她使用的是**搭建脚手架**（scaffolding），在教的过程中根据儿童的现有水平来调整对他们的帮助。当儿童不知道该怎样做时，成人就直接指导，或把任务分解为容易掌握的单元。随着儿童能力的提高，善于搭建脚手架的成人会逐渐地、敏感地停止帮助，让儿童自己做。此时，儿童会使用这种对话语言，把对话变成他们的个人言语，用个人言语独立地组织自己的行为。

是否有证据支持维果茨基关于认知发展的社会起源的观点？有研究证明，如果父母善于搭建脚手架，他们的孩子会使用较多的个人言语，在独立完成困难任务时也做得更好（Berk & Spuhl，1995；Conner & Cross，2003）。成人在认知上的帮助，采用小步教学，提供策略，能够预测儿童思维的进步。成人在情感上的帮助，如鼓励儿童，让他们自己完成任务，则可以预测儿童的努力（Neitzel & Stright，2003）。

另一些研究表明，虽然儿童能在活动中从同龄伙伴那里受益，但是，如果伙伴是技能熟练者（尤其在某些方面能力突出者）或成人，他们做计划和解决问题的能力就会有更大的提高。而皮亚杰所强调的同伴冲突，在促进认知发展方面，就不如儿童之间解决意见分歧和合作所起的作用大（Kobayashi，1994；Tudge，1992）。

3. 维果茨基和教育

皮亚杰式和维果茨基式的课堂教学都强调主动参与和接受个别差异。但是，维果茨基式的课堂教学超越了独立发现式的学习，而提倡有帮助的发现。教师以符合每个儿童最近发展区的干预来指导儿童的学习。有帮助的发现也可以通过同伴合作来实现，教师把能力不同的学生分在一组，让他们互教互学、互相帮助。

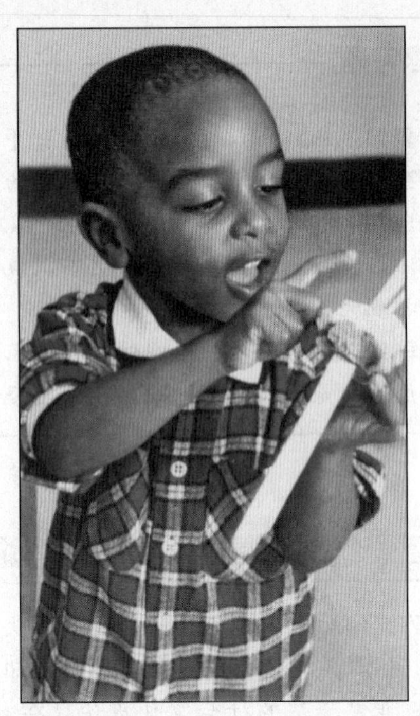

这个3岁男孩一边自言自语，一边用面团和塑料棒做了一个雕塑。在前运算阶段，儿童在游戏和从事其他困难活动时都会对他们自己说话。研究支持维果茨基的理论，即儿童是在使用个人言语来指导自己的思维和行为。

维果茨基（1933/1978）把假装游戏看作促进幼儿期认知发展的理想社会环境。当儿童创造出想象情境时，他们就在学习按照内心想法和社会规则做事，而不是因一时冲动做事。例如，一个孩子假装睡觉，就是在遵守作息规则。一个孩子想象他自己是爸爸，娃娃是他的孩子，是在遵循父母养育行为的规则。维果茨基认为，假装游戏是一种独特的、影响广泛的最近发展区，儿童在其中尝试各种各样富有挑战性的活动，从而形成许多新的能力。

本章前面在回顾假装游戏的研究成果时曾提到，假装游戏能够促进各种认知和社交技能。假装在个人言语中也很丰富，对此有研究发现，个人言语能帮助儿童使自己的行为处于思维的控制之下（Krafft & Berk，1998）。参与社会剧游戏较多的儿童，在遵守班级规则和调节情绪方面表现更好（Berk，Mann & Ogan，2006；Lemche et al.，2003）。这些发现支持了假装游戏在增强儿童自控力方面的作用。

在这个维果茨基式的课堂上，4 岁和 5 岁的儿童组成小组，互帮互学。在这个合作的过程中受益很多。

4. 对维果茨基理论的评价

236 维果茨基理论重视社会经验对认知发展的根本作用，强调教学的重要作用，并帮助人们认识到儿童认知技能的文化差异。但是这一理论也不是没有问题的。语言交流也许并不是儿童思维发展的唯一手段，或者说，在某些文化中不是最重要的方式。当西方的父母帮助孩子掌握挑战性任务时，他们的言语交流和学校教学很相似，他们的孩子要在学校花十几年为成人生活做准备。但是，在不强调学校教育和读书识字的文化环境中，父母往往希望孩子通过细心观察和参与社会活动，自己去学习新技能（见本节的“文化影响”专栏）。

为了解释儿童参与共同活动而学习的多种学习方式，芭芭拉·罗戈弗（Barbara Rogoff，1998，2003）提出了术语**指导性参与**（guided participation），这是一个比搭建脚手架更宽泛的概念。它指技能熟练的参与者与技能不熟练的参与者之间的共同努力，而不强调他们之间交流的具体特征。因此，指导性参与可以因情境和文化的不同而不同。

维果茨基理论很少提及，基本运动能力、知觉、注意、记忆和问题解决能力对由社会活动传递的高级认知过程有何影响。例如，他的理论没有提到，这些基本能力怎样导致了儿童社会经验的变化，而高级认知机能正是从这些社会经验中产生的（Moll，1994）。在基本认知能力的发展方面，皮亚杰比维果茨基关注得更多。皮亚杰和维果茨基这两位 20 世纪认知发展的理论巨人，如果当初有机会一起讨论他们非凡的理论成就，当今的认知发展理论将会如何？这种猜想真是令人回味无穷。

思考题

复习　说说有助于儿童认知发展的社会互动的特征。这样的互动是怎样创设最近发展区的？

应用　塔妮莎看到自己 5 岁的儿子托比在玩的时候大声地自言自语。她不知道是否应该阻止这种行为。运用维果茨基的理论和相关研究，解释托比为什么会自言自语。你会向塔妮莎提出什么建议？

联结　皮亚杰和维果茨基的理论有什么互补之处？也就是说，发展的哪些方面被一种理论强调，而被另一种理论忽视了？

反思　你是什么时候开始使用个人言语的？它对你是否有自我指导功能？为什么？

专栏　**文化影响**

乡村和部落儿童怎样观察和参与成人的劳动

在西方社会，教给儿童各种技能，使他们成为胜任工作的劳动者，这一任务是由学校来完成的。在幼儿期，中产阶级的父母和孩子的交流主要是通过一些以儿童为中心的活动，使儿童在学校获得成功，尤其是亲子之间的谈话和游戏，来促进言语、读写和其他知识的掌握。在乡村或部落文化中，儿童很少上学或根本不上学，大部分时间是和父母一起劳动，并开始承担一些成人的责任（Rogoff et al.，2003）。因此，父母不需要通过谈话和游戏来教育儿童。

一项研究比较了四种文化中 2～3 岁儿童的日常生活，包括美国两个中等社经地位的城郊社区、刚果共和国埃菲的狩猎和采集文化，以及危地马拉的玛雅文化的乡村小镇，结果证明了这些差异（Morelli，Rogoff & Angelillo，2003）。在美国社区中，儿童很少和父母一起劳动，大部分时间是和父母谈话和玩。而另两种文化的儿童则很少参与这些以儿童为中心的活动。他们大部分的时间是参与或观察成人的劳动。

对墨西哥尤卡坦一个偏远的玛雅人村庄的人种学研究表明，那里的幼儿在日常生活中主要是观察和参与成人的劳动，他们的能力和西方儿童很不同（Gaskins，1999）。

尤卡坦的成人以耕种为生。男人负责农田，儿童8岁以后就要给爸爸帮忙了。女人做家务，洗衣做饭，照看家畜和花园，女儿和未满8岁的儿子都要帮忙。儿童从一岁多就要参加这些劳动。不干活时，大人就让他们自己管自己。他们自己要做很多决定，睡多少觉、吃多少饭、穿什么衣服，甚至什么时候开始上学。结果，尤卡坦玛雅人的幼儿自我照料能力很强。但是他们很少玩假装游戏，即使玩，也离不开大人的劳动。他们每天要花好长时间看着别人干活。

尤卡坦玛雅人的父母很少跟孩子谈话、一起玩或帮助孩子学习。当儿童模仿成人劳动时，父母会认为他们已经可以担负更多的责任了。他们就会让孩干家务活，或者让孩子干孩子会干的事情，这样，大人的劳动也不会受到干扰。如果孩子干不了，大人就接过来，让孩子在一旁看，能做的时候再做。

在这种强调自主性和扶助性的文化中，尤卡坦的儿童很少请别人一起做什么有趣的事情。从小时候起，他们就能安静地坐很长时间，比如，参加冗长的宗教活动或骑马去镇上。成人指导儿童做家务时，他们非常积极地去干西方儿童非常厌烦的那些活儿。5岁左右，尤卡坦的儿童就能主动做大人分派的任务之外的事情。

在尤卡坦的玛雅人文化中，成人很少和儿童谈话或帮助他们学习。儿童很少玩假装游戏，他们从很小的时候就参加劳动，长时间地观看成人劳动。这个玛雅幼儿在专注地看着祖母洗碗。等到孩子会学着大人的样子干活的时候，大人就会让他们承担很多责任。

三、信息加工学说

我们曾在第5章讨论过信息加工模型。信息加工学说关注儿童把刺激流转换并输入心理系统时采用的心理策略。幼儿期的表征和指导自己行为能力的进步，导致了注意、操控信息和解决问题的更有效方式。幼儿更好地意识到自己的心理活动，并开始掌握在校学习所必需的大量知识。

1. 注意

父母和教师会发现，与学龄儿童相比，幼儿做一件事情的时间较短，而且容易分心。但是第5章曾经讲到，保持注意的能力在学步期已有进步，这种进步在幼儿期仍然在继续。

一个主要原因是，儿童抑制冲动和把注意集中在一个有意义目标上的能力在增强。有这样一个任务，要求儿童在成人敲两下的时候敲一下，在成人敲一下的时候必须敲两下。还有一个原因
237 是，看到太阳的图片时必须说“夜晚”，看到月亮和星星的图片时必须说“白天”。如图7.10所示，3岁和4岁儿童错误很多。但6岁和7岁儿童则能轻松地完成任务（Diamond & Taylor，1996；Kirkham，Cruess & Diamond，2003；Zelazo et al.，2003）。因为他们能够抵制使他们的注意离开优势刺激的分心物。

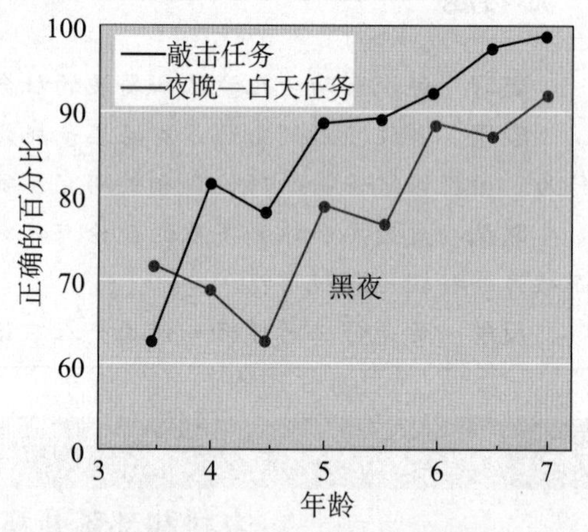

图7.10　3～7岁儿童在抑制冲动和注意集中任务中的行为表现

在敲击任务中，成人敲一下时儿童要敲两下，成人敲两下时儿童敲一下。在夜晚—白天任务中，看到太阳图片必须说“夜晚”，看到月亮和星星图片必须说“白天”。

资料来源：A. Diamond，2004，“Normal Development of Prefrontal Cortex from Birth to Young Adulthood：Cognitive Functions，Anatomy，and Biochemistry，” in D. T. Stuff & R. T. Knight，eds.，*Principles of Frontal Lobe Function*，New York：Oxford University Press，p. 474. 经授权引用。

幼儿期，注意变得更有计划性，幼儿能提前想好行为的顺序，并相应地分配注意，以达到目标。只要一项任务是他们熟悉的，而且不太复杂，幼儿一般就能做出计划并按计划行事。例如，他们能在活动场地兴致勃勃地寻找一个丢失的物品（Wellman，Somerville & Haake，1979）。但是，这种计划性的发展还需要很长时间。当让幼儿比较两幅画的细节时，他们往往不够仔细。对于步骤较多的复杂任务，他们还不能按部就班地想好先做什么，后做什么（Friedman & Scholnick，1997；Ruff & Rothbart，1996）。

238 儿童从各种文化手段中学到很多有助于做计划的东西，如游戏的指导、建筑物的样式、烹调食谱等，尤其是在和善于筹划的人合作时，学到的更多。4～7岁的儿童和妈妈一起做一个玩具时，妈妈会给他们提供很多有关计划性的信息，具体做时还会提出一些建议："你想不想看看图片上是怎么做的？""你想先用哪部分？"在和妈妈一起做游戏后，幼儿独自玩时就会更多地做计划（Gauvain，2004；Gauvain，de la Ossa & Hurtado-Ortiz，2001）。从给洗碗机灌水到外出旅行前收拾背包，父母在日常生活中鼓励孩子做活动计划，从而帮助孩子更好地做计划。

2. 记忆

和婴儿、学步儿不同，幼儿已能用语言说出他们记住的东西，还能按照有关记忆任务的指导来记忆。因此，对幼儿期记忆的研究比较容易。

（1）再认和回忆

给儿童看10张图片或10个玩具。然后把它们和一些没见过的东西混在一起，让儿童指出，哪些是他们见过的。你会发现，幼儿的*再认*记忆已经相当好，他们能告诉你一个刺激是否与原来见过的一致或相似。4～5岁儿童在这方面做得已经相当好。

回忆比再认更难些，先让儿童看一些东西，之后把这些东西收起来，让他们说出刚才看见的是什么。这需要*回忆*能力，即儿童需对此时不在眼前的刺激产生一定的心理表征。幼儿的回忆能力比再认差得多。两岁儿童能再现1～2个项目，4岁时只能再现3～4个项目（Perlmutter，1984）。

幼儿期的回忆能力和语言发展紧密相关，因为语言能有力地促进对过去经验长时间的心理表征（Simcock & Hayne，2003）。但即使幼儿的语言能力很好，他们的回忆能力也可能较差，其原因是，幼儿不善于使用**记忆策略**（memory strategies）**这种有意识地提高记忆效果的心理活动**。幼儿很少一遍遍地演练或重复需要记忆的内容。也不会把相似内容（例如，把所有的动物分成一组，所有的交通工具分成一组）加以组织、分类，以便根据相似特征轻松提取相关内容。即使经过训练，他们的记忆效果也提高不大，而且不会把这些策略应用到新情境中（Gathercole，Adams & Hitch，1994）。

幼儿不会运用记忆策略的一个原因是，记忆策略对有限的工作记忆资源占用太多。比如，在数字广度任务中，儿童的进步就很慢，两岁半的时候平均记住2个数，7岁时只能记住5个（Kail，2003）。由于这一局限，幼儿很难一边记住片片断断的信息，一边使用记忆策略。

（2）对日常生活经验的记忆

对清单类材料的回忆，与记忆一般生活经验是不同的，记忆清单式材料时，必须回忆起各自孤立的信息片断，并准确地再现出来。而记忆日常经验，则需要回忆起复杂的有意义的事件。

1）对熟悉情形的记忆

和成人一样，幼儿对熟悉的、重复发生事情，会用**情节**（script）**进行记忆，情节是对特定情境中发生的事情和发生时间的一般描述**。幼儿的情节是从主要行动的结构开始的。例如，让他们说说去饭店时发生了什么事情时，3岁儿童可能会说："进去，买了饭，吃，然后付钱。"虽然儿童最初的情节只有一些行为，但他们总能以正确的顺序回忆（Bauer，1997，2002）。随着年龄增长，情节变得更细致，如一个5岁儿童对饭店情境做了这样的描述："你先进去，你可以进到包间或坐在桌旁，然后，告诉服务小姐你想吃什么。你吃饭。如果你想吃甜食，那么可以要一点。然后，你付钱回家。"（Hudson，Fivush & Kuebli，1992）

情节是儿童（和成人）用以组织和解释日常生活经验的一种基本手段。情节形成以后，可以用来预测将来可能会发生的事情。因此，在玩假装游 239
戏、听故事、讲故事时，儿童会依靠情节来做。情节还可以帮助儿童对行为顺序做计划，以达到预期目标（Hudson，Sosa & Shapiro，1997）。

2）对一次性事件的记忆

第5章曾经讨论过日常生活记忆的第二种形式——自传式记忆，它是对个人有意义的一次性事件的表征。随着幼儿认知和会话技能的增强，他们对特定事件的描述在时间上组织得更好，内容更详细，并且与他们生活的大背景相联系（Haden，Haine & Fivush，1997）。

成人一般用两种方式来引导儿童的自传式叙述。一些父母采用*详尽方式*，变换方式地问问题，对孩子所说的内容加以补充，并主动说出自己对事件的回忆和评价。例如，从动物园回来，父母可能会问："咱们刚开始做了什么？为什么鹦鹉不在它们的笼子里？我觉得狮子挺吓人的，你觉得呢？"另一些父母采用*重复方式*，不给孩子提供什么信息，而是一遍又一遍地问一些相同的短问题："你记得动物园吗？咱们在动物园干了什么？"这些差异一定程度上取决于亲子关系的情绪特征。属于安全依恋关系的亲子之间较多采用的是详尽方式的回忆（Fivush & Reese，2002）。追踪一年和两年后发现，经历过很多详细对话的幼儿在讲有关人的故事时更完整、具体（Farrant & Reese，2000；Reese，Haden & Fivush，1993）。

女孩的口述比男孩更详细。西方儿童比亚裔儿童对自己的想法、情绪和喜好的评价更多。这种差异和亲子之间谈话的差异相一致。父母与女儿的回忆更多些（Bruce，Dolan & Phillips-Grant，2000）。集体主义价值观使亚裔父母不鼓励孩子谈论自己（Han，Leichtman & Wang，1998）。以上发现都证明了维果茨基的理论，即社会经验影响儿童的记忆技能。

这个男孩和爸爸扎风筝、放风筝，度过了愉快的一天。如果爸爸在以后某一天，以一种详尽方式回忆起这个事情，儿童的自传式回忆可能会更完整、详细。

3. 幼儿的心理理论

随着儿童对事物的表征、记忆和问题解决能力的发展，儿童开始反思他们自己的思维过程。他们开始建构*心理理论*，或关于心理活动的一套相互联系的想法。这种认识称为**元认知**（metacognition）。*元*是超过和高于的意思。*元认知*的意思是"对思维的思维"。我们成年人对自己的内部心理世界有复杂的理解，以此来解释自己和他人的行为，并改善在各种任务中的行为。那么，幼儿是在多大年龄开始意识到他们的心理生活的？他们的这种知识是否具体和准确呢？

（1）对心理活动的觉知

一岁左右，儿童把人看作有意向的生命体，能够分享和影响他人的心理状态，它标志着通向新的交往形式的大门打开了，这些新形式包括共同注意、社交参照、前言语姿势和口语。这些互动技能反过来又促进了学步儿的心理理解（Tomasello & Rakoczy，2003）。两岁时，儿童能准确地了解别人的情绪和愿望，知道别人的看法和自己有所不同（"爸爸喜欢吃胡萝卜，我不喜欢"）。

随着词汇量的增长，两岁儿童最早说出的动词有*想*、*记得*和*假装*（Wellman，1990）。3岁时，儿童懂得，想法产生在头脑里，一个人在不看、不说也不碰什么的情况下也可以想（Flavell，Green & Flavell，1995）。但是2～3岁时，儿童还只是刚开始区分心理和行为。他们认为，人总要按照他们的*愿望*去做事，但还不理解，不明显的、抽象的心理状态，比如*观念*，也会影响人的行为。

在3～4岁之间，儿童一般用*想*和*知道*来指自己和别人的想法和观念（Wellman，2002）。4岁的时候开始懂得，*观念*和*愿望*都能决定行为。这种新认识的生动证据来自一些实验情境，这些情境用于测查幼儿能否认识到，*错误观念*，即不能正确反映现实的想法，也能指导人的行为。

举一个例子：给儿童两个封闭的盒子，一个是比较熟悉的邦迪创可贴盒子，一个是没有任何标记的盒子（见图7.11），然后让儿童把认为里面有创可贴的盒子找出来。儿童都会拿那个有标记的盒子。但是，打开这个盒子一看，和他们的想法正相反，有标记的盒子是空的，而没有标记的盒子里有创可贴。接着，给儿童一个木偶，问："这是帕姆，她有一个伤口，看到了吗？你觉得她会在哪个盒子里去找创可贴？为什么她要到那个盒子去找？在你打开盒子之前，你觉得这个没有 240
标记的盒子里有创可贴吗？为什么？"（Bartsch & Wellman，1995）结果，只有一小部分3岁儿童能解释帕姆和他们自己的错误观念，但大部分的4岁儿童可以做到。

图7.11 错误观念任务实例

(a) 成人给儿童呈现邦迪创可贴的盒子和没有标记的盒子。创可贴在没有标记的盒子里。(b) 成人给儿童看一个木偶帕姆，问儿童，帕姆会到哪个盒子里找创可贴，并解释为什么。这项任务揭示了儿童能否理解，当帕姆不知道创可贴在无标记盒子里时，帕姆持有的是错误观念。

在不同的文化和社会经济背景下，对错误观念的理解力在4～6岁逐渐增强（Callaghan et al.，2005；Wellman，Cross & Watson，2001）。在这一年龄，这种理解力是认识自己和别人的有力工具，且能较好地预测儿童的社交技能（Jenkins & Astington，2000；Watson et al.，1999）。

（2）儿童心理理论发展的影响因素

儿童是怎样在这么小的年龄形成很好的心理理论的？其中，语言、认知能力、假装游戏和社会经验都有影响。

对心理状态的理解需要反思能力，而语言的发展为这种能力提供了条件。那些自发地或者受过训练而运用包含有心理状态词语的复杂句子的儿童，更有可能完成错误观念任务（de Villiers & de Villiers，2000；Hale & Tager-Flusberg，2003）。生活在秘鲁高原的盖丘亚族人的语言中缺乏描述心理状态的词汇。当西方国家的儿童掌握错误观念任务好几年以后，盖丘亚族儿童还难以完成错误观念任务（Vinden，1996）。相形之下，汉语中，有些动词（如相信）可以直接告诉人们某一观念是错误的。当成人在错误观念任务中使用这样的标记词时，中国的幼儿能表现得更好（Tardif et al.，2004）。

对不恰当反应的抑制能力、灵活的思维和计划能力，能够预测儿童当前对错误观念的理解力及以后的进步（Carlson & Moses，2001；Hughes，1998）。抑制能力和理解错误观念有密切关系，可能是因为，要完成错误观念任务，儿童必须抑制一种很难抑制的反应，即认为别人的知识和想法与自己的一样（Birch & Bloom，2003；Carlson，Moses & Claxton，2004）。

社会经验也能促进儿童对心理的理解。一项追踪研究发现，与婴儿建立起安全依恋的母亲常常会恰当地对孩子的心理状态加以评论："你还记得奶奶吗？""你真喜欢玩秋千？"妈妈的这种从"心理"（mind）到"见地"（mindedness）的评论，与孩子以后完成错误观念任务和其他心理理论任务成绩呈正相关（Meins et al.，1998，2002）。此外，家里有兄弟姐妹，尤其是有哥哥姐姐的幼儿，能更好地理解错误观念，因为他们在家里经常谈论别人的观点（Jenkins et al.，2003；Peterson，2001）。

同样，幼儿如果经常和朋友讨论心理状态，例如玩假装游戏，对错误观念的理解也较好（Harris & Leevers，2000）。与较成熟的社会成员交往也有影响。对希腊幼儿进行的一项研究显示，与许多成人和年长儿童进行的日常交往，可以预测儿童对错误观念的理解（Lewis et al.，1996）。这些伙伴为儿童提供了很多了解不同观点、讨论内心状态的机会。

核心知识理论家（见第5章）认为，要从上述社会经验中获益，儿童必须有形成心理理论的生物学意义上的准备状态。他们认为，患自闭症的儿童之所以不能理解错误观念，就是因为他们的大脑中掌管对心理状态的觉察的机制有缺失。本节的“生物因素与环境”专栏可以看到更多关于心理推理的生物学基础的内容。

（3）幼儿对心理活动理解的局限性

虽然幼儿取得的进步令人刮目相看，但他们对心理活动的意识远不完善。例如，3～4岁儿童还不懂，人们在等候、看图片、听故事或看书时仍然在思考。他们以为，在没有明显迹象表明一个人在思维时，他的心理活动就停止了（Flavell，Green & Flavell，1993，1995）。5岁以前的儿童基本不会注意思维过程。当问到不同心理状态，如*知道*和*忘记*，之间的细微区别时，他们的回答是含混的（Lyon & Flavell，1994）。幼儿认为，所有的事件必须通过直接的观察才能知道。他们不懂得，*心理推理*是获取知识的一个来源（Miller，Hardin & Montgomery，2003）。

这些研究发现显示，幼儿把心理看作一种被动的信息容器。他们严重低估了人们参与的心理活动的数量，不善于推断一个人知道什么，正在想什么。只有年长儿童才能把心理看作一种主动而富有建设性的东西，这种变化将在第9章讨论。

4. 幼儿期的读写

一天，莱斯莉班上的孩子们开了一家假装的杂货店。他们把家里的空食品盒带来，放在教室的架子上，贴上货名和价格标签，制作了购物单，还在收款台写支票。入口处还有一个当天的特价广告：“苹果　香蕉　5美分”。 242

这个游戏显示，幼儿远在以正规方式学习读写之前，就已经对书面语言有了很多知识。这毫不奇怪，在工业化国家长大的儿童生活在充斥着书面符号的环境中，他们每天都要看到如小人书、日历、清单和标志牌之类的东西。作为这些非正式经验的一部分，他们想知道，书面符号是怎样传达意义的，这种积极的努力叫做**自发的读写**（emergent literacy）。

专栏　生物因素与环境

“心理盲”与自闭症

西德尼站在幼儿园教室的水池边，把水接进塑料杯，再倒出来，装水，倒水，再装水，再倒水，不停地重复着，直到老师走过来不让他这么做。他看都没看老师，又开始了另一个重复性活动，把水从一只杯子倒进另一只杯子，再倒回来。别的孩子都在游戏区玩，聊天，西德尼却很少关注这些。他几乎不说话，即便说也只是为了要什么东西，不是为了跟别人交流。

其实西德尼有*自闭症*，这是儿童期一种最严重的行为障碍。自闭这个词的意思就是关注自己，它是对西德尼的恰当描述。3岁时，西德尼就表现出在三个核心机能领域的缺失：第一，他的非言语行为能力很差，如眼睛的注视、面部表情、身体姿势、模仿、与别人交换东西等，这些对正常交流非常重要。第二，他的语言发展滞后而且刻板。他只在重复别人说话和要东西时才说话，没有和人交流的想法。第三，他比别的孩子玩的假装游戏少得多（Frith，2003）。西德尼还有自闭症的一个典型特征：兴趣面窄，但强度很大，比如有一天，他坐在地上，一个多小时的时间内只是在转一个弗累斯转轮。

研究者认为，自闭症是大脑机能异常导致的，一般源自遗传和孕期环境。在1岁以内，自闭症儿童的大脑就大于平均值，可能是因为突触过度生长，而且缺乏突触修剪，这种修剪对认知和言语技能的正常发展非常重要（Courchesne，Carper & Akshoomoff，2003）。功能性核磁共振研究显示，自闭症和大脑皮层某些领域，包括镜像神经元细胞（见第4章）的活动减弱有关，这些领域掌管着情绪和社会反应性、对心理活动的思维等（Mundy，2003；Theoret et al.，2005）

很多研究显示，自闭症儿童的心理理论的发展迟缓。在他们达到4岁儿童的智力水平之后很久，完成错误观念任务还很困难。多数自闭儿童很难把心理状态归于自己或别人身上（Steele，Joseph & Tager-Flusberg，2003）。他们的词汇里面很少出现*认为*、*想*、*知道*、*感觉*、*假装*之类的词。

自闭症儿童从1岁多就表现出对心理活动理解力的缺陷。和其他儿童相比，他们与别人的共同注意很少，也很少有社交参照或模仿别人说话（Munday & Stella，2000）。此外，在别人谈论一个事物的时候，他们的眼光不能敏感地注视那个事物。他们认为，别人说的是他们自己所关注的东西（Baron-Cohen，Baldwin & Crowson，1997）。

这些结果是否表明，自闭症是由于天生的核心脑机能损伤，导致儿童的心理盲及交际性缺失呢？一些研究者认为是这样（Baron-Cohen & Belmonte，2005；Scholl & Leslie，2000）。但另一些研究者指出，有些非自闭的心理发展迟滞的人，也很难完成那些评价心理理解力的任务（Yirmiya et al.，1998）。这表明，某些一般智力损伤可能参与其中。

有一种假设，认为自闭症儿童可能是**执行过程**（指第5章讲过的信息加工模型中的中央处理器）受到了损伤。这导致他们一系列的认知能力缺失，不能灵活地、指向目标地思维，包括把注意转向一件事的重要方面，抑制无关反应，在工作记忆中使用策略来保存信息及做计划等（Geurts et al.，2004；Joseph & Tager-Flusberg，2004）。而不能灵活地思维，会限制儿童对社会环境的理解，因为社会互动需要对各种来源的信息进行快速整合，并对各种可能性做出判断。

现在还不清楚，这些假设中哪个是正确的。一些研究表明，社会认知、整合性思维和言语能力的缺陷，各自独立地对自闭症起作用（Morgan，Maybery & Dukin，2003）。也许是多种生物学缺陷导致了像西德尼这样的与世隔绝的悲剧。

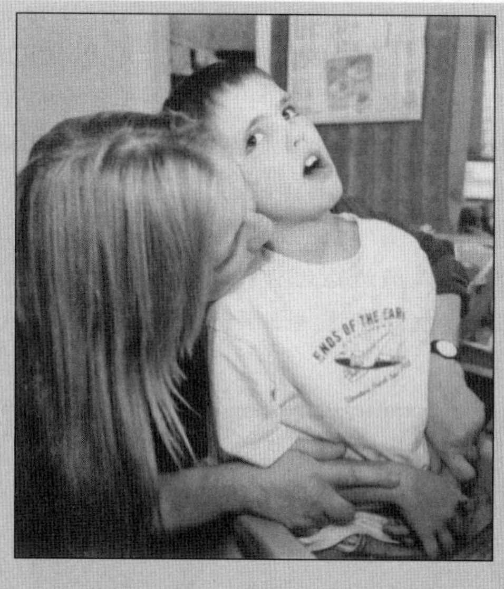

这个有自闭症的孩子在妈妈要把他的注意转移到电脑上时，几乎意识不到妈妈的声音和抚摸。在自闭症导致的“心理盲”的病因上，学者们有争议，有人认为，病因是社会理解力缺失，有人认为，病因是一般智力缺陷，如执行过程障碍。

当他们“读”到记得的故事，认出熟悉的符号（如PIZZA）时，幼儿寻找着书面语言的单元。但是，他们还不懂得这些印刷品的符号机能（Bialystok & Martin，2003）。许多幼儿认为，一个单独的字母就代表一个完整的词，或者，一个人签名时写的每个字母都代表一个名字。随着儿童能力的发展，他们在各种情况下接触到文字，成人也帮助他们进行书面交流，他们逐渐纠正了这些想法。日复一日，他们发现了书面语言的更多特征，还会像图7.12显示的“故事”和“商品清单”那样，随着功能的不同而变换写法。

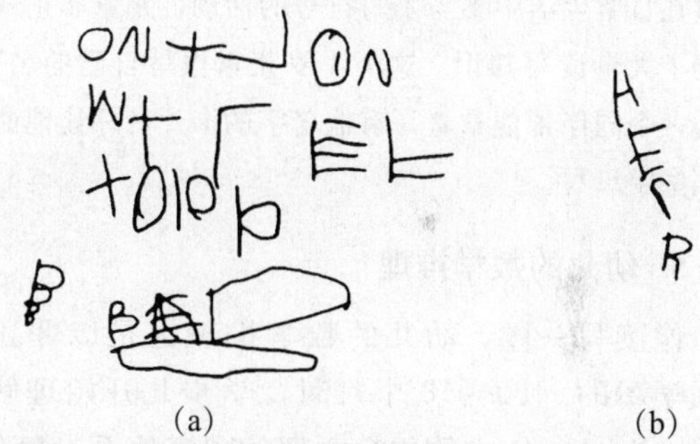

(a) (b)

图7.12 一个4岁儿童写的故事（a）和商品清单（b）

这个儿童的书写已经具有许多真正的字体特征。它还揭示了儿童对不同种类的书面表达的掌握。

资料来源：L. M. McGee & D. J. Richgels，2004，*Literacy's Beginnings*（4th ed.），Boston：Allyn and Bacon，p. 76. 经授权引用。

最后，儿童知道了，字母只是词的组成部分，并且与声音有一定的联系。5～7岁儿童的造词现象就很典型地表明了这一点。起初，儿童主要靠字母的发音，随着年龄增长，他们掌握了发音和字母之间的对应关系，并知道一些字母不是只有一个发音（McGee & Richgels，2004）。转而依靠正规的拼写。

儿童在日常生活中积累的非正式读写经验越多，语言和自发读写的发展就越好（Dickinson & McCabe，2001）。告诉儿童一些字母和发音的对应关系，玩一些语言和发音的游戏，都有助于增强儿童对语言发音规律的意识，以及发音在印刷品中怎样得以表现（Foy & Mann，2003）。**互动式地阅读连环画**，即父母和幼儿讨论故事内容，能促进语言和读写能力的多方面发展。成人支持的、着重叙述的书写活动，如写一封信或一个故事，也有很多好处（Purcell-Gates，1996；Wasik & Bond，2001）。

来自低社经地位家庭的幼儿，在家里和幼儿园学习语言和读写的机会较少。这是他们在学校阅读成绩落后的一个主要原因（Serpell et al.，2002）。在一个项目中，让幼儿园“淹没”在儿童书籍中，并对保育人员加以培训，训练她们组织3～4岁幼儿花时间看书。结果表明，这些儿童的读写能力比未接受干预的控制组高得多（Neuman，1999）。给低社经地位的儿童提供儿童书籍，对保育人员进行怎样教幼儿学习的培训，可以很大程度上促进这些孩子的读写能力（High et al.，2000）。

通过在日常生活中参与书写符号的活动，儿童非正式地学到了大量读写知识。这个4岁儿童想写自己的名字，旁边一个同伴帮他拿着写有他名字的卡片，好让他能照着那些字母写。

5. 幼儿的数学推理

像读写一样，幼儿的数学推理也是以非正规形式学习的。14～16个月时，学步儿开始理解**数序**（ordinality）或数与数之间的顺序关系，例如3比2大，2比1大。很快，他们就能用言语说明不同的数量和大小，如很多、很少、大、小。两岁
243 多，儿童开始数数。3岁时他们大约能数到5，虽然他们还不太懂这些词的意思。比如，跟他们要“1个”，他们会拿1个东西，但跟他们要“2个”、“3个”、“4个”、“5个”时，他们会拿几个东西，但是不一定能拿对。两岁半到3岁半的儿童能够懂得，一个数字代表一个特定的数量，如果数字变了，东西的数量也不一样了（Sarnecka & Gelman，2004）。

3岁半到4岁的儿童大多已懂得了10以内的数的意义，能正确地数出来，并懂得了重要的**基数原则**（principle of cardinality），即**计数序列中的最后一个数代表整个集合的量**（Zur & Gelman，2004）。例如，桌子上有5个苹果，当幼儿从“1个”数到“5个”时，他们就知道，苹果总共有5个。基数原则的掌握提高了儿童数数的有效性。

4岁时，儿童开始算算术。刚开始用的方法是数字的呈现顺序，比如，2加4，他们就会从2开始数（Bryant & Nunes，2002）。很快，他们开始尝试其他方法，比如，一只手伸出4个手指，另一只手伸出2个，然后数一下，总数为6；或者从大数4开始往后加（Siegler，1996）。逐渐地，儿童会选择最快、最准的方法，比如上面说的，从大数开始加。然后他们把这种方法用到减法中去，并懂得减和加是相反的。比如，知道3＋4＝7，他们就能推断而不是数出来，7－3＝4（Rasmussen，Ho & Bisanz，2003）。基本算术规则的掌握促进了算术能力的发展，并且，经过充分的练习后，儿童就能自动化地得出答案。

在家里和幼儿园，成人在很多场合让儿童数数，比较大小，进行加减运算，儿童的学习也很快。例如，让低收入家庭的4岁儿童参加一个数学干预项目，老师在几乎所有课堂活动中开展数学学习活动，他们和其他班级的幼儿相比，数学概念测验得分较高，也更喜欢数学活动（Arnold et al.，2002）。幼儿期掌握的扎实、巩固的数学知识对以后在学校将要掌握的各种数学技能有重要作用。

在幼儿园的杂货店里，购物者正在数货并付钱。经常参与丰富多彩的非正式数学活动的儿童，能够掌握扎实的数学概念和技能，同时会感到，数学学习既快乐有趣，又很有用。

思考题

复习　说明4岁儿童对心理活动的理解，指出其优点和局限性。

应用　列娜是4岁男孩格雷格尔的妈妈。她不理解为什么幼儿园老师让孩子花大量时间玩，而不教正规的读写和数学课程。向列娜解释一下，为什么成人支持下的游戏活动是幼儿掌握学习能力的最好方式。

联结　说明哪些证据可以证明，幼儿的记忆、心理理论、读写能力和数学能力的发展和维果茨基的理论一致。

反思　说说你在成长过程中，哪些非正式的经历对你的读写和数学能力起过重要作用。你认为这些经历是怎样促进你的学习的？

四、心理发展的个体差异

5岁的霍尔坐在测试室里，萨拉正对他进行一项智力测试。萨拉的一些问题是有关言语的。例如，给他看一个铁铲的图片，问他：“告诉我这是什么？”这是测量词汇的一道题。萨拉还让他重复一些句子和数字来测量他的记忆。为了测量霍尔的空间推理能力，萨拉用了非言语任务：霍尔用积木搭出和纸上的图一样的结构，判断一个图案和几个形状中的哪个相同，指出哪张折叠并剪过的纸和图上没折叠过的纸一样（Roid，2003；Wechsler，2002）。

面对陌生的成人问自己一堆问题，一些低社经地位或者少数族裔儿童有时会表现出焦虑。并且，这些孩子可能没有把测试情境看作是与成绩有关。他们往往会寻求测试者的关注和同意，虽然没有显示出自己的应有能力，却还感到满足。萨拉知道，霍尔来自一个贫穷家庭。因此测试之前，萨拉先跟霍尔玩了一会儿，并在测试过程中不断鼓励他。在这些条件下，低社经地位的儿童的表现会有所改善（Bracken，2000）。

244 萨拉的问题中考察的知识技能，对很多儿童来说，并没有同等机会可以学到。第9章中，我们会讨论在心理测验中存在很大争议的文化偏见问题。在这里，需要记住的是，智力测验并不反映所有人的能力，测验成绩受到文化和情境因素的影响（Sternberg，2003a）。但是，测试的分数仍然很重要：6～7岁时，测验成绩能较好地预测智商和学习成绩，而这些，在工业化社会是和职业成功相关的。下面将讨论，儿童日常的环境，包括家庭、幼儿园和托幼中心对心理测验成绩有何影响。

1. 家庭环境和心理发展

第5章讲过的评价环境的家庭观察（HOME）专业版可以评价3～6岁儿童家庭生活有助于智力发展的方面（见本节的“学以致用”表）。物质环境和儿童养育行为都很重要。智力发展较好的幼儿，其家庭一般有很多教育性的玩具和书籍。他们的父母和蔼可亲，能促进孩子语言的发展和知识的增长，并带孩子到很多有趣的地方旅游。他们还能就儿童成熟的社会行为提出合理要求。例如，让孩子做简单的家务活，对别人要讲礼貌。出现矛盾时，这些父母一般能通过说理来解决，而不使用体罚（Bradley & Caldwell，1982；Espy，Molfese & DiLalla，2001；Roberts，Burchinal & Durham，1999）。

第2章曾讲到，在非常贫困的家庭，父母很少这样做。虽然贫困家庭的父母在生活中有很大压力，但只要他们在HOME上的得分较高，他们的幼儿期的孩子仍然能在智力测验上表现较好（klebanor et al.，1998）。这些研究表明，家庭环境好坏对儿童的智力表现起重要作用。

学以致用　　幼儿高质量家庭环境的特征：评价环境的家庭观察幼儿期分量表

分量表	项目
使用玩具、游戏和阅读提供刺激	家里有教孩子颜色、大小和形状的玩具。
语言刺激	父母通过书刊、竞赛和字谜教孩子有关动物的知识。
物质环境的安排组织	所有房间保持清洁和整齐。
自豪、爱和温情	观察者来访时父母主动夸奖孩子一两次。
学习行为方面的刺激	鼓励孩子学着辨别颜色。
示范和鼓励成熟的社会行为	父母向孩子介绍访谈者。
有丰富多彩的日常刺激	家人至少每两周带孩子出去玩一次（野餐、逛商店）。
避免体罚	在观察者来访期间父母没有打孩子。

2. 幼儿园和托幼中心

与婴儿和学步儿相比，2～6岁儿童在家庭外面的时间远远多于在家里和父母一起度过的时间，过去30多年，由于妇女就业人数显著上升，进幼儿园或托幼中心的幼儿人数大幅上升。在美国和加拿大的一些州或省份达到75%（Federal Interagency Forum on Child and Family Statistics，2005；Statistics Canada，2005a）。

幼儿园是有计划地进行教育的机构，其目的是促进2～5岁儿童的发展。而托幼中心主要是采取各种措施来监护儿童。随着年龄增长，儿童会从家庭（儿童家里或其他人家里）转到托幼中心。有些儿童可能同时接受几种看护，在不同情境中转换（NICHD Early Child Care Research Network，2004）。

幼儿园和托幼中心之间的界限并不泾渭分明。北美许多幼儿园和公立的学前幼儿园都延长了儿童在园时间，以满足上班父母的需要（U. S. Department of Education，2005b）。良好的儿童保育并不只是保证儿童的安全和充分的喂养，还应该为儿童提供高质量的教育。

（1）幼儿园的类型

幼儿园的课程从一端的以儿童为中心的课程到另一端的以教学为中心的课程，构成一个连续体。**以儿童为中心的课程**（child-centered programs），教师提供丰富多彩的活动，儿童可以选
245 择，学习活动主要在游戏中进行。另一种是**学习性课程**（academic programs），教师按一定结构组织教育活动，通过正规上课，采用反复练习，教儿童认识字母、数字、颜色、形状和其他学术技能。

当前，虽然人们有不同看法，但幼儿园教师们感受到越来越大的压力，不得不去进行正规的教学训练。但是这样做不利于儿童的动机和情绪健康。如果幼儿长时间被动地坐在那里，写字做练习，而不是主动地去学习，他们会表现出更多的紧张行为（如扭动和摇晃身体），对自己的能力缺乏自信，不喜欢困难的任务，在运动、学习、语言和社交技能方面进步很慢（Marcon，1999a；Stipek et al.，1995）。追踪研究的结果表明，这种影响会持续整个小学阶段，造成不良学习习惯和较差的成绩（Burts et al，. 1992；Hart et al.，1998，2003）。这些结果在低社经地位的儿童身上尤其明显。

（2）对处于危险中的幼儿的早期干预

20世纪60年代，美国发起了“与贫困作斗争”的运动，针对低社经地位的儿童举办了各种学前干预项目，其目的是弥补这些儿童在智商和学习成绩上普遍存在的不足。其中影响面最大的是美国联邦政府于1965年开展的**智力启蒙计划**（Project Head Start）。智力启蒙活动中心一般向儿童提供1年或2年的学前教育，并提供营养和保健服务。父母的参与是智力启蒙计划的核心理念。父母参与政策讨论，并为项目的筹划献计献策。他们还直接在课堂上和孩子一起学习，参加专门为父母养育和儿童发展设立的项目，接受针对他们自己的情绪与社会性和职业需要的服务。当前，超过20 000个“智力启蒙中心”为约906 000个儿童提供服务（Head Start Bureau，2005）。

1995年，加拿大发起了针对6岁以下的原住民、因纽特人和混血儿童的**原住民智力启蒙计划**（Aboriginal Head Start），他们中处于贫困状态的占60%。和美国的“智力启蒙计划”一样，给儿童提供学前教育和营养保健服务，并鼓励父母参与。目前，“原住民智力启蒙计划”有约120个站

点，为 3 900 个儿童提供服务（Health Canada，2004a）。

这些加拿大努纳武特的 4 岁儿童都从加拿大“原住民智力启蒙计划”中受益。和美国的“智力启蒙计划”一样，他们接受丰富多彩的教育服务和营养保健服务，且父母也会参与。在课堂上，这些儿童有很多机会参与具有特定文化意义的活动。

20 多年的研究证实了学前干预的长期效益。其中最有代表性的研究综合了由大学或研究基金会开展的 7 项干预的数据。结果表明，在小学的前 2～3 年，参加项目儿童的智商得分和学习成绩高于控制组。在这之后，差异减小（Lazar & Darlington，1982）。但是，接受了干预的儿童和青少年，在学校适应方面的真实生活情境测量中保持领先。他们之中很少有人会被送去接受特殊教育，或者留级。更多的人会顺利从中学毕业。

另一个独立的项目，佩里高能力学前教育项目（High/Scope Perry Preschool Project），揭示出参加项目的益处一直持续到成年期。在认知资源丰富的幼儿园环境中接受两年的教育，与青少年期的就业率上升、怀孕和犯罪率下降有相关关系。27 岁时，和没有参加该项目的同龄者相比，这些人有更大的可能性从中学和大学毕业，收入较高，结婚，有房子，很少涉及犯罪活动（见图 7.13）（Weikart，1998）。在最近的追踪研究中，参与过干预活动的儿童到 40 岁时，在生活的各方面都占优势，包括教育、收入、家庭和遵纪守法行为方面（Schweinhart et al.，2004）。

这些设计良好、执行得力的项目，能推广到“智力启蒙计划”和其他以社区为基础的学前干预中去吗？在学校适应方面，二者效果相近，但“智力启蒙计划”的效果略差。“智力启蒙计划”

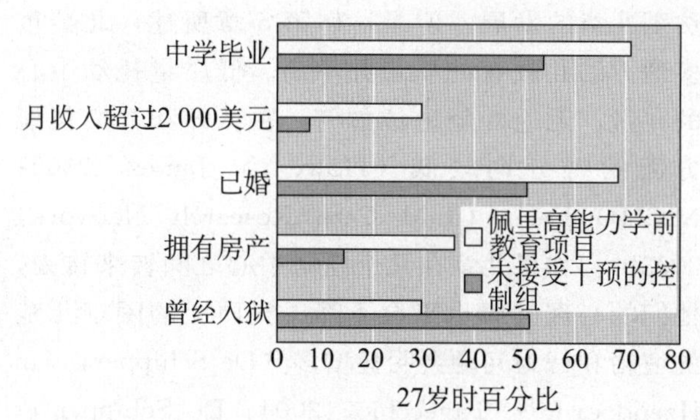

图 7.13　追踪至 27 岁时，佩里高能力学前教育项目的一些结果

虽然两年的认知丰富的学前教育环境不能根除贫困影响，但是接受干预的儿童到成年期在生活成就的各种测量中都好于未接受干预的控制组。

资料来源：Schweinhart et al.，2004.

中的幼儿比大学所做的项目中的儿童经济上更贫困，因此有较多严重的学习和行为问题。在社区活动中的服务质量也有较大差异（NICHD Early Child Care Research Network，2001；Ramey & Ramey，1999）。

研究一致发现，参与“智力启蒙计划”和其他干预项目的儿童在智商和其他成就测验得分上的进步很快会减弱。一个原因是，这些儿童一般会进入贫困街区的公立学校读书。在这种学校学习会抵消在学前教育活动中的受益（Brooks-Gunn，2003）。但在学校适应中，参与一到两年的“智力启蒙计划”的效果还是非常明显的。这也许要归功于父母在活动中的表现。父母在“智力启蒙计划”的参与度越高，他们的教养孩子的行为表现越好，其家庭的学习环境的刺激性也就越强。这些因素和儿童在课堂学习中的坚持性和 *246*
学年的学习成绩、言语、社交技能等有正相关（Marcon，1999b；Parker et al.，1999）。

“智力启蒙计划”和其他特殊教育、犯罪行为矫正和救济失业者的花费相比，回报是非常高的。经济学家预测，投入 1.5 万美元培养一个幼儿，他一生中对社会的回报是 25 万美元。如果美国和加拿大的贫困儿童都能参与这个工程，将会省下数以亿计的资金（Heckman & Masterov，2004）。但是由于缺乏资金，很多本该参与这些活动的儿童却享受不到这些服务。

（3）幼儿教育

前面讲过，高质量的早期干预可以促进经济

贫困儿童的发展。但是，如第5章所述，北美很多地方幼儿教育的质量并不高。低质量托幼中心的儿童，无论社经地位如何，在认知和社交技能方面的得分均较低（Howes & James，2002；NICHD Early Child Care Research Network，2003b)。如果儿童在几个托幼中心之间转来转去，他们的心理健康水平会下降。气质上的困难儿童的情绪和行为问题会明显增多（De Schipper，van IJzendoorn & Tavecchio，2004；De Schipper et al.，2004)

反之，高质量的幼儿教育会促进儿童的发展，对贫困家庭的儿童来说尤其如此。一项对非常贫困家庭的幼儿在整个幼儿期的追踪研究发现，以托幼中心为本位的教育比其他类型的教育在认知上进步更大，可能是因为这些中心可以提供系统的教育课程。同时，在质量较高的各类幼教机构接受教育，可以预测儿童在认知、情绪和社会性方面的进步（Loeb et al.，2004)。还有研究发现，这些效果能够持续到小学教育的早期（Peisner-Feinberg et al.，2001)。本节的“学以致用”表概括了高质量的幼儿教育的特点，这些特点是基于美国幼儿教育协会根据有利于儿童发展的教育实践制定的。它提供了一套改进美国和加拿大幼儿教育的有价值的目标。

学以致用　　有利于发展的园所特征

园所特征	质量特征
物质环境	教室环境清洁，修缮良好，通风，教室内分成多个装修的活动区，包括假装游戏区，积木区，科学区，数学区，棋牌和拼图区，图书、艺术和音乐区。带有护栏的室外游戏场中有秋千、攀爬装置、三轮车和沙箱。
班级规模	在幼儿园和托儿所，一个班两个教师带的儿童不超过18～20个。
保育员—儿童比例	在幼儿园和托儿所，一个教师负责的孩子数不超过8～10个。在家庭式托儿所，一个保育人员照看的孩子不超过6个。
日常活动	儿童大部分时间自己玩或分小组玩。儿童自己选择活动内容，并从中学到与自己生活相关的经验。教师创造条件让儿童参与活动，接受其个别差异，根据每个儿童能力发展的实际来调整期望。
成人儿童互动	教师在小组和幼儿之间走动，问问题，提建议，提出一些复杂的想法。使用积极引导法，如示范和鼓励符合期望的行为，引导儿童开展更好的活动。
教师资格	教师具有幼儿期发展和教育专业或相关领域的大学学历。
与父母的关系	鼓励父母观察和参与。教师经常和父母谈论他们孩子的行为和发展情况。
资格鉴定和认定	幼儿机构，包括托幼中心和家庭式托儿所，都须有州或省颁发的执照。美国的非官方认证单位为美国早期教育科学院，网址：www.naeyc.org/accreditation；或美国家庭式保育协会，网址：www.nafcc.org。加拿大的非官方认证系统隶属于加拿大儿童保育联合会：www.cccf-fcsge.ca。

资料来源：Bredekamp & Copple，1997；National Association for the Education of Young Children，1998.

3. 教育媒介

除了家庭和幼儿园，儿童很早就接触另一种学习情境：电子媒介，尤其是电视和计算机。在美国、加拿大和其他工业化国家，儿童看电视非常普遍。几乎所有的家庭至少有一台电视机，大部分有两台以上。计算机也是现在的儿童非常熟悉的家庭设备。约85%的美国儿童家里有一台或多台计算机，其中有2/3可以上网（Roberts，Foehr & Rideout，2005；Statistics Canada，2004c)。

（1）教育电视

每天下午，萨米都会等着看他最喜欢的电视节目，《芝麻街》，它采用活泼生动的视觉和听觉效果传授基本的读写技能、数概念，用木偶或真人角色教授一些常识、情感与社会理解以及社交技能。如今，超过2/3的美国幼儿观看《芝麻街》，它还在120多个国家播放（Sesame Workshop，2005)。

儿童看《芝麻街》节目越多，考察其课程学习目标的测验得分越高（Fisch，Truglio & Cole，1999)。一项研究报告说，观看《芝麻街》和其他教育节目与以下变量相关：上中学以后获得较好的成绩，读书较多，对学习成绩赋予较高价值（Anderson et al.，2001)。近几年，《芝麻街》改变了快节奏的播放模式，变为有明快故事线索的更悠闲的节目。观看慢节奏的活动和容易理解的叙述性内容，如《罗杰斯先生的邻居》、《巴尼和朋友》等，使儿童的假装游戏更精细，效果超过观看快节奏、内容之间无关联的节目（Singer & Singer，2005）。

虽然计算机非常普及，但是电视对儿童来说仍然是主流媒介。2～6 岁的北美儿童平均每天看电视 1.5～2 小时，占幼儿生活的很长时间。小学期，美国儿童看电视的时间增加到 3.5 小时，加拿大儿童为 2.5 小时，到青少年期略微减少（Scharrer & Comstock，2003；Statistics Canada，2005f）。低社经地位的儿童看电视更多，可能因为他们生活中很少有其他游戏方式，或者父
247 母没有能力提供这些条件。如果父母看电视很多，孩子也会如此（Roberts，Foehr & Rideout，2005）。

大量看电视会不会使儿童脱离有意义的活动呢？学前和小学儿童看电视和动画片越多，他们用在读书和与同伴交往方面的时间就越少，学习技能也越差（Huston et al.，1999；Wright et al.，2001）。观看教育类的节目是有益的，但是看娱乐性节目，尤其是大量观看，会减弱儿童的学习兴趣，减少其社会经验。

（2）计算机学习

由于计算机对教育十分有益，很多幼儿教室有计算机学习中心。3 岁儿童就很喜欢计算机，能敲击简单的键盘命令。文字处理课程能够促进读写能力，使幼儿和小学生不必费力手写就能打出字母和单词，并且容易修改文档和检查拼写。由于儿童不再那么担心出错，他们写出来的内容更多，质量更高（Clements & Sarama，2003）。

计算机游戏可帮助儿童练习基本技能，如字母和发音之间的对应关系，数数，算术运算等，从而在学习上得到进步（Clements，1995）。儿童能使用简单的计算机语言设计或组建一些结构，使他们学到一些编程技术。在成人帮助下，计算机程序可以促进儿童的问题解决能力和元认知（对思维过程的意识）的发展，因为儿童必须做计划并对自己的思维进行反思，才能让程序运作。在编程过程中，儿童会互相帮助，并且在遇到困难时坚持不懈（Nastasi & Clements，1994）。在课堂上，常见几个孩子围在电脑旁，他们的合作比在其他活动中更多（Svensson，2000）。

和看电视一样，儿童花很多时间用电脑达到娱乐目的，尤其是玩游戏。两种媒介的性别成见和暴力现象都很常见。我们将在下一章讨论电视和电脑对情绪和社会性发展的影响。

思考题

复习 哪些研究发现可以说明，以儿童为中心的幼儿园课程比学习性课程更能促进儿童学习能力的发展？

应用 你支持的参议员听说，通过“智力启蒙计划”增加的智商分数不能持久，所以他打算投票反对增加研究基金。请你给他写一封信，解释为什么他应该支持“智力启蒙计划”。

联结 试比较开始于婴儿期和开始于幼儿期的干预项目。哪种项目能促进智商的持久增长？为什么？

反思 你小时候经常看电视和玩电脑吗？看什么节目？玩什么游戏？电视和电脑对你的发展有何影响？

五、语言的发展

248 语言与本章讨论的各方面认知发展都有密切的关系。在 2～6 岁之间，儿童语言进步很快。他们在语言方面的明显进步和容易犯的错误显示出他们掌握语言的主动的、规则定向的方式。

1. 词汇

两岁时，儿童可掌握 200 个词，6 岁时，他们可掌握约 10 000 个词（Bloom，1998）。要达到这种程度，儿童平均每天要掌握 5 个新词。儿童为什么能这么快地掌握词汇？研究发现，儿童只须一次接触，就能把新词与其潜在意义联系起来，这称为**快速映射**（fast mapping）。幼儿甚至能快速映射出同一情境中遇到的两个和多个新词（Wilkinson，Ross & Diamond，2003）。

（1）词类

西方国家的儿童通过快速映射，能很快地为客体命名，因为这些东西往往是他们容易理解的。成人指着某个东西并说出其名称时，他们就帮助儿童理解了这个词的意思。当儿童理解了物体和动作之间的关系时，他们开始掌握动词（走、跑、打破）。中国、日本和韩国儿童掌握动词非常快。因为在这几个国家的语言里，名词在成人的句子中经常被忽略，而动词用得很多（Kim，McGregor & Thompson，2000；Tardif，Gelman & Xu，1999）。逐渐地，幼儿语言中增加了一些修饰词（红的、圆的、悲伤的）。在这些修饰词中，儿童先理解了一些词义相关而程度相异的词（这种词更容易掌握），如大—小、高—矮、宽—窄等，然后才理解一些特定的形容词（Stevenson & Pollitt，1987）。

3 岁儿童经常用已掌握的词造一些新词，以弥补没有学会的词。例如，萨米就造了一个复合词，“种花的人”（plant-man）来代指“园丁”（gardener），他还在 crayon（蜡笔）后面加一个后缀 er 形成一个新词 crayoner，来表示一个用蜡笔画画的孩子（Clark，1995）。幼儿常用具体感觉上的比较来比喻，如“云彩像枕头”，“树叶在跳舞”。随着他们的词汇和常识的丰富，他们逐渐能理解非感知性的比较，如“朋友像磁铁”（Karadsheh，1991；Keil，1986）。比喻使儿童能以生动又容易记住的方式进行交流。

（2）学习词汇的方法

幼儿一般通过比较新词和已学会的词，来理解新词的含义。但是，对于怎么选择这些词来进行比较，仍然不十分清楚。一些研究者认为，在词汇增长的早期阶段，儿童遵循一种*互斥偏向*，即认为所有的词都是指完全不同的（不重叠的）类别（Markman，1992）。当告诉两岁儿童两种完全不同的新奇东西的名字时（回形针和喇叭），他们能正确地区分（Waxman & Senghas，1992）。

但如果物体有不止一个名字时，互斥偏向就无法解释幼儿是如何掌握词汇的了。这种情况下，儿童经常借助语言的另一种成分。有人认为，儿童是通过观察单词在句子中的应用来掌握词义的（Hoff & Naigles，2002）。比如，成人一边说“柠檬色”，一边指着一辆柠檬色的汽车。于是，2～3 岁的儿童就会把这个新词理解为一个形容词来指某一物体的某种属性（Hall & Graham，1999）。

幼儿还会利用成人提供的丰富的社会信息来学习新词。例如，他们会利用自己不断增强的能力推测别人的意图和想法（Akhtar & Tomasello，2000）。在一项研究中，成人对一个物体做一个动作，说出一个新词，并在孩子和物体之间来回看，好像是让孩子玩这个东西。两岁儿童就知道，这个词指的是这个动作，而不是这个物体（Tomasello & Akhtar，1995）。成人指着某个物体，比如指着鸟说“看这只鸟”，然后指着这个鸟的嘴说“这是嘴”，3 岁儿童就能知道嘴是鸟的一部分，而不能代指整个鸟（Saylor，Sabbagh & Baldwin，2002）。

成人还会直接告诉儿童两个或多个词的用法，比如，“它看起来像汽车，其实是卡车”，或者“你可以叫它海洋生物，但是最好叫它海豚”。如果父母能这样给孩子提供分类信息，孩子往往能 249
较快地掌握词汇（Callanan & Sabbagh，2004）。

如果没有社会线索或其他信息可以利用，两岁儿童会在他们的词汇学习策略中表现出高度的灵活性。他们会把一个新词看作已有名称的物体的第二个名字（Deák，2000）。

幼儿凭借一切可用的信息来理解新词的意义。这个男孩可能在专心地听他妈妈是怎样在句子中使用苹果这个词的。也许他在关注社会线索，即妈妈的目光指向和针对这个苹果的动作。

（3）词汇发展的原因解释

儿童对词汇的掌握如此有效和准确，使一些理论家相信，儿童天生就倾向于利用某些原理，如互斥偏向来推断词义（Woodward & Markman，1998）。但也有人认为，区区几个与生俱来的固定原理不足以解释儿童在词汇学习过程中表现出来的灵活多变的方式（Deák，2000）。

另一种观点认为，词汇学习和儿童掌握非言语信息所采用的认知策略一致。随着儿童的分类知识、词汇量及对社会情境敏感性的提高，这些策略也更有效（Hollich，Hirsh-Pasek & Golinkoff，2000；Markson & Bloom，1997）。如果有几种类型的信息同时存在，儿童就能很好地掌握新词的意义（Saylor，Baldwin & Sabbagh，2005）。目前研究者正在开始探讨儿童在学习不同词类时所使用的多种线索及其随年龄增长的变化。

2. 语法

在2～3岁间，讲英语的儿童能按主—谓—宾的次序说出简单的句子。学习其他语言的儿童也会使用他们周围成人说话的词序（Maratsos，1998）。

（1）基本规则

关于儿童学习不同语言的研究表明，最初儿童对语法规则的掌握是不完整的，只局限在几个动词内。当儿童从成人话语中听到熟悉的动词时，他们会把成人说的话作为榜样，把这些动词加进自己的话语中（Gathercole，Sebastián & Soto，1999；Lieven，Pine & Baldwin，1997）。比如，萨米在用动词open时加上前置词with［You open with scissors（你用剪子剪开）］，但是在stick之前就不加with［He hit me stick（他用棍子打我）］。

为了考察幼儿根据英语基本语法造新句子的能力，研究者让儿童在一个结构不同的句子中听到一个新动词，看他们会不会以主—谓—宾的形式使用这个动词，例如，句子结构变成被动语态：Ernie is getting *gorped* by the dog（狗给厄尔尼吃坚果）。对“狗做了什么”这个问题，回答He's *gorping* Ernie（它给厄尔尼吃坚果）的人数比例随着年龄增长稳步增长。但到3.5～4岁，多数儿童才能稳定地以主—谓—宾结构使用新学会的动词（Tomasello，2000，2003）。

这些例子显示，当儿童学会用三个词造句之后，他们就能做一些小小的添加和改变，使意思的表达更灵活顺畅。例如，他们在名词后面加上“-s”形成名词复数（cats），使用前置词（in和on），能使用助动词to be结构，形成不同的时态（is，are，were，has been，will）。讲英语的儿童大多能从最简单的意义和结构开始，按一定顺序掌握这些语法规则（Brown，1973；de Villiers & de Villiers，1973）。

儿童学会这些规则后，他们会一直用下去，有时把这些规则扩展地用到一些特殊用法的词上，这种错误称为**过度泛化**（overregularization）。“My toy car *breaked*”（我的玩具汽车坏了，但break这个词属于特殊用法，在这里应该是broken），“We each have two *feets*”（我们每人有两只脚，但是在英文中，feet就是‘脚’这个词foot的复数形式）。这些表达方式在2～3岁开始出现（Maratsos，2000；Marcus，1995）。

（2）复杂结构

幼儿逐渐地掌握了更多的复杂语法结构，尽管他们会犯错误。比如，刚开始问问题，2～3岁的儿童会用很多句式，如“X在哪儿?”“我可以X吗?”（Dabrowska，2000；Tomasello，1992）。在其后的两年里，儿童会变换方式地问问题。一项关于儿童怎样问问题的研究发现，在问一些确定问题而不是其他类型问题的时候，他们会把主语和谓语的位置颠倒过来（“What she will do?”“Why he can go?”）。正确的表达大多是从妈妈口中听到的（Rowland & Pine，2000）。

儿童常常在说一些被动句时出错。跟他们说“The car was pushed by the truck”（轿车被卡车推着走），年幼儿童会用一个玩具轿车去推卡车。5岁时，他们能理解这种说法，但是完全掌握这种被动态，要等到小学期结束时（Horgan，1978；Lempert，1990）。

无论如何，幼儿对语法的掌握是出色的。4～5岁时，儿童能使用嵌套句“I think he will come”（我想他会来），反义疑问句“Dad's going to be home soon，isn't he?”（爸爸很快就要回家了，是吗?）和间接宾语，“He showed his friend the present”（他把礼物给他的朋友看）。在入小学之前，儿童会使用他们语言中的大部分语法结构（Tager-Flusberg，2005）。

（3）对语法知识发展的解释

有证据表明，语法知识的发展是一个不断扩 250
展的过程，这对乔姆斯基的先天论（见第5章）提出了置疑。一些专家认为，语法知识是一般认知发展——儿童探索环境中各种事物的一致性和模式的倾向——的产物（Bloom，1999；MacWhinney，2005；Tomasello，2003）。这些信息加工理论家认为，儿童注意到哪些词出现在句子的相同位置上，并且以相似方式与其他词组合在一起。久而久之，他们就会把单词归入不同的语法范畴，并且在句子中正确地使用它们。

探索儿童如何进行语言加工的另一些理论家同意乔姆斯基的观点，即儿童习得语法的方式是非常一致的。一种观点假设，儿童把词义归于其中的语法范畴是与生俱来的——从一开始就表现出来（Pinker，1999）。但是有批评指出，幼儿期对词的组合并不能说明他们掌握了语法。另一种观点认为，儿童不是用与生俱来的知识开始说话，而是利用与生俱来的语言分析程序对语法规则进行探索（Slobin，1985，1997）。这种普遍适用的语言加工装置是否存在，或者，听到不同语言的儿童是否装备了同样的策略，是一直在争论的问题（de Villiers & de Villiers，1999；Marchman & Thal，2005）。

3. 会话

除了学习词汇和语法之外，儿童必须学会和别人进行有效、适当的交流。语言的这种应用的、社会的一面称为**语用**（pragmatics），幼儿在掌握语用规则方面进步显著。

早在两岁时，儿童已堪称熟练的会话者。在面对面交流中，他们轮流说话，并且对伙伴的话做出适当的反应（Pan & Snow，1999）。随着年龄增长，儿童在交谈中轮流说的次数逐渐增多，持续一个话题的能力也逐渐增强。

到4岁时，儿童已能调整所说的话，以适合听者的年龄、性别和社会地位。例如，在玩偶游戏中，当儿童扮演那种社会支配角色和男性角色，如医生、教师和爸爸时，会使用较多的命令句，而扮演非支配地位和女性角色，如病人、学生和妈妈时，他们说话更礼貌、耐心，使用较多的间接请求（Anderson，1992，2000）。

幼儿偶尔也会表现出缺乏谈话技能，例如，在打电话时就会这样。下面是一个4岁幼儿和爷爷打电话的例子。

> 爷爷："你快要几岁了？"
>
> 约翰："这么大。"（伸出四个手指）
>
> 爷爷："嗯？"
>
> 约翰："这么大。"（再次伸出四个手指）
>
> （Warren & Tate，1992，pp. 259－260）

在要求较高的情境中，幼儿的谈话还显得不成熟，在这样的情境中，他们无法理解听者的反应，或不会利用一些典型的辅助手段，如姿势和所说的物品。但是，如果让儿童告诉听者怎样解决一个简单的七巧板问题，3～6岁的儿童在电话里比对面前一个人能做出更多的特殊说明，这表明，他们懂得，打电话必须做更多的言语描述（Cameron & Lee，1997）。在4～8岁间，无论是会话能力，还是通过电话做出说明的能力都有明显进步。电话交谈提供了另一个例子，说明幼儿谈话能力取决于情境中提出的要求。

4. 促进幼儿语言发展的方法

成人怎样才能促进幼儿语言的发展？多和善于表达的人互动，在学步期和幼儿期都很重要。无论在家还是在幼儿园，与成人的对话，都与一般语言测量的进步密切相关（Hart & Risley，1995；NICHD Early Child Care Research Network，2000）。

敏感而善于关心的成人还采用其他一些方法促进早期语言技能。当儿童不能正确地使用词汇，或不能清楚地和人交流时，他们会做出有帮助的、含蓄的反馈，例如："我不知道你想要哪一个。你是想要那个大的、红色的吗？"但他们并不会矫枉过正，尤其是在儿童犯语法错误时。批评无助于儿童以导致新技能的方式自如地使用语言。

成人往往会使用相互结合的两种方法对儿童的语法错误做出间接反馈，一种是**改正**（recasts），把不正确的句子改正确，另一种是**扩展**（expansions），对儿童的言语进行加工，增强其复杂性（Bohannon & Stanowicz，1988；Chouinard & Clark，2003）。例如，儿童说，"I gotted new red shoes"，父母会说，"Yes，you got a pair of new red shoes"。这样，不仅扩展了孩子说的话，还把其中的错误纠正过来。对此，一些研究者质疑，他们认为，对儿童掌握语法来说，扩展和改正是 251
否与丰富的语言环境同样重要。这两种方法不是在所有的文化中都使用，它们对儿童使用语言的影响也不完全一致（Strapp & Federico，2000；Valian，1996）。扩展和改正的作用也许不是为了消灭错误，而是提供规范的、符合语法的表达方式，鼓励儿童去体会。

上述研究发现是否又让你想起维果茨基的理论？与智力的其他方面一样，在语言发展中，父母和教师应该耐心地提示儿童向下一步迈进。儿童努力地掌握语言，是因为他们想和别人联系。反过来，成人通过认真倾听，把儿童说的话加以完善，用正确的说法做出榜样，鼓励儿童接着往下说，对儿童要熟练掌握语言的愿望做出反应。下一章我们还要讲到，对儿童成熟行为的这种和蔼与鼓励，对幼儿期情绪和社会性发展，也起着重要作用。

与成人的轮流对话能够有力地促进儿童的言语发展。它使儿童很快地掌握了词汇和语法，并学会如何与别人进行有效而恰当的沟通。

思考题

复习 以研究为例，说出促进幼儿期语言发展的各种方法。

应用 萨米的妈妈跟他说，全家人会去迈阿密度假。第二天早上，萨米宣布："I gotted my bags packed. When are we going to Your-ami?" 萨米的错误说明了什么？

联结 儿童掌握词的策略怎样证明了第5章所讲的语言发展的互动观？

本章要点

第一部分 身体发育

一、体格发育

描述了幼儿期体格发育的主要趋势。

■ 与前两年相比，两岁后儿童的发育减慢。婴儿肥的现象减少，儿童身体变得修长匀称。骨骼出现新的增长中心。到幼儿期之末，开始换牙。

■ 身体各部分的生长速度不同。身高体重的变化遵循**一般发育曲线**，婴儿期较快，幼儿期和小学期变慢，青春期又开始加快。但生殖系统、淋巴组织和大脑的发育则与此有所不同。

二、大脑发育

描述了幼儿期的大脑发育。

■ 幼儿期，大脑皮层的前额叶发育很快，该部分主要掌管计划和组织行为。左半球的神经活动多于右半球，主要掌管语言发展。

■ 幼儿期和小学期，优势手现象发展明显，显示大脑单侧化在不断发展。优势手反映了人的**优势半球**。有一种理论认为，多数儿童从遗传上是右利手，但是后天经验可能导致左利手。左利手可能有一些发展方面的问题，但不常见。单侧化可能有某些优势。

■ 幼儿期，大脑不同结构之间开始建立联系。将**小脑**和大脑皮层相联系的神经纤维的髓鞘化，促进了身体平衡和运动控制。掌管警觉和意识的**网状结构**和联结两半球的**胼胝体**也迅速髓鞘化。

三、影响身体发育和健康的因素

阐述了遗传对身体发育的影响。

■ 遗传因素主要通过控制**下垂体**的激素分泌来影响身体发育。其中**生长激素**和**促甲状腺激素**这两种激素的影响尤其重要。

描述了情绪健康、营养和传染病对幼儿期身体发育的影响。

■ 情绪健康对身体发育的影响一直持续到小学期。缺乏良好情绪的家庭生活可能导致一种称为**心理社会性侏儒症**的发育障碍。

■ 由于幼儿的生长变缓，他们的食欲也下降，可能变得挑食。反复让他们接触新食物（不强迫他们吃）和积极的进食环境，有助于培养健康而多样化的饮食习惯。

■ 北美和很多发展中国家的儿童无法得到足够的高质量食物来维持健康成长。食物匮乏，尤其是蛋白质、维生素和矿物质的缺乏，会影响儿童的发育和对疾病的抵抗力。

■ 无论在发展中国家还是发达国家，对未接受系统免疫的儿童来说，儿童期传染病都会影响儿童发育。疾病，尤其是胃肠道疾病会导致营养不良。

■ 美国的免疫率低于其他工业化国家。因为很多贫困儿童得不到良好的保健。由于对疫苗安全性的误解，一些家长拒绝给孩子做免疫。

哪些因素会加大意外伤害的危险性，怎样预防儿童期伤害？

■ 在工业化国家，意外伤害是导致儿童死亡的主要原因。受伤害者往往是男孩居多；气质上易激惹、注意不集中、情绪消极的儿童，以及在压力重重、家境贫困的城市家庭中长大的儿童也容易受伤害。

■ 伤害致死在发展中国家发生率很高，但在
252 北美也时常发生，其原因是贫困，缺乏高质量的儿童保育，不能在父母不在的情况下向幼儿提供安全指导。

■ 预防儿童意外伤害的措施主要有：降低贫困和家庭压力；制定保障儿童安全的法律；创设更安全的家庭、旅行、托幼场所和游戏环境；改进公共教育；改变父母和儿童的行为。

四、动作的发展

引证了幼儿期大肌肉动作和精细动作发展的标志性变化。

■ 幼儿期，儿童身体的重心转向躯干，平衡性增强，这为大肌肉动作的发展打下基础。幼儿能够跑、跳起、跳跃、快跑、投掷、抓握等，身体更协调。

■ 对手和手指的控制力增强促进了精细动作技能的快速发展。幼儿逐渐能自己脱穿衣服和使用刀叉。

■ 3岁左右，儿童的涂鸦变为图画。随着年龄增长，接受幼儿教育和文化艺术传统的影响，儿童绘画的复杂性和现实性不断增强。幼儿尝试写出字母表和词。

■ 体格的强弱和身体活动游戏影响着幼儿期的动作发展。男孩偏爱需要力量的技能，女孩偏爱需要平衡性和精细动作的技能，这种性别差异一部分由遗传决定，但是环境压力扩大了这种差异。幼儿期，幼儿主要通过非正式的游戏活动掌握动作技能。

第二部分　认知发展

一、皮亚杰的理论：前运算阶段

描述了前运算阶段儿童心理表征的发展和思维的局限性。

■ 心理表征、语言和假装游戏的快速发展标志着皮亚杰所说的**前运算阶段**的开始。随着年龄增长，假装游戏趋于复杂，幼儿越来越多地与同伴玩**社会剧游戏**。假装游戏能够促进儿童多方面的发展。儿童逐渐能掌握**双重表征**，把一个象征性的物体，如一个模型或一张地图，既看作它们本身，又看作它们的符号。

■ 皮亚杰描述了幼儿的各种不足。根据他的理论，前运算阶段的儿童是**自我中心**的，不能从别人的观点看问题。自我中心使儿童不能反思自己的思维并达到顺应。自我中心导致了**泛灵论思维**和**中心化**，关注知觉的外表，以及**不可逆性**。这些局限使幼儿不能完成**守恒**和**等级分类**任务。

后续研究对前运算阶段准确性的验证。

■ 如果给儿童呈现与日常生活相关的简化的问题，儿童的表现会比皮亚杰所说的要成熟。前运算阶段的儿童能够辨别不同的观点，区分有生命和无生命的客体，对客体的物理特征进行类比推理，理解因果关系，并对知识进行等级分类，包括特征不明显的范畴。

皮亚杰的理论能够衍生出哪些教育原则？

■ 皮亚杰式的课堂教学鼓励发现式学习，重视儿童的学习准备状态，接受儿童的个体差异。

二、维果茨基的社会文化理论

分析了维果茨基关于儿童个人言语的起源和影响的观点，介绍了这一理论在教育上的应用。

■ 和皮亚杰不同，维果茨基把语言看作高级认知过程的基础。**个人言语**或称自我指导言语是在成人和技能更熟练的同龄人帮助下完成困难任务的社会互动中出现的。个人言语最终内化为内部言语思维。**搭建脚手架**就是促进儿童认知发展的一种社会互动形式。

■ 维果茨基式的课堂教学强调辅助式的发现学习。来自教师和同龄人的言语指导非常重要。假装游戏作为重要的最近发展区，可促进儿童各种新能力的形成。

■ **指导性参与**：这是一个比搭建脚手架意义更广泛的概念，包含了成人在支持儿童的努力学习中的文化差异和情境差异。

三、信息加工学说

儿童期的注意和记忆是如何变化的？

■ 注意力持续时间延长，计划性增强。但是，和年长儿童相比，幼儿花在完成任务上的时间相对较少，计划也缺乏系统性。

■ 幼儿的再认很准确，但是回忆列表式材料的能力明显不如成人和年长儿童，因为他们还不能有效地使用**记忆策略**。和成人一样，儿童以**情节**方式记忆过去的经历。随着年龄增长，情节也越来越详细。在成人使用详尽方式与儿童对话时，儿童的自传式记忆会组织得更好，内容更丰富。

描述了幼儿的心理理论。

■ 幼儿开始建构心理理论，表明他们开始掌握**元认知**，即对思维的思维。4岁时，他们能够理解人们有错误观念。促进儿童对心理活动的理解的因素主要包括：认知和语言的发展，有哥哥或姐姐，和同伴互动，参与假装游戏，与社会上更成熟的人交往等等。幼儿把心理看作被动的信息容器，而不是积极的、建设性的力量。

概括了幼儿期的读写和数学知识。

■ 工业化国家的儿童会努力理解文字符号所表达的意义。这种主动的努力就是**自发的读写**。 253
随着知觉和认知的发展，儿童接触各种不同形式的文本，同时由于成人帮助他们理解文字的意义，儿童逐渐修正对文字符号的错误理解。

■ 第二年，儿童开始掌握**数序**，这为他们复杂的理解能力的发展创造了条件。他们逐渐能够理解其他数学原理，包括**基数**，并尝试运用各种计算方法，从中选出最快、最准的方法。读写和算数推理都建立在非正式地学到的知识基础上。

四、心理发展的个体差异

描述了幼儿期的智力测验和家庭、幼儿园课程、托幼机构和媒介对幼儿期心理发展的影响。

■ 幼儿期的智力测验能够代表言语和非言语一般技能。5～6岁时的测验分数能够较好地预测后来的智商和学习成绩。生长在充满爱心和刺激丰富的环境中、且父母能提出合理要求的儿童，在心理测验中的得分较高。

■ 幼儿园课程是一个连续体。一端是**以儿童为中心的课程**，很多学习通过游戏来进行。另一端是**学习型课程**，教师通过正规的课程促进儿童的学习技能，经常采用重复和练习。这种正规学习训练的压力，压抑幼儿的动机，对以后的学校学习产生消极影响。

■ **智力启蒙计划**是美国政府支持的针对低收入家庭儿童的最大的学前教育项目。在加拿大，**原住民智力启蒙计划**主要是针对原住民、因纽特人和混血儿童。高质量的学前干预能提高即时测验分数，对学校适应则有长期促进作用。父母参与智力启蒙计划的程度，与其子女的学年学习成绩、语言和其他社交能力呈正相关。质量较差的儿童保育不利于儿童的认知和社会性发展，而无论儿童来自何种社经地位的家庭。

■ 各种教育电视节目，如《芝麻街》，使儿童从中学会很多认知技能。节奏较慢、儿童容易跟随的故事情境，使儿童学会很多精细的假装游戏。但是，看电视过多，尤其是娱乐节目和动画片，会减少儿童的阅读和与人交往的时间，而且与认知技能较差呈正相关。

■ 计算机的文字处理软件能促进幼儿的自发读写，电脑游戏能够给儿童提供机会练习基本的学习技能。让儿童接触简单的计算机语言，有助于培养问题解决和元认知能力。在课堂上，儿童参与电脑活动比其他的活动表现出更多的合作行为。

五、语言的发展

描述了幼儿期的词汇、语法和会话技能的发展。

■ 通过**快速映射**，幼儿的词汇量快速增加。听到一个新词时，儿童把它与已学会的词加以对比，并假定这个词属于一个完全不同的范畴。如果成人用不止一个名称来称呼某个物体，儿童能够通过句子结构和社会情境理解其意义。等到幼儿掌握了足够多的词汇，他们就能扩展语言的意义，造新词，作比喻。

■ 2～3岁儿童已能掌握其母语的基本词序。在掌握语法规则时，他们会犯**过度泛化**的错误。幼儿期结束时，儿童已经学会复杂的语法形式。

■ 要进行有效的交流，儿童必须掌握语言的实用的、社会的一面，即**语用**。两岁儿童已能熟练地进行面对面的会话。4岁时，儿童会根据所处文化可接受的方式跟别人说话。在要求较高的情境中，幼儿的沟通技能显得不成熟。

介绍了促进幼儿期语言发展的因素。

■ 与言语技能较高的人进行平等对话会促进语言的发展。成人经常会对儿童语言的准确性给以含蓄的反馈，而对于儿童的语法错误，则采用**改正**和**扩展**给以直接反馈。但是一些研究者认为，丰富的语言环境比使用这两种方法更重要。

重要术语和概念

Aboriginal Head Start（p. 245）原住民智力启蒙计划
academic programs（p. 245）学习型课程
animistic thinking（p. 229）泛灵论思维
cardinality（p. 243）基数
centration（p. 230）中心化
cerebellum（p. 219）小脑
child-centered programs（p. 244）以儿童为中心的课程
conservation（p. 230）守恒
corpus callosum（p. 219）胼胝体
dominant cerebral hemisphere（p. 218）优势半球
dual representation（p. 229）双重表征
egocentrism（p. 229）自我中心主义
emergent literacy（p. 242）自发的读写
expansions（p. 250）扩展
fast-mapping（p. 248）快速映射
general growth curve（p. 217）一般发育曲线
growth hormone（GH）（p. 219）生长激素
guided participation（p. 236）指导性参与
hierarchical classification（p. 231）等级分类
irreversibility（p. 230）不可逆性
memory strategies（p. 238）记忆策略
metacognition（p. 239）元认知
ordinality（p. 242）数序
overregularization（p. 249）过度泛化
pituitary gland（p. 219）下垂体
pragmatics（p. 250）语用
preoperational stage（p. 227）前运算阶段
private speech（p. 234）个人言语
Project Head Start（p. 245）智力启蒙计划
psychosocial dwarfism（p. 220）心理社会性侏儒症

recasts（p. 250）改正
reticular formation（p. 219）网状结构
scaffolding（p. 235）搭建脚手架
scripts（p. 238）情节
sociodramatic play（p. 228）社会剧游戏
thyroid-stimulating hormone（TSH）（p. 219）促甲状腺激素

主动性——一种热情洋溢、充满进取的目的感，是进入幼儿期的标志之一。此外，儿童在理解别人的思想和情感方面大踏步前进，他们形成了建立最初友谊的技能。友谊，这是一种以互相依恋和共同兴趣为特点的特殊关系。

第8章

幼儿期的情绪与社会性发展

一、埃里克森的理论：主动性对内疚感

二、自我理解

1. 自我概念的基础

专栏　文化影响　个人叙事的文化差异：对早期自我概念的影响

2. 出现自尊

三、情绪发展

1. 情绪理解

2. 情绪的自我调节

3. 自我意识的情感

4. 共情

四、同伴关系

1. 同伴交际的进步

2. 最初的友谊

3. 父母对早期同伴关系的影响

五、道德的基础

1. 精神分析观点

2. 社会学习理论

专栏　文化影响　体罚结果的族群差异

3. 认知发展观点

4. 道德的另一侧面：攻击性的发展

六、性别角色行为

1. 关于性别世俗成见的观念和行为

2. 遗传对性别角色行为的影响

专栏　毕生发展观　戴维——一个被当作女孩抚养的男孩

3. 环境对性别角色行为的影响

4. 性别同一性

5. 降低幼儿期性别角色行为的影响

七、儿童教养方式与情绪、社会性发展

1. 儿童教养方式

2. 权威型教养方式为何有效

3. 文化因素

4. 儿童虐待

255 当孩子们在莱斯莉的教室里迈进学前期时，他们的人格表现得更明显。3岁时，他们能说出自己的好恶和对自己的新看法。“别烦我。”萨米对马克说。他正在往小丑嘴里扔豆子，而马克却想伸手拿他装豆子的口袋。“看我扔得多准！”萨米自信地说。这种自信使他扔得很带劲，但是其实，大部分豆子他都没扔进去。

儿童的交谈也反映了他们最初的道德观念。他们经常借用成人关于对错的说法，来维护自己的愿望。“你应该与人分享。”马克一边说，一边从3岁的萨米手中抢过装豆子的小口袋。

“是我先在这儿的！把它还给我。”萨米一边说着一边推了马克一下。两个小孩打起来，直到莱斯莉把他们分开。莱斯莉又给了他们一个豆袋，并教给他们，两个人怎么同时玩。

萨米和马克的交往说明，幼儿很快就成长为复杂的社会人。虽然孩子们会发生争吵和攻击，但合作性的交流更多。儿童2～6岁时，最初的友谊开始出现，他们相互交谈，扮演互补的角色，并且知道自己交友和获得玩具的愿望在他们考虑别人的需要和利益时才能得到最大的满足。

儿童对社会的理解逐渐发展，对男女之间分界线的关注特别明显地说明了这一点。儿童更喜欢与同性伙伴交往，他们的游戏主题反映了其所处文化的性别角色概念。当林奈和凯伦在家庭区照看生病的布娃娃时，萨米、万斯和马克在积木区搭建了一个交通繁忙的十字路口。万斯和马克推着一堆大木车和卡车经过时，警官萨米大声喊着“绿灯，走”。

本章主要考察幼儿期多个方面的情绪和社会性发展。我们首先从埃里克森关于学前期人格变化的观点入手。然后，我们考察儿童的自我概念、 256
对社会和道德的理解、性别角色化以及逐渐增强的调节自己情绪和社会行为的能力。最后，我们将回答下面这个问题：怎样才能有效地养育儿童？我们将考察促进良好养育行为或破坏养育效果的复杂条件。包括目前广泛存在的儿童虐待和忽视问题。

一、埃里克森的理论：主动性对内疚感

埃里克森（Erikson，1950）认为，幼儿期是一个“充满活力的发展”时期。一旦儿童形成了自主意识，他们就不再像学步期时那样执拗。他们能够释放能量，以解决学前期的主要心理冲突：**主动性对内疚感**（initiative versus guilt）。主动性这个词指的是，幼儿产生了一种新的目的感。他们热心地解决新任务，与同伴一起参加活动，探索自己在成人帮助下可以做哪些事情。他们的良心也在迅速发展。

埃里克森把游戏看作儿童理解自己和社会的一种途径。游戏使幼儿能够尝试运用新的技能，并且遭到批评和失败的危险较小。它还促进形成小型的儿童社会组织，相互合作以实现共同目标。在世界各种文化中，儿童都在扮演五花八门的家庭情境和常见的职业——西方社会中的警官、医生、护士，霍皮印第安人的猎手和制陶工人，非洲西部巴卡文化中的小屋建筑工人和枪矛制造者（Roopnarine et al.，1998）。

在厄瓜多尔的奥塔瓦洛，一个3岁女孩在她家后院的洗衣石上洗衣服玩。世界各地的儿童在游戏中扮演着他们文化中最常见的角色，当他们领悟到自己能做什么的时候，主动性就逐渐形成了。

埃里克森的理论是建立在弗洛伊德心理性欲发展阶段学说的基础上的（见第1章）。在弗洛伊德所说的恋母情结和恋父情结的冲突中，儿童为

了避免惩罚，获得父母的爱，通过认同同性的父母形成超我或良心。从而形成了自己的道德和性别角色标准。每当儿童违背了良心标准，他们就会产生痛苦的内疚感。埃里克森则认为，幼儿期发展的消极后果是形成了过于严格的超我，使儿童感受到过多的内疚感——因为他们受到成人过分的威胁、批评和惩罚。这时，儿童令人愉快的游戏和掌握新技能的大胆尝试减少了。

弗洛伊德的理论不再是对儿童良心发展的令人满意的解释而被接受，但埃里克森所说的主动性则描绘了幼儿情绪和社会生活的纷繁多样的变化。的确，幼儿期是儿童形成自信的自我形象、更有效地控制情绪、掌握新的社交技能、形成道德基础和清晰的男孩或女孩的自我意识的一个时期。

二、自我理解

几乎所有的研究者都同意美国哲学家和心理学家威廉·詹姆斯（William James，1890/1963）一个世纪前提出的观点，即自我分为两个完全不同的部分：

- **主我**（I-self），即作为认识者和行动者的自我，认识到自我是与周围世界相分离的，不管过多长时间，自己总是自己，有着不为人知的内在、私密的生活，能控制自己的思想和行为。
- **客我**（me-self），是作为认识客体的自我，包括所有使自我变得唯一的特性：身体特征和个人拥有物，欲望、态度、信仰和人格特质等心理特性，以及社会角色和人际关系等社会特性。

主我可以看作一个积极的认识者，客我则是在观察过程中形成的（见图 8.1）。在 0～2 岁期间，婴儿逐渐形成自我觉知（主我），知道自己的生理特性，开始对自己的年龄、性别和其他特性进行分类（客我），于是，自我的两个部分都开始出现。

图 8.1　主我与客我

主我是作为认识者和行动者的自我感，是积极的观察者。客我是作为知识和评价客体的自我感，它源自于观察过程。

幼儿期，语言使得儿童能够谈论主我——对自己存在的主观体验（Harter，1998）。第 7 章曾讲到，幼儿能够谈论他们的内部心理活动，开始加深
257 对自己心理状态的理解。随着主我逐渐稳固，儿童更加有意识地关注客我。他们开始形成**自我概念**，包括一系列特征、能力、态度和价值观，它使一个人可以确信他是谁。

1. 自我概念的基础

如果让一个 3～5 岁的儿童说说他自己，你会听到下面这些话：“我是汤姆。看，我穿的这件红 T 恤是新的。我 4 岁了。我会自己刷牙，自己洗头。我有一套新的组装玩具，我用它造了这个很大、很大的塔。”在说这些话的时候，幼儿的自我概念非常具体。他们通常会提到可见的特征，例如，名字、外貌、拥有物和日常行为（Harter，1996；Watson，1990）。

到 3 岁半时，幼儿能用人们常说的情绪和态度描绘自己，例如，“和朋友在一起玩时，我感到很高兴”或“我不喜欢和大人在一起”。这表明，他们开始意识到自己独特的心理特征（Eder & Mangelsdorf，1997）。随着儿童对人格理解的加深，4 岁儿童能用给定的人格词汇，如“害羞”或“小气”，对人的动机和感受做出适当的推断。例如，他们知道，一个害羞的人不喜欢见生人（Heyman & Gelman，1999）。但是，幼儿在述说自己时并不直接使用这些词，他们并不说“我乐于助人”或“我很害羞”。这种能力有待于儿童认知成熟度提高之后才能得到发展。

幼儿的自我概念与具体的拥有物和行为的联系非常密切，他们会花大量时间捍卫自己对物品

的占有权，就像本章开始时提到的萨米在豆袋游戏中的行为一样。儿童的自我概念越强，他们对物体的占有欲越强，宣称某些物品是“我的”（Fasig，2000；Levine，1983）。逐渐增强的自我概念也使儿童在解决争夺物品的冲突、共同游戏、简单的问题解决方面学会合作（Brownell & Carriger，1990；Caplan et al.，1991）。在努力促进友好的同伴交往时，成人可能会把这两方面的发展都考虑在内。例如，教师和父母会把幼儿的占有欲看作自信的标志（“是的，那是你的玩具”），并鼓励他们做出妥协（“但你是不是能让别人玩一会儿呢?”），而不只是一味地要求分享。

第7章曾讲到，成人与儿童就个人经历过的事件的谈话有助于自传式记忆的发展，通过这种谈话，儿童能在过一段时间以后，回忆起自己在社交场景中的事情。父母还会利用这种谈话传递一些关于孩子的有价值的信息，例如，他们会说：“那样做你就是个大男孩了!”于是，口头叙述就成为早期自我了解的丰富资源，并且如本节“文化影响”专栏中描述的那样，成为培养具有文化价值的自我概念的主要手段。

在早期的自我描述中，儿童通常会强调可观察到的特征：外貌、拥有物和日常行为。当让她介绍一下自己时，这个4岁的小女孩也许会骄傲地说：“我能自己穿袜子、穿鞋!”

2. 出现自尊

自我概念的另一方面，自尊，也在幼儿期出现了。**自尊**（self-esteem）是人对自我价值做出的判断及与这些判断有关的感受。请想一想你自己的自尊情况。除了对自己作为一个人的 258 总体认可之外，你还有许多关于自己在不同活动中行为表现的独立判断。由于对自己能力的评价会影响到情感体验、将来的行为和长期的心理适应，因而自尊是自我发展最重要的方面之一。

4岁时，幼儿已经有了几方面的自我评价：如功课优秀，结交朋友，与父母相处以及友好地对待别人（Marsh，Ellis & Craven，2002）。但是，比起年龄稍大的儿童，他们的理解力还有限。因为幼儿不能区分自己的愿望和实际能力，他们通常高估自己的能力，低估任务的难度，就像萨米在扔豆子时，虽然失败了很多次，依然觉得自己扔得很棒（Harter，1990，1998）。

高自尊对幼儿形成主动性有重要意义，因为在这个时期，他们需要掌握很多新技能。3岁时，那些自我价值和表现经常受到父母质疑的孩子，在面对挑战时会很容易放弃，并且表现出失败后的羞愧和泄气（Kelley，Brownell & Campbell，2000）。当那些不能坚持克服困难的幼儿用玩偶来表演大人对失败的反应时，他们都会期待否定。比如说：“他应该受到惩罚，因为他不会做字谜。”他们还报告说，父母会因一些小错误批评他们（Burhans & Dweck，1995；Heyman，Dweck & Cain，1992）。成人应该调整对儿童能力的期待，鼓励儿童参加富有挑战性的活动，并指出儿童行为中的努力和进步，来避免儿童产生这种自我挫败感。

专栏　文化影响

个人叙事的文化差异：对早期自我概念的影响

许多文化背景下的幼儿都会跟父母讲述自己的经历。不同的父母对这些叙述事件的选择和解释存在巨大的文化差异，它们影响着孩子看待自己的方式。

在一项研究中，研究者花费了数百小时，比较了芝加哥的6个爱尔兰裔美国中产阶级家庭和6个中国台湾的中产阶级家庭。研究中对父母和两岁半孩子的谈话进行录像，对这些录像的分析分离出个人叙事部分，并从内容、结尾的性质和对儿童的评价三方面进行编码（Miller，

Fung & Mintz，1996；Miller et al.，1997）。

两种文化下的父母都以类似的方式和频率与孩子谈论了愉快的假期和家庭旅行。但是中国家长更多地谈及孩子的过失，如使用不文明语言，在墙上乱写乱画，在游戏中表现粗暴等等。家长的这些教导深情而充满关爱，同时又强调过失行为对别人的影响（“你让妈妈丢面子了”），通常以直接教给正确恰当的行为结束（“说脏话是不对的”）。与中国家长不同，爱尔兰裔美国家长只提到少数几种不良行为，并淡化它们，将其看作孩子勇气和自信的表现。

幼儿期的叙事似乎把儿童自我概念的发展带上了两条不同的文化之路。受儒家严格自制和遵从社会规范的传统影响，中国家长把自己的价值观念融入了他们的叙事中，强调个人行为不能使家族蒙羞，并在总结中明确提出对孩子的期望。爱尔兰裔美国父母虽然也会教导自己的子女，但他们从来不在孩子的过失行为上纠缠。相反，他们从积极方面看待孩子的短处，也许是为了提高孩子的自尊。大部分的北美家庭认为，保护自尊对儿童的健康成长非常重要，而中国家长的看法相反，他们把这些缺点看作人性的缺点——它会影响孩子听取别人的意见，改正自己的不足（Miller et al.，2002）。因此，与这种文化差异相一致，中国儿童的自我概念强调对别人的责任，而北美儿童则更为独立自主。

这位中国母亲正在温柔地告诉她的孩子，出门在外时应该怎样好好表现。中国父母常常通过给孩子讲故事的方式，告诉他们的不良行为会给别人带来怎样不好的影响。因此，中国儿童的自我概念强调遵守社会规范。

三、情绪发展

259 表征能力、语言和自我概念的发展促进了幼儿期情绪的发展。在 2～6 岁之间，儿童的情绪技能有很大的进步，研究者把这些技能统称为情绪能力（Halberstadt，Denham & Dunsmore，2001，Saarni，2000）。一方面，幼儿获得了情绪理解能力。他们能更好地谈论自己的情绪并对别人的情绪信号做出恰当反应。另一方面，他们能更好地进行情绪自我调节，尤其是对强烈消极情绪的调节。此外，幼儿更多地体验到自我意识的情感和共情，这将有利于他们道德感的发展。

父母教养方式对幼儿的情绪能力有相当大的影响。而情绪能力又对发展良好的同伴关系和维持儿童整体心理健康有重要作用。

1. 情绪理解

在学前早期，儿童能说出情绪的起因、结果和行为表现。随着年龄增长，他们对情绪的理解越来越准确和复杂（Stein & Levine，1999）。到 4～5岁时，儿童能正确地判断许多基本情绪的起因（例如，“他高兴是因为他荡秋千荡得高”或“他伤心是因为他想妈妈”）。但是，他们在对情绪做出解释时，往往较多地强调外因，较少强调内因，对二者的强调随着年龄而变化（Levine，1995）。4 岁之后，他们才逐渐理解观念如何引发行为（见第 7 章），并了解到内心状态如何引起情绪反应。

幼儿还能预测游戏伙伴表现出特定情绪之后会有什么行为反应。4 岁的儿童知道，生气的小孩可能会打人，高兴的小孩更可能与别人一起分享东西（Russell，1990）。他们意识到，思维和情感是相互联系的—— 一个想起以前伤心经历的人，可能会感到难过（Lagattuta，Wellman & Flavell，1997）。他们甚至能使用有效的方式来缓解他人的消极情绪，如给人一个拥抱，使他不再那么悲伤（Fabes et al.，1988）。总的来说，幼儿解释、预测和改变别人感受的能力令人刮目相看。

当然，幼儿还难于解释，在情节互相矛盾的情况下，一个人会有怎样的感受。例如，给儿童看一幅画，画上一个表情高兴的孩子推着一辆坏自行车，让儿童描述时，4岁和5岁儿童较多地依据情绪表达："他很高兴，因为他喜欢骑自行车。"年龄大些儿童更多地协调这两种线索："他很高兴，因为他的爸爸答应给他修坏了的自行车。"（Gnepp，1983；Hoffner & Badzinski，1989）就像他们在皮亚杰式的任务中所表现的那样，幼儿集中注意复杂的情绪情境中较明显的方面，而忽视了其他方面。

追踪研究发现，如果父母在幼儿期认同孩子的情绪反应，经常和他们一起谈论各种情绪，那么他们以后判断别人情绪的能力更强（Denham & Kochanoff，2002）。一项研究显示，那些会解释自己感受，并且在与两岁半的孩子意见不同时能协商和妥协的妈妈，其孩子在3岁时能更好地理解别人情绪，并使用相似策略来解决分歧（Laible & Thompson，2002）。另外，对母亲形成安全依恋的3～5岁儿童，能更好地理解别人情绪。这可能因为安全依恋与母子较多的情感交流有关（Laible & Thompson，2000）。

在与成人的交流中，幼儿对情感的了解逐渐加深，他们开始与兄弟姐妹及朋友谈论更多的情感话题，尤其是在假装游戏中（Brown，Donelan-McCall & Dunn，1996；Hughes & Dunn，1998）。反过来，假装游戏又促进了幼儿情绪理解的发展，尤其是在他们与兄弟姐妹一起玩的时候（Youngblade & Dunn，1995）。紧密的兄弟姐妹关系，以及常常在游戏中表演各种情感状态，使得假装游戏成为儿童了解情绪的好机会。在游戏中，孩子们投入的情感越多，他们越受到同伴的喜爱（Fabes et al.，2001）。儿童意识到，认同别人的情感并表达自己的感受，能增进相互之间的友谊。

2. 情绪的自我调节

语言有助于增强幼儿的情绪自我调节能力。到3～4岁时，儿童就能说出好几种方法，来把情绪调节到更舒适状态。例如，限制感官刺激的输入（捂住眼睛或耳朵，挡住让人不愉快的景象或声音）、自言自语（"妈妈说她很快就会回来"）或改变目标（在被排挤出游戏之后，说反正不想玩了），可以舒缓情绪（Thompson，1990）。随着儿童对这些策略的运用，强烈的情绪爆发变得少多了。努力控制，尤其是抑制冲动和转移注意力，对幼儿期的情绪管理起着重要作用。3岁时能采用分心策略应对挫折的孩子，在进入学校之后会更富合作精神，问题行为也较少（Gilliom et al.，2002）。

幼儿是通过观察成人处理他们自己情感的方式来学习情绪调节策略的。和气、耐心地给孩子提出建议，教孩子怎么控制情绪，这样的父母会帮助孩子增强应对压力的能力（Gottman，Katz & Hooven，1997）。相反，如果家长很少表达积极情绪，忽视孩子的感情，并且不能控制自己的感情，那么孩子会在控制情绪方面出问题（Eisenberg et al.，2001；Gilliom et al.，2002；Katz & Windecker-Nelson，2004）。

气质也会影响情绪的自我调节。体验过强烈消极情绪的儿童，较难抑制自己的感受，也不容易从干扰事件上转移注意力。因此，他们可能对别人的痛苦做出愤怒的反应，受到挫折
时更容易发怒或侵犯别人，与老师和同伴的关 260
系较差（Chang et al.，2003；Denham et al.，2002；Shield et al.，2001）。有以上情绪反应的孩子变得越来越难养育，因此父母教养也常常无效，使他们原本就差的情绪调节能力变得更差。

具有良好情绪调节能力的孩子，在处理情绪时也难免遇到困难。幼儿的想象丰富生动，而且不能完全区分外表和真实情况，因此在幼儿期经常会感到害怕。阅读本节的"学以致用"表能够帮助儿童克服他们的恐惧情绪。

学以致用　　**帮助孩子克服儿童期的常见恐惧**

恐惧	建议
鬼怪和黑暗	少给孩子看恐怖的书画和电视节目，直到儿童能较好地把外表和真实情况分开。在孩子的房间“彻底”查找怪物，让他们看到屋里什么怪物也没有。孩子睡觉时，开一盏灯。坐在床边陪他，直到他睡着再离开。放一个他最喜欢的玩具在他身边保护他。
幼儿园或托儿所	如果孩子不愿去幼儿园，但到了那里又表现得高兴，那么，这种恐惧很可能是害怕分离。在这种情况下，温柔地鼓励孩子应该学会独立，让他们感到温暖和关心。如果儿童害怕待在幼儿园，要查明他们怕什么——教师、别的孩子，或是拥挤、喧闹的环境。在开始时可陪孩子待一会儿，给孩子一些支持，然后减少在场时间。
动物	不要强迫儿童接近狗、猫或其他引起恐惧的动物。让儿童按自己的方式来做。给儿童示范如何拥抱和爱抚动物，告诉他们，只要温和地对待动物，它们会非常友好。如果孩子比动物大，就强调：“你这么大，那只小猫很怕你呢!”
非常强烈的恐惧	如果儿童的恐惧很强烈，持续时间长，干扰了儿童的日常活动，且不能以上面提到的方式减轻，那么孩子可能已出现恐怖症。恐怖症有时和家庭问题有关，需要专门的咨询才能减轻。有些时候，随着儿童情绪自我调节能力的增强，恐怖症不必治疗也会减轻。

3. 自我意识的情感

一天早晨，在莱斯莉的教室里，一群孩子挤在一起烤面包。莱斯莉让他们耐心等着，她去拿一只烤面包的平底锅。萨米伸手去够，想看看面团怎么样了，结果打翻了碗。当莱斯莉回到教室时，萨米看了她一眼，用手捂住自己的眼睛，说：“我干了一件坏事。”他感到羞愧和内疚。

在儿童的自我概念逐步发展时，他们会更多地体验到自我意识的情感，也就是会减弱或加强这种自我意识的各种感受（见第 6 章)。3 岁时，自我意识的情感与自我评价具有显著联系。但是因为幼儿还处于形成好坏标准的阶段，他们要靠成人的反应来了解，什么情况下应该感到骄傲、羞愧和内疚（Lewis，1995；Stipek，1995）。在提供反馈时对孩子及其行为表现进行好坏评价的父母（“做得真差劲！我还以为你很棒呢!”)，会使孩子过度体验自我意识的情感，以致他们在成功时更骄傲，失败时更羞愧。相形之下，强调怎样改进行为的父母（“你刚才是这样做的，现在试一试那样做”)，会促进儿童产生较适度的、更具适应性的羞愧感和骄傲感，面对困难任务也会表现出更好的坚持性（Kelley，Brownell & Campbell，2000；Lewis，1998)。

在西方儿童中，极度的羞愧感和能力低下感（“我真笨”，“我是个很糟糕的人”）与不良社会适应有关，即退缩和压抑，极度愤怒，攻击那些引发羞愧感的人（Lindsay-Hartz，de Rivera & Mascolo，1995；Mills，2005)。相反，内疚——当它产生于适宜场合，并且没有伴随羞耻感时——是适应良好的表现。内疚使儿童抑制有害冲动，促使有过错的孩子弥补自己的过失，学会在行动前多加考虑（Ferguson et al.，1999；Tangney，2001)。

羞愧感对儿童社会适应的影响存在文化差异。正如本章“文化影响”专栏之“个人叙事的文化差异：对早期自我概念的影响”和第 6 章 197 页所述，在亚洲集体主义社会中，个人与社会群体关系密切，羞愧感起着具有适应性的提示作用，用来提醒个体间的相互依赖及他人评价的重要性（Bedford，2004)。

4. 共情

另一种情绪能力——共情，在幼儿期普遍地出现了。在学前期，共情成为**亲善行为或利他行为**（prosocial，or altruistic，behavior）的重要动力——这种行为给别人带来利益，但并不图回报（Eisenberg，2005)。与学步儿相比，幼儿更多地依靠话语表达他们的共情，这种变化表明共情的思维水平更高。随着观点采纳能力的提高，共情反应也逐渐增多。

共情是一个人身上产生与另一个人的相似感 261
受和情绪性反应，但这并不总是导致友好和助人行为。某些儿童对恼怒的成人或同伴的共情会演化为个人痛苦。为了减弱这些感受，儿童会关注自己的焦虑而不是需要关心的那个人。结果，共情并没有引起**同情**（sympathy）——对另一个人的境遇表示的关心或悲痛。

共情是引起同情的、亲社会的行为，还是引

起自我关注的个人忧虑，与儿童的气质有关。社交能力较强、自信、善于调节情绪的儿童更可能对伤心的他人提供帮助，予以安慰，分担痛苦。相反，情绪调节能力较差的儿童则较少表现出关心和亲善行为（Bengtsson，2005；Eisenberg et al.，1998）。面对需要安慰的人，他们表现出面部和生理的紧张——皱眉，咬嘴唇，心率加快，大脑右半球（主管消极情绪）的脑电活动剧增——表明他们完全被自己的消极情绪吓住了（Miller et al.，1996；Pickens，Field & Nawrocki，2001）。

在幼儿园游戏室外，一个小男孩正在安慰他的朋友。随着儿童语言技能的发展和观点采纳能力的进步，共情激发了更多的亲善行为或利他行为。

父母教养方式与儿童的情绪自我调节会一起影响儿童的共情和同情。如果幼儿的父母温情地鼓励孩子表达情感，对孩子的反应敏感而关切，他们的孩子就可能对焦虑的他人表示关心。这种亲子关系会持续到青少年期和成年早期（Eisenberg & McNally，1993；Koestner，Franz & Weinberger，1990；Strayer & Roberts，2004）。除了给孩子提供同情的榜样，父母还能告诉孩子善良的重要性，并在儿童表达不恰当情绪时进行干预。这种教养行为能预测儿童较强的同情反应（Eisenberg，2003）。

相反，经常生气，采用惩罚的教养方式会妨碍早期共情和同情的形成。在一项研究中，心理学者在一家托儿所观察到，身体受虐待的幼儿很少对同伴的不幸表示关心。他们对此表现出的是害怕、生气和身体攻击（Klimes-Dougan & Kistner，1990）。儿童的这些行为反映出其父母对别人不幸遭遇的视而不见。

四、同伴关系

随着儿童的自我意识逐渐增强，交流能力提高，能较深刻地理解别人的想法和感受，他们与同伴的交往技能也迅速提高。同伴为幼儿提供了从别的途径学不到的经验。因为同伴之间在平等的基础上相互交往，他们必须在维持交谈、合作、设定游戏目标上承担更大的责任。在与同伴交往时，儿童间形成了友谊——以依恋和共同兴趣为标志的特殊关系。下面来看在整个学前阶段，同伴互动是怎样变化的。

1. 同伴交际的进步

米尔德莱德·帕顿（Mildred Parten，1932）最早观察了2～5岁儿童的同伴交往。她发现，随着年龄增长，儿童的联合游戏和互动游戏显著增多。她据此推测，社会性发展分三个阶段依次展开。起先是**非社交活动**（nonsocial activity）：无所事事、旁观行为和单独玩的游戏。然后，逐渐发展为**平行游戏**（parallel play）：儿童在同伴旁边玩相似的玩具，但并不想影响别人的行为。第三阶段是两种真正意义上的社交活动：一种是**联合游戏**（associative play），儿童各自玩，但他们以交换玩具和评论对方来互动；另一种是**合作游戏**（cooperative play），这是一种更高级的互动，儿童在活动中能指向一个共同目标，例如表演一个假装游戏的主题。

（1）对同伴交际的后续研究

后来的一项追踪研究发现，这些游戏形式确实按照帕顿说的先后次序出现，但是在发展过程中，后出现的形式并不一定取代先出现的形式（Howes & Matheson，1992）。相反，各种类型的游戏在学前期共同存在。

观察儿童游戏类型的变化会发现，他们经常从旁观行为转入平行游戏或合作游戏，然后再变回来（Robinson et al.，2003）。幼儿似乎把平行游戏作为中间站——对复杂社会交往需要的缓冲和开始新的社交活动的十字路口。其次，虽然非社交游戏随着年龄增长而减少，但它仍然是 3～4 岁儿童最经常玩的一种游戏形式。在幼儿园，这种游戏占据了儿童 1/3 的自由游戏时间。另外，从 3 岁到 6 岁，单独游戏和平行游戏的发展相当稳定，与儿童合作游戏的时间一样多（Rubin，Fein & Vandenberg，1983）。

我们现在知道，在幼儿期随着年龄变化的，是单独游戏和平行游戏的类型，而不是游戏数量的多少。在对中国台湾和美国的幼儿游戏的研究 262
中，研究者通过使用表 8.1 中所显示的类别，对非社交游戏、平行游戏和合作游戏的认知成熟性进行评定。所有类型的游戏中，较年长儿童都比年幼儿童表现出在认知上更成熟的行为（Pan，1994；Rubin，Watson & Jambor，1978）。

表 8.1 认知游戏类型的发展顺序

游戏类型	描述	举例
机能游戏	使用物体或不使用物体进行简单的、重复性的动作，在两岁前较普遍。	绕着一间房子跑，来来回回推小汽车，不打算做出什么东西，只是一直揉捏黏土。
建构游戏	创造或建构某种东西。3～6 岁较普遍。	用积木搭房子，画画，组合字谜玩具。
假装游戏	扮演日常的和假想的角色。2～6 岁较普遍。	玩过家家、学校或警察游戏，扮演故事书或电视剧中的人物。

资料来源：Rubin，Fein & Vondenberg，1983.

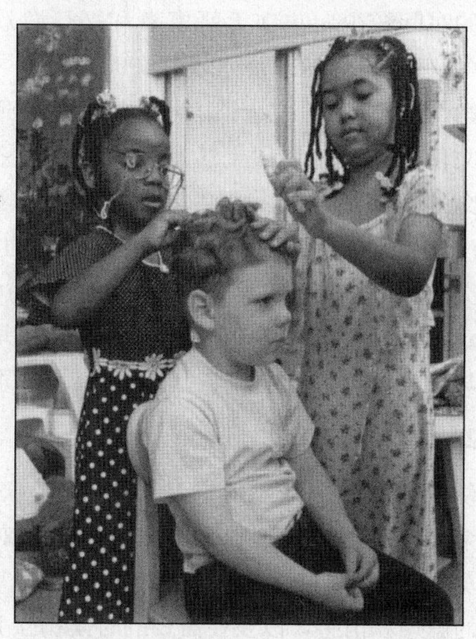

这两个在穿珠子的 3 岁女孩正在玩平行游戏（左）。而右图中那两个帮助同学做头发的 5 岁女孩玩的合作游戏，则晚于平行游戏出现。幼儿一直在这两类社交活动中不断变换。平行游戏通常是复杂的社交需要的缓冲。

一些父母问道：一个幼儿把大量时间花在独自游戏上，这正常吗？事实上，只有某几种类型的非社交活动，如无目的地到处游逛，在同伴附近转悠和表现出重复动作的机能游戏才是需要担心的。那些只在一旁观看而不加入游戏的儿童通常是抑制性气质——社交恐惧所致（Coplan et al.，2004；Rubin，Burgess & Hastings，2002）。而表现出单独、重复行为的幼儿（反复敲击积木，让洋娃娃跳上跳下）可能是不成熟的冲动性儿童，这类儿童很难控制愤怒和攻击行为（Coplan et al.，2001），因此同伴通常会排斥他们。

同伴交往较少的多数幼儿并没有社交焦虑。他们只是喜欢独自玩，他们的单独游戏往往是积极的、建构性的。那些喜欢单独玩艺术材料、字谜和积木的儿童也是典型的适应良好儿童。他们与同伴游戏时，表现出恰当的社交技能（Rubin & Coplan，1998）。不过，仍然有一些参与这种与年龄相适应的单独游戏的幼儿（大部分是男孩）遭到同伴拒绝。也许是因为他们的行为与“男性化” 263
性别角色不符，安静游戏的男孩可能会受到父母、同伴的消极对待，并导致适应问题（Coplan et al.，2001，2004）。

（2）文化差异

在集体主义社会中，同伴社会交往的形式比个人主义文化更多样。例如，印度儿童通常在大群体中游戏。他们的许多行为都是模仿性的，步调一致，有亲密的身体接触，这种游戏需要高水平的合作。在印度的巴托巴托（Bhatto Bhatto），儿童在赶集游戏中，互相摸胳膊肘和手，假装在切一种好吃的菜并一起吃（Roopnarine et al.，1994）。

不同文化关于游戏重要性的观念也会影响早期的同伴互动。与那些重视游戏的认知和社会性发展价值的成人相比，把游戏看作单纯娱乐的成人不大可能提供玩具或鼓励儿童进行假装游戏（Farver & Wimbarti，1995）。与美国白人相比，强调坚持性对于学习的重要作用的韩裔美国人的孩子花在假装游戏上的时间较少，花在无所事事和平行游戏上的时间较多（Farver，Kim & Lee，1995）。

第7章247页“文化影响”专栏曾讲到乡村和部落文化中儿童的日常生活。虽然玛雅儿童能胜任社会交往，但他们的父母并不鼓励游戏（Gaskins，2000）。也许在这种儿童和成人世界迥异的社会中，西方文化的材料精致、主题广泛的社交扮演游戏，对儿童社会性发展起着重要作用。但是在儿童从小就参与成人活动的社会中，其重要性就减弱了。

印度中部的某个村庄：这些姐妹们在一次家庭生日聚会上玩一种复杂的拍手游戏，称作卡普特（*chapte*）。游戏规则是，大家一起拍掌，随着游戏的进行，拍掌的速度越来越快。拍掌的同时要唱一段十一句的歌谣，歌谣内容贯穿了女孩们从生到死的一生。这种游戏反映了当地文化所看重的群体和睦。

2. 最初的友谊

幼儿在交往中开始形成最初的友谊，这为他们的情绪和社会性发展提供了重要的情境。对成人来说：友谊是一种相互关系，包含了陪伴、分享、理解彼此的思想和情感，以及在需要的时候相互关怀。成熟的友谊经得起时间的磨砺和偶尔冲突的考验。

幼儿能够理解友谊的独特性。他们知道，朋友是“喜欢你”的人，是你经常跟他一起玩的人。但他们对友谊的看法还远不成熟。4到7岁的儿童认为友谊就是愉快地在一起玩和共享玩具。这个时期，友谊还不能在相互信任的基础上保持长期性和持续性（Hartup & Abecassis，2004；Selman，1980）。在孩子们相处很好时，萨米确实会说：“马克是我最好的朋友。”但是，当发生争吵时，他又可能说出截然相反的话：“马克，你不是我的朋友！”

虽然如此，朋友之间的互动已经具有独特性。幼儿会向他们认为是朋友的同伴传达出问候、赞扬和顺从等强化信息，也会从朋友那里接收到同样的信息。比起与非朋友的儿童交往，朋友之间的情感交流、交谈、笑声和对视都更多（Hartup & Stevens，1999；Vaughn et al.，2001）。此外，早期友谊能够提供社会支持。那些在班里有朋友或者乐意结交新朋友的儿童更容易适应初入幼儿园的生活（Ladd，Birch & Buhs，1999；Ladd & Price，1987）。通过友谊，儿童以更能促进学习和社交能力的方式融入学习环境中。

3. 父母对早期同伴关系的影响

儿童最早的同伴交往技能是在家里学到的。父母对孩子同伴交往的影响既是直接的，如通过影响儿童的同伴关系，又是间接的，如通过他们的教养方式和游戏行为（Ladd & Pettit，2002；Rubin et al.，2005）。

（1）父母的直接影响

如果父母经常让孩子和同伴一起游戏，其子

女则可能有较大的朋友圈子和较多的社交技能（Ladd，LeSieur & Profilet，1993）。在提供这些游戏的过程中，父母教给孩子怎样发起同伴交往。父母对孩子怎样加入群体游戏、怎样处理冲突的经验性指导，与子女的社交能力和同伴接纳相关（Parke et al.，2004；Mize & Pettit，1997）。

（2）父母的间接影响

264 首先，虽然许多父母的行为并无意促进孩子的同伴交往能力，但其实还是起了影响。比如，与父母形成安全依恋的儿童，更容易在幼儿园和小学期间形成积极反应的、和谐的同伴交往，拥有较大的朋友圈子和较多富于温情与相互支持的友谊（Coleman，2003；Wood，Emmerson & Cowan，2004）。这种敏感、情感性表露的交流源自安全依恋的看法是有依据的。在多项研究中，高参与、情感积极的亲子交流和游戏可预测幼儿的亲善行为和积极同伴关系（Clark & Ladd，2000；Lindsey & Mize，2000）。

其次，父母和子女之间高度参与、情感积极的合作游戏与儿童的社交技能和同伴接纳有相关关系。也许是因为父母更多地与同性别的子女游戏，所以妈妈的游戏更多与女儿的社交能力相关，爸爸的游戏更多与儿子的社交能力相关（Lindsey & Mize，2000；Pettit et al.，1998）。

在学前期，有些儿童在建立同伴关系时会遇到困难。在莱斯莉的教室里，罗比就是如此。只要他在，就会听到这样的抱怨："罗比弄坏了我们的积木塔！""罗比无缘无故就打我。"下面谈到儿童道德发展时，我们将会讨论，父母的教育怎样导致了罗比的同伴问题行为。

父母通过建议、指导和举例说明什么是好行为等方式影响儿童的同伴交往。这些男孩在接受礼貌教育：用握手的方式向朋友问好。

思考题

复习 有些儿童花很多时间自己玩，你根据什么来区分他们中哪些人适应良好、具备社交技能，哪些可能有适应困难？

应用 重读本章开头关于萨米和马克争论的描述。根据你所知的自我发展知识，为什么莱斯莉多给孩子们一个豆袋是解决争吵的好办法？

联结 情绪的自我管理如何影响共情和同情的发展？为什么这些情绪能力对积极同伴关系来说十分重要？

反思 回想你的第一段友谊。当时你多大？说说你们友谊的情况。你父母做了什么可能直接或间接地影响了你早期的同伴关系？

五、道德的基础

观察儿童的行为，听听他们的交谈，就会发现他们的道德意识正在发展。两岁时，他们能使用“好”、“坏”等词语来评价行为，并对攻击行为或可能造成伤害的行为产生紧张焦虑的反应（Kochanska，Casey & Fukumoto，1995）。

在世界各地，成年人都很关注这种逐步发展的明辨是非的能力。某些文化中用一些专门的词语来形容这种能力。哈德逊湾的乌特库印第安人称儿童学会了 *ihuma*（推理），斐济群岛的人们则说，孩子变得 *vakayalo*（懂事）。与此相应，父母开始要求孩子对自己的行为承担更多责任（Kagan，1998）。到幼儿期末，儿童能够说出许多道德规则，例如“大人不让拿就不能拿东西”或“说真话”。另外，他们还对公正问题进行争论：“上次你坐在那儿，这次该我坐了”或“这不公平，他得到的多”。

所有关于道德发展的理论都认为，幼儿期良心开始成型。而且大多认同，儿童最初的道德受到成人的外部控制，之后才逐渐受内在标准的调节。一个真正有道德的人，并不是因为遵循传统或服从权威才做出正确的事情。相反，他们已经形成了同情心和善行的原则，并能够在许多不同的情境中遵守。

虽然不同流派的理论有相通之处，但各种理论都有不同的侧重点。精神分析理论强调良心发
265 展的*情感方面*——尤其强调自居作用和内疚是良好行为的推动力。社会学习理论强调*道德行为*，认为道德行为是通过强化和模仿习得的。认知发展观强调*思维*，强调儿童对公正和公平进行推理的能力。

1. 精神分析观点

弗洛伊德认为，幼儿通过以同性别的父母自居，接受其道德标准，形成超我或良心。儿童遵守超我以避免产生内疚，这是一种当他们做了错事时就会产生的痛苦情感。弗洛伊德认为，道德发展主要在5～6岁时完成。

现在，多数研究者不赞成弗洛伊德关于良心发展的理论。根据弗洛伊德的理论，害怕惩罚和失去父母的爱是形成良心和道德行为的推动力（Tellings，1999）。但是研究发现，父母经常使用威胁、命令或体罚时，他们的孩子反倒更容易破坏道德标准，并较少感到内疚（Kochanska et al.，2002）。如果孩子做了错事父母就收回对他们的爱——例如，不搭理孩子，或者说不喜欢孩子了，儿童通常就会产生强烈的自责，认为“我不是个好孩子”或者“没人喜欢我”。结果，为了使自己免于陷入过度内疚，这些儿童可能否认这些情绪从而导致缺乏道德感（Kochanska，1991；Zahn-Waxler et al.，1990）。

（1）引导训练

与此相比，另一种特殊的惩罚方法叫做**引导法**（induction）：成人指出儿童不良行为对别人的影响，使儿童觉察别人的情绪，以促进良心的形成。例如，一位妈妈说：“她感到很伤心，因为你没还给她布娃娃。”（Hoffman，2000）只要父母温和的解释与儿童的理解能力相适应，而且坚持要求儿童听从并遵守，引导对两岁的孩子也是有效的。使用这种方法，幼儿会较少出现不当行为，在做错事后勇于坦白并弥补过失，表现出亲善行为（Kerr et al.，2004；Zahn-Waxler，Radke-Yarrow & King，1979）。

引导法能起作用的原因在于，它能促使儿童主动地服从道德标准。首先，引导让儿童知道该怎样做，在以后的情境中他们也能应用这些知识。通过指出行为对别人的影响，引导法可以激发儿童的共情和同情（Krevans & Gibbs，1996）。其次，给孩子解释应该怎样做的原因，等于鼓励他们接受道德标准，因为这些道德标准是有意义的。相反，过分依靠惩罚威胁或要收回对他们的爱等教育方式会使儿童感到焦虑和害怕，从而想不清楚该怎么做，妨碍儿童把道德规则真正地内化。

（2）幼儿的作用

虽然好的管教非常重要，但是幼儿自己的秉性也会影响父母的养育方式成功与否。双生子研究发现，遗传对共情的产生有中度影响（Zahn-Waxler et al.，2001）。一个比较容易产生共情的儿童不大需要高管控，对引导的反应也更积极。

气质也会产生影响。具有焦虑害怕特质的幼儿，即便采取温柔耐心的方法，如要求、建议和解释，也会引发他们的内疚（Kochanska et al.，2002）。但是对于无所畏惧的冲动型儿童，温和的管教收效甚微。强加管制也不起作用，会破坏儿童控制冲动的能力（Kochanska & Knaack，2003）。正确的方法是，冲动型儿童的父母可以通过加强安全依恋关系并利用引导法，结合坚决的

纠正来促进幼儿良心的形成（Fowles & Kochanska，2000）。当儿童的焦虑水平过低，以至于父母的否定不会带给他们任何不安的时候，亲子间的亲密关系可为道德发展提供另一可供选择的基础。它可以激励儿童听父母的话，以这种方式来保持一种充满爱和支持的关系。

（3）内疚的作用

弗洛伊德关于良心发展的思想还缺乏研究支持，但弗洛伊德关于内疚是道德行为重要动力的观点却是正确的。研究证明，通过向儿童解释，他伤害了别人，父母对此感到失望，用这种引导法，使孩子在共情基础上产生内疚感（表达个人的责任和悔意，如“对不起，我伤害了他”），是
266 一种可以不用强制来教育孩子的好办法（Baumeister，1998）。

但是，弗洛伊德的观点并不完全正确，首先，内疚不是促使人们表现出道德行为的唯一动力。其次，道德发展不是在 5～6 岁就已完成，它是一个一直延续到成年期的渐进过程。

这位教师正在利用引导法向一名幼儿解释她的违纪行为对别人的影响。引导法通过向幼儿说明应该怎样做，促进幼儿良心的发展，引发共情和同情心，解释成年期望背后的原因。

2. 社会学习理论

根据社会学习理论，道德并没有一个独特的发展过程。道德行为和其他行为一样，都是通过强化和模仿形成的。

（1）模仿的重要性

操作条件反射——以表扬、爱或其他奖励的强化作用，使儿童习得好行为——对儿童习得道德反应来说是不够的。要让一种行为受到强化，它首先必须自发地产生。然而，许多亲善行为，如分享、助人或安慰一个不愉快的游戏伙伴，起初并不经常发生，因此并不能通过强化解释它们在幼儿期的迅速发展。相反，社会学习理论家认为，儿童主要通过模仿——观察并仿效别人的好行为——学会道德行为（Bandura，1977；Grusec，1988）。一旦儿童习得道德反应，如分享、诚实，表扬之类的强化才会增加这些行为的频率（Mills & Grusec，1989）。

许多研究发现，乐于助人或慷慨的榜样可以增加儿童的亲社会反应。以下这些榜样特征会影响儿童模仿的意愿：

- *温情和反应性*。幼儿更可能模仿那些态度温和、反应性高而不是冷漠、疏远的成人的亲善行为（Yarrow，Scott & Waxler，1973）。温情似乎会使儿童对榜样更为关注，也更能接受。并且，温情本身就是一种亲社会反应。
- *能力和力量*。儿童崇敬并愿意选择那些有能力、有力量的榜样作为自己模仿的对象——尤其是年长的同伴和成人（Bandura，1977）。
- *言行一致*。如果榜样言行不一，例如，他们嘴上说，“帮助别人很重要”，但是却很少表现出助人行为，儿童就会把成人所做的而不是所说的当作自己的行为标准（Mischel & Liebert，1966）。

榜样的影响力在学前期影响巨大。在幼儿期快结束的阶段，经常和善于关怀别人的成人在一起的儿童已经内化了亲社会规则，并且，无论榜样是否在场，他们都会遵守这些规则（Mussen & Eisenberg-Berg，1977）。

（2）惩罚的影响

许多父母知道，用训斥、扇耳光、打屁股来纠正儿童的错误行为是无效的教育方法。当必须听话时，例如，3 岁孩子要跑到大街上去，使用严厉命令或强迫身体控制来限制儿童行为是正当的。研究表明，在这种情况下，父母最可能使用强迫式的管教。当他们希望实现长期的教育目标时，例如友好地对待别人，就较多地靠温情和说理（Kuczynski，1984）。对待非常严重的违纪行为，如撒谎和盗窃，父母经常把强制性说教和说理结合起来使用（Grusec & Goodnow，1994）。

经常使用惩罚只能导致短暂的服从，无助于

行为的长期改变。例如，罗比的父母经常用打骂和叱责来管教他。但一旦父母不在眼前，他马上就会故伎重演。幼儿受到的威胁、暴力控制和体罚越多，他们越可能产生严重持久的心理问题，例如，不能把道德规则内化，抑郁，出现攻击、反社会行为，儿童和青年时期学习成绩不良，成年期出现犯罪行为、加入犯罪团伙和儿童虐待（Brezina，1999；Gershoff，2002a；Kochanska，Aksan & Nichols，2003）。

严厉的惩罚会带来如下严重的消极影响。

● 父母经常采用体罚对待儿童的攻击行为（Holden，Coleman & Schmidt，1995），这种惩罚本身就为攻击行为做出了榜样！

● 被严厉管教的儿童会形成长期的个人被威胁感，这使他们只关注自己的紧张情绪，而不是别人所需要的同情。

● 经常被惩罚的儿童很快就学会了回避惩罚他的成人，使这个成人很少有机会教孩子学习符合期望的行为。

● 用严厉惩罚来制止幼儿的错误行为只能让成人暂时解脱。长此以往，爱惩罚的成人可能使用更多的惩罚，最后可能逐渐发展成严重的虐待。

● 小时候常被父母体罚的人，长大成人后也较容易承袭这种教育方式（Bower-Russa，Knutson & Winebarger，2001；Deater-Deckard et al.，2003）。这样，体罚的使用可能会代代相传。

由于这些发现，北美父母广泛使用体罚的现象受到了关注。一项对全美国家庭的代表性样本的调查发现，体罚从婴儿到5岁逐渐上升，之后虽然略有下降，但是在各年龄段，体罚的使用率
267 都很高（见图8.2）。同样，70%以上的加拿大父母承认打过孩子（Durrant，Broberg & Rose-Krasnor，2000；Straus & Stewart，1999）。学步期和学前期的频繁体罚更常见。使用体罚的父母中，1/4以上的人报告曾使用硬物，如刷子或皮带打过孩子（Gershoff，2002b）。

在北美，一种流行的观念是，如果父母懂得关爱，体罚非但无害，甚至可能有益。但是本节的“文化影响”专栏揭示出，这种看法只在特定的社会背景和有限使用的条件下才有效。

（3）可以取代严厉惩罚的方法

利用其他方法取代批评、扇耳光和打屁股能够降低惩罚的负面效应。**暂停**（time out）这种方法可以使儿童离开当时的情境，例如，让他们待在自己房间，直到他们愿意表现出适当行为。当儿童行为失控时，几分钟的暂停足以改变行为，并且为生气的父母提供一段冷静的时间。另一种方法是取消特权，例如看喜欢的电视节目。和暂停一样，取消特权可以使父母避免使用严厉的体罚。

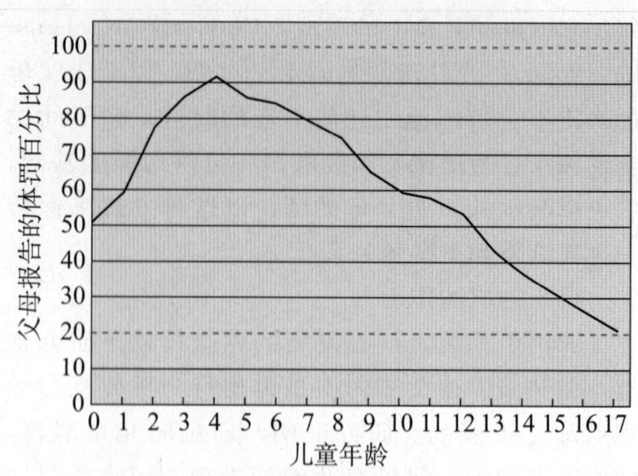

图8.2 不同年龄阶段儿童被体罚的比率

这些结论来自一项有1 000个家庭参加的美国全国代表性样本调查，该调查报告了在过去一年曾有过打屁股、扇耳光、掐、推搡或用重物打孩子行为的比例。幼儿期，体罚急剧增加，之后呈下降趋势，但从整个年龄段来看，体罚的比率仍然较高。

资料来源：M. A. Straus & J. H. Stewart，1999，“Corporal Punishment by American Parents：National Data on Prevalence，Chronicity，Severity，and Duration in Relation to Child and Family Characteristics，” *Clinical Child and Family Psychology Review*，2，p. 59. 经授权引用。

当父母决定使用惩罚时，可以借助以下三种方式提高其有效性。

● 一致性。在某些场合允许孩子表现出不适当行为，但在另一些场合却谴责孩子的这种行为，会使儿童感到困惑，这种不被接受的行为就会持续发生（Acker & O'Leary，1996）。

● 温暖的亲子关系。受到父母关心疼爱的孩子会对惩罚所伴随的与父母感情的中断感到非常难受。他们希望尽快重新获得父母的疼爱和支持。

● 解释。解释轻微惩罚的原因，会帮助孩子把错误行为与对以后行为的期望联系起来，这种方法比单纯使用惩罚更有助于错误行为的减少（Larzelere et al.，1996）。

（4）积极的训练

跟孩子建立一种相互尊重的关系，教孩子该怎样做，对好行为给予表扬，这些积极的训练方式可以鼓励孩子的好行为（Zahn-Waxler & Robinson，1995）。当父母和孩子在共同游戏中产生敏感、合作和共同的愉快情绪时，儿童就会表现出良心的稳定发展——犯错之后表达对别人的关心，公平游戏，行为友善而负责（Kochanska & Murray，2000）。亲子间的亲密关系使得儿童留意父母的要求，因为他们对这种关系形成了一种责任感。

下文的“学以致用”表中提出了积极训练法。父母可以采用这些方法培养那些长期有用的社会技能与生活技能，如合作、问题解决、关心他人等。如果这样做，父母会大大减弱对惩罚的需求。

采用积极训练方式的父母能够鼓励孩子的好行为，减少犯错的机会。这位母亲在一次长途火车旅行中为孩子提供了很多安静的游戏，使他们有事可做。

专栏 文化影响

体罚结果的族群差异

在一个非洲裔美国社区，六位长者自愿为面临子女教养难题的父母作指导。他们聚集在一家社会服务机构，讨论子女养育问题。他们的教养态度与发起这次讨论的白人社工们有明显区别。每位长者都认为，成功的幼儿教育需要恰当的体罚。同时，他们也反对冲着孩子尖叫或诅咒孩子，并把这种失控的教育行为称为“虐待”。其中年纪最大、最受尊敬的成员露丝，把好的教育概括为温暖、教导、友善的谈话和体罚的复杂综合。她讲述了在她还是年轻妈妈的时候，她的一位年长邻居是怎样教她教育自己的孩子的：

“她对我说，不要大叫……当孩子做了点错事的时候，你要温柔、耐心地跟他们说……你对孩子好一点，以后教育他们就不会有麻烦。从那以后，我教育孩子就用这种方法。”

其他人也赞同轻微的惩罚：“就轻轻地拍他们一下。”“你（的惩罚）太严厉，你就在做错事。”（Mosby et al.，1999，pp. 511－512）

体罚在社经地位较低的少数族裔父母中使用较多，比起中产阶级白人父母，他们可能更赞成扇耳光和打屁股的方式（Pinderhughes et al.，2000；Straus & Stewart，1999）。虽然体罚与儿童多方面的消极发展相关，但也有例外。

一项研究对几百户家庭进行了12年的追踪，收集了母亲在孩子幼儿期和小学期间的教养策略和孩子在青少年期的问题行为。即便控制了儿童和家庭的变量，研究结果仍令人印象深刻：在白人家庭中，体罚与青少年期的攻击和反社会行为呈正相关。相反，在非洲裔家庭中，母亲在孩子童年时期较多地使用体罚，孩子到青少年期却较少表现出愤怒、越轨行为，也较少在学校惹麻烦或招惹警察（Lansford et al.，2004）。

黑人和白人父母对体罚的看法似乎不一致。在黑人家庭中，体罚是受文化支持的，但体罚一般比较温和，是为了表示对孩子的疼爱，目的是让孩子成为有责任感的成人。然而，白人父母则一般认为体罚是错误的。如果他们用这种方法管教孩子，说明他们被气坏了，是在拒绝孩子。因此，黑人孩子认为，父母体罚是为了他们好，而白人孩子认为，体罚是对人的攻击行为（Gunnoe & Mariner，1997，p. 768）。

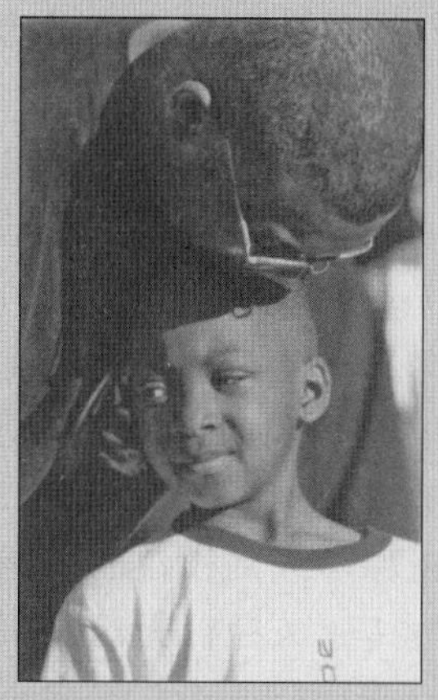

在教育孩子上，很多非洲裔父母使用温和的体罚方式。因为这种行为是受文化支持的，并发生在在父母疼爱的背景下。非洲裔儿童把打屁股看作是为他们好，而不是一种对人的攻击行为。

为了支持这种观点，研究者追踪了数千名不同族裔的儿童，从托儿所一直到小学前期，结果发现，如果父母冷漠拒绝，那么打屁股与行为问题的上升有关，但如果父母温暖疼爱，则不存在这种相关（McLoyd & Smith，2002）。

这些结果并非是对体罚的认可。其他形式的管教，包括暂停和取消特权，以及上面列出的积极训练法，都远比体罚有效。但值得注意的是，体罚的用意和影响在不同文化背景中有着明显差异。

本节的“学以致用”表提供了一些积极训练方法。如果父母使用这些方法，注重培养孩子的长期社会生活技能，如合作、问题解决、多为别人着想等，就会大大减少对孩子的惩罚。

学以致用

积极训练的应用

策略	描述
把违纪作为教育机会。	当孩子出现有害或不安全的举动时，使用引导法，鼓励儿童改正错误，表现和善。
减少犯错的机会。	在长途驾车旅行中，安排可以在后座玩的游戏以减少孩子的烦躁；在超市，跟孩子聊天并让他们帮忙购物。通过这样的方式，孩子学会了在选择有限的情况下让自己有事可做。
解释规则。	如果孩子意识到规则在任何情况下都是公平而非专制的，他们就会努力遵守规则，因为它是合理和理性的。
安排儿童承担家庭事务和责任。	通过与成人一起做饭、洗碗或清扫落叶，儿童会形成参与家庭和社区生活的责任感，并学到许多实用技能。
当儿童不合作的时候，尝试妥协并解决问题。	当孩子拒绝遵守规则时，表达对孩子的理解（“我知道收拾玩具并不好玩”），提出妥协方案（“你收拾那一堆，我收拾这一堆”），并帮助孩子想出解决办法，避免以后出现类似问题。要坚决但是和蔼、尊重地提出要求，培养孩子自愿合作的习惯。
鼓励成熟行为。	表达对孩子学习能力的信心，赞赏努力与合作行为，如“你已经尽力了”，“谢谢你的帮助”。成人的鼓励可以培养儿童成功的自豪感和满足感，激发儿童进一步成长。

3. 认知发展观点

在看待道德发展方面，精神分析和行为主义流派侧重儿童怎样从成人那里获得已有的良好行为标准。与此不同的是，认知发展观把儿童看作对社会规则进行主动思考的人，认为早在学前期，
269 儿童就能做出道德判断，在他们关于公正和公平概念的基础上判断是非（Gibbs，1991，2003）。

幼儿已经具有某些发展良好的道德观念。在研究者看重的人的动机方面，人们发现，3岁儿童就认为动机不良的人——如故意恐吓，使人难堪或者伤害别人——比动机好的人更应当受到惩罚（Helwig，Zelazo & Wilson，2001；Jones & Thompson，2001）。4岁左右时，儿童可以区分真话和谎话。他们赞成讲真话，反对撒谎，即使谎言没有被戳破（Bussey，1992）。

幼儿还能把保障人们权益的**道德规则**（moral imperatives）与其他两种行为区分开来：一是**社会常规**（social conventions），指完全由社会大多数人决定的习惯，如餐桌礼仪；二是**个人私事**（matters of personal choice），它既不侵犯别人权利，也不违反社会规范，而是由个人决定的，如选择朋友或衣服的颜色（Ardila-Rey & Killen，2001；Nucci，1996；Yan & Smetana，2003）。访谈3～4岁的儿童发现，他们认为违背道德（如偷苹果）比违反社会习俗（用手指吃冰淇淋）更严重（Smetana，1995；Turiel，1998）。同时幼儿对个人私事的关注，通过诸如“我想穿这件体恤”的陈述方式传递出来，是个人权利中道德概念的推动力，并会在小学期和青少年时期得到快速发展（Killen & Smetana，1999）。

但是在道德领域内，幼儿和低年级小学生容易刻板地推断，根据表面特征和结果做判断，而忽略其他的重要信息。比如，他们比年长儿童更多地认为，偷窃和撒谎总是错误的，即使一个人这样做时有符合道德的充分理由（Lourenco，2003）。他们反对未被揭穿的谎言，但是认为招致惩罚的谎言比未获惩罚的谎言更坏（Bussey，1992）。

幼儿区分道德规范和社会常规的能力令人吃惊。他们是怎样做到这点的？根据认知发展理论，他们主动地对自己的经验进行了建构。研究者观察发现，在受到道德冒犯之后，儿童的同伴会表现出强烈的消极情绪，描述他们自己的伤害或损失，制止对方，或者进行报复。在旁边干涉的成

人可能会要求儿童注意受害者的权利和感受。相反，违犯社会常规时，同伴们的反应不这么强烈。在这种情况下，成人通常直接要求儿童遵守，并不做出解释，或指出遵守规则、保持秩序的重要性（Turiel，Smetana & Killen，1991）。

认知和语言促进了幼儿的道德理解，同时，社会经验也很重要。与兄弟姐妹和同伴争论有关权利、所有物、财产等问题，使幼儿形成最初的对公正和公平的看法（Killen & Nucci，1995）。儿童还通过观察成人处理违反规则的方式和对道德问题的讨论来学习。那些在道德思维上发展较快的儿童，其父母可能用孩子能够理解的语言与他们讨论打
270 架、诚实和所有权问题，为他们讲有道德寓意的故事，鼓励亲善行为，并且态度和蔼地鼓励孩子再想一想，而不是简单地否定和批评（Janssens & Deković，1997；Walker & Taylor，1991a）。

有些儿童在受到轻微招惹或根本没受到招惹时，也会在语言和身体上攻击别人，这些儿童在道德推理上的发展显然滞后（Helwig & Turiel，2002a；Sanderson & Siegal，1988）。如果没有专门帮助，这些孩子会表现出长期的道德发展障碍。

这个学前阶段的男孩在抢同学的玩具，表现出工具攻击行为。随着儿童年龄的增长，他们学会妥协和分享，延迟满足能力增强，工具攻击行为逐渐减少。

4. 道德的另一侧面：攻击性的发展

从婴儿后期开始，所有儿童都会偶尔表现出攻击行为。随着与兄弟姐妹和同伴的交往增多，攻击行为也越来越多地出现（Tremblay，2002）。到学前早期，出现了两种主要的攻击形式。最常见的一种是**工具攻击**（instrumental aggression），儿童用这种攻击得到想要的物品、好处或空间，为了得到这些东西，他们推搡、喊叫或击打妨碍他的人。另一种攻击是意图伤害别人的**敌意攻击**（hostile aggression）。

敌意攻击至少有三种变式：

- **身体攻击**（physical aggression），通过身体伤害，如推、踢、打别人或毁坏对方财物来伤害别人。
- **言语攻击**（verbal aggression），通过威胁要对其进行身体攻击、辱骂或敌视性取笑来伤害别人。
- **关系攻击**（relational aggression），通过社会排挤、散布流言或挑拨关系来破坏别人的同伴关系。

言语攻击总是直接的，身体攻击和关系攻击既可能是直接的，也可能是间接的。比如，打人会直接伤害人，但破坏财物则会间接地造成身体伤害。同样，说“照我说的做，不然就不跟你做朋友了”，是一种直接的关系攻击；而传播流言，拒绝与同伴说话，或者说别人的坏话挑拨离间，如“别跟她玩，她是个笨蛋”，就是一种间接攻击。

在幼儿期，身体攻击逐渐被言语攻击所取代（Tremblay et al.，1999）。幼儿延迟满足能力的发展使他们不再抢别人的东西，工具攻击因而下降，但敌意攻击逐渐增多（Tremblay，2000）。年长儿童能更好地识别恶意的企图，因此常以敌对方式报复。

在学前末期，许多文化中的男孩都比女孩更富攻击性（Coie & Dodge，1998）。这种性别差异部分归于生物学因素——尤其是雄性激素，它在特定情境下可能导致攻击行为。而且男孩比女孩花更多时间在大群体中玩竞争性游戏，这种情境激发了专横、好斗的行为（Benenson et al.，2001）。同时，性别角色化（后面会讲到这一话题）过程也很重要。一旦幼儿开始意识到性别角色——社会期待男女表现出不同的行为，女孩的身体攻击行为就比男孩显著下降（Arnold，McWilliams & Harvey-Arnold，1998）。

虽然人们普遍认为女孩比男孩更能说会道，更易产生言语和关系攻击，但这种性别差异其实很小（Salmivalli，Kaukiainen & Lagerspetz，2000；Underwood，Galen & Paquette，2001）。

学前阶段的早期，女孩的攻击行为多集中在关系方面。男孩的攻击方式更为多样，因此表现出的总体攻击水平比女孩高得多（见图 8.3）。

女孩更多地选择间接的关系策略——破坏对女孩很重要的亲密关系，这种方式可能尤其残酷。身体攻击通常短促，间接的关系攻击可能持续数小时、数周甚至数月（Nelson，Robinson & Hart，2005；Underwood，2003）。举个例子，一个 6 岁女孩组成了一个“漂亮女孩俱乐部”——几乎一整学年，都在说服其成员排挤几名同学，说他们“又脏又臭”。

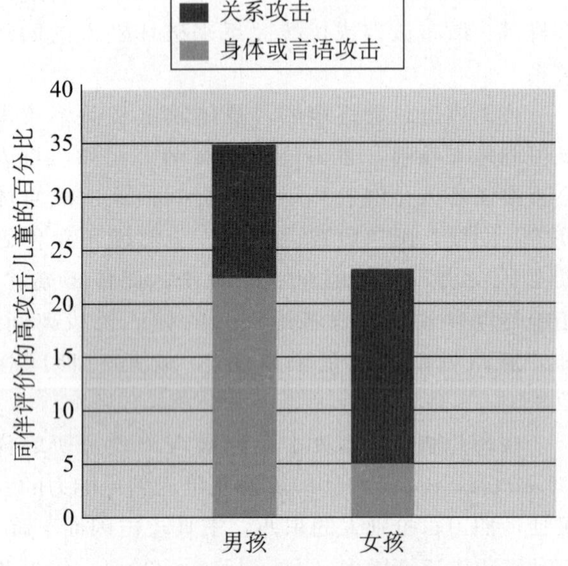

图 8.3　男孩和女孩的攻击类型比较

1 100 多名小学生报告的同班同学中经常进行身体或言语攻击（打、踢、拳打或者侮辱）和关系攻击（散布谣言、说三道四或挑拨离间）。男孩在总体攻击比例和攻击类型数量上高于女孩，女孩主要集中于关系攻击。

资料来源：Crick，1996.

幼儿之间偶尔的攻击性交往是正常的。但是某些儿童——尤其是坏脾气、冲动、不顺从的孩子——容易出现早期、高频率的身体或关系攻击并一直延续下去，导致小学期和青少年期严重的行为问题（Brame，Nagin & Tremblay，2001；
271 Coté et al.，2001；Vaillancourt et al.，2003）。这些消极发展结果取决于儿童养育的环境。

（1）容易滋生攻击行为的家庭

一天，罗比的妈妈内丹向莱斯莉抱怨说：“我管不了他，不可能管他！”莱斯莉询问了罗比是否被家里发生的一些事困扰时，她才知道，罗比的父母经常打架，并使用严厉而不一致的管教方式。破坏道德内化的儿童教养方式，如爱的收回、强迫、体罚和前后不一致，在许多文化中，不论性别，都与幼儿期到青少年期的攻击行为相关（Bradford et al.，2003；Capaldi et al.，2002；Rubin et al.，2003；Yang et al.，2003）。

在罗比这样的家庭中，愤怒和惩罚会造成一种充满矛盾的家庭气氛和“失控”的儿童。这种养育模式依靠强制管教，而强制管教可能是由压力生活事件、父母自己的不稳定人格或儿童的困难气质导致的。典型的模式是，父母威胁、批评和惩罚孩子，孩子发牢骚、叫喊和不听话，直到父母“屈服”。这种循环模式日益频繁，就会导致其他家庭成员的焦虑和烦躁，使他们也很快加入到这种敌意性的互动中。比起传统家庭中的兄弟姐妹，那些家长爱批评、好惩罚的家庭中，兄弟姐妹之间更容易在言语或身体上互相攻击。破坏性的兄弟姐妹冲突又导致了学龄早期不善于控制冲动和反社会行为（Garcia et al.，2000）。

男孩比女孩更容易成为严厉、不一致教育的目标，因为他们活跃冲动，较难控制。在这种家庭长大的儿童学会从暴力的角度看待周围世界，把非敌意看作敌意（Lochman & Dodge，1998；Orbio de Castro et al.，2002）。结果，他们在未受激惹的情况下就攻击别人，并得出结论，攻击能够“有效地”控制别人。

高攻击性的儿童通常被同伴拒斥，学习不良，并且（到青少年期）会加入不良同伴群体，走向暴力青少年犯罪，并导致成年期犯罪。我们将在第 12 章讨论这种反社会行为的毕生发展过程。

（2）媒体暴力和攻击

在美国，早 6 点至晚 11 点时段，57%的电视节目中有暴力镜头，经常是暴力行为重复出现且没有受到惩罚。在大部分电视暴力节目中，受害者并没有受到严重伤害，很少有节目会谴责暴力或介绍其他解决问题的办法。据美国通讯与社会政策中心的调查，儿童节目中的暴力内容比平均水平多 9%，其中卡通片的暴力内容最多（Center for Communication and Social Policy，1998）。虽然加拿大电视台遵守严格限制电视暴力的规定，但是加拿大人 2/3 的时间在看美国频道（Statistics Canada，2005f）。

有研究者回顾了数千项研究，发现，电视

暴力增加了敌意性思维和情感及言语和身体攻击行为的可能性（Anderson et al.，2003；Comstock & Scharrer，1999）。越来越多的研究表明，观看暴力录像和玩暴力电脑游戏具有同样的效果（Anderson et al.，2003）。虽然所有年龄段的年轻人都是易感人群，但幼儿和小学低年级儿童更容易模仿电视暴力，因为他们相信，这些虚构的电视内容是真实的，并毫无批判地接受他们的所见所闻。

暴力电视节目不仅造成了亲子关系和同伴关系的短期困难，而且具有长期负面影响。几项追踪研究表明，控制了与看电视相关的因素（如儿童以前和当前的攻击性、智商、父母文化水平、家庭收入、社区犯罪情况等），儿童和青少年时期观看暴力电视的时间，可以预测成年期的攻击行为（见图 8.4）（Huesmann，1986；Huesmann et al.，2003；Johnson et al.，2002）。高攻击性儿童和青少年更喜欢看暴力电视。男孩看的暴力节目比女孩多，部分因为暴力节目大多以男性作为领袖人物，迎合了男性观众的需要。暴力电视甚至可以引发非暴力儿童的敌意思维和行为；只是其影响不那么强烈（Bushman & Huesmann，2001）。

272 电视暴力还使儿童对攻击变冷漠。经常看暴力节目的人很快就习以为常，对现实世界中的暴力情境反应淡漠，比别人更能容忍别人的攻击（Anderson et al.，2003）。看过大量暴力电视的人相信，社会上的暴力比实际存在的暴力多得多——这种影响对那些把电视暴力看成是和自己的实际生活相关的儿童尤其强烈（Donnerstein，Slaby & Eron，1994）。凡此种种都说明，大量接触电视暴力，会改变儿童对社会现实的态度，使他们和媒体中的形象越来越相近。

社会大众对媒体轻而易举地操纵儿童的观念和行为极为不满，他们向媒体施加压力，要求改进电视节目的质量。《美国宪法第一修正案》中的言论自由权，已对规范电视内容做出努力。所有的节目必须根据暴力和色情内容进行评级，所有新电视节目必须包含分级制（V-chip），使父母可以过滤掉不愿意让孩子看到的内容。

加拿大也实施了电视节目分级制和评价制度。另外，加拿大的广播法，禁止儿童观看那些无视后果的真实暴力场面和以暴力为主题的动画片。并且，晚上 9 点之前，专为成人的暴力节目也不能在加拿大电视节目中播放（Canadian Broadcast Standards，2003）。但是，加拿大儿童仍可从美国付费电视频道看到暴力节目。

除非儿童电视节目得到改善，否则让孩子少看暴力节目，主要还须父母采取措施，对孩子看电视加以监控。本节的“学以致用”表提供了一些有效的办法。

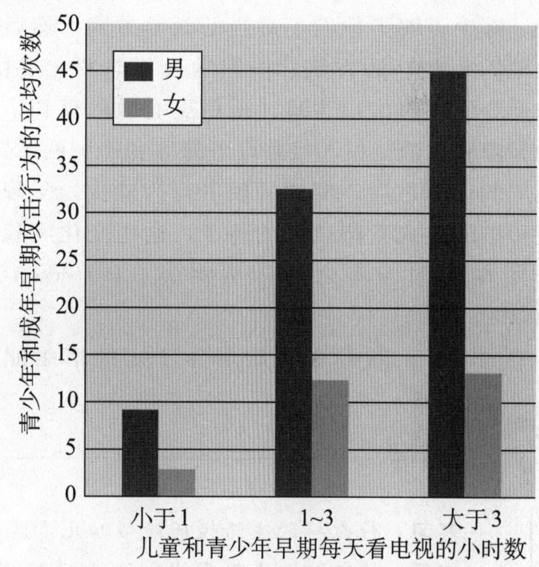

图 8.4　儿童和青少年早期看电视的时间与青少年期和成年早期攻击行为的关系

对 700 多名父母和青少年的访谈结果表明，儿童和青少年早期看电视越多，每年由年轻人导致的攻击行为越多。该结果与后续在他们 16 岁和 22 岁时的访谈结果一致。

资料来源：Johnson et al.，2002.

学以致用　　规范电视和电脑的使用

策略	描述
限制看电视和使用电脑。	制订明确的规则，告诉孩子可以看什么电视节目，上网可以做什么，并严格执行。不要让电视和电脑成为孩子的保姆；不要把电视或电脑放在孩子的卧室中，因为这会大大增加孩子看电视或玩电脑的时间，使孩子的行为难以监控。
不要用增减看电视或用电脑的时间来奖惩孩子。	把电视或电脑当作奖惩工具，孩子会更加迷恋之。

续前表

策略	描述
和孩子一起看电视，帮助他们理解看到的内容。	当成人不认同屏幕上的行为时，就其真实性向孩子提问，并鼓励孩子讨论。这样能帮助孩子评估电视内容而不是毫无批判地接受。
把电视内容和日常学习经验相结合。	建设性地重构电视节目，鼓励孩子积极地把电视内容和生活结合起来，能够促进他们的学习。比如，一档动物节目可能激发一次去动物园的外出，或去图书馆阅读一本关于动物的书，或想一个照看家里宠物的新办法。
父母要以身作则。	父母自己不要过多地看电视和用电脑，不要过多地接触暴力内容。父母的收视习惯会影响孩子的习惯。

（3）帮助儿童和父母控制攻击

对攻击性儿童的治疗应尽早开始，要在他们的反社会行为成型并很难改变之前进行。打破家庭成员之间敌意行为的循环，促进形成有效地与别人联结的方式非常重要。

莱斯莉建议罗比的父母去家庭治疗师那里求助。医生了解了他们不适当的教养方式，然后教
273 给他们一些好的方法。他们学会不向罗比妥协，在命令的同时配以说理，采用更有效的惩罚，例如暂停和取消特权，代替言语侮辱和严厉的体罚。几周的训练之后，罗比的攻击行为减少，父母以更积极的方式看待自己的孩子，这些变化所起的作用在一到四年之后依然明显（Patterson & Fisher，2002）。

同时，莱斯莉也开始培养罗比的情绪能力（见本章第三节）以及如何与同伴更有效地交往。一有机会，她就鼓励罗比谈论游戏伙伴及他自己的情绪。于是，罗比慢慢学会采纳别人的观点，并感受到让人产生共鸣的关心，对同伴发脾气的情形减少了（Izard et al.，2004）。罗比还参与了社会问题解决的训练。在几个月的时间里，他都和莱斯莉及一小组同学在一起，通过木偶表演常见的冲突，讨论解决矛盾的方法，练习成功的策略。接受过这些训练的儿童所获得的社交技能在几个月后仍然在起作用（Shure，2001）。

最后，罗比的父母在婚姻问题上接受了咨询。当父母通过接受帮助，能够应对他们自己生活中的压力后，以减少儿童攻击性为目的的干预措施会更有效（Kazdin & Whitley，2003）。

思考题

复习 什么样的生活经历能帮助儿童区分道德规则、社会习俗和个人选择？

应用 艾丽丝和韦恩希望他们的两个孩子成为道德成熟、关心人的人。列出一些他们应该使用和不该使用的教养方式。

联结 对于胆大、冲动的孩子，父母应该做些什么来促进他们的良心发展？这是否让你回想起良好匹配的概念（见第6章）？请解释。

反思 对做错事的幼儿，你赞成采用哪些惩罚措施，反对哪些惩罚方式？为什么？

六、性别角色行为

性别角色行为（gender typing），**指遵从文化成见，把物品、活动、角色或特质与性别相关联的行为**（Liben & Bigler，2002）。在莱斯莉的教室里，女孩在过家家角、艺术角和阅读角等区域玩的时间较长，男孩则更多地在积木、木工和运动游戏区游戏。这些儿童已经获得许多与性别相关的观念和偏好，并喜欢与同性同伴玩耍。

用来解释道德的理论同样能够解释儿童的性别角色行为：社会学习理论强调模仿和强化，认知发展理论强调儿童是他们社会性领域的主动思

考者。但是我们认为，二者都不完善。一种综合了上述两种理论的第三种观点，即性别图式理论，正在得到人们的赞同。下面，我们将讨论性别角色行为的早期发展。

1. 关于性别世俗成见的观念和行为

在儿童能够稳定地认定自己的性别之前，他们就开始获得与性别有关的普遍联系——男人粗鲁强悍，女人温柔体贴。在一项研究中，18 个月的学步儿把冷杉树和锤子这类物品与男人联系起来，不过他们还不了解与女性相联系的东西有哪些（Eichstedt et al.，2002）。第 6 章曾讲过，大约两岁时，儿童就能正确使用“男孩”、“女孩”、“女士”、“男士”等词语。一旦确定了基本的性别范畴，儿童就开始区分与两性有关的活动和行为。

幼儿能把许多玩具、衣物、工具、家庭用品、游戏、职业和颜色（粉红色和蓝色）与男女两性相联系（Poulin-Dubois et al.，2002；Ruble & Martin，1998）。他们的行为与观念是一致的，这种性别观念不仅表现在游戏偏好上，而且表现在个人特征上。我们都知道，男孩比较主动、自信，也有较多的直接攻击行为。而女孩一般比较胆小，依赖性较强，敏感，善于察觉自己的情绪，同时也善于制造间接的关系攻击（Bosacki & Moore，2004；Eisenberg & Fabes，1998；Underwood，2003）。

在幼儿期，儿童的性别角色观念越来越固定，运用更多符合世俗而难以变通的规则。当儿童被问到，人们能否打破性别世俗观念时，过半的三四岁孩子对穿着、发型以及玩耍某类特定游戏（比如芭比娃娃和特种部队）给出了否定答案。虽然他们对于其他类型的游戏和职业的看法不如上述类型肯定，但很多人认为女孩不能玩粗鲁的游戏，也不适合当医生（Blakemore，2003）。

幼儿这种对性别的世俗成见，可以帮助我们理解一些日常生活中常见的行为。当莱斯莉给孩子们看一幅穿着苏格兰方格呢短裙的苏格兰风笛手的画时，他们认为：“男人不穿裙子。”在自由游戏中，他们经常叫喊，女孩不能当警察，男孩不照看孩子。这些片面的判断是环境中的性别世俗成见和幼儿认知局限性的共同产物。大部分幼儿并没有意识到，与性别有关的特征——活动、玩具、职业、发型和穿着——并不能决定一个人是男还是女。

2. 遗传对性别角色行为的影响

上述性别差异出现在全世界许多文化中 274
（Whiting & Edwards，1988）。某些方面的性别差异——男性的活动水平和明显的攻击行为，女性的感情敏感，两种性别都喜欢同性玩伴——在哺乳动物中也普遍存在（Beatty，1992；de Waal，1993）。根据进化论观点，人类男性祖先的成年生活，主要目的是争夺配偶，而女性祖先主要是生儿育女。因此，男性在遗传特征上更主动，而女性则更亲密、负责、合作。进化论者认为，虽然家庭和文化力量可以影响具有生理基础的性别差异的强度，但经验并不能否定性别角色在人类历史中的适应功能（Geary，1999；Maccoby，2002）。

动物实验表明，出生前服用雄性激素可使多种哺乳动物增加运动游戏和攻击行为，并抑制母性的照料行为。麦考比（E. Maccoby，1998）认为，激素也会影响人的游戏模式，使男孩喜欢粗野、吵闹的活动，女孩喜欢平静、温和的活动。当儿童与同伴互动时，他们选择与自己的兴趣和行为一致的游戏伙伴。学前期的女孩越来越多地找其他女孩成对地玩耍，因为她们都爱玩安静的有合作角色的游戏。相反，男孩喜欢玩大型群体游戏，他们具有奔跑、爬高、打斗、建筑和破坏的共同愿望（Fabes，Martin & Hanish，2003）。4 岁时，儿童与同性别游戏伙伴在一起的时间相当于和异性伙伴在一起的时间的 3 倍。到 6 岁时，这个比率升到 11∶1（Martin & Fabes，2001）。

早在学前期，性别角色行为就开始出现。女孩喜欢和女孩一起玩，吸引她们的是强调抚养、合作和外在魅力的玩具与活动。

一项个案研究提供了更多证据，证明生物因素在性别角色中的作用，一个男孩具有严重的性别认同障碍和适应问题，因为他的生理结构和性别养育方式相矛盾。本节的专栏“毕生发展观”，介绍了一个叫戴维的男孩的发展历程。请注意反思戴维的养育方式，这提醒我们不要低估性别角色经验的作用。

专栏 **毕生发展观**

戴维：一个被当作女孩抚养的男孩

作为一位已婚男人和一名父亲，30多岁的戴维·雷默随心所欲地谈论着自己的日常生活：对汽车机械的喜好、工作上的困难以及养育孩子的困难。但是问起他15岁以前的生活，戴维却显得陌生，仿佛嘴里说的那个年轻时代的孩子别有他人。其实，她确实是另一个人。

戴维——出生时名为布鲁斯——经历了有报道以来首例婴儿的性别转换，虽然他在基因和激素水平上都正常。为了查明戴维的发展，研究者对他进行了详细的访谈，查看了他的病历和心理咨询记录（Colapinto，2001；Diamond & Sigmundson，1999）。

戴维8个月的时候，他的阴茎在做包皮手术时意外被切掉。后来，他绝望的父母听说了心理学家约翰·莫尼成功地为一名生有一个假阴茎的儿童换性的案例。他们从加拿大的家赶往巴尔的摩的约翰·霍普金斯大学。在那里，莫尼为22个月的布鲁斯进行了睾丸切除和女性生殖器重塑手术。手术后，布鲁斯的父母把这个女儿命名为布伦达。

布伦达的养育是一场悲剧。从开始，她就反抗父母把她往“女孩”方向推。据布莱恩（布伦达的同卵双生兄弟）回忆，布伦达就像一个精致、漂亮的小女孩——只要她不走路或说话：“她走路时像个男人。坐下时双腿分开。谈论男人谈论的话题……她玩我的玩具：组装玩具、载货卡车。”（Colapinto，2001，p. 57）布莱恩性格安静温和。而布伦达却截然相反，她支配欲强，爱追跑打闹，在其他孩子中挑起战争并经常取胜。以前的老师和同学都认为布伦达是这两个孩子中更像传统意义上的男人的一个。

在学校，布伦达的男孩行为招致同学的奚落和取笑。当和女孩们一起玩时，她尝试组织大规模的群体运动游戏，但她们对此并不感兴趣。因为缺少朋友和不适，布伦达的行为问题日益增多。在阶段性的后续治疗中，她把自己画成男孩的形象，并拒绝做阴道再造手术。回首布伦达的小学时光，戴维说，她意识到她不是个女孩，也绝不可能成为女孩。

随着青少年期的到来，布伦达的父母让她一次又一次转学，换了一个又一个心理医生，希望努力帮助她适应社会，接受自己的女性角色。但布伦达却焦虑不安，与父母的冲突与日俱增。进入青春期，布伦达的肩膀开始变宽，长出肌肉。她的父母坚持要求她接受雌激素疗法，使容貌体征向女性发展。很快，她的胸部丰满起来，腰髋处也有了脂肪。苦于自己女性的外形，布伦达开始暴饮暴食，试图掩饰。同学对她矛盾的形象越来越不接受。

最后，布伦达被转介给一位心理医生。这位医生意识到她的绝望，鼓励父母告诉她婴儿期发生的事。在布伦达14岁的时候，她的父母向她解释了包皮切割术的意外。戴维回忆到此，如释重负。在决定回到天生性别的情况下，他以《圣经》中杀死巨人、摆脱逆境的青年的名字，戴维，为自己命名。戴维开始注射雄性睾丸激素，以恢复自己的男性之躯，并进行了手术切除胸部，安装阴茎。虽然青春期仍然麻烦不断，但在20岁的时候，戴维与简——有三个孩子的单身母亲，坠入爱河并结为夫妻。

戴维的案例证实了天生性别和出生前的激素对个体觉知自己性别的影响。同时，他的童年突出了经验的重要性。戴维表达了对父母鼓励他做个女孩的愤怒——从此，他觉得终于回归了身份。成年以后，戴维在一家只有

由于婴儿时期的一次医疗事故，戴维·雷默作为一名基因和激素都正常的男孩，经历了第一次性别转换：他被当作一名女孩抚养长大。戴维的案例表明生物因素对性别同一性的强大影响。照片中的他，36岁时是一个已婚男人和父亲。但是两年后，童年生活带来的烦恼以悲剧结束，他自杀了。

男性雇员的屠宰场工作，他们都是性别特征极端明显的人。戴维曾一度感到疑惑，如果他有一个正常的童年，他还会像他们一样吗？当然他永远无法得知这个问题的答案，但这个事例确实说明了一件事：戴维的性别转换失败了，因为他的男性生物本能无法压抑他对男性性别认同的要求。

虽然戴维尽力克服自己悲剧式的童年，但由此带来的生活烦恼依然不断。在他30多岁的时候，他的双胞胎兄弟布莱恩自杀了。紧接着，戴维失业，并且被一项不可信的投资骗光了毕生积蓄。他的妻子离开了他，带走了孩子。饱受悲伤打击的戴维陷入了极度抑郁。2004年5月4日，38岁的戴维饮弹自尽。

3. 环境对性别角色行为的影响

大量证据表明，环境的力量——家庭、学校和社区——在遗传影响的基础上有力地促进了幼儿期的性别角色行为。

（1）父母

刚出生，父母就对儿子和女儿抱有不同的期望。许多父母表示，他们希望孩子玩适合他们性别的玩具。他们大多认为，成就、竞争和情绪控制对男孩比较重要，而温和、贤淑和按大人的话做事对女孩比较重要（Brody，1999；Turner & Gervai，1995）。

这些观念会贯穿到教养实践中。父母给儿子买强调运动和竞争的玩具（枪、汽车、工具、橄榄球），给女儿买强调抚育、合作和外在魅力的玩具（布娃娃、茶具、首饰）（Leaper，1994）。父母会积极强化男孩的独立和女孩的听话。假如儿子玩汽车和卡车，要求别人注意，跑、爬、或试图拿走别人的玩具时，父母的反应更正面。相反，女儿活动时，他们更多地给以指导，提供帮助，鼓励她们干家务，谈论情绪等（Fagot & Hagan，1991；Kuebli，Butler & Fivush，1995；Leaper et al.，1995）。性别角色游戏会夸大这些交流的差异。例如，玩过家家的时候，母亲与女儿进行支持性、情感性对话的比例较高（Leaper，2000）。

父母说的话给孩子提供了关于性别角色和世俗成见的间接线索。研究者观察到（Gelman，Taylor & Nguyen，2004），妈妈给2～6岁的孩子讲图画书时常强调性别，即便有时候她们并不需要这样强调（“那是个男孩”，“那是个女孩吗?”）而且对几乎全部的男性和女性，他们频繁使用分类的表达方式：“男孩可以当船员”，“女孩不喜欢卡车”。随着年龄增长，妈妈和孩子越来越多地使用这种对人进行性别分类的表达方式。4～6岁的儿童频繁地提到世俗成见，妈妈则常常给以肯定。（孩子：“只有男孩才能当船员。”妈妈：“是的。”）

有意避免这些行为的父母，其孩子的性别角色行为就不那么明显（Weisner & Wilson-Mitchell，1990）。在非传统家庭中，父亲拿出像母亲一 276
样多甚至更多的时间照料孩子，孩子在情感类型上的性别特征也会较弱——儿子更敏感，女儿更自信（Brody，1997）。

总体来说，两性当中，男孩的性别角色行为更明显。尤其是父亲更强调男孩要遵从性别角色。比起女儿，他们给儿子更大的压力，并对儿子“超出性别”的行为表现出较低的容忍度——比起像“假小子”的女孩，他们对“娘娘腔”的男孩表现出更多担忧（Sandnabba & Ahlberg，1999；Wood，Desmarais & Gugula，2002）。

（2）教师

教师常常会扩展性别角色的学习方式。有好几次，莱斯莉都在和孩子们大声说话时强调了男女之间的差异：“排队时，女孩站在一边，男孩站在另一边，好吗?”“男孩们，希望你们像女孩们一样安静些!”

像父母一样，幼儿园的老师也较多地鼓励女孩参加老师发起的活动。她们经常围在老师身边，听老师的指导。相反，男孩则对教室中老师最少去的区域感兴趣（Carpenter，1983；Powlishta，Serbin & Moller，1993）。结果，男孩和女孩表现出很不同的社会行为。像听话和寻求帮助行为，更多地发生在老师规定的活动情境中，而命令、领导和创造性地应用各种材料，则更多地发生在自由活动中。

同时，教师往往对男孩使用否定和控制的教育方式。女孩犯错时，教师则跟她们商量，形成一个双方共同参与的计划来改进行为（Erden & Wolfgang，2004）。教师似乎认为男孩更爱犯错——这种观念部分源于男孩的实际行为，部分源于性别的世俗成见。

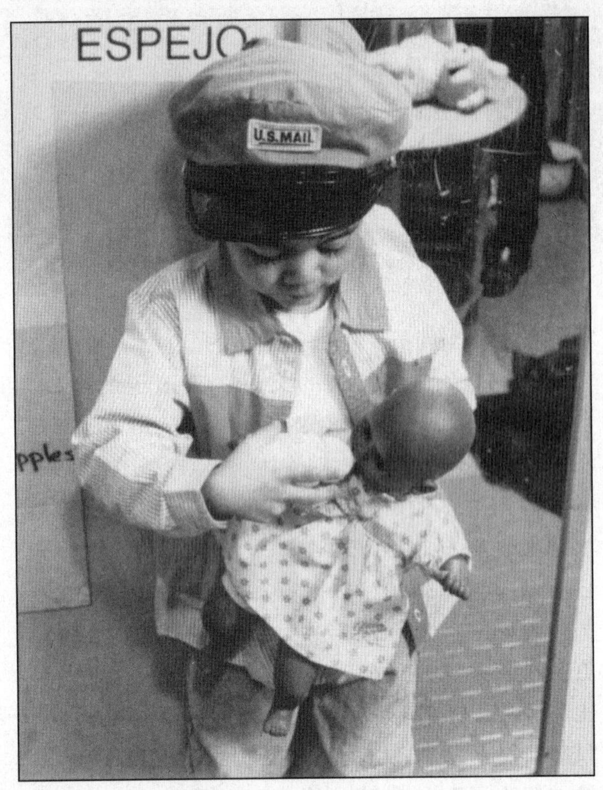

也许这个 3 岁男孩看到家人做出了与性别不符的行为，他也扮演了类似角色，在幼儿园教室里假装喂一个布娃娃。

（3）同伴

儿童同性别的同伴群体使得同伴背景成为一个有效的性别角色学习环境。一项对托儿所到幼儿园的全学年追踪研究发现，在秋季花更多时间与同性别同伴一起玩的儿童，在春季表现出更多的性别角色行为，表现在玩具选择、活动水平、攻击行为以及玩的时候离教师的远近（Martin & Fabes，2001）。

到 3 岁时，同性别的同伴会通过赞扬、模仿或加入“适合性别”的游戏来正向强化其他儿童的活动。相反，当幼儿参加“不适合性别”的活动时，例如，男孩玩娃娃，女孩玩汽车，就会招来同伴的嘲笑。男孩尤其不能容忍在男孩群体中玩“跨性别”的游戏（Fagot，1984）。经常跨越性别界限的男孩可能会遭到其他男孩忽视，即使在他们参加“男性”活动时也如此。

在性别分化的同伴群体中，儿童发挥社会影响的方式是不同的。为了在大群体活动中达到自己的目的，男孩往往依靠命令、威胁和身体暴力。女孩喜欢成对的游戏，使她们更关心对方的需要，女孩较多地使用礼貌请求、说服和接受，就说明了这一点。女孩们很快会发现，这些方法对其他女孩有效，但对男孩却无效，男孩通常不太关心女孩彬彬有礼的建议（Leaper，1994；Leaper，Tenenbaum & Shaffer，1999）。因此，男孩的冷淡反应给了女孩另一个不跟他们玩的理由。

慢慢地，儿童开始相信分性别游戏的“正确性”，这就进一步加强了性别隔离和性别专属活动（Martin et al.，1999）。由于男孩和女孩的分离，群体内的认同——更加正面地评价同性群体成员——成为另一个促进男女社会分离的因素，逐渐形成了在知识、观念、兴趣和行为方面“两个迥异的亚文化”（Maccoby，2002）。

（4）大社会环境

最后，虽然儿童的日常生活环境在某种程度上已发生改变，但他们仍然面临许多性别角色行为的榜样，如两性的职业、休闲活动、娱乐电视以及对男人和女人成就的宣扬等。正如下一节要讲到的，儿童很快通过“性别偏色镜”来看待周围的社会，也这样看待他们自己，这种视角会大大限制他们的兴趣和学习机会。

4. 性别同一性

作为成年人，我们每人都有**性别同一性**（gender identity），即关于自己在行为特征上相对男性化或女性化的概念。到小学期，研究者可以让儿童评价自己的人格特质来测量他们的性别同一性。 277
“男性化”同一性得分高的儿童或成人，在传统的男性项目上得分高（如雄心、竞争、自我效能），在传统的女性项目上得分较低（如关爱、愉悦、轻言细语）。“女性化”同一性得分高的人与此相反。一些非主流个体（尤其是女性）在男性化和女性化人格特质上得分都较高，这种性别同一性称为**双性化**（androgyny）。

性别同一性能够很好地预测心理适应状况。“男性化”及双性化的儿童和成人有较强的自尊感，而“女性化”个体则往往低估自己，也许因为她们的很多特质都不被社会看重（Alpert-Gillis & Connell，1989；Boldizar，1991）。双性化个体的适应性更强，他们会根据不同情境表现出男性的独立或者女性的敏感（Taylor & Hall，1982）。双性化同一性的存在证明儿童能够获得两种性别特质，融合了传统的两种性别的积极特质，这种取向可以最好地帮助他们挖掘自身的潜力。

(1) 性别同一性的出现

儿童是怎样形成性别同一性的？社会学习理论认为，行为先于自我知觉形成。幼儿首先通过模仿和强化形成具有性别特征的行为。之后，他们才开始把这些行为纳入自己的性别观念。相反，认知发展理论认为，自我知觉先于行为出现。在整个学前期，儿童学会了对他们的性别行为的认知评价。他们形成了**性别恒常性**（gender constancy），懂得了性别有其生物基础，即使穿着、发型和游戏活动变化了，性别也不会改变。然后，儿童利用这种思想指导他们的行为（Kohlberg，1966）。

6岁以前的儿童观看成人给布娃娃穿上另一性别的衣服，会认为布娃娃的性别改变了（Fagot，1985；McConaghy，1979）。性别恒常性的形成与守恒概念的获得有关（De Lisi & Gallagher，1991）。它也与能否完成言语上的外表—真实任务有很强的相关（见第7章）（Trautner，Gervai & Nemeth，2003）。事实上，性别恒常性任务可以看作一种外表—真实问题，在这个问题中，儿童必须区分一个人外表是什么样和他实际上是谁（Trautner，Gervai & Nemeth，2003）。

在许多文化中，幼儿并没有很多机会获得基本的性别生理知识，因为他们很少看到异性裸露的身体。但是告诉幼儿生殖器官的差异并不能让他们获得性别恒常性。具备性别生理知识的幼儿会说，给娃娃换衣服并不能改变其性别，但是问他们为什么，他们还不能把性别看作是人天生的、不可改变的特质（Szkrybalo & Ruble，1999）。这表明，阻碍幼儿形成性别恒常性的原因是认知不成熟，而不是缺乏社会经验。

那么，认知发展理论关于性别恒常性导致性别角色行为的看法是否正确？目前支持的证据还较少。“符合性别”的行为在学前阶段很早就出现了，因此其最初的表现必然来自模仿和强化，这符合社会学习理论的观点。研究者只是不同意性别恒常性对性别角色的发展起到多大作用。但是他们同意，一旦儿童开始思考性别角色，他们的性别角色的自我形象和行为就会加强。

(2) 性别图式理论

性别图式理论（gender schema theory）是信息加工流派对性别角色行为的解释，这种观点综合了社会学习理论和认知发展理论的特点，它解释了环境压力和儿童认知怎样共同作用，影响了性别角色的发展（Martin & Halverson，1987；Martin，Ruble & Szkrybalo，2002）。儿童从很小的时候就会从别人身上获得性别角色偏好和行为。在这一过程中，他们把自己的经验组织到性别图式，即他们用来理解周围人的男性化或女性化的类别中去。一旦幼儿能够认定自己的性别，他们就开始选择与这种性别一致的图式（“只有男孩才能当医生”或者“做饭是女孩的事情”），并把这些图式用到自己身上。结果，他们的自我知觉开始符合性别角色，成为他们用来加工信息、指导行为的附加图式。

儿童在形成性别角色观点上存在着个体差异。图8.5显示，经常把性别图式应用到经验中的儿童和几乎不用性别图式的儿童，其认知路径不同（Liben & Bigler，2002）。以比利为例，他看到一个布娃娃，如果比利是一个具备性别图式的孩子，他的性别角色过滤器会立即监控到性别因素。根据之前的学习，他问自己：“男孩应该玩娃娃吗？”如果回答“是”，而且他对娃娃感兴趣，他就会接近、探索，更多地了解它。如果回答“不”，他就会拒绝这个“与性别不符”的玩具。但是如果比利是一个不具备性别图式的儿童，很少从性别角度观察世界，他就只会问自己：“我喜欢这个玩具吗？”并根据他的兴趣做出反应。

性别图式的力量非常强大，当儿童看到别人表现出“与性别不一致”的行为时，他们常常会忘记这些行为，或把这些行为加以歪曲，使它们“与性别相一致”。比如，给他们出示一张男护士的照片，他们会把他记成一名医生（Liben & Signorella，1993）。形成性别图式的幼儿一般会认为，他们喜欢的任何东西，同性别的儿童也都会喜欢，因此他们经常把自己的爱好加到他们的性别偏见上！比如，一个不喜欢牡蛎的女孩会断定，只有男孩才喜欢牡蛎，即使实际上她从没有接受造成这种成见的信息（Liben & Bigler，2002）。

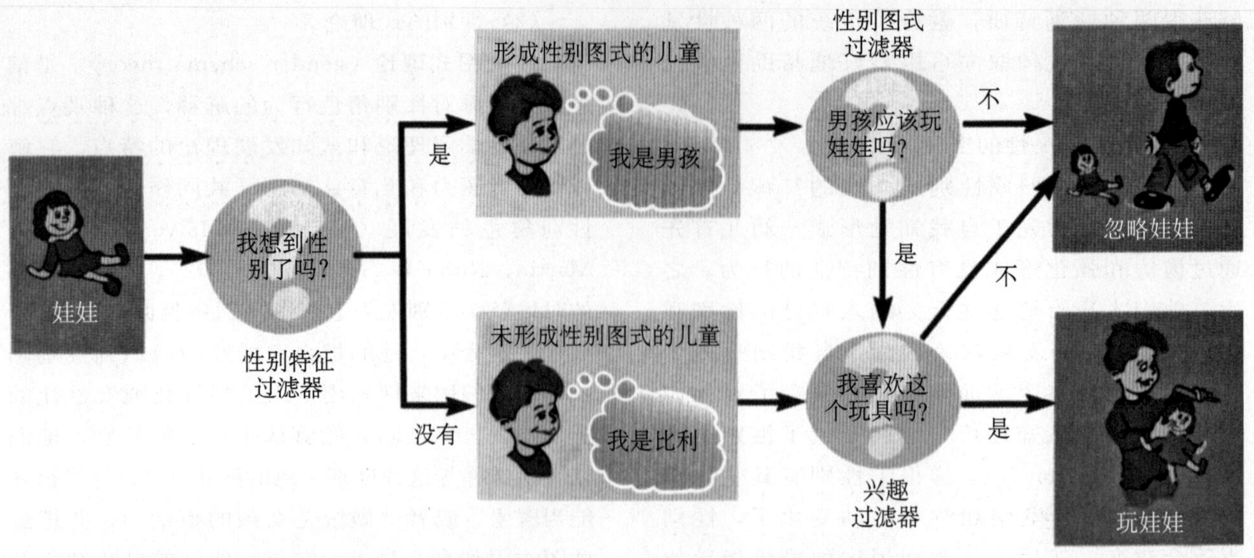

图 8.5　形成性别图式和未形成性别图式儿童的认知路径

对形成性别图式的儿童，性别特征过滤器会及时监控到性别因素：比利看见一个娃娃，他想："我是男孩。男孩应该玩娃娃吗?"根据他的经验，他回答"是"或"不"。如果他回答"是"并且对娃娃感兴趣，他就会玩。如果他回答"不"，他就会远离这个"与性别不符"的玩具。未形成性别图式的儿童不大可能从性别角度看待世界，比利只是问："我喜欢这个玩具吗?"并根据他的兴趣做出回应。经得克萨斯大学奥斯汀分校的 Rebecca Bigler 授权引用。

5. 降低幼儿期性别角色行为的影响

278 怎样帮助幼儿不要形成限制他们的行为和学习机会的刻板的性别图式呢？不存在简单的诀窍。生物因素明显地影响着儿童的性别角色，使男孩更活跃，喜欢竞争游戏，使女孩更安静，喜欢关系亲密的活动。但是大部分性别角色的观点都不是与生俱来的（Maccoby，2000）。

幼儿的认知局限使他们误认为文化实践决定了性别，父母和教师可以让幼儿少接触性别世俗成见的信息。成人可以从削弱自己行为中的传统性别角色入手，为儿童提供非传统的选择。例如，爸爸妈妈可以轮流做饭，给孩子洗澡，开汽车。他们可以给儿子和女儿都提供卡车和娃娃，给他们都穿红色和蓝色的衣服。教师应该让所有儿童每天都有一定时间参加教师规划的活动和自由活动。此外，成人要少说那些表达性别世俗成见的话，并为儿童屏蔽来自媒体的侵扰。

当儿童注意到社会上存在的大量性别世俗成见时，父母和教师可以指出例外的情形。比如，他们可以安排儿童看到男人和女人从事非传统的职业，并且告诉他们，决定一个人的职业的，是兴趣和技能，而不是性别。研究证明，这类说理对减少儿童有偏差的性别观念是有效的。到小学期，对男女能做什么有灵活观念的儿童更可能注意到性别差异的例子（Bigler & Liben，1992；Brown & Bigler，2004）。下一节将要介绍，在儿童养育过程中使用说理方式，还可以促进儿童在其他方面更健康、更具适应性地发展。

思考题

复习　解释社会环境和幼儿的认知局限如何导致了幼儿期刻板的性别成见。

应用　4 岁的罗杰在阅读时看见图上的一个男孩在厨房做菜。之后他把这幅画中的人物回忆为一名女孩。使用性别图式理论解释罗杰的记忆错误。

联结　认知方面的哪些变化与性别恒常性有关？这些能力有何共同之处？

反思　说说自己的性别同一性是"男性化"、"女性化"还是双性化的？哪些生物因素和社会因素影响了你的性别同一性？

七、儿童教养方式与情绪、社会性发展

279 在本章和第 7 章，我们已经讲过，为了培养孩子的能力，父母应该在疼爱与合作的基础上建立起与子女的关系，做孩子的榜样，当孩子表现出成熟行为时给予强化，使用说理和引导方法，指导并鼓励孩子掌握新技能。下面，我们把这些措施归纳为一套有效的父母教养方式。

1. 儿童教养方式

儿童教养方式（child-rearing styles）指父母在各种情境下表现出来的教育子女行为的集合体，它会创造一种持续的教养氛围。戴安娜·鲍姆琳德（Diana Baumrind）在她的一系列研究中，通过观察父母与学前期的孩子的交往，收集了有关儿童教养行为的资料（Baumrind，1971）。她的发现和其他后续研究共同揭示了能够稳定区分有效教养方式与无效方式的三个特征：接纳和参与、控制、给予自主性（Gray & Steinberg，1999；Hart，Newell & Olsen，2003）。表 8.2 展示了在这些特征上四种教养方式的不同。

（1）权威型儿童教养方式

权威型儿童教养方式（authoritative child-rearing style），是最成功的儿童养育方式，表现为对子女的高度接纳和参与，恰当的控制技巧并给予一定的自主性。权威型的父母对孩子和蔼、关注，对孩子的需要敏感。他们建立起一种令人愉快、充满感情的亲子关系，亲子之间联结紧密。其次，权威型父母对孩子的控制富于理性而坚定；他们要求孩子表现出成熟行为，并对自己的期望做出解释。再次，权威型父母逐步给孩子一定的自主性，允许孩子在能力具备的方面自己做决定（Kuczynski & Lollis，2002；Russell，Mize & Bissaker，2004）。

在整个儿童期和青少年期，权威型教养方式与儿童多方面的能力相关，如乐观、自控、坚持性、合作、高自尊、社会性和道德成熟、良好的学习成绩（Amato & Fowler，2002；Aunola，Stattin & Nurmi，2000；Luster & McAdoo，1996；Mackey，Arnold & Pratt，2001；Steinberg，Darling & Fletcher，1995）。

表 8.2　教养方式的特征

教养特征	接纳和参与	控制	给予自主性
权威型	疼爱孩子，敏感地关注孩子的需要并做出及时反应。	为了让孩子表现出成熟行为，提出合理要求，始终坚持这些要求并做出解释。	允许孩子根据自己的意愿做决定，鼓励孩子表达思想、情感和愿望，父母与子女意见不同，可以一起做决定。
专制型	对孩子冷漠、拒绝，经常羞辱孩子。	强制要求、使用武力和惩罚；经常使用心理控制、爱的收回并干涉孩子的个人隐私。	替孩子做决定，很少倾听孩子的想法。
放任型	疼爱但过于放纵，或不关心。	很少或几乎不提出要求。	在儿童具备足够能力前就让孩子自己做决定。
不过问型	不爱孩子，自我退缩。	很少或几乎不提出要求。	对孩子的想法和决定不管不问。

（2）专制型儿童教养方式

专制型儿童教养方式（authoritarian child rearing style）表现为对子女低接纳和低介入，高强迫控制，孩子的自主性低。专制型父母看上去冷漠而拒绝。为了实施控制，他们喊叫、命令、批评和威胁。“我叫你这样做你就得这样做”是他们的态度。他们替孩子做决定，希望孩子唯命是从。如果孩子反抗，专制型父母就会以武力相向，严厉惩罚。

专制型父母教育出的儿童焦虑，不快乐，低自尊，低自信，遇到挫折容易产生敌对反应。男孩尤其容易表现出高度的愤怒和反抗。虽然女孩也会冲动行事，但她们更多的是依赖，缺乏探索精神，易被困难任务击败（Hart，Newell & Olsen，2003；Nix et al.，1999；Thompson，Hollis & Richards，2003）。

除了对孩子进行直接控制之外，专制型父母 280
会采用一种所谓**心理控制**（psychological control）的狡黠的控制方式，侵入并操纵孩子的言语表达、

个性和对父母的依恋（Barber，1996）。他们希望替孩子决定一切事情，经常打断或否定孩子的想法、决定以及对朋友的选择。当他们不满意时就会收回对孩子的爱，对孩子的感情取决于孩子是否听话。专制型父母对孩子抱有过高的期望，往往超出了孩子的发展水平。受到心理控制的儿童会表现出焦虑、退缩、反叛和攻击行为等适应性问题（Barber & Harmon，2002；Silk et al.，2003）。

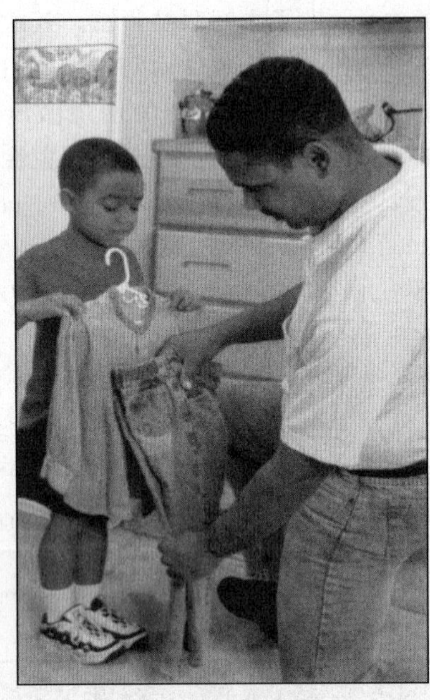

这位父亲采用的是权威型教育方式，他让儿子自己选择外出旅游时想穿的衣服。他给了孩子适当的自主性，鼓励孩子表达自己的想法和观点。

（3）放任型儿童教养方式

放任型教养方式（permissive child rearing style）表现为对孩子疼爱、接纳，但是不介入。放任型的父母对孩子过分放纵，放任自流。他们很少控制孩子的行为，在孩子尚无能力做决定的年纪，就让孩子自己做主。只要孩子愿意，他们可以在任何时候吃饭，上床睡觉，随心所欲地看电视。孩子不必学会礼貌或做家务。有些放任型父母确实认同这种教养方式，但还有许多父母这样做是因为对自己教育孩子的能力缺乏自信。

放任型父母的孩子容易冲动、不顺从并且反叛。比起那些父母控制更多的儿童，他们还对成人有过度的要求和依赖性，完成任务的坚持性较差。对男孩来说，放任型教养行为和依赖、无成就的行为之间有较高的相关（Barber & Olsen，1997；Baumrind，1991，1997）。

（4）不过问型儿童教养方式

不过问型教养方式（uninvolved child-rearing style）表现为对子女低接纳、低介入、低控制，并且漠视孩子对自主性的要求。这种父母往往因夫妻感情不和而情绪低落，被生活压力完全压垮，以至于很少有时间和精力关心孩子。不过问教养的极端形式是一种儿童虐待，称为忽视。对孩子越早地忽视，越会阻碍孩子发展的几乎所有方面，包括依恋、认知、情感和社交技能（见第6章专栏“父母的抑郁与儿童发展”）。即使父母的不过问并不严重，孩子在儿童期和青少年期仍会出现很多问题，如情感的自我调控力差，学习不良和出现反社会行为（Aunola，Stattin & Nurmi，2000；Kurdek & Fine，1994）。

2. 权威型教养方式为何有效

在很多相关的研究中，人们对父母教养方式和儿童发展的关系各有解释。有人认为，适应良好的儿童，其父母表现出来的权威型教养方式，是因为他们的孩子有合作、顺从的素质。但追踪研究表明，权威型教养方式能够促进各类气质的儿童成熟（Hart，Newell & Olson，2003；Olson et al.，2000；Rubin，Burgess & Coplan，2002）。它通过以下方式为积极的父母影响营造了一种情感背景：

- 疼爱、参与型的父母在给孩子制订的标准中感到安全，他们能够为关心、自信和自控的行为提供榜样。
- 儿童更可能遵守并内化他们认为公平、有道理而不是唐突、武断的控制。
- 权威型父母根据孩子对自己负责的能力提出与之相匹配的合理要求，给予适当的自主性。这些父母让孩子知道他们有能力，能够为自己成功地做一些事情，因而培养了儿童高度的自尊以及认知和社会成熟性。
- 权威型教养方式的好处包括，父母的接纳、参与、理性控制，帮助儿童免受家庭压力和贫困的消极影响。（Beyers et al.，2003）

久而久之，父母教养和儿童成长变成一种双向关系（Kuczynski，2003）。父母耐心而坚定的干预会促使儿童产生良好的适应，为积极的亲子关系打下基础。

3. 文化因素

281 虽然权威型教养方式具有广泛的优势，但不同的族群往往有反映出文化价值观的不同的教养观念和实践。让我们来举几个例子。

比起西方的父母，中国的父母认为他们的教养方法控制更多（Chao，1994；Wu et al.，2002）。他们在教孩子和时间安排上给予更多的指示，以培养孩子的自控力和高成就。中国父母看上去比西方父母少了些和蔼，他们认为表扬太多会使孩子骄傲自大，动力不足（chen et al.，2001）。但是研究表明，中国的父亲虽然高控，却表现出和美国白人父亲一样的温暖（Jose et al.，2000；Schwalb et al.，2004）。如果中国父母施以过于严厉的控制，他们的孩子与西方儿童表现出相同的消极结果：焦虑、压力和攻击（Nelson et al.，2005；Yang et al.，2003）。

在西班牙裔和亚洲太平洋群岛上的家庭里，尊重父母权威，尤其是父亲的权威，与父母的高度疼爱同时存在。西班牙裔父亲一般会花很多时间与孩子在一起，并且温和而敏感（Cabrera & Garcia-Coll，2004；Jambunathan，Burts & Pierce，2000）。

教养方式存在各种差异，社经地位较低的非洲裔美国父母倾向于期望孩子言听计从，把严厉作为培养在危险环境中自控和警觉性的方式。与这些观念一致，使用较多控制策略的非洲裔美国父母，其子女可能认知和社交能力较强（Brody & Flor，1998）。前面曾讲过，经受体罚的非洲裔儿童，在儿童期的行为问题和在青少年期的反社会行为反而减少，与白人儿童正好相反（见本章"文化影响"专栏之"体罚结果的族群差异"）。采用"不许胡说"管教方式的非洲裔美国父母大多会有节制地使用惩罚，并把严厉的管教与温暖和讲道理结合起来使用（Bluestone & Tamis-LeMonda，1999）。

这些文化差异提醒我们，必须在更大的背景下来看待儿童教养方式。我们已经知道，好的教养方式是由很多因素组成的：儿童和父母的个人特征，社经地位，能否得到大家庭和社区的支持，文化观念和实践以及公共政策等。

说到儿童虐待问题，我们再次强调，有效的教养方式并不只是由父母要成为好父母的愿望促成的。几乎所有的父母都希望成为好父母。遗憾的是，在缺乏成为好父母的有力支持情况下，儿童和他们的父母都可能受到严重的伤害。

4. 儿童虐待

虐待儿童的历史与人类发展史一样悠久，只是近年来，人们才开始广泛地承认这个问题的存在，并开展有关的研究。也许因为在大的工业化国家中虐待儿童现象十分普遍，公众对这个问题日益关注。据最近几年的报道，906 000 名美国儿童（每 1 000 名中有 12 名）和 136 000 名加拿大儿童（每 1 000 名中有 10 名）是儿童虐待的受害者（Hovdestad et al.，2005；U.S. Department of Health and Human Services，2005c）。由于许多案例没有报道，真实数字可能更高。

儿童虐待有以下多种方式。

- *身体虐待*：打孩子，造成身体伤害，包括踢、咬、摇晃、拳打或戳刺。
- *性虐待*：抚摸、性交、裸露、非法的强迫卖淫、制作色情资料，或者其他形式的非法利用。
- *忽视*：不能满足儿童对食物、衣物、医疗或监护的基本需要。
- *情感虐待*：可能引起严重的精神或行为障碍的行为，包括社会剥夺、反复的无理要求、嘲笑、羞辱、威胁或恐吓。

在所有的儿童虐待案例中，由父母造成的比例超过 80%，亲戚造成的约占 7%，其余的是由父母的未婚伴侣、学校教工、夏令营指导员及其他成人所致。母亲比父亲采用忽视更多，父亲比母亲进行性虐待更多。父母的身体和情感虐待程度相近。婴儿和幼儿遭受忽视的风险最高，幼儿和学龄儿童遭受身体、情感和性虐待的风险最高（Trocomé & wolfe，2002；U.S. Department of Health and Human Services，2005c）。因为大部分性虐待发生在小学期，我们将在第 10 章对这个问题给予特别的关注。

（1）虐待儿童的根源

早期研究发现，虐待儿童常因为成人的心理矛盾而引起（Kempe et al.，1962）。虽然虐待儿童现象在情绪紊乱的父母中更多，但是并不存在某种独立的"虐待型人格"。自己在小时候受到虐待的父母并不一定会虐待他们的孩子（Buchanan，1996；Simons et al.，1991），而“正常”的父母有时也会伤害儿童！

为了更好地理解虐待儿童现象，研究者转向生态系统论（见第1章和第2章）。他们发现，在家庭、社区和文化层面上的许多交互作用的因素，都可能促成虐待儿童现象的发生。存在的危险越多，虐待或忽视的可能性越大（见表8.3）。下面来看看这些因素。

1）家庭

在家庭中，某些儿童因为个性特征给父母抚养造成困难，因此成为虐待对象。这包括早产、生重病的婴儿和具有难照养型气质、注意缺失而多动，或有其他发育问题的儿童（Sidebotham et al.，2003）。但是，这些儿童是否会受到虐待，还取决于父母的特征。

282 虐待儿童的父母比起其他父母在处理教养冲突时缺乏技巧。他们容易对孩子产生偏见。比如，他们经常过高估计孩子的违规行为，把孩子不守规矩的行为归因为顽劣的人格倾向，由此感到在教养孩子方面很无力。这种看法使他们在儿童举止不端时诉诸武力（Bugental & Happaney，2004；Haskett et al.，2003）。

一旦儿童受到了虐待，它会成为家庭关系的一部分而延续下去。虐待儿童的父母常因一些鸡毛蒜皮的小事而生气，例如，婴儿哭闹，幼儿把牛奶弄洒，或孩子心不在焉等等，生气很快变成大怒，对孩子也越来越严厉。到学前期，虐待和忽视儿童的父母几乎很少与孩子互动。即使互动，效果也是消极的（Wolfe，1999）。

其实，大部分父母具有足够的控制力，不使用虐待方式对待孩子的错误行为或发展问题。其他一些因素，如不可控制的父母压力，和这些条件结合起来，就容易导致父母的极端行为。虐待儿童的父母在对压力情境做出反应时，会表现出高度的情绪唤醒。低收入，失业，年轻母亲，酒精和药物滥用，婚姻冲突，过度拥挤的生活条件，频繁搬家和家庭生活极端无序，这些特征在虐待儿童的家庭中很普遍（Wekerle & Wolfe，2003）。这些情况容易使父母在面对基本的养育责任时感到无所适从，或在失意时冲着孩子发火。

表8.3 和虐待儿童有关的因素

因素	描述
父母特征	心理紊乱，酗酒和吸毒，幼年的受虐待经历，相信严厉的体罚教育，通过孩子满足以前未曾满足的情感需要，对孩子期望过高，年轻（大部分低于30岁），文化水平低
儿童特征	早产或重病的婴儿，难照养型气质，注意缺失和多动，其他行为问题
家庭特征	低收入，贫困，无家可归，婚姻不稳定，社交孤立，母亲遭到丈夫或男友虐待，频繁搬家，空间狭小的大家庭，过分拥挤的居住条件，混乱的家庭，无稳定职业，沉重的生活压力
社区	暴力和社交孤立，没有公园、托儿所、幼儿园、娱乐场所和可以支持家庭生活的宗教场所
文化	相信武力和暴力是解决问题的有效方式

资料来源：Cicchetti & Toth，2000；Wekerle & Wolfe，2003.

2）社区

多数虐待儿童的父母在其社区中缺乏正式和非正式的社会支持。首先，这些父母中，一些由于他们自己的生活经历，不信任和回避他人，缺乏与人建立和保持积极关系的技能。其次，虐待儿童的父母更可能住在贫穷而不稳定的社区中，这里很少有公园、托儿所、幼儿园、娱乐和宗教场所，使他们的家庭和社区缺少联系（Coulton，Korbin & Su，1999）。面临沉重压力时候，没有人递给他们“救生索”，也无人可求。

3）大文化背景

文化价值观、法律和习俗会深刻地影响负担沉重的父母，使他们更容易虐待孩子。把暴力看作解决问题有效途径的社会，为虐待儿童创造了条件。虽然美国和加拿大有法律保护儿童免受虐待，但仍有很多人赞成对儿童使用身体的暴力。

美国最高法院曾两次支持学校管理者使用体罚。同样，加拿大联邦犯罪法典把对儿童的体罚说成是正当的，只要这种武力“在当时环境下合理”。这种定义的模糊性鼓励了成人对儿童的侵犯，并为那些虐待儿童的父母提供了理由（Justice for Children and Youth，2003）。除美国和加拿大以外的每个工业化国家如今都明令禁止学校体罚（Center for Effective Discipline，2005）。幸好，美国一些州和加拿大的一些省已经通过法案禁止体罚。

（2）虐待儿童的后果

受虐待儿童的家庭环境阻碍了他们的情绪自我调节、共情和同情、自我概念、社交技能以及学习动机的发展。随着时间推移，这些儿童会表现出严重的学习和适应问题，包括学习失败、严重抑郁、攻击行为、交友困难、吸毒和犯罪，甚至暴力犯罪（Shonk & Cicchetti，2001；Wolfe et al.，2001）。

这些破坏性的后果是怎样发生的呢？首先，亲子互动的恶性循环对于受虐待的儿童影响很大。夫
283 妻间的暴力与虐待儿童密切相关（Cox，Kotch & Everson，2003）。显然，受虐儿童的家庭生活使儿童更容易用攻击方式来解决问题。

其次，父母对孩子的嘲笑、羞辱、拒绝或恐吓等贬低性信号会导致儿童的低自尊、高焦虑、自责，使他们试图逃避严重的心理痛苦，甚至导致青少年期自杀（Wolfe，1999）。在学校，受虐待的儿童有严重的纪律问题。他们不服从纪律，学习动机不强，认知能力低下，这些都会影响学习成绩，这种后果进一步降低了他们在生活中取得成功的可能性（Wekerle & Wolfe，2003）。

最后，重复遭受虐待的创伤可能导致中枢神经系统的损伤，包括不正常的脑电波活动，脑功能磁共振成像（fMRI）检测到的大脑皮层区域和胼胝体体积减小、机能受损以及应激激素的过度释放（Cicchetti，2003；Kaufman & Charney，2001）。这些效应使儿童更容易遭受认知和情感问题的困扰。

（3）儿童虐待的预防

由于虐待儿童现象是发生在由家庭、社区和社会组成的一个大系统中的，因而防止这种现象发生就必须从各个水平上努力。现在，已经提出了许多方法。其中包括，教给可能虐待儿童的父母有效教养儿童的方法，在中学的儿童发展课程中提供与儿童交流的经验，实施各种改善低收入家庭经济状况的社会项目。

给家庭提供社会支持，对于减轻父母的压力十分有效。它还能降低虐待儿童现象的发生。与他人建立相互信任的关系，是防止在儿童期有过受虐待经历的母亲虐待孩子、重复恶性循环的重要因素（Egeland，jacobvitz & Sroufe，1988）。匿名父母，北美的一个组织，旨在帮助虐待儿童的父母学会建设性的教养行为，其活动的开展主要依靠社会支持。各地分会开展的活动有自助小组会议、每日电话和定期家访，通过这些手段降低父母的社交孤立，并教给他们各种教养技能。

从孕期开始的家访项目可以有效地预防儿童虐待。由美国政府资助的家庭护理协会（NFP）在 22 个州设有工作处（U.S. Department of Health and Human Services，2005m）。高危母亲会接受一名训练有素的护理人员为期两年的定期家访。护士帮助母亲应对危机，参与对儿童的有效教育，通过社区机构满足家庭的需要。一项 15 年的追踪调查表明，比起其他机构，家庭护理协会带来了更好的教育，儿童虐待和忽视减少了 79%（Eckenrode et al.，2001）。

有些成人即使受到严厉处罚，仍然坚持虐待行为。据估计，每年有1 500名美国儿童和 100 名加拿大儿童死于虐待，大部分是婴儿或幼儿（Trocomé & Wolfe，2002；U.S. Department of Health and Human Services，2005a）。在父母不可能改变虐待行为时，应迅速采取措施把父母和子女分开，并从法律上终止他们做父母的权利，这是一种合理的手段。

虐待儿童是让人感到痛苦的话题——用这个伤感的话题来结束我们对这个充满兴奋、激励和发现的儿童期的讨论吧。但是，应该有理由感到乐观。在过去几十年中，我们对虐待儿童现象的认识和预防已经取得了很大进步。

社区帮助人们了解儿童和家庭的需要，使儿童免受虐待并促进有效的家庭教育。这幅由美国卫生部制作的海报提醒人们，保护儿童是每个成年人的责任。

思考题

复习　总结在儿童养育风格上对族群差异的研究结果。权威型教养方式的有效性是否在各种文化中都适用？请解释。

应用　钱德拉听到一条新闻，说住在城市贫民区民租房的10名儿童受到严重忽视。她很疑惑："为什么这些父母会虐待孩子？"你会怎样回应钱德拉？

联结　哪种儿童教养方式最可能与引导式教育方法相关？为什么？

反思　你父母的教养方式是哪一种？什么因素影响了他们的教养方式？

本章要点

一、埃里克森的理论：主动性对内疚感

284 在埃里克森的主动性对内疚感阶段，人格发生了怎样的改变？

■ 埃里克森的**主动性对内疚感**的概念突出了幼儿期情绪和社会性的变化。良好的主动性通过在游戏中的社交活动而形成，良心则通过认同同性父母并接受支持性的教养而形成。

二、自我理解

描述了幼儿的自我概念和自尊。

■ 幼儿期，语言使儿童能够谈论关于自我的两个方面——**主我**（作为主动观察者的自我）和**客我**（作为知识客体的自我），由此而逐渐形成**自我概念**。

■ 幼儿的自我概念主要包括一些表面特征和一般的情感和态度。他们与日俱增的自我概念是互相争夺物品和努力与别人合作的基础。

■ 在幼儿期，**自尊**分化为几种自我判断。幼儿的高自尊使他们试图掌控环境。成人的哪怕轻微的失望也会破坏幼儿的自尊和学习热情。

三、情绪发展

讲述了幼儿期情绪理解和情绪表达的变化及导致这些变化的因素。

■ 幼儿具有令人印象深刻的对原因、结果和对基本情绪的行为表现的理解力，这一能力的发展来自安全依恋和谈论情感的对话。到了3～4岁，儿童掌握了情绪自我调节的各种方法。气质和父母的榜样作用影响着幼儿处理消极情绪的能力。

■ 自我概念的发展使幼儿更多地体验到自我意识的情感。父母传递的信息影响了这些情感的强度和产生的情境。共情在幼儿中普遍形成。气质和父母教养影响着共情能否发展为同情和亲善行为，即利他行为。

四、同伴关系

描述了幼儿期的同伴社交和友谊，以及文化和父母对早期同伴友谊的影响。

■ 幼儿期，儿童从**非社交活动**进入**平行游戏**，然后进行**联合游戏**和**合作游戏**，儿童的同伴交往越来越多。联合游戏和合作游戏虽然增多，单独游戏和平行游戏仍然常见。

■ 在集体主义社会，游戏往往在大群体中，以高度合作的形式进行。在成人世界与儿童世界内容迥异的社会中，社交扮演游戏起着尤其重要的作用。

■ 幼儿用具体的、活动中的词汇来描述友谊。他们与朋友的交往积极而合作。父母对儿童社交的影响体现在两方面：一方面，父母直接影响儿童的同伴关系；另一方面，父母通过养育措施实施间接影响。安全依恋和情感积极的亲子对话与顺利的同伴交往相关。

五、道德的基础

在道德发展方面，精神分析、社会学习和认知发展三种理论流派的核心特征分别是什么？

■ 精神分析和社会学习理论对道德的研究集中在儿童怎样习得成人确立的标准。有人不同意弗洛伊德的精神分析理论，认为建立在害怕惩罚和失去父母的爱基础上的教养方式并不能促进良心的发展，而**引导法**在鼓励自控和亲善行为上更有效。

■ 社会学习理论把强化和模仿作为道德行为的基础。那些和蔼可亲、有能力并且言行一致的成人能够成为道德发展的有效榜样。其他诸如**暂停**和取消特权等方法能帮助父母避免严厉惩罚导致的负面效果。如果父母的教育前后一致，与孩子关系和睦并且做出解释，惩罚就会有效。

■ 认知发展流派把儿童看作社会规则的主动思考者。幼儿倾向于刻板地对道德事件进行推理，到 4 岁时，他们已能在做出道德判断时考虑别人的意图，并能区分真话和谎话。幼儿还能够区分**道德规则**、**社会常规**和**个人私事**。

■ 通过与兄弟姐妹和同伴的交往，儿童形成了对公平和公正的初步观点。父母与子女讨论道德问题能够促进儿童的道德理解的发展。

描述了幼儿期攻击行为的发展，以及家庭和电视这两个主要的影响源。

■ 所有儿童都会偶尔表现出攻击行为。在幼儿期，**工具攻击**减少，而**敌意攻击**上升。敌意攻击有三种类型：在男孩中比较普遍的**身体攻击**、以及**言语攻击**和**关系攻击**。

■ 无效的教养方式和矛盾重重的家庭环境会激发并维持儿童的攻击行为。媒体暴力，包括电视和电脑游戏，也会引发儿童的攻击行为。教给父母有效的儿童教养措施，为儿童提供解决社会问题的训练，减少家庭敌对，保护儿童不受暴力媒体侵害等措施能够减少攻击行为。

六、性别角色行为

讨论了遗传和环境对幼儿性别世俗成见观念 285
和行为的影响。

■ **性别角色行为**在学前期快速发展。幼儿获得了许多性别世俗成见和行为。遗传因素，通过激素的作用，使男孩表现出较高的活动水平和攻击性，也使儿童喜欢与同性别的伙伴玩耍。父母、教师、同伴和大社会环境则鼓励儿童表现出更多的性别角色行为。

描述并评估了主要理论对性别同一性的解释的正确性。

■ 多数人拥有传统的**性别同一性**，也有少数人表现出**双性化**倾向，即同时具备男性和女性特征。男性化和双性化的性别同一性与更好的心理适应相关。

■ 根据社会学习理论，幼儿最初通过模仿和强化获得性别角色反应，然后将其组织到自己的性别观念中。认知发展理论认为**性别恒常性**在儿童的性别角色行为之前已经形成。实际上，与此观点相反，在性别恒常性概念出现之前，儿童已经获得了性别角色行为。

■ **性别图式理论**结合了社会学习观和认知发展观的要点。随着儿童获得性别角色的偏好和行为，他们开始形成男性化和女性化的类别，即性别图式。儿童把这种图式应用到自身，并以此来解释周围的人们。

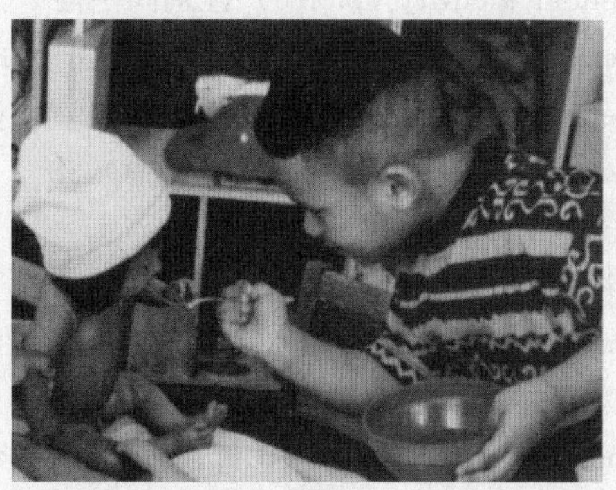

七、儿童教养方式与情绪、社会性发展

描述了儿童教养方式对儿童发展的影响，解释了为什么权威型教养方式最有效，并指出儿童教养的文化差异。

■ 区分**儿童教养方式**可依据三个特征：接纳和参与；控制；给予自主性。比起**专制型**、**放任型**和**不过问型儿童教养方式**，**权威型教养方式**能够促进认知、情绪和社会性的发展。其有效性的重点在于温暖、解释以及对成熟行为的合理要求。

■ **心理控制**，即父母强行闯入儿童的个人世界并根据儿童的顺从行为给予关爱，是专制型教养方式的特征，它会导致儿童的适应问题。

■ 包括华裔、西班牙裔、亚洲太平洋群岛及非洲裔美国人在内的一些族群，其父母的疼爱和高控制同时并存。但是如果过度控制和严厉，同样会损害儿童的学习和社交能力。

讨论了儿童虐待的各种起因、对发展的影响和有效的预防措施。

■ 虐待儿童与家庭、社区和大文化因素有关。虐待儿童的父母使用无效的教养方式，对儿童抱有消极偏差的看法，并对教养孩子感到无力。父母承受的不可控的压力和社会孤立会增加儿童虐待和忽视的可能性。如果一种文化把暴力作为解决问题的方式，就会导致虐待儿童现象的发生。

■ 受虐待的儿童在情绪自我调节、共情和同情、自我概念、社交技能以及学习动机等方面都受到影响。重复虐待的创伤与中枢神经系统受损和严重适应困难相关。成功的预防需要从家庭、社区和社会三个方面努力。

重要术语和概念

androgyny（p. 277）双性化
associative play（p. 261）联合游戏
authoritarian child-rearing style（p. 279）专制型儿童教养方式
authoritative child-rearing style（p. 279）权威型儿童教养方式
child-rearing styles（p. 279）儿童教养方式
cooperative play（p. 261）合作游戏
gender constancy（p. 277）性别恒常性
gender identity（p. 276）性别同一性
gender schema theory（p. 277）性别图式理论
gender typing（p. 273）性别角色行为
hostile aggression（p. 270）敌意攻击
I-self（p. 256）主我
induction（p. 265）引导法
initiative versus guilt（p. 256）主动性对内疚感
instrumental aggression（p. 270）工具攻击
matters of personal choice（p. 269）个人私事
me-self（p. 256）客我
moral imperatives（p. 269）道德规则
nonsocial activity（p. 261）非社交活动
parallel play（p. 261）平行游戏
permissive child-rearing style（p. 280）放任型儿童教养方式
physical aggression（p. 270）身体攻击
prosocial，or altruistic，behavior（p. 260）亲善行为或利他行为
psychological control（p. 280）心理控制
relational aggression（p. 270）关系攻击
self-concept（p. 257）自我概念
self-esteem（p. 257）自尊
social conventions（p. 269）社会常规
sympathy（p. 261）同情
time out（p. 267）暂停
uninvolved child-rearing style（p. 280）不过问型儿童教养方式
verbal aggression（p. 270）言语攻击

幼儿期发展的重要标志

年龄	身体	认知	语言	情绪/社会性
两岁	● 身高和体重的增长比学步阶段更慢（217）	● 假装游戏更少依赖现实玩具，不那么自我中心，假装游戏更复杂（227－228）	● 词汇量迅速增长（248） ● 能根据句子结构和社会线索猜出词语的含义（249）	● 出现自我概念和自尊（257－258） ● 出现合作和工具攻击（244，257）

续前表

年龄	身体	认知	语言	情绪/社会性
两岁	 ● 大脑中突触的迅速生长和髓鞘化过程继续进行，尤其在前额叶（219） ● 走路节奏感更强；会跑（225） ● 会跳、单脚跳、扔，抓东西时上半身保持僵硬的平衡（225） ● 能穿、脱简单的衣服（225） ● 会使用汤匙（225）	 ● 在简单情境中能采纳他人观点（233） ● 再认能力充分发展（238） ● 表现出对内部精神世界和外部现实事件的差异的觉知（239）	● 句子遵从母语的基本词序；加入语法标志（249） ● 表现出有效的交流技巧（250） 	 ● 理解原因、结果、基本情绪的行为标志（259） ● 共情增加（260） ● 性别角色观念和行为增加（262）
3～4岁	● 大脑突触快速生长，神经纤维髓鞘化继续进行，尤其在前额叶（217） ● 会跑、跳、单脚跳、扔，抓东西时身体平衡性更协调（225） ● 会快跑，会用单脚跳绳（225） ● 会骑三轮童车并掌握方向（225） ● 不用帮助自己吃饭（224） ● 会使用剪刀，画出最初的人像（225） 	● 掌握双重表征（229） ● 理解传递推理，能做逆向思维，对熟悉情境的因果关系有基本理解（232） ● 把熟悉的物体按等级分类（233） ● 区分外表与真实（233）  ● 在完成困难任务时使用个人言语指导行为（234） ● 注意力更持久，更具计划性（236） ● 能用情节回忆熟悉经历（238） ● 懂得想法和需要能决定行为（239） ● 懂得书面文字的一些意义特征（242） ● 会数几个东西，掌握基数（243）	● 掌握日益复杂的语法结构（249） ● 有时把语法规则过度泛化到特殊用法的词上（249） ● 调整言语使之符合年龄、性别和说话者与听者的社会地位（250）	● 情绪自我调节能力增强（259） ● 自我意识的情感增多（259） ● 互动游戏（联合游戏与合作游戏）增加（261） ● 工具攻击减少，敌意攻击（言语和关系）增多（270） ● 形成最初的友谊（263）  ● 区分真话和谎话（269） ● 区分道德规则和社会常规及个人私事（264） ● 对同性玩伴的偏好加强（274）

续前表

年龄	身体	认知	语言	情绪/社会性
5～6岁	● 脑重达到成人的90%（217） ● 身体呈流线型，腿变长（217） ● 乳牙长齐（217） ● 会自如地快跑、跳跃（214）  ● 会熟练地抛接（225） ● 会系鞋带（225） ● 会画复杂的图画，抄写数字和简单单词（225-226）	● 区分外表和真实能力增强（231） ● 注意力持续改善（236） ● 再认、回忆、情节记忆和自传式记忆增强（238-239） ● 对错误观念的理解增强（239） ● 会顺数、倒数和简单加减法（243）	● 词汇量达到10 000左右（248） ● 使用许多复杂的语法形式（249） ● 理解字母和读音有系统相关（242） ● 使用自创的拼字法（242） 	● 解释和预测别人情感反应的能力增强（259） ● 更多依赖语言表达共情（260） ● 习得许多与道德有关的规则和行为（268-269）  ● 性别成见观念和行为持续增多（273） ● 理解性别恒常性（277）

第五篇　小学期：6～11 岁

小学期的记忆、推理和对思维进行反思等能力的增强，促使儿童在学习和问题解决方面突飞猛进的进步。这些四年级学生在合作制作一床被子。

第9章
小学期的身体发育与认知发展

第一部分　身体发育
一、体格发育
二、常见的健康问题
1. 视力和听力
2. 营养不良
3. 肥胖症
4. 疾病
5. 意外伤害
三、动作发展和游戏
1. 大肌肉动作的发展
2. 精细动作的发展
3. 性别差异
4. 规则游戏
5. 人类进化的影响
6. 体育
第二部分　认知发展
一、皮亚杰的理论：具体运算阶段
1. 具体运算思维
2. 具体运算思维的局限
3. 具体运算思维的晚近研究
4. 对具体运算阶段的评价
二、信息加工学说
1. 注意
专栏　生物因素与环境　注意缺失多动障碍儿童
2. 记忆策略
3. 知识基础与记忆成绩
4. 文化、学校教育和记忆策略
5. 小学生的心理理论
6. 认知自我调控
7. 信息加工学说在学习中的应用
三、心理发展的个体差异
1. 智力的定义和测量
2. 智力定义的新观点
专栏　毕生发展观　社会智力和情绪智力
3. 对智商个体差异和群体差异的解释
专栏　社会问题　高标准测验
四、语言发展
1. 词汇
2. 语法
3. 语言运用
4. 双语学习
五、学校学习
1. 班级规模
2. 教育理念
3. 师生互动
4. 分组教学
5. 特殊儿童的教学
6. 北美儿童的受教育状况

289 “妈，我走了！”10岁的乔伊一边把最后一口吐司面包塞进嘴里一边大声叫道，随后把书包往肩上一搭，冲出房门跳上自行车，沿街直奔学校而去。乔伊8岁的妹妹莉琪和妈妈吻别，猛蹬自行车紧追乔伊离开。孩子们的母亲丽娜，和我大学里的一名同事一起，站在前门廊看着她的儿子和女儿渐渐远去。

“他们正在不断长大。”那天午餐的时候丽娜对我说，整个午餐她都在说，孩子们的活动越来越多，朋友也越来越多。家庭作业、家务劳动、足球队、音乐课、童子军活动、学校和社区里的朋友以及乔伊新的送报路线，所有这些都是孩子们日常生活的一部分。“好像所有的东西都在那里。”丽娜说，“我不用经常指导乔伊和莉琪了。身为家长，在教育子女方面仍然麻烦重重，需要更加精心，才能帮助孩子们成为独立、有能力和富于创造力的人。”

乔伊和莉琪已经步入小学期，即6～10岁这个阶段。在世界各地，这个年龄的儿童都要承担新的责任。对于工业化国家的儿童来说，西方的发展心理学称这段时期为“儿童中期”，或“学龄期”（school years），因为它的开端标志着正规学校教育的开始。在乡村和部落文化中，学校可能是一块田地或一片丛林。但是，通常说来，这个时期的儿童开始接受成熟的社会成员面对现实任务的指导，而这些任务会逐渐接近他们在成年期将要完成的那些任务。

本章的重点是小学期的身体发育和认知发展。到了6岁，儿童的大脑发育已经达到成人大脑的90%，身体继续缓慢生长。于是，天性赋予了学龄儿童掌握挑战性任务的心理能力，以及有更多的时间去获得在一个复杂的社会中生活的基本知识和技能。

我们首先讲一般生长趋势、动作技能发展以及特殊的健康问题。然后我们介绍皮亚杰的理论和信息加工学说，对学龄期的认知发展加以综述。
接下来，我们考察常常对教育决策有影响的智商 290
分数的遗传根源和环境根源。我们还将对这一时期语言的进一步发展进行讨论。最后，我们探讨学校在儿童学习和发展中的重要作用。

第一部分　身体发育

一、体格发育

小学生的体格发育保持幼儿期缓慢而有规律的生长速度。6岁时，北美儿童的平均体重约为20.4公斤，平均身高1.07米。在随后的几年里，儿童每年身高增加大约5～8厘米，体重增加2.3公斤左右（见图9.1）。6～8岁期间，女孩比男孩略矮一些、轻一些。到了9岁，这种趋势完全逆转过来。丽娜已经发现，莉琪的身高已经赶上乔伊，因为她临近青春期生长高峰，这种生长高峰的到来时间，女孩要比男孩早两年。

由于下肢发育最快，乔伊和莉琪的腿显得比幼儿期长。他们的牛仔裤比夹克衫更快地不合身，而且经常需要更大的鞋子。和幼儿期一样，女孩身体略胖，男孩肌肉较发达。8岁以后，女孩以更快的速度变胖，在青少年阶段速度更快（Siervogel et al.，2000）。

这些年轻投手的年龄相仿，但是体型差异很大。他们见证了小学期下肢发育较快，腿部比幼儿期更长。

小学期，身体骨骼增长、加宽。但韧带与骨骼之间的结合还不紧密，加上肌肉力量的不断增加，使儿童在骑车和徒手倒立时具有不同寻常的灵活性。随着他们身体的逐渐强壮，许多儿童产生更强烈的身体活动愿望。儿童常感受到夜间的“生长疼痛”，即大腿感到酸痛，这是因为肌肉必须适应不断增长的骨骼（Wall，2000）。

6～12 岁期间，20 颗乳牙全部脱落并长出恒牙，女孩掉牙比男孩略早。有一段时间，恒牙看起来似乎太大了。逐渐地，面部骨骼生长，特别是下腭和下颌的生长，使儿童的脸逐渐变长，嘴变大，以适应新长出的牙齿。

图 9.1 小学期的体格发育

安迪和艾米保持他们在幼儿期表现出来的缓慢而有规律的生长速度（见第 7 章）。但是 9 岁左右，艾米开始以比安迪更快的速度生长。到了 10 岁半，艾米变得个子更高、身体更重、样子更加成熟。

二、常见的健康问题

291 像乔伊和莉琪这样来自经济富裕家庭的孩子，在小学期处于健康、充满活力和喜欢游戏的阶段。良好的营养和免疫系统的快速发展，使他们对疾病有很强的抵抗力。同时，肺的增大使每次呼吸能交换更多的空气，所以儿童能够精力充沛地活动而不感到疲劳。

贫穷仍是学龄期健康不良的重要预测因素。因为经济不利的美国家庭经常缺少医疗保险，许多儿童不能得到良好的保健。相当数量的儿童缺少一个舒适的家和一日三餐这样的基本条件。

1. 视力和听力

小学期最常见的视力问题是近视。到学龄期末，近 25%的儿童有近视，到成年早期这个比率上升至 60%。遗传发挥了一定的作用：同卵双生子比异卵双生子更可能发生近视（Pacella et al.，1999）。近视在亚裔中的发生率比白人社会高（Feldkámper & Schaeffel，2003）。早期生理损伤也可能导致近视。低出生体重的学龄儿童近视率较高，有人认为与眼睛结构的不成熟、眼睛生长缓慢和眼疾高发有关（O'Connor et al.，2002）。

在父母警告孩子不要在昏暗的灯光下读书，或不要离电视和电脑太近的时候，会大声说：“这会毁了你的眼睛！”父母的关注是合情合理的。在不同文化中，儿童花在阅读、写作、使用电脑和其他精密工作上的时间越多，他们就越可能近视（Mutti et al.，2002；Saw et al.，2002）。

这使近视成为少数几种随家庭经济地位升高而增多的健康问题之一。幸好，眼镜能够容易地矫正近视。

小学期，耳咽管（从内耳到咽喉的导管）变得更长、更窄、更倾斜。这可以防止液体和病菌轻易从口腔进入耳朵。因此，婴幼儿期常见的中耳炎越来越少。不过，仍有3%～4%的学龄儿童和18%～20%的低收入家庭儿童由于重复感染造成永久性听力损伤（Ryding et al.，2002）。定期检查视力和听力，可以在导致严重学习困难之前对听力缺损加以矫治。

2. 营养不良

小学生需要平衡、丰富的膳食，为正常的学习和越来越多的身体活动提供能量。随着他们对游戏、友谊和新活动的关注不断增多，许多儿童花在餐桌上的时间变得很少，与家人一起吃晚餐的百分比在9～14岁期间锐减。家庭晚餐时间在过去的10年中已经普遍减少。而与父母一起吃晚餐会吃较多的水果和蔬菜、较少的油炸食品和软饮料（Neumark-Sztainer et al.，2003）。

只要父母鼓励健康饮食，源于儿童繁忙日程安排的轻微营养缺乏并不会对发展产生影响。但是，发展中国家和北美的许多贫困儿童遭受着长期、严重的营养不良。到了小学期，营养不良的影响明显表现在身体发育迟缓、智力测验分数低下、动作不协调和注意力不集中诸方面。

婴儿期或幼儿期到学龄期持续营养不良，会导致长期的身体和精神伤害（Grantham-McGregor，Walker & Chang，2000；Liu et al.，2003）。从幼儿期开始贯穿青少年阶段的政府食品计划可以预防这些不良影响。在埃及、肯尼亚和墨西哥开展的研究中，食物质量（蛋白质、维生素和矿物质的含量）可以强有力地预测小学期良好的认知发展（Sigman，1995；Watkins & Pollitt，1998）。

3. 肥胖症

莫娜是莉琪班上一个体重很重的孩子，课间活动时她常常作壁上观。游戏的时候，她的动作又慢又笨拙，成为不友好评论的攻击目标："快
292 点，洗澡盆！"大多数下午，她都独自从学校走回家，而其他孩子都成群结伙，谈笑风生，追逐嬉戏。回到家，莫娜从高热量的零食那里寻求安慰。

莫娜患有**肥胖症**（obesity），即根据人的年龄、性别和身体结构来衡量，实际体重超过平均体重20%以上。在过去几十年中，在许多西方国家，超重和肥胖症越来越多，在加拿大、芬兰、希腊、英国、爱尔兰和新西兰，特别是美国，都有大幅增长。现在，15%的加拿大儿童和16%的美国儿童达到肥胖标准（U.S. Department of Health and Human Services，2005g；Willms，Tremblay & Katzmarzyk，2003）。肥胖率在发展中国家同样快速增加，因为城市化使人们转向久坐不动的生活方式，也因为吃过多的肉食和精加工食品（World Press Review，2004；Wrotniak et al.，2004）。

超过80%的肥胖儿童会成为超重的成人（Oken & Lightdale，2000）。除了严重的情绪问题和社会性障碍以外，肥胖儿童还存在终生伴有健康问题的危险。高血压、高胆固醇、呼吸异常和胰岛素抵抗开始出现在学龄早期，这些症状对于心脏病、成年期糖尿病、胆囊疾病、睡眠和消化紊乱、多种癌症和过早死亡都有重要的预测力（Calle et al.，2003；Krebs & Jacobson，2003）。此外，肥胖症造成了儿童期糖尿病发病率的大幅上升，有时还会导致早期严重的并发症，包括痉挛、肾衰竭以及失明和截肢的危险（Hannon，Rao & Arslanian，2005）。

（1）肥胖的原因

并不是所有儿童都有同样的肥胖危险。肥胖儿童可能父母也肥胖，同卵双生子比异卵双生子更可能有同样的失调问题。但是，遗传解释的只是体重增加的一种倾向（Salbe et al.，2002）。环境的重要性可以从低社经地位与肥胖症之间的一致关系中看到，这种关系通常表现在工业化国家，特别是少数族裔中，包括非洲裔、西班牙裔美国人、美国原住民和加拿大原住民的儿童和成人（Anand et al.，2001；Kim et al.，2002）。影响因素包括缺乏健康饮食知识，喜欢购买高脂肪低价格的食品，以及可能导致暴饮暴食的家庭压力。早年营养不良的儿童更有可能成为肥胖儿童或成人。

父母的教养习惯也有一定的影响。一些父母由于焦虑而过度喂养，他们把孩子的不舒服几乎全部解释为饥饿。另一些父母则过度控制，

经常监督孩子吃的东西，担心体重增加（Spruijt-Metz et al.，2002）。两类父母都不能有效地帮助孩子学会调控饮食的数量。此外，肥胖儿童的父母常常把食物作为奖励来强化其他行为，这种教养方式使儿童把食物看得更重（Sherry et al.，2004）。

由于这些教养行为，肥胖儿童养成了不良的饮食习惯。与体重正常的孩子相比，他们对食物的刺激（味道、颜色、气味、吃饭时间和与食物有关的词汇）更敏感，对自己肚子饿不饿则缺乏敏感性（Braet & Crombez，2003；Jansen et al.，2003）。他们吃东西快，嚼得粗，这种行为模式早在儿童 18 个月时就有所发现（Drabman et al.，1979）。

与体重正常的同伴相比，超重儿童的身体活动较少。这既是超重的原因，也是超重的结果。研究表明，儿童期肥胖的另一原因是，北美儿童花大量时间看电视。一项研究对儿童的看电视情况从 4 岁到 11 岁进行了追踪。结果发现，看电视越多的儿童，身体脂肪增加越多：每天看电视 3 小时以上的儿童比看电视少于 1 小时 45 分钟的儿童多积聚 40%的脂肪（见图 9.2）（Proctor et al.，2003）。看电视不但减少了儿童身体活动的时间，而且电视广告鼓动儿童吃那些会增加脂肪的不健康食品。由于儿童变得更重，他们逐渐以不用动的爱好代替活动游戏，包括吃东西（Salbe et al.，2002）。

最后，饮食大环境也会影响肥胖症的发生。亚利桑那州比马部族的印第安人因为从传统的植物饮食改吃高脂肪食物，即典型的美式饮食，现在成为世界上肥胖症发生率最高的群体之一。与和他们同一祖先、生活在墨西哥马德雷山脉一带的印第安人相比，亚利桑那州的比马人体重高出 50%。他们中的一半人口患有糖尿病（是美国平均发病率的 8 倍），其中许多人在 20～30 岁的时候就已经因病致残，包括失明、截肢和肾病（Gladwell，1998）。虽然比马人具有导致肥胖的基因易感性，但它只在西式饮食条件下才表现出来。

（2）肥胖的后果

293 身体吸引力是社会接受度的一个重要预测因素。在西方社会，儿童和成人都把肥胖的年轻人评价为不受欢迎的人，把他们视为懒惰、肮脏、丑陋、愚蠢、自我怀疑和欺诈的一类（Kilpatrick & Sanders，1978；Tiggemann & Anesbury，2000）。在学校，肥胖儿童经常处于社交孤立（Strauss & Pollack，2003）。到小学期，与体重正常的同伴相比，他们报告了较多的情绪、社交和学习困难，表现出更多的行为问题。儿童期到青少年期持续肥胖能够

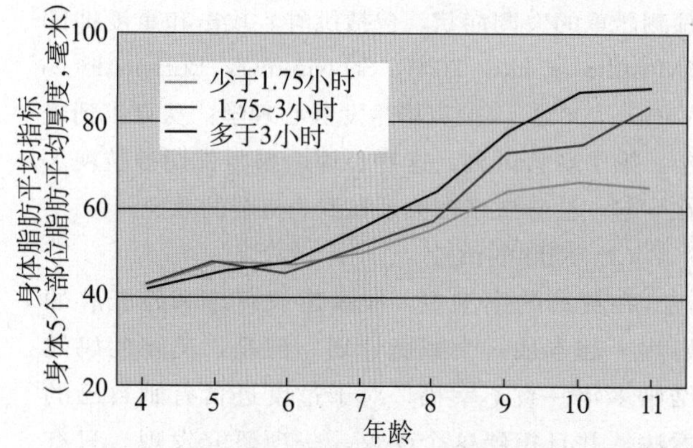

图 9.2　4～9 岁儿童收看电视与脂肪增多的关系

儿童纵向追踪研究收集了每天看电视时间和身体脂肪的资料，在身体 5 个部位（上臂、肩膀、腹部、躯干、大腿）以毫米为单位测量了皮肤褶皱厚度。儿童看电视越多，身体脂肪就越多。在 10～11 岁，看电视少于 1 小时 45 分钟的儿童与超过 3 小时的儿童之间的差距显著拉大。

资料来源：M. H. Proctor et al.，2003，"Television Viewing and Change in Body Far from Prechool to Eerty Adolescence：The Framingham Children's Study，" *International Journal of Obesity*，27，831. © Nature Publishing Group. 经授权引用。

这位亚利桑那州比马部落印第安医生的两个女儿到青少年阶段可能会变得肥胖，像她们的父亲那样。生活在美国西南部的比马人是全世界肥胖率最高的群体之一，他们吃高脂肪的食物。相反，住在偏远的墨西哥马德雷山一带的比马人体重正常，他们的饮食是低脂肪的蔬菜类食物，很少有人患糖尿病和威胁生命的并发症。

预测严重的失调症状，包括挑衅、攻击和重度抑郁（Mustillo et al.，2003；Schwimmer，Burwinkle & Varni，2003）。《伯克毕生发展心理学：从青年到老年》第1章会讲到，这些心理后果与长期被歧视加在一起，会导致亲密关系和就业机会的减少。

(3) 肥胖的治疗

在莫娜的案例中，校医建议莫娜和她肥胖的妈妈一起参加一个减肥计划。但是，莫娜的妈妈结婚多年一直不幸福，对于过度进食有她自己的看法，并且拒绝这个建议。一项研究发现，只有1/4的肥胖家长认为他们超重的孩子的体重有问题（Jeffrey，2004）。与这些发现相一致的是，只有不到20%的肥胖儿童进行过某种形式的治疗。

由于儿童期肥胖常常是一种家庭功能紊乱的结果，所以有效的干预措施也要从家庭着手。在一项研究中，父母和子女一起改变饮食模式，进行日常锻炼，使用表扬和进程要点来彼此强化，他们会一起交流具体的活动、时间和其中的要点。家长体重减得越多，子女的体重减得就越多（Wrotniak et al.，2004）。5年和10年的追踪研究表明，儿童比成人能更有效地保持体重，这个发现强调了早期干预的重要性（Epstein，Roemmich & Raynor，2001）。集中改变饮食和生活方式的治疗方案能够在儿童和青少年当中产生实质性的、长期持续的体重减少。但是，这些干预措施只在儿童和家长的体重问题不是很严重的情况下最有效（Eliakim et al.，2004；Nemet et al.，2005）。

儿童在学校会消耗每天摄取的1/3的热量。因此，学校也能帮助减少肥胖症，可以通过提供更健康的餐饮、安排有规律的体育活动来实现。

4. 疾病

小学一二年级期间，由于接触生病儿童以及免疫系统仍然处于发展之中，儿童的发病率较后期要高一些。约有15%～20%的北美儿童伴有慢性疾病和问题（包括身体残疾）。到目前为止最常见的疾病是哮喘病，也就是支气管（即连接咽喉和肺的通道）异常敏感。它在儿童期爆发的慢性疾病中大约占1/3，也是儿童在学校缺勤和儿童期住院的最常见原因。作为对多种刺激的反应，如冷天气、感染、锻炼、过敏和情绪压力，支气管会充满黏液和感染物，导致咳嗽、气喘和严重的呼吸困难（Akinbami & Schoendorf，2002）。

在过去30多年中，患哮喘病的儿童增加了两倍多，与哮喘有关的死亡也有所增多。遗传会影响哮喘病的发生，但是研究者们认为环境因素是诱发这种疾病的必要条件。男孩、非洲裔美国儿童、低体重出生儿童、父母吸烟儿童以及生活贫困儿童是发病率最高的人群（Federico & Liu，2003）。非洲裔儿童和贫困儿童中哮喘发病率较高和症状较严重，可能是城市污染（引发过敏反应）、贫困的家庭生活以及缺少良好健康护理的结果。儿童期肥胖同样也与小学期的哮喘病有关，可能因为身体肥胖导致血液循环的感染物增多（Saha，Riner & Liu，2005）。

大约2%的北美年轻人患有较多的严重慢性疾病，如贫血、胰腺囊肿性纤维化、糖尿病、关节炎、癌症和艾滋病。因疼痛而就医、身体不适和外表变化常常会扰乱生病儿童的日常生活，使儿童难以专注于学习，并且不能参与同伴活动。随着病情加重，家庭压力也不断增大（LeBlanc，Goldsmith & Patel，2003）。基于这些原因，慢性病儿童伴有学习不良、情绪障碍和社交困难的危险。良好家庭功能与儿童心理健康之间的紧密联系同样存在于慢性病儿童当中，如同身体健康的儿童一样（Barakat & Kazak，1999）。旨在培养积极家庭关系的干预计划，可以帮助家长和儿童应对疾病、增强儿童的适应能力。这些计划包括健康教育、咨询、社会支持以及特殊疾病夏令营活动，这种活动会教给儿童一些自助技能，并使家长能从照顾慢性病儿童的需要中解脱出来，缓一口气。

5. 意外伤害

第7章曾讨论过儿童意外伤害问题，现在重新回到这个话题。如图9.3所示，从小学期到青少年期，意外伤害事件不断增加，男孩的发生率显著高于女孩。 294

机动车事故，包括儿童乘客和儿童行人的伤亡，是造成伤害的主要原因，自行车伤害位居其次（Pless & Millar，2000；U.S. Department of Health and Human Services，2005q）。行人伤亡大多因为没有在斑马线内行走，自行车事故则是因为不遵守交通信号和交通规则。当许多刺激同时

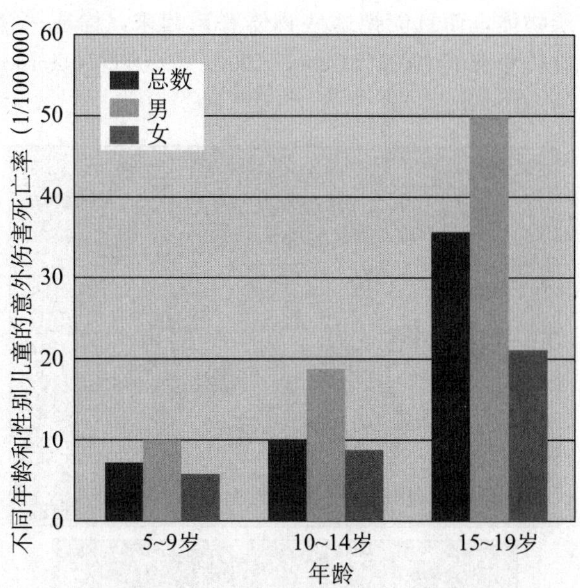

图 9.3　小学期到青少年期北美儿童意外伤害的死亡率

意外伤害事件随年龄增加，男孩与女孩之间的差距扩大。机动车事故（乘客和行人）是第一原因，其次是自行车伤害。美国和加拿大的伤害率基本相同。

资料来源：U. S. Department of Health and Human Services, 2005g.

作用于儿童的时候，小学低年级学生常常在行动之前来不及思考（Tuchfarber, Zins & Jason, 1997）。他们需要经常提醒、监督以及禁止他们独自进入繁忙的城市交通，特别是当他们的活动开始扩大到家以外的范围时。

以学校为基础的长效干预计划，可运用各种榜样示范和安全演练，对儿童的表现进行反馈，当儿童学到安全技能时给予称赞和物质奖励，提供不定期的培训（Zins et al., 1994）。家长常常高估孩子的安全知识和体能，所以必须把儿童在不同年龄的安全能力情况告诉他们（Schwebel & Bounds, 2003）。一项重要的安全措施是，强调儿童在骑车、玩轮滑和滑板或使用单脚滑行车的时候必须佩戴头盔。这个简单的预防措施使头部伤害的危险降低了 85%，而头部损伤则是学龄儿童永久残疾和死亡的一个主要原因（Schieber & Sacks, 2001）。

小学期最可能受到伤害的儿童，其父母既不能在安全方面以身作则，也不会使用奖惩来强化孩子对规则的遵守，或在教育上前后不一致。第 8 章曾讲过，这些教育方法会引起儿童的挑战，并且可能激发极度危险的行为。高度活跃冲动的儿童（其中许多是男孩）以及贫困儿童特别容易受到伤害（Schwebel et al., 2004）。伤害控制计划面临的最大困难就是找到这些孩子，并且减少他们所面临的危害。

三、动作发展和游戏

如果在一个周末下午到公园看看幼儿和小学生在游戏，你会发现体型和肌肉力量的增长在小学期促进了儿童动作的协调性。认知和社会性方面的进一步成熟，则使较年长儿童能够以更复杂的方式应用他们新掌握的动作技能。在这个时期，儿童的游戏发生了重要变化。

1. 大肌肉动作的发展

上小学后，跑、跳远、跳跃和球类技能变得更加精细。3～6 年级的学生在操场上跑的时候，能够突然快跑，快速跳绳，玩复杂的“跳房子”游戏，踢足球和带球跑，棒击同学投过来的垒球，一步一步小心地走过窄的横木时能熟练地保持平衡。这些不同的技能反映了四种基本动作能力的增强：

- 灵活性。与幼儿相比，小学生在身体上更加柔韧、有弹性，从儿童挥球拍、踢球、跳高和翻跟头中可以看到这种差异。
- 平衡性。平衡能力的增强促进了许多运动技能的发展，包括跑、单脚跳、双脚跳、投掷、踢球和许多群体运动需要的快速转向能力。
- 敏捷性。动作更加快速、准确，体现在舞蹈和拉拉队的花样步法中，也表现在玩捉人游戏和踢球时躲避对手的前后左右的动作中。
- 力量。较年长儿童可以投掷和踢较重的球，跑跳时身体运动距离也更远。（Haywood & Getchell, 2001）

随着身体的发育，更有效的信息加工在改善 295
动作表现方面也发挥了重要作用。幼儿常常在需要快速做出反应的技能方面存在困难，比如击球和运球。反应时方面出现了稳步的增长，11 岁儿童的反应速度相当于 5 岁儿童的两倍。只对相关

这个萨斯喀彻温省雷吉纳市的10岁男孩正在和姐姐一起玩冰壶。这项需要高水平战略思维能力的运动在加拿大非常流行。小学生灵活性、平衡性、敏捷性和力量的逐渐增强，加上更有效的信息加工，促进了这项技术性团体运动所需要的运动技能。

信息做出反应的能力也在增强（Band et al.，2000；Kail，2003）。由于6～7岁儿童不大能成功地击打一个投过来的球，这个时候儿童简易棒球比成人棒球更适合他们玩。同样，在教他们打网球、篮球和踢足球之前，应当先教他们玩手球、四方块踢球游戏（four-square）和棒球式足球（kickball）。

2. 精细动作的发展

在整个学龄期，精细动作大大改善。在雨天的下午，乔伊和莉琪会玩 yoyo 球，建造飞机模型，在小织机上织布。像许多儿童一样，他们还演奏乐器，这需要相当好的精细动作控制能力。

到了6岁，大部分儿童能比较清楚地写字母、姓名以及从1到10的数字。但是，他们写的字很大，因为他们使用整个手臂而不仅仅是手腕和手指写字。儿童一般先掌握大写字母，因为大写字母的水平运动和垂直运动相对于小写字母的细小曲线动作更容易控制。随着儿童能更准确地写出高度和间距一致的字母，字体的可辨性逐渐增加。这些进步为儿童到三年级的时候学写草体字做了准备。

到小学期，儿童的绘画表现出更强的戏剧性。学前期末，儿童已能准确地临摹很多二维图形，并能把这些图形整合进他们的绘画中。一些深度线索也开始出现，比如，让远处物体比近处物体小一些（Braine et al.，1993）。在9～10岁，借助物品重叠、对角线设置和收敛线条，第三维度已十分明显。图9.4显示，小学生不但能详细地描绘物体，而且能把这些物体联系起来，构成一个有机整体的局部（Case，1998；Case & Okamoto，1996）。

图9.4 小学生的绘画在组织结构、细节和表现深度方面都有提高

把这两幅画与第7章第236页6岁儿童的绘画做比较。在上面的画中，一名8岁儿童描绘了她的家庭——爸爸、妈妈和三个孩子。请注意图画是如何描绘各部分之间关系的，人物形象也画出了更多的细节。（这幅画就是本书作者画的，当时她是一名三年级的小学生。在这幅画中，可以发现劳拉在她的姐姐和弟弟中间。）深度表现力在整个学龄期快速提高，如下面的画所表现的，作者是一位来自新加坡的10岁小画家。在这幅画中，深度通过重叠的物体、对角线的设置和收敛的线条以及远处物体小于近处物体来表现。

3. 性别差异

学前期动作技能方面的性别差异延伸至小学 *296*
期，在一些情况下更突出。女孩仍然在精细动作领域保持领先，包括写字和绘画。她们还在跳跃、跳远和单脚跳这些依赖平衡性和敏捷性的运动方面继续保持优势。但是，在其他所有的大肌肉动作技能方面，男孩都超过女孩，在投掷和踢球方面性别差异很大（Cratty，1986；Haywood & Getchell，2001）。

学龄期男孩在肌肉群方面的遗传优势并不足以解释他们在大肌肉动作上的优势。反倒是社会环境发挥了更重要的作用。研究证实，家长对男孩在体育运动方面的表现抱有更高的期望，而且儿童欣然接受了这些信息。从一年级到十二年级，女孩对体育价值的理解和自己体育能力的信心都低于男孩，这种差异可以部分归结于家长的观念（Fredricks & Eccles，2002）。在一项研究中，男孩更多地报告说，他们参与运动对于父母来说很重要。这些态度影响了儿童的自信心和行为。很多女孩把自己看作是缺乏体育才能的，六年级的时候，她们用于运动的时间少于男生（Eccles & Harold，1991）。同时，女孩和高年级小学生认为，男孩在体育方面的优势是不公平的。例如，他们表示，教练应当在男孩和女孩身上花费同样多的时间，女子体育项目应当得到和男子体育项目一样多的媒体关注（Solomon & Bredemeier，1999）。

显然，必须采取措施增强女孩对体育运动的自信心、参与性和公平感。应告诉家长小学男女生在身体能力方面的微小差异，让他们警惕地看待反对提高女孩运动能力的不公正偏见，这些措施或许会有所帮助。更多重视女孩的技能训练，更多地关注她们的运动成就，可能会促进她们的参与和表现。与上一代相比，现在有更多的女孩参与单人和团体体育运动，比如体操和足球，这是一个好现象（National Council of Youth Sports，2002；Sport Canada，2003）。小学期是鼓励女孩参加体育活动的关键时期，因为在此期间儿童开始发现他们擅长参加什么项目，并且决定练哪些体育技能。

4. 规则游戏

学龄期儿童的身体活动反映了他们在游戏质量方面取得的重要进步：应用规则游戏越来越多。全世界的儿童会进行无数种非正式的游戏活动，包括普遍受欢迎的一些体育运动（如足球、棒球和篮球）的变式。除了人们熟知的捉人、抓子、跳房子等儿童游戏以外，儿童还发明了成百上千的其他游戏，如红色童子军（red rover）、人像（statues）、跳背（leapfrog）、踢罐子（kick the can）和抓俘虏（prisoner's base）（Kirchner，2000）。

这位儿童棒球小联盟的教练能否耐心地多鼓励、少批评？他是否更重视团队配合、公平游戏、讲礼貌和发展技能而不只是赢得胜利？这些因素决定了成人组织的体育运动能否让儿童感到愉快和有收获。

儿童观点采纳能力的发展，尤其是对游戏角色的理解力的发展，使游戏变为有规则指导的游戏。这些游戏经验对情绪和社会性发展发挥了很大作用。儿童发明的游戏往往依靠简单的身体技能和碰运气，很少成为个人能力的竞争。相反，这些游戏使儿童能够尝试不同形式的合作、竞争和输赢，无需承担个人风险。在组织游戏的过程中，儿童懂得了，为什么要有规则，哪些规则是管用的。儿童花在制定游戏规则上的时间常常和他们玩游戏的时间一样多。第 10 章将讲到，这些经验有助于儿童形成更成熟的公平和公正观。

由于家长对安全的关注以及电视、录像和电脑游戏的吸引，当今的儿童很少有时间玩非正式的户外游戏。但是，有组织的体育活动，如小联盟棒球、足球和冰球联盟，却大为普及，占据了儿童以往在马路边和活动场地上玩的许多时间。大约有一半北美儿童，其中 60%为男孩、40%为女孩，都会在 5～14 岁期间的某段时间参与有组织的体育活动（National Council of Youth Sports，2002；Sport Canada，2003）。

研究表明，对大多数儿童来说，加入一个社会运动团队与较强的社交能力有关（Fletcher，Nickerson & Wright，2003）。在一些案例中情况确实如此，但是也有人不以为然，他们认为，青少年体育往往过分强调竞争，用成人调控替代了儿童对规则和策略的自发尝试。有的儿童参加运动队过早，所学的技能超出了他们的能力，使他们失去兴趣。如果教练和家长对儿童批评多，鼓励少，或者对失败做出愤怒反应，会使一些儿童感到焦虑，为情绪失调、退出运动队和较差的表 297
现埋下隐患（Marsh & Daigneault，1999；Tofler，Knapp & Drell，1998）。本节的“学以致用”表介绍了用来确保运动团体向儿童提供积极学习经历的方法。

学以致用 **适于小学生的有组织体育运动**

激发儿童的兴趣。	允许儿童从适宜的活动中选择最适合他们的活动。
	不要强迫儿童参与他们不喜欢的活动。
教给适合年龄的技能。	对于9岁以下的儿童，要强调基本技能，如踢、投掷、击打，给所有参与者充分时间玩简单游戏。
重视乐趣。	允许儿童按照自己的步伐前进，因为运动本身的乐趣而运动，无论他们是否成为专业运动员。
限定活动的次数和时间。	根据儿童的注意时间、与同伴和家人自由活动的需要以及家庭作业的要求来调整训练时间。每星期最多参加两次训练，低年级小学生每次活动不超过30分钟，中高年级学生每次不超过60分钟。
关注个人和团队的进步。	强调努力、掌握技能和团队精神，而不仅取胜。失误时少批评，批评会增强焦虑和逃避。
阻止不良竞争。	不要组织全明星比赛和表彰个人的冠军庆典，尽量表扬所有的参与者。
允许儿童制定规则和策略。	让儿童确定目标，确保公平游戏和团队作业。为了培养好行为，应强化听话的行为而不是惩罚不听话的行为。

5. 人类进化的影响

在公园里观察儿童，注意他们怎样摔跤、翻滚、敲打和彼此追赶，在微笑和大笑时怎样互动。这种友好的追赶和打仗游戏被称为**嬉闹游戏**（rough-and-tumble play）。它出现在学前阶段，在小学期达到高峰，许多文化中的儿童都会与他们特别喜欢的同伴一起投入其中（Pellegrini，2004）。

人类儿童的嬉闹游戏类似于其他年幼哺乳动物的社会行为。它似乎发源于父母与婴儿之间的身体游戏，特别是父亲与儿子之间的身体游戏（见第6章）。嬉闹游戏同样在男孩中更常见，或许因为出生前就受到男性激素的影响，预先设定了男孩倾向于活跃的游戏（见第8章）。

在人类进化历程中，嬉闹游戏可能对于发展搏斗技能非常重要（Power，2000）。它同样有助于儿童建立**支配等级**（dominance hierarchy），这是一种稳定的群体成员等级，可以预测出现冲突时谁会取胜。对于儿童间的争论、恐吓和身体攻击的研究发现，赢输结果的一致性在小学期逐渐稳定，特别是在男孩中。儿童似乎把打仗游戏当作在挑战某个同伴的支配地位之前评估该同伴力量的一种安全情境（Pellegrini & Smith，1998）。

当儿童到达青春期的时候，力量上的个体差异变得明显，嬉闹游戏则开始减少。当它出现的时候，它的意义也有所变化：青春期男孩的嬉闹游戏与攻击性相关联（Pellegini，2003）。与儿童不同，十几岁的嬉闹游戏者带有欺骗性，他们会伤害对手。在辩解的时候，男孩常常说他们是在报复，显然是为了在他们的同伴当中重新建立支配地位。于是，儿童期限制攻击的一种游戏，到青少年期变成一种敌对情境。

这位父亲正和他的儿子玩嬉闹游戏，我们可以根据它的良性特征将其与攻击性加以区分。在人类的进化历史中，嬉闹游戏可能对提高搏斗技能和支配等级具有重要意义。

6. 体育

298 身体活动和游戏促进了儿童发展的许多方面，包括身体健康、自我价值感、与人相处所需的认知技能和社交技能等等。但是，只有50%的美国小学开设体育课，到初中，这个数字下降到25%，高中还不到10%。美国小学生一般每周只有20分钟的体育教学。加拿大儿童的情况好一些，平均每星期2小时（Canadian Fitness & Lifestyle Research Institute，2003；U. S. Department of Health and Human Services，2005q）。但是在这两个国家，身体活动不足是普遍存在的现象。在北美的5～17岁儿童中，只有大约40%的女孩和50%的男孩达到了拥有良好的健康状态所必需的活动程度，也就是说，每天进行至少30分钟的活力有氧运动和1个小时的散步。

许多专家认为，学校不仅应当提供更多的体育课程，而且应当改革体育课的内容。竞技体育训练常常有很高的优先权，但是可能并不适合那些身体条件差的年轻人，他们对需要高水平技能的活动会望而却步。相反，体育课应当重视爱好、非正规游戏和侧重耐力的个人练习。如果教师关注每个学生的进步和对团队成绩的贡献，那么拥有不同技能的儿童都更有可能坚持身体活动（Connor，2003）。这样，体育课才能满足儿童对人际关系的需要，也有助于他们形成自我健康感。

身体健康的儿童容易成为富有活力的成年人，他们会因此受益（Dennison et al.，1998；Tammelin et al.，2003）。他们的体力强，对疾病具有抵抗力（从感冒、传染病到癌症、糖尿病和心脏病），较好的心理健康状况，而且寿命较长。

思考题

复习　身体生长的哪些方面能够解释许多8～12岁儿童的“大长腿”现象？

联结　从小学时期的健康问题中选择一种说明遗传和环境的影响：近视、肥胖症、哮喘、意外伤害。

应用　9岁的艾丽森觉得她不擅长体育，因此不喜欢体育课。请帮老师出点主意，激发她对体育活动的乐趣和参与性。

反思　你小时候是否参与过有组织的体育活动？教练和家长创造了哪种学习氛围？你认为这些经历对你的成长有何作用？

第二部分　认知发展

莉琪上小学一年级那天特别高兴：“现在我终于上小学了，就像乔伊一样！”丽娜还记得6岁的莉琪是如何自信地走入教室的，她手里拿着铅笔、蜡笔和书写纸，准备以更加遵守纪律的方式去学习，这是她在学前期未曾经历过的。

莉琪正在进入一个挑战心理活动的全新世界。早上，她和同学们按照老师的要求写字，分小组阅读，做加减运算，为某个科学项目对操场上堆积的树叶进行分类。随着莉琪和乔伊年级的升高，他们逐渐能应对复杂的任务，在阅读、书写、数学技能和关于世界的一般知识方面取得进步。为了理解小学期的认知成就，我们转向那些由皮亚杰理论和信息加工观点衍生的研究。然后讨论智力的扩展性定义，它将有助于我们正确看待个体差异。

一、皮亚杰的理论：具体运算阶段

莉琪4岁进入我的儿童发展实验班时，皮亚杰的守恒问题一下子就把她难住了（见第7章）。例如，把水从一个高而细的容器倒入一个矮而粗的容器后，她认为水量发生了变化。但是，莉琪8岁再来回答这个问题的时候，她觉得很容易：“水量当然一样了！”“水变矮了，但同时也宽了。把它倒回来，”她跟测试她的大学生说，“你会看到，水还是那么多。”

1. 具体运算思维

莉琪已经进入了皮亚杰所谓的**具体运算阶段**（concrete operational stage），这一阶段从 7 岁持续到 11 岁左右，是认知发展的一个重要转折点。思维比以前更富于逻辑性、灵活性和组织性。

（1）守恒

通过守恒任务（conservation task）的能力为运算（即遵守逻辑规则的心理活动）的形成提供了依据。莉琪已经能够去中心化（decentration），即关注问题的几个方面并且把它们联系起来，而不是只关注一个方面。莉琪还表现出**可逆性**（reversibility），这是一种逐步思考后再反方向回到出发点的心理能力。第 7 章讲过，可逆性是逻辑运算的一部分。小学生已经稳定地形成了这种能力。

（2）分类

7～10 岁期间，儿童可以通过皮亚杰的类包含问题（class inclusion problem）。这意味着他们对等
299 级分类有了清楚的认识，能够同时关注一个一般类别和两个特殊类别之间的关系，也就是一次关注三种关系（Hodges & French，1998；Ni，1998）。收藏在小学期变得很普遍，例如，收集邮票、硬币、棒球卡、石头、瓶盖等等。10 岁时，乔伊花许多时间来分类整理他装满棒球卡的大箱子。有时他按联盟和球队进行分类，有时又会按击球位置和击球率进行分类。他能把这些球手归入各种类别和亚类别当中，还能轻易地把他们重新分类。

小学生收集各种东西表明他们的分类能力增强了。这四个小学生喜欢交换棒球卡，这些卡片来自他们广泛且分类详细的收藏。

（3）排序

排序（seriation）指按某个数量维度（如长度或重量）对物体进行排列。为了检验这种能力，皮亚杰让儿童把长短不同的木棍按从短到长的顺序排列。较年长的幼儿能够把木棍排序，但他们只会偶然如此，并且会犯许多错误。相反，6～7 岁的儿童能够按顺序有效地生成序列：先拿最短的，然后是稍长些的，最后拿最长的。

处于具体运算阶段的儿童还能进行心理排序，称为**传递推理**（transitive inference）。在一个著名的传递推理问题中，皮亚杰向儿童呈现一些颜色不同的成对木棍。通过观察木棍 A 比木棍 B 长、木棍 B 比木棍 C 长，儿童会进行心理推理，推算出木棍 A 比木棍 C 长。和皮亚杰的类包含任务一样，传递推理需要儿童同时整合三种关系，在这个例子中就是 A—B、B—C 以及 A—C 的关系。如果研究者分步骤确保儿童记住前提条件（A>B 和 B>C），那么 7～8 岁儿童就能掌握传递推理（Andrews & Halford，1998；Wright & Dowker，2002）。

（4）空间推理

皮亚杰发现，学龄儿童对空间的理解比幼儿更准确。来看儿童的**认知地图**（cognitive map），即他们对熟悉的较大空间（如社区或学校）的心理表征。画出一个较大空间的地图需要一定的观点采纳技能。因为通常不能同时看到完整空间，儿童必须通过连接各个独立部分来推断完整轮廓。

幼儿和低年级小学生能够在他们画的地图上做出标记，但是他们的标记是片断的。如果让他们在班级地图上做标记来表示桌子和人的位置，他们确实能做得不错。但是，如果地图相对于班级定位发生偏转，他们就会出现困难（Liben & Downs，1993）。在 8～10 岁，地图变得更有组织性，能够按照旅行的组织路线做出标记。同时，儿童逐渐能借助“心理行走”策略，即想象某人沿路线移动，为从一个地方到另一个地方提供清晰且组织良好的指导（Gauvain & Rogoff，1989）。到小学高年级，学生能形成较大空间的整体观（overall view of a large-scale space）。当地图指向与其表征的空间不匹配的时候，他们能轻松提取并阅读地图（Liben，1999）。

文化背景也会影响儿童的地图绘制。在许多非西方国家，人们很少用地图查找道路，但是会

依赖邻居、路人和街道两旁的店主提供的信息。此外，与西方国家的同龄儿童相比，非西方儿童不经常乘坐汽车，走路较多，也能获得详细的邻里知识。当一个研究者让印度和美国小城镇里一些较年长儿童画社区地图的时候，印度儿童画出各种地标和家庭周边小区域内社会生活的众多方面，如人和机动车。相反，美国儿童画的空间更正规、更大，并且突显了主要的街道和重要的方向，但是涉及的地标比较少（见图 9.5）（Parameswaran，2003）。尽管美国儿童的地图在认知成熟方面得分较高，但对任务的文化释义可以解释这种差异。当让他们画一幅地图去“帮人找路”的时候，印度儿童画的空间与美国儿童一样广阔、一样有组织性。

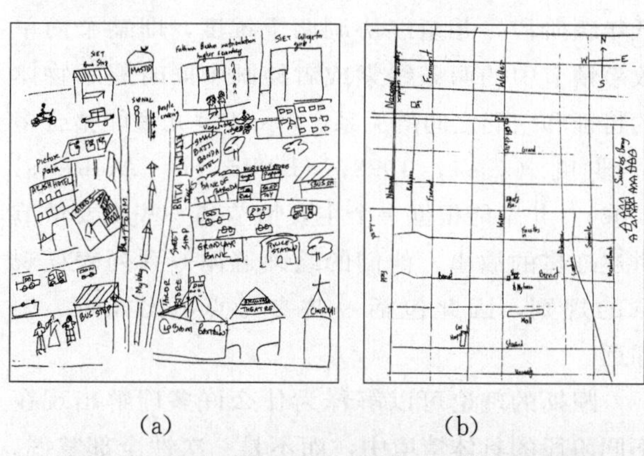

(a)　　　(b)

图 9.5　印度和美国的小学高年级学生画的地图

(a) 印度儿童画了许多地标和她家附近小区域内社会生活的特征。(b) 美国儿童画了一个更大的空间，突出了主要的街道和重要的方向，但是很少涉及地标和人物。

资料来源：G. Parameswaran，2003，“Experimenter Instructions as a Mediator in the Effects of Culture on Mapping One's Neighborhood，” *Journal of Enviromental Psychology*，23，pp. 415 - 416. © 2003 Elsevier Ltd. 经授权引用。

2. 具体运算思维的局限

虽然小学生的问题解决能力比幼儿更强，但是具体运算思维仍然受到一个重要局限的困扰：儿童只在处理他们能够直接觉察的具体信息时，才会以一种有组织、有逻辑的方式进行思考。他们的心理操作对肉眼看不见的抽象概念很少起作用。儿童对递推问题的解决就提供了一个例证。当呈现长度不一的成对木棍时，莉琪很容易就断定，如果木棍 A 比木棍 B 长、木棍 B 比木棍 C 长，那么木棍 A 就比木棍 C 长。但是，她在完成类似的抽象问题时就觉得很困难：“苏珊比萨利高，萨利比玛丽高，谁最高？”直到 11～12 岁，儿童才能解决这个问题。

逻辑思维最初受制于即时情境，这有助于解 300
释具体运算推理的特殊性质：学龄儿童逐步地而不是一下子就掌握了皮亚杰的具体运算任务。例如，他们先掌握数字守恒，然后才掌握长度守恒、面积守恒和液体守恒。对逻辑概念的这种*渐次习得*（或逐渐掌握）是具体运算思维的另一个局限性（Fischer & Bidell，1991）。小学生还没有掌握一般逻辑规则并把它们应用于所有的相关情境中。他们似乎是分别得出每个问题的逻辑的。

3. 具体运算思维的晚近研究

按照皮亚杰的观点，大脑发育与在丰富、变幻的外部世界中获得的经验会引领世界各地的儿童到达具体运算阶段。然而近来的研究表明，特定的文化和学校教育实践对于掌握皮亚杰任务具有极大的影响（Rogoff，2003；Rogoff & Chavajay，1995）。而信息加工研究则有助于解释小学期逻辑概念的逐步掌握。

（1）文化和学校教育的影响

在部落和乡村社会中，守恒能力常常发展迟缓。例如，尼日利亚的豪萨族人生活在很小的农业定居点，他们的孩子很少上学，因此即便是最基本的守恒任务，数字守恒、长度守恒和液体守恒，儿童也不能理解，直到 11 岁或 11 岁以后才能完成（Fahrmeier，1978）。这表明，参与相关的日常活动有助于儿童掌握守恒和其他皮亚杰问题（Light & Perrett-Clermont，1989）。例如，乔伊和莉琪会通过平均分配思考怎样才算公平，这是他们所处文化重视的一种价值观。他们经常与朋友平等分配物品，比如蜡笔、万圣节食品和柠檬汁。因为他们经常看到相同数目的物品以不同的方式安放，因此很早就达到了守恒。

学校学习经验能够促进儿童对皮亚杰任务的掌握。在对年龄相同的儿童进行测验时，上学时间较长的儿童在传递推理问题上表现更好（Artman & Cahan，1993）。儿童对物体进行排序、对顺序关系的掌握以及对复杂问题内容的记忆可能发挥了作用。但是，学校以外的非正式经验也能培养运算思维。墨西哥南部吉纳坎特科部落的印第安女孩在 7～8 岁时还没上学，而要认真地学习
织布。她们通过心理转换，领会织布机上弯曲的 301
线绳怎样变成布料，这正是具体运算阶段期望能

够完成的推理。同年龄的北美儿童虽然在皮亚杰任务上的表现比吉纳坎特科部落儿童好得多，但是在织布问题上却存在很大困难。

墨西哥南部吉纳坎特科部落的印第安女孩正在学习传统的背带式织布法。北美女孩在皮亚杰任务上表现更好，但是吉纳坎特科部落的儿童更擅长于领会织布机上弯曲的线绳变成织好的布的复杂心理转换。

研究者根据这些发现得出结论，皮亚杰任务所需的逻辑形式并不是自发产生的，它受到训练、情境和文化条件的影响。这种观点是否让你想起前几章中讲过的维果茨基的社会文化理论？

（2）关于具体运算思维的信息加工观点

小学期逻辑概念的逐步掌握向我们提出了有关皮亚杰理论的一个问题：逻辑思维会发生突然的阶段性转换，这是不是描述小学期认知发展的最好方式呢？

一些新皮亚杰主义理论家认为，运算思维的发展可以用信息加工的加速来理解，而不是向一个新阶段的突然转换。例如，罗比·凯斯（Robbie Case，1992，1998）提出，通过练习，认知图式需要的注意力减少，变得更加自动化。这使工作记忆（见第5章）有了剩余的加工空间，使儿童能把注意力集中在合并旧图式、组成新图式上。例如，把水从一个杯子倒进另一个杯子的问题，儿童起先只能注意到液体高度的变化。随着这种理解逐渐变得熟练，儿童就能注意到液体宽度的变化。很快，儿童就能调整这些观察，并且倒回液体。随着这种逻辑观念的逐渐熟练，儿童会把它迁移到难度更大的情境中。

当皮亚杰阶段的一个图式加工达到充分的自动化，就会有足够的工作记忆空间把它们整合为一个改良的表征。结果，儿童获得了核心概念结构（central conceptual structures），它由一些概念、关系网络构成，使儿童更有效地思考一系列情境（Case，1996，1998）。核心概念结构源自整合的具体运算图式，是可以广泛应用的基本原则，会导致更复杂、系统化的推理，我们将在第11章形式运算思维部分对其进行讨论。

凯斯和他的同事及其他信息加工研究者，考察了儿童在各种任务上的表现，包括解算术题、理解故事、绘画和解释社会情境。在每一个任务中，幼儿的注意力通常集中在一个维度上。例如：在故事理解任务中，他们只能掌握一条故事线索；在绘画任务中，他们只会分别描绘物体。在小学低年级阶段，儿童能协调两个维度，即某个简单故事情节中的两条线索或者绘画中同时展示物体的特征和它们之间的关系。9～11岁儿童能整合多个维度（Case，1998；Halford & Andrews，2006）。儿童能根据一个主要情节和一些次要情节讲述连贯的故事。他们的绘画遵循一系列表征观点的规则，因此包括一些参考点，比如近、中和远。

凯斯的理论可以解释为什么许多理解出现在不同阶段的具体情境中，而不是一次性全部掌握。首先，相同逻辑内涵的不同形式（比如不同的守恒任务）的加工，要求各有不同，后来获得的逻辑形式需要更多的工作记忆空间。其次，儿童的经验大不相同。一个经常听故事和讲故事，但是很少画画的儿童，在讲故事中表现出更高级的核心概念结构。与皮亚杰理论相比，凯斯的理论可以更好地解释认知发展的不均衡性。

4. 对具体运算阶段的评价

小学生以有组织的、理性的方式解决问题的能力不可能出现在幼儿期，皮亚杰在这一点上是正确的。但是，这种差异是因为逻辑技能的连续性提高，还是因为儿童思维的非连续的重构（如皮亚杰的阶段论所认为的），研究者们仍有分歧。许多人认为，两种变化可能都有（Carey，1999；Case，1998；Demetriou et al.，2002；Fischer & Bidell，1998；Halford，2002）。在学龄期，儿童应用逻辑图式解决更多的任务。在这个过程中，他们的思维发生了质变，逐渐能够在理解基础上掌握逻辑思维的原则。皮亚杰本人也意识到，儿童可以逐步掌握守恒和其他任务。因此，把皮亚杰理论和信息加工学说相结合，或许能更好地解释小学期的认知发展。

思考题

复习 儿童在守恒任务上的表现可以解释掌握逻辑概念的连续性。回顾前述内容，举出逻辑推理逐步发展的其他例子。

应用 9岁的艾德琳花很多时间帮她父亲在木器店做家具。这一经验会怎样影响艾德琳在皮亚杰序列问题上的表现？

联结 观点采纳能力的进步对小学生绘制和使用地图能力有何影响？

反思 皮亚杰对具体运算阶段儿童的观点，你同意哪些？不同意哪些？引用研究证据来说明。

二、信息加工学说

302 与皮亚杰关注认知的整体变化相反，信息加工学说考察思维的不同方面。注意和记忆是所有认知活动的基础，与婴儿期和幼儿期一样，它们仍然是小学期的中心内容。而且，对小学生信息加工日渐深入的理解正被应用于他们的学习，特别是阅读和数学中。

研究者认为，大脑发育导致了信息加工的基本变化，推动思维各个方面的发展。

● 信息加工速度与能力的提高。在6～12岁期间，各种认知任务的信息加工时间迅速减少（Kail & Park，1992，1994）。这意味着，具有生物学基础的思维速度的提高，可能与大脑中的髓鞘化和突触增多有关（Kail，2003）。一些研究者认为，加工效率提高会带来更复杂有效的思维，因为一个较快的思考者可能在工作记忆中容纳和加工更多的信息（Halford & Andrews，2006；Luna et al.，2004）。研究证明，用来评价工作记忆基本能力的数字广度（见第7章）从7岁时的4个提高到12岁时的7个（Kail，2003）。

● 抑制性的获得。前面章节讲过，抑制性，这种控制内部和外部分心刺激的能力从婴儿期开始发展。但是随着大脑额叶的发育，抑制性在小学期出现了一次大的跨越（Dempster & Corkill，1999；Luna et al.，2004）。善于抑制的人可以控制他们的思维免受无关想法的干扰，有助于许多信息加工技能的形成。

除了大脑发育，使用策略也会使信息加工更有效。与幼儿相比，小学生的思维更具策略性。

1. 注意

在小学期，注意变得更具选择性、调节性和计划性。首先，儿童更善于有意识地注意刺激中那些与目标有关的方面。研究者通过在任务中引入无关刺激，观察儿童对任务核心成分的关注程度来考察注意选择性的逐步增强。在6～10岁期间，儿童的成绩迅速提高（Goldberg，Maurer & Lewis，2001；Lin，Hsiao & Chen，1999；Smith et al.，1998）。

其次，较年长儿童能够灵活地根据任务要求调整其注意。例如，当要求儿童对不同颜色和形状的图片进行分类的时候，5岁和更大儿童能够按照从颜色到形状的要求变换他们的分类原则；小于5岁的儿童则只能做一维的分类（Brooks et al.，2003；Zelazo，Frye & Rapus，1996）。如果给儿童提供一些学习项目，让他们选择其中的一半来学习，那么，一年级儿童不能作出系统选择，但是三年级儿童就能选择他们先前漏掉的项目（Masur，Mclntyre & Flavell，1973）。

最后，计划性在小学期有明显提高（Gauvain，2004；Scholnick，1995）。与幼儿相比，小学生能够更全面地浏览、描绘详细的图画和书面材料，并找出其中的相似之处和不同之处。在包含多个部分的任务中，他们能按照某种顺序决定先做什么、再做什么。第7章已讲过样，儿童通过与更专业的计划者合作，能学到很多与计划有关的本领。在一项家庭互动研究中，儿童4岁和9岁时的计划性能够预测他们在青少年阶段的计划能力（Gauvain & Huard，1999）。学习任务的要求和教师对做计划的讲解也会影响计划性的进步。

选择性、调节性和计划性策略对于学校学习至关重要。遗憾的是，一些儿童在集中注意方面存在很大困难。本节的“生物因素与环境”专栏详述了注意缺失多动障碍儿童的严重学习和行为问题。

2. 记忆策略

随着注意能力的提高，记忆策略也有所发展。记忆策略是储存和保持信息的有意识的心理活动。当莉琪要记忆一大堆东西，比如一列电话号码或者美国各州首府时，她会使用**复述**（rehearsal），即不断重复信息，这是在小学低年级最早使用的记忆策略。之后，第二种记忆策略——**组织**（organization）——被普遍掌握，它是把相关的材料加以分组（例如，在某个国家同一地区的所有城市），这种方法可以大大提高回忆的成绩（Schneider，2002）。

记忆策略的完善需要时间和努力。例如，8岁的莉琪只会做碎片式的复述。在向她呈现一系列项目（其中包含“猫”这个单词）之后，她说“猫、猫、猫”；相反，10岁的乔伊就能采用一种更有效的方法，把以前学过的词语和每个新项目结合起来，说“桌子、男人、院子、猫、猫”（Kunzinger，1985）。乔伊还能更熟练地进行组织，把项目归为几类。他还能在很多的记忆任务中应用组织策略，而莉琪只能在项目的类属关系明显时使用这种策略（Bjorklund et al.，1994）。

乔伊能把几种策略（如组织、说出类别名称和复述）结合起来使用。儿童同时和持续使用的策略越多，他们就能记得更多（Hock，Park & Bjorklund，1998）。低年级小学生会尝试各种记忆策略，但是与中高年级小学生相比，他们使用这些策略时的系统性和成功率较低。虽然如此，尝试可以使低年级小学生发现特定任务中最有效的策略以及如何有效地整合策略。研究表明，儿童在面对许多认知挑战的时候会尝试使用不同策略， 303
这使他们能逐渐掌握最有效的手段（Siegler，1996）。

到小学期末，儿童开始使用**精加工**（elaboration）策略，即在两种或几种不同种类的信息之间建立一种关系或者共同意义。例如，要记住“鱼”和“烟斗”这两个词，可以做言语陈述或生成心理映像——“一条鱼正在吸烟斗”。这种高效记忆策略需要相当程度的努力和工作记忆空间，在青少年期和成人早期越来越普遍（Schneider & Pressley，1997）。

因为组织和精加工策略把多个项目整合成意义组块（meaningful chunks），这些组块使儿童每次能掌握更多的信息，扩大了工作记忆的容量。此外，当儿童把一个新项目和已掌握的信息联系起来的时候，他们就能通过思考与之有关的其他项目，轻松提取这个新项目。这也有助于学龄期记忆能力的提高。

3. 知识基础与记忆成绩

在小学期，进入长时记忆的知识储备增加，逐渐形成越来越精细的等级结构网络。知识的迅速增长有助于儿童使用策略和进行记忆（Schneider，2002）。换句话说，关于某个主题，知道的东西越多，新信息就更有意义、更加熟悉，所以更容易储存和提取。

为了检验这种观点，研究者把四年级学生按照足球知识的多少分为专家组或新手组，给两组一些有关足球和非足球的项目进行学习。专家组在足球系列中记忆的项目远远多于新手组（但是在非足球系列中并非如此）。在回忆时，专家组对项目的列举有更好的组织性，如同项目归类中所显示的那样（Schneider & Bjorklund，1992）。这些发现说明，具备很多知识的儿童只要很少的努力或者毫不费力就能把知识组织进他们的专门区域。最终，专家能够把更多的工作记忆资源投入到根据回忆起来的信息进行推理和问题解决中去（Bjorklund & Douglas，1997）。

但是，知识并不是儿童策略性记忆加工的唯一重要因素。精通某一领域的儿童通常有强烈的动机。这使他们不仅能更快地获取知识，并且能主动运用他们所知道的内容增添更多的知识。相反，学习不成功的儿童不懂得先前存储的信息该如何解释新内容，这就影响了知识面的扩展（Schneider & Bjorklund，1998）。到小学末期，知识面的扩大和记忆策略的使用会互相促进。

4. 文化、学校教育和记忆策略

复述、组织和精加工是人们为了记住信息时经常使用的手段。在其他场合，记忆作为参与日常活动的一种自然而然的副产品而出现（Rogoff，2003）。

反复被证实的一项研究结论是，生活在西方文化之外且没有接受过正规学校教育的人，不会运用记忆策略，或者不能从记忆策略的教学指导中受益（Rogoff & Chavajay，1995）。要求儿童回忆独立的信息片段的任务在课堂教学中很常见，能够激发儿童使用记忆策略的动机。研究表明，西方儿童对这类学习进行了大量的练习，他们根本用不着使用凭借日常生活线索（如空间位置和物体排列）进行记忆的其他方法。澳大利亚原住民儿童和危地马拉玛雅儿童则能较好地运用这些记忆技能（Kearins，1981；Rogoff，1986）。可见，记忆策略的发展不仅是某个效率较高的信息加工系统的产物，它还取决于任务要求和文化环境。

阿富汗首都喀布尔的一位父亲从一口井里汲水，他的儿子把水分装到陶罐中。当这个男孩做这件有意义的事情时，他会对相关信息表现出敏锐的记忆——怎样在倒水时不把水洒出来，每个水罐能装多少水。但是，他可能不会很好地完成学校里经常出现的与此类似的序列记忆任务。

专栏 生物因素与环境

注意缺失多动障碍儿童

当五年级学生们都在座位上安静地学习的时候，凯文晃椅子，扔铅笔，向窗外张望，不停地拨弄他的鞋带，还大声地对隔着好几个同学的乔伊喊道："嗨，乔伊！放学后想打球吗？"但是乔伊和其他孩子并不想和凯文一起玩。在操场上，凯文身体笨拙，是个糟糕的听众，他不遵守游戏规则。他在击球次序上总惹麻烦。在外场上，他把手套扔向天空，当球朝他飞去的时候看着别处。凯文在学校的书桌和在家中的房间都是乱七八糟的。他常常弄丢铅笔、书本和做作业需要的材料，他在记忆任务以及完成时间上存在困难。

多动症的症状 凯文是一名患有**注意缺失多动障碍**（Attention-Deficit Hyperactivity Disorder，ADHD，简称多动症）的儿童，这类儿童在小学生中占3%～5%，症状包括缺乏注意力、冲动、身体活动过多并导致学习和社交问题（American Psychiatric Association，1994）。确诊的男孩是女孩的3～9倍。不过，多数患有多动症的女孩似乎都被忽略了，因为她们的症状不明显，或者由于性别偏见：一个难相处的、有破坏性的男孩更容易被认为需要接受治疗（Abikoff et al.，2002；Biederman et al.，2005）。

患多动症的儿童不能把注意力集中在一项需要保持一段时间的任务上。他们行为冲动，无视社会规则，受到阻挠时会恶狠狠地还击。其中，许多（不是全部）儿童表现为过度活跃（hyperactive）。他们身体活动过多，使父母和老师筋疲力尽；他们招惹其他孩子，因此经常遭到拒绝。确诊为多动症的条件是，上述症状必须在7岁以前持续出现。

由于注意集中困难，多动症儿童的智力测验得分比平均分低7～15分（Barkley，2002a）。多项重要研究发现，多动症儿童存在两种相互关联的缺失：一是执行加工功能缺失（见第5章），这种缺失妨碍儿童用思维来指导行为的能力；二是抑制功能缺失，它使患者很难按照想法延缓行动。这使多动症儿童在需要持续注意的任务中表现差，无法忽视无关信息，在学习和社交情境中的记忆、计划、推理和问题解决上都存在困难。

多动症的起源 多动症在家族中流传，有很高的遗传性：同卵双生子同时患多动症的概率高于异卵双生子（Rasmussen et al.，2004；Rietvelt et al.，2004）。患多动症的儿童常有脑功能异常，包括大脑额叶以及注意、行为抑制和机体控制相关脑区的脑电和血流活动减少（Castellanos et al.，2003；Sowell et al.，2002）。此外，多动症儿童的大脑发育比较缓慢，比正常同龄儿童的体积小约3%（Castellanos et al.，2002；Durston et al.，2004）。一些影响神经联结的基因可能对这种障碍起作用（Biederman & Spencer，2000；Quist & Kennedy，2001）。

多动症与环境因素也有联系。母亲产前接触到诱发胎儿畸形的物质，特别是长期接触这些物质，比如毒品、酒精和烟草，都与儿童多动症有关（Milberger et al.，1997）。此外，多动症儿童可能生长在婚姻不幸福、压力大的家庭（Bernier & Siegel，1994）。但是，充满压力的家庭生活不会导致多动症，相反，多动儿童的行为可能会导致家庭问题，加重儿童原有的困难。

多动症的治疗 医生给凯文开了一些兴奋性药物，这是治疗多动症的常用方法。只要控制好剂量，这些药物能减少70%的症状，对多动儿童的学习成绩和同伴关系都有益（Greenhill，Halperin & Abikoff，1999）。兴奋性药物能增强额叶活动，帮助儿童保持注意，抑制那些离开任务的行为。

2006年，由美国食品药品监督局召集的一个专家小组发出警告，兴奋性药物可能损害心脏功能，甚至造成突然死亡，主张在药品上加印警示文字，说明可能的危害。关于多动症治疗药物安全性的讨论还会继续。有案例证明，药物治疗不足以解决问题。药物不能教会儿童如何补偿注意缺失和冲动性。最有效的治疗方法是把药物治疗和干预相结合，这些干预向儿童示范并强化其恰当的学习和社交行为（American Academy of Pediatrics，2005a）。家庭干预也很重要。注意缺失、活动过度的儿童会消磨父母的忍耐力，使他们做出带惩罚性和不一致的反应，这是一种会强化不恰当行为的儿童教养方式。通过培训家长学会有效的儿童教养技能来打破这种循环对于多动症儿童有重要意义，第8章讲过，这种干预对那些具有挑衅和攻击性的年轻人也很重要。研究发现，在45%～65%的案例中，上述两种问题会同时出现（Barkley，2002b）。

一些媒体报道，确诊患有多动症的北美儿童数量近年来大增。但是两项大样本调查表明，现在的儿童多动症患病率其实和20年前大体相同。多动症的发病率在一些地域非常高。有时候，儿童被误诊并接受了不必要的药物治疗，因为他们的父母和老师对正常范围的注意缺乏和活跃行为没有耐心。在中国香港，学习成功是特别值得奖励的，因此被诊断为多动症的儿童是北美儿童的2倍多。有时候，儿童缺乏诊断，并且没有受到需要的治疗，比如在英国，医生对是否给一个孩子贴上多动症的标签或给他们开药持过于谨慎的态度（Taylor，2004）。

多动症是一种终身障碍。受影响的个体有长期出现反社会行为、抑郁和其他问题的危险（Barkley，2003a；Fisher et al.，2002）。患多动症的成人需要帮助改善他们的环境，调节消极情绪，选择恰当的职业，以及把他们的病情看作一种生物性失调而不是性格缺陷。

这个女孩经常在学校参与破坏行为。多动症儿童在坚持完成任务上有很大困难，常常行为冲动，无视社会规则。

5. 小学生的心理理论

304 在小学期，儿童的心理理论（theory of mind），即有关心理活动的观念系统变得更加复杂和精确。第7章讲过，对思维的反思称为元认知（metacognition）。小学生反思自己心理活动能力的提高是他们思维进步的另一个原因。

幼儿把头脑看作一个被动的信息容器，小学生则不同，他们把头脑看作一个能够选择和转换信息的主动的、建构性的作用者。因此，他们能更好地理解思维过程以及心理因素对外在表现的影响。例如，小学生知道任务的成功取决于集中注意——精力集中，想完成任务，不要受其他事物的诱惑（Miller & Bigi，1979）。随着年龄增长，他们慢慢懂得了有效的记忆策略以及它们发挥作用的原因（Alexander et al.，2003）。于是，儿童逐渐懂得了心理活动之间的关系，例如，记忆是理解的关键，理解反过来又能增强记忆（Schwanenflugel，Henderson & Fabricius，1998）。

小学生对知识来源的理解也有所增强。他们认识到，人不仅能通过直接观察事物和与人交谈
来学习知识，而且能凭借**心理推理**（mental infer- 305
ence）来达到同样目的（Carpendale & Chandler，1996；Miller，Hardin & Montgomery，2003）。推理的掌握使他们更多地理解了**错误想法**（false belief）。在一些研究中，给儿童讲一些复杂的故事，有关一个人对另一个人的想法的看法。然后儿童回答第一个人物关于第二个人物未来行为的想法（见图 9.6）。到了 7 岁，儿童意识到人们形成了有关他人想法的看法，这些二级想法可能是错误的！一旦儿童能够鉴别**二级错误想法**（second-order false belief），他们就能更好地查明另一个人形成某种特定想法的原因（Astington，Pelletier & Homer，2002）。这在很大程度上帮助了他们去理解他人观点。

(a) 杰森收到一封朋友的来信。丽莎想看看这封信，但是杰森不让她看。杰森把信放在了他的枕头下面。

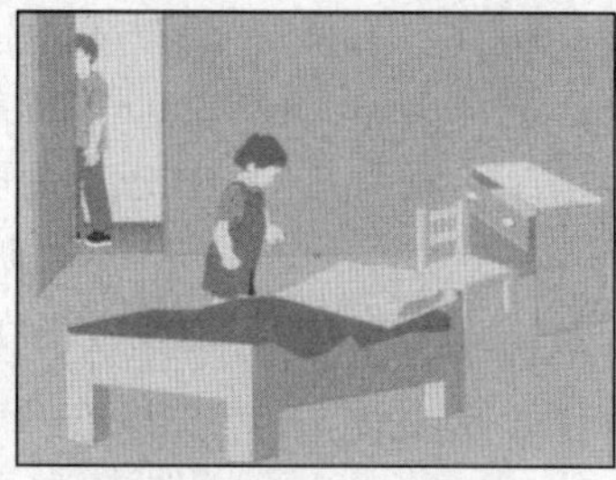

(b) 杰森离开房间去帮他的妈妈。

(c) 杰森离开后，丽莎拿出信看了。杰森回来看到丽莎，但是丽莎没有看到杰森。然后丽莎把信放进杰森的书桌抽屉。

图 9.6　一个二级错误想法任务

按照图片顺序讲完故事后，研究者问了一个二级错误想法问题：“丽莎认为杰森会到哪儿去找那封信呢？为什么？”7 岁左右的儿童能够正确回答，即丽莎认为杰森会到枕头下面找，因为丽莎不知道杰森看见她把信放到了书桌里。

资料来源：Astington，Pelletier & Homer，2002.

小学生越来越复杂的思维能力在很大程度上促进了他们的反思的、过程定向的心理观。同时，推动他们意识到心理活动的经验也起着作用。对非洲喀麦隆农村儿童的一项研究中，那些上学的儿童在心理理论任务中表现得更好（Vinden，2002）。在学校，当教师提醒儿童注意、记住心理步骤以及评价他们的推理的时候，常常要求儿童把注意集中在心理当前的工作上。儿童在阅读、书写和算算术过程中，他们就经常使用个人言语（private speech），起初大声说出来，后来变成不出声的。当他们“听到自己思考”的时候，他们就会觉察到心理活动的许多东西（Flavell，Green & Flavell，1995）。

6. 认知自我调控

306 元认知能力虽然有所发展，但是小学生还不善于把他们有关思维的知识付诸实施。他们还不擅长进行**认知自我调控**（cognitive self-regulation），即持续监控目标进程，检查结果，对无效的努力加以修正。例如，莉琪知道在记忆过程中她应当对项目进行分组，为了保证理解她应当重读那个复杂的段落。但是，她常常做不到。

为了研究认知自我调控，研究者有时会考察有关记忆策略的意识对记忆成果的作用。到了二年级，儿童知道的记忆策略越多，回忆成绩就越好，这种关系在整个小学时期越来越明显（Pierce & Lange，2000）。如果儿童坚持使用某种策略，他们的策略知识会加强，导致元认知与策略运用之间形成双向联系，从而促进自我调控（Schlagmüller & Schneider，2002）。

为什么认知自我调控会逐渐发展呢？因为对学习结果的监控是认知的要求，它需不断对自己

做出的努力和取得的进展进行评价。到青少年期，自我调控是学习成功的一个强有力的预测因子（Joyner & Kurtz-Costes，1997）。在学校表现好的学生知道他们的学习什么时候做得好，什么时候做得不好。如果遇到障碍，如学习条件差，课文很难，或老师没讲清楚，他们会逐步采取措施来构建学习环境，复习教材，或寻求其他支持。这种主动、有目的的方法与成绩不良学生的被动行为形成鲜明对比（Zimmerman & Risemberg，1997）。

家长和教师能够培养儿童的自我调控。在一项研究中，心理学家在三年级开学前的暑假期间观察了父母对孩子问题解决的指导。能耐心指出任务的重要特征并提出方法上的建议的父母，其子女在班上亦能较多地讨论解决问题的方法，并且监控自己的行为（Stright et al.，2002）。对策略有效性的解释特别有帮助，因为它为未来行动提供了一个基本的原则框架。

习得有效自我调控技能的儿童会形成学习上的自我效能感，对自己的能力充满自信，这又促进了未来的自我调控（Schunk & Zimmerman，2003）。遗憾的是，一些儿童从父母和教师那里得到的信息会严重破坏他们的学习自尊心和自我调控技能。我们将在第10章讨论那些习得性无助（learned-helpless）的儿童以及帮助他们的方法。

7. 信息加工学说在学习中的应用

有关信息加工过程发展的基本研究结论已经在儿童阅读和数学学习中得到应用。研究者正在查明技能表现中的认知成分，追踪其发展，查明认知技能差异，对善于学习和不善于学习的学生加以区分。研究人员希望能设计出促进儿童学习的教学方法。

（1）阅读

阅读需要同时使用好几种技能，调用人的信息加工系统的各个方面。乔伊和莉琪必须感知单个字母和字母组合，把它们转换成言语声音，识别用肉眼看到的许多常用单词，在解释意义的同时，在工作记忆中保持课文的组块，还要把一段文章各部分的意义整合为一个容易理解的整体。阅读的要求之高在于，这些技能中的大部分或者全部都必须自动进行。如果其中一种或几种技能没掌握好，它们将会挤占有限的工作记忆空间，阅读成绩就会下降。

在儿童从突然出现的读写能力向常规阅读过 307
度的同时，语言发展持续推动了这一进程。**语音意识**（phonological awareness）是对口语声音的结构做出反应并加以掌控的能力，表现为对词的声音变化和不正确发音的敏感性，对阅读（和拼写）成绩有很强的预测作用（Dickinson et al.，2003）。语音意识使儿童能把一句一句的言语分解成独立部分，并把它们与书面语言相联系。词汇、语法和叙述技能同样很重要。

其他的信息加工活动也会影响阅读效率。信息加工速度的提高使儿童能快速地把视觉符号转换成声音（McBride-Chang & Kail，2002）。视觉扫描和辨别力也发挥重要作用，它们随着阅读经验的积累而逐渐提高（Rayner，Pollatsek & Starr，2003）。这些技能的有效结合，可以减轻工作记忆负担，更好地理解文章的意义。

不同研究者对怎样教儿童阅读这一问题的争论至今仍在持续。一些人主张**整体语言法**（whole-language approach）。他们认为，阅读应当以一种和自然语言学习平行的方法来教授。从一开始就向儿童呈现完整的文本，如故事、诗歌、信件、布告和清单等，使儿童懂得书面语言的交流功能。根据这些专家的观点，只要阅读保持完整而且有意义，就能激励儿童去探索他们需要的特殊技能（Waston，1989）。另一些人倡导**语音法**（phonics approach），给儿童一些简单的阅读材料，先进行语音训练，把书面文字转换成声音的基本规则。等他们掌握了这些技能之后，才给他们复杂的阅读材料（Rayner & Pollatsek，1989）。

在争论中，一些研究发现，如果让儿童把两种方法结合起来使用，可以达到最佳学习效果。在幼儿园和小学一二年级，侧重语音的教学可以提高阅读分数，特别是对那些阅读能力落后的儿童（Berninger et al.，2003；Xue & Meisels，2004）。如果教师能把实际阅读与侧重语音教学的书写结合起来，再加上一些好的教学实践（如鼓励儿童应对阅读挑战，把阅读设立为教学科目），那么一年级儿童的读写能力会有很大进步（Pressley et al.，2002）。

为什么把语音法与整体语言法结合起来会最有效呢？因为学习字母与声音的关系使儿童能认识他们原来不认识的字。如果只强调基本技能练习，儿童又可能忽视阅读的目的是为了理解。当儿童不问文章意义，只知大声朗读时，他们能掌握的有效阅读方法很少。儿童为了应付考试而阅读，势必比他们为了消遣而阅读更认真，让儿童用自己的语言解释一个段落，则是对儿童的理解做出评价的好办法。研究发现，教给儿童如何扩大知识面和怎样使用阅读方法，能够促进三年级以上儿童的阅读成绩（Dickson et al.，1998；Van Keer，2004）。

（2）数学

小学数学教学丰富了儿童关于数概念和计算的非正式知识。书写符号系统和正规的计算程序促进了儿童数字表征和计算的能力。在小学的前几年，儿童通过频繁练习、对数字概念的推理以及学习有效策略，掌握了基本的数学原理（Alibali，1999；Canobi，Reeve & Pattison，1998）。例如，当一年级儿童懂得，两数相加，无论顺序如何，结果都相同（6＋2＝8 或 2＋6＝8）之后，他们就会把一个较大的数放在前面（6），然后一个一个地加（6＋1＝7，6＋2＝8），这种算法最简单。最终，儿童就能自动得到答案，并把这一知识用到更复杂的问题上。

关于如何教数学的争论和与阅读有关的争论相似。一种观点主张先掌握熟练的计算技能，一种观点认为应该先形成“数字感”，强调对数的理解。同样，把两种观点结合起来是最好的。在学习基础数学的过程中，表现差的学生，使用的算法往往比较繁琐，他们总希望从记忆中快速找到答案。他们常常犯错误，因为他们没有充分地试验并找到最好的方法。所以，在数概念理解上，他们的成绩很差（Canobi，2004；Canobi，Reeve & Pattison，2003）。这表明，教儿童使用正确方法，使他们懂得各种方法的原理，是学好数学的根本。

相似的情况也出现在更复杂的技能中，比如加法进位、减法借位、小数和分数运算等。如果
308 机械地教，儿童不能把这一程序应用于解决新问题。相反，他们会不断犯错，运用他们错误回忆的“数学规则”，因为他们没有理解这个规则（Carpenter et al.，1999）。来看下面的减法错误：

$$\begin{array}{r} 427 \\ -138 \\ \hline 311 \end{array} \qquad \begin{array}{r} 7002 \\ -5445 \\ \hline 1447 \end{array}$$

文化和与语言相关的因素影响了亚洲儿童在数学方面的技能。算盘可以帮助这些日本学生理解数位。在算盘上，无论个位、十位、百位和千位用不同的算珠栏表示，通过移动算珠进行计算。儿童在逐渐熟练地使用算盘的同时，他们学会以这种方式进行思考，有助于他们解决复杂的算术问题。

第一题，儿童的错误表现在，无论个位、十位还是百位，他都是用大数减小数，无论哪个数在上面。第二题，在借位运算时，有零的两位被跳过，直接把减数的十位和百位两个数写在答案上。

多让儿童试验解题方法并理解原理，对解题方法及时做出评价，儿童就会少犯类似错误。研究发现，用这些方法进行教学的二年级学生，不但能掌握正确算法，而且能发明自己的好方法，其中一些比学校教的方法更出色（Fuson & Burghard，2003）。

在亚洲国家，学生在学习数学方面会得到多方的支持，并且常常在数学计算和推理方面表现优秀。例如，十进制帮助亚洲儿童容易掌握数的进位。亚洲语言中数词的结构（十二是 12，十三是 13）使数概念容易理解（Miura & Okamoto，2003）。亚洲数词比较短小，发音简单，因此加快了思维的速度（Geary et al.，1996）。本章后面将讲到，与北美的课程相比，亚洲学校的数学课用较多时间讲解数概念，用于计算训练的时间相对较少。

思考题

复习 举例说明小学生怎样把头脑看作一个主动的建构性的作用者。

应用 在观看了一个展示濒危物种的幻灯片之后，让二年级和五年级儿童尽可能多地回忆看到了哪些动物。请解释为什么五年级儿童比二年级儿童回忆的多。

应用 莉琪知道，如果在学习某项任务的局部出现困难，就应当把额外的注意力集中在那个部分。但是，她从头至尾地练习钢琴曲，而不是练习困难的部分。怎样解释莉琪在进行认知自我调控方面的失败？

反思 在你自己的小学数学学习中，对计算技能的重视程度如何？对概念理解的重视程度又如何？你认为二者之间的平衡是如何影响你对数学的兴趣和表现的？

三、心理发展的个体差异

在小学期，教师们常常靠智力测验来评估心理发展的个体差异。在 6 岁左右，儿童的智商比以前更稳定，与学习成绩有中度相关，相关值一般为 0.5～0.6（Brody，1997）。由于智商能够预测学习成绩，所以它常是教育决策时的一个参考因素。

智力测验能否准确评估小学生从教学中受益的能力呢？让我们了解一下这个备受争议的话题。

1. 智力的定义和测量

所有的智力测验都会产生一个总分（智商）和几个衡量特殊心理能力的独立分数（见第 5 章）。智力是许多能力的集合体，当前已有的测验并不能涵盖所有这些能力（Sternberg et al.，2000）。测验设计者使用**因素分析**技术来查明智力测验所测量的各种能力。这种方法通过数学计算，使一些项目组成一个主成分，在同一主成分中的一个题目上得分较高，在其他题目上也可能得分较高。一个主成分称为一个因素，代表一种能力。图 9.7 列出了儿童智力测验的典型题目。

在课堂上随时进行的智力测验被称为**团体施测测验**（group-administered test）。这种测验可以一次测量很多学生，对制订教学计划以及区分哪些儿童需要做更多的**个别施测测验**（individually administered test），都十分有用。对实施团体型测验的教师只需做少量培训，但个别施测的测验需要做较多的培训并积累一定的经验才能做好。施测者不仅要看儿童的答案，而且要观察儿童的行为，还要记录儿童的行为，如对任务的注意、兴趣，对成人的警惕性等等。这些观察结果可以进一步探查测验分数是否能准确反映儿童的能力。斯坦福—比奈智力量表和韦克斯勒儿童智力量表，这两种个体测验常用于鉴别高智力儿童和有学习问题的儿童。

斯坦福—比奈智力量表（第 5 版）（Stanford-Binet Intelligence Scales，Fifth Edition）是根据阿尔弗雷德·比奈（Alfred Binet）编制的首个成功的智力测验改编而成的，适用于两岁至成年期的所有人。这个最新版本所评估的一般智力包括五个因素：常识、数的推理、视觉空间加工、工作记忆和基本信息加工（如分析信息的速度）。每个因素都包括一个言语分测验和一个非言语分测验，总共 10 个分测验（Roid，2003）。非言语分测验不需要口头言语，在测量英语能力有限、听力受损或存在言语交流障碍的个体时特别有效。 309
常识和数的推理因素强调文化载荷和事实定向信息，例如词汇和算术问题。基本信息加工、视觉空间加工和工作记忆因素则较少受文化影响，它们需要的特定信息很少（见图 9.7 中的空间视觉题目）。

韦克斯勒儿童智力量表（第 4 版）（Wechsler Intelligence Scale for Children，Ⅳ）是在 6～16 岁儿童中广泛使用的测验（Wechsler，2003）。它所测量的一般智力包括四个因素：言语推理、知觉（或视觉—空间）推理、工作记忆和加工速度。每一个因素都由两个或三个分测验组成，共 10 个分测验。WISC-Ⅳ淡化了受文化影响的知识，其中只有言语推理一个因素涉及这样的知识。按照

语言部分例题

词汇　请告诉我地毯是什么意思。

常识　星期四之后是哪一天？

语言理解　我们为什么需要派出所？

相似性　船和火车哪里相像？

知觉一空间推理例题

拼积木　把这些积木块拼成图中的样子。

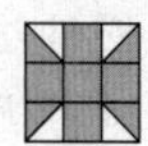
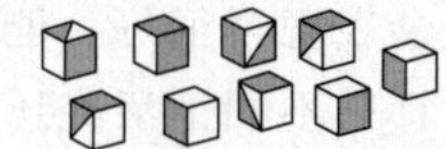

图画概念　从图中的每一排中选出一个放在一起组成一组。

空间视觉　右面五个盒子中，哪一个是用左面的纸盒原料做成的？

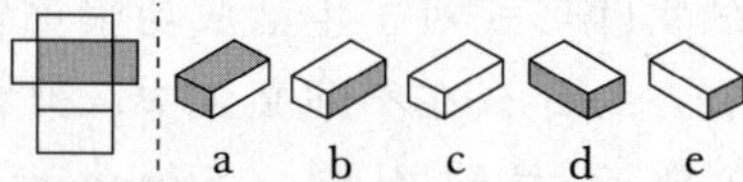

工作记忆例题

数字广度　把下面的数字重复念几遍。现在把这组数字倒过来说一遍。

2，6，4，7，1，8

字母—数字排序　把下面的字母和数字念几遍，然后按顺序说出字母，再说出数字。

8 G 4 B 5 N 2

加工速度例题

符号搜索　左面的符号和右面的符号一样的，标上“是”，不一样的，标上“否”，越快越好。

YES　NO

图 9.7　儿童智力测验中常用的项目

言语项目强调文化载荷和事实定向信息。知觉、空间推理、工作记忆和加工速度等项目分别强调信息加工的不同方面，测量的更多是具有生物基础的技能。

测验设计者的说法，这个测验是现有的最具“文化公平性”的智力测验（Williams，Weis & Kolfhus，2003）。

韦克斯勒儿童智力量表是首个可用于测量美国全国人口，包括少数族群的标准化量表。该量表的以前各个版本都已用于加拿大儿童，并且开发了英文和法文两个版本。

2. 智力定义的新观点

当前，心理测验正在涉及信息加工的各个方面。这种趋势引领一些研究者把定义智力的因素分析方法与信息加工取向结合起来。他们认为，查明与智力因素有关的认知过程，有助于更好地理解某个儿童表现好或差的原因，以及改进其行为所需的能力。这些研究者对儿童心理测验分数进行了主成分分析（componential analyses），试图探查信息加工各方面（或成分）与儿童智力测验分数之间的关系。

研究表明，信息加工速度与智商存在中度相关（Deary，2001）。这意味着那些神经系统功能更有效的个体能快速地获取和操作信息，从而在智力技能方面占优。但是，灵活的注意、记忆和推理方法在预测智商和高效思维方面具有同样重要的作用，它们可解释反应速度和良好测验成绩之间的部分联系（Lohman，2000；Miller & Vernon，1992）。方法运用得当的儿童能获得更多的知识，并且能快速提取知识，这种优势可以延伸到智力测验成绩上。

主成分分析的一个缺点是，它把智力完全归结于儿童的内因。但是在本书中，我们已经多次讲到文化和环境因素是怎样影响儿童思维的。罗伯特·斯腾伯格把主成分分析结果扩展为一个有影响的理论，该理论把智力看作内外因素综合作用的产物。

（1）斯腾伯格的三维智力理论

图 9.8 显示，斯腾伯格（Sternberg，1997，1999，2002）的**成功智力三维理论**（triarchic theory of successful intelligence）划分出三种相互作用的智力成分：分析智力（analytical intelligence），信息加工技能；创造智力（creative intelligence），解决新异问题的能力；实践智力（practical intelligence），智力技能在日常情境中的应用。智力行为就是根据个人目标和个体所在文化的需要来平衡三种智力以取得生活中的成功。

1）分析智力

分析智力由潜藏于智力行为之下的信息加工成分构成：包括运用策略、获得任务相关知识和 310
元认知知识、自我调控等。但是，心理测验中仅涉及几种加工技能，结果往往导致一个很狭隘的智力行为观。前面讲过，部落和乡村社会中的儿童在“学校”知识测验中的表现可能不好，但是他们在校外情境中进行信息加工时却表现得非常出色，后一种情境在大多数西方人眼里被认为具有很大的挑战性。

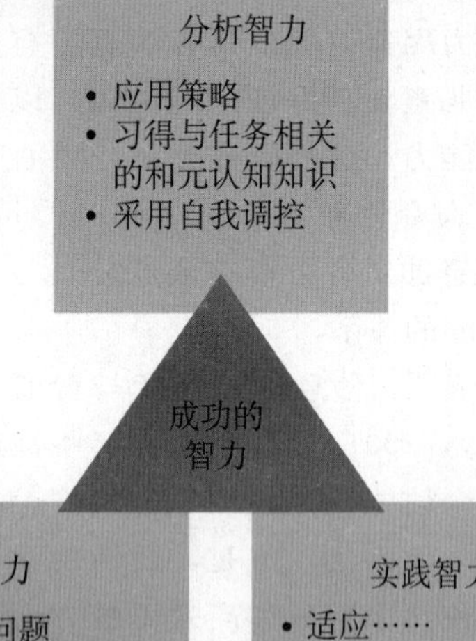

图 9.8　斯腾伯格的成功智力三维理论

行为明智的人会平衡三种相互关联的智力（分析智力、创造智力和实践智力）来获得生活中的成功，这种成功是由他们的个人目标和他们所在文化环境的要求定义的。

2）创造智力

在任何情境中，成功都不仅仅取决于对熟悉信息的加工，还取决于提出解决新问题的好办法。具有创造性的人在面对新事物时的思考比别人更具技巧性。面临新任务时，他们以非常有效的方式运用他们的信息加工技能，并快速把这些技巧自动化，因此他们的工作记忆为更复杂的情境内容留出了空间；他们还能快速转向高水平的行为。所有人都具有一些创造性，但是只有少数人在应对新情境方面表现出色。

3）实践智力

最终，智力是一种实践性的、目标定向的活动，旨在适应、塑造或选择环境。聪明人能巧妙地调整思维，既满足自己的需要，也满足周围人的需要。当不能适应情境时，他们会试图塑造或改变情境以满足需要。如果不能塑造情境，他们就会选择能更好地与其技能、价值观或目标相匹配的新情境。实践智力提醒我们，智力行为须臾离不开文化影响。具有特定生活经历的儿童，在智力测验中会表现得很好，能轻松地适应测验条件和任务。具有不同生活经历的其他儿童，可能会回答错误，甚至拒绝测验。但是这些儿童往往在日常生活中表现出复杂而老练的能力，例如讲故事、参与复杂的艺术活动或巧妙地与别人交往。

三维理论强调智力行为的复杂性以及当前智力测验在测量复杂性上的局限。例如，在学校以外，智力的实践形式对于生活成功很重要，它们有助于解释，为什么在不同文化中，被看作智力的行为有那么大的不同（Sternberg et al.，2000）。当研究者询问不同族群的父母，他们对一个聪明的一年级学生怎么看时，美国白人提到的是认知特质。而一些少数族裔（柬埔寨、菲律宾、越南和墨西哥移民）却很看重非认知能力，比如动机、自我管理和社交技能（Okagaki & Sternberg，1993）。按照斯腾伯格的观点，心理测验可能会低估或高估一些儿童的智力优势，特别是少数族裔儿童。

（2）加德纳的多元智力理论

在解释智力行为的内在信息加工技能的理论方面，加德纳（Gardner，1983，1993，2000）的**多元智力理论**（theory of multiple intelligences）根据不同的加工操作给智力下定义，这些操作使个体能够参与各种被文化认同的活动。加德纳抛弃了一般智力的观点，提出至少存在八种独立的智能（见表 9.1）。

表 9.1　加德纳的多元智力理论

智能	加工操作	可能从事的职业
语言能力	对词语的声音、韵律、意义和语言功能很敏感。	诗人、记者
逻辑数学能力	对逻辑或数字信息敏感并有较强的探查能力；善于做出多步骤的逻辑推理。	数学家
音乐能力	能表现并欣赏音乐的音高、节奏（或音调）和艺术美感。	演奏家、作曲家
空间能力	能准确感知视觉—空间世界，在感知基础上进行转换，在无相关刺激时对视觉经验的不同方面进行再造。	雕塑家、航海家

续前表

智能	加工操作	可能从事的职业
身体运动能力	能够熟练地做出各种身体动作，达到指定目标；能够熟练地操作物体。	舞蹈家，运动员
自然能力	能够对各种动物、矿物和植物进行识别和分类。	生物学家
人际能力	能够探查别人的心境、气质、动机和意图并做出适当的反应。	临床医生、销售员
个人能力	能够区分复杂的内心情感并且运用这些情感指导自己的行为；了解自己的优点、弱点、愿望和智力状况。	需要详细、准确的自我认知的职业

资料来源：Gardner，1993，1998a，2000.

加德纳认为，每种智力都具有特殊的生物基础、独特的发展历程以及不同的专长或“终极”表现。他强调，把一个具有某种自然潜能的人转变为一个成熟的社会角色都需要长期的教育过程
311 (Torff & Gardner，1999)。文化价值观和学习机会影响着儿童的智力优势能否被发现及其表现形式。

根据加德纳的观点，儿童至少存在八种不同的智能。当这些孩子对他们在树林和草地采集的野花进行分类的时候，这些活动会促进他们自然能力的发展。

加德纳所列举的能力还需确切的研究依据。但有关不同能力的相互独立的生物学证据还很少。一些有异常天赋的人，其能力往往很宽泛，并不局限于某一特殊领域（Goldsmith，2000）。心理测验的研究者认为，加德纳提到的智力中的几种（语言能力、逻辑数学能力和空间能力）具有一些共同特征。无论如何，加德纳还是唤起了人们对智力测验没有涉及的一些能力的关注。例如，他说的人际能力和个人能力包括了应对他人、理解自己的能力。如同本节的“毕生发展观”专栏所揭示的，研究者正在尝试定义、测量和促进这些能力，这些能力对满意、成功的生活来说的确很重要。

3. 对智商个体差异和群体差异的解释

当我们根据学习成绩、受教育年限和职位等对不同的人加以比较的时候，会发现人群中的一些人比另一些人优秀。在解释这些差异时，研究者比较了不同种族和不同社会阶层群体的智商分数。北美黑人儿童的平均智商和白人儿童的智商差距在过去已逐渐缩小，但仍有 15 分的差距（Hedges & Nowell，1995；Loehlin，2000；Rushton & Jensen，2003）。西班牙裔儿童的智商则处于黑人儿童和白人儿童之间（Ceci，Rosenblum & Kumpf，1998）。

中、低社会阶层儿童之间的智商差距大约为 9 分。社经地位可以对黑人—白人之间的智商差距做出部分解释，但不是全部。控制了父母文化水平和经济收入，会使黑人和白人之间的智商差距减少 1/3到 1/2（Brooks-Gunn et al.，2003；Smith，Duncan & Lee，2003）。当然，在每个族群和社会阶层群体内部存在一定的变异。这些智商的群体差异很大并且这些群体差异的结果非常严重，不可忽视。

20 世纪 70 年代，心理学家阿瑟·詹森（Arthur Jensen，1969）发表了一篇极具争议的文章《我们能把智商和学习成绩提高多少》，此后，关于智商的先天—后天争论越来越激烈。詹森至今仍然认为，遗传在很大程度上是造成智商个体差异、族群差异和社经地位差异的原因（Jensen，1998，2001）。他的观点反响巨大，并引发了大量研究。后来，这场争论被理查德·赫恩斯坦和查尔斯·穆雷的书《正态曲线》重新点燃（Richard Herrnstein & Charles Murray，1994）。这两位研究者和詹森一样，认为遗传对智商的个体差异和社会阶层差异有重要影响。虽然他们没有得出确切的结论，但他们认为，遗传在黑人—白人智商差距上起着重要作用。下面介绍一些有关的研究证据。

专栏 毕生发展观

社会智力和情绪智力

课间休息时，五年级女生穆里尔给班上的女生发了生日晚会邀请信，只是没给克莱尔，当同学们兴奋地议论着晚会的时候，克莱尔在一旁沮丧地看着。这时，穆里尔的朋友杰西卡看上去很不平静。她把穆里尔拉到一边，大声说："你为什么那样做？你伤害了克莱尔的感情，你让她很尴尬！既然你带着邀请信来学校，就应该发给每一个人。"放学以后，杰西卡安慰克莱尔，她说："如果不邀请你，我也不去了！"

杰西卡的智商只略高于平均水平，但是她在社交方面表现出色。早期的心理能力理论家承认**社会智力**（social intelligence），但他们的研究不多。20世纪60年代以后，研究者开始编制最早的社会态度测验，测量青少年和成人理解别人想法、情感以及采取有效方法解决社交问题的能力。有研究报告了社会分数与智商之间呈中度的正相关。因素分析表明，社会智力与非社会智力一样由多种能力组成（Kihlstrom & Cantor，2000）。例如，杰西卡察觉到克莱尔的感受，敏感地与她交心，表现出成熟的道德感和自信的自我表达。

以前称为社会智力的能力，现在被称为情绪智力，这是一个引起大众注意的术语，一本畅销书作者认为它是一种被忽视的能力，对成功的生活有很大的促进作用（Goleman，1995，1998）。**情绪智力**（emotional intelligence），指**加工和接收情绪信息的能力**（Salovey & Pizzaro，2003）。为了测量这种能力，研究者编制了涉及情绪能力各个方面的题目。一项测验让人们识别和评价面孔照片中表达的内在情绪（情绪感知），在社会情境中对情绪进行推断（情绪理解），评估消极情绪控制策略的有效性（情绪调节）。对成百上千测试者分数的因素分析证实，确实存在着一些情绪能力和一个更高级别的一般因素（Mayer，Salovey & Caruso，2003）。

和社会智力一样，情绪智力与智商有中度相关。它与青少年和成人的自尊、同情、亲善行为和生活满意度呈正相关，与攻击性和吸毒呈负相关（Bohnert，Crnic & Lim，2003；Law et al.，2004；Wilhelm，2005）。在这一领域，情绪智力可以预测各方面的成功行为，包括领导力、团队合作和职业表现（Abraham，2005）。

可用于儿童的情绪智力测验不多，这些测验需要对教师进行认真培训，训练他们在日常活动中观察和记录儿童的情绪技能，从父母那里收集信息，并且考虑种族背景（Denham，2005；Deham & Burton，2003）。随着更多、更好的测量工具的出现，它们可以帮助人们区分那些社交能力和情绪能力差、应当接受干预的儿童。但是一些研究者担心，情绪能力分数会导致心理学者和教育者把儿童进行简单比较，忽略"情绪和社会行为的适应性常根据不同情境发生变化"的事实（Saarni，2000）。

现在社会智力和情绪智力概念越来越受到教师们的关注，他们逐渐意识到，如能在教育中提供机会，让学生满足社交和情感需要，促进他们的适应（Graczyk et al.，2000）。采用主动的学习方法，在课堂内外多让学生做实际技能的练习，教儿童理解情绪，尊重和关心别人，调节情绪并抵制同伴的欺负，这样的课程正在被越来越多的教师们使用（Goetz et al.，2005）。

左边的儿童表现出较高的情绪智力，她细心地发现朋友很伤心，于是给她安慰。因为情绪智力与自尊和亲善行为呈正相关，所以越来越多的教师采用了促进情绪和社交技能的课程。

（1）天性对教养

在第2章，我们介绍了遗传力估计值（heritability estimate）的概念。遗传力是通过比较家庭成员的亲缘关系获得的。有关遗传对智商作用的最有力证据来自对双生子的比较。同卵双生子（具有相同基因）的智商分数比异卵双生子（在基因上和普通兄弟姐妹没有什么区别）更相似。根据这个证据和其他亲缘证据，研究者估计儿童中大约一半的智商变异可归于遗传。

312 然而，遗传力存在高估遗传影响和低估环境影响的危险。虽然这些测量提供了令人信服的遗传影响智商的证据，但是对遗传作用究竟有多大，仍有分歧（Grigorenko，2000；Plomin，2003）。并且遗传力不能揭示儿童发展过程中遗传和经验影响智力的复杂过程。

与遗传相比，领养研究提供了更丰富的信息。在一项研究中，生母智商位于两个极端组（一组
313 智商低于95，另一组智商高于120）内的儿童，出生后即被收入和教育在平均水平之上的家庭领养。在学龄期，生母智商较低的一组儿童，其智力测验分数高于智商的平均水平，说明优越的家庭生活可以明显提高测验成绩。但是他们没有生母智商高且同样被领养的儿童表现得好（Loehlin，Horn & Willerman，1997）。领养研究肯定了遗传和环境对智商的共同影响。

一些有趣的领养研究揭示了黑人—白人之间的智商差距。如果非洲裔美国儿童在出生后的第一年被一个高经济收入家庭领养，他们在智力测验上的得分会很高。在两项这样的研究中，被领养的黑人儿童在小学期的平均智商分数为110和117，比生长在低收入黑人社区中儿童的一般分数高出20～30分（Moore，1986；Scarr & Weinberg，1983）。被领养的黑人儿童在青少年阶段的智商有所下降，或许因为这些少数族裔青少年在形成种族认同感的过程中遇到困难，他们的种族认同感混合了他们的出生背景和领养背景。当这一过程被情感骚动干扰时，可能会削弱他们的测验动机和学习动机（DeBerry，Scarr & Weinber，1996；Waldman，Weinberg & Scarr，1994）。不过，被领养的黑人儿童的智商分数仍然保持在低收入非洲裔美国儿童的平均智商分数之上。

领养研究结果不能完美地解释智商的种族差异问题。然而，在"测验和学校环境中长大"的黑人儿童的智商分数与"贫穷严重抑制了少数族裔儿童智力发展"的大量证据相一致。

(2) 文化的影响

关于智商的族群差异，尚存争议的一个问题是，这些族群差异是否由测验偏见（test bias）所致。如果所测的知识技能并非所有儿童群体都有同样机会可以学习到，如果测验情境对一些群体的回答不利，对另一些群体有利，那么这种测验就是有偏差的、不公平。

一些专家否认智力测验有偏见，声称智力测验可以代表各种文化中的成功行为。根据这种观点，由于智商能够公平地预测主流民族和少数族裔儿童的学习成绩，所以智商测验对于这两个群体是公平的（Brown，Reynolds & Whitaker，1999；Jensen，2002）。另一些专家则持一种更宽泛的测验偏见观点。他们认为，与某些交流方式和知识接触甚少，或人们对一些族群的成见，可能降低儿童的成绩（Ceci & Williams，1997；Sternberg，2002）。

1) 交流方式

少数族裔家庭有时会培养一些独特的语言技能，它们与正规的课堂教学和测验情境的期望并不符合。在海斯的一项研究中，她在美国东南部一个城市的低社会阶层的黑人家庭花很多时间进行观察（Heath，1990）。她发现，非洲裔美国父母很少问孩子知识训练式的问题（"这是什么颜色?""这个故事说的什么?"），这些问题是中产阶级白人家长以及测验中和课堂上的提问方式。相反，黑人家长只问"真正"的问题，那些他们自己可能无法回答的问题。这些问题涉及类比（"那东西像什么?"）或引起一个故事（"今天早晨迪蒂娅听萨利小姐的话了吗?"），这些问题需要根据个人经验做出详细回答，并且没有"正确"答案。

这些经验使低社会阶层的黑人儿童能在家里学到复杂的语言技能，比如讲故事和机敏的互相评论。但他们的语言强调对情绪和社会性的关注，而不是与事件有关的真相。所以，黑人儿童可能被他们在测验或课堂上遇到的"客观性"问题难倒。

很多文化水平不高的少数族裔家长在和孩子一起做事时喜欢合作的交流方式。他们以一种合作的、不固定的方式在一起干活，大家一起关注同一件事。这种成人—儿童的参与模式在美国和加拿大原住民、因纽特人、西班牙裔和危地马拉的玛雅文化中都存在（Chavajay & Rogoff，2002；Crago，Annahatak & Ningiuruvik，1993；Delgado-Gaitan，1994）。而上学比较多的家长，他们和孩子的交流方式是垂直的，就像课堂上师生间的交流方式一样。家长让每个孩子做一件事的一部

一对美国印第安祖孙在干着同一件事（做面包），她们干得很熟练。跟许多文化水平不高的少数族裔家长一样，这个祖母与孙女使用了一种合作的交流方式。因为这些儿童不习惯课堂上那种垂直的交流方式，他们可能在测验和学习上表现较差。

分，然后每个孩子独立完成。家庭与学校实践之间这种明显的不连续性，可能是造成低社会阶层的少数族裔儿童智商和学习成绩较差的原因（Greenfield，Quiroz & Raeff，2000）。

2）测验内容

一些研究者认为，智商分数还受到所接受的信息的影响，这些信息是主流文化教养的一部分。例如，低社会阶层的非洲裔美国儿童常在心理测验的词汇上犯错，这些词语在他们的文化环境中具有不同意义：frame（结构、框架）可以指“男
314 人的体形”，wrapping（包装材料）可以被解释为“rapping”（流行音乐）（Champion，2003a）。

遗憾的是，减少事实定向的言语任务，仅靠空间推理和操作项目（被认为受文化的影响很小），这些尝试都不能提高低社会阶层的少数族裔儿童的智商分数（Reynolds & Kaiser，1990）。即便是这些非言语测验项目也要靠学习。例如，用积木块拼图以及玩视频游戏，有助于正确回答空间测验项目（Dirks，1982；Subrahmanyam & Greenfield，1996）。低收入少数族裔儿童，常常在以人为定向而不是以物为定向的家庭中成长，较少玩促进智力技能的玩具和游戏。

儿童在学校里待的时间的绝对数量，是一个能预测智商的因子。把不同年级的同龄儿童做比较，那些在学校时间比较长的学生，在智力测验中得分较高（Ceci，1991，1999）。总之，这些结果意味着，儿童接触实际知识和课堂上重视的思维方式的多少，对他们的智力测验成绩影响很大。

3）成见

假设人们都认为你们组的成员没有能力，你们小组却想在一项活动中取得成功，这时会发生什么呢？**成见威胁**（stereotype threat）指害怕被别人根据消极成见做出判断，它会引发焦虑，影响学习成绩（Steele，1997）。不断有证据显示，成见威胁无论对儿童测验，还是对成人测验，都有负面影响。例如，研究者向6～10岁的非洲裔、西班牙裔和白人儿童呈现一些言语任务。告诉一些儿童这些任务“不是测验”，告诉另一些儿童这些任务“是关于儿童学校表现的测验”（McKown & Weinstein，2003）。在那些有种族成见（如黑人不聪明）的儿童心目中，非洲裔和西班牙裔美国儿童在“测验”情境下的成绩比在“不是测验”的情境下表现要差得多。而白人儿童在两种情况下的表现差异很小（见图9.9）。

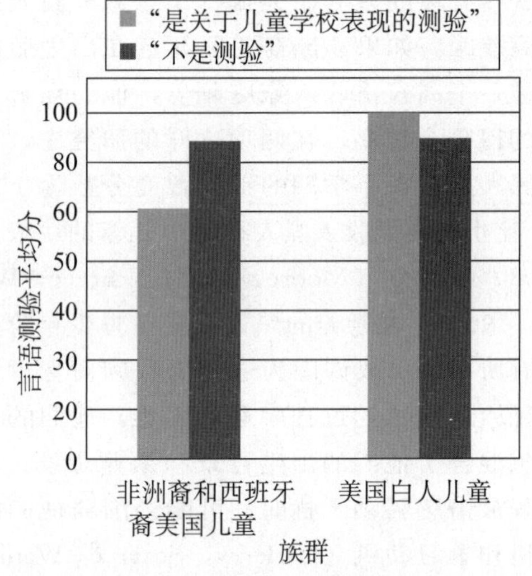

图9.9 成见对测验成绩的影响

在具有种族成见的非洲裔和西班牙裔美国儿童中，告知言语任务“是关于儿童学校表现的测验”与告知任务“不是测验”相比，会导致更差的测验成绩。两种情境对美国白人儿童的成绩基本无影响。

资料来源：McKown & Weinstein，2003.

在整个小学期，儿童逐渐认识到族群成见，对那些被打上烙印的群体特别留意。进入初中以后，许多低社会阶层的少数族裔学生开始认为，在学校表现好坏对他们并不重要（Major et al.，1998；Osborne，1994）。成见威胁引发的自我保护式的逃离

学校的倾向，可能是造成这种现象的原因。这种动机削弱可能造成严重的长期后果。研究表明，自我约束（努力和延迟满足）可以预测学校成绩，至少与智商的预测作用相同，有时还会高于智商的预测作用（Duckworth & Seligman，2005）。

4）减少测验中的文化偏见

虽然并非所有专家都赞成，但是许多人承认智商分数可能低估了不同文化中的儿童智力。一种做法值得特别注意，那就是，把少数族裔儿童说成是学习落后儿童，把他们分到矫正辅导班中，而那里的刺激远远少于正常的学校教学。由于存在这种危险，测验分数需要与儿童适应行为测量结合起来，儿童的适应行为是指他们应对日常环境所需要的能力。有些儿童虽然在智商测验中表现很差，但他们也许会在操场上玩复杂的游戏，也许知道怎样修好一台坏掉的电视机，这些儿童不会心理失调。

此外，与文化有关的测验程序会提高少数族裔儿童的测验成绩。在一种称为**动态评估**（dynamic assessment）的方法中，成人把目的教学引入测验情境，查明儿童在社会支持下能学到什么，这种方法与维果茨基的最近发展区观点一致。研究表明，儿童对教学的接受能力和他们把学到的东西转化成解决新问题的能力，对测验得分有一定影响（Lidz，2001；Sternberg & Grigorenko，2000）。但是，动态评估在预测学习成绩方面并不比传统测验有效。更多的一致性可能出现在课堂上，课堂上的教学互动有点像动态评估，也就是，“因人而宜”地认真选择教学内容，帮助儿童超越当前的发展水平（Grigorenko & Sternberg，1998）。

但是，北美教育更强调传统测验分数，而不是利用测验去促进高质量的课堂学习。促进差生学习成绩的努力引发了一场高标准测验（high-stakes testing）运动，即学校根据儿童的测验成绩来提高他们的成绩。本节的“社会问题”专栏显示，越来越强调通过标准化测验，正在使教学的焦点更集中，这可能扩大因教育而导致的社经地位差异和族群差异。

鉴于智力测验存在许多问题，它是否应该在 315
学校停止使用？多数专家认为，这种解决方法不可取。如果没有测验，政府就只能根据主观印象制定教育政策，这会增大错误对待少数族裔学生的可能。只要心理学者和教育者对测验做出详细解释，并充分考虑文化对测验成绩的影响，那么智力测验还是有效的。虽然有局限，但是智商分数对西方大部分儿童来说，仍然是对学校学习潜质的有效测量。

在加拿大纽纳威克（Nunavik）的一个因纽特儿童课堂上，教师正在使用动态评估。运用这种评估，教师把有目的的教学引入测验情境，创设一个最近发展区，可以更好地测量一个儿童在社会支持下可能学到的内容。少数族裔的很多儿童在动态评估中的成绩好于传统测验。

思考题

复习　运用斯腾伯格的三维理论和加德纳的多元智力理论，解释目前使用的智力测验在测量人的智力多样性方面的局限性。

应用　朗尼是一个四年级的非洲裔美国学生，他的家庭作业做得不错。但是，当老师说“现在要做一个测验，考考你们学了多少”的时候，他的表现却很差。怎样用成见威胁来解释这种不一致？

联结　动态评估与维果茨基的最近发展区和脚手架观点在哪些方面是一致的？

反思　你是否认为智力测验带有文化偏见？什么样的观察和证据影响了你的看法？

专栏 社会问题

高标准测验

为了更好地履行学校教育学生的义务，过去20多年，美国许多州和加拿大一些省规定，学生必须通过中学毕业考试。随着高标准测验的普及，学校逐步推广他们的测验教学计划，并向下扩展到小学。美国一些州和学区的升级认证（纽约市从三年级开始）和中学的课程认证也以测验分数为依据（Gootman，2005）。

2002年由国会授权的《美国不让一个儿童落后法案》（U.S. No Child Left Behind Act）把高标准测验加以推广，用于区分“合格”和“不合格”的学校。该法案规定，各州要根据年度成就测验来评价每个公立学校的质量并公布结果。连续表现差的学校（根据未通过测验的学生比率）必须向家长提出改进其子女成绩的意见，比如，转到附近成绩较好的学校或进入辅导班。一些州允许进行校际比较，对高分学校予以奖励，对低分学校给以惩罚。奖励措施有对学校教职员工的表彰和奖金，惩罚措施有取消授权、州政府接管和强行关闭。

高标准测验的支持者认为，它使课堂教学更严密，促进学生的动机和成绩，淘汰成绩差的学校，使学生免受这类学校的坑害。但是越来越多的证据表明，高标准测验常常会削弱而不是提高教育质量。

例如，加拿大的一项研究检验了要求学生通过英联邦中学毕业考试对八年级、十年级和十二年级科学教学的影响。通过观察班级和访谈教师，他们发现，有些十二年级的教师为了突出测验中需要记忆的内容，缩小了教学范围。结果，八年级和十年级学生在某些方面比十二年级学生做得还好。他们做了进一步实验，从更深层次探讨问题，并且做了批判性思考（Wideen et al.，1997）。

另一个关注点是，高标准测验使学生的恐惧感增强，这不利于改进教学和学习。当学生表现差的时候，校长和老师会担心失去投资和工作。那些已经升级的学生，甚至高年级学生，都会考试失败，因为时间有限的多选题测验只涉及课堂上学过的一小部分技能（Sacks，1999）。最有可能成绩差的学生是生活贫困的少数族裔青少年。当他们受到考试不及格和留级的惩罚时，其自尊和动机会大幅下降，甚至会退学（Kornhaber，Orfield & Kurlaender，2001）。马萨诸塞州的研究表明，忽视教师评定（全面考虑其努力程度和能力），仅靠测验分数来评价学生，会加大白人学生和黑人学生之间的差距以及男孩和女孩在数学和科学方面的差距（Brennan et al.，2001）。

由高标准测验引发的为测验而教学的趋势，与那些在学习成绩跨文化比较中名列前茅的国家为加深理解进行的教学，形成了鲜明对比（见本章345页）。即便是为测验准备投入了成百上千个学时，还会有千分之十几的加拿大和美国学生因不能通过毕业考试而无法毕业。举个例子，加拿大安大略省有6万多中学高年级学生，大多数是社经地位低的少数族裔、不精通英语的移民或有学习问题的学生，在2005年都有无法毕业的危险，因为他们未能通过十年级读写能力考试（OSSTF，2005）。大多数人会重考，但是一些人会重复失败并且永远不能毕业，对他们的生活造成可怕影响。显然，许多有关高标准测验的问题有待进一步解决，包括种族和性别公平，以及这种测验所声称的可以促进学校改革、让儿童青少年成为好学生的可疑效力。

当前的高标准测验运动强调以标准化测验作为评价和提高学生成绩的手段。结果，许多班级把辅导学生应对测验当作教学重点。

四、语言发展

小学时期的语言发展虽然不如幼儿期那样快，但是词汇、语法和语用还是有明显进步。小学生对语言的态度也发生了根本性的转变。他们形成了语言意识（language awareness）。

学校教育对语言能力的影响巨大。对语言进行思考在阅读教学中很普遍。流利的阅读是语言学习的一个新渠道（Ravid & Tolchinsky，2002）。本节将介绍，语言思维能力是怎样在读写中取得进步、又怎样促进了语言技能的。

1. 词汇

在小学阶段，词汇增加了四倍，最终超过4万个单词。平均来看，儿童每天学习大约20个新单词，增长率超过幼儿期。除了第7章中讨论的词汇学习策略，小学生还通过分析复杂词语的结构来增加他们的词汇。从happy（高兴，形容词）和decide（决定，动词）当中，他们很快就得出happiness（幸福，名词）和decision（决策，名词）的意义（Anglin，1993）。他们还能根据情境指出更多词语的意义（Nagy & Scott，2000）。

幼年时，儿童与比较健谈的人谈话很有好处，特别是在谈话伙伴较多地使用并解释复杂词语的情况下（Weizman & Snow，2001）。但是，由于书面语言比口头语言包含更多样、更复杂的词汇，所以在小学时期和青少年期，阅读对词汇增长有很大影响。每天独立阅读21分钟的儿童，每年会接触近200万单词（Cunningham & Stanovich，1998）。

由于小学生的知识得到更好的组织，小学生能更准确地思考和使用词语，这能从他们给单词下的定义中看出来。5～6岁的儿童能具体描述事物的功能或外表。例如：knife（刀）“是切胡萝卜的时候用的”；bicycle（自行车）“有轮子、链子和扶手”。到小学末期，出现了描述类属关系的同义词和解释。例如，knife（刀）“是一种切东西的工具。锯看起来像一把刀。它还能当武器”（Wehren，De Lisi & Arnold，1981）。这种进步显示出，年长儿童能在完整的言语层次上处理词语的意义。他们只需凭借某个定义，就能把新词添加到他们的词汇中。

小学生对语言更多的思考和分析使他们能够鉴别词语的多种意义。例如，小学生认识到，许多单词（如cool和neat）具有与物理意义相同的心理意义：“多酷（cool，或凉爽）的衬衫！”“那部电影真的很优雅（neat，或很棒）！”这种双重含义的掌握使8～10岁儿童能够理解微妙的比喻，
316 比如，“像针一样尖锐（非常机灵）”，“撒出豆子（说漏嘴）”（Nippold，Taylor & Backer，1996；Wellman & Hickling，1994）。它还能增强儿童的幽默感。经常从他们嘴里听到在一个关键词的不同意义上来回转换的谜语和双关：“Hey，did you take a bath?”（“take a bath”在英语中有两种意义，“洗澡”或“投资失败”）“Why，is one missing?（怎么，我失败了吗?）”

2. 语法

小学期间，复杂语法结构的熟练程度有所提高。例如，说英语的儿童能更多地运用被动语态，他们常把句子从简化结构［“It broke（它碎了）”］
扩展为完整的句子［“The glass was broken by 317
Mary（这个杯子被玛丽打碎了）”］（Horgan，1978；Pinker，Lebeaux & Frost，1987）。虽然被动语态较难掌握，但是语言习惯使这种难度有大有小。如果成人所说的语言强调被动态，比如因纽特语（加拿大北极地区因纽特人所说的语言），儿童能更早地使用被动语态（Allen & Crago，1996）。

小学时期在语法方面的另一个进步表现在对不定式短语的理解上，例如，“John is eager to please（约翰渴望满足）”和“John is easy to please（约翰容易满足）”之间的区别（Chomsky，1969）。与词汇上的进步一样，区分这些微妙的语法差别，还要靠语言分析和反思能力的提高。

3. 语言运用

语言运用（pragmatics），即语言的交流方面，也有了进步。在具有挑战性的交流情境中，比如，描绘一组相似物体中的一个，儿童需要适应听众的要求。幼儿可能说不明白（“那个红色的”），但小学生可以说准确：“那个红色、圆形、上面带条纹的。”（Deutsch & Pechmann，1982）交谈方法也越来越完善。例如，年长儿童能更好地描述事物以达到目的。当面对一个拒绝交出他们想要物体的成人时，9岁儿童，而不是5岁儿童，会更礼貌地提出他们的第二个要求（Axia & Baroni，1985）。

在小学时期，由于记忆力和采纳听者观点能力提高，儿童的叙述在结构、细节和表达方面都有改进。4～5岁儿童对过去事情的典型说法是：“我们去了湖边。我们撒开钓竿，然后等着。保罗钓到一条大鲶鱼。”而6～7岁儿童会加进导向性信息（时间、地点、人物）和使叙述更流畅的一些连词（“其次”、“然后”、“于是”、“最终”）。渐渐地，叙述以一种经典形式变得完整，事件不但有高潮，还有结尾：“保罗把鲶鱼拽上岸，爸爸把

它洗干净，放进锅里煮。然后我们把它全吃光了！”最后的评论也多起来，8～9岁孩子这样说：“鲶鱼味道好极了。保罗真令人骄傲！”（Bliss，McCabe & Miranda，1998；Ely，2005）

儿童善于学习生活中重要成人的叙述方式，他们的叙述在不同文化中有很大差别。例如，大多数北美小学生使用*紧扣话题的方式*（topic-focused style），即按照从头至尾的顺序来描述一段经历，而非洲裔美国儿童则常常使用*与话题相关的方式*（topic-associating style），他们把一些相似的经历串起来。一个9岁儿童叙述自己怎么拔牙，然后说他的妹妹拔牙，又接着说她怎样把乳牙弄掉，并且总结说：“我是一个拔牙专家……给我打电话啊，我要挂断了。”（McCabe，1997，p. 164）所以，非洲裔美国儿童的叙述通常比白人儿童更长、更复杂（Champion，2003b）。

有条有理的口头叙述能力促进了阅读理解，给儿童做出更长、更详细的书面叙述打下基础。在家人经常一起吃饭的家庭，儿童的语言和读写能力发展处于领先位置，或许是因为就餐时间提供了许多讲述个人经历的机会（Beals，2001）。

一个男孩正在给一位身穿沙特阿拉伯游牧民族贝都因人传统服饰的祖辈讲故事。儿童的叙述在不同文化中存在很大差异，反映了他们生活中重要成人的叙述方式。

4. 双语学习

乔伊和莉琪只会说一种语言，即他们的母语英语。但是在世界各地，许多儿童小时候在*双语*环境中长大，学习两种语言，有时甚至多于两种。约15%的美国儿童（600万）在家里说英语以外的另一种语言（U. S. Census Bureau，2006b）。12%的加拿大儿童（近70万）的母语既非英语也非法语，而这两种语言是加拿大的官方语言。在魁北克这个说法语的省，41%的人口是英—法双语者。在其他的英语省中，英—法双语者的比率约占10%（Statistics Canada，2003b）。

（1）双语的发展

儿童掌握双语有两种方式：一是在幼儿期同时习得两种语言；二是在掌握第一种语言之后，再学习第二种语言。会说两种语言的家长在幼儿期会同时教给儿童两种语言，于是他们掌握了存在于周围环境中的正常母语和同母语一样好的第二种语言，关键在于他们的接触程度（Genessee，2001）。如果小学生在掌握一种语言之后学习第二种语言，通常要花3～5年才能和以该种语言为母语的同龄人一样流利（Hakuta，1999）。

和第一语言发展一样，第二语言发展也有*敏感期*（sensitive period）。对于大多数第二语言学习者，为了达到完全熟练，必须从儿童期的某个
时候开始学习。但是第二语言学习能力下降的准 318
确年龄尚不清楚，从儿童期到成年期，随着年龄增长，第二语言学习能力会持续下降（Hakuta，Bialystok & Wiley，2003）。

大量研究表明，双语对发展有积极影响。两种语言都流利的儿童在选择性注意、分析性推理、概念形成和认知灵活性测验中的成绩更好些（Bialystok，1999，2001）。他们还在语言意识的某些方面有优势，比如对语法和意义错误的觉察。而且儿童容易把一种语言的语音意识迁移到另一种语言中（Bialystok & Herman，1999；Bialystok，McBride-Chang & Luk，2005）。如前所述，这些能力有助于提高阅读成绩。

（2）双语教育

双语的优势为学校的双语课程提供了有力依据。在加拿大，约7%的小学生参与了*语言渗透教学项目*（language immersion programs），说英语的儿童在参加该项目之后，要接受几年完整的法语教学。这种策略在精通两种语言且仍处于发展中的儿童身上已获得成功，到了六年级，他们取得了与接受正常英语课程的同伴一样好的成绩（Harley & Jean，1999；Holobow，Genesee & Lambert，

1991；Turnbull，Hart & Lapkin，2003)。加拿大的学校还被鼓励提供保持移民语言和文化的课程，并建议他们学好官方语言（英语或法语)。虽然这样的课程所占课时不多，但是对其资助却在不断增加。

在给新近移民到美国的低社会阶层的三年级小学生开设的英语—西班牙语双语教学班上，儿童的第一语言和第二语言被整合进课程，使儿童更愿意学习，主动参加课堂讨论，并能较容易地学好第二语言。

在美国，关于“如何最好地教育英语能力有限的少数族裔儿童”这个问题，人们的分歧很大。一些人认为，花在母语交流上的时间削弱了儿童的英语成绩，后者对取得学校和职业成功非常重要。另一些教育者主张一面发展少数族裔儿童的母语，一面促进他们的英语学习。对母语的教学指导会让少数族裔儿童感到他们的传统受到了尊重。它还阻止了半语化（semilingualism)，即两种语言都没学好。有些少数族裔儿童因为学习第二语言，逐渐丢掉母语，结果两种语言都受到限制，在以后的学习中遇到严重的困难（Ovando & Collier 1998)。半语化被认为是造成低社会阶层的西班牙裔青少年学习失败和退学率高的原因，这些儿童占美国少数族裔人口的50%。

目前，社会大众和教育实践都主张仅使用英语进行教学。美国许多州已经通过法律，宣布英语为官方语言，在这些地方，学校没有义务用英语以外的语言对少数族裔儿童进行教学。但是在课堂上，两种语言都可能在课程中出现，少数族裔学生更多地参与学习并更容易学会第二语言。相反，如果老师只说一种儿童几乎不懂的语言，儿童会表现出沮丧、厌烦和退缩（Crawford，1997)。

美国一些支持英语单语教学的人常以加拿大语言渗透教学项目的成功作为佐证，该项目在班级课程中采第二语言对少数族裔儿童进行教学。这些儿童的家长是自愿把孩子送到渗透课程班的，而且法语和英语都是官方语言，在加拿大具有同等地位。对美国的非英语少数族裔儿童来说，他们的母语并不被社会普遍接受，采取一个不同的方法似乎有必要：在儿童学习英语的同时能够促进其母语技能的策略（Cloud，Genesee & Humayan，2000)。

思考题

复习 举例说明语言意识是如何促进小学生语言发展的。

应用 10岁的莎娜结束足球训练回到家，她说：“我被干掉了!”她的5岁小妹妹梅根没听明白：“什么是干掉了，莎娜?”解释莎娜和梅根对这种表达的不同理解。

联结 双语教学怎样促进了少数族裔儿童认知和学习的进步?

反思 你是在家里还是在学校学到第二语言的？是什么时候开始学的？你的第二语言熟练程度如何？结合双语化的研究说明，你的第二语言学习导致了哪些变化？为什么？

五、学校学习

319 本章列举的研究证据均表明，学校是儿童认知发展的重要因素。学校是如何发挥影响的呢？把学校看作复杂社会系统（包括班级规模、教育理念、师生关系和大文化环境）的研究提供了一些重要见解。当你学习这些内容的时候，可参考本节的“学以致用”表，其中概括了小学高质量教育的特点。

1. 班级规模

每个学年开始的时候，乔伊和莉琪的妈妈丽娜都会给校长办公室打电话询问："乔伊和莉琪所在的班级有多少人?"她的关心是有道理的。在一项大规模的现场实验中，田纳西州的6 000多名学前班儿童被随机分配到三种班级中：第一种是小班（13～17名学生），第二种是只有一名教师的常规班（22～25名学生），第三种是外加一名全职助教的常规班。三种班型一直持续到三年级。结果，小班学生，尤其是少数族裔学生，每年的阅读和数学成绩都较高（Mosteller，1995）。外加一名全职助教的常规班没有任何影响。从学前班到三年级都待在小班的经历，能够充分预测儿童返回常规班后四至九年级的成绩良好（Nye，Hedges & Konstantopoulos，2001）。

为什么班级规模小会如此有益呢？这是因为班里学生较少，教师就会使用较少的时间来维持纪律，而把更多的时间放到每个学生身上。同样，在小规模群体中学习的儿童会更加全神贯注，班级参与的质量也比较高，并且更喜欢学校（Blatchford et al.，2003；Finn，Pannozzo & Achilles，2003）。

学以致用　　小学高质量教学的特征

班级特征	教学质量
班级规模	最适宜的班级规模是不超过18名学生。
物理环境	空间被划分为设备丰富的活动中心，可以阅读、写作，玩数学或语言游戏，探索科学，构建工程，使用计算机，从事其他学习活动。空间应当灵活地适用于个人、小组及全班活动。
课程	课程既能使学生达到学习标准，又能使学习有意义。科目是相互交叉的，便于学生把一个领域的知识运用到另一领域。课程要借助符合儿童兴趣、想法和日常生活（包括其文化背景）的活动来进行。
日常活动	教师提出有一定难度的活动，然后开展小组活动和单独学习。如果分组，小组人数和人员构成要根据活动内容和学生需要而变化。教师鼓励合作学习并指导学生怎样做。
师生互动	教师鼓励每个学生取得进步，并采用各种方法调动学生潜力积极参与教学，如提问，提出启发思考的问题，讨论观点和增加任务的复杂性。教师要根据每个学生的学习需要进行演示、解疑、训练和其他方式的帮助。
对进展的评价	教师一般用判作业和学习作品来评价学生的进步，进行个别化教学。教师要帮助儿童反思学习情况并想出促进学习进步的办法。教师从家长那里寻求有关学生学习情况的信息和想法，以及家长对评价的看法。
与家长的关系	教师与家长形成伙伴关系。召开阶段性会议并鼓励家长不定期来到课堂观察教学和志愿服务。

资料来源：Bredekamp & Copple，1997.

2. 教育理念

每位教师都会把一种教育理念带进课堂，它在儿童学习中发挥着重要作用。其中两种教育理念受到的关注最多。它们在教学内容、学习方法和成绩评定方面均有不同。

（1）传统课堂与建构主义课堂

在**传统课堂**（traditional classroom）中，教师是知识、规则和决策的唯一权威，并且包办大多数的谈话。学生比较被动地听讲，回答老师的问题，完成老师布置的作业。教师根据学生达到全年级标准的情况对他们的进步做出评估。

相反，在**建构主义课堂**（constructivist classroom）上，鼓励学生建构（construct）他们自己的知识。各种建构主义的课堂大多以皮亚杰理论为基础，把学生看作主动的人，能够反思和协调自己的想法，而不只是从别人那里吸收知识。建 320
构主义课堂上有设备充足的学习中心，学生自己选择参加小组学习和独立解决问题，教师针对儿童需要提供指导和支持。在评价学生进步时结合他们以前的情况做出评估。

在北美，教育一直在这两种观点之间徘徊。在20世纪60年代和70年代初，建构主义课堂逐渐流行。后来，由于人们对儿童和青少年学习进步愈益关注，出现了一场"回归基础教育"运动。课堂又重返传统，这种模式今天仍十分盛行。

传统课堂使小学中高年级学生在成就测验分数上略显优势，但建构主义环境能带来许多好处，如批判性思维、社会性和道德比较成熟、对学校的态度更积极（DeVries，2001；Walberg，1986）。第7章曾讲过，如果幼儿园和学前班也强调以教师为中心的教学指导，就会削弱儿童，特别是低阶层儿童的学习动机和学习成绩。

许多学前班和小学课堂中高度重视知识学习，这使一些父母希望推迟孩子入学时间，有些男孩的年龄已接近学前班入学年限，家长却不愿让他们入学。但是，研究并没有发现延迟入学在学习或社会性方面有什么优势（Graue & DiPerna，2000；Stipek，2002）。相反，年龄较小的一年级学生会因为入学学习而取得进步；入学一年后他们的表现优于同龄儿童（Stipek & Byler，2001）。另一种观点认为，入学准备可以通过课堂学习加以培养，它会促进儿童的发展。

（2）新的教育理念

教育的一种新取向以维果茨基的社会文化理论为基础，利用课堂上丰富的社会情境来促进儿童的学习。在这种**社会建构主义课堂**（social-constructivist classrooms）上，学生与老师、同伴一起参与各种挑战性活动，他们共同建构对问题的理解。由于儿童在共同学习中掌握知识和方法，所以他们成为班集体中有能力、有影响的成员，在认知和社会性发展方面取得进步（Palincsar，2003）。维果茨基强调高级认知过程的社会起源的思想引发了下面的教育主题：

● 教师和学生是学习伙伴。课堂上充满了师生之间和学生之间的合作，把社会通行的思维方式传递给儿童。

● 在有意义的活动中获得各种符号交流经验。儿童在学习阅读、写作和数字的同时，开始意识到他们所在文化的交流系统，反省自己的思维并将其纳入自主控制之中。（本章前面介绍过支持这一主题的研究。）

● 针对每个学生的最近发展区进行教学。对学生的帮助既要针对学生当前的理解能力，又要促进他们的进一步发展，这有助于让每个儿童取得最大的进步。

越来越多的教学探索正在把这些观念化为行动。例如，在**相互教学**（reciprocal teaching）中，一个老师和2～4个学生组成一个小组，轮流主持关于一篇课文内容的对话。在对话中，小组成员应用四种认知策略：提问、总结、阐述和预测。对话主持者（开始是教师，然后是学生）从提出有关课文内容的问题开始。学生做出回答，并提出其他问题，如果大家意见不同，就重读原文。然后，主持人总结课文，大家讨论小结内容并理清不明白的想法。最后，主持人鼓励大家根据已

在以维果茨基的社会文化理论为基础的社会建构主义课堂上，学生与教师和同学一起参与丰富的读写活动。由于学生共同建构对问题的理解，他们在认知和社会性方面都取得了进步。

有知识和课文的线索预测下面的内容（Palincsar & Herrenkohl，1999）。

接受相互教学的小学生和初中生与接受其他教学法的控制组学生相比，在主题的阅读理解方面表现出明显的进步（Lederer，2000；Rosenshine & Meister，1994）。请注意相互教学是怎样创设最近发展区的，儿童在这个最近发展区里能逐渐形成更强的对课文段落的理解力。此外，通过与别人合作，儿童形成了对高水平思维的群体期望，并且获得了对学习和日常生活成功都很重要的技能。

3. 师生互动

小学生认为，好老师是充满关爱、有所帮助和善于激励的，他们的行为与学生在动机、成就和良好同伴关系上的发展有关（Daniels，Kalkman & McCombs，2001；Davis，2003）。但是，美国还有不少教师仍然强调死记硬背的重复训练，而不是通 321
过意见的碰撞，把知识运用到新情境来培养高级思维（Campbell，Hombo & Mazzeo，2000）。一项针对中学生的追踪研究发现，那些在学习上要求较严格的班级，学生在以后两年中出勤率较高，数学成绩也有较大提高（Phillips，1997）。

当然，教师不会以同样的方式与所有的儿童互动。品学兼优的学生会受到更多的鼓励和表扬，而不守规矩的学生会经常与老师发生冲突，并且受到较多的批评（Henricsson & Rydell，2004）。良好的师生互动对低社会阶层的少数族裔学生的学习和品行有很强的促进作用（Crosno，Kirkpatrick & Elder，2004；Meehan，Hughes &

Cavell，2003）。总体来看，社经地位较高的学生，学习和纪律都比较好，与教师之间的关系比较密切，得到的帮助较多（Pianta，Hamre & Stuhlman，2003）。

遗憾的是，教师对学生的态度一旦形成，往往会走向极端，不容易被学生的行为纠正过来。特别值得关注的一点就是**教育预言的自我应验**（educational self-fulfilling prophecies）：儿童接受教师的积极或消极观点，并把它变为现实。当教师强调竞争并且公开把学生进行比较的时候，这种效应会特别明显，通常只对好学生有利（Kuklinski & Weinstein，2001；Weinstein，2002）。

教师期望对学习成绩差的学生的影响要大于对学习成绩好的学生的影响（Madon，Jussim & Eccles，1997）。即使教师对成绩好的学生有好感，他们的上升空间也很小；如果教师对他们不满，他们也会因为自己的成功经历而得到补救。如果教师信任学习成绩差的学生，那么学生对预言自我应验的敏感性可能有积极作用。但是，一些有偏见的教师，对学生的看法往往会向消极方面倾斜。一项研究表明，在阅读学习方面，非洲裔美国儿童对教师的消极预期反应较强，女孩对数学方面的教师消极预期反应较强（Mckown & Weinstein，2002）。结合前面讨论过的成见威胁问题，显然，被消极对待的儿童可能产生焦虑反应，学习动机削弱，增大了消极的预言自我应验的可能性。

4. 分组教学

一些学校把学生分到同质性（homogeneous）小组或班级中去，能力相似的学生在一起接受教学。同质性分组可能是预言自我应验的一个潜在来源。低能力组的学生会在基础知识和基本技能方面得到较多的训练，参与的讨论较少，进步缓慢。渐渐地，他们表现出自尊下降，自己和别人都认为他们“不聪明”。所以，同质性分组扩大了好学生和差学生之间的差距（Dornbusch，Glasgow & Lin，1996）。

由于这样的研究结果，一些学校把两三个邻近年级的班级合并起来，以增加班级的异质性（heterogeneity）。在年级混合班里，学习成绩、自尊和对学校的态度通常比单个年级分班更好些（Lloyd，1999；Ong，Allison & Haladyna，2000）。这也许是因为年级混合分组减弱了竞争，促进了合作学习，其中的异质学生小组会在朝向共同目标的工作中分担责任，考虑彼此的观点。当教师对如何一起工作进行解释、示范并且要求儿童角色扮演的时候，合作学习会增加学生对所学科目的兴趣，并提高这些学科的成绩（Gillies，2003；Terwel et al.，2001）。

这些二三年级学生在学校图书馆里一起学习。与单一年级班的儿童相比，混合班的儿童在学习成绩、自尊和对学校的态度方面表现出优势。

5. 特殊儿童的教学

如前所述，高效的教师能够灵活地调整教学方法，以适应不同的学生。对那些能力处于两端的学生来说，这些调整特别具有挑战性。那么学校应该怎样教那些有特殊需要的儿童呢？

（1）学习困难儿童

美国和加拿大的立法规定，学校应该把在学习上需要特殊照顾的儿童安置在“限制最少”（尽可能接近正常班级）的环境中，以满足他们的学习需要。在**回归主流**（mainstreaming）教育中，学习困难学生部分教学时间里被安置在正常班级中，这种做法的目的是为他们融入社会做准备。由于家长的强烈要求，回归主流教育发展为**全时参与**（full inclusion），即在常规班级安置特殊学生，接受全天教学。

一些接受回归主流教育的学生伴有**轻度心理迟滞**（mild mental retardation），其智商在55～70之间，还表现出适应行为或日常生活技能不良（American Psychiatric Association，1994）。但是，其中数量最多（占小学生的5%～10%）的人具有**学习障碍**（learning disabilities），他们在一个或几个方面存在学习困难，最常见的是阅读困难。因此，他们的学习成绩远低于他们的智商预期成绩。322
这些学生的问题不能归咎于任何明显的身体困难或情绪困难，甚至环境不利。相反，难以觉察的脑功能缺失似乎与之有关（Lyon，Fletcher &

Barnes，2002）。大部分案例的原因都不清楚。

图中央穿短裤的女孩伴有轻度心理迟滞，被编入这个常规班。如果她得到一位特教老师的支持，班里老师们不要作横向比较，并且鼓励合作学习（如图中玩的纸牌游戏），那么她可能会表现得不错。

虽然一些接受回归主流教育或全时参与教育的学生在学习方面有进步，但是其中许多学生并未如此。成绩的取得与障碍的严重程度和所获得的教学辅导有关（Klingner et al.，1998）。有障碍的儿童常常遭到正常班里同伴的拒绝。心理迟滞的学生因缺乏社交技能，会在同学中被湮没；他们不能在谈话或游戏中熟练地与人交往。一些学习障碍儿童的信息加工缺失会带来社会意识和反应方面的问题（Gresham & MacMillan，1997；Sridhar & Vaughn，2001）。

这是否意味着特殊儿童不能被安置在正常班呢？并不一定如此。轻度和中度学习困难的儿童在下面几种情况下表现较好：一是被充分接纳，并得到一位特教老师的帮助，该教师应与常规班教师协商合作，而且每天都待在班里；二是有部分时间在另外一个班接受一位特教老师的辅导，其余时间接受回归主流教育（Vaughn & Klingner，1998；Weiner & Tardif，2004）。

要让正常同学接纳接受回归主流教育的儿童，必须采取一些特殊的措施。合作学习和同伴辅导，即教师引导学习困难儿童与同学一起学习，会带来友好的交往，被同伴接纳，在学习上取得进步（Fuchs et al.，2002a，2002b）。在特殊儿童来到班级之前，教师还应帮助其他孩子做好准备。在这些条件下，回归主流教育和全时参与教育才能促进正常学生的情感敏感性和亲善行为。

（2）天才儿童

在乔伊和莉琪的学校中，有些学生属于**天才**（gifted）**儿童**，他们表现出超常的智力，其特点各有不同。每个年级都有一两个学生智商在130以上，这是根据智力测验成绩划分天才的标准定义（Gardner，1998b）。众所周知，高智商儿童具有良好的记忆力以及解决高难学习问题的超常能力。但是，“智力测验并未包含人类全部心理技能”的观点导致了更广义的天才定义。

1）创造力与天赋

创造力（creativity）指发起一项无人做过的有意义工作的能力，但该项工作在别人看来并不一定是有用的（Lubart，2003；Sternberg，2003b）。一名具有高创造潜力的儿童可以被诊断为天才。创造力测验涉及**发散思维**（divergent thinking），即面对一项任务或问题时想出多种不同寻常的解决方法。与发散思维相反，**聚合思维**（convergent thinking）是要得到唯一正确的答案，这一点在智力测验中尤为强调（Guilford，1985）。

由于高创造性儿童（与高智商儿童一样）常常在一些任务上比其他人做得更好，为此，人们编制了一些发散思维测验（Runco，1992；Torrance，1988）。其中有的是言语测验，让儿童列举常见物体（如一张报纸）的功能。有的是图形测验，让儿童在很多个圆形上绘画（见图9.10）。也有“现实世界问题”测验，让学生提出解决日常问题的方法。然后根据提出的想法的数量和独特性计分。

图9.10 在发散思维图形测验中得分较高的一个8岁儿童的作品

测验中要求儿童利用纸上的圆形尽可能多地绘画。她对自己绘画的命名从左到右依次是：“吸血鬼”、“独眼怪”、“南瓜”、“呼啦圈”、“海报”、“轮椅”、“地球”、“信号灯”、“行星”、“电影镜头”、“悲伤的脸”、“照片”、“沙滩排球”、“字母O”、“小汽车”、“眼镜”。这种发散性思维测验只能考察影响创造力的复杂认知因素中的一种。

有专家批评说，这些测验对日常生活中的创造性成就的预测力很差，因为它们只能测出影响创造力的复杂认知因素中的一种。创造力还包括发现新的、重要的问题，评估各种观点，选择最佳观点，搜集相关知识进行理解和问题解决等（Sternberg，2003b；Sternberg & Lubart，1996）。

想想创造力的这些成分，你就会发现，为什么人们一般只在一个或几个方面显示出创造力。即便那些根据高智商被划分为天才的人，也常在各学科上表现出能力不均衡。由于这个原因，天才被定义为一种**天赋**（talent），即在某一特殊领域表现杰出。案例研究表明，在写作、数学、科学、音乐、视觉艺术、运动和领导方面的优异表现都根源于早在儿童期出现的特殊兴趣和技能（Winner，2003）。天赋高儿童，其生物基础为他们精通感兴趣的领域做好了准备，同时他们还要以巨大的热情投入其中。

天赋离不开教养。有关天才儿童和成人的成长背景的研究发现，他们的家长都充满关爱并且非常细心，提供了丰富多彩的家庭生活，促进孩子的能力发展，并且提供努力工作的榜样。这些家长给孩子提出合理的要求，而不是操纵孩子或期望过高（Winner，1996，2000）。在孩子小的时候，他们给孩子请富有爱心的教师，随着天赋的发展，会请更严格的老教师。

323 天赋很高的儿童往往有社交孤立的经历。许多天才儿童和青少年大部分时间都是形单影只，这在一定程度上因为他们的内驱力很强，不顺从和喜欢独立，使他们与同伴步调不一致；另一部分原因是他们喜欢独处，这对他们才能的发展是必需的。也有许多天才儿童乐于建立良好的同伴关系并从中获得满足，一些天才儿童（女孩多于男孩）为了获得好人缘，常常不表露他们的能力。与普通的同龄人相比，天才青少年，特别是女孩，有更多的情绪和社交困难，包括低自尊和抑郁（Gross，1993；Winner，2000）。

虽然许多有天赋的青少年成为各领域的专家，但是其中变成有创造力的人却不多。快速精通一个领域所需的技能与改革这个领域所需的技能不同（Csikszentmihalyi，1999）。当然，这个世界既需要专家，也需要开创者。

2）天才教育

很多学校为天才儿童制订了教育方案，但是关于天才教育是否有效，却有争论，争论点集中在与天赋才能无关的一些因素上，例如，是在正常班级增加促进性课程，还是挑选天才学生进行特殊指导（这种方法较常见），抑或让这些学生跳级。有人发现，天才儿童在各种条件下的学习和社交方现都很好（Moon & Feldhusen，1994）。但是，教学方案对创造力和天赋发展的促进程度取决于获得相关技能的机会。

加德纳的多元智力理论引发了几个具有示范意义的天才教育方案，它们能在不同学科中促进所有儿童的发展。这些方案主张开展丰富多彩的活动，每个活动涉及一种或一组智力，把活动作为一种情境，用于评价儿童的优势和劣势，并在此基础上传授新知识和独特思维（Gardner，1993；2000）。例如，语言能力可以借助讲故事和创作剧本加以促进，空间能力可以通过绘画、雕塑以及拆分或重组物体进行培养。

这些教学方案能否有效地促进儿童的天赋和创造力，还需证据来证明。不过，它们已经在一个方面取得了成功，即挖掘出原来被认为学习必然或可能失败的一些学生的长处（Kornhaber，2004）。这些方案可能在查明生长在低社会阶层却有天赋的少数族裔儿童方面发挥有用，这样的孩子往往被学校的天才教学方案所忽视。

6. 北美儿童的受教育状况

本书关于学校教育的讨论偏重于教师在儿童教育中的作用。其实，还有很多校内外因素会影响儿童的学习。社会价值观、学校资源、教学质量和父母的鼓励都发挥着重要作用。这些综合影响无处不在，它们比跨文化研究中考察的学校教育的影响更显著。

在比较阅读、数学和科学成绩的国际研究中，来自中国香港、韩国和日本的年轻人都取得了好成绩。在西方国家，加拿大青年的成绩卓著，而美国学生则位于国际平均水平，有时甚至更低（见表9.2）（Programme for International Student Assessment，2000，2003）。

美国儿童的学习成绩为什么落后？根据有关的国际比较，美国的学校教学不像其他国家和地区那样具有挑战性和集中性。“国际学生评估项目”（Programme for International Student Assessment）对几十个国家和地区15岁学生的学习成绩进行了测量，研究中调查了学生的学习习惯。与表 9.2 所列的高分组国家和地区的学生相比，美国学生较多地回答说，他们的学习靠的是记忆，而不是把新知识与旧知识相联系。学习成绩在美国学校中也有很大差异，说明美国学校的教育质量不平均（Programme for International Student Assessment，2005）。

研究者对亚洲国家和地区（日本、韩国和中国台湾）的学习环境进行了调查，以查明哪些因素导致了良好的学习成绩。除了语言对早期计算能力的影响（见本章 327 页）之外，亚洲学生开始入学的时候并不具有认知优势。倒是以下的社会因素导致了亚洲的家庭和学校对儿童学习做出很大贡献：

324 ● *社会重视儿童的学习成绩*。与西方国家相比，日本、韩国和中国台湾在教育方面的投入多，教师的工资较高。在这几个自然资源有限的国家和地区，科学技术进步对经济发展十分必要（United Nations Development Programme，2002）。

● *强调努力学习*。北美的家长和教师往往把天生的能力看作学习成绩好的关键。但是日本、韩国和中国台湾的家长和教师认为，只要做出努力，所有的学生都能取得学习成功。这些亚洲家长投入更多时间给孩子做学习辅导（Stevenson，Lee & Mu，2000）。此外，受集体主义价值观的影响，亚洲的年轻人把努力奋斗、取得成功视为道德义务，当作家庭和社会责任。北美年轻人则把努力奋斗看作个人的事情，是一种个人选择（Bempechat & Drago-Severson，1999）。

● *对全体学生的高质量教育*。日本、韩国和中国台湾的小学不会把学生按能力高低进行分组教学。而是所有学生都接受政府规定的统一的教育。学习课程都加以精心组织，力求吸引儿童的注意，鼓励高等思维（Grow-Maienza，Hahn & Joo，2001）。日本小学教师在课外对需要帮助的学生进行辅导的时间是美国教师的 3 倍（Woodward & Ono，2004）。

● *学习时间长*。在日本、韩国和中国台湾，一学年的时间比美国长 50 天，比加拿大长 30 天（World Educational Service，2005）。积年累月，亚洲教师在教学方面投入了更多时间（Stevenson，Lee & Mu，2000）。

亚洲的例子说明，家庭、学校和社会必须共同努力来改进教育。当前，美国正在向初等和中等教育投入更多的资金，并且加强了教师培训。此外，许多学校都在采取措施，鼓励家长参与学校工作。如果父母创设良好的、激励学习的家庭环境，监督孩子的学习，辅导家庭作业，经常与教师沟通，那么，其子女就能够成绩优异（Christenson & Sheridan，2001）。近期的“教育进步国家评价”充分显示了这些努力的良好结果（U. S. Department of Education，2003，2005h）。美国学生的学习成绩在连续下降 20 年之后，虽然国际排位没有提高，但是已经在上升。

表 9.2　各个国家和地区 15 岁儿童的数学平均分数

	国家和地区	数学测验平均分
高分组国家和地区	中国香港	550
	芬兰	544
	韩国	542
	荷兰	538
	日本	534
	加拿大	532
	比利时	529
	英国	529
	瑞士	527
	澳大利亚	524
	新西兰	523
中等分数组国家 所有国家和地区平均分＝500	捷克	516
	冰岛	515
	丹麦	514
	法国	511
	瑞典	509
	奥地利	505
	德国	503
	爱尔兰	503
	挪威	495
	卢森堡	493
	匈牙利	490
	波兰	490
	西班牙	485
	美国	483
低分组国家	意大利	466
	葡萄牙	466
	希腊	445
	墨西哥	385

注：上表数据取自经济发展与合作组织举办的“国际学生评估项目”对全世界几十个国家和地区 15 岁学生进行测验的结果，该测验包括阅读、数学和科学三科，本表只取了数学测验成绩。

资料来源：Programme for International Student Assessment，2005.

思考题

复习 列举一些提高或降低儿童学习成绩的教学实践活动。对每一种活动进行简要解释。

应用 桑迪想知道她该不该把孩子送入一二年级混合班。你会给桑迪提出什么建议？为什么？

联结 回顾第8章关于儿童教养方式的研究。对天才儿童一般有哪些教养方式？请做出解释。

反思 你上小学时经历过什么样的分组教学？同质的、异质的还是综合性的？你认为这些教学活动对你的动机和成绩有什么作用？

本章要点

第一部分 身体发育

一、体格发育

325 描述了小学期体格发育的主要趋势。

■ 小学期体型的发育超越了学前期的缓慢、正常的生长模式。骨骼继续加长、变宽，全部20颗乳牙已被恒牙替换。9岁左右，女孩在体型上超过了男孩。

二、常见的健康问题

小学期哪些视觉和听觉问题比较常见？

■ 在小学期，来自经济条件好的家庭的儿童最健康，这是良好营养和免疫力发育良好的结果。但是仍存在一些健康问题。这些问题在低社经地位的儿童中比较普遍。

■ 小学期最常见的视觉问题是近视，它受到遗传、早期损伤、过度阅读和其他近距离工作的影响。近视是少数几个随社经地位升高而增加的健康问题之一。

■ 中耳炎在小学期日渐减少。但是，反复的无法治愈的感染会导致20%的低社经地位儿童的听力永久损伤。

描述了小学期严重营养问题的原因和结果，对肥胖症给予了特别关注。

■ 发展中国家儿童和北美的贫穷儿童在小学期仍受到营养不良的困扰。如果营养不良持续多年，就会对身体发育、智力、动作协调性和注意产生长期消极影响。

■ 超重和**肥胖症**是西方国家越来越严重的问题。遗传对肥胖症有影响，但是父母的喂养方式、不良饮食习惯和缺乏锻炼也有重要影响。肥胖儿童不被同伴和成人喜爱，并且有严重的适应问题。他们还可能有严重的健康问题，包括早发性糖尿病。旨在改变家长和儿童的饮食习惯以及生活方式（如看电视时间过长）的家庭干预是最有效的治疗措施。

哪些因素是造成学龄期疾病的原因？如何减少这些健康问题？

■ 由于接触病儿且免疫系统不成熟，小学一二年级儿童会感染较多的疾病。

■ 哮喘病是小学生学校缺勤和住院的主要原因之一。遗传对哮喘病有影响，环境因素也会导致疾病的发生，尤其是在非洲裔美国儿童和贫困儿童中，这些环境因素包括污染、被动吸烟、家庭生活压力、缺少良好的保健以及儿童期肥胖。

■ 有严重慢性疾病的儿童都伴有学习困难、情绪失调和社交困难的危险。积极的家庭关系能够预测慢性病儿童的良好适应。

描述小学期意外伤害的变化。

■ 意外伤害在小学期和青少年阶段持续增加，特别是在男孩中。机动车和自行车事故是这种上升趋势的主要原因。以学校为基础的教学方案，可以通过模仿、演练和奖励遵守安全措施的儿童来普及安全措施，阻止伤害发生。

三、动作发展和游戏

阐述了小学期动作发展和游戏的主要变化。

■ 灵活性、平衡性、敏捷性和力量的增强，与有效率的信息加工一起，对小学生动作发展产生影响。

■ 精细动作继续发展。小学生

的书写更清晰，其绘画在结构、细节和深度表征上都在提高。

■ 影响家长态度的性别成见可在很大程度上解释男孩在大肌肉运动技能上的优异表现。与过去相比，现在有更多的女孩参与了个人和团队体育运动。

■ 在学龄期，规则游戏越来越普遍。儿童，特别是男孩，经常玩**嬉闹游戏**，这是一种友好的打闹游戏，有助于在同伴中建立**支配等级**。儿童的自发游戏有助于认知和社会性的发展。

■ 许多小学生的身体不合格。体育课应强调锻炼而非竞争，这有助于所有儿童认识到日常锻炼和游戏的好处。

第二部分　认知发展

一、皮亚杰的理论：具体运算阶段

具体运算思维的主要特点是什么？

■ 处于**具体运算阶段**的儿童能对具体、实在的信息做逻辑推理。儿童对守恒的掌握显示了思维的**可逆性**。小学生可以做等级分类和**排序**，以及**传递推理**。他们的空间推理能力增强，表现在，他们能指出方向，生成**认知地图**来表征熟悉的大空间。

■ 小学生逐渐形成了逻辑观念。未掌握一般逻辑原理的儿童，其具体运算思维会受到局限。

讨论了近来有关具体运算思维的研究。

■ 特殊的文化实践活动，特别是与学校教育有关的活动，会影响儿童对皮亚杰任务的掌握。

■ 一些研究者认为，信息加工有助于更好地理解运算思维的逐步发展。凯斯的新皮亚杰理论
326 认为，通过练习，认知图式需要较少的注意，为整合旧图式和生成新图式余留了工作记忆空间。最终，儿童把图式纳入高效的核心概念结构中。在各种任务中，儿童从只关注一个维度过渡到可协调两个维度，再到整合多个维度。

二、信息加工学说

描述了信息加工的主要变化以及小学期注意和记忆的发展。

■ 大脑发育会影响加工速度和能力的提高以及抑制性的发展，后者促进了思维的多方面发展。

■ 小学期间，注意变得更具选择性、适应性和计划性，记忆策略也在进步。**注意缺失多动障碍**（ADHD）这一严重症状会导致学习和社交问题。

■ 记忆策略在小学期间明显进步。首先出现**复述**，然后是**组织**，最后是**精加工**。随着年龄增长，儿童能够同时使用几种记忆策略。

■ 长久知识储备的发展使新信息更容易存储和提取。儿童主动运用他们的已有知识也会影响记忆的发展。儿童在学校的学习会促进记忆策略的发展。

描述了小学生的心理理论和自我调控能力。

■ 元认知在小学期发展迅速。小学生把头脑看作一个主动的、建构性的作用者，他们形成了整合的心理理论。**认知自我调控**，是把思维的知识用于实践，它在小学期和青少年期逐渐发展。这种能力在教学指导下形成，并用来监控认知活动。

讨论了当前有关小学生阅读和数学教学的争论。

■ 熟练的阅读需要运用信息加工系统的所有方面，包括**语音意识**，即反映口语声音结构的能力。关于应当运用**整体语言法**还是**语音法**进行最初阅读教学的争论已经基本解决，研究表明，把两种方法结合起来最有效。把基本技能练习与概念理解相结合的教学则在数学教学中最有效。

三、心理发展的个体差异

描述了智力的定义和测量智力的主要方法。

■ 多数智力测验会得到一个总分和各智力因素的分数。在小学阶段，智商变得更稳定，并与学习成绩有明显相关。斯坦福—比奈智力量表和韦克斯勒儿童智力量表是广泛使用的、个别施测的智力测验。

■ 与智商有关的信息加工成分有思维速度和策略的有效使用。斯腾伯格的**成功智力三维理论**把智力看作是信息加工技能、特殊经验和情境（或文化）影响的交互作用结果。

■ 加德纳的**多元智力理论**把智力划分为八种心理能力，每种都有相应的生物基础和不同的发展过程，该理论有助于理解和培养儿童的天赋。它还激

发了研究者定义、测量和促进**情绪智力**的努力。

介绍了遗传和环境影响智力的研究。

■ 遗传力估计和领养研究表明，智力是遗传和环境相互作用的产物。黑人儿童被条件良好的家庭领养的研究表明，黑人—白人智商差距主要受环境影响。

■ 智商分数受学习经验的影响，包括接触特定的交流方式和测验中用到的知识。智力测验中的文化偏见会使测验低估少数族裔儿童的智力，**成见威胁**可能引发干扰测验成绩的焦虑。**动态评估**能帮助少数族裔儿童提高心理测验成绩。

四、语言发展

描述了小学生在词汇、语法和语用上的变化，讨论了双语学习对发展的好处。

■ 小学时期的词汇快速增长，儿童对词意的理解更加准确和灵活。他们能使用复杂的语法结构和对话策略，他们的叙述在结构、细节和表达上都有所增强。语言意识促进了小学生的语言进步。

■ 要学好第二语言，必须从幼儿期开始学习。双语对认知发展和语言意识的某些方面有积极影响。在加拿大，语言渗透教学项目在帮助儿童精通英语和法语方面取得了成功。在美国，双语教育把母语和英语教学指导相结合，促进了少数族裔儿童的学习。

五、学校学习

描述了班级规模、教育理念对儿童动机和学习成绩的作用。

■ 较小的班级规模有助于学习成绩的提高。**传统课堂**上，小学中高年级学生与**建构主义课堂**上的学生相比，学习成绩略占优势，但建构主义课堂的学生更可能成为具有批判精神、善于思考的人，他们尊重个体差异，对学校的态度更积极。

■ **社会建构主义课堂**上的学生从合作性学习及适合每个学生最近发展区的教学中受益。**相互教学**可导致阅读理解能力的明显进步。

讨论了师生互动和小组学习对提高学习成绩的作用。

■ 鼓励高水平思维的教学有助于促进儿童的兴趣和学习进步。**教育预言的自我应验**最有可能出现在强调竞争和公开比较的班级。教师对学生的不正确看法对学习差生影响较大。年级混合班 327
的学生的异质性可促进良好的自尊、对学校的积极态度和较好的学习成绩。

怎样对待轻度心理迟滞儿童和正常班里的学习落后儿童，才能给他们最大的帮助？

■ **轻度心理迟滞**的学生和有**学习障碍**的学生常被安置在正常班级中，采用**回归主流**教学和**全时参与**教学。正常班级安置的成功取决于能否满足个人的学习需要和建立良好同伴关系的需要。

介绍了天才儿童的特点以及当前满足他们教育需要的努力。

■ **天才**包括高智商、**创造力**和**天赋**。创造力测验测的是**发散思维**，而不是**聚合思维**，但创造力测验只能测出创造力的个别成分。天赋高的儿童一般都拥有像伯乐一样的家长和老师。天才儿童从挖掘其特殊才能的教育方案中受益最多。

与其他工业化国家和地区的儿童相比，北美儿童的学习成绩如何？

在国际研究中，亚洲国家和地区的年轻人一直是高成绩者。加拿大学生分数也很高，而美国学生的成绩常常等于或低于世界平均水平。亚洲学生的良好学习成绩，源于家庭和学校对学生学习付出的巨大努力。

重要术语和概念

attention-deficit hyperactivity disorder（ADHD）（p. 304）注意缺失多动障碍

cognitive maps（p. 299）认知地图

cognitive self-regulation（p. 306）认知自我调控

concrete operational stage（p. 298）具体运算阶段

constructivist classroom（p. 319）建构主义课堂

convergent thinking（p. 322）聚合思维

creativity（p. 322）创造性

divergent thinking（p. 322）发散思维

dominance hierarchy（p. 297）支配等级

dynamic assessment（p. 314）动态评估

educational self-fulfilling prophecy（p. 321）教育预言的自我应验

elaboration（p. 303）精加工

emotional intelligence（p. 312）情绪智力

full inclusion（p. 321）全时参与

gifted（p. 322）天才

learning disabilities（p. 321）学习障碍

mainstreaming（p. 321）回归主流

mild mental retardation（p. 321）轻度心理迟滞

obesity（p. 292）肥胖症

organization（p. 302）组织

phonics approach（p. 307）语音法

phonological awareness（p. 307）语音意识

reciprocal teaching（p. 320）相互教学

rehearsal（p. 302）复述

reversibility（p. 298）可逆性

rough-and-tumble play（p. 297）嬉闹游戏

seriation（p. 299）排序

social-constructivist classroom（p. 320）社会建构主义课堂

stereotype threat（p. 314）成见威胁

talent（p. 322）天赋

theory of multiple intelligence（p. 310）多元智力理论

traditional classrooms（p. 319）传统课堂

transitive inference（p. 299）传递推理

triarchic theory of successful intelligence（p. 309）成功智力三维理论

whole-language approach（p. 307）整体语言法

小学期，随着社会理解的扩展，友谊变得更复杂且含有更多的心理成分。儿童从亲密朋友那里寻求理解和情感支持，这种一对一的友谊对信任和敏感性的发展有重要影响。

第10章
小学期的情绪与社会性发展

一、埃里克森的理论：勤奋对自卑

二、自我理解

1. 自我概念
2. 自尊的发展
3. 自尊的影响因素

三、情绪发展

1. 自我意识的情感
2. 情绪理解
3. 情绪的自我调节

四、理解他人：观点采纳

五、道德发展

1. 通过分享学习公平
2. 道德和社会规范的理解
3. 理解个人权利
4. 理解多样性和不平等性

六、同伴关系

1. 同伴群体
2. 友谊
3. 同伴接纳

专栏　生物因素与环境　欺负与被欺负

七、性别角色行为

1. 性别成见
2. 性别同一性与行为

八、家庭影响

1. 亲子关系
2. 兄弟姐妹
3. 独生子女
4. 离婚
5. 混合家庭
6. 母亲就业与双职工家庭

九、几个常见的发展问题

1. 恐惧和焦虑

专栏　毕生发展观　战争中的儿童

2. 对儿童的性虐待

专栏　社会问题　儿童的目击证词

3. 在小学期培养儿童的复原力

329 一天傍晚，丽娜听到儿子乔伊突然推开前门，跑上楼给他最好的朋友特里打电话。“特里，我必须跟你讲，”乔伊气喘吁吁地说道，“一切都很顺利，直到我碰到 porcupine（豪猪）这个词。”乔伊说的是当天学校举行的五年级拼写比赛。“真倒霉！p-o-r-k，我就是这么拼的！我不能确信是这样拼的。也许我不擅长做社会研究，”乔伊倾诉道，“但是我知道我的拼写比骄傲自大的贝林达·布朗好得多。我在学这些拼词表方面失败了，而她碰到的全是简单的单词。如果我非得输的话，为什么不能换一个好人？”

乔伊的话反映了他新的情感与社交能力。参加拼写比赛时，他表现出勤奋，也就是积极追求他所处的文化中有意义的成就，这是小学时期的一个主要变化。乔伊的社会理解力增强了：他能评价自己的长处、弱点和人格特征。而且，友谊意味着，有些事情对乔伊来说和过去不同，他希望从最好的朋友特里那儿得到理解和情感支持。

要讨论小学时期的人格变化，我们先回到埃里克森的理论。然后看看儿童关于自己和他人以及同伴关系的观念。由于儿童的推理更加有效并且把更多的时间花在学校和同伴身上，以上各方面都越来越复杂。

亲子关系虽有变化，但家庭仍然在小学时期保持很强的影响，今天的家庭生活方式比以往更多样化。通过乔伊和莉琪的父母离异经历，我们将发现，家庭功能在保障儿童心理健康方面的重要性要远远超过家庭结构。最后，我们关注小学时期常见的一些情绪问题。

一、埃里克森的理论：勤奋对自卑

330 根据埃里克森的理论（Erikson，1950），带着良好的早期经验进入小学时期的儿童，逐渐把精力从幼儿期的虚幻世界转向现实中的成就。埃里克森认为，成人的期望与儿童掌控环境动机的结合，导致了小学期的心理冲突，**勤奋对自卑**（industry versus inferiority），**如果儿童对有用的技能和任务形成能力感，这对矛盾就能顺利得到解决**。世界各地的成年人都会向儿童提出新的要求，期望他们的身体和智力不断进步，儿童也会从这些挑战中获益。

在工业化国家，进入正规学校读书，标志着向儿童中期的过渡。随之而来的是读写能力训练，它将为儿童从事各种职业作准备。在学校，儿童会发现自己和别人的独特能力，了解劳动分工的重要性，并形成一种道德自觉性强和责任感。这一阶段的危险是自卑感，它反映在那些对做事能力缺乏信心的儿童的悲观态度中。如果家庭没有为儿童的学校生活做好准备，或者教师和同伴压抑了儿童的能力感和对消极反应的控制感，这种自我缺陷感就会产生。

埃里克森所说的勤奋感包括小学期的几方面的进步：积极而现实的自我概念，对成就的自豪感，道德责任感以及与同龄人的合作。自我的这些方面和社会关系在学龄期是如何变化的呢？

小学时期的勤奋感来自对有用技能和各种任务的掌控。当这几个年轻的乐手加入学校管弦乐队中的时候，他们更清楚地意识到彼此的能力，开始把自己看作有责任、有能力、能与别人合作的人。

二、自我理解

进入小学时期，儿童逐渐使用心理特质词描述自己，比较自己和同伴的特征，并且解释他们的优点和缺点的成因。这种自我理解的进步对儿童的自尊有重要影响。

1. 自我概念

在学龄期，儿童会重新定义客我（me-self），或自我概念（self-concept），把他们对行为和内部状态的观察整合为一般特质，并且在 8～11 岁期间出现一个转折。请看一个 11 岁儿童的自我描述：

> 我的名字叫 A。我是一个人。我是一个女孩。我是个诚实的人。我不漂亮。我学习一般。我是一个优秀的大提琴手。我也是一个优秀的钢琴手。在我这个年龄，我显得有点高。我喜欢好几个男孩。我喜欢好几个女孩。我不太时尚。我打网球。我游泳很棒。我努力成为有用的人。我随时准备与别人交朋友。大多数时候我都很好，但是我也会发脾气。一些男孩和女孩不太喜欢我。我不知道男孩们喜不喜欢我。（Montemayor & Eisen，1977，pp. 317-318）

这个儿童强调的不是具体行为而是能力如“我是一个优秀的大提琴手”（Damon & Hart，1988）。她还详细地描述了她的人格，同时提到积极特质和消极特质：“诚实”但是“会发脾气”，“一个优秀的大提琴手（和）钢琴手”，只是“学习一般”。与年幼儿童相比，年长儿童不太可能用全或无的极端方式描述自己（Harter，2003）。

这些很好的自我描述是小学生频繁进行**社会比较**（social comparison）的结果，即对自己与他人的外貌、能力和行为进行对比之后做出的判断。例如，乔伊发现他的拼写比同伴好，但是不擅长社会研究。4～6 岁的儿童会把自己与同伴的表现作比较，而年长儿童会对各种人进行比较，包括他们自己（Butler，1998）。

什么因素导致了小学时期自我概念的变化呢？是认知发展影响了自我的结构变化，第 9 章讲过，小学生在对物理世界进行推理的时候，开始能协调情境中的多个方面。同样，在社会领域，他们也开始把一些表面的典型经验和行为整合为心理特征，把积极和消极特点结合起来，把自己与其他同伴的特点进行比较（Harter，1999，2003）。

自我概念的内容变化是认知能力和他人反馈的综合产物。社会学家乔治·赫伯特·米德（George Herbert Mead，1934）提出，当儿童的“主我”（I-self）接纳了代表别人对其看法的“客我”观念时，组织良好的“心理自我”（psychological self）就产生了。米德的观点意味着，观点 331
采纳技能（perspective-taking skills），尤其是推断别人想法的能力，对以人格特征为基础的自我概念的发展十分重要。小学生更善于“阅读”别人的看法，并把这些看法整合到其自我定义中去。当儿童把别人期望加以内化之后，他们就形成了一个用于评估真实自我（real self）的理想自我（ideal self）。这两种自我之间的差异过大会降低自尊，导致悲伤、失望和沮丧。

在小学时期，由于儿童进入了更广阔的学校和社会环境，他们会留意更多的人，以获取关于自己的信息。他们对自我的描述越来越多地提到社会群体，例如乔伊这样形容自己：“我是一名童子军，一个报童，普莱利（Prairie）市的一个足球运动员。”随着儿童逐渐向青少年期过渡，虽然家长和其他成人仍然保持影响力，但自我概念越来越受到好朋友的影响（Oosterwegel & Oppenheimer，1993）。

前面章节曾讲到，自我概念的内容在不同文化中有不同，亚洲父母强调和谐的彼此依赖关系，而西方父母重视独立自主。这些差异在西方国家的亚文化中也有反映。有人从波多黎各的一个渔村和美国的一个小镇上收集了儿童的自我描述（Damon，1988）。波多黎各儿童常把自己描述为“有礼貌的”、“值得尊敬的”和“孝顺的”，而美国小镇儿童大多会提到个人兴趣、偏好和技能。

2. 自尊的发展

前面讲过，很多幼儿都有很强的自尊。但是当儿童进入学校、听到更多有关自己与同伴相比较的信息时，自尊会产生分化并调整到一个更现实的水平。

（1）具有等级结构的自尊

有研究者曾经让儿童说明“我擅长做家庭作业”或“我通常会被选中参加游戏”这样的陈述与他们自己的符合程度。6～7岁时，儿童形成四个方面的自我评价：学习能力、社交能力、身体/运动能力以及身体外貌。每个方面还包含更细的分类，它们随着年龄不断发生分化（Marsh，1990；Marsh & Ayotte，2003；Van den Bergh & De Rycke，2003）。而且，采用稳定特征描述自己的能力使小学生能把各种自我评价整合为一种总体自我心理意象，即整体自尊感（Harter，1999，2003）。所以，自尊表现出如图10.1所显示的等级结构。

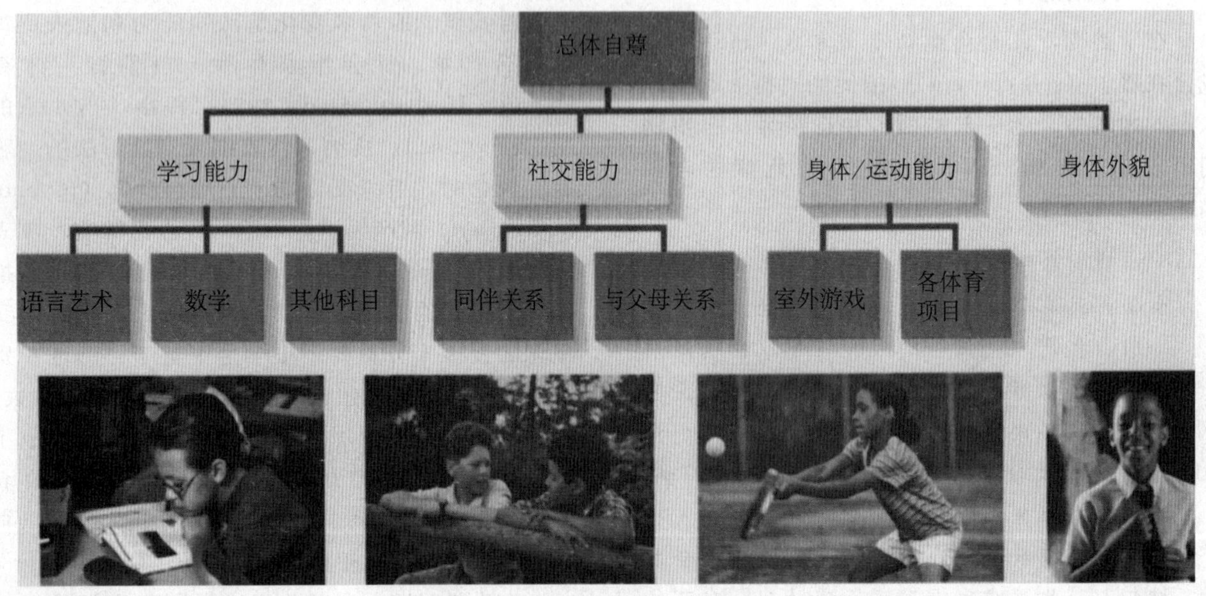

图10.1　小学中期自尊的等级结构

根据他们在不同环境中的经验，儿童形成了四种不同的自尊：学习能力、社交能力、身体/运动能力以及身体外貌。每个方面可以细分为更多的具体自我评价，四个方面也可以合并为一个整体自尊感。

儿童可能对某方面的自我评价比对其他方面更重视。虽然存在个体差异，但在儿童期和青少年期，对外貌的自我感知与整体自我价值的相关，比它与其他自尊因素的相关更密切（Hymel et al.，1999；Klomsten，Skaalvik & Espnes，2004）。媒体和社会对外貌的重视影响着年轻人对自己的整体满意感。

（2）自尊水平的变化

332 在小学前几年里，由于儿童在各个领域对自己进行评价，所以自尊有所下降（Marsh，Craven & Debus，1998；Wigfield et al.，1997）。一般说来，这种下降不大，不足以造成伤害。多数（不是所有）儿童在保持自尊的同时，能实事求是地评价自己的特点和能力。从四年级开始，大部分小学生的自尊都有所提高，他们对自己的同伴关系和运动能力感觉良好（Cole et al.，2001；Twenge & Campbell，2001）。

3. 自尊的影响因素

小学时期，自尊的个体差异逐渐稳定（Trzesniewski，Donnellan & Robins，2003）。自尊、对各种活动的重视以及这些活动的成功之间出现了正相关。学业自尊能够预测儿童关于学校科目重要性、有用性和喜爱程度的看法、他们的努力意愿和取得的成就（Jacobs et al.，2002；Valentine，DuBois & Cooper；2004）。在一项研究中，小学生的学习自我价值感与幼儿期的学习成绩有正相关（Guay，La Rose & Boivin，2004）。社会自尊高的儿童会一致得到同学的喜爱（Harter，1999）。第9章讲过，运动能力感与体育投入和成绩具有正相关。

各方面的低自尊与焦虑、沮丧和反社会行为的增多相关（DuBios et al.，1999；Robins et al.，2000）。哪些社会影响会使一些儿童的自尊较高，而另一些儿童的自尊较低呢？

（1）文化

文化对自尊有深远影响。与北美儿童相比，中国和日本儿童的学习成绩较高但自尊分数却较低，这种差异随年龄增长逐渐扩大，学校中特别重视社会比较，也许是一个原因（Hawkins，1994；Twenge & Crocker，2002）。在亚洲的学校里，竞争激烈，成绩的压力很大。同时，由于他们的文化注重社会和谐，所以亚洲儿童在积极评价自己方面有保留，但对别人的表扬却很慷慨（Falbo et al.，1997）。

在整体自我价值感方面，女孩的分数稍低于男孩，部分因为她们较少对外貌、学习能力和运动能力感到自信（Marsh & Ayotte，2003；Young & Mroczek，2003）。由于内化了消极的文化信息，女孩较少认为自己很棒。

与白人同伴相比，非洲裔美国儿童的自尊略高，这可能是由于温暖、庞大的家族和强烈的种族自豪感所致（Gray-Little & Hafdahl，2000）。此外，上学以及居住在能够代表其社经地位和种族的社区中的儿童和青少年，会感到一种较强的归属感，自尊方面的问题较少（Gray-Little & Carels，1997）。

（2）儿童教养行为

父母运用*权威型*儿童教养方式（见第 8 章）的儿童自我感觉较好（Carlson，Uppal & Prosser，2000；Feiring & Taska，1996）。温暖、积极的教养让儿童知道，他们是有能力、有价值的，是被接纳的。严格而恰当的期望，加之充分的说理，有助于儿童根据合理的标准评价自己的行为。

控制型的父母过多地帮助甚至代替孩子做决策，传递给儿童一种与低自尊有关的无能感，父母的反复否定和贬损也会如此（Kernis，2002；Pomerantz & Eaton，2000）。相反，过于放纵的教养与脱离实际的高自尊相关，因而阻碍发展。这些儿童往往激烈地反击那些对他们膨胀的自我意象的挑战，并且存在适应问题，包括吝啬和攻击（Hughes，Cavell & Grossman，1997）。

北美文化价值观越来越强调对自我的关注，这种关注可能使家长纵容孩子、抬高他们的自尊。如图 10.2 所示，美国年轻人的自尊在过去几十年迅速提高，这段时期中许多流行的教育文献都建议提高儿童的自尊（Twenge & Campbell，2001）。然而与前几代人相比，美国年轻人取得的成就较 333
少，表现了更多的反社会行为和其他适应问题（Berk，2005）。研究证实，儿童并没有从缺乏现实成就基础的赞扬（“你真了不起”）中受益（Damon，1995）。然而，塑造一个积极、安全自我意象的最好方法就是鼓励儿童努力达成有价值的目标。随着时间的流逝，一种双向关系出现了：成就促进了自尊，而自尊反过来增加了良好表现（Guay，Marsh & Boivin，2003）。

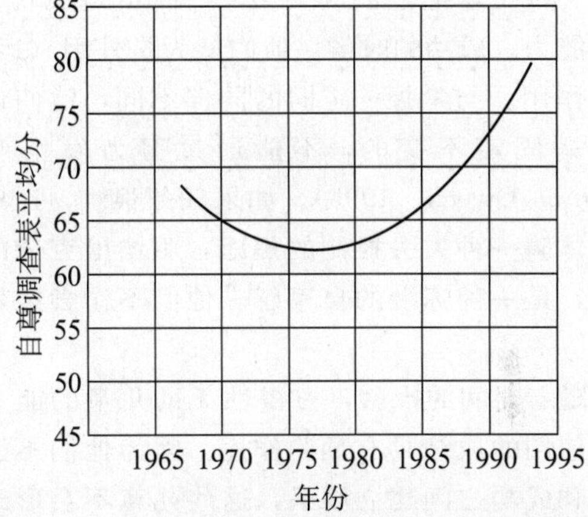

图 10.2　1965—1995 年美国初中学生自尊的群体效应

20 世纪 60 年代后期和 70 年代，由于离婚率迅速上升，学校规模变大，缺乏对学生的关心，加之贫困愈益严重，学生的自尊略下降。从 20 世纪 80 年代开始，自尊的平均水平迅猛上升，这是社会大众开始关注提高儿童自尊问题的时期。对于年龄稍长或稍年幼的学生来说，自尊分数也表现出类似的上升。

资料来源：J. M. Twenge & W. K. Campbell，2001，“Age and Birth Cohort Differences in Self-Esteem：A Cross-Temporal Meta-Analysis，” *Personality and Social Psychology Review*，5，p. 337. 经授权引用。

那么，成人能够做些什么来促进或不至于削弱动机与自尊相互支持的关系呢？有关成就情境中成人传递给儿童的信息的准确内容的研究给出了一些答案。

（3）成就归因

*归因*是我们对行为原因的解释，也就是对“为什么我（或另一个人）会那样做”之类问题的回答。本章开头，乔伊在谈论拼写比赛时，把他的表现差归为*运气*（贝林达碰到的全是简单单词），而把他平时的成功归为*能力*（他知道他的拼写比贝林达好得多）。乔伊也认为*努力*会起作用：“我在学习这些拼写词表方面失败了。”

认知发展使小学生在解释成就表现的过程中能

够区分所有这些变量（Dweck，2002）。学业自尊和动机都高的儿童会进行**掌握—定向归因**（mastery-oriented attribution），把他们的成功归为能力，它可以通过努力来获得，并且可以凭借它来面对新挑战。他们把失败归为可以改变和控制的因素，比如努力不够或任务太难（Heyman & Dweck，1998）。所以这些儿童无论成败，都会对学习采取勤奋、持久的态度。

相反，形成**习得性无助感**（learned helplessness）的儿童把他们的失败——而不是成功——归为能力。成功的时候，他们认为是外因（运气）在起作用。与掌握—定向的同伴不同，他们认为能力是固定不变的，不能通过努力发生变化（Cain & Dweck，1995）。如果任务很难，这些儿童会体验一种失去控制的焦虑，用埃里克森的话来说，是一种弥漫的自卑感。他们不作尝试就会放弃。

随着时间的推移，习得性无助儿童的能力不再对他们的成绩具有预测作用。因为他们不能在努力和成功之间建立联系，这些儿童不会形成取得好成绩必需的元认知和自我调节技能（见第9章）。缺乏有效的学习方法、缺乏坚持性以及失去控制感之间会形成一个恶性循环（Pomerantz & Saxon，2001）。

对自己能力的反复消极评价会导致儿童形成习得性无助感，认为自己无论怎样努力，能力都不能提高。当面对挑战性任务的时候，这个习得性无助的儿童被消极想法和焦虑击倒了。

（4）成就归因的影响因素

哪些因素可以解释掌握—定向儿童与习得性无助儿童不同的归因呢？与成人的交流发挥了关键作用。习得性无助儿童的父母明知孩子能力不强，必须比别人更努力才能成功，却还是给孩子提出过高的标准。当孩子失败时，家长会说：“你干不成，不是吗？如果你想退出，可以啊！”（Hokoda & Fincham，1995）。当孩子成功时，家长做出评价儿童特质的反馈（“你真聪明”）。这种特质陈述促进了有关能力的实体观，使儿童面对挫折时质疑自己的能力，面临挑战时则退缩（Mueller & Dweck，1998）。

教师的反馈也会影响儿童的归因。关心、帮助学生，强调学习的乐趣而不是强调成绩，这样的教师会教出掌握—定向的学生（Anderman et al.，2001）。一项对1 600名3～8年级学生的研究发现，认为老师提供了积极的、支持性学习条件的学生，学习会更刻苦，也会更多地参与到班级中来，这些因素能够预测较好的学习成绩，良好的学习成绩又会坚定儿童关于努力所起作用的信念。相反，不予以支持的教师，其学生会把他们的成绩看作是外控的（通过教师或运气）。这种态度能够预测学习活动的退缩和成绩的下降，因而使儿童怀疑自己的能力（Skinner，Zimmer-Gembeck & Connell，1998）。

成人的反馈对某些儿童尤其可能降低成绩。当女孩表现不好的时候，容易从教师和家长那里
收到关于她们能力的错误信息，而消极成见（如 334
女孩不擅长数学）会降低她们的兴趣和成绩（Bleeker & Jacobs，2004；Cole et al.，1999）。即使是数学学得到好的女孩，也比男孩更多地把差成绩归为能力。第9章已讲过，低社经地位的少数族裔学生较少从教师那里得到赞许反馈，特别是当他们被归为差生时，这会导致学习自尊和成绩继续下降。

（5）培养掌握—定向归因

归因研究表明，成人的高期望有时会降低儿童的能力。一种被称为*归因再训练*（attribution retraining）的干预措施鼓励习得性无助儿童，使他们相信，通过努力就能克服困难。训练中先给儿童一些很难的任务，让他们受到挫折，接着重复地告诉他们：“如果你再努力一些，就能做到。”当儿童做到以后，会得到肯定的反馈，如“你真

的很擅长这个!”“你真的在这上面很努力!”于是，他们逐渐把自己的成功归为能力和努力，而不是运气。另一种方法是鼓励不够努力的儿童少关注成绩，多关注为掌握一个任务而去完成那个任务（Hilt，2004；Horner & Gaither，2004）。

归因再训练最好在儿童的自我观念变得很顽固之前开始。还可以运用本节的“学以致用”表中归纳的策略来预防习得性无助。

学以致用　**培养掌握—定向学习态度的方法**

策略	描　述
任务提供	选择的任务要有意义，符合学生的不同兴趣，适合当前的能力，既让儿童感到难，又不会被难倒。
父母和教师的鼓励	表达温暖、对学生能力的信任、成就的价值和努力对于成功的意义。 提供经过努力战胜困难的榜样。 教师经常和父母交流，提出建议，帮助儿童努力和取得进步。 父母监督学校教学；提供辅助性支持，学习一些关于儿童的有效学习方法和自我调控的知识。
成绩评价	做个别评价；不要用墙报、增加或减少星星、给“聪明”儿童提供特权以及奖励“最好”成绩的形式公布成绩。 强调个人进步和自我提高。
学校环境	实行小班制，使教师能给学生提供掌握知识的个别辅导。 开展合作学习和同伴辅导，儿童在其中能够互相帮助；不要按能力分组，这会公开对儿童的评价。 接纳学习方式上的个体差异和文化差异。 创造氛围，传递“所有学生都能学会”的信息。

资料来源：Hilt，2004；Eccles，Wigfield & Schiefele，1998.

思考题

复习　小学时期的自尊水平是如何变化的？这些变化为什么发生？

应用　父母应当用赞扬孩子“聪明”或“完美”来提高他们的自尊吗？如果儿童对他们所做的每一件事都感到不满，会有害吗？为什么？

联结　第 9 章讲过的认知方面的哪些变化会导致自我概念向重视能力、人格特质和社会比较的方向转变？

反思　回想你小学时对学习成败的归因。那些归因现在是什么样子？来自他人的哪些信息影响了你的归因？

三、情绪发展

自我意识和社会敏感性的增强促进了小学时期情绪能力的发展。自我意识的情感、情绪理解和情绪自我调节都发生了变化。

1. 自我意识的情感

335 在小学时期，自豪、内疚这些自我意识的情感明显受到儿童责任感的制约。成人并不需要用新成就来激发自豪感或者由于违规而唤起内疚感（Harter & Whitesell，1989）。儿童也不再像以前那样因为偶然的错误而内疚，只会因为故意犯错而内疚，比如忽略责任、欺骗或说谎（Ferguson，Stegge & Damhuis，1991）。

自豪感促使儿童接受新的挑战。内疚则促使他们去弥补过失，为提高自己而努力。但是，成人严厉无情的训斥（“别人都能做到，为什么你不能？”）会导致强烈的羞愧，其破坏性很大（第 8 章已讲过）。由于儿童形成了整体自尊，他们会把一两个不太好的行为纳入对总体自我价值的评价中。羞愧引起的自尊下降可能会引起退缩、沮丧以及对引发羞愧的情境中其他参与者的愤怒（Lindsay-Hartz，de Rivera & Mascolo，1995；Mills，2005）。

2. 情绪理解

在理解心理活动方面，小学生与幼儿不同，他们已能用人的内心状态（如高兴或悲伤的想法）而不是外部事件来解释情绪（Flavell，Flavell & Green，2001）。在8岁左右，儿童慢慢懂得，他们在一件事情上能体验到不止一种情绪，这些情绪可能是消极的，也可能是积极的，在强度上也不同（Pons et al.，2003）。例如，乔伊在回忆祖母送给他生日礼物时，他说："我非常高兴能得到礼物，但是又有点难过，因为这个礼物不是我想要的。"

同时感受几种不同情绪使儿童认识到，人们的情绪表达有时并不是他们的真实感受（Saarni，1999）。这也促进了对自我意识的情感的觉察。例如，8～9岁的儿童能够理解自豪感包含幸福感的两个来源：因为取得好成绩而高兴，因为有一个重要的人肯定了这种成绩而高兴（Harter，1999）。此外，这个年龄的儿童还能把有关别人情感的相互矛盾的表情线索和情境线索加以调和，而年幼儿童只能凭借别人的情绪表达做出判断（Hoffner & Badzinski，1989）。

和自我理解一样，情绪理解的进步也得到认知发展和社会经验的支持，尤其是成人对儿童感受的敏感性，以及成人与儿童一起讨论情绪。这些因素共同导致了共情能力的提高。随着儿童向青少年期过渡，观点采纳的进步使儿童不仅能对别人一时的痛苦做出共情反应，而且能对他们总的生活状况产生共情反应（Hoffman，2000）。当乔伊和莉琪想象那些长期处于疾病和饥饿的人的感受并且在自己身上产生那些情感的时候，他们会把自己的零钱捐给慈善机构，通过学校、社区和童子军参加募捐活动。

3. 情绪的自我调节

情绪自我调节的迅速发展出现在小学时期。儿童在和同伴相互比较并越来越在乎同伴评价的时候，他们必须学会管理威胁其自尊的消极情绪。

10岁左右，多数儿童能够在调节情绪的两种方法之间进行转换。一种方法是**问题中心应对**（problem - centered coping），即把情境看作是可变的，先查明存在的困难，再决定怎么办。另一种是**情绪中心应对**（emotion-centered coping），这是一种隐藏于内心的方法，目的是对外部结果无能为力的时候控制悲伤（Kliewer，Fearnow & Miller，1996；Lazarus & Lazarus，1994）。例如，面对一个引起焦虑的考试或者在朋友发脾气时，小学中高年级学生会把问题解决和寻求社会支持看作最好的方法。但是，当结果超出他们的控制，例如，考试得到一个很差的成绩时，他们会选择转移注意力的方法，或试图重新定义这个情境："这次考坏了。下次考试再努力。"与幼儿相比，小学生较多地用这种内部策略来调节情绪，因为他们对想法和感受的反省能力提高了（Brenner & Salovey，1997）。

更重要的是，通过与父母、教师和同伴的互动，小学生懂得了怎样用社会赞许的方式来表达消极情绪。遇到尴尬情境时，他们越来越多地使用言语策略（"请别推了，等着轮到你吧"），而不是哭、生气或攻击（Shipman et al.，2003）。小学低年级学生在评价这种比较成熟的情绪表达方式的有效性时，会提到避免惩罚或受到成人表扬。但是到了三年级，他们开始关注别人的情感。具有这种意识的儿童被教师评价为愿意帮助人、与人合作和社会反应敏感的学生，他们得到同伴的 336
更多喜爱（Garner，1996；McDowell & Parke，2000）。

这些孩子正在进行募捐，以帮助在2005年卡特里娜飓风中受伤或无家可归的数千宠物。他们的努力是一种适应性策略，目的是调节他们在电视上看到飓风造成的灾害后感到的强烈恐惧。

随着情绪调节能力的良好发展，小学生形成了**情绪自我效能感**（emotional self-efficacy），这是对自己情绪体验的控制感（Saarni，2000）。它促成了令人满意的自我意象和乐观的看法，进一步帮助儿童面对情绪挑战。情绪调节良好的儿童在心境、共情和亲善行为方面都是乐观向上的（Zeman，Shipman & Suveg，2002）。相反，情绪调节能力差的儿童会冲动地宣泄消极情绪，这种反应会影响亲善行为和同伴接纳。

四、理解他人：观点采纳

小学时期的**观点采纳**（perspective taking）技能有了明显发展，这是一种想象别人想法和感受的能力。这一变化促进了自我概念、自尊、对别人的理解和一系列社交技能的发展。罗伯特·塞尔曼（Robert Selman）的五阶段理论根据儿童和青少年对社会两难问题的反应，描述了观点采纳技能的变化，在这些社会两难问题中，主人公对同一事件拥有不同的信息和看法。

表 10.1 显示，起初儿童对别人可能的想法和感受了解很少。随着年龄增长，他们越来越意识到，人们可能以完全不同的方式解释同一事件。很快，他们就能“设身处地”，并且能够反思那个人会如何看待他们自己的想法、感受和行为，他们会说这样的话：“我想你会认为我那样说只是在开玩笑。”（请注意，这一水平的观点采纳与第 9 章描述过的二级错误想法相似。）最终，年长儿童和青少年能够同时评价两个人的观点，起初是站在公正的旁观者立场进行评价，而后是参考社会价值观做出评价。下面的解释反映了这种能力：“我知道乔伊为什么不顾妈妈反对把流浪猫藏在地下室。他认为不能伤害动物。如果让猫在大街上流浪或者送到收容所，猫会死的。”

表 10.1　**塞尔曼的观点采纳技能发展阶段**

阶段	年龄	描述
水平 0：未分化的观点采纳	3～6 岁	儿童认识到自己和别人可能有不同的想法和感受，但他们经常把二者混淆。
水平 1：社会信息的观点采纳	4～9 岁	儿童理解人们因为接触的信息不同所以形成的观点不同。
水平 2：自我反省的观点采纳	7～12 岁	儿童能够“设身处地”地从别人的角度审视自己的想法、感受和行为。他们还知道，别人也会这样做。
水平 3：第三方观点采纳	10～15 岁	儿童能脱离当事双方的立场，站在第三方的公正立场想象自己和他人被怎样看。
水平 4：社会性观点采纳	14 岁至成年	理解了第三方观点采纳可能受到一种或多种更大的社会价值系统的影响。

资料来源：Selman，1976；Selman & Byrne，1974.

目睹成人和同伴怎样解释他们的看法，对儿童的观点采纳有很大影响。观点采纳比较成熟的儿童较多地表现出共情和同情，以有效的方法处理困难的社会情境，因此，他们受到同伴的更多喜爱（FitzGerald & White，2003）。社交技能差的儿童，特别是第 8 章讲过的容易发火、有攻击性的儿童，在想象别人的想法和感受方面存在较大困难。他们常常会虐待成人和同伴，不会因想到别人的观点而内疚和懊悔。采用观点采纳训练和练习的干预措施有助于减少儿童的反社会行为，增加共情和亲社会的反应（Chalmers & Townsend，1990）。

五、道德发展

第 8 章曾讲到，幼儿通过模仿和强化习得了许多道德行为。到了小学时期，他们有更多的时间把道德行为规则加以内化，例如，“帮助有困难的人是件好事”或“拿走不属于你的东西是不对的”。这种变化使儿童更加独立和值得信赖。他们能承担更多的责任，从去超市购物到照看弟弟妹妹（Weisner，1996）。当然，只有当儿童从充满关爱的成人那里得到一致性的指导和榜样的时候， 337
这些进步才会出现。

第 8 章还讲到，儿童并不只是模仿别人的道德行为。就像认知发展观所强调的，他们会主动地思考对与错。社会生活的扩展、考虑更多信息进行推理的能力以及观点采纳的进步，使道德理解在小学时期得到了前所未有的进步。

1. 通过分享学习公平

在日常生活中，儿童经常遇到**分配公平**（distributive justice）的情境，分配公平是指如何公平地分配物品的观念。当儿童遇到以下问题时，会展开热烈的讨论：每周应该给不同年龄的兄弟姐妹多少零钱；开车出去玩时，谁应当坐在哪个位置；6个饥饿的玩伴应当怎样分配8块比萨。威廉·戴蒙（William Damon，1977，1988）追踪了幼儿期和小学期儿童的分配公平概念。

4岁儿童就已经懂得分享了，但他们的推理看起来是自私的："我会分享，因为，我不这样做她就不和我玩了"或"我分给她一些，但是大部分归我，因为我年龄比她大"。在小学时期，儿童对分配公平问题的观点更为成熟。随着年龄增长，他们的推理经历了三个阶段：

- 绝对平等（strict equality，5～6岁）。小学低年级儿童的关注点在于确保每个人得到一样多的资源，比如钱、游戏中的次序或者款待。
- 论功行赏（merit，6～7岁）。6～7岁的儿童认为，应当给那些做事特别努力或在某件事上表现特别突出的人额外的奖赏。
- 平等与慷慨（equity and benevolence，8岁左右）。8岁以后，儿童认为，应该给处于劣势的人特殊照顾，例如，零钱不多或没有零钱的孩子，应该多给些钱。年长儿童还会调整他们的公平原则以适合情境，与陌生人交往时以平等为主，与朋友交往则应该慷慨（McGillicuddy-De Lisi，Watkins & Vinchur，1994）。

戴蒙（1988）认为，同伴交往中的互惠使儿童更认真地思考别人的观点，这反过来促进了他们公平观念的发展。对分配公平问题的高水平推理，与较强的帮助、分享与合作意愿密切相关（Blotner & Bearison，1984；McNamee & Peterson，1986）。

2. 道德和社会规范的理解

在学龄期，儿童建构了一套灵活的关于道德规则的观念。7～8岁的儿童不再认为说真话总是好的，说谎总是坏的，他们会考虑行为对别人有利或不利的意图。他们对一些坦率的做法不以为然，比如，直接告诉一个同学，说自己不喜欢她的画（Bussey，1999）。中国和加拿大的小学生都认为，对别人不利的谎话是"很不恰当的"，但是

儿童关于分配公平的观念，即如何公平分配物品，在小学时期逐渐形成。图中右面的儿童懂得公平应当包括慷慨。他与两个没有受到特别款待的小孩子分享食物。

受集体主义价值观影响的中国儿童比北美同龄人更可能对主人公因为谦虚而说假话做出好评价，例如，一个在操场上捡垃圾的学生说："这不是我做的。"（Lee et al.，1997）

随着公平观念的进步，儿童想到的因素越来越多。他们开始把道德规则与社会规范区分开来。例如，小学生能够区分目的明确的社会规范（不要在学校走廊里面跑以免受伤）与没有明确理由的规范（穿过操场上的禁行线）。他们认为，违反目的明确的社会规范和违反道德差不多（Buchanan-Barrow & Barrett，1998）。随着年龄增长，儿童还懂得了，人的行为目的和行为情境会影响违反某个社会规范的道德意义。在加拿大的一项研究中，8～10岁的儿童说，国旗象征着一个国家，为了表示反对一个国家或者为了生火而烧国旗，都比无意中烧了国旗要坏得多。他们还说，公开烧国旗比私下烧更坏，因为这会伤害别人的感情。同时他们又说，烧旗帜是一种表达自由的形式，大多儿童都赞同，在一个对待人民不公平的国家，这种行为是可以接受的（Helwig & Prencipe，1999）。

西方和非西方文化中的儿童对道德和社会规范有相似的推理（Neff & Helwig，2002；Nucci，2002）。如果一个命令是公平的和人道的，比如，"不要打架"或"蛋糕要大家分享"，小学生表示赞成，无论这一命令出自何人之口，是校长、老师还是一个同学。即使在强调尊重权威的韩国文 338
化中，7～11岁的儿童也会对教师或校长命令参与不道德的行为表示反对，比如偷窃或拒绝分享，

这种反应随着年龄而加强（Kim，1998；Kim & Turiel，1996）。

3. 理解个人权利

当儿童挑战成人权威的时候，他们通常也会在个人领域尝试这样做。随着他们对道德规则和社会常规的理解不断加深，他们懂得了，某些选择（比如发型、朋友和娱乐活动）应当由自己来决定，这种看法不断增强（Nucci，1996）。

个人选择的观念反过来会促进儿童的道德理解。6 岁时，儿童把言论和宗教自由看作个人权利，即使法律否认这些权利（Helwig & Turiel，2002b）。他们认为，歧视个人的法律是错误的，不应该遵守，例如，禁止某些人获得医疗和教育的法律（Helwig & Jasiobedzka，2001）。在解释他们的回答时，儿童会诉诸个人的基本权利，随着向青少年期的过渡，他们会提到个人权利对于一个公平社会来说是必要的。

小学中高年级学生会在个人选择上给自己设定一个标准。四年级儿童面对道德和个人私事的冲突，比如是否与一个不同族裔或性别的同学交朋友时，通常会根据友善和公平做出决定（Killen et al.，2002）。由于这个原因，小学时期的偏见一般会下降。

4. 理解多样性和不平等性

小学低年级学生会把能力和特权与白人联系起来，把贫困和下等地位与有色人种联系起来。他们不一定是从家长或朋友那里获得这些观点的（Aboud & Doyle，1996）。他们可以从媒体或周围环境中获得流行的社会态度。

在多个西方国家进行的研究证实，5～7 岁的白人儿童会对自己种族做出积极评价，而对其他种族的评价则较少赞许或比较消极（Aboud，2003；Nesdale et al.，2004）。这个年龄的少数族裔儿童则把积极特征指向有特权的白人，把消极特征指向自己的种族。在一项研究中，让 5～7 岁的非洲裔儿童回忆与对黑人的成见一致或不一致的故事情节。这些儿童回忆起更多的成见特质，特别是当他们赞同非洲裔美国人的消极文化观点时（Averhart & Bigler，1997）。同样，加拿大土著儿童则指出加拿大白人的较多积极特征，却指出加拿大原住民较多的消极特征（Corenblum，2003）。

与其他人种或民族的成员合作的儿童更有可能对这些与自己不同的人产生积极态度。这些男孩在夏令营里为了共同目标而一起做事。

但随着年龄增长，儿童更多地关注内在特质。以多种方式对社会进行分类的能力使小学生能够理解，人们既可以是相同的，也可以是不同的；外表不同的人，其想法、感受和行为不一定不同（Aboud & Amato，2001）。于是，对少数族裔的消极态度有所下降。7～8 岁以后，白人儿童和少数族裔儿童都表现出对本族裔成员的喜爱，而白人儿童对其他族裔的偏见会减弱（Ruble et al.，2004）。

儿童持有的人种或族裔偏见的程度取决于以下因素：

- 人格特质的实体论。认为人的特质固定不变的儿童，常把别人判断为“好人”或“坏人”。由于忽略了人的动机和环境，他们容易根据有限信息形成偏见。例如，他们说“学校里那个为了讨人喜欢而说谎的新生”完全是一个坏人（Levy & Dweck，1999）。
- 过高的自尊。拥有过高自尊的儿童（和成人）更可能持有人种或族裔偏见（Baumeister et al.，2003；Bigler，Brown & Markell，2001）。这些人把贬低那些处境不利的人或种族看作证明自己有多好的自我评价方法。
- 把人分为不同群体的社会环境。成人越向儿童强调族群间的差距，白人儿童就越可能表现出偏见（Bigler，Brown & Markell，2001）。

这些研究提供了如何减少人种和族裔偏见的依据。一个好办法是与儿童讨论可能影响人们特质的因素，引导儿童把别人的特质看作是可变化的。人种和族裔不同的儿童通过合作活动，增进 339

互相了解也是一个好办法（Pettigrew，1998）。邻里、学校和社区内的长期接触似乎最有效。研究发现，在种族混合学校上学的5～6岁儿童，大多会根据他们的日常经验对其他群体持积极态度（Aboud，2003）。尽早让儿童了解族裔差异，鼓励他们重视这些差异，这样的班级会防止同学间形成难以克服的消极偏见。

思考题

复习 小学时期的情绪自我调节是如何提高的？这些变化对儿童的自尊有何意义？

应用 10岁的玛尔拉说她的同学伯纳黛特永远不会得到好成绩，因为她很懒。珍妮认为伯纳黛特努力了但是不能全神贯注，因为她的父母正在闹离婚。为什么玛尔拉有偏见而珍妮没有？

联结 举例说明，年长儿童思考更多信息的能力怎样增进了他们对情绪与道德的理解。

六、同伴关系

在小学时期，同伴成为越来越重要的发展环境。如前所述，同伴交往影响了观点采纳以及对自己和别人的理解。这些发展反过来又促进了同伴交往。与幼儿相比，小学生能够运用说服和妥协更有效地解决冲突（Mayeiux & Cillessen，2003）。分享、帮助和其他亲善行为也有所增加。与这些变化相一致的是，攻击有所减少，其中下降最多的是身体攻击（Tremblay，2000）。但其他类型的敌意攻击在儿童形成同伴群体的同时仍然存在。

1. 同伴群体

观察一下学校操场上或社区里的儿童就会发现，他们经常会三五成群地聚在一起。到小学时期结束时，儿童对群体归属表现出强烈愿望。他们形成**同伴群体**（peer group），同伴群体具有独特的价值观、行为标准以及领导者与追随者的社会结构。同伴群体的组织建立在接近（在同一个班级）以及性别、种族和声望相似的基础上（Cairns，Xie & Leung，1998）。

同伴群体在小学时期开始形成。当这些女孩聚集起来共同活动时，她们形成了领导者与追随者的社会结构。她们的肢体语言说明她们强烈的群体归属感。

这些非正式群体的活动形成了一种“同伴文化”，主要由一些特殊的词语、穿着和“四处游逛”的地点构成。当儿童形成这些排他的组织后，着装和行为风格会超越其自身的意义，具有更广泛的影响。在学校，举止异常的儿童常常会遭到拒绝。向老师抛“飞吻”、穿另类的衬衫或鞋子或者谈论同学的是非，都可能使他们受到非议。这些习惯把同伴联系在一起，产生了一种群体认同感。在群体内部，儿童获得了许多社交技能——合作、领导、服从和对集体目标的忠诚。

大多数小学生认为，小群体排斥某个同伴是不对的（Killen et al.，2002）。但是，他们会使用关系攻击策略排斥某个成员。同伴们在擅长巧妙攻击的领导者的鼓动下，会驱逐不再受到“尊敬”的儿童。这些被排斥的人会受到伤害，而且很难进入新的群体。他们原来针对外人的行为会降低他们被其他群体接纳的可能。被排斥的儿童常常转向地位低的同伴寻求群体归属感（Bagwell et al.，2001）。与社交技能差的同伴交往使他们失去了很多学习社交技能的机会。

小学生想成为某个群体一员的愿望还能通过正式的群体联系得到满足，比如童子军、4-H俱乐部（Club of Head，Heard，Hands，Health for boys and girls）和宗教青年会。成人参与会抑制儿童非正式同伴群体的消极行为。通过共同项目中的协同工作和团体内的互相帮助，儿童增进了社会性和道德成熟（Vandell & Shumow，1999）。

2. 友谊

同伴群体向儿童提供洞察更大社会结构机会的同时，一对一的友谊对信任和敏感性的发展产
340 生了影响。在学龄期，友谊变得更复杂，更具心理基础。来看下面这个 8 岁儿童的说法：

> 莎莉为什么会成为你最好的朋友？因为我伤心的时候她会帮助我，并且她会分享……什么使得莎莉如此特别？我认识她时间比较长，我们是同桌，跟她很熟……你是怎么变得喜欢莎莉胜过喜欢别人呢？她为我做得最多。她和我从来没有分歧，她从来不会在我面前吃东西，我哭的时候她从来不会走开。而且，她还帮我做功课……你会怎样让一个人喜欢你？如果你（对你的朋友）友好，他们也会对你友好。(Damon，1988，pp. 80-81)

这些回答显示，友谊已经成为一种相互一致的关系，处于其中的儿童会喜欢彼此的个人品质，对彼此的需要和愿望做出反应。一旦友谊形成，信任就成为其决定性特征。小学生认为，良好的友谊是建立在善意基础上的，意味着每个人都可能被指望支持别人。所以，小学中高年级学生把破坏信任（比如需要帮助时不给予帮助）、不守承诺和在背后说坏话视为对友谊的严重破坏（Hartup & Abecassis，2004；Selman，1980）。

由于这些特征，小学生的友谊具有更强的选择性。虽然幼儿说他们有很多朋友，但是到了 8～9 岁他们只能说出几个好朋友的名字，女孩比男孩需要更多的亲密性，她们的友谊也更排他（Markovitz，Benenson & Dolensky，2001）。

此外，儿童倾向于选择年龄、性别、种族、民族和社经地位与自己相似的人做朋友。朋友之间在人格（社交能力、攻击性）、同伴受欢迎度、学习成绩和亲善行为方面也很相似（Hartup，1996）。儿童可能会选择很像自己的同伴做朋友，来增强友谊的牢固性。但是，儿童所处环境是否有交朋友的机会，也会影响他们的选择。在综合学校和班级中，如果存在种族混合的集体学习小组，那么学生会报告更多的跨种族友谊（Slavin & Cooper，1999）。

整个小学时期，友谊会保持稳定，并且持续几年。通过友谊，儿童了解到情感认同的重要性。他们懂得了，如果朋友之间对彼此的喜爱都很确定，亲密的关系不会因为分歧而破裂（Rose & Asher，1999）。通过这种方式，友谊提供了一个重要情境，儿童可以从中学会容忍批评和解决冲突。

友谊对儿童发展的作用还取决于朋友的性质。赋予友谊亲切和怜悯的儿童会强化彼此的亲社会倾向。当攻击性儿童之间做朋友的时候，关系常常会扩大反社会行为。攻击性女孩的友谊中有很多私人情感的交流，但是充满妒忌、冲突和出卖（Grotpeter & Crick，1996）。在攻击性男孩中，友谊涉及愤怒、强迫陈述、身体攻击以及怂恿破坏规则行为的频繁表现（Bagwell & Coie，2004；Crick & Nelson，2002；Dishion，Andrews & Crosby，1995）。这些发现意味着攻击性儿童的社交问题会在他们最亲密的同伴关系中存在。

这两个男孩都喜欢打棒球，但是他们想在一起玩，主要是因为他们喜欢彼此的人格品质。他们友谊的决定性特征是相互信任。每个儿童都希望从朋友那里获得支持和帮助。

3. 同伴接纳

同伴接纳（peer acceptance）是指**喜爱度，即某儿童被某同伴群体（如同班同学）视为一个有价值的社交伙伴的程度**。喜爱度与友谊不同，它不是一种相互关系，而是一种单方面的看法，是一个群体对某个人的看法。不过，影响友谊的特定社交技能也会增加同伴接纳。同伴接纳较好的儿童一般拥有更多的朋友并且会与他们形成更好的关系（Gest，Graham-Bermann & Hartup，2001）。

研究者通常使用测量社交偏好（social preference）的自我报告来评价同伴接纳，例如，让儿童区分他们“最喜欢”和“最不喜欢”的同学。另一种方法是评价社交优势（social prominence），即儿童判断哪个同学会受到多数同学的喜爱。由同班同学评价为有优势（被许多同学喜欢）的儿童，与自我评价说自己具有受欢迎人格的结果之间，只有中度的一致性（LaFontana & Cillessen，1999）。

这些自我报告产生了四种同伴接纳类型：

- **受欢迎儿童**（popular children），得到许多积极投票的儿童；
- **被拒绝儿童**（rejected children），不被别人主动喜爱的儿童；
- **有争议儿童**（controversial children），得了许多票，有好的，也有不好的；
- **被忽视儿童**（neglected children），很少被选择，无论是好是坏。

341 在一个普通的小学班级中，大约2/3的儿童属于这些类型中的一种（Coie，Dodge & Coppotelli，1982）。余下的1/3被认为在同伴接纳方面处于平均水平。

同伴接纳是心理适应的一个强有力预测因子。尤其是被拒绝儿童，会成为不幸福、被疏远、成绩很差的低自尊儿童。教师和家长都认为他们具有各种情绪和社会问题。小学时期的同伴拒绝还与不良的学校表现、旷课、退学、致瘾物滥用、反社会行为和青少年违法以及成人早期犯罪密切相关（Bagwell，Newcomb & Bukowski，1998；Laird et al.，2001；Parker et al.，1995）。

然而，早期影响（儿童特点与教养活动相结合）可以在很大程度上解释同伴接纳与适应之间的联系。在同伴关系方面有问题的小学生更可能经受着因低收入、不负责的儿童抚养和强制性教育造成的家庭压力（Cowan & Cowan，2004）。无论如何，被拒绝儿童会激发导致他们不良发展的同伴反作用。

（1）同伴接纳的决定因素

为什么有的儿童受人喜爱，有的儿童被拒绝？大量研究表明，社会行为起了重要作用。

1）受欢迎儿童

许多受欢迎儿童都很友善并且考虑周到。其中，**受欢迎—亲社会型儿童**（popular-prosocial children）一般学习能力和社交能力都较强，在学校表现优秀并且以敏感、友好、合作的方式与同伴交流（Cillessen & Bellmore，2004）。但是另一些受欢迎儿童却是由于其好斗且社会适应的行为而受到钦佩。**受欢迎—反社会型儿童**（popular-antisocial children）这种亚类型，包括“恶作剧”男孩和关系攻击型的男孩和女孩，前者体育能力强但是学习差，经常惹麻烦，不听从成人权威；后者常采用忽视、排他和散播别人谣言来提高自己的地位（Cillessen & Mayeux，2004；Rodkin et al.，2000；Rose，Swenson & Waller，2004）。

虽然他们具有攻击性，但是这些少年被同伴认为“很酷”，或许是由于他们的体育能力以及老练圆滑的社交技能。虽然同伴钦佩使这些儿童免于遭受长期适应困难，但他们的反社会行为需要干预（Prinstein & La Greca，2004）。随着年龄增长，同伴会越来越不喜欢这些地位高、具有攻击性的少年，并最终拒绝他们。

2）被拒绝儿童

被拒绝儿童表现出各种消极社会行为。最常见的一种亚类型，**被拒绝—攻击型儿童**（rejected-aggressive children），表现出很多冲突行为、身体和关系攻击以及过度活跃、缺乏注意和冲动行为。他们比受欢迎—攻击型儿童更好斗，还存在观点采纳和情绪调节不良。例如，他们常把同伴的非故意行为看作敌意行为，把自己的社交困难归咎于别人（Coie & Dodge，1998；Crick，Casas & Nelson，2002）。相反，**被拒绝—退缩型儿童**（rejected-withdrawn children）很被动，不善交往。这些羞怯的儿童常被社交焦虑所困，对同伴看待自己的方式持有消极预期，并且担心被斥责和攻击（Hart et al.，2000；Ladd & Burgess，1999）。

早在幼儿园的时候，同伴群体就会排斥被拒绝儿童。于是，被拒绝儿童就会减少对班级活动的参与，他们的孤独感增强，学习成绩下滑，并且想逃避学校（Buhs & Ladd，2001）。被拒绝儿童一般朋友很少，有些人根本没有朋友，这种情形可以预测严重的适应困难（Ladd & Troup-Gordon，2003）。这两种被拒绝儿童都有被同伴欺负的危险。但是，如本节“生物因素与环境”专栏所揭示的，被拒绝—退缩型儿童尤其可能成为同伴欺负的目标。

3）有争议儿童与被忽视儿童

有争议儿童既会表现出积极社会行为，也会

表现出消极社会行为，造成了不同的同伴意见。他们有时充满敌意和破坏力，有时又会表现出积极的亲善行为。虽然一些同伴不喜欢他们，但是他们具有使自己免受社会排斥的一些品质（Newcomb，Bukowski & Pattee，1993）。与受欢迎—反社会型的同伴一样，他们常常会攻击别人并发起巧妙的关系攻击以确保他们的支配性（DeRosier & Thomas，2003）。

最令人惊讶的发现是，曾被认为需要治疗的被忽视儿童通常会适应良好。虽然这些儿童参与交往的比率低，别人都认为他们很害羞，但是他们具有和一般儿童一样的社交技能。他们并没有报告说感到孤独或不幸，只要愿意，他们可以自行脱离通常的游戏模式（Harrist et al.，1997；Ladd & Burgess，1999）。这些被忽视儿童的情形提醒我们，友好、合群的人格特征不是情绪健康的唯一途径。

专栏　生物因素与环境

欺负与被欺负

认真观察攻击性儿童在学校里一天的活动，你就会发现，他们对有些同伴怀有敌意。一种特别具有破坏性的互动模式是**同伴欺负**（peer victimization），一些儿童会频繁成为言语和身体攻击或其他虐待方式的目标。是什么维系了儿童之间的攻击—退却循环模式呢？

研究表明，10%～20%的儿童是攻击者，而 15%～30%的儿童会重复成为受害者。大多数攻击者是男孩，他们既使用身体攻击，也使用言语攻击，但是女孩有时候会带有敌意地用言语来攻击易受攻击的同学（Pepler et al.，2004；Rigby，2004）。攻击最多的一般都是地位高的学生。一些人因为他们的领导才能或体育能力而受到喜爱，但是多数都因为他们的残暴而不受喜爱，或者最终变得不受喜爱（Vaillancourt，Hymel & McDougall，2003）。然而，同伴很少会帮助被欺负的受害者，20%～30%的旁观者会鼓励攻击者，甚至参与其中（Salmivalli & Voeten，2004）。

当需要主动行为的时候，长期受害者往往很被动。在操场上，他们四处闲逛，找人聊天或孑然一身。当被欺负的时候，他们会投降、哭泣、采取防御的姿态（Boulton，1999）。具有生物基础的特质——抑制性气质和虚弱的体格——是被欺负的原因。一些受害者还有拒绝型依恋、高控的家庭教育方式和母亲过度保护的经历。这些教养行为引起了焦虑、低自尊、依赖和恐惧，使他们更容易被欺负（Snyder et al.，2003）。被欺负导致适应困难，包括沮丧、孤独、低自尊、学习表现差、破坏行为和逃学（Kochenderfer-Ladd & Wardrop，2001；Paul & Cillessen，2003）。

攻击和受欺负并不是对立的。1/3 到 1/2 的受害者也是攻击者，会挑起斗殴或者用关系攻击来报复。偶尔，他们会报复强大的攻击者，这些攻击者会再次虐待他们，于是形成了一个延续被欺负地位的循环（Camodeca et al.，2002；Kochenderfer-Ladd，2003）。在被拒绝儿童中，这些攻击/受害者是最受轻视的，他们处于失调的高度危险中。他们常常会经历十分不利于适应的教养行为，包括被虐待。消极的家庭经验和同伴经验相结合，使他们处于严重的失调危险中（Schwartz，Proctor & Chien，2001）。

改变被欺负儿童对自己的消极看法，教会他们用非强化的方式应对攻击者，这样的干预措施是有效的。帮助被欺负儿童的另一种途径是，帮他们学会建立并维持亲密友谊所需的社交技能。如果儿童有一个可以求助的好朋友，欺负很快就会结束。有好朋友的焦虑、退缩儿童与没有好朋友的受害者相比适应问题较少（Goldbaum et al.，2003）。

虽然改变受欺负儿童的行为可能有帮助，但这并不等于说他们应承担责任。减少欺负的最好方法是改善环境（包括学校、体育训练队、娱乐中心和社区），提高亲社会的态度和行为并赢得年轻人的合作。有效方法包括，制定学校和社区规则，防止欺负，教旁观的儿童上前阻止，争取家长协助，改变攻击儿童的行为，（如有必要）把具有社交优势的攻击儿童转班或转学（Smith，Ananiadou & Cowie，2003）。

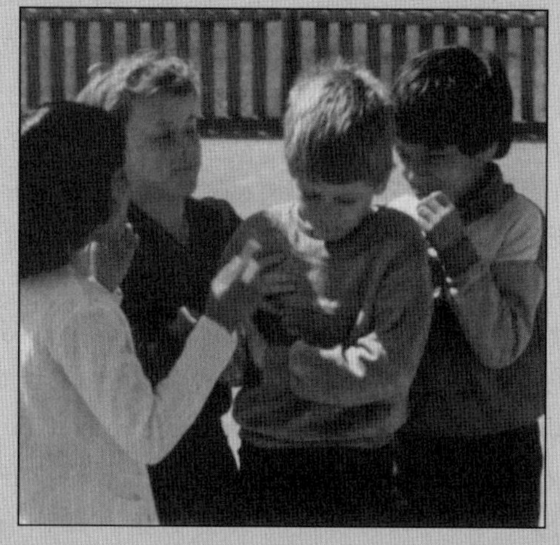

被攻击者欺负的儿童往往体格较弱，被同伴拒绝以及不敢还手，这些特点使他们容易成为攻击目标。多数攻击者是男孩，他们既使用身体攻击，也使用关系攻击。一些女孩也是攻击者，常用关系攻击向对手发起进攻。

（2）帮助被拒绝儿童

有各种干预措施可以改善被拒绝儿童的同伴关系和心理适应。其中大多数都涉及对社交技能的训练、示范和强化，比如，怎样发起与同伴的交往，怎样在游戏中合作，怎样对一个情绪健康和友好的同学做出回应。这些方案中有几个会在社交能力和同伴接纳方面产生长期效应（Asher & Rose，1997）。社交技能训练和其他治疗措施结合起来效果更好。被拒绝儿童一般学习成绩较差，其低学习自尊会增强他们对教师和同学的消极反应。多给他们进行学习辅导能改善他们的学习成绩和社会接受（O'Neil et al.，1997）。

还有另一种方法是关注观点采纳和解决社会问题的训练。许多被拒绝—攻击型儿童没有意识到自己的社交技能差，并且拒绝对自己的社交失败承担责任（Mrug，Hoza & Gerdes，2001）。相 *342*
反，被拒绝—退缩型儿童可能会对同伴困难表现出习得性无助（learned-helpless），即在不断被别人回绝后断定他们永远不会被人喜爱（Wichmann，Coplan & Daniels，2004）。对这两种类型的儿童，都要帮助他们把同伴关系困难归为内部、可变的原因。

最后，因为被拒绝儿童的社交无能常常源于儿童气质和教养行为的不良匹配，因此只关注儿童的干预措施并不充分。如果父母—儿童的互动不改变，儿童很快就会回到他们旧有的行为模式上去。

七、性别角色行为

343 儿童对性别角色的理解在小学时期越来越广泛而深入，他们对性别角色的认同（认为自己比较男性化或女性化）也发生变化。这种发展，男孩和女孩是不一样的，并且文化差异也很显著。

1. 性别成见

进入学龄期，儿童会扩大他们在幼儿期获得的性别成见。许多国家的研究揭示，对男女人格特质的成见稳步增加，在11岁左右接近于成人（Best，2001；Heyman & Legare，2004）。例如，儿童把"粗暴"、"攻击"、"理性"和"支配"看作是男性特征，而"温柔"、"同情"和"依赖"看作是女性特征（Serbin，Powlishta & Gulko，1993）。

儿童通过观察行为的性别差异以及成人的不同对待习得了这些差别。例如，成人一般要求男孩有较强的独立性。在帮助儿童做一件事时，家长（尤其是父亲）会以掌握—定向的方式对待儿子，设置较高的标准，解释概念并且指出任务的重要特征，特别是在性别分化的活动中，比如科学活动（Tenenbaum & Leaper，2003；Tenenbaum et al.，2005）。此外，家长不大鼓励女孩自己做决定。家长和教师经常表扬男孩有知识有成就，表扬女孩听话（Good & Brophy，2003；Leaper，Anderson & Sanders，1998；Pomerantz & Ruble，1998）。

与成人的成见相一致，小学生会快速指出哪些学科和技能是男性的，哪些是女性的。他们常常认为阅读、拼写、美术和音乐更适合女孩，而数学、体育和机械技能更适合男孩（Eccles，Jacobs & Harold，1990；Jocobs & Weisz，1994）。这些态度影响了儿童对特定学科的兴趣和能力感。例如，男孩对数学和科学感觉比女孩更强，而女孩在语言艺术方面感觉比男孩更强，即使是将技能水平相同的儿童进行比较也是如此（Andre et al.，1999；Freedman-Doan et al.，2000；Hong，Veach & Lawrenz，2003）。第11章将要讲到，这些观念对许多年轻人来说，会在青少年期变成现实。

虽然学龄期儿童意识到许多成见，但他们还是对男人和女人善于做的事情形成一种更开放的观点。与种族成见一样，正确分类的能力是性别成见产生的基础。小学生认识到，一个人可以分属不止一种社会类别，例如，是一个"男孩"，但是"喜欢过家家"（Bigler，1995）。不过必须承认，人们可以跨越性别界限并不意味着儿童总会赞成这样做。儿童对特定的违反常理的行为具有粗浅的认识——男孩玩娃娃、穿女孩的衣服，女孩行为吵闹、粗野。当男孩做出这些"跨性别"的事情时尤其不能被容许，儿童认为这些行为与违反道德一样糟（Blakemore，2003；Levy，Taylor & Gelman，1995）。这些发现反映了男孩和男人遵守性别成见的社会压力更大。

2. 性别同一性与行为

在小学时期，男孩和女孩的性别角色会遵循不同的发展路径。从三年级到六年级，男孩会增强他们对“男性化”人格特征的认同，而女孩对“女性化”特征的认同则有所下降。女孩开始说自己有一些“异性”特征（Serbin，Powlishta & Gulko，1993）。男孩通常会坚持“男性化”的活动，而女孩会尝试更多的选择。除了做饭、缝纫、看孩子，她们还参加有组织的运动队并且参与科学项目。女孩还会比男孩更多地思考将来从事另一种性别的工作，比如消防员和天文学者（Liben & Bigler，2002）。

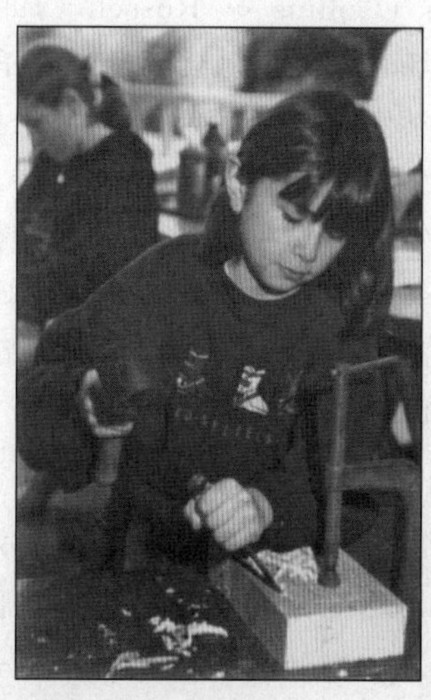

小学时期，在尝试“跨性别”活动方面，女孩比男孩更自由。这个 9 岁女孩正在练习雕刻。

这些变化反映了认知能力和社交能力的综合发展。两种性别的小学生都意识到社会对“男性化”特征赋予更多的威望。例如，他们认为“男性”职业比“女性”职业地位更高（Liben，Bigler & Krogh，2001）。来自成人和同伴的信息也有影响力。第 8 章曾讲过，与对女孩相反，家长（特别是父亲）极少容忍男孩跨越性别界限。一个男孩子气的女孩会参与男孩的活动，并且不会失去女同学的赞赏，但是跟女孩到处闲逛的男孩会被奚落和拒绝。

当小学生能够根据一般特征描述本人特点的时候，他们的性别认同扩展到以下几方面的自我评价，这些评价对儿童的适应影响很大： 344

- **性别的典型性**（gender typicality）——儿童感觉与同性别者的相似程度。虽然儿童不需要成为高度性别角色化的性别典范，但是他们的心理健康在某种程度上取决于他们与同性同伴相“匹配”的感受（Egan & Perry，2001）。
- **性别满意感**（gender contentedness）——儿童对自己的性别处境感到满意的程度，它会促进幸福感。
- **顺从性别角色的压力**（felt pressure to conform to gender roles）——儿童感受到的家长和同伴不赞同其性别特征的程度。这种压力会减少儿童寻找符合其兴趣和天赋的事情，感到强烈性别角色压力的儿童常常会陷入苦恼中。

在一项从三年级开始追踪到七年级的研究中，性别典型性和性别满意感较高的儿童，在随后一年中，自尊有所增长。相反，性别典型性差和性别满意感低的儿童，自尊则下降。认为自己顺从性别角色的压力大、性别典型性差的儿童经历了严重的困难，如退缩、悲伤、失望和焦虑（Yunger，Carver & Perry，2004）。

显然，儿童对自己与性别群体之间关系的感受在小学时期变得十分重要，因为自己的性别不典型特质而被同伴拒绝的儿童，会陷入深深的苦恼。第 8 章（290 页）戴维的案例说明，一个男孩被当作女孩抚养，他对自己性别处境的不满意，与同伴嘲笑相结合，严重地损害了他的社会适应。

思考题

复习　友谊在小学时期有何变化？

应用　亲子关系的哪些变化对帮助被拒绝儿童十分必要？

联结　回忆第 8 章讲过的双性化概念。哪种性别在小学时期更加双性化？为什么？

反思　你上小学时，是否有同学被划分为受欢迎—攻击型儿童？你认为他们为什么受到一些同伴的钦佩？

八、家庭影响

当儿童进入学校、同伴和社会环境以后，亲子关系有所变化。这一阶段，小学生的身心健康仍然依赖于家庭互动的质量。本节将要讲到，当前发生在北美家庭中的变化（高离婚率、再婚和母亲就业），可能对儿童产生积极和消极影响。后面还要讲到其他的家庭结构，包括男女同性恋家庭和未婚的单亲家庭以及日渐增多的祖辈抚养孙辈的情况。

1. 亲子关系

在小学时期，儿童和父母在一起的时间大大减少。儿童变得独立意味着父母必须应对新的问题。丽娜说道："该给孩子分配多少家务，该给孩子多少零用钱，他们交的朋友对他们影响好坏，学校里的问题该怎么办，这些问题一直困扰着我。还有一个挑战，那就是当他们不在家的时候，甚至是当他们在家但我又不能在身边看他们做什么的时候，该怎样掌握他们的行踪。"

虽然有这些新问题，但是对那些早年建立了权威型教养方式的父母来说，对孩子的教育就比较容易。由于他们的逻辑思维能力更强以及对父母的专业知识更尊敬，小学生的推理能力也更强了（Collins, Madsen & Susman-Stillman, 2002）。只要父母开诚布公地与孩子进行交流，并且在可能的情况下共同做决策，孩子就能在一些需要听话的情况下听父母的话（Kuczynski & Lollis, 2002; Russell, Mize & Bissaker, 2004）。

当儿童表示他们能自己管理日常活动、承担责任的时候，明智的父母会逐渐把控制权交给孩子。这并不等于说他们撒手不管。相反，他们实行**共同调控**（coregulation），这是一种过渡式的监督，父母允许孩子在具体事情上做决定，同时实施总体监控。共同调控来自父母和子女之间以妥协和相互尊重为基础的合作关系。父母和孩子保持一定距离进行指导和监督，当他们和子女在一起时能有效地表达自己的期望。孩子必须及时把自己在什么地方、做什么、遇到什么问题告诉父母，父母可在必要时进行干预（Maccoby, 1984）。当儿童将要在一些重要事情上自己做决定的时候，共同调控为儿童向青少年期过渡作了准备，同时支持和保护了儿童。

与幼儿期一样，母亲在小学生身上花的时间多于父亲。母亲对孩子的日常活动了解也更多。父亲也会积极参与其中。但是一般来说，父母都是花较多时间与同性别的孩子相处（Crouter et al., 1999; Lamb & Lewis, 2004）。在父母与孩子的单独活动中，母亲更关注照顾孩子，确保孩子完成家庭作业、校外课程和做家务。父亲则关 345
注与成就有关的活动和娱乐活动，特别是那些有儿子的父亲（Collins & Russell, 1991）。但是，当父母都在场时，父亲也会像母亲一样照顾孩子。

虽然小学生常常表示需要更独立些，但是他们知道在多大程度上需要父母的支持。在一项研究中，五六年级的学生把父母描述为他们生活中最有影响力的人（Furman & Buhrmester, 1992）。他们常常向母亲和父亲寻求情感、建议、提高自我价值以及对日常问题的帮助。

2. 兄弟姐妹

除了父母和朋友，兄弟姐妹也是小学生的重要支持来源。然而，兄弟姐妹之间的敌对在小学时期有所增加。当儿童参与各种丰富多彩的活动时，父母常常对兄弟姐妹的特点和成就作比较。得到父母的关心较少、批评较多、物质资源较少的儿童，对父母抱怨也较多（Brody, 2004; Dunn, 2004）。

对那些年龄相近的同性兄弟姐妹，如果父母经常作比较，会导致更多的争吵和对抗，使孩子社会适应较差。当父母由于经济困扰、婚姻冲突或单亲等原因处于压力之下的时候，这种效应尤其明显（Jenkins, Rasbash & O'Connor, 2003）。精疲力竭的父母很少会关心孩子之间的公平。当父亲偏袒某个孩子时，别的孩子反应会更强烈。或许是因为父亲与儿童相处的时间比母亲少，他们的喜好更可能被关注并引发更大的怨恨（Brody, Stoneman & McCoy, 1992）。

为了减少这种敌对，兄弟姐妹常常会努力使彼此有所不同。例如，我认识的两兄弟常故意选择不同的体育爱好和乐器。如果哥哥在某项活动中表现得很好，那么弟弟就不想尝试它。父母尽量不要对孩子进行比较，以降低这种影响，但是对孩子能力的一些反馈是不可避免的。当兄弟姐妹们努力赢得对他们长处的认可时，他们就找到了成长的重要方面。

虽然兄弟姐妹在小学时期经常冲突，但是他们仍然希望彼此陪伴和支持。当研究者询问兄弟姐妹共同的日常活动时，儿童提到，姐姐或哥哥常帮弟弟妹妹克服学习和交友方面的困难，还会在家庭事务上互相帮助（Tucker，McHale & Crouter，2001）。当父母关系疏远、冷漠的时候，兄弟姐妹有时会取代父母，互相支持。

3. 独生子女

虽然兄弟姐妹关系带来许多好处，但有兄弟姐妹并不是健康成长的必要条件。与人们的一般看法不同，独生子女并不一定会被溺爱，反而在一些方面有优势。在只有一个孩子的家庭长大的北美儿童在自尊和成就动机方面比较高，在学校表现更好，并且受教育水平更高（Falbo，1992）。一个原因可能是独生子女与父母的关系在某种程度上更亲密，父母在孩子掌握知识和学习方面施加了更大压力。但是，独生子女在同伴群体中一般不容易被接纳，或许因为他们缺乏兄弟姐妹互动，不善于解决冲突所致（Kitzmann，Cohen & Lockwood，2002）。

发展良好也是中国独生子女的特点，为了控制人口过度增长，中国在 30 多年时间里严格执行计划生育政策。与有兄弟姐妹的同龄儿童相比，中国的独生子女在认知发展和学习成绩方面领先一筹（Falbo & Poston，1993；Jiao，Ji & Jing，1996）。他们还感受到更多的情感安全性，或许是因为政府的不提倡增加了多子女家庭的压力（Yang et al.，1995）。中国母亲通常会让孩子与直系堂（表）兄弟姐妹（被看作是亲兄弟姐妹）多接触。因此，中国的独生子女与有兄弟姐妹的同龄人在社交技能和同伴接纳方面没有什么差别（Hart et al.，2003）。但是，中国独生子女的下一代将没有直系的堂（表）兄弟姐妹。

4. 离婚

儿童与父母和兄弟姐妹的互动受家庭生活其
346 他方面的影响。丽娜告诉我，几年前，乔伊和莉琪的关系就已经特别消极了。乔伊推、打、嘲弄莉琪并且叫她的全名。虽然莉琪试图报复，但是

在小学时期，一方面兄弟姐妹冲突有所增加，另一方面，兄弟姐妹在情感上和遇到困难时也会互相帮助。

中国从 20 世纪 70 年代末 80 年代初开始实行计划生育政策。在城市地区，一对夫妇往往只有一个孩子。

她根本不是体格健壮的乔伊的对手。争吵通常会以莉琪哭着跑向妈妈而告终。乔伊和莉琪的争斗与丽娜和丈夫的婚姻冲突相一致。当乔伊 8 岁、莉琪 5 岁的时候，他们的爸爸德雷克搬出去住了。

在这一创伤性事件面前，这两个孩子并不孤独。1960—1985 年期间，西方国家的离婚率急剧

上升，然后多数国家稳定下来。美国是世界上离婚率最高的国家，加拿大排在第六位（见图10.3）。45%的美国婚姻和30%的加拿大婚姻以离异而告终，其中一半会波及孩子。在任何时间点上，都有1/4的美国儿童和1/5的加拿大儿童生活在单亲家庭。多数儿童与母亲住在一起，但是父亲扶养儿童的家庭所占比率稳步上升，在两个国家都达到了约12%（Hetherington & Stanley-Hagan，2002；Statistics Canada，2005b）。

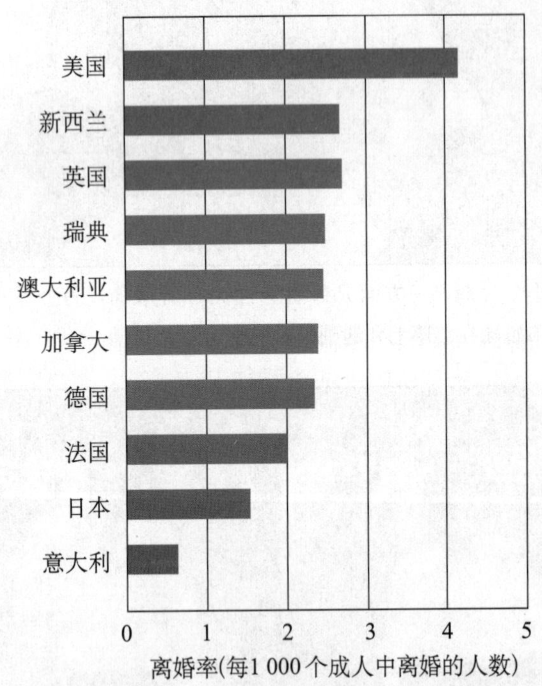

图 10.3　10个工业化国家的离婚率

在工业化国家中美国的离婚率最高，远远超过其他国家的离婚率。加拿大的离婚率排在第六位。

资料来源：Australian Bureau of Statistics，2004；U.S. Census Bureau，2006b；United Nations，2001.

父母离异的儿童在单亲家庭中平均要度过5年，这几乎是整个儿童期的1/3。对许多儿童来说，离婚会导致新的家庭关系。大约2/3的离异父母会再婚。他们的孩子中有一半最终会经历第三个重大变化——父母第二次婚姻的破裂（Hetherington & Kelly，2002）。

这些数字表明，离婚并不是父母和儿童生活中一个简单、孤立的事件。它导致一系列新生活方式的转变，包括住房、收入以及家庭角色和责任的变化。20世纪60年代以来，许多研究证明，婚姻破裂给子女造成很大压力。但是其中存在着巨大的个体差异（Hetherington，2003）。儿童成长结果取决于许多因素：监护家长的心理健康、儿童的特点以及家庭和周围社区的社会支持。

（1）短期后果

丽娜回忆说："在德雷克和我决定分手时情况最糟糕，我们为了财产分割和孩子们的监护权吵个没完，孩子们深受其害。莉琪抽泣着告诉我她很'抱歉她让爸爸离家出走'。乔伊在家里又踢又扔，在学校不好好学习。一大堆事情，我几乎顾不上他们两兄妹。我们不得不卖掉房子，我自己负担不起。我还得找一份收入好点的工作。"

丽娜的话反映了许多刚离婚家庭的情形。家庭冲突常常出现在夫妻解决孩子监护权和财产纠纷时。一旦父母一方搬走，其他事件就会威胁家长与孩子间的支持性互动。母亲为主的家庭收入一般会急剧减少。在美国和加拿大，大部分孩子年幼的单身母亲都生活在贫困中，只能从孩子父亲那里获得部分抚养费或根本得不到（Children's Defense Fund，2005；Statistics Canada，2005b）。她们不得不搬到租金便宜的房屋，减少与邻居和朋友的支持性联系。

从婚姻到离异的过渡通常会引起母亲高度的压力、沮丧和焦虑以及杂乱无章的家庭生活（Hope，Power & Rodgers，1999）。"吃饭和睡觉没有固定时间，房子也没打扫，周末我也不带乔伊和莉琪出去玩了。"丽娜说。当儿童对他们较少安全感的家庭生活做出痛苦和愤怒的反应时，管教可能会变得严厉且不一致。与没有监护身份的父亲的接触常常会随时间减少（Hetherington & Kelly，2002）。只是偶尔来看孩子的父亲一般会宽容和放纵，使母亲教育孩子更困难。

因为这些变化，20%～25%的离异家庭儿童会表现出严重的问题，正常家庭儿童中出现这种情况的比例只有10%（Greene et al.，2003；Martinez & Forgatch，2002；Pruett et al.，2003）。所出现的问题根据儿童的年龄、气质和性别而不同。

1）儿童的年龄

5岁的莉琪担心她是造成父亲离开的原因，这种情况并不少见。幼儿和小学低年级儿童常常因为父母婚姻的破裂而责怪自己，并且担心爸爸妈妈都会扔下他们不管（Pryor & Rodgers，2001）。较年长儿童虽然比较懂事，知道他们不必对父母的离异负责，但他们的反应也很强烈，逐渐变得不守规矩，参加到一些不良的同伴活动中，特别是当家庭冲突很激烈并且对儿童的监控很不够的时候（Hetherington & Stanley-Hagan，1999；Simons & Chao，1996）。但是，并不是所有的年长
347 儿童都会如此。一些儿童，特别是家里年龄最大的孩子，会表现出比较成熟的行为，愿意多做一些家务，对沮丧、焦虑的母亲给予情感支持。但是，如果这些要求太多，儿童可能最终变得怨恨，离家出走，并且表现出愤怒、外显的行为（Hetherington，1999）。

2）儿童的气质和性别

如果气质困难型儿童处于压力生活事件中，父母教育又不恰当，这些问题会被放大。相反，易照养型气质的儿童则不大会成为父母愤怒的目标，他们还能有效地应对不幸。

这些发现有助于我们理解儿童在父母离异时做出的反应的性别差异。女孩有时会像莉琪那样做出内化的反应，比如哭泣、自责和退缩，更多的，则是提出过分的要求和希望得到关注。但是在母亲做监护人的家庭中，男孩出现严重适应问题的危险更大（Amato，2001）。第8章讲过，男孩更活跃且不顺从，这些行为容易引发更多的父母冲突和不一致的管教。高控的母子互动和儿子的冲动、挑衅行为在父母闹离婚的家庭很常见。

或许因为男孩的行为太不守规矩，他们从母亲、教师和同伴那里得到的情感支持也较少。拿乔伊对莉琪的行为来说，男孩与离异母亲之间互动的恶性循环很快就扩散到兄弟姐妹的关系中（Hetherington & Kelly，2002）。这些结果综合在一起造成了适应困难。在父母离婚以后，那些不服管教的儿童会变得更糟糕。

（2）长期后果

丽娜终于找到了收入较高的工作，日常家务重入正轨。她心头的愤恨和失望也慢慢淡化。她和德雷克找一位心理咨询师做了几次咨询，两人才意识到，他们的争吵对乔伊和莉琪伤害不浅。从此以后，德雷克定期来看望孩子，对乔伊的不守规矩行为则严加管教。不久，乔伊在学校的表现有所进步，行为问题减少，两个孩子都比以前更平和、更快乐。

离婚两年后，大多数儿童都会表现出适应性的提高。然而总的来说，父母离异的儿童和青少年，其学习成绩、自尊和社交能力都比别人稍差，情绪和行为问题也更多（Amato，2001）。难照养型气质儿童可能会退学，情绪懊丧，表现出反社会行为。离婚与青少年的性问题和亲密关系的发展都有联系。经历过父母离婚，尤其是父母不止一次离婚的年轻人，发生过早的性活动以及小小年纪就做了父母的比率都较高（Wolfinger，2000）。一些儿童还会出现其他的长期困难，包括受教育程度较低，婚姻不顺利，亲子关系较差及成年期离婚（Amato & Cheadle，2005）。

父母离婚后，子女要做到良好适应，正确的教育方法是最重要的因素：这包括，作为监护人的父亲或母亲要处理好压力，不要让孩子卷入父母的婚姻冲突，以及正确运用权威型教养方式（Leon，2003；Wolchik et al.，2000）。如果妈妈是监护人，孩子与爸爸的接触就非常重要。与爸爸接触越多，父子关系越亲密，孩子的不听话和攻击行为就越少（Dunn et al.，2004）。对女孩来说，良好的父女关系能避免她们过早的性活动和不幸的早恋。对男孩来说，良好的父子关系会影响整体心理健康。研究发现，如果监护人是父亲，结果对男孩更好些（Clarke-Stewart & Hayward，1996；McLanahan，1999）。父亲在经济上的安全感和权威形象似乎能帮助他们对儿子进行有效的教育。在父亲是监护人的家庭中，男孩可能受到父母较多的关心，因为母亲作为非监护人，一般比父亲作为非监护人更多地关心孩子的生活。

离婚对儿童来说是痛苦的，但是在一个吵闹不断的完整家庭中生活，还不如在一个平静的单亲家庭中生活（Greene et al.，2003）。离婚后的父母会搁置分歧，在教育孩子方面相互支持，这有助于儿童成长为有能力、稳重、幸福的人。充满关爱的家族成员、教师、兄弟姐妹和朋友也会减少离婚所导致的长期困难（Hetherington，2003；Lussier et al.，2002）。

（3）离异调解、共同监护和儿童支持

由于意识到离婚会给儿童和家庭带来很大压 348
力，一些社区服务机构试图帮助家庭渡过这个困难时期。其中的一种服务叫做**离异调解**（divorce mediation），和打算离婚的成年人进行一系列的会面，由受过训练的专业人员帮助调解矛盾，协助当事人处理财产分割、子女监控权等涉及法律诉讼的事项。研究表明，离异调解有助于促进庭外解决、合作和父母双方对子女的共同抚养，使得父母和子女在心理上更平静（Emery，2001）。

在子女监护问题上，目前越来越普遍的一种方式是**共同监护**（joint custody），父亲和母亲在对子女教养做出重要决定时具有平等的话语权，是一种鼓励父母继续参与子女生活的方式。在多数案例中，儿童与一位家长居住，定期去看另一位家长，更像是典型的单方监护。在另一些案例中，父母共同承担子女的监护，孩子在父亲和母亲两人的家、学校和同伴群体间跑来跑去。这样来回跑对一些儿童可能很不利。据共同监护的父母报告，他们的矛盾有所缓和，这令人安慰，离婚后能否安排好孩子的事情，取决于父母的合作。无论对子女的生活怎样安排，他们的孩子都比单方监护的儿童适应得好一些（Bauserman，2002）。

许多单亲家庭在离婚后，都依赖另一方的子女抚养费来减轻生活压力。美国和加拿大所有的州、省都制定了从不支付抚养费的父或母那里扣工资的法规。虽然儿童抚养费通常不足以使单亲家庭摆脱贫困，但是它能减轻一些家庭负担。有探望时间并且常常探望孩子的非监护人父亲，更可能会定期支付子女的抚养费（Amato & Sobolewsik，2004）。本节的“学以致用”表总结了帮助儿童适应父母离异的方法。

学以致用　　帮助儿童适应父母离异

建议	基本原则
不让孩子受到父母矛盾的影响。	目睹父母的激烈冲突对子女伤害很大。如果父母一方坚持表达敌意，而另一方并不进行类似的回应，儿童会适应得更好。
给孩子提供连续、熟悉和可预测的生活。	离婚前后的一段时间，如果孩子的生活稳定，例如，在同一所学校上学，在同一间卧室睡觉，由同一个看护者照看，有相同的玩伴和日程，儿童会适应得更好些。
向孩子解释离婚原因，告诉孩子该期待什么。	如果子女对父母离异没有准备，他们更可能形成被抛弃的恐惧。应该告诉子女，他们的父母再也不会住在一起了，父母中的哪一方会搬走，他们什么时候能见到他/她。如果可能，父亲和母亲应当一起对离婚做出解释，给子女一个可以理解并确保子女不需承担责任的理由。
说明离婚的永久性。	想象父母会重归于好会妨碍儿童接受眼前的生活现实。应该告诉孩子，离婚是最后的结果，他们不能改变这个事实。
对孩子的感受表示同情。	儿童需要别人对他们的悲伤、恐惧和愤怒做出支持和理解的反应。为了让儿童适应良好，必须认同他们的痛苦情绪，而不是否认或逃避。
采取权威型教养方式。	对孩子的教育应该充满关爱、接受，要求孩子表现好，前后一致，富于理性。采取权威型教养方式的父母可以降低孩子在离婚后不适应的危险。
促进与父母保持永久关系。	父母应该把他们对前配偶的敌意与孩子跟前配偶保持永久关系的需要分离开来，这样子女才能适应良好。祖父母、外祖父母和家庭其他成员不偏袒某一方也有所帮助。

资料来源：Teyber，2001.

5. 混合家庭

丽娜和丈夫离婚后的一天，莉琪对丽娜大声叫道：“如果你和温德尔结婚，爸爸和卡罗尔结婚，我就有两个姐姐，还多了个哥哥。让我数数，有几个爷爷、奶奶、外公、外婆？啊，真多！”

单亲家庭的生活常常是暂时性的。大约 60% 的离异父母会在几年内再婚。其余的要么同居，要么与一个婚外伴侣保持性关系并住在一起。父亲或母亲、继父或继母与孩子形成的新的家庭结构，称为**混合家庭**或**重组家庭**（blended，or reconstituted，family），其中的家庭成员关系非常复杂。对一些儿童来说，这种扩大的家庭网络有积极的一面，因为它带来了更多的成人关注。但是大部分再婚家庭都比稳定的初婚家庭面临更多的困难。面对着继父或继母的新规则和期望可能有压力。此外，儿童常把继父或继母的亲属看作外人。但是他们适应好坏与家庭功能的质量相关
(Hetherington & Kelly，2002)。这取决于父母形 349
成的新关系以及儿童的年龄和性别。较年长儿童和女孩渡过这一时期一般比较困难。

(1) 母亲—继父式家庭

母亲获得子女监护权的情况较多，所以最常见的混合家庭是母亲—继父式家庭（mother-stepfather families）。在这样的家庭中，男孩能较快地适应，他们欢迎的继父是态度温和的、不马上显

适应混合家庭的生活对儿童来说是有压力的。如果继父或继母在承担其父母角色之前能与儿童建立亲切的关系，并且与他们的新配偶组成合作性的“教养联盟”，他们就能提供一致的儿童抚养，在孩子应该听谁的话问题上减少矛盾，使儿童更容易适应。

露权威的、能把他们从母子消极互动中解脱出来的继父。由于在经济上有了安全感，有另一个成人承担家务并且不再孤独，母亲与儿子之间的矛盾也会减少（Visher，Visher & Pasley，2003）。相反，女孩的适应不太顺利。继父会破坏女孩与妈妈的亲密关系，女孩对继父的态度常常是消极、反抗的（Bray，1999）。

需要指出，年龄会影响这些结果。年长儿童和青少年，无论男女，都比正常家庭中的同伴表现出更多的不负责任行为（Hetherington & Stanley-Hagan，2000）。一些父母对亲生子女比对继子或继女更和善和关心。年长儿童更留意这种不公平对待，并且做出反抗。青少年则常常把新的继父或继母看作是对他们自由的威胁，如果他们在过去的单亲家庭中，父/母很少管教，这种情况就更容易发生。不过，许多青少年仍然能够与两位父亲建立起良好关系，这将大大有利于他们的良好适应（White & Gilbreth，2001）。

（2）父亲—继母式家庭

不具有监护身份的父亲再婚常常导致与亲生子女的接触减少，因为这些父亲希望逃避他们“以前”的家庭（Dunn，2002）。如果父亲是监护人，孩子一般对父亲再婚反应消极。一个原因是，与父亲住在一起的儿童常常带着较多的问题迎来他们的继母。或许因为生母已不再能管教这个不守规矩的孩子（通常是男孩），于是父亲和他的新妻子会面对一个带有行为问题的孩子。有时候，父亲因为和子女关系亲密而获得了监护权，但是他的再婚却破坏了这种关系（Buchanan，Maccoby & Dornbusch，1996）。

女孩常常需要一段艰难的时间与继母相处，原因可能是女孩与父亲的关系受到威胁，也可能是因为女孩不知道应该忠诚于哪个妈妈。但是，随着女孩和继母相处时间的延长，她们与继母之间的互动会变得越来越积极（Hetherington & Jodl，1994）。随着时间和容忍度的变化，多数女孩都会从第二个妈妈那里得到好处。

（3）对混合家庭的支持

家庭辅导和治疗可以帮助父母和子女适应复杂的混合家庭的生活。采用各种有效的方法鼓励继父、继母，在进行主动的父母教养活动之前，先与继子女初步建立起充满温情的关系，从而慢慢进入角色（Visher，Visher & Pasley，2003）。咨询师可以帮助夫妇二人形成合作性的“教养同盟”，来缓解“该听谁的话”的矛盾，并且在子女教育中保持一致性。这将使儿童受益于继父或继母关系给他们带来的生活多样性。

令人遗憾的是，二次婚姻的离婚率高于第一次婚姻的离婚率。具有反社会倾向和不善教育子女的父母尤其可能经历几次离异和再婚。儿童经历的父母婚姻变故次数越多，他们的困难越大（Dunn，2002）。这些家庭通常需要长期、深入的治疗。

6. 母亲就业与双职工家庭

当前，单身母亲和已婚母亲参加工作的比例大体相同，身边有上学的子女的母亲，超过 3/4 的人参加工作（Statistics Canada，2005b；U.S. Census Bureau，2006b）。第 6 章曾讲过，母亲就业对早期发展的作用，取决于教养子女的水平和亲子关系的质量。在以后的年龄阶段，情况也是如此。 *350*

（1）母亲就业与儿童发展

如果母亲喜欢她们的工作并且在子女教育上付出努力，她们的孩子会表现出良好的适应——较高的自尊，家庭关系和同伴关系良好，性别成见较少，学习成绩较好。女孩尤其会从女性能力形象中受益。无论社经地位高低，职业母亲的女儿能认识到，女人除了做家务，还有更多的选择自由，她们能在工作中得到满足，这些女孩具有

在洛杉矶的这种校外课程中，孩子们在父母上班时在一起度过有意义的快乐时光。一个社区志愿者帮助儿童学习，做作业。参加高质量的“课外辅导小组”的儿童在情绪适应和社会适应方面表现得很好。

更强的成就和职业定向（Hoffman，2000）。

这些益处反映在教养活动中。重视自己的教养角色的职业母亲更可能使用权威型教养方式和共同调控方法。此外，双职工家庭中的儿童把较多的课余时间用于在父母的指导下做作业和做家务。母亲就业使父亲承担较多的教育子女的责任，父亲整天在家的人数虽然很少但是正在逐渐增多（Gottfried，Gottfried & Bathurst，2002；Hoffman & Youngblade，1999）。父亲参与孩子的教育，与孩子的健康成长有正面关系：孩子的智力水平高和学习较好，社会行为较成熟，在儿童期和青少年期形成灵活的性别角色观念，成年期以后心理比较健康（Coltrane，1996；Pleck & Masciadrelli，2004）。

但是，如果母亲的工作过于忙碌，或由于其他原因使她们感到压力重重，那么对孩子的教育可能会效率低下（Brooks-Gunn，Han & Waldfogel，2002；Costigan，Cox & Cauce，2003）。社经地位低的母亲长期从事低收入的体力工作，后果会放大，导致母亲对孩子失望和过于严苛的、前后不一致的管教（Raver，2003）。相形之下，兼职工作和时间比较灵活的工作可能使孩子适应较好。母亲应该避免工作与教育孩子的矛盾，尽量满足孩子的需要（Frederiksen-Goldsen & Sharlach，2000）。

（2）对就业父母及其家庭的支持

在双职工家庭中，丈夫愿不愿分担责任是一个关键因素。如果父亲不参与，母亲会承受家庭和工作的双重负担，导致疲劳、烦恼，没有时间和精力管孩子。假如母亲能得到必要的支持，从而能有效地对孩子进行教育，母亲就业对子女成长还是有好处的。

职业母亲和双职工父母需要从工作环境和社会中获得对他们教育孩子角色的支持。兼职工作，上班时间灵活，有人帮助分担工作，孩子生病时可以带薪请假，这些都有助于父母处理好工作和教育孩子的关系。平等的工资和工作机会对于女性来说同样重要。这些政策能改善她们的经济条件和积极性，使她们结束一天的工作回家以后仍然感觉良好。

（3）对小学生的照顾

高质量的儿童照顾对于父母的心理平和与儿童的心理健康都很重要，即使在小学时期也是这样。但是，并非所有的5～13岁儿童都会处于全天候的照看中。大约240万美国儿童以及几十万加拿大儿童都是**自我照顾儿童**（self-care children），他们经常在课余时间自己照顾自己。自我照顾随年龄增长不断增多，也随社经地位的提高而增多，这可能是因为较高收入的社区一般也比较安全。但是如果低社会阶层的父母缺少对自我照顾的替代形式，他们的孩子会花更多的时间独处（Casper & Smith，2002）。

一些研究表明，自我照顾儿童会经受低自尊、反社会行为、学习成绩差和恐惧感的困扰。也有些研究未发现上述结果。儿童的成熟度和他们消磨时间的方式似乎可以解释这些矛盾。年幼的小学生中，那些独处时间较长的儿童，适应困难也较多（Vandell & Posner，1999）。当儿童长到能照顾自己的年龄，那些经历权威型家庭教育的儿童，其父母会用电话监督他们，还要定期地做些家务，他们表现出较强的责任感和较好的适应。相反，被留在家里自己管自己的儿童更可能屈服于同伴压力并且参与反社会行为（Coley，Morris & Hernandez，2004；Steinberg，1986）。

在8～9岁以前，多数儿童需要监督，他们还没有能力处理意外事件（Galambos & Maggs，1991）。但是贯穿整个小学时期，参加一些校外活动课程与较好的情绪和社会适应相联系，这些活动的辅导老师应该训练有素，师生比例较低，开展的活动能激发儿童兴趣（Pierce，Hamm &

Vandell，1999）。参与“课外辅导”促进活动（童子军、音乐和艺术课程）的低社经地位儿童受益较大，他们的学习成绩提高而行为问题减少了（Posner & Vandell，1994；Vandell，1999）。

思考题

复习　说说小学时期兄弟姐妹间的关系有哪些变化，并加以解释。

应用　史蒂夫和玛丽莎正处于一场激烈的离婚大战中。他们 9 岁的儿子丹尼斯已经变得充满敌意和挑衅。史蒂夫和玛丽莎怎样才能帮助丹尼斯适应这种情形？

联结　在布朗芬布伦纳的生态系统论的四种水平上（小环境、中环境、外环境和大环境系统），母亲就业是怎样对儿童发展产生影响的？

反思　你上小学时是怎样渡过课余时间的？你认为这对你的成长有何影响？

九、几个常见的发展问题

351 前面已讲过可能使儿童处于问题行为风险中的各种压力。下面要说到另外两个受到关注的问题——小学生的恐惧和焦虑以及对儿童的性虐待，还要对帮助儿童有效应对压力的因素进行归纳。

1. 恐惧和焦虑

对黑暗、雷电和超自然物的恐惧在小学时期持续存在，但儿童的焦虑可能指向新的问题。随着儿童对世界真实性的越来越深刻的理解，自己会受到伤害（被抢劫、被刺伤或枪杀）以及媒体报道的事件（战争和灾难）常常会困扰他们。其他担忧还有学习失败、父母的健康、身体损伤和同伴拒绝（Muris et al.，2000；Silverman，La Greca & Wasserstein，1995）。

西方国家的儿童认为，媒体报道的消极信息是他们恐惧最常见的来源，其次才是亲身经历的恐怖事件（Muris et al.，2001）。但是，只有少数家长对孩子看的电视节目加以约束，或对孩子上网的网站加以限制（Media Awareness Network，2001；Roberts，Foehr & Rideout，2005）。

只要恐惧不是十分强烈，多数儿童都会运用小学时期形成的比较成熟的情绪调节策略积极地应对。所以，恐惧会随年龄下降，特别是女孩，她们在儿童期和青少年期比男孩表现出更多的恐惧（Gullone，2000）。大约5％的小学生会形成强烈的、无法控制的恐惧，即**恐怖症**（phobia）。抑制型气质的儿童具有很高的危险性，表现出恐怖症的抑制型儿童常常是其他儿童的 5～6 倍（Ollendick，King & Muris，2002）。

以学校恐怖症为例，儿童对上学感到高度忧虑，常伴有身体疾病（头晕、恶心、胃痛、呕吐）。患有学校恐怖症的约 1/3 是 5～7 岁的儿童，他们真正的恐惧是与母亲的分离。家庭治疗可以帮助这些儿童，他们的困难常可归因于父母的过度保护（Elliott，1999）。

学校恐怖症的多数案例出现在 11～13 岁，从小学期向青少年期的过渡期间。这些儿童常常感觉到学校令人害怕的一些事：一位过分苛刻的教师，一个校园欺负者，或者父母施加了过多的学习压力。解决他们的问题亟须学校环境或教育方法的变化。坚决地让儿童回到学校上学，并通过训练增强儿童克服困难的能力，也会有所帮助（Csoti，2003）。

严重的儿童期焦虑可能源自恶劣的生活条件。在市中心的犹太人社区以及世界各地发生战争的地方，大量儿童生活在持续的危险、混乱和剥夺当中。本节的“毕生发展观”专栏揭示出，这些年轻人都有形成情绪沮丧和行为问题的危险。第 8 章在讨论儿童虐待时曾讲过，暴力和其他破坏行为常常是成人与儿童关系的一部分。在小学期，对儿童的性虐待有所增加。

专栏 毕生发展观

战争中的儿童

当今，全世界冲突中所有伤亡人员的一半是儿童。在世界范围内，许多儿童的生活伴有武装冲突、恐怖活动和其他由种族冲突和政治矛盾引起的暴力行为。一些儿童可能因为被迫或取悦成人而参与战争。另一些儿童会被绑架、袭击和折磨。那些旁观的儿童常常置身于战火中，随时会被杀害或致残。许多儿童目睹了家人、朋友和邻居在恐怖事件中受伤或死亡。过去 10 年，战争导致 400 万～500 万儿童身体残疾，2 000 万儿童无家可归，超过 100 万儿童与父母分离（UNICEF，2005）。

如果战争和社会动荡是暂时的，大多数儿童可以被安抚，不会表现出长期的情绪困难。但如果是长期动荡，则需要儿童进行持续的调节，这会严重损害他们的心理功能。许多战争中的儿童会丧失安全感，对暴力很敏感，被恐怖记忆所折磨，对未来生活感到悲观。他们的焦虑、沮丧、攻击和反社会行为都会增加（Garbarino，Andreas & Vorrasi，2002；McIntyre & Ventura，2003）。这些结果具有文化普遍性，出现在每个被调查的战争区域的儿童中，从波斯尼亚、安哥拉、卢旺达和苏丹，到阿富汗和伊拉克（Barenbaum，Ruchkin & Schwab-Stone，2004）。

父母的关爱和保护是避免长期问题的最好保证。如果父母提供安全并且在保持冷静方面做出榜样，哪怕是严酷的战争暴力，多数儿童也能承受得住（Smith et al.，2001）。与父母分离的儿童必须依靠社区的帮助。被安置在居民区的厄立特里亚的学前和学龄孤儿，在 5 年后比安置在福利机构的孤儿表现出较少的情绪压力，在居民区的孤儿可以和至少一位成年人建立亲密的情感联结（Wolff & Fesseha，1999）。教育和康复项目也能起到很好的保护作用，和教师与同伴的支持一道给儿童一种生活连贯性的感受。

2001 年 9 月 11 日纽约世界贸易中心被恐怖袭击，一些美国儿童亲身经历了这一恐怖事件。例如，当飞机冲向双塔、把它们吞噬在烈火中并最终使之倒塌的时候，纽约布鲁克林第三十一公立学校的儿童透过窗户目不转睛地注视着。许多儿童担忧家人的安全，一些孩子则失去了亲人。结果，大多数儿童表现出强烈的恐惧，他们害怕恐怖分子会渗透到社区中，或者飞过头顶的飞机可能冲入建筑物。

与发展中国家许多具有战争创伤的儿童不同，第三十一公立学校的学生得到了及时的干预，即一种“创伤课程”，儿童通过写作、绘画和讨论表达自己的情绪，参与旨在重建信任和忍耐力的体验（Lagnado，2001）。年长儿童则了解他们的穆斯林同学的感受、阿富汗儿童的可怕状况以及帮助受害人的方法，把它们作为克服无助感的手段。

当战争分裂了家庭和社会的时候，国际组织必须介入并且帮助儿童。保证儿童身心健康的努力可能是阻止把暴力传给下一代的好办法。

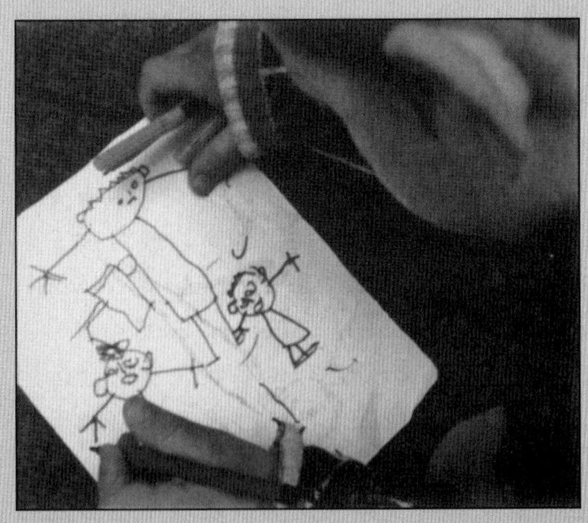

这些在阿富汗喀布尔因空袭而遭受精神创伤的受害人，亲眼见证了他们社区的摧毁、家人和朋友的残疾或死亡。在一个心理健康医疗机构，这个 7 岁儿童在治疗期间，用画表现了几个死去的同学。如果失去成人抚养者的支持，这些儿童可能会存在长期的情绪问题。

2. 对儿童的性虐待

直到不久前，对儿童的性虐待都被认为是罕见的事情，而且儿童受到性虐待后的申诉常常被置之不理。在 20 世纪 70 年代，专家的努力和媒体的关注使人们重新认识对儿童的性虐待，把它看作一个普遍存在的严重问题。在 2005 年的年度报告中，美国证实有约 9 万个案例，加拿大证实了 14 万个案例（Trocomé & Wolfe，2002；U. S. Department of Health and Human Services，2005c）。

（1）虐待者与受虐者的特点

性虐待会针对两种性别的儿童，其中发生在女孩身上的更多。多数案例发生在小学期，但是对一些受害者来说，虐待在生命早期就已开始并且持续多年（Trickett & Putnam，1998）。

虐待者中男性为多，常常是父亲、继父或妈妈的住在家里的男友，叔叔或哥哥也会成为虐待者。一些案例中，甚至母亲也成为侵犯者，以自己儿子为对象（Kolvin & Trowell，1996）。虐待者用各种令人厌恶的方式让儿童顺从，包括欺骗、贿赂、言语胁迫和身体暴力。

不可思议的是，一个成人（特别是父母或亲属）怎么可能对一个孩子进行性侵犯。许多侵犯者否认自己的责任。他们声称受虐者充满诱惑，情愿受虐。但是，儿童并不能做出该不该发生性关系的深思熟虑的决定。即使是年龄稍长的儿童和青少年也不能自由地表示同意或反对。因此，责任在于虐待者，他们具有某些预先决定其所要侵犯的儿童的特征。他们无法控制冲动，或曾经心理失调、酗酒和吸毒。他们常常选择那些不能自我防御或者被认为不能自我防御的儿童，如身体虚弱、情感上受剥夺、社交孤立或残疾儿童（Bolen，2001）。

调查发现的儿童性虐待案例与贫困、婚姻动荡及因此造成的家庭关系变故有关。生活在成员不断变换（再婚、分居和增添新成员）的家庭中的儿童特别容易受到侵犯。但是，生活在经济富足的稳定家庭的儿童也会成为受害者，这种虐待常常逃过监查（Putnam，2003）。

（2）后果

儿童性虐待受害者的适应问题（包括抑郁、 353
低自尊、对成人不信任、敌意以及愤怒）常常很严重，在虐待发生之后会持续多年。年幼儿童会经常产生失眠、食欲不振和泛化的恐惧。青少年可能会逃跑，表现出自杀、致瘾物滥用和违法行为。在各个年龄段，伴有强迫、暴力、与侵犯者保持乱伦关系的长期虐待会产生更严重的影响（Feiring，Taska & Lewis，1999；Trickett et al.，2001）。

受过性虐待的儿童经常有超出年龄的性知识和性行为。他们从虐待者那里知道，性暗示是受到关注和奖赏的好办法。在青少年期，受虐待的年轻人常常会滥交，在成年期，他们因为性犯罪和卖淫而被逮捕的比率也较多（Friedrich et al.，2001；Salter et al.，2003）。被虐待的女性常常会选择那些虐待她们和孩子的伴侣。作为母亲，她们常常进行不负责任的、强制的教养，包括儿童虐待和忽视（Pianta，Egeland & Erickson，1989）。通过这些方式，性虐待的危害被传递到下一代。

（3）预防与治疗

由于儿童性虐待通常与其他严重的家庭问题互相混杂，治疗十分困难。通常需要对儿童和成人进行长期治疗（Olafson & Boat，2000）。减轻受害程度的最好方法就是使性虐待马上终止。当前，法庭正在努力改进对虐待者的起诉，更加重视儿童的证词（见本节“社会问题”专栏）。

专栏　**社会问题**

儿童的目击证词

在涉及儿童虐待和忽视、儿童监护等事件的法庭审理中，儿童越来越多地出庭作证。提供关于这些主题的信息可能很困难，并且会造成精神创伤。儿童常常不得不报告一些充满压力的事件，说一些不利于他们所爱的家长或亲戚的话。在一些家庭纠纷中，他们可能害怕因为说了实情而被惩罚。此外，儿童证人要面对一个陌生情境，至少是要在法官接待室谈话，最严酷的情境是要站在一个有法官、陪审团、听众以及存在毫不留情的互相问询的开放法庭上。

毫不奇怪，这些情况会影响到儿童回忆的准确性。

年龄差异 直到最近，不足5岁的儿童都很少被要求作证，到10岁他们才被认为有足够的能力作证。然而，作为对儿童虐待比率上升的社会反应，也是对作恶者难以起诉的结果，对儿童证词的法律要求在美国和加拿大已经有所放松。甚至3岁幼童也常常出席作证（Ceci & Bruck，1998）。

与幼儿相比，小学生能对过去经验做出准确、详细的描述，正确地指出别人的动机和意图。较年长儿童还会抵制律师提出的误导问题，律师在探查更多信息或交互问询时会提出这些误导问题，试图影响儿童证词的内容（Roebers & Schneider，2001）。但是，在恰当提问的时候，即使3岁儿童也能准确地回忆最近的事件，包括压力很大的事件（Peterson & Rideout，1998）。

受暗示性 法庭证词常常涉及重复的问询。当成人暗示不正确的事实（“他摸了你那里，是不是?”），引导或强迫儿童给出想要的答案时，可能会增加幼儿和学龄儿童的错误报告（Bruck & Ceci，2004）。

一项研究让4～7岁儿童回忆一周前到过他们教室的一个访问者的详细信息。对半数儿童做了低压力的访谈，包含了暗示虐待的诱导问题（“他脱下了你的衣服，是吗?”）。另一半儿童做了一个高压力访谈，成人告诉儿童她的朋友回答这个问题时说“是”，如果儿童表示赞同就表扬她（“你做得很好”），如果儿童不赞同，就再次提出这个问题。在高压条件下儿童非常可能给出错误信息，甚至对捏造得相当荒谬的事件也如此（Finnilä et al.，2003）。

当儿童出现在法庭上的时候，事件已经过去几个星期、几个月甚至几年。长期间隔加上偏颇的问讯以及对被告的成见（“他在监狱里，因为他曾经做了坏事”），儿童就容易被误导，说出错误信息（Ceci，Fitneva & Gilstrap，2003）。

有人设计出特定的问讯方法使儿童提供证词的任务变得简单。在一些性虐待案件中，可以采用变换玩偶姿势的方法来提示儿童回忆。这种方法能够帮助较年长儿童提供所经历事件的细节，但是对幼儿来说，可能加大暗示性，他们会说出一些从未发生过的身体接触和性接触（Goodman et al.，1999）。

干预 让儿童出庭作证前，成人必须做好准备，让儿童理解法庭程序，知道人们期待他回答什么。在一些地方，“法庭学校”会带领儿童体验这种环境，让他们做法庭活动的角色扮演。练习问询很有帮助，儿童在其中能学会提供比较准确、详细的信息，会回答“不知道”而不是“同意”或猜测（Saywitz，Goodman & Lyon，2002）。

法律工作者必须使用可使儿童做出准确报告的问询程序。无偏见的开放式问题可以帮助儿童说出细节，“告诉我发生了什么”或者“你说有一个男人，告诉我关于这个男人的事情”，这样会减少暗示性（Holliday，2003）。此外，和蔼、善意的问询口吻有助于提高回忆的准确性，安抚儿童，使他们减轻焦虑，让他们感到轻松，有助于他们否认问询者的错误说法（Ceci，Bruck & Battin，2000）。

如果儿童在事后可能受到情绪创伤或惩罚（比如处于家庭纠纷之中），法庭程序可以作一些调整来保护他们。例如，让儿童通过闭路电视作证，这样他们就不必面对虐待者。如果儿童不适于直接作证，可以由公正的专业证人提供证词，报告儿童的心理状况和儿童经历中的一些重要情节。

这个9岁儿童的表情显示，因儿童虐待、儿童监护和其他事件到法庭作证，对于儿童来说可能很困难。这个孩子到法庭为2005年迈克尔·杰克逊猥亵儿童案中的被告作证，陪伴的有她的妈妈和辩护律师。律师不应使用有偏见的问讯方法，才能使学龄儿童提供比较准确、详细的证词。

教儿童辨别不恰当的性活动，告诉他们到何处寻求帮助的教育方案会降低被虐待的危险。但是，由于在儿童性虐待教育问题上仍存在争议，很少有学校提供这些干预措施。新西兰是唯一一个针对性虐待提供以学校为基础的国家预防计划的国家。在一项称为“保障我们自己的安全”的计划中，儿童和青少年懂得了，性虐者很少是陌生人。家长参与可以保证家庭和学校在教儿童自我保护技能方面的合作。相关评估表明，新西兰几乎所有的家长和儿童都支持这个计划，该计划已经帮助许多儿童躲避或者及时报告了虐待的发生（Briggs，2002）。

在“保障我们自己的安全”这个新西兰以学校为基础的国家预防儿童性虐待项目中，教师和政策制定者教给儿童辨别成人的什么行为属于虐待行为，使他们可以采取措施保护自己。教师把儿童在学校学习这些知识的情况，并鼓励家长在家里继续学习。

3. 在小学期培养儿童的复原力

整个小学时期以及其他发展阶段，儿童都会遭遇挑战，有时会遇到一些充满挑战的情境，需要他们应对心理压力。在本章和前一章，我们已经了解到下面这些问题：慢性病、学习障碍、成就期望、离婚和儿童性虐待。每一种都需调用儿童的应对资源，给发展造成严重的危险。

然而，压力生活经历与儿童期心理困扰之间只存在中度相关（Masten & Reed，2002）。在第3章讲到分娩综合征的长期后果时曾提到，一些儿童要设法克服分娩损伤、贫困和恶劣家庭生活的综合影响。学习困难、家庭变故和儿童虐待也需如此。请回忆第1章讲过的避免适应不良的四个主要的保护因素：儿童的个人特点，包括易照养型气质和对新情境的掌握定向；亲密的父母关系；直系亲属以外的成人提供的支持；社会资源，如好学校、社会服务机构和青年组织及康乐中心。

心理复原力的上述成分中，任何一种都可以解释，为什么这个儿童成长得很好，另一个儿童表现却很差。但是，个人因素与环境因素是相互联系的，每种能够促进心理复原力的因素都能增强其他成分。例如，社区设有促进家庭和谐的机构，邻里关系和谐稳定，会减少父母的日常争论和压力，促进良好的教养行为（Pinderhughes et al.，2001）。相反，不愉快的家庭和邻里关系会促使儿童做出错误行为，使自己进一步陷入困境。当各种不利条件，如父母不和、贫穷、拥挤的居住条件、街区暴力和虐待等相互结合起来时，适应不良的比率会增加（Farrington & Loeber，2000；Wyman et al.，1999）。

复原力不是一种先天品质，而是后天形成的 *355*
能力，它使儿童能调动内外资源去应对不幸（Yates，Egeland & Sroufe，2003）。家庭、学校、社区和社会作为一个整体，可以增强，也可以减弱小学生的支持性社会关系和他们自己的能力感。后面两章还要讲到，如果儿童期经验能够帮助年轻人学会克服障碍、为自我定向而努力并且对别人做出恰当和同情的回应，他们就能顺利地应对下一个阶段（青少年期）的挑战。

思考题

复习　当儿童在法庭上作证时，哪些因素会增加证词的准确性？

应用　克莱尔告诉她6岁的女儿，永远不要和陌生人说话或者吃陌生人给的点心。为什么克莱尔的警告不一定能使她的女儿远离性虐待？

联结　解释各种因素怎样促进儿童的心理复原力，使他们能够适应父母离婚后的生活。

反思　描述你的儿童期某个充满挑战的时段。遇到了哪些困难和压力？哪些资源帮助你应对了不幸？

本章要点

一、埃里克森的理论：勤奋对自卑

埃里克森所说的勤奋对自卑阶段会发生哪些人格变化？

■ 根据埃里克森的理论，顺利地解决**勤奋对自卑**的心理矛盾的儿童会形成一种对技能和任务的能力感、积极且现实的自我概念、对成就的自豪感、道德责任感以及与同龄人合作学习的能力。

二、自我理解

描述了小学生的自我概念和自尊，以及影响儿童成就归因的因素。

■ 在小学期，儿童的自我概念的主要成分是人格特质、能力、与同伴的**社会比较**。

■ 自尊进一步分化而具有上下等级建构，小学低年级时，儿童调整其自我判断对环境做出反馈，因而自尊有所下降。权威教养与良好的自尊相联系。

■ 做出**掌握—定向归因**的儿童把自己的好成绩归为能力强而把失败归于努力不够。经常听到对其能力的消极评价的儿童会产生**习得性无助感**，把他们的好成绩归于外因，如运气，把失败归于能力差。

三、情绪发展

阐述了小学期情绪的理解与表达的变化。

■ 在小学期，自我意识到的自豪和内疚情感受到个体责任感的制约。体验到强烈的害羞可能会破坏儿童的整体自尊感。

■ 小学生认识到，一个人可能同时体验到不止一种情绪。他们有了解释别人感受的更多思路，共情能力有所进步。

■ 到小学期末，多数儿童都学会了在调节情绪时轮换使用**问题中心应对**和**情绪中心应对**策略。情绪调节好的儿童比较乐观、亲社会且受到同伴的喜爱。

四、理解他人：观点采纳

阐述了观点采纳在小学期的变化特点。

■ **观点采纳**，即听取别人意见的能力，在小学期进步显著，体现在塞尔曼的社会认识发展的五阶段理论中。认知方面的成熟及成人向儿童解释其观点是儿童观点采纳发展的动力。良好的观点采纳者拥有更好的社交技能。

五、道德发展

阐述了小学期道德理解的变化。

■ 到小学期，小学生把各种道德规则加以内化。他们的**分配公平**概念，从绝对平等发展为论 356
功行赏，再发展为平等和慷慨。他们还会把道德规则和社会常规区别开。在对违反道德规则的行为进行判断时，他们能考虑到规则的目的是什么，行为者的意图如何，行为的程度如何。小学生在理解个人权利方面取得了明显进步。

■ 不同种族的儿童都会接受流行的关于种族和民族的社会态度。到小学期，他们懂得了，人们既可以相同，也可以不同，偏见逐渐减少。持有偏见的儿童可能是认为人格特质一成不变的儿童、盲目自尊的儿童和在强调族群差异的成人中生活的儿童。

六、同伴关系

阐述了小学期的同伴交际和友谊的变化。

■ 小学期的同伴交往中，亲善行为增多而攻击行为减少，其中身体攻击减少较多。到学龄期末，儿童把自己融入**同伴群体**中。友谊发展成一种以互相信任为基础的关系。儿童一般选择在各方面与自己相似的同学做朋友。友好、富于同情的友谊会强化亲善行为，喜欢攻击的儿童之间的友谊会扩大反社会行为。

阐述了同伴接纳的几种类型和帮助被拒绝儿童的方法。

■ **同伴接纳**的测量显示：**受欢迎儿童**被许多同学喜欢；**被拒绝儿童**表现主动但不受欢迎；**有争议儿童**既可能被喜欢，也可能不被喜欢；**被忽视儿童**很少受到别人的积极选择和消极选择。

■ 受欢迎儿童有两种亚类型：学习能力和社交能力都强的**受欢迎—亲社会型儿童**和**受欢迎—**

反社会型儿童，即被同伴钦佩的爱攻击的学生或交往技能圆滑老练的学生。被拒绝儿童也有两种亚类型：**被拒绝—攻击型儿童**，即冲突和敌意很强的儿童，和**被拒绝—退缩型儿童**，即被动、社交笨拙的儿童，他们有**同伴欺负**的危险。

■ 被拒绝儿童一般有长期的适应困难。对他们加以帮助的干预措施包括社交技能训练，学习辅导，观点采纳和社会问题解决的培训，教会他们把交往困难归因于内部、可变的原因和促进亲子互动。

七、性别角色行为

讨论了小学期的性别成见和性别同一性的发展变化。

■ 小学生把他们对性别成见的意识扩展到人格特质和学习科目方面。他们对男性和女性能够做的事情有了更开放的观点。男孩加强了他们对男性角色的认同，女孩则会尝试男性从事的活动。不同文化都凭借儿童的日常活动培养他们的性别角色行为。

八、家庭影响

阐述了小学期亲子交流和兄弟姐妹关系的发展变化。

■ 称职的小学生父母会进行**共同调控**，一方面鼓励孩子在具体事情上自己做决定，一方面进行总体监督。共同调控取决于亲子之间的合作性关系。

■ 由于儿童参与更广泛的活动以及父母会把不同孩子的特点和成绩作比较，所以兄弟姐妹之间的敌对有所增强。与非独生子女相比，独生子女适应同样良好，并且他们在学校表现得更好，念书时间更长。

讨论了影响儿童离婚和再婚适应的因素。

■ 婚姻破裂对儿童压力很大，但是存在很大的个体差异。男孩和难照养型气质的儿童在学校表现更差，反社会行为方面出现的持久问题更多。无论对男孩还是女孩，离婚都可能造成青少年期性行为问题和成年期亲密关系缺失。

■ 正确的教养方式是父母离婚后子女良好适应的关键因素。和非监护人的父亲接触对男孩和女孩都重要，父亲是监护人对儿子的影响更好。**离异调解**，即帮助父母解决纠纷并且同心协力地教育孩子，可使离异前后的困难时期转向有利方向。**共同监护**成功与否取决于离异父母能否合作。

■ 离异父母进入新的关系、形成**混合家庭**或**重组家庭**以后，女孩和较年长儿童以及父亲—继母式家庭的儿童较难适应。逐渐进入新角色并形成“教养联盟”的继父或继母对儿童的适应帮助更大。

介绍了母亲就业和双职工家庭生活是怎样影响学龄儿童的。

■ 如果母亲参加工作后仍然关心孩子的教育，则母亲就业与儿童较高的自尊、较少的性别成见和较好的学习成绩相联系。双职工家庭中，父亲分担家务的意愿与儿童的一些积极结果相联系。工作单位的支持，如兼职工作、灵活的上班时间和带薪请假，有助于父母满足工作和儿童抚养的需要。

■ 到一定年龄能自己照顾自己并且经受权威型家庭教养的**自我照顾儿童**，表现出较强的责任感和良好的适应。参加高质量的校外课程对学习和社交技能进步都有好处。

九、几个常见的发展问题

阐述了小学期常见的恐惧和焦虑。

■ 学龄儿童的恐惧有了新的指向：身体安全、
媒体报道的恐怖事件、学习失败、父母健康和同
伴拒绝。抑制型气质的儿童形成**恐怖症**的危险较 357
高，那是一种强烈的、无法控制的恐惧。恶劣的
生活条件可能造成严重的焦虑。

讨论了儿童性虐待的相关因素及其对儿童发展的影响。

■ 对儿童的性虐待通常由男性家庭成员导致，更多地针对女孩。虐待者通常具有把性意向指向儿童的特征。性虐待案例与贫困、婚姻不稳定有很大关系。受虐儿童常常存在严重的适应问题。

讨论了小学期促进心理复原力的因素。

■ 儿童期压力生活经历和心理困扰之间仅存在中度的相关。儿童的个人特征、温暖有序的家庭生活、家庭以外的社会支持，均与儿童期儿童面对压力时的心理复原力有关。但是当消极因素叠加在一起的时候，不适应的比率会增长。

重要术语和概念

blended, or reconstituted, families（p. 348）混合家庭或重组家庭

controversial children（p. 340）有争议儿童

coregulation（p. 344）共同调控

distributive justice（p. 337）分配公平

divorce mediation（p. 348）离异调解

emotion-centered coping（p. 335）情绪中心应对

industry versus inferiority（p. 330）勤奋对自卑

joint custody（p. 348）共同监护

learned helplessness（p. 333）习得性无助感

mastery-oriented attributions（p. 333）掌握—定向归因

neglected children（p. 340）被忽视儿童

peer acceptance（p. 340）同伴接纳

peer group（p. 339）同伴群体

peer victimization（p. 342）同伴欺负

perspective taking（p. 336）观点采纳

phobia（p. 351）恐怖症

popular children（p. 340）受欢迎儿童

popular-antisocial children（p. 341）受欢迎—反社会型儿童

popular-prosocial children（p. 341）受欢迎—亲社会型儿童

problem-centered coping（p. 335）问题中心应对

rejected children（p. 340）被拒绝儿童

rejected-aggressive children（p. 341）被拒绝—攻击型儿童

rejected-withdrawn children（p. 341）被拒绝—退缩型儿童

self-care children（p. 350）自我照顾儿童

social comparisons（p. 330）社会比较

小学期发展的重要标志

358

年龄	身体	认知	语言	情绪/社会性
6～8岁	● 身高和体重持续缓慢生长，直到青少年期生长加速（290）	● 思维更有逻辑性，通过皮亚杰的守恒、类包含和排序问题（298－299） ● 空间概念的理解得以发展，能清楚而有条理地指出方向，具有绘制和阅读地图并加以说明的能力（299） ● 注意具有更好的选择性、适应性和计划性（302）	● 词汇快速增加，最终超过4万个词（315） ● 对词做出具体定义，并能指出其功用和外形（315） ● 语言意识增强（315）	● 自我概念开始加入人格特质和社会比较（330－331） ● 自尊分化为等级结构，并下降到更现实的水平（331－332） ● 自我意识到的自豪和内疚感受到个体责任感的制约（335） ● 认识到一个人可以同时体验不止一种情绪（335）

续前表

年龄	身体	认知	语言	情绪/社会性
6～8 岁	● 大脑皮层单侧化加强；大脑可塑性下降（125） ● 恒牙替代乳牙（290） ● 写出的字变得小而清楚（295） ● 绘画更有组织、更详细，并能表现深度（295） ● 规则游戏和嬉闹游戏很普遍（296－297）  ● 支配等级越来越稳定，尤其是男孩（297）	 ● 运用复述和组织的记忆方法（302） ● 把头脑看作是一个主动的、建构性的、能够转换信息的作用者（304） ● 懂得了记忆方法，知道心理因素（如集中注意）对完成任务的作用（304－305）		● 理解人们可能因为接触到不同的信息而具有不同的观点（336） ● 责任感和独立性更强（336－337） ● 分配的公平性推理从绝对平等发展到论功行赏再到平等和慷慨（337）  ● 同伴交往中亲善行为增多，攻击行为减少（339）
9～11 岁	● 生长加速，女孩比男孩早两年开始（290） ● 跑、跳、投、抓、踢、击打和带球等大肌肉运动技能发育很快，具备更好的协调性（294）  ● 反应时提高对动作技能发展有积极影响（295） ● 绘画能更好地表现深度（295）	● 逻辑思维与具体情境建立起联系（299） ● 进一步通过皮亚杰任务（300） ● 复述和组织的记忆方法更有效，开始使用精加工（302－303） ● 能同时应用几种记忆方法（302） ● 可长时保持的知识更全面和有条理（303）  ● 认知自我调节有所发展（306）	● 给词下定义时强调同义词和类别关系（315） ● 掌握词的双重含义，可理解隐喻和幽默（315－316） ● 复杂语法结构的运用有提高（316） ● 在复杂交际情境中根据听者的需要调整信息（317） ● 掌握了更精细的对话方法（317） ● 叙述在条理、细节和表达上都有提高（317）	● 自尊上升（332） ● 做成败归因时能区分能力、努力和运气（333） ● 采取一套适应性的策略调节情绪（335－336） ● 能设身处地、从他人角度看待自己（336） ● 能从第三方角度看待自己和别人的关系（336） ● 能辨别道德规则与社会常规（337） ● 对个人权利的理解更全面（338） ● 同伴群体出现（339）  ● 友谊以相互信任为基础（340） ● 意识到更多的性别成见，对男性和女性可做的事情观点更灵活（343）

第六篇　青少年期：向成年期的过渡

青少年期带来了巨大变化。随着青春期来临，年轻人经历着狂风暴雨般的生理变化，有了成人的体格和性成熟。认知进步使青少年掌握了复杂的科学原理，他们因为政治问题而迷惑，并且懂得了诗歌和小说的深刻意义。

第11章
青少年期的身体发育与认知发展

第一部分　身体发育

一、青少年期的概念

1. 生物观

2. 社会观

3. 平衡观

二、青春期：向成年期的生理过渡

1. 激素变化

2. 体格发育

3. 肌肉发育和体育活动

4. 性成熟

5. 青春期发育的个体差异

6. 大脑发育

7. 唤醒状态的变化

三、青春期变化对心理的影响

1. 对青春期变化的反应

2. 青春期的变化：情绪和社会行为

3. 青春期的到来时间

四、健康问题

1. 营养需求

2. 饮食障碍

3. 性行为

专栏　社会问题　同性恋和双性恋青年：自我接纳并向他人袒露同性恋身份

4. 性传播疾病

5. 青少年怀孕和做父母

6. 致瘾物的吸食和过度吸食

第二部分　认知发展

一、皮亚杰的理论：形式运算阶段

1. 假设—演绎推理

2. 命题思维

3. 形式运算思维的后续研究

二、青少年认知发展的信息加工观点

1. 科学推理：用证据调整理论

2. 科学推理的发展

三、青少年认知发展的结果

1. 自我意识和自我关注

2. 理想主义和批判主义

3. 决策

四、心理能力的性别差异

1. 言语能力

2. 数学

专栏　生物因素与环境　空间能力的性别差异

五、在校学习

1. 升学过渡

2. 学习成绩

3. 辍学

专栏　毕生发展观　课外活动：青少年发展的良好环境

361 在萨布琳娜 11 岁生日那天，她的朋友乔伊丝给她筹备了一个出人意料的生日晚会，但是在晚会上萨布琳娜看上去有些忧郁。虽说萨布琳娜和乔伊丝从三年级就是密友，但是她们的关系却遇上了麻烦。相对于她所在六年级班上的大多数女孩，萨布琳娜要高出一头，还比别人重 10 公斤。她的乳房发育很好，臀部变宽，大腿变粗，而且开始来月经了。相反，乔伊丝还像小女孩那样，矮个，瘦小，胸部平平的。

在乔伊丝和其他女孩布置餐桌、摆放蛋糕和冰淇淋的时候，萨布琳娜一头扎进了浴室。她紧皱眉头照着镜子，低声说："我真是又大又笨。"星期天晚上同学们聚在一起的时候，萨布琳娜却远离乔伊丝，跑到八年级女生那里。在她们身边，她不觉得自己高大，也不觉得尴尬。

家长们每隔一周就会聚集在萨布琳娜和乔伊丝的学校里，讨论有关教育孩子的问题。萨布琳娜的父母弗兰卡和安东尼奥是意大利裔，只要他们有机会就一定参加这种讨论会。有一次，安东尼奥发言说："怎么知道他们已经变成青少年了呢？我看出来了，把房门一关，想独自待着。而且跟你顶嘴和争吵。我告诉萨布琳娜'你必须和我们一起去吉娜阿姨家吃饭'，我知道，接着她肯定和我吵一架。"

萨布琳娜已经进入了**青少年期**（adolescence），也就是从儿童期到成年期之间的过渡期。在工业化国家，年轻人要掌握各种复杂的技能，面临多样化的选择，因此青少年期被大大延长了。但从世界范围来看，这个阶段的基本任务还是非常相似的。萨布琳娜必须接受她发育成熟的身体，学习成年人的思维方式，摆脱家庭束缚，形成更大的自主性，学会成熟地跟同伴交往，包括同性和异性，并开始建构同一性——一种在性别、职业、道德、种族、宗教信仰以及其他生活观念和目标等多方面，知道自己是谁的安全的感觉。

青少年期的开始以**青春期**（puberty）为标志，此间一系列的生理变化给年轻人带来成人般的体格和性的成熟。萨布琳娜的反应表明，对有些人来说，青少年期是一个特别尴尬的阶段。本 362
章将跟踪青春期发生的变化，探讨与健康有关的话题——营养、性行为、致瘾物滥用，以及当青少年向成熟迈进的过程中，使他们感到困难重重的其他问题。

青少年期还伴随着很多重大的认知变化。青少年能理解复杂的科学原理，开始关心政治，理解了诗歌、小说的深刻含义。本章第二部分从皮亚杰和信息加工的观点出发，探索这些非同寻常的变化。我们将讨论心理能力的性别差异，以及青少年思维形成的主要背景：学校。

第一部分　身体发育

一、青少年期的概念

为什么萨布琳娜变得难为情，爱争论，对家庭活动退缩呢？历史上的理论家往往从极端的角度来解释性成熟对心理发展的影响——要么是生物学解释，要么是社会学解释。现在，研究者意识到，是生物和社会二者共同的力量决定了青少年的心理变化。

1. 生物观

如果问成年人，他们眼中的青少年是什么样子的，你会得到这样的答案——"反叛而鲁莽"，"怒气冲冲"，爱发脾气"（Buchanan & Holmbeck，1998）。人们普遍认为的观点可以追溯到 18 世纪哲学家卢梭的著作中（见第 1 章），他认为青春期引发的生理巨变增强了青少年的情绪性、心理冲突、与成人对抗。

20 世纪早期的多数理论家接受了这种"疾风狂涛"的观点。最具影响力的是霍尔，他的发展观建立在达尔文进化论的基础上。霍尔（G. Stanley Hall，1904）把青少年期描述成这样一个阶段：它是如此动荡和骚乱，和人类从野蛮向文明进化的时代相似。同样，安娜・弗洛伊德（Anna Freud，1969）扩展了其父亲弗洛伊德的理论，把青少年期看作是一段建立在生物基础上的，普遍存在的“发展动荡期”。在弗洛伊德所提出的“生殖期”，性冲动再度苏醒，引发了心理冲突和行为巨变。当青少年找到亲密伴侣后，内部力量就会逐渐获得一种新的、成熟的协调性。这个阶段包括结婚、生育和抚养子女。通过这种方式，年轻人完成了他们的生物学使命：生育和物种存续。

2. 社会观

当前的研究认为“疾风狂涛”的观点未免言过其实。虽然像饮食障碍、抑郁、自杀以及违法问题，确实比以前发生得多（Farrington，2004；Graber，2004），但是，从儿童期到青少年期，心理失调的整体发生率只有 2%的轻微上升，而这时成年期也有同样的心理失调问题，发生率大约 20%（Costello & Angold，1995）。一些青少年确实遇到了重大困难，但是情绪失调并不是青少年期的普遍特征。

最早提出青少年期适应具有很大变异性的研究者是玛格丽特・米德（Margaret Mead，1928）。她从萨摩亚群岛返回时带来一个令人吃惊的结论：由于该文化中社会关系的随意性以及性的开放性，青少年期“可能是萨摩亚群岛的女孩（或男孩）的最快乐时光”（p. 308）。米德还提出另一种观点：社会环境决定青少年的经历，从古怪、躁动不安到平静而毫无压力。后来的研究者发现，萨摩亚群岛的青少年并不像米德所说的那样没有经历什么困扰（Freeman，1983）。她据此提出，要理解青少年的发展，研究者必须关注社会和文化影响。

3. 平衡观

现在我们知道，生理、心理和社会环境共同影响了青少年期发展（Magnusson，1999；Susman & Rogol，2004）。生理变化普遍存在，在所有灵长类动物和所有文化中都可见。当内部压力和社会期望一起指向青少年时，他们便放弃了孩子气的行为方式，形成新的人际关系，承担起更大的责任，这可能在所有青少年中引发一些不确定性、自我怀疑和失望。在面对这些挑战时，青少年先前和当前的经历都会影响到他们能否顺利成长。

此外，青少年的需求和压力也因文化不同而不同。在部落和村庄社会，都有一个介于儿童和完全承担成人角色之间的短暂时期（Schlegel & Barry，1991；Weisfield，1997）。在工业化国家，成功地参与经济生活需接受多年的教育。在承担生产活动之前，年轻人还要过几年依赖父母、延缓性满足的生活。因此，青少年期被延长了，研究者们通常把它划分为三个阶段。

- 青少年早期（11～12 至 14 岁）：这是一个迅速发育的时期。
- 青少年中期（14 至 16 岁）：发育几乎完成。
- 青少年晚期（16 至 18 岁）：年轻人有了成人的体格，并渴望承担成人的角色。

在年轻人完成成人的任务时，社会环境给予 363
他们的支持越多，他们就会适应得越好。青少年所感觉到的所有生理压力以及对未来的不确定性，大多能在这一阶段顺利克服。下面来看青春期这一青少年发展的开端。

二、青春期：向成年期的生理过渡

青春期的变化十分显著：几年之内，学龄儿童的身体就成长为发育完全的成人体格。受遗传影响的激素分泌调节着青春期的成长。女孩从出生前就一直比男孩在生理上成熟更早，她们比男孩平均提前两年到达青春期。

1. 激素变化

决定着青春期的复杂的激素变化是逐渐发生的，在 8～9 岁时开始显现。**生长激素**（GH）和**促甲状腺激素**（见第 7 章）的分泌增加，促进身高和体重的快速生长，骨骼亦逐渐成熟。

性成熟是由性激素控制的。虽然我们把**雌激素**看作雌性的激素，把**雄激素**看作雄性的激素，但男女两性同时具有这两种激素，只是数量不同。男孩的睾丸释放出大量**睾丸激素**，导致了肌肉生长，出现体毛、面毛和其他男性性征。雄性激素（对男孩主要是睾丸激素）还促成了体型的增长。睾丸也分泌少量的雌激素——这使 50%的男孩会经历短暂的乳房增大。在两性中，雌激素还促进了生长素的分泌，使发育加速，并且与睾丸激素一起促进了骨骼密度的增加，这个过程一直延续到成年早期（Delemarre-van deWaal，van Coeverden & Rotteveel，2001；Styne，2003）。

女孩的卵巢分泌的雌激素导致了乳房、子宫和阴道的成熟，使躯体呈现女性的身材，并导致脂肪积累。雌激素还有助于调节月经周期。每个肾顶端上的肾上腺分泌的肾上腺雄激素影响着女孩身高的加速发展，并刺激了腋毛和阴毛的生长。这些激素对男孩的影响不大，男孩的体征主要受睾丸分泌的雄激素和雌激素的影响。

青春期的变化可以分为两大类型：一是身体的一般发育；二是性特征的成熟。这两方面的变化是相互联系的。导致性成熟的激素同时也影响着身体的发育；男孩和女孩在这两方面存在差异。可以说，青春期是出生以后发生的最大的性分化时期。

这些六年级学生，青春期发育的性别差异非常明显。虽然年龄相同，但女孩比男孩更成熟，个子更高。

2. 体格发育

青春期最初的外部标志是身高和体重的迅速增加，称为**发育加速**（growth spurt）。北美的女孩一般在 10 岁启动这一过程，男孩则在约 12 岁半开始。在青少年早期，女孩比男孩又高又重，但这种优势持续的时间不长（Bogin，2001）。14 岁时，她们就被男孩超过，这时候男孩的发育加速开始了，女孩则将近结束。多数女孩在 16 岁前完成体型的发育，男孩则到 17 岁半，当长骨末端的骨骺完全闭合时（见第 7 章）。总的来说，青少年的身高增加 25～28 厘米，体重增加 23～34 公斤。图 11.1 说明了青春期体格发育的一般变化。

（1）身体比例

先前婴儿期和幼儿期的头尾生长趋势到青春期发生逆转。手、腿和脚先加速生长，然后是躯干，这是青少年体重增加的主要原因（Sheehy et al.，1999）。这种模式可以解释，为什么青少年早期经常显得笨拙和比例失调——长腿、大脚和大手。

身体比例也开始出现明显的性别差异，这是由性激素对骨骼的作用导致的。男孩的肩部变宽，女孩的臀部则比肩部和腰部宽。男孩的体格最终要超过女孩，他们的腿比身体的其他部分都长。主要原因是男孩在青少年期之前还有两年的生长发育，那段时间腿部的发育最快。

（2）肌肉—脂肪的构成和其他内部变化

萨布琳娜担心她的体重，是因为她比起晚发育的女同学，体内积聚了很多脂肪。8 岁左 364
右，女孩的胳膊、腿和躯干开始增加脂肪，这一趋势在 11～16 岁之间加速。相反，青春期男孩胳膊和腿上的脂肪却开始减少。男女孩子的肌肉都在增长，但男孩的增长远远超过女孩，他们的骨骼肌发育、心脏功能和肺活量都胜过女孩（Rogol，Roemmich & Clark，2002）。同样，男孩的红细胞数量——可增强从肺部向肌肉输送氧气的能力——也增加了，而女孩却没有。总之，男孩的肌肉力量远大于女孩，这个差异可以解释，为什么青少年期的男孩在运动成绩上占优势（Ramos et al.，1998）。

3. 肌肉发育和体育活动

青春期带来了大肌肉运动能力的稳步提高，但是男孩和女孩的变化不同。女孩的发育缓慢而渐进，到 14 岁趋于稳定。相反，男孩的力量、速度和耐性快速提高，而且在整个青少年期一直持续。到青少年中期，在短跑、跳远和投掷等方面，很少有女孩能达到男孩的平均水平，同时，也很少有男孩的成绩像女孩那样低（Malina & Bouchard，1991）。

因为男孩和女孩在体能上不再同日而语，所以，从初中开始体育课就要分性别了。适合不同性别的体育项目也越来越多。课程中增加了许多新的体育项目，如田径、摔跤、橄榄球、举重、曲棍球、箭术、网球、高尔夫球。

男孩的运动能力与同伴钦佩和自尊密切相

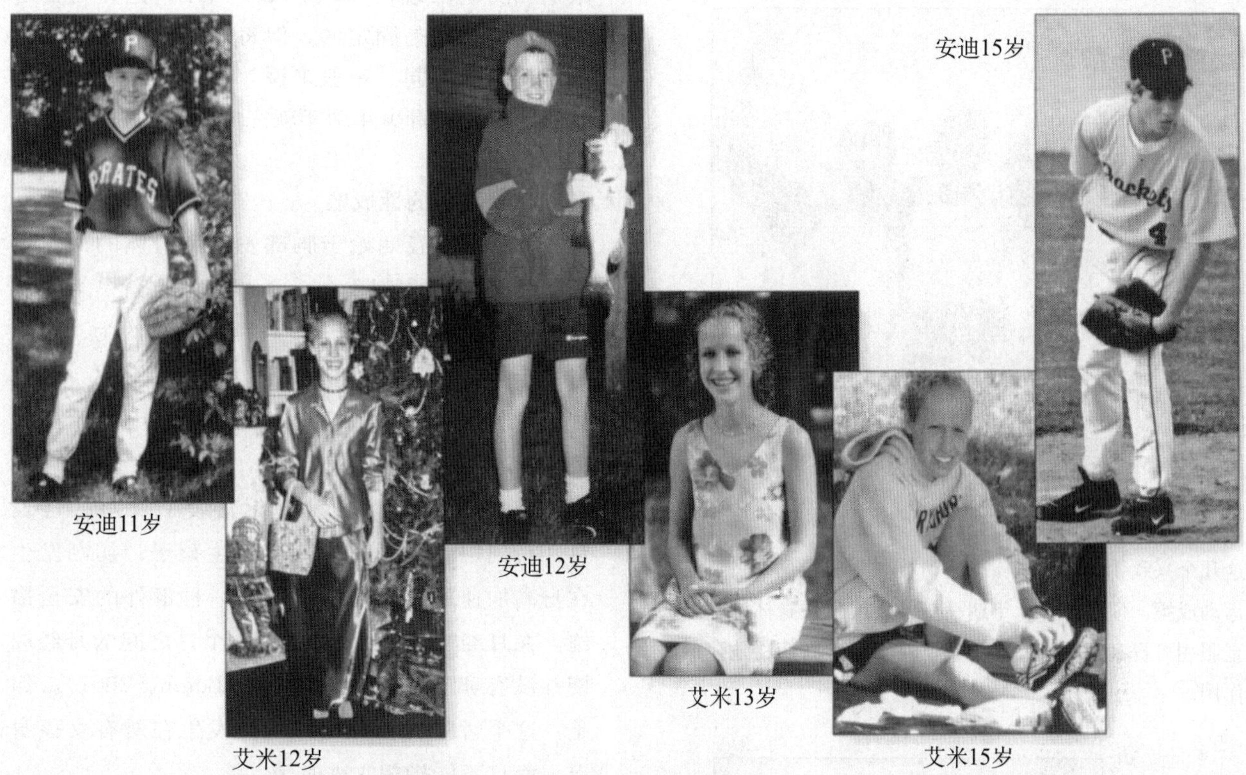

图 11.1　青少年期的体格发育

因为女孩的青少年期发育加速早于男孩，所以艾米比安迪更快地拥有了成人体型。青少年期的快速发育同时伴随着身体比例的明显性别差异，这些差异在小学期还未出现（见第 9 章）。

关。一些青少年迷恋于身体优势，甚至有些人服用能提高运动成绩的药物。大约 3%的北美中学高年级学生，主要是男孩，报告他们曾经服用过促蛋白合成类固醇，一种能够增大肌肉及其力量的药物（Focus on the Falimy Canada, 2004；U. S. Department of Health and Human Services，2005l）。这些青少年非法获取类固醇，忽视其副作用，从痤疮、体毛过度、高血压到情绪波动、攻击行为，以及对肝脏、循环系统和生殖器官的损害（American Academy of Pediatrics，2005b）。教练员和医生应该告诉青少年，服用类固醇及其他用来提高成绩的药物的危险性。

1972 年，美国联邦政府曾要求，获得公共基金赞助的学校为男女学生在所有的教育项目中提
365 供平等机会，包括体育。其后，美国和加拿大的中学女生参加体育运动的人数增加了，但仍达不到男生的水平（见图 11.2）。第 9 章曾讲到，在运动成绩方面，女孩从小得到的鼓励和认可就比男孩少得多，这种状况一直持续到青少年期。在北美，只有 40%的女孩和 50%的男孩，其运动量足以维持良好的健康状况。而且美国和加拿大青少年参加体育活动的比率在整个青少年期间呈下降趋势（Canadian Fitness & Lifestyle Research Institute，2003；U. S Department of Health and Human Service，2004d）。

除了可以提高肌肉的运动性能以外，运动和锻炼还能影响认知和社会性发展。校内和校际体育运动在团队合作、问题解决、果断性和竞争力培养上提供了重要的训练课程。而且有规律的、持续的体育活动对终生健康都有好处。但是只有 55%的美国中学生和 65%的加拿大中学生上体育课（Canadian Fitness and Lifestyle Research Institute，2003；U. S Department of Health and Human Services，2004d）。帮助所有青少年在运动和锻炼中发现乐趣，要求他们参加日常体育活动，是促进青少年身心健康的重要手段。

4. 性成熟

和身体的迅速增长相伴随的是与性机能有

这几个兴致勃勃的年轻棒球运动员在互相庆祝来之不易的运动成绩。但是，青少年期一些男孩迷恋于身体优势，甚至服用可提高运动成绩的药物，而不顾这些药物危险的副作用。

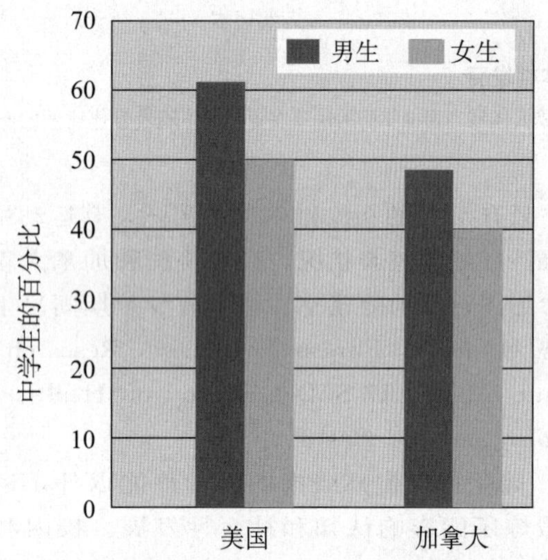

图 11.2　美国和加拿大中学生参加业余体校的情况

两国都是男生多于女生。但过去几十年里女生的参与程度已有很大提高。

资料来源：Canadian Fitness and Lifestyle Research Institute，2005；National Federation of States High School Associations，2005.

关的身体特征的变化。其中一些和生殖器（女性的卵巢、子宫和阴道，男性的阴茎、阴囊和睾丸）有关，称为**第一性征**（primary sexual characteristics）。还有一些在体表可以看到，是性成熟的附加标志，称为**第二性征**（secondary sexual charac-teristics）（如女性的乳房发育，两性腋毛和阴毛出现）。如表 11.1 所示，这些特征形成的先后顺序是固定的，但每一特征开始和结束的年龄范围不同。一般来说，青春期发育需 4 年时间，但有些青少年两年就完成了，有些则需要 5～6 年。

（1）女孩的性成熟

女性的青春期始于胸部发育和身体的快速生长。北美女孩的**初潮**（menarche），也就是第一次月经，一般发生在 12.5 岁，西欧女孩约为 13 岁。但是年龄跨度很大，从 10.5 岁到 15.5 岁。初潮之后是乳房发育和阴毛生长完成，腋毛开始出现（Rogol，Roemmich & Clark，2002）。

表 11.1 显示，物种进化延缓了女孩的性发育，直到她们的身体大到能够生孩子；初潮发生在身高加速的高峰之后。作为一种额外的安全措施，在月经初潮之后的 12～18 个月之间的月经周期并没有卵子从卵巢中产生（Bogin，2001）。但是，这个暂时的不育期并不是发生在所有女孩身上，而且不能指望它来避孕。

（2）男孩的性成熟

男孩性成熟的最初标志是睾丸（产生精子的腺体）的增大，其间伴随着阴囊组织和颜色的变化。稍后，阴毛出现，阴茎开始增大（Rogol，Roemmich & Clark，2002）。

从表 11.1 中还可发现，在青春期出现的各种体格变化的顺序上，男孩的发育加速要比女孩晚。到达加速顶峰时（约 14 岁），睾丸和阴茎的增大近乎完成，腋毛也在稍后出现。面毛和体毛也在身体快速增长之后出现，且逐渐 366
增加，持续几年。男性身体成熟的另一个标志是喉结变大，声带变长，嗓音变低沉（女孩的声音也会略有低沉）。男性的变声一般发生在快速生长高峰之后，直到青春期结束时才完成。

在阴茎增长的同时，前列腺和精囊（产生精液的器官）也增大。大约 13.5 岁时，出现**遗精**（spermarche）或初次射精（Rogol，Roemmich & Clark，2002）。在一段时间里，精液里几乎不含活的精子。像女孩一样，男孩也有一段几乎无生育力的时期。

表 11.1 **北美男孩和女孩的青春期发育**

女孩	平均年龄	年龄范围	男孩	平均年龄	年龄范围
胸部开始凸起	10	(8～13)	睾丸开始增大	11.5	(9.5～13.5)
身高开始加速增长	10	(8～13)	阴毛出现	12	(10～15)
阴毛出现	10.5	(8～14)	阴茎开始增大	12	(10.5～14.5)
力量加速增长达到高峰	11.6	(9.5～14)	身高加速增长开始	12.5	(10.5～16)
身高加速增长达到高峰	11.7	(10～13.5)	发生遗精（初次射精）	13.5	(12～16)
初潮（第一次月经）出现	12.5	(10.5～14)	身高加速增长达到高峰	14	(12.5～15.5)
体重加速增长达到高峰	12.7	(10～14)	体重加速增长达到高峰	14	(12.5～15.5)
形成成年人的身材	13	(10～16)	面毛开始生长	14	(12.5～15.5)
胸部发育完成	14	(10～16)	嗓音开始变低沉	14	(12.5～15.5)
阴毛发育完成	14.5	(14～15)	阴茎和睾丸发育完成	14.5	(12.5～16)
			力量加速增长达到高峰	15.3	(13～17)
			形成成年人的身材	15.5	(13.5～17.5)
			阴毛生长完成	15.5	(14～17)

资料来源：Chumlea et al.，2003；Rogol，Roemmich & Clark，2002；Wu，Mendola & Buck，2002.
照片：（左）©Aaron Haupt/Photo Researchers，Inc.；（右）©Bill Aron/PhotoEdit。

5. 青春期发育的个体差异

遗传对青春期发育的开始时间有很大影响：同卵双生子一般在构差一个月或两个月内都出现初潮，而异卵双生子则可能相差 12 个月（Kaprio et al.，1995）。营养和锻炼也有影响。对女孩而言，体重和脂肪的急剧增加可能引发性成熟。脂肪细胞释放一种叫做莱普亭（leptin）的蛋白质，它向大脑发出信号，即女孩的能量储备对青春期发育已经足够，这可能是体重较重，尤其是肥胖的女孩更早出现胸部、阴毛生长发育、阴毛生长以及月经初潮的原因之一。相反，那些从小就开始严格体育训练或食量很少的女孩（二者都降低了体内的脂肪含量），青春期发育一般较晚（Anderson，Dallal & Must，2003；Delemarre -van de Waal，2002）。

青春期发育的差异普遍存在于世界的不同地域、不同经济状况和不同族群之间。身体健康起着重要作用。在一些贫穷地区，营养不良和传染病普遍存在，月经初潮大大延缓。在非洲许多地区，初潮推迟到 14～16 岁。在发达国家，来自高收入家庭的女孩的月经初潮比低收入家庭的女孩早 6～18 个月（Parent et al.，2003）。

在营养富足的工业化国家，遗传和环境共同对青春期发育产生影响，这是显而易见的。非洲裔美国女孩的初潮比白人女孩大约早 6 个月。虽然黑人的普遍超重和肥胖起一定作用，但是受遗传影响的身体快速成熟，也与此有关。黑人女孩一般比相同年龄相同体重的白人女孩初潮年龄更早（Anderson，Dallal & Must，2003；Chumlea et al.，2003）。

早期家庭经验也可能影响青春期发育的时间。一种理论认为，物种进化使人类对儿童环境中的情感质量愈益敏感。当儿童的安全处于危险中时，较早生育对他们来说是一种适应行为。研究表明，受到家庭冲突影响的女孩初潮时间略早，而在温暖家庭中成长的女孩的初潮年龄则相对较晚（Ellis & Garber，2000；Ellis et al.，1999；Romans et al.，2003）。

上述研究还发现，对情感健康造成威胁的因素会加速青春期发育，而对身体健康造成威胁的因素则会延缓青春期发育。在青春期发育年龄上显示出一种**时代渐进趋势**（secular trend），或代际变化，因此应该重视身体健康在青春期发育中 367
所起的作用。在工业化国家，月经初潮的年龄在稳步提前——从 1900 年到 1970 年，每 10 年下降大约 3 到 4 个月，这 70 年是营养、保健、医疗设施和传染病控制大大改善的时期。在近几十年里，男孩也较早地到达了青春期（Karpati et al.，2002）。在北美和一些欧洲国家，超重和肥胖比率的剧增正在支撑这一趋势（Parent et al.，2003）。一个令人不安的结果是，在 10～11 岁就到达性成熟的女孩会感觉到一种压力——必须要表现出比实际年龄成熟得多。后面将讲到，早熟的女孩面临着不良的同伴交往危险，尤其在性行为方面。

6. 大脑发育

青少年的身体变化还包括大脑的重要变化。脑成像研究揭示，在大脑皮层上持续发生着对未使用的神经突触的修剪，尤其是在掌管思维和操作的前额叶上。另外，接受各种刺激使神经纤维的生长和髓鞘化加速，使不同脑区之间的联结得以加强。其中，额叶与其他脑区的联结加强，使信息传递更快（Giedd et al.，1999；Keating，2004；Sowell et al.，2002）。青少年大脑的这种雕刻式发展导致各种认知能力的增强，如注意力、计划性、信息整合能力以及自我调节。

另外，神经元对某些化学讯息的敏感性也增强了。对人类和其他哺乳动物来说，在青少年期，神经元对刺激性的神经递质的反应更快。结果是，青少年对压力事件的反应更激烈，同时对愉悦的刺激的体验也更强烈（Spear，2003）。这些变化可能对加强追求新异体验（包括吸毒）的驱动力起到一定作用，对那些为了抵制长期情感痛苦而寻求刺激的青少年，这种情况尤其容易发生。青少年对某些机能失调，如抑郁和饮食紊乱的易感性增强，也与神经递质活动性的变化有关。

青春期的激素变化，对青少年大脑发育和重组来说有多大影响？研究者还没有给出现成的答案。但是青春期发生的变化比以前所认为的大得多，使人们对青少年问题行为的理解更准确，也更能理解青少年对成人耐心、照管和指导的需要。

7. 唤醒状态的变化

在青春期，因为对傍晚光线的神经敏感性增加，大脑调节睡眠时间的方式发生了变化。结果，青少年的就寝时间比儿童晚得多。其实他们需要睡眠的时间和小学期几乎一样多，大约9个小时。当他们不得不早起上学时，其实还没有睡够。

在青少年期，由于神经元对某些神经递质更敏感，年轻人对压力事件和愉悦事件的反应也比儿童强烈。照片中这些青少年兴高采烈，沉浸在夏日的欢乐中。

这种“阶段性延缓”的睡眠会随着青少年期发育而加强。现在的青少年往往在夜间有一些社会活动和兼职工作，而且他们的卧室里有电视、电脑和电话。结果，他们比前几代青少年睡眠更少（Carskadon et al.，2002；Fins & Wohlgemuth，2001）。缺少睡眠的青少年在早晨几个小时的认知任务上会表现较差。他们有可能在学校不能取得好成绩，产生抑郁情绪，从事一些高危险行为，如饮酒和不顾后果的驾驶（Dahl & Lewin，2002；Hansen et al.，2005）。他们也会在周末大睡懒觉，这导致随后几晚入睡困难，并维持这一坏习惯（Laberge et al.，2001）。推迟上学时间可以减轻睡眠缺失，但却无法消除。对青少年进行睡眠重要性的教育是至关重要的。

三、青春期变化对心理的影响

回想一下你在小学高年级和初中的日子。当你进入青春期时，你的自我感受如何？你与别人之间的关系发生了怎样的变化？研究表明，青春期的变化影响着青少年的自我形象和情绪，也影响着与父母同伴之间的交往。有些是对身体变化的反应，有些则与青春期到来的时间有关。

1. 对青春期变化的反应

两代以前，月经初潮往往是创伤性的。现在，女孩们通常做出“吃惊”的反应，原因是这件事来得太突然。另外，她们会体验到一种既高兴又害怕的矛盾情绪。由于事先对初潮的了解不同，家人给予的帮助不同，因此对初潮的反应有很大 368

的个体差异。

如果事先一无所知，月经初潮可能引起吃惊和烦恼。在 20 世纪 50 年代，有 50%的女孩事先毫无知识，而那些事先曾经被告诫的女孩，别人告诉她们的，也不过是要“逆来顺受”（Costos，Ackerman & Paradis，2002；Shainess，1961）。现在，已很少有人事先一无所知，这是因为现代父母比过去的父母讨论性的问题更多，而且健康教育也比过去更普及（Omar，McElderry & Zakharia，2003）。几乎所有的女孩都会从母亲那里获得一些知识。如果父亲关心并了解女孩青春期的发育变化，这些女孩会适应得更好。或许父亲的关心反映了一种对生理和性问题非常开放的家庭氛围（Brooks-Gunn & Ruble，1983）。

像女孩对月经初潮的反应那样，男孩对初次遗精的反应也是五味杂陈。实际上，所有的男孩事前都知道射精这回事，但很多人说，在青春期之前和青春期当中，没有人跟他们说过生理变化的问题（Omar，McElderry & Zakharia，2003）。他们一般靠自己读书来获取知识。即使是那些懂得此事的男孩，也说他们的初次射精比他们预想的要早，而且他们对此毫无准备。像女孩一样，那些已经做好思想准备的男孩往往有比较积极的反应（Stein & Reiser，1994）。几乎所有的女孩都会告诉朋友自己来月经的事，但很少有男孩会把遗精的事情告诉别人（Downs & Fuller，1991）。总的说来，对青春期间出现的生理变化，男孩获得的社会帮助比女孩少得多。如果男孩有机会向别人提问，如果他们能跟父母或卫生保健人员讨论这件事，那么他们才能从中得到好处。

大文化背景也会影响青春期的体验。许多部落和村庄社会举行成人仪式来庆祝青春期的开始，这种仪式向社会宣告，这些新的成年人的公民地位和责任发生了重大改变。它使年轻人懂得，在他们的文化中，人们对青春期的到来是何等重视。相反，西方社会对于从儿童到青少年，或从青少年到成人之间的转变，却很少给予正式的认可。某些族群和宗教仪式，例如犹太人的成人戒礼和西班牙人女孩的 15 岁成人礼，很像入会仪式。但它们不会带来社会地位的真正改变。

与此不同的是，西方青少年在不同的年龄阶段都被给予部分成人地位——例如开始就业的年龄、驾车的年龄、中学毕业的年龄、有选举权的年龄、可以喝酒的年龄。在一些环境里（家庭或学校），他们可能仍然会被当作孩子。缺少一种被广泛认可的生理和社会成熟标志，使得向成年人过渡的历程有些令人迷惑。

西班牙女孩 15 岁生日举行的成人礼，表示女孩从一个孩童走向成人之路。仪式一般在教堂举行，由牧师向女孩赠送礼物并为她祝福。

2. 青春期的变化：情绪和社会行为

人们普遍认为，青少年喜怒无常的情绪、从身体和心理上脱离父母的愿望，都与青春期有关。对这些现象，有不少的研究。

（1）青少年的喜怒无常情绪

有研究显示，青春期激素水平的变化与喜怒无常的情绪有一定关系，但这种关系并不密切（Buchanan，Eccles & Becker，1992）。还有什么因素会造成青少年的喜怒无常呢？有几项研究通过让儿童、青少年和成人随身携带电子寻呼机来记录他们的情绪。在一周的时间里，他们被不定期地呼叫，要求他们报告正在干什么，和谁在一起，当时的感受如何。

不出所料，青少年比小学生和成人报告的高兴情绪少（Larson et al.，2002；Larson & Lampman- Petraitis，1989）。消极情绪与很多消极生活事件有关，如与父母交往困难，在学校受到批评，与男朋友或女朋友关系破裂。从儿童到青少年，消极事件稳步上升，而且相对于儿童，青少年采用更强烈的情绪对消极事件做出反应（Larson & Ham，1993）。

与成人相比，年龄在 12～16 岁之间的青少年情绪不稳定，经常大起大落。这些情绪波动与情境的改变密切相关。他们一天中情绪高涨点往往

是与同伴待在一起，或做着自己喜欢的事情。情绪低落点往往发生在由成人主导的环境里，如班
369 级、工作和宗教服务场所。此外，青少年的情绪高涨点发生在周五和周六的夜晚，尤其是在中学阶段（见图 11.3）。在青少年期间，与同伴或异性朋友一同外出的行为迅猛增加，以至于它变成了一种假如会发生什么的“热议话题”（Larson & Richards，1998）。相反，那些在家里度过周末夜晚的青少年则会深感孤独。

总之，生物、心理和社会因素共同作用，把青少年期变成一段情绪体验上波峰与波谷共存的时期。这种解释印证了本章开头所述的平衡观。

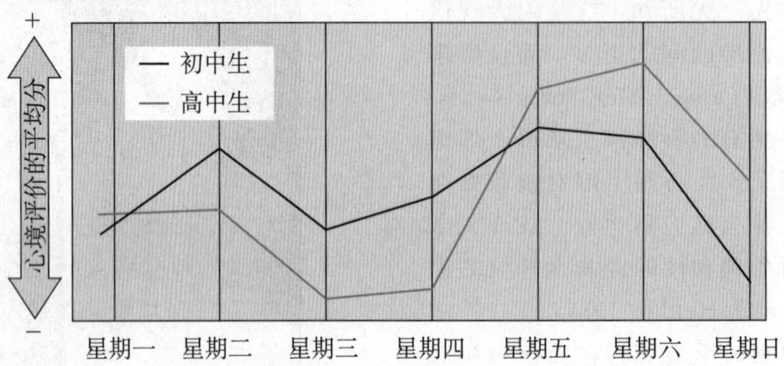

图 11.3　年幼和年长青少年一周内的情绪体验

青少年的报告显示，他们的情绪高涨点发生在周五和周六。情绪在周日下降，在返回学校之前，以及一周中待在学校里由成人主导的环境中时。

资料来源：R. Larson & M. Richards，1998，“Waiting for the Weekend：Friday and Saturday Night as the Emotional Climax of the Week.” in A. C. Crouter & R. Larson（Eds.），*Temporal Rhythms in Adolescence：Clocks，Calendars，and the Coordination of Daily Life*. San Francisco：Jossey-Bass，p. 41. 经授权引用。

（2）亲子关系

萨布琳娜的父亲发现，当他的孩子们进入青少年期时，他们会关上房门，不愿和家人待在一起，而且更加爱争论。萨布琳娜和妈妈因为她脏乱的房间而争吵（“妈妈，这是*我的*房间，你又不住在这儿！”）。而且萨布琳娜不愿意每周都要去看望吉娜阿姨（“为什么我每周都非去不可？”）。许多研究表明，青春期和亲子冲突的增加有关（Laursen，Coy & Collins，1998；Steinberg & Morris，2001）。争吵发生的频率在北美各种亚文化群体中非常相似，欧洲血统的家庭与具有尊重父母权威的文化传统的亚裔和西班牙裔家庭，发生得一样频繁（Fuligni，1998）。

为什么看上去是大人样子的青少年这么爱争吵呢？这种行为可能具有适应意义。在灵长目动物中，幼仔在青春期前后会离开家庭群体。在许多非工业化国家的文化中也是如此（Caine，1986；Schlegel & Barry，1991）。年轻人的离开，阻碍了有血亲关系的家庭成员之间的性联系。但是由于他们在经济上仍然依赖父母，所以工业化国家的青少年无法离开家庭。取而代之的是一种现代的隔离物：心理距离。

当青少年在生理上成熟后，他们希望别人以成人的方式对待他们。青少年新形成的推理能力也会促成家庭紧张。父母—青少年子女之间的不一致主要集中在一些日常生活事件中，如开车，与异性朋友约会，父母的宵禁令等等（Adams & Laursen，2001）。在这些争吵背后存在着严重的隐忧：父母极力让孩子躲避毒品、交通事故和性早熟。在子女需要为承担新责任而做好思想准备问题上，父母与子女之间的分歧越大，争吵就越多（Deković，Noom & Meeus，1997）。

父母—女儿间的冲突往往比父母—儿子间的冲突更激烈，或许因为父母给女儿设的限制更多（Allison & Schultz，2004）。不过，多数争吵还是比较温和的。父母和青少年子女之间不仅有矛盾，而且也有爱，他们通常在重要的价值观问题上达成一致，例如诚实和读书的重要性。亲子分离是适应性的，但终其一生，两代人都能从温暖而富于保护性的家庭关系中受益。

3. 青春期的到来时间

弗兰卡在家长讨论小组中说：“我的几个孩子

都早熟，到十二三岁时，三个男孩都开始蹿个儿，但这对他们来说不是难事。他们觉得自己长大了，不能再被小看了。萨布琳娜以前是个瘦骨嶙峋的小女孩，但现在她说自己太胖，要减肥。她的心思都在男孩身上，对学习漫不经心。”

一些研究结果证实了萨布琳娜和她兄弟们的经验。成人和同伴都认为早熟的男孩比较随和、独立、自信而且其身体具有吸引力。由于在同学中很受欢迎，他们往往在学校里当“头儿”，成为体育明星。晚熟的男孩则被成人和同伴认为容易焦虑，话太多，爱引人注意（Brooks-Gunn，1988；Clausen，1975；Jones，1965）。虽然早熟的男孩被认为适应良好，但他们报告的心理压力却比同龄的晚熟男孩略多（Ge，Conger & Elder，2001）。

相反，早熟女孩却不受欢迎，她们比较退缩，缺乏自信，容易焦虑，很少占据领导地位（Ge，Conger & Elder，1996；Graber et al.，1997；Jones & Mussen，1958）。她们更多地做出反常行为（喝醉酒，过早地发生性行为），学习成绩不好（Caspi et al.，1993；Dick et al.，2000）。晚熟的女孩则被认为身体有吸引力，活泼，友善，而且常常当“头儿”。

这四个男孩同为 13 岁，但他们在青春期到来时间上存在差异。中间两个是早熟的男孩，很可能有比较积极的身体意象。另外两个看上去处于这个年龄发育的平均水平。

370 有两个因素可以在很大程度上解释这些现象：一是青少年的体貌与人们普遍认为的有魅力的体貌相匹配的程度；二是年轻人的体貌与同伴相适合的程度。

（1）身体吸引力的作用

翻翻流行杂志，就能找到支持社会大众如下看法的证据：有魅力的女性必然身材苗条，双腿修长；有魅力的男性则身材高大，双肩宽阔，肌肉发达。这种女性形象是少女式的体形，它有利于晚发育的女孩；而这种男性形象则符合早熟的男孩。

与这些偏爱相一致，相对于晚熟或准时成熟的同龄人，早熟女孩通常报告一种不太积极的**身体意象**（body image）——对自己体貌的态度和看法（Williams & Currie，2000）。在这方面，男孩报告的结果不太一致，但是早熟者往往更满意自己的体貌特征（Alsaker，1995；Sinkkonen，Anttila & Siimes，1998）。正是这些因素影响了青少年的自尊和心理健康。

（2）与同伴相匹配的重要性

与同伴体貌的匹配程度，也可以解释早熟者与晚熟者适应上的差异。早熟女孩和晚熟男孩之所以有困难，是因为他们处在身体发育这一连续体上的两端，和同学站在一起，他们觉得不入流。当他们和那些身体发育和自己差不多的同伴在一起时，觉得最舒服（Stattin & Magnusson，1990）。

早熟的青少年，无论男女，都很难找到跟自己差不多的同伴，所以他们就去找年龄较大的同伴，这可能造成不利的后果。年龄较大的同伴往往鼓励他们参加一些缺乏思想准备的活动，如性行为、吸毒、饮酒以及违法的事情（Ge et al.，2002）。或许因为干了这些事情，早熟的男孩和女孩才报告他们感觉不开心，学习成绩也比较差（Graber，2003；Kaltiala-Heino，Kosunen & Rimpelä，2003）。

（3）长期后果

青春期起始时间的影响会一直持续吗？追踪研究表明，早熟的女孩会有持续的困难。在一项研究中，早熟男孩的喜怒无常到 13 岁开始下降；青春期对他们似乎是一个暂时的紧张性刺激。相形之下，喜怒无常的早熟女孩往往一直保持这种状态（Ge et al.，2003）。另一项研究对被试从 14 岁追踪到 24 岁，发现早熟的男孩适应良好。早熟女孩则报告说，她们与家人和朋友间关系比正常发育的同学差，社交网络比较小，对早期成人生活的满意度也较低（Graber et al.，2004）。瑞典的一项研究则发现，早熟女孩的学业有所延迟，吸食致瘾物问题时间较长，她们比正常发育的女孩更多地酗酒，文化水平更低（Andersson & Magnusson，1990；Stattin & Magnusson，1990）。

研究者相信，社会关系薄弱可以解释这些消极后果。前面曾提到儿童的家庭冲突和月经初潮较早有关。或许很多早熟女孩是带着情绪与社会性问题进入青少年期的。当青春期的压力干扰了学习，并导致不良的同伴压力后，适应差的状况就一发而不可收拾。对处于危险中的早熟青年进行干预无疑是必要的。干预应该包括对家长和老师进行辅导，为青少年提供咨询和社会帮助，让他们尽量顺利地应对过渡期间的情绪与社会性挑战。

思考题

复习 总结一下青春期发育起始时间对青少年发展的重要性。

应用 克洛伊小时候很喜欢和父母一起度过闲暇时光。现在她14岁，很多时间都待在自己屋里，周末不愿意和父母一起去远足。解释克洛伊行为的原因。

联结 青少年的喜怒无常情绪会不会造成父母和青少年子女之间的心理距离？（提示：可考虑亲子关系的双向影响）。

反思 回想一下自己当初对青春期身体变化的反应。这些反应与研究结果一致吗？解释一下。

四、健康问题

371 青春期的到来伴随着新的健康问题，这些问题与青少年努力满足身体和心理方面的需要有关。当青少年获得更大的自主性后，他们在健康及其他领域里的自我决策也越来越重要（Bearison，1998）。下面将要讨论的几个问题，没有一个是单一因素决定的，而是生物、心理、家庭、同伴及文化因素在共同起作用。

1. 营养需求

弗兰卡和安东尼奥的几个儿子进入青春期后，这对夫妇发现发生在厨房里的“吸尘器效应”，几个男孩动不动就把冰箱里的食物洗劫一空。青春期身体的迅速生长导致了食物摄入量的急剧增加。在发育加速期，男孩每天需要大约2 700大卡的热量，需要的蛋白质也比以前多。由于女孩的身体和肌肉逊于男孩，她们需要大约2 200大卡的热量，所需蛋白质也略少孩（Cortese & Smith，2003）。

这种对营养需求的增加发生在很多青少年吃饭最不规律的时候。在各年龄段的人群中，青少年最可能不吃早餐（为了减肥），经常饿肚子，一边跑一边吃东西（Videon & Manning，2003）。青少年喜欢聚集的一些快餐店，已开始提供一些健康快餐。在选择这些食物时，青少年需要指导。快餐和从快餐柜或自动贩卖机里买的校内食品，常常是一些高脂肪食物和碳酸饮料，也就是说，青少年常选择不健康的饮食（Bowman et al.，2004；Kubik et al.，2003）。

青少年期最普遍的营养问题是缺铁，因为身体的快速生长对铁的需求量增至最大，女孩尤其是一直保持高需求状态，因为她们在月经期间会流失铁。一个疲倦、易怒的青少年有可能是因为贫血，而不是简单的情绪问题，应该去做体检。多数青少年摄入的钙都不足够，他们还缺维持新陈代谢的核黄素（维生素B2）和镁（Cavadini，Siega-Riz & Popkin，2000）。很多父母错误地认为，肥胖儿童的体重问题不会在青少年期过度发展（Berkowitz & Stunkard，2002）。

青少年是否和家人一起吃饭，与他们的健康饮食密切相关，在家里吃饭一般会吃较多的水果、蔬菜、谷物和高钙食品，而碳酸饮料则饮用得较少（Neumark-Sztainer et al.，2003）。遗憾的是，和幼儿相比，青少年很少和家人一起吃饭。除了其他好处以外，家庭用餐能大大改善青少年的饮食。

青少年，尤其是关心自己体重的女孩，喜欢赶时髦地吃一些时尚食品。但是很遗憾，对正在迅速成长的、活跃的青少年来说，这类食品大多营养和热量有限，不够健康（Donatelle，2004）。当年轻人想吃一种特殊的食物时，父母应鼓励他们去咨询医生或营养专家。

2. 饮食障碍

萨布琳娜渴望减肥让弗兰卡很担心。她告诉

女儿，对于青少年期女孩来说，萨布琳娜的体形实在是很平常，还说，她的意大利祖先认为，女性丰满的体型比消瘦的体型更美。那些较早进入青春期、对自己的体貌不满意的，以及在高度关注体重和胖瘦的家庭里长大的女孩们，面临着严重的饮食问题的危险。严厉的节食是青少年期饮食障碍发作的强有力预测因素（Patton et al.，1999）。饮食障碍中最严重的两种，分别是神经性厌食症和神经性贪食症。

（1）神经性厌食症

神经性厌食症（anorexia nervosa）是一种危险的饮食障碍，患此症的青少年因为对变胖的强迫性恐惧而忍受饥饿。大约 1%的北美和西欧女青少年患有神经性厌食症。在过去半个世纪里，文化对女性纤瘦的赞美助长了这一障碍，患病的案例急剧增加。神经性厌食症在各个社会阶层群体中同样普遍（Rogers et al.，1997），但是美国的亚裔、白人和西班牙裔女孩比非洲裔女孩危险更高，非洲裔对她们的身型往往比较满意（Fairburn & Harrison，2003；Wildes，Emery & Simons，2001）。神经性厌食症案例中，男青少年约占 10%；其中
372 一半是同性恋或双性恋青年，他们觉得自己强壮的、肌肉发达的体貌不够美（Robb & Dadson，2002）。

詹妮弗，一个神经性厌食症患者，左图是她因为营养不良在医院接受挽救生命的治疗时拍的。在一段时间的家庭治疗后，她恢复了，右图是住院两年后，在家里拍的。

神经性厌食症患者拥有极端扭曲的身体意象。即使他们已经严重体重不足，仍觉得自己太胖。多数人都自愿减肥，执行得非常严格，饿了也努力避免吃东西。为了减肥，他们还发奋锻炼。

在努力达到"完美"的苗条身材过程中，神经性厌食症患者一般失去体重的 25%～50%。因为正常的月经周期需要体内储存约 15%的脂肪，所以她们有的不来月经，有的则停经。营养不良导致皮肤苍白，指甲脆而无血色，黑细的毛发遍布全身，而且极端怕冷。这种情况若继续下去，会导致心肌收缩，肾脏衰退，也可能发生不可逆转的大脑损害以及骨量减少。大约 6%的神经性厌食症患者最终死于并发症或自杀（Katzman，2005）。

个人、家庭和社会文化因素，三者的力量共同导致了神经性厌食症。同卵双生子比异卵双生子更可能同时患此症，显示出遗传的影响。与焦虑和控制冲动有关的脑神经递质异常，可能使一些人容易罹患此症（Kaye et al.，2005；Klump，Kaye & Strober，2001）。许多神经性厌食症患者常对自己的行为和成绩提出过高的标准，情绪上属于抑制型，除了家人，不和别人建立亲密关系。这些女孩在各方面都是理想的女儿——有责任感，行为端正，成绩优秀。但是，以瘦为美的社会观念使这些早熟女孩对身体意象的自我感觉很差，她们患上了神经性厌食症（Tyrka，Graber & Brooks-Gunn，2000）。

此外，父母—青少年子女之间的互动也在青少年自主性问题上暴露出一些问题。厌食女孩的妈妈通常对外貌、举止和旁人评价期望过高，对孩子过于保护和控制。父亲往往在情感上疏离。这些女孩不是直接反抗母亲，而是进行间接反抗，在成就、举止和纤瘦方面追求完美（Bruch，2001）。但是，不良亲子关系与厌食症究竟孰先孰后，现在尚无定论。

神经性厌食症女孩一般不承认自己有病，所以治疗比较困难。为了避免危及生命的营养不良发生，住院治疗非常必要。治疗一般采取家庭治疗方式，使用减轻焦虑和神经递质不平衡状态的药物（Fairburn，2005；Treasure & Schmidt，2005）。但是只有不到一半的患者能痊愈。

（2）神经性贪食症

当萨布琳娜 16 岁的哥哥路易斯把女朋友凯茜带回家时，萨布琳娜很羡慕她的体形。萨布琳娜心想："好强的意志力啊！凯茜几乎不怎么吃东西，但是她的牙齿到底怎么了？"

意志力并不是凯茜身材苗条的秘密。其实她吃

饭时很难控制自己。凯茜患有另一种饮食障碍，即**神经性贪食症**（bulimia nervosa），患此病的青少年（主要是女孩，但是同性恋和双性恋者也易患此病）进行严格的减肥和过度的锻炼，同时伴有狂吃行为，接着便是故意呕吐，服用泻药把食物排出。当凯茜独自一人时，常感到焦虑，不高兴。她用狂吃来应付心中的不快，在一两个小时内吃下成千上万大卡的热量，接着便呕吐，因此损害了牙釉。有时还对喉咙和胃造成危及生命的伤害。

贪食症比厌食症更普遍。约2%～3%的女性青少年患此症；其中5%曾患有厌食症。双生子研究表明，像厌食症一样，贪食症也受到遗传影响（Klump，Kaye & Strober，2001）。超重和早熟增加患此病的危险性。有些贪食症患者像厌食症患者一样，也是完美主义者。她们不仅在饮食上，而且还在生活的其他方面缺乏自我控制，比如在商店小偷小摸，酗酒等等。贪食症和厌食症患者都对体重增加具有病态的恐惧，但贪食症患者往往觉得父母对她们不关心，情感上无法接近，而不像厌食症患者那样，觉得父母是高控的（Fairburn & Harrison，2003）。

与厌食症患者不同，贪食症患者情绪比较低落，为自己不正常的饮食习惯感到内疚，并极度渴望得到帮助。通过集体帮助，营养教育，改变饮食习惯的训练和抗焦虑、抗抑制和控制食欲的治疗，贪食症一般比厌食症容易治疗（Hay & Bacaltchuk，2004）。

3. 性行为

路易斯和凯茜并没有计划发生性行为——但它"恰恰发生了"。在事情发生前后，他们想了很多。凯茜已经和路易斯约会三个月，起初她想："假如不和他发生关系，他会认为我正常吗？如果他想要而我拒绝，我会失去他吗？"两个年轻人都知道他们的父母不同意这件事。当弗兰卡和安东尼奥注意到路易斯是如何黏着凯茜时，他们就跟他谈了等待的重要性和怀孕的危险性。但是那个周五晚上，路易斯和凯茜的感情却势不可挡。当事态越来越深入发展时，路易斯想："如果我不采取行动，她会认为我性无能吗？"

随着青春期的到来，激素的变化，尤其是男女两性雄激素的分泌，导致了性驱力的增强（Halpern，Udry & Suchindran，1997）。这种情况使青少年对怎样处理性问题十分关注。新的认知能力，包括观点采纳和自我反思影响着他们在处理性关系时所作的努力。像上面讨论过的饮食行为一样，青少年的性问题也深受年轻人所处社会环境的影响。

（1）文化影响

你第一次知道性的事情是通过什么途径？在你家，性可以公开讨论，还是秘不可宣？是公开面对性问题，进行性教育，还是极力限制儿童和青少年对性的好奇心？对待这些问题，世界各地的情况大不相同。

现在北美的社会大众虽然认可了青少年性观念的自由，但人们对性的态度还是有限制的。多数父 *373*
母教给孩子的性知识很少，或不教，他们阻止性游戏，很少当着孩子的面谈论性。只有一半的青少年报告说，如果他们对性的问题感兴趣，能跟父母谈论有关性交、避孕和性传播疾病的话题。很多父母由于难为情，或担心孩子不会认真对待他们说的话，不跟孩子讨论性的话题。其实，温暖而开放地彼此交换意见，与青少年采纳父母的观点并降低性冒险行为有关（Jaccard，Dodge & Dittus，2003；Miller，Forehand & Kotchick，1999）。下面的"学以致用"表列出了有效沟通的一些特征。

学以致用　　与青少年讨论性问题

方法	具体做法
鼓励开放式沟通。	告诉青少年子女，当问题出现时你会在他们身边，给予充分而准确的解答，让他们知道你乐意帮助他们并值得信任。
使用正确的术语来表示身体的部位。	正确的词汇为青少年将来进行讨论提供了基础，并且显示出，性不是只能秘密讨论的话题。
使用有效的讨论技巧。	倾听孩子说的话，鼓励他们参与讨论，问一些开放性的问题，而不是"是/否"的问题，并且给予有帮助的回应。不要控制和训诫，那会导致孩子的退缩。如果孩子提出的问题你回答不了，就和孩子一起收集更深入的信息。

续前表

方法	具体做法
说话之前先反思。	当孩子问问题或说出有关性的观点时，不要急着评判。如果跟孩子的观点不同，可用不强加于人的方式说出你的看法，强调说，虽然你不同意孩子的看法，但你不是在贬低孩子的品性。对孩子的高控会导致亲子疏远。
把谈话保持下去。	很多父母认为，只要在孩子的青少年早期跟他们进行一次“重大”的交谈，就万事大吉了。但是跟孩子做日积月累的小规模讨论对他们影响更大。这种开放的沟通如能持续，孩子就会不断地思考，继续问问题。

资料来源：Berkowitz，2004.

不能从父母那里获得性知识的青少年，会从朋友、书籍、杂志、电影、电视和互联网上得到（Jaccard，Dodge & Dittus，2002）。青少年看黄金时段播放的电视节目，要比其他时段的节目多，其中 2/3 都涉及性的内容。这些节目大多把男女间的性行为描绘得很自然，充满激情，无需对彼此承担义务，无需采取措施避孕或防止性传播疾病，而且并没有什么消极后果（Roberts，Henriksen & Foehr，2004）。

青少年得到的信息真是矛盾重重。一方面，父母说过早的性行为和婚外性行为不对；另一方面，社会环境却赞美性带来的刺激和浪漫。这不免使青少年陷入困惑，他们对性的实际情况了解不足，对如何负责任地处理自己的性活动，几乎得不到确实而可靠的建议。

照片中这两个年轻人看上去亲密无间。青少年期是性发育的一段特别重要的时期，但是对于什么样的性行为才算是适当的，青少年得到的信息常常很矛盾且令人困惑。

（2）青少年的性态度和性行为

虽然存在亚文化群体差异，但是在过去 40 多年里，北美青少年和成人的性态度还是变得更自由了。与上一代人相比，现在越来越多的人认为，只要两人在情感上互相负责，婚前性行为就可以接受（Michael et al.，1994）。最近，人们的性观念又略微倾向于保守，这很大程度上是因为性传播疾病，尤其是艾滋病的危险性，另外，一些学校和宗教组织也发起了青少年性节制项目（Ali & Scelfo，2002；Cope-Farrar & Kunkel，2002）。

青少年性行为的发展趋势与他们的性态度密 374
切相关。经过几十年的上升后，从 1990 年起，美国和加拿大青年的婚前性行为比率开始下降（Dryburgh，2001；U. S. Department of Health and Human Services，2004d）。但是，如图 11.4 所示的，部分年轻人在 15 岁就已开始了性活动。男性的初次性行为比女性早。

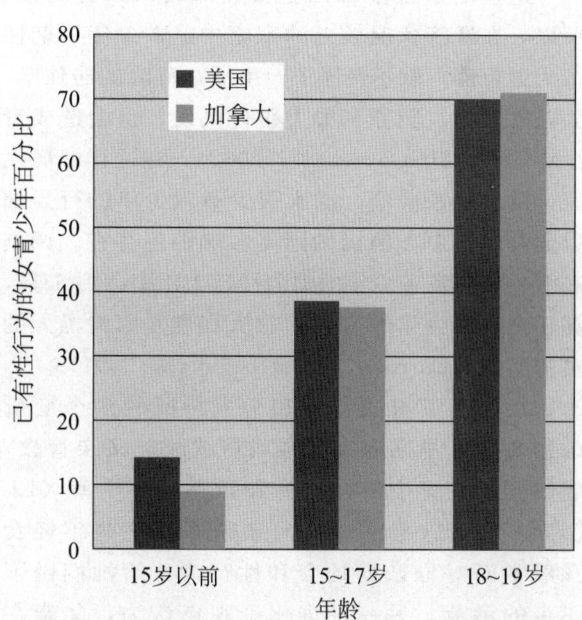

图 11.4　报告自己曾有性行为的美国和加拿大女孩

15 岁之前有过性行为的女孩，美国的百分比高于加拿大。性行为的发生率在这两个国家比较相似，亦可代表西欧国家的水平。男孩的性行为发生率比此图中所示的女孩的百分比高 3%～6%。

资料来源：Darroch，Frost & Singh，2001；Maticka-Tyndale，2001；U. S Department of Health and Human Services，2004d.

美国、加拿大和西欧各国青少年性行为的发生率虽然相似，但是性经历的特点不同。相比于加拿大和西欧国家，美国青年开始性行为的年龄更早（Boyce et al.，2003；U. S Deparment of

Health and Human Services，2004d）。据调查，约12%的美国男青少年和三个或以上女孩有性关系，而加拿大只有8%（Alan Guttmacher Institute，2004；Darroch，Frost & Singh，2001）。不过这些青少年还是占少数；到中学毕业前，大多数人只有过一两个性伴侣。

（3）性活跃青少年的特征

青少年早而频繁的性行为与个人、家庭、同伴以及教育特点有关。相关因素有：较早进入青春期，父母离异，单亲家庭，和继父或继母一起生活，家庭规模较大，很少或不参加宗教活动，父母的教育不力，亲子交流中断，朋友及哥哥姐姐性活跃，学习成绩差，受教育抱负较低，有违规行为倾向，喝酒，吸毒和犯罪（Anaya，Cantwell & Rothman-Borus，2003；Howard & Wang，2004）。

这些因素很多都因生长在低收入家庭所致，所以，在经济状况较差的家庭中，青少年早期性行为更普遍，就不奇怪了。生活在危险的居住区，如条件恶劣、犯罪和暴力事件高发，也会造成青少年的性活跃（Ge et al.，2002）。在这样的居住区，社会联系薄弱，成人很少对青少年的行为加以监督和控制，消极的同伴影响普遍存在。调查表明，非洲裔青少年的婚前性行为比率达到67%，高于全美青少年的51%，很大程度是因为黑人的贫穷所致（Darroch，Frost & Singh，2001）。

在控制了家庭背景和个人特征的多个变量的影响后，早期没有父亲或持续缺乏父亲管教，能够预测女青少年性行为和较高的怀孕率（Ellis et al.，2003）。或许父亲缺席使这些年轻女孩经常面对母亲的约会和性行为，给她们做了不良的示范。另一种进化论观点认为，父亲在养育子女上的投入，会鼓励女儿延缓性行为，以利于寻找像父亲一样负责任的男性伴侣，来确保后代的幸福。而父亲缺失的女孩则会认为，男人的承诺是靠不住的，所以她们很容易陷入混乱的性关系中。

（4）避孕用具的使用

近年来青少年的避孕行为有所增加，但是仍有27%的美国性活跃青少年和13%的加拿大性活跃青少年因为没有坚持使用避孕用具，而处在意外怀孕的危险中（见图11.5）（Alan Guttmacher Institute，2002；Manlove，Ryan & Franzetta，2003）。为什么这些青年不采取防范措施呢？当我们考察青少年的认知发展时就会知道，在面对问题时，青少年会考虑很多种可能性，但他们未能把这种推理应用到日常生活情境中。当问到这些青少年为什么没使用避孕用具时，他们的回答是："我一直想等到有一个稳定的男朋友"或"我没打算发生性关系"。

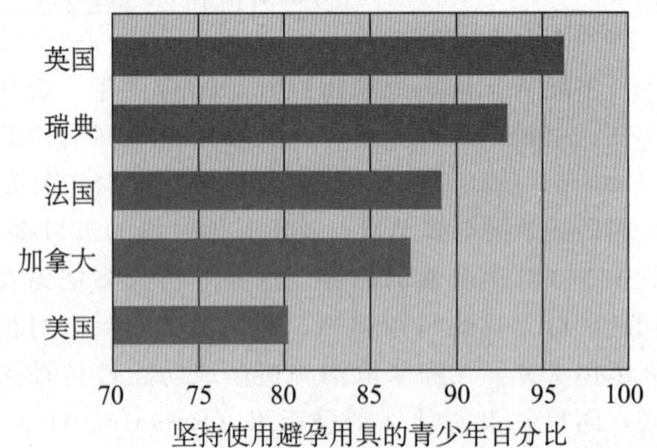

图11.5 五个工业化国家中青少年使用避孕用具的情况

与其他工业化国家相比，美国性活跃青少年坚持使用避孕用具的人较少，加拿大青少年也落后于西欧国家的青少年。

资料来源：Darroch，Frost & Singh，2001；U.S. Department of Health and Human Services，2004d.

他们做出这样的回答的原因之一是，在一段时间里，青少年观点采纳能力的提高导致他们过分关注别人对自己的看法。拿前面提到的凯茜和路易斯为例，他们两人都担心如果拒绝发生性关系，对方会怎样看自己。此外，在日常的社会压力下，青少年经常忽视危险行为的后果（Beyth-Marom & Fischhoff，1997）。

社会环境也促使青少年不愿使用避孕用具。那些没有受到良好教育或没有好工作的人，尤其可能从事不负责任的性行为，有时候，这种性关系是被强迫的。约12%的北美女孩和6%的男孩 375
说，他们是在不愿意的情况下被迫发生性行为的（Boyce et al.，2003；U.S. Department of Health and Human Services，2004d）。

能和父母公开谈论性和避孕问题的青少年更有可能采取避孕措施（Kirby，2002a；Whitaker & Miller，2000）。但是如上所述，很多父母不跟孩子讨论。学校的性教育课程给青少年的知识也常常是不完整或不正确的。一些年轻人不知道去哪里获得节育咨询和避孕用具。即使去做，也会担心医生或者家庭护士不能帮他们保密。约20%的寻求健康服务的青少年说，即使告诉他们的父母，他们仍然不使用避孕用具（Jones et al.，2005）。

（5）性偏好

至此，我们的讨论只集中在异性恋行为。大约 2%～3%的青少年承认自己是女同性恋者、男同性恋者或双性恋者（Bailey，Dunne & Martin，2000；Savin-Williams & Diamond，2004）。究竟有多少人有过被同性吸引的经历，这一数目尚不为朋友或家庭所知（见本节“社会问题”专栏）。青少年期同样也是这些年轻人性发展的关键时期，社会态度也会再次严重影响着他们的生活。

遗传对同性恋有重要影响：无论男女同卵双生子，两兄弟或两姐妹同时有同性恋倾向的比例都远高于异卵双生子。有血缘关系的兄弟姐妹，其同性恋比例也高于收养的兄弟姐妹（Kendler et al.，2000；Kirk et al.，2000）。其中，男同性恋者受母亲家族的影响大于父亲家族。说明性偏好是伴 X 染色体遗传（见第 2 章）。一项基因图谱研究发现，在 40 对同性恋兄弟中，有 33 对（82%）在其 X 染色体上具有相同的 DNA 片段。该区域某个或几个基因可能使男性成为同性恋（Hamer et al.，1993）。

遗传是怎样影响同性恋的？一些研究者认为，某些基因会影响出生前性激素的水平及其机能，性激素会改变脑结构，引发对同性的情感和行为（Bailey et al.，1995；LeVay，1993）。不过，基因和环境都能改变出生前的激素水平。因为基因缺陷或因为母亲服用的防流产药物，出生前就处于高水平的雄激素或雌激素中的女孩，更有可能变为同性恋或双性恋者（Meyer-Bahlburg et al.，1995）。此外，男同性恋者往往在出生顺序上排在较后位置，并且其兄长的数量高于平均水平（Blanchard & Bogaert，2004）。一种可能是，生了好几个男孩的母亲有时会产生雄性激素的抗体，这会降低出生前男性性激素对晚出生男孩大脑的影响。

关于同性恋的陈旧观念和错误观念仍然普遍。例如，与世俗观点相反，多数同性恋青少年在衣着和行为方面并不是“性倒错”者。而且，被同性吸引并不只限于男或女同性恋青少年。约 50%～60%确定自己为异性恋的青少年报告他们曾经有过同性恋行为（Savin-Williams & Diamond，2004）。

专栏　社会问题

同性恋和双性恋青年：自我接纳并向他人袒露同性恋身份

文化在是否接受同性恋上的差异，与是否接受婚外性行为的差异一样大。在北美，同性恋受到蔑视，这在常用来形容他们的鄙视语言中可以看到。因此，男女同性恋和双性恋青年要形成性别同一性，比异性恋青年难得多。

在性别同一性的形成上存在很大差异，它取决于个人、家庭和群体因素。对男女同性恋青少年及成人的访谈表明，在自我接纳并向他人袒露同性恋身份之前，很多人经历了三阶段的发展顺序：

觉察到不同　很多男或女同性恋者说，他们小时候就觉得自己跟别的孩子不一样。他们对由生物因素决定的性偏好的初次感知，出现在 6～12 岁，其游戏兴趣更像异性（Rahman & Wilson，2003）。男孩子发现，比起别的男孩，他们对运动不感兴趣，被安静的活动吸引，情绪上更敏感。女孩则发现，她们比别的女孩更适合运动和更活跃。

10 岁左右，这些孩子中许多人开始产生性质疑，想知道为什么异性恋不适合他们。他们察觉到自己与别人不同，并深感痛苦。与确信自己属于异性恋的同伴相比，产生性质疑的儿童说，随着年龄增长，他们对同伴关系越发焦虑，对自己的生物性别越发不满（Carver，Egan & Perry，2004）。

混乱　随着青春期的到来，觉察到自己与众不同的感觉也表现在性方面。对不同族裔的男女同性恋和双性恋青年的调查显示，男孩平均在 11～12 岁、女孩平均在 14～15 岁意识到自己在身体上被同性吸引，这或许是因为异性恋女孩在青少年期的社会压力格外强烈（Diamond，1998；D'Augelli，2006）。

意识到同性恋的个人独特性引发了新的混乱。因为突然发现自己与众不同，少数青少年凭借快速明确自己的男女同性恋或双性恋身份而解决了不适感。但是多数人还处在内心挣扎中，他们陷入一种深深的隔离感——缺乏可以模仿的角色和社会支持感（D'Augelli，2002）。

一些人积极参与各种活动，他们与异性恋者交往。男孩会通过竞争加入运动队，女孩则放弃垒球和篮球，而去跳舞。同性恋青年还试着与异性恋者约会，有时是为了隐藏自己的性偏好，有时是为了练习亲密交往的技能，他们后来把这些技能用在同性关系中（Dube，Savin-Williams & Diamond，2001）。那些极端苦恼、被负罪感深深折磨的青少年，可能会诉诸酗酒、吸毒并产生自杀念头。在男女同性恋和双性恋青年中，尝试自杀的概率很高（McDaniel，Purcell & D'Augelli，2001）。

自我接纳 男女同性恋及双性恋青少年中的多数人最终接受了他们的性身份。但是他们又面临着另一个岔路口：是否告诉别人。同性偏好的恶名使一些人决定不袒露。他们只是自我认定为同性恋，在其他方面则像异性恋者一样“畅行无阻”（Savin-Williams，2001）。同性恋青年一旦袒露了身份，他们就会面临强烈的敌意。一项对加拿大、美国、新西兰三个国家500多名男女同性恋和双性恋青年的研究显示，75%的人曾经因为他们的性偏好而被辱骂，15%的人曾经为此而遭殴打（D'Augelli，2002）。

即使如此，很多年轻人最终还是公开承认了他们的性偏好，最先告诉的是可信赖的朋友。当他们建立起同性性关系或恋爱关系以后，很多人向父母吐露了实情。父母很少会严厉拒绝；多数父母要么积极对待，要么持略微消极的态度，并且不相信是真的（Savin-Williams& Ream，2003a）。父母的理解是同性恋者良好适应的最有力的预测因素（Savin - Williams，2003）。

如果旁人做出积极反应，袒露行为有助于年轻人把同性恋看作有意义的、自我满意的身份。和其他“同志”接触对达到这一阶段有促进作用，公众观念的变化也使住在城市里的很多青少年比几十年前更早到达了这一阶段。很多大城市都有男女同志社群，还有各种兴趣小组、社交俱乐部、宗教团体、报纸和杂志。在小城镇和农村，接触到“同志”或找到支持性环境仍然困难。这些地方的同性恋青少年尤其需要成人和同伴关心、帮助他们，以便更快地实现自我接纳和社会接纳。

顺利地自我接纳并向他人袒露了同性恋身份的男女同性恋和双性恋青年，会把其性偏好整合进完整的自我同一性当中，关于这一过程，第12章还要详细讨论。此后，他们不再需要费尽心思地关注同性恋自我，而把能量释放出来，用到心理发展的其他方面。总之，袒露身份有助于促进青少年的各方面发展，包括自尊、幸福感以及与家人和朋友的关系。

波士顿的青年参加每年一度的同性恋/异性恋者游行。家人和同伴的接纳使同性恋青年把性偏好看作有意义的、自我满足的同一性的一部分。

4. 性传播疾病

性活跃的青少年，不论是异性恋还是同性恋，都处在性传播疾病的危险中。在所有年龄群体中，青少年性传播疾病的发生率最高。近年来美国的性传播疾病虽有减少，但每年仍有1/6的青少年会感染一种性病，这一比率比加拿大高3倍。不过，在最常见的性传播疾病的发生率上，例如衣原体疾病和疱疹，加拿大也超过了许多西方国家（Maticka-Tyndale，2001；Weinstock，Berman & Cates，2004）。如果性传播疾病得不到治疗，就可能导致不孕及威胁生命的并发症。最有危险感染上性传播疾病的青少年，也是最可能从事不负责任的性行为的青少年，他们往往是对生活感到无助、在贫穷中挣扎的年轻人（Niccolai et al.，2004）。

最严重的性传播疾病是艾滋病。在加拿大，艾滋病在30岁以下人群中的发病率不高，相形之下，美国有1/6的艾滋病病例发生在20～29岁的人群中。由于艾滋病症状一般需要8～10年才会在感染者身上显现，所以这些病例都起源于青少年期。共享针头的吸毒青少年，以及与艾滋病病毒阳性患者伴侣性交的同性恋青少年，占了病例的大多数。同时，异性传播也增加了，尤其是先前18个月中有多个性伴侣的青少年（Kelley et al.，2003）。男性把各种性病，包括艾滋病传染给女性的案例，比女性传染给男性的至少多两倍。

由于学校课程和媒体宣传，大约60%的初中 377
生和90%的高中生了解艾滋病的基本情况。但是大多数人对其他性病及其后果了解很少，常低估自己的易感性，也不知道怎样自我保护（Boyce et al.，2003；Coholl et al.，2001；Ethier et al.，2003）。全社会需要共同努力，对年轻人进行全面的性传播疾病教育。

5. 青少年怀孕和做父母

凯茜在与路易斯发生关系后，幸运的是没有怀孕，但是她的一些同学却没有如此幸运。美国每年有大约 90 万个青少年女孩怀孕，其中 3 万人年龄不到 15 岁。虽然自 1991 年后出现了稳定的下降，但是美国青少年怀孕的比率仍然高于其他工业化国家（见图 11.6）。加拿大的比率虽只有美国的一半，但是青少年怀孕在加拿大仍然是一个问题。有三种因素提高了青少年怀孕发生率：一是有效的性教育只涉及极少的青少年；二是缺少为青少年准备的，方便、低价的避孕用具；三是很多家庭生活贫困，这会促进年轻人去冒险。

怀孕的青少年，美国有 40%流产，加拿大有 50%流产，所以北美青少年的生育数量实际上比 35 年前降低了（Maticka-Tyndale，2001；U. S Deparment of Health and Human Services，2004d）。青少年成为父母在当前是一个非常严重的问题，因为青少年在孩子出生前不可能结婚。在 1960 年，只有 15%的生育孩子的青少年是未婚女性，而今天却有 85%。而且其中有 1/5 属于多次生育（Child Trends，2005a）。社会对单亲妈妈接受度的升高，加之许多青少年女孩相信婴儿会填补她们的生活空白，使得只有一小部分女孩会放弃其婴儿，让别人抚养。

（1）青少年成为父母的相关因素和后果

成为父母对任何人来说都是挑战，尤其是对青少年。因为青少年父母还没确立生活的明确方向。他们的生活条件和个人品质都会干扰其有效养育孩子的能力（Jaffee et al.，2001）。

青少年父母比晚生育的同龄人贫穷的可能性高出很多倍。他们通常表现出以下各种问题：对孩子关爱不够，教养不足，家庭暴力和儿童虐待，父母多次离婚和再婚，单亲父母对孩子的消极示范作用，居住的地区中其他青少年也显示出这些危险。早孕女孩在校表现差，酗酒和吸毒，童年就表现出攻击和反社会行为，结交行为不良的同伴，产生抑郁情绪的比率高（Elfenbein & Felice，2003；Hillis et al.，2004）。大部分的婚外生育来自低收入的少数族裔青少年——非洲裔、美国原住民、西班牙裔和加拿大原住民。在缺乏少教育和就业出路的情况下，很多人进入过早的做父母时期，把它作为进入成年期的途径。

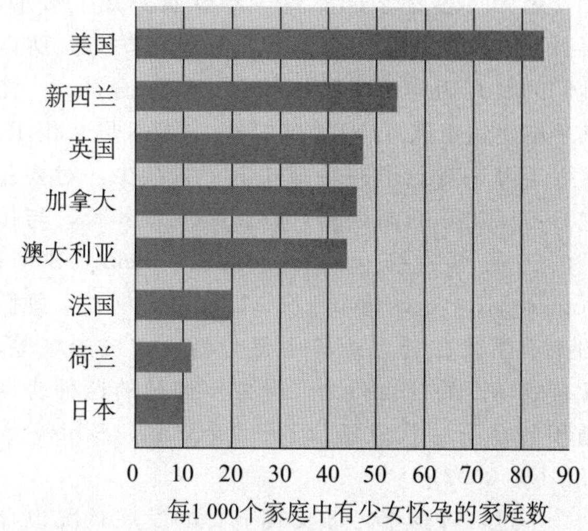

图 11.6　八个工业化国家中 15～19 岁青少年的怀孕率

美国青少年的怀孕率最高。加拿大大约为美国的一半，但比大多其他西欧国家和日本高得多。

资料来源：Alan Guttmacher Institute，2001；Singh & Darroch，2000.

在婴儿出生后，青少年的生活至少在三个方面出现了恶化：

- *受教育程度*。18 岁以前生育降低了完成中学学习的可能性。相比于 95%的能够从中学毕业、将来做母亲的同学，只有 70%的美国青少年母亲能够毕业（U. S Department of Education，2005a）。
- *婚姻状况*。青少年母亲的身份降低了结婚的可能性。即使结婚，她们也比那些晚生育的同龄人更可能离婚（Moore et al.，1993）。因此，青少年母亲大多数时间是以单亲母亲的方式度日。
- *经济境况*。由于低水平的教育，婚姻不稳定，再加上贫穷，很多青少年母亲都靠社会福利生活。即使被雇用，她们有限的受教育程度使她们只能干不愿意干的低收入工作。通常她们收入太少，不足以给孩子提供基本的生活用品。据估计，50%的未婚母亲有违法行为，有的被关押（Elfenbein & Felice，2003）。

因为许多怀孕的女青少年饮食不足，吸烟，喝酒，吸毒，而且不能得到早期产前护理，所以她们的婴儿通常都经历产前和产期综合征——尤其是出生体重低（Dell，2001）。与成人母亲相比，青少年母亲对孩子的发育知识了解甚少，对婴儿
378 抱有不切实际的高期望，感到婴儿难养育，与孩子的沟通不顺畅（Moore & Florsheim，2001；Pomerleau，Scuccimarri & Malcuit，2003）。她们的孩子往往在智力测验中得分低，在校成绩差，常有破坏性的社会行为。青少年怀孕的这种恶性循环会在下一代重演（Brooks-Gunn，Schley & Hardy，2002）。

不过，青少年父母及其子女的发展状况也存在差异。如果她们能从中学毕业，不要再多生孩子，能找一个稳定的婚姻伴侣，那么她自己和孩子发展过程中受到的长期破坏性将明显减弱。

早期成为父母会把持久的困难加在他们本人和孩子两代人身上。如果有一个富于爱心的父亲，父母之间出有稳定的伴侣关系，将能够改善年轻家庭的状况。

（2）预防策略

预防青少年怀孕，首先要找出早期性行为和缺乏避孕措施背后的影响因素。目前，性教育课程开设晚（在性行为开始之后），持续的时间短，而且只限于有关解剖和生殖的一些知识。超出这种最低限度的性教育，并不会像一些反对者所说的那样，会鼓励早期性行为（Kirby，2002c）。它确实能提高青少年对性的意识——这些知识对负责任的性行为是必需的。

但是，仅有知识还不够，性教育还必须帮助青少年在他们的知识和行为之间架起一座桥梁。现在，更有效的性教育项目包括以下几个要素：

- 通过有新意的讨论和角色扮演方法，教给他们处理性问题的技巧；
- 对还没有进入性活跃期的青少年，强调节欲的好处；
- 提供避孕用具的知识教育以及获取避孕用具的途径。

研究表明，这样的性教育能够推迟性行为，增加避孕用具的使用，并降低怀孕率（Kirby，2002b）。

增加避孕用具的供给，是预防青少年怀孕中有争议的一个问题。很多成人认为，把避孕药物和避孕套交给青少年，就等于认可早期性行为。但是评估结果显示，仅仅关注节欲只能在那些还没性经验的青少年中预防性行为；对已有性经验的青少年是无效的（Aten et al.，2002；DiCenso et al.，2002）。在加拿大和西欧，社区和学校的诊所里都提供避孕用具，普通健康保险也可帮助青少年购买避孕用具，在这种情况下，青少年的性行为并不比美国多，而且怀孕、分娩、流产的比率较低（Alan Guttmacher Institute，2001）。

在预防青少年怀孕和成为父母方面，我们的努力不能仅限于改进性教育，还要培养青少年的社交能力。有人在一项研究中，把处于危险中的中学生随机分配到两组中，一组是参加社会服务的“超越青少年”（Teen Outreach）组，一组分配到接受健康和社会研究的常规班中，实验时间为一年。在“超越青少年”组，青少年每周参加20个小时适合其兴趣的义务劳动。他们回到学校后开展讨论，内容是怎样增强社会服务技能，怎样提高应对日常生活挑战的能力。学年末，“超越青少年”组中，怀孕、学习失败和辍学的人数比另一组明显低，这个小组培养了他们的社交技能，促进了他们与社会的联系，并提高了他们的自尊（Allen et al.，1997）。

那些对未来有抱负的青少年，不可能从事过早的、不负责任的性行为。通过加强普通和职业教育，扩大就业，社会就能鼓励年轻人推

迟生育。

（3）对青少年父母进行干预

对青少年成为父母这个问题，最困难、花费最大的处理方式是消极等待事情发生。年轻的父母们需要健康护理，他们要继续上学，参加就业训练、养育指导和管理家庭生活的技能，以及高质量的、能负担得起的儿童养育。能提供这些服务的学校可减少出生低体重婴儿的发生率，增加教育成功率，并且防止额外生育（Barnet et al.，2004；Seitz & Apfel，1993，1994）。

青少年父母还会受益于关心他们的成长需求的家庭成员和其他成人。当年龄稍长的青少年母亲在亲戚们的帮助下有了自己的住处后，她们表现出更有效的养育行为，这种安排使青少年获得了一种自主与别人帮助之间的平衡（East & Felice，1996）。在一项研究中，那些拥有长期的“师傅”关系——提供情感支持和指导的姨妈、邻居或老师——的青少年母亲，继续上学并且毕业的可能性远远大于那些没有师傅的人（Klaw，Rhodes & Fitzgerald，2003）。

379 对青少年父亲的教育项目则努力增加他们对婴儿的经济和情感投入。近一半的年轻父亲会在出生后的最初几年看望孩子，但是这种接触一般会逐渐减少。由法律来确认父子关系和儿童赡养责任，处理好精神健康问题，帮助父亲在经济上自立，提供养育技能训练，这些干预措施可以增加青少年父亲的责任感（Smith，Buzi & Weinman，2002）。能从孩子父亲那里获得经济资助、照看孩子的帮助以及情感支持的青少年母亲的忧虑较轻，更可能与孩子生父保持联系（Cutrona et al.，1998；Gee & Rhodes，2003）。良好的母—父关系能够预测，在儿童养育、更温暖更有刺激性的父子交流方面，父亲投入会更多。与青少年父亲拥有持久关系的婴儿显示出更好的长期适应（Florsheim & Smith，2005；Furstenberg & Harris，1993）。

6. 致瘾物的吸食和过度吸食

14岁时，路易斯在家里只有他一个人时，从叔叔的包里拿出一些烟抽了。在一次没有成人监督的晚会上，他和凯茜喝了几听啤酒，因为其他人都喝了。路易斯几乎没有为这些经验付出身体上的代价。他是一个好学生，受同伴喜爱，和父母关系也不错。他不需要用药物来逃避日常生活。但是他知道有些同学跟他不一样，他们吸烟，喝酒，吸食更剧烈的致瘾物，并且上瘾了。

在工业化国家，青少年饮酒和吸烟比较普遍。据一项最对美国中学生的全国性调查，截至到十年级，有40%的美国青少年吸过烟，63%的人喝过酒，38%的人尝试过至少一种非法毒品（大麻为多）。到中学毕业时，14%的人会定期吸烟，28%的人在过去两周内有酗酒行为，超过50%的人尝试过非法毒品。约27%的人尝试过至少一种具有高度成瘾性和毒性的物质，例如安非他明、古柯碱、苯环已哌啶（PCP）、摇头丸（MDMA）、吸入剂或海洛因。加拿大青少年饮酒和吸毒的概率与此相似（Statistics Canada，2003d；U. S. Department of Health and Human Services，2005l）。

这些数字显示，自20世纪90年代中期以来，青少年吸毒有明显下降，原因可能是父母、学校和媒体更加关注吸毒的危险。但是，使用致瘾物的人数在青少年期还是随年龄上升的。为什么有那么多青少年甘冒毒品给健康带来的危险呢？部分原因是，吸食毒品反映了近年来青少年寻求刺激的倾向。青少年生活在毒品依赖的文化背景中。他们看到成人早晨喝咖来提神，用吸烟来应付生活中的烦恼，晚上用喝酒来获得平静，还用其他药物来减轻压力、抑郁和疾病。与一二十年前相比，现在的医生给人们开的药更多，父母们也经常寻求药物治疗，来解决孩子的问题（Brody，2006）。当这些孩子们进入青少年期后，面临压力，他们也可能自已用药。此外，大量的烟草和酒的广告也是专门用来吸引年轻人的。超过90%的青少年看过这样的广告，其中多数人都说广告影响了他们的饮酒行为（Alcohol Concern，2004）。

沾染了烟酒和大麻的青少年，其中大多数人并没有深陷其中，颓废沉迷。相反，这些小量的尝试者都是心理健康、友善而富有好奇心的青年（Shedler & Block，1990）。图11.7显示，欧洲青少年沾染烟酒者比美国青少年高很多，这或许是因为欧洲的成人吸烟喝酒更多。相反，吸毒在美国青少年中更多（Hibell，2001）。美国年轻人生活在贫困中的比率较大，这与吸毒的家庭和同伴背景有关。吸食各种毒品的比率，非洲裔美国人低于西班牙裔和白人；美国原住民和加拿大原住民青年在吸食毒品上排名最高（van der Woerd & Cox，2001；Wallace et al.，2003）。研究者还未对这些差异做出解释。

青少年不论吸食何种毒品，我们都不可掉以轻心。因为大多数毒品都会削弱感知觉和思维过程，一次性大剂量吸毒会导致永久性的损伤或死亡。一小部分青少年会从轻微吸食过渡到过度吸食，即定期吸毒，不断增加剂量来达到同样的效果，并逐渐转向更烈性的毒品，使用的剂量足以损伤他们应对学习、工作或承担其他责任的能力。

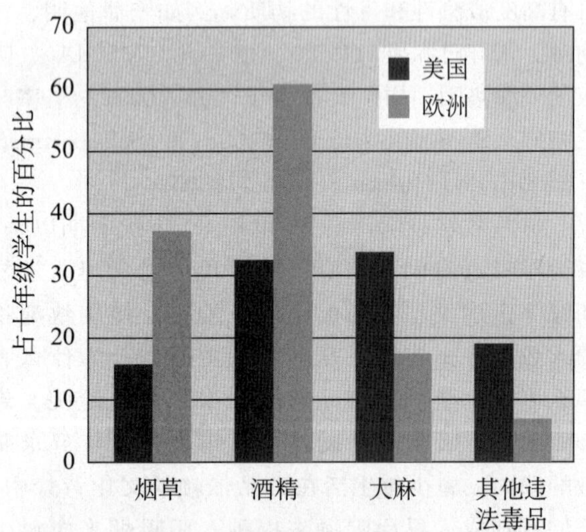

图 11.7　美国和欧洲吸食过多种毒品的十年级学生

吸烟与喝酒指在过去30天中有过任何一种的行为。吸食大麻和其他毒品指过去任何一次吸食行为。烟酒方面，欧洲青少年较高，而美国青少年吸毒者较多。

资料来源：Hibell，2001；U. S. Department of Health and Human Services，2005l.

（1）青少年滥用致瘾物的相关因素和后果

380 与少量尝试者相比，毒品滥用者往往是非常苦恼的年轻人，他们用反社会行为来表达不满。他们的冲动、破坏行为在幼儿期就已显现。与其他年轻人相比，他们吸食毒品开始得较早，而且可能有遗传原因（Chassin & Ritter，2001；Silberg et al.，2003）。大环境因素也促进了这种行为的发生。例如低社会阶层，家人有心理问题，父母、哥哥姐姐吸毒，缺少父母关心和监控，遭受生理和性虐待，学习成绩差等等。在家庭有问题的青少年中，同伴鼓励其吸毒并告诉他们怎样获得毒品，会增加吸毒行为（Prinstein，Boergers & Spirito，2001）。

青少年吸食致瘾物通常导致终生后果。当青少年只能靠喝酒和吸毒来应对生活压力时，他们就无法学会负责任的决策技能和其他应对技能。这些人有严重的适应问题，他们会长期焦虑、抑郁，做出反社会行为，这既是大量吸毒的原因，也是其结果（Simons-Morton & Haynie，2003）。他们还可能过早地结婚，生孩子，参加工作，并且在这些方面一事无成，这些尴尬的结果会导致进一步的上瘾行为。

（2）预防和治疗

在一些学校和社区开展的项目采用以下方法减少了青少年尝试吸毒行为（Cuijpers，2002）：

- 提高教育的效力，对青少年的活动加以监控；
- 教给青少年怎样抵制不良同伴的压力；
- 宣传毒品对健康和安全的危险，降低青少年对毒品的接受性；
- 让青少年承诺不沾染毒品。

但是有些吸毒行为似乎难以避免。因此，必须进行如下的干预：对青少年加强毒品危险性的知识教育，防止他们因吸毒而伤害自己和他人。一些社区开展了周末接送服务，任何年轻人只要打一个电话，就有车来接他们安全回家，不问他们任何问题。

因为毒品的过度吸食与偶尔吸食有不同的根源，所以需要不同的预防措施。一种方法是，当孩子的年龄到可能沾染毒品之前，及早地与父母合作，防止家庭灾难，并提高教育能力（Kumpfer & Alvarado，2003）。教给处在危险中的青少年各种防范策略，以应对生活压力的项目，或通过社区服务来增强抵抗力的项目，都能减少饮酒和吸毒，也能减少青少年怀孕。

当一个青少年变为毒品滥用者后，通常需要家庭治疗和个体治疗，来解决其消极的亲子关系、冲动性、低自尊、焦虑和抑郁等问题。旨在提高生活成就的学习和职业训练也有效果。但是即使计划很全面，复发率仍很高（Cornelius et al.，2003）。有人提出建议，采用以减少吸毒行为为目的的帮助小组，分阶段逐步开展治疗（Myers et al.，2001）。通过强化训练，可适度增强青少年彻底远离毒品的动机。

思考题

复习 比较神经性贪食症和神经性厌食症二者的危险因素。对这两种障碍来说，治疗与结果有何不同？

应用 当 17 岁的维洛尼卡生下伯恩后，父母告诉她家里没地方给婴儿住。维洛尼卡辍学了，搬去和男朋友同居。几个月后，男朋友出走了。为什么维洛尼卡和伯恩很可能经历长期的困难？

联结 从事过早过频性行为的青少年与滥用毒品的青少年，在不利的生活经验方面有什么共同之处？

反思 描述一下你在同伴压力下尝试喝酒和吸毒的经历。什么因素影响了你的这种行为？

第二部分 认知发展

12 月中旬的一个晚上，弗兰卡和安东尼奥的大儿子儒勒回来了，他是大学二年级学生，正值秋季学期结束，他回家度假了。一家人围在厨房的餐桌旁。“一切过得怎么样，儒勒？”安东尼奥递过来几片苹果馅饼，问道。

“怎么说呢，物理和哲学真让人摸不着头脑。”儒勒兴奋地说，“最后几周我们的物理教授讲了爱因斯坦的相对论。我觉得困惑，这个理论是反直觉的，令人难以置信。”

“反……什么？”11 岁的萨布琳娜问道。

“反直觉。不像你平时想的那样。”儒勒解释道，“想象一下你坐在火车里，速度快得难以置信，每秒 30 万公里。火车跑得越快，越接近光速，时间过得越慢，而地上的物体会越重，密度越大。这个理论彻底改变了我们对时间、空间和物质乃至整个宇宙的思维方式。”

萨布琳娜皱着眉头，听不懂儒勒非现实世界的推理。“当我心烦的时候，比如现在，时间变慢了，而不是在火车上，或是在我正去一个让人兴奋的地方时。从来没有哪个超速行驶的列车把我
381 变重，但是这个苹果馅饼会，如果我再多吃一点的话。”萨布琳娜说完就离开了饭桌。

16 岁的路易斯反应不同：“太酷了，儒勒，那你们的哲学课都学了什么？”

“我们上的是科学哲学。我们学习了未来人类生殖方法的伦理。比如，我们从正反两方面讨论了，将来能不能把所有的胚胎都放在人造子宫里发育。”

“你是什么意思？”路易斯问，“要在实验室里造出一个婴儿吗？”

“是的，我这学期写的论文就是这个话题。我必须根据公正和自由的原则对其做出评价。我觉得其中有一些好处，但是也有很多危险……”

这些谈话反映出，青少年期带来了推理能力的巨大进步。11 岁的萨布琳娜觉得自己很难超越直接经验，面向一个具有各种可能性的世界。在以后的几年里，她的思维将会像她哥哥那样，呈现出认知的复杂性。儒勒能同时想到多个变量，思考真实世界中不容易觉察到或根本不存在的情境。因此，他能够理解复杂的科学和数学原理，并且关心社会和政治问题。与小学生相比，青少年的思维更富于洞察力、想象力，也更理性。

对青少年认知发展的系统研究始于对皮亚杰理论的检验（Keating，2004）。最近，信息加工理论大大增进了我们的理解。

一、皮亚杰的理论：形式运算阶段

皮亚杰认为，儿童在 11 岁左右进入**形式运算阶段**（formal operational stage），此时他们形成了抽象的、系统的、科学的思维能力。具体运算阶段的儿童只能“对现实进行运算”，形式运算阶段

的青少年可以“对运算进行运算”。换句话说，他们不再需要凭借具体的事物和事件来思考。相反，通过内部反思，他们能够提出新的、更一般性的逻辑规则（Inhelder & Piaget，1955/1958）。形式运算有以下两个主要特征。

1. 假设—演绎推理

皮亚杰认为，青少年能进行**假设—演绎推理**（hypothetico-deductive reasoning）。面对问题时，他们先提出假设，或者说对可能影响结果的变量做出预测。然后根据假设做出合乎逻辑的、可以检验的推论，然后把几个变量加以分离及合并，查明哪些推论可以在真实世界中得到证实。这种解决问题的形式是先从可能性入手，再进入现实的。相反，具体运算阶段的儿童则是先从现实入手，利用的是关于情境的最明显的预测。如果这些预测没有得到证实，他们一般就想不出其他办法，问题也就不能得到解决。

青少年在皮亚杰著名的钟摆问题上的表现说明了这种推理方法。假设给几个小学生和中学生看几条长度不同的绳子，绳子一端系上的重量不同的物体，以及一根可以悬挂绳子的木棒（见图11.8）。然后让他们判断，什么因素会影响钟摆的摆动速度。

形式运算阶段的青少年假设，有四个变量可能会有影响：一是绳子的长度；二是悬挂物体的重量；三是物体被提起的高度；四是推动物体摆动时用力的大小。然后，他们一个一个地检验每一个变量，必要时把几个变量一起检验，最终发现，只有绳子的长度会影响摆动速度。

具体运算阶段的儿童不能把每个变量分别检验。他们可能在对物体重量不加控制的情况下检验绳子长度的作用，例如，把一个短而轻的钟摆和一个长而重的钟摆作比较。而且，他们大多不能注意到绳子和钟摆未能直接提示的变量——松开钟摆时的高度和推动钟摆时用力的大小。

2. 命题思维

皮亚杰形式运算阶段的第二个重要特征是**命题思维**（propositional thought）——青少年不需要参照真实世界中的情境就能够判断命题（语言论断）的逻辑性。相反，儿童只有把命题与真实世界的具体证据对比，才能判断该论断的逻辑性。

382 在一个命题推理研究中，研究者给儿童和青

图 11.8 皮亚杰的钟摆问题

进行假设—演绎推理的青少年考虑了可能影响钟摆摆动速度的多个变量。然后他们逐个检验每个变量，或对两三个变量合起来同时检验。最终他们推论出，钟摆重量、松开钟摆的高度和推动钟摆的力度都不影响钟摆的摆动速度，只有绳子的长度起作用。

少年一些扑克牌，问他们关于扑克牌的论断是正确、错误，还是不确定（Osherson & Markman，1975）。在第一种情境中，研究者把一张牌藏在手中，并给出以下命题：

“我手中的牌要么是绿的，要么不是绿的。”

“我手中的牌是绿的，并且它不是绿的。”

在第二种情境中，实验者把一张红的或绿的扑克牌拿在手里给他们看过后，也作了同样的论断。

儿童注意的是扑克牌的具体属性。第一种情境，他们回答两个论断都不确定。第二种情境，他们说，如果牌是绿的，那么两个论断都对，如果牌是红的，两个都错。相反，青少年分析了该论断的逻辑。他们懂得，不论扑克牌的颜色如何，“要么……要么……”论断总是对的，而“并且”论断总是错的。

皮亚杰虽然认为语言在儿童的认知发展中不起决定作用（见第7章），但是他承认，语言在青少年期变得重要。形式运算需要的是并不代表真实物体的、以语言为主的符号系统和其他符号系统，如高等数学中的符号系统。中学生在学习代数和几何时就是用这样的系统。形式运算思维还包括对抽象概念的言语推理。当儒勒在思考物理学中时间、空间和物体的关系，以及哲学中的公正和自由问题时，就显示出他具有了这种思维方式。

在皮亚杰所说的形式运算阶段，青少年进行假设—演绎推理。根据假设做出可以检验的推论，然后系统化地分离及合并变量，以查明哪些推论可以被证实，通过这些步骤，这些中学生解决了一个复杂的科学问题。

3. 形式运算思维的后续研究

和皮亚杰提出的认知发展的前三个阶段一样，对形式运算思维的研究，也有研究者提出了类似的问题：形式运算思维的出现是否比皮亚杰所预期的更早？所有的人都能在青少年期达到形式运算水平吗？

（1）儿童能进行假设—演绎推理和命题思维吗？

小学生虽然没有青少年能力强，但是他们也隐约显示出了假设—演绎推理的能力。假如把情境简化，使自变量不多于两个，6 岁的儿童就知道，假设必须用恰当的证据来证实（Ruffman et al.，1993）。但是他们不能找出同时包含三个及以上变量的证据。信息加工研究发现，儿童在解释为什么一种观察会支持一个假设时有困难，虽然他们意识到二者之间有联系。

再说命题思维，当一组简单的前提与真实世界中的知识相矛盾时（所有的猫都像狗一样汪汪叫，雷克斯是一只猫，它会像狗一样叫吗?），4～6 岁的儿童能够在假装游戏中做出逻辑推理。在解释他们的回答时，他们会说："我们可以假装一只猫像狗一样叫啊！"（Dias & Harris，1998，1990）但是如果使用口头语言方式，儿童要对与现实或自己的知识相矛盾的前提进行推理，就有很大困难。

来看下面的陈述："如果狗比象大，象比老鼠大，那么狗就比老鼠大。" 10 岁以下的儿童判断说这个推理是错误的，因为句子中所说的事情实际都不存在（Moshman & Franks，1986；Pillow，2002）。他们自动化地把已掌握的知识（象比狗大）提取出来，对前提加以质疑。儿童比青少年更难以抑制这样的知识（Klaczynski，Schuneman & Daniel，2004；Simoneau & Markovits，2003）。部分地由于该原因，他们不能掌握命题推理的*逻辑必然性*——结论的正确性来自建立在逻辑规则基础上的前提，而不是它能否在真实世界中得到证实。

说到假设—演绎推理，刚进入青少年期的学生就能对命题中的逻辑进行分析，而不管其内容如何。稍后，他们会用更复杂的心理操作来处理问题。在论证自己的推理时，他们常常能解释所依据的逻辑规则（Müller，Overton & Reese，2001；Venet & Markovits，2001）。但是这些能力并不是在青少年期到来时突然出现，而是从儿童期开始逐渐获得的，这一结论对青少年期出现了一个与前一阶段有质的不同的认知发展新阶段的观点提出了质疑（Keating，2004；Kuhn & Franklin，2006；Moshman，2005）。

（2）所有人都能达到形式运算阶段吗？

如果拿一两个形式运算的题目考考你周围的朋友，他们做得怎样？即使受过良好教育的成人，在进行这种推理时也存在困难。很多人不会做假设—演绎推理，在前提与真实情况不符时，进行推理也有困难（Keating，1979；Markovits & Vachon，1990）。

为什么很多成人不是完全意义上的形式运算 *383*
者？一种原因是，人们最有可能在他们经验丰富的情境里进行抽象、系统的思维。这个结论已被证实，即学习大学课程导致了与课程内容有关的形式推理能力的提高。例如，数学和科学课可以培养命题思维能力，而社会科学课程则可促进统计推理能力（Lehman & Nisbett，1990）。这些结果说明，形势运算像具体运算一样，也服从于具体情境和任务（Keating，1990，2004）。

很多乡村和部落社会的人们根本就不具备形式运算能力（Cole，1990）。虽然皮亚杰也承认，当没有机会解决假设性问题时，某些社会中的人们可能不会做形式运算。但这些发现还是对皮亚杰理论中的阶段顺序提出了质疑。形式运算思维真的像皮亚杰所说的那样，主要产生于儿童和青少年为了理解周围世界而做出的自主努力吗？或者，它是一种由文化来传递的思维方式？这种思维方式是否只能在文明社会的学校里被传授？儿童是怎样过渡到形式运算思维的？这些问题促使很多研究者转向信息加工观点。

二、青少年认知发展的信息加工观点

信息加工理论家提出了被大脑发育和实际经验支持的多种机制，它们构成了青少年期认知发展的基础。这些机制在前面章节里曾经讲过（Case，1998；Kuhn & Franklin，2006；Luna et al.，2004）。下面说说它们在青少年期的变化：

● 注意更有选择性（集中在相关的信息上），并能更好地适应不断变化的任务需求。

● 抑制能力，指压抑在当前情况下不适合出现的信息的能力，有时要压抑无关刺激，有时要压抑已熟练掌握但现在无用的东西，这一能力在青少年期大大改善，并促进了注意力和推理能力。

● 策略更有效，使信息存储、表征和提取更有效。

● 知识扩充了，使策略的使用更方便。

● 元认知能力（对思维的反思）发展了，导致对信息获取和问题解决之有效策略有新的领悟。

● 认知自我调节提高了，导致更好地对思维进行连续的监控、评价和转向。

● 思维速度和加工能力提高了，结果，工作记忆可同时处理更多信息，并将其融入更复杂、有效的表征中，思维速度和加工能力的增强使前面所列的各种能力的“发展成为可能”，同时，它又是前述各种能力发展的结果。（Demetriou et al.，2002，p. 97）

当我们从信息加工的观点来看一些有影响力的研究结果时，会发现青少年行为变化的一些机制。我们还会发现，很多研究者把这些机制中的一种，即元认知，看作青少年认知发展的核心。

1. 科学推理：用证据调整理论

在体育课上小憩时，萨布琳娜有些纳闷，为什么当她使用某个品牌的网球时，她的发球和接球都能过网并落在对方的场地内：“是因为颜色或者大小，还是因为表面质地，而影响了球的弹性？”

科学推理的核心是靠证据来调整理论。迪安娜·库恩（Deanna Kuhn，2002）对科学推理的发展进行了扩展性研究，研究中采用了类似于皮亚杰任务的问题，可能影响结果的变量有好几个。在一项系列研究中，向三年级、六年级、九年级学生和成人提供了证据，这些证据有的与理论相符，有的与理论不符。然后问他们每个理论的正确性。

例如，向被试提出一个像萨布琳娜遇到的问题。让被试判断，网球的几个特征——尺码（大小）、颜色（深浅）、质地（粗糙或光滑）、有无褶皱，其中的哪个特征影响了运动员发球的质量。然后告诉他们：根据S先生/女士的理论，球的尺码最重要，根据C先生/女士的理论，球的颜色最重要。最后，研究者给被试呈现证据，把带有一定特征的球放在两个篮子里，一个标有“好的发球”，一个标有“差的发球”（见图11.9）。

结果发现，三年级被试常常忽略冲突的证据，或者用他们偏好的理论来扭曲该证据。小学生不是把证据看作是独立于理论并支持理论的，而是把二者归于“事物存在方式”的同一个表征中。在复杂、多变量的情境中，把理论与证据区别开，并用逻辑规则考察它们之间的关系，这种能力，从儿童期到青少年期是和成年期逐步发展的（Kuhn & Dean，2004；Kuhn & Pearsall，2000）。

2. 科学推理的发展

是什么因素使青少年能用证据来调整理论？首先，要把一个理论和几个变量的影响同时作比较，就需要有较大的工作记忆容量。其次，推动青少年进步的，是他们接触到越来越复杂的问题和教学指导，在学习中教师会强调任务
的关键点和有效的解决方法。科学推理受到多 384
年学校教育的很大影响，使青少年不但能解决典型的科学问题（如网球问题），还能进行非正式的推理，例如，什么因素导致了儿童的学习成绩不良（Kuhn，1993）。

研究者认为，复杂的元认知理解力是科学推

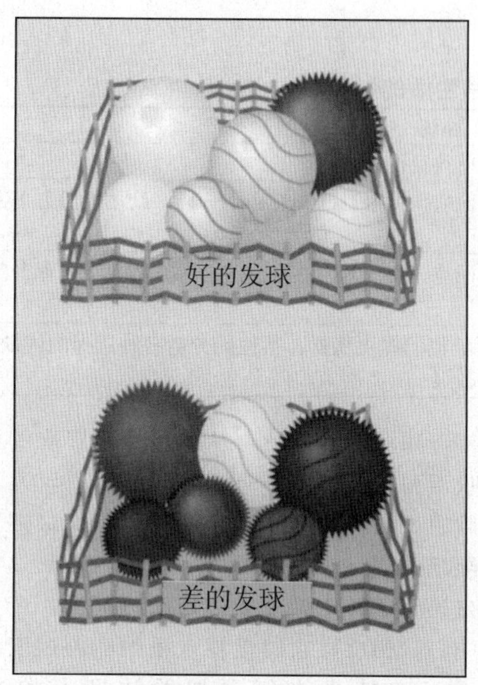

图 11.9　这些网球特征——尺码、颜色、质地、有无褶皱，其中哪些会影响运动员的发球质量

这组证据表明颜色可能最重要，因为浅色球大多在“好的发球”一篮里，深色球大多在“差的发球”一篮里。但质地也可能最重要，“好的发球”一篮里多数是表面光滑的，而“差的发球”一篮里多数是表面粗糙的。既然所有浅色的球都是光滑的，所有深色的球都是粗糙的，就不能区分出，究竟是颜色还是质地起作用。但是可以得出尺码和有无褶皱并不重要的结论，因为尺码和有无褶皱两个特征都平均地出现在两个篮子中。

资料来源：Kuhn，Amsel & O'Loughlin，1998.

理的核心（Kuhn，1999；Moshman，1999）。当青少年在连续几个星期内有规律地把理论和证据加以比照后，他们会尝试各种方法，反思并修正理论，最终认识到其中的内在逻辑。随着时间推移，他们会把对逻辑性的判断应用到其他情境中。思考理论、有意识地分离变量，并主动寻求反面证据的能力不大可能在青少年期之前出现（Kuhn，2000；Moshman，1998）。

青少年和成人在科学推理技能上存在很大差异。很多人表现出一种自偏误（self-serving bias），他们把逻辑推理用到自己怀疑的理论比用到赞成的理论上更有效（Klaczynski，1997；Klaczynski & Narasimham，1998）。科学地进行推理需要元认知能力来判断某人的客观性，必须公正而不能出现自偏误（Moshman，1999）。第 12 章还要讲到，这种灵活、开放的方法不仅是一种认知进步，而且也是一种人格倾向，它在形成同一性和道德发展方面对青少年大有助益。

在不同类型的任务上，青少年都是以相似的、按部就班的方式形成其科学推理技能的。在一个系列研究中，给 10～20 岁的儿童和青少年分配不同难度的多组任务。例如，一组是与数量有关的任务，如图 11.8 中的钟摆问题。另一组是命题任务，如扑克牌问题。还有一组是因果关系问题，如图 11.9 中的网球问题（Demetriou et al.，1993，1996，2002）。

在各种类型的任务中，通过元认知训练，青少年都按照顺序掌握了技能的各个成分。例如，在因果关系任务中，他们先意识到可能影响结果的多个变量。这使他们能明确说出假设并进行检验。随着时间推移，青少年把各种分离的技能整合为一个流畅的机能系统，构造出一个通用的模型，他们能把它应用到很多类型的问题上。用研究者的话来说，青少年似乎形成了一个“超认知系统”，或者说超系统，它能理解、组织并影响认知的其他方面（Demetriou & Kazi，2001）。

皮亚杰曾提到“对运算的运算”，他也强调元认知在形式运算思维中的作用。但是，信息加工的研究结果证实，科学推理并不是突然的、飞跃式变化的结果。它是由很多特定的经验积累而成的，这些经验需要儿童和青少年把理论与证据进行比对，并反思和评估他们的思维过程。

三、青少年认知发展的结果

日益复杂、有效的思维发展导致了青少年在看待自己、他人和周围世界的方式上，出现了显著变化。但是就像青少年因身体发育的巨变而偶遇尴尬一样，他们在抽象思维方面起初也会步履蹒跚，磕磕碰碰。青少年的自我关注、理想主义、批判主义以及优柔寡断经常让成人困扰和担忧，但是从长远来看它们是有益的。下面的“学以致用”表对此提出了一些建议，可以帮助应对青少年新形成的认知能力对日常生活的影响。

学以致用　　应对青少年新认知能力对日常生活的影响

思维表现	建议
对公众批评敏感	不要当面挑青少年的错。如果问题重要，就单独跟他谈。
夸张的个人独特感	承认青少年独特的地方。选适当的时机告诉他应该觉得自己和前几年一样，鼓励他们更平衡地看自己。
理想主义和批判主义	对青少年的远大志向和挑剔的评论做出耐心回应。指出其内心目标的好的方面，帮助青少年理解所有的社会和个人都既有优点也有缺点。
难于做决定	不要替青少年做决定。在做出有效决策方面给他们提供榜样，帮他们分析各种选择的优缺点、各种可能的结果以及怎样从错误选择中吸取教训。

1. 自我意识和自我关注

青少年反思自己思维能力的提高，与正在经历的生理和心理变化结合在一起，使他们开始更多地思考自己。皮亚杰认为，青少年期出现了一种新式的自我中心，他们在把自己的观点与别人的观点相区分时，再次遇到困难（Inhelder & Piaget，1955/1958）。皮亚杰的一些追随者认为，青少年出现了两种对自我和他人关系的扭曲的想象。

第一种称为**假想观众**（imaginary audience），
385 青少年相信自己是别人注意和关心的焦点（Elkind & Bowen，1979），这使他们变得很害羞，常常尽力避免尴尬处境。例如，萨布琳娜在一个周日早晨醒来后，下巴长了一个大粉刺。"我不能去教堂了!"她大叫道，"大家都会看到我有多难看。"假想观众有助于我们理解，为什么青少年会花好长时间来检查自己外表的每个细节。它也能说明青少年对公众批评的敏感性。对那些相信每一个人都在看着自己的青少年来说，父母或老师的批评会让他们感到屈辱。

另一种认知扭曲是**个人神话**（personal fable）。因为青少年相信别人都在看着他们、评价他们，使他们夸大了自己的重要性。他们开始感觉自己是特殊的、唯一的。很多青少年有时认为自己到达了荣誉的高峰，有时又跌进绝望的深渊，他们认为这些经验是别人所不能理解的（Elkind，1994）。一个女孩日记中写道："我父母的生活那么普通，那么墨守成规。我的生活会不一样。我知道自己的希望和抱负。"当与寻求刺激的个性特征结合在一起时，个人神话似乎使青少年相信自己不易受到伤害，而刺激了他们的冒险行为。在一项研究中，个人神话和感觉寻求得分都较高的青少年，和同龄人相比，从事了更多冒险的性行为、吸毒和违法行为（Greene et al.，2000）。

假想观众和个人神话在青少年早期最强，之后逐渐减弱（Lapsley et al.，1988）。但是这些歪曲的自我想象并不像皮亚杰所说的那样，产生于自我中心。相反，它们是观点采纳能力过度增强的结果，它使青少年更加关注别人的看法（Vartanian & Powlishta，1996）。当问青少年为什么担心别人的看法时，他们回答说因为别人的评价对自尊、同伴接纳和社会支持有重要意义（Bell & Bromnick，2003）。青少年坚信别人会关心他们的外表和行为，也有情感原因。这样做可以使他们在努力摆脱父母并建立独立的自我意识时，维持住一些重要的关系（Vartanian，1997）。

这些青少年正在照相机前作秀，假想观众感使他们认为，在别的时候，大家也都在看着自己。这使青少年害怕难为情，并尽力避免尴尬处境。

2. 理想主义和批判主义

青少年思考多种可能性的能力给他们打开了一个理想与完美的世界。青少年可以想象出不同的家庭、宗教、政治和道德系统，并且想探索它们。结果，他们经常构想出一幅壮观的完美世界图景——没有偏见，没有歧视，也没有庸俗的行为。成人和青少年世界观的差异，即所谓“代沟”，常会导致亲子关系紧张。当意识到自己真实
386 的父母和兄弟姐妹与完美家庭不符时，青少年变成了爱挑剔的评论家。

不过，青少年的理想主义和批判主义还是有好处的。一旦青少年理解了别人既有优点也有缺点，他们就会以更强的能力为社会变化做出建设性的工作，并形成积极而持久的人际关系（Elkind，1994）。

3. 决策

虽然青少年在解决许多认知问题时比儿童时期更有效，但他们做决策时缺乏以下的理性思考：一是辨别每一种选择的正反两种论点；二是评价各种结果的可能性；三是根据能否达到目标来评价自己的选择；四是从错误中接受教训并在未来做出更好的决定。在一项有关决策的研究中，向青少年和成人呈现一些假定的两难选择，例如是否做整容手术，父母离婚后跟父亲还是母亲一起生活，然后让他们解释怎样做决定。结果成人比青少年做得好，他们能考虑更多选项，权衡每种选择的优劣，并寻求建议（Halpern-Felsher & Cauffman 2001）。

此外，在做决定时，青少年比成人更多地后退到已形成的直觉判断中（Jacobs & Klaczynski，2002）。来看一个假设性问题，你必须根据两种理由，在参加传统授课与计算机辅助课程中做出选择。一个理由来自一项较大样本的调查：根据 150 个学生做出的课程评价，其中 85%的人喜欢计算机辅助课程。另一个理由来自小样本的个人报告：两个优等生抱怨说他们憎恨计算机课程，喜欢传统课程。很多青少年知道，选择大样本的理由“更明智”。即便如此，多数人还是把自己的选择建立在小样本基础上，它类似于日常生活中他们所依赖的非正式的观点（Klaczynski，2001）。

为什么决策对青少年具有挑战性呢？因为在很多事情上初次涉足，他们缺乏足够的知识来预测可能的结果。他们还面临着很多带有竞争性目标的复杂情境，例如，怎样在晚会上既能维护自己在大家心目中的威望，又不能喝醉。另外，青少年还感到，形形色色、无穷无尽的选择好像要把他们淹没，如关于学校课程、课外活动、社会事件和各种商品，等等。结果，他们只得放弃努力，退而求其次，凭着习惯或一时冲动做出选择，或者推迟做决定。

鼓励青少年做一些逻辑思考，有助于增强他们做出理性抉择的能力（Klaczynski，2001）。随着时光流逝，他们从成功和失败中吸取经验教训，并对自己的决策做出反思后，做决策的信心和效果都会改进（Byrnes，2003；Jacobs & Klaczynski，2002）。不过，即使成年人，也普遍存在着决策错误。

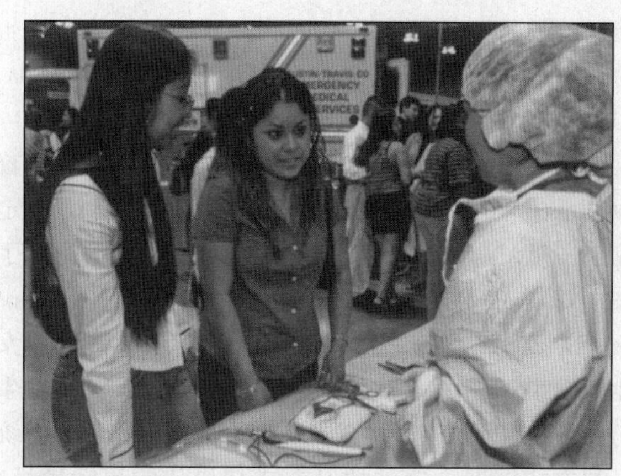

这些中学生在一个春季职业交流会上与未来的雇主交谈。决策对青少年来说是一件难事，他们常感到被无穷无尽的选择淹没。

思考题

复习 皮亚杰认为，青少年期存在一个新的、独立的认知发展阶段，说说与这种观点不同的研究结果。

应用 13 岁的罗茜喜欢上一个对她没有做出回应的男孩。当妈妈向她保证，一定还会有别的男孩时，罗茜叫道：“妈妈！你不知道恋爱的感觉！”罗茜的思维属于青少年的哪种认知扭曲？请解释。

联结 青少年做决策的证据怎样帮助我们理解青少年在性行为和吸毒方面的冒险行为？

反思 你在青少年时期曾经有什么理想主义思考或做出过什么错误决策？举几个例子。

四、心理能力的性别差异

关于心理能力的性别差异的争论，与第 9 章讲到的智商的种族和社会阶层差异的争论一样多。虽然在一般智力上不存在性别差异，但是在特定心理能力上，确实存在性别差异。

1. 言语能力

在小学时期，女孩的阅读和写作测验得分都
387 比男孩高，参加阅读补习班的女孩所占比例也较小。在青少年期，女生在一般言语能力测验中的得分继续略高于男生（Halpern，2000，2004）。

需要特别指出的一点是，女生在阅读和写作上的优势，在整个青少年期会一直增强，而男生在写作上的表现则较差，美国、加拿大和其他工业化国家都有这种趋势（见表 11.10）（OECD，2004；Statistics Canada，2003c；U. S. Department of Education，2005e，2005g）。人们认为，读写技能方面的这些差异，是导致大学入学时逐渐加大的性别差距的关键因素。30 年前，男生占北美大学生的 60%；如今，他们只占 42%（Statistics Canada，2005g；U. S. Department of Education，2005b）。

第 5 章讲到，女孩在大脑左半球的早期发育中显示出生物学上的优势，而那里正好是语言定位区。从幼儿期一直到青少年期，女孩都受到了来自母亲的较多的言语刺激（Peterson & Roberts，2003）。此外，儿童还把语言艺术视为"女性的"事情。加上高标准测验运动的影响，学生们在教室里待的时间更长，他们被编成班，用统一的方式授课，这种学习方式与男孩的高活动性、果断性相矛盾，容易导致男生的学习问题。

最后，离婚率和私生子出生率增高，使很多儿童在没有父亲的家庭长大，而父亲能对子女起到示范作用，也能促进良好的学习习惯和读写技能的形成。父母双方的参与都有助于男女青少年的学习成绩和教育水平（Flouri & Buchanan，2004）。但是一些研究表明，学习成绩好的非洲裔男孩更可能来自父亲和蔼而健谈，并要求孩子好好学习的家庭（Grief，Hrabowski & Maton，1998）。无疑，应该优先考虑扭转男生读写技能差的局面，它需要家庭、学校和社区的共同努力。

2. 数学

数学能力的性别差异在小学一年级就已显现。

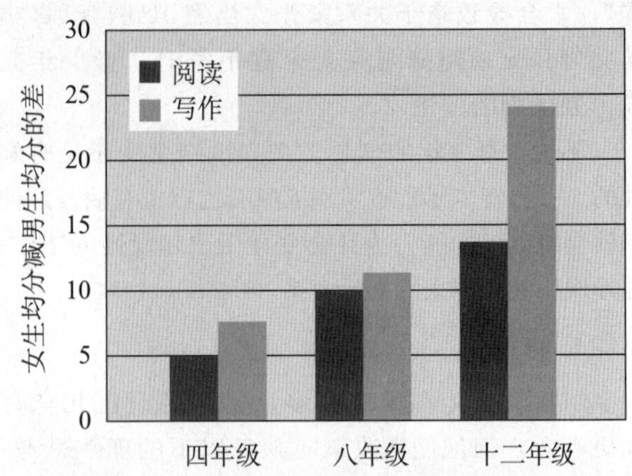

图 11.10　女生的阅读和写作成绩在四、八和十二年级时优于男生的程度

研究结果来自美国教育发展评价。直条图表示女生的平均分减去男生平均分之差。直条图的高度表示女生优于男生的程度，女生的优势在青少年期不断增加。到 12 岁，女孩在写作技能上优势最大。其他工业化国家也有类似趋势。

资料来源：U. S. Department of Education，2005c，2005e.

女生更多地依赖具体操作来解数学题，而男生则更多地在心理上表征数字并快速地从记忆中提取答案（Fennema et al.，1998）。在小学前几年，女生凭借较好的言语技能和解题时的细心使她们在数学计算上占优势。但是到了青少年早期，数学概念更加抽象和空间化，男生开始超过女生，这种差异尤其表现在复杂的推理和几何题上（Bielinski & Davison，1998）。

如果把全体青少年都考虑在内，那么男生的优势明显地存在于男女都能平等地上中学的所有国家。但这种优势并不大，并且在过去 30 年里逐渐缩小（Halpern，Wai & Saw，2005；U. S. Department of Education，2005c）。但是在能力最强的学生中，这种性别差距更大。在一项广为人知的关于学业能力倾向测验（SAT）的研究中，邀请了超过 10 万名智力较高的七年级和八年级学生参加测验，结果，男生在数学测验中的得分每年都高于女生。但这种差距也在逐渐缩小。25 年前，在 SAT 测验的数学分测验中，分数超过 700（满分 800）的男生是女生的 13 倍；现在这个比率是 2.8：1（Benbow & Stanley，1983；Monastersky，2005）。

一些研究者认为，遗传对数学能力性别差异的影响重大，对表现出数学天才的男性影响更大。越来越多的证据表明，男孩突出的空间推理能力增强了其数学问题解决的能力。可参见本节的专栏“生物因素与环境”对该问题的讨论。

专栏　生物因素与环境

空间能力的性别差异

在研究者考察数学推理中的性别差异时，空间能力是一个关键点。在男性占优势的**心理旋转任务**中，人必须在脑子里迅速而准确地旋转一个三维图形（见图 11.11）。男性在**空间知觉任务**上也占优势，在这样的任务中，人必须通过根据周围的方向来确定空间关系。**空间视觉任务**涉及对复杂视觉形状的分析，其性别差异微弱或不存在。因为完成这些任务有多种方法，所以男性或女性都可能采取有效的操作步骤（Voyer，Voyer & Bryden，1995）。

空间能力的性别差异出现在幼儿期并持续终生（Levine et al.，1999）。这种恒定的差异足以说明生物因素的作用。一种假设是，男性出生前即处在雄性激素的环境中，基因增强了大脑右半球的机能，使男性具有空间优势（多数人的空间能力定位在大脑右半球）。出生前雄性激素水平非常高的女孩或女人，在空间旋转任务上的表现出众，这一证据支持了上述观点（Berenbaum，2001）。在一些研究中，完成空间任务的成绩随着男女两性每天以及每年的雄性激素水平而变化（Temple & Carney，1995；Van Goozen et al.，1995）。

为什么空间能力存在着基于生物因素的性别差异？进化论指出，心理旋转能力可以预测快速、准确的绘图和对图形的解释，在这些方面，男孩和男人比女孩和女人做得好。在人类进化过程中，男性的认知能力必须与打猎相适应，这需要产生对大范围空间的心理表征，才能找到路（Choi & Silverman，2003；Jones，Braithwaite & Healy，2003）。

经验也会促进男性的空间成绩。从事操作活动，如搭积木、制作模型和做木工的儿童，在空间任务上的表现更好（Baenninger & Newcombe，1995）。此外，玩电子游戏需要对视觉图像进行快速的心理旋转，这也可提高空间能力（Okagaki & Frensch，1996；Subrahmanyam & Greenfield，1996）。男孩玩游戏的时间比女孩多得多。

研究证实，良好的空间能力使男性在解决复杂的数学问题时得心应手。在对中学生所做的研究中，数学空间能力和自信心与解决复杂数学问题的成绩有关，其中空间能力的预测力最强（Casey，Nuttall & Pezaris，1997，2001）。男生在心理旋转和数学自信上都占优势，虽然他们的考试成绩不如女生。总之，生物因素和环境共同解释了空间和数学成绩的差异，不论是在两性之间，还是在同性之内。

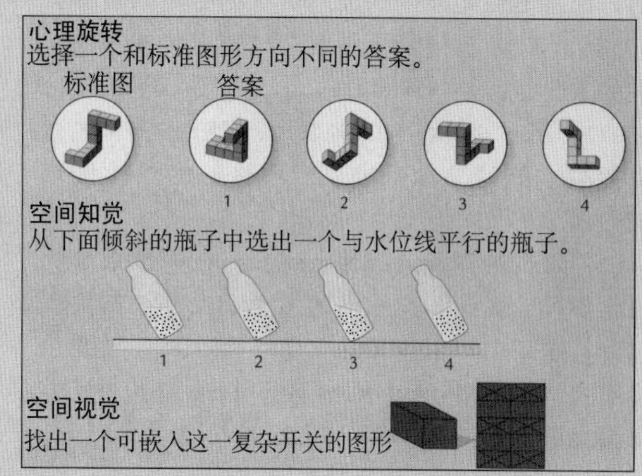

图 11.11　空间任务的类型

在有利于男性的心理旋转任务上性别差异巨大，男性在空间知觉任务上也明显优于女性。但在空间视觉任务上的性别差异微弱或不存在。

资料来源：M. C. Linn & A. C. Petersen，1985，“Emergence and Characterization of Sex Differences in Spatial Ability：A Meta-Analysis，” *Child Development*，56，pp. 1482，1483，1485，© The Society for Research in Child Development，inc. 经授权引用。

这个七年级女孩是加拿大全国科学竞赛她所在年龄组中的金牌获得者。她研究了开车用手机的危险，在研究中她使用了先进的数学方法、数据分析和图表。

社会压力也有一定影响。在数学成绩出现性别差异以前，男孩和女孩都已把数学看作是一门“男人的”课程了。女孩认为，数学对她们将来的生活用处不大，她们常把错误归于缺乏能力。这些观念降低了女孩学数学的信心和兴趣，以及选择与数学或科学相关的职业的意愿（Bleeker & Jacobs，2004；Catsambis，1994）。此外，成见威胁，即害怕别人因性别成见对自己做出消极评价（见第9章），也使女生在数学难题上表现得比她们的实际能力差（Ben-Zeev et al.，2005；Steele，1997）。所有这些影响的结果是，女孩，甚至包括那些高才能的女孩，难以形成良好的数学推理能力。

但是也有积极的迹象，现在，在中学数学和科学学习上达到了高水平的男生和女生比例大体相当，这是在知识和技能方面缩小性别差异的一个重要因素（Gallagher & Kaufman，2005）。中学男生和女生在计算机上花的时间也无大差异。但是他们对计算机的使用不同：女生主要是收发 389 电子邮件、处理文字和完成家庭作业，男生则更多地写程序、分析数据、使用图表软件。结果，男孩学到的计算机专业知识更多（Freeman，2004；Looker & Thiessen，2003）。

要增强女生对数学和科学的兴趣与信心，必须采取其他手段。首先，如果父母没有性别成见，女儿就不大可能逃避数学和科学学习，而且会获得好成绩（Updegraff，McHale & Crouter，1996）。其次，从幼儿园就开始数学教学也很重要，老师可以教孩子们怎样使用有效的空间策略，如画线图，对视觉图像进行心理操作，搜索数字图形，画曲线图等等（Nuttal，Casey & Pezaris，2005）。因为女孩偏爱言语加工，所以她们可能意识不到自己的数学和科学潜能，除非教给她们如何进行空间思考。给女孩展示成功女科学家的榜样，也能提高女孩的自信心。

五、在校学习

青少年期正是读中学的时候。多数青少年先读初中，再升高中。伴随着每次升学，学习成绩越来越重要，它直接影响到升大学和职业选择。下面的内容将涉及中学生活的方方面面。

1. 升学过渡

萨布琳娜读初中了，她从原来六年级时那个人数不多、同学关系亲密、设备齐全的班级来到一个规模很大的中学。周末，她对妈妈抱怨：“我不认识班上的多数同学，老师也不认识我。另外，家庭作业太多。所有的课都一讲完就马上布置作业。我做不完！”她叫嚷着，大哭起来。

（1）升学过渡的影响

萨布琳娜的反应显示出，升学过渡会引起适应问题。首先，伴随着每一次升学，从小学升初中，从初中升高中，青少年的成绩都在下降。这种下降部分是因为对学习成绩的要求更严。其次，从小学向中学的过渡往往使一个人受到的关注减少，全班授课的时候增多，参加班级决策的机会减少（Seidman，Aber & French，2004）。这些变化使中学生不喜欢中学的学习生活（Wigfield & Eccles，1994）。他们还反映，中学老师对他们不太关心，不那么友好，评分时不那么公平，还经常强调竞争。结果，很多青少年感觉自己的学习不胜任，学习动机减弱（Anderman & Midgley，1997）。

当学校的人际关系变得疏远、学习期望也发生改变时，学生必须调整其自信心和自我价值感。一项对300多名学生从六年级追踪到十年级的研究显示，在每次升学，即从小学升初中，从初中升高中后，年级平均成绩都有所下降，平庸感却有所增加。在升学过渡初期，负面影响最大，尤其是女生的自尊，从小学升初中后急剧下降，然后只会慢慢回升。研究者指出，女孩对升学过渡的生活适应较差，因为从小学升入初中，往往伴随着其他生活变化，包括性成熟和约会对象。有些人还面临其他压力，如家庭破裂、贫穷、父母不关心、在学习上的习得性无助感，这些人在自尊和学习上面临的危险最大（Rudolph et al.，2001；Seidman et al.，2003）。

那些学习成绩急剧下降的、苦恼的中学生会持续表现出低自尊、缺乏学习动机和学习成绩退步等特征。另一项研究比较了刚升入高中的四组学生：第一组是“双差生”，学习成绩差，心理健康也差；第二组是学习差生；第三组是心理健康差生；第四组是“好学生”，在两个方面都表现良好。在升学过渡中，四组学生的平均成绩都有所下降，但是适应良好的学生继续得高分，而“双差生”只得低分，其余的处于中间。如图 11.12 所示，“双差生”的逃学和校外问题行为急剧增长（Roeser，Eccles & Freedman-Doan，1999）。对这些人来说，升学
390 过渡引发了学习成绩和到校学习的螺旋式下降，最终导致辍学。

升入初中的第一天，这个男孩和他后面的一排学生，正在查找课程表和教室位置。从一个人数少而设备齐全的小学班级来到一个人数多、人际关系松散的中学，给青少年造成了压力。

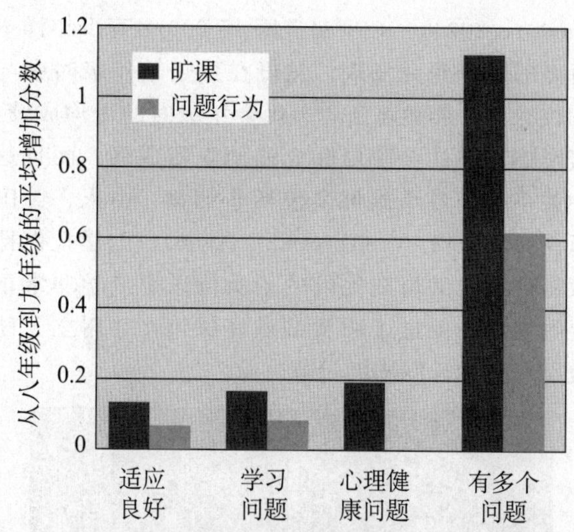

图 11.12　四组学生升高中后旷课和校外问题行为的增加情况

适应良好的学生、学习差的学生和心理健康差的学生变化都很小。其中心理健康差而学习好的学生，其问题行为有所下降，图中未显示。从初中升入高中后，双差生的逃学和校外问题行为急剧增加。

资料来源：Roeser，Eccles & Freedman-Doan，1999.

（2）帮助中学生适应升学过渡

上述研究结果显示，升学过渡会带来不适合青少年发展需求的环境变化（Eccles，2004）。升学过渡在中学生需要成人支持的时候，中断了他们与老师的密切联系；在他们非常关注自我的时期，学校却强调竞争；在他们的自主性需求增强的时候，决策和选择却遇到困难；在他们越来越关注同伴接纳的时候，打乱了其同伴网络。

来自父母、老师和同伴的支持，可以减轻升学过渡的压力。父母的关心和监控，逐渐给予青少年更大的自主性，与升入中学后较好的适应有关（Grolnick et al.，2000）。在规模较大的学校里形成较小的社会单位也会促进中学生与老师和同伴之间的密切关系，鼓励中学生更多地参加课外活动（Seidman，Aber & French，2004）。

另外，如果升学过渡造成的变化不那么剧烈，也有利于升学适应。在升学过渡后的第一年，可以给学生开设辅导教室，老师在那里可为学生提供学习和个人咨询。也可以把学生分配到有几个熟悉同伴的班级，或一个稳定的新同伴群体中，这种安排可以促进安全感和同学间的互相帮助。在采用这些方法进行了干预的学校里，学生没有出现学习成绩的明显下降，也没有出现其他适应问题，如低自尊、吸毒、犯罪和辍学（Felner et al.，2002）。

最后，中学生对学校环境的敏感性和灵活性也会使升学过渡更顺利。如果学校把竞争减到最低程度，根据能力对学生区别对待，中学生也很少会感到愤怒和压抑，逃学，或出现学习价值感、自尊和成绩下降（Roeser，Eccles & Sameroff，2000）。

2. 学习成绩

青少年的学习成绩是长期累积的结果。在早期，良好的家庭和学校教育环境，会带来有利于提高学习成绩的个人特征，包括智力、对能力的信心、对成功的渴望，以及高教育抱负。改善不利的学习环境也能培养学习差生的复原力。下面的“学以致用”表概括了可以提高中学生学习成绩的环境因素，可供参考。

学以致用　　有助于中学生提高学习成绩的因素

因素	描述
教育方法	权威型教养 亲子共同决策 父母关心子女教育
同伴影响	同伴对良好学习成绩的积极评价和支持
学校特点	老师关心帮助学生，与家长建立密切的关系，辅导家长怎样帮助孩子学习 开展高水平思维的学习活动 学生积极参加学习活动和班级决策
职业计划	参加兼职工作的时间每周低于15个小时 对不准备上大学的中学生进行高质量的职业教育

（1）家庭教育

本书曾讲过，父母的权威型教养方式有助于小学生形成掌握学习定向，这种教养方式也有助于提高中学生的学习成绩。研究显示，权威型教育方式与来自不同社会阶层的中学生较好的学习成绩有关。反之，专制型和放任型教育方式则与
391 较低的学习成绩有关（Steinberg，Darling，Fletcher，1995；Vazsonyi，Hibbert & Snider，2003）。在各种教养方式中，不介入方式（不关心、不要求）可预测最差的成绩，并且对学习成绩有长期负面影响（Glasgow et al.，1997；Kaisa，Stattin & Nurmi，2000）。

权威型教养方式与中学生学习能力之间的关系已经在不同价值观的国家中得到证实，包括阿根廷、澳大利亚、中国、巴基斯坦和苏格兰（Steingberg，2001）。第8章曾讲到，权威型父母会根据儿童的能力来调整他们的期望，从而对自己的行为承担责任。其父母与子女共同决策，并随着年龄增长给孩子更大自主性的中学生，学习成绩是最好的（Dornbusch et al.，1990；Spera，2005）。坦诚的讨论，对孩子关心，态度坚定地提出要求，对孩子的行踪和活动加以监控，让孩子感到自己被关心、有价值，这些都会促进他们对行为的反思和自我调控，意识到自己应该在学校表现好一些。这些因素又与掌握定向归因、努力、良好的学习成绩和高教育抱负有关（Aunola，Stattin & Nurmi，2000；Trusty，1999）。

（2）父母与学校之间的合作关系

学习成绩好的学生一般拥有这样的父母：监控孩子的发展情况，与老师沟通，确保孩子所上的学校和班级具有挑战性而且教学水平高。这些努力在中学阶段与小学阶段同样重要（Hill & Taylor，2004）。一项对美国15 000名青少年样本所做的追踪研究发现，父母在孩子八年级时参与学校教育，能显著预测学生十年级时的平均成绩，其影响超过社会阶层和先前的学习成绩。而且这种关系适于各个族群，包括非洲裔、白人、美国原住民和亚裔（Keith et al.，1998）。与学校保持紧密联系的父母向他们的子女传送出上学非常重要的观念，促进了明智的教育决策，并树立了建设性解决学习问题的示范。

这个父亲参与了他儿子的学校教育。父亲通过监控儿子的发展情况，向儿子传递了读书很重要的观念，也帮助孩子提高了学习能力。

生活在低收入、高危险居住区里的父母面临着日常压力，这损耗了他们卷入学校教育的精力（Bowen，Bowen & Ware，2002）。但是父母与学校之间更强烈的联结能够减轻一些这种压力。通过加强老师与父母之间的个人联系，开发父母的才能来提高学校课程的质量，以及将父母纳入对学校的管理，以便他们会继续在学校目标上投资，学校能够建立起父母与学校之间的合作关系（Epstein，2001）。

（3）同伴影响

同伴关系以一种与家庭和学校都有关联的方

式，在中学生的学习中发挥着重要作用。父母重视学习成绩的学生一般选择具有同样价值观的同学做朋友（Berndt & Keefe，1995）。例如，萨布琳娜在初中开始结交新朋友时，经常与朋友一起学习。每个女孩都希望成绩好，这强化了朋友们同样的愿望。

同伴对取得好成绩的帮助还依赖于同伴文化，对少数族裔青年来说，他们的同伴文化受到周围社会环境的很大影响。例如，非洲裔青少年认为，他们的族群在教育水平、就业、收入、住房和政治权利方面远不如白人。来自教师和同伴的歧视往往是因为对黑人有社会成见，认为他们“不聪明”，惹是生非，焦虑，自我怀疑，学习成绩差，跟不喜欢学习的学生抱团，问题行为多（Wong，Eccles & Sameroff，2003）。在这种情况下，即使是中等社会阶层的黑人青少年也可能学习不努力，认为学习好也没用（Ogbu，2003）。

并非所有经济上处于劣势的少数族裔学生都这么想。一位研究者采用个案法考察了住在市中心贫民区的 6 个非洲裔青少年，他们的学习成绩不错，对前途也很乐观。结果显示，他们对自己所处的劣势地位有强烈的意识，同时相信，通过努力奋斗，可以改变自己的社会地位（O'Connor，1997）。他们是怎样形成这种主体意识的？原来是父母、亲戚和老师们和他们讨论，举大量事例让他们相信，面对社会的不公正不应该忍气吞声，黑人能通过共同努力求得公正，这些观点加强了他们的族群认同感和学习动机，即便一些黑人同学对他们的努力讥讽嘲笑，他们仍然我行我素。

（4）学校特点

中学生亟须一个能满足其快速进步的推理能力、情感和同伴交往需求的敏感的课堂环境。没有适当的学习经验，他们的认知潜能就不能被充分挖掘。

1）课堂学习经验

如前所述，在规模较大、按学科上课的中学里，很多中学生抱怨他们的班级缺乏关心和帮助，这种环境抑制了他们的学习动机。一项研究从七年级到八年级间追踪了学生在数学课上学习倾向的变化。如果课堂上教师能认真辅导，同学之间互相鼓励、互相尊重，学生的学习动机和认知自
392 我调节都会有所增强（反映在概念理解好坏和是否愿意检查作业上）。如果班级强调竞争，对学生进行公开比较，学生的学习动机和自我调节都会减弱（Ryan & Patrick，2001）。

各门学科独立授课的好处是，教师的专业水平高，他们鼓励学生进行高水平的思维，教给学生有效的学习方法，讲课内容能结合学生已有知识经验，这些因素可促进学生的学习兴趣、努力程度和学习成绩（Eccles，2004）。但是，很多中学课堂上不能始终如一地提供有趣的、挑战性的教学。由于教学质量参差不齐，很多学生在中学毕业时缺乏基本的学习技能。非洲裔、西班牙裔、美国原住民学生、加拿大原住民学生与白人学生之间的学习成绩差距，从 20 世纪 70 年代以来虽有下降，但是低社会阶层的少数族裔学生对阅读、写作、数学和科学的掌握情况仍然令人失望（Statistics Canada，1999；U. S. Department of Education，2005d，2005f）。这些学生就读的常常是经费不足、建筑破败、设备过时、缺乏教材的中学。在一些学校里，教师花在学生违法和纪律问题上的精力比花在教学和学习上的还多。在初中，很多贫穷的少数族裔学生就被分到差生组，这增加了他们的学习困难。

2）分轨教学

第 9 章曾讲到，在小学期间进行能力分组是有害的。至少要到初中，按学生类型分班才受到欢迎。这种分组教学能有效地帮助提高差生的动机和成绩（Gillies，2003；Gillies & Ashman，1996）。

在中学，有些分组是必要的，因为中学教育必须考虑学生将来的高等教育和职业计划。在美国和加拿大，学校会建议中学生进入大学预科班、职业班或普通班。遗憾的是，这种分轨往往加大了教育不平等：低社会阶层的少数族裔学生大多被分到非大学预科的班级。

对上万名美国学生从八年级追踪到十二年级的研究显示，分配到大学预科班加速了学习的进步，而分配到职业班或普通班则减缓了学习的进步（Hallinan & Kubitschek，1999）。即使在没有正式实行分轨制的中学，低社会阶层的少数族裔学生也往往在多数或所有学科上被分配到程度较低的课程中，导致了事实上的（非正式的）分轨（Lucas & Behrends，2002）。

一旦学生被分配到程度较低的班级，再改变就很困难。分轨或课程注册一般要根据过去的成

绩，它受到过去的编班的限制。对一所中学里非洲裔学生的访谈显示，许多人认为他们以前的成绩并没有反映出自己的能力（Ogbu，2003）。但是，相关的教师和督学们因为事务繁忙，无暇顾及这些个别的问题。

在所有的工业化国家，中学生都被分别编入升学班和职业班。在中国、日本和多数西欧国家，一般要根据学生的升学考试成绩来决定他们进入什么班级。这种制度决定了中学生未来可能的发展。在北美，教育决策比较灵活。没有分配到大学预科班或在中学学习较差的学生仍有机会接受高等教育。问题在于，进入中学以后，来自不同社会阶层的学生在教育质量和学习成绩上的差异使学生分化得比其他国家更严重。很多年轻人并没有从这种更开放的教育体制中受益。与其他西方国家相比，美国和加拿大，认为自己是教育失败者并辍学的学生比例更高见图 11.13。

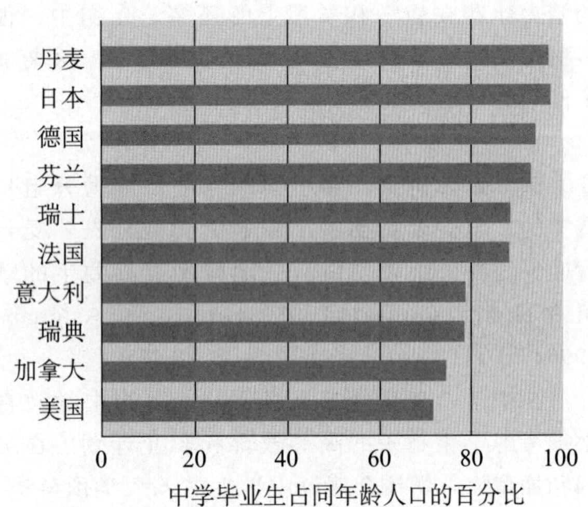

图 11.13　10 个工业化国家的中学生毕业率

美国和加拿大排在很多发达国家之后。

资料来源：OECD，2004.

（5）兼职工作

大约一半的美国和加拿大中学生在上学期间做兼职工作，这个比率比其他发达国家都高（Bowlby & McMullen，2002；Children's Defense Fund，2005）。其中多数是来自中产阶级家庭的学生，他们的主要目的是为了挣零花钱，而不是进行职业尝试或接受职业培训。需要补贴家用或给自己挣学费的低收入家庭的中学生，则很难找工作（U. S. Department of Education，2005a）。

青少年从事的工作大多是低水平、重复性的劳动，几乎没有机会与成人管理者接触。过多地投入这种工作是有害的。学生工作的时间越长，其学校出勤率越低，成绩越差，参加课外活动越少，辍学的可能性越大（Marsh & Kleitman， *393*
2005）。花很多时间从事这些工作的学生往往感到与父母更疏远，并且有更多的饮酒、吸毒和违法行为（Kouvonen & Kivivuori，2001；Staff & Uggen，2003）。

如果参加兼职工作的目的是为了实现教育和职业目标，结果就完全不同了。参加能提供知识和职业学习机会的工读项目或其他工作，与积极的学习和工作态度、成绩的提高及违法行为的减少有关（Hamilton & Hamilton，2000；Staff & Uggen，2003）。但是，对不打算升大学的北美青少年来说，高质量的职业培训非常不足。与一些欧洲国家不同，美国和加拿大没有一个为青少年将来从事工商业、手工业和贸易等职业作准备的培训体系（Heinz，1999a）。美国和加拿大的有些州和省政府支持一些职业培训项目。但是多数的时间都很短，不足以对技能差的青少年造成影响，在就职以前，他们需要强化训练并补习学业。目前，这些项目只能为少量的年轻人提供服务。

3. 辍学

路易斯上数学课的时候，他的同学诺曼坐在走道对面，正在做着白日梦。下课后，诺曼把笔记本往书包里一塞，也不做作业。考试前，他临阵磨枪，靠碰运气答题，多数题目是空白。从四年级起，路易斯就和诺曼在一个学校上学，但这两个男孩互不来往。路易斯总是很快地做完作业，在他看来，诺曼似乎生活在另一个世界。诺曼每周都会旷课一两次。甚至在春季的某一天，他根本不来学校了。

诺曼是美国和加拿大 11%的辍学青少年中的一个，他们都没有拿到中学毕业文凭（Statistics Canada，2004d；U. S. Department of Education，2005b）。在低社会阶层的少数族裔青年，尤其是西班牙裔和加拿大原住民青年中，辍学率特别高（见图 11.14）。辍学的后果是可怕的。没有受过高中教育的年轻人比高中毕业生的读写测验分数低得多；在当今的知识经济中，他们缺乏雇主所需要的技能。因此，美国和加拿大中学辍学生的就业率低于中学毕业生。即使被雇用，辍学生也可能从事劳动量大且收入低的工作，而且经常失业。

（1）与辍学有关的因素

很多辍学生的确学习成绩差，并且有很多违规的行为，但是像诺曼这样的学生，只不过是学习困难，很少有行为问题，却也无声无息地离开了学校（Janosz et al.，2000；Newcomb et al.，2002）。辍学的路早就开始了。小学一、二年级的危险因素就能对辍学做出预测（Entwisle，Alexander & Olson，2005）。

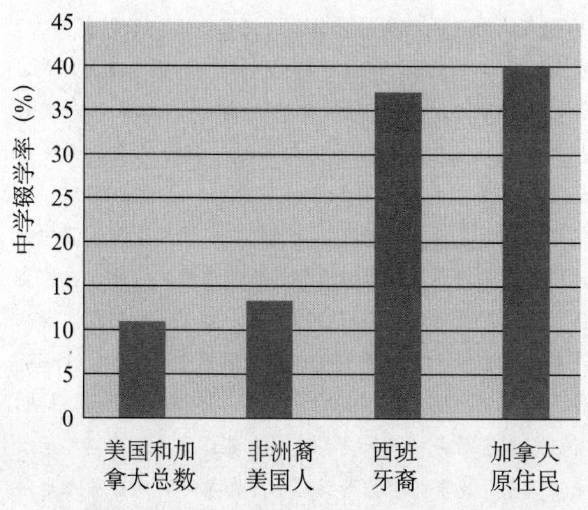

图 11.14　美国和加拿大不同族裔的中学辍学率

美国很多非洲裔、西班牙裔美国人和加拿大原住民青少年都来自低收入家庭，他们的辍学率高于全国平均水平。其中西班牙裔美国人和加拿大原住民年轻人的比率最高。

资料来源：Human Resources Development Canada，2000；U. S. Department of Education，2005b.

诺曼有很长一段时间处在学习不及格边缘，学习自尊感很低。他总是放弃那些难度很低的挑战性任务，然后靠运气，靠临阵磨枪混过考试。后来，他干脆不来上课，即使来，也无法集中精力，而且不做作业。他不加入任何学校俱乐部，也不参加体育锻炼。因为他参加活动太少，所以很少有老师或学生认识他。直到诺曼离开学校那一天，他还感觉离学校里的一切都很远。

像其他辍学者一样，诺曼的家庭环境造成了他的问题。与其他学生，甚至那些成绩相同的同学相比，辍学生的父母大多根本不关心孩子的教育。这些父母自己都没有中学毕业，处于失业状态，或正在应付离婚后的生活。当孩子把很差的成绩单带回家时，这些父母比别的父母更多地以惩罚和愤怒做出回应，这种行为使孩子对学习更反感（Garnier，Stein & Jacobs，1997）。

那些因学习成绩差而辍学的学生，如果遭遇的是人数众多、人际关系疏远的学校和班级，不关心学生的老师，又没有机会和同学们互相帮助，那么这样的经历使他们更难取得成功（Croninger & Lee，2001；Hardre & Reeve，2003；Lee & Burkam，2003）。最近的研究报告显示，在美国一些城市中心的中学，超过60%的学生没有毕业。在中学的普通班和职业班，老师对学生很少鼓励，这些学生辍学的可能性比大学预科班学生高3倍（U. S. Department of Education，2005b）。

（2）干预措施

以下干预措施可以帮助具有辍学危险的中学生： *394*

● *高质量的职业训练*。对很多处在辍学危险中的学生来说，职业教育的本质是接近真实生活，这比纯粹的学习更有趣而有效。要取得良好效果，职业教育必须把学习与工作指导相结合，使学生能把学校学习与将来的工作目标联系起来（Ianni & Orr，1996）。

● *通过补课和咨询提供个别辅导*。大多数可能辍学的学生都需要大强度的补课，补课要以小班形式进行，只有这样，才能形成充满温暖和关怀的师生关系。为了克服学习上不断的失败造成的消极心理效应，学习辅导必须和来自周围人的帮助结合在一起。一个好办法是，把可能辍学的中学生与退休的老年人结成对子，在满足这些学生的学习和职业需求方面，退休人员既是家庭教师和师傅，又能给年轻人做榜样（Prevatt，2003）。

● *查明导致学生过早辍学的家庭生活因素*。一 *395*
些项目中实施了以下干预措施：鼓励父母关心孩子的学习，灵活地安排好工作—学习时间，让父母待在学校照顾孩子，这些措施可以降低辍学危险。

● *参加课外活动*。帮助有辍学危险的学生的另一种方法是吸引他们投入学校集体生活（Mahoney & Stattin，2000）。较小的学校规模是影响参加课外活动积极性的最重要因素。在规模较小的中学（500～700个学生或更少），多数学生社团都需要教师来辅导并组织活动。在这样的学校，可能辍学的学生会愿意参加课外活动，感到被需要、被认可并坚持到毕业。关于这一问题，可参阅本节的“毕生发展观”专栏，其中提到的研究表明，参加课外活动对发展具有持续而有力的影响。

在结束对学习成绩问题的讨论时，再来看看辍学问题的历史背景。在过去的半个世纪里，美国和加拿大在24岁前从中学毕业的年轻人的比率稳步上升，从低于50%一直到接近90%。在同样一段时间里，大学入学率也在上升。现在，将近42%的美国年轻人和58%的加拿大年轻人获得大学学位。虽然大学男生入学人数的下降令人不安，但是美国和加拿大的高等教育仍居世界第一（OECD，2005）。

虽然很多辍学者陷在恶性循环中，缺乏自信和技能妨碍他们获得进一步的教育和训练，但是仍有1/3的人在几年之内又回到学校，继续完成其中等教育（U. S. Office of Education，2005a）。而且有些人还将接受高等教育。当青少年期来临时，很多年轻人意识到，教育对找到一份收入良好的工作和幸福的成人生活来说有多么重要！

专栏 毕生发展观

课外活动：青少年发展的良好环境

毕业前夕的一个周末，特里——市中心一所中学里的高年级学生——参加了一个庆祝戏剧俱乐部年终演出的晚会。那天晚上，特里在由俱乐部成员创作和排练的作品中扮演主角。俱乐部的指导教师梅耶女士向特里表示祝贺。特里说：“我喜欢这个俱乐部，刚加入时，我的英语、数学和各方面能力都不行，我觉得自己什么也做不了。在这里排练和演出真棒，我发现自己能把这些事做好。之前，我对自己没有信心。现在我已经信心倍增了。”

很多研究显示，艺术、社区服务和职业发展等方面的中学课外活动，促进了多样化的学习和社交技能，并且对适应具有持久的积极影响。结果包括学习成绩改善，反社会行为减少，良好的自尊和主动性，较好的同伴接纳，以及更加关心他人（Mahoney，2000；Sandstrom & Coie，1999）。课外活动的这些好处扩展到了成人生活中。在控制了很多因素（包括社会阶层和学习成绩）后，参加中学俱乐部和社团活动较多的中学生，在他们20多岁和30多岁时，在工作中的收获和参加的社会服务也更多（Berk，1992）。

课外活动是怎样在更大范围带来这么多好处的？它不只是让青少年在课余时间做感兴趣的事情。瑞典的一项研究证明，在青年娱乐中心——如游泳、乒乓球、电脑游戏和电视等无组织娱乐活动的地方——度过很多课余时间的年轻人，显示出重复、持续的反社会行为（Mahoney，Stattin & Magnusson，2001）。相反，高组织性和目标明确的活动则需要青少年承担挑战性的角色和责任，它对发展具有积极影响。这样的活动也包括与同伴和成人之间互相关心、互相帮助的交互作用，成人以指导老师的身份，表达对青少年的殷切期望，帮他们解决问题（Roth et al.，1998）。

具有学习、情绪和社会问题的青少年，尤其可能从课外活动中受益。在一项对来自不介入型家庭教育方式的青少年的研究中，参加课外活动的学生，其沮丧情绪很低。对那些自认为与活动指导教师（肯定其能力，鼓励其努力）建立起信任关系的青少年，课外活动的影响力最大（Mahoney，Schweder & Stattin，2002）。此外，如果家人来看演出和展览，或在其他方面看到孩子的努力成果，这种活动还能改善亲子关系（Mahoney & Magnuson，2001）。

学生都承认课外活动在帮助他们向成年期顺利过渡中的作用。他们都报告说，参加课外活动使他们更快乐，自信心更强，与辅导老师建立起有益的关系，结交了新朋友，确立了更明确的目标，更善于利用时间以及与他人合作（Dworkin，Larson & Hansen，1993）。但是，只要教育预算削减，课外活动就会首先被淘汰。但是，大量证据显示，这些活动应大力开展，尤其应努力帮助那些处在学习和人际关系危险中的青少年。举个例子，TRUCE（The Renaissance University in Children's Education）是一个面向纽约黑人居住区中少数族裔青少年的项目，开展多种课外活动，如发行社区小报，为当地电台制作节目。参加过TRUCE项目的青少年，其学习成绩提高，辍学率降低，领导能力则增强了。

几个中学生放学后一起排练一部反映学校生活的戏剧。参与课外活动有助于中学生各种能力的增长，如提高学习成绩，增强自尊心、交往能力和对别人的关心。

思考题

复习 列举出父母帮助青少年子女改善学习成绩的方法，解释每一种方法为什么有效。

应用 塔尼莎正在读六年级。她要么在现在的学校继续读到八年级，要么转到一所规模很大的初中去学习。你建议她怎么做？为什么？

联结 防止中学生辍学的教育措施与改进中学生学习成绩的教育措施有哪些相似之处？

反思 说说你从小学升初中，从初中升高中的经历。你觉得有压力吗？什么帮助你做出了调整？

本章要点

第一部分 身体发育

一、青少年期的概念

在过去的一个世纪里，青少年期的概念发生了怎样的变化？

■ **青少年期**由**青春期**所启动，是儿童向成人的过渡期。早期生物学导向的理论认为青少年期是一段不可避免的疾风狂涛般的时期。另一种观点认为青少年的适应存在很大差异，它完全由社会环境所决定。当前的研究认为青少年期是生物、心理和社会因素共同作用的结果。

二、青春期：向成年期的生理过渡

描述了青春期在体型、身体比例、睡眠模式、运动成绩和性行为上出现的变化。

■ 小学期开始的激素变化启动了青春期，女孩比男孩平均早两年到达青春期。青春期最初的外部标志是**发育加速**。随着体型变大，女孩的臀部和男孩的肩部变宽。女孩的脂肪较多，男孩的肌肉较发达。

■ 青春期的变化带来了大肌肉运动能力的提高，男孩的肌肉比女孩发达。一些男孩沉迷于身体优势，以至于使用危险、非法的毒品来提高运动成绩。

■ 近年来中学女生参加体育活动的比率有所增加，但是在体育方面，她们仍比男孩受到的鼓励少。从九年级到十二年级之间，定期参加体育活动的青少年人数逐渐减少。

■ 性激素调节着**第一性征**和**第二性征**的变化。在女孩青春期的事件中，月经**初潮**出现较晚，在体型快速发育之后。男孩则先是性器官和体型变大，出现阴毛和腋毛，然后出现**遗精**。

哪些因素影响青春期的到来时间？

■ 遗传、营养、锻炼和身体健康状况共同决定了青春期的到来时间。在工业化国家已出现月 396
经初潮**时代渐近趋势**。

青春期大脑发生了哪些变化？

■ 在青春期，大脑皮层上持续进行着对未使用的神经元突触的修剪，丰富的刺激导致神经纤维生长和髓鞘化进程加速。这些变化成为青少年认知能力发展的基础，增强了追求新异体验的驱动力。

■ 大脑对睡眠时间的调节方式出现变化，使青少年比儿童睡得晚。缺乏睡眠会导致青少年成绩下降、情绪抑郁及行为问题。

三、青春期变化对心理的影响

阐述了青少年对青春期生理变化的反应。

■ 对月经初潮，女孩通常的反应是吃惊和矛盾的情绪，但她们的感觉积极还是消极，取决于原有的知识和家人的帮助。男孩一般提前知道遗精，但他们的反应却是矛盾的情绪。男孩在青春期生理变化方面得到的帮助比女孩少。

■ 除了高激素水平外，消极生活事件和成人创设的环境也与青少年的消极情绪有关。当青少年和同伴在一起，从事自己感兴趣的闲暇活动时，会感觉快乐。

■ 青春期常伴随着亲子之间的心理疏离。在灵长类动物和非工业化社会中，个体在性成熟时会离开家庭，心理疏离可能是这种行为的现代化替代物。

描述了成熟时间对青少年适应的影响及性别差异。

■ 早熟的男孩和晚熟的女孩，其外观符合文化中关于身体魅力的标准，这些人有较正面的**身体意象**，一般在青少年期适应良好。而早熟的女孩和晚熟的男孩在身体上与同伴不相配，具有情绪和社会性问题。尤其是早熟女孩，可能有长期问题。

四、健康问题

描述了青少年期的营养需求以及与严重饮食障碍有关的因素。

■ 伴随着身体发育，营养需求增加了。因为饮食习惯差，很多青少年体内缺少锌、维生素和矿物质。和家人一起用餐的多少与健康饮食有关。

■ 较早进入青春期的女孩对自己的身体形象不满意，如果她们生长在崇尚纤瘦的家庭，则有较大可能罹患饮食障碍症。患**神经性厌食症**的女孩往往具有完美主义和抑制型气质特征，其母亲往往过度保护，对女儿的行为高控制，其父亲则往往在情感上疏离。**神经性贪食症**患者吃和吐的冲动与不介入型家庭教育方式有关。有些贪食症患者是完美主义者；另一些则在生活中缺乏自我控制。

讨论了社会和文化对青少年性态度和性行为的影响。

■ 青春期激素水平的变化导致了性驱力增强，但是社会因素也影响着青少年的性态度。北美对青少年性行为的态度相对保守，但是媒体文化中的很多性行为却是自然发生的、不负责任的。青少年的性态度和性行为变得越来越自由，近年来略向保守方面回收。

■ 过早过频的性行为和多种与贫困有关的因素有关。很多性活跃的青少年不能坚持采取避孕措施。青少年的认知过程以及缺乏对负责任的性行为的社会指导，造成了这些年轻人避孕的失败。

描述了和同性恋有关的因素。

■ 大约2%～3%的青少年认同自己是男、女同性恋或双性恋。生物因素对同性恋有重要影响，包括遗传以及出生前的激素水平。男女同性恋青少年在形成积极的性别同一性上，面临着特殊的困难。

讨论了性病、青少年怀孕及青少年做父母的相关因素。

■ 性行为发生早，没有坚持使用避孕用具，二者共同导致了美国青少年中高发的性传播疾病。很多患有性病的年轻成人是在青少年期感染了病毒。

■ 美国青少年怀孕和成为父母的比率高于其他大多数工业化国家。加拿大的青少年怀孕率低于美国，但仍然是个问题。青少年成为父母与辍学、结婚机会降低、离婚可能性升高以及贫穷有关，这些情况对青少年及其新生儿的健康造成危害。

■ 改善性教育，增加获取避孕用具的途径，实施可增强青少年社交能力的项目，扩大教育和职业机会，这些都有助于防止早孕。青少年母亲受益于提供工作培训及儿童保育的学校项目，也受益于对她们的需求敏感的家庭关系。青少年父亲的持续介入对儿童的发展更有利。

与青少年致瘾物滥用有关的个人因素和社会因素是什么？

■ 对工业化国家里的大多数年轻人来说，饮酒和吸毒反映了对这些被禁品的好奇。少数过度吸食致瘾物的青少年具有严重的心理、家庭和学习问题。可帮助青少年与父母一起工作来补贴家用、帮助父母提高养育技能以及加强青少年能力的社会项目，有助于预防青少年的吸食致瘾物行为。

第二部分　认知发展

一、皮亚杰的理论：形式运算阶段

形式运算思维的主要特征是什么？

■ 在皮亚杰提出的**形式运算阶段**，青少年进行**假设—演绎推理**。面对问题时，他们先对可能影响结果的变量做出假设，然后做出符合逻辑的、可以检验的推论，系统地把变量分离及合并，以查明哪些结论可被证实。

■ **命题思维**也逐渐形成。青少年能够判断与真实生活事实不符的命题的逻辑性。

讨论了形式运算的新近研究及其对皮亚杰形式运算阶段理论准确性的意义。

■ 青少年具有比儿童更复杂的推理能力。但是一些大学生和成人不能通过皮亚杰形式运算的任务，他们只能在个人经验丰富的情境里进行抽象而系统的思维。在乡村和部落文化里，形式运算任务难以被人们掌握。这些结果显示，皮亚杰理论的最高阶段受是否有机会在学校学习的影响。 397

二、青少年认知发展的信息加工观点

信息加工理论的研究者怎样解释青少年期的认知变化？

■ 信息加工研究者认为，青少年期认知能力增强有多种原因：注意力和抑制能力增强，策略更有效，知识增加，认知自我调节改善，思维速度和加工能力增强，尤其是元认知能力提高。

■对科学推理的研究显示，当青少年解决日益复杂的问题，并且反思自己的思维，获得更强的元认知理解力时，他们用证据调整理论的能力就提高了。在不同类型的任务上，青少年用相似的、按部就班的方式形成形式运算思维，所构建的一般模式可用于给定了问题类型的很多实例中。

三、青少年认知发展的结果

描述了认知发展给青少年带来的典型反应。

■ 当青少年开始反思自己的思维时，他们会更多地思考自己，因而出现了关于自我和他人关系地两种扭曲的想象——**假想观众**和**个人神话**。青少年考虑事物多种可能性的能力促进了理想主义图景与现实生活不符，他们成为挑剔的评论家。与成人相比，青少年在决策方面存在困难，此时他们会后退到习惯使用的直觉判断。

四、心理能力的性别差异

描述了青少年期心理能力的性别差异及其影响因素。

■ 在青少年期，女孩的言语能力测验得分略高于男孩，在阅读和写作方面也有优势。大脑左半球的早期发育以及母亲的言语刺激较多，可能导致女孩的言语发展更好。在性别成见中，语言艺术是“女人的事情”，另外，分能力教学的方式削弱了男孩的读写能力。

■ 男孩的复杂数学推理能力胜过女孩，但总体性别差异不大，在数学能力最强的学生中，性别差异显著。男孩具生物基础的良好空间能力使他们的数学问题解决能力较强。同时，儿童期操作性的游戏活动，性别成见中数学是“男人的事情”，对数学的自信和兴趣，以及专业化的计算机知识，共同促成了男孩的空间能力和数学优势。

五、在校学习

讨论了升学过渡对青少年适应的影响。

■ 青少年期的升学过渡可能会产生压力。因为其他生活变化（青春期及开始约会）往往同时发生，所以从小学升入初中后，女孩比男孩的适应困难更多。不得不应对诸多压力的青少年，尤其是既学习困难又有心理健康问题的中学生，最有可能在升学过渡中出现适应问题。

讨论了家庭、同伴、学校和就业对中学生学习成绩的影响。

■ 权威型教养方式和父母对子女学习的参与促成了较好的学习成绩。父母鼓励孩子争取好成绩的中学生可能选择来自相似家庭的同学做朋友。

■ 充满关心和帮助的学习环境和强调高水平思维的活动，使青少年能够发挥自己的学习潜能。

■ 进入中学后，与学生的未来生活计划相一致的分轨制教育是必要的。遗憾的是，美国和加拿大实行的中学分轨制往往在实施该方法的前几年扩大了教育不平等。

■ 青少年做兼职工作的时间太长，可能造成其学校出勤率低，学习成绩下降，参加课外活动时间减少。相反，精心设计的、用来实现教育和职业目标的勤工俭学项目，可以预测非大学预科班学生积极的学习和工作态度，以及较好的学习成绩。

辍学与哪些因素有关？

■ 11%的美国和加拿大年轻人中学没有毕业，其中很多人是低社会阶层的少数族裔青年。辍学是中学生很长一段时间以来逐渐疏离学校的结果。来自家庭和学校的不良影响，使这些中学生丧失了学习成功的机会。这些因素包括学习基础差，缺少父母在学习上的帮助，学生众多且人际关系松散的班级，以及缺乏激励的教学方式。

重要术语和概念

adolescence (p. 361) 青春期
anorexia nervosa (p. 371) 神经性厌食症
body image (p. 370) 身体意象
bulimia nervosa (p. 372) 神经性贪食症
formal operational stage (p. 381) 形式运算阶段
growth spurt (p. 363) 发育加速
hypothetico-deductive reasoning (p. 381) 假设—演绎推理
imaginary audience (p. 384) 假想观众
menarche (p. 365) 初潮
personal fable (p. 385) 个人神话
primary sexual characteristics (p. 365) 第一性征
propositional thought (p. 381) 命题思维
puberty (p. 361) 青春期
secondary sexual characteristics (p. 365) 第二性征
secular trend (p. 366) 时代渐进趋势
spermarche (p. 366) 遗精

青少年与家人共处的时间越来越少，同伴们形成了一些小圈子。随着对约会兴趣的增加，男孩和女孩的小圈子结合在一起。男女混合的小圈子给他们提供了交流机会，让他们学会如何沟通。

第12章

青少年期的情绪与社会性发展

399 路易斯坐在绿草茵茵的半山腰，俯瞰着中学，等待他最好的好朋友达利尔的到来。他们都是高中四年级的学生，常常相约去马路对面的汉堡店去吃午饭。

看着人潮涌入操场，路易斯想起了那天坎普老师在行政管理课上说过的话："假设我出生在中华人民共和国，坐在这里，说着另一种语言，有不同的名字，以不同的方式思考着这个世界，天啊，这样的话我将是谁？"路易斯陷入了沉思。

"嗨，幻想家，我在山脚下喊了你五分钟，怎么没有反应啊？你最近怎么像丢了魂儿似的？"达利尔打断了路易斯的思路。

"哦，我刚才在想一些事情，比如说我想要些什么，我信仰什么。真的很羡慕我哥哥儒勒，他很清楚自己的方向。而我总觉得很迷茫，这种感受你明白吗？"

"很多时候我也是如此，时常在想我究竟喜欢什么，以后会成为怎样的一个人？"达利尔看了路易斯一眼，认真地说。

路易斯和达利尔的想法表明青少年正在对自我进行重组，也就是，正在形成自己的同一性。两个青年都在尝试着弄清他们是谁——他们的价值观和未来的发展方向。

本章将介绍埃里克森的同一性发展理论以及由此展开的一些关于青少年对自己的思考和情感的研究。人的发展的很多方面都涉及同一性这个主题。通过本章的介绍，我们可以了解在青少年期，文化归属感、道德意识以及男性和女性自我意象是怎样逐渐明晰的。亲子关系也在改变，青少年逐渐脱离家庭，友谊和同伴在他们生活中发挥越来越重要的作用。最后将讨论青少年的几个 400
比较严重的适应性问题：抑郁、自杀和违法行为。

一、埃里克森的理论：同一性对角色混乱

埃里克森（Erikson，1950，1968）最先提出**同一性**（identity）是青少年期人格发展的主要成果，是一个人成为有创造力的、幸福的成年人的关键一步。同一性的建构包括明确你是谁、你的价值和你选择的未来生活方向。一位学者这样形容同一性，它是一个作为理性行为者的人关于自己的明确理论，使人的所作所为有明确理由，对自己的行为负责，并对其做出解释（Moshman，1999）。这种关于自己的什么是正确和现实的探索，推动人们做出各种选择，包括职业、人际关系、社会参与、族群关系、性别取向以及道德、政治和宗教理想。

埃里克森把青少年期的心理冲突称为**同一性对角色混乱**（identity versus role confusion）。早期阶段的顺利发展会为这一冲突的积极解决打下基础。缺乏信任感的青少年很难找到可以坚持的信念。缺乏自主性或主动性的青少年在面临选择时难以进行积极探索。缺乏勤奋感的青少年常常不能找到适合自己兴趣和能力的职业。

早期的几个发展阶段虽然为同一性的形成创造了条件，但是直到青少年晚期和成年期，同一性才逐步形成。埃里克森认为，在复杂的社会条件下，青少年会经历同一性危机（identity crisis），这是青少年在确立自己的价值观和目标之前进行尝试的一段痛苦的时期。他们要对灵魂进行探索，重新审视童年时形成的自我，把它与新形成的特点、能力和志向相结合。然后，他们把所有这些东西塑造成一个牢固的内核，这个内核将提供一个成熟的同一性——在日常生活中无论承担什么角色时都具有的一种自我连续感。埃里克森认为，健康的同一性表现为身体、心理和人际关系方面的幸福感，"身体如在家时一般舒适，能够感知一个人将要去往何处，对预期认识有内部确认感"（Erikson，1968，p.165）。同一性形成以后，成年期对早期行为和选择的重新评估使得同一性进一步完善。

当前的一些理论家同意埃里克森所说的，对价值观、人生规划和优先解决的问题进行探索是同一性成熟的必经之路，但他们不再把这一过程

称为“同一性危机”（Grotevant，1998；Kroger，2005）。对于某些青少年来说，同一性的发展是创伤性的和备受困扰的，但他们一般会经历先进行探索，再诉诸行动的过程。当青少年努力尝试时，他们会收集有关他们自己以及周围环境的重要信息，并做出决定。在这个过程中，他们形成了有组织的自我结构（Arnett，2000；Moshman，2005）。

埃里克森把青少年期发展的消极结果称为角色混乱。如果早期阶段的冲突没有得到解决，或由于社会的限制，青少年做出与自己能力和愿望不匹配的选择，他们会浅尝辄止，漫无目标，对成年期的心理挑战缺乏准备。例如，青少年如果没有形成稳定的自我感（同一性），那么他们将在进入埃里克森所说的成年早期时很难与别人分享亲密感。

研究支持埃里克森关于自我同一性发展的理论吗？下面我们将介绍相关的研究例证。

二、自我理解

在青少年期，年轻人对自我的看法更复杂、更有条理，也更稳定。与年幼的儿童相比，青少年对自我的看法更积极。随着时光流逝，他们形成了有关自己能力和缺陷的比较平衡而整合的表征（Harter，2003）。自我概念和自尊的变化是形成前后一致的个人同一性的阶段。

1. 自我概念的变化

在小学期结束时，儿童会用一些人格特质词来描述自己。在青少年早期，青少年可以把一些互相分离的特质（聪明、有才能）合成为一个抽象特质（高智商）。但是这种概括有时缺乏内在联系，甚至相互矛盾。例如，12～14 岁的青少年可能会被描述成具有相反的特质，既“高智商”，又“愚蠢”，既“害羞”，又“外向”。随着社交范围的扩展，他们面对不同关系时会有不同的自我表现——同父母、同学、密友、朋友相处时的表现不尽相同，这是导致不一致产生的原因。随着越来越清楚地意识到这种不一致，青少年会因为“哪个是真正的我”而感到困惑（Harter，1998，2003）。

从青少年中期到青少年后期，认知能力的改变使青少年能把他们的特质整合为一个有序的系统。一些修饰词的使用（我的脾气相当急躁；我并不是十分诚实），表明他们懂得了心理特质可能随情境的变化而变化。年长些的青少年会使用更多的合并原则，来解决看上去令人不解的矛盾。例如，一个青少年说：“我的适应能力很强，有些
401 朋友认为我说的话很重要，和他们在一起时，我很健谈；但是和家人在一起的时候我什么也不说，因为他们对我说的话题从来不感兴趣，甚至从来没有认真听过我说话。”（Damon，1990，p. 88）

与学龄儿童相比，青少年更看重人际交往特质，例如友好、体贴、善良和合作（Damon & Hart，1988）。他们所说的关于自己的话反映出他们关心别人是否喜欢自己。在年长青少年中，个人与道德价值观成为一个重要话题。随着青少年修正对自己的看法，把稳定的观念和人生规划纳入其中，他们就形成了自我的唯一性，这是同一性发展的核心成分。

2. 自尊的变化

自尊作为自我概念中带有评价性的部分，在青少年期继续分化。青少年的自尊中增加了自我评价的几个新维度——亲密友谊、对异性的吸引力以及职业能力（见第 10 章）（Harter，1999，2003）。

自尊水平也发生变化。一些青少年因升学过渡，自尊水平暂时下降（见第 11 章），而那些同伴关系好、学习能力强的青少年，自尊水平则上升（Cole et al.，2001；Twenge & Campbell，2001）。青少年大多认为自己变得更成熟，更有能力，更漂亮英俊，比过去更有吸引力。对 13 个工业化国家青少年的研究表明，多数青少年都比较乐观，对个人与职业的未来有掌控感，相信自己有能力应对生活中的困难（Grob & Flammer，1999）。

同时，青少年自尊的个体差异也更加稳定（Trzesniewski，Donnellan & Robins，2003）。自尊、对各种活动的评价与参加这些活动的成败之间的正相关关系加强。例如，青少年的学业自尊能显著预测他们对学科重要性和有效性的判断、努力学习的意愿、学习成绩和后来的职业选择（Bleeker & Jacobs，2004；Jacobs et al.，2002；Valentine，DuBois & Cooper，2004）。

不论家庭经济地位高低，也不论来自哪个族群，自尊水平高的中学生都具有适应良好、合群、尽职尽责等特点。相反，自尊水平低的中学生则适应困难（DuBois et al.，1999；Robins et al.，2001）。但是自尊的有些因素与适应之间的相关更密切。对父母关系非常不满的青少年常常表现出攻击性和反社会行为。学业自尊水平低和焦虑、精力不集中相关，同伴关系差常与焦虑和抑郁相关（Leadbeater et al.，1999；Marsh，Parada & Ayotte，2004）。

和儿童期一样，权威型家庭教养方式与教师鼓励也可以预测青少年期的高自尊（Carlson，Uppal & Prosser，2000；Feiring & Taska，1996；Steinberg，Darling & Fletcher，1995）。相反，经常被父母批评和侮辱的青少年，其自尊不稳定，总体自尊较低（Kernis，2002）。如果对青少年的行为给予消极、前后不一致或者非就事论事的反馈，那么最好的结果也是对自己能力产生怀疑，最坏的结果，将引发无能和被抛弃的感觉。受到父母如此对待的青少年只能靠同伴，而不是成人，来维护其自尊，这是适应不良的一个危险因素（DuBois et al.，1999；2002）。

社会大环境也会影响青少年的自尊。如第10章所述，与美国白人儿童相比，家人帮助和族群自豪感是非洲裔儿童高自尊的基础，青少年也是如此。亚裔学生在青少年期越来越觉得自己受欢迎。而女性青少年则更多地关注自己的外貌，对自己的能力越来越不自信，她们的自尊水平比男孩下降快。最后，如第10章所述，和邻居中同一族群的好多同伴念同一所学校的青少年，其报告的自尊水平较高。

青少年期的自尊水平一般会提高。这个14岁的女孩对自己的运动能力很满意。

3. 获得同一性的途径

青少年有条理的自我描述以及自尊为同一性的获得奠定了认知基础。采用詹姆斯·马西亚（James Marcia，1980）设计的临床访谈方法或简要的量表测量，依据埃里克森理论中*探索*（exploration） 402 和*诉诸行动*（commitment）两个主要指标，研究者对同一性发展过程进行了评价，把同一性划分为四种状态：**同一性成熟**（identity achievement），经过一段时间的探索，把价值观、信念和目标诉诸行动；**同一性延缓**（identity moratorium），经过探索但是还没有诉诸行动；**同一性早闭**（identity foreclosure），没有经过探索就诉诸行动；**同一性弥散**（identity diffusion），既没有经过探索也没有诉诸行动。表12.1对这些同一性状态进行了概括。

表12.1　同一性的四种状态

同一性状态	描述	举例
同一性成熟	经过探索性的选择以后，获得同一性的人把已经明确形成的价值观和目标付诸行动。他们心理健康，行为具有跨时间的一致性，知道自己的前进目标。	当问到如果遇到更好的条件会不会放弃已经做出的决定时，达拉回答说："可能会，但有些拿不准，毕竟选择律师职业是我想了很久的事，并且我认为这个职业很适合我。"
同一性延缓	同一性延缓意思是"延迟或原地踏步"。这一阶段的人还没有决定要诉诸行动。他们仍在探索和积累知识，参加各种活动，希望找到引导其生活的价值观和目标。	当问到是否怀疑过自己的宗教信仰时，罗曼回答说："我一直都在想这个问题，我不知道世界上为什么会有神，为什么有如此多的罪恶。"
同一性早闭	同一性早闭者没有经过反复探索就把他们的价值观和目标付诸行动。他们的同一性对象是权威人物（父母、教师、宗教领袖或恋人）替他们选择的。	当问到是否重新考虑一下自己的政治信仰时，希拉里说："不用了，我的家人在这些事情上意见很一致。"

续前表

同一性状态	描述	举例
同一性弥散	同一性弥散者没有明确方向。他们既没有把价值观和目标诉诸行动，也不去积极探索。他们从不对不同观点进行探索，或认为这样做太危险、太困难。	当问到对不符合传统的性别角色的态度时，乔尔回答说："我不知道，这和我没什么关系。"

同一性的发展有多种途径。有些青少年停留在某一个状态，另一些人则经历很多辗转曲折。*同一性领域*（identity domains）有很多，如性取向、职业、宗教及政治价值观等等，同一性的模式也存在差异。15 岁左右到 25 岁左右的多数青年人，其同一性都从较低状态（同一性早闭、同一性弥散）过渡到较高状态（同一性延缓、同一性成熟），也有少数人经历了相反的发展趋势（Kroger，2001；Meeus，1996）。

大学在职业取向和生活方式方面给年轻人提供了更多的探索机会，因此大学生比中学生进行了更多的探索（Meeus et al.，1999）。大学毕业以后，在最终确定生活道路之前，年轻人往往要在大范围的生活经历中进行尝试。中学毕业后马上工作的人比继续念大学的人，做出自我确定较早些。那些因缺乏训练或职业选择机会而不能实现其职业目标的人将面临同一性弥散的困扰（Eccles et al.，2003）。

曾有一段时间，研究者认为处于青少年期的女孩获得同一性的时间较晚，她们提前进入了埃里克森所说的下一个阶段，即亲密感的发展阶段。一些女孩的确在与亲密感有关的同一性领域，如性和家庭方面而不是职业方面，比男孩做出更成熟的推理。但是，无论男女，在建立良好的亲密关系之前，都要先经历同一性的形成过程（Kroger，2000；Meeus et al.，1999）。

4. 同一性状态与心理健康

大量研究证明同一性成熟和同一性延缓是走向比较成熟的自我确定的途径，而长期处于同一性早闭和同一性弥散状态，会导致适应不良。

同一性延缓的青少年在面对挑战时也会出现焦虑，但是他们在做决定和解决问题时会与同一性成熟状态的人那样，采用积极的*信息收集认知方式*。也就是说，他们会寻找相关信息，认真做出评价，反思并修正看法（Berzonsky，2003；Berzonsky & Kuk，2000）。同一性成熟状态的人具有较高的自尊水平，对自己的生活有较好的掌控感，肯定学习和工作是实现愿望的切实途径，道德推理能力也较强（Adams & Marshall，1996；Kroger，2002；Serafini & Adams，2002）。

处于同一性早闭或同一性弥散状态的人在面对与同一性相关的事物时显得被动和适应困难。同一性早闭的人常常表现出*教条的、不灵活的认知方式*，未经深思熟虑的评估，就把父母或他人 403
的价值观和信念内化（Berzonsky & Kuk，2000）。他们大多害怕遭到拒绝，尤其害怕遭到关注他们、能提高其自尊的人的拒绝。少数脱离家庭的处于同一性早闭状态的青少年还会不加选择地加入一些极端组织，不加区分地选择一些和过去截然不同的生活方式。

长期处于同一性弥散状态的人是同一性发展过程中最不成熟的。他们采用*混乱—回避的认知方式*，不愿意谈论个人的决定和个人问题，做出的反应常受到当前情境压力的影响（Berzonsky & Kuk，2000）。他们抱着无所谓的态度，相信运气和命运，盲从于所属群体的行为。结果，在时间安排和学习方面遇到困难，其中很多人可能会吸毒（Archer & Waterman，1990）。他们冷漠的内心常常感到对未来的无助感。

这些青少年聚在一起，他们所处的环境中没有种族歧视。学校和团体接受多元文化的传统有利于提高青少年的自尊。

5. 影响同一性发展的因素

青少年同一性的形成启动了一个贯穿一生的动

态过程，受到人格与环境两方面诸多因素的影响。无论是个人方面还是环境方面的改变都为同一性的重构提供了机会（Kunnen & Bosma，2003）。

前面阐述同一性与适应的关系时提到，同一性既是人格的原因也是人格的结果。相信永远存在着绝对真理的人容易形成同一性早闭；对确定事实都不敢相信的人则容易形成同一性弥散；在面临选择时善于按照理性标准对多个选项做出选择的人容易达到同一性延缓或同一性成熟状态（Berzonsky & Kuk，2000；Boyes & Chandler，1992）。

第6章曾讲到，如果学步儿的父母对孩子既疼爱，又给孩子探索的自由，儿童就会形成健康的自我意识。同样，如果儿童把家庭作为“安全基地”，能够自由地探索外部世界，他们的同一性就会顺利地发展。那些既依恋父母又有言论自由的青少年比较容易进入同一性延缓或同一性成熟状态（Berzonsky，2004；Grotevant & Cooper，1988）。同一性早闭的青少年与父母的关系往往过于紧密，他们与父母缺乏恰当而必要的疏离。同一性弥散的青少年在家里得到的温暖和自由交流的机会则最少（Reis & Youniss，2004；Zimmerman & Becker-Stoll，2002）。

通过与各种各样的同伴互动，青少年在更大范围表露想法和价值观。亲密友谊可以提供情感上的关心和同一性发展的示范，从而互相帮助，对各种选择进行探索。一项研究发现，拥有互相关心、互相信任的同伴关系的15岁青少年，会更多地对同伴关系问题进行探索，例如思考在自己在亲密朋友中或在生活伙伴心目中的价值（Meeus，Oosterwegel & Vollebergh，2002）。另一项研究发现，年轻人对朋友的依恋可以对他们的职业探索和职业选择过程做出预测（Felsman & Blustein，1999）。

为青少年提供了丰富多彩的探索机会的学校和社区，也有助于同一性的发展。在学校里，课堂促进了学生的高水平思维，课外活动使青少年承担负责任的角色，教师和辅导员鼓励低社会阶层的学生上大学，职业培训项目则使青少年融入成人的真实工作环境（Cooper，1998）。

文化也对青少年成熟同一性特征的形成途径有很大影响，在同一性状态的探索中，青少年为什么难以做到在个人情况发生巨大变化的情况下，形成一种自我连续感？在一项研究中，分别让12～20岁的加拿大原住民青少年和主流文化青少年描述过去和现在的自己，然后让他们解释，为什么认为自己始终是同一个人（Lalonde & Chandler，2005）。结果显示，随着年龄增长，两组被试的回答都越来越复杂，但是两组的策略不同。主流文化的青少年大多采用个体主义方式，他们认为稳定的个人特点（enduring personal essence），即自我的内核，使他们在发生变化时仍然是同一个人。而原住民青少年采取相互依存的方式，强调因为新的角色和关系导致的不断变化的自我。他们大多使用一种连贯的叙述方式，用一种可以解释他们怎样发生重要变化的线索，把他们生活的多个时间片断串联起来。

另外，社会压力也使同性恋和双性恋青年（见第11章），以及一些少数族裔青少年（见本节的“文化影响”专栏）面临一些特殊的难题。成人可以参考本节的“学以致用”表中归纳的一些方法，给青少年的同一性探索提供帮助。

专栏　文化影响

少数族裔青少年同一性的发展

虽然大多数青少年都知道自己的祖籍，但是并不把它放在心上。少数族裔青少年则不然，种族同一性是他们追求同一性的核心，甚至是一种挑战。**种族同一性**（ethnic identity）是认为自己属于种族一员的意识、态度以及与族群成员相联系的情感。随着认知的发展，他们对来自周围环境的反馈也越来越敏感，如果受到歧视和不平等待遇，他们会感到非常痛苦。因此，他们努力建立文化归属感，追求有意义的个人目标。

选择主流文化标准还是本民族的文化传统，少数族裔青少年常常在这一问题上感到困惑。在一些接受移民的国家，很多来自集体主义文化的移民家庭，青少年遵照父母的观点，履行家庭义务，大大减少了这种困境（Phinney，Ong & Madden，2000）。但是如果移民父母过分限制，害怕其青少年子女被同化到大社会环境会削弱他们的文化传统，这些青少年往往会出现叛逆行为，拒绝尊重本族群的文化。

一些少数族裔青少年面对着破碎的自尊、学业失败，在主流社会中想按照多数人的价值观确定自己的身份却困难重重。一个放弃了学业的墨西哥裔青年说道："墨西哥人没有念大学的机会，也不能为自己做什么。"（Matute-Bianchi，1986，pp. 250-251）同时，歧视阻碍了积极的种族同一性的形成。研究发现，体验到较多种族歧视的墨西哥裔青少年，很少对自己的种族进行探讨，对自己的族群也很少有积极情感。在面对歧视时，种族自豪感较低者，其自尊也较低（Romero & Roberts，2003）。

由于少数族裔中学生的种族同一性给他们带来痛苦和困惑，他们往往回避对种族同一性成熟的探索。很多人处于种族同一性弥散或早闭状态（Markstrom-Adams & Adams，1995）。如果父母来自不同族群，其子女将面临更多困难。对中学生的一项大规模调查显示，父母一方是黑人的与父母都是黑人的青少年受到同样多的歧视，但是前者对非洲裔族群的态度更消极。与父母都是同一少数族裔的青少年相比，很多父母来自不同族群，如黑人—白人、黑人—亚裔、白人—亚裔、黑人—西班牙裔、白人—西班牙裔等等，这些青少年很少把种族看作同一性的核心成分（Herman，2004）。原因可能是他们觉得自己不属于任何一个族群，他们忽视种族同一性的重要性，并且（在带有部分黑人血统的情况下）相当消极地看待自己的族群背景。

如果家人鼓励青少年好好表现，驳斥说黑人学习差、反社会行为多等种族成见，青少年就能克服歧视对他们获得良好的种族同一性造成的困难（Phinney & Chavira，1995）。另外，家人常给他们讲本族群的历史、传统、价值观和语言的青少年，以及经常跟同族群的同伴一起交流的青少年，也容易形成良好的种族同一性（Phinney et al.，2001b）。

社会怎样帮助少数族裔青少年解决同一性冲突？下面是一些相关的措施：

- 鼓励父母运用有效的教养方式，使儿童和青少年从家人的种族自豪感中获益，鼓励他们寻找自己族群的优点。
- 学校应尊重少数族裔青少年的语言、独特的学习方式和接受高质量教育的权利。
- 提倡多与本族群的同伴接触，不同族群之间要互相尊重。（Garcia Coll & Magnuson，1997）

稳定而安全的种族同一性与高自尊、乐观、对环境的掌控感以及对本族群的积极态度相关（Carlson，Uppal & Prosser，2000；Smith et al.，1999）。因此，与本族群关系密切的青少年适应较好。比起那些与本族群关系疏远的同伴，他们能更有效地应对压力，在学校取得更好的成绩，情绪和行为问题也较少（Chavous et al，2003；Wong，Eccles & Sameroff，2003）。

通过探索和接纳来自青少年亚文化和主流文化的价值观而形成的**双重文化同一性**（bicultural identity）使青少年获益颇多。形成双重文化同一性的青少年一般在同一性的其他领域也成熟较快。他们与其他族群成员的关系也比较好（Phinney et al.，2001a；Phinney & Kohatsu，1997）。总而言之，种族同一性的获得对情绪和社会性发展的很多方面都有促进作用。

北威斯康星州的齐佩瓦保留地的中学生聚集在当地的体育馆里，参加每周一次的纪念印第安文化和语言的活动。当少数族裔青少年看到他们的文化遗产受到尊重时，他们就更积极地维护本族群的价值观和习俗，这成为他们的同一性的重要组成部分。

学以致用 怎样支持健康同一性的发展

步骤	举例
进行亲切而开诚布公的交流。	既在情感上给以帮助，又允许对价值观和目标进行自由探索。
在家庭和学校开展可促进高水平思维的讨论。	鼓励从不同的信仰和价值观中做出理性而深思熟虑的选择。
提供参加课外活动和职业培训项目的机会。	允许青少年探索成人的真实工作环境。
提供机会与曾有过同一性问题的成人和同伴交流。	提供成熟地获得同一性的榜样，对怎样解决同一性问题提出建议。
提供机会了解本族群遗产并在尊重氛围中了解其他文化。	鼓励在各领域都获得同一性和族群接纳度，这会支持对别人的同一性探索。

思考题

复习 列举影响同一性发展的个人和环境因素。

应用 本章开始时路易斯和达利尔的谈话显示出他们属于哪种同一性状态？为什么？

联结 青少年期自我概念和自尊的变化如何影响同一性的形成？

反思 你自己的同一性状态如何？同一性状态会随着性别、亲密关系、职业、宗教信仰和政治价值观等领域的不同而变化吗？说说你的同一性在某一重要领域的发展，并指出可能对其产生影响的因素。

三、道德发展

405 11岁的萨布琳娜坐在厨房的桌子旁边饶有兴趣地看着星期天的报纸。16岁的路易斯正在喝麦片粥。萨布琳娜说："你看看这个。"她指着报纸上的一幅照片，照片上一个70多岁的老妇人站在她家里，地板和家具上到处堆着报纸、包装盒、罐头盒、瓶子、食物和衣服。墙皮斑驳，水管结冰，水池、卫生间和炉子已经都不能再用。图片的标题是："洛列塔·佩里：我的生活不关他们的事。"

"看看他们怎样对待这位可怜的老人？"萨布琳娜说，"他们要把她赶出房子，然后把房子拆掉！那些市政稽查员也不替别人想想，报上说洛列塔·佩里夫人以前经常帮助别人，为什么没人帮帮她？"

"萨布琳娜，你忽略了一点。"路易斯答道，"佩里夫人违反了30项房屋建筑规范标准。法律规定必须保持房屋清洁，修缮良好。"

"但是她年纪太大了，她需要帮助，她说如果把她的房子拆掉，她的日子就到头了。"

"市政稽查员不是不通人情，萨布琳娜。佩里夫人太固执了，拒绝按照法律行事。如果不拆掉她的房子，不仅威胁到她自己，而且，假如她家发生火灾，对邻居也很危险。你和旁边的人们住在一起，就不能说别人的事与你无关。"

"你无论如何不能推倒别人的房子。"萨布琳娜生气地说，"她的朋友和邻居为什么不来帮她修修房子？路易斯，你很无情！"

萨布琳娜和路易斯在佩里夫人事情上的分歧告诉我们，认知发展和社会经验的积累使青少年更深刻地理解较大范围的社会结构，即社会机构和法律体系，这影响着道德责任感。随着对社会事务知道得越来越多，青少年形成了一些新的想法，即当人的需求与别人的期望相冲突时，应该怎么办。相应地，他们在解决道德问题上越来越公正、平等和平衡。

1. 皮亚杰的道德发展理论

皮亚杰早期关于儿童道德判断的研究，对劳伦斯·科尔伯格（Lawrence Kohlberg）后来提出的道德认知发展理论有很大影响。皮亚杰（Piaget， 406
1932/1965）采用故事法，基于5～13岁被试关于规则的起源和故事主人公行为的道德判断，把道德分为两个阶段。

第一个阶段，**他律道德**（heteronomous morality），大约适于5～10岁儿童。他律（意为"处于别人的权威之下"）是说，儿童认为规则是由权威人物（神祇、父母、老师等）制定的，是永恒而不容置疑的，必须严格遵守。在判断一个行为的错误时，他们只看行为的结果，而不考虑行为是否故意。如果让儿童判断，约翰在去吃饭时无意中打碎了门后边的15个杯子，亨利因为偷吃果酱打碎了1个杯子，两人谁更调皮，那么，6～7岁的孩子就会选择约翰。

即将进入青少年期时，儿童进入**自律道德**（autonomous morality）阶段。这时，他们不再认为规则是固定不变的，而是灵活的，是人们商定的、必要时可以修改的行为标准。因此，年长儿童和青少年会采用一种称为**理想互惠**（ideal reciprocity）的公平标准。他们对自己和别人的幸福同样关心。人们都知道这样一条"金律"式的标准："己所不欲，勿施于人。"这一阶段的儿童意识到，行为的结果和动机都是判断行为的基础。皮亚杰还认为，认知发展和同伴互动增多而导致的观点采纳能力，是道德判断发展的基础。

本书第 8 章和第 10 章曾讲到幼儿期和儿童期道德发展，现在重新审视一下皮亚杰的理论，你会发现，皮亚杰对年幼儿童的描述未免有些刻板和表面化，对物理后果的强调低估了儿童的道德能力。但是无论如何，皮亚杰的道德阶段确实描述了道德发展的一般趋势。

科尔伯格更加全面的理论是对皮亚杰研究的直接的延续。科尔伯格确定了道德发展的六个不同阶段，其中有三个阶段是在皮亚杰所说的自律道德出现以后形成的。

这个少年推着他的残疾朋友在室内溜冰场溜冰，他理解“己所不欲，勿施于人”这句金律。对“爱人如爱己”这种互惠原则的深刻理解促进了对道德的理解。

2. 科尔伯格对皮亚杰理论的扩展

科尔伯格考察道德发展采用的是临床访谈法，给 10～16 岁的男孩呈现带有假设的道德两难（moral dilemmas）的故事，其中包含着两种互相矛盾的道德价值观，让他们判断主人公会怎样做，为什么会那样做。然后对这些被试进行追踪，在以后的 20 年中，每隔 3～4 年对他们进行一次回访。科尔伯格的两难情境中以“海因茨两难问题”最著名。互相对立的两种价值观当中，一种是遵守法律（不偷窃），一种是生命价值至上（挽救濒死者）。

> 在欧洲，有一位妇人患上癌症，濒临死亡。医生告诉她的丈夫海因茨，有一种药可以救他妻子的生命。镇上的一个药商进了这种药，但是他的开价是进药成本的 10 倍。患病女人的丈夫海因茨四处奔走，向他认识的人借钱，但是只借到药钱的一半。药商既不降价，也不赊账。海因茨被逼无奈，只得在夜里破门而入，偷了那种药来救他的妻子。海因茨应该那样做吗？为什么？（引自 Colby et al.，1983，p. 77）

科尔伯格认为，决定着道德成熟性的，是面临两难时一个人说出的原因，而不是回答的内容（偷药或不偷药）。处于科尔伯格道德所说的前四个阶段的人中间，既有人认为海因茨应该偷药，也有人认为不应该偷。只是到了两个最高阶段，道德推理和道德内容才被归结为一个统一的伦理系统（Kohlberg，Levine & Hewer，1983）。面临着遵守法律和保护人权的选择，道德思维水平最高的人赞同保护人权（在海因茨两难中，赞同为拯救一个生命而偷药）。这使我们想起，青少年在建构其同一性的过程中，一直在努力形成一套稳定而协调的个人价值观。有研究者认为，同一性和道德观的发展是同一过程的不同部分（Bergman，2004；Blasi，1994）。

（1）科尔伯格的道德观发展阶段

科尔伯格把他所说的六个阶段归纳为道德发展的三个一般水平。和皮亚杰的理论一样，处于科尔伯格的前三个阶段的儿童从关注行为结果的道德转向以理想互惠为基础的道德。对处于第四个阶段的青少年进行的访谈显示，他们认为，社会规则和法律对于确保人与人平等对待是非常重 407
要的。以很少的一部分青少年的回答为基础，科尔伯格提出了第五阶段和第六阶段。

科尔伯格同意皮亚杰所说的，道德观是由认知发展的两个因素所推动的：一是积极地思考道德问题，找到自己当前推理中的缺陷；二是观点采纳中可以帮助人们以更有效的方式来解决道德冲突。下面根据人们对海因茨两难问题的回答，来看看科尔伯格所说的发展顺序，以及每个阶段中观点采纳的变化。

前习俗水平。在**前习俗水平**（preconventional level）上，道德是外控的。像皮亚杰所说的他律阶段一样，儿童接受权威人物的规则，根据后果对行为做出判断。受到惩罚的行为就是坏行为，受到表扬的行为就是好行为。

阶段1：惩罚与服从定向（the punishment and obedience orientation）。这一阶段的儿童很难同时考虑到道德两难问题中的两种观点。因此，他们忽视人的行为意图，害怕权威，回避惩罚，把这些当作判断行为是否道德的理由。

> 赞成偷药："如果你让你的妻子死了，你会因为没有花钱帮她而收到责难，你和那个药商都会因为你妻子的死而接受调查。"（Kohlberg，1969，p. 381）
>
> 反对偷药：你不应该偷药，因为做这样的事你会被捕，送去坐牢。如果你逃跑，（你也害怕）警察会随时抓住你。（Kohlberg，1969，p. 381）

阶段2：工具性的目标定向（the instrumental purpose orientation）。儿童意识到，人们对道德两难问题会有不同的看法，但这种认识是非常具体的。他们把正确行为看作是符合个人利益的行为，把互惠理解为平等交换喜欢的东西："如果你帮我，我就帮你。"

> 赞成偷药：如果海因茨决定冒坐牢的风险去救他的妻子，这就是他冒着风险过的日子；他可以做他想做的事。药商也是同样，就看他决定怎样做。（Rest，1979，p. 26）
>
> 反对偷药：海因茨不值得（为了救快死的妻子）冒这么大的风险。（Rest，1979，p. 27）

习俗水平。习俗水平（conventional level）时期，人们仍然认为遵守社会规则很重要，但原因不是出于个人利益。他们相信维持现有的社会体系可以保证良好的人际关系和社会秩序。

阶段3："好孩子"定向或人际合作道德（the "good boy-good girl" orientation or the morality of interpersonal cooperation）。遵守规则的愿望，因其可以促进社会和谐，开始出现在紧密的人际联系背景中。处于阶段3的人希望通过做个"好人"——可信，忠诚，礼貌，助人和善良，维持与朋友、亲属的友情，得到他们的赞许。站在旁观者角度，不偏不倚地看待两个人之间关系的能力支持了这种新的道德倾向。在这一阶段，个体可以理解理想的互惠。

> 赞成偷药：如果偷药救你妻子的话，没有人会认为你是坏人。如果不这么做，你的家人就会认为你是一个不近人情的丈夫；如果你听任你的妻子死去，你就再也看不到她了。（Kohlberg，1969，p. 381）
>
> 反对偷药：不仅药商认为你是个罪犯，别人也会这样认为……你会感到愧疚，觉得你给家人和自己带来了耻辱（Kohlberg，1969，p. 381）

阶段4：维护社会秩序定向（the social-order-maintaining orientation）。在这一阶段，人们考虑到一个更大的问题——社会法律。道德选择不再取决于跟别人的亲密关系。规则必须按照人人平等的原则来执行，社会上每个人都有义务维持这些规则。到达阶段4的个体认为法律不可违背，因为它对社会秩序和人们之间的合作关系至关重要。

> 赞成偷药：海因茨有义务救他妻子，那是他对婚姻的誓约。但是偷窃是不对的，他必须有付钱才能拿到药的想法，也必须因为犯法而接受处罚。
>
> 反对偷药：即使他的妻子死了，（海因茨）作为一个公民，也要守法……如果人们都因为身处困境而违犯法律，文明将不复存在，只有犯罪和暴力。（Rest，1979，p. 30）

后习俗水平或原则水平。达到后习俗水平（postconventional level）的人开始超越对社会规则和法律毋庸置疑的支持态度。他们把道德定义为放之四海而皆准的抽象原则和价值观。

阶段5：社会契约定向（the social contract orientation）。到达阶段5的人认为法律和规则是用来实现人类目标的灵活的工具。他们能够设想改变自己所在社会的秩序，强调采用公平的程序来解释和改变法律。如果法律符合大多数人的权益，那么，每个人都应该遵守，这样做的原因出于社会契约定向——自由地、心甘情愿地投身于一种法律体系，因为有这个体系比没有这个体系能给人们带来了更多的好处。

> 赞成偷药：虽然法律不允许偷窃，但是这并不等于说可以剥夺人的生命权……如果海因茨因为偷窃而被起诉，法律就需要重新解释，要考虑到法律违背了人的与生俱来的生命权的情境。

408 阶段 6：普适伦理原则定向（the universal ethical principle orientation）。到达这一阶段的人判断行为是否正确，根据的是自己选择且适于所有人的良心伦理原则，而无论法律和社会契约如何。这些价值观是抽象的，不是《摩西十诫》那样的具体道德规则。处于阶段 6 的人一般都会提到这样的原则，如所有人都追求平等，尊重每个人的价值和尊严等。

> 赞成偷药：把追求财富置于尊重生命之上，是毫无意义的。人们即使没有私有财产也完全可以在一起共同生活。尊重人的生命和人格是绝对应该的，因此（人们）面临死亡有彼此拯救的义务。（Rest，1979，p. 37）

(2) 关于科尔伯格的阶段顺序的研究

科尔伯格最初的研究以及其他的纵向研究为他的阶段顺序提供了令人信服的支持。除少数例外，多数人都按照预期的顺序，依次通过前四个阶段（Colby et al.，1983；Dawson，2002；Walker & Taylor，1991b）。道德发展是缓慢和渐进的：青少年早期，阶段 1 和阶段 2 的推理开始下降；到青少年中期，阶段 3 的推理先增加后下降；从十几岁到成年早期，阶段 4 的推理逐渐增加。

很少有人能超越阶段 4。事实上，后习俗道德非常罕见，因为没有足够的证据证明在科尔伯格说的阶段 5 之后存在着一个阶段 6。这对科尔伯格的理论是一重大的挑战：如果一个人必须达到阶段 5 和阶段 6，才能被看作道德上成熟，那么无论在什么地方都很难通过测量找到这样的人！根据一种对科尔伯格理论的重新检验，可以发现，道德的成熟在修订以后对阶段 3 和阶段 4 的理解中已经存在（Gibbs，1991，2003）。这些阶段并不像科尔伯格所说的那样，处于以约定俗成为基础的习俗水平。恰恰相反，它们需要深刻的道德建构——把理想互惠看作人际关系的基础（阶段 3），以及为了接受更多的道德标准，对各种规则和法律加以阐述（阶段 4）。从这种角度来看，后习俗道德只是少数受过良好教育、通常是哲学教育的人的一种高度反省式努力。

在看到海因茨两难问题时，你也许有自己的解决方法。现在，请想想你最近在生活中遇到的道德两难问题。你是怎样解决的？你的推理是否和你在海因茨两难问题中的推理一样？现实生活的冲突经常使人们的道德推理低于他们的实际能力，因为它包含了很多现实的顾虑和掺杂着强烈感情的复杂认知。虽然青少年和成人认为推理是他们在解决两难问题时最常用的方法，但他们也提到另一些方法，例如，和别人一起讨论，凭直觉或诉诸宗教和灵性的观念。在日常生活的两难情境中，特别值得注意的是对痛苦的表达，道德判断的动机和情绪方面往往不能被假设情境所触及。就像一位研究者所说的："在你没有失去任何东西的时候，道德是很容易做到的。"（Walker，2004；Walker et al.，1995，p. 381）

情境因素对道德判断的影响说明，像皮亚杰的认知阶段一样，科尔伯格的道德阶段也并非十分严密。人的道德反应不是以一种整齐划一、按部就班的方式发展，而是随着环境的不同，在一个范围之内变化。随着年龄的增长，这个范围的位置逐渐抬高，比较不成熟的道德推理逐渐被比较成熟的道德思维所取代。

3. 道德推理是否存在性别差异

如上所述，面对现实生活中的道德两难问题时，情绪会对道德判断产生影响。请留意在本节开始的讨论中，萨布琳娜在表达自己的道德观点时是怎样聚焦于对别人的关心和帮助的。很多研究者质疑科尔伯格只根据对男性的访谈就提出了他的理论，不足以代表女孩和女性的道德，其中以凯罗尔·吉利根（Carol Gilligan，1982）尤为出名。吉利根认为，女性道德强调一种"关怀的伦理"，而这在科尔伯格的理论中是被低估的。例如，萨布琳娜的推理处于阶段 3，因为这一阶段的基础是人与人之间的相互信任和友情；而路易斯的道德发展处于阶段 4，因为他强调应遵守法律。在吉利根看来，在道德判断中，对别人的关心不同于强调毫无人情味儿的权利，但是它也许比后者更重要。

很多研究试图检验吉利根的论断，即科尔伯格的方法低估了女性的道德成熟度。多数都不支持科尔伯格的观点（Turiel，1998）。无论在假设的或真实的情境下，无论是青少年还是成人，女性的推理能力都和男性一样或略高于男性同龄者。而且，公正与关怀这两个主题都出现在男女两性中，虽然女孩确实把人际关注看得更重要但她们却没有在科尔伯格的评价系统中被降级（Ja- 409 dack et al.，1995；Kahn，1992；Walker，1995)。这些结果表明，虽然科尔伯格的理论将公正而不是关怀作为最高的道德理想，但是他的理论却触及了这两套价值观。

即便如此，吉利根仍然坚定地认为，道德发展研究受限于过分注意权利和公正（“男子气”的理想特征），而很少注意关怀和反应性（“女子气”的理想特征）。确有证据证明，虽然男性道德和女性道德都涉及上述两种定向，但是女性确实更强调关怀，而男性要么更强调公正，要么既强调公正又强调关怀（Jaffee & Hyde，2000；Wark & Krebs，1996；Weisz & Black，2002)。

这种差异在日常生活的两难情境中比在假设情境中出现得更多，可能反映出女性在日常生活中更多地参与关怀、照顾别人的活动。一项研究发现，美国和加拿大的17～26岁的女性在关怀问题的推理上，胜过其男性同伴。但是如图12.1所示，挪威的男性和女性在关怀的理解方面做得同样好（Skoe，1998)。也许推崇男女平等的挪威文化减弱了男孩和男人对人际责任的过多思考。

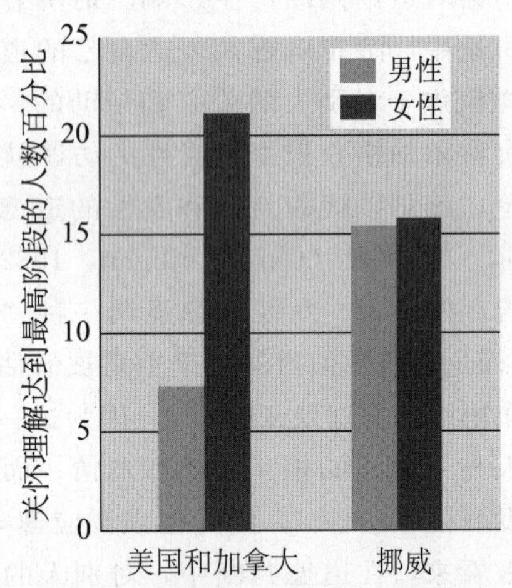

图12.1　美国、加拿大与挪威男性和女性对关怀问题的复杂推理

研究选取17～26岁的被试，北美的女性在复杂的关怀理解上的分数显著高于男性，而挪威的男性和女性不存在差异。

资料来源：Skoe，1998.

4. 对道德、社会常规和个人权益的协调

青少年在道德方面的进步还体现在他们对情境的推理上，这导致了道德、社会常规和个人问题之间的矛盾。在西方和非西方的各种文化中，青少年都表示，他们非常关心个人选择问题，这反映出他们对同一性探索和独立性的加强（Neff & Helwig，2002；Nucci，2002)。他们比年幼儿童更坚定地认为，穿着、发型、日记和友谊都是个人的事情，而不是权威人物（如父母）所控制的东西（Nucci，2001)。随着个人私事范围的扩大，他们更加在意个人选择与社会责任之间的冲突，例如，有没有这样的法律，或在什么条件下法律会限制言论、宗教、婚姻、养育子女、结社和其他个人权利（Helwig，1995；Wainryb，1997)。

对这些问题，青少年比小学生更敏感。例如，问他们，同伴群体能否以种族或性别为由把一个儿童拒之门外，四年级的学生一般回答说，在任何情况下这种排斥都是不公平的。但是对公平更看重的十年级学生却表示，在一定情况下，例如该群体是个好朋友圈子而不是同伴群体，或者该群体以性别为基础而不是以种族为基础，排斥就是可以的（Killen et al.，2002)。他们在解释原因时提到，个人选择权和有效的群体机能都要考虑到。当让一个十年级女生解释，为什么一个全部由男生组成的音乐俱乐部不让一个女生加入时，她回答：“这不好吧……这是他们的俱乐部。”另一个人说：“（男生和女生）可能在好多事情上没什么关系。”(p. 62)

随着青少年逐渐把个人权利与理想的互惠原则加以整合，他们要求像自己希望得到保护那样，别人也受到保护。同样，他们也越来越发现了道德规则与社会常规之间的重叠。最后他们意识到，严重违反常规行为，如穿着T恤衫参加婚礼，在学生会会议上破坏秩序，也会伤害别人。因为这些行为要么给别人带来烦恼，要么违反了平等相待的原则。随着年龄增长，年轻人对公平的理解更加深刻，他们意识到，社会常规不仅是权威人物的命令，对维护一个公正、和平的社会也必不可少（Nucci，2001)。这一观点恰好是科尔伯格理论阶段4的核心内容，年轻人一般在青少年期结束时达到这一阶段。

5. 对道德推理的影响

青少年的道德观受到很多因素的影响，包括父母教育方式、学校教育、同伴关系和文化等等。越来越多的证据证明了科尔伯格的观点，这些经验之所以能发挥作用，是因为它们使青少年面临认知挑

这些学生参与了一个草拟法律条文的项目，每周在州议会大厦的参议院就他们提出的法律条款进行一次讨论。他们的热情反映出他们对复杂道德问题的兴趣日益浓厚，这些道德问题涉及怎样在个人选择和社会义务之间求得平衡。

战，促使他们以更复杂的方式来思考道德问题。

（1）父母教育方式

像儿童期一样，充满关怀的父母教育方式，以及对道德问题的讨论，也有助于青少年期道德观的发展。如果父母仔细地倾听，要求青少年子女对各种问题做出解释，给孩子机会进行高水平推理，就能使他们在道德发展方面获益多多（Pratt，Skoe & Arnold，2004；Wyatt & Carlo，2002）。相反，如果父母经常说教、威胁、讽刺挖苦，青少年就会进步很小或停滞不前（Walker & Taylor，1991a）。

（2）学校教育

在学校读书的年数可以有效地预测到达科尔伯格的阶段 4 或更高阶段（Dawson et al.，2003；Speicher，1994）。进入大学读书使青年了解到超
410 越个人关系的、涉及更多的政治和文化群体的社会问题。这种看法得到了研究的证实，大学生所报告的学习上的观点采纳机会越多（例如，上课时重视不同意见的自由讨论），他们就越能意识到社会的多样性，也越能促进他们的道德推理能力（Mason & Gibbs，1993a，1993b）。

（3）同伴互动

研究证实了皮亚杰的观点，即，与看法不同的同伴互动可以促进道德观的发展。当儿童和青少年与同龄人互相商量、互相妥协时，他们意识到社会生活是建立在基于平等而不是权威关系的合作上（Killen & Nucci，1995）。青少年中，自我报告的亲密友谊较多、参与朋友之间的讨论较多者，其道德观水平也较高（Schonert-Reichl，1999）。友谊的交互性和亲密性促使青少年在双方一致同意的基础上做出决定，这对道德发展起了非常重要的作用。

一项研究为了促进中学生和大学生的道德观，采用了一些干预措施，这些干预措施的基础就是同伴之间对道德问题的讨论和角色扮演。如果这些讨论是有效的，青少年就会积极参与，互相反驳，互相批评，极力阐明各自的观点，就像萨布琳娜和路易斯关于洛列塔·佩里夫人的讨论那样（Berkowitz & Gibbs，1983）。因为道德发展是一个渐进过程，要使其道德观发生变化，一般需要长达几周甚至几个月的同伴互动活动。

（4）文化

工业化国家的人们比农耕社会的人们更快地通过科尔伯格所定义的阶段，能够达到的阶段也更高，农耕社会很少有人能到达阶段 3。对这种文化差异，一种解释是，农耕社会中，道德合作是以人与人之间的直接联系为基础的，不支持道德观向更高阶段（阶段 4～6）发展，因为较高阶段的道德依赖于对更大社会结构作用的认识，比如对法律和政府机构作用的认识（Gibbs，Basinger & Grime，2005；Snarey，1995）。

对这种文化差异的第二种解释是，相对于西欧和北美，集体主义文化（包括农耕社会）中对道德两难困境的反应更多地指向他人（Miller，1997）。这种解释得到了研究的证实，在农耕国家和一些看重人际依存关系的工业化国家，人们普遍把个人与社会群体紧密联系起来。在一项研究中，已经稳定地把关怀和公正整合起来进行推理的男女青少年，都赋予关怀更大的权重，显示他们更重视社会责任（Shimizu，2001）。在印度的一项研究中也发现，即使上过大学的人（他们有可能达到阶段 4 和阶段 5），也不认为个人应该对违反道德的行为负责任。他们认为道德两难的解决是整个社会的责任，而不是一个人的责任（Miller & Bersoff，1995）。

这些发现提出一个问题：科尔伯格的最高水平不是一种普遍适用的思维方式，而是一种带有文化特定性的思维方式，仅限于强调个体主义且诉诸个人良心的西方国家。同时，以公正为基础的道德普遍出现在各种不同文化的人们对两难情境的反应中。

6. 道德推理与行为

根据科尔伯格的理论，在道德观的较高水平

在印度一个偏远村庄长大的这些青少年认为道德合作是以人与人之间的直接联系为基础形成的。他们的道德推理更强调个人与群体责任之间的密切联系。

上，道德思维和道德行为应该同时出现。道德思维比较成熟的人意识到，按照自己的思想观念行动，对创造和维持一个公正的社会是非常重要的（Gibbs，2003）。有研究支持了这一观点，处于较高阶段的青少年，其亲社会行为也比较多，如帮助别人，分享，保护不公平行为的受害者等（Carlo et al.，1996；Comunian & Cielen，2000）。他们也很少有偷窃、打架和其他反社会行为（Gregg，Gibbs & Fuller，1994；Taylor & Walker，1997）。

但是，良好的道德推理与道德行为之间只有中度的关系。如前所述，道德行为除了受认知影响之外，还受很多因素的影响，如共情、同情和内疚等情感，气质的个别差异，以及影响着道德决策的、长时间积累起来的经验等等。**道德自我相关度**（moral self-relevance）指道德接近自我概念核心位置的程度，它也会影响道德行为（Walker，2004）。在一项对低社会阶层的非洲裔和西班牙裔青少年所做的研究中，在自我描述中强调道德特质和目标的人，在社区服务中表现出很高水平（Hart & Fegley，1995）。但是那些亲社会行为水平比较高的青少年，在道德推理上与其他同学没有差异。

411 研究还发现了道德自我相关度的起因。与父母、老师、朋友的密切联系可能对此起到了重要作用，因为这些联系使青少年看到了亲社会行为的榜样，促进了共情和羞愧感的产生，这些东西与道德认知结合起来，大大推动了道德行为的产生（Blasi，1995）。另一种解释是，教育环境本身（just educational enviroment）也有影响作用，在这样的环境中，教师指导学生做出民主决策并制定规则，文明礼貌地化解不同意见，倡导为别人着想（Atkins，Hart & Donnelly，2004）。学校还可以通过开展公民参与活动，来培养学生的道德自我相关度。正如本节“社会问题”专栏中介绍的，社区志愿者活动可以帮助学生认识到个人利益与社会利益之间的联系，这种认识可以推动道德的所有方面的进步。

7. 宗教信仰与道德发展

前面讲过，在面临真实生活中的两难困境时，很多人会提到宗教的观念和灵性。宗教在北美的家庭生活中起着尤其重要的作用。全国民意调查发现，将近2/3的美国人和大约一半的加拿大人信仰宗教，相形之下，英国和意大利大约只有1/3的人信教，欧洲其他一些国家的这个比例甚至更少（Adams，2003；Jones，2003）。定期参加宗教服务的人当中，有很多是有子女的父母。但是当青少年开始探索对其人格意义非凡的同一性时，他们参与的正式宗教活动就减少了。以美国青年为例，参与宗教活动的比例从13～15岁的55%下降到17～18岁的40%（Donahue & Benson，1995；Kerestes & Youniss，2003）。

但是，继续留在宗教社团的青少年，其道德价值观和道德行为都更好些。相对于未入教的青年，他们更多地参与了帮助穷人的社区服务活动（Kerestes，Youniss & Metz，2004）。参与宗教活动使负责任的学习与社会行为增多，使不良行为有所减少（Dowling et al.，2004）。参加宗教活动还与低水平的吸毒、饮酒、性活动，以及违法行为相关（Regnerus，Smith & Fritsch，2003）。

导致这些积极结果的，可能有多种因素。一项对城市贫民区中学生的研究发现，经常参加宗教活动的学生更多地报告说，他们与自己的父母、其他成人和世界观相近的朋友建立起互相信任的关系。他们在这一网络中与别人共同参加的活动较多，其共情分数和亲社会行为分数就较高（King & Furrow，2004）。而且，宗教教育和青年活动引导青少年关心他人，使他们有更多的机会参与道德讨论和公民事务。感觉自己与圣贤有联系的青少年，可能会形成一种包含着道德自我相关度的内力，这种内力推动着他们把思想转变为实际行动（Furrow，King & White，2004）。

无论是否正式加入宗教，多数青少年都承认自己有一个教名，而且说他们心目中都有一位崇拜的圣贤，所以宗教机构在培养道德和亲社会行为方面有其独特优势。对那些很少有社会支持来源的贫民区青少年来说，在宗教机构帮助下，对更多路径的探索可能会鼓励他们为改变自己的命运而努力（Jang & Johnson，2001）。但是人们已经注意到，有例外的情形发生在各种各样的邪教中，其中对团体信仰的强迫灌输、对人性的压抑和对社会的疏离，会阻碍道德走向成熟。

这些青少年和其他宗教团体聚集在一起反对战争，呼吁世界和平。参加宗教团体推进了青少年的道德价值观和行为，加强了学习责任心，减少了早期性活动和违法行为。

专栏　社会问题

公民责任感的发展

感恩节那天，儒勒、路易斯和萨布琳娜参加了父母在一个施粥场举办的给穷人发放节日晚餐的活动。一年来，萨布琳娜每周六上午都到护理院（nursing home）做志愿者，在那里，她与卧床不起的老年人交谈。在国会选举前的几个月里，他们三个人都参加了候选人与青年选民的特别见面会并提出了他们关心的问题。路易斯问的问题是："您对环境保护有什么看法?"儒勒问的是："您会采取什么办法防止让富人成为减税的主要受益者?"在学校里，路易斯和女朋友凯茜成立了专门组织，致力于不同族裔同学的互相尊重。

这几个年轻人已经具备了很强的公民责任感，这是一种复杂的能力，由认知，情感和行为共同组成。公民责任感包括：(1) 关于政治问题和政治手段的**知识**，公民可以运用这些手段来公正地化解矛盾；(2) 对社会的依恋**情感**，希望为人们的福利做贡献；(3) 实现公民目标的**技能**，例如，怎样与地方官员接触并向他们提出问题，怎样组织一次会议，让所有与会者都有机会发表意见（Flanagan & Faison，2001）。

青少年在参与社区服务的过程中，接触到很多需要帮助的人，了解到很多社会问题，因此他们很可能表示愿意在以后参加这种社会服务，为实现重要的社会目标而工作，例如消除贫困和种族歧视（Metz，McLellan & Youniss，2003）。因此，家庭、学校和社区经验都会影响到公民责任感的形成。

家庭影响　如果青少年的父母鼓励孩子对有争议的问题提出自己的观点，这些青少年就会对公民问题更有见解、更感兴趣，也能从多个角度来看问题（Santoloupo & Pratt，1994）。那些报告说自己的父母经常参加社区服务，对穷人表达同情的青少年一般会形成对社会负责的价值观。当问他们什么因素导致了失业、贫困、无家可归等社会问题时，这些青少年更多地提到环境与社会因素（如缺乏教育、政府政策和经济状况差等），而较少提到个人因素（如低智力或个人缺点）。这些强调环境与社会因素的青少年，其生活目标更具利他性，例如，为消除贫困而工作，为了后代而保护地球（Flanagan & Tucker，1999）。

学校和社区影响　学校的民主气氛，如教师向所有学生设定较高的学习和道德标准，提倡对有争议的问题展开讨论，鼓励学生互相倾听对方意见并互相尊重，将有助于培养公民责任感。采用这种教育方法的教师，他们的学生对社会问题有更清醒的认识，能够从公民角度对这些问题做出分析，并投身于社会原因的探讨（Flanagan & Faison，2001）。

经常参加学校课外活动或加入青年组织也和公民精神有关，这种公民精神可以持续到成年期（见第 11 章"毕生发展观"专栏之"课外活动：青少年发展的良好环境"）。其影响力之所以能够持续，有两方面的原因。首先，它在青少年身上培养了成熟公民所需要的洞察力和技能。在学生会、俱乐部、运动队和其他社团里，青少年目睹了他们的行为对学校和社区的影响。他们发现，凭借集体的力量得到的收获比任何个人都要大得多。他们学会了一起工作，通过妥协而求得各种意见的平衡（Atkins，Hart & Donnelly，2004；Youniss，McLellan & Yates，1997）。其次，编辑每周简报、参与戏剧创作、实施服务计划的过程，也就是青少年探索各种政治和道德理想的过程，这使他们把自己重新定义为一个有责任帮助困难者的人（Wheeler，2002）。

虽然家庭、学校和社区在促进青少年公民责任感中的作用问题还在讨论中，但是教育实践和各种活动共同起作用，确实可以促进道德思维、道德情感和道德行为。对28个国家14岁的青少年的全国代表性样本进行比较发现，北美青少年的社区服务是最好的，大约一半的学生报告说，他们参加了志愿者组织（Torney-Purta，2002）。

社会阶层较低的和城市贫民区的青少年虽然对社会服务表现出很高的兴趣，但是他们的公民知识和公民参与分数却明显低于社会阶层较高的青少年（Hart & Atkins，2002）。对这些青少年来说，要培养他们的社会献身精神和公民特性，就必须高度重视对他们帮助巨大的学校和社区经验的积累。加拿大安大略省要求中学生在毕业之前必须参加40个小时的社区服务。由学校负责安排，并帮助学生选择适合于他们兴趣和技能的社区服务工作。

在志愿者活动日，这几个中学生在一家杂货店门口收集人们为贫困者捐的食物。参加社区服务活动可以增强公民责任感，这种责任感是在家庭、学校和社区经验的共同影响下形成的。

四、性别角色行为

当萨布琳娜进入青少年期以后，她很看重在文学、艺术和音乐这些传统的女性科目方面要优于别人。和同伴在一起时，她担心自己的走路、说话、吃饭、穿着、笑容，尽量让它们符合性别角色。

青少年早期是**性别分化**（gender intensification）时期，态度和行为的性别成见增强，行为举止趋向更传统的性别同一性（Basow & Rubin，1999；Galambos，Almeida & Petersen，1990）。两性都会发生性别分化，但是女孩分化程度更大。她们感觉，和小学期相比，她们尝试做“另一性别”的活动与行为的自由度降低了（Huston & Alvarez，1990）。

性别分化的原因是什么？生物、社会和认知因素都对其产生影响。随着青春期在外貌方面性别差异的加大，青少年花更多的时间，以符合性别的方式，来思考自己。青春期的变化唤起了来自他人的性别角色行为的压力。相对于小学期，父母（尤其是具有传统性别角色观念的）可能更鼓励“符合性别”的活动与行为（Crouter，Manke & McHale，1995）。当青少年开始约会的时候，他们常常会突出自己的性别特征，以增强其吸引力（Maccoby，1998）；此外，认知的变化，尤其是更多地考虑到别人的想法，也使青少年对性 413
别角色期望更敏感。

从青少年中期到晚期，性别分化逐渐变弱，但是每个人下降的程度不同。那些被鼓励做出无性别成见选择的青少年，那些对自己和社会上的性别成见价值提出质疑的青少年，更可能形成双性化性别同一性（见第8章）。一般来说，双性化的青少年，尤其是女孩，心理可能更健康，她们更自信，更乐意说出自己的想法，更受同伴欢迎，也能较快地获得同一性（Dusek，1987；Harter，1998）。

青少年早期是性别分化的时期。青春期外貌方面愈益增大的性别差异使青少年花更多时间，以合乎性别的方式来思考自己，并参与更多与性别有关的活动。

思考题

复习　对理想互惠的理解怎样影响着道德发展？为什么科尔伯格的阶段 3 和阶段 4 是道德上的成熟建构？

应用　塔姆在乡村文化中长大，莉蒂亚在工业化国家长大。15 岁时，塔姆达到阶段 3，莉蒂亚达到阶段 4。造成这种差异的因素有哪些？

联结　可促进成熟道德推理的哪些经验，也可促进同一性的发展？

反思　在青少年早期，你和你的朋友表现出性别分化了吗？举例说明。这种对性别适合度的关切何时又降低了？

五、家庭

弗兰卡和安东尼奥记得他们的儿子路易斯上中学的第一年，那真是个困难时期。由于上班时间的要求，弗兰卡在晚上和周末经常不回家。在弗兰卡不在家的时候，由安东尼奥照顾儿子，但是，他的五金店生意一忙起来，他就没时间顾家了。就在这一年，路易斯和他的两个朋友从他家的电脑上知道了长途电话的密码，于是在地下室里给全国各地打电话。路易斯的成绩一路下降，而且经常离开家，也不说他去哪里。路易斯整天待在地下室，亲子之间缺乏沟通，弗兰卡和安东尼奥感到非常担心。直到电话公司在他们家的电话号码上查出这些违法电话，他们才知道自己有责任。

青少年期的发展中开始了对**自主性**（autonomy）的追求，这是一种把自己看作独立的、自我管理的个体的意识。青少年努力更多地靠自己而不是靠父母做决定（Steinberg & Silverberg，1986）。但是，亲子关系对于把孩子培养成自主、负责任的人方面，仍然起着至关重要的作用。

1. 亲子关系

青少年的自主性受到来自青少年各种变化的支持。第 11 章曾讲到，青春期引起青少年与父母的心理疏离。由于青少年看起来越来越成熟，父母会赋予他们更多的独立和责任。认知发展也打开了通向自主性的途径：青少年可以越来越有效地解决问题和做出决定。随着对社会关系的推理能力的提高，青少年开始对父母去理想化，把他们看作“普通人”。因此，他们不再像小时候那样，盲从于父母的权威。

但是，弗兰卡、安东尼奥和他们的儿子路易斯之间的一段小插曲揭示出，青少年还需要指导，危险的时候还需要得到保护。在各种族群中，父母—青少年子女之间允许孩子探索新想法和社会角色的温暖、支持性的关系，都有助于自主性的培养，并可以预测其高自信、工作定向、学习能力和良好的自尊（Slicker，Thornberry，2002；Vazsonyi，Hibbert & Snider，2003）。相反，如果父母采取强迫和心理控制的教养方式，就会阻碍自主性的发展。非洲、亚洲、欧洲、北美和南美的研究都显示这些方式与青少年低自尊、抑郁和反社会行为相关，而且这种行为会持续到成年早期（Aquilino & Supple，2001；Barber，Stolz & Olsen，2005）。

在第 2 章中，我们把家庭描述成一个系统，家庭必须适应其成员的变化。青少年身体和心理方面的迅速改变引发了亲子关系的互相冲突的期望，这是许多父母认为青少年期教育困难的原因之一。

前面曾讲到，青少年在个人事务上自己做选 414
择的意愿越来越强。但是，在多大年龄拥有自由着装、选择学校课程、和朋友一起出去玩之类的特权，父母与青少年，尤其是较年幼青少年之间存在着尖锐的矛盾（Smetana，2002）。如果父母与子女建立一种子女愿意透露自己信息的合作关系，父母持续地监控孩子的日常活动，则可以预测青少年的良好适应。它不仅能预防违法犯罪，而且和一些良好的结果有关，如减少性活动，提高学习成绩，促进心理健康（Crouter & Head，

2002；Jacobson & Crockett，2000；Stattin & Kerr，2000）。

父母自身的发展也能导致与青少年子女之间的摩擦。孩子面对着前途无量的未来和丰富多彩的选择，而中年父母不得不接受一个现实：他们的选择越来越少（Holmbeck，1996）。他们经常搞不懂，孩子为什么要避开家庭活动而去找同伴。青少年也不喜欢父母总是希望孩子花尽可能多的时间和他们在一起，因为他们成人生活中的一个重要阶段——养育子女——很快就会结束。

整个青少年期，亲子关系的好坏都是预测心理健康的唯一一个持续的指标（Steinberg & Silk，2002）。在机能良好的家庭中，青少年保持着对父母的依恋，经常会征求他们的建议，但他们是在非常自由的氛围中做这些事情的（Steinberg，2001）。如果家庭成员之间可以表达并容忍不同意见，那么轻微的磨擦会促进青少年的同一性和自主性。同时，矛盾也在提醒父母，青少年的需要和期望正在发生变化，它是提醒父母必须调整亲子关系的信号。

从青少年中期到晚期，多数家长和孩子都形成了这种成熟、交互的关系，和谐的交流逐渐增多。西方国家青少年和父母相处的时间在减少，拿美国青少年来说，从五年级时相当于上学时间的33%骤然下降到十二年级时的14%，这与亲子之间的矛盾没有关系（Larson et al.，1996）。这种情况导致了北美和西欧青少年的闲暇时间大大增加，接近他们上学时间的一半（Larson，2001）。青少年一般会用这段时间从事家庭以外的活动，如兼职、休闲、做志愿者以及和朋友在一起。

但是，青少年待在家里时间的下降并不是普遍存在的。在一项研究中，低收入或中等收入阶层的非洲裔城市青少年与家人在一起的时间没有下降，这是持有集体主义价值观的文化的典型模式（Larson et al.，2001）。此外，居住在危险街区的青少年往往对父母更信任，如果父母对他们严格管控，不让他们从事令人担心的行为，他们的适应就会更好（McElhaney & Allen，2001）。处于不利环境中的青少年往往把父母对其自主性的限制看作父母对他们的关心。

这位母亲祝贺自己15岁的女儿在田径比赛中获胜。父母与子女建立一种子女愿意透露自己信息的合作关系，父母持续地监控孩子的日常活动，可以预测青少年的良好适应。

2. 家庭环境

弗兰卡、安东尼奥和儿子路易斯的经历提示我们，成人的生活压力会干扰其温暖、投入的教养方式，也会在儿童发展的各个时期给儿童的适应带来不利影响。但是母亲就业或双职工家庭既没有减少父母与青少年子女在一起的时间，也没有妨碍孩子的发展（Richards & Duckett，1994）。相反，那些经济宽裕、工作压力不大、对婚姻感到满意的父母往往会给孩子较大的自主性，与孩子之间的矛盾也较少（Cowan & Cowan，2002；Crouter & Bumpass，2001）。当弗兰卡和安东尼奥的工作压力减轻，他们意识到路易斯需要更多的关心和指导之后，他们的问题就解决了。

在有青少年子女的家庭中，将近10%的家庭有严重的家庭关系困难，如长期的、逐步升级的冲突和对各种问题的无尽无休的争论。当然，其中多数家庭的问题是从儿童期开始的（Collins & Laursen，2004）。表12.2归纳了以前章节中讲过的可能造成青少年期困难的家庭条件。一些发展良好的青少年虽然身处家庭压力中，但他们仍然从早期形成的复原力中获益，帮助他们形成这种复原力的因素包括：讨人喜欢的、容易照养的气质；对孩子既疼爱又有高期望的父母；儿童（尤其是缺乏父母关心的儿童）与家庭外部几位亲社会的、其家庭深切关心青少年子女心理健康的成人建立联系（Masten，2001）。

表 12.2 影响青少年适应的家庭环境

家庭环境	相关章节
家庭类型	
收养关系	第 2 章
单亲家庭	第 10 章
混合家庭	第 10 章
母亲工作或者双亲都工作	第 10 章
家庭条件	
孩子受到虐待	第 8 章和第 10 章
经济困难	第 2 章
青少年父母	第 11 章

3. 兄弟姐妹

415 同亲子关系一样，青少年期的兄弟姐妹互动也发生了变化。随着弟弟妹妹逐渐长大，能力逐渐增强，他们从哥哥姐姐那里得到的指导越来越少，同胞之间的影响也减弱了。同时，青少年更多地投入友谊和恋爱关系中，他们已没有多少时间和精力投入同胞关系中，作为家庭的一部分，他们也试图从家庭建立其自主性。这样一来，无论在积极情感还是消极情感上，兄弟姐妹间的关系都会变得越来越松散（Hetherington，Henderson & Reiss，1999；Stocker & Dunn，1994）。

虽然在一起相处的时间减少，但是兄弟姐妹之间形成的依恋关系仍然对多数青少年保持着很强的影响。如果兄弟姐妹在幼儿期就建立了良好关系，而且父母一直对孩子疼爱、关心，那么他们就可能对同胞表达更多的情感和关心（Dunn，Slomkowski & Beardsall，1994）。另外，兄弟姐妹从父母那里得到的差别不大的关爱，此时已不再引起嫉妒，反而能够预测兄弟姐妹之间感情的增强（Feinberg et al.，2003）。原因可能是青少年把自己与父母的独特关系——人人都会接受的关系——看作自己个性令人骄傲的标志。

六、同伴关系

随着青少年与家人相处时间的减少，同伴变得越来越重要。在工业化国家，青少年一周中大部分在校时间与同学在一起。青少年还在一起度过很多课余时间，课余时间在某些国家比另一些国家更多。例如，美国青少年每周有 50 个小时左右的业余时间，欧洲国家青少年业余时间有 45 个小时左右，东亚则只有 33 个小时（Larson，2001）。由于在校时间较短，对学业标准的要求较低，美国青少年在学习上花的时间较少，导致了这种差异。

下面，我们从积极、消极两方面分析一下同伴关系。从积极的方面说，同伴是家庭和成人社会角色之间的一座重要的桥梁。

1. 友谊

青少年报告说，当他们与朋友相伴时，心境是最好的（Larson & Richards，1991）。“最好的朋友”的数量，从青少年早期的 4～6 个，减少到成年期的 1～2 个（Hartup & Stevens，1999）。同时，这种关系的性质也在改变。

（1）青少年友谊的特点

当询问青少年友谊有什么意义的时候，他们说出了两个特征。第一个也是最重要的是亲密（intimacy）。青少年从朋友那里寻求心理接近、信任和相互理解，这也是朋友间的自我表露（交流个人的想法和情感）在整个青少年时期稳定地增多的原因（见图 12.2）。第二，青少年比年幼儿童更希望他们的朋友忠诚（loyal），也就是要维护朋友，不会为了别人而离开朋友（Buhrmester，1996；Hartup & Abecassis，2004）。

由于朋友之间越来越坦率和忠诚，青少年朋友对彼此人格的了解也越来越深入。由于在一起上学的朋友具有很多共同特征（见第10章363页），青少年朋友往往在一些方面很相似，如同一性状态、教育期望、政治观、尝试毒品的意愿、从事的违法活动等。随着时间的延长，他们在这些方面变得越来越相似（Akers，Jones & Coyl，1998；Berndt & Murphy，2002）。但是，青少年朋友之间偶尔也有不同的态度和价值观，这使他们能在安全的融洽关系中探索不同观点。

在青少年期，朋友间的合作与互相赞赏也增加了，这种变化反映出他们为了维护友谊而付出的很大努力，也反映出他们对朋友的需要和愿望的敏感性增强了（Phillipsen，1999）。与儿童期相比，青少年对朋友的控制有所下降（Parker et al.，2005）。在希望自己拥有一定的自主性的同时，他们懂得了，朋友也需要自主。

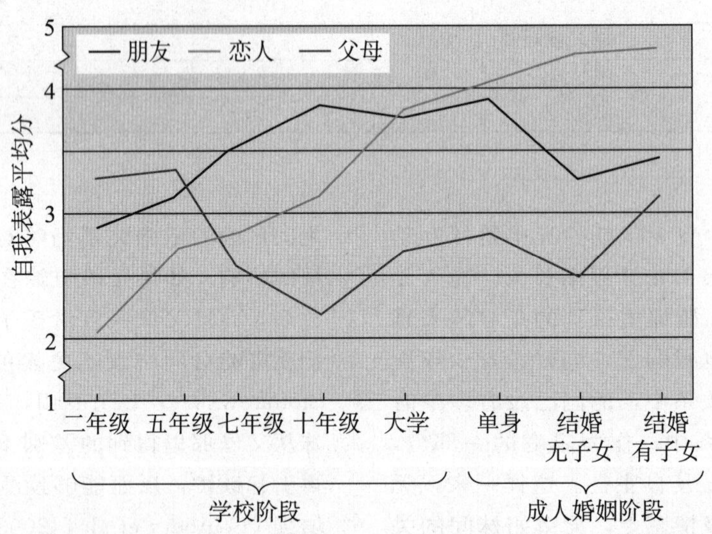

图12.2 基于多项研究数据的青少年对父母、恋人和朋友的自我表露随年龄变化的趋势

青少年期，对朋友的自我表露稳定增长，显示亲密是友谊的重要基础。对恋人的自我表露也有增加，但是直到大学以后才超过对亲密朋友的自我表露。对父母的自我表露在出现温和的亲子矛盾的青少年早期开始下降。随着家庭给子女越来越多的自由，青少年对父母的自我表露逐渐增多。

资料来源：D. Buhrmester，1996，"Need Fulfillment，Interpersonal Competence，and the Developmental Contexts of Early Adolescent Friendship，" in W. M. Bukowski，A. F. Newcomb & W. W. Hartup，Eds.，*The Company They Keep：Friendship in Childhood and Aolescence*，New York：Cambrige University Press，p. 168. 经授权引用。

（2）友谊的性别差异

如果让几个青少年说说他们的亲密友谊，就会发现存在着稳定的性别差异：情感的亲密性在女孩中间更普遍（Markovits，Benenson & Dolensky，2001）。女孩经常聚在一起而"只是聊天"，她们的互动中有很多*自我表露*（self-disclosure）（分享内心深处的想法和情感），也有很多互相帮助的言辞。相反，男孩在一起更多从事一项"活动"，经常是一项体育活动或竞争性游戏，他们经常讨论的话题离不开自己做的漂亮事或参

416 加的一场竞赛和争斗（Brendgen et al.，2001；Buhrmester，1998）。

与性别角色期望一致，女孩的友谊一般更注重公众的关切，男孩更注重成就和地位。男孩也会形成亲密的友谊关系，但是他们的友谊深度比女孩更容易变化。男孩友谊的亲密性取决于性别同一性：双性化的男孩更可能跟女孩一样，形成同性别的亲密联系，而具有男性化同一性的男孩很少会如此（Jones & Dembo，1989）。

虽说友谊的亲密性一般会带来好处，但有时也会付出代价。当青少年陷入深深的思维和情感时，他们的友谊也会陷入反复的花哨词语中，或者一遍一遍地想到友谊中可能出现的问题和消极情感，这可能引起焦虑和抑郁（Rose，2002）。而

且，当亲密朋友之间出现矛盾时，其中一方可能对另一方进行关系攻击，例如，把敏感的私人秘密泄露给外人。由于这个原因，女孩与最亲密的同性朋友之间的友谊持续时间比男孩短一些（Benenson & Christakos，2003）。

在青少年期，亲密和忠诚是友谊的主要特征。与男生相比，女生经常在一起“只是聊天”，她们认为，友谊意味着互相之间深度的自我表露和情感支持。

（3）互联网上的友谊

青少年经常使用互联网进行交流，即时信息传递，这种为青少年喜欢的网上互动手段，似乎有助于促进友谊的亲密性。一项研究显示，随着即时信息交流的增多，青少年感受到的友谊亲密性也有所增加（Hu et al.，2004）。

除了与熟悉的朋友进行交流，青少年还在网上结识很多新朋友。因为他们对自主和同一性的追求，通过网络建立的关系很有诱惑力，因为它超越家庭、学校和社区，给予他们巨大的选择空间。在网上建立的关系虽然给一些青少年提供了支持，但也使他们面临危险。对美国全国 10～17 岁的青少年代表性样本进行的调查显示，14%的青少年报告说他们有网上亲密友谊或恋人关系（Wolak，Mitchell & Finkelhor，2003）。有这种关系的青少年，一部分是适应良好的，但是其他很多人报告说他们与父母矛盾重重，被同伴欺负，精神抑郁或有违法行为，而且他们的上网时间过长（见图 12.3）。他们经常被邀请去跟网友会面，或参加那种不告知父母的聚会。

互联网既能使青少年与朋友进行方便快捷的交流，又可能给他们带来伤害性的社会经历，因此对互联网的价值必须谨慎衡量。父母向孩子说明互联网的危险性（包括网络骚扰和非法广告），并帮助他们遵循网络安全规则上网（www.safeteens.com），这些做法是明智的。

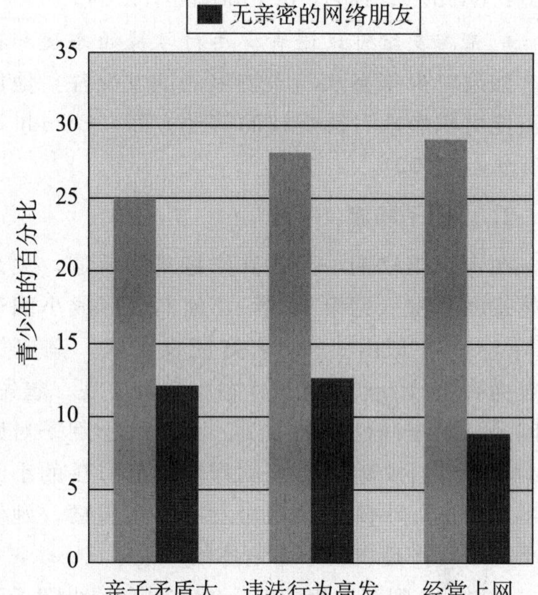

图 12.3　有无亲密网络朋友与亲子冲突、违法行为及上网时间过长之间的关系

调查样本是由 1 500 名 10～17 岁的上网青少年组成的美国全国代表性样本，其中报告说已结交网络亲密朋友或有恋人关系的青年有各种心理问题且上网时间过长。

资料来源：Wolak，Mitchell & Finkelhor，2003.

（4）友谊与适应

如果青少年的友谊不是以嫉妒、关系攻击 417
或者反社会行为为特征，那么，他们的友谊就与进入成年早期后的心理健康和各方面能力相关（Bagwell et al.，2001；Bukowski，2001）。原因如下：

- 亲密友谊为探索自我和深刻了解他人提供机会。通过开放诚实的交流，朋友对彼此的优点、缺点、需要和期望更加敏感。这个过程促进了自我概念、观点采纳和同一性的发展。

- 亲密友谊为将来建立亲密关系打下基础。图 12.2 显示，对朋友的自我表露要早于对恋人的自我表露。性和恋爱关系是青少年朋友之间经常谈论的话题。亲密的友谊关系可以帮助青少年建立恋爱关系并解决恋爱关系中的问题（Connolly & Goldberg，1999）。

- 亲密友谊可帮助青少年应对压力。因为支持性的、亲社会的友谊可以增强对别人的敏感和关心，可以促进共情、同情心和亲社会行为，因此，友谊可以帮助青少年参与建设性的活动，避免反社会行为和促进心理健康（Lansford et al.，2003；Wentzel，Barry & Caldwell，2004）。

● 亲密友谊可促进青少年对学校的态度和投入。如果青少年喜欢与学校里的朋友交往，他们就可能更积极地看待学校的其他方面（Berndt & Murphy，2002）。

2. 小圈子和族

在青少年早期，同伴群体越来越普遍，关系也越来越紧密（见第10章）。他们会形成**小圈子**（cliques），一般由5～7名好朋友组成，其成员一般拥有相似的家庭背景、态度和价值观。起先，小圈子只限于同性别的成员。女孩的小圈子对她们的学习和社交能力有预测作用，但男孩的小圈子不能预测。小圈子关系对女孩更加重要，她们把小圈子看作是表达亲密情感的环境（Henrich et al.，2000）。到青少年中期，男女混合的小圈子逐渐多了起来。

具有相似价值观的几个小圈子有时会形成一个更大、更宽松的有组织的群体，称之为**族**（crowd）。与关系亲密的小圈子成员不同的是，族成员资格是以声望和固有印象为基础的，它是在学校这一较大社会结构中对青少年同一性的认可。中学里比较引人注目的族包括“聪明族”（喜欢学习而不喜欢体育）、“健将族”（非常喜欢体育运动）、“明星族”（善于交往、喜欢参加各种活动的班级领导）、“聚会族”（看重社交但不关心学业）、“时尚族”（喜欢非传统的穿着和音乐）、“堕落族”（经常逃学，麻烦不断）（Kinney，1999；Stone & Brown，1999）。

究竟是什么因素使青少年加入小圈子或者族？加入族与青少年的自我概念有关，自我概念反映出他们的兴趣和能力（Prinstein & La Greca，2002）。家庭因素也很重要。一项研究调查了8 000名九至十二年级的中学生，结果发现，报告说自己的父母采取权威型教养方式的学生，往往是“聪明族”、“健将族”、“明星族”的成员，这些族在成人和同伴眼里都是被赞不绝口的。相反，父母采用放任型教育方式的男生，常常是“时尚族”和“堕落族”的成员，而这些族是成人不赞赏的（Durbin et al.，1993）。

这些结果表明，同伴群体的价值观往往是其家庭所提倡的价值观的延伸。一旦青少年加入小圈子或者族，他们的观念和行为就可能被这些小圈子和族所改变。但是，其父母采用权威型教育方式的学生，很容易接受学习好、社交技能强的同伴的正面影响。其父母采用无效的教育方式的学生，则容易接受那些有反社会行为和吸毒行为的坏孩子的影响（Mounts & Steinberg，1995）。总之，家庭经历时时刻刻都在影响着青少年结交什么样的朋友。

随着对约会兴趣的增加，男生和女生小圈子 418
逐渐混合起来。男女生混合的小圈子为男女生提供了互相交流的示范，使他们有机会在缺乏亲密朋友的情况下学着交往（Connolly et al.，2004）。逐渐地，小圈子变得成双成对，两个人在一起消磨时间。到青少年晚期，当男生和女生可以潇洒自如地单独交往时，混合小圈子也就随之销声匿迹（Connolly & Goldberg，1999）。

随着青少年价值观和目标的确立，他们觉得不再需要通过穿着、语言和喜爱的活动来表现自己，族也就不再重要。在九至十二年级，大约一半的青少年曾调换过他们所在的族，多数是朝着积极方面变化，这使他们结交了受人赞赏的朋友，也增强了自尊（Strouse，1999）。随着青少年更多地关注自己的未来，加入“聪明族”和“正人君子族”的人越来越多，而那些行为不良的族，人数则越来越少。

这些中学拉拉队队员形成了一个族。与亲密的小圈子不同，较大而松散的有组织的族是在学校这一较大社会结构中对青少年同一性的认可。

3. 约会

青春期激素的变化增强了对性的兴趣，但是，什么时候、怎样结交异性朋友，还是由文化期望所决定的。亚洲青少年比西方青少年交异性朋友的时间较晚，朋友的数量也少。而西方社会对初中以上的青少年交异性朋友采取宽容甚至鼓励的态度。12～14 岁之间，这种异性朋友关系持续时间较短，从 16 岁起，持续时间平均接近两年（Carver，Joyner & Udry，2003）。较年幼的青少年在回答为什么结交异性朋友时说，交异性朋友既是消遣，又可以提高同伴地位。到青少年晚期，年轻人在即将投入更强的心理亲密感之时，结交异性朋友就是要寻找一个能提供陪伴、情感和社会支持的人（Furman，2002；Shulman & Kipnis，2001）。

异性朋友之间亲密感的形成比同性朋友要晚些。第 6 章讲过的习性学理论认为，早期依恋关系导致一个内部心理作用模型（internal working model），或是对依恋对象的一系列期望，它影响着后来的亲密关系。一项对高中生的研究证实了这一点。该研究发现，对父母的安全型依恋以及与父母的支持性互动可以预测安全的友谊模式；青少年对友谊安全性的看法又与恋人关系的安全感相关（Furman et al.，2002）。这些结果显示，与父母的关系如何，会影响青少年友谊的质量。青少年又把在友谊中学到的东西迁移到恋爱舞台上。

可能由于青少年早期异性朋友关系比较肤浅和老套，早期异性朋友关系与吸毒、违法行为和学习成绩差相关（Brown，Feiring & Furman，1999；Zimmer-Gembeck，Siebenbruner & Collins，2001）。如果这些因素再加上家庭和同伴关系中曾经有过的攻击行为，会增大异性朋友关系中暴力行为的可能性（Arriaga & Foshee，2004）。较年幼的青少年在结交稳定的异性朋友之前，最好先参加一些群体活动，例如聚会和舞会。

同性恋倾向的青少年在形成和维持明确的恋人关系时面临着特殊的困难。他们的初次“同志”关系持续时间一般较短，也没有什么真正的情感投入，他们与异性恋者的差别，原因主要是害怕受到同伴的折磨和拒绝。第 11 章曾讲过，同性恋青少年常常在外界偏见的强大压力下转而结交异性朋友。另外，由于同性恋同伴不愿公开自己的
身份，很多同性恋青少年难于找到“同志”。他们 419
与其他同性恋青年的初次接触往往发生在支持性群体中，他们在那里可以公开地自由约会，并且谈论公开身份问题（Diamond，2003）。

只要结交异性朋友不是开始得太早，这种活动就有助于青少年学会合作、礼节以及在各种情境中怎样与人打交道。对于年龄稍长的青少年，恋人关系有助于他们提高敏感性、共情、社会支持，并促进同一性的发展（Collins，2003；Furman & Shaffer，2003）。但是，大约一半的初恋对象都难以维持到中学毕业，这一点的确难以让人满意（Shaver，Furman & Buhrmester，1985）。因为青少年的同一性一直在形成中，所以在中学就谈恋爱的青少年往往在事后发现，两人很少有共同之处。

只要交异性朋友不是太早，它可能会使青少年友谊的益处得以延伸。交异性朋友能带来快乐，还能促进青少年的敏感性、共情和同一性的发展，因为他们打交道的是和自己的需求不同的人。

4. 同伴屈从

当弗兰卡和安东尼奥发现他们的儿子路易斯在中学一年级时做了违法的事情时，他们开始担心青少年同伴网络造成的消极影响。虽然青少年对同伴压力的屈从明显大于儿童期和成年早期，但它是一个复杂的过程，因青少年的年龄、当前情境、对社会赞许的需要和文化而变化。

一项对几百名美国青少年进行的调查表明，青少年感觉同伴屈从的最大压力来自同伴文化的

一些最明显的方面，如穿着、修饰和社会活动的参与。在同伴压力之下做一些有利于成人的事情，例如与父母合作，争取好的学习成绩等，这种压力有时也很强（Brown，Lohr & McClenahan，1986）。很多青少年报告说，他们的朋友极力反对做反社会行为。在新加坡这个强调对父母孝顺的文化中，有人做过一项研究，也发现了类似结果，所不同的一点是，来自同伴的履行家庭和学校职责的压力超过了追求同伴文化的压力（Sim & Koh，2003）。这些研究结果显示，同伴和父母往往会协力争取符合社会期望的结果。

可能由于更在意朋友怎样看自己，刚进入青少年期的青少年，比年幼儿童和年长青少年更容易屈从于同伴压力（Brown，Clasen & Eicher，1986）。如果父母和同伴的意见不一致，即使年幼青少年也不会态度坚决地反抗父母。但是同伴对青少年日常的个人选择影响更大，例如穿着打扮，听什么音乐，选择什么朋友等等，在基本的生活价值观和受教育规划方面，父母的影响更大（Steinberg，2001）。如果青少年感到自己有能力、有价值，他们就不大可能在同伴中居于下风。

最后，权威型家庭教育方式与抗拒同伴压力有关（Sim，2000）。如果父母帮助孩子并以恰当方式监控孩子，那么他们的孩子就会尊重父母，遵守规则，重视父母的教导。相反，如果父母的教育方法是走极端的，要么过于高控，要么撒手不管，他们的孩子就会服从于同伴。在个人生活和未来规划方面，他们往往依赖朋友的建议，故意不听父母的话，忽视学业，表现出各种问题行为。

思考题

复习 说说青少年期的友谊、小圈子和族的积极机能。哪些因素会导致友谊和同伴群体关系成为有害的关系？

应用 马蒂今年13岁，她的父母和蔼、坚定地提出对她的期望，并且持之以恒地监控她的活动。在学校，几个女孩让马蒂告诉父母说她要去朋友家，然后让她跟她们一起去海滩聚会。马蒂会答应吗？为什么？

联结 性别分化对青少年早期肤浅的异性朋友关系有何影响？

反思 你上中学时，家庭经历怎样影响你成为某个族的成员？你参加的族对你的行为有何影响？

七、发展中存在的问题

多数青少年能顺利度过青少年期，但是一些青少年在发展中会遇到一些严重问题，例如未成年怀孕、吸食致瘾物以及学业失败。无论哪一种问题，都是生物和心理变化、家庭、学校、同伴、社区和文化共同作用的结果。严重的问题很少孤立地产生，大多是相互联系的，例如青少年期常见的三个问题——抑郁、自杀和违法行为就是这样。

1. 抑郁

抑郁是青少年期最常见的心理问题之一，表现为沮丧、挫折感，对生活感到失望，伴有对各种活动丧失兴趣，失眠，食欲不振，难以集中注意力和体能下降。用成人抑郁的标准来诊断，大约15%～20%的青少年曾有过抑郁的一个或几个症状。2%～8%的青少年患有慢性抑郁，在数月或数年里情绪低落和自责（Rushton，Forcier & Schectman，2002）。患有严重抑郁症的儿童仅有1%～2%，其中大多数一直持续到青少年期。图12.4显示，在13～15岁之间，抑郁症状明显增加，且性别差异在工业化国家非常明显。女青少年报告的抑郁大约是男孩的两倍，这种差异将持续终生（Nolen-Hoeksema，2002）。如果任凭抑郁症状持续下去，将严重影响社交、学习和工作能力。

遗憾的是，由于在人们的固有印象中，青少 420
年期是一个疾风狂涛时期，所以教师和父母通常会低估青少年抑郁症的严重性，他们错误地认为，抑郁只是一个匆匆而过的问题。

(1) 抑郁的相关因素

生物因素和环境因素的复杂结合使抑郁在不

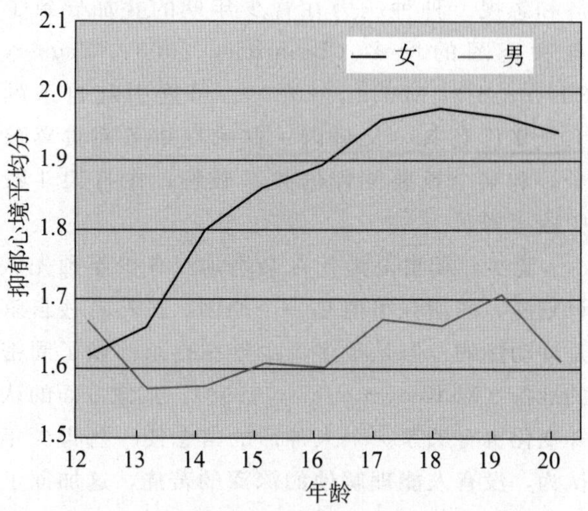

图 12.4　对 12 000 名 12～20 岁的挪威青少年的横断研究发现的抑郁症状的变化

青春期前后，女孩比男孩表现出更快的抑郁症状的上升。其他工业国家也有相似趋势。

资料来源：L. Wichstrøm，1999，"The Emergence of Gender Difference in Depressed Mood During Adolescence：The Role of Intensified Gender Socialization，" *Developmental Psychology*，35，p. 237. Copyright © 1999 by the American Psychological Association. 经授权引用。

同的人身上有不同表现。血亲研究表明，遗传起着重要作用（Glowinski et al.，2003）。基因可以通过影响大脑中的相关区域的神经递质的平衡，来降低抑郁情绪，这些区域负责掌管对消极情绪的抑制，或控制体内激素对压力做出反应（Kaufman & Charney，2003）。

反过来，人的经验也会引发抑郁，并促使这些生物因素的变化。患抑郁症的儿童和青少年的父母中，抑郁症和其他心理失调的发生率也较高。虽然抑郁症有从父母遗传给子女的风险，但是正如前面章节讲过的，有抑郁倾向或遭受其他压力的父母，往往会采取非适应性的教育方式。结果，他们的子女的情绪自我调节、依恋和自尊都会受到伤害，同时造成认知和社交技能方面严重的不良后果。抑郁倾向的青少年经常表现出学习无助感的归因方式（见第 10 章），把学习和社交方面的良好结果看作自己无法控制的事情（Graber，2004）。对于一个抑郁易感性较高的青少年来说，很多事情都会引发抑郁，例如，一些大事情做不好，父母离婚，亲密友谊或恋人关系终结等等。

青少年的抑郁症状不会作为青春期的一种暂时性影响而很快消失。青少年抑郁会导致长期的情绪问题，如果不加治疗，抑郁的青少年很可能变成抑郁的成人。

（2）性别差异

为什么女孩比男孩更容易抑郁？青春期的生物学方面的变化不能解释这种现象，因为这种性别差异只是在工业化国家存在。在发展中国家，男性和女性的抑郁症评分很接近，有时甚至男性的评分略高（Culbertson，1997）。即使女性的抑郁高于男性，差异的大小也是不同的。例如，相对于北美，中国的差异较小，可能与中国政府数十年来致力于消除性别不平等有关（Greenberger et al.，2000）。

生活压力事件和两性不同的应对方式可能与此有关。早熟的女孩容易抑郁（见第 11 章）。青少年早期的性别分化常常使女孩变得更被动，依赖性更强，这是在复杂文化中，青少年完成社会期望的任务时的非适应性方式。有研究证实了这种观点，被确认为"女性化"特质很强的青少年更易表现出抑郁，而无论其性别如何（Wichstrøm，1999）。反复的受打击感觉会使女孩产生非常强烈的生理应激反应，在应对未来挑战时更加失败（Nolen-Hoeksema，2002）。因此，压力体验和应激反应共同作用，使抑郁一直持续下去。重度抑郁会导致自杀的念头，而这种念头的反复出现就会转化成行动。

2. 自杀

从儿童期到老年期的整个一生中，自杀率都在升高，但是在青少年期则是大幅升高。当前，自杀已成为美国青少年的第三大死亡原因（前两位分别是交通事故和凶杀）；在加拿大青少年当中，自杀导致的死亡排在第二位（第一是交通事故）。可能因为北美青少年比过去感受到更大的压力，而感受到的社会支持却大大减少，所以从20世纪60年代中期到90年代中期，美国和加拿大的自杀率增加了两倍，在那之后略有下降。青少年自杀率在工业化国家有
421 很大差异，丹麦、希腊、意大利和西班牙较低，澳大利亚、加拿大、日本和美国居中；芬兰、新西兰和新加坡最高（Lester，2003）。这种国家间差异的原因还不清楚。

（1）青少年自杀的相关因素

虽然女孩患抑郁症的比例较高，但男孩和女孩的自杀率之比则达到4：1或5：1。女孩往往采取不成功的自杀方式，采用的自杀手段很可能使她们重新活过来，比如服用过量的安眠药。但是男孩大多选择直接致死的方法，比如开枪或上吊。性别角色期望可能也起一定作用：男性比女性更难以忍受无助感和失败感（Canetto & Sakinofsky，1998）。

可能因为有大家庭的支持，非洲裔和西班牙裔美国人自杀率低于白人。但近年来非洲裔男性青少年自杀率有所上升，已接近白人男性。美国原住民青年的自杀率是全国平均水平的2倍，加拿大原住民青年的自杀率是全国平均水平的7倍（Health Canada，2003a，Joe & Marcus，2003）。家庭极度贫困、学业失败、酗酒、吸毒和抑郁可能与这种自杀趋势有关。同性恋和双性恋青年也是高危人群，自杀率是正常青少年的3倍。根据曾经尝试自杀的人的报告，他们的家庭冲突很多，经常为性取向的事情困扰，也更多地遭到同伴拒绝（Savin-Williams & Ream，2003b）。

两类年轻人的自杀率比较高。一类是高智商但比较孤独、退缩的人，他们不能实现自己给自己设定的高标准或身边重要他人的期望。另一类具有反社会倾向，经常用欺负人、打架、偷窃、冒险和吸毒等方式来发泄内心的不快（Fergusson，Woodward & Horwood，2000）。在敌意和破坏行为的同时，他们把愤怒和失望转向自己。

自杀青少年往往有情绪失调和反社会失调的家庭背景。这些青少年经历过多种压力事件，如贫困，父母离婚，频繁的亲子冲突，受到虐待和忽视。种种压力在青少年期的叠加导致了自杀企图的增多（Beautrais，2003；Wagner，Silverman & Martin，2003）。可能引起自杀的突发事件还有，父母因一些家庭事务而责骂孩子，和某个重要同伴的关系破裂，在打架斗殴中蒙羞等。

青少年期自杀为什么会增加？青少年预先做计划能力的增强可能是一个原因。虽然有些自杀是冲动性的，但是很多青少年在自杀前做了周密的准备（McKeown et al.，1998）。其他方面的认知变化也有关系。个人神话的信念使一些青少年认为，没有人能理解他们深深的苦痛，这加深了他们的失望和无助感。

（2）预防和治疗

要预防自杀，父母和教师需要通过培训，辨别想自杀的青少年发出的信号（见表12.3）。学校、娱乐场所和宗教组织可以提供一些富于同情心的咨询人员、同伴帮助小组和热线电话（Spirito et al.，2003）。一旦发现哪个青少年打算自杀，就要给他们提供必要的帮助，在专业人员到来之前，守在他们身边，倾听他们的诉说，表达同情和关心。

对身陷抑郁、打算自杀的青少年的治疗，包括采用抗抑郁药物和个人、家庭及群体疗法。在康复之前，从家里移除枪支、刀具、剃须刀片、剪刀、毒品，这一点非常重要。从更大范围来说，在美国，为限制青少年接近枪支这一最易导致死亡的工具而制定枪支管控法律，会大大降低自杀和杀人率。加拿大和其他工业化国家实行严格的枪支管控政策，使用枪支自杀的青少年平均比率，仅是美国的1/16（Fingerhut & Christoffel，2002）。

自杀发生后，自杀者的家人和同伴都需要得到帮助，以应对悲痛、愤怒和因自己未能挽救死者而产生的内疚感。青少年自杀往往会滚雪球式地发生，一个人自杀，认识他的同伴或从媒体中听到这一消息的年轻人，其自杀可能性会增加（Bearman & Moody，2004；Gould，Jamieson & Romer，2003）。鉴于这种情况，自杀发生之后，
对那些有自杀倾向的青少年要提高警觉。新闻工 422
作者减少对青少年自杀的报道也有助于预防自杀。

表 12.3　自杀的预兆

自杀的预兆
处理好个人事务，例如摆平不协调的人际关系，把自己喜欢的东西送人。
语言线索：对家人或朋友说再见，直接或间接地提及自杀（“我以后再也不会为那些问题苦恼了”；“我想死”）。
悲伤、绝望，对任何事都“不在意”。
感觉活得很累，没有精力，对生活感到厌倦。
对社会交往毫无兴趣，也不见朋友。
极易受挫折。
情绪爆发：忽然大笑或大哭，突然精力旺盛。
注意力不能集中、容易分心。
学习成绩下降，旷课，违反纪律。
不在乎自己的外貌。
睡眠异常：失眠或睡眠过度。
食欲异常：比平时吃得过多或过少。
身体不适：肚子痛、后背疼痛、头痛。

3. 违法行为

少年犯指有违法行为的儿童或青少年。20 世纪 90 年代中期以后，北美青少年犯罪虽然有所下降，但 12～17 岁的美国和加拿大青少年仍占被拘捕人数的相当比例：美国 17%，加拿大 23%（Statistics Canada，2004b；U. S. Department of Justice，2005b）。当以公开或秘密方式询问青少年是否有违法行为时，几乎所有人都承认自己有过某种违法行为，大多属轻微犯罪，如小偷小摸和扰乱秩序（Flannery et al.，2003）。

警方拘捕和自我报告均显示，在整个青少年期违法行为持续上升，之后，在成年早期有所下降（Farrington，2004）。前面曾讲到，在年幼青少年中，反社会行为增多是希望得到同伴赞许的结果。随着年龄增长，同伴的影响逐渐减弱，道德推理能力逐渐增强，年轻人开始融入社会（如结婚、工作并开始职业生涯），这些活动都会使违法行为减少。

对于多数青少年来说，偶尔触犯法律不能预测他们长期的反社会行为。但是多次被拘捕就会导致这样的结果。在美国的暴力犯罪中，青少年占 13%；在加拿大，青少年占 8%（Statistics Canada，2004b；U. S. Department of Justice，2005b）。其中有一小部分成为惯犯，反复参与暴力犯罪；还有一部分终身从事犯罪行为。本节的“毕生发展观”专栏揭示出，儿童期开始出现的行为问题，比青少年期才开始出现的行为问题，持续时间要长得多。

青少年早期的违法犯罪行为开始增多，这种趋势维持到青少年中期，然后下降。这一时期的多数违法行为是小偷小摸和扰乱秩序，其中有少部分青少年有重复、严重的犯罪行为，甚至会终生犯罪。

（1）违法行为的影响因素

青少年期，攻击行为的性别差异开始扩大（Chesney-Lind，2001）。青少年暴力行为中，涉及女孩的占 18%，这一比例比 10 年前有所增加，但是她们的行为局限于一些简单的攻击行为（推搡或啐唾沫），属于最轻的攻击行为。但是，暴力犯罪始终是男孩最主要的犯罪类型（National Center for Juvenile Justice，2004）。虽然社会阶层和种族是被拘捕的重要预测指标，但这两项指标与青少年自我报告的反社会行为只有低相关。这一差异的原因是，对低社会阶层的少数族裔青少年的拘捕、指控和惩罚常常多于较高社会阶层的白人和亚裔青少年（U. S. Department of Justice，2005b）。

难照养型气质、低智力、学习成绩差、同伴拒绝、结交反社会倾向的同伴，这些因素都和违法行为有关。这些因素是怎样共同作用的呢？关于青少年犯罪的一个最肯定的发现是，他们的家庭缺乏温暖，矛盾重重，家庭教育以严厉、缺乏一致性和低监控为特征。因为婚姻变化往往造成家庭不和与家庭教育的混乱，所以经历过父母分居和离婚的男孩更容易从事犯罪活动（Farrington，2004）。青少年犯罪的高峰时间是在工作日的下午 2 点到晚 8 点之间，这段时间很多青少年是无人照看的（U. S. Department of Justice，2005b）。

第 8 章曾讲过，无效的家庭教养会导致和维持儿童的攻击行为。由于男孩比女孩顽皮、容易冲动和难以控制，所以父母更容易对他们发火并采用前后不一的惩罚方式。如果儿童的这种特征表现得很极端再加上对他们不适当的家庭教育，他们在儿童期就会出现很多攻击行为，并导致青少年期的暴力犯罪，有时会一直持续到成年期（见本节的“毕生发展观”专栏）。

如果青少年的居住环境差，邻居贫穷，缺乏娱乐设施和就业机会，成人犯罪率高，他们就更可能犯罪。在这样的环境中，他们很容易接触到行为出轨的同伴、毒品和枪支，因此更可能被引诱而加入一些违法团伙，这些团伙会实施大量的暴力犯罪（Thornberry & Krohn，2001）。此外，在这样的地区，学校一般难以满足学生的发展需要（Flannery et al.，2003）。班级人数太多，教学质量差，教学秩序混乱，都可能使青少年的攻击和暴力行为增多。

专栏 毕生发展观

青少年违法犯罪的两种类型

持续的青少年违法行为有两条发展途径：第一条路径开始于儿童期的行为问题；第二条路径是从青少年期开始的。研究表明，早发型有更大的可能导致终生发作的攻击与犯罪行为（Farrington & Loeber，2000）。而晚发型大多不会持续到向成年早期过渡之后。

儿童期发作和青少年期发作的违法青少年都会做出一些严重的不轨行为，例如和不良少年搞在一起，吸毒，从事不安全的性活动，危险驾驶，被关进教养所等等。为什么第一类的反社会活动比第二类更容易持续并且演变为暴力行为呢？追踪研究也发现了类似的结果。到目前为止，在大多数研究聚焦的男性青少年方面，结论非常清楚。但是有几项调查报告显示，在儿童期表现出身体攻击行为的女孩，到后期也有出现问题行为的可能，例如偶然的暴力犯罪，但大多并非正式的暴力行为和心理障碍（Broidy et al.，2003；Chamberlain，2003）。早期的关系攻击与青少年期行为问题也存在相关。

早发型 早发型的儿童可能具有导致其攻击性的遗传特质（Pettit，2004）。困难型和大胆型气质是喜欢身体攻击的男孩所特有的，他们从两岁就表现出情绪暴躁、好动和任性。他们还带有某些认知机能的轻微缺陷，导致其语言、记忆、认知及情绪自我调节的损伤（Shaw et al.，2003）。其中有些人有注意缺失多动障碍（ADHD），也造成了他们的学习和自我控制方面的问题。

诚然，这些生物学方面的问题并不是严重的反社会行为的充分条件，因为多数早发型的男孩并没有在青少年期表现出严重违法行为，也没有在成年期出现犯罪。对于这些儿童来说，不称职的父母教育方式会把他们难于自控的行为方式转变为挑衅和持续的攻击行为（Broidy et al.，2003；Brame，Nagin & Tremblay，2001）。当他们学业不良并且被同伴拒绝时，就会与别的臭味相投者交朋友，他们在一起彼此减轻了孤独感，也互相促进了暴力行为（见图 12.5）（Lacourse et al.，2003）。早发型青少年，其蹩脚的认知和社交技能，将导致高辍学率和失业率，使他们在以后更多地投入反社会活动。这些男孩常常在 14 岁前就被拘捕，这是一个很好的预测指标，显示他们在 18 岁时很可能变成惯犯（Patterson & Yoerger，2002）。

有很多关系攻击行为的学前儿童，可能会活动过度，经常与同伴、成人发生冲突（Willoughby，Kupersmidt & Bryant，2001）。由于这些行为会导致同伴拒绝，喜欢关系攻击的女孩常常与其他对人敌意的女孩交朋友，这加重了她们的关系攻击行为（Werner & Crick，2004）。高关系攻击的青少年常常对人发火，报复，不遵守成人的规则。在那些既有身体攻击，又有关系攻击的青少年身上，这两种攻击行为会加剧，并增大了他们投入严重反社会活动的可能性（Prinstein，Boergers & Vernberg，2001）。

晚发型 有些青少年是在青春期前后才开始表现出反社会行为并逐渐严重的。他们的行为问题起源于青少年早期的同伴关系不良，而不是起源于生物学方面的缺陷和不顺利的发展过程。其中有些人是因为父母在一段时间内由于家庭压力或管教孩子困难而采取了不正确的教育方法所致（Moffitt et al.，1996）。随着年龄增长，他们拥有了令他们满意的成人权利，于是这些人重新诉诸他们在青少年期之前掌握的亲社会技能，逐渐放弃了反社会行为方式。

但是，有少数晚发型青少年的反社会行为会得以保持。他们的严重不良行为似乎使他们陷入泥淖，并失去了对自己的行为负责的机会。一项研究发现，这些青少年在 20 岁时如能找到满意工作，形成积极而亲密的关系，他们就会终止犯罪行为（Clingempeel & Henggeler，2003）。

这些研究结果提示我们，应该重新审视预防青少年犯罪的一些政策。对青年罪犯的多年监禁会打乱他们的职业生涯，导致他们在发展的关键期得不到社会支持，使他们不得不面对一个黯淡的未来。

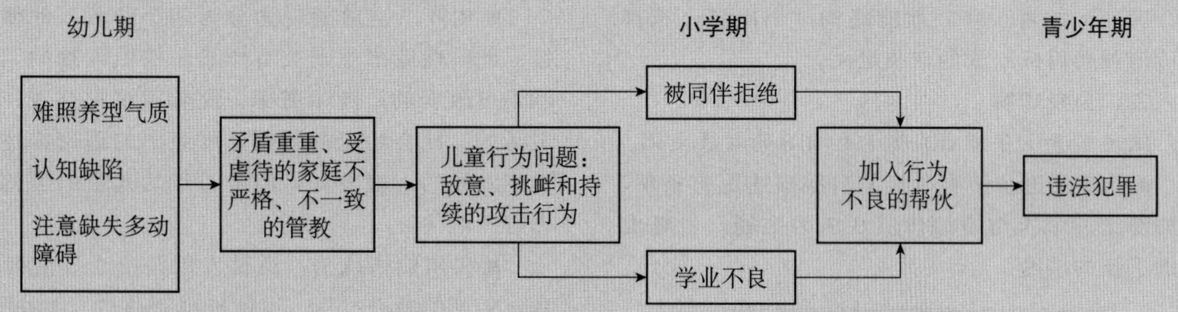

图 12.5 具有儿童期早发型反社会行为的青少年走向长期犯罪的路径

这些青少年中很多人在幼儿期就存在难照养型气质和认知缺陷，有些存在注意缺失多动障碍。不称职的家庭教养方式把他们因生物因素难于自控的特征转化为敌意和挑衅行为。

（2）预防和治疗

由于违法犯罪行为有其儿童期的根源，而且是几种环境共同作用的结果，所以干预必须及早地在多种水平上进行。和谐的家庭关系，权威型的家庭教育方式，学校里高质量的教学，具有良好经济与社会条件的社区，这些条件结合在一起，将会减少青少年犯罪。

对严重犯罪者的矫正，需要在认识到犯罪行为的多种决定因素基础上，进行大强度的长期治疗。最有效的方法包括：对父母进行培训，增强
424 他们的对子女的沟通、监控和管教能力；教给青少年认知、社交和情绪调节技能，以克服同伴交往和学习方面的困难（Elliot & Tolan，1999）。

但是如果青少年长期处在充满敌意的家庭生活、反社会的同伴群体和四分五裂的邻居中，即便采取了这种多维度的治疗，也难以取得成效。在一个被称作“多系统理论”的项目中，治疗师在进行家庭干预的同时，让那些有暴力行为的青少年参加学习、工作和课外活动，同时远离有暴力倾向的同伴。与一般的社区服务或个别治疗相比，这种干预大大促进了亲子关系，使在四年时间里被拘捕人数大幅下降（Huey & Henggeler，2001）。努力在家庭、社区和社会等多层面创建一个非暴力的环境，这对于帮教犯罪青少年、促进全体青年的健康成长是非常必要的。

思考题

复习 为什么青少年期的女孩抑郁的风险比较高，而男孩自杀的风险比较高？

应用 泽克上小学时还是个好孩子，但是在 13 岁时和“捣乱族”混在一起。16 岁时因损坏财产罪被捕。泽克有可能变成一个惯犯吗？为什么？

联结 重读第 11 章中有关青少年早孕和吸食致瘾物的部分，哪些因素使这些问题与自杀和犯罪联系起来？

本章小结

一、埃里克森的理论：同一性对角色混乱

根据埃里克森的理论，青少年期人格发展的结果是什么？

■ 埃里克森的理论把**同一性**看作人格发展的最主要成果。能够解决好**同一性对角色混乱**之间的心理冲突的青少年，就能建构一个由自己选择的价值观和目标组成的自我定义。

二、自我理解

阐述了青少年期自我概念和自尊的发展变化。

■ 认知的进步使青少年的自我描述更有条理，更加稳定，个人与道德价值观成为主题。自尊也增加了新的维度。

■ 青少年期的多数青少年自尊都有所提高。青少年自尊的基本轮廓有很大差异。自尊下降的青少年中，女孩占多数。权威型的父母教育方式、尊重青少年所属族群的学校和邻居有利于良好自尊的形成。

讲述了同一性的四种状态和促进同一性发展的因素。

■ 在复杂的社会中，有必要经过一段时间的探索来形成对个人有意义的同一性。**同一性成熟**和**同一性延缓**从心理角度来看属于健康的同一性状态；长期的**同一性早闭**和**同一性弥散**则会使青少年难以适应生活。

■ 如果青少年能灵活地、敞开心灵地、理性地面对选择信念与价值观时的思想斗争，既依恋父母又能自由地发表自己意见，他们的同一性发展就可能处于先机。亲密朋友有助于青少年在探索中做出选择。

■ 学校和社区如能给青少年提供丰富多样的机会，也有助于他们同一性的成熟。已建构起稳定而安全的**种族同一性**或**双重文化同一性**青少年在情绪与社会性发展的许多方面都处于优势地位。

三、道德发展

讲述了皮亚杰的道德发展理论及科尔伯格对皮亚杰理论的扩展，并介绍了当前对这两个理论的评价。

■ 皮亚杰把道德观念分为两个阶段。**他律道德**：此阶段道德规则被看作是由权威人物制定的和不可改变的；**自律道德**：此阶段规则被看作是灵活的、社会约定的原则。皮亚杰的理论描述了道德发展的一般方向，但是对年幼儿童的道德能力有所低估。

■ 科尔伯格认为，道德发展是一个一直延伸到成年期的渐进过程。道德推理要通过三个水平、六个阶段。**前习俗水平**：道德被看作由奖励、惩罚和强有力的权威人物所主宰。**习俗水平**：为了维护良好的人际关系和社会秩序，就必须遵守法律和规则。**后习俗水平**：个体形成了抽象的、普适的公正原则。

■ 重新审视科尔伯格的阶段论，人们发现，成熟的道德在阶段3和阶段4就已经出现。情境因素对道德判断的影响表明，最好把科尔伯格的道德阶段看作并不十分严密的发展顺序。

■ 与凯罗尔·吉利根的观点相反，科尔伯格的理论并没有低估女性的道德。公平道德和关爱道德都存在于男女两性当中，只是随情境和文化的不同，所强调的重点也有所不同。

■ 与儿童相比，青少年对个人选择和社会责任之间冲突的推理更深入。他们也更深刻地意识到遵守社会常规的道德含义。

讲述了影响道德推理的因素以及道德推理和 425
道德行为之间的关系。

■ 有助于道德成熟的经验包括：温暖理性的父母教育方式、学校教育以及同伴对道德问题的讨论。相对于农耕社会，工业化国家的青少年能够达到更高的道德发展水平。集体主义国家中对道德两难问题的反应更多是指向他人的。

■ 道德推理的成熟与各种道德行为有中度的相关。影响道德行为的其他因素还包括共情和内疚感、个人与道德有关的经历，以及**道德自我相关度**，即道德与自我概念的接近程度。

■ 虽然青少年期正式加入宗教的人数有所减少，但是大多数青少年都有一个教名。属于某个宗教团体的青少年在道德价值观和道德行为方面表现更好。

四、性别角色形为

为什么青少年早期是性别分化时期？

■ **性别分化**发生在青少年早期有几个原因：身体发育和认知发展促使青少年从性别角色的角度看待自己，来自父母和同伴的性别角色的压力增大。最终形成双性化性别同一性的青少年，其心理适应更好。

五、家庭

讨论了青少年期的亲子关系和兄弟姐妹关系的变化。

■ 使家庭互动满足青少年对**自主性**的追求是一种特殊的挑战。由于青少年对父母的去理想化，他们经常质疑父母的权威性。又因为青少年及其父母都面临着重大的人生转折，会从不同的角度看问题。权威型教养方式是一种有效的家庭教育方式，它在父母与子女的联结与疏离之间求得平衡。在亲子合作基础上，父母对子女的持续监控可以预测子女的良好适应。

■ 随着青少年对家庭的逐渐疏离并转向同伴，兄弟姐妹关系不再密切。但是，多数青少年还保持着对兄弟姐妹很强的依恋。

六、同伴关系

讲述了青少年的友谊、同伴群体、异性朋友关系，以及这些关系对发展的影响。

■ 青少年期的友谊变得更加亲密和忠诚。女孩的友谊强调情感的亲密性，男孩更强调地位和掌控。

■ 只要青少年的友谊不是以反社会行为为基础，就可以促进自我概念、观点采纳、同一性以及保持亲密关系的能力。友谊还有助于青少年应对压力，改善对学校的态度。

■ 青少年同伴会结成一个组织有序的**小圈子**，小圈子是小型的朋友群体，其成员具有相似的家庭背景、态度和价值观。几个小圈子会结为一个较大、较松散的称为**族**的群体，它使青少年的同一性在学校这一较大社会结构中得到认可。父母教育方式会影响青少年加入什么小圈子和族。男女混合的小圈子则为男女孩彼此了解提供了支持性环境。

■ 异性朋友亲密感的形成要落后于同性别朋友。过早过频的异性朋友关系与适应不良相关。与父母、同伴的良好关系有助于健康的异性朋友关系的形成，这种关系可以促进较年长青少年的情绪与社会性发展。

讨论了青少年的同伴服从压力问题。

■ 青少年期的同伴服从比此前和此后都更为重要。年幼青少年更可能在反社会行为上屈从于同伴压力。但是多数同伴压力和成人的重要价值观并不矛盾。权威型家教方式与抵制不良的同伴压力有关。

七、发展中存在的问题

影响青少年抑郁和自杀的因素有哪些？

■ 抑郁是青少年期常见的心理问题。生物因素与环境因素的复杂结合导致了抑郁。青少年的重度抑郁倾向可能持续到成年期。抑郁在女孩中比在男孩中发生得更多，这种差异可能与压力生活事件及两性应对压力的方式有关。

■ 青少年期的自杀率大幅度提高。自杀致死者中，男性占多数，女孩尝试自杀的次数更多。自杀高危青少年中，有些具有高智力、孤独和退缩特征，但更多人是反社会的。家庭关系混乱在自杀青少年中很常见。

讨论了与犯罪行为有关的因素。

■ 几乎所有青少年都有过违法行为，但是重犯和惯犯只是少数。其中大多数是儿童期就有问题行为的男性。

■ 可以确定的导致犯罪的因素有：家庭缺乏温暖，矛盾重重，管教不一致；极度贫困、犯罪率高发的居住环境。学校不能满足青少年的发展需要也会导致违法行为的发生。

重要术语和概念

autonomous morality（p. 406）自律道德
autonomy（p. 413） 自主性
bicultural identity（p. 404）双重文化同一性
clique（p. 417）小圈子
conventional level（p. 407）习俗水平
crowd（p. 417）族
ethnic identity（p. 404）种族同一性
gender intensification（p. 411）性别分化
heteronomous morality（p. 406）他律道德
identity（p. 400） 同一性
identity achievement（p. 402）同一性成熟
identity diffusion（p. 402）同一性弥散
identity foreclosure（p. 402）同一性早闭
identity moratorium（p. 402）同一性延缓
identity versus role confusion（p. 400）同一性对角色混乱
moral self-relevance（p. 410）道德自我相关度
postconventional level（p. 407）后习俗水平
preconventional level（p. 407）前习俗水平

青少年期发展的重要标志

426

年龄	身体	认知	情绪/社会性
青少年早期（11～14岁）	● 女孩身体发育达到高峰（363）  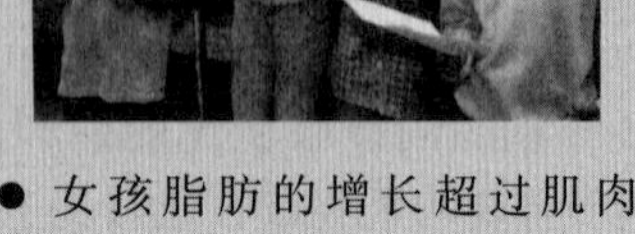 ● 女孩脂肪的增长超过肌肉（363） ● 女孩的动作表现逐渐提高，直到14岁（364） ● 女孩月经初潮（365） ● 男孩身体开始快速发育（363） ● 男孩出现遗精（366） ● 开始出现性取向意识（375-376） ● 前额叶和其他脑区之间的突触发育与髓鞘化加快（367） ● 大脑神经元对源于应激反应和新异刺激寻求的神经刺激反应更灵敏（367）	● 能做假设演绎推理和命题思维（381）  ● 能更好地协调理论与证据的关系（383） ● 自我意识和自我关注增强 ● 变得更加理想主义，更具批判性（384-385） ● 元认知和认知自我调节能力继续进步（383）	● 喜怒无常和亲子冲突的时候增多（368-369，413） ● 在态度和行为上表现出越来越多的性别成见（411） ● 与同伴相处的时间增多，与父母、兄弟姐妹相处的时间减少（414） ● 把亲密和忠诚当作友谊的基础（415） ● 同伴群体以小圈子形式形成（417-418） ● 具有相似价值观的若干个小圈子形成族（417-418）  ● 同伴屈从的压力加大（419）
青少年中期（14～16岁）	● 女孩身体快速发育完成（363） ● 男孩身体发育达到高峰，其后结束快速发育（363） ● 男孩变声（366） ● 男孩肌肉增多，脂肪减少（363-364）	● 对熟悉情境表现出科学的、系统的推理（381） 	● 把自我的各种特征归入自我概念中（400） ● 自尊进一步分化并有所提高（401）

续前表

年龄	身体	认知	情绪/社会性
青少年中期（14 ～ 16 岁）	● 男孩运动能力大幅增强（364）  ● 可能发生性行为（373）	● 在完成不同类型的任务时以相似的、按部就班的方式掌握科学推理（383）  ● 自我意识和自我关注减少（384） ● 对日常生活问题能较好地做决定（386）	● 开始建构同一性（400）  ● 开始具有社会观点采纳能力（336） ● 把理想互惠原则和社会法规当作解决道德两难问题的基础（407） ● 在道德问题、社会常规和个人利益相冲突时能进行更缜密的推理（409） ● 带有性别成见的态度和行为逐渐减少（415） ● 开始交异性朋友（418 - 419） ● 与父母的关系好转（414） ● 服从同伴的压力下降（419）
青少年晚期（16 ～ 18 岁）	● 男孩的动作技能继续增强（364） 	● 元认知、科学推理和做决定的能力继续提高	● 继续建构同一性（400） ● 道德推理继续走向成熟（407 - 409） ● 小圈子和族的重要性降低（418） ● 恋爱关系持续时间加长（418） 

术语解释

（英文术语后面的页码为英文版页码，即本书边码）

Aboriginal Head Start (p. 245) **原住民智力启蒙计划**，加拿大政府的一项计划，向原住民、因纽特人和混血的6岁以下儿童提供学前教育和营养保健服务，并鼓励父母参与到计划的制订和儿童学习中来。

academic programs (p. 245) **学习型课程**，教师按照一定的结构组织教育活动，在正式的课程中，采用重复和练习，教儿童认识字母、数字、颜色、形状和其他学术技能。参见以儿童为中心的课程。

accommodation (p. 152) **顺应**，皮亚杰的术语，人的已有思维方式不能完全掌控环境，必须建立新图式或调整原来的旧图式。

adaptation (p. 152) **适应**，皮亚杰的术语，通过与环境的直接互动建立图式的过程。它包括两种互补性的活动：同化和顺应。

adolescence (p. 361) **青少年期**，从儿童期到成年期之间的过渡期。青少年期的开始以青春期为标志，此间青少年必须接受发育成熟的身体，学习成年人的思维方式，摆脱家庭束缚，形成更大的自主性，学会成熟地跟同性别及异性同伴交往，并开始建构同一性。

age of viability (p. 84) **存活龄**，胎儿最早可以存活的时间点，约在22～26周之间。

age-graded influences (p. 10) **年龄阶段的影响**，对一生发展的各种影响，这些影响与年龄密切相关，而且可以准确预测这些影响在什么时候发生，能够持续多久。

allele (p. 48) **等位基因**，位于一对同源染色体的相同位置上控制着相对性状的一对基因。

amnion (p. 82) **羊膜**，保护着发育中的胎儿和羊水的胎盘的最内层膜。

androgyny (p. 277) **双性化**，性别同一性的类型之一，在男性化和女性化人格特质上得分都较高。

animistic thinking (p. 229) **泛灵论思维**，皮亚杰的术语，前运算阶段儿童的一种思维特征，认为无生命的客体具有与有生命物相似的特征，如思想、愿望、情感和意图。

anorexia nervosa (p. 371) **神经性厌食症**，一种饮食障碍，因为对变胖的强迫性恐惧而忍受饥饿。

anoxia (p. 100) **缺氧**，氧供应不足。

Apgar Scale (p. 98) **阿普加评分**，一种能迅速地对新生儿的生理状况做出评定的方法。

assimilation (p. 152) **同化**，皮亚杰的术语，适应的一种形式，人用已有图式去解释外部世界。参见顺应。

associative play (p. 261) **联合游戏**，一种真正的社会参与游戏的形式，儿童各自玩，但以交换玩具和评论对方来互动。参见非社交活动和合作游戏。

attachment (p. 196) **依恋**，人对生活中特定人物的一种强烈而深刻的情感联系，与这个人交往带来愉快体验，面临压力时能从这个人处得到安慰。

Attachment Q-Sort (p. 198) **依恋的Q分类法**，考察儿童对陌生情境反应的方法，适用于1～4岁儿童，可通过家庭观察对儿童的依恋做出评定。观察者对儿童的90种行为进行分类，然后计算依恋安全性的分数，结果从"很安全"到"很不安全"。

attention-deficit hyperactivity disorder (ADHD) (p. 304) **注意缺失多动障碍**，儿童期的一种失调，症状包括缺乏注意力、冲动、身体活动过多并导致学习和社交问题。

authoritarian child-rearing style (p. 279) **专制型儿童教养方式**，一种儿童教养方式，表现为对子女低接纳和低介入、高强迫控制，孩子的自主性低。

authoritative child-rearing style (p. 279) **权威型儿童教养方式**，是最成功的儿童养育方式，表现为对子女的高度接纳和参与，恰当的控制技巧并给予一定的自主性。

autobiographical memory (p. 163) **自传式记忆**，对当前和遥远过去发生的对个人有意义的一次性事件的记忆。

autonomous morality (p. 406) **自律道德**，皮亚杰道德发展理论中的第二个阶段，儿童把规则看成是灵活的、大家商定的、必要时可以修改的行为标准。

autonomy (p. 413) **自主性**，青少年期出现的一种把自己看作独立的、自我管理的个体的意识。青少年更多地靠自己而不是靠父母明确方向，自我指导，并认真、理性地做出决定。

autonomy versus shame and doubt (p. 184) **自主性对羞怯和怀疑**，埃里克森理论中学步期的心理冲突，要得到顺利解决，父母必须给孩子提供恰当的引导和选择。

autosomes (p. 47) **常染色体**，人类23对染色体中的22对匹配的染色体。

avoidant attachment (p. 198) **回避型依恋**，一种不安全依

恋，妈妈在时婴儿漠不关心，妈妈离开时，婴儿也不伤心，他们对陌生人的反应与对妈妈的反应相同。重聚时，他们回避妈妈，或者缓慢地走近妈妈，当被抱起时，他们常常并不愿靠近。

babbling (p. 174) **咿呀语**，婴儿在 4 个月左右出现的重复发出一长串和谐的组合元音。

basic emotions (p. 185) **基本情绪**，在人类和其他灵长类动物中普遍存在的情绪，在促进生存方面有漫长的进化史，且能直接从表情中看出来，如高兴、感兴趣、吃惊、恐惧、生气、悲伤、厌恶。

basic trust versus mistrust (p. 184) **基本信任对不信任**，埃里克森理论中婴儿期的心理冲突，如果养育，尤其是喂养，是和谐的、充满同情心和爱心的，这一冲突就能顺利得到解决。

behavior modification (p. 18) **行为矫正**，把条件反射和榜样结合起来，消除不符合期望的行为、增加符合期望的行为的程序。

behaviorism (p. 17) **行为主义**，一种心理学流派，把直接观察刺激—反应作为研究重点，认为行为发展是通过一系列经典条件反射和操作条件反射实现的。

bicultural identity (p. 404) **双重文化同一性**，青少年通过探索和接纳来自亚文化和主流文化的价值观而形成的同一性。

blended, or reconstituted, family (p. 348) **混合家庭**或**重组家庭**，父亲或母亲、继父或继母与孩子形成的新的家庭结构。

body image (p. 370) **身体意象**，关于自己体貌的概念和对待它的态度。

brain plasticity (p. 124) **大脑可塑性**，大脑的某部分受到损伤，其他部分能够代偿其功能。随着大脑两半球的单侧化而下降。

breech position (p. 100) **臀位**，须先娩出臀部或脚的颠倒的胎位。

bulimia nervosa (p. 372) **神经性贪食症**，一种饮食障碍，患者（主要是女性）进行严格的减肥和过度的锻炼，同时伴有狂吃行为，接着便是故意呕吐，服用泻药把食物排出。

canalization (p. 73) **可开发性**，遗传限定了某些特征只朝向一种或几种结果发展的倾向。

cardinality (p. 243) **基数**，计数序列中的最后一个数代表整个集合的量。

carrier (p. 48) **携带者**，仅有一个隐性基因的杂合型个体，可把该隐性特征传递给后代。

categorical self (p. 208) **分类自我**，18～30 个月的儿童根据年龄、性别、身体特征和好坏对自己进行分类。

central executive (p. 160) **中央处理器**，工作记忆的一个意识的部分，它决定人注意什么，把正接收的信息与系统原有信息加以协调，并对策略加以选择、应用和监控，以此指引着通过心理系统的信息流向。

centration (p. 230) **中心化**，只注意情境的一个方面而忽视其他方面的倾向。

cephalocaudal trend (p. 121) **头尾趋势**，身体发育和动作控制的从头到脚的顺序。参见近远趋势。

cerebellum (p. 219) **小脑**，负责身体平衡并控制身体运动的脑结构。

cerebral cortex (p. 123) **大脑皮层**，人类大脑中最大的部分，是人类高度发达的智力的基础。

cesarean delivery (p. 101) **剖宫产**，一种手术分娩，医生在产妇腹部切口，将胎儿取出子宫。

child-centered programs (p. 244) **以儿童为中心的课程**，幼儿园教师提供丰富多彩的、幼儿可以选择的活动，学习活动主要在游戏中进行。参见学习型课程。

child-directed speech (CDS) (p. 177) **指向儿童的言语**，成人对婴儿和学步儿说话的一种方式，其句子简短，发音清晰，音调高亢，语气夸张，句子之间有明显停顿，在各种情境下反复使用新单词。

child-rearing styles (p. 279) **儿童教养方式**，父母在各种情境下表现出来的教育子女的行为的整体，它会创造一种持续的教养氛围。

chorion (p. 82) **绒毛膜**，由滋养层和胚外中胚层的壁层构成的五层胎膜中的一层。

chromosomes (p. 46) **染色体**，细胞核内负责保存和传递遗传信息的杆状结构。

chronosystem (p. 25) **时序系统**，生态系统论中环境的暂时变化造成的影响发展的新条件。这些变化可能受外因影响，也可能来自个人，由个体为自己选择、修正和创造生活环境与经验而产生。

circular reaction (p. 153) **循环反应**，皮亚杰的术语，婴儿自己的动作引起对新经验的偶然发现，使婴儿一遍遍地重复该动作，使之成为一个新图式。

classical conditioning (p. 133) **经典条件反射**，一种学习形式，中性刺激与一个可导致反射行为的刺激同时出现。一旦人的神经系统在这两个刺激之间建立了联结，中性刺激即可引发该行为。

clinical interview (p. 28) **临床访谈**，研究者采用灵活的谈话方式来探查被研究者观点的方法。

clinical, or case study, method（p. 29）**临床法或个案法**，研究者考察个别人的研究方法，把关于这个人的各方面信息结合起来，这些信息可能来自访谈、观察，有时候也包括测验分数。

clique（p. 417）**小圈子**，一般由 5～7 名好朋友组成的群体，其成员拥有相似的家庭背景、态度和价值观。

cognitive maps（p. 299）**认知地图**，儿童对熟悉的较大空间（如社区或学校）的心理表征。

cognitive self-regulation（p. 306）**认知自我调控**，持续监控目标进程，检查结果，对无效的努力加以修正。

cognitive-development theory（p. 19）**认知发展理论**，由皮亚杰引入的一种研究取向，该取向认为，儿童是在操控和探索周围世界基础上主动建构知识的。

cohort effects（p. 35）**同龄群组效应**，出生在相同年代的人们会受到特定的历史文化环境的影响。基于一个同龄群组得出的结果可能难以应用到在另一年代成长的人们。

collectivist societies（p. 66）**集体主义社会**，人们把自己视为集体的一部分，重视集体目标而不是个人目标。

compliance（p. 208）**顺从**，自愿地遵守要求和命令的行为。

concordance rate（p. 71）**一致率**，一种特质在一对双生子身上同时出现的比例，用于考察遗传对情绪与行为失调的影响。

concrete operational stage（p. 298）**具体运算阶段**，皮亚杰理论中认知发展的第三阶段，从 7 岁持续到 11 岁左右，是认知发展的一个重要转折点。思维比以前更富于逻辑性、灵活性和组织性。

conditioned response（CR）（p. 133）**条件反应**，在经典条件反射中，由一个类似于非条件反应，或称反射反应的条件刺激引发的新反应。

conditioned stimulus（CS）（p. 133）**条件刺激**，在经典条件反射中，与一个非条件刺激相配对的中性刺激可导致一个新反应。

conservation（p. 230）**守恒**，一种认知方式，认识到客体外表无论怎样变化，客体的物理特征仍保持不变。

constructivist classroom（p. 319）**建构主义课堂**，以皮亚杰理论为基础，鼓励学生建构自己知识的课堂。学生被看作主动的有机体，能够反思和协调自己的想法，而不只是从别人那里吸收知识。课堂上有设备丰富的学习中心，学生自己选择参加小组学习和独立解决问题，教师针对学生的需要提供指导和支持。结合学生以前的情况对他们的进步做出评估。参见传统课堂和社会建构主义课堂。

contexts（p. 7）**背景**，可能导致不同变化路径的个人境况与环境的独特结合。

continuous development（p. 6）**连续的发展**，向已有能力中逐渐添加更多的同一类型成分的发展过程。

contrast sensitivity（p. 143）**对比敏感度**，解释早期模式偏好的一般原理，如果婴儿能够觉察两个模式的对比度之间的差异，则他们偏爱对比度较强的模式。

controversial children（p. 340）**有争议儿童**，在自我报告的同伴接受性测量中得了许多肯定性投票和许多否定性投票的儿童。参见受欢迎儿童、被拒绝儿童和被忽视儿童。

conventional level（p. 407）**习俗水平**，科尔伯格道德发展的第二个水平，道德观念的基础是遵守社会规则，维持现有的社会体系可以保证良好的人际关系和社会秩序。

convergent thinking（p. 322）**聚合思维**，努力得到问题的唯一正确答案的思维，是智力测验强调的认知类型。参见发散思维。

cooing（p. 174）**咕咕声**，两个月左右婴儿发出的愉快的类似元音的声音。

cooperative play（p. 261）**合作游戏**，一种真正的社会参与类型，儿童在活动中能指向一个共同目标。参见非社交活动、平行游戏和联合游戏。

core knowledge perspective（p. 158）**核心知识观**，认为婴儿具有与生俱来的知识系统或核心思维领域的观点。这些预先存在的理解使婴儿很容易获取新的有关信息，从而支持早期的快速发展。

coregulation（p. 344）**共同调控**，父母对子女的一种过渡式监督，父母允许孩子在具体事情上做决定，同时实施总体监控。

corpus callosum（p. 219）**胼胝体**，联结大脑两半球的一大束神经纤维。

correlation coefficient（p. 32）**相关系数**，描述两个测量或两个变量相互关系的、介于＋1 和－1 之间的统计量，其数值的大小表明相关的程度，正负号表示相关的方向。

correlational design（p. 30）**相关设计**，一种研究设计，在自然的、不加改变的生活环境中，收集人们的信息，考察他们的各种特征与行为或发展之间的关系。

creativity（p. 322）**创造性**，发起一项无人做过的有意义工作的能力，但其他人不一定认为该项工作是有用的。

cross-sectional design（p. 35）**横断设计**，在同一时间点对不同年龄的人群进行考察的研究设计。

crowd（p. 417）**族**，由具有相似价值观的几个小圈子形成的更大、更宽松的有组织群体。

deferred imitation (p. 155) **延迟模仿**，记住并重复那些已经不在眼前的榜样行为。

delay of gratification (p. 208) **延迟满足**，让儿童在一个地方等一段时间才能去做某一具有诱惑力的事情。

deoxyribonucleic acid (DNA) (p. 46) **脱氧核糖核酸**，螺旋转梯状的长条双链分子，由配对碱基组成。

dependent variable (p. 32) **因变量**，研究者假设受自变量影响的变量。

developmental cognitive neuroscience (p. 21) **发展认知神经科学**，一个研究领域，心理学、生物学、神经科学和医学等多学科研究者，共同考察成长中一代脑的变化同认知加工与行为方式之间的关系。

developmental quotient, or DQ (p. 168) **发展商数**，基于初步的概念和动作反应得出的婴儿智力测验分数，计算方法类似于智商的计算。

developmentally appropriate practice (p. 170) **适合于发展的实践**，美国幼儿教育协会制订的一套标准，根据研究结果和专家意见列出了可以满足各年龄幼儿发展需要和个人需要的幼教机构的特征。

differentiation theory (p. 147) **分化理论**，认为婴儿在不断变化的知觉环境里主动寻找环境的恒定特征的理论观点。

difficult child (p. 190) **难照养儿童**，托马斯和切斯划分的一种儿童气质类型，表现为生活习惯不规则，接受新经验较慢，有消极和强烈的反应倾向。参见易照养儿童和慢热儿童。

discontinuous development (p. 6) **非连续的发展**，一种发展观，认为个体对世界的新的、不同方式的理解和相应的反应方式是在特定时间段出现的。

disorganized/disoriented attachment (p. 198) **混乱型依恋**，一种不安全依恋，和母亲重聚时，婴儿表现出困惑的、相互矛盾的行为。参见安全型依恋、回避型依恋和拒绝型依恋。

distributive justice (p. 337) **分配公平**，指如何公平地分配资源的观念。

divergent thinking (p. 322) **发散思维**，面对一项任务或问题时，想出多种不同寻常的解决方法。它与创造性有关。参见聚合思维。

divorce mediation (p. 348) **离异调解**，和打算离婚的成年人进行一系列的会面，由受过训练的专业人员帮助调解矛盾，协助当事人处理财产分割、子女监控权等涉及法律诉讼的事项。

dominance hierarchy (p. 297) **支配等级**，一种稳定的群体成员等级，可以预测出现冲突时谁会取胜。

dominant cerebral hemisphere (p. 218) **优势半球**，掌管着各种熟练的运动动作的大脑半球。右利手者的左半球为优势半球，左利手者的右半球可能是优势半球，或者其运动和语言技能由两半球共同掌管。

dominant-recessive inheritance (p. 48) **显性—隐性遗传**，一种遗传方式，在杂合型情况下，只有一个等位基因，即显性基因产生影响。

dual representation (p. 229) **双重表征**，把一个象征性客体既看作该客体本身，又看作一个符号。

dynamic systems theory of motor development (p. 138) **动作发展的动态系统理论**，在运动能力发展过程中，已经掌握的各种单一能力结合为一个系统，共同发挥作用，使人对环境的探索和控制更有效。每个新技能都是中枢神经系统发展、身体运动能力、环境支持与儿童心中的目标共同作用的产物。

dynamic assessment (p. 314) **动态评估**，一种符合维果茨基的最近发展区观点的评估方法，成人把目的教学引入测验情境，查明儿童在社会支持下能学到什么。

easy child (p. 190) **易照养儿童**，托马斯和切斯划分的一种气质类型，这种类型的婴儿能很快形成日常生活习惯，比较乐观，容易适应新环境。参见难照养儿童和慢热儿童。

ecological systems theory (p. 24) **生态系统论**，布朗芬布伦纳提出的理论，认为人在复杂的关系系统中的发展受到家庭、学校、社会文化价值观等多水平环境的影响。

educational self-fulfilling prophecy (p. 321) **教育预言的自我应验**，一种观念，认为儿童会接受教师的积极或消极观点，并把它变为现实。

effortful control (p. 191) **努力控制**，罗斯巴特提出的气质的自我调节维度，主动抑制一个优势反应，计划并执行一个更具适应性的行为的能力，表现为善于集中和转移注意力，抑制冲动和消极情绪。

egalitarian marriage (p. 475) **平等主义婚姻**，一种婚姻类型，夫妻关系平等，彼此分享权力和威望。夫妻双方都要平衡他们在工作、照看孩子、处理夫妻关系方面投入的时间和精力。

egocentrism (p. 229) **自我中心主义**，皮亚杰理论的术语，儿童最初对世界进行心理表征时，不能把自己的观点和别人的观点加以区分，认为别人的知觉、思维和感受和自己是一样的。

elaboration (p. 303) **精加工**，小学期的一种记忆策略，在两种或几种不同种类的信息之间建立一种关系或者共同意义，以帮助记忆。

embryo (p. 82) **胚胎**，从胚泡着床开始至孕期第八周的一段时间，是怀孕期间变化最大的时期，所有身体结构和内脏器官都在这一时期打好基础。

emergent literacy (p. 242) **自发的读写**，幼儿努力凭借非正式的经验建构读写知识。

emotion-centered coping (p. 335) **情绪中心应对**，一种调节情绪的策略，对已发生的事情无能为力的情况下，从内心悄悄地控制悲伤。参见问题中心应对。

emotional intelligence (p. 312) **情绪智力**，加工和接收情绪信息的能力，可对适应能力和生活能力做出预测。

emotional self-regulation (p. 189) **情绪自我调节**，是人把情绪强度调节到合适水平，以更好地达到目标的策略。

empathy (p. 207) **共情**，理解另一个人的情绪状态、与这个人一起感受或以相似方式做出情绪反应的能力。

epigenesis (p. 75) **渐成作用**，基因与各水平环境之间的渐进、双向的交流导致发展。

ethnic identity (p. 404) **种族同一性**，认为自己属于种族一员的意识、态度以及与族群成员相联系的身份感。

ethnography (p. 30) **人种学方法**，一种描述性的、定性的研究技术，它不是指向单独个体，而是通过参与观察，理解一种文化或一个社会群体。研究者通常要在所研究的社群中生活数月或数年，并参与到人们的日常生活中去。

ethological theory of attachment (p. 196) **依恋的习性学理论**，鲍尔比提出的理论，认为婴儿与养育者之间的情感联结是进化的产物，它可以增大物种存活的机会。

ethology (p. 22) **习性学**，探讨行为的适应价值或生存价值及其进化史的一门学科。

evolutionary developmental psychology (p. 22) **进化发展心理学**，一个研究领域，探讨在种系范围内，随着年龄增长，个体认知、情绪和社交能力的适应价值。

exosystem (p. 25) **外环境系统**，生态系统论中的环境系统之一，指成长中的儿童不在该环境中，但对儿童所处的环境产生影响的社会环境。

expansions (p. 250) **扩展**，成人对儿童的言语进行加工从而增强其复杂性的教育行为。

experience-dependent brain growth (p. 127) **经验—依赖型脑发育**，由特殊的学习经验导致的已形成的脑结构的额外发育和精细化，此过程存在着巨大的个体差异和文化差异。

experience-expectant brain growth (p. 127) **经验—预期型脑发育**，指幼年大脑迅速形成组织，此过程取决于日常经验，包括看和接触物体的机会，听到言语和其他声音，四处移动探索环境。经过千百万年的进化，人们预期所有婴儿、学步儿和幼儿的大脑都会有这种经验，只要积累了这些经验，就会正常发育。

experimental design (p. 32) **实验设计**，一种研究设计，把被试随机分为两个或多个处理组，因而可以做出因果推论。

expressive style of language learning (p. 176) **表达型语言学习方式**，一种早期语言学习方式，学步儿说出许多名词和社会表达方式，如“停下来”，“谢谢”，“我想要这个”，以此说出他们自己和别人的情感和需要。参见指代型语言学习方式。

extended family household (p. 66) **大家庭**，三代或三代人以上的家庭成员一起生活的家庭。

fast-mapping (p. 248) **快速映射**，经过简单对比，把一个新词与一个基本概念相联系。

fetal alcohol effects (FAE) (p. 89) **胎儿酒精影响**，儿童表现出胎儿酒精综合征的某些而不是全部缺陷。其母亲在孕期的饮酒量少于那些患胎儿酒精综合征儿童的母亲。

fetal alcohol syndrome (FAS) (p. 89) **胎儿酒精综合征**，女性在孕期的大部分时段或整个孕期大量饮酒导致的胎儿缺陷。包括智力迟滞，动作协调性、注意、记忆和语言能力低下，多动，身体发育缓慢和面部异常。

fetal monitors (p. 100) **胎儿监测仪**，用以追踪分娩过程中胎儿心律的电子设备。

fetus (p. 83) **胎儿期**，从怀孕第三个月到孕期结束的孕期阶段，其间身体结构完全形成，身体迅速增大。

formal operational stage (p. 381) **形式运算阶段**，皮亚杰认知发展理论的最后一个阶段，儿童在11岁左右进入此阶段，以抽象、系统、科学的思维能力的形成为标志。

fraternal, or dizygotic, twins (p. 47) **异卵双生子或双卵双生子**，因两个卵子排出并受孕而生出的双生子，在遗传上并不比普通的兄弟姐妹更相似。参见同卵双生子或单卵双生子。

full inclusion (p. 321) **全时参与**，在常规班级安置特殊学生，接受全日制学校教学。

gametes (p. 46) **配子**，即人类性细胞精子和卵子，含有正常细胞的一半染色体。

gender constancy (p. 277) **性别恒常性**，关于性别的概念，认识到性别有其生物基础，即使穿着、发型和游戏活动变化，性别也不会改变。

gender identity (p. 276) **性别同一性**，关于自己在行为特

征上相对男性化或女性化的概念。

gender intensification (p. 411) **性别分化**，青少年初期出现的态度和行为的性别成见的增强、行为举止趋向传统性别同一性的现象。

gender schema theory (p. 277) **性别图式理论**，信息加工流派对性别特征形成的解释，这种观点综合了社会学习理论和认知发展理论的特点，它解释了环境压力和儿童认知怎样共同作用，影响了性别角色的发展。

gender typing (p. 273) **性别角色行为**，遵从于文化成见，把物品、活动、角色或特质与自己的性别或异性性别相联系的行为。

gene (p. 46) **基因**，染色体上的DNA分子片断，含有生成蛋白质的指令，这些蛋白质可以影响身体发育和身体机能。

general growth curve (p. 217) **一般发育曲线**，反映身体整体变化的曲线，表现为婴儿期迅速发育，幼儿期和小学期发育减缓，青少年期再度加快。

genetic counseling (p. 53) **遗传咨询**，为帮助夫妇估计生一个有遗传病孩子的概率，并根据风险和家庭目标选择最佳方案的沟通过程。

genetic-environmental correlation (p. 73) **遗传—环境相关性**，认为人的遗传基因会影响其所处环境的观点。

genetic imprinting (p. 51) **基因印刻**，一种遗传模式，其中基因被印刻或做了化学标记，无论其组成如何，配对等位基因中只有一个（来自父或母）被激活。

genotype (p. 45) **基因型**，个体的基因结构。参见表型。

gifted (p. 322) **天才**，具有超常智能者，包括高智商、高创造力和高特殊才能。

glial cells (p. 122) **神经胶质细胞**，掌管着神经纤维髓鞘化的细胞。

goodness-of-fit model (p. 194) **良好匹配模型**，儿童教养行为与儿童气质之间的有效匹配，可导致儿童的良好适应。

growth hormone (GH) (p. 219) **生长激素**，一种脑垂体激素，可促进儿童出生后除中枢神经系统和生殖器官之外的其他身体器官的发育。

growth spurt (p. 363) **发育加速**，青春期身高和体重的迅速发育。

guided participation (p. 236) **指导性参与**，教师鼓励技能熟练与技能不熟练的学生共同努力，而不规定他们之间的交流的具体细节，是一个比搭建脚手架更宽泛的概念。

habituation (p. 134) **习惯化**，由重复刺激引起的反应强度的逐渐降低。

heritability estimate (p. 71) **遗传力估计值**，一种统计指标，所测量的是，在一个特定人群中，复杂特质的个体差异在多大程度上可由遗传因素来解释。

heteronomous morality (p. 406) **他律道德**，皮亚杰理论中道德发展的第一阶段，5～10岁儿童认为规则是由权威人物制定的，是永恒而不容置疑的，必须严格遵守。

heterozygous (p. 48) **杂合型**，在一对染色体的相同位置的等位基因完全不同。参见纯合型。

hierarchical classification (p. 231) **等级分类**，根据客体的相似性和差异性把客体分成类和子类。

history-graded influences (p. 11) **历史时期的影响**，特殊历史年代对一生发展的独特影响，它能解释，同一个历史时期出生的人，即所谓同龄群组，为什么很相似，与其他历史时期出生的人却不相似。

Home Observation for Measurement of the Environment (HOME) (p. 168) **测量环境的家庭观察**，一种核查表，通过观察和对父母的访谈，收集有关儿童家庭生活质量的资料。

homozygous (p. 48) **纯合型**，在一对染色体的相同位置上的等位基因完全相同。参见杂合型。

hostile aggression (p. 270) **敌意攻击**，意图伤害别人的攻击行为。参见工具攻击。

human development (p. 5) **人的发展**，致力于查明生命全程中的稳定性和变化性的跨学科研究领域。

hypothetico-deductive reasoning (p. 381) **假设—演绎推理**，形式运算阶段的一种问题解决策略，面对问题时，青少年先提出假设，或对可能影响结果的变量做出预测。然后根据假设做出合乎逻辑的、可以检验的推论，再把几个变量加以分离及合并，查明哪些推论可以在真实世界中得到证实。

I-self (p. 256) **主我**，即作为认识者和行动者的自我，包括认识到自我是与周围世界相分离的，随着时间流逝自己总是同一个人，拥有不为人知的内在、私密的生活，能控制自己的思想和行为。参见客我。

identical, or monozygotic, twins (p. 48) **同卵双生子或单卵双生子**，一个受精卵经复制分裂成两个细胞，发育为两个携带相同基因结构的个体。

identity (p. 400) **同一性**，指组织良好的自我概念，包括价值观、信念和个人的坚定目标。

identity achievement (p. 402) **同一性成熟**，个体的同一性状态，经过探索，自觉地投身于自己选择的价值观和目标。参见同一性延缓、同一性早闭和同一性弥散。

identity diffusion（p. 402）**同一性弥散**，个体的同一性状态，既没有经过探索也没有投身于自己选择的价值观和目标。参见同一性成熟、同一性早闭和同一性延缓。

identity foreclosure（p. 402）**同一性早闭**，个体的同一性状态，没有经过探索就投身于现成的价值观和目标。参见同一性成熟、同一性延缓和同一性弥散。

identity moratorium（p. 402）**同一性延缓**，个体的同一性状态，正在进行探索，但是还没有投身于自我选择的价值观和目标。参见同一性成熟、同一性早闭和同一性弥散。

identity versus role confusion（p. 400）**同一性对角色混乱**，埃里克森理论中青少年期的心理冲突。青少年经过一段时间的探索和内心灵魂寻求之后，就会解决这一冲突。

imaginary audience（p. 384）**假想观众**，青少年相信自己是别人注意和关心的焦点。

imitation（p. 135）**模仿**，通过复制他人行为来学习，亦称榜样学习或观察学习。

implantation（p. 82）**着床**，在受精后第七天到第九天之间，胚泡深深地埋入子宫内膜。

incomplete dominance（p. 50）**共显性**，因两个等位基因在遗传中同时表达，表现出一种组合的或介于二者之间的媒介的遗传模式。

independent variable（p. 32）**自变量**，研究者预期会导致另一个变量发生改变的变量。

individualistic societies（p. 66）**个体主义社会**，每个人都认为自己是独立的实体，关心个人需要胜过关心集体需要。参见集体主义社会。

induction（p. 265）**引导法**，一种教育方法，成人指出儿童不良行为对别人的影响，使儿童觉察别人的情绪，以促进良心的形成。

industry versus inferiority（p. 330）**勤奋对自卑**，埃里克森理论中小学期的心理冲突，如果儿童对有用的技能和任务形成能力感，就能顺利解决这一冲突。

infant mortality（p. 104）**婴儿死亡率**，世界通用的评估一个国家儿童整体健康状况的指标，指每 1 000 个活产婴儿在出生后第一年内死亡的人数。

infantile amnesia（p. 163）**婴儿期遗忘症**，大多数年长儿童和成人记不起 3 岁以前发生的事情。

information processing（p. 20）**信息加工学说**，一个理论流派，把人的心理看作信息可进可出的符号操作系统，可采用流程图来展现个体解决问题和完成任务的准确步骤，把认知发展看作一个连续过程。

inhibited，or shy，child（p. 191）**抑制型儿童或害羞儿童**，气质特征表现为对新异刺激反应消极、退缩的儿童。

initiative versus guilt（p. 256）**主动性对内疚感**，埃里克森理论中幼儿期的心理冲突，儿童如果能在游戏中形成健康的主动性，并形成超我，或自主意识，不再执拗，也不再受内疚困扰，他们就能顺利解决这一心理冲突。

instrumental aggression（p. 270）**工具攻击**，儿童用推搡、喊叫或击打妨碍他人，得到想要的物品、好处或空间。

intelligence quotient，or IQ（p. 168）**智力商数**，个体的智力测验得分即为他的智力商数，该分数是通过计算他的得分在同龄人得分中的相对位置，即他的得分偏离平均值多少个标准差得出的。

intentional，or goal-directed，behavior（p. 154）**有目的的，或指向目标的行为**，能够正确地协调图式来解决问题的一系列有次序的动作。

interactional synchrony（p. 200）**同步互动**，养育者与婴儿间像敏感而调谐的“情感舞蹈”似的互动，养育者以定时、有节律、适当的方式对婴儿发出的信号做出反应。

intermodal perception（p. 146）**联合知觉**，把客体和事件知觉为一个统一体，赋予光、声、触觉、味觉和嗅觉等信息流以意义。

internal working model（p. 197）**内部心理作用模型**，从早期被养育经历中得出的一系列预期，如依恋对象是否存在，在压力情境中能否得到依恋对象的支持等。

invariant features（p. 147）**恒定特征**，在不断变化的知觉世界中保持稳定的那些特征。

irreversibility（p. 230）**不可逆性**，不能从心理上通过问题的各个步骤，再以相反方向回到出发点。参见可逆性。

joint attention（p. 174）**共同注意**，儿童的眼光朝向成人所看的同方向的物品或事件，成人则对看到的东西加以评论。

joint custody（p. 348）**共同监护**，父母离婚后，作为监护人的一方和另一方在对子女教养做出重要决定时可以平等地发表意见，是一种鼓励父母继续参与子女生活的方式。

kinship studies（p. 71）**血亲研究**，把不同血亲水平的家庭成员的特征进行比较，以查明遗传对人的各种特征所起的作用的研究方法。

kwashiorkor（p. 131）**恶性营养不良**，由摄入蛋白质过低和饮食不均衡导致的疾病，通常发生在 1～3 岁，断奶后出现。症状为腹部鼓起、腿脚浮肿、头发脱落、皮疹、易激惹和冷漠。

language acquisition device（LAD） （p. 173）**语言获得装置**，乔姆斯基理论中提出的一个有生物学基础的与生俱来的系统，系统中有一套适合所有语言的规则。它使儿童无论听到的是何种语言，只要积累足够多的词汇，都能以符合语法规则的方式听懂别人说话并自己说话。

lanugo (p. 84) **胎毛**，胎儿周身出现的白色绒毛，可使胎儿皮脂贴紧皮肤。

lateralization (p. 124) **单侧化**，大脑两半球功能的专门化。

learned helplessness (p. 333) **习得性无助感**，把成绩归因于外因，如运气，把失败归因于能力差，导致在面临困难任务时担忧失去控制。参见掌握—定向归因。

learning disabilities (p. 321) **学习障碍**，一种特殊的学习障碍，即使智商中等或中等偏上，在校学习成绩也较差，被认为是脑功能缺陷所致。

lifespan perspective (p. 8) **毕生发展观**，一种相对平衡的理论观点，认为发展是持续终生的，发展是多维度、多方向的，发展是高度可塑的，发展受到多种相互作用的因素影响。

longitudinal design (p. 33) **追踪设计**，对同一组被研究者在不同年龄进行重复考察，其间的变化被认为是年龄增长所致。参见横断研究设计。

long-term memory (p. 160) **长时记忆**，信息加工理论中记忆系统的一部分，其中包含着人的永久性的、容量无限的知识。

macrosystem (p. 25) **大环境系统**，生态系统论中，由价值观、法律、习俗和文化资源组成的大环境，它影响着人的经验和各水平环境的相互作用。

mainstreaming (p. 321) **回归主流**，在学校教学的部分时间里，把学习困难学生安置在正常班级中的教育方法。

make-believe play (p. 155) **假装游戏**，一种游戏类型，其中儿童玩模仿日常活动和想象活动的游戏。

marasmus (p. 131) **消瘦症**，1 岁前婴儿因饮食中缺乏重要营养物质导致的身体耗竭状态。

mastery-oriented attributions (p. 333) **掌握—定向归因**，一种归因倾向，把成功归为可通过努力获得的能力，并可凭借它来面对新挑战，把失败归为可以改变和控制的因素，比如努力不够或任务太难。

matters of personal choice (p. 269) **个人私事**，个人关心的事物，它们不侵犯别人权利，也不违反社会规范，而是由个人决定的。参见道德规则和社会常规。

maturation (p. 13) **成熟**，由遗传决定的自然成长过程。

me-self (p. 256) **客我**，作为认识和评价对象的自我感，包括所有使自我变得唯一的特性，包括生理特性和个人拥有物，欲望、态度、信仰和人格特质等心理特性以及社会特性。参见主我。

meiosis (p. 46) **减数分裂**，细胞通过分裂形成配子的过程，配子的染色体数目为正常体细胞染色体的一半。

memory strategies (p. 227) **记忆策略**，有意识地增强记忆效果的心理活动。

menarche (p. 365) **初潮**，第一次月经。

mental representation (p. 154) **心理表征**，心理可操纵的信息的内部描述。最重要的心理表征是映像和概念。

mental strategies (p. 160) **心理策略**，信息加工过程中，对信息进行操作和转换的程序，它可以增大保持信息的概率，有效地利用信息，灵活地思考，让信息适应变化的环境。

mesosystem (p. 24) **中环境系统**，生态系统论中，人所处的几个小环境之间的联系。

metacognition (p. 239) **元认知**，对思维的思维，对心理活动的意识。

microsystem (p. 24) **小环境系统**，生态系统论中，个体直接生活的环境中的各种活动和互动方式。

mild mental retardation (p. 321) **轻度心理迟滞**，智力机能明显低于平均水平，智商在 55～70 之间，适应行为或日常生活技能有问题。

mitosis (p. 46) **有丝分裂**，细胞复制过程，复制后形成的新细胞具有和原细胞完全相同的染色体。

moral imperatives (p. 269) **道德规则**，用以保障人们权益的标准。参见社会常规和个人私事。

moral self-relevance (p. 410) **道德的自我相关度**，道德接近自我概念核心位置的程度。

mutation (p. 51) **突变**，DNA 片段上发生的突然变化。

myelination (p. 122) **髓鞘化**，在神经纤维外面形成一层绝缘的、可提高信息传递效率的脂肪鞘（称髓鞘脂）。

natural，or prepared，childbirth (p. 99) **自然分娩或无痛分娩**，一项分娩技术，目的在于减轻疼痛，减少医疗干预，同时尽可能使分娩成为一次有意义的体验。

naturalistic observation (p. 27) **自然观察**，直接深入现场或自然环境，记录所研究行为的研究方法。

nature-nurture controversy (p. 7) **天性—教养的争论**，理论工作者关于遗传因素和环境因素哪个对发展更重要的争论。

neglected children (p. 340) **被忽视儿童**，在同伴接纳的自我报告测量中，无论从正面还是从负面都很少被选择的儿童。

Neonatal Behavioral Assessment Scale (NBAS) (p. 113) **新生儿行为评价量表**，布雷泽尔顿编制的可对婴儿的反射、状态变化、对生理和社会刺激的反应及其他反应进行评价的量表。

neural tube (p. 83) **神经管**，由外胚层发育形成并将继续发育为脊髓和脑的组织。

neurons (p. 121) **神经元**，或神经细胞，其功能是储存和传输信息。

neurotransmitters (p. 121) **神经递质**，神经元释放的分布于突触中用于传递信息的化学物质。

niche-picking (p. 74) **小环境选择**，遗传—环境相互关系的一种类型，个体主动选择适合于自己遗传特征的环境的倾向。

noble savage (p. 13) **高尚的自然人**，卢梭把儿童看作有天赋的、天生就计划好按部就班地健康成长的自然人。

nonnormative influences (p. 11) **非常规的影响**，对人的一生发展的无规律的影响，它只在个别人身上发生，而且其发生不遵循任何可预测的时间表。

nonorganic failure to thrive (p. 132) **非器质性发育迟缓**，一种由于缺乏爱和刺激而导致的发育障碍，通常出现在18个月左右。

non-rapid-eye-movement (NREM) sleep (p. 108) **非快速眼动睡眠**，一种“规则的”睡眠状态，身体几乎静止，心律、呼吸和脑电波活动缓慢而有规律。参见快速眼动睡眠。

nonsocial activity (p. 261) **非社交活动**，无所事事、旁观行为和单独玩的游戏。参见平行游戏、联合游戏和合作游戏。

normal distribution (p. 168) **正态分布**，对个体差异进行大样本调查时得到的一种钟形分布，其中多数人的分数位于平均数附近，少数人的分数落在两端。

normative approach (p. 14) **常模法**，对大量个体的行为进行测量，计算出各个年龄的平均数，来代表每个年龄段的典型发展。

obesity (p. 292) **肥胖症**，根据人的年龄、性别和身体结构，实际体重超过平均体重20%以上。

object permanence (p. 154) **客体永存性**，对物体即使看不见也仍然存在的认知。

operant conditioning (p. 133) **操作条件反射**，一种学习形式，个体对环境进行操作，跟在该操作之后的刺激会改变该行为再次发生的可能性。

ordinality (p. 242) **数序**，数与数之间的顺序关系。

organization (p. 152, p. 302) **组织**，根据皮亚杰的理论，组织是在内部发生、不直接与环境接触的过程。儿童形成新图式后，会对这些图式进行重组，把它们与其他图式联系起来，形成相互联结的认知体系。

overextension (p. 175) **外延扩大**，早期对词汇的错误使用，使用词语时超出其本身范围而去描述更多的物体和事件。

overregularization (p. 249) **过度泛化**，把正规的语法规则扩展地用到一些特殊用法的词上。

parallel play (p. 261) **平行游戏**，一种有限的社会参与形式，儿童在同伴旁边玩相似的玩具，但并不想影响别人的行为。参见非社交活动、联合游戏和合作游戏。

peer acceptance (p. 340) **同伴接纳**，某儿童受到同伴喜爱，被同伴群体（如同班同学）视为一个有价值的社交伙伴的程度。

peer group (p. 339) **同伴群体**，具有独特的价值观、行为标准以及领导者与追随者的社会结构的集体。

peer victimization (p. 342) **同伴欺负**，一种特别具有破坏性的互动模式，一些儿童会频繁成为言语和身体攻击或其他虐待方式的目标。

permissive child-rearing style (p. 280) **放任型儿童教养方式**，一种儿童教养方式，表现为对孩子疼爱、接纳，但是不介入。参见权威型教养方式、专制型教养方式和不参与型儿童教养方式。

personal fable (p. 385) **个人神话**，青少年相信自己被别人注视和评价，因此夸大自己的重要性。

perspective taking (p. 336) **观点采纳**，一种想象他人想法和感受的能力。

phenotype (p. 45) **表型**，由遗传和环境因素共同决定的个体的生理和心理特征。

phobia (p. 351) **恐怖症**，一种强烈的、无法控制的恐惧，导致对所害怕情境的持久回避。

phonics approach (p. 307) **语音法**，一种对初学阅读儿童的教学方法，给儿童一些简单的阅读材料，先进行语音训练，把书面文字转换成声音的基本规则。等他们掌握这些技能之后，才给他们复杂的阅读材料。

phonological awareness (p. 307) **语音意识**，对口语声音的结构做出反应并加以掌控的能力，表现为对词的声音变化和不正确发音的敏感性。

physical aggression (p. 270) **身体攻击**，通过身体伤害，如推、踢、打他人或毁坏对方财物来伤害他人。

pituitary gland (p. 219) **下垂体**，位于大脑底部的垂体，所分泌的激素可刺激儿童的生长发育。

placenta (p. 82) **胎盘**，把母亲的血液与胚胎或胎儿的血液分离的器官，可向胚胎或胎儿输送营养氧，并排除废物。

polygenic inheritance (p. 52) **多基因遗传**，一种遗传方式，

多个基因共同决定一种特征。

popular children (p. 340) **受欢迎儿童**，在自我报告的同伴接纳测量中得到许多赞成投票的儿童。

popular-antisocial children (p. 341) **受欢迎—亲社会型儿童**，受欢迎儿童的一个亚型，一般学习能力和社交能力都较强，在学校表现优秀并且以敏感、友好和合作的方式与同伴交流。也有一些受欢迎儿童是由于其好斗且社会适应的行为而受到钦佩。参见受欢迎—反社会型儿童。

popular-prosocial children (p. 341) **受欢迎—反社会型儿童**，受欢迎儿童的一个亚型，包括“恶作剧”男孩和关系攻击型的男孩和女孩，前者运动技能娴熟但是学习差，经常惹麻烦，不听从成人权威，后者常采用忽视、排他和散播别人谣言的手段来提高自己地位。参见受欢迎—亲社会型儿童。

postconventional level (p. 407) **后习俗水平**，科尔伯格理论中道德发展的最高水平，达到这一水平的人开始超越对社会规则和法律毋庸置疑的支持态度。他们把道德定义为放之四海而皆准的抽象原则和价值观。

pragmatics (p. 250) **语用**，语言的应用的、社会的一面，关注人们怎样和他人进行有效、适当的交流。

preconventional level (p. 407) **前习俗水平**，科尔伯格的道德发展第一个水平，道德观念基于奖励、惩罚和权威人物。

prenatal diagnostic methods (p. 53) **孕期诊断法**，在出生之前查出胎儿发育问题的医疗程序。

preoperational stage (p. 227) **前运算阶段**，皮亚杰的认知发展第二阶段，2～7 岁儿童的表征能力快速发展，但思维仍不符合逻辑。

preterm (p. 102) **早产儿**，在预产期前几周或更早出生的婴儿。

primary sexual characteristics (p. 365) **第一性征**，和生殖器有关的身体特征，如女性的卵巢、子宫和阴道，男性的阴茎、阴囊和睾丸。参见第二性征。

private speech (p. 234) **个人言语**，儿童指向自己的言语，常用于计划并引导自己的行为。

problem-centered coping (p. 335) **问题中心应对**，一种处理情绪的策略，把情境看作是可变的，先查明存在的困难，再决定怎么办。参见情绪中心应对。

Project Head Start (p. 245) **智力启蒙计划**，美国联邦政府于 1965 年开展的一个项目，向贫困儿童提供 1 年或两年的学前教育以及营养和保健服务，并鼓励父母参与项目的计划和儿童的学习。

propositional thought (p. 381) **命题思维**，青少年不需要参照真实情境就能够判断命题（语言论断）逻辑性的思维方式。

prosocial, or altruistic, behavior (p. 260) **亲社会行为或利他行为**，对别人有好处但不图回报的行为。

proximodistal trend (p. 121) **近远趋势**，身体发育和动作控制遵循“从近到远”，从中心向外发展的顺序。参见头尾趋势。

psychoanalytic perspective (p. 15) **精神分析观点**，弗洛伊德发起的人格发展理论流派，认为人格发展要经历几个阶段，每个阶段都要面临生物内驱力与社会期望间的冲突。这些冲突的解决方式决定了人的学习能力、人际能力及应对焦虑的能力。

psychological control (p. 280) **心理控制**，父母采用一种狡黠的控制方式，侵入并操纵孩子的言语表达、个性和对父母的依恋。

psychosexual theory (p. 15) **心理性欲理论**，弗洛伊德的理论，认为在儿童出生后的前几年里，父母怎样对待其性驱力和攻击驱力，对健康人格的发展有重要作用。

psychosocial dwarfism (p. 220) **心理社会性侏儒症**，一种在 2～15 岁之间出现的发育障碍，典型特征是，身材矮小，生长激素分泌不足，骨龄不成熟及健康问题严重。

psychosocial theory (p. 15) **心理社会理论**，埃里克森的理论，认为自我不仅是在本我冲动和超我要求之间进行调节，在每个发展阶段，自我都会习得一些态度和技能，使个体成为积极、有贡献的社会成员。

puberty (p. 361) **青春期**，青少年期使青少年具有成人体格和性成熟的生理变化。

public policies (p. 67) **公共政策**，为改善人民生活条件而制定的法律和政府项目。

punishment (p. 134) **惩罚**，移除期望的刺激物或呈现不愉快的刺激物，降低反应再次出现的可能性。

random assignment (p. 33) **随机分配**，把被试按机会均等原则分配到不同处理条件下。具体办法可以是抓阄、掷硬币、使用随机数字表等，使各组被试基本等质。

range of reaction (p. 72) **反应范围**，每个人独特的、由遗传决定的对各种环境条件做出的反应。

rapid-eye-movement (REM) sleep (p. 108) **快速眼动睡眠**，一种“不规则的”睡眠，脑电活动与清醒状态下相似。眼球在眼睑下快速运动，心律、血压和呼吸不规则，并出现轻微身体运动。

recall (p. 162) **回忆**，一种记忆类型，记起不在眼前的某些东西。

recasts (p. 250) **改正**，成人把儿童不正确的语句改为正确形式。

reciprocal teaching (p. 320) **相互教学**，基于维果茨基理论的教学方法，一个老师和2～4个学生组成一个小组，轮流主持关于一篇课文内容的讨论。小组成员在讨论中应用四种认知策略：提问、总结、阐述和预测，并构建最近发展区，促进学生的阅读理解。

recognition (p. 162) **再认**，一种记忆类型，认出一个以前见过或与之相似的刺激。

recovery (p. 134) **反应恢复**，指新的刺激物，即环境变化，使个体的反应性恢复到较高水平的心理现象。

referential style of language learning (p. 176) **指代型语言学习方式**，一种早期语言学习方式，所用的词汇主要由指代物体的词语组成。

reflex (p. 106) **反射**，对某种特定刺激做出的与生俱来的、无意识的反应。

rehearsal (p. 302) **复述**，重复阅读材料，以记住材料的记忆方法。

reinforcer (p. 133) **强化物**，操作条件反射中可增加反应出现概率的刺激物。

rejected children (p. 340) **被拒绝儿童**，在自我报告的同伴接纳测量中不被他人喜欢、得到很多否定投票的儿童。参见受欢迎儿童、有争议儿童和被忽视儿童。

rejected-aggressive children (p. 341) **被拒绝—攻击型儿童**，被拒绝儿童的一个亚型，表现出很多冲突行为、身体攻击和关系攻击以及过度活跃、注意力不集中和冲动行为。他们比受欢迎—攻击型儿童更好斗，还存在观点采纳和情绪调节不良。参见被拒绝—退缩型儿童。

rejected-withdrawn children (p. 341) **被拒绝—退缩型儿童**，被拒绝儿童的一个亚型，他们被动、羞怯、不善交往，常被社交焦虑所困，对同伴看待自己的方式有消极预期，担心被斥责和攻击。参见被拒绝—攻击型儿童。

relational aggression (p. 270) **关系攻击**，敌意攻击的一种形式，采用社会排斥、散布流言或调拨关系来破坏别人的同伴关系。参见身体攻击和言语攻击。

resilience (p. 10) **复原力**，有效地应对发展中的逆境的能力。

resistant attachment (p. 198) **拒绝型依恋**，不安全依恋类型，分离前，婴儿寻求与妈妈的亲近，妈妈返回时，表现出生气、拒绝行为。参见安全型依恋、回避型依恋和混乱型依恋。

reticular formation (p. 219) **网状结构**，脑干中保持警觉和意识的结构。

reversibility (p. 298) **可逆性**，对问题做一步一步的思考后，再一步一步回到出发点的心理能力。参见不可逆性。

Rh factor incompatibility (p. 94) **Rh 血型不相容**，母亲血型是Rh阴性（缺少Rh血蛋白），父亲是Rh阳性（有这种蛋白）时，婴儿可能会遗传父亲的Rh阳性血型。如果胎儿的Rh阳性血液经胎盘进入Rh阴性母亲的血液中，即使很少量，母体也会形成对Rh蛋白的抗体。如果这些抗体进入胎儿体内，将会破坏血红细胞，降低器官和组织的氧供应。

rough-and-tumble play (p. 297) **嬉闹游戏**，同伴互动的一种形式，表现为友好的追赶和打仗游戏。在人类进化史上，这种游戏对打斗技能的发展有重要意义。

scaffolding (p. 235) **搭建脚手架**，教师在教学过程中根据儿童的现有水平来调整对他们的帮助。讲新课时给以直接指导，当学生能力有进步时就减少帮助。

scheme (p. 152) **图式**，皮亚杰理论中一种特殊心理结构，使经验变成有格式的组织形式。

scripts (p. 239) **情节**，对特定情境中发生的事情和发生时间的一般描述，是儿童用来组织和解释日常经验的基本手段。

secondary sexual characteristics (p. 365) **第二性征**，在体表可以看到、作为性成熟附加标志的体征（如女性的乳房、两性的腋毛和阴毛）。参见第一性征。

secular trend (p. 366) **世代渐进趋势**，从上一代人到下一代人，在体型大小、青春期到来时间和其他发育方面的逐渐加快的变化。

secure attachment (p. 198) **安全型依恋**，一种依恋类型，婴儿把妈妈作为安全基地，分离时，他们可能哭，也可能不哭，如果哭，是因为他们更愿意与妈妈而不是与陌生人待在一起。妈妈返回时，他们积极地寻求接近，哭泣立即停止。参见回避型依恋、拒绝型依恋和混乱型依恋。

secure base (p. 188) **安全基地**，婴儿把熟悉的养育者作为出发点，探索周围环境，并时时返回寻求情感支持。

self-care children (p. 350) **自我照顾儿童**，因父母上班，在课余时间自己照顾自己的儿童。

self-concept (p. 257) **自我概念**，一个人的属性、能力、态度和价值观的总和，是一个人对"我是什么样的人"下的定义。

self-conscious emotions (p. 188) **自我意识的情感**，可能会侵害或加强人的自我意识的情感，如内疚、羞愧、尴尬、嫉妒和自豪。

self-esteem (p. 257) **自尊**，自我概念的一个方面，是一个人对自我价值做出的判断及与这些判断有关的感受。

self-recognition (p. 207) **自我辨认**，确认自己从身体上是唯一的存在。

sensitive caregiving (p. 200) **敏感的养育**，对婴儿发出的信号做出迅速、一致、恰当的反应。

sensitive period (p. 22) **敏感期**，某些能力出现的最佳时期。在敏感期，个体会对环境影响做出特殊反应。

sensorimotor stage (p. 152) **感知运动阶段**，皮亚杰理论中认知发展的第一个阶段，年龄为0～2岁。婴儿和学步儿用眼、耳、手和其他感官进行"思维"。

sensory register (p. 160) **感觉登记**，信息加工系统的一部分，光和声在此被直接表征并被暂时储存。

separation anxiety (p. 197) **分离焦虑**，婴儿在他们依赖的成人离开时的焦虑反应。

seriation (p. 299) **排序**，按某个数量维度（如长度或重量）对物体进行排列。

sequential design (p. 37) **系列设计**，一种研究设计，研究者在不同时间进行几个相似的横断研究或追踪研究（称为系列）。

sex chromosomes (p. 47) **性染色体**，决定人的性别的第23对染色体，女性为XX，男性为XY。

slow-to-warm-up child (p. 190) **慢热儿童**，托马斯和切斯划分的气质类型之一，表现为不活跃，对环境刺激的反应温和、抑制，心态消极，对新经验适应慢。

small-for-date (p. 102) **小于胎龄儿**，婴儿的实际体重低于其所处胎龄的预期体重。

social comparison (p. 330) **社会比较**，对自己与他人的外貌、能力和行为进行对比之后做出的判断。

social conventions (p. 269) **社会常规**，由社会大多数人决定的习惯，如餐桌礼仪。参见道德规则和个人私事。

social constructivist classroom (p. 320) **社会建构主义课堂**，符合维果茨基理论的课堂教学形式，学生与老师、同伴一起参与各种挑战性活动，共同建构对问题的理解。由于儿童在共同学习中获得知识和方法，所以他们成为班集体中有能力、有影响的成员，在认知和社会性发展方面取得进步。

social learning theory (p. 18) **社会学习理论**，一种理论流派，强调榜样以及模仿或观察学习对发展所起的作用。

social referencing (p. 188) **社交参照**，婴儿面对不确定情境时主动地从可信赖的人那里寻求情绪信息。

social smile (p. 186) **社交微笑**，6～10周婴儿看到人的面孔而发出的微笑。

sociocultural theory (p. 23) **社会文化理论**，维果茨基的理论，认为儿童通过与更有知识的社会成员的对话，学习到构成本社会文化的思维和行为方式。

sociodramatic play (p. 228) **社会剧游戏**，幼儿在两岁半左右产生并在以后几年迅速发展的与同伴一起玩的假装游戏。

socioeconomic status (SES) (p. 61) **社会经济地位**，研究者评价一个人或一个家庭的社会地位和经济地位的指标，包括三个变量：(1) 受教育年限；(2) 用于衡量社会地位的职业声望和职业技能；(3) 家庭收入。

spermarche (p. 366) **遗精**，初次射精。

stage (p. 6) **阶段**，发展的特殊时期思维、情感及行为发生质变，从而进入一个新的时期。

standardization (p. 168) **标准化**，对代表性好的大样本施测，把测试结果作为解释分数的标准。

states of arousal (p. 107) **唤醒状态**，睡眠和觉醒的程度。

stereotype threat (p. 314) **成见威胁**，害怕被别人根据消极成见做出判断，会引发焦虑，影响学习成绩或职业绩效。

Strange Situation (p. 197) **陌生情境法**，一种实验程序，包括婴儿与母亲的短时间分离与重聚，用来评价母婴依恋特征。

stranger anxiety (p. 186) **陌生人焦虑**，多数婴儿在6个月之后对不熟悉的成人表现出的恐惧。

structured interview (p. 29) **结构访谈**，一种访谈方法，以相同方式向所有被访谈者提出相同的问题。

structured observation (p. 27) **结构观察**，在实验室进行的观察，每个被观察者有平等机会表现出研究者关注的行为。

subculture (p. 66) **亚文化**，持有不同于主流文化的观念、习俗的人的群体。

sudden infant death syndrome (SIDS) (p. 109) **婴儿猝死综合征**，发生在一岁以内婴儿中的意外死亡，通常在夜间发生，其原因至今未查明。

sympathy (p. 261) **同情**，对另一个人的境遇表示的关心或悲痛。

synapses (p. 121) **突触**，各个神经元之间的细微间隙。

synaptic pruning (p. 122) **突触削减**，很少受到刺激的神经元会丧失突触，使不需要的神经元暂时沉寂，以支持未来的发展。

tabula rasa (p. 13) **白板**，洛克的观点，认为儿童起初像一张白纸，其性格均由经验塑造。

talent (p. 322) **天赋**，在某一特殊领域表现杰出。

telegraphic speech (p. 176) **电报语**，学步儿使用的双词句，像电报一样省略了细节和不重要的词。

temperament (p. 180) **气质**，生命早期出现的在反应性和自我调节等方面的稳定个体差异。反应性指情绪唤起、注意以及活动的快慢和强度。自我调节指用于改变反应性的策略。

teratogen (p. 85) **致畸剂**，可能在妊娠期间造成损害的环境因素。

theory (p. 5) **理论**，是对行为进行描述、解释和预测的规律化、综合性的阐述。

theory of multiple intelligences (p. 310) **多元智力理论**，加德纳的理论，提出了八种以不同的加工操作为基础的独立智力，使个体能够参与各种被文化认同的活动。

thyroid-stimulating hormone (TSH) (p. 219) **促甲状腺激素**，一种垂体激素，它促使甲状腺释放甲状腺素，该激素参与大脑发育，使生长激素对身体的高矮发挥充分影响。

time out (p. 267) **暂停**，待一种轻微的惩罚，让儿童离开当时的情境，例如让他们待在自己房间，使儿童意识到不恰当行为会带来坏结果。

traditional classroom (p. 319) **传统课堂**，一种以教师是知识、规则和决策的唯一权威的教育哲学为基础的课堂教学形式。学生被动地听讲、回答问题、完成老师布置的作业。教师根据学生达到全年级标准的情况对其进步做出评估。参见社会建构主义课堂。

transitive inference (p. 299) **传递推理**，从心理上进行顺序排列，或按对象的数量维度排序的能力。

triarchic theory of successful intelligence (p. 309) **成功三维智力理论**，斯腾伯格的理论，认为智力可分为分析智力、创造智力和实践智力。智力行为须根据个人目标和个体所在文化的需要，来平衡三种智力以取得生活中的成功。

trimesters (p. 83) **三月期**，孕期的三个相等的时间段，每段三个月。

umbilical cord (p. 82) **脐带**，连接孕妇与胎儿的组织，起初像一个小柄，最终能长到30～90厘米长。脐带中有一条大静脉，输送带有养料的血液，还有两条动脉，负责排出废物。

unconditioned response (UCR) (p. 133) **非条件反应**，由非条件刺激引发的反应。

unconditioned stimulus (UCS) (p. 133) **非条件刺激**，会引发一个反射，即非条件反应的刺激。

underextension (p. 175) **外延缩小**，早期的用词错误，使用学过的词意义过窄。参见外延扩大。

uninhibited, or sociable, child (p. 191) **非抑制型**或**善交际的儿童**，对新异物体和陌生人表现出积极情绪和趋近行为的儿童。参见抑制型儿童或害羞儿童。

uninvolved child-rearing style (p. 280) **不过问型儿童教养方式**，一种儿童教养方式和表现为对子女低接受、低介入、低控制，并且漠视孩子对自主性的要求。参见权威型儿童教养方式、专制型儿童教养方式和放任型儿童教养方式。

verbal aggression (p. 270) **言语攻击**，通过威胁要对其进行身体攻击、辱骂或敌视性取笑来伤害他人。参见身体攻击和关系攻击。

vernix (p. 83) **胎儿皮脂**，覆盖在胎儿身上的奶酪样白色物质，可保护胎儿皮肤，防止皮肤在羊水中浸泡而发生皲裂。

violation-of-expectation method (p. 155) **违反预料法**，一种研究方法，先使婴儿对一个物理事件习惯化（让婴儿看到一个事件，直到其不再注视）。然后他们看婴儿的反应是恢复到（长时间注视）一个预料中的情形（按照物理规律变化的第一个事件）还是预料之外的情形（违背物理规律的一种变化）。恢复到预料之外的情形表明婴儿因违背物理现实而感到“惊讶”，从而提高了注意力，而且关注到物理世界的其他方面。

visual acuity (p. 113) **视敏度**，视觉分辨力的精细程度。

whole-language approach (p. 307) **整体语言法**，一种早期阅读教学方法，认为阅读应当以一种平行于自然语言学习的方法进行教授。从一开始就向儿童呈现完整的文本，如故事、诗歌、信件、布告和清单等，使儿童懂得书面语言的交流功能。

working, or short-term, memory (p. 160) **工作记忆**或**短时记忆**，信息加工系统的一部分，人们积极地运用心理策略对容量有限的信息进行“工作”。

X-linked inheritance (p. 50) **伴X遗传**，位于X染色体上的有害等位基因导致的遗传缺陷。

zone of proximal development (p. 165) **最近发展区**，儿童不能独自完成但能在成人或同伴帮助下完成的任务的范围。

zygote (p. 46) **合子**，精卵结合形成的受精卵。

参考文献*

A

AARP (American Association of Retired Persons). (2002). *The Grandparent Study 2002 report.* Washington, DC: Author.

Abbey, A., & McAuslan, P. (2004). A longitudinal examination of male college students' perpetration of sexual assault. *Journal of Consulting and Clinical Psychology, 72,* 747–756.

Abbey, A., Zawacki, T., Buck, P. O., Clinton, A. M., & McAuslan, P. (2004). Sexual assault and alcohol consumption: What do we know about their relationship and what types of research are still needed? *Aggression and Violent Behavior, 9,* 271–303.

Abbott, S. (1992). Holding on and pushing away: Comparative perspectives on an eastern Kentucky child-rearing practice. *Ethos, 20,* 33–65.

Abel, E. (2004). Paternal contribution to fetal alcohol syndrome. *Addiction Biology, 9,* 127–133.

Abikoff, H. B., Jensen, P. S., Arnold, L. L., & Hoza, B. (2002). Observed classroom behavior of children with ADHD: Relationship to gender and comorbidity. *Journal of Abnormal Child Psychology, 30,* 349–359.

Aboud, F. E. (2003). The formation of in-group favoritism and out-group prejudice in young children: Are they distinct attitudes? *Developmental Psychology, 39,* 48–60.

Aboud, F. E., & Amato, M. (2001). Developmental and socialization influences on intergroup bias. In R. Brown & S. Gaertner (Eds.), *Blackwell handbook of social psychology: Intergroup processes.* Oxford, UK: Blackwell.

Aboud, F. E., & Doyle, A. (1996). Parental and peer influences on children's racial attitudes. *International Journal of Intercultural Relations, 20,* 371–383.

Abra, J. (1989). Changes in creativity with age: Data, explanations, and further predictions. *International Journal of Aging and Human Development, 28,* 105–126.

Abraham, R. (2005). Emotional intelligence in the workplace: A review and synthesis. In R. Schulze & R. D. Roberts (Eds.), *Emotional intelligence: An international handbook* (pp. 255–270). Göttingen, Germany: Hogrefe & Huber.

Abraham, S. (1998). Satisfaction of participants in university-administered elderhostel programs. *Educational Gerontology, 24,* 529–536.

Achenbach, T. M., Phares, V., Howell, C. T., Rauh, V. A., & Nurcombe, B. (1990). Seven-year outcome of the Vermont program for low-birthweight infants. *Child Development, 61,* 1672–1681.

Acker, M. M., & O'Leary, S. G. (1996). Inconsistency of mothers' feedback and toddlers' misbehavior and negative affect. *Journal of Abnormal Child Psychology, 24,* 703–714.

Acker, M., & Davis, M. H. (1992). Intimacy, passion, and commitment in adult romantic relationships: A test of the triangular love theory. *Journal of Social and Personal Relationships, 9,* 21–50.

Ackerman, P. L. (2000). Domain-specific knowledge as the "dark matter" of adult intelligence: Personality and interest correlates. *Journal of Gerontology, 55B,* P69–P84.

Ackerman, S., Zuroff, D. C., & Moskowitz, D. S. (2000). Generativity in midlife and young adults: Links to agency, communion, and subjective well-being. *International Journal of Aging and Human Development, 50,* 17–41.

ACT (American College Testing). (2005). Retention trends. Retrieved from www.act.org/path/postsec/droptables/index.html

Adams, G. R., & Marshall, S. (1996). A developmental social psychology of identity: Understanding the person in context. *Journal of Adolescence, 19,* 429–442.

Adams, K. B. (2004). Changing investment in activities and interests in elders' lives: Theory and measurement. *International Journal of Aging and Human Development, 58,* 87–108.

Adams, K. B., Sanders, S., & Auth, E. A. (2004). Loneliness and depression in independent living retirement communities: Risk and resilience factors. *Aging and Mental Health, 8,* 475–485.

Adams, M. (2003). *Fire and ice: The United States, Canada, and the myth of converging values.* Toronto: Penguin.

Adams, R. G. (1985–1986). Emotional closeness and physical distance between friends: Implications for elderly women living in age-segregated and age-integrated settings. *International Journal of Aging and Human Development, 22,* 55–76.

Adams, R. G., Bleiszner, R., & De Vries, B. (2000). Definitions of friendship in the third age: Age, gender, and study location effects. *Journal of Aging Studies, 14,* 117–133.

Adams, R., & Laursen, B. (2001). The organization and dynamics of adolescent conflict with parents and friends. *Journal of Marriage and the Family, 63,* 97–110.

Addington-Hall, J. (2000). Do home deaths increase distress in bereavement? *Palliative Medicine, 14,* 161–162.

Adkins, G., Martin, P., & Poon, L. W. (1996). Personality traits and states as predictors of subjective well-being in centenarians, octogenarians, and sexagenarians. *Psychology and Aging, 11,* 408–416.

Adler, N. E., & Newman, K. (2002). Socioeconomic disparities in health: Pathways and policies. *Health Affairs, 21,* 60–76.

Adolph, K. E. (2000). Specificity of learning: Why infants fall over a veritable cliff. *Psychological Science, 11,* 290–295.

Adolph, K. E., & Eppler, M. A. (1998). Development of visually guided locomotion. *Ecological Psychology, 10,* 303–321.

Adolph, K. E., & Eppler, M. A. (1999). Obstacles to understanding: An ecological approach to infant problem solving. In E. Winograd, R. Fivush, & W. Hirst (Eds.), *Ecological approaches to cognition* (pp. 31–58). Mahwah, NJ: Erlbaum.

Adolph, K. E. A., Vereijken, B., & Denny, M. A. (1998). Learning to crawl. *Child Development, 69,* 1299–1312.

Adolph, K. E. A., Vereijken, B., & Shrout, P. E. (2003). What changes in infant walking and why. *Child Development, 74,* 475–497.

Affifi, W. A., & Faulkner, S. L. (2000). On being "just friends": The frequency and impact of sexual activity in cross-sex friendships. *Journal of Social and Personal Relationships, 17,* 205–222.

Agarwal, D. P. (2002). Cardioprotective effects of light-moderate consumption of alcohol: A review of putative mechanisms. *Alcohol and Alcoholism, 37,* 409–415.

Agran, P. F., Winn, D., Anderson, C., Trent, R., & Walton-Haynes, L. (2001). Rates of pediatric and adolescent injuries by year of age. *Pediatrics, 108,* e45.

Agüero-Torres, H., von Strauss, E., Viitanen, M., Winblad, B., & Fratiglioni, L. (2001). Institutionalization in the elderly: The role of chronic diseases and dementia. Cross-sectional and longitudinal data from a population-based study. *Journal of Clinical Epidemiology, 54,* 795–801.

Aguiar, A., & Baillargeon, R. (1999). 2.5-month-old infants' reasoning about when objects should and should not be occluded. *Cognitive Psychology, 39,* 116–157.

Aguiar, A., & Baillargeon, R. (2002). Developments in young infants' reasoning about occluded objects. *Cognitive Psychology, 45,* 267–336.

Ahlgren, M., Melbye, M., Wohlfahrt, J., & Sørensen, T. I. (2004). Growth patterns and the risk of breast cancer in women. *New England Journal of Medicine, 351,* 1619–1626.

Aho, T. F., & Gilling, P. J. (2003). Laser therapy for benign prostatic hyperplasia: A review of recent developments. *Current Opinion in Urology, 13,* 39–44.

Ahuja, J. (2005). *Women's entrepreneurship in the United States.* Kansas City, MO: Kauffman Center for Entrepreneurial Leadership, Clearinghouse on Entrepreneurship Education. Retrieved from www.celcee.edu

Ainsworth, M. D. S., Blehar, M. C., Waters, E., & Wall, S. (1978). *Patterns of attachment.* Hillsdale, NJ: Erlbaum.

Akers, J. F., Jones, R. M., & Coyl, D. D. (1998). Adolescent friendship pairs: Similarities in identity status development, behaviors, attitudes, and intentions. *Journal of Adolescent Research, 13,* 178–201.

Akhtar, N., & Tomasello, M. (2000). The social nature of words and word learning. In R. Golinkoff & K. Hirsh-Pasek (Eds.), *Becoming a word learner: A debate on lexical acquisition.* Oxford, UK: Oxford University Press.

Akimoto, S. A., & Sanbonmatsu, D. M. (1999). Differences in self-effacing behavior between European and Japanese Americans: Effect on competence evaluations. *Journal of Cross-Cultural Psychology, 30,* 159–177.

Akinbami, L. J., & Schoendorf, K. C. (2002). Trends in childhood asthma: Prevalence, health care utilization, and mortality. *Pediatrics, 110,* 315–322.

Akiyama, H., Antonucci, T., Takahashi, K., & Langfahl, E. S. (2003). Negative interactions in close relationships across the lifespan. *Journal of Gerontology, 58B,* P70–P79.

Akshoomoff, N. A., Feroleto, C. C., Doyle, R. E., & Stiles, J. (2002). The impact of early unilateral brain injury on perceptual organization and visual memory. *Neuropsychologia, 40,* 539–561.

Alan Guttmacher Institute. (2001). *Can more progress be made? Teenage sexual and reproductive behavior in developed countries.* New York: Author. Retrieved from www.guttmacher.org

* 此为本书与中文版另一本《伯克毕生发展心理学：从青年到老年》的共用参考文献，读者如需要更多参考文献，请在中国人民大学出版社人文分社网站上下载：www. crup. com. cn/rw。

推荐阅读书目

ISBN	书　名	作　者	单价（元）
心理学译丛系列			
978-7-300-14847-2	心理学	［美］斯宾塞・A・拉瑟斯	45.00
978-7-300-16117-4	什么是心理学	［美］艾伦・帕斯托里诺等	69.00
978-7-300-09188-4	日常生活心理学	［美］里克・M・加德纳	75.00
978-7-300-12644-9	行动中的心理学（第八版）	［美］卡伦・霍夫曼	89.00
978-7-300-13001-9	心理学研究方法（第 8 版）	［美］戴维・G・埃尔姆斯等	48.00
978-7-300-13932-6	心理学研究方法精要（第 7 版）	［美］尼尔・J・萨尔金德	32.00
978-7-300-11128-5	行为科学统计概要（第 5 版）	［美］弗雷德里克・J・格雷维特等	58.00
978-7-300-13306-5	现代心理测量学（第 3 版）	［英］约翰・罗斯特等	28.00
978-7-300-12745-3	人类发展（第八版）	［美］詹姆斯・W・范德赞登等	88.00
978-7-300-09563-9	现代心理学史（第 2 版）	［美］C・詹姆斯・古德温	88.00
978-7-300-10248-1	变态心理学纲要（第 4 版）	［美］马克・杜兰德等	98.00
978-7-300-09603-2	变态心理学案例教程（第 3 版）	［美］蒂莫西・布朗等	35.00
978-7-300-11012-7	心理治疗与咨询理论：概念与案例（第 4 版）	［美］理查德・S・沙夫	78.00
978-7-300-12478-0	女性心理学（第 6 版）	［美］马格丽特・W・马特林	58.00
978-7-300-12617-3	社区心理学——联结个体和社区（第 2 版）	［美］詹姆士・H・道尔顿等	58.00
978-7-300-16328-4	跨文化心理学（第 4 版）	［美］埃里克・B・希雷	42.00
978-7-300-14110-7	职场人际关系心理学（第 12 版）	［美］莎伦・伦德・奥尼尔等	39.00
978-7-300-15678-1	社会交际心理学——人际行为研究	［澳］约瑟夫・P・福加斯	39.00
978-7-300-14062-9	社会与人格心理学研究方法手册	［美］哈里・T・赖斯等	65.00
978-7-300-08008-6	动机与人格（第三版）	［美］马斯洛	45.00
978-7-300-10470-6	自我导向行为（第 9 版）	［美］戴维・L・华生等	48.00
978-7-300-14533-4	没有疆界	［美］肯・威尔伯	35.00
978-7-300-07160-0	万物简史	［美］肯・威尔伯	32.00
978-7-300-09927-9	性、生态、灵性	［美］肯・威尔伯	88.00
罗洛・梅文集			
978-7-300-14799-4	祈望神话	［美］罗洛・梅	58.00
978-7-300-15039-0	祈望神话（精装）	［美］罗洛・梅	69.00

978-7-300-11882-6	爱与意志	［美］罗洛·梅	55.00
978-7-300-11881-9	爱与意志（精装）	［美］罗洛·梅	78.00
978-7-300-09416-8	创造的勇气	［美］罗洛·梅	25.00
978-7-300-09779-4	创造的勇气（精装）	［美］罗洛·梅	40.00
978-7-300-11878-9	存在心理学：一种整合的临床观	［美］科克·J·施耐德等	75.00
978-7-300-11877-2	存在心理学：一种整合的临床观（精装）	［美］科克·J·施耐德等	99.00
978-7-300-09588-2	存在之发现	［美］罗洛·梅	39.80
978-7-300-09778-7	存在之发现（精装）	［美］罗洛·梅	54.80
978-7-300-09638-4	人的自我寻求	［美］罗洛·梅	45.00
978-7-300-09777-0	人的自我寻求（精装）	［美］罗洛·梅	60.00
978-7-300-11880-2	心理学与人类困境	［美］罗洛·梅	39.00
978-7-300-11879-6	心理学与人类困境（精装）	［美］罗洛·梅	55.00
978-7-300-11598-6	自由与命运	［美］罗洛·梅	45.00
978-7-300-11902-1	自由与命运（精装）	［美］罗洛·梅	60.00
978-7-300-13304-1	存在：精神病学和心理学的新方向	［美］罗洛·梅 ［加］恩斯特·安杰尔等	89.00
978-7-300-15042-0	存在：精神病学和心理学的新方向（精装）	［美］罗洛·梅 ［加］恩斯特·安杰尔 等	99.00

当代西方社会心理学名著译丛

978-7-300-13011-8	语境中的社会建构	［美］肯尼斯·J·格根	45.00
978-7-300-13012-5	社会表征	［法］塞尔日·莫斯科维奇	59.00
978-7-300-12765-1	社会支配论	［美］吉姆·斯达纽斯等	65.00
978-7-300-13004-0	自我归类论	［澳］约翰·特纳等	45.00
978-7-300-13005-7	精英话语与种族歧视	［荷］范·戴克	49.00
978-7-300-13006-4	社会心理学的解释水平	［比利时］威廉·杜瓦斯	35.00
978-7-300-13007-1	文化社会心理学	［美］赵志裕等	69.00
978-7-300-13008-8	欲望的演化（修订版）	［美］戴维·M·巴斯	59.00
978-7-300-13009-5	社会认同过程	［澳］迈克尔·A·豪格等	59.00
978-7-300-13010-1	论辩与思考（新版）	［英］迈克尔·毕利希等	65.00

* * * *

图书在版编目（CIP）数据

伯克毕生发展心理学：第4版/（美）伯克著；陈会昌等译．—北京：中国人民大学出版社，2013.9
ISBN 978-7-300-13307-2

Ⅰ.①伯… Ⅱ.①伯…②陈… Ⅲ.①发展心理学 Ⅳ.①B844

中国版本图书馆CIP数据核字（2013）第226920号

心理学译丛·教材系列
伯克毕生发展心理学
从0岁到青少年（第4版）
[美] 劳拉·E·伯克（Laura E. Berk）著
陈会昌　等译
Boke Bisheng Fazhan Xinlixue

出版发行	中国人民大学出版社		
社　　址	北京中关村大街31号	**邮政编码**	100080
电　　话	010－62511242（总编室）		010－62511770（质管部）
	010－82501766（邮购部）		010－62514148（门市部）
	010－62515195（发行公司）		010－62515275（盗版举报）
网　　址	http：//www.crup.com.cn		
	http：//www.ttrnet.com（人大教研网）		
经　　销	新华书店		
印　　刷	涿州市星河印刷有限公司		
规　　格	215 mm×275 mm　16开本	**版　　次**	2014年1月第1版
印　　张	31.75插页2	**印　　次**	2018年12月第12次印刷
字　　数	870 000	**定　　价**	79.80元

尊敬的老师：

您好！

为了确保您及时有效地申请培生整体教学资源，请您务必完整填写如下表格，加盖学院的公章后传真给我们，我们将会在2～3个工作日内为您处理。

请填写所需教辅的开课信息：

<table>
<tr><td>采用教材</td><td colspan="2"></td><td>□ 中文版　□ 英文版　□ 双语版</td></tr>
<tr><td>作　者</td><td></td><td>出版社</td><td></td></tr>
<tr><td>版　次</td><td></td><td>ISBN</td><td></td></tr>
<tr><td rowspan="2">课程时间</td><td>始于　　年　月　日</td><td>学生人数</td><td></td></tr>
<tr><td>止于　　年　月　日</td><td>学生年级</td><td>□ 专　科　□ 本科 1/2 年级
□ 研究生　□ 本科 3/4 年级</td></tr>
</table>

请填写您的个人信息：

<table>
<tr><td>学　校</td><td colspan="3"></td></tr>
<tr><td>院系/专业</td><td colspan="3"></td></tr>
<tr><td>姓　名</td><td></td><td>职　称</td><td>□ 助教 □ 讲师 □ 副教授 □ 教授</td></tr>
<tr><td>通信地址/邮编</td><td colspan="3"></td></tr>
<tr><td>手　机</td><td></td><td>电　话</td><td></td></tr>
<tr><td>传　真</td><td colspan="3"></td></tr>
<tr><td>official email（必填）
（eg：×××@ruc. edu. cn）</td><td></td><td>E-mail
（eg：×××@163. com）</td><td></td></tr>
<tr><td colspan="4">是否愿意接受我们定期的新书讯息通知：　□ 是　□ 否</td></tr>
</table>

系/院主任：______________（签字）

（系 / 院办公室章）

___年___月___日

资源介绍：

——教材、常规教辅（PPT、教师手册、题库等）资源：请访问 www. pearsonhighered. com/educator。（免费）

——MyLabs/Mastering 系列在线平台：适合老师和学生共同使用；访问需要 Access Code。（付费）

100013　北京市东城区北三环东路 36 号环球贸易中心 D 座 1208 室

电话：（8610）57355003　　传真：（8610）58257961

Please send this form to：copub. hed@pearson. com